朱永嘉
蕭木　注譯

新譯唐六典（二）

三民書局　印行

國家圖書館出版品預行編目資料

新譯唐六典 / 朱永嘉, 蕭木注譯. －－初版一刷. －－
臺北市；三民，2002
面；　公分──(古籍今注新譯叢書)

ISBN 957-14-3275-X　(精裝)
ISBN 957-14-3276-8　(平裝)

1. 人事制度－中國－唐(618－907)

573.414　　89009727

網路書店位址　http://www.sanmin.com.tw

© 新譯唐六典(二)

注譯者　朱永嘉　蕭　木
發行人　劉振強
著作財產權人　三民書局股份有限公司
臺北市復興北路三八六號
發行所　三民書局股份有限公司
地址／臺北市復興北路三八六號
電話／二五〇〇六六〇〇
郵撥／〇〇〇九九九八──五號
印刷所　三民書局股份有限公司
門市部　復北店／臺北市復興北路三八六號
重南店／臺北市重慶南路一段六十一號
初版一刷　西元二〇〇二年十一月
編　號　S 03198B
基本定價　拾參元肆角
行政院新聞局登記證局版臺業字第〇二〇〇號

4710841100178　(平裝)

新譯唐六典 目次

第二冊

卷六

尚書刑部

卷　目

刑部尚書一人

侍郎一人

郎中二人

員外郎二人

主事四人

令史十九人

書令史三十八人

亭長六人

掌固十人

都官郎中一人

員外郎一人

主事二人

令史九人

書令史十二人

掌固四人

比部郎中一人

員外郎一人

主事四人❶

令史十四人

書令史二十七人

計史一人

掌固四人

司門郎中一人

員外郎一人

主事二人

令史六人

書令史十三人

掌固四人

---

❶《新唐書・百官志》與此同，《舊唐書・職官志》作「主事二人」。

卷旨

本卷所記述的尚書刑部的職掌，包括四個方面，即刑法、徒隸、勾覆、關禁；而這四方面的職掌，又分別為它所統領的刑部、都官、比部、司門四個司的主要職司。

作為尚書省六部之一的刑部，是掌握有關刑法政令的機構，而不是直接審判案件的職能機關。唐代的司法審判機關，在地方是州、縣，由其長官刺史和縣令兼任主審官，另設法曹參軍事（州）、司法佐（縣）協助處理日常司法事務。在中央諸司中，負責審判的是大理寺，刑部則是通過覆審來「舉其典憲而辨其輕重」（一篇上、二章），使有關刑法政令得以切實貫徹。我國發展至唐代，司法制度雖已相當完備，但司法與行政還沒有完全分開，行政機關亦還行使著部分審案職能。按規定，杖刑以下當司斷之，也就是各級行政機關可以自行處理；徒刑以上縣斷，州覆審；流刑上以及除、免、官當者，州及大理寺須申報刑部覆核。死刑則先由刑部覆核，再申中書門下詳覆，最後奏報皇帝。重大的案件要由刑部尚書會同大理寺卿、御史中丞共同會審，而最後的終審權集中在皇帝一個人手上。

刑部司為刑部四司的頭司，其內容佔到本卷五分之四的篇幅，約而言之為兩個方面：一是歷述自戰國李悝的《法經》至隋唐法制文獻包括其形式律、令、格、式的沿革；二是隨文分別簡介《唐律》的基本內容。加上刑部尚書、侍郎的職掌，便構成了本卷頭裡的〈刑部尚書、刑部郎中〉上下篇。在繼承歷朝成文法典的基礎上，唐代已形成了相當完備的法律體系，具有代表性的《唐律》，不僅對其以後的宋、元、明、清各個王朝有深遠影響，對當時周邊鄰國，如高麗、新羅、日本等，亦都有廣泛影響。

其餘三個司在本卷中各自成篇，它們的職掌亦多與刑法有所關聯。都官司主管判刑後囚徒的居作，以及沒官的官私奴婢的分配和使用。唐代諸寺、監和州、縣役使著數量龐大的囚徒和官私奴婢以及官戶、雜戶等，他們都屬賤民階層，擔負著官衙中繁重的雜務，以及官員的貼身侍從，還包括手工製作和歌舞伎藝，法律明文規定他們低於良人一等。比部司執掌財政勾覆方面的政令，「周知內外之經費而總勾之」（三篇二章），因而可說是古代的國家審計機構。它雖然沒有下屬系統，但中央諸寺、監和地方諸州都各設有勾官，對財務的審計和勾檢，最後都要彙總到比部司。實際上是審計機構的比部司卻不屬於財務行政系統而由刑部統轄，這是為了把財務監督與施行法制結合起來，增強它的相對獨立性和威懾力，有利於完成它的職司。末篇司門司，執掌全國二十六座關塞有關人員和物品往來出入之禁令，目的是為了保障京師和邊境的安全，同時因牽涉到課稅，故亦也帶有一定的經濟意義。篇中對出入關者有諸多規定，違者將依據情節受到不等的刑罰。

唐代尚書省刑部官署在兩京的位置，參閱第一卷卷旨。

刑部尚書・刑部郎中（上）

【篇 旨】刑部司為尚書刑部所屬四司中的頭司。尚書刑部的主要職掌——「掌天下之法」，就集中體現在刑部司。鑒於其內容繁富，我們把它分成了上下兩篇。

本篇（上）與尚書省其他各卷的首篇一樣，先記述本部長官即刑部尚書、侍郎的官數、官品、沿革及職掌，然後轉入刑部司的內容。刑部司由郎中二人統領，其職掌主要是推行憲章法典，掌握刑罰的輕重得當，即篇中所說的「舉其典憲而辨其輕重」，全國重大刑案的覆審幾乎都集中到這個司。為了表述刑部司完成職司的過程，就有必要先介紹其職司的依據即法律的制定及其由來。因而本篇的大部分篇幅，便是用來分別介紹唐代法律的四種形式：律、令、格、式，以及它們各自從秦漢以來的沿革，其敘述的詳盡，不啻是一部到唐代為止的中國法制簡史。

現代法律有憲法、民法、刑法、民事和刑事訴訟法、行政法及各自的關係法等，是以其所涉及的內容來分類的；而中國古代的法律文書，發展至唐，具備了律、令、格、式這樣四大類，其分類方法卻頗為獨特：主要依據形式，同時亦顧及內容。本篇中對律、令、格、式的界定，似乎便兼有這樣雙重含義：「凡律以正刑定罪，令以設範立制，格以禁違正邪，式以軌物程事。」（二十章）就淵源而言，律、令最為久遠，秦自商鞅變法後便有了這兩類成文法的區分。格是由漢、晉的《故事》演化而來，「梁易《故事》為《梁科》」，「後魏以格代科，於麟趾殿刪定，名為《麟趾格》」（十九章）。至於式的最初出現，則已離唐不遠，它成於北朝西魏文帝大統十年（西元五四四年），稱《大統式》。如果按內容劃分，律、令、格、式之間就常會出現交錯重合現象。如《唐律》，就包括了刑法、民法、訴訟法、婚姻法、戶籍法、行政法、國際法等多方面的內容，可說是一部綜合性的法典，以現代眼光看，各類法之間的分化還很不充分。格的主要作用雖是「禁違正邪」，但亦不排斥「正刑定罪」，如本篇（下）中就提到：「逢格改者，若格重則依舊條，輕從輕法。」所以格比較接近於律，所謂《麟趾格》實際上亦就是律。唐代的令與式，內容倒是大致有一個相對恆定的範圍，且相互對應，約略相當於現代行政法規。

從篇中原注沿革部分可以看出，我國古代每換一個朝代，有時甚至只是換一個皇帝，都要重新修訂一次成文法典，即使實際上只是把舊制略作增損而已，但作為一種氣象更新的慣例，似乎已不可或缺。值得注意的是，篇中提到的那些接受皇帝詔令出來修訂法律的人，如漢之蕭何、于定國，魏之陳群，晉之賈充、梁之蔡法度、北魏之崔浩、北齊之高叡、隋之裴政，以及唐之長孫無忌、房玄齡等等，不僅精熟前朝和當世文法，有的還是文法吏世家，父祖相傳。如梁代的蔡法度，《隋書·刑法志》就說他是「家傳律學」，對齊武帝時期「刪定郎王植之集注張、杜舊律合為書，凡一千五百三十餘條，事未施行其文殆滅」，而蔡法度對這部幾近泯滅的前朝法典，竟熟悉到「能言之」，即能背誦出來的程度。

一

刑部尚書一人，正三品。周之秋官卿❶也。漢成帝❷始置三公曹，主斷獄事。後漢以三公曹掌天下歲盡集課事❸，又以二千石曹❹主中都官水火、盜賊、辭訟、罪法事❺。晉初，依漢置三公尚書，掌刑獄❻；太康❼中，省三公尚書，以吏部尚書兼領刑獄。宋始置都官尚書，掌京師非違得失事❽，兼掌刑獄。齊、梁、陳、後魏、北齊皆置都官尚書。後周依《周官》❾，置大司寇卿一人。隋初曰都官尚書，開皇三年❿改為刑部，皇朝因之。龍朔二年⓫改為司刑太常伯，咸亨元年⓬復為刑部。光宅元年⓭改為秋官尚書，神龍元年⓮復故。

侍郎一人，正四品下。周之秋官小司寇中大夫⓯也。漢以來尚書侍郎，今郎中之任。後周依《周官》。隋煬帝⓰置刑部侍郎，皇朝因之。龍朔二年改為司刑少常伯，咸亨、光宅、神龍並隨曹改復。

刑部尚書、侍郎之職，掌天下刑法及徒隸⓱句覆⓲、關禁⓳之政令。其屬有四：一曰刑部，二曰都官，三曰比部，四曰司門；尚書侍郎總其職務而行其制命⓴。凡中外百司㉑之事，由於所屬㉒咸質正焉。

【章　旨】記述刑部尚書、侍郎之官數、官品、沿革及其職掌。

【注　釋】❶秋官卿　周代官名，為六卿之一。掌管刑獄。據《周禮》秋官名司寇，為刑官之屬。❷漢成帝　西漢皇帝劉驁。在位二十六年，終年四十五歲。❸歲盡集課事　指年終考核全國官吏之政績。❹二千石曹　東漢掌刑獄之官。二千石，本為漢代官吏的一個等級，即月俸一百二十斛穀的官職。一斛穀約合今三十至四十市斤。❺中都官水火盜賊辭訟罪法事　指京城官員有關百姓水火、訴訟事端依法治罪之事宜。❻刑獄　刑事案件，泛指司法行政。❼太康　晉武帝司馬炎年號。❽非違得失事　指有關違法亂紀一類案件。❾周官　書名。亦稱《周禮》，儒家經典之一。係搜集周王室官制和戰國時各國職官制度彙編而成。❿開皇三年　即西元五八三年。開皇為隋文帝楊堅年號。⓫龍朔二年　即西元六六二年。龍朔為唐高宗李治年號。⓬咸亨元年　即西元六七〇年。咸亨亦是唐高宗李治年號。⓭光宅元年　即西元六八四年。光宅為武則天稱帝時年號。⓮神龍元年　即西元七〇五年。神龍為唐中宗李顯年號。⓯小司寇中大夫　周代秋官司寇之副職。周代大夫有上、中、下之分，司寇的官階為上大夫，小司寇為中大夫，故亦稱少司寇。後世習稱刑部侍郎為少司寇。⑯隋煬帝　隋朝皇帝楊廣。在位十四年，終年五十歲。⑰徒隸　指獄中執役之囚犯，流刑之囚徒，以及沒入官之奴婢。⑱句覆　句，同「勾」。勾覆，勾檢覆核。唐制，全國性的財務收支，由刑部的比部司負責勾覆，其職責類似現代審計機構，而由刑部來擔當此任，則使審計過程更具有嚴肅性和威懾力。⑲關禁　指關口的禁令。唐代在全國共設有二十六關，分上、中、下三等。⑳行其制命　「行」上疑缺一「奉」字。本書敘吏、戶、禮、兵、工各部尚書侍郎之職掌時，皆為「奉行其制命」，此處當不例外。意謂奉行皇帝下達的與其職務相關的制書和命令。㉑中外百司　指中央和地方各級政府機關。㉒由於所屬　指與刑法和獄訟相關之事務。唐代尚書刑部為中央司法行政機關。

【語譯】尚書刑部：尚書，定員一人，官品為正三品上。就是周朝的秋官卿。漢成帝時開始設置三公曹，主持處理與刑獄有關的事務。東漢時由三公曹掌管全國年終百官考課的事務，又讓二千石曹主管京城官員依法處理有關水火、盜賊、訴訟以及各種違法犯罪的事務。西晉初年，依照漢制設置三公尚書，專掌刑獄。太康年間裁減了這一機構，由吏部尚書兼管刑獄。南朝宋初次設置都官尚書，掌管京師一切違法亂紀的案件，同時兼管刑獄。南朝的齊、梁、陳，北朝的北魏、北齊都設置都官尚書。北周依照《周禮》，設置大司寇卿一人。隋朝初年稱都官尚書，開皇三年改名為刑部，本朝因承隋的這一設置，高宗龍朔二年一度改名為司刑太常伯，到咸亨元年仍然稱為刑部。武周光宅元年再次改名為秋官尚書，中宗神龍元年又恢復了舊稱。

侍郎，定員一人，官品為正四品下。就是周朝秋官的小司寇中大夫。漢朝以來的尚書侍郎，也就是如今郎中的職任。北周依照《周禮》設置了這一職位，隋煬帝時稱為刑部侍郎，本朝因承隋的這一職名，高宗龍朔二年一度改名為司刑少常伯，在咸亨、光宅、神龍年間，這一職名曾隨著曹名的更改和恢復而作了更改和恢復。

刑部尚書和侍郎的職掌是，主管全國的刑法以及囚犯和沒官的奴婢，對全國財務的勾覆和審計，關口出入往來等各方面的法令和政令。它的下屬有四個司：一是刑部，二是都官，三是比部，四是司門。由尚書和侍郎總理四司的職務，奉行皇帝下達的與本部職務相關的制書和命令。凡是京師內外各個官司機構涉及與刑部職掌相關的事務，如有疑義，都要由刑部尚書和侍郎來論定。

二

郎中二人，從五品上。《周禮》❶大司寇屬官有士師下大夫❷，蓋郎中之任也。後漢有二千石曹尚書，掌刑法，因立二千石郎曹❸。魏、晉、宋、齊並以三公郎曹掌刑獄，置郎中各一人；梁、陳因為侍郎。後魏、北齊三公郎中❹各置二人。後周秋官府有小刑部小大夫一人❺。隋初省三公曹，置刑部郎曹，掌刑法，置侍郎一人；煬帝除「侍」字，又改為憲部郎，皇朝因之。武德三年❻改曰刑部郎中，龍朔二年改為司刑大夫，咸亨、光宅、神龍並隨曹改復。

員外郎二人，從六品上。《周禮》大司寇屬官有上士，後周依焉，蓋員外之任也。隋開皇六年置刑部員外郎，煬帝改為憲部承務郎，皇朝因之。武德三年改曰刑部員外郎，龍朔、咸亨、光宅、神龍並隨曹改復。

主事四人，從九品上。

郎中、員外郎掌貳❼尚書、侍郎，舉其典憲而辨其輕重。凡文法❽之名有四：一曰律❾，二曰令❿，三曰格⓫，四曰式⓬。

【章旨】記述刑部司郎中、員外郎的定員、品秩及其沿革和職掌。

【注釋】❶周禮　書名，又名《周官》。儒家經典之一。係搜集周王室官制和戰國時各國職官制度彙編而成。❷士師下大

夫 士師為周代司法官名稱。據《周禮》：「士師掌國之五禁之法，以左右刑罰。」五禁指宮禁、官禁、國禁、野禁、軍禁等五種法令。下大夫為士師之官階。❸一千石郎曹 句中「一」當係「二」之誤。據《職官分紀》卷十一引《唐六典》刑部郎中員品條原注為「因立二千石郎曹」。❹三公郎中 指三公郎曹郎中。❺小刑部小大夫一人 句中「小大夫」當為「下大夫」。據《職官分紀》卷十一引《唐六典》刑部郎中員品條原注為「小刑部下大夫一人」。北周的大夫只有上、中、下之分，無大、小之稱。小刑部下大夫，即相當於唐代刑部司之郎中。❻武德三年 即西元六二〇年。武德為唐高祖李淵年號。❼貳 佐助。❽文法 指法典。❾律 規定罪名和刑罰的法典。我國古代法典最初稱刑，如春秋時鄭子產所鑄「刑書」。後又稱法，如戰國時魏李悝撰《法經》六篇稱為「六法」。秦商鞅變法，改《法經》六法為「六律」，律之稱由此始。律在古代原指校正樂器的律呂，陽聲為律，陰聲為呂，各六聲合為十二律，後引申為度量衡之準則，又假借為定刑正罪的標準，並用來作為一個朝代法律的總稱。❿令 在古代法典中，令為律的補充。多以詔令形式頒佈，屬有關國家政治、經濟、社會等方面的單行法規，相當於現代的行政法。唐代太宗時編有《貞觀令》三十卷，一千五百餘條。高宗時編有《永徽令》，玄宗時又編《開元令》。⓫格 為規定官吏職責及辦事規則的行政法規。由皇帝隨時發佈的旨在調整現行律令施行情況的敕文彙編而成。其編纂體例是以尚書六部二十四曹為篇目，其類別又可分為由中央各機關掌握的「留司格」，下達全國各州縣的「散頒格」，以及適用於某一特定事件的「選格」。內容既涉及到行政法，亦涉及到刑法。⓬式 指官署機構間通用的公文程式，帳籍表式，以及官吏辦公時的實施細則。其編目亦按尚書六部二十四司職能分類；也有按寺、監的職能分類的。從《唐律疏議》中解釋刑律條文時引用的式文的內容看，多為貫徹律令而制定的涉及具體個例的實施細則，官吏的職守、權力範圍的限定，以及官吏本身的管理制度。

【語 譯】〔刑部司：〕郎中，定員二人，品秩為從五品。《周禮》中大司寇的屬官有稱士師下大夫的，就是現今郎中的職任。東漢設有二千石曹尚書，執掌刑法，因而它的下屬也有一(二)千石郎曹。魏、晉、宋、齊，都是以三公郎曹執掌刑獄的，各設有郎中一人；南朝的梁、陳，因承前制，名稱則改為侍郎。北魏、北齊各設置三公郎中二人。北周的秋官府下屬設有小刑部，置小(下)大夫一人。隋初裁減了三公曹，改置刑部郎曹，執掌刑法，設置侍郎一人；煬帝時，先是除去職名中的「侍」字，後來又改名為憲部郎。本朝因承隋的體制，高祖武德三年改名為刑部郎中，高宗龍朔二年又改為司刑大夫，在咸亨、光宅、神龍年間，這一職名還曾隨著曹名的更改、恢復而更改、恢復過。

員外郎，定員二人，品秩為從六品上。《周禮》記載大司寇的屬官有上士，北周依照這一名稱設置了官職，亦就是員外郎的職任。隋朝開皇六年設置刑部員外郎，煬帝時改名為憲部承務郎。本朝因襲了隋的設置，高祖武德三年改名為刑部員外郎，在龍朔、咸亨、光宅、神龍年間，這一職名曾隨著曹名的更改和恢復而作了更改和恢復。

主事，定員四人，品秩為從九品上。

刑部司郎中、員外郎的職掌是，佐助尚書、侍郎，推行法典憲章，同時判明在實施過程中有否違法和輕重是否得當。法典的名稱有四類，一是律，二是令，三是格，四是式。

【說　明】唐朝的成文法典沿襲隋朝，分為律、令、格、式四大類，四者的關係是以律為主，令、格、式為從。《新唐書・刑法志》解釋說：「令者，尊卑貴賤之等數，國家之制度也；格者，百官有司常行之事也；式者，其所常守之法也。凡邦國之政，必從事於此三者，其所有違及人之惡而入于罪戾者，一斷以律。」例如關於市肆貿易的規定載於〈市令〉，監獄制度載於〈獄官令〉，而違反這兩方面規定的處罰則見於〈雜律〉和〈斷獄律〉；均田法和戶籍管理的規定，分別見於〈田令〉、〈戶令〉，而授田不如法，違禁買賣口分田和隱匿戶口的處罰則據〈戶婚律〉論處。由此可見，令與式可說是從「積極」方面規定國家的制度，職官的職掌，辦事的章程，活動的方式；而律與格則是從「消極」方面規定違反令、式所應給予的懲罰。就實踐而論，又是以律為綱，以令補律之不足，以格、式輔律、令之施行。判案時，必須引用律令格式的相關條文來定罪量刑，否則審判官要受到相應處分。《唐律疏議》卷三十〈斷獄〉之斷罪引律令格式條規定：「諸斷罪，皆須具引律令格式正文，違者笞三十。」包括《唐律》的疏議也是貫徹了這一條原則的，即通常都是以令、格、式來補充闡釋律文。正是由於這一點，倒為我們現在瞭解和研究唐代法制的概貌提供了方便：儘管令、格、式早已散佚，但《唐律疏議》卻為我們保留了大量令、格、式的佚文。此外，如《唐六典》，新舊《唐書》諸志，以及敦煌出土的吐魯番文書中，亦可以看到不少這類佚文。至於《唐律》則更因了《唐律疏議》的流傳，使後人仍能讀到相當完備的全文。

三

凡《律》一十有二章：一曰〈名例〉❶，二曰〈衛禁〉❷，三曰〈職制〉❸，四曰〈戶婚〉❹，五曰〈廄庫〉❺，六曰〈擅興〉❻，七曰〈賊盜〉❼，八曰〈鬭訟〉❽，九曰〈詐偽〉❾，十曰〈雜律〉❿，十一曰〈捕亡〉⓫，十二曰〈斷獄〉⓬，而大凡五百條焉。

【章旨】列敘《唐律》十二章之篇目。

【注釋】❶名例 刑名、法例的簡稱，相當於現代的刑法總則。《唐律．名例》共五十八條，是《唐律》基本原則的集中概括。內容包括刑罰的種類，如五刑——笞、杖、徒、流、死；特別嚴重的犯罪行為，如十惡；有關貴族特權的法規，如八議、請減、贖、官當等；此外還有行為人的責任能力、時效、自首、共犯、累犯、故意和過失的區分，數罪合併論罪，減刑、類推以及同居相為隱、處理外國人的犯罪和法律用語的解釋等。〈名例〉在戰國時李悝《法經．具法》和商鞅改法為律後的〈具律〉中，是規定刑罰的種類和加減的法律，原文已佚，僅存篇目。三國時，曹魏改〈具律〉為〈刑名〉與〈法例〉二篇，至北齊始合併二篇而稱〈名例〉，隋以後歷代相沿未變。❷衛禁 即〈衛禁律〉。《唐律．衛禁》共三十二條，是關於禁衛宮室和保衛關津、要塞的法律，包括懲罰非法出入宮殿、宗廟、皇家苑囿、城垣、關津、要塞、邊境，以及違反宵禁衛戍等方面的刑律。《唐律疏議．衛禁上》疏議稱：「〈衛禁律〉者，秦漢及魏未有此篇，晉太宰賈充等酌漢、魏之律，隨事增損，創制此篇，名為〈宮衛律〉。自宋洎於後周，此名並無所改，至於北齊，將關禁附之，更名〈禁衛律〉。隋開皇改為〈衛禁律〉。衛者，言警衛之法；禁者，以關禁為名。但敬上防非，於事尤重，故次〈名例〉之下，居諸篇之首。」❸職制 即〈職制律〉。《唐律．職制》共五十八條，其內容是關於懲治官吏執行公務中失職犯罪行為的刑律，諸如官吏超編，貢舉非人，玩忽職守，泄漏機密，奏事犯諱，制書有誤，指斥乘輿，貪贓枉法，大都為現今刑法上官員職務上的犯罪。《唐律疏議．職制》疏議稱：「職制律者，起自於晉，名為〈違制律〉。爰自高齊，此名不改。隋開皇改為〈職制律〉，言職司法制，備在此篇。宮衛事了，設官為次，故在〈衛禁〉之下。」❹戶婚　即〈戶婚律〉。是懲罰違犯婚姻、戶籍、土地、賦役、納稅等法規的犯罪行為的法律。《唐律・戶婚》共四十六條，規定了關於戶籍、賦役、田宅、居喪、婚姻、繼承等方面的律文。《唐律疏議・戶婚上》疏議稱：「漢相蕭何承秦《六篇律》後加〈廄〉、〈興〉、〈戶〉三篇為《九章》之律。迄至後周，皆名〈戶律〉。北齊以婚事附之，名為〈婚戶律〉。隋開皇以戶在婚前，改為〈戶婚律〉。既論職司事訖，即戶口、婚姻，故次〈職制〉之下。」按：秦墓竹簡有〈魏戶律〉，這說明〈戶婚律〉非起源於漢《九章》之律，而是始於戰國，秦漢律因用不改。❺廄庫　即〈廄庫律〉。《唐律・廄庫》共二十八條，是懲處違犯有關牲口養牧、孳課，倉庫管理、官物出納和維護等法規的犯罪行為的法律。《唐律疏議・廄庫》疏議稱：「〈廄庫律〉者，漢制《九章》創加〈廄律〉，魏以廄事散入諸篇，晉以牧事合之，名為〈廄牧律〉。自宋及梁，復為〈廄律〉。後魏太和中名〈牧產律〉，至正始中復名〈廄牧律〉。歷北齊、後齊、後周，更無改作。隋開皇以庫事附之，更名〈廄庫律〉。廄者，鳩聚也，馬、牛之所聚。庫者，舍也，兵甲、財帛之所藏。故齊、晉謂庫為舍。戶事既終，廄庫為次，故在〈戶婚〉之下。」按：秦墓竹簡已有〈廄律〉和〈倉律〉，漢律沿用不改。故〈廄庫律〉非起於漢，而始於秦。❻擅興　即〈擅興律〉。《唐律・擅興》共二十四條，是關於徵調軍隊，徵人稽留或冒名頂替，作戰臨陣脫逃、校閱違期、私藏兵器，以及工程興建制度、工作法式、丁夫雜匠管理等方面的法律，類似於現代的兵役法、軍事法規和工程建築法規。《唐律疏議・擅興》疏議稱：「〈擅興律〉者，漢相蕭何創為〈興律〉，魏以擅事附之，名為〈擅興律〉。晉復去擅為〈興〉。又至高齊，改為〈興擅律〉，隋開皇改為〈擅興律〉。雖題目增損，隨時沿革，原其旨趣，意義不殊。大事在於軍戎，設法須為重防。廄事既訖，須備不虞，故此論兵，次於〈廄庫〉之下。」❼賊盜　即〈賊盜律〉。《唐律・賊盜》共五十四條，是關於對謀反、大逆以及殺人、搶劫、偷竊、強盜、略誘、贓物、掘墓殘屍、造畜蠱毒和妨害公共秩序、造謠惑眾等不法行為懲處的法律。賊、盜二字，義本不同，故李悝《法經》分為〈賊法〉、〈盜法〉二篇，《漢律》九章，一曰〈盜律〉，是懲治盜竊、劫掠罪行的刑律；二曰〈賊律〉，是懲治叛逆、殺人、傷人等罪行的刑律。《唐律疏議・賊盜一》疏議稱：「〈賊盜律〉者，魏文侯李悝首制《法經》，有〈盜法〉、〈賊法〉以為篇目。自秦漢逮至後魏，皆名〈賊律〉、〈盜律〉。北齊合為〈賊盜律〉。後周為〈劫盜律〉，後有〈賊叛律〉。隋開皇合為〈賊盜律〉，至今不改。前禁擅發兵馬，此須防止賊盜，故次〈擅興〉之下。」❽鬬訟　即〈鬬訟律〉。《唐律・鬬訟》共五十九條，是懲治辱罵、毆傷、誣告及違犯訴訟法規等罪行的刑律。詳盡地規定了當事人在毆鬬、殺傷中因不同情況、不同身分地位而應作出的不同處罰。同時還規定了訴訟程序和誣告、教唆訴訟以及投匿名書的懲處律文。《唐律疏議・

鬭訟〉》疏議稱：「〈鬭訟律〉者，首論鬭毆之科，次言告訟之事。從秦、漢至晉未有此篇。至後魏太和年分〈繫訊律〉為〈鬭律〉；至北齊以訟事附之，名為〈鬭訟律〉，後周為〈鬭競律〉。隋開皇依齊〈鬭訟〉為名，至今不改。〈盜賊〉之後，須防鬭訟，故次於〈賊盜〉之下。」❾詐偽　即〈詐偽律〉。《唐律．詐偽》共二十七條，是關於懲處欺詐和偽造罪行的法律。具體規定了偽造印信、公文書及偽證、欺詐等行為所觸犯的刑律及治罪判刑的條文。《唐律疏議．詐偽》疏議稱：「〈詐偽律〉者，魏分〈賊律〉為之，歷代相因，迄今不改。既名詐偽，應以詐事在先；以御寶事重，遂以偽造八寶為首。〈鬭訟〉之後，須防詐偽，故次〈鬭訟〉之下。」❿雜律　指《唐律．雜律》共六十二條。《唐律疏議．雜律》疏議稱：「李悝首制《法經》，而有〈雜法〉之目，遞相祖習，多歷年所。然至後周，更名〈雜犯律〉，隋又去「犯」，還為〈雜律〉。諸篇罪名，各有條例；此篇拾遺補闕，錯綜成文，斑雜不同，故次〈詐偽〉之下。」〈雜律〉果如其名，內容繁雜，凡不能歸於其他各篇的，均列於此。如國忌作樂，私鑄錢幣，買賣不公，醫師合藥不符本方，錯認良人為奴婢，城內街巷走車馬，失修或盜決堤防，食官私田園瓜果以及通奸、犯夜、失火、違令等等涉及民事債權、治安行政和刑法等諸多法律類別。⓫捕亡　即〈捕亡律〉。《唐律．捕亡》共十八條，是關於追捕逃亡人犯、丁夫和官府如何管理罪犯的法律。凡奴婢、罪犯逃亡和拒捕，以及藏匿罪犯，故意或過失放走逃犯等，都要依據此律進行懲處。《唐律疏議．捕亡》疏議稱：「〈捕亡律〉者，魏文侯之時，李悝制《法經》六篇，〈捕法〉第四。至後魏名〈捕亡律〉，後周名〈逃捕律〉，隋復名〈捕亡律〉。然此篇以上，質是刑名，若有逃亡，恐其滋蔓，故須捕繫，以置疏網，故次〈雜律〉之下。」⓬斷獄　即〈斷獄律〉。《唐律．斷獄》共三十四條，是關於司法審判及監獄管理的法律。凡官吏在審判案件、執行刑罰和監管人犯時的違法亂紀行為，都應據此進行懲處。《唐律疏議．斷獄上》疏議稱：「〈斷獄律〉之名起自於魏，魏分李悝〈囚法〉而出此篇。至北齊與〈捕律〉相合，更名〈捕斷律〉，至後周復為〈斷獄律〉。《釋名》云：『獄者確也，以實囚情。皋陶造獄，夏曰夏臺，殷名羑里，周曰圜土，秦曰囹圄，漢以來名獄。』然諸篇罪名，各有類別，訊舍出入，各立章程。此篇錯綜一條流，以為決斷之法，故承眾篇之下。」訊、舍、出、入，包括整個審判活動：訊是審訊，舍是開釋，出是不治罪，入是判罪。

【語譯】本朝《律》法，共有十二章：一是〈名例〉，二是〈衛禁〉，三是〈職制〉，四是〈戶婚〉，五是〈廄庫〉，六是〈擅興〉，七是〈賊盜〉，八是〈鬭訟〉，九是〈詐偽〉，十是〈雜律〉，十一是〈捕亡〉，十二是〈斷獄〉，綜合起來共為五百條。

四

律，法也。魏文侯❶師李悝❷集諸國刑書❸，造《法經》❹六篇：一〈盜法〉❺，二〈賊法〉❻，三〈因法〉❼，四〈捕法〉❽，五〈集法〉❾，六〈具法〉❿。商鞅⓫傳之，改法為律⓬，以相秦，增相坐之法⓭，造參夷之誅⓮，大辟加鑿顛、抽脅、鑊烹、車裂⓯之制。

【章旨】追述李悝之《法經》與商鞅之《秦律》。

【注釋】❶魏文侯　名斯，魏桓子之子，戰國魏國建立者。生年不詳，卒年《史記・魏世家》記為魏文侯三十八年（西元前四〇八年），《竹書紀年》記為五十年（西元前三九六年）；其在位與周威烈王同時。曾以李悝為相，吳起為將，西門豹為鄴令，獎勵耕戰，興修水利，進行變法，使魏成為當時的強國。❷李悝　戰國時期的法學家。《漢書・藝文志》有《李子》三十二篇，列為法家之首，注云：「〔李子〕名悝，相魏文侯，富國彊兵。」《史記・孟子荀卿列傳》稱「魏有李悝，盡地力之教」。但《史記・魏世家》不載李悝事蹟，另有名李克者，魏文侯曾以置何人為相事求教於李克；《史記・貨殖列傳》亦有「李克盡地力」之記載；《漢書・藝文志》儒家錄有《李克》七篇，注云：「子夏弟子，魏文侯相。」一說「悝」、「克」二字乃一聲之轉，實為一人。❸集諸國刑書　指李悝搜集、整理其時列國之刑書。我國第一部公之於眾的刑法是春秋時鄭國子產鑄於鼎的刑書，還有鄧析的所謂「私造刑法，書之於竹簡」的竹刑（《左傳・定公九年》杜預注），迄於春秋末，列國大都有了自己的刑法法典。❹法經　我國比較完備的第一部成文法典，由戰國魏相李悝集各諸侯國法編纂而成。《晉書・刑法志》謂：「秦漢舊律，其文起自魏文侯李悝，悝撰次諸國法，著《法經》。」❺盜法　相當於唐之〈賊盜律〉。❻賊法　相當於唐之〈詐偽律〉。❼因法　據《唐律疏議・名例一》「因」當係「囚」之誤。因法，相當於唐之〈斷獄律〉。❽捕法　相當於唐之〈捕亡律〉。❾集法　據《唐律疏議・名例一》「集」當係「雜」之誤。雜法，相當於唐之〈雜律〉。❿具法　相當於唐之〈名例律〉。⓫商鞅　衛國人，公孫氏，名鞅，亦稱衛鞅。初為魏相公叔痤家臣，後由魏入秦，助秦孝公變法圖強，因功封於商（今陝西商縣東南),號商君,因稱商鞅。孝公死後被殺。《漢書・藝文志》錄有《商君》二十九篇,今存二十四篇。⑫改法為律 指將法改稱為律。李悝編纂之《法經》,其正文稱法,補充法稱律,至商鞅,則連同正文一齊改稱為律。⑬相坐之法 亦即連坐法。其法規定凡與犯罪人有一定的身分關係者,諸如父子、夫婦、兄弟、師徒、友鄰等,亦須承擔相應罪責。商鞅編制秦民的戶籍,五家為伍,十家為什,什伍之內各家互相糾察,一家犯法,別家必須告發,否則將連帶受罰。⑭參夷之誅 參,同「三」字。意謂誅滅三族。三族指父母、兄弟、妻子。一說為父族、母族、妻族。凡犯謀反、大逆之罪,要株連三族,一起被殺。⑮自「大辟」至「車裂」 秦律執行死刑的不同刑名。大辟,即砍頭;鑿顛,鑿穿頭頂;抽脅,抽取肋骨以處死;鑊烹,置於鑊內煮死;車裂,處死後再以刀斧肢解其肢體。一說用車生裂其肢體致死。

【語譯】律,就是法。魏文侯的老師李悝,彙集當時列國的刑典,編纂了一部《法經》,共有六篇:一是〈盜法〉,二是〈賊法〉,三是〈囚(因)法〉,四是〈捕法〉,五是〈集(雜)法〉,六是〈具法〉。商鞅把魏國的《法經》傳到秦國,改稱法為律,幫助秦國建立刑法的法典,增加了連坐的刑法,新修了關於誅滅三族的刑罰;執行死刑的方式,除大辟外,又增加了鑿頭頂,抽肋骨,放到油鍋裡烹煮,處死以後再肢解屍體這樣一些刑種。

【說明】據《史記》〈秦本紀〉、〈始皇本紀〉的概述,秦代為我國成文法走向嚴密、完備的一個最重要的時期,但過去由於文獻和資料不足,許多問題語焉不詳,研究工作也難以深入展開。這種情況到本世紀七十年代中期有了突破性的改變,那就是雲夢秦簡的出土。

西元一九七五年底,在湖北省雲夢縣睡虎地第十一號秦墓發現了一千餘枚竹簡,其中大部分內容為秦律。墓主名喜,生於秦昭王四十五年(西元前二六二年)卒於秦始皇三十年(西元前二一七年),曾為秦南郡(今河南南陽)所屬安陸縣令史,「治獄職」。墓中出土的竹簡,除〈南郡騰守文書〉和〈大事記〉(墓主人的墓志和年譜)外,其餘都為秦律或與秦律有關的內容。發現墓主軀幹右側的二百零一枚竹簡,全部為《秦律》條文,其中有〈田律〉、〈倉律〉、〈廄苑律〉、〈金布律〉、〈置吏律〉、〈軍爵律〉、〈傳食律〉、〈工律〉、〈工人程〉、〈徭律〉、〈關市〉、〈行書〉、〈效〉、〈均工〉、〈司空〉、〈內史雜〉、〈尉雜〉、〈屬邦〉,共十八個律名。發現於墓主腹下部的一百零二枚竹簡,亦全是法律條文。其中有:〈除吏律〉、〈除弟子律〉、〈効律〉、〈公車司馬獵律〉、〈藏律〉、〈中勞律〉、〈游士律〉、〈捕盜律〉、〈傳律〉、

〈戍律〉、〈敦喪律〉及〈牛羊課〉等。在墓主腹前下部有五十一枚竹簡，內容為如何作好一個官吏提出的若干準則，開端有「凡為吏之道」一語，現已據此被定名為〈為吏之道〉；其末尾有注明為〈魏戶律〉及〈魏奔命律〉二條，當是魏律，非秦律；頒佈時間是在李悝《法經》六篇問世以後的魏安釐王二十五年（西元前二五二年），律文保存了王命的全文，並已稱為律。發現於墓主頭骨右側的九十八枚竹簡，題名〈封診式〉，內容為治獄的案例。墓主頸右的二百一十枚竹簡，是關於《秦律》條文及相關語的解釋，現已被定名為〈法律答問〉。

雲夢《秦律》竹簡的發現，破除了多年來以為秦律只有商鞅《六律》的認識，豐富了秦律的內涵，拓展了研究的領域。新發現的秦律的律名都在《六律》以外，這說明它們是商鞅《六律》以後追加的。同樣，〈魏戶律〉、〈奔命律〉的發現，說明魏國亦以「律」來指稱《法經》六篇以外屬追加或補充性的法規。據此是否可以這樣說：大約在李悝時期律與法的關係，大致如同唐代令與律的關係：前者是補充性的，後者則是基本法的定式。

五

至漢，蕭何❶加悝所造❷〈戶〉、〈興〉、〈廄〉三篇❸，謂之《九章九律》❹。漢興，雖約法三章❺，然大辟尚有夷三族之令❻。當族者皆先黥❼、面❽、斬左右趾❾，笞殺之❿，梟其首⓫，俎骨肉⓬於其市，誹謗⓭、詈詛⓮又先斷其舌，謂之具五刑⓯。至文帝⓰，感緹縈之言⓱，除肉刑⓲，命丞相、御史⓳定律曰：「諸當髡者，為城旦舂⓴；當黥者，加鉗為城旦舂㉑；當劓者，笞三百籍笞㉒；當斬左趾者，笞五百籍笞；當斬右趾及殺人先自告及吏坐受賕枉法、守縣官財物而即盜之、已論而復有笞罪者，皆棄市㉓。罪人獄已決，髡㉔為城旦舂；滿三歲，為鬼薪、白粲㉕；鬼薪、白粲一歲，為隸臣、妾㉖，隸、臣妾一歲，免為庶人。鬼薪、白粲滿三歲為隸臣、妾，隸臣、妾滿二歲為司寇㉗，司寇一歲及作如司寇二歲皆免為庶人㉘。其亡逃及有罪耐已上，不用此令㉙。」是後，外有輕刑之名，內實殺人㉚，而笞五百、笞三百率多至死。至景帝㉛定律，笞五百曰三百，笞三百曰二百；猶尚不全，又減笞三百曰二百，笞二百曰一百，遂定〈箠令〉㉜：「以竹為之，箠長五尺，其本大一寸㉝，末薄半寸，皆平其節。當笞者，笞髀，無得更人㉞。畢一罪㉟，乃更人。」自是得全。至武帝㊱時，張湯㊲、趙禹㊳增律令科條㊴，大辟四百九條。宣帝㊵時，于定國㊶入㊷刪定律令科條。成帝㊸時，律令煩多，百有餘萬言，大辟之罪㊹千有餘條。至後漢，馬融㊺、鄭玄㊻諸儒十有餘家，律令章句數十萬言，定斷罪所用者，合二萬六千餘條㊼。

【章　旨】追述兩漢法律的沿革；蕭何編修《九章》和文景時期的廢除肉刑。

【注　釋】❶蕭何　秦末沛縣（今江蘇沛縣）人，曾為沛縣佐吏，後佐劉邦起義，為漢開國功臣，被拜任相國。隨義軍入咸陽時，曾搜取秦之律令、圖籍為漢初創制一系列法律制度之用。❷悝所造　悝，指李悝；所造，指李悝為魏相時所編纂之《法經》六篇。❸戶興廐三篇　指蕭何在李悝《法經》六篇之外，新增修之〈戶律〉、〈興律〉、〈廐律〉。戶、興、廐三律分別相當於唐代的〈戶婚律〉、〈廐律〉和〈擅興律〉。若對照雲夢秦律竹簡，這三律也並非蕭何首創，如〈廐律〉，秦簡中便有〈廐苑律〉。大抵漢之《九章》脫胎於秦之《六律》，而其他漢律也大多由《六律》以外秦律演化而來。❹九章九律　當是「九章之律」之誤。《唐律疏議．名例一》謂：「漢相蕭何，更加悝所造〈戶〉、〈興〉、〈廐〉三篇，謂《九章之律》。」❺約法三章　指劉邦入咸陽後，「與父老約法三章」，其內容為：「殺人者死，傷人及盜抵罪。餘悉除去秦法。」（《漢書．高帝紀》）所謂「約法三章」，所謂「餘悉除去秦法」，自然只是劉邦在當時贏秦暴亡、群雄逐鹿的特殊形勢下，為爭取民心而採取的策略措施。

而一旦「天下既定，令蕭何次律令，韓信申軍法，張蒼定章程，叔孫通制禮儀……雖日不暇給，規摹宏矣」（同上）。❻夷三族之令　誅滅三族的法令。三族，有二說：一指父母、兄弟、妻子；一指父族、母族、妻族。漢初被處夷三族之令的案例，《漢書》中就有不少記載。如漢高帝九年（西元前一九八年）：「貫高等謀逆發覺，逮捕高等，并捕趙王敖下獄。詔敢有隨王，罪三族」；十一年（西元前一九六年）春正月：「淮陰侯韓信謀反長安，夷三族」；同年三月：「梁王彭越謀反，夷三族」；呂后元年（西元前一八七年）春正月，才「除三族罪」，但實際上並未執行。文帝十七年（西元前一六三年），趙人新垣平，因欺騙皇帝被「夷三族」；景帝時鼂錯被腰斬，「父母、妻子、同產無少長皆棄市」；武帝時李陵兵敗降匈奴，「於是族陵家，母、弟、妻、子皆伏誅」。東漢亦有誅三族的記載。❼黥　又稱墨刑。刺刻罪犯的面額，染以黑色，以為懲罰標記。❽面　據正德本當係「劓」之誤。劓，割去罪犯鼻子。❾斬左右趾　亦稱剕刑，或刖刑。砍斷罪犯雙足。趾，足也。❿笞殺之　用荊條或竹板活活打死罪犯。⓫梟其首　割取罪犯首級高懸示眾。⓬菹骨肉　將處死後罪犯的骨肉剁成肉醬。⓭誹謗　誹謗罪。破壞他人聲譽，惡意中傷他人的言論行為。在古代特指以言論侵犯皇帝的尊嚴。劉邦入咸陽時曾列數嬴秦之苛法：「誹謗者族，耦語者棄市」，並宣佈「悉除去」；文帝二年（西元前一七八年）又詔稱，若誹謗有罪，則「上無由聞過失也，將何以來遠方之賢良？」又一次宣佈「其除之」。但實際上漢代始終沒有真正廢除這條限制思想言論的法律，漢宣帝時，就有河南太守嚴延年「坐怨望誹謗政治，不道，棄市」。（以上均據《漢書》）此處則是規定凡被族誅的罪犯，若有誹謗咒詛行為者，要先斷其舌，然後受其他刑罰。⓮詈詛　詛咒和辱罵。⓯具五刑　指被族誅的罪犯，在處死的過程中，須歷經五種酷刑。《後漢書．崔實傳》稱：「昔高祖令蕭何作《九章之律》，有夷三族之令，黥、劓、斬趾、斷舌、梟其首，故謂之具五刑。」五刑中，前四種是肉刑，最後才是死刑。⓰文帝　漢朝皇帝劉恆。在位二十三年，終年四十六。⓱感緹縈之言　緹縈係淳于公之少女。《漢書．刑法志》載其事，時在文帝十三年（西元一六七年）：「齊太倉令淳于公有罪當刑，詔獄逮繫長安。淳于公無男，有五女，當行會逮，罵其女曰：『生子不生男，緩急非有益！』其少女緹縈，自傷悲泣，乃隨其父至長安，上書曰：『妾父為吏，齊中皆稱其廉平，今坐法當刑。妾傷夫死不可復生，刑不可復屬，雖後欲改過自新，其道亡繇也。妾願沒入為官婢，以贖父刑罪，使得自新。』書奏天子，天子憐悲其意」。⓲除肉刑　肉刑指大辟之外，殘害犯人肢體之酷刑，包括墨、劓、刖、宮諸刑。漢文帝下詔廢除肉刑事在前元十三年（西元前一六七年），見《漢書．文帝紀》。但其後在實施過程中仍保留了宮刑，如景帝時對作陽陵的一些囚徒由死刑赦為宮刑，武帝時，李延年、司馬遷均被施以宮刑。⓳丞相御史　指漢文帝時的丞相張蒼，御史大夫馮敬。在文帝詔諭下，由張蒼、馮敬二人主持並制定了廢除肉刑的法律。⓴當髡者為城旦舂　此句疑有脫字。

《通典・刑法六》肉刑議條：「諸當髡者，完為城旦舂。」意謂原來應當處以髡刑的，改為完刑，罰作城旦舂。髡刑為剃去頭髮，並服五年勞役。完刑為只剃去鬚鬢，並服四年勞役。相對於髡刑，完刑能完存頭髮，故稱「完」。城旦舂，勞役名稱，亦為四歲刑。《漢書・惠帝紀》應劭注：「城旦者，旦起行治城；舂者，婦人不豫外徭，但舂作米，皆四歲刑也。」《後漢書・韓棱傳》注引《前漢書音義》：「城旦，輕刑之名也。晝日司寇虜，夜暮築長城，故曰城旦。」即男子罰往邊地夜築城晝戍邊，女子留內地為官府舂米，合稱城旦舂。又，句中「髡」即「髠」，二字同。㉑當黥者加鉗為城旦舂　原應處以黥刑，改為加鉗後罰作城旦舂。又，句中「加鉗」，廣雅本及《漢書・刑法志》均作「髡鉗」。黥即墨刑，在罪犯臉上刺字並塗以墨。鉗是用三斤重的鐵鎖束頭。㉒籍笞　《通典・刑法六》及《漢書・刑法志》均無此二字。下句中「籍笞」同。㉓自「當斬右趾」至「皆棄市」　此三十七字為一完整句子。「殺人先自告」，指殺人後能至官府自首者。漢律有「先自告除其罪」的規定。「吏坐受賕枉法」，指官吏因受人財物而曲法斷案。「守縣官財物而即盜之」，指負責看守國家的庫藏官吏盜竊官物，即監守自盜者。縣官，古指天子，因而亦可以代指國家。「已論而復有笞罪者，皆棄市」，意謂以上幾種人：罪當斬右趾者，殺人先自告者，吏坐受賕枉法者，守縣官財物而盜之者，原已論定了應受的刑罰，如果他們又犯有笞罪，就要受到棄市的嚴懲。棄市，即死刑，在鬧市區將犯人當眾斬首處死，意為與市人共棄之，故稱棄市。這是漢代常用的執行死刑方式。㉔髡　據《漢書・刑法志》，似應為「完」。㉕鬼薪白粲　均為勞役刑名。鬼薪，指罰為宗廟砍柴三年；白粲，受刑者一般為女性，罰為宗祠揀白米三年。《漢書・惠帝紀》應劭注稱：「取薪給宗廟為鬼薪，坐擇米使正白為白粲，皆三歲刑也。」㉖隸臣妾　均為勞役刑名。《漢書・宣帝紀》注：「輕罪男子守邊一年，女子令作於官。」男子守邊一年即為隸臣，女子為官府服役稱妾。㉗司寇　二歲勞役刑。司寇在夏、商、周三代皆為法官之名，而習慣上又將司寇管轄的犯人稱為司寇，至漢代又成為刑罰的名稱。《漢官舊儀》下云：「司寇，男備守，女為作，如司寇，皆作二歲。」㉘司寇一歲及作如司寇二歲皆免為庶人　此句承上句，意謂罰為隸臣、妾之罪犯，服刑滿二年，改為司寇；再服一年刑，即得免為庶人；而正罪為司寇者，則須二年才得免為庶人。《通典・刑法一》本注稱：「罪降為司寇，故一歲；正司寇，故二歲。」㉙其亡逃及有罪耐已上不用此令　此句總結上文。意謂：如果逃亡或重新犯耐罪以上之罪者，就不適用上述廢除肉刑及相關律令，即不再予以寬宥。耐罪，漢代對司寇、鬼薪、白粲、完城旦舂諸二歲以上徒刑之統稱。《史記・淮南衡山列傳》集解引應劭注云：「輕罪不至於髡，完其耏鬢，故曰耏。古『耏』字從『彡』，髮膚之意。杜林以為法度之字皆從寸，後改如是。」又引蘇村云：「一歲為罰作，二歲以上為耐。耐，能任其罪。據此，所謂耐刑意即不虧形體，猶堪其事。」㉚外有輕刑之名內實殺人　此為班固在《漢書・刑法志》中對漢文帝前元十三年（西元前一六七年）旨在廢除肉刑和減輕刑罰的若干法令的評語。就總體而言，文帝廢除肉刑應是一大歷史進步，但又確有不足甚至自相矛盾之處；班固的評論對此作了揭示，總體上又似乎肯定不夠。詳見本章後說明。㉛景帝　漢朝皇帝劉啟。在位十六年，終年四十八。景帝為糾正文帝因廢除肉刑、增加笞刑反而率多致死的偏差，兩次遞減笞刑，時間分別在景帝元年（西元一五六年）和中元六年（西元一四四年）。㉜箠令　規範笞刑之法令。㉝本大一寸　指笞杖之寬為一寸。㉞笞臋無得更人　句中「臋」即「臀」字。意謂笞刑之部位為人之臀部，其間不得更換執行笞刑之吏卒，即禁止一吏力竭再換另一吏擊打。㉟畢一罪　指執行完畢一名罪犯應受之全部笞刑。㊱武帝　西漢皇帝劉徹，在位五十四年，終年七十一。㊲張湯　西漢杜陵（今陝西西安市東南）人，武帝時著名酷吏。歷任廷尉、御史大夫，主辦過許多重大案件，用法嚴峻，史稱其「與趙禹共定諸律令，務在深文，拘守職之吏」（《漢書・張湯傳》）。其所增定為《越宮律》二十七篇。㊳趙禹　西漢斄（今陝西寶雞市東南）人，以廉平著稱。曾任周亞夫之丞相史，以刀筆吏遷為御史，「與張湯論定律令」（《漢書・趙禹傳》）。趙禹所增定為《朝會律》六篇。㊴律令科條　均為法律條文名稱。律是禁止法，是對違法者的懲戒法。漢代的律除蕭何訂定的《九章》外，還有叔孫通作為《九章》補充的《傍章》十八篇，張湯關於宮廷警衛的《越宮律》二十七篇，趙禹有關朝賀制度的《朝律》六篇，合計六十篇，統稱《漢律》。此外還有規定諸侯助祭貢金的〈酎金律〉，考核地方官吏的〈上計律〉，不得擅自仕於諸侯的〈左官律〉，關於田租口賦的〈田租稅律〉，嚴禁諸侯竊服宮中飾物的〈尚古律〉等等，故漢律總數量相當龐大。令，一般屬於行政法典。漢代的令有關於審判程序的〈廷尉挈令〉，監獄管理的〈獄令〉，刑具規範的〈箠令〉，有關官吏秩祿規定的〈品令〉、〈秩祿令〉和〈任子令〉，宗廟祭祀的〈祀令〉、〈齋令〉，宮廷警衛的〈宮衛令〉，有關府庫金錢布帛的〈金布令〉，養馬免傜的〈復馬令〉，徵收商稅的〈緡錢令〉和舉告商人逃稅的〈告緡令〉，徵收租賦的〈田令〉等等。每個皇帝通常都要頒佈許多詔令，為了便於查考和施行，要把令匯編成冊，《漢書・宣帝紀》如淳注：「令有先後，故有令甲、令乙、令丙。」師古注：「甲乙者，若今之第一、第二篇目。」據《晉書・刑法志》載：當時「集為令甲以下三百餘篇」，可見其數量之多。科條，亦為法令條文。因「決事科條，皆以事類相從」（《後漢書・陳寵傳》），故亦稱事條。起於漢初，後逐漸增多，至東漢而更趨繁密，章帝時便有「憲令稍增，科條無限」（《後漢書・陳寵傳》）的記載。㊵宣帝　西漢皇帝劉詢，戾太子劉據之孫。在位二十五年，終年四十。㊶于定國　字曼倩，郯（今山東郯城）人。曾為廷尉十八年，史有「于定國為廷尉，民自以不冤」（《漢書・于定國傳》）之譽。㊷入　據廣雅木當為「又」字。㊸成帝　西漢皇帝劉驁。在位二十六年，終年四十五。㊹大辟之罪　《漢書・刑法志》作「大辟之刑」。㊺馬融　東漢右扶風茂陵（今陝西興平東北）人。曾任校書郎、議郎，徧注諸經，為世之通儒。教養諸生，常有千數，盧植、鄭玄皆其生徒。漢代以《春秋》斷獄，故諸儒皆為律令作章句，以比附經義。

46 鄭玄 字康成，東漢北海高密（今山東高密）人。為漢代經學之集大成者。

47 自「諸儒十有餘家」至「二萬六千餘條」 《晉書‧刑法志》有更詳盡數字，錄以備考。其文為：「諸儒章句十有餘家，家數十萬言。凡斷罪所當由用者，合二萬六千二百七十二條，七百七十三萬二千二百餘言。言數益繁，覽者益難，於是天子下詔，但用鄭氏章句，不得雜用餘家。」

【語譯】到了漢代，蕭何在李悝《法經》的基礎上，增加了〈戶律〉、〈興律〉、〈廄律〉三篇，總稱為《九章九（之）律》。漢在剛興起的時候，雖然劉邦有與咸陽父老「約法三章」，說是要廢除嬴秦的其他一切苛法，但實際上在漢代就是大辟死刑，也還有誅滅三族的法令；凡是處以族刑的，都要先黥額、刺面（劓鼻）、斬去左右腳，用荊條或竹板狠狠打死，割下頭顱懸掛在木杆上，把肢體剁成肉醬拋棄在鬧市。如果有誹謗、詛咒的罪行，還要先割斷罪犯的舌頭。上面這個施刑過程，稱為「具五刑」。到了漢文帝，因他有感於少女緹縈甘願代父受刑的上書，決定要廢除肉刑，命令丞相張蒼、御史馮敬修訂法律，規定：「凡是要處以髡刑的，減為作城旦舂；要處以黥刑的，改為加鉗作城旦舂；要處以劓刑的，減為笞打三百；要斬左腳的，減為笞打五百。要斬右腳的、殺人後自告而依法減免的，以及官吏貪贓枉法、看守官府財物而又監守自盜的，以上這些已經論定罪行的罪犯，如果重犯了笞罪，那就一律處死刑棄市。罪人已結案的，判髡（完）刑為城旦舂，服刑滿三歲的，改服鬼薪、白粲；判鬼薪、白粲服刑一歲的，改為隸臣、妾；判隸臣、妾服刑一歲的，可免去罪行成為庶人。判鬼薪、白粲服刑滿三歲的，改服隸臣、妾；隸臣、妾服刑滿二歲的，改服司寇；服司寇一年以及作如司寇二年的，都可以免為庶人。凡是逃亡或本罪以外又犯耐罪以上罪行的，不適用於上述減免法令。」後人對漢文帝這項法令的評語是：「表面上有輕刑的名義，實際上卻是更多的殺人。」因為加笞刑五百、笞刑三百的囚犯，大多已經被笞打死了。為此，到了景帝的時候，又改定律令：該笞打五百的，減為三百；笞打三百的，減為二百。在實際執行中仍然不能保全犯人的性命，再減笞打三百為二百，笞打二百為一百。於是又制定〈箠令〉，規定：「箠杖用竹做成，長五尺，它的寬度為一寸，末端厚半寸，竹節都要削平。受笞刑的部位是臀部。執行笞刑的人不許中途更換，必須完成一個罪犯的全部笞刑後，才能換人。」從這以後，受笞刑的罪犯才得以保全性命。到武帝時，張湯、趙禹又增訂律令科條，其中有關大辟的刑罰就有四百零九條。宣帝時，又命于定國刪定各類法令條文。到成帝時，律令繁複眾多，長達一百多萬字，單是大辟的刑罰就有一千多條。到了東漢，馬融、鄭玄等學者有十多家，都為律令作從古代經典那裡摘錄和詮釋相對應的章句，又有幾十萬字，其中直接應用到定罪斷案的，合計起來就有二萬六千多條。

【說　明】漢文帝廢除肉刑和減刑的舉措，是對奴隸制社會遺留下來的多種酷刑的一次有限度的突破，從歷史發展看該說是一大進步。但此舉在事後不久，直至東漢、魏晉和南北朝，一直引起爭議，以至廢復無常，步履蹣跚，實際上在整個封建時代，肉刑可說從未真正廢除過。

在周代，刑罰的方式概稱「五刑」。《漢書・刑法志》把五刑概括為墨、劓、宮、刖、殺，在漢代初年則表現為黥、劓、斬左右趾、腐（即宮刑）和大辟。漢文帝廢肉刑是以徒刑、笞刑來代替墨、劓、宮等肉刑，但其中確實存在著「輕重失宜」之處，以致得了個「外有輕刑之名，內實殺人」（班固語）之譏。所謂「輕重失宜」的癥結，看來在於文帝時期還未能找到一種中刑，來填補因廢除墨、劓、宮等肉刑後留下的大辟與髡刑之間的空缺。由於存在這個空缺，致使實際執行過程中常常出現該輕的反而重了、該重的反而輕了等矛盾現象。就像班固說的：「且除肉刑者，本欲以全人也，今去髡鉗一等，轉而入於大辟。以死罔（網）人，失本惠矣。故死者歲以萬數，刑重之所致也。至乎穿窬之盜，忿怒傷人，男女淫佚，吏為姦贓，若此之惡，髡鉗之罰又不足以懲也。故刑者歲十萬數，人既不畏，又曾不恥，刑輕所生也。」（《通典・刑法六》）東漢仲長統於其所著《昌言・損益篇》也指出了這一點：「肉刑之廢，輕重無品，下死則得髡鉗，下髡鉗則得鞭笞，死不可復生，而髡者無傷於人。髡笞不足以懲中罪，安得不至於死哉！夫雞狗之攘竊，男之淫奔，酒醴之賂遺，謬誤之傷害，皆非值於死者也。殺之則甚重，髡之則甚輕。不制中刑以稱其罪，則法令安得不參差，殺生安得不過謬乎？」文帝時似乎也並非沒有想到要用一種中刑去填補這個空缺，那便是笞刑。笞而多達三百、五百，結果卻往往是刑未畢而人已死，這是「輕重失宜」的又一個方面。繼位的景帝看到了這一點，於是先後兩次下詔減少笞杖次數。第一次當五百減為三百，當三百減為二百，結果還是死人，只好再一次分別減為二百、一百。從文帝到景帝，單為確定笞杖數字，前後就花了二十三年時間，這個過程頗耐人尋味。它說明皇帝和參預制定法律的丞相和御史大夫們，對各種不同的人對忍受肉體痛苦的極限似乎茫然無知，對笞刑的實際執行情況也缺乏感性認識；還有一個問題就是像笞杖這樣一種刑罰，其對受刑者傷害程度，除了次數多寡，還要取決於執行者感情、體力、技巧等多種因素，因而很難作出固定的計量。就因了這些緣故，在這二十三年，不知已有多少萬人枉死於笞杖之下。這樣，從東漢起就一次又一次地有人提出恢復肉刑，上引班固和仲長統便持此種主張。魏晉之際更成為爭論的一個熱點，主張恢復肉刑的有曹操、陳群、鍾繇、劉頌、衛展等，反對恢復的有王脩、王朗、周顗、郎曹彥等。其中值得注意的是曹魏時司徒王朗的意見。他不主張恢復肉刑，為了解決「輕重失宜」的弊病，建議可從兩個方面入手：「所欲輕之死罪，便減死之髡刖；嫌其輕者，可倍其居作之歲數」。所謂「倍其居作歲數」，就是增加勞役年限。他認為實施這兩條，便可達到「內有以生易死不訾之恩，外無以刖易釱駭耳之聲」（《三國志・魏志・鍾繇傳》）。當時就有不少人贊同王朗的主張。這場歷經數百年的爭論，到隋唐終於有了實際的結論：五刑從墨、劓、宮、刖、殺演變成了笞、杖、徒、流、死。當然，如果從廣義說，笞和杖也還是肉刑，只是它一般不殘離肢體。

兩漢時期的法律形式，除了本章提到的律、令、科條外，還有「比」，即是以典型案例作為判決的標準，故又稱「決事比」。比在《周禮》稱「邦成」。《周禮・秋官・大司寇》鄭玄注云：「邦成，謂若今時決事比也者。比入者皆是舊法成事品式，若今律其有斷事，皆依舊事斷之，其無條，取比類以決之，故云決事比也。」如果案情沒有法律條文直接根據，那就援引以往類似的案例作為審判的參照。《漢書・刑法志》提到漢武帝時的「死罪決事比萬三千四百七十二事」。東漢有陳寵為司徒鮑昱撰《法比都目》，凡九百六卷（見《後漢書・陳寵傳》及《晉書・刑法志》）。兩漢建立的律、令、科條、決事比一類法律條文，是隨著歲月而層層累積的，其數量自然越往後越多。漢武帝時，據《漢書・刑法志》所載已有「律令凡三百五十九章，大辟四百九條，千八百八十二事，死罪決事比萬三千四百七十二事。文書盈於几閣，典者不能徧睹」。至成帝時僅大辟之刑便由四百餘條增加到千有餘條，百餘萬言，其他「奇請它比，日以益滋，自明習者不知所由，欲以曉喻眾庶，不亦難乎」！法令條文越是煩瑣，其實漏洞往往越多，而一般民眾則更加手足難措。因此不斷有人建議刪定律令，如漢宣帝時的鄭昌，漢章帝時的陳寵，都曾有過刪定律令的奏議，只是都沒有能付諸實施。東漢末應劭在建安元年（西元一九六年）曾刪訂過一次律令，也大多徒具形式。由於法律條文如此繁複，司法官吏不得不逐漸專業化。兩漢的一些著名法官有不少是父子相承的。如于定國其父于公為縣獄史、郡決獄；他自己亦是從獄史做起，從郡決曹升為廷尉的。又如東漢的陳寵，他的曾祖父以律令為尚書，父親為廷尉左監，律令文書皆藏於家，因而史稱陳寵「明習家業撰《辭訟比》七卷，決事科條，皆以事類相從」（《後漢書・陳寵傳》），後為廷尉，其子陳忠又出身於廷尉正。西漢的張湯也是自幼即習獄事。

兩漢有以《春秋》經義決獄的傳統，故于定國雖出身於獄吏世家，身為廷尉，還要「迎師學《春秋》，身執經，北面備弟子禮」（《漢書・于定國傳》）。出於以經義解釋律令的需要，在把儒家經典法律化的同時，董仲舒、馬融、鄭玄等一批經學大師，亦被視為法學權威。董仲舒老病致仕後，「朝廷每有政議，數遣廷尉張湯親至陋巷，問其得失。於是作《春秋決獄》二百三十二事，動以經對，言之詳矣」（《後漢書・應劭傳》）。《春秋》為孔子修訂的一部編年體春秋史，如何可用來決斷紛紜繁複的各種案件呢？據《鹽鐵論・刑德篇》記載，其方法是這樣的：「《春秋》之治獄，論心定罪，志善而違於法者，免；志惡而合於法者，誅。故其治獄，時有出於律之外者。」所謂「論心是罪」，就是把犯罪者的「志善」或「志惡」作為定罪量刑的標準，不僅可以只問主觀動機，不顧客觀事實，連相應的法律條文也失去了制約作用。至於如何來判斷行為者的動機是「善」是「惡」，那就要看執法者的主觀臆斷了。故所謂《春秋》決獄，存在著相當多的主觀隨意性，所欲重則重，所欲輕則輕，要整誰就整誰，想要怎麼整就怎麼整。儘管這種以經義決獄的具體做法魏晉後已不復存在，而那種辦案的隨意性卻一直流傳了下來，至今還不時可以見到它的蹤影。

六

魏武❶為相，造《甲子科條》❷：犯斬左、右趾，易以木械❸。魏氏受命❹，參議復肉刑❺，屬軍國多故，竟寢之。乃命陳群❻等採《漢律》，為《魏律》十八篇，增漢蕭何律〈劫掠〉❼、〈詐偽〉❽、〈毀亡〉❾、〈告劾〉❿、〈繫訊〉、〈斷獄〉⓫、〈請賕〉⓬、〈驚事〉⓭、〈償贓〉⓮等九篇也。依古義，制為五刑⑮，其大辟有三⑯，髡刑有四⑰，完刑、作刑各三⑱，贖刑十一⑲，罰金六⑳，雜抵罪㉑七，凡三十七名。晉氏受命㉒，議復肉刑㉓，復寢之。命賈充等十四人㉔增損漢、魏律，為二十篇：一、〈刑名〉，二、〈法例〉㉕，三、〈盜律〉，四、〈賊律〉，五、〈詐偽〉，六、〈請賕〉，七、〈告劾〉，八、〈捕律〉，九、〈繫訊〉，十、〈斷獄〉，十一、〈雜律〉，十二、〈戶律〉，十三、〈擅興律〉，十四、〈毀亡〉，十五、〈衛宮〉㉖，十六、〈水火〉㉗，十七、〈廄律〉，十八、〈關市〉㉘，十九、〈違制〉㉙，二十、〈諸侯〉㉚，凡一千五百三十條㉛。其刑名之制，大辟之刑有三：一曰梟，二曰斬，三曰棄市。髡刑有四：一曰髡鉗五歲刑，笞二百；二曰四歲刑；三曰三歲刑；四曰二歲刑。贖死，金二斤；贖五歲刑，金一斤十二兩；四歲、三歲、二歲各以四兩為差。又有雜抵罪罰㉜金十二兩、八兩、四兩、二兩、一兩之差。棄市以上為死罪，二歲刑以上為耐罪㉝，罰金一兩以上為贖罪。

【章旨】追述魏晉間對《漢律》的沿革。

【注釋】❶魏武 指魏武帝曹操。東漢末建安十三年（西元二〇八年）為丞相，總攬朝政，後封魏王。其子曹丕建魏，追謚為魏武帝。❷甲子科條 指建安十九年（西元二一四年）夏六月曹操主持修訂之法律條文。據《晉書・刑法志》記載，其時操欲恢復肉刑以減死刑之罪，相國鍾繇「亦贊成之，而奉常王脩不同其議。魏武帝亦難以藩國改漢朝之制，遂寢不行。於是乃定甲子科」。下文即為《甲子科條》具體內容。❸犯斬左右趾易以木械 這是一種減刑措施：以木械械足代替斬去左右足。又，此句中「斬」字，《晉書・刑法志》作「釱」。釱是一種鐵製刑具，用以鎖足。其文為：「犯釱左右趾者易以木為械。是時之鐵，故易以木焉。又嫌漢律太重，故令依律論者聽得科半，使從半減也。」錄以備誌。❹魏氏受命　指漢獻帝「禪位」於曹丕。延康元年（西元二二〇年）魏王曹丕受位於獻帝而建魏，改元黃初。古時稱帝王受命於天，故此處稱「受命」。❺參議復肉刑　指曹魏時三次議復肉刑。參即「三」。時間分別在魏文帝、魏明帝和齊王芳時，但均未能付諸實施。❻陳群　字長文，潁川許昌（今河南許昌東）人。魏明帝時奉命與劉邵等「刪約舊科，傍採《漢律》，定為《魏法》，制〈新律〉十八篇，〈州郡令〉四十五篇，〈尚書官令〉、〈軍中令〉，合百八十餘篇」（《晉書・刑法志》）。❼劫掠　指魏之〈劫掠律〉。自《漢律》之「〈盜律〉有劫略、恐猲和賣買人（指人口賣買），科有持質（指劫持人質），皆非盜事，故分以為〈劫掠律〉」（《晉書・刑法志》）。❽詐偽　指魏之〈詐偽律〉。自《漢律》之「〈賊律〉有欺謾、詐偽、踰封、矯制，〈囚律〉有詐偽生死，〈令丙〉有詐自復免，事類眾多，故分為〈詐偽律〉」（《晉書・刑法志》）。❾毀亡　指魏之〈毀亡律〉。相當於近代有毀傷他人財物的法律。自《漢律》之「〈賊律〉有賊伐樹木、殺傷人畜產及諸亡印，〈金布律〉有毀傷亡失縣官財物，故分為〈毀亡律〉」（《晉書・刑法志》）。❿告劾　指魏之〈告劾律〉。相當於近代的告發、自訴或公訴之法律。自《漢律》之「〈囚律〉有告劾、傳覆，〈廄律〉有告反逮受，科有登聞道辭，故分為〈告劾律〉」（《晉書・刑法志》）。⓫繫訊斷獄　指魏之〈繫訊律〉和〈斷獄律〉。自《漢律》之「〈囚律〉有繫囚、鞫獄、斷獄之法，〈興律〉有上獄之事，科有考事報讞，宜別為篇，故分為〈繫訊〉、〈斷獄律〉」（《晉書・刑法志》）。⓬請賕　指魏之〈請賕律〉。相當於近代貪污受賄罪之法律。自《漢律》之「〈盜律〉有受所監受財枉法，〈雜律〉有假借不廉，〈令乙〉有呵人受錢，科有使者驗賂，其事相類，故分為〈請賕律〉」（《晉書・刑法志》）。⓭驚事　指魏之〈驚事律〉。「以驚事告急，與〈興律〉烽燧及科令（合）者，以為〈驚事律〉」（《晉書・刑法志》）。⓮償贓　指魏之〈償贓律〉。自《漢律》之「〈盜律〉有還贓畀主，〈金布律〉有罰贖入責以呈黃金為價，科有平庸坐贓事，以為〈償贓律〉」（《晉書・刑法志》）。⓯五刑　此處泛指各種刑罰犯人之法規。⓰大辟有三　死刑有三等。即梟首、腰斬、棄市。⓱髡刑有四　句首「髡」即「髡」字。下同。此處髡刑為減死之刑。剃去頭髮後再服勞役，分五歲刑、四歲刑、三歲刑、二歲刑四個等次。⓲完刑作刑各三　完刑秦漢時為四歲刑，即城旦舂；魏完刑分為三等，文獻無考。漢作刑分三歲刑，即鬼薪、白粲；二歲刑，即司寇作；一歲刑，即罰作、復作。魏作刑與漢制相同。⓳贖刑十一　贖是以財物抵銷刑罰。魏明帝太和四年（西元二三〇年）十月，「令罪非殊死，聽贖，各有差」（《三國志・魏志・明帝紀》）。以晉、梁律證之，贖死罪一等，金二斤；贖髡刑有四等，贖完刑、作刑各三等，共十一等。⓴罰金六　以罰金懲處犯小過之刑罰，漢代即有，如「釋之奏，此人犯蹕，當罰金」（《漢書・張釋之傳》）。魏沿用，如《三國志・魏志・高柔傳》：「自黃初數年之間，舉吏民姦罪以萬數，柔皆請懲虛實；其餘小小掛法者，不過罰金。」罰金數額則無考。㉑雜抵罪　指以免官、除名、奪爵等處分以抵刑罪。㉒晉氏受命　指司馬炎於魏元帝曹奐咸熙二年（西元二六五年）代魏建立晉朝。㉓議復肉刑　晉武帝時，劉頌為廷尉，曾多次上疏「宜復肉刑」，但均不「見省」（《晉書・刑法志》）。㉔賈充等十四人　賈充，字公閭，平陽襄陵（今山西襄汾）人。其餘十三人為：太傅鄭沖、司徒荀顗、中書監荀勖、中軍將軍羊祜、中護軍王業、廷尉杜友、守河南尹杜預、散騎侍郎裴楷、潁川太守周雄、齊相郭頎、騎都尉成公綏、尚書郎柳軌及吏部令史榮邵。司馬昭執政時，令賈充等十四人定法律，「就漢《九章》，增十一篇，仍其族類，正其體號」（《晉書・刑法志》）。完成於武帝泰始三年（西元二六七年）。凡律令合計二千九百二十六條，十二萬六千三百言，六十卷，故事三十卷。於次年正月頒行。㉕一刑名二法例　此二篇相當於近代的刑法總則。秦漢時為〈具律〉，魏稱〈刑名律〉，置於律書篇首。《晉律》分成〈刑名〉、〈法例〉二篇，《唐律》則合為〈名例律〉。㉖衛宮　指晉之〈衛宮律〉，《唐律》歸入〈衛禁律〉。《唐律疏議》稱：「〈衛禁律〉者，秦漢及魏未有此篇，晉太宰賈充等酌漢魏之律，隨事增損，創制此篇，名為〈衛宮律〉」；「至於北齊，將關禁附之，更名〈禁衛律〉，隋開皇改為〈衛禁律〉」。㉗水火　指晉之〈水火律〉，《唐律》歸入〈雜律〉。內容包括失時不修堤防，盜決堤防，水火損敗徵償，山陵兆域內失火，庫藏倉不得燃火等。㉘關市　指晉之〈關市律〉，《唐律》將其分別劃入〈衛禁律〉有關關禁的部分，及〈雜律〉中有關市易的條目。內容包括諸市司物價不平，諸賣買不和，賣買已訖市司不時過券等。㉙違制　指晉之〈違制律〉，《唐律》改稱〈職制律〉。《唐律疏議》稱：「〈職制律〉者，起自於晉，名為〈違制律〉，爰及高齊，此名不改，隋開皇改為〈職制律〉，言職司法制，備在此篇。」㉚諸侯　晉代行分封制，故設〈諸侯律〉。係有關同姓諸侯王和異姓功臣公侯之規定。㉛凡一千五百三十條　此《晉律》條數與他書記載有異。如《晉書・刑法志》稱《晉律》二十篇為六百二十條，《通典》、《通典志略》及《文獻通考》均為六百三十條。㉜罰　即「罰」字。㉝二歲死以上為耐罪　句中「死」字當係「刑」字之誤。按《隋書・刑法志》記梁制稱：「刑二歲以上為耐罪。」《梁律》係增損《晉律》而成。

【語　譯】魏武帝在擔任丞相時，曾主持制定《甲子科條》，規定犯斬左、右足刑罰的，改為用木枷鎖腳。曹魏受命代漢，曾在文帝、明帝和正始年間，三次議論恢復肉刑的問題，都因軍國多事，最終被擱置了下來。在明帝時，陳群等奉命採擷《漢律》，編制《魏律》十八篇，比漢代蕭何制定的《九章之律》增加了〈劫掠〉、〈詐偽〉、〈毀亡〉、〈告劾〉、〈繫訊〉、〈斷獄〉、〈請賕〉、〈驚事〉、〈償贓〉等九篇。又依照古義，制定了五刑，屬於大辟即死刑的有三等，髡刑有四等，完刑和作刑各三等，贖刑十一等，罰金六等，雜抵罪七等，總共有三十七種名目。晉代受命代替了曹魏，亦曾討論過恢復肉刑的事，又被擱置了下來。西晉初年，命賈充等十四人，在漢、魏律的基礎上，加以刪節和補充，修訂成《晉律》二十篇，篇目是：一、〈刑名〉，二、〈法例〉，三、〈盜律〉，四、〈賊律〉，五、〈詐偽〉，六、〈請賕〉，七、〈告劾〉，八、〈捕律〉，九、〈繫訊〉，十、〈斷獄〉，十一、〈雜律〉，十二、〈戶律〉，十三、〈擅興律〉，十四、〈毀亡〉，十五、〈衛宮〉，十六、〈水火〉，十七、〈廄律〉，十八、〈關市〉，十九、〈違制〉，二十、〈諸侯〉，一共是一千五百三十條。其中〈刑名律〉所規定的刑罰方法，屬於大辟的死刑有三等：一是梟首，二是腰斬，三是棄市。髡刑有四等：一是髡鉗五歲刑，笞二百；二是四歲刑，三是三歲刑，四是二歲刑。贖刑：贖死罪，金二斤；贖五歲刑，金一斤十二兩；贖四歲刑、三歲刑、二歲刑則依次遞減四兩為差等。又有雜抵罪，罰金有十二兩、八兩、四兩、二兩、一兩幾個差等。棄市以上屬於死罪，二歲刑以上概稱為耐罪，罰金一兩以上為贖罪。

【說　明】中國古代的刑法法典，從戰國經秦漢到魏晉，是多次由簡而繁反覆演化到趨向規範的過程。李悝的《法經》只有六篇，到了秦代，從湖北雲夢出土的秦簡所提到的律名，已有二十七篇之多，這可說是第一次由簡而繁。劉邦入咸陽與父老「約法三章」，蕭何定律《九章》，其中大概不無希望由繁而簡規範法律條文的意願。以後又有叔孫通《傍章》十八篇，張湯《越宮律》二十七篇，趙禹《朝會律》六篇，合為六十篇，還有其他律令科條，又漸次走向繁瑣和複雜化。到東漢末年，「斷罪所當用者，合二萬六千二百七十二條，七百七十三萬二千二百餘言，言數益繁，覽者益難」（《晉書・刑法志》），單就司法運作要求而言，也非簡化不可了！這是魏晉時期修訂律令的歷史背景。陳群等奉命修訂《魏律》，是以蕭何《九章之律》為基礎，增加了九篇，制訂了〈新律〉十八篇，此外還有〈州郡令〉四十五篇，〈尚書官令〉、〈軍中令〉等合計一百八十餘篇。體例上也作了一些改革，把《法經》置於末篇的〈具律〉移至篇首，改名為〈刑名〉，又調整了篇目之間相互重複抵觸的條文，統一了刑罰的刑種。除魏國外，蜀和吳也曾修訂過法律。蜀稱《蜀科》，是由伊籍與諸葛亮、法正、劉巴、李嚴五人共同議定的。吳國的科條，則多為《漢律》的延伸。西晉代魏，認為《魏律》「本注煩雜」和「科網嚴密」，所以修訂《晉律》時，逕直以《漢律》為基礎，其修訂原則是所謂

「仍其族類，正其體號」，「觸其苛穢」，而又「存其清約」（均見《晉書．刑法志》）。如果把《晉律》與《魏律》作一番比較，前者把後者的〈刑名〉分為〈刑名〉、〈法例〉二篇，廢省了〈劫掠〉、〈驚事〉、〈償贓〉三律，增加了〈衛宮〉、〈水火〉、〈關市〉、〈諸侯〉四律，〈囚律〉則併入〈斷獄律〉，實際上只增加了一篇，差別不大，故本章仍認為《晉律》是在「增損漢、魏律」基礎上完成的。《晉律》共二十篇，六百二十條（本章記為一千五百三十條，似有誤），與令合計為二千九百二十六條，十二萬六千三百言。與東漢末的《漢律》比較，條目縮減到十分之一左右，字數減少到六分之一左右，這可說是又一次從繁到簡。《晉律》除內容比較精簡外，另一個特點是把律與令截然分開，律是比較穩定的條例，令是臨時補充性的條文，這就為後來《唐律》的進一步規範化提供了先例。《晉律》完成後，做了不少傳佈工作，晉武帝司馬炎還親自講授，使百官瞭解新律，詔令「抄寫新律諸死罪條目，懸之亭傳，以示兆庶」（《晉書．刑法志》）。《隋書．刑法志》稱《晉律》是「內以平章百姓，外以和協萬邦，實曰輕平，稱為簡易」。

七

宋及南齊律之篇目及刑名之制略同晉氏❶，唯贖罪絹兼用之。梁氏受命❷，命蔡法度沈約等十人❸增損《晉律》❹，為二十篇：一、〈刑名〉，二、〈法例〉，三、〈盜劫〉，四、〈賊叛〉，五、〈詐偽〉，六、〈受賕〉，七、〈告劾〉，八、〈討捕〉，九、〈繫訊〉，十、〈斷獄〉，十一、〈雜律〉，十二、〈戶律〉，十三、〈擅興〉，十四、〈毀亡〉，十五、〈衛宮〉，十六、〈水火〉，十七、〈倉庫〉，十八、〈廄律〉，十九、〈關市〉，二十、〈違制〉，大凡定罪二千五百二十九條。其刑名之制，加《晉律》一歲刑，半歲刑，百日刑，鞭杖二百，鞭杖一百，鞭杖五十、三十、一十之差❺；又加杖八等之差❻。其鞭有制鞭、法鞭、常鞭三等之差：制鞭，生革廉成❼；法鞭，生革去廉❽；常鞭，熟靼❾，不去廉。杖有大杖、法杖、小杖❿，皆用生荊。其犯劫皆斬⓫；會赦降死者，黵面為「劫」字⓬，髡鉗，補治⓭鎖士終身。陳令范泉、徐陵等參定律、令⓮，《律》三十卷，《令》三十卷，《科》三十卷⓯。採酌前代，條流冗雜，綱目雖多，博而非要，其制唯重請議禁錮之科⓰。其罪人贓驗昭然而不款⓱，則上測立⓲。立測者，以土為垛⓳，高一尺，上員，劣⓴容囚兩足立，鞭二十、笞三十訖，著兩械及杻㉑上垛，一上測七刻㉒，日再上㉓，三七日上測㉔，七日一行鞭㉕，凡經鞭、杖一百五十得實不承者㉖，得減罪論。凡囚，鞭、杖著械㉗，徒著鎖㉘，死著三械㉙加壺手㉚。依梁氏㉛。

【章　旨】南朝宋、齊、梁、陳修訂刑律的沿革概況。

【注　釋】❶宋及南齊律之篇目及刑名之制略同晉氏　南朝的宋及齊都沒有編制過法典，僅頒佈了若干單行法令，主要承用《晉律》。《晉律》原有張斐、杜預二家注的《律解》，當時稱《張杜律》。但二家常出現「同注一章，而生殺永殊」，用以斷案，出入很大。故南齊世祖蕭賾命刪定郎王植，折衷二注之間，集為一書，凡二十卷、一千五百三十二條，以為斷案之依據，但後因故而未得頒行。（見《南齊書・孔稚珪傳》）❷梁氏受命　指蕭衍取代南齊而建立梁朝。❸蔡法度沈約等十人　蔡法度、沈約，分別為梁武帝時的尚書郎和尚書僕射。其餘八人是：尚書令王亮、侍中王瑩、吏部尚書范云、長兼侍中柳惲、給事黃門侍郎傅昭、通直散騎常侍孔藹、御史中丞樂藹和太常丞許懋。據《隋書・刑法志》記載，梁武帝蕭衍「欲議定律令，得齊時舊郎濟陽蔡法度，家傳律學，云齊武時，刪定郎王植之，集注張、杜舊律，合為一書，凡一千五百三十條，事未施行，其文殆滅，法度能言之。於是以為兼尚書刪定郎，使損益植之舊本，以為《梁律》」。關於張杜舊律，《隋書・經籍志》著錄有張斐撰《雜律解》二十一卷，杜預撰《律本》二十一卷。此二書即已散佚。《晉書・刑法志》保存了張斐的序文。❹增損晉律　《梁律》基本上是《晉律》的沿襲。其修訂始於天監元年（西元五〇二年）前後僅用了八個多月時間，便訂定律二十卷，令三十卷，科三十卷。以《梁律》與《晉律》相比，各為二十篇，篇目基本相同，惟〈盜律〉、〈賊律〉、〈請賕〉、〈捕律〉分別改稱為〈盜劫〉、〈賊叛〉、〈受賕〉、〈討捕〉，又刪〈諸侯〉而增〈倉庫〉，各為一篇。❺自「加晉律一歲刑」至「一十之差」　此長句規定有八等之差，但《隋書‧刑法志》及《通典‧刑法二》均作九等之差。其文為：又制九等之差：有一歲刑、半歲刑、百日刑、鞭杖二百、鞭杖一百、鞭杖五十、鞭杖三十、鞭杖二十、鞭杖一十。疑此句中鞭杖「三十」與「二十」之間脫「二十」二字。此九等之差，在加減刑罰時，「論加者上就次，當減者下就次」(《隋書‧刑法志》)。❻加杖八等之差　對八等之差《隋書‧刑法志》有具體解釋。文為：「一曰免官，加杖督一百；二曰免官；三曰奪勞百日，杖督一百；四曰杖督一百；五曰杖督五十；六曰杖督三十；七曰杖督二十；八曰杖督一十。」督，古義為擊打。漢以來用「杖督」為執行決罰，隋唐時止稱杖。奪勞，兼有奪官、服勞役二義。指對犯私罪的官吏剝奪其職務後，又責令其服勞役。❼制鞭生革廉成　廉，編結。指用生牛皮條編結而成稱制鞭，用以責打罪犯，痛楚特甚，此為重刑。據《隋書‧刑法志》鞭的規格是：「皆作鶴頭紐，長一尺一寸，稍長二尺七寸，廣三分，靶長二尺五寸。」❽生革去廉　去掉生牛皮條之邊刺。廉，此處作側邊、棱角解。❾熟靼　經加工製作後的熟牛皮。較生牛皮柔軟。❿杖有大杖法杖小杖　作為刑具，梁的杖皆用荊條編成，長六尺。三類杖的區別，據《隋書‧刑法志》記載在於：「大杖，大頭圍一寸三分，小頭圍八分半；法杖，圍一寸三分，小頭五分；小杖，圍一寸一分，小頭極杪。」⓫犯劫皆斬　指犯搶劫罪者一律處死。《隋書‧刑法志》稱：「劫身皆斬，妻子補兵。」即除本人判處死刑外，其妻子還要發配給士兵，強行婚配。⓬黵面為劫字　即在臉上刺「劫」字，並塗黑色，以顯字跡。黵，污黑。⓭治　《隋書‧刑法志》作「治」。⓮陳令范泉徐陵等參定律令　指陳武帝在永定元年(西元五五七年)下令刪改科令。范泉、徐陵，分別為尚書刪定郎和吏部尚書。其時陳武帝得梁時明法吏，於是便命與范泉參定律令，後又敕徐陵及尚書僕射沈欽、兼尚書左丞宗元饒、兼尚書右丞賀朗共同參知其事(見《冊府元龜‧刑法部》)。⓯律三十卷令三十卷科三十卷　陳律、令、科之卷數，各書記載不同。《隋書‧刑法志》為「制律三十卷，令、律四十卷」；《冊府元龜‧刑法部‧定律令二》為「律三卷，令科四十卷」；《通典‧刑法二‧刑制中》為「律三十卷，科三十卷」。錄以備考。⓰請議禁錮之科　指對士人實施禁止入仕的刑罰。請議，據《隋書‧刑法志》當為「清議」。禁錮不僅對犯罪官吏本人，並包括其親屬亦終身禁止為官。此制，春秋時即已有之。《左傳‧成公二年》：「子反請以重幣錮之。」杜預注：「禁錮勿令仕。」雲夢秦簡有〈除吏律〉，對於被禁錮的人稱為「廢官」。西漢文帝時規定：「賈人贅婿及吏坐贓者，皆禁錮不得為吏。」(《漢書‧貢禹傳》)東漢時期禁錮之刑更被大量施用，東漢末年的「黨錮之禍」，便是以禁錮來懲處黨人的，李膺、陳寔之徒二百餘人，皆「禁錮終身」。南朝梁、陳，又重禁錮之科。⑰贓驗昭然而不欵　指罪證確鑿而不肯招供認罪。贓驗，贓狀露驗之簡語。贓指盜竊、搶劫、貪污、受賄之贓物；狀指殺人、傷人之實況。欵即「款」字，服罪。《唐律疏議・斷獄》疏議稱：「若贓狀露驗，謂計贓者見獲真贓，殺人者驗得實狀，贓狀明白，理不可疑。」⑱測立　又稱立測，梁時稱測罰，一種刑訊逼供的方法。梁測罰的對象是被捕後不肯招供的嫌疑犯，測罰的方法是先餓三天，以後才允許其家屬進粥二升，十天為限，以測其是否真有罪。而陳的測立比梁的測罰更為殘酷，罰立時還先要鞭杖再戴上鐐銬罰立。⑲垛　用土堆積成的小平臺。⑳劣　此作僅僅解。㉑兩械及至　兩械，指枷、鎖。枷，加在脖子上的刑具；鎖為鎖鏈。至，《隋書・刑法志》作「杻」。杻即手銬。㉒一上測七刻　指一次上測的時間，須戴械站在垛上七刻。古代以銅壺滴漏計時，一晝夜為一百刻，七刻相當於今一小時四十一點八分鐘。㉓日再上　指一天最多只能測立二次。㉔三七日上測　指經歷三次日上測。因上測滿三次便要減刑論處。㉕七日一行鞭　要間隔七天才能執行一次鞭刑。㉖凡經鞭杖一百五十得實不承者　意謂經過三次測立尚未供認罪責者。句中「實」字，《隋書・刑法志》作「度」，意為度過。因每次測立要鞭二十、杖三十，故三次即為鞭杖一百五十。陳制，凡經鞭杖一百五十仍不服罪者，可不必再訊，在死刑以下從輕處刑。㉗凡囚鞭杖著械　凡是處鞭杖之刑的囚犯，都要戴械在押。㉘徒著鎖　判處徒刑的犯人要戴鎖鏈。㉙死著三械　判處死刑的囚犯，要戴三種刑具，即枷、杻、鎖。㉚壺手　亦稱拲手。拲，即「拱」。《周禮・秋官司寇》：「凡囚者，上罪梏拲而桎。」鄭玄注：「拲者，兩手共一木也。」《隋書・刑法志》云：「死罪將決，乘露車，著三械，加壺手。至市，脫手械及壺手焉。」㉛依梁氏　指除上述提到的刑罰方法以外，陳之其他刑罰皆依梁制。

【語　譯】南朝的宋和齊刑律的篇目以及刑名制度，大體與《晉律》相同，只有贖罪除用黃金，還可以兼用絹。梁武帝建立梁朝後，便讓蔡法度、沈約等十人，在《晉律》的基礎上作點刪改補充，編成《梁律》二十篇，篇目是：一、〈刑名〉，二、〈法例〉，三、〈盜劫〉，四、〈賊叛〉，五、〈詐偽〉，六、〈受賕〉，七、〈告劾〉，八、〈討捕〉，九、〈繫訊〉，十、〈斷獄〉，十一、〈雜律〉，十二、〈戶律〉，十三、〈擅興〉，十四、〈毀亡〉，十五、〈衛宮〉，十六、〈水火〉，十七、〈倉庫〉，十八、〈廐律〉，十九、〈關市〉，二十、〈違制〉，定罪處刑的條文共有二千五百二十九條。關於刑罰的體制，比《晉律》增加了刑種，有一歲刑，半歲刑，百日刑，鞭杖二百，鞭杖一百，鞭杖五十、三十、〔二十〕、一十這樣一些等次。另外，加杖亦有八等差別。行刑使用的鞭，有制鞭、法鞭、常鞭三等。制鞭，直接由毛邊的生牛皮長條編成；法鞭，亦用生牛皮條編成，但去掉了毛邊；常鞭，是用熟牛皮做的。刑杖，有大杖、法杖、小杖三種等級，都用生篠荊條製成。犯劫掠罪的都要處斬；如果逢到恩赦，降為死罪以下刑罰的，那就要在臉上刻上一個「劫」字，髡鉗，再加鐵鎖終身。陳武帝建立陳朝，便命尚書刪定郎范泉、吏部尚書徐陵等共同參定陳朝的律令，編定了《律》三十卷、《令》三十卷和《科》三十卷，都是採擷前代的律令，使冗雜的條文得到條理和規範化。但總的說來，《陳律》綱目雖多，仍然只做到廣博而沒有達到簡要，它的制令側重於對士宦之家，有違請（清）議而施行的禁錮的科條。對於罪犯證據確鑿，事狀明白，仍然不肯招認的，那就要施行測立的刑罰。所謂立測，就是用土堆起一個一尺高的小垛，上面頂部是圓的，面積僅僅容得下囚犯的兩隻腳。測立之前，先要鞭打二十，笞杖三十；鞭笞完畢，然後給罪犯戴上枷、鎖的刑具，手上加銬，要他站到垛上去。每一上測，時間限定為七刻；每天只能上兩次。上測限定為三次。隔七天行一次鞭刑。凡是經過鞭打和笞杖一百五十能挺過來仍不招供認罪的，可以減在死刑以下論定他的罪行。對囚犯，凡是判處鞭杖的，執行時要戴上械具；判處徒刑的，關押時要上鎖；判為死刑的，押赴刑場時要戴三種刑具，另外再加壺手。陳朝的其餘刑律，都依照梁朝的體制。

八

後魏初，置四部大人，坐庭決辭訟，以言語約束，刻契記事，無刑名之制❶。至太武帝❷，始命崔浩❸定刑名，於漢、魏以來律除髡❹鉗五歲、四歲刑❺，增二歲刑；大辟有轘❻、腰斬、殊死❼、棄市❽四等，凡三百九十條，門房誅四條，大辟一百四十條，五刑二百三十一條❾，始置枷拘罪人。文成❿時，又增律條章⓫。至孝文⓬時，定律凡八百三十三章⓭，門房之誅十有六，大辟之罪二百三十，五刑三百七十七。

【章　旨】北魏編製刑律的沿革概況。

【注　釋】❶自「後魏初」至「無刑名之制」　由道武帝拓跋珪於西元三八六年建立之北魏，其宗室拓跋族原為鮮卑人，最初係生活於大興安嶺原始森林中之狩獵族，大約在東漢前期，才南遷至今呼倫貝爾草原的沼澤地帶。正是在南遷過程中，逐漸轉化為遊牧族，並與草原上其他遊牧族混居，又因其勇敢善戰而成為遊牧族首領。此時其社會形態大致還處於原始部落階段。故《魏書・刑罰志》云：「魏初，禮俗純樸，刑禁疏簡。」置四部大人，即指四部落酋長聯席會議。坐庭決辭訟，指在王庭前召集四部落酋長聯席會議，處理部落內部的各種糾紛。由於其時尚無文字，當然更沒有成文的法律條文，把四部大人議定的話在木片上刻成某種記錄符號，也就成了法定的判決。❷太武帝　北魏皇帝拓跋燾，在位自始光元年（西元四二四年）起，前後二十九年，終年五十四歲。時為南朝宋初年。❸崔浩　字伯淵，清河郡武成（今山東武成西）人。清河崔氏為北朝第一盛門，浩善於書法，太武帝以此常置於左右。曾為北魏謀劃滅赫連昌，擊敗柔然，取北涼。因與鮮卑貴族長孫嵩不和，以修史立石銘刊《國記》，盡述國初之事而被滅族。太武帝令崔浩改定律令事在神麚四年（西元四三一年）。❹髡　同「髠」。❺增一歲刑　《魏書・刑罰志》及《通典・刑法二》並作「增一年刑」。❻轘　用車分解犯人肢體以致死之酷刑。《左傳・桓公十八年》：「齊人殺子亹而轘高渠彌。」杜預注：「車裂曰轘。」❼殊死　指身首異處，俗稱砍頭。殊，絕也；異也。身首離異而死。❽棄市　於鬧市中執行死刑，暴屍街頭稱棄市。語出《禮記・王制》：「刑人於市，與眾棄之。」❾自「凡三百九十條」至「五刑二百三十一條」　此恐非神麚中崔浩修訂之律令數。《魏書・刑罰志》將此繫於正平元年（西元四五一年）拓跋燾去世之次年，恭宗拓跋晃即位當年，令游雅及中書侍郎胡方回等改定律令，「凡三百九十一條，門誅四，大辟一百四十，五刑二百二十一條」。《通典・刑法二》的記載與《魏書・刑罰志》同，唯其總數為三百七十條。門房誅，即族刑。北朝之世族重門第，一人犯重罪，滿門處死。如崔浩被殺時，「清河崔氏無遠近，范陽盧氏、太原郭氏、河東柳氏，皆浩之姻親，盡夷其族」（《魏書・崔浩傳》），可見其用刑之慘酷。五刑，北魏刑名。指流刑、徒刑、作刑、鞭刑、杖刑等刑罰。北魏死刑不在五刑之內。❿文成　文成帝，北魏皇帝拓跋濬。在位十三年，終年二十六歲。⓫增律條章　指增加法律篇目和條文。《魏書・刑罰志》云其「增律七十九章，門房之誅十有三，大辟三十五，刑六十二」。⓬孝文　孝文帝，北魏皇帝拓跋宏。「拓跋」後改姓為「元」。在位二十九年，終年三十三歲。據《魏書・刑罰志》記載，其初年曾詔中書令高閭集中秘官等，修訂過一次律令。⓭凡八百三十三章　《魏書・刑罰志》及《通典・刑法二》並作「八百三十二章」。北魏律《隋書・經籍志》有著錄，共二十卷，至唐末即已散佚。

【語　譯】北魏建立初期，由四個部落大人坐庭商議來判決一切辭訟，沒有成文的刑名制度，只是將部落大人的語言用符號刻錄在木片上，作為約束人們行為的規範。到太武帝時，方始命崔浩修訂刑律。參照採擷漢魏以來歷代刑法法典，除去髡鉗五歲刑、四歲刑，增加二歲刑；死刑有轘、腰斬、殊死、棄市四等，（恭宗正平元年由中書令游雅等改定律制），共有三百九十條，其中門房之誅四條，大辟一百四十條，五刑二百三十一條。從那時起，開始用枷來拘押犯人。高宗文成帝拓跋濬時，曾經增加不少刑法的條章。到高祖孝文帝時，再次修訂刑律，共有八百三十三章，其中門房之誅十六章，大辟罪二百三十章，五刑三百七十七章。

【說　明】北魏原是從一個原始的狩獵部族，既無自己文字，自然更談不上刑名法制；經過遷徙、融合漫長的歷史階段，才演進到成為強大的鮮卑族拓跋部，繼而建立代國，旋改國號為魏並稱帝，在併吞後燕、夏、北燕、北涼統一北方後，更成為與南朝對峙的北朝之一。

拓跋族的進化是以宣帝帶了原始部落走出原始森林南遷為起點的。到了穆帝時，出現了統一的部落聯盟，這時才有了極初步的、簡略的，卻又是極嚴峻的刑法。《魏書．序紀》記載穆帝八年時稱：「先是國俗寬簡，民未知禁。至是明刑峻法，諸部民多以違命得罪。凡後期者皆舉部戮之，或百室家相攜而赴死所，人問『何之？』答曰：『當往就誅。』」可見當時原始民是何等純樸馴順！直到太祖拓跋珪初年，戰爭中若有所俘獲，還是只對其中的牛馬羊有興趣，對被俘的人口，卻不知道如何利用，乾脆全部殺掉。如在太平登國六年（西元三九一年）平定衛展部，「收衛展子弟宗黨無少長五千餘人，盡殺之」（《魏書．太祖紀》）。到皇始元年（西元三九六年）已知道要建立國家，立國稱代。這一年「初建臺省，置百官，封拜公侯、將軍、刺史、太守，尚書郎已下悉用文人」（同上）。可以想見，其中有已經建立的那些國家的榜樣的作用，也少不了有漢人的幫助。至天興元年（西元三九八年）改國號為魏，至太武帝拓跋燾始光二年（西元四二五年）下令創制自己的文字，並著手準備制定成文法典，神䴥四年（西元四三一年）正式令「司徒崔浩改定律令」（《魏書．世祖紀》）。儘管在這樣一個幾乎是空白的基礎上產生的法典，很難超脫對先進的農業地區主要是漢人的現成法典的模仿或搬用，但對一個不久前還是沒有國家形式、沒有文字和成文典章制度的部族來說，已經是一次歷史性的飛躍。頗為難得的是，儘管北魏刑法嚴峻，但在它前期，還是做到了被史家讚譽為「吏清政平，斷獄省簡」（《魏書・高祖紀》）。不妨設想一下：如果它始終把自己封閉在原始森林中，不與處於不同社會發展階段的眾多部族或民族交往、爭戰和融合，那麼即使時代行進了幾千年，很可能它卻還停步在原來狀態。一個原始部族是這樣，一個巨大的民族大體亦是這樣；古代是如此，近代亦大致如此。一個封閉的民族或者國家是不可能進步的；只有在開放的條件下，通過與整個世界長期的交往、交流，才能在捨棄自己種種落後以至野蠻的東西的同時，吸取其他民族各種長處，整個民族才能發展、前進，才能真正建立起有健全法制的文明社會。

九

北齊初命，造新律未成[1]，文宣[2]猶採魏制，性忍暴，恣行酷虐，訊囚用車輻[3]壓踝，或使臂貫燒車釭[4]，或使立燒犁耳[5]上；常命憲司[6]先定死罪囚，置仗衛內，帝欲殺人，執以應命，謂之「供御囚」[7]。至武成[8]時，趙郡王叡[9]等造律成，奏上。凡十二篇：一、〈名例〉[10]，二、〈禁衛〉[11]，三、〈戶婚〉[12]，四、〈擅興〉[13]，五、〈違制〉[14]，六、〈詐偽〉[15]，七、〈鬭訟〉[16]，八、〈盜賊〉[17]，九、〈捕斷〉[18]，十、〈毀損〉[19]，十一、〈廄牧〉[20]，十二、〈雜律〉[21]，凡定罪九百四十九條，大抵採魏、晉故事[22]。其制刑名五：一曰死，重者轘[23]之，其次梟首[24]，其次斬[25]，其次絞[26]。二曰流刑，鞭、笞各一百，髡之，投邊裔，未有道里之差，以六年為限[27]。三曰刑罪，即耐罪[28]也，有五歲、四歲、三歲、二歲、一歲之差，凡五等，各加鞭一百，其五歲者又加笞八十，四歲六十，三歲三十㉙，二歲二十，一歲無笞，並鎖輸左校㉚。四曰鞭㉛，有一百、八十、六十、五十、四十之差，凡五等。五曰杖㉜，有三十、二十、十之差，凡三等。贖罪舊以金，晉代以中絹㉝。罪刑年者鎖㉞，無鎖以枷，流罪已上加杻械㉟，死罪桁㊱之。又制立重罪十條為十惡㊲。

【章旨】北齊編製刑法典的過程及其主要內容。

【注釋】❶北齊初命造新律未成　指北齊文宣帝高洋，於天保元年（西元五五〇年）採用司徒功曹張老建議，「始命群官議造齊律，積年不成」（《隋書·刑法志》）。❷文宣　文宣帝，北齊皇帝高洋。在位十年，終年三十三歲。❸車輻　車輪中湊集於中心轂上的直木。❹車釭　車轂內外口之鐵圈，用以穿軸。❺犁耳　鐵犁之上端。❻憲司　泛指執掌司法審判之機構，如大理寺。❼供御囚　專供文宣帝高洋興來時任意殘殺的死刑囚犯。據《隋書·刑法志》記載，高洋自天保六年（西元五五五年）後，「以功業自矜，恣行酷暴，昏狂酗醟，任情喜怒。為大鑊、長鋸、剉碓之屬，並陳於庭，意有不快，則手自屠裂，或命左右臠噉，以逞其意。時僕射楊遵彥，乃令憲司先定死罪囚，置於仗衛之中，意欲殺人，則執以應命，謂之供御囚，經三月不殺者，則免其死。」看來高洋在二十九歲以後，精神已經失常，《北齊書·文宣帝紀》對其行狀有這樣一段描述：「或躬自鼓舞，歌謳不息，從旦通宵，以夜繼晝；或袒露形體，塗傅粉黛，散髮胡服，雜衣錦綵，拔刃張弓，遊於市肆」；「凡諸殺害，多令肢解，或焚之於火，或投之於河。沈酗既久，彌以狂惑，至於末年，每言見諸鬼物，亦云聞異音聲」，分明是一個由變態心理導致虐殺狂。但封建體制和傳統法律卻不可能對已處於這種精神狀態下的皇帝有任何制約，也絕不會有哪個太醫膽敢對他的此類病癥作出如實的論定，近旁大臣最多只能像楊遵彥那樣用「供御囚」這種可悲又可嘆的辦法來臨時滿足一下皇帝的變態心理聊以自存，至於整個國家的臣民，只得依然默默忍受一個瘋子或準瘋子的狂亂統治。這是中國帝皇制度為自己設下的一道難題。❽武成　北齊皇帝高湛。在位四年，終年三十二歲。❾趙郡王叡　叡，指高叡，北齊宗室。趙郡王為其封號。小名須拔，其父高琛係高歡兄弟，被歡杖斃，叡為高歡扶養長大。武成帝執政時，拜司空，攝錄尚書事。河清三年（西元五六四年）《齊律》十二篇成，由高叡領銜奏上。實際上《齊律》始自文宣帝高洋，至武成帝時完成，前後歷時十五年。❿名例　《齊律》篇名。相當於漢之〈具律〉，魏改名為〈刑名〉，晉分為〈刑名〉、〈法例〉二篇，北齊又合二為一。⓫禁衛

《齊律》篇名。晉創制〈宮衛律〉，北齊將關禁附之，改為此名。

⓬戶婚　《隋書・刑法志》作「婚戶」。《唐律疏議》卷十二戶婚上疏議曰：「〈戶婚律〉，〔漢〕迄至後周，皆名〈戶律〉。北齊以婚事附之，名為〈婚戶律〉。」

⓭擅興　《齊律》篇名。《唐律疏議》卷十六稱北齊定為〈興擅律〉，隋開皇才改為〈擅興律〉。但《隋書・刑法志》及《通典・刑法二》均記北齊為〈擅興律〉。

⓮違制　《齊律》篇名。起於《晉律》，北齊沿之，隋開皇時改為〈職制律〉，言職司法制。

⓯詐偽　《齊律》篇名。始於魏分漢之〈賊律〉為之，北齊因之。

⓰鬬訟　《齊律》篇名。始於北魏太和年間，分〈繫訊律〉為〈鬬律〉，北齊以訟事附之，因有此名。隋、唐律皆沿此不改。

⓱盜賊　《齊律》篇名。李悝《法經》有〈盜法〉、〈賊法〉二篇，自秦漢至北魏皆分為〈賊律〉、〈盜律〉二篇，北齊則將其合為〈盜賊律〉。又，《隋書・刑法志》及《通典・刑法二》並作「賊盜」；《唐律疏議》卷十七疏議亦稱「北齊合為〈賊盜律〉」。

⓲捕斷　《齊律》篇名。李悝《法經》有〈捕法〉篇，《晉律》有〈捕律〉與〈斷律〉，北魏有〈捕亡律〉，北齊合晉二律而名此。

⓳毀損　《齊律》篇名。《魏律》與《晉律》皆有〈毀亡律〉，北齊因之而更名〈毀損律〉。

⓴廄牧　《齊律》篇名。漢制《九章》創〈廄律〉，魏把廄事分散於諸篇，晉以牧事合之，定名為〈廄牧律〉，北魏太和中一度更名為〈牧產律〉，至正始年間復名為〈廄牧律〉，北齊因之。

㉑雜律　《齊律》篇名。李悝《法經》有〈雜法〉的篇目，歷代皆因之，改名為〈雜律〉，北齊亦因之不改。

㉒大抵採魏晉故事　句中「故事」指與律令條文並行的刑法制度。如漢建武有《律令故事》上、中、下三篇，晉賈充為《故事》三十卷，皆與律令並行。又，此句在《隋書・刑法志》及《通典・刑法二・刑制中》皆作「又上《新令》三十卷，大抵採魏晉故事」。故採魏晉故事者，非指《齊律》十二篇，而是齊《新令》三十卷。

㉓轘　用車分解肢體致死。

㉔梟首　《隋書・刑法志》及《通典・刑法二・刑制中》在「梟首」下，皆有「並陳屍三日，無市者列於鄉亭」。

㉕斬　《隋書・刑法志》及《通典・刑法二・刑制中》皆作「斬刑，殊身首」。

㉖絞　《隋書・刑法志》及《通典・刑法二・刑制中》皆作「絞刑，死而不殊」。殊，絕也。不殊指保留屍體的完整。

㉗自「二曰流刑」至「以六年為限」　此長句《隋書・刑法志》及《通典・刑法二・刑制中》所記更詳，引錄如下：「二曰流刑，謂論犯可死，原情可降，鞭笞各百，髡之，投於邊裔，以為兵卒，未有道里之差，其不合遠配者，男子長徒，女子配舂，並六年。」投於邊裔，指流放到邊境地區。對判流刑犯的鞭笞亦規定：「鞭其背，五十一易執鞭人」；「笞者笞臀，而不中易人」（《隋書・刑法志》）。

㉘耐罪　不剃去頭髮服勞役的刑罰。一般是二年至四年，共三等，如《晉律》便是。《齊律》的耐刑增一歲及五歲刑，共五等，作為耐罪刑罪即徒刑。

㉙三歲三十　《隋書・刑法志》及《通典・刑法二・刑制中》並作「四十」。

㉚鎖輸左校　以鐵鎖鏈繫頸押送左校署服勞役。北齊太府有左校署，主管木工；右校署主管泥工。

㉛鞭　北齊制，作為刑具的鞭，

其「鞭鞘皆用熟皮，削去廉稜。鞭瘡長一尺」(《隋書·刑法志》)。㉜杖　北齊制，作為刑具的杖，「長三尺五寸，大頭徑二分半，小頭徑一分半。決三十以下者，杖長四尺，大頭徑三分，小頭徑二分」(《隋書·刑法志》)。㉝晉代以中絹　《隋書·刑法志》及《通典·刑法二·刑制中》均作「皆代以中絹」，「晉」當為「皆」之誤。以絹贖罪有十五等之差，其具體規定為：「死，百匹，流，九十二匹，刑五歲，七十八匹，四歲六十四匹，三歲五十匹，二歲三十六匹。各通鞭笞論，一歲無笞，則通鞭二十四匹；鞭杖每十，贖絹一匹；至鞭百，則絹十匹。無絹之鄉，皆準絹收錢。」(《隋書·刑法志》)㉞罪刑年者鎖　指判一年徒刑以上，即須以鎖鏈繫頸。㉟杻械　木製的手銬。㊱桁　以木械挾腳及頸。㊲十惡　指十大重罪。歷代所列有異。據《隋書·刑法志》北齊所定十條重罪是：「一曰反逆，二曰大逆，三曰叛，四曰降，五曰惡逆，六曰不道，七曰不敬，八曰不孝，九曰不義，十曰內亂。」

【語譯】北齊立國之初，就下令要創制新的刑律，但是沒有完成，所以在文宣帝時，還是採用北魏的舊制。文宣帝高洋，性格殘忍暴烈，恣心任意搞酷虐。刑訊囚犯時，用車輻碾壓犯人的踝骨，或者要他用手臂去套燒紅的車釭，或者逼他站立到燒紅的犁耳上去。還經常叫有關司法機構把一些預先判為死刑的囚犯，關在內庭由仗衛看管，一到高洋發起性來想要殺人時，便把這些囚犯牽出來供他任意殘殺，這些囚犯就稱之為「供御囚」。到武成帝高湛時，由趙郡王高叡等編訂的《北齊律》宣告完成，並奏上後頒佈施行。《北齊律》有十二篇：一、〈名例〉，二、〈禁衛〉，三、〈戶婚〉，四、〈擅興〉，五、〈違制〉，六、〈詐偽〉，七、〈鬬訟〉，八、〈盜賊〉，九、〈捕斷〉，十、〈毀損〉，十一、〈廄牧〉，十二、〈雜律〉，確定罪名的共有九百四十九條，(又上《新令》四十卷)，大體上採用的都是魏晉《故事》。北齊法制的體例，刑罰名稱有五類：一是死刑，分四等，最重為車裂，其次是梟首，再次是斬首，第四等為絞刑；二是流刑，先鞭、笞各一百下剃去髮鬚，再流放到邊遠地區去，不論流放距離遠近有多大差別，時間上都以六年為限；三是刑罪，也就是過去的耐罪，在時間上有五年、四年、三年、二年、一年的區別，總共有五個等級。都要另加鞭刑一百，判五年刑的，還要加笞杖八十，四年的六十，三年的三(四)十，二年的二十，一年刑的可以免笞，都戴上鎖鏈押送到左校署去服勞役；四是鞭刑，有一百、八十、六十、五十、四十的區別，總共是五等；五是杖刑，有三十、二十、一十的差別，總共三等。贖罪過去規定用金子，北齊都改用中絹。判刑滿年在押的罪犯，都要繫上鎖鏈，沒有鎖鏈就用枷。

流刑罪以上的加上杻械，死罪的加木械挾住頸和雙腳。另外制定重罪十條，稱之為「十惡」。

【說　明】《北齊律》完成於河清三年（西元五六四年），其實早在北魏末高歡執政時，便令「〔封〕隆之參議麟趾閣，以定新制」（《北齊書・封隆之傳》），所以《麟趾格》是高歡定的。至東魏靜帝天平中，又令封述「增損舊事為《麟趾新格》，其名法科條，皆述刪定」（《北齊書・封述傳》）。北齊建國後，再次提出修訂律令，便是以《麟趾格》為基礎來進行的。如從天保元年（西元五五〇年）起算，前後也長達十五年時間。除本章所述《北齊律》十二篇外，還有《新令》四十卷，大抵採自魏晉《故事》；又對「其不可為法定者，別制《權令》二卷，與之並行。後平秦王高歸彥謀反，須有約罪，律無正條，於是遂有《別條權格》，與律並行」（《隋書・刑法志》）。雖然《北齊律》是以高叡領銜具名上奏的，實際參加修訂的，前後卻有多人。如《北齊書・崔昂傳》提到：文宣帝時敕令崔昂及尚書右僕射薛琡等四十三人刪定律令，昂「奉敕之後，彌自警勗，部分科條，校正今古所增損十有七八」。另一個參加修訂律令的重要人物便是早年參加過《麟趾新格》修訂的封述，在河清三年（西元五六四年）頒佈的《北齊律》，封述又奉命與錄尚書趙彥深、僕射魏收、尚書陽休之、國子祭酒馬敬德等一起參加議定（據《北齊書・封述傳》）。可見《北齊律》是先後集中了多人智慧的結果，決非一蹴而就。南北朝所修訂的諸律，北朝優於南朝；而北朝則北齊優於北周，《北齊律》是後來隋唐修律的底本，是《晉律》以後唯一經過長期認真修訂的律文。故《北齊律》向以「法令明審，科條簡要」而著稱。但紙上的東西，並不一定都能轉化為現實。有時條文訂得雖好，實際執行情況卻可能是另外一回事。北齊有一部較好的法典，它的執行狀況卻非常糟糕。在實施過程中，常常由於「大理明法，上下比附，欲出則附依輕議，欲入則附從重法，姦吏因之，舞文出沒」（《隋書・刑法志》），更何況還出過像高洋那樣以酷虐殺人為樂事的皇帝呢！所以就北齊實際施行的刑罰而言，始終是一個殘酷而又苛濫的時代。

十

後周命趙肅❶等造律，保定中奏之❷，凡二十五篇：一、〈刑名〉，二、〈法例〉❸，三、〈祠享〉❹，

四、〈朝會〉❺，五、〈婚姻〉，六、〈戶禁〉❻，七、〈水火〉❼，八、〈興繕〉❽，九、〈衛宮〉❾，十、〈市廛〉❿，十一、〈鬬競〉⓫，十二、〈劫盜〉，十三、〈賊叛〉⓬，十四、〈毀亡〉⓭，十五、〈違制〉⓮，十六、〈關市〉⓯，十七、〈諸侯〉⓰，十八、〈廄牧〉⓱，十九、〈雜犯〉⓲，二十、〈詐偽〉⓳，二十一、〈請求〉⓴，二十二、〈告劾〉㉑，二十三、〈逃亡〉㉒，二十四、〈繫訊〉㉓，二十五、〈斷獄〉㉔，大凡定罪一千五百三十七條，比於《齊律》，煩而不當。其刑名之制，一曰杖刑五：自十至五十；二曰鞭刑五：自六十至于百；三曰徒刑五：徒一年者鞭六十、笞十，二年、三年、四年、五年，皆遞加一十，至鞭一百、笞五十；四曰流刑㉕五：流二千五百里者鞭一百、笞六十，以五百里為差，鞭、笞皆加十，至流曰千五百里㉖者鞭、笞各一百，以六年為限；死刑㉗五：一曰磬㉘，二曰絞，三曰斬，四曰梟，五曰裂㉙。五刑之屬各有五，合二十五等。其贖罪，金、絹兼用㉚。凡囚死罪枷而拲㉛，流罪枷而梏㉜，徒罪枷，鞭罪桎㉝，杖罪散㉞。至武帝㉟又造《刑書要制》㊱，與律兼行。至宣帝㊲殘酷，廣《刑經要制》為《刑經聖制》，謂之《法經》㊳，有上書字誤，鞭二百四十，名曰「天杖」；又作礔礰車㊴，以威婦人。

【章　旨】北周編製刑法典概況。

【注　釋】❶趙肅　字慶雍，河南洛陽人，世居河西。曾為殿中侍御史，後除廷尉卿。早年宇文泰命趙肅撰定法律，史稱其「積思累年，遂感心疾而死」(《隋書・刑法志》)。❷保定中奏之　保定，北周武帝宇文邕年號。《通典・刑法二・刑制中》稱：

北周武帝保定三年（西元五六三年），「司憲大夫拓拔迪奏新律，謂之大律」。❸法例　《北周律》篇名。晉於魏〈刑名律〉分為〈刑名〉、〈法例〉二篇，北周循之。❹祠享　《北周律》篇名。《隋書・刑法志》及《通典・刑法二・刑制中》均作「祀享」。❺朝會　此律唯北周有置。❻五婚姻六戶禁　均為《北周律》篇名。自漢至晉皆只設〈戶律〉，北齊以婚事附之，為〈戶婚律〉，北周則將「婚姻」與「戶禁」分為二篇，足見南北朝時期對婚姻門第的重視，嚴格嫡庶區別，禁止良賤之間通婚，對奴婢、隸戶、雜戶等，在戶籍管理上有嚴格的限制。❼水火　《北周律》篇名。原屬〈雜律〉，《晉律》將其單獨成篇，北周沿之。隋唐則復置〈雜律〉。❽興繕　《北周律》篇名。《晉律》原作〈擅興律〉，北周改此，隋唐復為〈擅興律〉。❾衛宮　《北周律》篇名。始於《晉律》，北齊改作〈衛禁〉，北周仍依晉名。❿市廛　《北周律》篇名。《晉律》有〈關市〉之篇，北周將其分為〈市廛〉與〈關津〉二篇。⓫鬭競　《北周律》篇名。始於北魏太和年間。北齊曾改作〈鬭訟〉。⓬十二劫盜十三賊叛　均為《北周律》篇名。晉以前諸律皆有此二篇，唯《北齊律》將其合而稱之為〈盜賊律〉，《唐律》承《北齊律》。⓭毀亡　《北周律》篇名。魏晉律皆有此。⓮違制　《北周律》篇名。始於晉，北齊與北周皆承之。⓯關市　《隋書・刑法志》及《通典・刑法二・刑制中》皆作「關津」。以「關津」為是。⓰諸侯　《北周律》篇名。起自晉，北周承之。⓱廐牧　《北周律》篇名。《漢律》已有此，晉以牧事合之，始有〈廐牧律〉，北魏太和中，更名〈牧產律〉，至正始年間復名為〈廐牧律〉，北周因之。⓲雜犯　《北周律》篇名。李悝《法經》首制〈雜法〉，以後各代歷相因襲，北周始改名為〈雜犯律〉。⓳詐偽　《北周律》篇名。自魏從秦〈賊律〉分出〈詐偽〉單獨成篇，歷代皆因之，北周亦沿此不改。⓴請求　《北周律》篇名。求，通「賕」。《魏律》有〈請賕〉，分自《漢律》中〈盜律〉、〈雜律〉、〈令乙〉諸篇相關內容而成：「〈盜律〉受所監有受財枉法，〈雜律〉有假借不廉，〈令乙〉有呵人受錢，科有使者驗賂，其事相類，故分為〈請賕律〉。」（《晉書・刑法志》）歷代因之，北周沿此不改。㉑告劾　《隋書・刑法志》及《通典・刑法二・刑制中》「告劾」並作「告言」。北周則沿魏晉〈告劾〉之舊。㉒逃亡　《北周律》篇名。李悝之《法經》有〈捕法〉，《晉律》稱〈捕律〉，北魏時更名為〈捕亡律〉，北齊再改為〈捕斷律〉，北周則名此。又，《唐律疏議》卷二十八則謂北周名〈逃捕律〉。㉓繫訊　《北周律》篇名。魏晉之律皆有〈繫訊律〉，北周承之。㉔斷獄　《北周律》篇名。魏分李悝〈囚法〉而始有此篇，北齊以此與〈捕律〉相合，稱為〈捕斷律〉，北周則沿魏晉之制。㉕流刑　此刑北周與北齊有所區別。北齊流刑「未有道里之差」，而北周則規定流放地區以離京師二千五百里為起點，五百里為一級等差，共分為五等，最遠至四千五百里。㉖曰千五百里　《隋書・刑法志》作「四千五百里」。「曰」當是「四」字之誤。㉗死刑　依以上文例，此處似亦應為「五曰死刑」。《隋書・刑法志》正作「五曰死刑」。㉘罄　古代較輕的一種死刑。《禮記·文王世子》：「公族其有死罪，則磬于甸人。」即對犯死罪的貴族，作較為體面的處理：於郊野隱蔽處懸縊殺之。「磬」與「罄」同，懸縊。甸人，掌郊野之官。北周倣行周制，故有此設。㉙裂　即車裂，處死後再用車肢解其屍體。一說用車生裂其肢體致死。㉚其贖罪金絹兼用　據《隋書·刑法志》，北周以金贖罪規定為：「其贖杖刑五，金一兩至五兩；贖鞭刑五，金六兩至十兩；贖徒刑五，一年金十二兩，二年十五兩，三年一斤二兩，四年一斤五兩，五年一斤八兩；贖流刑，一斤十二兩，俱役六年，不以遠近為差等；贖死罪，金二斤。」若金折成絹，則為：「應贖金者，鞭杖十，收中絹一匹；流徙者，依限歲收絹十二匹；死罪者，一百匹。」㉛枷而拲　枷為戴於頸項之木製刑具；拲謂兩手同入一刑具，如拱手之狀。枷而拲，指死刑犯戴枷時兩手同械。㉜枷而梏　梏，即手梏，或稱手銬。流刑犯服刑時，要戴枷和手梏。㉝桎　拘束犯人兩腳之刑具。北周處鞭刑的要上腳械。㉞散　不戴刑具。北周處杖刑的罪犯不戴刑具。㉟武帝　北周皇帝宇文邕，在位十七年，終年三十六歲。㊱刑書要制　周武帝於建德六年（西元五七七年）頒佈之法典。《隋書·刑法志》稱：「建德六年，齊平後，帝欲施輕典於新國」，「其年，又為《刑書要制》以督之」。又，下句中《刑經要制》，誤，亦應為《刑書要制》。㊲宣帝　北周皇帝宇文贇。前後在位僅一年，終年二十二歲。㊳法經　《隋書·刑法志》作「《刑經》」。㊴礔礰車　即霹靂車。本是古代攻戰之具，能以機發石，周宣帝用以作為恣行暴虐之刑具。

【語　譯】　北周命趙肅等編修刑律，到周武帝保定三年編修完成向皇帝上奏。《北周律》共有二十五篇：一、〈刑名〉，二、〈法例〉，三、〈祠享〉，四、〈朝會〉，五、〈婚姻〉，六、〈戶禁〉，七、〈水火〉，八、〈興繕〉，九、〈衛宮〉，十、〈市廛〉，十一、〈鬬競〉，十二、〈劫盜〉，十三、〈賊叛〉，十四、〈毀亡〉，十五、〈違制〉，十六、〈關市〉，十七、〈諸侯〉，十八、〈廄牧〉，十九、〈雜犯〉，二十、〈詐偽〉，二十一、〈請求〉，二十二、〈告劾〉，二十三、〈逃亡〉，二十四、〈繫訊〉，二十五、〈斷獄〉，確定罪名的，共有一千五百三十七條。與《北齊律》相比，《北周律》顯得繁瑣而不得要領。它的刑名體制，一是杖刑，分五等，從十到五十；二是鞭刑，分五等，從六十到一百；三是徒刑，分五等，徒刑一年的，附加鞭六十、笞十；徒刑二年、三年、四年、五年的，都遞加十，增加到鞭一百、笞五十；四是流刑，分五等，流放二千五百里的，附加鞭一百、笞六十；二千五百里以上的，以每增五百里為等差，並增附加的鞭、笞各十，一直到最遠流放四千五百里的，附加鞭、笞各一百，流放時間都以六年為限；五是死刑，也分五等，一是罄，二是絞，三是斬，四是梟，五是裂。以上五種刑罰各自又分成五等，合在一起就是二十五等。關於贖罪，規定金、絹可以並用。罪犯戴刑具，規定是：死罪，戴枷再加拲；流罪，戴枷再加梏；徒刑罪，只戴枷；杖罪，可以散開手腳，不上刑具。周武帝末年，又編修《刑書要制》，與《北周律》並行。到了周宣帝，刑罰十分殘酷，擴大《刑經（書）要制》篇幅，改稱《刑經聖制》，把它奉為《法經》。其中譬如向上的奏書有錯字，就要鞭打二百四十下，還稱之為「天杖」。又製造一種礔礰車，用來威嚇婦女。

【說明】《隋書．刑法志》曾對北周與北齊的刑法作過比較，認為前者「大略滋章，條流苛密，比之齊法，煩而不要」。這自然是有根據的，不過也不能因此而對《北周律》一概否定。事實上，隋代的《開皇律》除了以《北齊律》為基礎外，亦有不少吸收自《北周律》的。如五刑中的流刑，北齊沒有距離遠近的差別，北周則以距離的遠近分為五等，量刑時更能符合不同對象。此外，如婚姻問題單獨列為一篇，亦應是一個進步。因而隋人對宣帝的批評，可能出自楊堅受禪的政治需要，不能完全憑信。實際上參預修訂《開皇律》的裴政，便曾「參定周律」（《隋書．裴政傳》），而裴政又出身於蕭梁。

十一

隋開皇元年❶，命高熲等七人定律❷；至三年，又敕蘇威❸、牛弘❹刪定，凡十二篇❺，並蠲除前代梟首、轘裂及鞭刑❻，又依北齊置十惡❼；應贖者，皆以銅代絹❽。煬帝❾以開皇《律》、《令》猶重，除十惡之條，更制大業律❿，凡十八篇：一、〈名例〉，二、〈衛宮〉，三、〈違制〉，四、〈請求〉，五、〈戶〉，六、〈婚〉，七、〈擅興〉，八、〈告劾〉，九、〈賊〉，十、〈盜〉，十一、〈鬭〉，十二、〈捕亡〉，十三、〈倉庫〉，十四、〈廄牧〉，十五、〈關市〉，十六、〈雜〉，十七、〈詐偽〉，十

八、〈斷獄〉。其五刑之內降從輕典者，二百餘條。末年嚴刻，生殺任情，不復依例⑪。及楊玄感反⑫，誅九族⑬，復行轘裂、梟首，磔而射之⑭。

【章旨】隋代修律的過程。

【注釋】❶開皇元年　即西元五八一年。開皇為隋文帝楊堅年號。❷命高熲等七人定律　高熲，字昭玄，一名敏，自云渤海蓨（今河北陽信）人。與高熲一起定律的據《隋書·刑法志》有鄭譯、楊素、常明、韓濬、李諤、柳雄亮等。❸蘇威　字無畏，京兆武功（今陝西武功西）人。開皇初任御史大夫、刑部尚書。實際參與《開皇律》修訂的，還有裴政等十餘人。《隋書·裴政傳》：「詔與蘇威等修定律令。採魏、晉刑典，下至齊、梁，沿革輕重，取其折衷。同撰著者十有餘人，凡疑滯不通，皆取決于政。」裴政原是南朝蕭梁人，由西梁入周，曾參定《北周律》。故隋之《開皇律》實為結合北齊、北周和南朝的《梁律》，上溯至《漢律》和魏、晉律而成。❹牛弘　字里仁，安定鶉觚（今甘肅涇川）人。本姓寮氏，賜姓牛氏。❺凡十二篇　《開皇律》十二篇之篇名及條文數，《隋書·刑法志》有錄。其文為：「除死罪八十一條，流罪一百五十四條，徒杖等千餘條，定留唯五百條，凡十二卷。一曰〈名例〉，二曰〈衛禁〉，三曰〈職制〉，四曰〈戶婚〉，五曰〈廄庫〉，六曰〈擅興〉，七曰〈賊盜〉，八曰〈鬬訟〉，九曰〈詐偽〉，十曰〈雜律〉，十一曰〈捕亡〉，十二曰〈斷獄〉。自是刑網簡要，疏而不失。於是置律博士弟子員，斷決大獄，皆先牒明法，定其罪明，然後依斷。」❻並蠲除前代梟首轘裂及鞭刑　隋《開皇律》刑名中死刑僅二等，即絞和斬，蠲除了梟首、轘裂之法。流刑有三等，一千里居作二年，一千五百里居作二年半，二千里居作三年；近流加杖一百，一等加三十。比北周、北齊輕，又取消了鞭刑。徒刑有一年、一年半、二年、二年半、三年五等，不再設五年、四年刑，亦比北齊、北周輕。杖刑與笞刑則基本相同。在頒佈《開皇律》的詔書中，說明所以要廢除梟首、轘及鞭刑的原因：「夫絞以致斃，斬則殊刑，除惡之體，於斯已極。梟首、轘身，義無所取，不益懲肅之理，徒表安忍之懷。鞭之為用，殘剝膚體，徹骨侵肌，酷均臠切。雖云遠古之式，事乖仁者之刑。梟轘及鞭，並令去也。」❼依北齊置十惡　隋置十惡之條，多採北齊之制，但也有所損益。據《隋書·刑法志》載錄，《開皇律》之十惡為：「一曰謀反，二曰謀大逆，三曰謀叛，四曰惡逆，五曰不道，六曰大不敬，七曰不孝，八曰不睦，九曰不義，十曰內亂。犯十惡及故殺人獄成者，雖會赦，猶除名。」

十惡遇赦而不赦，故俗稱「十惡不赦」。❽應贖者皆以銅代絹　指贖罪北齊以絹、北周金、絹兼用，隋則概以銅代。其具體規定為：「贖銅一斤為一負，負十為殿。笞十者銅一斤，加至杖百則十斤。徒一年贖銅二十斤，每等則加銅十斤，三年則六十斤矣。流一千里，贖銅八十斤，每等則加銅十斤，二千里則百斤矣。二死皆贖銅百二十斤。」（《隋書・刑法志》）二死，指絞、斬兩種死刑。❾煬帝　隋朝皇帝楊廣。在位十三年，終年五十歲。❿更制大業律　煬帝即位後所敕修之律令，於大業三年（西元六〇七年）完成並頒行，故稱《大業律》。其律共十八篇，大抵折衷於《開皇律》與《北周律》之間，如把原來的〈戶婚〉、〈賊盜〉、〈廄庫〉三律，分為〈戶〉、〈婚〉、〈賊〉、〈盜〉、〈倉庫〉和〈廄牧〉六篇，又增設了〈告劾〉、〈關市〉二律等。這些變動，大都為《北周律》原有的篇名。⓫不復依例　指不再依據刑名、法例。⓬楊玄感反　楊玄感，司徒楊素之子，弘農華陰（今陝西華陰）人。楊素助楊廣取得帝位，故深得煬帝寵信。大業九年（西元六一三年），煬帝征遼東，以楊玄感為黎陽督運，玄感起兵反煬帝，圍東都洛陽，兵敗被殺。為了懲治楊玄感的反叛，煬帝又復族誅之刑，「罪及九族，其尤重者，行環裂梟首之刑。或磔而射之，命公卿已下，臠噉其肉」（《隋書・刑法志》）。⓭九族　據《尚書・堯典・釋文》、《禮記・喪服小記》及《明律》、《清律》的解釋，所謂九族，指直系親自本身上推而父、祖、曾祖、高祖，再自本身下推而子、孫、曾孫、玄孫為止；旁系親以自本身橫推而兄弟、從兄弟、再從兄弟、族兄弟為止。⓮磔而射之　將犯人處死後，分裂其肢體，懸首張屍示眾，並以箭射其首級。

【語　譯】隋文帝開皇元年，要高熲等七人制定律法，到開皇三年，又下敕文叫蘇威、牛弘修改刪定，共有十二篇。《開皇律》廢除了前代刑法死刑中的梟首和轘裂，取消了鞭刑，又依照《北周律》有關「十惡」的規定，略作調整，列出了隋的「十惡」條目。允許以贖代刑的，《開皇律》規定一概以納銅來代替以往的納絹。隋煬帝即位後，認為開皇的律和令仍然偏重，因而除去了有關「十惡」的條文，又另外制訂了《大業律》，共十八篇。篇名是：一、〈名例〉，二、〈衛宮〉，三、〈違制〉，四、〈請求〉，五、〈戶〉，六、〈婚〉，七、〈擅興〉，八、〈告劾〉，九、〈賊〉，十、〈盜〉，十一、〈鬭〉，十二、〈捕亡〉，十三、〈倉庫〉，十四、〈廄牧〉，十五、〈關市〉，十六、〈雜〉，十七、〈詐偽〉，十八、〈斷獄〉。其中有關五刑刑罰的條文，改得比《開皇律》更輕的，有二百多條。隋煬帝到了晚年，變得嚴厲而苛刻，生殺任意，不再依照律文和前例。楊玄感起兵作亂，被誅滅九族，又恢復了死刑中的轘裂、梟首這一類酷刑，處了磔刑分解屍體後，還要把頭顱掛起來，叫人對著射箭。

【說　明】 隋律中的《開皇律》，就其直接繼承關係而言，是以《北齊律》為基調，兼收了南朝《梁律》及《北周律》的部分內容；而在南北朝時期，無論哪一個律本，都脫不開與《魏律》和《晉律》的聯繫，魏、晉律則又是李悝《法經》歷經秦漢沿革變化的產物，翻開《開皇律》，這條長達一千餘年的相承相襲的脈絡清晰可見。就說作為刑罰體制的五刑吧，由從先秦沿襲下來的黥、劓、刖、宮、梟首、轘、磔這些殘酷的刑種，經過漢初就開始的有關廢除肉刑的漫長的爭論，到《開皇律》終於最後定型為死、流、徒、杖、笞這五個刑種、十五個等差的處罰方式。因而不妨說，《開皇律》既是秦漢以來歷代法典的提煉和總結，又為以後更完備的《唐律》開了張本，在中國法制史上，實有承前啟後的劃時代的意義。

但法制的完善，應包括兩個方面：一是成文的法典，二是實施法典的相應體制。由秦而隋，律令條文因不斷修訂而逐漸趨向規範，而司法審理體制及其程序，卻基本未變。最明顯的是兩條：一是司法從屬於行政，因而行政部門可以直接干預司法審判；二是立法與司法不分，皇帝作為最高立法者，同時又常常成為具有絕對意義的終審執法者。正是這兩條，使得再好的法典，在實施過程中也難免帶有很大的隨意性和不穩定性。隋文帝楊堅在敕令修訂刑法律令條文時，強調的是除苛慘之法，以輕代重，化死為生；同一個楊堅，卻可以在殿庭上以個人一時的喜怒好惡而任意以杖殺人。由於皇帝是立法和執法的兼具者，官吏們自然會利用他的喜怒哀樂的情緒變化而在執法時畸輕畸重或竟至法外定罪。下述事例就發生在隋文帝時期：「大理寺丞楊遠、劉子通等，性愛深文，每隨牙奏獄，能承順帝旨。帝大悅，並遣於殿庭三品行中供奉，每有詔獄，專使主之。候帝所不快，則以重抵，無殊罪而死者，不可勝原。遠又能附楊素，每於塗中接候，而以囚名白之，皆隨素所為輕重。其臨終赴市者，莫不塗中呼枉，仰天而哭。」(《隋書・刑法志》)文帝楊堅如此，煬帝楊廣也是如此。楊廣在命人修《大業律》時，認為《開皇律》還偏重，所以修新律的目的是為了減輕刑罰。然而在楊玄感作亂後，他一怒之下，不僅大幅度提高重刑，而且還恢復了轘裂、梟首等酷刑；連以暴烈著聞的秦法也只有誅夷三族，他竟增加到殺絕九族，還有何法制的穩定性可言！當然就社會歷史的角度來說，法律制度既是整個國家機器的組成部分，又有其相對獨立性和自身發展規律。因而隨著社會的向前發展，刑法法典必然要通過不斷修訂逐步趨向完善，並反過來促使司法實踐或遲或早也實現規範化，不能因一時形勢的需要和個人意志而忽輕忽重。其間，若能出幾個頭腦比較清醒的皇帝，那麼他從維護自身利益和鞏固王朝秩序的需要出發，也會使這個過程走得快些。總之，它就像鐘擺那樣，在左右搖擺的過程中，會逐漸向規範化這個中心靠近。

十二

皇朝武德中，命裴寂、殷開山等定律令❶，其篇目一准隋開皇之律，刑名之制又亦略同，唯三流皆加一千里，居作三年、二年半、二年皆為一年，以此為異。又除苛細五十三條。貞觀❷初，有蜀王法曹參軍裴弘獻奏駁律令不便於時三十餘條❸。於時，又命長孫無忌、房玄齡等釐正❹，凡為五百條，減《開皇律》大辟入流者九十三條❺，比古死刑，殆除其半。永徽中復撰《律疏》三十卷❻，至今並行❼。

【章旨】唐朝前期修律的過程。

【注釋】❶武德中命裴寂殷開山等定律令　武德，唐高祖李淵年號。裴寂，字玄真，蒲州桑泉（今山西臨晉）人。曾助李淵起兵太原。殷開山，名嶠，開山為其字，雍州鄠縣（今陝西戶縣）人。此次撰定律令始於武德四年，成於七年（西元六二一年—六二四年）。參預修撰者，除裴、殷外，尚有尚書右僕射蕭瑀，大理卿崔善為，給事中王敬業，中書舍人劉林甫、顏師古、王孝遠，涇州別駕靖延，太常丞丁孝烏，隋大理丞房軸、上將府參軍李桐客、太上博士徐上機等。所定「凡律五百，麗以五十三條。流罪三，皆加千里；居作三歲至二歲半者，悉為一歲。餘無改焉」（《新唐書・刑法志》）。❷貞觀　唐太宗李世民年號。❸三十餘條　《通典・刑法三・刑制下》及新舊《唐書》刑法志並作「四十餘事」。❹又命長孫無忌房玄齡等釐正長孫無忌，字輔機，河南洛陽（今河南洛陽）人。為太宗長孫皇后之兄，助太宗玄武門之變，有定策之功。房玄齡，名喬，玄齡為其字，齊州臨淄（今山東臨淄）人。在秦王府隨李世民左右為書記官，玄武門之變定策有功。唐太宗命長孫無忌、房玄齡修訂律令始於貞觀元年，成於十一年（西元六二七年—六三七年）。定律五百條，分十二卷，一依《開皇律》。立刑名二十等：笞刑五，自十至五十；杖刑五，自六十至一百；徒刑五，自一年至三年；流刑三，自千里至三千里；死刑二，絞、斬。規定了刑具長短廣狹之制，如械其頸曰枷，械其手曰杻。鉗，以鐵劫束之；鏁，以鐵琅璫之。杖長三尺五寸，削去節目。規定了八議、贖法，以官當罪及「十惡」等條目。❺九十三條 《通典・刑法三・刑制下》及新舊《唐書》〈刑法志〉並作「九十二條」。❻永徽中復撰律疏三十卷 永徽為唐高宗李治年號。李治即位後，即敕長孫無忌、李勣、于志寧等以武德、貞觀二律為基礎，編制《永徽律》十二篇，五百零二條，於永徽二年（西元六五一年）頒行全國。次年又下詔稱：「律學未有定疏，每年所舉明法，遂無憑準。宜廣召解律人條義疏奏聞，使中書門下監定。」（《舊唐書・刑法志》）於是仍以長孫無忌、李勣等對《永徽律》逐條逐句作出注解，稱為「疏議」，附於律文之下，與律文具有同等法律效力，於永徽四年（西元六五三年）頒行。律與疏統稱為《永徽律疏》。元以後稱之為《唐律疏議》。❼並行 指律文與律疏具有同等法律效力。律疏頒佈後，「自是斷獄者皆引疏分析之」（《舊唐書・刑法志》）。

【語　譯】本朝武德初年，高祖就命裴寂、殷開山等人修定律令。後來完成的《武德律》，篇目都依照隋朝的《開皇律》，刑名的體制亦與《開皇律》基本相同。其中只有流刑分三等都是以一千里為等差，居作由三年、二年半、二年，改為都是一年。這些是不同於《開皇律》的地方。另外又除去了《開皇律》中過於苛刻和瑣細的條文共五十三條。貞觀初年，有蜀王的法曹參軍裴弘獻上書駁議現存律令中不利於當時實際情況的有三（四）十多條。這時候太宗又命長孫無忌、房玄齡等整理校正舊律，一共定出了五百條，將《開皇律》中大辟罪減為流罪的有九十三條。這樣對比過去，死刑的條目幾乎減少了一半。永徽年間，在制定《永徽律》以後，又撰定《律疏》三十卷，直到現在《永徽律》與《疏議》還並行於世。

【說　明】如果從立法的初創時期算起，《唐律》的修訂可以推前至隋末大業十三年（西元六一八年）。是年冬，高祖李淵進入長安後，「既平京城，約法為十二條，惟制殺人、劫盜、背軍、叛逆者死，餘並蠲除之。及受禪，詔納言劉文靜與當朝通識之士，因開皇律、令而損益之，盡削大業所用煩峻之法」（《舊唐書・刑法志》）。這樣到武德二年（西元六一九年），便完成了最初的新律條文：「頒新格五十三條，唯吏受賕、犯盜、詐冒府庫物，赦不原。凡斷屠日及正月、五月、九月不行刑。」（《舊唐書・刑法志》）《唐律》的正式修訂是在武德四年（西元六二一年）。在高祖下達的修律詔中，明確提出「律、令、格、式，且用開皇舊制」（《資治通鑑・唐紀》），即要以《開皇律》為底本。武德七年（西元六二四年）新律完成。是年四月，庚子之日頒新律令，稱為《武德律》，基本體例與《開皇律》相同，區別在於同時保留了武德二年（西元六一九年）頒佈的新格五十三條。此後從《貞觀律》到《永徽律》，也只是依據新的情況作某些枝節性的調整，基本體例因承不改。對後世影響深遠的則是《永徽律疏》。由於它對律文有了明確的闡釋，便於具體操作時依憑。此後除開元年間李林甫等對《永徽律疏》進行過一些校訂外，《唐律》及其疏議基本保持穩定，它對唐朝前期社會經濟的繁榮和發展，起過積極作用。

十三

凡《令》❶，二十有七：分為三十卷。一曰〈官品〉❷，分為上、下。二曰〈三師三公臺省職員〉❸，三曰〈寺監職員〉❹，四曰〈衛府職員〉❺，五曰〈東宮王府職員〉❻，六曰〈州縣鎮戍嶽瀆關津職員〉❼，七曰〈內外命婦職員〉❽，八曰〈祠〉❾，九曰〈戶〉❿，十曰〈選舉〉⓫，十一曰〈考課〉⓬，十二曰〈宮衛〉⓭，十三曰〈軍防〉⓮，十四曰〈衣服〉⓯，十五曰〈儀制〉⓰，十六曰〈鹵簿〉⓱，分為上、下。十七曰〈公式〉⓲，分為上、下。十八曰〈田〉⓳，十九曰〈賦役〉⓴，二十曰〈倉庫〉㉑，二十一曰〈廄牧〉㉒，二十二曰〈關市〉㉓，二十三曰〈醫疾〉㉔，二十四曰〈獄官〉㉕，二十五曰〈營繕〉㉖，二十六曰〈喪葬〉㉗，二十七曰〈雜令〉㉘，而大凡一千五百四十有六條焉。

【章　旨】記述《唐令》之篇目。

【注　釋】❶令　唐代的行政法規。律與令的區別在於，律係刑罰法典，是禁止法，是對已發生的違法行為的懲戒法；令則是非刑罰法典，是對未發生的行為的預禁。如果說律是消極的懲罰，令便是積極的防範，它是國家制度規定的單行條例，同時又作為律的補充。幾乎每一代帝王都有對令的補充和修正，並分類彙編成冊，如在唐代高祖有《武德令》，太宗有《貞觀令》，高宗有《永徽令》，玄宗有《開元令》等。❷官品　關於官名、品秩的法令。有關官品之令唐代前期有武德七年（西元六二四年）令、貞觀十一年（西元六三七年）令、開元二十五年（西元七三七年）令等。❸三師三公臺省職員　有關三師、三公、臺省官員定員及其職掌的法令。三師指太師、太傅、太保；三公指太尉、司徒、司空。隋廢三師，唐貞觀十一年（西元六三七年）復置。臺省指尚書、中書、門下三省及御史臺。❹寺監職員　有關諸寺諸監定員及其職掌的法令。寺有太常、光祿、衛尉、宗正、太僕、大理、鴻臚、司農、太府等九寺，監有國子、少府、軍器、將作、都水等五監。❺衛府職員　指左右衛及親、勳、翊府等諸衛府定員及其職掌的法令。❻東宮王府職員　指太子詹事府、太子家令寺等東宮王府職員定員及其職掌的法令。❼州縣鎮戍嶽瀆關津職員　有關各級地方軍政機構官員定員和職掌之法令。州縣指地方政府的州、縣二級和京兆、河南、太原三府，以及諸都督府、都護府；鎮戍為地方駐軍行政機構；嶽瀆指四瀆、五嶽；關津為各地的關隘。❽內外命婦職員　內外命婦定員及其職掌之法令。內命婦指皇帝妃嬪及太子良娣以下；外命婦指公主及王妃以下。❾祠　指有關祭祀之對象及其時間、規格和儀式的法令。❿戶　關於戶籍的編製、管理及戶口的遷徙等的規定和法令。⓫選舉　關於官吏銓選和貢舉考試的各項法令。⓬考課　關於內外文武百官每年考課的等級標準、操作程序方面的諸項法令。⓭宮衛　關於諸衛守衛宮殿及京城諸門的各種法令。⓮軍防　有關諸折衝府兵士番上、征行及邊軍鎮守、烽候等方面的法令。⓯衣服　有關乘輿冠服的法令。⓰儀制　有關文武百官與皇帝和相互之間的稱謂，以及朝拜出巡等儀式的法令。⓱鹵簿　關於皇帝及王公貴族、內外命婦、文武高官出行時，儀仗導引的法令。鹵通「櫓」，亦即甲盾。皇帝出行時，其儀仗有先後部伍之次，並皆著之簿籍，以資案次導從，故稱「鹵簿」。⑱公式　關於官府上下及平行往來文書格式的法令。⑲田　關於土地還授的法令。⑳賦役　關於租庸調等賦稅徭役徵集的法令。㉑倉庫　有關糧倉貯存、轉輸、出納的法令。㉒廄牧　關於諸監牧管理、孳生以及驛傳用馬、驢等諸項法令。㉓關市　有關關津、市易等方面的法令。㉔醫疾　與醫療有關的諸如和合藥物、針灸和草藥種植、採集以及醫學教育等方面的法令。㉕獄官　關於司法審判、監獄管理和對犯人執行刑罰的法令。㉖營繕　有關宮殿營造、兵器製作以及水利工程等方面的法令。㉗喪葬　關於喪葬儀式和陵廟管理等法令。㉘雜令　指未能歸入以上各類，諸如度量衡、礦冶等方面的法令。

【語　譯】關於《令》，一共有二十七篇：分為三十卷。一是〈官品〉，分為上、下兩篇。二是〈三師三公臺省職員〉，三是〈寺監職員〉，四是〈衛府職員〉，五是〈東宮王府職員〉，六是〈州縣鎮戍嶽瀆關津職員〉，七是〈內外命婦職員〉，八是〈祠〉，九是〈戶〉，十是〈選舉〉，十一是〈考課〉，十二是〈宮衛〉，十三是〈軍防〉，十四是〈衣服〉，十五是〈儀制〉，十六是〈鹵簿〉，分為上、下兩篇。十七是〈公式〉，分為上、下兩篇。十八是〈田〉，十九是〈賦役〉，二十是〈倉庫〉，二十一是〈廄牧〉，二十二是〈關市〉，二十三是〈醫疾〉，二十四是〈獄官〉，二十五是〈營繕〉，二十六是〈喪葬〉，二十七是〈雜令〉，總共有一千五百四十六條。

【說　明】唐朝前期每個皇帝都頒布過令，其總數，本章記為一千五百四十六條，這與《新唐書·刑法志》所載貞觀十一年（西元六三七年）令的條數完全一致，但《舊唐書·刑法志》則記為一千五百九十條。又，日本學者仁井田陞所著《唐令拾遺》，從各類典籍中所輯的唐令篇目有三十三篇，除了本章所列的二十七篇的篇目外，尚有〈學令〉、〈封爵令〉、〈祿令〉、〈樂令〉、〈捕亡令〉、〈假寧令〉等六種，本章所列或有遺漏？

十四

令，教也，命也。《漢書》❶：「杜周❷曰：『後主所是著為令，前主所是疏為律❸。』」亦謂法也。漢時決事集為《令甲》以下三百餘篇❹。漢初，蕭何❺定律令。其後張湯❻、趙禹❼、于定國❽、黃霸❾皆繼定律令。魏命陳群❿等撰《州郡令》四十五篇，《尚書官令》、《軍中令》合百八十餘篇。

【章旨】概述《漢令》與《魏令》。

【注釋】❶漢書　我國第一部紀傳體斷代史，東漢班固撰。❷杜周　西漢南陽（今河南南陽）人。漢武帝時曾為御史張湯之廷尉史，後升任御史大夫。❸後主所是著為令前主所是疏為律　此二句中「前」與「後」、「律」與「令」四字誤倒。應為：「前主所是著為律，後主所是疏為令。」事出《漢書·杜周傳》：「客有謂周曰：『君為天下決平，不循三尺法，專以人主意指為獄，獄者固如是乎？』周曰：『三尺安出哉？前主所是著為律，後主所是疏為令，當時為是，何古之法乎！』」此處注引這段話的目的，是為了說明令與律都是法。然杜周原意非在於此。「三尺法」，指成文法。古代法律條文多書於竹簡，其長度為漢尺三尺，故以三尺法代指《漢律》。三尺法的來源，在杜周看來就是皇帝的「意旨」所在，「當時為是」即是以帝王當時的是非標準作為定罪的準則。此話確實反映了在封建制度下，由於皇帝既是最高立法者，又是權威的執法者，所以其司法實踐，或者說斷案執法過程，常常會陷入情緒化，具有很大的隨意性；但這只是問題的一個方面。就總體而言，還有另一個方面，那就是：儘管皇帝一代又一代地換，見之於文字的律與令還是有它一定的持續性和相對的穩定性，如果沒有這一個方面帝王的專制統治也是無法維持下去的。相對穩定性與帝王個人意志的隨意性的結合，為維護封建專制所不可或缺。❹決事集為令甲以下三百餘篇　指漢代以類推進行刑事判決的令的彙編。決事，指決事比，司法審判時的類推。當被認定為犯罪的行為在現有法律條文上找不到根據時，便從相似的令文中類推。此種含有相當程度隨意性的決事類推法，在中國法制史上延續了很長時間，一直到晚近。令甲，漢代彙編令的一種。漢令的數量極其龐大，以干支編序，故有〈令甲〉、〈令乙〉、〈令丙〉等，被稱為干支令。此外令的名稱還很多，在敦煌漢簡中有「北邊挈令第七」、「功令第四十五」，以及「符令」、「父老令」等；武威出土的「王杖十簡」中又有「蘭臺令第卅三」、「御史令第冊三」等令名。❺蕭何　秦末沛縣（今屬江蘇）人，曾為沛縣佐吏。後佐劉邦起義，入咸陽時，搜取了秦朝的律令圖籍，漢初編定漢律《九章》。❻張湯　西漢杜陵（今陝西西安市東南）

人。漢武帝時著名的酷吏，歷任廷尉、御史大夫，由其增訂的律令為《越宮律》二十篇。❼趙禹　西漢斄（今陝西寶雞市東南）人。以廉平著稱，曾任周亞夫的丞相史，以刀筆吏遷為御史。曾增訂《朝會律》六篇。❽于定國　字曼倩，郯（今山東之郯城）人。曾為廷尉十八年，時人稱之「于定國為廷尉，民自以不冤」（《漢書・于定國傳》）。❾黃霸　字次公，淮陽陽夏（今河南淮陽）人。漢宣帝時以執法「外寬內明」著名。為丞相五年，卒於甘露三年（西元五一年）。❿陳群　字長文，潁川許昌（今河南許昌東）人。魏明帝時，奉命與劉邵等「刪約舊科，傍採《漢律》，定為《魏法》，制〈新律〉十八篇，〈州郡令〉四十五篇，〈尚書官令〉、〈軍中令〉合百八十餘篇」（《晉書・刑法志》）。魏之〈州郡令〉、〈尚書官令〉、〈軍中令〉均已亡佚，《通典》、《太平御覽》等書有引魏武軍令。

【語譯】所謂令，就是教育的意思，命令的意思。《漢書》中有一段記載：「杜周說：『後（前）代君王所肯定的，制定出來就是令（律），前（後）代君主所肯定的，條疏出來就是律（令）。』」亦就是說二者都是法。在漢代，決事比彙編成為〈令甲〉、〈令乙〉等等，一共有三百多篇。漢初，開頭是蕭何定律令，後來又有張湯、趙禹、于定國、黃霸等都曾相繼編定過律令。到了曹魏，又命陳群等編撰〈州郡令〉四十五篇，還有〈尚書官令〉、〈軍中令〉等，總計一百八十多篇。

【說明】從《睡虎地秦墓竹簡》中有關《秦律》的內容看來，在秦代，作為審判依據的法律文書的律與令，在稱謂上尚未分化。無論是對違法行為懲戒處罰的禁止法，還是正面規定國家制度和操作規範的行政法，都被稱之為「律」。如〈田律〉、〈廄苑律〉，是關於農田水利、山林保護、牛馬飼養方面的法律，但同時又包含有若干獎懲規定，降雨後農田受益或遭受災害情況應如何及時報告，甚至還有飼養牛馬的具體方法等等顯然不在後世「律」的外延範圍之內的內容。秦簡中的法律條文，可說多數都具有這個既為行政法、又為懲戒法的雙重屬性特點。律與令各自的內涵和外延較為明確的界定，該是已到了漢代。《漢書・宣帝紀》有「令甲，死者不可生，刑者不可息」句，文穎注曰：「蕭何承秦法所作為律令，律經是也；天子詔所增損，不在律上者為令。」這裡把律稱之為較為穩定的「經」，而令則是依據形勢需要，隨時可由皇帝以詔的形式頒發的「緯」。這種靈活的法律文書形式，為解決日益繁複的各類實際問題帶來了極大的方便，因而它一經面世，就蓬勃發展起來。還在漢代，就已經由於詔令的浩繁，不得不將其編成〈令甲〉、

〈令乙〉、〈令丙〉等合集。令的內容涉及各個方面，極其廣泛。如有關於審判程序、監獄管理和刑具等規定的〈廷尉挈令〉、〈獄令〉和〈箠令〉；有關於官吏秩祿、蔭襲等規定的〈品令〉、〈秩祿令〉、〈任子令〉；有關於宗廟祭祀等規定的〈祀令〉、〈齋令〉；有關於府庫金錢布帛的〈金布令〉和徵收商稅的〈緡錢令〉等等。而詔令的數量，還在隨著年時的推移而不斷膨脹，為了便於依憑或遵守，需要及時予以整理。此事漢宣帝時已有涿郡太守鄭昌上疏首次提出，至東漢，又有桓譚和陳寵先後奏議，認為由於律令繁複，決事「輕重不齊，或一事殊法，同罪異論」，因而亟須「校定科比」，「悉刪除其餘令」（《後漢書》桓、陳二傳）。但由於種種原因，前後三次奏議均未付諸實施。這樣到了曹魏，積疊的律令已經多到再也無法忍受的程度：秦漢舊律令加在一起，「凡斷罪所當由用者，合二萬六千二百七十二條，七百七十三萬二千二百餘言，言數益繁，覽者益難」，由於「律文煩廣，事比眾多，離本依末，……而輕枉者相繼」（《晉書・刑法志》）。正是在這個背景下，曹魏因改朝換代而獲得了一個機會，對自秦漢積疊下來的律令進行大規模刪削，從而形成了除《魏律》十八篇外，便是本章所記的「〈州郡令〉四十五篇，〈尚書官令〉、〈軍中令〉合百八十餘篇」。

十五

晉命賈充等撰《令》❶四十篇：一、〈戶〉❷，二、〈學〉❸，三、〈貢士〉❹，四、〈官品〉❺，五、〈吏員〉❻，六、〈俸廩〉❼，七、〈服制〉❽，八、〈祠〉❾，九、〈戶調〉❿，十、〈佃〉⓫，十一、〈復除〉⓬，十二、〈關市〉⓭，十三、〈捕亡〉⓮，十四、〈獄官〉⓯，十五、〈鞭杖〉⓰，十六、〈醫藥疾病〉⓱，十七、〈喪葬〉⓲，十八、〈雜上〉，十九、〈雜中〉，二十、〈雜下〉⓳，二十一、〈門下散騎中書〉⓴，二十二、〈尚書〉㉑，二十三、〈三臺秘書〉㉒，二十四、〈王公侯〉㉓，

二十五、〈軍吏員〉㉔，二十六、〈選吏〉，二十七、〈選將〉，二十八、〈選雜士〉㉕，二十九、〈宮衛〉㉖，三十、〈贖〉㉗，三十一、〈軍戰〉㉘，三十二、〈軍水戰〉㉙，三十三至三十八皆〈軍法〉㉚，三十九、四十皆〈雜法〉㉛。宋齊畧同晉氏。

【章 旨】概述《晉令》、《宋令》、《齊令》。

【注 釋】❶晉命賈充等撰令 晉文帝在咸熙元年（西元二六四年）命中護軍賈充正法律，至晉武帝泰始四年（西元二六八年）賈充上所撰律令，前後經歷四年。賈充，字公閭，平陽襄陵（今山西襄汾）人。參加編撰的據《晉書・刑法志》共有十四人。❷戶 指晉之〈戶令〉，關於戶籍制度的法令。《通典》卷六十七引有晉〈戶令〉一條內容：「養人子男後自有子男，及閹人非親者，皆別為戶。」晉另有〈戶律〉，則是對違犯〈戶令〉者施行相應刑罰的律文。❸學 指晉之〈學令〉。《太平御覽》卷五百三十五引有晉〈學令〉條文內容：「諸縣率千餘戶置一小學，不滿千戶亦立。」❹貢士 指晉之〈貢士令〉，有關州郡薦舉貢士的法令。《北堂書鈔》卷七十九引有其一條內容：「舉秀才必五策皆通，拜為郎中；一策不通不得選。」❺官品 指晉之〈官品令〉。本書原注中引錄此令文甚多，如第八卷第一篇門下省侍中原注「晉令：侍中品第三，武冠，絳朝服，佩水蒼玉」。南朝劉宋官品多仍晉之舊。《宋書・禮志》記之甚詳，《通典》有〈晉官品目錄〉一篇。❻吏員 指晉之〈吏員令〉。晉代各級官府皆有吏卒定員。如司隸校尉，有吏一百人，卒三十二人；州有吏四十一人，卒二十人；郡縣則根據戶口之多寡，配以職吏、散吏之定員（據《晉書・職官志》）。❼俸廩 指晉之〈俸祿令〉，相當於唐之〈祿令〉。❽服制 指晉之〈服制令〉。在唐則為〈衣服令〉，是規定上下各級服飾的法令。佚文見於《隋書・禮儀志》：「晉令：『皇太子給五時服，遠遊冠。』」互見於程樹德《九朝律考》卷十二〈晉律考〉下。❾祠 指晉之〈祠令〉，有關祭祀的法令。其佚文如《北史・劉芳傳》：「晉祠令云：『郡縣國祠社稷先農，縣又祠靈星。』」❿戶調 指晉之〈戶調令〉，關於按戶徵收戶調之法令。《晉書・食貨志》錄有其部分內容：「又制戶調之式：丁男之戶，歲輸絹三匹，綿三斤，女及次丁男為戶者半輸。其諸邊郡或三分之二，遠者三分之一。」⓫佃 指晉之〈佃令〉，有關品官擁有佃客戶數的法令。《晉書・食貨志》引述：「其應有佃客者，官品第一、第二者佃客無過五十戶，第三品十戶，第四品七戶，第五品五戶，第六品三戶，第七品二戶，第八品、第九品一戶。」⓬復除指晉之〈復除令〉，是有關免除徭役的法令。《通典》卷六十九引有此令部分內容：「無子而養人子以續亡者，後於事役復除無回避者聽之，不得過一人。」⑬關市　指晉之〈關市令〉，關於關口、市集、津渡的法令。《晉律》亦有〈關市〉，則是違犯〈關市令〉應處之刑罰。《太平御覽》錄有晉〈關市令〉佚文多條，如卷五百九十八：「晉令：諸渡關及乘舡筏上下經津者，皆有過所，寫一通付關吏」；卷七百五十六：「晉令：欲作器物賣者，各先移主吏者名，乃得作皆當淳漆著布器，器成以朱題年、月、姓名」。⑭捕亡　指晉之〈捕亡令〉，追捕逃亡奴婢的法令。另有《晉律・捕亡》，則是通緝追捕罪犯的法律。《太平御覽》卷六百四十八引有晉〈捕亡令〉條文：「奴婢亡，加銅青若墨黥兩眼後；再亡，黥兩頰上；三亡，橫黥目下；皆長一寸五分，廣五分。」⑮獄官　指晉之〈獄官令〉，是關於監獄的制度、規章。《太平御覽》卷六百四十三引有此令若干內容：「獄屋皆當完固，厚其蓐。家人餉饋，獄卒為溫煖傳致。去家遠無餉饋者，悉給廩，獄卒作食。寒者與衣，疾者給醫藥。」⑯鞭杖　指晉之〈鞭杖令〉，是關於刑具的法令，相當於漢代的〈箠令〉。《太平御覽》卷六百四十九引錄此令內容有：「杖皆用荊，長六尺，鞭皆用牛皮生革製成。」又見於《北堂書鈔》卷四十五。⑰醫藥疾病　指晉之〈醫藥疾病令〉，相當於唐之〈醫疾令〉。⑱喪葬　指晉之〈喪葬令〉，是關於喪葬制度的法令。其佚文如《太平御覽》卷五百八十九：「晉令曰：『諸葬者皆不得立祠堂、石碑、石表、石獸。』」⑲雜令上中下　晉〈雜令〉分上、中、下三篇，其內容與唐之〈雜令〉相當。⑳門下散騎中書　指晉之〈門下散騎中書令〉，為有關門下、中書二省定員及品秩的法令。門下，指門下省，設侍中、給事黃門侍郎等，為晉代皇帝之侍從顧問。散騎為散騎省，屬門下省，設常侍、給侍中等，為皇帝之親侍。《晉書・職官志》稱：「大駕出則次直侍中護駕，正直侍中負璽陪乘，不帶劍，餘皆騎坐。御登殿，與散騎常侍對扶，侍中居左，常侍居右。備切問近對，拾遺補闕。」中書即中書監，設令一人，侍郎四人，其職掌為帝省讀、書可。晉此令之佚文，見於《北堂書鈔》卷五十八：「大法駕出，則次直侍中護駕，正直侍中負傳國璽陪乘」；又見於《太平御覽》卷二百二十：「晉令曰：『中書為詔令。』」㉑尚書　指晉之〈尚書令〉，是規定尚書令、僕射和列曹尚書、左右丞、尚書郎定員、職掌之法令。此令與前令合而大致相當於唐之〈三師三公臺省職員令〉。㉒三臺秘書　指晉之〈三臺秘書令〉。據《晉書・職官志》記載，晉代中央國家機關稱臺者有三：一為御史臺，以御史中丞為臺主；二為蘭臺，由殿中侍御史主持；三為尚書省，亦稱臺。晉以尚書左丞掌臺內禁令，右丞掌臺內庫藏廬舍。秘書，則有秘書監，併入中書省後，其秘書著作之局不廢。〈三臺秘書令〉當是晉代上述機構定員及職掌之法令。北齊的三臺為御史臺、都水臺、謁者臺；秘書，為秘書省。㉓王公侯　指晉之〈王公侯令〉。係對皇親及功臣封爵之法令，相當於唐之〈封爵令〉。其佚文見於《通典》卷三十一歷代王侯封爵注：「晉令曰：『有開國郡公、縣公、郡侯、縣侯、伯、子、男及鄉亭、關內、關外等侯之爵。」㉔軍吏員　指晉之〈軍吏員令〉，為有關軍事將領配置屬吏之法令。據《晉書・職官志》載，此令規定：如驃騎以下諸大將軍不開府非持節都督者，其下屬可置「功曹史、門下督、錄事、兵鎧士賊曹、營軍、刺姦、帳下都督、功曹書佐門吏、門下書吏，各一人」。㉕選吏選將選雜士　指晉代關於銓選文武官吏的三類法令，相當於唐之〈選舉令〉。晉上述三令之佚文，《太平御覽》有錄，如卷三百八十六所引：「選三部司馬，皆限力舉千二百斤以上；前驅司馬取使大戟；由基司馬取能挽一石七㪷以上弓。」當屬晉之〈選將令〉。㉖宮衛　指晉之〈宮衛令〉，相當於唐之《宮衛令》。㉗贖　指晉之〈贖令〉，係有關以金贖刑之法令。如規定：贖死，金二斤；贖五歲刑，金一斤十二兩；四歲、三歲、二歲刑，各以四兩為差。㉘軍戰　指晉之〈軍戰令〉，係有關陸上作戰之軍令。其佚文《初學記》卷二十二有錄：「晉令曰：『弓弩士習弓射者，給竹弓、角弓，皆二人一張。』」㉙軍水戰　指晉之〈軍水戰令〉，為水上作戰之法令。其佚文見於《初學記》卷二十五舟第十一：「晉令曰：『水戰有飛雲船、蒼隼船、先登船、飛鳥船。』」㉚軍法　指晉關於指揮行軍和作戰之法令。其佚文《太平御覽》有存，如卷三百三十五烽燧：「晉令曰：『誤舉烽燧罰金一斤八兩，故不舉者棄市。』」；卷三百四十一麾：「晉令曰：『兩頭進戰，視麾所指，聞三金音止，二金音還。』」㉛雜法　指晉之〈雜法令〉。內容為未入上述諸令規定範圍者，如田農、酤酒一類，即屬〈雜法令〉。

【語　譯】西晉初年，文帝命賈充等編撰《晉令》，共四十篇。篇目是：一、〈戶〉，二、〈學〉，三、〈貢士〉，四、〈官品〉，五、〈吏員〉，六、〈俸廩〉，七、〈服制〉，八、〈祠〉，九、〈戶調〉，十、〈佃〉，十一、〈復除〉，十二、〈關市〉，十三、〈捕亡〉，十四、〈獄官〉，十五、〈鞭杖〉，十六、〈醫藥疾病〉，十七、〈喪葬〉，十八、〈雜上〉，十九、〈雜中〉，二十、〈雜下〉，二十一、〈門下散騎中書〉，二十二、〈尚書〉，二十三、〈三臺秘書〉，二十四、〈王公侯〉，二十五、〈軍吏員〉，二十六、〈選吏〉，二十七、〈選將〉，二十八、〈選雜士〉，二十九、〈宮衛〉，三十、〈贖〉，三十一、〈軍戰〉，三十二、〈軍水戰〉，三十三至三十八都是〈軍法〉，三十九、四十都是〈雜法〉。南朝宋、齊的令與晉朝的令大致相同。

【說　明】據《晉書・刑法志》載錄，晉代律令合計為二千九百二十六條，十二萬六千三百字，分六十卷。其中律為六百二十條，二萬七千六百五十七字，二十卷；令為二千三百零六條，九萬八千六百四十三字，四十卷。《晉令》在《隋書・經籍志》、《舊唐書・經籍志》、《新唐書・藝文志》中都有著錄，都稱四十卷，賈充等撰。四十篇之篇目，則唯有本書原注此章有詳錄。《晉令》趙宋初年尚存，故《太平御覽》屢引之，宋南渡後亡佚，故元人編《宋史》時，其《藝文志》未加著錄。近人程樹德著《九朝律》，其中《晉令》一節從《漢書注》、《宋書·禮志》、《南史》、《通典》、《北堂書鈔》、《藝文類聚》、《初學記》、《太平御覽》諸書中輯得若干條。關於《晉令》的內容，《晉書·刑法志》有一簡要的說明：「其餘未宜除者，若軍事、田農、酤酒，未得皆從人心，權設其法，太平當除，故不入律。悉以為令。施行制度，以此設教，違令有罪則入律。」從這一段文字可以看出：令是制度設施的正面規定，故「違令有罪則入律」，處分刑罰要依據律，此其一。令是權宜性的帶有臨時性的措施，經過一定時間的推移，或者吸收歸入具有相對穩定性的律中，或者廢除不用，此其二。《晉令》只有一小部分是晉代規定的新令，其大部分則為漢魏以來舊令之沿用，此其三。

十六

梁初，命蔡法度等撰《梁令》❶三十篇❷：一、〈戶〉，二、〈學〉，三、〈貢士贈官〉，四、〈官品〉，五、〈吏員〉，六、〈服制〉，七、〈祠〉，八、〈戶調〉，九、〈公田公用儀迎〉，十、〈醫藥疾病〉，十一、〈復除〉，十二、〈關市〉，十三、〈劫賊水火〉，十四、〈捕亡〉，十五、〈獄官〉，十六、〈鞭杖〉，十七、〈喪葬〉，十八、〈雜上〉，十九、〈雜中〉，二十、〈雜下〉，二十一、〈宮衛〉，二十二、〈門下散騎中書〉，二十三、〈尚書〉，二十四、〈三臺秘書〉，二十五、〈王公侯〉，二十六、〈選吏〉，二十七、〈選將〉，二十八、〈選雜士〉，二十九、〈軍吏〉，三十、〈軍賞〉。

【章　旨】 概述南朝之《梁令》。

【注釋】❶梁初命蔡法度等撰梁令　梁武帝天監元年（西元五〇二年）八月，下令以蔡法度等十人參議撰定梁律、令，至二年（西元五〇三年）四月，蔡法度上新律，又上令三十卷，科三十卷，前後不過半年時間。蔡法度原為齊時舊郎，濟陽（係僑置郡，今江蘇武進西北）人。家傳律學，能言齊武時刪定郎王植之集注、張（斐）杜（預）舊律，梁武帝以其為尚書刪定郎，主持《梁律》及令、科之修撰。蔡法度所修之《梁律》及令，實際即王植所撰之繼承。《梁令》、《隋書・經籍志》及新舊《唐書》均著錄為三十卷。北宋初年尚存，南渡後即散佚。❷三十篇　此下《梁令》三十篇篇目，他書未錄，僅存於本書原注此章。篇名與內容大體與《晉令》相近，不再另注。其佚文在本書第五卷第一篇原注中曾有引：「梁〈官品令〉：『雜號將軍一百二十五，分為二十四班，班多者為貴，驃騎班第二十四。』」與《隋書・百官志上》所引是一致的，後者當是據梁〈官品令〉以成。又，《通典・禮五》中亦有錄：「梁令：『郡國有五嶽，置宰祀三人，及有四瀆，若海應祀者，皆孟春仲冬祀之。』」此段引文互見於《隋書・禮儀志二》。

【語譯】蕭梁初年，武帝命蔡法度等修撰《梁令》，共三十篇。篇目是：一、〈戶〉，二、〈學〉，三、〈貢士贈官〉，四、〈官品〉，五、〈吏員〉，六、〈服制〉，七、〈祠〉，八、〈戶調〉，九、〈公田公用儀迎〉，十、〈醫藥疾病〉，十一、〈復除〉，十二、〈關市〉，十三、〈劫賊水火〉，十四、〈捕亡〉，十五、〈獄官〉，十六、〈鞭杖〉，十七、〈喪葬〉，十八、〈雜上〉，十九、〈雜中〉，二十、〈雜下〉，二十一、〈宮衛〉，二十二、〈門下散騎中書〉，二十三、〈尚書〉，二十四、〈三臺秘書〉，二十五、〈王公侯〉，二十六、〈選吏〉，二十七、〈選將〉，二十八、〈選雜士〉，二十九、〈軍吏〉，三十、〈軍賞〉。

【說明】關於南朝的令，上章與本章已提到宋、齊、梁，但未及陳。實際上《陳令》亦是有的。陳氏曾令范泉、徐陵等撰律三十卷，令三十卷，《隋書・經籍志》、《舊唐書・經籍志》、《新唐書・藝文志》均有著錄，只是諸書皆未列其篇目，估計亦與《梁令》篇目相類。《隋書・禮儀志》的注文中，留有不少《陳令》佚文，如在左右光祿大夫條下：「《陳令》有特進，進賢二梁冠，朝服，佩水蒼玉，腰劍。《梁令》不載。」又在驃騎、車騎、衛將軍條下：「《陳令》：『鎮、衛、驃騎、車騎、中軍、中衛、中撫軍、中權、四征、四鎮、四安、四翊、四平將軍，金章獸鈕。其冠軍、四方中郎將，金章豹鈕，並紫綬，八十首，獸頭鞶，朝服，武冠，佩水蒼玉。自中軍已下諸將軍及冠軍、四方中郎將，並官不給佩。』」

十七

後魏初命崔浩❶定令，後命游雅❷等成之，史失篇目。北齊令趙郡王叡❸等撰《令》五十卷❹，取尚書二十八曹為其篇名❺。又撰《權令》❻二卷，兩令並行。後周命趙肅❼、拓拔迪❽定令，史失篇目。

【章旨】概述北魏、北齊、北周之令。

【注釋】❶崔浩　字伯淵，清河郡武成（今山東武成西）人。清河崔氏為北朝第一盛門。北魏世祖拓跋燾神䴥四年（西元四三一年）令崔浩定律令。其律二十卷，《隋書・經籍志》有著錄，令則未見。其佚文，如《魏書・刑罰志》有引：「謹按獄官令：『諸察獄，先備五聽之理，盡求情之意。又驗諸證信，事多疑似，猶不首實者，然後加以拷掠。』」令文中還提到顯祖拓跋弘時，「其捶用荊，平其節，訊囚者其本大三分，杖背者二分，撻脛者一分，拷悉依令」。這些用刑拷訊之法，多出自漢、晉令，由此也可窺見《北魏令》淵源所自之大概。❷游雅　字伯度，小名黃頭，廣平任（今河北任縣）人。拓跋燾正平元年（西元四五一年），游雅與中書侍郎胡方回等受命改定律令。❸趙郡王叡　指高叡，小名須拔，北齊宗室，趙郡王為其封號。其父高琛係高歡親兄弟，為高歡杖斃，叡在高歡後宮長大，武成帝執政時，拜司空，攝錄尚書事。至河清三年（西元五六四年），由高叡領銜奏《齊律》十二篇，又上新令四十卷。《隋書・刑法志》以為其「大抵採魏晉故事」。❹令五十卷　《隋書・經籍志》著錄有《北齊令》五十卷，新舊《唐書》〈經籍志〉和〈藝文志〉著錄之《北齊令》已僅有八卷，可見其書至五代末已殘缺不全。其佚文，如〈戶令〉、〈田令〉等若干內容，可見於《隋書・食貨志》。又《資治通鑑》卷二百九〈唐紀〉中宗景龍二年夏四月胡三省注：「北齊河清新令有昭容，八十一御女之一也。」❺取尚書二十八曹為其篇名　據《隋書・百官志》北齊尚書二十八曹：吏部、考功、主爵、殿中、儀曹、三公、駕部、祠部、主客、虞曹、屯田、起居、左中兵、右中兵、左外兵、右外兵、都兵、都官、二千石、比部、水部、膳部、度支、倉部、左戶、右戶、金部、庫部。以上亦即《北齊令》之篇名。❻權令　《隋書・刑法志》稱：「其不可為定法者，別制《權令》二卷，與之並行。」權令當係帶有權宜性的臨時法令。❼趙肅　字廣雍，洛陽（今河南洛陽市內）人。世居河西，早年宇文泰曾命其為廷尉卿，負責撰定法律，史著稱「積思累年，遂感心疾而死」（《隋書・刑法志》）。❽拓拔迪　北周之司憲大夫，掌司寇之法。趙肅死，受命繼續修撰律令。北周律與令完成於保定三年（西元五六三年）。又，《隋書・經籍志》未見有《北周令》著錄，唯其佚文在《隋書》中尚可略見其一二。如《隋書・食貨志》：「司均掌田里之政令。凡人口十已上，宅五畝，口九已上，宅四畝；口五已下，宅三畝。有室者田百四十畝，丁者田百畝。司賦掌功賦之政令。」以上文字，程樹德在《九朝律考》中認定為《北周令》之原文。

【語譯】北魏初年，曾下令要崔浩修定法令，以後又由游雅續修並最終完成。但是《北魏令》的篇目史書沒有流傳下來。北齊時，武成帝命趙郡王高叡等修撰《北齊令》，共五十卷，用尚書省所屬的二十八個曹的曹名作為篇名。此外又編撰了《權令》二卷，這兩個法令同時並行。北周時，曾先後任命趙肅和拓跋迪撰定法令，但《北周令》的篇目，史書亦沒有記載下來。

十八

隋開皇❶命高熲等撰三十卷❷：一、〈官品上〉，二、〈官品下〉❸，三、〈諸省臺職員〉❹，四、〈諸寺職員〉❺，五、〈諸衛職員〉❻，六、〈東宮職員〉❼，七、〈行臺諸監職員〉❽，八、〈諸州郡縣鎮戍職員〉❾，九、〈命婦品員〉❿，十、〈祠〉⓫，十一、〈戶〉⓬，十二、〈學〉⓭，十三、〈選舉〉⓮，十四、〈封爵俸廩〉⓯，十五、〈考課〉⓰，十六、〈宮衛軍防〉⓱，十七、〈衣服〉⓲，十八、〈鹵簿上〉，十九、〈鹵簿下〉⓳，二十、〈儀制〉⓴，二十一、〈公式上〉，二十二、〈公式下〉㉑，二十三、〈田〉㉒，二十四、〈賦役〉㉓，二十五、〈倉庫廄牧〉㉔，二十六、〈關市〉㉕，二十七、

〈假寧〉[26]，二十八、〈獄官〉[27]，二十九、〈喪葬〉[28]，三十、〈雜〉[29]。皇朝之令，武德[30]中裴寂[31]等與律同時撰。至貞觀[32]初，又令房玄齡[33]等刊定。麟德[34]中源直心[35]，儀鳳[36]中劉仁軌[37]，垂拱[38]初裴居道[39]，神龍[40]初蘇瓌[41]，太極[42]初岑義[43]，開元[44]初姚元崇[45]，四年宋璟[46]並刊定。

【章旨】記述隋之《開皇令》及唐初之八次撰令。

【注釋】❶開皇　指隋文帝楊堅，開皇係其年號。❷高熲等撰三十卷　以上幾章及本章皆為列述各朝修撰之令，句中「撰」下似應補一「令」字。高熲，字昭玄，一名敏，自云渤海蓨（今河北陽信）人，曾任尚書左僕射。開皇元年（西元五八一年）文帝以其領銜修隋律及令，據《隋書・刑法志》，一起奉詔參加編撰的有鄭譯、楊素、常明、韓濬、李諤、柳雄亮等。《隋書・經籍志》著錄《隋開皇令》三十卷，未注明作者；而《舊唐書・經籍志》著錄：「《隋開皇令》三十卷，裴正等撰」，《新唐書・藝文志》著錄：「牛弘等《隋開皇令》三十卷」，《隋書・刑法志》在另一處又謂：開皇三年（西元五八三年）「又敕蘇威、牛弘等更定新律」。「裴正」當即「裴政」。《隋書・裴政傳》稱：「詔與蘇威等修定律令。政採魏晉刑典，下至齊梁，沿革輕重，取其折衷。同撰著者十有餘人，凡疑滯不通，皆取決於政。」據此可知實際主持修撰《開皇令》者當是裴政，其他高熲、牛弘、蘇威等可能是不同時期的領銜而已。此類現象是中國官修書中歷來常見的陋習。❸官品上下　指隋之上、下二〈官品令〉。《隋書・百官志下》關於官品的規定，當據此二令而來。❹諸省臺職員　隋之〈諸省臺職員令〉。諸省、臺，指尚書、門下、中書三省，秘書、集書、散騎、侍中等省，以及御史臺、都水臺、謁者臺等。此令內容即為規定以上諸官署之定員與職掌。其佚文如本書第一卷第三篇掌固條原注：「隋令：稱掌事，皇朝稱掌固。」❺諸寺職員　隋之〈諸寺職員令〉。諸寺指太常、光祿、衛尉、宗正、太僕、大理、鴻臚、司農、太府九寺。此令規定了諸寺的定員和職掌。❻諸衛職員　隋之〈諸衛職員令〉。此令規定了左右衛、左右武衛、左右武侯、左右領、左右監門等官署的定員和職掌。❼東宮職員　隋之〈東宮職員令〉。內容為規定太子詹事府及其下屬諸官署之定員及職掌。❽行臺諸監職員　隋之〈行臺諸監職員令〉，規定行臺省之定員及職掌。隋初於成都置西南道行臺，洛陽置河南道行臺，徐州置東南道行臺。行臺為地方大行政區之中央代表機構。以行臺尚書令為長官，下有行臺尚書左右丞等部門。❾諸州郡縣鎮戍職員　隋之〈諸州郡縣鎮戍職員令〉，規定地方州、郡、鎮戍等軍政機構之定員和職掌。⑩命婦品員　隋之〈命婦品員令〉，規定皇帝後宮命婦之定員及職掌。⑪祠　即〈祠令〉。關於祭祀禮儀之法令。〈祠令〉大都因承前朝，如《隋書・禮儀志》卷七：隋初因周制定令，「季冬藏冰，仲春開冰，並用黑牲秬黍於冰室祭司寒神」。此令隋承周，唐又承隋，只在文字上略有更易。其佚文如《通典・禮四》風師雨師及諸星等祠條：「隋令：太史署常以二月八日，署廷中以太牢祠老人星，兼祠天皇大帝，天一太一日月五星」等。⑫戶　即〈戶令〉。關於戶籍編制和管理的法令。佚文《隋書・食貨志》中有錄：「及頒新令，制人五家為保，保有長，保五為閭，閭四為族，皆有正，畿外置里正，比閭正，黨長比族正，以相檢察。」⑬學　即〈學令〉。關於國子學及州郡學校的法令。⑭選舉　即〈選舉令〉。關於官吏銓敘的法令。《晉令》分為〈選吏〉、〈選將〉，隋合之為一，唐承隋，亦為〈選舉令〉。⑮封爵俸廩　關於封爵俸祿之法令。由《晉令》之〈王公侯〉及〈俸廩〉合併而來，唐亦分為〈封爵〉及〈祿〉兩令。⑯考課　關於官吏考課之法令。⑰宮衛軍防　關於宮廷禁衛及軍隊編制、防戍的命令。晉分〈宮衛〉與〈軍法〉二令，唐亦分為〈宮衛〉與〈軍防〉二令。⑱衣服　關於官服之法令。晉、梁稱〈服制〉，唐則稱〈衣服令〉。從歷代史著之〈輿服志〉可知其服飾基本相沿，變化不大。⑲十八鹵簿上十九鹵簿下　關於帝王及官員出行時使用儀仗之法令。唐沿用隋制，亦設〈鹵簿令〉。⑳儀制　關於祭祀及人際禮儀制度之法令。佚文如《隋書・禮儀志》卷八：「隋制，諸岳崩瀆竭，天子素服避正寢，撤膳三日，遣使祭崩竭之山川，牲用太牢。」㉑二十一公式上二十二公式下　關於官府上下、左右公文往來程式之法令。佚文本書第八卷第一篇侍中條有引：「隋令：有奏抄、奏彈、露布等。」㉒田　關於田制之法令。佚文如《通典・食貨二》田制條下引：「隋文帝令：其丁男、中男永業露田，皆遵後周之制。」㉓賦役　關於徵收賦稅徭役之法令。晉、梁分為〈戶調〉、〈復除〉二令，唐沿隋制亦設〈賦役令〉。其佚文如《隋書・食貨志》：「及頒新令：丁男一牀，租粟三石，單丁及僕隸各半之。未受地者皆不課。」㉔倉庫廄牧　關於倉儲及諸牧場管理之法令。唐分為〈倉庫〉、〈廄牧〉二令。㉕關市　有關關津市易管理之法令。晉、梁皆有此令，唐亦沿之。㉖假寧　有關官員及官府休假及居喪之法令。假，官吏休假。寧，官吏遇喪事回家居喪。唐承隋制，亦設〈假寧令〉。㉗獄官　有關監獄在押囚犯管理之法令。晉、梁皆有此令，唐亦沿之。㉘喪葬　關於喪葬禮儀之法令。晉、梁皆有此令，唐亦沿之。隋此令之佚文如《隋書・禮儀志》：「隋制，皇帝本服已上親喪，皇帝不視事三日，本服五服內親及嬪，百官正二品已上喪，並一舉哀。太陽虧，國忌日，皇帝本服小功緦麻親，百官三品已上喪，不視事一日。」㉙雜　上述諸令所及範圍以外之有關法令。晉、梁皆有〈雜令〉，唐亦沿之。㉚武德　唐高祖李淵年號。㉛裴寂　字玄真，蒲州桑泉（今山西臨晉）人。武德二年（西元六一九年）奉命與殷開山等修撰律令，武德七年（西元六二四年）完成並頒行。㉜貞觀　唐太宗李世民年號。㉝房玄

齡　名喬，字玄齡，齊州臨淄（今山東臨淄）人。貞觀元年（西元六二七年）受命參預編撰律令，完成於貞觀十一年（西元六三七年）。《唐令》條數，《舊唐書・刑法志》記為一千五百九十條，《新唐書・刑法志》則為一千五百四十六條。共二十七篇，篇名俱見本卷本篇前十三章。㉞麟德　唐高宗李治第四個年號。㉟源直心　相州（今河南臨漳）人。唐高宗時為司刑太常伯。㊱儀鳳　唐高宗李治第九個年號。㊲劉仁軌　汴州尉氏（河南開封）人。貞觀中任青州刺史，從高宗征遼，統水軍有功，拜大司憲、左僕射。㊳垂拱　武后稱制時之年號。㊴裴居道　絳州聞喜（今山西絳縣西）人。武則天時歷官納言、內史。㊵神龍　唐中宗李顯年號。㊶蘇瓌　字昌容，京兆武功（今陝西武功）人。隋尚書右僕射蘇威之曾孫，進士出身，神龍初入為尚書右丞，以明習法律，多識臺閣故事，特命刪定律令格式。㊷太極　唐睿宗李旦年號。㊸岑義　據《舊唐書・刑法志》「義」當作「羲」。岑義，文本孫，字伯華。武后時曾為金壇令，後遷中書舍人，進吏部侍郎，官至侍中，封南陽郡公。㊹開元　唐玄宗李隆基年號。㊺姚元崇　陝州硤石（今河南陝縣東南）人。武則天曾為其改名元之，後因避開元尊號，去元改為單名崇。㊻宋璟　邢州南和（今河北南和）人。《舊唐書・刑法志》稱：開元六年（西元七一八年）「玄宗又敕吏部侍郎兼侍中宋璟……等九人，刪定律令格式，至七年三月奏上，律令式仍舊名，格曰《開元後格》」。

【語　譯】隋朝開皇年間，文帝曾命高熲等撰《令》三十卷，篇目是：一、〈官品上〉，二、〈官品下〉，三、〈諸省臺職員〉，四、〈諸寺職員〉，五、〈諸衛職員〉，六、〈東宮職員〉，七、〈行臺諸監職員〉，八、〈諸州郡縣鎮戍職員〉，九、〈命婦品員〉，十、〈祠〉，十一、〈戶〉，十二、〈學〉，十三、〈選舉〉，十四、〈封爵俸廩〉，十五、〈考課〉，十六、〈宮衛軍防〉，十七、〈衣服〉，十八、〈鹵簿上〉，十九、〈鹵簿下〉，二十、〈儀制〉，二十一、〈公式上〉，二十二、〈公式下〉，二十三、〈田〉，二十四、〈賦役〉，二十五、〈倉庫廄牧〉，二十六、〈關市〉，二十七、〈假寧〉，二十八、〈獄官〉，二十九、〈喪葬〉，三十、〈雜〉。本朝的令，高祖武德中期，曾命裴寂等與律一起編撰。到貞觀初，又曾令房玄齡等刊定。以後麟德時期的源直心，儀鳳時期的劉仁軌，垂拱初年的裴居道，神龍初年的蘇瓌，太極初年的岑義（羲），以及開元初年的姚元崇，都曾奉命刪改過《唐令》；到開元四年又命宋璟刊定。

【說　明】關於《隋令》，最初是開皇元年（西元五八一年）命高熲等參照前代的法典編撰的，同年十月即完成並頒行，開皇三年（西元五八三年）更命蘇威重修奏上。而《通志》及《玉海》的記載，則為頒佈於開皇二年（西元五八二年）七月。若以《隋令》的篇目與《晉令》篇目對照，所取僅為〈官品〉、〈祠〉、〈戶〉、〈宮衛〉、〈關市〉、〈獄官〉、〈喪葬〉、〈雜〉、〈學〉等九篇，也有的是數篇合成了一篇。《隋令》中還有少數篇目可能取自北魏、北齊或北周之令，其餘則多為新增的。隋令除《開皇令》以外，還有成於煬帝的《大業令》，其篇目、條數史書均無詳錄。

關於《唐令》，武德元年（西元六一八年）在廢除大業律、令的同時，頒佈了以開皇律、令為基礎的新格五十三條。以後又令裴寂、殷開山等刪定律令，頒佈於武德七年（西元六二四年），其中令三十卷，目錄一卷。此次所成的《唐令》篇目多採自《開皇令》，更動甚微。貞觀元年（西元六二七年）又命中書令房玄齡刪定律令，於貞觀十一年（西元六三七年）完成並頒行，其中令三十卷稱《貞觀令》。《貞觀令》之條數，新舊《唐書》〈刑法志〉一作一千五百四十六，一作一千五百九十，記載不一。篇數共為二十七，篇名散見於各書且不全，《舊唐書・曹確傳》提到〈官品令〉，《唐會要》卷三十五提到〈學令〉，《漢書》顏師古注提到〈選舉令〉、〈倉庫令〉等。高宗即位，於永徽元年（西元六五〇年）令長孫無忌等再次刪定律令，頒佈於次年九月，其中令三十卷，稱《永徽令》。《永徽令》篇目已難詳，《唐律疏議》也是由長孫無忌於永徽四年（西元六五三年）即《永徽令》面世後撰定的，其所引用的令文，當是《永徽令》。高宗麟德時也曾令源直心改過令。據《舊唐書・刑法志》稱：龍朔二年（西元六六二年）「改易官號，因敕司刑太常伯源直心……等重定格式，惟改曹局之名，而不易篇第。麟德二年（西元六六五年）奏上。」《舊唐書・職官志》提到有稱為《乾封令》的，乾封為麟德三年（西元六六六年）改元後唐高宗的第五個年號，但乾封時期並未修訂過律令，此《乾封令》當即是《麟德令》。儀鳳中劉仁軌受命改令，成於儀鳳二年（西元六七七年），是年二月九日奏上。武后也曾於垂拱元年（西元六八五年）令裴居道刪定律令，《冊府元龜》卷六一二刑法部律令條稱：「其律令惟改二十四條文有不便者，大抵依舊。」《舊唐書・職官志》提到其中的〈官品令〉有改易的僅七條。中宗復辟後，於神龍元年（西元七〇五年）敕中書令韋安石及蘇瓌等刊定律令，是為《神龍令》，其事詳見《舊唐書・蘇瓌傳》。關於睿宗時之《太極令》由岑義受命主持刊定，《舊唐書・刑法志》有敕令戶部尚書岑義等人「刪定格式律令」之記載。玄宗開元時期，曾先後三次刊定律令。第一次是開元初由姚元崇主持刪定的《開元令》，完成於開元三年（西元七一五年）三月；第二次是由宋璟主持刊定，完成時間本書原注這一章記為開元四年（西元七一六年），而《舊唐書・刑法志》則謂提出於開元六年（西元七一八年），完成於開元七年（西元七一九年）三月。第三次是在開元二十二年（西元七三四年）提出，完成於開元二十五年（西元七三七年）。本篇前十三章所列之唐令篇目，第二次刊定的《開元令》共三十卷，二十七篇，一千五百四十六條。對照開元二十五年令及貞觀、永徽諸令佚文的篇目，尚有〈學〉、〈封爵〉、〈樂〉、〈捕亡〉、〈假寧〉等令，可能本書所列有脫漏。此事詳見仁井田陞所著《唐令拾遺》序言。

十九

凡《格》二十有四篇。以尚書省諸曹為之目[1]，共為七卷[2]。其曹之常務但留本司者，別為《留司格》[3]一卷，蓋編錄當時制敕[4]，永為法則，以為故事[5]。漢建武[6]有《律令故事》[7]上、中、下三篇，皆刑法制度也。晉賈充[8]等撰律、令，兼刪定當時制、詔之條，為《故事》三十卷[9]，與《律》、《令》並行。梁易《故事》為《梁科》三十卷[10]，蔡法度[11]所刪定。陳依梁[12]。後魏以「格」代「科」，於麟趾殿刪定，名為《麟趾格》[13]。北齊因魏立格，撰《權格》[14]與《律》、《令》並行。皇朝《貞觀格》十八卷[15]，房玄齡等刪定。《永徽留司格》十八卷，《散頒格》七卷[16]，長孫無忌等刪定；永徽中，又令源直心等刪定，唯改易官號、曹、局之名，不易篇第。《永徽留司格後本》，劉仁軌等刪定。《垂拱留司格》六卷，《散頒格》二卷[17]，裴居道等刪定。《太極格》[18]十卷，岑義[19]等刪定。《開元前格》十卷，姚元崇等刪定；《開元後格》十卷，宋璟等刪定[20]。皆以尚書省二十四司為篇名。

【章　旨】關於《唐格》的篇數並歷述格自漢至唐之沿革。

【注　釋】❶以尚書省諸曹為之目　指以尚書省所屬二十四曹之名為格之篇目。二十四曹之名為：吏部、司封、司勳、考功、戶部、度支、金部、倉部、禮部、祠部、膳部、主客、兵部、職方、駕部、庫部、刑部、都官、比部、司門、工部、屯田、虞部、水部。已見敦煌殘卷中有〈刑部格〉、〈戶部格〉、〈兵部格〉、〈職方格〉等名目，亦證明唐時確曾以尚書省二十四曹之名為格之篇目。❷共為七卷　疑係「初為七卷」之誤。《舊唐書・刑法志》作「初為七卷」。且貞觀以下諸格，皆多於七卷。❸留司格　《留本司行格》之簡稱。為供本司遵行之行政法規。❹制敕　皇帝頒發的有關朝廷制度的詔書。❺故事　指以往曾處斷過的事例，類似於案例彙編，在古代被認為同樣具有法律效力。❻建武　東漢光武帝劉秀年號。❼律令故事　《舊唐書・經籍志》著錄有《漢建武律令故事》三卷。❽賈充　字公閭，平陽襄陵（今山西襄汾）人。晉武帝泰始四年（西元二六八年）賈充上所撰律令。❾故事三十卷　賈充所撰之故事三十卷，未見史書著錄。唯《隋書・經籍志》稱：「晉初，賈充、杜預刪而定之，有律，有令，有故事。」❿梁科三十卷　《隋書・刑法志》稱：梁武帝天監二年（西元五〇三年）「四月癸卯，（蔡）法度表上新律，又上令三十卷，科三十卷」。《隋書・經籍志》：「梁時，又取故事之宜于時者為梁科。」可知梁科係刪改《晉故事》而成。此書至唐末已散佚，《舊唐書・經籍志》和《新唐書・藝文志》所著錄《梁科》僅剩二卷。⓫蔡法度　濟陽（江蘇武進西北）人。家傳律學，能言齊武時刪定郎王植之集注及張斐、杜預二家所注之《晉律》，梁武帝以其為尚書刪定郎，主持梁律及令科之修撰。⓬陳依梁　指南朝陳之法制係依據梁而定。范泉等在受命編定陳之律令時，亦編了《陳科》三十卷。《隋書・經籍志》、《舊唐書・經籍志》、《新唐書・藝文志》皆有著錄。⓭麟趾格　北魏格名。此格成於先後幾個時期。最初在北魏末由高歡提出並「詔（封）隆之參議麟趾閣，以定新制」（《北齊書・封隆之傳》）。後至東魏孝靜帝「天平中，增損舊事為《麟趾新格》，其名法科條，皆述刪定」（《北齊書・封述之傳》）。頒佈《麟趾格》則是在孝靜帝興和三年（西元五四一年）冬十月：「先是，詔文襄王與群臣於麟趾閣議定新制，甲寅，班於天下。」（《魏書・孝靜帝紀》）這實際上已是高澄執政時期的事。⓮權格　北齊格名。全稱為《別條權格》。《隋書・刑法志》謂：「其不可為法定者，別制《權令》二卷，與之並行。」後平秦王高歸彥謀反，須有約罪，律無正條，於是遂有《別條權格》與律並行。但《權格》在《隋書・經籍志》等未見著錄。實際上武成帝高湛只是出於懲治高歸彥的需要，才臨時定出了這些條款。而高歸彥之所以獲罪，那是由於他在幫助武成帝即王位後，「地居將相，志意盛滿，發言陵侮，旁若無人。議者以威權震主，必為禍亂」（《北齊書・平秦王高歸彥傳》）

而已。由此可知，一旦皇帝認定某人有罪，便可作有罪推定，如果現存法律找不到依據，儘可另外編出新律令來加以治罪。事過境遷後，這些臨時性條文也就被人遺忘了。這大概就是《權格》未被目錄書著錄的原因吧。⑮貞觀格十八卷　《舊唐書・刑法志》稱：「刪武德、貞觀已來敕格三千餘件，定留七百條，以為格十八卷，留本司施行。」《貞觀格》由尚書左僕射房玄齡等刪定，頒行時間是在貞觀十一年（西元六三七年）。⑯永徽留司格二句　永徽為唐高宗李治年號。留司格與散頒格的區分，始於唐高宗永徽時。《前唐書・刑法志》稱：「分格為二部：曹司常務為留司格，天下所共者為散頒格。其散頒格下州縣，留司格但留本司行用焉。」散頒格的全稱為散行天下格。《永徽格》前後編過三次。第一次頒佈在永徽二年（西元六五一年）閏九月。《舊唐書・經籍志》著錄有《永徽散頒天下格》七卷，《永徽留本司行格》十八卷，太尉長孫無忌撰。第二次刪改始於龍朔二年（西元六六二年），完成於麟德二年（西元六六五年）。《舊唐書・經籍志》著錄有《永徽散行天下格中本》七卷，《永徽留本司行格中本》十八卷。太常伯源直心等撰。第三次刪定在儀鳳二年（西元六七七年）。《舊唐書・經籍志》著錄有《永徽留本司格後本》十一卷，尚書左僕射劉仁軌撰。⑰垂拱留司格二句　垂拱為武后稱制時年號。《舊唐書・刑法志》載：「以武德已來、垂拱已前，詔敕便於時者，編為《新格》二卷，則天自製序。其二卷之外，別編六卷，堪為當司行用，為垂拱留司格。」其《新格》二卷即為垂拱時編的《散頒格》。中宗神龍元年（西元七〇五年），又令中書令韋安石等「刪定《垂拱格》後至神龍元年已來制敕，為《散頒格》七卷」（《舊唐書・刑法志》）。⑱太極格　唐睿宗李旦時期刪定之格。太極係其年號。《新唐書・藝文志》著錄有《太極格》十卷，戶部尚書同中書門下岑羲等刪定。⑲岑義　據《舊唐書・刑法志》「義」當作「羲」。岑羲，字伯華。武后時曾為金壇令，後遷中書舍人，進吏部侍郎，官至侍中，封南陽郡公。⑳自「開元前格」至「宋璟等刪定」　《開元前格》十卷成於開元三年（西元七一五年），由姚元崇等刪定。《開元後格》成於開元七年（西元七一九年），由吏部侍郎兼侍中宋璟等刪定。《開元格》實有四種。此外尚有：《格後長行敕》六卷，於開元十九年（西元七三一年），由侍中裴光庭、中書令蕭嵩等刪定；《開元新格》十卷，於開元二十二年（西元七三四年），由兵部尚書兼中書令李林甫等刪定。另有《格式律令事類》四十卷，亦為李林甫等刪定。

【語譯】關於《格》，一共有二十四篇。這二十四篇用尚書省所屬二十四曹的曹名作為篇目，共（初期）分為七卷。其中屬於各曹經常性的事務，只留在本司的，另外合成一卷，稱為《留司格》，都是編錄當時的制敕，或者作為永久的法則，或者作為案例的故事。東漢建武時期，便有《律令故事》上、中、下三篇，內容都是與刑法制度相關的。西晉時，賈充等編撰律令，同時刪定當時制敕和詔書的條文，編為《故事》三十卷，與《律》和《令》並行。南朝梁把《故事》改了個名稱為《梁科》，還是三十卷，是由蔡法度刪定的。陳依照梁的做法，編定《陳科》三十卷。北魏末，改用「格」來代替「科」，因為是在麟趾殿刪定的，所以就定名為《麟趾格》。北齊因襲魏制，沿用《麟趾格》，另外編撰了《權格》二卷，與北齊的《律》和《令》並行。本朝貞觀時期，由房玄齡等刪定《貞觀格》十八卷。高宗永徽初年，有由長孫無忌等刪定的《永徽留本司行格》十八卷，《永徽散頒天下格》七卷。永徽中期，又有由源直心刪定的《永徽散行天下格中本》七卷，《永徽留本司行格中本》十八卷，只是改了一下官號和曹、局的名稱，沒有變動篇目次第。此外還有：《永徽留司格後本》十一卷，由劉仁軌等刪定；武后垂拱時《垂拱留司格》六卷，《散頒格》二卷，由裴居道等刪定；睿宗太極時《太極格》十卷，由岑義（羲）等刪定；玄宗時，《開元前格》十卷，由姚元崇等刪定；《開元後格》十卷，由宋璟等刪定。上面所列本朝各個時期刪定的格，都用尚書省二十四曹的曹名作為篇名。

【說　明】「格」之名始於北魏，至唐代而臻於完備。它是皇帝隨時發佈的旨在調整現行制度法律的制文和敕令，經整理彙編由皇帝命令頒行而成為具有一般法律效力的法律文書。格的出現，既為了保持律、令、式的相對穩定，又可使法律制度能隨時隨事因皇帝政治需要的變易而迅速作出相應調整，避免了法律和制度的過於僵化。在唐代，格都以尚書省二十四司名編目，又分成留司格和散頒格兩大類。此外還有只適用於某一特定部門的單行格彙編，如《選格》，就是有關官吏選考條件的規定。又有稱為「格後長行敕」的，那是對前已頒行之格的一種補充。為了便於中央和地方各級機構的遵行，規定官署要把相關的格令「書於廳事之壁，俯仰觀瞻，使免遺忘」（《唐會要》卷三十九）。每隔若干年還要對積累下來的格令進行刪改彙編，使之因不斷獲得補充與調整而能比較切近實際。

格是唐代法律文書的形式之一，但就其內容而言，又是一個綜合性概念。以格的形式表達出來的，既有刑法，亦有行政法。如果再作些細分，那麼涉及吏部的可以是官吏管理法，涉及戶部的可以是戶籍、身分、財稅法；涉及禮部的可說是禮制，涉及兵部的也就是軍事法，涉及工部的就是工程、水利法。不管它們具體屬於何種部門法，都總是對現行法的補充或修正。如《刑部格》，一般屬於「正刑定罪」的法律規範，其中稱：「宿宵行道，男女交雜，因此聚會，并宜禁斷。其鄰保徒一年，里正決杖一百」(《神龍散頒格・刑部》殘卷)。這是指民間舉佛事，亦禁止男女一起聚會，若發現此類事件，鄰保、里正都要受罰，補充了已有律法未及的新內容。〈戶部格〉則是屬於行政法範疇，其中有稱：「敕：『諸色應食實封家，封戶一定以後，不得輒有移改。』」(敦煌文書〈戶部格〉殘卷，景龍二年(西元七〇八年)九月二十日敕。)這很可能有關食實封律令須佈後，又出現了改移封戶的現象，於是便以格的形式又作了這樣新規定。

二十

凡《式》三十有三篇。亦以尚書省刑曹❶及秘書❷、太常❸、司農❹、光祿❺、太僕❻、太府❼、少府❽及監門❾、宿衛❿、計帳⓫為其篇目，凡三十三篇，為二十卷。後周文帝⓬初輔魏政，大統元年⓭，令有司斟酌今古通變可以益時者，為二十四條之制；七年，又下有十二條之制；十年，命尚書蘇綽⓮總三十六條，更損益為五卷，謂之《大統式》。皇朝《永徽式》十四卷⓯，《垂拱》、《神龍》《開元式》並二十卷⓰，其刪定與定格令人同也。凡律以正刑定罪，令以設範立制，格以禁違正邪，式以軌物程事。

【章旨】關於《唐式》的篇數及其沿革。

【注釋】❶刑曹　當是「列曹」之誤。《舊唐書・刑法志》即作「列曹」。❷秘書　指秘書省。隸中書省之下，設監一員，少監二員，掌邦國經籍圖書之事。❸太常　指太常寺。設太常卿一員，掌邦國禮樂、郊廟、社稷之事。❹司農　指司農寺。設卿一員，掌邦國倉儲委積之事，總上林、太倉、鉤盾、導官四署與諸監之官屬，謹其出納。❺光祿　指光祿寺。設卿一員，掌邦國酒醴、膳羞之事，總太官珍羞、良醞、掌醢之屬，修其儲備，謹其出納。❻太僕　指太僕寺。設卿一員，掌邦國廄牧、車輿之政令，總乘黃、典廄、典牧、車府四署及諸監牧之官屬。❼太府　指太府寺。設卿一員，掌邦國財貨，總京師四市、平準、左右藏、常平、八署之官屬，舉其綱目，修其職務。❽少府　指少府監。設監一員，掌供百工伎巧之事，總中尚、左尚、右尚、織染、掌冶五署之官屬，庀其工徒，謹其繕作。❾監門　指左、右監門衛。設大將軍各一員，掌宮禁門籍之法，左將軍判入，右將軍判出。❿宿衛　指左、右衛。設大將軍各一員，掌統領宮廷警衛之法，以督其屬之隊仗，而總諸曹之職務。⓫計帳　唐代諸州有計帳，相當於漢代之計簿。每年十月二十五日赴京城上計，考核境內全年戶口、墾田、錢穀出入及盜賊多少，以為對地方官吏考課之依據。⓬後周文帝　即宇文泰，字黑獺，代武川（今內蒙古武川西南，係北魏六鎮之一）人。建立北周的前身西魏，終年五十二歲。⓭大統元年　即西元五三五年。大統為西魏文帝元寶炬年號。後文「七年」、「十年」，分別為大統七年、十年，即西元五四一年、五四五年。⓮蘇綽　字令綽，武功（今陝西咸陽市西）人。為宇文泰之行臺郎中，西魏所行之公文，皆由蘇綽為條式。其所彙總之《大統式》，《隋書・經籍志》著錄為《周大統式》三卷，《新唐書・藝文志》著錄為「蘇綽《大統式》三卷」。⓯永徽式十四卷　據《新唐書・藝文志》唐武德時有「式十四卷」，貞觀時有「式三十三卷」；而高宗永徽時著錄之式有二，一為「十四卷」，一為「本四卷」。⓰垂拱神龍開元式並二十卷　垂拱為武后稱制時年號，神龍、開元分別為唐中宗、玄宗年號。《舊唐書・經籍志》及《新唐書・藝文志》對《垂拱式》、《開元式》各二十卷均有著錄，《神龍式》則皆未見。

【語譯】關於《式》，共有三十三篇。式的彙編，亦都是用尚書省各個曹的曹名，以及秘書、太常、司農、光祿、太僕、太府、少府和監門、宿衛、計帳等官署名稱，作為篇名。總共是三十三篇，分為二十卷。北周文帝宇文泰當初輔助西魏時，在大統元年，命令有關機構整理分析古代和當時的法式，對其中還適用於現實的作些變通，這樣一共編修出二十四條辦事的制式，到大統七年，又新規定了十二條，大統十年，再命尚書蘇綽彙總這三十六條，並加以修改補充，分為五卷，稱之為《大統式》。本朝《永徽式》共有十四卷，垂拱、神龍、開元這幾個時期的《式》，都是二十卷。主持刪定式的人，與上面已經提到的刪定格、令的人相同。太凡律是用來正刑定罪的，令是用來設立辦事規範和建立制度的，格是用來禁止各種違法及改正各種邪辟行為的，式是規定各類事務和實施程序的。

【說 明】式是官府政務活動中關於各類事務具體執行時的格式與程限的規定，屬於行政法規的補充。彙編時，通常依其所執行的官署之名來分篇。

《唐律疏議》在解釋刑律條文時，引有〈刑部式〉、〈監門式〉、〈職方式〉、〈駕部式〉、〈太僕式〉、〈庫門式〉、〈兵部式〉、〈戶部式〉等多種式文，大多為貫徹律令的具體實施細則，內容涉及官吏的職守、行使權力的範圍以及對官吏的管理制度等。如卷二十五，引唐〈詐偽律〉條文之一：「偽寫前代官文書印，有所規求封用者，徒二年。」為什麼偽寫唐代以前的官文書印也要判以二年徒刑呢？疏議引式文對此作了解釋：「依式，周、隋官亦聽成蔭，或爭封邑之類。事緣前代，乃偽造前代之印。」原來唐對北周、隋官員子孫，也允許其承襲門蔭，於是便有不法者偽寫前代官文書印情事的出現。對此，敦煌《貞觀吏部式》殘卷還有更具體的規定：「隋勳官、散官及鎮將、副五品以上，並王等爵，在武德九年（西元六二六年）二月二日以前身亡者，子孫並不得用蔭當；雖身在，其年十二月三十日以前不經參集，並不送告身經省勘校奏定者，亦準此。」這是規定隋代高級官員在一定期限前死亡的，其子孫不得以所襲之官爵在犯罪時獲得較為優待的「官當」處理；即使其本人仍在世，但在規定的期限前不報到，不交驗官爵憑證經批准確認的，也照此規定辦理。又如有關輸課賦役的刑律，在唐代是屬於〈戶婚律〉的，而在不同時期根據新情況提出的新規定，則多反映在式文中。如敦煌《儀鳳度支式》殘卷稱：「諸州庸調，先是布鄉兼有絲綿者，有情願輸綿、絹絁者聽，不得官人、州縣公廨典及富強之家僦勾代輸。」這項新規定一方面允許出產布或絲綿的地方以綿、絹絁頂替庸調，另一方面禁止官員、官署或富豪人家，乘機假借僱人代輸從中漁利。

刑部尚書・刑部郎中（下）

【篇　旨】本篇承上篇刑部司職掌為主線，詳述刑事司法實踐的全過程，以及與其相關的制度和規定，從中可以看到唐代整個司法機構從中央到地方的運作程序和它們相互間的內在聯繫。

刑事司法實施有兩個基本前提：一是刑罰要有統一的規制，一是何為犯罪行為要有明確的界定。前者就是本篇一章所記述的刑名之制，有笞、杖、徒、流、死五個刑種、二十個等級，在全國劃一施行；對後者，上篇律、令、格、式已作了分類敘述，本篇二章則特別列出「十惡」作為刑罰懲治的重點。十惡的事類雖然有十，但從其直接侵犯的客體來看，主要是帝王、皇權及其象徵物，和父母尊長及倫理關係兩類，前者為了維護皇權的至尊至上，後者旨在保障以血緣關係為基礎的宗法社會的穩定。

《唐律》同時亦是一部維護封建等級特權的身分法，本篇三章所述八議之制便是為維護這種特權而設的。八議是指親、故、賢、能、功、貴、勤、賓這八類人，歸納起來無非是皇親國戚、貴族官僚，也有為王業立過功勳或盡過辛勞的臣民。他們犯了死罪可以入議章、請章，從而得到皇帝特旨而減免。後面幾章中，還有免、除名、官當、減、贖等規定，亦反映了可以官職或財物代替刑罰的特權。與此同時，又嚴格區分良、賤，賤民在法律上更要低人一等，如奴婢、部曲，同樣的罪，對他們的刑罰卻要加重一等。這就把人的不平等用法律形式固定了下來，上等人對下等人的歧視和奴役，成了受到法律保護的正當行為。

處理刑事案件定罪量刑時，我國古代較多還是用類比法，缺少數量概念。這一點，到隋唐而有了較大改變，刑罰有了量化的等級劃分，罪行亦以統一的等價物轉化為可以計量比較的數字。第五章所記述的一切贓物都折合成絹來計量，再以絹的長度來量刑，可說是唐代刑罰制度的一大發明。

司法裁定要有區域和職權上的劃分，本篇九章、十章和十七章規定了刑事案件要由案發所在州縣審理，在京師的要由大理寺審理；還規定了各級的職權範圍：徒以上縣斷定，州覆審；流以上州斷定，送刑部覆審；涉及除、免、官當的，要由刑部覆審後再奏聞。對死刑的執行，在京的要五覆奏，在外的要三覆奏；對諸州案犯的覆審，由刑部會同吏部一起派遣覆囚使分道巡覆並明確規定了覆囚使的權限。

案件的審理，從告訴、受理、審訊、刑訊，到結案、申訴，還有迴避制，是篇中十三章到十七章記述的內容。告訴分公室告與非公室告兩種。規定了什麼該告、什麼不該告，當告不告或不當告而告者，都將受到處罰。審訊開始，強調察獄之官先要注意最早見之於《周禮・秋官》的五聽：辭聽、色聽、氣聽、耳聽、目聽，即注意從言談、氣色、表情等方面去辨察對象的真實內心，然後再查人證物證。如果證據確實而被告仍然不肯招供的，可以刑訊逼供，但總共不得超過三次，每次拷掠不得超過二百杖。審判官斷案時，必須引用律、令、格、式相關條文；正條無錄的，可以類推，以輕明重，以重明輕。屬於議、請的要申報刑部，該覆審的則須逐級上報。

案獄在審訊期間，和死刑犯在判決以後、行刑以前，都是囚禁在監獄裡的。篇中七、八、十五、十八諸章是有關獄政管理和刑罰的執行方面的一些內容。唐代規定除了各個州縣可以設置監獄，在京都則只有大理寺及京兆府與其下屬長安、萬年縣，河南府及其下屬河南洛陽縣，可以設置監獄，其他機構則不得擅自設有監獄。在監獄羈押的罪犯，都須按刑種及輕重等級鎖以不同刑具。在押時所使用的刑具，及刑訊或行刑時所使用的笞、杖，其尺寸規制和使用方法都有嚴格規定。在押犯的情況，要定時向刑部申報，有冤情的允許申訴，不服還可逐級再上訴，直至上書皇帝。刑罰的執行則按不同刑種作了劃分：杖以下由審判機關直接執行，凡徒刑一律分配至指定場所服勞役；對流刑罪犯則須將其妻妾一起押送去流放地，按規定服勞役，服役年滿，便在流放地落戶安家，原為官吏的，滿六年後仍能前往吏部銓選作官。對死刑的判決及執行，有許多特別規定：決斷後，必須由刑部申中書門下詳覆，執行死刑一般須待秋天；行刑日子的選擇有多種禁忌，諸如大祀、致齋、朔、望、上下弦、二十四節氣等日子都不得行刑；行刑前，在京師的要五覆奏，在各州的亦要三覆奏；處決前，有的要給酒食，允許親故告別，處死後沒有親戚者給棺收殮，給地殯葬。

末章是關於赦免的規定。

一

乃立刑名❶之制五焉：一曰笞❷，二曰杖❸，三曰徒❹，四曰流❺，五曰死❻。笞刑五，笞十至五十也❼。杖刑五，杖六十至于百❽。其工樂戶及習天文及官戶、奴婢等❾犯流罪者，及家無兼丁❿犯徒者，各決二百放。又犯罪已發更重犯累決者⓫，計數雖多，亦不過二百。徒刑五⓬，自徒一年，以半年為差，至於三年也。流刑三，自流二千里、二千五百里、三千里，三流皆役一年，然後編所在為戶⓭。而常流之外更有加役流⓮者，本死刑，武德中改為斷趾⓯，貞觀六年改為加役流。謂常流唯役一年，此流役三年，故以加役名焉。死刑二⓰。絞、斬。

【章　旨】記述唐代有關刑罰的制度。

【注　釋】❶刑名　刑罰的名稱，及其施行方式，亦即刑種。❷笞　笞刑。用笞杖捶打犯人，為封建時代五刑中最輕的一種刑罰。《唐律疏議》卷一笞刑之疏議稱：「笞者，擊也。又訓為恥。言人有小愆，法須懲誡，故加捶笞以恥之。」❸杖　杖刑。用比笞杖稍大的常行杖捶擊犯人，因而是比笞刑稍重的一種刑罰。《唐律疏議》卷一杖刑之疏議稱：「《國語》云：『薄刑用鞭朴。』《書》云：『鞭作官刑。』猶今之杖刑者也。」❹徒　徒刑。是在一定時期內剝奪犯人的自由，並強迫其從事勞役的一種刑罰。《唐律疏議》卷一徒刑之疏議云：「徒者，奴也，蓋奴辱之。」這說明徒刑是一種奴役性的懲罰勞動。❺流　流刑。

是將犯人遣送於指定地區強制其勞役而不許擅自遷回原籍的一種刑罰。流刑重於徒刑而輕於死刑。❻死　死刑是剝奪犯罪者之生命，即古代之大辟，是最嚴厲的刑罰。《唐律疏議》稱其為「刑之極也」。❼笞十至五十也　指笞刑以十為等差，十至五十共為五等。❽杖六十至于百　指杖刑亦以十為等差，以六十為起點，至百共為五等。❾其工樂戶及習天文及官戶奴婢等

唐代社會結構，除存在地主（包括貴族地主與庶族地主）階級和農民階級外，還以法權形式人為地把社會成員劃分為「良」、「賤」兩類，良人指士、農、工、商，賤民則包括名目繁多的諸色人等，此處所列即其中主要部分，法律明確規定他們的身分與一般良民有別。工樂戶，指工戶與樂戶。工戶屬少府，樂戶屬太常，按規定學習一定的伎藝，其戶籍不在州縣，而歸少府和太常管轄。習天文，指習天文為業者，在內侍省太史局有天文觀生及天文生，以其執掌天象。奴婢，有官私兩種，是賤民中最低賤者。此處指官奴婢。反逆家男女及奴婢沒官後，皆謂之官奴婢。凡是初沒官的奴婢，有伎藝的根據其伎能分配給諸司；婦女巧於女工者入於掖庭；沒有伎能的，則歸於司農寺。官奴婢由官府給以衣糧和藥療。奴婢一免為番戶，再免為雜戶，三免為良人。官戶，便是對一免成為番戶後的奴婢的統稱，並非別有一色。官奴婢年滿六十可以免為官戶，七十可以免為良人。奴婢在官府要長期服苦役，番戶一年三番，雜戶一年五番，每番一個月。番戶、雜戶的子孫世代相傳為番戶、雜戶，在婚配上必須當色為婚，其後代亦不得與百姓相養。❿家無兼丁　指家中沒有第二個丁男，即獨丁。獨丁而犯徒刑罪者，可以決杖二百代替，這似可視為封建王朝為盡可能維護作為宗法社會細胞的家庭的完整性而在法律上作出的讓步。關於「家無兼丁」規定的適用性，《唐律疏議》卷六有多處引例說明。⓫犯罪已發更重犯累決者　指已判決服刑之罪犯，服刑期間重新犯罪而再次須處杖刑者。⓬徒刑五　指徒刑的刑期分為五等，即一年、一年半、二年、二年半、三年，以三年為徒刑的最高刑期。⓭編所在為戶　指被判流刑者，在流放地服役滿一年，即為刑滿，便在所流放地區入籍為民。處流刑的罪犯，規定其妻妾相從，父祖子孫從去者聽便。刑滿為民者死去後，其隨去之家屬願意回原籍者，允許放還。⓮常流之外更有加役流　常流與加役流，相對而言。常流即通常的三等流刑；加役流，指免除死刑，減為流三千里，加服勞役二年，共服勞役三年。⓯武德中改為斷趾　唐高祖李淵於武德七年（西元六二四年）頒《武德律》，把應處絞刑的五十條死罪改為刖刑，亦即斷右趾。太宗貞觀六年（西元六三二年）又把斷趾改為加役流，則起於裴弘獻與房玄齡等的建議：「以為古者五刑，刖居其一。及肉刑廢，制為死、流、徒、杖、笞凡五等，以備五刑。今復設刖足，是為六刑。減死在於寬弘，加刑又加煩峻。乃與八座定議奏聞，於是又除斷趾法，改為加役流三千里，居作二年。」（《舊唐書．刑法志》）⓰死刑二　指死刑分絞、斬兩等。漢代死刑分三等：梟首、腰斬、磔。魏、晉為斬首、梟首、棄市三等。南朝梁為梟首、棄市二等。北魏有轘、腰斬、殊死、棄市四等，

後改為絞、斬、梟首三等。北齊又恢復轘，仍為四等。北周增為磬、絞、斬、梟首、車裂五等。隋代改為絞、斬二等，唐承隋制，並規定絞、斬以外的處死方法，不准採用；即使是應斬而絞或應絞而斬者，有關官吏也要承擔相應的刑事責任。

【語譯】本朝所設立的刑名制度有五種：一是笞刑，二是杖刑，三是徒刑，四是流刑，五是死刑。笞刑分五等，就是笞杖十下到五十下，每等遞增十下。杖刑分五等，以擊杖六十為起點，一直到一百，亦是每等遞增十下。至於工戶、樂戶和熟習天文的，以及官戶、奴婢等，他們之中犯有流罪的；還有家裡只有一個丁男而犯了徒刑罪的，都可以判為擊杖二百便釋放。又犯罪已經案發拘押，而又重新犯罪處罰兩次以上的，累計起來應擊杖的次數即使再多，但總數也不得超過二百。徒刑分五等，從徒刑一年起，以半年為等差，以三年為最高刑期。流刑分三等，從流放二千里起，二千五百里，到三千里。這三等流刑在流放地服役時間都是一年，刑滿後便在流放所在地落籍為民戶。除了上述三等屬於常流之外，另有一種加役流的，本來應判死刑，武德時期改為斷趾，貞觀六年又改為加役流。因為常流在流放地只須服勞役一年，而加役流要服勞役三年，所以稱為加役流。死刑只分兩等。就是分絞、斬二等。

【說明】此章所述之五刑，在中國可謂歷史悠久。最早見於《尚書・呂刑》：「墨罰之屬千，劓罰之屬千，剕罰之屬五百，宮罰之屬三百，大辟之罰其屬二百。五刑之屬三千。」這裡說的五刑便是墨、劓、剕、宮、大辟。《周禮・秋官・司刑》所載之五刑為墨、劓、宮、刖、殺，都是以肉刑為主。至秦商鞅變法以後，刑罰更加酷烈了：「增相坐之法，造參夷之誅，大辟加鑿顛、抽脅、鑊烹、車裂之制。」到漢代，「大辟尚有夷三族之令，當族者皆先黥、劓、斬左右趾，笞殺之，梟其首，俎其肉於其市，誹謗詈詛又先斷其舌，謂之具五刑」（均見本卷原注）。我們祖先向有重刑主義的傳統。提出重刑思想的先是商鞅，他在《商君書》的〈開塞〉篇中說：「去奸之本，莫深於嚴刑」；〈賞刑〉篇說：「禁奸止過，莫若重刑」；〈畫策〉篇說：「重刑者，民不敢犯，故無刑也」，強調的是要以刑止刑。在〈靳令〉篇又說：「行罰重其輕者不至，重者不來，此謂以刑去刑。」另一個重刑主義的狂熱鼓吹者是韓非，如《韓非子・姦劫弒臣》稱：「夫嚴刑重罰者，民之所惡也，而國之所以治也；哀憐百姓，輕刑罰者，民之所喜，而國之所以危也。」他們的基本觀點是只有嚴刑重罰，才是治國之良策。這種觀念是以維護君主權力獨斷為其宗旨的，因而在歷史上常為一些帝王或執政者接受和奉行，致使我國法制史迄今難以擺脫重刑主義的影響。實際上重刑不可能止刑。「民不畏死，奈何以死懼之！」（《老子·七十四章》）如秦隋這兩個短命皇朝，重刑不僅不能挽回其頹勢，反而加速了它的滅亡。秦漢以降，刑法法典關於刑罰總的趨勢還是不斷走向減輕。漢文帝提出廢除肉刑後，儘管從東漢到魏晉有過許多次爭論，但肉刑在總體上還是逐漸減少了。從〈呂刑〉、〈秋官〉上的五刑，到《唐律》上的五刑，不能不說是一種進步。狹義的肉刑作為法定刑種最後是被取消了。當然笞、杖還是體罰，從廣義上說亦是一種肉刑，但與以殘離受者肢體為特徵的墨、劓、刖、宮等肉刑相比，還是有著質的區別。後來對笞與杖亦作了一些限制：笞和杖的粗細大小、拷掠的次數、受刑部位，都有明確規定，若官吏濫施刑罰，如「決杖不如法」或「杖粗細長短不依法」，或「瘡病不待瘥而拷」等等，在《唐律疏議》卷二十九、三十〈斷獄篇〉都作了相應的懲處規定。唐初的帝王中，太宗李世民在這個問題上頭腦比較清醒一些。他沒有把從嚴從重懲治大量罪犯作為官吏治績來表彰，而是強調「恤刑慎殺」，「德主刑輔」，因而他在位時期處決死刑的人數相對較少，如貞觀四年（西元六三〇年），「天下斷死罪二十九人」。有一次，他還「親錄囚徒，憫死罪者三百九十人，縱之還家，期以明年秋決刑；及期，囚皆詣朝堂，無後者，太宗嘉其誠信，悉原之」（《新唐書·刑法志》）。至於太宗覽〈明堂針灸圖〉，因見人之五臟皆近背，遂詔罪人無得鞭背的故事，更是屢屢被論者所稱引。其實李世民也有他殘酷的一面，而史家之所以不惜筆墨一再予以讚頌，恰恰證明就是像他這樣能夠稍示寬仁的帝王也屬鳳毛麟角，正好說明中國法制要真正擺脫重刑主義的陰影，還有著長長的路要走。直到清末，沈家本在〈重刻明律序〉中還說：「方今環球各國，刑法日趨於輕，廢除死刑者已若干國，其死刑未除之國，科目亦無多……今之刑重者，獨中國耳！」

二

乃立十惡❶，以懲叛逆❷，禁淫亂，沮❸不孝，威不道。其一曰謀反，謂謀危社稷❹。

二日謀大逆，謂謀毀宗廟、山陵及宮闕❺。三日謀叛，謂背國從偽❻。四日惡逆❼，謂毆及謀殺祖父母、父母，殺伯叔父母、姑、兄、姊、外祖父母、夫之祖父母、父母❽。五日不道❾，謂殺一家非死罪三人❿，支解人⓫，造畜蠱毒，厭魅⓬。六日大不敬⓭，謂盜神御之物、乘輿服御物⓮，及御造御寶⓯，合和御藥誤不如本方及封題誤⓰，若造御膳誤犯食禁⓱，御幸舟船誤不牢固⓲，指斥乘輿情理切害及對捍詔使而無人臣之禮⓳。七日不孝⓴，謂告言㉑、詈詛祖父母、父母；及別籍異財㉒，若供養有闕㉓；居父母喪身自嫁娶，若作樂，釋服從吉㉔；聞祖父母、父母喪匿不舉哀；詐稱祖父母、父母死㉕。八日不睦㉖，謂謀殺及賣緦麻已上親㉗，毆、告夫及大功已上尊長㉘。九日不義㉙，謂謀殺本屬府主㉚、刺史、縣令、現受業師。十日內亂㉛，謂姦小功已上親，祖、父妾。此十者，常赦之所不原㉜。初，北齊立重罪十條㉝為十惡：一、反逆，二、大逆，三、叛，四、降，五、惡逆，六、不道，七、不敬，八、不孝，九、不義，十、內亂，犯此者不在八議論贖㉞之限。隋氏頗有益損，皇朝因之。

【章　旨】關於十惡的規定。

【注　釋】❶十惡　指十類重罪。《唐律疏議・名例》十惡條疏議稱：「其數甚惡者，事類有十，故稱十惡。然漢制《九章》，雖並湮沒，其不道不敬之目見存，原夫厥初，蓋起諸漢。案梁陳已往，略有其條，周齊雖具十條之名，而無十惡之目。開皇創制，始備此科，酌於舊章，數存於十。」《唐律》之十惡，即因仍於隋之《開皇律》。❷懲叛逆　指懲治圖謀危害封建帝王、宗廟，及背叛國家投敵的行為。❸沮　制止。❹謀危社稷　指危害帝王亦即國家之行為或圖謀。《唐律疏議・名例一》十惡條稱：「臣下將圖逆節而有無君之心，君位若危，神將安恃？不敢指斥尊號，故託云社稷。」社稷，分別為土神、穀神，古時常代指國家。所謂「無君之心」，即指將有反對帝王之動機，並非已有相應行為，便已構成謀反罪。這便是在中國歷史上源淵而流長的以「言論定罪」的法律依據。一旦被定為謀反大罪，不僅本人必殺無疑，其父母、妻子、兄弟、姊妹等亦要連坐受刑以至被處死。❺謀毀宗廟山陵及宮闕　宗廟即供奉帝王先祖之廟堂；山陵指埋葬先帝之陵墓；宮闕，即帝王居住的宮殿，宮門外門樓謂之闕。有毀壞宗廟、陵墓及宮闕之行為或意圖，便是謀大逆。其所以稱為謀大逆，因為在封建制度下，敬奉帝王被認為是最重要的道德倫理要求，而宗廟、山陵、宮闕又都是帝王的象徵，神聖不可侵犯。《唐律疏議．賊盜一》規定：「其謀大逆者絞。」這還是指謀而未行；如果已付諸行動，那便等同於謀反：「諸謀反及大逆者皆斬。父子年十六已上皆絞，十五已下及母女妻妾祖孫兄弟姊妹，若部曲資財田宅並沒官。」❻背國從偽　指本朝文武官吏投奔外國或依附於另一對立政權的行為。《唐律疏議．賊盜一》規定「諸謀叛者絞，已上道者皆斬。」疏議稱：「謀叛者謂欲背國投偽始謀未行事發者，首處絞，從者流。已上道者，不限首從皆斬。」此外家屬還要連坐，「妻子流二千里，若率部眾百人已上，父母妻子流三千里」。謀叛的另一種情況是，「亡命山澤，不從追喚者，以謀叛論，首得絞刑，從者流三千里。抗拒將吏者，謂有將吏追討，仍相抗拒者，以已上道論，並身處斬，妻子配流；抗拒有害者，父母妻子流三千里」。❼惡逆　指對祖父母、父母有毆擊的行為而不必造成傷害，或有謀弒的意圖而不必開始行動，就都已構成此大罪。但對伯叔以下則須殺訖才算構成；如果只有預謀而未付諸實施，則以不睦論罪。惡逆罪立法的目的，是為了維護近親尊長人身及其尊嚴之不可侵犯性，從而鞏固封建宗法關係和封建社會的統治秩序。❽外祖父母夫之祖父母父母　句中似脫一「夫」字。據《唐律疏議．名例一》十惡條，應為「外祖父母，夫，夫之祖父母、父母」。指毆及謀殺的對象，亦包括夫本人。❾不道　指違反正道殘忍地傷害人命。不道罪起源很早，《漢律》即已有之。《唐律》所指的不道，為原注中所列舉的三種行為。❿殺一家非死罪三人　指被殺必須為同一家之三人，而且均無死罪者，方可構成不道罪。如一家被殺三人中有一人原犯死罪，或被殺雖有三人但非屬一家者，兇手自然也應判死刑，但不入於十惡。⓫支解人　指殺人而又肢解其屍體。此條對犯有死罪的人同樣適用，即若殺一原犯死罪之人而肢解其軀體者，亦將以不道論罪。⓬造畜蠱毒魘魅　造畜指馴養毒蠱。《唐律疏議．賊盜三》疏議云：「蠱有多種，罕能究悉，事關左道，不可備知。或集合諸蟲，置於一器之內，久而相食，若蛇在，即為蛇蠱之類。」古人以為最後剩下之毒蟲，置於食物即可致人於死。魘魅，指造符書咒詛，欲以殺人者。同書疏議云：「魘事多方，罕能詳悉。或圖畫形象，或刻作人身，刺心頂眼，繫手縛足，如此厭勝事非一緒。魅者或假託鬼神，或妄行左道之類，或咒或詛，欲以殺人者。」此類古時信以為真之殺人法雖無法加以科學驗證，但史書卻屢見不鮮。著名的有漢武帝晚年發生的巫蠱之禍，結果是太子劉據及衛皇后皆被殺，同禍死者數萬。⓭大不敬　凡侵犯帝王權威尊嚴或因不慎疏忽而對之稍有不敬，都可以被認定為大不敬。其立法依據一本於禮，目的是為了確保帝王之人身和尊嚴絕對不可侵犯。⓮盜神御之物乘輿服御物　對照《唐律疏議・名例》大不敬條注文，此句中似脫「大祀」二字。其文為：「盜大祀神御之物及乘輿服御物。」大祀，唐制祭祀分大、中、小三等，大祀指祭祀昊天上帝、五方上帝、皇地祇、神州及宗廟等。神御之物，指神祇所御之物，包括供神用的帷帳、几杖、酒醴饌具。乘輿，代指皇帝。所謂乘輿服御物，即指帝王御用之服飾衣物等。凡盜竊以上諸物，都不能按一般盜竊處理，而以十惡論罪。⓯及御造御寶　此句據《唐律疏議・名例一》及《通典・刑法三》應為：「盜及偽造御寶」。指凡是盜竊及偽造皇帝及皇后的璽符印信，都屬於大不敬之罪。據《唐律》，盜御寶者處絞刑，盜乘輿服御物者流二千五百里。⓰合和御藥誤不如本方及封題誤　《唐律疏議・名例一》，此條之疏議云：「合和御藥，雖憑正方，中間錯謬，誤違本方；封題誤者，謂依方合訖，封題有誤，若以丸為散，應冷言熱之類。」這些原本屬過失行為，但由於涉及對象為帝王，且又含有影響健康以至危及生命的因素，故亦構成為十惡之一的大不敬罪。⓱若造御膳誤犯食禁　《唐律疏議・名例一》此條之疏議云：「《周禮》：『食醫掌王之八珍。』所司特宜敬慎。營造御膳，須憑《食經》，誤不依經，即是不敬。」⓲御幸舟船誤不牢固　《唐律疏議・名例一》此條之疏議云：「帝王所之，莫不慶幸。舟船既擬供御，故曰御幸舟船。工匠造船，備盡心力，誤不牢固，即入此條。」即使未交付使用者，亦按大不敬論處。上述三條，皆指由過失所致；倘屬故意，主犯即須以謀反論罪。⓳對捍詔使而無人臣之禮　句中「詔使」，《唐律疏議・名例一》作「制使」，即奉皇帝之命而出使地方之官吏。詔使及其所傳達之制命都代表皇帝，即使是錯誤的，也決不容許有捍然拒絕之行為，否則即被認為「無人臣之禮」而構成大不敬罪。所謂人臣之禮便是絕對的馴順和服從。官場中阿諛迎合之風古今綿綿不絕，便是由此而來。⓴不孝　《唐律疏議・名例一》此條之疏議云：「善事父母曰孝，既有違反，是名不孝。」《孝經》稱：「五刑之屬三千，罪莫大于不孝。」不孝在古代首先是屬於禮，亦即道德範疇的問題，但歷代法律又都把它列為十惡之一，這說明封建的禮與法原是合一的。㉑告言　意謂控告。㉒別籍異財　分戶居住，經濟上各自獨立。《唐律疏議・名例一》十惡條注文在「別籍異財」上尚有「祖父母父母在」六字。意謂若祖父母、父母在世，子孫必須與之合住；並將所得一切財物都交與祖父母、父母掌管，如果別籍異財，即犯不孝之罪。㉓供養有闕　子孫與祖父母、父母合住，若有能力供養而致飲食及其他用物有缺者，即構成不孝罪。但犯此條罪須經祖父母、父母親自告訴方予處理，不告則不坐。㉔居父母喪自嫁娶若作樂釋服從吉　按喪禮，父母之喪期為二十七個月。在此期限內，不得身自嫁娶、作樂及釋服從吉，犯者即為不孝。身自嫁娶，指兒女自行作主而或嫁或娶者。如係由尊長主婚，則不入十惡。按照娶妾非娶妻之慣例，男夫居喪娶妾，女子居喪為妾，亦不列入十惡範圍，但仍有一定刑事責任。作樂，指參加歌舞散樂之類娛樂活動。釋服從吉，指喪制未終，即自行脫去孝服而著常服者。㉕聞祖父母父母喪二句　《唐律疏議・名例一》此條之疏議云：「依《禮》：『聞親喪，以哭答使者，盡哀而問故。』父母之喪，創鉅尤切，聞即崩殞，擗踊號天。今乃匿不舉哀，或揀擇時日者並是。其詐稱祖父母、父母死，謂祖父母、父母俱在，而詐稱死者。若先死，而詐稱始死者非。」㉖不睦　指親族間相互侵犯之行為。《唐律疏議・名例一》此條之疏議云：「《禮》云：講信修睦。《孝經》云：民用和睦。睦者，親也。此條之內，皆是親族相犯，為九族不相叶睦，故曰不睦。」此條立法目的，是為了維護和鞏固封建宗法制度。㉗謀殺及賣緦麻以上親　緦麻為中國古代喪禮所規定的五服中最輕一服，服期三月。緦麻相對於親屬關係，則指本宗之高祖父母、曾伯叔祖父母、族伯叔父母、族兄弟及未嫁族姊妹，外姓中之表兄弟、妻父母、女婿、外孫等。《唐律疏議・名例一》此條之疏議云：「若謀殺期親尊長等，殺訖即入惡虐。今直言謀殺，不言故鬬，若故鬬殺訖，亦入不睦。舉謀殺未傷是輕，明故鬬已殺是重，輕重相明，理同十惡。賣緦麻以上親，無問強和，俱入不睦。賣未售者非。」謀殺或鬬殺緦麻以上親，謀殺而未能實現，二者有輕重之別，但均列入不睦罪。出賣緦麻以上親，無論強迫和自願，都構成不睦罪。圖謀出賣而未成者，則不構成不睦罪。關於對上述二罪之刑罰，《唐律・賊盜》稱：「諸謀殺緦麻以上尊長者，流二千里，已傷者絞，已殺者皆斬。即尊長謀殺卑幼者，各以故殺罪減二等，已傷者減一等，已殺者依故殺法。」又「諸略賣期親以下卑幼為奴婢者，并同《鬬訟》法（徒三年），即和賣者各減一等。」㉘毆告夫及大功已上尊長　據《唐律疏議・名例一》及《通典・刑法三》此句「尊長」下，尚有「小功尊屬」四字。大功、小功均為喪服名，服期分別為九月、五月。此處指相對應之親屬關係。《唐律疏議・名例一》此條之疏議云：「依《禮》：『夫者，婦之天。』又云：『妻者，齊也。』恐不同尊長，故別言夫號。大功尊長者，依《禮》，男子無大功尊，唯婦人於夫之祖父母，因夫之伯叔父母，是大功尊。大功長者，謂從父兄姊是也。『以上』者，伯叔父母姑兄姊之類。小功尊屬者，謂從祖父母姑，從祖伯叔父母姑，外祖父母，舅姨之類。」全句意謂：若妻對其夫及夫家上列尊長、尊屬，或卑幼對上列尊長、尊屬有毆擊或控告之行為者，即使控告得實，也都構成不睦罪。刑罰見於《唐律・鬬訟》，其中稱：「諸妻毆夫徒一年，若毆傷重者，加凡鬬傷三等（須夫告乃坐）。妾毆夫則加一等，毆傷重者絞。」對尊長、尊屬的毆、告，也各有相應的刑罰規定。把不睦也列為十惡之一，是為了確認父母尊長對妻妾子女的特權，維護以血緣為基礎的尊卑秩序，鞏固封建統治。㉙不義　指有直接隸屬關係的下對上的謀殺行為。列此為十惡之一，是為了保護官吏對屬民、上級對下級，還包括師長對學生、丈夫對妻子的封建特權。對「不義」之名，《唐律疏議・名例一》疏議稱：「禮之所尊，尊其義也。此條元非血屬，本止以義相從，背義乖仁，故曰不義。」㉚謀殺本屬府主句 《唐律疏議・名例一》此條之疏議云：「府主者，依《令》，職事官五品以上，帶勳官三品以上，得親事帳內，於所事之主，名為府主。國官、邑官於其所屬之主，亦與府主同。其都督、刺史皆據制書出日，六品以下皆據畫訖始是。見受業師，謂服膺儒業而非私學者。若殺訖，入不義。謀而未殺，自入雜犯。」即對其本屬之府主、刺史縣令、現受業師，須是已殺者，方構成不義，僅有預謀而未遂者，則按一般犯罪處理。又《唐律》中不義條的注文，尚有：「吏卒殺本部五品以上官長，及聞夫喪，匿不舉哀，若作樂，釋服從吉，及改嫁。」㉛內亂 指親屬間相姦的亂倫行為。《唐律疏議・名例一》此條之疏議云：「《左傳》云，女有家，男有室，無相瀆，易此則亂。若有禽獸其行，朋淫於家，紊亂禮經，故曰內亂。」《唐律・雜律》對構成內亂之通姦行為的懲處，也有規定。如「諸姦緦麻以上親之妻，若妻前夫之女，及同母異父之姊妹者，徒三年，強者流二千里，折傷者絞，妾減一等。」又「諸姦從祖祖母姑、從祖伯叔母姑、從父姊妹、從母及兄弟妻、兄弟子妻者，流二千里，強者絞。」又「諸姦父祖妾、伯叔母姑姊妹子孫之婦、兄弟之女者，絞。即姦者婦女不坐，其媒合姦通，減姦者罪一等。」㉜常赦之所不原 常赦即大赦，與特赦不同。特赦與常赦均由皇帝下赦旨赦免，前者赦免對象只是一部分罪犯或特定罪犯，後者則無論犯罪大小輕重，概予赦免。唯犯十惡罪者，即使遇到大赦亦不予赦免，即習語所謂「十惡不赦」。㉝北齊立重罪十條 事在武成帝河清三年（西元五六四年）。以隋唐律之十惡與北齊之重罪十條相較，北齊有「降敵」，隋唐無之；隋唐有「不睦」，而北齊無之。㉞八議論贖 詳見後第三、第四章。

【語 譯】於是專立「十惡」大罪，用來懲治叛逆，禁絕淫亂，制止不孝，威懾不道。十惡的名目：第一是謀反，指圖謀危害社稷的行為。第二是謀大逆，指圖謀毀損宗廟、皇陵以及帝王宮殿門闕。第三是陰謀背叛，指圖謀背叛國家，投奔敵偽。第四是惡性的叛逆，指毆打或謀殺祖父母、父母，殺害伯叔父母、姑兄姊、外祖父母（和丈夫），以及丈夫的祖父母、父母。第五是不道，指殺害同一家中都沒有犯死罪的三個人，把人殺死後，又殘忍地肢解他的屍體；造作蠱毒或者魘魅，用來詛咒他人。第六是大不敬，指盜竊〔重大祭祀時的〕神御物品，皇帝穿戴和使用的物品；〔盜竊〕偽造皇上御用的寶器；和合皇上服用的藥物時有所失誤：譬如藥物或劑量與處方不符，藥物封套上題寫有錯；為皇上製作膳食時，誤犯禁食的東西；製作御用舟船，因失誤致使船隻不那麼牢固；用言詞攻擊和咒罵皇上，危害至尊的聲譽，或者捍然對抗欽差使節，違反做臣子的禮儀等。第七是不孝，指控者或咒罵祖父母、父母；祖父母、父母還在世，就分戶居住，自主財用；對祖父母、父母供養不周，缺衣少食；在為父母居喪期間，自作主張出嫁、婚娶，或者歌舞娛樂，以及服期未滿就改穿吉服；聽到祖父母、父母去世的消息卻隱瞞下來，不表示哀悼，或者祖父母、父母明明健在，卻謊稱已經死亡。第八是不睦，指謀殺或出賣緦麻以上親屬；毆打或控告丈夫，以及大功以上的尊長。第九是不義，指謀殺本人所歸屬的府主、刺史、縣令，或者現在受業的師長。第十是內亂，指姦淫小功已上的親屬，以及祖父或父親的妾。以上十條大罪，即使遇到大赦，亦不能赦免。最初，是由北齊立了十條重罪，稱為十惡：一、反逆，二、大逆，三、背叛，四、降敵，五、惡逆，六、不道，七、不敬，八、不孝，九、不義，十、內亂。犯上述十條大罪的，不屬於「八議」、「論贖」的範圍。隋朝開皇時期，對北齊定的十惡，作了點修改補充，本朝因承隋制。

【說　明】《唐律》中的十惡，雖然事類有十，但就其直接侵犯的客體而言，主要是兩類，一類是侵犯君主及封建政權的犯罪，一類是侵犯父母尊長及倫理關係的犯罪。前者是為了治國，後者是為了治家，這是各個封建王朝刑事立法的核心與重點。中國封建社會，一切立法權的淵源都來自皇帝，所有法律都是通過皇帝的敕令來頒佈的。李斯說：「今天下已定，法令出一。」(《史記・秦始皇本紀》)這個「一」，就是皇帝。因為在皇帝看來，「朕即國家」，亦就是「社稷」。這樣皇帝一個人的需要，就成了整個國家的需要。萬千臣民都在法律約束之下，唯獨皇帝一人高踞於法律之上，可以完全不顧法律的約束而為所欲為。就按十惡所規定的條例來說吧，最應該受到嚴厲懲處的，不是別人，正是皇家宗室裡的那些人們，其中首先就是皇帝本身。就在產生《唐律》的那個歷史年代裡，即從高祖李淵到玄宗李隆基這一百多年時間，要論治績，自有其在中國歷史上罕見的輝煌之處，但如果檢點一下其間幾代君王及后妃們的所作所為，卻幾乎都難逃十惡所規定的罪行。如李世民與李建成、李元吉兄弟三人，都曾結黨圖謀皇位，已各自構成了謀反罪；最後李世民在玄武門之變中殺了哥哥建成、弟弟元吉，那是不折不扣的惡逆罪；接著又逼父親李淵禪位，再次構成謀反罪。在這裡，哪還有一絲一毫忠義孝悌等傳統道德可言呢？剩下的只有你死我活的權力爭奪。武則天原來是李世民的才人，高宗李治卻硬是娶了父親這個妾為妻；楊玉環本是壽王瑁之妃，李隆基卻偏要娶這個兒媳婦做自己貴妃，都十十足足犯了內亂罪。帝王們的這些十惡大罪非但從未受到過法律懲罰，連人們口頭上說那麼一句兩句都不容許，因為據說那是屬於「防擴散」的違禁區。譬如李重潤，是武則天的孫子，而且曾被立為皇太孫，就因為偶而議論了一下武則天與張易之兄弟之間的淫亂活動，竟被活活杖殺，死時還只有十九歲。由此可見，超越於一切法律的皇帝，可以不講倫理，不守信義，不管運用怎麼樣的陰謀卑劣手段，只要能達到他想要達到的任何目的。李世民在即位之初曾說過「安危在乎人事，吉凶繫於政術」，就把權謀的位置放在道德法律之上。當然，這是就皇帝個人操作角度說的，至於整個社會，倫理道德的淪喪，也會對王朝構成嚴重的威脅，宮廷內部道德倫理的弱化，更將導致因宗室尊卑秩序的破壞而動搖了皇權的根基。就為這些緣故，帝王們又常常不得不呼喚道德和法制來規範既存的社會秩序，以謀求自己統治的長治久安。這便是他們矛盾的心態，並由此而產生了言行不一的表象。說到底，這種表裡不一恰恰正是帝王南面術固有的奧秘。意大利馬基雅維利在他的《君主論》中有一段名言：「做偉大事業的君主，對於信義一層，向來不十分注意，每以機巧欺人，結果凡信任他話的人，都為他制勝。」對於尋常百姓來說，「服從當前立法權力所制定的法律是一種責任，不論它的來源是什麼」（康德：《道德形而上學》）；似乎還應該補充一句：服從一代接一代的帝王的統治也是一種責任，不論他們已暴虐或荒淫到什麼地步。唯有如此，才能成為一個合格的「順民」。

三

迺立八議❶，以廣親親，以明賢賢❷，以篤賓舊，以勸功勤。其一曰議親❸，謂皇帝袒免以上親。❹及太皇太后、皇太后緦麻以上親❺，皇后小功以上親❻。二曰議故❼，謂故舊。三曰議賢❽，謂有大德行。四曰議能❾，謂有大才藝❿。五曰議功⓫，謂有大功勳。六曰議貴⓬，謂職事官三品已上、散官二品已上及爵一品。七曰議勤⓭，謂有大功勞⓮。八曰議賓⓯，謂承先代後，為國賓。八者犯死罪，所司先奏請議⓰，得以減、贖⓱論。《周禮》⓲以八辟麗邦法，附刑罰⑲，即八議也。自魏、晉、宋、齊、梁、陳、後魏、北齊、後周及隋，皆載于律。

【章旨】關於八議之規定。

【注釋】❶八議　指皇帝之親、故及賢、能、功、貴、勤、賓八種人若犯死罪，要先奏請，然後原情議其所犯，再上奏皇帝裁決。這是從法律上規定貴族官僚可以享有規避或減免制裁的一種特權。❷以廣親親以明賢賢　意謂用以擴大帝王與其親族之間的親情，表明帝王對賢者的尊重。句中第一個「親」和「賢」用為使動。❸親　指王親國戚。為八議對象之首。《唐律疏議・名例一》此條之疏議云：「義取內睦九族，外叶萬邦，布雨露之恩，篤親親之理，故曰議親。」❹袒免以上親　袒免，喪禮規定喪服中最輕的一種，即只須以袒衣免冠示哀。係五服外之遠親，一般指高祖兄弟、曾祖從父兄弟、祖再從兄弟、父三從兄弟以及自身之四從兄弟等親屬關係。❺太皇太后皇太后緦麻以上親　太皇太后為皇帝祖母，皇太后係皇帝母親。緦麻，喪禮所規定五服中最輕一服。緦麻親有四：曾祖之兄弟、祖父之從兄弟、父之再從兄弟，自身之三從兄弟。❻小功以上親　小功為喪禮所規定五服中第四服。小功之親有三：祖之兄弟，父之從兄弟，自身之再從兄弟。除上述各類親屬外，據禮，凡內外諸親有服同此者，並按照議親之規定處理。❼故　指故舊。《唐律疏議・名例一》此條之疏議云：「謂宿得侍見，特蒙接過歷久者。」可知此故舊特指長期侍奉過皇帝之習近宦吏。❽賢　指賢達人士。《唐律疏議・名例一》此條之疏議云：「謂賢人君子，言行可為法則者。」即通常所謂社會賢達或知名人士。❾能　指傑出人才。《唐律疏議・名例一》此條之疏議云：「謂能整軍旅，莅政事，鹽梅帝道，師範人倫者。」鹽梅，鹽鹹梅酸，用以和羹，喻指治國之道。❿大才藝　《唐律疏議・名例一》八議條，作「大才業」。⓫功　指功臣。《唐律疏議・名例一》此條之疏議云：「謂能斬將搴旗，摧鋒萬里，或率眾歸化，寧濟一時，匡救艱難，銘功太常者。」⓬貴　指職事官三品以上，如尚書、門下、中書三省長官和六部尚書、侍郎，以及御史大夫、諸寺之卿等；散官二品以上，如開府儀同三司、特進和光祿大夫等；爵一品，如親王、嗣王、郡王、國公等。以上諸類官員，享有議貴的特權。⓭勤　指為帝王功業盡職盡勞，或歷經艱險者。《唐律疏議・名例一》此條之疏議云：「謂大將吏恪居官次，夙夜在公，若遠使絕域，經涉險難者。」⓮大功勞　據《唐律疏議・名例一》及《通典・刑法三》，當作「大勤勞」。⓯賓　指國賓。如常在唐代前期禮儀場合出現的介公、酅公，分別是北周和隋朝退位君主的後裔，可以享有議賓的特權。⓰所司先奏請議　所司指刑部司。如有屬過上述八類人範圍而觸犯刑律應判死罪者，由刑部司先行錄其所犯應死之罪，及其所屬親、故、賢、能、功、貴、勤、賓應議之狀，奏聞請議，然後依令，在尚書都省由公卿們集議，再奏明皇帝最後裁定。集議時，要原情議罪，原其本情，議其所犯之罪行，只說準犯依律令死，不敢正其刑名，直言絞斬。以上屬議章。其次為請。《唐律疏議・名例二》：「若官爵五品以上，犯死罪者上請。」此條之注文云：「請，謂條其所犯，及應請之狀，正其刑名，別奏請。」此注之疏議云：「條其所犯者，謂條錄請人所犯應死之坐。應請之狀者，謂皇太子妃大功以上親，應議者期以上親及孫，若官爵五品以上，應請之狀。正其刑名者，謂錄請人所犯準律合絞合斬。別奏者，不緣門下，別錄奏請聽敕。」據此可知，請與議之區別有二：其一，議之對象，限於法律上可享有八議特權之本人；而請之對象，則並非享有八議特權本人，而是他們的親屬，以及官爵五品以上犯死罪者。故請可說是八議特權在法律上的延伸。其二，在奏聞時，對議之對象，不能正其刑名，而對請之對象，則可以「錄請人所犯，準律合絞合斬」，亦即可以正其刑名。議與請同為法定特權，只是請比議要低一等。入於議章或請章之人，除十惡等特別規定外，都可享有減免刑罰的優待。⑰減贖　減指減降刑罰等級，贖指以銅贖刑。減與贖是兩個不同的減免刑罰方式。關於減，《唐律疏議・名例二》規定：「諸七品以上之官，及官爵得請者之祖父母、父母、兄弟、姊妹、妻、子、孫犯流罪以下，各從減一等之例。」此條之疏議曰：「此名減章。七品以上，謂六品、七品職事，散官、衛官、勳官等身。官爵得請者，謂五品以上官爵，蔭及祖父母、父母、兄弟、姊妹、妻、子、孫，犯流罪以下，各得減一等。若上章請人得減，此章亦得減，請人不得減，此章亦不得減，故云，各從減一等之例。」關於贖，其適用範圍比減略寬。《唐律疏議・名例二》規定：「諸應議、請、減及九品以上之官，若官品得減者之祖父母、父母、妻、子、孫犯流罪以下聽贖。」此條之疏議曰：「此名贖章。應議、請、減者，謂議、請、減三章內人，亦有無官而入議、請、減者，故不云官也。及九品以上官者，謂身有八品、九品之官。若官只得減者，謂七品以上之官，蔭及祖父母、父母、妻、子、孫，犯流罪以下並聽贖。」⑱周禮　儒家經典之一。戰國期間，儒生搜集周王室和戰國時各國制度，添附以儒家理想並排比增刪而成的有關職官制度的彙編。⑲八辟麗邦法附刑罰　意謂以八種議刑之法附麗於邦法，用以減免刑罰。辟，法也。麗，附也。《周禮・秋官・小司寇》云：「以八辟麗邦之法附刑獄：一曰議親之辟，二曰議故之辟，三曰議賢之辟，四曰議能之辟，五曰議功之辟，六曰議貴之辟，七曰議勤之辟，八曰議賓之辟。」此即《唐律》八議之由來。

【語　譯】於是設立八議的法規，目的是廣大聖皇皇愛護親族的恩情，彰明尊重賢士的願望，加深賓客故舊的情義，勸勉有功和勤勞的人。一是議親，對象是皇帝袒免以上親屬，太皇太后、皇太后緦麻以上親屬，以及皇后小功以上親屬。

二是議故，對象是皇帝的故舊。三是議賢，對象是有德行崇高的人。四是議能，對象是有傑出才藝之人。五是議功，對象是為國家立過大功的人。六是議貴，對象是職事官三品以上，散官二品以上，以及封爵一品以上的貴人。七是議勤，對象是為王朝盡過大辛勞的人。八是議賓，對象是前朝的後裔，成為本朝的國賓。上述八類人，如果犯了死罪，可以由刑部司先奏請議，都能得到減刑或贖罪的寬大處理。《周禮》中說，用八種議刑之法作為國法的附錄，用來減免其刑罰，這也就是現今的八議。從魏、晉、宋、齊、梁、陳和北魏、北齊、北周，一直到隋朝，八議都明文記載在刑律上。

【說　明】歷史久遠的八議之制，可說是「禮不下庶人，刑不上大夫」（《禮記・曲禮上》）思想在法律上的一種反映。八議之稱，文獻記載始於《周禮・秋官》，漢代雖尚未入律，但《漢律》中類似的條文已有，如規定貴族司法官吏無權自行判決，須奏請皇帝裁定，這就是所謂「上請」的特權。例如漢武帝征和二年（西元前九一年），在所謂戾太子謀反事件中，城門司直田仁因「坐令太子得出，丞相欲斬仁」，御史大夫暴勝之援引《漢律》說：「司直，吏二千石，當先請，柰何斬之？」（《漢書・劉屈氂傳》）八議入律始於曹魏，但其具體文字表述，史書沒有記載下來。到南北朝時期，在司法上優待貴族官僚的做法又有了發展，除請贖以外，更加了所謂「官當」之法，就是官爵可以折抵刑罰。如《北魏律》規定爵位和官品都可以「當刑二歲」（《魏書・刑罰志》）。南朝《陳律》亦規定「五歲四歲刑，若有官，準當二年，餘并居作」（《隋書・刑法志》）。在刑法中，最終完整地確立八議制度，是隋朝的《開皇律》，唐則是因承隋律。高宗時，《唐律》經過疏議，八議的對象和範圍都有了詳盡的規定，並把具體操作方式按不同等級分為議、請、減、贖、當、免六種類型，從此以後，貴族、官僚及其親屬在觸犯刑律將受到懲罰時，都可以依據不同等級享受到相應的減免特權。辛亥革命後，八議制度在法律上自然是取消了，但變相的、不成文的「八議制度」至今依然或多或少存在著。

順便補充一句：古代八議制中少數條文也反映了某種人道精神，是應予肯定的。諸如規定「八十以上、十歲以下，及篤疾，犯反逆殺人應死者，上請。」（《唐律疏議・名例四》）對童幼、弱智、老耄者，犯罪後酌情給予赦免的機會，那是必要的。

四

凡贖罪以銅。自笞五十銅一斤❶，至杖一百即十斤。徒一年二十斤，至徒三年則六十斤❷。流二千里銅八十斤，至流三千里則百斤❸。絞與斬，銅止一百二十斤。其私坐❹也，一斤為一負；其公坐❺也，則二之。十負為殿❻。凡贖者，謂在八議之條及七品已上官父母、妻、子❼；五品已上，上至曾、高祖，下至曾、玄孫；五品已上妾犯非罪十惡；八品已下身犯流已下罪者；及年七十已上、十五已下，及廢疾等；犯罪加役流、及逆緣坐流、會赦猶流❽已下罪者；及年八十已上、十歲已下，及篤疾犯盜與傷人者；及過誤殺人❾；及大辟疑罪❿者，並以贖論。

【章旨】關於贖罪之規定。

【注釋】❶笞五十銅一斤　「五十」當是「一十」之誤。《舊唐書・刑法志》謂：「其贖法，笞十，贖銅一斤，遞加一斤，至杖一百，則贖銅十斤。」《唐律・名例》亦同。❷徒一年二十斤二句　此為略文。《唐律・名例》第三條原文為：徒一年，贖銅二十斤；徒一年半，贖銅三十斤；徒二年，贖銅四十斤；徒二年半，贖銅五十斤；徒三年，贖銅六十斤。❸流二千里銅八十斤二句　此為略文。《唐律・名例》第四條原文為：流二千里，贖銅八十斤；流二千五百里，贖銅九十斤；流三千里，贖銅一百斤。❹私坐　指官吏所犯之私罪。《唐律疏議・名例二》諸犯私罪條注文稱：「私罪，謂私自犯，及對制詐不以實，受請枉法之類。」據疏議，上述注文中所稱私罪，可分二類：一是「不緣公事，私自犯者」，即官吏因私事犯法；二是「雖緣公事，意涉阿曲」，如「對制詐不以實」、「受請枉法之類」，即官吏雖因公事獲罪，但係出於為私之目的。❺公坐　指官吏所犯之公罪。《唐律疏議・名例二》諸犯公罪條注文：「謂緣公事致罪，而無私曲者。」此條注文之疏議曰：「私曲相須。公事予奪，情無私曲，雖違法式，是為公坐。」」所謂「私曲相須」，指私罪中「為私」與「曲法」二要素須同時並存，而公罪非有此二要素，僅是官吏在公事中因過失而犯罪。公罪比私罪的處罰一般可以減輕二至三等。❻十負為殿　負、殿均為官吏犯罪時的刑罰計量單位。《隋書・刑法志》：「在官犯罪，鞭杖十為一負。閑局六負為一殿，平局八負為一殿，繁局十負為一殿。加於殿者，復記為負焉。」又：「贖銅二斤為一負，負十為殿。」負、殿又是考課用語，分別為考課等第之概稱。考課分上上、上中、上下、中上、中中、中下、下上、下中、下下九等。負與正相對而言：正指中中以上，負指中中以下；殿與最相對而言：殿指居後，最指領先。考課與獎懲相結合，則得最者升，殿者降。考課得一殿者降職一等，即罰贖滿一殿者，降職一等。❼七品已上官父母妻子　據《唐律疏議・名例二》七品以上官條及應議請減條，均言「七品以上之官蔭及祖父母、父母、妻、子、孫犯流罪以下，並聽贖」，此句中「父母」之上似應補「祖父母」三字。❽加役流及逆緣坐流會赦猶流　三種特殊流刑。加役流，相對於常流而言。常流勞役期為一年，加役流加二年，共須勞役三年。加役流原係死刑，唐武德時改為斷趾，貞觀時又改為加役流三千里，居作二年。及逆緣坐流，「及」當係「反」之誤。《唐律疏議・名例二》作「反逆緣坐流」。指因坐反逆大罪而被處以流刑者。會赦猶流，指大赦範圍以外的流刑。《唐律疏議・名例二》此條之疏議謂：「案〈賊盜律〉云：『造畜蠱毒，雖會赦，並同居家口及教令人，亦流三千里。』〈斷獄律〉云：『殺小功尊屬從父兄姊，及謀反大逆者，身雖會赦，猶流二千里。』此等並是會赦猶流。」按：加役流、反逆緣坐流、會赦猶流這三類罪犯不屬收贖範圍，《唐律疏議・名例四》「諸年七十以上、十五以下及廢疾犯流罪以下收贖」條注文明確指出：「犯加役流、反逆緣坐流、會赦猶流者，不用此律，至配所免居作。」本書此處以「加役流、反逆緣坐流、會赦猶流」作為「已下」限制詞，原意亦是把這三種特殊流刑排除在外，但表述含混，易生歧義。❾過誤殺人　即過失殺人，非故意殺人。❿大辟疑罪　指犯有死刑而不能完全確證者。《唐律疏議・斷獄下》對「諸疑罪」之注文稱：「疑，謂虛實之證等，是非之理均，或事涉疑似，傍無證見，或傍有聞證，事非疑似之類。」

【語譯】凡是贖罪都用銅。從笞杖五（一）十贖銅一斤開始，每十笞增加銅一斤，到笞杖二百就是贖銅十斤。徒刑一年贖銅二十斤，遞增到徒刑三年，就是贖銅六十斤。流放二千里贖銅八十斤，遞增到流放三千里，就是贖銅一百斤。絞與斬，贖銅都是到一百二十斤為止。官吏犯罪屬於私坐的，銅一斤贖一負；屬於公坐的，銅一斤贖二負。滿十負為殿。可以贖罪的，是指：屬於八議對象，七品以上官員包括他們的〔祖父母、〕父母、妻子、兒子；五品以上官員的上至曾祖、高祖，下至曾孫、玄孫；五品以上官員的妾犯的罪不是屬於十惡的；八品以下官吏本人犯了流刑以下罪的；還有年齡在七十以上、十五以下或患有廢疾等人；犯罪又在加役流、反逆緣坐流、會赦猶流以下的；年齡在八十以上、十歲以下或患有篤疾的人，犯了盜竊、傷人一類罪的；以及過失殺人和屬於大辟疑罪的。以上這幾類人犯，都可以銅贖罪論處。

【說　明】《唐律》所規定的笞、杖、徒、流、死五刑，都准予受罰者以金錢物品來代替或抵銷其應受的刑罰，這在法律上稱為贖罪或贖刑。此制由來已久，《尚書・舜典》就有「金作贖刑」的記載，當時的金也就是銅。《尚書・呂刑》還具體規定了各種刑罰的贖銅數量，如黥刑為一百鍰，最高的大辟為一千鍰。鍰為古代重量單位，一說相當於六兩。在湖北雲夢睡虎地秦墓出土的竹簡中，也有多處提到贖刑，如「贖死」、「贖遷」、「贖耐」、「贖宮」、「贖黥」等，幾乎每一種刑罰都可用財物來贖免。漢代亦有贖刑，如《漢書・惠帝紀》元年（西元前一九四年）冬十二月詔：「民有罪，得買爵三十級以免死罪。」師古注：「令出買爵之錢以贖罪。」漢武帝時令死罪入贖錢五十萬減死一等；東漢時期也屢詔亡命殊死以下聽贖論。在魏晉南北朝時期，贖刑使用更加廣泛和規範化。魏贖刑分十一等，《晉律》規定贖死，金二斤；贖五歲刑，金一斤十二兩；四歲、三歲、二歲各以四兩為差。南朝沿用晉制，梁贖刑以金絹為之，女子減半。北魏世祖時訂律，亦有贖刑之制，改金一兩為收絹十疋。北齊、北周都有贖刑的具體規定。隋《開皇律》規定贖刑以銅代絹，贖笞十則銅一斤，每等遞加，至死刑則贖銅一百二十斤。

唐朝贖刑之法，基本上沿用隋制，規定更加具體，適用範圍也有所限制。一是在刑種方面，從笞刑到死刑雖皆有收贖規定但對死刑控制較嚴，對流刑中的加役流、反逆緣坐流、子孫犯過失殺流、不孝流、會赦減死流，以及徒刑中的犯過失殺傷尊親徒，故毆人致殘廢徒，男夫犯奸盜及婦人犯奸徒等，則均在禁贖之例；二是在贖刑適用對象方面，也是有限制的。主要是應請、議、減及九品以上的官員，以及他們的祖父母、父母、妻、子、孫，犯流罪以下聽贖。此外年七十以上、十五以下及廢疾，犯流罪以下聽贖，年八十以上、十歲以下及篤疾，犯盜及傷人亦可以收贖。這些規定說明，《唐律》距離「法律面前人人平等」這個現代法律基本原則還十分遙遠。

五

凡計贓者，以絹平之❶。準《律》❷，以當處中絹❸估平之。開元十六年❹敕：「其以贓定罪者，並以五百五十為定估❺。」其徵收平贓❻，並如《律》也。其贓有六焉：一曰強盜贓❼，自絹一疋❽，至于十疋。二曰枉法贓❾，其刑絞，自絹一尺，至於十有五疋，其刑與強盜同。三曰不枉法贓❿，自絹一尺，至於三十疋，加役流也。四曰竊盜贓⓫，自絹一尺至於五十疋，加役流。五曰受所監臨贓⓬，其刑流，自絹三尺，至於五十疋，流二千里，其法與不枉法、竊盜皆同。六曰坐贓⓭，其刑徒。自絹一尺，至於五十疋，徒三年。凡六贓定罪有正條⓮，餘皆約而斷焉。枉法贓，謂受人財為曲法處分事者，一尺杖一百，已上⓯每一疋加一等，止十五疋絞。不枉法贓，謂雖受財，依法處分者，一尺杖九十，二疋加一等，止三十疋加役流。若無祿人犯此二贓，並減有祿人一等⓰，若枉法，二十疋即絞；不枉法，四十疋加役流。強盜贓，謂以威力取人財，并與藥酒及食使狂亂取財，不得，徒二年；得財一疋⓱徒三年，二疋加一等，十疋已上絞。竊盜贓者，謂私竊人財，不得，笞五十；得財一疋⓲杖六十，二疋⓳加一等，五疋徒一年，人每五疋加一等⓴，五十疋止加役流。受所監臨贓者，謂不因公事受部人㉑財物者，一疋㉒笞四十，每一疋加一等，至八疋徒一年，又每八疋加一等，五十疋罪止流三千里㉓。坐贓者，謂非監臨主司而因事受財者，一疋㉔笞二十，每一疋加一等，至十疋徒一年，每十疋加一等，五十疋罪止徒三年。自外諸條，皆約此六贓為罪。

【章　旨】記述如何計贓以定罪的相關規定。

【注　釋】❶以絹平之　指以絹作為價值尺度，評估贓物所包含之價值量。❷準律　根據律文。此處指唐代《永徽律》。❸中絹　指中等絹的價格。唐代高宗永徽時曾規定以上絹估，玄宗開元時改為以中絹估。❹開元十六年　即西元七二八年。❺以五百五十為定估　指每疋中絹以五百五十文銅錢為定價，以此作算。❻徵收平贓　徵收，退贓；平贓，評估贓物。《唐律疏議・名例四》平贓條疏議：「贓謂罪人所取之贓，皆平其價值，準犯處當時上絹（此係高宗永徽時之規定），依令，每月三等旬別估其贓，平所犯旬估定罪，取所犯旬上絹之價。假有人蒲州盜鹽，嶲州事發，鹽已費用，依令懸平，即取蒲州中估之鹽，準蒲州絹之價，於嶲州斷決之類。縱有買賣貴賤，與估不同，亦依估價為定。」❼強盜贓　據《唐律疏議・賊盜三》諸強盜條及注文，對強盜的界定是：「以威若力取其財，先強後盜，先盜後強等。若與人藥酒及食，使狂亂取財亦是。即得闌遺之物，毆擊財主而不還，及竊盜發覺，棄財逃走，財主追捕，因相拒捍，如此之類。」對強盜罪的刑罰是：「不得財徒二年，一尺徒三年，二匹加一等，十匹及傷人者絞，殺人者斬。其持杖者，雖不得財，流三千里，五匹絞，傷人者斬。」引文中「尺」、「匹」，均指絹。下同。❽疋　據《唐律疏議・賊盜三》諸強盜條正文並疏議當作「尺」。❾枉法贓　據《唐律疏議・職制上》枉法贓條及疏議，枉法贓分受賄、行賄二類。對受賄：「諸監臨主司受財而枉法者，一尺杖一百，一匹加一等，十五匹絞。」對行賄：「諸有事以財行求，得枉法者坐贓論。」即行賄者與受賄同等論處。❿不枉法贓　據《唐律疏議・賊盜三》不枉法贓條及疏議，不枉法贓指「雖受有事人財，判斷不為曲法」；其刑罰是：「一尺杖九十，二匹加一等，三十匹加役流」。⓫竊盜贓　據《唐律疏議・賊盜三》諸竊盜條及疏議，竊盜指「潛形隱面而取」；其刑罰是：「盜而未得者笞五十，得財一尺杖六十，一匹加一等，即是一匹一尺杖七十，以次而加，至贓滿五匹，不更論尺，即徒一年。每五匹加一等，四十匹流三千里，五十匹加役流。其有於一家頻盜，及一時而盜數家，並累而倍論。倍謂二尺為一尺。」⓬受所監臨贓　指受其所屬官吏或民眾之財物。所謂「監臨」，據《唐律疏議・名例六》正文及疏議，分「統攝」與「案驗」兩類：「統攝者，謂內外諸司，長官統攝所部者」，即如六部尚書、侍郎，太常等九寺之卿、少卿，以及地方刺史、縣令等；「案驗，謂諸司判官，判斷其事者也」，即如尚書六部二十四司之郎中、員外郎，以及各地州之參軍、縣之司佐等。上述官吏受所監臨之財物，依不同情況，作不同處罰。一是接受所監臨財物者，「一尺笞四十，一匹加一等，八匹徒一年，八匹加一等，五十匹流二千里，與者減五等，罪止杖一百」（《唐律疏議・職制下》）；二是監臨者主動索取者，「乞取者加一等，強乞取者準枉法論」（同上）；三是監守自盜者，「加凡盜二等，三十匹絞」（《唐律疏議・賊盜三》）。⑬坐贓　指官吏非監臨關係而接受他人財物者。據《唐律疏議・雜律上》，其刑罰是：「一尺笞二十，一匹加一等，十匹徒一年，十匹加一等，罪止徒三年。與者減五等。」⑭正條　指《唐律》各篇中與「六贓」定罪判刑相關條文。⑮已上　《唐律疏議・職制下》及《通典・刑三》均無此二字。⑯無祿人犯此二贓並減有祿人一等　官吏之有祿無祿，在唐代有過變化。高祖武德時，規定在京文武官有祿，外官無祿。貞觀初，外官上考亦給祿，至高宗永徽時，給祿已無內外官之分，唯等級外官低於京官。據《唐律疏議・職制下》無祿者條之疏議稱：「應食祿者俱在〈祿令〉，若令文不載者，並是無祿之官。」通常為九品以外之流外人員，諸如令史、亭長、掌固等低級胥吏。二贓，指枉法贓與不枉法贓。《唐律疏議・職制下》規定，無祿者犯此二贓罪，刑罰時可比有祿者犯同類罪減一等。⑰一疋　《唐律疏議・賊盜三》諸強盜條正文及疏議均為「一尺」。⑱一疋　《唐律疏議・賊盜三》及《通典・刑法三》俱為「一尺」。⑲二疋　《唐律疏議・賊盜三》及《通典・刑法三》均為「一疋」。從下文「五疋徒一年」計，此句亦應是「一疋加一等」。⑳人每五疋加一等　句首「人」字無義，當係錯字。正德本作「又每五疋加一等」。㉑部人　指其屬下官吏，或地方轄區內之民眾。㉒一疋　《唐律疏議・職制下》及《通典・刑法三》均為「一尺」。㉓流三千里　「三」當為「二」之誤。《唐律疏議・職制下》及《通典・刑法三》均作「流二千里」。㉔一疋　《唐律疏議・雜律上》及《通典・刑法三》均為「一尺」。

【語　譯】計算贓物定罪時，一律用絹作為評估價值尺度。按照法律，以當地中等質地絹的價格來評估贓物所包含的價值。開元十六年敕令指出：「如果用贓物定罪的，每匹中等的絹，一律定估為五百五十文銅錢。」退贓和對贓物的評估，都要按法律規定辦理。與贓物相關的罪罰有六類：一是強盜贓；用絹折算這種罪行的輕重，從一疋（尺）起，到十疋。二是枉法贓，最高刑罰為絞；用絹折算，從一尺起，到十五疋。刑罰與強盜罪相同。三是不枉法贓；用絹折算，從一尺起，到三十疋為止。最高刑罰為加役流。四是竊盜贓；用絹折算，從一尺起，到五十疋為止。最高刑罰為加役流。五是受所監臨贓，最高刑罰是流刑；用絹折算，從一尺到五十疋，處流二千里。刑罰與不枉法贓和竊盜贓相同。六是坐贓，最高刑罰為徒刑。用絹折算，從一尺到五十疋，處徒刑三年。凡是上述六類以贓物定罪的，在《唐律》上都有正式的條文明確規定，其他的贓罪，可比照六贓的條文來斷定刑罰。枉法贓，是指收受他人財物而曲法為人處分事務的，贓絹一尺擊杖一百，每一疋加一等，到十五疋便要處絞刑。不枉法贓，是指雖然收受人的財物，但仍是依法處理的，贓絹一尺擊杖九十，每二疋加一等，到三十疋處最高刑加役流。如果是無祿人犯了這兩類贓的罪行，都可以比有祿人降一等。若是枉法，贓絹到了二十疋，就要處以絞刑；不枉法，贓絹多到四十疋的，處以加役流。強盜贓，是指用暴力奪取別人財物，包括在食物或酒中下藥，使人處於狂亂狀態而取得財物的，就是沒有搶到財物，亦要判徒刑二年，得贓絹一疋（尺）徒刑三年，每二疋加一等，十疋以上處絞刑。竊盜贓，指私竊別人財物的，沒有偷到財物，鞭笞五十，得贓絹一尺，擊杖六十，每一疋加一等，五疋徒刑一年，人（又）每五疋加一等，到五十疋為止，處以加役流。受所監臨贓，是指不因公事而收受屬下人財物的，贓絹一疋（尺）鞭笞四十，每一疋加一等，到八疋徒刑一年，又每八疋加一等，到五十疋，最高刑罰是流二千里。坐贓，是指不是監臨主管而因事收受他人財物的，贓絹一疋（尺）鞭笞二十，每一疋加一等，到十疋徒刑一年，每十疋加一等，到五十疋，處刑最高到徒刑三年為止。除上面提到的以外其他各種坐贓罪，大體上都比照這六贓的條款來定罪量刑。

【說　明】所謂六贓，從犯案者社會地位分析，可包括二類人，一是多為平民，如強盜贓和竊盜贓，二是官吏；以贓與法的關係分，有枉法贓和不枉法贓；以贓與職的關係分，有受所監臨贓和坐贓。六贓中以官吏為對象的佔到三分之二，可見它的主要整治對象是直接為王朝效命的那支官僚隊伍。除上述四贓外，還有各種類似貪贓行為，在《唐律》中都有具體詳細規定，內容包括一官貪贓分財與他官，事先不許財事後受賄，利用公款買賣贏利或饋贈他人，借貸公款百日不還，接受下屬豬、牛、羊肉贈送，以及致仕退休後收受老部下種種好處等等，真可謂「法網恢恢，疏而不漏」，幾乎囊括了官吏可能貪贓的全部空間和時間。如果以此對照如今的官吏們，幾乎是無官不貪了，而且其「贓絹」數之巨大更是古代貪官所望塵莫及。當然，紙上寫下的東西並不等於條條能執行，但有這麼一部《唐律》存在，在當時對官吏至少也是一種警告，對百姓則是一線希望。特別值得注意的是《唐律疏議・職制下》的以下規定：「監臨勢要為上囑請者，杖一百，所枉重者，罪與主司同，至死者減一等。」這是指頂頭上司干預法庭審案而致錯判者，同樣要受到懲罰。還有：「諸受人財而為請求者，坐贓論加二等，監臨勢要，準枉法論，與財者坐贓論，減三等。」這裡區別三種情況：官吏受人財而替人說情者，上級官吏受人財而說情者，直接行賄說情者。處理時，最重者以枉法論，其次以坐贓論加二等，行賄者比照坐贓論減三等。也就是說處罰最重的是被稱之為「監臨勢要」的高官，其次一般官吏，百姓行賄最輕。這說明盛唐時期的幾個皇帝頭腦是比較清醒的，他們深知，關係到王朝基礎的經濟方面的犯罪，主要是官吏，特別是那些部屬眾多的「監臨勢要」高官！

六贓之法，都是以贓的性質和贓的數量來定罪量刑，這條原則，自唐以來延續一千餘年，至今依然大體適用。但贓物種類繁多，必須找到一個統一的價值尺度，才可以計量和比較。唐代用的是絹，這在當時，不能不說是一項重要發明。但在後來實際執行過程中也出現了矛盾，那就是各地絹價不一，就全國範圍來說，在差價懸殊的若干地區，定罪量刑時就會出現畸輕畸重的偏向。《唐會要》卷四十定贓估門錄有開元十六年（西元七二八年）五月三日御史中丞李林甫的奏文，其中說：「天下定贓估，互有高下，如山南絹賤，河南絹貴，賤處計贓，不至三百，即至死刑，貴處至七百已上，方至死刑，即輕重不侔，刑典安寄？請天下定贓估，每匹計五百五十價為限。」結果是「敕依，其應徵贓入公私，依常式」，表明到開元中期，給絹規定了統一的固定價格，此時的絹已成了一種價值符號，不再是具有隨著市場供求關係變化而浮動的價格的商品絹。到開元時期又向前發展一步，出現了贓物直接折成錢貫以計的情況，《冊府元龜》卷七〇〇牧守部貪贖門稱：「盧暉為魏州刺史，開元二十九年（西元七四一）坐贓。詔云：『暉素是妄庸……蠹政斯甚，或增加賦斂，或減截官錢，入己之贓六百餘貫，自外所犯，數倍於茲。況又役使人工，殆三十萬。』」雖然《唐律》概以絹計贓，但唐後期實際司判審判中，以錢計贓已成為定制。這是交換頻繁、市場日趨成熟給司法制度帶來的一個結果。

六

凡應減者，下就輕次❶焉；二死、三流，俱從一減❷。凡應加者，上就重次❸焉；五刑皆累加❹，雖數盈不得至於死❺。凡律法之外有殊旨、別敕❻，則有死、流、徒、杖、除、免之差。謂有殊旨、別敕：宜殺卻❼、宜處盡❽、宜處死、宜流卻、宜配遠流、配流若干里，及某處宜配流卻遣❾、宜徒、宜配徒若干年，至到與一頓、與重杖一頓、與一頓痛杖、決杖若干❿，宜處流、依法配流、依法配流若干里，宜處徒、依法配徒、與徒罪，依法處徒若干年、與杖罪、與除名罪⓫、與免官罪⓬、與免所居官罪⓭，皆刑部奉而行之。

【章　旨】關於減刑、加刑及法外殊旨、別敕諸刑之規定。

【注　釋】❶下就輕次　指依法減等判刑。《唐律疏議・名例六》就輕次條之疏議云：「有犯徒一年，應減一等處杖一百；或犯一百，應減一等決杖九十，是名就輕次。」❷二死三流俱從一減　二死，指死刑二等，即絞、斬；三流，指流刑三等，即二千里、二千五百里、三千里。俱從一減，指只從死刑或流刑降一等處理，死刑減一等為流三千里，流刑減一等為徒三年。其加役流應減者，亦同三流之法。❸上就重次　指依法加等判刑。《唐律疏議・名例六》就重次條之疏議云：「假有人犯杖一百，合加一等，處徒一年。或應徒一年，合加一等，處徒一年半之類，是名就重次。」❹五刑皆累加　五刑，指笞刑五等，杖刑五等，徒刑五等，流刑三年，死刑二等，共十五等，都可逐等累加。❺雖數盈不得至於死　指累加的刑罰等數雖已超過，但若非死刑者，不得加至死刑。《唐律疏議・名例六》本條疏議曰：「不得加至於死者，依〈捕亡律〉，宿衛人在直而亡者，一日杖一百，二日加一等，雖罪止之文，唯合加至流三千里，不得加至於死。本條加入於死者，依各條。〈鬭訟律〉毆人折二支，流三千里。又條云：部曲毆傷良人者，加凡人一等。加者加入於死，此是本條。」又：「注，加入絞者，不加至斬。」

❻殊旨別敕　指皇帝對某特定案件或案犯所下的特別聖旨或敕令，處以各種刑罰可以不依法律條文的規定。然殊旨別敕只對特定案件、案犯有效，不能作為格式普遍引用。《唐律疏議・斷獄下》：「諸制敕斷罪，臨時處分不為永格者，不得引為後比，若輒引致罪有出入者，以故失論。」❼殺卻　殺了，即處死刑。❽處盡　指令其自殺。唐代官吏自盡的方式有服毒、自縊、吞金等。❾某處宜配流卻遣　指應發配遣送至某一指定地點。❿自「到與一頓」至「決杖若干」　指皇帝旨敕所到之時，即給予犯者重杖或痛杖一頓。所謂「一頓」之數，最初無定，因而受重杖者往往即死於杖下，肅宗時僅一次決重杖而死者便有二十一人。代宗寶應元年（西元七六二年）詔曰：「凡制敕與一頓杖者，其數止四十；至到與一頓及重杖一頓、痛杖一頓者，皆止六十。」（《新唐書・刑法志》）至此始有明確的數額限制。⓫除名罪　指除去官職、爵位。《唐律疏議・名例》：「諸除名者，官、爵悉除，課役從本色。」本條疏議稱：「課役從本色者，無蔭同庶人，有蔭從蔭例，故云各從本色。」又依令：除名未敘人，免役輸庸，並不在雜徭及點防之限。」被除名之人，「六載之後聽敘，依出身法」。這就是官吏可以撤職代替刑罰，而且過六年後又能重新敘官。其敘法為：「三品以上奏聞聽敕，正四品於從七品下敘，從四品於正八品下敘，從五品於從八品上敘，六品、七品並於從九品上敘，八品、九品並於從九品下敘。若有出身品高於此法者，聽從高。」⓬免官罪　輕於除名罪，免官不除爵。若有二官，則俱免。爵指王及公、侯、伯、子、男諸爵。二官，指職事官、散官、衛官為一官，勳官又為一官。又，免官者，三載之後，可降前品二等敘官。⓭免所居官罪　又輕於免官罪，但免所居之一官。若兼帶勳官者，免其職事，若有數官，先追高者，如無職事，即免勳官高者。又免所居官及官當者，期年之後，降前品一等敘官。

【語　譯】凡是應該減等處刑的，都按刑罰的等級往下就輕的一等處分。死刑的二等、流刑的三等，如果應減等處分的二等死刑都減為流刑三千里，三等流刑都減為徒刑三年。凡是應該加等處刑的，都按刑罰的等級往上就重的一等處分。五刑都有累加，有時累加數雖然很高，但如果不是死刑就不能加到死刑。除正式律法之外還有皇上臨時下達的聖旨、敕文，也規定了一些刑罰，有死、流、徒、杖、除名、免官這樣一些刑罰差等。由特別詔旨、敕書下達的刑罰名稱有：宜殺卻、宜處盡、宜處死、宜配遠流、宜流卻、配流若干里，及某處宜配流卻遣、宜徒、宜配徒若干年，還有到與一頓、與重杖一頓、與一頓痛杖、決杖若干，以及宜處流、依法配流、依法配流若干里，宜處徒、依法配徒、與徒罪、依法處徒若干年，與杖罪、與除名罪、與免官罪、與免所居官罪等，都由刑部奉旨而執行。

【說　明】殊旨、別敕的存在，說明皇帝能法外用刑，刑罰不一定相當，增加了刑罰的隨意性。如《資治通鑑》載錄開元四年（西元七一六年）有這麼一個案例：「〔姚〕崇子光祿少卿彝、宗正少卿異，廣通賓客，頗受饋遺，為時所譏。主書趙誨為崇所親信，受胡人賂，事覺，上親鞫問，下獄當死，崇復營救，上由是不悅。會曲赦京城，敕特標誨名，杖之一百，流嶺南。」這裡的「敕特標誨名」，便是別敕的案例。

在《唐律》上，有「除免當贖法」，即以除名、免官、官當和贖銅來代替刑罰，這是官吏們在法律上明文規定的又一種特權。除名、免官、贖法前已有所說明，關於官當，可詳見於《唐律疏議・名例二》。其中規定：若犯私罪，「五品以上一官，當徒二年；九品以上一官，當徒一年」；若犯公罪，「各加一年當」；如果被判流刑，「三流同，比徒四年」，亦即無論流刑為二千里、二千五百里或三千里，都比照為徒刑四年。這樣，倘若一個八、九品官犯了流刑罪，他的「官當」只能折徒一年；但不要緊，依據贖罪法，剩下的三年，可以用銅去贖。由此可見，除、免、當、贖是一個整體，都是用來為貴族官僚規避刑罰的制度。現今頗為流行的對某些嚴重觸犯刑律的官員常以調離或降職一類行政處理來代替應有的刑罰，大概就是歷史上這種「除免當贖法」的隱性繼承吧。

七

凡決死刑，皆於中書門下詳覆❶。舊制皆於刑部詳覆❷，然後奏決。開元二十五年❸，敕以為庶獄既簡❹，且無死刑，自今已後，有犯死刑，除十惡死罪、造偽頭首❺、劫殺❻、故殺❼、謀殺❽外，宜今中書門下與法官等詳所犯輕重，具狀聞奏。其在降官❾，除逆人親❿并犯贓賄、名教⓫，如有刻己自新，以功補過，使司應合聞薦，不須限以貶黜。

【章　旨】關於死刑審判程序之規定。

【注　釋】❶決死刑皆於中書門下詳覆　此係唐開元中期為審慎對死刑的決處而作出的新規定。中書、門下本為兩省，中書省掌「軍國之政令」，門下省掌「出納帝命」，與尚書省長官構成聯合宰相形式，門下省設政事堂，作為共同議事場所。至武后稱制裴炎為宰相時，政事堂由門下省遷至中書省，從而使三省以中書為首；玄宗開元十一年（西元七二三年），在張說的建議下，改政事堂名為「中書門下」，其「政事堂之印」改為「中書門下之印」，自此中書門下遂成為宰相官署之代名，相沿至宋不易。❷舊制皆於刑部詳覆　舊制，指按唐玄宗開元以前的規定，對於死刑的判決，都必須經刑部覆核，再奏請皇帝批准後執行。刑部為尚書省六部之一，是全國司法行政機關，除負責司法政令外，還要覆核大理寺流刑以下，和各州縣徒刑以上的案件。覆核中如發現疑案、錯案，則駁令大理寺或原州縣重審復判。❸開元二十五年　即西元七三七年。❹庶獄既簡　獄訟稀少，即今言犯罪率低。《舊唐書·刑法志》：「其年（即開元二十五年）刑部斷獄，天下死罪惟五十八人。大理少卿徐嶠上言：大理獄院，由來相傳殺氣太盛，鳥雀不棲，至是有鵲巢其樹。於是百僚以幾至刑措，上表陳賀。」所謂幾至刑措，就是刑罰幾乎可擱置不用，這當然是過譽之詞。❺造偽頭首　指謀叛投偽之頭目。《唐律疏議·賊盜一》諸謀叛條之疏議曰：「謀叛者，謂欲背國投偽，始謀未行事發者，首處絞，從者流。已上道者，不限首從皆斬。」❻劫殺　指搶劫殺人。❼故殺　指故意殺人罪。《唐律疏議·鬭訟二》：「諸鬭毆殺人者，絞；以刃及故殺人者斬。雖因鬭，而因兵刃殺者，與故殺同。」疏議曰：「以刃故殺者，謂鬭而用刃，即有害心；及非因鬭爭，無事而殺者，是故殺，名合斬罪。雖因鬭而用兵刃殺者，本雖是鬭乃用兵刃殺人者，與故殺同，亦得斬罪。并同故殺之法。」據此，《唐律》中故意殺人者有兩種，一是鬭而用刃，即有害心；二是非因爭鬭無事故殺。❽謀殺　指二人或二人以上事前有所準備，共同謀劃之殺人行為。《唐律疏議·賊盜一》：「諸謀殺人者，徒三年，已傷者，絞，已殺者，斬；從而加功者，絞，不加功者流三千里；造意者，雖不行仍為首。」注曰：「雇殺人者，亦同。」在謀殺罪中，有四種情況規定須加重處罰：謀殺各級官吏，卑幼謀殺尊長，部曲奴婢謀殺主人，妻妾謀殺故夫之祖父母、父母。❾在降官　在，據正德本應為「左」。左降官，貶職降級的官員。中國古代以右為尊，故稱降級為左遷。自漢至唐歷代相沿。❿逆人親　指犯謀反、大逆、叛國等罪犯之親屬。⓫名教　指以正名定份為特徵之封建禮教。士人若有違犯封建倫理之奸盜行為，稱「干犯名教」。

【語　譯】凡是死刑的判決，都必須經過中書門下審慎覆核。按照唐初的規定，死刑的判決都要報刑部覆核，然後奏聞皇上裁決。開元二十五年下了一道敕書，以為目前刑獄簡省，而且沒有死刑，從今以後，有犯死刑的，除了十惡死罪、為首投奔敵偽，以及犯有搶劫殺人、故意殺人、合夥謀殺這幾種罪犯以外，其他都應該由中書門下與法官等一起詳細議定所犯罪行的輕重，然後再具狀向上奏聞。對因罪左遷降職的官員，除了犯叛逆罪犯的親屬，或者本人犯有賄贓干犯名教的以外，其他的如果能夠深刻反省，悔罪自新，將功補過，相關的使司理應薦舉奏聞，不要因為他們曾經受到貶黜而加以限制。

八

凡京都大理寺❶，京兆❷、河南府❸，長安、萬年、河南、洛陽縣，咸置獄。其餘臺、省、寺、監、衛、府皆不置獄。凡死罪枷而杻❹，婦人及徒、流枷而不杻，官品及勳、散之階第七已上❺鎖而不枷。勳官武騎尉❻及散官宣義郎❼並七品階。諸應議、請、減者❽，犯流已上，若除、免、官當者❾，並鎖禁❿。杖、笞與公坐徒⓫及年八十、十歲、廢疾、懷孕、侏儒之類，皆訟繫以待弊⓬。

【章旨】關於大理寺和京兆、河南二府設置監獄以及在押犯繫戴刑具的規定。

【注釋】❶大理寺　九寺之一。國家最高審判機關，掌全國刑獄之事。唐開元制，諸司百官所送犯徒刑以上，九品以下犯除、免、官當，庶人犯流、死以上者，由大理寺審判或覆核之後，報刑部，於中書門下詳覆。若禁囚決未盡，留繫未結者，五日一慮。內外官吏有犯，經斷奏乞而猶稱冤者，亦須詳審其狀。有卿一員、少卿二員主其事。❷京兆　唐代於京都長安設京兆府，下轄長安、萬年二縣，皆在今陝西西安市境內。❸河南府　唐代在東都洛陽設河南府，轄河南、洛陽二縣，皆在今河南洛陽市。❹死罪枷而杻　指在押已判死刑之囚犯，須鎖以枷和杻。枷，木製項械，兩半合攏後套在囚犯頸上。杻，木製手銬。❺官品及勳散之階第七已上　指職事官官品或勳爵、散官品階在第七品以上者。❻勳官武騎尉　即勳官一轉，比從七品。❼散官宣義郎　即散官從七品下。❽諸應議請減者　指犯流以上的案犯中能夠入議章、請章、減章而分別依法享有某種減免特權之人。可入於議章者，即為「八議」範圍內人員；可入議章者，為享有「八議」特權者的親屬及五品以上官員；可入減章者，則為六品、七品文武職事官、散官、衛官、勳官，以及享有請章特權人員之親屬。❾除免官當者　指犯流以上案犯中，已分別受除名、免官、以官當徒處分者。❿鎖禁　指以鎖鏈禁錮雙腳，又稱腳鐐。鎖禁不戴枷，即所謂鎖而不枷。⓫公坐徒　指因公事而無私曲致罪被判為徒刑者。⓬訟繫以待弊　訟繫，意謂只拘押於官署中而不戴枷杻鎖禁。這是對犯笞杖輕罪及老幼、廢疾、孕婦、侏儒等類罪犯的一種寬容措施。待弊，等待判決。弊，審判、決斷。《周禮》：「天官大宰以弊邦政。」鄭玄注：「弊，斷也。」又，《新唐書・刑法志》作「待斷」。

【語　譯】在京都的大理寺、京兆、河南二府所轄的長安、萬年、河南、洛陽四縣，都設置監獄。其他各臺、省、寺、監、衛、府等官署，都不設置監獄。凡是已被判處死罪的囚犯，收押在監時，要戴枷並加杻，若是婦女以及判處徒刑、流刑的囚犯，戴枷不上杻。犯人原來的身分曾是職事官、散官或受有勳爵，官品、散品或勳品又在第七品以上的，只要雙腳戴鎖鏈，可以不上枷。按規定，勳官武騎尉以上、散官宣義郎以上，都算七品官階。凡是屬於應議、應請、應減的人犯，即使犯流以上罪，包括具備除名、免官、官當條件的人員，都可以只鎖而不戴枷。至於犯杖、笞一類輕罪的，因公罪而被判徒刑的，以及年八十以上、十歲以下，本人有廢疾或懷孕在身的婦女和侏儒之類，都可以免戴刑具，收押在官署，以等待判決和處分。

【說　明】關於對犯人上刑具，在唐代前期歷代《獄官令》中有明確規定。本章所述有關如何按刑罰輕重及犯人原來不同身分分別繫以鎖、枷、杻三類刑具等規定，亦當源於《獄官令》。但這只是《獄官令》一個方面的內容。它的另一個方面的內容，則是對監獄管理人員而言的：若當上不上，不當上而上，或錯上了刑具，都將以罪論處。如《唐律疏議・斷獄上》疏議引《獄官令》稱：「即是犯笞者不合禁，杖罪以上始合禁推。其有犯杖罪不禁，應枷鎖杻而不枷鎖杻，及脫去者，杖罪笞三十。徒罪不禁，及不枷鎖，若脫去者，笞四十。流罪不禁，及不枷鎖，若脫去者，笞五十。死罪不禁，及不枷鎖杻，若脫去者，杖六十。是名遞加一等；迴易所著者，各減一等」；「若不應禁而禁，及不應枷鎖杻而枷鎖杻者，杖六十」。即使是罪犯自己脫去或更換刑具，獄吏同樣要受罰；以利器與罪犯，以至造成自殺或傷人，更是罪加一等。至於罪犯逃亡，獄官自然罪責難逃：「諸以金刃及他物可以自殺及解脫，而與囚者，杖一百。若囚以故逃亡，及自傷傷人者，徒一年；自殺或殺人者，徒二年。若囚本犯流以上，因得逃亡，雖無傷殺亦準此。」從這些條文中，可知對典獄的管理亦是相當周密和嚴格的。〈獄官令〉還規定，「諸獄皆厚鋪薦，夏月置漿水，其囚每月一沐」。囚犯衣糧是由家人供給的，路途遙遠的，才暫由官代給，待家人至日仍依數徵納。罪犯在獄內若有疾病，則由「主司陳牒，長官親驗知實，給醫藥救療，病重者脫去枷鎖杻，仍聽家內一人，入禁看待。其有死者，若有他故，隨狀推斷」。

在唐代，監獄管理人員稱典獄，定員不少，如萬年、長安、洛陽、河南在京之縣，各有典獄十四人，京畿諸縣之典獄為十人，上等縣亦有十人，中等縣有八人，中下等縣則為六人。

九

凡有犯罪者，皆從所發州、縣推而斷之❶；在京諸司，則徒以上送大理，杖以下當司斷之❷；若金吾糾獲❸，亦送大理。犯罪者，徒已上縣斷定，送州覆審訖❹，徒罪及流應決杖❺若應贖者，即決配、徵贖❻，其大理及京兆、河南斷徒及官人罪，並後有雪減❼，並申省司❽審詳無失，乃覆下之；如有不當者，亦隨事駁正。若大理及諸州斷流已上若除、免、官當者，皆連寫案狀申省案覆，理盡申奏；若案覆事有不盡，在外者遣使就覆，在京者追就刑部覆以定之。

【章　旨】規定司法審判機構之管轄範圍以及審案之程序和權限。

【注　釋】❶從所發州縣推而斷之　意謂一切刑事案件，皆由案發地之州縣審理。推而斷之，即推問而判斷之。各州縣均設有法曹參曹，本書第三十卷稱其職司為「掌律令格式，鞫獄定刑，督捕盜賊，糾逖姦非之事，以究其情偽，而制其文法」。❷徒以上送大理二句　大理，指大理寺，是國家最高審判機關。在京諸司發生的案件，徒刑以上較為重大的，要報送大理寺審理；杖刑以下較為輕微的，就由諸司自行斷理。❸金吾糺獲　金吾，指左右金吾衛。其職掌為宮中及京城晝夜巡警之法，以執禦非違；如車駕出巡，則金吾為先驅與殿後。糺即「糾」字。糾獲，指金吾衛巡警時當場糾獲之案犯，規定要送大理寺審問。❹審訖　即結案。徒刑以上的案件，縣為第一審判機關，須報州覆審才結案。關於結案，《唐律疏議．斷獄下》規定：「諸獄結竟，徒以上各呼囚及其家屬具告罪名，仍取囚服辨，若不服者，聽其自理，更為審詳。」❺應決杖　據《唐律疏議．斷獄下》疏議引〈獄官令〉，當為「應決杖、笞」，此處脫一「笞」字。❻徵贖　指徵收贖罪物品。唐代規定為銅。徵贖有規定期限，違期則罰。《唐律疏議．斷獄下》：「諸應輸備贖沒入之物，及欠負應徵，違限不送者，一日笞十，十五日加一等。」疏議並規定了不同期限：「依〈獄官令〉：贖死刑八十日，流六十日，徒五十日，杖四十日，笞三十日。」❼後有雪減　指判後發現有冤情須昭雪或因故須減刑者。❽省司　即指尚書省主管司法之刑部。

【語　譯】凡是發生了犯罪案件，一律由案發所在地的州、縣負責審理和判決。在京師的各個官司機構，發生了徒刑以上的案件，要報送大理寺審理；杖刑以下的案件，各所在司長官可以自行斷案。如果是左、右金吾衛在宮殿和京城巡警時當場抓獲的案犯，亦要移送大理寺審結。案犯屬於徒刑以上的，由各縣審定，再報送州覆審結案。其中徒罪、流罪執行時，應決杖、〔笞〕的，由州執行和配送；屬於贖罪的，贖金亦由州徵收。凡是大理寺及京兆、河南二府所審斷的徒刑案件及官吏的罪案，還有事後發現已審案件中有冤情須昭雪或給予減刑的案例，都要申報尚書省刑部詳細覆審，確認沒有錯失後才能下達；如其中有不恰當的地方，刑部須隨事加以駁正。在大理寺以及各個州審判的流刑以上案件中，如果有案犯符合除、免、官當的，都由大理寺及相關的州連名書寫案狀，申報尚書省刑部覆核。覆核後，認為事實清楚判決合理的，再申奏皇上；發現事實與案狀有出入或者案情還沒有弄清楚，如果是在外地的，由刑部派遣使節去當地覆審；在京師的，就移送刑部覆審定案。

【說　明】唐代司法審判實行三級三審制度。由案發所在地的縣進行第一審，由縣報送州為第二審，再由州報送大理寺為第三審。在大理寺以上負責覆核的，尚有尚書省的刑部及中書門下。終審的最後裁定權則屬皇帝。各級審判機關都限定相對權限，如縣對於杖以上的案件能自行決斷，徒以上則須報送州覆核，流以上及屬於除、免、官當範圍的案犯，必須申報刑部覆核。結案以後，要通知案犯本人及親屬，如案犯不服判決，可以申述理由，請求覆核，類似現代審理程序中的上訴。決徒及流的，須先決杖、笞然後發配；應贖的，亦規定有徵贖的期限。直至唐代，司法機關尚未完全從行政體系中分化獨立出來。州縣是行政機關兼行司法和審判的職司，具體執行的是法曹參軍，只是作為縣令和刺史的助手。在中央，只有大理寺及刑部是獨立的司法機構，而中書門下，作為決策機關也有權直接參預、干預司法審理，至於皇帝，既是最高立法者，又是執法的最後裁定者，自不待言。這種分化不徹底的狀況，是司法體制還未完全成熟的表現，勢必給審判帶來很大的偶然性和隨意性，遲至二十世紀末理論界還有所謂「以人治國」、「以法治國」的爭論，足見其影響至今猶在。

十

凡決大辟罪皆於市❶。古者，決大辟罪皆於市。自今上❷臨御以來，無其刑❸，但存其文耳。**五品已上犯非惡逆已上❹，聽自盡於家。七品已上及皇族、若婦人犯非斬者，皆絞於隱處❺。**決大辟罪，官爵五品已上在京者，大理正❻監決；在外者❼，上佐❽監決；餘並判官❾監決，在京決者，亦皆有御史❿、金吾⓫監決。若因有冤濫灼然⓬者，聽停決奏聞。**凡決大辟罪，在京者，行決之司⓭五覆奏；在外者，刑部三覆奏。**在京者，決前一日二覆奏，決日三覆奏；在外者，初一日再覆奏⓮，縱臨時有敕不許覆奏，亦準此覆奏。**若犯惡逆已上及部曲、奴婢⓯殺主者，唯一覆奏。**決大辟罪皆防援⓰至刑所，囚一人防援二十人，每一人加五人。五品已上非惡逆者，聽乘車並官給酒食，聽親故辭訣，宣告犯狀，仍日未後⑰乃行刑。囚在外，奏報之日，不得馳驛行下⑱。凡京城決囚之日，上食蔬食⑲，內教坊⑳及太常㉑皆徹樂。每歲立春後至秋分㉒，不得決死刑。若犯惡逆及奴婢、部曲殺主，不依此法。其大祭祀㉓及致齋㉔、朔望、上下弦㉕、二十四氣、雨未晴、夜未明、斷屠日月㉖及休假㉗亦如之。其死囚㉘無親戚者皆給棺，於官地內權殯。於京城七里外量置地一頃，擬埋諸司死囚；埋訖，仍下本屬告家人令取。

【章旨】關於死刑之執行程序。

【注釋】❶凡決大辟罪皆於市　在市中心執行死刑，故又稱棄市。《周禮・秋官・掌戮》云：「凡殺人者，踣（斃）諸市，肆之三日。刑盜於市，凡罪之麗於法者，亦如之。」這種執行死刑方式，在我國延續數千年，直至清末，重大的死刑囚犯仍在北京市中心的菜市口行刑。❷今上　指唐玄宗李隆基。❸無其刑　指無大辟之刑。實際上死刑中斬刑還是有的，並非全無，只是較少而已。《新唐書・刑法志》載：「玄宗初勵精為政，三十年間，刑獄減省，歲斷死罪纔五十八人。」❹惡逆已上　指十惡中前四惡，即謀反、謀大逆、謀叛、惡逆等重罪。❺絞於隱處　指皇族犯死罪者，不當眾斬首，而於隱蔽處縊死。《禮記・文王世子》：「公族其有死罪，則磬于甸人。」鄭玄注：「懸縊殺之曰磬。」甸人，掌郊野之官。❻大理正　大理寺官員，其位僅次於大理卿、少卿。設二人，從五品下，掌參議刑獄，詳正科條之事，凡六丞斷罪有不當者，則以法正之。凡內外官及爵五品以上犯罪至棄市者，由其監決。❼在外者　與上文「在京者」相對而言。指京城以外諸州執行死刑時。❽上佐　地方府、州、縣長官主要屬官之通稱。《職源》：「別駕、長史、司馬，通謂之上佐。」❾判官　唐代州縣之諸曹參軍，亦稱判官，為地方長官主持某一方面事務之僚屬。❿御史　指監察御史。十人，正八品上，掌分察百僚，巡按郡縣，糾視刑獄，肅整朝儀。⓫金吾　指左、右金吾衛。掌宮中及京城晝夜巡警之法。金吾為兩端塗金之銅棒，執之以示權威。一說「吾」讀為

「禦」，執金以禦非常。另說金吾為鳥名，主辟不祥，帝王出行，職主先導，執此鳥之像，因以名官。⓬冤濫灼然　意謂某一案件冤屈或濫用刑罰極為明顯。灼然，明顯貌。⓭行決之司　執行死刑之主管官署。唐代為大理寺及尚書省刑部。⓮初一日再覆奏　此句與正文「在外者……三覆奏」不合。據《通典・刑法六》句中似有脫字，應為：「初日一覆奏，後日再覆奏。」

⓯部曲奴婢　部曲之名，古時為軍隊編制單位，魏晉時指地方豪強私人軍隊，唐代則為私屬賤民，類同奴僕。作為賤民的部曲，其主要來源是被釋放的奴婢，在州縣無籍，隨主屬貫，身繫於主，無獨立身分，係不課之口。部曲在婚姻上地位略高於其他賤民，即容許娶良人之女為妻，但婚後其女亦降為部曲。奴婢分官私兩種，是唐代名目繁多的賤民中地位最低的一類，《唐律》上比之於「畜產」。奴婢有價，主人可以隨便買賣。奴婢所生之子女為婢產子，仍屬賤人。在婚姻上規定只能在奴婢內部擇配。部曲、奴婢在法律上比一般良人百姓要低一等，《唐律疏議・賊盜一》：「諸部曲奴婢謀殺主者皆斬，諸殺主之期親及外祖父母者絞，已傷者皆斬。」因部曲、奴婢殺主係「以卑殺尊」，以惡逆論，故只需一次覆奏，即行處決。⓰防援　押解犯人之警衛。⓱日未後　即執行死刑時間要在此日之未時，即午後三時左右，俗稱午時三刻。⓲奏報之日不得馳驛行下　意謂：若被處以死刑之囚犯在京師以外地方諸州，則中書門下或尚書省刑部奏報皇帝裁決之死刑執行文書，不得於裁決當天即交發驛站下達。此規定意在對死刑執行表示慎重，避免倉促出錯。⓳上食蔬食　意謂凡逢京城有罪犯被執行死刑當日，尚食局只供應皇帝蔬食。上，指皇帝。《舊唐書・刑法志》稱太宗謂侍臣曰：「古者行刑，君為徹樂減膳。朕今庭無常設之樂，莫知伊徹，然對食即不啖酒肉。自今已後，令與尚食相知，刑人日，勿進酒肉。內教坊及太常並停教。」又，此句正德本作「尚食蔬食」，《通典・刑法六》則為「尚食進蔬食」。⓴內教坊　唐宮廷內總管舞樂歌伎俳優教習及侍奉之所。《新唐書・百官志三》太樂署條：「武德後，置內教坊於禁中，武后如意元年改曰雲韶府，以中官為使。開元二年（西元七一四年）又置內教坊於蓬萊宮側，有音聲博士，第一曹博士，第二曹博士。京都置左右教坊，掌俳優雜技。自是不隸太常，以中官為教坊使。」㉑太常　即太常寺。掌禮樂之事，下設八署，其中太樂署、鼓吹署，分掌音樂和演奏。㉒立春後至秋分　每年陽曆二月四日左右為立春。立春後氣溫回暖，是耕作和農作物生長的季節。每年陽曆九月二十三日前後為秋分，我國北方開始秋收的季節。古人以為春生、夏長、秋收，立春至秋分期間不宜殺生，故死刑處決亦必須放在每年秋分之後。《唐律疏議・斷獄下》：「諸立春以後，秋分以前，決死刑者徒一年。」㉓大祭祀　即大祀。唐制祭祀分大、中、小三等，凡祭祀昊天上帝、五方帝、皇地祇、神州、宗廟稱大祀。㉔致齋　依古禮，祭祀前，祭祀者須先齋戒，包括戒葷、樂、邪思、房事等。皇帝齋戒入居齋宮，習禮，沐浴淨身，稱致齋。《舊唐書・職官志》：凡大祀，致齋三日，中祀致齋二日，小祀致齋一日。㉕朔望上下弦　指

陰曆每個月中以月亮的隱顯圓缺為標誌的四個時間段。朔，每月初一；望，每月十五；上弦，每月初八前後；下弦，每月二十三日前後。㉖斷屠日月　指斷屠的月份及禁殺的日子。《唐律疏議．斷獄下》：「若於斷屠月日及禁殺日而決者，各杖六十。」疏議：「斷屠月謂正月、五月、九月，及禁殺日謂每月直十日，月一日、八日、十四日、十五日、十八日、二十三日、二十四日、二十八日、二十九日、三十日。雖不待時，於此月日，亦不得決死刑，違而決者，各杖六十。」此外，「有閏者各同正月，亦不得奏決死刑」。㉗休假　指唐代國家規定給予官吏的節假日。每年正月、冬至各給假七日，寒食至清明四日（寒食一般在清明前二日），正月初七日、十五日，每月末日，春秋二社日，二月八日、三月三日、四月八日、五月五日，中秋、夏至各三日，三伏日、七月七日、七月十五日、九月九日、十月一日，立春、春分、立夏、立秋、秋分、立冬，均給假一日。㉘死囚　指在囚所死去之犯人。關於對死囚的處置，《通典．刑法六．考訊》較此為詳，錄以備考：「諸囚死，無親戚者，皆給棺，於官地內權殯。本注曰：『其棺，在京者將作造供，在外者用官物給。若犯惡逆以上，不給官地。去京七里外，量給一頃以下擬埋。諸司死囚，隸大理檢校。』置塼銘於壙內，立牓於上，書其姓名。仍下本屬，告家人領取。即流移人在路及流所、徒在役死者，亦準此。」

【語譯】凡是處決大辟死刑罪犯，都在鬧市區進行。古代，處決大辟死刑罪犯，都是在鬧市區的。自從當今皇上登臨大寶以來，還沒有施行過這樣的刑罰，這裡只是僅存具文罷了。五品以上的官員，犯了不屬於惡逆以上大罪的死罪，可以允許在家自盡。七品以上的官員和帝皇宗族以及婦女犯罪而又不屬於最重一等斬刑的，都可以在較為隱蔽的地方用絞刑處死。處決犯大辟死刑的罪犯，如果原來是官爵五品以上的在京官員，要由大理正監決；在京師以外各個州的，由上佐監決；其餘都由判官監決。在京師處決的，都由御史、金吾監決。如果處決前發現明顯有冤情或判刑過濫的，可以暫停處決，向上奏報。凡處決大辟死刑囚犯，在京師，要由主持處決的官司前後五次覆奏；在京師外各州，則由刑部前後三次覆奏。在京師的，處決前一日，二次覆奏，處決的當天，三次覆奏；在京師以外的，初日一次覆奏（後一日二次覆奏）。即使臨時有敕令不許覆奏，亦要按此規定繼續覆奏。如果罪犯所犯的是惡逆以上的大罪，或者是部曲、奴婢謀殺主人的案例，那就只要覆奏一次即可。處決死刑囚犯，都有防援押解到行刑的場所。押解囚犯一人，要用防援二十人；從這為起點，每多一名囚犯，再增加防援五人。五品以上官員，所犯不是惡逆以上大罪的死罪，在赴刑場時，允許乘囚車，由官家給酒食，准許親屬故舊與他訣別，並向他們宣告所犯罪狀。行刑時間，都規定在當天未時以後。囚犯在京師以外的，奏報裁決後，不得當天就馳驛下達。凡是在京城處決死刑囚犯的日子，尚食局只給皇上供應蔬食，內教坊和太常寺都停止奏樂。每年在從立春到秋分這段時間裡，都不得處決死刑囚犯。凡是犯惡逆以上大罪，以及奴婢、部曲謀殺主人這類案犯，都不在此例。大祭祀及致齋的日子，每個月的朔、望日，上弦和下弦的日子，二十四節氣的日子，下雨還未放晴的日子，天還沒有亮的時候，規定斷屠的月份和日子，以及節假日，也都不能行刑處決犯人。在押期間死去的囚犯，沒有親戚的，都給棺材，在官地裡臨時殯葬。在京師城外七里，置地一頃，作為埋各個司死囚的墳地。埋葬後，還是要通知案犯所屬的官府，告知家人，讓他們來領取遺骸。

【說　明】人死不能復活，死刑的執行必須慎之又慎。本章有不少記述，都可說明這一點。

這一點可謂來之不易。在歷史上，曾經出過不少濫施重刑或枉殺無辜的暴君、昏君，還有像北齊文宣帝那樣以殺人為嗜好的虐殺狂，結果是他們所治之國和他們自己都沒有能夠善終的。這些不遠的殷鑒，對後來的當國者不啻是一聲聲警鐘。但即使這樣，如果缺少一種對歷史、對自身的反思精神，仍然難免要步那些暴君、昏君的後塵。就說唐太宗李世民吧，貞觀之治一直受到史家們不無溢美的稱譽，《唐律》中有一些比之於歷朝較為寬容的規定，包括對死刑的執行採取較為謹慎的態度，又確實出自他的思想；但應當看到，他也並非一直是清醒的。唐太宗的可貴在於他不僅能「以史為鑒」，還能從自己的幾次錯殺事件中吸取教訓。一件是貞觀五年（西元六三一年），有個相州人叫李好德的，「素有風疾，言涉妖妄，詔令鞠其獄」。當時任大理丞的張蘊古，初審後據實稟奏：「好德癲病有徵，法不當坐。」唐太宗准奏擬予寬宥，張蘊古將這機密通給了李好德，還同他一起玩博戲。此事後來有人劾奏了，「太宗大怒，令斬於東市」。但事後唐太宗懊悔了，他對房玄齡等大臣說：「公等食人之祿，須憂人之憂，事無巨細，咸當留意。今不問則不言，見事都不諫諍，何所輔弼？如蘊古身為法官，與囚博戲，漏洩朕言，此亦罪狀甚重，若據常律，未至極刑。朕當時盛怒，即令處置，公等竟無一言，所司又不覆奏，遂即決之，豈是道理！」（見《貞觀政要》卷八）另一個錯殺的案子是「交州都督盧祖尚，以忤旨斬於朝堂，帝亦斬悔」（《舊唐書・刑法志》）。李世民總結了自己的這些教訓，有一次他對身邊侍臣說：「人命至重，一死不可再生。昔世充殺鄭頲，既而悔之，追止不及。今春府史取財不多，朕怒殺之，後亦尋悔，皆由思不審也。比來決囚，雖三覆奏，須臾之間，三奏便訖，都未得思，三奏何益？自今已後，宜二日中五覆奏，下諸州三覆奏。」本章中所記述的「五覆奏」之制，便是這樣來的。同時規定：「自今門下覆理，有據法合死而情可宥者，宜錄狀奏。」（見《舊唐書・刑法志》）這些規定，都是為了讓手握生殺大權的皇帝有一個冷靜地重新思考的時間，至於實際效果如何，還得看皇帝是否願意這樣認真去做，如果不幸而再出一個像北齊文宣帝高洋那樣的皇帝，仍然是任何旁人都無能為力的事。可見規定得再多、再好，也遠不是根本辦法。根本的辦法是要建立起一種與之相當的機制和力量來，去制約最高權力的擁有者。但是歷史已經注定，在中國要做到這一點，還需要漫長的等待。

十一

凡犯流罪已下應除、免、官當❶未奏身死者，免其追奪。謂不奪告身❷。若奏時不知身死，奏後云先死者，依奏定。其常赦所不原者❸，不在免限。**流移之人皆不得棄放妻妾❹及私遁還鄉，**若妻子在遠，預為追喚，待死❺同發。配西州❻、伊州❼者，送涼❽府；江北人配嶺南❾者，送桂❿、廣⓫府；非劍南⓬人配姚⓭、巂州⓮者，送付益⓯府，取領即還。其涼府等各差專使領送。所領送人皆有程限⓰，不得稽留遲緩。**至六載然後聽仕⓱。**其犯反逆緣坐流⓲及免死役流⓳不在此例。**即本犯不應流而特配流⓴者，三載以後聽仕㉑。**有資者各依本犯收敘法㉒。其解見任及非除名、移鄉者㉓，年限敘法皆準考解之例㉔。

【章　旨】關於官員犯流罪之執行程序。

【注　釋】❶除免官當　除，指除名罪，即除去一切官爵。免，指免官罪，僅免官而不除爵。官當，指以官品折當徒刑。諸犯私罪者，五品以上一官當徒二年，九品以上一官當徒一年。如犯公罪則各加一年當。以官當徒者，三種流刑折為徒四年，官當不足則以贖補。除、免、官當，為唐代官員犯罪時可依法享受的折減特權。此處則指犯流罪以下案犯中，有符合除、免、官當條件未及奏聞而身已先死者，可免予追奪其官爵任命狀。❷告身　唐代授予官爵之文符。如職事官，在門下省過官後，一般由中書省之中書舍人起草任命狀，即告身，由吏部或兵部正式授予本人。❸常赦所不原者　指即使大赦也不予赦免之案犯。據《唐律疏議・斷獄下》常赦不免條之疏議：「依常律，即犯惡逆仍處死，反逆及殺從父兄姊、小功尊屬，造畜蠱毒仍流。十惡故殺，反逆緣坐，獄成者猶除名，監守內姦盜，略人受財，枉法獄成，會赦免所居官。殺人應死，會赦移鄉等是。」此處指凡屬於常赦所不免範圍內之案犯，即使未奏而身死，亦須追奪其告身。❹流移之人皆不得棄放妻妾　意謂被判處流刑之罪犯，一律須攜帶妻、妾一同前往指定流放地。《唐律疏議・名例三》：「諸犯流應配者，三流俱役一年，妻妾從之。」疏議：「妻妾見已成者，並合從夫，依令，犯流斷定，不得棄放妻妾。」包括不得讓妻、妾私遁還鄉。直至流放罪犯死亡，其妻妾才能還鄉。棄放，指休棄其妻、妾。❺死　應是「至」之誤。近衛校明本謂：「死」當作「至」。是。❻西州　治所高昌，今新疆吐魯番東南。轄境相當於今吐魯番盆地一帶。❼伊州　治所伊吾，今新疆哈密市。轄境相當於今吐密市及伊吾、巴里坤兩縣地。❽涼　指涼州。治所姑臧，今甘肅武威。轄區相當於今甘肅永昌以東、天祝以西一帶，係中原與西域之間在河西走廊的交通樞紐。❾嶺南　唐設嶺南道，治所廣州，轄區相當於今之廣東、廣西，以及越南北部地區。❿桂　指桂州。今廣西之桂林市。⓫廣　指廣州。即今廣東之廣州市。⓬劍南　唐設劍南道，轄區相當於今之四川和雲南。⓭姚　指姚州。治所在今之雲南姚安，轄區相當於今雲南省北部地區。⓮嶲州　嶲即「嶲」。嶲州，治所在今四川之西昌。轄區在今四川之西南部。⓯益　指益州。治所成都，即今四川之成都市。⓰所領送人皆有程限　指押送流刑囚犯有規定的期限，過限者將受罰。《唐律疏議・斷獄下》諸徒流送配所條疏議：「案成即送，而稽留不送，其流人，準令，季別一遣，若符在季末三十日內至者，聽與後季人同遣，違而不遣者，一日笞三十，三日加一等，過杖一百，十日加一等，罪止徒二年。」⓱至六載然後聽仕　指官員因罪除名者，六年後可以重新參加吏部敘選，繼續任官。《唐律疏議・名例三》本條疏議對此作了解釋：「犯除名人，年滿之後，敘法依選舉令，三品以上奏聞聽敕，正四品於從七品下敘，從四品於正八品上敘，正五品於正八品下敘，從五品於從八品上敘，六品、七品並於從九品上敘，八品、九品並於從九品下敘。若有出身品高於此法者，聽從高。出身謂籍蔭及秀才、明經之類。」⑱反逆緣坐流　指因坐反逆罪而被處以流刑者。依《唐律》，犯反逆者，其伯叔父兄弟之子皆流三千里，不限籍之同異。⑲免死役流　即加役流。舊為死刑，貞觀六年（西元六三二年）奉制改為加役流，流三千里，居役三年。⑳本犯不應流而特配流　指所犯之罪依律不應處流刑，而由「殊旨、別敕」發配邊遠流放者。㉑三載以後聽仕　指三年後可以重新參加敘選。《唐律疏議・名例三》：「免官者三載之後，降先品二等敘。」如免官前為正四品上，則三載後降從四品上敘。㉒有資者各依本犯收敘法　有資者，指有官資者，即其原任之官品。本犯收敘法，即上文六載後或三載後聽仕之規定。㉓其解見任及非除名移鄉者　指任滿解任，非因犯罪除名而移鄉者。唐職官以四年為一任，任滿解職，根據其考課赴吏部重新銓選。㉔年限敘法皆準考解之例　年限，指每年一考，四年滿考。敘法，即敘階法。按規定，六品以下，四考滿，皆中中考者，因選進一階，每二中上考，又進二階，每一上下考，進二階，若兼有下考，得以上考除。

【語　譯】凡是犯流刑以下罪的官員，屬於除名、免官或者以官當罪範圍的，如果尚未向上奏聞而身已先死去，可以免予追奪。免予追奪，是說不追奪他的告身。如果向上奏聞時還不知道這個人已經身死，上奏後才說已先死去的，按照奏聞後下達的裁定辦。凡是屬於大赦所不赦免的案例，那就不屬於免奪告身的範圍。已被斷定流放的罪犯，都不得借故休棄妻、妾，他們的妻、妾必須隨夫一起去流放地，也不得中途讓他們私自逃回本鄉。如果妻妾在遠地，就要預先傳喚，等她們到達後一起發配。凡是遠配到西州、伊州的，押送到涼州；長江以北配發流放嶺南的，押送到桂州、廣州；不是劍南的案犯配發姚州、巂州的，押送交付給益州，押送人員交接完畢，就返還原地。然後是涼州等地另派專使領送到各個流放地。負責領送流放犯都有期限規定，不許稽留遲緩，過期有罰。到流放地滿六年以後，可以重新參加敘選。其中由於反逆緣坐而判流刑的，以及罪為免死役流的，都不在此範圍之內。如果本犯不應處流刑，因為殊旨別敕而被發配流放的，三年以後便可重新銓選。其中有官資的，可以依本犯的相關規定參加銓選；屬於四年任滿解任的，以及沒有犯除名罪而受到流放處罰的，他們的考課年限和銓選方法，都與一般期滿解任的官員相同。

十二

其應徒則皆配居作❶。在京送將作監❷、婦人送少府監❸縫作；外州者，供當處官役及修理城隍❹、倉庫及公廨雜使❺。犯流應住居作者❻亦準此，婦人亦留當州縫作及配舂❼。諸流、徒罪居作者皆著鉗❽，若無鉗者著盤枷，病及有保者聽脫，不得著巾、帶。每旬給假一日，臘❾、寒食❿各給二日，不得出所役之院。患假者倍日役之⓫。凡禁囚皆五日一慮⓬焉。慮，謂檢閱之也。斷決訖，各依本犯具發處日、月別⓭，總作一帳，附朝集使申刑部。

【章旨】有關對徒刑犯發配居作以及對在押犯定期慮囚的規定。

【注釋】❶居作　亦稱居役、罰作、輸作。《唐律疏議・斷獄下》：「諸徒流應送配所。」疏議：「謂徒罪斷訖，即應役身。」指在配所內強制勞役。❷將作監　中央諸監寺之一，掌國家土木營建。徒罪斷訖之男犯，送將作監作修建工。❸少府監　中央諸監寺之一，掌百工伎巧之事，下設織染署。徒罪斷訖之女犯，送織染署作縫紉工。❹城隍　城牆與城壕。❺公廨雜使　指在官衙作打掃等勤雜事務。❻犯流應住居作者　指犯流罪在流放地居作者。居作時間，常流與加役流有別。據《唐律疏議・名例三》諸犯流應配條疏議謂：「三流遠近雖別，俱役一年為例。加役流者，本法既重，與常流理別，故流三千里，居役三年。」❼配舂　指發配為舂米的勞作。❽鉗　束頸之鐵製刑具。漢時已有，魏晉後漸有以木製之枷替之者。《晉律》：「鉗重三斤，翅長一尺五寸。」唐則減為「八兩已上，一斤已下；長一尺已上，一尺五寸已下」（本篇後一五章）。❾臘　指臘日。源於將近歲終獵禽獸以祭先祖之俗。漢代以冬至後第三個戌日為臘日，後改為夏曆每年十二月初八為臘日。❿寒食　指寒食節。清明前一天寒食。一說清明前兩天。是日禁火寒食。相傳起源於晉文公為悼念介之推此日被焚抱木而死的故事。⓫患假者倍日役之　意謂若請病假，則病癒後須加倍補足所虧欠之勞役日數。掌領囚徒之官吏若不令補足，也將受罰。《唐律疏議・斷獄下》：「諸領徒應役而不役，及徒囚病愈，不計日令倍役者，過三日，笞三十，三日加一等，過杖一百，十日加一等，罪止徒二年。」⑫凡禁囚皆五日一慮　指監管場所的長官，每五日要檢閱並登錄一次罪犯名冊。慮囚亦作錄囚，是對已經或未經判決的在押囚犯檢閱登錄的一種行政措施。本書後第十八卷第一篇大理卿職掌中規定：「若禁囚有推決未盡、留繫未結者，五日一慮。若淹延久繫，不被推詰；或其狀可知，而推證未盡；或訟一人數事及被訟人有數事，重事實而輕事未決者，咸慮而決之。凡中外官吏，經斷奏訖而猶稱冤者，則審詳其狀。」在慮囚中如發現確有冤屈者，可以奏聞。⑬各依本犯具發處日月別　此句據近衛校明本稱：「按本朝令曰：『凡盜發及徒以上囚，各依本犯具錄發及斷日、月。年別總帳，附朝集使申太政官。』」據此「別」上恐脫「年」字。」近衛所據之「本朝令」，係日本《養老獄令》第四十七條。指案犯被判決以後，由看管在押犯的場所，根據各案犯案發及判決的日期，登錄造冊，作一總帳，隨朝集使每年冬季赴京時，一併申報於刑部。

【語　譯】凡是決斷為徒刑罪的，都要發配強制性勞役。在京判處徒刑的案犯，男的發送將作監服役，女的發送少府監作縫紉工；在京師以外各州的，由當地官府役使，修理城隍、倉庫以及在公廨從事勤雜勞務。凡是犯流刑罪應在流放地服勞役的，亦照上面規定做，婦女亦留在當州作縫紉工或舂米。每個流刑、徒刑罪犯在服勞役時，都要在頸上鎖上鉗，如果沒有鉗，就戴盤枷。有病又有人作擔保的，可以准許脫掉鉗。在勞役的罪犯，不准像百姓那樣著巾繫帶。每十天給假一日。每年逢臘日、寒食節各給假二日，但不得離開服勞役的場所。因病請假的，病癒後要加倍將耽誤的勞役時間補上。對在押的囚犯，每五日就要慮囚一次。慮，就是對在押囚犯進行檢查和登錄的意思。案犯判決完畢，各依案犯、案發及判決的〔年〕、月、日進行登錄彙總成冊，年終隨朝集使赴京時，申報給刑部。

【說　明】對服刑期中的罪犯進行強制性勞動，在我國有很悠久的傳統。早在秦朝，就有城旦舂、鬼薪、白粲等這些既是徒刑，又是罰作不同勞役的名稱了。在唐代這方面的管理制度，更趨於細緻嚴密，無論徒還是流，都有不同期限罰充勞役的規定。其中流罪，還要株連家屬，妻妾要隨夫同赴流放地，勞役期限完成以後，本人與妻妾都必須在流放地著籍。《唐律疏議・名例三》：「諸犯應流配者，三流俱役一年。」注文稱：「役滿及會赦免役者，即於配處從戶口例。」如果是當官的，滿六年可以重新銓選，離開流放地；若是平民百姓，那就只能全家老死在邊遠的流放地了。

這類規定，按說已是十分遙遠的事，但人們還是那樣耳熟能詳，似曾相識，原因就在於直至剛剛逝去的二十世紀裡，在中國這樣的事還在不斷地重複著，只是樣式和名稱稍有變換而已。

十三

凡告言人罪，非謀叛以上❶，皆三審之。應受辭、牒官司❷並具曉示虛得反坐之狀❸。每審皆別日受辭❹，若有事切害者❺，不在此例。告密有不於所由，掩捕則從近也❻。謂告密人皆經當處長官告；長官有事，經佐官❼告；長官、佐官俱有事者，經比界論告❽。若須有掩捕應與餘州❾相知者，所在準法收捕。事當謀叛已上，馳驛奏聞。且稱告謀叛已上不肯言事意者❿，給驛部送京。其犯死罪囚及緣邊諸州鎮防人⓫等若犯流人告密，並不在送限。

【章旨】關於告訴的若干規定。

【注釋】❶謀叛以上　指十惡中之謀叛、謀大逆、謀反等大罪。❷應受辭牒官司　指應受理告訴之官司機構。❸虛得反坐之狀　意謂如所告不實，則舉報人須反坐其所告之罪狀。《大唐新語》卷四載：「則天朝才州鹿泉寺僧淨滿有高行，眾僧嫉之，乃密畫女人居高樓，淨滿引弓射之狀藏於經笥，令其弟子詣闕告之。則天大怒，命御史裴懷古推按，使行誅決。懷古窮其根本，釋淨滿而坐告者。」這便是反坐誣告者之案例。反坐之法，亦適用於官告官。《通典・刑法三》稱：「誣告人者，各反坐，即糾彈之官挾私彈事不實者，亦如之」；而「諸誣告本屬府主、刺史、縣令者，加所誣罪二等」。❹每審皆別日受辭　指接受告訴後，不在即日，須另擇日子開庭審問，以示審慎。《通典・刑法三》本條下作注稱：「若使人在路，不得留待別人受辭者，聽當日三審。」❺有事切害者　指案情嚴重緊迫，必須立即處理者。《通典・刑法三》：「切害，謂殺人、賊盜、逃亡，若強奸良人，並及更有急速之類。」❻告密有不於所由二句　意謂告密一般須向其所居處之州縣長官告，但亦有不在其所屬之州縣告密者；對被告密人的逮捕，則由其所居住就近州縣執行。❼佐官　佐貳之官。在地方為州、縣長官之助手，如州之別駕、長史、司馬；縣之縣丞、主簿、縣尉等。❽比界論告　意謂向鄰近州縣長官據實告發。❾餘州　指其他州。❿不肯言事意者　指密告他人有謀叛以上罪，但卻不肯說明具體事實者。⓫防人　指戍守邊防人員。

【語　譯】凡是告發他人罪行的，如果不是謀叛以上的大罪，都要三次審問告發人。受理告發人辭牒的官司，要明白曉示原告：如果所告的罪狀不實，就得反坐他所告的罪。每次審理都要另外選擇日子，不能在接受告發辭狀的當天。如果案情嚴重緊迫，不及時審理會發生意外後果的，可以作為例外。舉告可能有不在舉告人所居住的州縣，但逮捕被告則須由他現居的州縣就近執行。這是說，舉告人都應向他居住處的長官舉告，如果長官有事，可以向佐官告；長官與佐官都有事，可以通過相鄰州縣長官轉告。如果要逮捕的被告在其他州縣有需要對方協作的，被告所在州縣應依法代為收捕。所舉告的案情如果涉及謀叛以上大罪，那就要立即馳驛直接奏聞天子。倘若舉告的是謀叛以上大案，但舉告人又不願吐露具體事實的，那就給驛馬，派人護送進京師。但如果舉告人是犯了死刑的罪囚，或者原是沿邊各州的鎮防人員犯了流刑罪的，那麼即使舉告的內容涉及謀叛以上大案，亦不在護送去京的範圍。

【說　明】告訴一般分為公室告與非公室告兩種，公室告是由官府直接糾舉罪犯，所有監察機構以及官府都有這方面的職責；非公室告為受害者或當事人自己直接向官府舉告。唐制，當告而不告者，亦是有罪的。如《唐律疏議．鬬訟四》：「諸強盜及殺人，賊發被害之家及同伍即告其主司，若家人同伍單弱，比伍為告。當告而不告，一日杖六十；主司不即上言，一日杖八十，三日杖一百；官司不即檢校捕逐及有所推避者，一日徒一年。竊盜各減二等。」這裡當告者，包括受害者家人、同伍即共相保伍者以及鄰近之比伍；當告而不告，或告而主司不立即報告所在官司，或官司不立即採取行動，都將受到處罰。《唐律》同時還規定，各官司機構對所部人員的犯法行為也負有法律責任：「諸監臨主司知所部有犯法不舉劾者，減罪人罪三等，糾彈之官減二等。」（《唐律疏議》卷二十四）誣告有罪，當告不告同樣有罰，這是從正反兩個方面驅使人們走上法制軌道，從而使整個社會都穩定在唐王朝的嚴密控制之下。《唐律》對告訴也是有所限制的，牽涉到告訴主體與告訴對象兩個方面，核心是卑不得告尊。如不許子孫告祖父母、父母，違者要處以絞刑。也不許告外祖父母，甚至也不許妻告夫，即使所告為實，也要判徒刑二年。《唐律疏議・鬭訟三》在解釋何以子孫不得告父母時稱：「父為子天，有隱無犯，如有違失，理須諫諍，起敬起孝，無令陷罪。若有忘情棄禮而故告者，絞。」又如不許奴婢、部曲告主，違者也是「皆絞」。但無論子孫告祖父母、父母，還是奴婢、部曲告主，只要事關謀反逆叛大罪，又都可以獲得允許。對此，《唐律疏議・鬭私四》的解釋是：「日月所照，莫非王臣，奴婢部曲雖屬於主，其主若犯謀反逆叛，即是不臣之人，故許論告。」可見在封建制度下，皇帝及其皇權才是唯一神聖不可侵犯的「至尊」。

此外，還有一些限制，有的針對某些特殊對象，有的則出於訴訟程序的需要。如在押犯除若受獄官酷虐可以申訴外，其餘都不得告發；八十以上老人、十歲以下童稚以及篤疾者，除告屬於謀反逆叛、子孫不孝及同居為人所侵犯外，其餘也都不得告發。告訴還規定必須自下而上逐級告訴，禁止越級上訴。告訴必須提供正確的事實，不得僅僅提供疑點，違者也將受罰。一旦告訴成立，告訴人與被告訴人要分別被禁押，直到案情被確定以後，告訴人才能解禁。

十四

凡察獄❶之官先備五聽❷，一曰辭聽，二曰色聽，三曰氣聽，四曰耳聽，五曰目聽。又稽諸證信❸，有可徵焉而不首實者，然後拷掠❹，二十日一訊❺之。訊未畢，更移他司，仍須拷鞫❻，通計前訊，以充三度。即罪非重害及疑似處少，不必備三。若囚因訊致死者，皆與長官及糺彈官對驗❼。其拷四❽及行決罰不得中易人❾。凡斷獄之官，皆舉《律》、《令》、《格》、《式》正條以結之。若正條不見者，其可出者❿，則舉重以明輕；其可入者，則舉輕以明重。凡獄囚應入議、請者⓫，皆申刑部，集諸司七品已上於都座議之。若有別議，所司科簡，具狀以聞。若眾議異常，堪為典則者，錄送史館。

【章　旨】有關審訊刑獄的規定。

【注　釋】❶察獄　審理刑事案件。我國古代刑事案件稱獄，民事訴訟稱訟。所謂爭財曰訟，爭罪曰獄。❷先備五聽　備，使用。五聽，指審判官觀察當事人心理活動的五種方法。《周禮・秋官・小司寇》載有五聽之法，鄭玄注：「以五聲聽獄訟，求民情。一曰辭聽，觀其出言，不直則煩；二曰色聽，察其顏色，不直則赧；三曰氣聽，觀其氣息，不直則喘；四曰耳聽，觀其聆聽，不直則惑；五曰目聽，觀其眸子視，不直則眊然。」這可說是中國古代審判活動的一項經驗總結，為歷代所重視。❸稽諸證信　指核查各種證據。❹拷掠　即拷問刑訊。刑訊逼供是封建司法審判的基本手段。《唐律疏議・斷獄上》：「諸應訊囚者，必先以情審察辭理，反覆參驗猶未能決，事須訊問者，立案同判，然後考訊。」拷訊時，由承審官會同所同現任長官一起審訊。❺二十日一訊　唐代刑訊案犯，規定二十天刑訊一次，不能超過三次。拷掠時用杖，總數不得過二百杖。如所犯罪名杖一百，則刑訊不得過百杖。刑訊三次仍不招認時，取保釋放，並反拷告發者。但被殺、被盜家人及親屬告發者，不反拷。❻鞫　審問。❼皆輿長官及糺彈官對驗　句中「輿」，近衛校明本稱：當作「與」。糺彈官，糺即「糾」字。指御史臺之監察御史。對驗指共同勘驗囚犯拷掠致死的原因，若係拷訊時違反規定而致死，責任者將受處罰。如《唐律疏議・斷獄上》稱：「若拷過三度，及杖外以他法拷掠者，杖一百，杖所過者，反坐所剩，以故致死者，徒二年；即有瘡病，不待瘥而拷者，亦杖一百，若決杖、笞者，笞五十，以故致死者，徒一年半。若依法拷決而邂逅致死者，勿論。仍令長官等勘驗，違者杖六十」。❽拷四　廣雅本「拷囚」，當是。❾不得中易人　指在拷訊或執行杖刑時，不得中途更換行刑人員。❿可出者　與下文「可入者」相對。指有可能被判為無罪、免刑或輕罪、減刑者。可入者則指有可能被判為有罪或重罪者。⓫獄囚應入議請者　指獄囚中凡有附合「八議」（詳本篇前三章）所規定的條件，可入於請章和議章者。

【語　譯】凡是審理刑事案件的審判官，先要運用「五聽」的方法，對案犯作仔細觀察，一是辭聽，看他供詞時是否煩亂；二是色聽，看他面容是否變色；三是氣聽，看他聲氣是否惴惴不安；四是耳聽，看他聽別人言詞時是否恐慌；五是目聽，看他眼睛是否失神。再檢查與案件相關的各項證據。有確鑿證據而案犯仍然不肯如實供認的，然後進行刑訊拷掠。每隔二十天審訊一次。如果審訊未畢移送他司審理，仍須繼續拷訊的，連同前面的審訊，總數不能超過三次。如果罪行並沒有造成嚴重後果，或者疑點比較少的，也不必都要經過三度審訊。如果囚犯因刑訊而致死的，都要由長官輿(與)糾彈官一同勘驗原因。拷訊囚犯和決杖罪犯時，都不得中途更換行刑人。審判官在結案時，都必須徵引《律》、《令》、《格》、《式》的正式條文作為根據。如果案情在正式條文中找不到直接記載的，那麼可以免罪或減輕處罰的案件，就列舉相類的輕罪條文為例，用來作為本案應減輕處罰的間接根據；應該判有罪或重罪的案件，就列舉相類的重罪條文為例，用來作為本案應加重處罰的間接根據。凡是獄囚屬於議章、請章範圍的，都要申報刑部，召集尚書省各個司七品以上官員，在尚書都省一起商議後，再向上奏聞。如果有不同意見，就由有關官司機構把記錄整理出來具狀奏聞。若是眾人的議決超出了常例而又可以作為典則的，那就要抄錄一份給史館。

十五

凡枷、杖、杻❶、鎖❷之制，各有差等。枷杖❸五尺已上、六尺已下，頰長❹二尺五寸已上、六寸已下，共闊一尺四寸已上、六寸已下，徑頭❺三寸已上、四寸已下。杻長一尺六寸已上、二尺已下，廣三寸，厚一寸。鉗❻重八兩已上、一斤已下，長一尺已上、一尺五寸已下。鎖長八尺已上、一丈二尺已下。杖皆削去節目，長三尺五寸。訊囚杖❼大頭徑三分二氂，小頭二分二氂；常行杖❽大頭二分七氂，中頭❾一分七氂；笞杖大頭二分，小頭一分半。其決笞❿腿、臀分受，杖者背、腿、臀分受，須數等，拷訊笞⓫亦同。願背、腿均受者，聽⓬。殿庭決杖者，皆背受⓭。

【章　旨】關於刑具形制和行刑部位的規定。

【注　釋】❶杻　木製之手銬。❷鎖　即「鎖」字。鐵製之鎖鏈，用以鎖腳。❸枷杖　據《通典·刑法六》當為「枷長」。❹頰長　指枷二側之長度。❺徑頭　指枷容頸處之圓周直徑。又，近衛校正德本稱「徑頭」當作「頭徑」。❻鉗　束頸之鐵製刑具。因犯居作勞役時，都須著鉗。❼訊囚杖　拷訊犯人時用的杖。❽常行杖　一般執行杖刑時用的杖。比訊囚杖稍輕。❾中頭　據廣雅本應為「小頭」。《唐律疏議·斷獄上》及《通典·刑法六》均作「小頭」。❿其決笞　據《唐律疏議·斷獄上》及《通典·刑法六》均作「其決笞者」。此處似應補一「者」字。⓫拷訊笞　據《唐律疏議·斷獄上》及《通典·刑法六》，當作「拷訊者」。⓬願背腿均受者聽　《通典·刑法六》考訊附，此句之上尚有「笞以下」三字，應補。笞刑原為腿、臀分受，如受笞者願意背、腿均受，也可以允許。背、腿、臀三個部位，以背部受刑傷勢最重。⓭殿廷決杖者皆背受　指皇帝親自裁決的杖刑，於御殿前決杖，較一般杖刑為重，故皆以背部受刑，往往當場打死。如隋文帝楊堅在殿廷決杖時，「嘗怒問事揮楚不甚，即命斬之」，就是逼著行刑人往死裡打，以致常常有斃於杖下的。後經群臣冒死進諫，以為「朝堂非殺人之所，殿廷非決罰之地」，總算撤去了廷杖。但一次臣下進奏又有所冒犯，結果是「上大怒，命杖之而殿內無杖，遂以馬鞭笞殺之」(見《隋書·刑法志》)。

【語　譯】關於枷、杖、杻、鎖等刑具的形制，都規定有不同的等級差異。枷的長度是五尺以上、六尺以下，兩側長是二尺五寸以上、二尺六寸以下，每一側都是闊一尺四寸以上、一尺六寸以下，徑頭的直徑為三寸以上、四寸以下。杻長一尺六寸以上、二尺以下，寬三寸，厚一寸。鉗重八兩以上、一斤以下，長一尺以上、一尺五寸以下。鎖長八尺以上、一丈二尺以下。杖都削去上面的節目，長三尺五寸。其中，訊囚杖大頭徑三分二釐，小頭二分二釐；常行杖大頭徑二分七釐，中(小)頭一分七釐；笞杖大頭二分，小頭一分半。執行笞刑的，分別打在腿部和臀部；執行杖刑的，分別打在背、腿、臀三個部位。無論笞刑或杖刑，各個部位所受杖數都須相等。施行拷訊的亦是這樣。(笞刑以下)願意背、腿平均受笞的，也可以允許。皇上親命在殿廷決杖的，一律都以背受刑。

【說　明】對刑具作出規制，是為了在全國範圍內保持刑罰的統一計量，盡可能做到公平公正，防止輕饒敷衍和酷刑濫罰。然而體罰包含物和人兩個因素，即使刑具按規定製作得分毫不差，也仍然難以保證實際行刑的公平一致。這是因為行刑人與受刑人的個體差異是很大的，同樣的刑具，不同的行刑人使用在不同的受刑人身上，結果往往會很不相同。杖刑輕於徒、流，但在歷史上，當場斃命杖擊之下的不知有多少！至於當統治者放縱酷吏時，那就連使用的刑具也完全不受本章規定的限制了。武則天在徐敬業等起兵作亂後，便慫恿酷吏周興、來俊臣屢興大獄，濫施種種駭人聽聞的酷刑，其中大枷就有十種：「一曰定百脈，二曰喘不得，三曰突地吼，四曰著即承，五曰失魂膽，六曰實同反，七曰反是實，八曰死豬愁，九曰求即死，十曰求破家。」（《舊唐書・刑法志》）這些大枷的形制雖已無考，單聽那些名稱已令人毛骨悚然了。類似情況，歷朝都有。重刑主義和帝王制度本是一對孿生兒，只要這種制度（哪管它換了別的什麼好聽的名稱）繼續存在，那麼酷刑濫罰便不會絕跡，刑具的規制只是裝裝門面哄哄人而已。

十六

凡鞫獄官與被鞫人有親屬、仇嫌者，皆聽更之❶。親謂五服內親❷及大功已上婚姻之家❸，并授業經師為本部❹都督、刺史、縣令及府佐於府主❺，皆同換推❻。

【章　旨】關於審判官迴避的規定。

【注　釋】❶皆聽更之　指審訊官與被審訊人之間若有親仇關係者，允許請求迴避，更換他官審訊。❷五服內親　五服，喪禮中依生者與死者之間親疏關係規定的五種服制，即斬衰、齊衰、大功、小功、緦麻。五服內親，指從最親的父子關係，直到包括最疏的曾祖兄弟、祖從父兄弟、父再從兄弟及自身之三從兄弟等在內的親屬。❸大功已上婚姻之家　指與本人有婚姻親家關係的大功以上親，即母、妻族的堂兄弟，未嫁堂姊妹，已嫁姑姊妹等以上親屬。❹本部　指本轄區。❺府佐於府主　長官與僚屬。指審訊人與被審訊人之間，原為都督、刺史、縣令與僚屬關係。❻皆同換推　都同樣要迴避更換他官審訊。

【語　譯】凡是訊獄的官員，與被審訊人有親屬關係的、仇怨關係的，都准許請求迴避，更換他官審問。親屬，指本人五服以內的親屬，聯姻之家大功以上的親屬，還有受業的經師，以及同一轄區之內的都督、刺史、縣令與部屬，也就是府主與僚屬的關係，都同樣要請求迴避，更換他官審問。

十七

凡有罪未發及已發未斷❶而逢《格》❷改者，若《格》重則依舊條，輕從輕法。

凡天下諸州斷罪應申覆者❸，每年正月與吏部擇使❹，取歷任清勤、明職❺法理者，仍過中書門下❻定訖以聞，乃令分道巡覆❼。若應句會官物者，加判官及典❽。刑部錄囚徒所犯以授使，嶺南使以九月上旬先發遣❾。使牒與州案同，然後復送刑部❿。若州司枉斷，使推無罪，州司欵伏⓫，灼然無罪者，任使判放；其降入流、徒者⓬，亦從流、徒法⓭。若使人與州執見有別者，各以狀申。若理狀已，盡可斷決⓮，而使人妄生節目不退⓯者，州司錄申辨，及贓狀露驗⓰者即決，不得待使覆；其餘罪皆待覆定。使人至日，先檢行獄囚枷鎖、補席及疾病、糧餉之事⓱，有不如法者，皆以狀聞。若巡察使⓲、按察使⓳、廉察使⓴、採訪使㉑，皆待制命而行，非有恒也。

【章　旨】關於州司刑案申覆之程序和方法。

【注　釋】❶有罪未發及已發未斷　前者指罪犯尚未被立案審理，後者指已立案審理，但尚未決斷。❷格　唐代行政法規。以尚書省二十四曹名稱謂篇目，其類別又可分屬諸司本務因而留於諸司的留司格，下達到各地方機構貫徹執行的散頒格，以及適用於某一特定事件的選格三類。格由皇帝以敕令形式陸續頒行，每過若干年整理彙編成冊，使之成為具有普遍效力的法律文書，如玄宗時，便彙編有《開元前格》與《開元後格》。❸諸州斷罪應申覆者　指諸州凡斷流以上案例中有除、免、官當者，都須報尚書省刑部申覆。❹與吏部擇使　指尚書省命刑部會同吏部選派覆審的使者，稱覆囚使。如據《唐會要》卷七十八諸使雜錄記載，開元中宇文融就曾充任過覆囚使。❺職　據正德、廣池諸本當作「識」。❻中書門下　唐代宰相之辦事機構。原稱政事堂，設於門下省，後改置於中書省。中書令為中書門下之實際長官。❼分道巡覆　指覆囚使按照道的區劃，分別巡查覆審諸州刑案。唐於太宗時分全國為十道，作為中央派遣使節的監察區；玄宗時又增設為十五道。❽若應句會官物者加判官及典　意謂覆囚使分巡諸道時，若附加有句會各地財物的使命，則需增加判官和主典，作為其副佐和隨從。句會，即勾會。意為勾檢、稽查。刑部比部司，有勾檢京師及地方財賦、稅收、俸祿以至贓贖、徒役勞作功課、逋欠之物等職責，猶今之審計機關。判官和典，為兩類佐官。唐代職官按所司職能大小，分為長官、通判官、判官、典四等，以大理寺為例：大理卿為長官，少卿為通判官，丞是判官，府史即為主典。判官和典，前者有品秩，作為覆囚使的助手；而典則為流外，相當於府史，即今之辦事員一類，操作具體事務者。❾嶺南使以九月上旬先發遣　嶺南，指唐所設之嶺南道，轄區相當今廣東、廣西及越南北部地區。覆囚使一般以來年正月出發，而使嶺南道者因路途遙遠，故須當年九月上旬即提前發道。❿使牒與州案同然後復送刑部　使牒，指覆囚使在覆審囚犯後所作之書面結論。使牒與州司之結案會同後，一起上報尚書省刑部。州司，指諸州刺史之屬官法曹參軍事，為地方上主管一州司法之官員。⓫欵伏　欵即「款」字。款伏，誠服。此處指州司承認判錯。⓬降入流徒者　指由死刑降為流刑或徒刑，或由流刑降為徒刑者。⓭從流徒法　指依照流刑或徒刑之法執行。流刑分二千里、二千五百里、三千里三等，並勞役一年；徒刑分五等，自一年至三年，以半年為等差，並須居作。⓮理狀已儘可斷決　意謂覆審完畢，審判無誤，儘可以斷決結案。又，句中「儘」，正德、廣池諸本均作「盡」，其文句為：「理狀已盡，可斷決。」亦通。但似不及四庫本表述明確。⓯不退　據正德本當作「盤退」。盤退，駁回不予批准。⓰贓狀露驗　指罪證確鑿，犯罪事實查明，情節屬實。《唐律疏議・名例二》：「贓狀露驗者，贓謂所犯之贓，見獲本物；狀謂殺人之類，得狀為驗。」⓱枷鎖補席及疾病糧餉　覆囚使至州後，先檢行上述數項是否符合有關規定。枷、鎖之形制規格見前章。補席，應為「鋪席」，正德、廣池諸本均為「鋪席」。鋪席、疾病、糧餉等事，唐《獄官令》規定：「諸獄皆厚鋪席薦，夏月置漿水，其囚每月一沐，其紙筆及酒、金刃、錢物、杵棒之類，並不得入。諸獄囚有疾病，主司陳牒，長官親驗知實，給醫救療，病重者脫去枷、鎖、杻，仍聽家內一人入禁看待，其有死者，若有他故，隨狀推斷。囚去家懸遠絕餉者，官給衣糧，家人至日，依數徵納。」⓲巡察使　唐以五品以上官員巡行視察全國各道之吏治與民俗，稱之為巡察使。⓳按察使　唐貞觀初，遣大使十三人巡視全國，考核吏治。神龍二年（西元七〇六年）置十道巡察使按舉州縣。景雲二年（西元七一一年）方置十道按察使，成為常設官員。

⑳廉察使　武后光宅元年（西元六八四年），左右肅政臺每年秋季所發之使，以四十八條糾察州縣。㉑採訪使　開元二十二年（西元七三四年）宰相張九齡奏置十道採訪處置使，考課官人政績，三年一奏，各使置印。

【語　譯】凡是已經發現有罪但尚未立案審查，或者已經立案審查但尚未結案，這時候恰好頒佈了新《格》的，那麼如果相關的新《格》條文處分加重了，仍舊依照原來的條文規定決斷；如果相關的新《格》條文處分減輕了，那就依照新《格》的條文決斷。全國各個州決斷的案件按規定應由刑部申覆的，每年正月，由刑部與吏部共同擇取那些歷任清勤、明職（識）法理的官員，選任為覆囚使，經過中書門下審定奏聞皇上後，便分派他們依照道的區劃，去巡視覆審各州在押的案犯。如果覆囚使兼有勾檢審查諸州官府財物的任務，就要另外增派判官和主典作為副貳。出發前，刑部將各個州要申覆的案犯記錄交給覆囚使。派往嶺南道的覆囚使，因路程遙遠，提前在九月上旬就發遣。覆囚使覆審的牒文與州司判案會同後，一起復送尚書省刑部。如果是州司枉斷，覆囚使推定案犯無罪，州司也承認錯判，而案情又明顯地說明案犯是無罪的，可以聽任覆囚使當庭釋放案犯；其中應由死刑降為流、徒刑的，流刑降為徒刑的，亦依照流、徒刑的規定執行。如果覆囚使與州司對案件的意見各不相同，可以分別將案狀申報刑部。如果案件的事實已經清楚，依照處分的法律條文也很明確，完全可以斷決結案了，而覆囚使還節外生枝無端阻撓不予批核的，州司可以錄狀申辦；案件的物證及實狀都已確鑿明驗的，用不到再等待覆囚使的覆審，就可判決定案。至於其餘的案件還是要等待覆囚使的覆審定案。按規定，覆囚使抵達各個州的那日，首先要巡行檢查監獄囚犯的枷鎖、補（鋪）席以及疾病、糧食供應等情況，如果有違法令規定的，都要具狀申報刑部。覆囚使與巡察使、按察使、廉察使、採訪使一樣，都要由皇帝下制命才能派遣，不是常設的機構。

十八

凡在京諸司❶見禁囚，每月二十五日已前，本司錄其所犯及禁時日、月以報刑部。來月一日以聞。凡有冤滯不申❷欲訴理者，先由本司、本貫❸；或路遠而躓礙❹者，隨近官司斷決之。即不伏❺，當請給不理狀❻，至尚書省左、右丞❼為申詳之。又不伏，復給不理狀，經三司❽陳訴。又不伏者，上表。受表者又不達❾，聽撾登聞鼓❿。若惸、獨⓫、老、幼不能自申者，乃立肺石⓬之下。若身在禁繫者⓭，親、識代立焉。立於石者，左監門衛⓮奏聞；撾於鼓者，右監門衛奏聞。

【章　旨】關於囚犯冤滯申訴的規定。

【注　釋】❶在京諸司　指在京師的大理寺以及京兆府和長安縣、萬年縣等設有監獄的官署。❷冤滯不申　指冤枉得不到申訴及久拘獄中不能及時審理者。關於審案的時間，玄宗天寶十四年（西元七五五年）九月曾有詔令規定：「大理檢斷不得過二十日，刑部覆下不得過十日，如刑部覆有異同，寺司重斷不得過十五日。省司重覆不得過七日。」（《冊府元龜》卷六一二）至唐穆宗長慶元年（西元八二一年）御史中丞牛僧儒又鑒於各地刑獄苦於淹滯，而上奏請立程限，提出：「大事大理寺限三十五日詳斷畢申，刑部限三十日聞奏；中事大理寺三十日，刑部二十五日；小事大理寺二十五日，刑部二十日。一狀所犯十人已上，斷罪二十件已上，為大事；所犯六人已上，所斷罪十件已上，為中事；所犯五人已下，所斷罪十件已下，為小事。」（同上）❸本司本貫　前者指羈押囚犯之官署，後者指罪犯籍貫所在地之州縣官署。❹躓礙　顛仆障礙。此處指因路程遙遠而受到阻遏。❺不伏　即不服。❻不理狀　唐代司法行政文書，指請求上訴的狀子。❼尚書省左右丞　尚書令之佐貳官。初置一員，東漢分置左、右丞各一，歷代沿置。掌尚書都省之日常事務及糾舉憲章、正百僚之文法。❽三司　官署名合稱。唐代對重大案件的審理，由大理寺卿會同刑部尚書、御史中丞聯合進行，稱「三司推事」。向皇帝上表的申訴要案，由御史大夫會同中書、門下省審理亦稱「三司」。而通常由御史臺御史、門下省給事中、中書省中書舍人組成的聯合法庭則稱「小三司」。對地方諸州未解至中央的重大案件，派監察御史、刑部員外郎、人理評事充當「三司使」前往當地審判。唐代這種聯合審判制度對後世有很大影響，如明清時期以刑部、都察院、大理寺為「三法司」，可說就是唐代三司制的延伸。❾不達　指接受上表的官司，扣押上書，不予上奏。❿聽撾登聞鼓　意謂允許擊登聞鼓以上書皇帝。歷代封建皇朝，在朝堂外懸鼓，讓臣民擊鼓上聞，以申冤抑，稱其鼓為登聞鼓。《晉書·武帝紀》：「西平人麴路，伐登聞鼓。」然擊鼓審問後，若上書不實，也有罰。《唐律疏議·鬭訟四》：「諸邀車駕及撾登聞鼓，若上表以身事自理，訴而不實者，杖八十。」⓫惸獨　孤獨而無依靠者。惸，亦作「煢」。⓬肺石　即肺石。古時置於朝廷門外之大石，百姓可以站於其上以控告地方官吏。因色赤如肺而有此名。《周禮·秋官·大司寇》：「以肺石達窮民，凡遠近惸獨老幼之欲有復於上而其長弗達者，立於肺石三日，士聽其辭以告於上，而罪其長。」士即士師，掌國之五禁之法，左右刑罰。⓭身在禁繫者　指本人已處在囚禁中，無法去擊鼓或立石。唐代登聞鼓與肺石皆置於宮城之承天門外。⓮左監門衛　及下句中「右監門衛」，均為唐代掌管宮門禁衛之官署。

【語　譯】凡是在京各司所屬監獄在押的囚犯，每個月二十五日以前，都由各所屬司將本司在押犯的案由、主要罪狀、已關押的日月，一一登錄，申報給刑部。必須在次月的一日送到刑部。凡是有冤屈不申或長期羈押不決要求申訴的，應先向現在羈押的官署和原籍的州、縣提出，如果原籍因路途遙遠受到阻隔的，亦可由就近官司代為決斷他的申訴。如果申訴人對決斷不服，當場可以提出請求給予「不理狀」，再到尚書省向左、右丞提出申訴。對尚書省左、右丞的決斷仍然不服，還可以再請求給予「不理狀」，再向三司——即大理寺、刑部、御史臺提出，並陳述自己的訴狀。若是再不服，可以直接上表奏聞天子。上表受到阻撓不能上達到天子，可以擊登聞鼓，直接讓皇上聽到。倘是孤獨無依靠的老幼，不能自己上書申述冤屈的，可以立到肺石下去，向士師訴說。如果本人是被禁押在獄的，可以由親屬或鄰里友人代立。立肺石的，由左監門衛負責奏報；撾登聞鼓的，由右監門衛負責奏報。

【說　明】本章對被告不服判決所享有的申訴權作了詳細描述，受訴者從本司本貫到尚書省、三司以至直達皇帝。《唐律》還規定，徒以上刑罰要通知案犯本人及其家屬，罪犯不服提出申訴，有關官吏若不按規定認真執行將受到處罰：「若不告家屬罪名，或不取囚服辨，及不為審詳，流徒罪並笞五十，死罪杖一百。」（《唐律疏議·斷獄上》）作為法制文獻，在一千餘年前而有此完備規定自屬難得，但在實踐上，通過罪犯自身申訴而獲得平反昭雪的冤案，可謂絕無僅有。等級森嚴的天梯，加上官官相護的關係網，一個平民百姓要從本司本貫一級一級爬到尚書省，爬到三司，爬到九重金闕，不啻有登天之難！在歷史上，大量冤案的昭雪，往往是在封建統治集團上層人事有較大更動的時候。這種更動，就其涉及面亦即平反昭雪規模的大小，依次為：原審判官因故倒臺；老皇帝謝世新皇帝即位；發生了宮廷政變；一場動亂後建立了新朝。武則天稱帝時，周興、來俊臣製造的大量冤假錯案，要到這些酷吏們失寵或死了以後，才能考慮昭雪。聖曆元年（西元六九五年）「武太后謂侍臣曰：『往者來俊臣等推按刑獄，朝臣遞相牽引，咸承反逆。中間疑有枉濫，更遣近臣就獄親問，皆得手狀，承引不虛。近日俊臣死後，更無聞有反者，然則以前就戮者，不有冤濫者邪？』夏官侍郎姚元崇對曰：『比破家者，皆是枉錯自誣，告者持以為功，天下號稱羅織，甚於漢之黨錮。陛下令近臣就獄問者，近臣亦不自保，何敢動搖？今日以後，臣以微軀及一門百口保見在內外官吏無反者，乞陛下得告狀收掌，不得推問。』太后大悅曰：『以前宰相皆順成其事，陷朕為淫刑之主。』太后頗悟。」在這種情況下，「緣來俊臣、丘神勣等所推鞫人身死籍沒者，令三司重檢勘，有冤濫者，並皆雪免矣」（均見《通典・刑六》）。但這次平反昭雪還是有限度的，因為作為產生當時那些冤假錯案的最高裁決者武則天還在，平反昭雪就不可能沒有忌諱和禁區。較為徹底的重新清理大批冤假錯案是在武則天去世、中宗再次即位以後。但這時的一切獄案是否就都那麼公平公正了呢？當然不是。恐怕只能說是新的一輪冤假錯案又同時開始，只是規模、程度有所不同而已。由此可以看到中國法制史上有關冤假錯案訴理的兩個有趣現象：一是訴理的權威力量主要不是來自法律條文，而是在條文之外；二是訴理不是同時性的，而是返時性，即常常表現為後一個時期對前一個時期的「撥亂歸正」。

十九

凡國有赦宥❶之事，先集囚徒於闕下❷，命衛尉❸樹金雞❹，待宣制訖，乃釋之。

【章旨】關於赦宥的規定。

【注釋】❶赦宥　指對罪犯實施免除或減輕刑罰的寬大處理。赦宥的形式包括常赦，亦稱大赦、特赦等。❷闕下　指建於皇宮城門外左右之高臺。臺上有樓，可觀。以兩臺之間有空缺，故名之為闕。或稱雙闕。一般亦以之作為宮門代稱。❸衛尉指衛尉寺，九寺之一。掌武器、儀仗之庫藏、供應，轄公車、武庫、守宮三署，政令仰承兵部。❹金雞　禮器。取所謂天雞星動會有赦之意。其形制據《新唐書・百官志》載錄：「樹金雞於仗南，竿長七尺，有雞高四尺，黃金飾首。含絳幡，承以彩盤，維以絳繩。囚徒集於闕下後，撾鼓千聲，然後宣讀皇帝赦書，當即全部予以釋放。」

【語　譯】凡是國家頒佈大赦令時，當天先讓囚徒們在皇城門外闕下集合，由衛尉寺負責樹起金雞，等大赦制文宣讀完畢，就釋放囚犯。

【說　明】赦宥，作為調節刑罰的一種行政措施，也是古已有之的。如《周禮・秋官・司刺》就載有三宥三赦之法：「一宥曰不識，再宥曰過失，三宥曰遺忘。一赦曰幼弱，再赦曰老旄，三赦曰蠢愚。」這裡的三宥三赦都是指觸犯刑律者是否屬於故意，或是具有智力、能力避免的問題，歷代刑法對此多有相應規定並愈益詳盡，如對「幼弱」、「老旄」的年齡有了具體限定，只是上下不一，《唐律》則為「十歲以下」和「八十以上」。不過本章所說的赦宥，專指皇帝頒佈赦免的敕令，稱為常赦，亦即大赦，一般是在老皇帝去世、新皇帝繼位，以及皇帝改元、某皇子立為太子、或皇妃立為皇后等情況下宣布赦免令的，用以顯示所謂普天同慶或太平盛世。唐代前期，如高宗李治的即位及改元，武則天被立為皇后、李弘被立為皇太子等，就都曾宣布過「大赦天下」。這類赦免都為常赦。按規定有一些案由，譬如「十惡」，是不在赦免之例的，即所謂「十惡不赦」。「依常赦，即犯惡逆仍處死，反逆及從父兄姊、小功尊屬，造畜蠱毒，仍流，十惡故殺人，反逆緣坐獄成者猶除名。監守內姦盜，略人受財枉法，獄成，會赦，免所居官。殺人應死，會赦，異鄉等是。」（《唐律疏議・斷獄下》）但也有例外。如高祖武德四年（西元六二一年）因平定王世充、竇建德而大赦天下，在赦書中特別附上一句：「常赦不免皆赦除之。」（《通典・刑七》）這就所有罪犯都可獲得赦免了。還有一種是特赦，就是只赦免特定範圍內的罪犯。如貞觀十三年（西元六三九年）太宗謁獻陵，「曲赦三原縣及行從大辟罪」。次年，他又幸國子監，「赦大理、萬年繫囚」（《舊唐書・太宗本紀下》），或是所在地或是刑種，都作出了限制。

還有一種赦免，是統治集團高層決策者迫於所處形勢，為了分化敵對力量而作出的，一旦局面改觀，往往又舊帳重算。還是前面提到的武德四年那次大赦，當時明明已經宣佈「常赦不免皆赦除之」，後來卻又忽然出爾反爾地下令清查王世充、竇建德部屬，「責其黨與，並令遷配」（《通典・刑七》）。這時候的所謂赦宥，就變成了一種不顧信義的、卑劣無恥的權謀。

附圖

古代刑具與刑罰（除注明出處外，均選自《三才圖會》）

訊杖

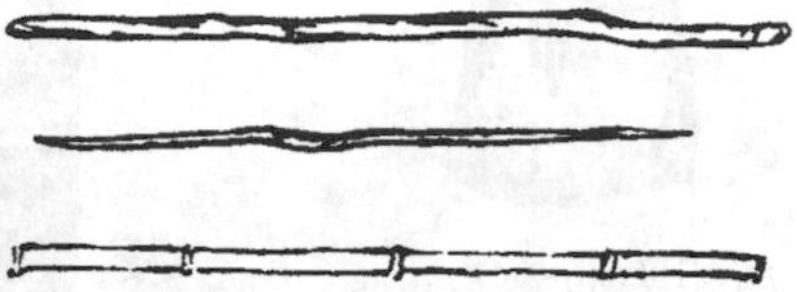

鉗

笞

枷

鐐

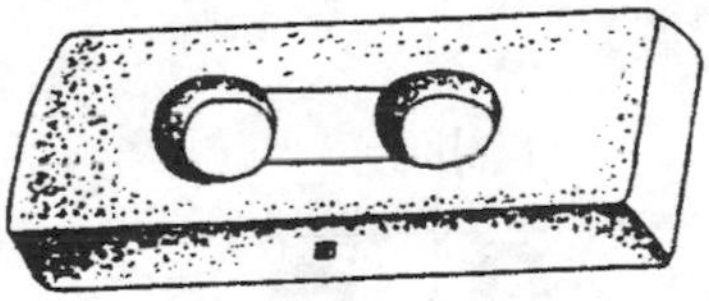

立枷

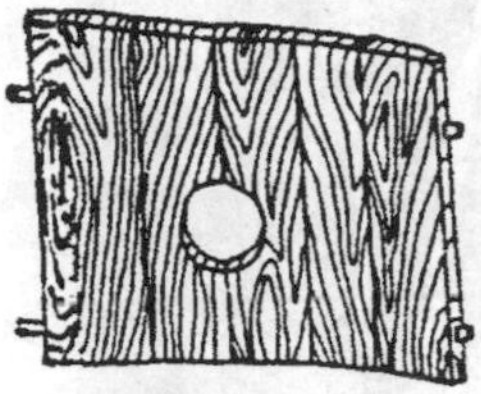

梏

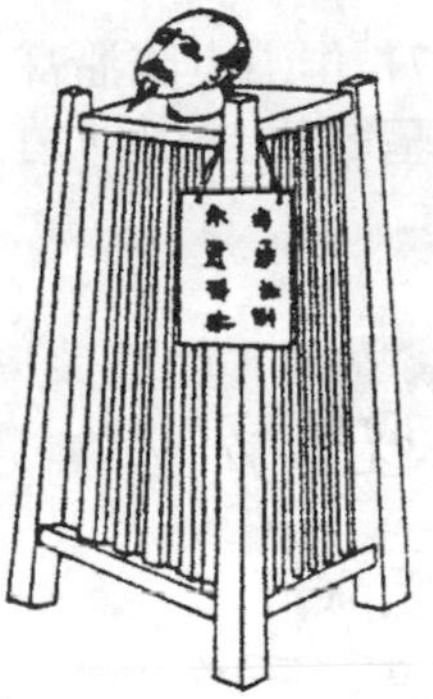

囚車

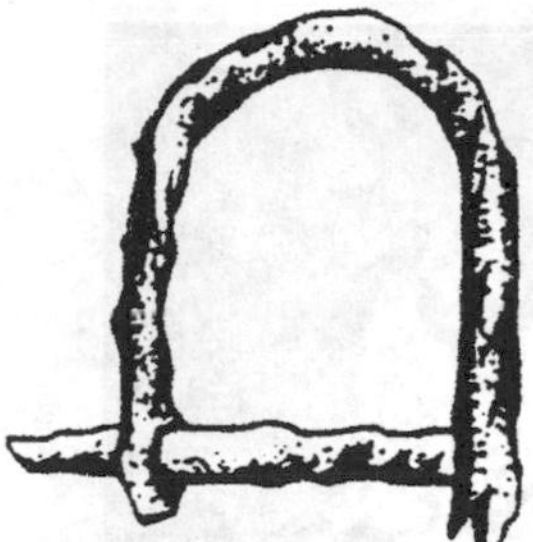

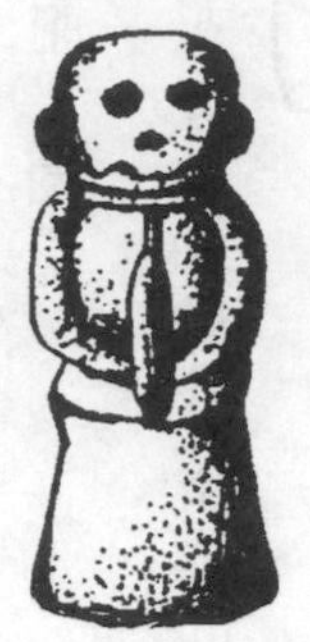

戴桊之商朝陶俑
（河南安陽出土）

黥劫（據《南史・宋明帝紀》繪製）

凌遲（據清刊《金山縣保甲章程》摹繪）

刖刑（據 1971 年山東臨淄齊國故城春秋墓葬出土刖刑遺骸摹繪）

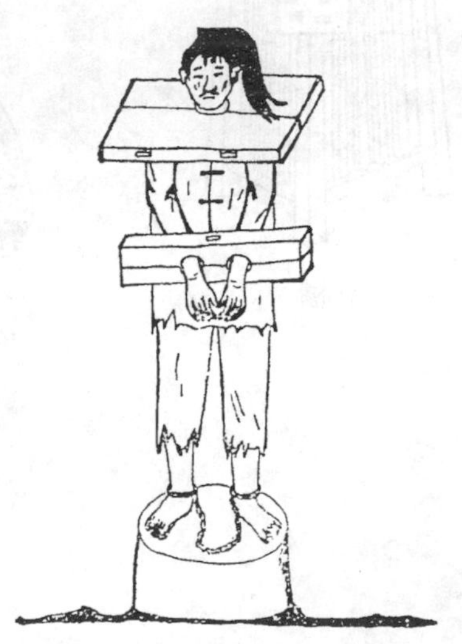

測囚（據《隋書・刑法志》繪製）

都官郎中

【篇 旨】本篇所記述的都官郎中，其主要職責是掌管配沒的官私奴婢。但在歷史上，最早出現於漢代司隸校尉屬下的都官從事，其職則為掌京都官吏不法之事，魏晉沿置，仍以監察舉劾百官為職任。東晉、南朝罷司隸校尉，遂省。至隋開皇時定制，以都官司為尚書省二十四司之一，屬刑部，始改掌簿錄配沒官私奴婢，唐制即承隋制而來。本篇敘述了都官司管理官奴婢和官戶、雜戶的相關制度及操作過程。這幾類賤民戶，以官奴婢身分最低，其次為番戶，再次為雜戶。官奴婢全都長期在各個官衙役作，因而由官府造籍配給衣糧。番戶、雜戶則分番輪役，還可以納資代役。在實行均田制時，番戶、雜戶可以受田，有自己的家庭和財產。

在唐代，包括官私奴婢、官戶、雜戶等等在內的賤民，該是一支龐大的隊伍，但本篇沒有提供總的統計數字。其中官奴婢，李錦繡在《唐代財政史稿》中由官奴婢支用衣糧數作出的估計，認為約有四萬三千人左右。還有樂戶，包括樂人、聲音人，《新唐書·禮樂志十二》記為「至數萬人」。此外便是番戶、雜戶等，他們都是自備衣糧番上服役的，其人數已無法確考，估計比官奴婢和樂戶的總和還要多得多。

為了確保在良、賤對立基礎上建立起來的社會秩序的穩定，和官府對官奴婢以及番戶、雜戶的役使，《唐律》上有許多嚴厲的規定。奴婢完全像牲口一樣，被視作主人的財富，主人可以任意買賣或處分他們。作為賤民，官私奴婢、番戶、雜戶等在婚姻和訴訟等等方面，都要低於良人一等，在刑罰上，賤民則又要重於良人。

一

都官郎中一人，從五品上。都官者，本因漢置司隸校尉❶，其屬官有都官從事❷一人，掌中都官不法事，因以名官。都官者，義取掌中都官。中都官者，京師官也。至魏明帝青龍二年❸，尚書陳矯❹奏置都官郎中❺。晉、宋、齊都官郎中二人，後魏、北齊一人，梁、陳為侍郎，並掌京師非違得失事，非今都官之任。後周置秋官府❻，有司厲❼之職，掌諸奴男子，男女入於罪饎❽，女子入於舂饎❾之事，蓋比今都官郎中之任也。隋初，置都官侍郎二人，猶掌非違得失事。開皇三年❿，改都官尚書⓫曹曰刑部，其都官郎曹遂改掌簿錄配沒⓬官私奴婢，并良賤訴競⓭、俘囚之事。煬帝⓮時，都官郎置二人，皇朝因置一人。武德三年⓯加「中」字，龍朔二年⓰改曰司僕大夫，咸亨元年⓱復故。

員外郎一人，從六品上。《周禮》秋官⓲有司厲下士二人，掌男女奴，蓋比今都官員外郎之任也，後周依焉。隋文帝⓳置員外郎侍郎⓴，煬帝改曰承務郎。武德三年改為都官員外郎，龍朔咸亨並隨曹改復。

主事二人，從九品上。

都官郎中、員外郎掌配沒隸，簿錄俘囚，以給衣糧、藥療㉑，以理訴競、雪免㉒，凡公私良賤㉓必周知之。

【章旨】記述都官司郎中、員外郎之定員、品秩和沿革及其職掌。

【注釋】❶司隸校尉　官名。漢武帝征和四年（西元前八九年）始置。初掌管理使役在中央諸官府服役之徒隸，領一千二百人，持節，亦捕治罪犯，督京師奸猾。後罷兵去節，專察京師百官非違，諸侯、外戚、三公以下，不論尊卑，無所不糾，出則專道而行，入則專席而坐。又兼統畿輔七郡，如刺史察部之制。東漢廷議朝賀時，與御史中丞、尚書令並稱「三獨坐」，權勢顯赫，威懾百僚。屬官有都官、功曹、部郡國等諸從事，實兼中央監察與京師之地方行政諸任於一身。東晉罷司隸校尉，其職歸揚州刺史，後世或稱司州牧。❷都官從事　司隸校尉屬官名。主察京畿百官之犯法者，因事奏彈。魏晉沿置。一作都部從事。東晉罷司隸校尉，揚州刺史之屬官中有都官從事。❸魏明帝青龍二年　即西元二三四年。魏明帝，魏文帝曹丕子曹叡，在位九年，終年三十六歲。青龍為其年號。❹陳矯　字季弼，廣陵東陽（今浙江金華）人。魏明帝時任尚書令。❺郎中　當係「郎曹郎中」之誤。《職官分紀》卷十一都官郎中條引《唐六典》原注此句作「尚書陳矯奏置都官郎曹郎中」。又《宋書・百官志》云：「青龍二年有軍事，尚書令陳矯奏置都官、騎兵二曹郎，合為二十五曹。」❻秋官府　官署名。西魏恭帝時始置，北周沿置。與天官、地官、春官、夏官、冬官合稱六府。設大司寇卿一人，小司寇中大夫二人，掌刑政。❼司厲　官名。《周禮》秋官之屬。掌理收繳民間兵械和財物。北周依《周禮》，在秋官府設司厲中士、下士。❽掌諸奴男子男女入於罪隸　句中「子」與「女」誤倒。據《職官分紀》卷十一引《唐六典》原注此句為：「司厲之職掌諸奴男女，男子入於罪隸。」證以《周禮》，當以《職官分紀》為是。罪隸，指被強制性苦役之罪犯。❾春饎　春，用杵臼搗去穀類皮殼。饎，炊黍稷成飯。❿開皇三年　即西元五八三年。開皇為隋文帝楊堅年號。⓫都官尚書　都官，魏晉時皆為尚書郎官所主之曹名，南朝宋武帝始置都官尚書，統都官、水部、庫部、功論四曹，為六尚書之一。齊、梁、陳皆沿宋制。北魏亦有都官尚書，北齊都官尚書統都官、二千石、比部、水部、膳部五曹。至隋開皇三年（西元五八三年）改都官尚書為刑部尚書。⓬簿錄配沒　簿錄，查抄登記其財物。配，依法將犯罪家口配交官署，罰作奴婢。沒，依法沒收其家之奴婢。《唐律疏議・賊盜一》：「諸謀反及大逆者皆斬，父及子年十六已上皆絞，十五已下母女、妻妾、祖孫、兄弟、姊妹若部曲、資財、田宅，並沒官。」疏議：「部曲不同資財，故特言之。部曲、妻及客女，並與部曲同。奴婢同資財，故不別言。」⓭良賤訴競　實指在訴訟中對良人與賤民作出區分。唐代把社會成員分為「良」、「賤」兩大類，良人包括士、農、工、商，主要是農民；賤民則為官私奴婢、部曲及名目繁多的官戶等。法律規定，良賤在訴訟中是不平等的，如若非謀逆大罪，奴婢無權告發主人，而主人告發奴婢，即使是誣告，亦「同誣告子孫之例，其主不在坐限」（《唐律疏議・鬬訟四》）。⑭煬帝　隋朝皇帝楊廣。終年五十，在位十四年。⑮武德三年　即西元六二〇年。武德為唐高祖李淵年號。⑯龍朔二年　即西元六六二年。龍朔為唐高宗李治年號。⑰咸亨元年　即西元六七〇年。咸亨為唐高宗李治的又一年號。⑱周禮秋官　《周禮》，儒家經典之一，係搜集周王室官制和戰國時列國制度整理而成的彙編。秋官，為《周禮》篇名，指司寇，為刑官之屬。⑲隋文帝　隋朝皇帝楊堅。在位二十四年，終年六十四歲。⑳員外郎侍郎　《隋書・百官志》無此職名。本書原注記述尚書諸司員外郎沿革，其於隋制，唯本卷中本篇與第三篇中有此稱，餘均單稱員外郎。疑此處「侍郎」二字為衍文。㉑以給衣糧藥療　官奴婢及在諸司役作的囚犯的衣糧及醫藥，由官府供給。㉒以理訴競雪免　指處理在押役作囚犯之訴訟和昭雪免罪一類案件。㉓公私良賤　公私，奴婢、部曲均有公私之分。公即官奴婢與官戶、番戶；私，指私家的奴婢及部曲。良賤指良人與賤民之間的區劃與轉變，良人因犯罪而沒官為奴，奴婢亦可以一免為番戶，再免為雜戶，三免為良人，且年齡到了六十、七十，奴婢的身分也能得到減免。

【語譯】都官司：郎中，定員一人，品秩為從五品上。都官這個名稱，原是起因於漢代司隸校尉的屬官有都官從事一人，掌管中央京都官吏違法亂紀一類事，因此用來作為官名。所謂都官，取義於它掌管中都官。所謂中都官，就是京師官吏的總稱。魏明帝青龍二年，尚書令陳矯奏議，設置都官郎曹，由郎中一人分管。晉、宋、齊都曾設置都官郎中二人，北魏、北齊為一人，梁、陳則設侍郎，職掌都是分管京師官吏違法亂紀、為非作歹一類事，這不是現今都官的任務。北周設置秋官府，下屬有名為司厲的職官，掌管各種罰沒為奴的男女：男子以罪隸的身分在各司役作，女子罰做舂米和爨炊一類事，這相當於現今郎中的責任。隋初，設置都官侍郎二人，還是執掌京師官吏違法的事。到開皇三年，改都官尚書曹為刑部，都官郎曹的職掌才改為專門分管配沒的官私奴婢，和有關良民與賤口的身分的劃分，以及在押役作的俘囚的訴訟等事務。隋煬帝時，設置都官郎二人，本朝因承隋制，僅設一人。武德三年，在「郎」字下加了一個「中」字，改稱郎中。龍朔二年改名為司僕大夫，咸亨元年又恢復舊稱。

員外郎，定員一人，品秩為從六品上。《周禮》的秋官下屬中有司厲下士二人，掌管男女奴婢，就相當於現今都官員外郎的職任，北周便是依照《周禮》來建立官制的。隋文帝時設置了員外郎，煬帝時改稱承務郎。本朝高祖武德三年改名為都官員外郎，在龍朔、咸亨年間，這個職名曾隨著曹名的更改和恢復而作過更改和恢復。

主事，定員二人，品秩從九品上。

都官郎中、員外郎的職掌是，分管所有因為犯罪而配沒的奴婢，登錄在各個司役作的俘囚的名冊，供給他們衣服、口糧以及有病時的醫藥和治療，受理他們的訴訟以及有關昭雪減免一類事。凡是公私良賤的區劃及改變，全由他們分管和處理。

二

凡反逆相坐❶，沒其家為官奴婢。反逆家男女及奴婢沒官，皆謂之官奴婢。男年十四以下者配司農❷，十五已上者，以其年長，命遠京邑，配嶺南❸為城奴❹。**一免為番戶，再免為雜戶，三免為良人❺，皆因赦宥所及則免之。**凡免皆因恩言之，得降一等、二等，或直入良人❻。諸《律》、《令》、《格》、《式》有言官戶者，是番戶之摠❼號，非謂別有一色❽。**年六十及廢疾，雖赦令不該❾，並免為番戶；七十則免為良人，任所居樂處而編附❿之。**

【章旨】關於官奴婢之沒入及其赦免之規定。

【注釋】❶反逆相坐　指犯了謀反、大逆等大罪。按《唐律》，凡坐反逆者之親屬，父及年十六以上之子皆絞，年十五以下之子及母、女、妻、妾，祖、孫、兄弟、姊妹，皆沒為官奴婢。❷司農　即司農寺。掌邦國倉儲委積之事。下設上林、太倉、鉤盾、導官四署，太原、龍門、永豐三倉，司竹、溫泉、京都苑、諸屯等監。❸嶺南　即嶺南道，唐初十道之一。其區域包括今之廣東、廣西及越南北方。❹城奴　指修築城牆之勞作，源於秦漢時刑名「城旦」。❺自「一免為番戶」至「三免為良人」免，指賤民身分因朝廷發布赦免令而獲得豁免。官奴婢第一次遇赦可以從官奴婢免為番戶，第二次遇赦則由番戶免為雜戶，第三次遇赦才能免為良人。番戶、雜戶仍屬賤民，二者的區別是番戶役重於雜戶，地位、身分亦低於雜戶。❻直入良人　指不經過一免為番戶、再免為雜戶，而直接恢復為庶民。❼摠　即「總」字。❽一色　一類。❾不該　沒有備舉。❿編附　指編入戶籍。亦即擺脫了賤民身分，成為當地良民百姓。

【語　譯】凡是犯了謀反及大逆罪的，他們的家屬就被罰沒為官奴婢。坐反逆罪的家中男女以及奴婢，都要抄沒入官，他們都被稱為官奴婢。男性年在十四以下的，發配給司農寺；十五以上的，因為已成年，命令他們遠離京師，發配到嶺南地方去做城奴。官奴婢一免升為番戶，再免升為雜戶，三免就可以成為良人。都是因為赦免寬宥的恩旨所及而獲得豁免的。凡是豁免都是指受到皇上恩赦說的。獲得恩赦，就可以降一等、二等，或者直接豁免為良人。在《律》、《令》、《格》、《式》中提到的官戶，是番戶的總稱，不是說另外還有一類叫「官戶」的賤民。年齡已滿六十，以及身患廢疾的官奴婢，雖然赦令中沒有明確提到，亦都可以免為番戶。年滿七十則免為良人，允許他們在現在的居處，或自願選擇新的居處，入戶籍成為良民。

【說　明】唐代官奴婢的來源，除了緣反逆相坐之家人及戰俘以外，還有的是因襲前代而來。《唐會要》卷八十六記有景龍三年（西元七〇九年）司農卿趙履溫的一次奏議中提到「以隋代番戶子孫數千家，沒為官奴婢，仍充賜口，以給貴倖」；而監察御史裴子餘不同意，以為「官戶承恩，始為番戶，且今又是子孫，不可抑之，奏免之」。這條材料說明，為番戶者，甚至隔了一個朝代，其子孫也仍然世代為番戶。此時唐建國已近百年，隋時的番戶已傳三代以上，卻還有「數千家」仍是番戶，而且照趙履溫的奏議，還要將他們降為官奴婢，裴子餘也只是在這一點上提出了不同意見。某些緣邊地區，亦有以奴婢為歲貢的。代宗大歷十四年（西元七七九年）五月在詔文中提到：「邕府歲貢奴婢，使其離父母之鄉，絕骨肉之戀，非仁也，宜罷之。」（同上）邕府係今廣西之南寧市。這個陋規的取消，已是唐中葉以後的事，離唐初已一百五十多年，在唐代延續了一個半世紀的歷史。奴婢的另一個來源是掠賣邊遠地區的人口。同書載有憲宗元和四年（西元八〇九年）閏三月的一道敕文，其中提到：「嶺南、黔中、福建等道百姓，雖處遐俗，莫非吾民，多罹掠奪之虞，豈無親愛之戀。緣公私掠賣奴婢，宜令所在長吏捉搦，並審細勘責，乃許交規，有違犯者，準法處分。」這裡明言，從事掠賣奴婢的，不僅有私人，更有官府，而禁止的也止是掠賣良民為奴婢，而奴婢的被賣買則是受保護的。

在唐代法律上，對良賤的身分和等級，有嚴格的區分。明確規定：「奴婢賤人，律比畜產」（《唐律疏議・名例六》）；「比之資財，諸條多不同良人」（《唐律疏議・賊盜二》）。在主人心目中，奴婢如同牲口一般，都是他們屬下的財產。因此，奴婢「身繫於主」（《唐律疏議・賊盜一》），其所生子女，名「婢產子」，仍是「賤人」，仍屬主人的財產。主人可以任意處置自己的奴婢，包括買賣或作為禮物送人。官私奴婢都是如此。皇帝以官奴婢賞賜臣下更是常事。《唐會要》卷八十六載高祖武德五年（西元六二二年），「安州刺史李大亮以破輔公祏功，賜奴婢百人。大亮謂曰：汝輩多衣冠子女，破亡至此，吾亦何忍以汝為賤隸乎！一一皆放還。高祖聞而嗟賞，更賜奴婢三十人」。比較起來，同為賤民的番戶或官戶，還有雜戶，地位和處境要比奴婢略好一些，實行均田制時，他們也有權受田了：「凡官戶受田，減百姓口分之半。」（本書三卷一篇）雖然只有普通百姓的一半，但總是說明在向良人靠近；不過在婚姻上，仍是「當色為婚」，禁止與良人通婚。

三

凡初配沒有伎藝者，從其能而配諸司；婦人工巧者，入于掖庭❶；其餘無能，咸隸司農。凡諸行宮❷與監、牧❸及諸王、公主應給者，則割❹司農之戶以配。諸官奴婢賜給人者，夫妻、男、女不得分張❺；三歲已下聽隨母，不充數❻。若應簡進內者❼，取無夫無男、女也。**其餘雜伎，則擇諸司之戶❽教充❾。**官戶皆在本司分番❿，每年十月，都官按比⓫。男年十三已上，在外州者十五已上，容貌端正，送大樂⓬；十六已上，送鼓吹⓭及少府教習。有工能官奴婢亦準此。業成，準官戶例分番。其父兄先有伎藝堪傳習者，不在簡例。

【章　旨】關於沒官奴婢之分配。

【注　釋】❶掖庭　指掖庭局，唐內侍省五局之一。為宮內機構，掌宮禁女工之事。❷行宮　京城以外供帝王出行時居住之宮室。❸監牧　監，指將作監及少府監。將作監，掌修建土木工程，下設左校署主管木工，右校署主管泥工，中校署主管舟、車、雜用器具之製造，甄官署主管石工、陶土、磚瓦以及百工、斜谷等監，主管各山區採伐材木。少府監，轄中尚、左尚、右尚、織染、掌冶五署及諸冶、鑄錢、互市等監，掌百工伎巧之事。牧，指太僕寺所屬上、中、下牧監及沙苑監。❹割撥　分撥。❺分張　指夫婦與兒女分別配給異處。❻不充數　不計算名額。❼簡進內者　指選入宮內者。如皇宮內侍省掖庭局、皇帝行宮、親王府、公主府等處。❽諸司之戶　指司農寺以外其他官署的官戶。❾教充　教習伎藝，以充役使。❿分番　即依一定周期輪番當值服役。番，更代。⓫按比　指按驗考察。又稱貌閱，即當面查驗諸司在冊之官奴婢和官戶。⓬大樂　大，通「太」。指太樂署。為太常寺下屬機構，掌國家祭祀、宴享之音樂、舞蹈。《舊唐書·職官志三》：「凡樂人及音聲人，應教習，皆著簿籍，核其名數，分番上下。」⓭鼓吹　指鼓吹署。屬太常寺，掌儀仗用之吹鼓手。

【語　譯】凡是初次沒入的官奴婢，如果是有伎藝的，就根據他們所長分配到相應的各個司去；婦女巧於縫紉的，就分配去掖庭；其餘沒有伎能的，全都歸屬於司農寺。凡是各個行宮以及相關的監、牧和各王府、公主府等，按規定應該配給官奴婢的，都從司農寺屬下的官奴婢和官戶中撥配。以官奴婢賜贈給人的，夫和妻以及他們的子女不可以分開，三歲以下的孩子可以跟隨母親，不充人頭數。如果是應選進宮，那就要選擇沒有丈夫、沒有兒女的。其餘各種伎能人員的需要，可以從各司官戶中選擇，經過教習以後充當。所有官戶，都在他們所歸屬的本司分番輪值服役，每年十月，都官司要檢點和貌閱各司在冊的官戶及官奴婢。男子年十三以上，在外州的十五以上，容貌端正的，送太樂署；十六以上，送鼓吹署及少府監教習技藝。有工藝技能的官奴婢，亦按此規定選送。技藝學成以後，可以像官戶一樣分番輪役。如果他們父兄已有伎藝能夠自行傳習的，那就不在選送的範圍。

【說　明】唐代官府使用奴婢、官戶的範圍相當廣泛，除了本章中提到的將作監、少府監，司農寺諸署，太僕寺諸牧以外，還有太常寺所需要的樂戶與聲音人的數量也很大。隋煬帝時，曾大括前代樂家子弟，都令充作樂戶，一時間樂人竟增「至三萬餘」（《隋書·裴蘊傳》）。唐代每年從司農寺中挑選「儀容端正者，歸至太樂，與前代樂戶，總名聲音人，歷代滋多，至於萬數」（《唐會要》卷三十三），至「唐之盛時，凡樂人、聲音人，太常樂戶及鼓吹署，皆番上，總號聲音人，至數萬人」（《新唐書·禮樂志十二》）。樂戶，有的是世代相承的，有的是從官奴婢中以容貌端正為標準挑選來經過教習的，因而都有專門伎藝，其身分地位略高於一般官戶。特別是其中的太常聲音人，即歌女，可以「名附縣貫，受田、進丁，老免與百姓同」（《唐律疏議·賊盜一》）。在婚姻上，可以「婚同百姓」（《唐律疏議·戶婚下》）。這既是政策上的優惠，可能也是統治者對歌女的某種特殊需要吧。唐代官僚中蓄養女樂的很多，白居易在自己詩中提到姓名的就有好幾個。洪邁在《容齋隨筆·樂天侍兒》中說：「世言白樂天侍兒唯小蠻、樊素二人。予讀集中〈小庭亦有月〉一篇云：『菱角執笙簧，谷兒抹琵琶，紅綃信手舞，紫綃隨意歌。』自注曰：『菱、谷、紫、紅皆小臧獲名。』若然，則紅、紫二綃亦女奴也。」白居易也只是詩中偶然提到，很可能他私蓄的女樂還不止這幾個。但即使這樣，白居易也遠不是唐代官吏中擁有女樂較多的一個。武后永昌元年（西元六八九年）破越王貞竟發現「其家有僮奴勝衣甲者千餘人」！此後對王公以下的奴婢數額作了點限制。天寶八載（西元七四九年）規定：「雖王公之家不得過二十人，其職事官一品不得過十二人，二品不得過十人，三品不得過八人，四品不得過六人，五品不得過四人，京文武清官六品、七品不得過二人，八品、九品不得過一人。」（《唐會要》卷八十六）至於是否真能限制住，那就很難說了。

四

凡配官曹，長輸其作❶；番戶、雜戶，則分為番❷。番戶一年三番❸，雜戶二年五番❹，番皆一月。十六已上當番請納資❺者，亦聽之。其官奴婢長役無番也。**男子入于蔬圃，女子入廚食，迺❻甄❼為三等之差，以給其衣糧也。**四歲已上為「小」，十一已上為「中」，二十已上為「丁」。春衣每歲一給，冬衣二歲一給，其粮則季一給。丁奴春頭巾一，布衫、袴各一，件皮鞾一量❽并氈❾。官婢春給裙、衫各一，絹褌❿一，鞵⓫二量；冬給襦⓬、複袴⓭各一，牛皮鞾一量并氈。十歲已下男春給布衫一、鞋一量，女給布衫一、布裙一、鞵一量；冬，男女各給布襦一、鞵韈一量。官戶長上者准此。其粮：丁口日給二升，中口一升五合，小口六合；諸戶留長上者，丁口日給三升五合，中男給三升。凡居作⓮各有課程。丁奴，三當二役⓯；中奴若丁婢，二當一役；中婢，三當一役。凡元、冬、寒食、喪、婚、乳免⓰，咸與其假焉。官戶、奴婢，元日、冬至、寒食放三日假，產後及父母喪、婚放一月，聞親喪⓱放七日。有疾，太常⓲給其醫藥。其分番及供公廨戶⓳不在給限。男、女既成⓴，各從其類而配偶之㉑。並不得養良人之子及以子繼人㉒。每歲孟春㉓，本司以類相從而疏其籍以申㉔。每歲仲冬㉕之月，條其生息㉖，閱其老幼㉗而正簿㉘焉。每歲十月，所司自黃口㉙已上並印臂㉚，送都官閱貌㉛。

【章旨】有關官奴婢、官戶管理之諸項規定。

【注釋】❶凡配官曹長輸其作　指凡是配沒於官曹之官奴婢，均為長役，不在番上範圍。❷分為番　分期番上服役。❸一年三番　指一年內番上服役三次，每番一個月。❹二年五番　指在二年內輪番服役五次，每次一個月，則一年每人番上服役時間為二個半月。❺納資　指納金以代勞役。一般的番戶、雜戶若「不上番，歲督丁資，為錢一千五百」（《新唐書・百官志一》）；而聲音人屬有伎藝者，其納資就要更多一些：「聲聲人納資者，歲錢二千。」（《新唐書・百官志三》）❻迺　即「乃」字。❼甄　區別。❽件皮鞾一量　牛皮靴一雙。件，依下文當為「牛」。鞾即「靴」字。一量，一雙。❾氈　即毛毯。❿褌單衣。⓫襻　即「鞋」字。⓬襦　短襖。⓭複袴　夾袴。⓮居作　亦稱役作，即強制性勞役。⓯三當二役　一個人三天完成二日的工作量。役，一天的工作量。⓰乳免　產後及哺乳期。免，通「娩」。⓱親喪　指父母以外的尊親之喪，包括祖父母、伯叔父母。⓲太常　即太常寺。設有太醫署。⓳分番及供公廨戶　二者都屬官戶。分番，官戶是分番輪值的，故以分番稱之。供公廨戶，指官戶充任公廨勤雜勞役者。⓴既成　即成年。奴婢二十已上為丁。㉑各從其類而配偶之　意謂各在賤民內部擇配，即所謂「當色為婚」。唐代在婚姻上良賤的界線極為嚴格。《唐律疏議・戶婚下》對此有諸多規定，如：「諸與奴娶良人女為妻者，徒一年半，女家減一等，離之。其奴自娶者，亦如之」；「諸雜戶不得與良人為婚，違者杖一百；官人娶良人女者亦如之。良人娶官戶女者加二等」；「奴婢私嫁女，與良人為妻妾，準盜論，知情娶者，與同罪，各還正之」。只有「太常音聲人，依〈令〉婚同百姓，其有雜戶作婚姻者，並準良人」。㉒不得養良人之子及以子繼人　這是「當色為婚」的自然延伸，即只能「當色相養」。官戶、雜戶給子孫與良人收養者有罪，良人收養官戶、雜戶之子孫者亦有罪。《唐律疏議・戶婚上》：「諸養雜戶男為子孫者，徒一年半，養女杖一百，官戶各加一等。與者亦如之。」㉓孟春　即夏曆正月。㉔以類相從而疏其籍以申　意謂分類登錄奴婢、官戶、雜戶，彙編成冊，呈報上級主管。㉕仲冬　即夏曆十一月。㉖條其生息　登錄官奴婢生育子女的狀況。㉗閱其老幼　檢閱奴婢、官戶、雜戶人口的年齡狀況。㉘正簿　修訂簿籍。㉙黃口　指三歲幼兒。㉚印臂　奴婢幼兒滿四歲，便要在手臂上烙蓋印記。㉛閱貌　即貌閱，當面察看。

【語　譯】凡是配沒官曹的奴婢，都必須長期在官府服勞役；番戶與雜戶可以分番輪流服役。番戶是一年三番，雜戶是二年五番，每次番上時間都是一個月。十六歲以上應該番上服役而請求納資代役的，亦可以允許。至於官奴婢，都須長期服役，沒有輪番的規定。男子到菜園勞作，女子分配進廚房。把他們分為三個等級，發給衣服和口糧。四歲以上稱為「小」，十一歲以上稱為「中」，二十歲以上成「丁」。春衣每年發放一次，冬衣兩年發放一次，糧食每季發放一次。丁奴春衣給頭巾一件，布衫與套袴各一件，件（牛）皮靴一雙，加上作床墊的毛氈一條。官婢春衣給裙、衫各一件，絹製的單衣一件，鞋兩雙；冬天給短襖及裌褲各一件，牛皮靴一雙，毛氈一條。十歲以下男孩，春天給布衫一件，鞋一雙，女孩給布衫一件，布裙一條，鞋一雙；冬天，男女各給布襖一件，鞋襪一雙。官戶如果長期服役的，亦按照這個規定。口糧的供應標準是：丁口每日給二升，中口一升五合，小口六合；官戶留下長期服役的，丁口每日給三升五合，中男給三升。凡是服役，各自都有課役的程限。丁奴，三天抵二個勞役日，二天抵一個勞役日；中婢則三天當一個勞役日。凡是元旦、冬至、寒食節和喪事、婚事以及產後哺乳期，都給予規定的假期。官戶、奴婢逢元旦、冬至和寒食節放三天假，產後和父母喪以及婚期，各放一個月假。得報尊親喪事，給假七日。如果有疾病，太常寺的太醫署給予治療和藥物。分番輪役和供公廨服役的官戶，不在給予醫藥的範圍之內。官奴婢男女成年時，按照身分相類的，進行婚配。一律不得領養良人的兒子，亦不得把自己的兒子過繼給良人。每年孟春正月，各所在司按官奴婢及官戶的身分，登記名冊，申報給上級主管。每年仲冬十一月，要登錄他們所生的新生嬰兒，驗閱各人的年齡長幼，修正以往的簿籍。每年的十月，各司對所屬的官奴婢，從黃口，亦就是從滿四歲開始，都要在手臂上烙上印記，並送到都官司驗閱。

【說　明】「黃口以上並印臂，送都官閱貌。」一個年僅四歲的孩子，因為出生在賤民之家，就被烙上印記，終身不得為正常人。讀著這樣的文字，現代人都不禁會引起出於人道的激憤。但這似也不應理解為古人特別殘忍，主要還是封建制度使然。原來，把社會全體成員區劃為良與賤這樣涇渭分明的兩大類，正是曾經盛極一時的大唐帝國賴以建立的基礎。模糊良、賤以及上下尊卑界限，就意味著動搖這個基礎，因而必須以法律的形式和與之相應的暴力措施，去確立和加固這種界限。這樣就不僅對賤民有種種強制性的規定，對良人，特別是對主管官奴婢、官戶的官府機構、管理人員，一旦出現了同情、寬容即所謂失職行為時，也規定了嚴厲的懲罰措施。如《唐律疏議・詐偽》：「諸詐、去、死、免官戶、奴婢及私相博易者，徒二年。」疏議：「官戶、奴婢各有簿帳，除者，謂詐言給賜；去者，謂去其名簿；死者，謂詐言身死；免者，謂加年入六十，及廢疾各得免本色之類；及私相博易，謂將私奴婢博易官奴婢者，徒二年。」再如官奴婢逃亡，主司沒有發覺，或竟是誘導其逃亡的，都要受到不同的罪罰。凡是獲逃亡奴婢不送官而賣掉的，或是隱匿的，或是容止他界逃亡浮浪的，也都要科以嚴刑。具體規定是：「若得逃亡奴婢不送官而賣者，以和誘論。藏匿者減一等，坐之。即私從奴婢買子孫及乞取者，準盜論。乞賣者，與同罪」；「諸部內容止他界逃亡浮浪者一人，里正笞四十，四人加一等。縣內五人笞四十，十人加一等。州隨所管縣通計為罪。各罪只徒二年，藏官戶部曲、奴婢亦同」（分別見《唐律疏議》之〈賊盜〉、〈捕亡〉）。唐初詩壇四傑之一的王勃，是大家熟知的，這個曾經以博大胸懷寫出了「海內存知己，天涯若比鄰」那樣名句的青年詩人，卻為同情一個官奴先是幾乎喪命，後來終於喪命。《舊唐書》本傳是這樣記載的：「有官奴曹達犯罪，勃匿之。」大概是官府追查得緊，王勃害怕了：「又懼事洩，乃殺達以塞口。事發當誅。」王勃是因為殺了曹達「當誅」嗎？不，殺奴婢是沒有死罪的，何況曹達還是個逃犯；王勃的「當誅」是因為他「匿之」。結果總算不幸中之大幸：「會赦除名」，遇上皇恩大赦，從死罪減到了除名。但事情到此還沒有完，還要株連到王勃的父親：「時勃父福畤為雍州司馬參軍，坐勃左遷交趾令。」王勃懷著負疚的心情千里迢迢去交趾探望他的父親，結果竟是「渡南海，墮水而卒，時年二十八！」這一歷史事件告訴我們：在一種不平等的制度佔統治地位的社會裡，誰要對被壓制者表示同情，便是有罪的！

比部郎中

【篇旨】比部司為國家財務行政中的勾檢亦即審計機構。它的職掌是「周知內外之經費而總勾之」(本篇二章)。自中央到地方各級機構的財務收入和支出的帳目，都要申報比部司審核。京師諸司每季一申，全國各州歲終而申。

在唐代，財政收支系統是戶部的度支、金部、倉部三司，比部司作為國家審計機構，獨立於財政系統之外，且屬於刑部，這就更有利它對財務運行過程中的審核和監督。

勾檢的內容，可以概括為收入與支出兩個方面。收入方面，如在對租調賦斂的審計中，確定負懸物數，便為下一年度勾徵提供了根據。除了預算內的收入，還有預算外的，如贓、贖、罰一類收入。支出方面，首先是財物的管理，重點是官典隱沒，諸如官吏的貪污挪用，倉庫的侵蝕損耗等，如篇中提到的倉庫出納、軍資器仗等，便屬這一類。支出和物品使用上的另一個重點是所謂「非理破使」，即違反規定的各種開支，勾覆的目的是保證國家財力的正確和有效的使用，如勳賞賜與、丁匠功程和營造便屬於這一類。

若按現代觀點看來，古代審計的獨立性自然還是不完全的，國家審計機構只是帝王行使財經監督權力的代理人，而不是純粹的第三者，這就決定了它中立的不偏不倚的立場十分有限，多數情況下還得聽命於皇帝或其所屬長官。而且事實上審計對肅清吏治雖然能起一定作用，卻決非靈丹妙藥；相反，吏治的良窳，往往決定著審計效果的好壞。在無官不貪、腐敗成風的情況下，制度設計得再好，也發揮不了應有的作用，有時甚至還被利用來相互攻訐，成為權力角逐的一種手段。如唐德宗貞元年間，戶部侍郎裴延齡惡京兆尹李充有能政而蓄意陷害，用的辦法便是「奏充比者妄破用京兆府錢穀至多，請令比部勾覆，以比部郎中崔元翰陷充」

（《舊唐書・奚陟列傳》）。

一

比部郎中一人，從五品上。魏氏置❶，歷晉、宋、齊、後魏、北齊皆有郎中。後周天官府❷有計部中大夫❸，蓋其任也。梁、陳、隋並為侍郎，煬帝❹曰比部郎。自晉、宋、齊、梁、陳皆吏部尚書領比部❺，後魏、北齊及隋則都官尚書領之❻，皇朝因焉。武德三年❼加「中」字。龍朔二年❽改為司計大夫，咸亨元年❾復故。

員外郎一人，從六品上。隋置員外侍郎❿，煬帝曰承務郎，武德三年改為員外郎。龍朔、咸亨隨曹改復。

主事四人，從九品上。

【章　旨】記述比部司郎中、員外郎之定員、品秩及其沿革。

【注　釋】❶魏氏置　指比部始置於魏文帝黃初年間。《通典・職官四》：「魏自黃初，改秘書為中書，置通事郎，掌詔草，而尚書郎有二十三人（有殿中、吏部、駕部、金部、虞曹、比部）。」❷天官府　天官，《周禮》六官之一。掌邦治，設天官冢宰，以佐王均邦國，治官之屬。北周依《周禮》，因設天官府。❸計部中大夫　天官府計部長官。西魏大統十二年（西元五四六年）始置，北周沿置。掌國家賦役收入及百官俸給等事務，國家各項收入、支出皆須申報計部。❹煬帝　隋朝皇帝楊廣。在位十四年，終年五十。❺吏部尚書領比部　與唐制比部屬刑部不同，晉及南朝皆以比部屬吏部，其職掌《宋書・百官志上》僅記有「以三公、比部主法制」，無具體說明。但既屬吏部，又以比部命名，可能兼掌官吏考課之事，或許亦包括計帳之勾檢在內。❻後魏北齊及隋則都官尚書領之　都官尚書為刑部前身，隋文帝開皇三年（西元五八三年）始改名刑部尚書。以比部隸屬都官則由北朝而來。《隋書．百官志》北齊尚書省都官尚書條稱：「都官統都官（掌畿內非違得失事）、二千石（掌畿外得失等事）、比部（掌詔書、律令、勾檢等事）、水部、膳部五曹。」至此，勾檢才明文記載成為比部職掌。然其仍掌詔書、律令，勾檢只是內容之一，與唐代比部司作為單一而完善的財務審計機構還有差異。❼武德三年　西元六二〇年。❽龍朔二年　西元六六二年。❾咸亨元年　西元六七〇年。❿員外侍郎　句中「侍」當為衍字。《職官分紀》卷十一比部郎中條引《唐六典》此句原文為「隋置員外郎」。

【語譯】比部司：郎中，定員一人，品秩為從五品上。曹魏設置比部這個機構，歷經晉和南朝的宋、齊，北朝的北魏、北齊，都設有比部郎中的職務。北周在天官府所設的計部中大夫，亦就是現今比部的職司。南朝的梁、陳和隋朝，在比部設侍郎，到隋煬帝時改稱比部郎。從晉一直到南朝的宋、齊、梁、陳，都由吏部尚書統領比部，在北魏、北齊及隋則是由都官尚書統領比部。本朝因承隋制。高祖武德三年在「郎」字下加了一個「中」字，稱郎中。高宗龍朔二年改名為司計大夫，咸亨元年又恢復原來的稱謂。

員外郎，定員一人，品秩為從六品上。隋朝設置員外郎，煬帝時改名為承務郎。本朝高祖武德三年改名為員外郎。在龍朔、咸亨年間，這個職名曾隨著曹名的改復而改復過。

主事四人，品秩從九品上。

二

比部郎中、員外郎掌司❶諸司百寮俸料❷、公廨❸、贓贖❹、【調斂❺、徒役課程❻、逋懸數物❼，以周知內外之經費而總勾之。凡內官料俸❽以品第高下為差，外官以州、縣府之上、中、下為差❾。凡稅天下戶錢以充州、縣官月料，皆分公廨本錢之利❿。

羈縻州所補漢官，給以當土之物⑪。關、監之官⑫，以品第為差，其給以年支輕貨⑬。鎮、軍司馬判官⑭俸祿同京官。鎮戍之官⑮，以鎮】⑯戍上、中、下為差。上鎮將有仗身⑰四人，中、下鎮將，上鎮副各三人，中、下鎮副各二人，倉曹⑱、兵曹⑲，戍主、副各一人，其仗身十五日一替，收資六百四十文⑳。凡京司有別借食本㉑，中書門下、集賢殿書院㉒各借本一千貫，尚書省都司、吏部、戶部、禮部、兵部、刑部、工部、御史臺㉓、左右春坊㉔、鴻臚寺㉕、秘書省㉖、國子監㉗、四方館㉘、弘文館㉙各百貫，皆五分收利，以為食本。諸司亦有之，其收㉚則少。每季一申省㉛，諸州歲終而申省㉜，比部總句覆之。凡倉庫出內，營造傭市㉝，丁匹功程㉞，贓贖賦斂，勳賞賜與㉟，軍資器仗㊱，和糴屯收㊲，亦句覆之。其在京給用則月一申之，在外，二千里內季一申之，二千里外兩季一申之，五千里外終歲一申之。凡質舉之利，收子不得踰五分㊳，出息債過其倍㊴。若回利充本㊵，官不理。

【章旨】記述比部司郎中、員外郎之職掌。

【注釋】❶司　當係「句」之誤。正德、廣池諸本均為「句」。句即「勾」字，指勾檢。勾檢內容有二：一為「失」，即公事失錯；二為「稽」，即延誤了日程。官吏在公務中若有錯失或延誤，勾官應及時糾出。❷俸料　泛指百官名目繁多的物質待遇。一是祿賜。唐初京官有祿，按本品給，分春秋二季，其數額〈祿令〉有明確規定，其祿米來源於太倉。貞觀十一年（西元六三七年）後，外官亦給祿，並與考課相聯繫。二是俸料錢，由四個部分組成：俸料、食料、資課、雜錢。此外將職田租佃與人，亦是官吏的一項重要財源。❸公廨　即公衙或官署。此處則指公廨之行政辦公費用。包括公廨廨宇器械之修理、添充費，文案紙筆費及公廨奴婢及刑徒之衣食費等。❹贓贖　贓，指國家通過處分犯罪而獲得的收入。通常包括贓、贖、罰、沒四項。贓錢，《唐律》規定因盜貪財，則倍贓沒官，賭博之贓亦沒官，故贓錢在四項中數量最大。贓皆折絹，以便於沒官財物的計價。贖錢，唐代可以銅贖罪，其收入歸官。罰入，如不耕織罰、瀆職罰、水罰、賣田罰等，除罰俸在左藏折納外，其餘都屬各司額外的收入。沒入，指因罪沒收的財物。贓贖既作為國家收入，故亦成為比部對各級有此項收入之官署勾檢的對象。❺調斂　指租調之收入。又，此二字及此下文字，係據他書補入，詳後⓰注。❻徒役課程　在各地官署服刑居作之囚犯皆有課程，即規定的勞役量，這也是比部司勾檢的一項內容，以檢查囚犯是否按規定服勞役。❼逋懸數物　逋懸，逋租懸調的略語。意謂拖欠的租與調的數量和物品。凡百姓對國家租調賦稅的懸欠，以及逃稅漏稅、營私舞弊和逃戶死戶等等，均為比部司勾檢的對象。❽內官料俸　內官即京官，料俸指俸祿和料錢。內官俸祿是按照品第高下發給的。《通典・職官一》：京官一品，米七百石，錢九千八百；正二品，米五百石，錢八千；正三品，米四百石，錢六千一百；正四品，米三百石，錢四千二百；正五品，米二百石，錢三千六百；正六品，米一百石，錢二千四百；正七品，米八十石，錢二千一百；正八品，米六十七石，錢一千六百；正九品，米七十五石，錢一千三百。米額是官祿，錢額是京官俸與料之和。❾外官以州縣府之上中下為差　外官，指州、縣官。唐初，在貞觀十一年（西元六三七年）前外官無俸，只有月料錢。月料錢無定額，依不同職務不同底分再較以職田數取給，其主要來源為公廨田的租入和公廨本的利息。外官以州縣府之上、中、下為差，指公廨田與公廨本的數額以州、縣、府之上、中、下為等差。《新唐書・食貨志》云：「外官以州、府、縣上、下、中為差，少尹、長史、司馬及丞減長官之半，參軍、博士減判司三之二，主簿、縣尉減丞三之二，錄事、市令以參軍職田為輕重，京縣錄事以縣尉職田為輕重。」這種據分以給的計算方法，《夏侯陽算經》中有一實例：「今有官本錢八百八十貫文，每貫月別收息六十，計息五十二貫八百文，內六百文充公廨食料，五十二貫文逐官高卑共分，太守十分，別駕七分，司馬五分，錄事參軍二人各三分，司倉參軍三分，司法參軍三分，司戶參軍三分，參軍二人各二分，問各錢幾何？」這雖是一道計算題，但因列舉了不同官位的不同底分，較前引《新唐書》更為具體，有助於對據分以給計算法的瞭解。❿凡稅天下戶錢以充州縣官月料二句　意謂諸州縣官之月料錢來源有二：一是「稅天下戶錢」，即戶稅；二是「公廨本錢之利」，即公廨錢之利息收入。關於這一制度，據《唐會要》卷九十一記載，開元時期先後有過兩次變更。唐初，原規定州縣官月料全由公廨錢利息收入開支，開元十年（西元七二二年）下令收回公廨錢，改由每年從戶稅中劃出約八十萬貫來供外官月料及公廨之用。但因原來公廨錢利息每年約在一百零八萬貫左右，改制後少了二十餘萬貫，顯然不夠分配，因而不得不於開元十八年（西元七三〇年）又下令重置公廨錢，規模則有所縮小，以其利息充州縣官月料之用。故此處所述為開元十八年後制。⓫羈縻州所補漢官給以當土之物　意謂在羈縻任職之漢族官的俸料錢，以當地百姓所納之租庸調物品供給。羈縻州，唐在邊遠少數民族地區設置之行政單位。共有羈縻府、州、縣八百五十六個，由中央任命各族首領為都督、刺史等官，世襲。亦有部分職務為漢人擔當者。⓬關監之官　關，唐在全國各地設二十六關，分為上、中、下三等，關設令為其長。監，指設在西北地區諸牧監，設監、副監以掌群牧孳課。關監之官的俸料由中央撥給。⓭輕貨　指絹一類輕柔物品。⓮鎮軍司馬判官　軍、鎮均為唐代在邊防或地方駐軍單位。軍、鎮皆置使及副使以統領之。司馬與判官為其屬官。⓯鎮戍之官　鎮置將一人，鎮副一人，下設倉曹參軍事、兵曹參軍事各一人。戍，設戍主一人，戍副一人，佐一人。其品秩皆依鎮、戍之上、中、下區分。⓰自「調斂」至「以鎮」　自「調斂」至「以鎮」共一百十三字，為四庫本所無，諸本皆然。前後文句難以連貫，當有脫漏，近衛本已校出。今據《太平御覽》卷二百十八卷引《唐六典》此處原文補自「調斂」至「以州縣府之上中下為差」，凡四十六字；又據《舊唐書·職官志》補自「凡稅天下戶錢」至「以鎮」，凡六十七字，皆用方括號括出，以與原文區別。⓱仗身　為給鎮將等貼身服力役者。所給仗身多少，以品秩高下為等差。亦可納資代役，則其資課便作為鎮將之收入。⓲倉曹　指軍、鎮屬下之倉曹參軍事。掌儀式、倉庫、飲膳、醫藥省署抄目、出納市易、租調公廨和勾稽過失等事。⓳兵曹　指軍、鎮下屬之兵曹參軍事。掌防人名帳、戎器管鑰，差點及土木興造之事。⓴收資六百四十文　指仗身若以資代役，則一人須納資六百四十文，此即作為鎮、戍官員俸料收入之一。㉑食本　亦稱食利本。為收取利息以供給官廚膳食之費所需的本錢。唐代京師諸司皆有官廚，供應官吏中午一頓膳食，官廚的勞動力是被稱之為造食戶的官奴婢，其費用除來自當司之公廨外，即依靠此項「食本」所提供的利息，當司的勾官便是食利本的經營者。在唐代，類此以官本舉放的名目還有很多，如宴設本、病坊本、諸牧監本、陸運本、供頓本、和僱本、人吏課役本、祭祀本等，只要有一項經常性開支，便以設本收利來維持。這幾乎成了唐代官府保障財政開支的一項基本手段，實際上亦為官商開了方便之門。㉒中書門下集賢殿書院　中書門下，為宰相機構的代稱。集賢殿書院屬中書省，始置於開元十三年（西元七二五年），掌四方表疏批答及應和文章，類同皇帝近身秘書。由於在京諸司中，中書門下、集賢殿所處地位特殊，故其借食本也最高，為一千貫。㉓御史臺　國家最高監察機構。東漢始置，歷代相沿，唐時下設臺院、殿院、察院三院，監察彈劾百官，監督殿庭朝會，巡幸供奉儀節，並分察尚書省六部，巡按州縣，監督地方行政等。㉔左右春坊　太子宮官及機構名。設左、右庶子各二人，統宮府事。㉕鴻臚寺　北齊始置，歷朝沿置。唐時掌諸蕃冊封、國使接待及凶儀喪葬事務。政令仰承禮部，領典客、司儀二署。㉖秘書省　掌經籍圖書、國史實錄之官署。唐高宗、武后時曾先後一度改稱蘭臺、麟臺，旋復舊。以秘書監一員為其長官，領著作、太史二局。㉗國子監　教育行政主管機構，兼領國立諸學校。設祭酒一員、司業二員為正副長官，並以官兼師，總國子、太學、廣文、四門、律、書、算七學。㉘四方館　隋煬帝時始置，以待四方使者。後罷之，有事則置。東夷、南蠻、西戎、北狄各置使者一人，掌其方國互市事。名隸鴻臚寺。唐改隸中書省，以通事舍人掌之。凡四方進表，華夷納貢，皆受而進之。㉙弘文館　門下省的下屬機構。唐武德四年（西元六二一年）於門下省置修文館，九年（西元六二六年）改為弘文館。館置學士，掌校正圖書，教授生徒，並參議朝廷禮儀制度。武德後，五品以上曰學士，六品以下曰直學士。武后垂拱年間，以宰相兼領館務，號館主。神龍元年（西元七〇五年）改為昭文館，次年曰修文館，開元七年（西元七一九年）復稱弘文館。㉚收　據正德、廣池諸本，當作「數」。㉛每季一申省　指上述京師諸司每一季度要把百官俸料、公廨錢、資課、食本等帳目呈報尚書省，由比部審查勾覆。㉜諸州歲終而申省　指地方各州年終申報尚書省，亦由比部審查勾覆。《唐會要》卷五十九載錄有穆宗長慶元年（西元八二一年）六月比部的一道奏文，其中提到「諸州府，仍請各委錄事參軍，每年據留州定額錢物數，破使去處，及支使外剩餘見在錢物，各具色目分明造帳，依格限申比部。」據此，比部對諸州的勾覆包括三個內容：一、留州定額錢數是否突破；二、破使去處，即使用是否合理合法；三、支使外餘剩的錢物是否帳物相符。㉝營造傭市　營造，指將作監所司之內外營繕工程。凡諸州匠人長上者，則州率其資納之，隨以酬在京師和僱，由主簿掌印，勾檢稽失。庸，指官府所擁有之車船、碾磑、邸店、宅店、莊宅等出租而獲得的錢物。市，指市易之稅，即商稅。如「除陌錢每貫二十文」（《唐會要》卷六六錄天寶九載二月十四日敕文），即指每貫抽二十文交易稅。㉞丁匹功程　據《舊唐書・職官志》句中「匹」字應為「匠」字。少府監掌百工伎巧，諸雜作皆有功程期限，以便考核。㉟勳賞賜與　主要是對行軍作戰有功人員之賞賜，以及對諸蕃貢使之給賜。㊱軍資器仗　指軍器、軍衣、軍糧，以及其他各種軍需之貯藏、出納和供應。㊲和糴屯收　和糴，指官府向百姓收購糧食。此制古已有之，所謂「米賤則少府加估而糴，貴則賤價而糶」（《新唐書・食貨志》），原是平抑物價、保護糧農的一項措施。唐行此制始於貞觀而盛於中葉以後，則是由於緣邊數十州皆戍重兵，營田地租不足以供軍，因出官錢以糴民粟。後來的發展卻變成了「府、縣配戶督限，有稽違則迫蹙鞭撻，甚於稅賦，號為和糴，其實害民」（同上）。和糴之數頗巨，據《通典・食貨十二》統計，天寶八年（西元七四九年）「和糴一百一十三萬九千五百三十石」，因而也成為比部司勾檢的重點內容之一。屯收，指屯田的收入。唐屯田在前期，主要勞動力為士兵及流放的刑徒，是以無償役使的方式經營的，後期則已逐漸向租佃制轉變。屯田的收入直接影響到軍糧的開支，故亦為勾檢之重點內容之一。㊳質舉之利收子不得踰五分　意謂借貸的利息，不得超過月利五分。質舉，指有抵押的借貸。據《唐會要》有關條目載錄，唐代前期自武德至開元，月利率自八分至四分之間，有過多次變動。㊴出息債過其倍　文義有悖。疑脫「不得」二字，當作「出息，債不得過其倍」，指一年利息的累計，不得超過本金一倍。㊵回利克本　句中「克」，據正德、廣池諸本當作「充」。回利充本，指將已取得之利息，再充入本金舉放。

【語　譯】比部司郎中、員外郎的職掌是，勾檢各個官司官員的俸料、公廨雜費用、贓贖沒入、〔租調賦斂、刑徒役作課程以及逃避拖欠租調的數量和物品，總之是一切內外經費收支狀況，他們都要負責勾檢稽核。凡是京師官員的俸料錢，都是以職事品的高下為等第，地方官員則是以各自所在的州、縣、府的上、中、下為等第。由天下戶稅收入的一部分充當州縣官每月的料錢，不足的部分由公廨本錢的利息補給。在羈縻州任職的漢官，以當地百姓所納的庸物充當俸料。在地方上各個關的關令和各牧監的監，他們的俸料，以品第高低為等差，每年發給絹帛一類輕貨。邊軍的軍使、鎮將以及司馬、判官的俸祿，與京官相同。鎮和戍的官吏，按照鎮〕、戍的上、中、下為差等。上鎮的鎮將給仗身四人，中、下鎮將、上鎮副將各給三人，中、下鎮副將各給二人，倉曹、兵曹、戍主及戍副，各給一人。仗身十五日一替換。如果以納資代役，收資課六百四十文。在京師的各個官司，都分別貸給食本。中書門下、集賢殿書院各借食本一千貫，尚書省都司、吏部、戶部、禮部、兵部、刑部、工部、御史臺、左春坊、右春坊、鴻臚寺、秘書省、國子監、四方館、弘文館等，各借食本一百貫。都是五分收利，作為食本。其他各司亦都有食本，只是錢數比較少。京師各司每一季度申報尚書都省，地方各州則年終時申報尚書都省，由比部司彙總而勾檢覆核。勾覆的內容，包括凡是一切倉庫出納，營造修建的帳本，庸賃市易的稅入，丁匠役作的功程，以及贓贖沒入、租調賦斂、勳賞和賜與、軍資和兵仗、和糴、屯田的收入等，都是勾覆的範圍。在京師各司支用的，每月申報一次；在京師以外，二千里以內的地區，每季申報一次；二千里以外的地區，半年申報一次；五千里以外的地區，每年申報一次。凡是借貸的利息，月息不得超過五分，每年累計利息總和〔不得〕超過本金一倍。至於回利充入本金，繼續出舉放債，則官府不予理會。

【說　明】在比部司的職掌中，對公廨本錢及諸司倉本的審核佔了相當大的比重。比部司同時還是公廨本錢的財務管理機構，諸司及州縣的公廨本，皆直接為各機構的勾官所掌握。公廨本錢的利息不是國家的正常收入，類同如今常見諸報端的所謂「小金庫」。公廨本的實際經營者是商人，這從本章中提到的中書門下食本的經營中可以窺見其端倪。月息從武德初的八分降到開元時的五分，是商品經濟逐漸發展的結果，但即使這樣，也還是高利貸。這種得益豐厚的高利貸，顯然並非當時尋常商人都能經營，實際上是倚勢經商，官商結合，是一種官僚化的商業資本，卻又奇特地成了自然經濟或者稱之為古典的計劃經濟的不可或缺的補充。這筆預算外的、不斷在盈利中的資金，對龐大的官僚機器的運作不啻是一種潤滑劑，藉以疏通各個關節。當然它同時又是官場腐敗的催化劑，名目繁多的公費吃喝玩樂便是由此而來。這項制度在貞觀—開元年間幾次廢而又置，便反映了決策者在這個問題上的矛盾心態：為了堵塞財政漏洞，遏制腐敗，不能不廢；但龐大的官僚機器缺少這樣的潤滑劑，許多關節就難以暢通，又不得不恢復它。或者像開元以後那樣睜一眼閉一眼，聽其自然，也算是一種明智的抉擇吧？讀《唐六典》常常可以發現歷史與現實的相通，譬如這個公廨本便是一例。當然如今的公有財產的規模，決非小小的公廨本可以相比擬的，因而如今的公款吃喝玩樂的氣派自然也為古人所望塵莫及。不知道這是不是也算是一種歷史進步？

司門郎中

【篇　旨】司門司執掌全國諸關出入往來之政令。唐代全國見諸冊籍的關塞共有二十六座，與本篇記載相符。這些關塞，按其是否處於京師周圍和有無驛道相連，分成上、中、下三等。設關的目的是「限中外，隔華夷」（二章）。篇中簡略介紹了唐代的關禁制度。凡出入關者，必須有稱之為「過所」的憑證，過所的簽發及檢查都有明確的規定，私度或者倫度出入關者，將處以不等刑罰。兵器是嚴禁出入關的；此外如金、銀、鐵等金屬物品，以及絹、綾、紬、羅等珍貴織物，亦在禁止之列。若是違令而攜帶違禁品出入關者，將「舉其貨，罰其人」（三章），不但貨賄被沒收，人亦要受到懲罰。

設關以查驗人員與物品的出入，古已有之。傳說中的隨老子出關西去的關尹，就是當時函谷關的守吏。《周禮・地官》有司關之設，其職掌為「掌國貨之節以聯門市，司貨賄之出入者。掌其治禁，與其征廛。凡貨不出於關者，舉其貨，罰其人。凡所達貨賄者，則以節傳出之」，與唐代司門司郎中、員外郎的職掌，大體一致。漢文帝十二年（西元前一六八年）曾一度「除關，無用傳」（《漢書・文帝紀》），這在當時是作為廢除贏秦苛法的德政而被記入史冊的。廢除了關禁，沒有稱為「傳」的憑證亦可以在全國通行無阻。但到漢景帝四年（西元前一五三年），由於一年前發生了吳楚七國之亂，為備非常，又下詔「復置諸關，用傳出入」（《漢書・景帝紀》）。漢武帝時更強調了關禁的軍事意義，天漢二年（西元前九九年）十一月，在下達給關守吏的詔書中指出：「今豪傑多遠交，依東方群盜，其謹察出入者。」（《漢書・武帝紀》）大概魏晉以後，關津在財政方面的意義，亦開始為統治者所重視。《魏志・文帝紀》延康六年（西元二二〇年）二月條在注中引了《魏書》所載的《庚戌令》稱：「關津所以通商旅池苑，所以禦災荒，設禁重稅，非所以便民，其除市籞之禁，輕關禁之稅，皆復什一。」這是關津課稅的直接證據。唐以後，至五代、宋，著眼於財政經濟上的考慮，更漸次成為設關目的主要方面。

一

司門郎中一人，從五品❶。《周禮》❷大司徒屬官有司門下大夫❸，掌授管鍵❹，以啟閉國門。後周依《周官》。隋開皇❺初置司門侍郎，煬帝❻曰司門郎，皇朝因之。武德三年❼加「中」字。龍朔二年❽改曰司門大夫，咸亨元年復改❾。

員外郎一人，從六品上。《周禮》有司門上士，後周有小司門上士，隋置司門員外郎，煬帝改曰承務郎，武德三年改曰員外郎。

主事二人，從九品上。

司門郎中、員外郎掌天下諸門及關出入往來之籍賦❿，而審其政。

【章旨】記述司門司郎中、員外郎之定員、品秩、沿革及其職掌。

【注釋】❶從五品 據《舊唐書·職官志》，當為「從五品上」。❷周禮 亦稱《周官》，儒家經典之一。中國古代最早的職官制度彙編，係搜集整理周王室官制和戰國時各國制度而成。❸司門下大夫 《周禮》官名。西魏依置，北周沿置。掌邊境關門、京都城門，以及皇宮宮門之啟閉，並發放過所（通行憑證）。❹管鍵 即鎖鑰。管為鑰匙，鍵為鎖簧。納入閉中即可鍵門。❺開皇 隋文帝楊堅年號。❻煬帝 隋朝皇帝楊廣。在位十四年，終年五十歲。❼武德三年 即西元六二〇年。武德為唐高祖李淵年號。❽龍朔二年 即西元六六二年。龍朔為唐高宗李治年號。❾咸亨元年復改 咸亨元年，即西元六七〇年，咸亨亦是唐高宗李治年號。復改，據《職官分紀》卷十一引《唐六典》此句原注，當為「復故」。❿籍賦　籍，名籍，出入關者之登記名冊。賦，稅賦。出入關者若攜帶有商品，應納稅賦。

【語　譯】司門司：郎中，定員一人，品秩為從五品（上）；《周禮》的大司徒的屬官中，設有司門下大夫，掌管鑰匙與鎖，負責開啟與關閉國門。北周依照《周官》，設有司門下大夫。隋文帝開皇初年設置司門侍郎，煬帝時稱司門郎，本朝因承隋代的制度。高祖武德三年時，在「郎」下加「中」字，稱郎中。高宗龍朔二年改名為司門大夫，到咸亨元年又恢復舊稱。

員外郎，定員一人，品秩為從六品上；《周禮》上有司門上士這一官職，北周設有小司門上士，隋朝設置司門員外郎，到煬帝時改名為承務郎，本朝高祖武德三年改名為員外郎。

主事二人，品秩為從九品上。

司門司郎中、員外郎的職責是掌管全國各個宮門、城門以及關門出入往來的名籍和稅賦，審察他們是否按照政令切實施行。

二

凡關二十有六，而為上、中、下之差。京城四面關有驛道❶者為上關，上關六：京兆府藍田關❷，華州潼關❸，同州蒲津關❹，岐州散關❺，隴州大震關❻，原州隴山關❼。餘關有驛道及四面關無驛道者❽為中關，中關一十三：京兆府子午❾、路谷❿、庫谷⓫，同州龍門⓬，會州會寧⓭，原州木峽⓮，石州盂門⓯，嵐州合河⓰，雅州邛萊⓱，彭州蠶崖⓲，安西鐵門⓳，興州興城⓴，渭津㉑也。他皆為下關焉。下關七：涼州甘亭、百牢㉒，河州鳳林㉓，利州石門㉔，

延州永和㉕，綿州松嶺㉖，龍州涪水㉗。所以限中外，隔華夷㉘，設險作固，閑邪止暴㉙者也。

【章旨】記述全國上、中、下三等二十六關之分佈。

【注釋】❶驛道 我國古代的交通大道，為傳車、驛馬開闢的道路。沿途設置驛站。❷京兆府藍田關 唐京兆府本為雍州，置州牧一人，以親王遙領，其下置長史理其事。開元初，改雍州長史為京兆尹，治所今陝西長安。藍田關，在今陝西東藍田縣境，故嶢關。❸華州潼關 華州，治所鄭縣，今華縣。下領三縣，潼關在其所屬華陰縣境內，今屬潼關縣，為河南至關中平原東西交通之要衝。❹同州蒲津關 同州，治所武鄉，今陝西之大荔縣。蒲津關，在今大荔縣東，東臨黃河岸，扼蒲津渡口，歷代倚為秦晉間的重險。舊稱臨津關，漢武帝時改稱蒲津關，其後或簡稱蒲關，或沿用臨津舊稱。宋真宗大中祥符四年（西元一〇一一年）改名為大慶關。❺岐州散關 岐州，治雍縣，今陝西鳳翔縣南。散關在其轄境內寶雞山西南六大散嶺上，當秦嶺咽喉，扼川陝間交通孔道，為古代兵家必爭之地。如東漢初延岑自漢中北出散關走陳倉，蜀漢諸葛亮出散關圍陳倉，即是此散關。唐時其東有渠，引渭水入昇源渠，通長安故城。❻隴州大震關 隴州，治所汧源，今陝西之隴縣。大震關，原在甘肅清水東北小隴山，相傳漢武帝至此遇雷震，故以為名；後遷來隴縣西南關山。唐大歷初，鳳翔節度使李晟出大震關，破吐蕃於臨洮，即此。唐宣宗大中六年（西元八五二年）西遷至隴山，改名為安戎關，係防禦使薛逵所修。❼原州隴山關 原州，治所在平高城，今寧夏固原，轄境相當於今甘肅平涼地區。隴山關，確切關址不詳，約在今固原縣境內。❽有驛道及四面關無驛道者 這是對何為中關的界定。有兩種情況：一是有驛道經過，但其關不在京城之東西南北四面；二是其關雖在京城之四面但無驛道經過。處於上述兩種地理環境之關塞，其險要次於位在京城四面而又有驛道通過的上關，故被列為中關。❾子午 指子午關，在京兆府，今陝西西安市之南秦嶺山下之子午道上，為關中平原通向漢中的必經之地。古人以地支中之「子」為北，「午」為南，因名此南北向之道路為子午道，關稱子午關。三國時此處為魏、蜀之間必爭之地。唐天寶年間，劍南涪州所貢新鮮荔枝，便由此去長安。❿路谷 近衛校出，「路」當為「駱」。駱谷，在京兆盩至縣（今陝西周至）境內之駱谷道北口上，為關中與漢中間的交通要道，谷長四百餘里。曹魏時，曹爽曾由此率軍進蜀，後鍾會亦統軍分別從駱谷及斜谷入蜀。唐高祖武德七年（西元六二四年）在駱谷道之北口設駱谷關。⓫庫谷　在藍田縣境內，設有庫谷關。關臨鳴犢泉，泉水入京師。⓬同州龍門　同州，參見前注❹。龍門，指龍門關，在韓城（今陝西韓城）之北龍門山上。黃河至此兩岸峭壁對峙，形似門闕，故有龍門之名。⓭會州會寧　會州，治所會寧，今甘肅之靖遠縣。會寧，指會寧關，在會寧之東南。⓮原州木峽　原州，治所平高，今寧夏之固原。木峽，指木峽關，在其西南。原州地處隴山東側，形勢險峻，為西禦西吐蕃入侵，境內設關甚多，除木峽關外，還有石門、驛藏、制勝、石峽、木靖、六盤等六關，以及瓦亭故關。⓯石州孟門　石州，唐屬河東道。治所離石，即今山西之離石，轄定胡等五縣。孟門，指孟門關，在離石西北定胡縣境內，濱臨黃河。⓰嵐州合河　嵐州，唐屬河東道。治所宜芳，在今山東嵐縣之北，轄合河等四縣。合河，指合河關，所在即合河縣，因境內原有嵐漪河入黃河而得名。其東面有汾水，另有蔚汾關。⓱雅州邛萊　雅州，唐屬劍南道。治所嚴道，今四川之雅安，下領滎經等五縣。邛萊，指邛萊關，在滎經縣（今四川滎經）南之邛崍山上，為川藏之間交通要道。⓲彭州蠶崖　彭州，唐屬劍南道，治所九隴，今四川彭縣。蠶崖，指蠶崖關。彭州所屬四縣中有導江縣，今四川灌縣之東，南臨沱江，蠶崖關即於其西。⓳安西鐵門

安西，唐之安西都護府，治所在龜茲鎮，今新疆之庫車。鐵門，指鐵門關，在史國與吐火羅二國之間，故址在今俄羅斯烏茲別克南部之傑爾賓特以西約十三公里處，為古代中亞地區交通要道。《新唐書・西域傳下》稱史國「北二百里屬米，南四百里吐火羅也。有鐵門山，左右巉峭，石色如鐵，為關以限二國，以金錮闔。城有神祠，每祭必千羊，用兵類先禱乃行」。《大唐西域記》卷一亦有記載。蒙古時代亦稱之為鐵門關，見於《元史・太祖本紀》。其後在察合臺汗國境內。⓴興州興城　興州，唐屬山南道，治所順政，今陝西略陽縣。興城，指興城關，在順政縣南面。㉑渭津　指渭津關。在華州之華陰縣境內。據《新唐書・地理志》，華州之華陰縣境內有潼關和渭津關，武則天天授年間一度將華陰縣改名為潼津縣。又，按上述諸關文例，「渭津」之上應冠「華州」二字。㉒涼州甘亭百牢　據《新唐書・地理志》，涼州無此二關，而興元府之褒城、西縣境內卻分別有甘寧關、百牢關之記載。考之《元和郡縣志》卷二十二興元府之褒城、西縣條，亦同，唯「甘寧」作「甘亭」，正與本書此處相合。據此可知「涼州」係「梁州」之誤。按：興元府，本係梁州，開元十三年（西元七二五年），以「梁」、「涼」聲相近，更名褒州，二十年（西元七三二年）復稱梁州；德宗興元元年（西元七八四年）才改為興元府。其地為漢中交通樞紐，三國時魏蜀二國久戰之地。㉓河州鳳林　河州，唐屬隴右道，治所抱罕，今甘肅之臨夏。鳳林關在其所屬鳳林縣境內，積石山在其北。㉔利州石門　利州，唐屬山南道，治所綿谷，今四川之廣元，下領六縣，其景谷縣之西有石門關。㉕延州永和　延州，唐屬關內道，治所膚施，今延安市東北，下領十縣。永和關在永和縣。又，《新唐書・地理志》稱，永和縣及永和關在隰州，

屬河東道。待考。㉖綿州松嶺　綿州，唐屬劍南道，治所巴西，今四川綿陽市。下領八縣，其龍安縣設有松嶺關，開元十八年（西元七三〇年）廢。㉗龍州涪水　龍州，唐亦屬劍南道，治所江油，即今四川之江油，領江油、清川二縣，在江油境內有涪水關，臨涪江水。㉘限中外隔華夷　唐代關塞，就政治功用而言，除京兆府境內的一類為衛護京師安全外，還有兩類：一類設在關中盆地周邊，是為了分隔中央與外地；一類設在邊疆地區，是為了分隔華夏與各少數民族，此即所謂「限中外、隔華夷」。《唐律》明文規定華夷之間，既不許私相貿易，更不准相互通婚，違者將受到刑罰。㉙閑邪止暴　防備邪惡，制止強暴。閑，防止；限制。又，《太平御覽》卷二二八引《唐六典》此句，及《舊唐書．職官志》，「止暴」並作「正禁」。

【語譯】全國共有關塞二十六座，分為上、中、下三等。設置在京城東西南北四面的，又有驛道相連的，稱為上關。上關共有六座：京兆府的藍田關，華州的潼關，同州的蒲津關，岐州的散關，隴州的大震關，原州的隴山關。其餘雖有驛道通過，但不在京城東西南北的，或者雖在京城東西南北四面，但沒有驛道通過的，都稱為中關。中關共有十三座：京兆府的子午關、路（駱）谷關，庫谷關，同州的龍門關，會州的會寧關，原州的木峽關，石州的孟門關，嵐州的合河關，雅州的邛萊關，彭州的蠶崖關，安西的鐵門關，興州的興城關，〔華州的〕渭津關。其他都是下關。下關有七座：涼（梁）州的甘亭關和百牢關，河州的鳳林關，利州的石門關，延州的永和關，綿州的松嶺關，龍州的涪水關。設關的目的是為了界限中外疆域，隔離華夷關係，依險設關，鞏固防守，抵制邪惡，制止強暴。

三

凡關呵而不征❶，司貨賄之出入❷。其犯禁者，舉其貨❸，罰其人❹。古，書帛為繻❺，刻木為契，二物通為之傳❻。傳，如今過所❼。凡度關者，先經本部❽、本司❾請過所，在京，則省給之❿；在外，州給之。雖非所部，有來文者，所在給之。若私度關及越度⓫，至越所而不度⓬，不應度關而給過所⓭，若冒名請過所⓮與人及不應受而受者⓯，若家人相冒⑯及所司無故稽留⑰，若領人度關及別人妄隨之⑱，若賫禁物私度及越度緣邊關⑲，其罪各有差。

【章　旨】關於出入關之諸項規定。

【注　釋】❶呵而不征　意謂關司的職責是禁止違禁品之出關或入關，不是准其出入而征收稅金。呵，責罵；禁止。❷司貨賄之出入　掌握金玉布帛出入關之事。❸舉其貨　指攜帶違禁品出入關者，沒收其貨入官。《唐會要》卷八十六錄有開元二年（西元七一四年）閏三月敕文，其中稱：「諸錦、綾、羅、縠、繡織、成紬、絹、絲、犛牛尾、真珠、金、鐵，並不得與諸蕃互市及將入蕃；金鐵之物，亦不得將度西北諸關。」❹罰其人　指攜帶違禁品出入關者，其貨被沒收，其人將被處罰。《唐律疏議・衛禁下》：「諸齎禁物私度關者，坐贓論，贓輕者，坐私造私有法。」疏議依贓法和私造私有法，據不同罪情，規定了徒一年至三年、流二千里至三千里等不同刑罰。❺書帛為繻　指在帛上書寫作為出入關的憑證，稱為繻。《漢書・終軍傳》：「軍從濟南當詣博士，步入關，關吏與軍繻。」❻二物通為之傳　二物，指繻、木契，皆為出入關之憑證，通稱「傳」。為，通「謂」。傳，符信。劉熙《釋名・釋書契》：「傳，轉也。轉移所在，識以為信也。」❼過所　古時出入關持以為憑信的一種文書。《釋名・釋書契》：「過所，至關津以示之也。」❽本部　本地區。指所在州、縣。❾本司　指主管官署。❿省給之　指由尚書省相關之曹司發給過所。⓫私度關及越度　私度，指無公文憑信私自過關者；越度，指不由規定之關門、渡口而由他途偷度者。《唐律疏議・衛禁下》：「諸私度關者，徒一年；越度者加一等。」⓬至越所而不度　指越度未遂。《唐律疏議・衛禁下》此條之疏義：「水陸關棧，兩岸皆有防禁，越度之人，已至官司防禁之所，未得度者，減越度五等，合杖七十。」⓭不應度關而給過所　不應度關者，指有征役番期及罪讁之類，皆不合給過所。據《唐律疏議・衛禁下》：不應度關者而官司輒給過所，以及不合度關者而取了過所，為同罪，各徒一年。⓮冒名請過所　指冒他人之名而申請過所。《唐律疏議・衛禁下》本條疏議：「若冒他人名，請過所而度者，合徒一年。」⓯與人及不應受而受者　均指過所。《唐律疏議・衛禁下》本條之疏議：「以所請得之過所而轉與人，及受他人過所而承度者，亦徒一年。但律文皆云，度者得徒一年，明知未度者，不合徒坐。若關司未判過所以前，準越關未度各減五等之例；若已判過所未出關門，同未過各減一等。其與過所人既因度成罪，前人未度亦同減科。不應給過所而給者，不在減例。」⓰家人相冒　指冒名請過所。《唐律疏議・衛禁下》：「若家人相冒杖八十，主司及關司知情，各與同罪，不知情者不坐。」疏議：「家人不限良賤，但一家之人相冒而度者，杖八十。

既無名字，被冒名者，無罪。若冒度、私度、越度事由家長處分，家長雖不行，亦獨坐家長。此是家人共犯，止坐尊長之例。主司，謂給過所曹司及關司。知冒度之情，各同度人之罪；不知冒情，主司及關司俱不坐。」⓱所司無故稽留　指關津所司無故留難不度者，將以稽留時日之多少受不同處罰。《唐律疏議·衛禁下》：「諸關津度人無故留難者，一日，主司笞四十，一日加一等，罪止杖一百。」疏議：「關，謂判過所之處；津直度人，不判過所者。依〈令〉，各依先後而度，無故留難不度者，一日主司笞四十。主司，謂關津之司。一日加一等，七日罪止杖一百。此謂非公使之人。若軍務急速而留難不度致稽廢者，自從所稽廢重論。」⓲領人度關及別人妄隨之　句中文字有脫訛。據《唐律疏議·衛禁下》，當增一「兵」字；「及」應作「而」。全句為：「領人兵度關而別人妄隨之。」指若有人利用軍隊出入關之機而隨之出入關，則帶兵將領及關司都將受罰。《唐律疏議·衛禁下》：「諸領人兵度關，而別人妄隨度者，將領、主司以關司論。關司不覺，減將領者罪一等，知情者各依故縱法。」疏議：「準〈令〉，兵馬出關者，依本司連寫敕符勘度，入關者據部領兵將文帳檢入，而別有人妄隨度者，罪在領兵官司，故云將領主司以關司論。知情與同罪，不覺減二等。若知別有重罪，亦依重罪科之。關司不覺者，謂關司承將領者文簿，不覺別人隨度者，減將領者罪一等，謂減度者罪三等。知情者各依故縱法。稱各者，將領主司及關司，俱得度人之罪。」⓳齎禁物私度及越度緣邊關　指攜帶違禁物品私度關津和偷度邊疆關塞兩種犯罪行為。後者因牽涉到「華夷之隔」，處罰更重。據《唐律疏議·衛禁下》：禁物，謂禁兵器及諸禁物並私家不應有者。攜帶禁物度關，各計贓數，分別處以一至三年徒刑。若將禁兵器私與化外人者，處絞刑；與化外人共為婚姻者，流二千里。其化外人越度入境與化內人交易，得罪並與化內人越度交易等，各計贓準盜論。

【語　譯】關司的職責，是禁止違禁品物，檢查財貨的出入，不是徵收過往稅金。凡是違反禁令的，不但要沒收貨物，還要處罰違禁的人。古代，或者在絹帛上書寫成為「繻」，或者在木片上刻字成為「契」，繻和契都是過關的傳符。傳符亦就是現今通行的「過所」。凡是要度關的，都要先向所在地方、所在官司申請過所，在京城的，由尚書省相關的曹司發給；在京師以外的，由州發給。雖然不屬於本地區，但如果持有公文來的，亦可以由所在的主司發給。例如私自度關或者偷度關，雖然沒有偷度成功但已經到了偷度地方，不符合度關條件而給予過所；例如冒名申請過所或將自己領到的過所給了別人，不符合度關條件而接受了別人給與的過所；又如一家人相互冒名，以及關司無故留難過關人；再如將領帶人或帶兵度關而別的人乘機跟在後面過關；還有攜帶違禁物品私自度關或者偷度邊疆上的關塞，這些都是犯罪行為，對他們的刑罰，各有差等。

【說　明】唐代的緣邊關禁，主要是西北和北方邊區，用以對付突厥和吐蕃的，含有鞏固邊防之意。至於潼關以東各個關口，早在唐初便已宣佈停廢。唐太宗即位的當年，即高祖武德九年（西元六二六年）八月十七日下詔指出：「關梁之設，襟要斯在，義止懲奸，無取苛暴。近世拘刻，禁禦滋章，非所以綏安百姓，懷來萬邦者也。其潼關以東，緣河諸關，悉宜停廢。其金、銀、綾、絹等雜物，依格不得出關者，並不須禁。」（《唐會要》卷八六）頗有一種全國大統一的盛唐氣勢。關禁之設，原來意在「限中外，隔華夷」（上章語），潼關以東諸關的停廢，標誌著中央與地方的間隔已經淡化，這對促進人際交往、物資交流，亦即經濟和社會的發展是有利的。就是西北和北方邊禁，亦隨著邊境形勢的變化而趨向寬鬆。到宣宗時，與吐蕃的關係開始緩和，關禁也就不再像過去那麼嚴格。《唐大詔令集》卷一百三十載宣宗大宗五年（西元八五一年）四月敕文，正式提出通商開禁。文中說：「通商之法自古明規，但使處處流行，自然不煩饋運，委邊鎮宜切招引，商旅盡便如舊，除禁斷兵器外，任以他物於部落往來博易。」兵器是必須禁斷的，而且明確指出：「其犯者推勘得實，所在使處極法」；其他商品，包括唐初一直禁止的錦、綾、羅、紬、綿、絹、絲、布、氂牛尾、真珠、金、銀、鐵等等，都已允許自由貿易，這不能不說是一大進步。

卷七

尚書工部

卷目

工部尚書一人
侍郎一人
郎中一人
員外郎一人
主事三人❶
令史十二人
書令史二十一人
計史一人❷
亭長六人
掌固八人

屯田郎中一人
員外郎一人
主事二人
令史七人
書令史十二人
計史一人
掌固四人

虞部郎中一人
員外郎一人
主事二人
令史四人
書令史九人
掌固四人

水部郎中一人
員外郎一人
主事二人
令史四人
書令史九人
掌固四人

---

❶《新唐書·百官志》與此同，《舊唐書·職官志》作「二人」。

❷《新唐書·百官志》與此同，《舊唐書·職官志》缺載。

卷旨

本卷記述尚書省之工部。首敘工部尚書、侍郎之定員和品秩，再敘其職掌及所屬工部、屯田、虞部、水部四司，然後分別細敘四司及與之相關的典章制度。

工部、屯田、虞部、水部四司，雖魏晉以來歷代均有設置，但它們從分隸都官、祠部、左民等各部，合而共為尚書工部之屬司，卻是一個不小的變化。工部的前身是起部，由於其主管宗廟、宮室之營造，故為因事而設的非常置性機構，起部停省時，其事分屬都官、左民二尚書。《通典・職官五》稱：「《周禮・冬官》，其屬有考工，掌百工之事，曰『國有六職，百工是其一焉』。漢成帝初置尚書，有民曹，主凡吏民上書，後漢光武改民曹主繕修、功作、鹽池、園苑。魏置左民尚書，亦領其職。晉宋以來，有起部尚書而不常置，每營宗廟宮室則權置之，事畢則省，以其事分屬都官、左民二尚書。北齊起部亦掌功造，屬祠部尚書。後周有冬官大司空卿，掌五材九范之法；其屬工部中大夫二人，承司之事，掌百工之籍，而理其禁令。至隋乃有工部尚書，統工部、屯田二曹（按：當為工部、屯田、虞部、水部四曹），蓋因後周工部之名，兼前代起部之職。」這樣，從隋開始，尚書工部終於成了常設機構，其中原因，當與隋代大規模的都城與宮庭的營建密切相關。唐承隋制，亦以工部為尚書省六部之一。西京長安與東都洛陽的營建，固起始於隋，實際上一直綿延至唐，並於開元年間達到鼎盛。

我國古代首都的建置，有兩京制的傳統。如西周都鎬，同時又營建洛邑，西漢都長安，同時又以洛陽為陪都；隋和唐都以長安為首都，又都以洛陽為陪都。本卷以主要篇幅介紹的，便是唐代西京長安和東都洛陽的建置概貌。在我國六大古都（另四座為北京、南京、開封、杭州）中，若論建都時間，長安應居第一，前後有六個王朝、十一個政權建都於此，綿延時間長達一千一百多年。其次便是洛陽，有十個王朝和政權建都於此，綿延時間亦有八百七十餘年。北京還只能退居第三位，建都的王朝為六個，歷時八百餘年。從這些比較中不難看出，本卷為長安、洛陽建置留下的最接近當時歷史的記載，史料價值是很高的。

都城的建置，往往最能反映一個國家政治、經濟和社會生活面貌。長安和洛陽這兩座都城，都是按照帝王的意願——先是隋文帝楊堅，後是隋煬帝楊廣，然後是唐代的太宗、高宗、武則天和玄宗的意願，在平地上有計劃地建造起來的。建造的順序是先宮殿後皇城，最後是外廓城，城外有城，城中套城，用當時人類所能創造的城堡式、封閉式這種最龐大、最堅固的建築物，來衛護並象徵至尊至上的帝王制度及其核心——由皇帝一人獨擅的皇權。西京大明宮的含元殿便是一個典型。含元殿是大明宮正殿，處於龍首原的頂部。根據考古發掘，東西廣十一間，進深四間，每間廣五米。殿的東西二側，有對稱的迴廊與翔鸞、棲鳳二間；殿的南面為龍尾道，長七十餘米，由下拾級而上，仰視含元殿，猶若高入雲端的天宮。這種設計的目的，無非是為了顯示帝王的崇高、尊嚴和神聖不可侵犯。這兩座都城，是當時全國，亦是那時人們視野所及範圍內的所謂「天下」最宏大、最繁華的城市，但曾幾何時，卻也隨著唐王朝由安史之亂開始迅速走向黃昏而漸次衰落，留給後人的只有「含元殿上狐兔行，花萼樓前荊棘滿」的惋嘆。這是一切城堡式城市無法逃避的悲哀。

唐代尚書省工部官署在兩京的位置，參閱第一卷卷旨。

工部尚書・工部郎中

【篇旨】本篇除記述工部尚書、侍郎及工部司郎中、員外郎的定員、品秩和職掌外，主要篇幅多為詳細而具體地介紹唐代西、東二京即長安、洛陽的都城、皇城、宮城和禁苑建置的體制及其沿革。這些記述，不僅能從多種史著對在這些地方發生的眾多歷史事件的記載中得到互證，還可以從近幾十年來考古發掘的成果中獲得印證。因此，這些記述具有寶貴的史料價值，它們為隋唐時期那些崢嶸壯烈的歷史事件提供了一個宏大而又多姿的空間舞臺，亦為今天人們認識那個時代最高層的政治角逐以至日常生活，提供了種種風貌各異的具象環境。

我國古代都城的佈局，按《周禮・考工記・匠人》的設置是：宮城居中，南為朝堂，北為市肆，即所謂「面朝後市」。西漢的長安古城，大致就是按照這種設想佈局的：以龍首原為基礎向北展開，未央宮在西南部，常樂宮在東南部，地勢都比較高；北部為市肆，地勢略低。而隋唐的長安城，恰好與此相反：皇城與宮城置於靠近龍首原的北部，而市肆和居民區則設在南部，宮庭、皇城與市肆、居民區截然分開，還把居民區劃分為東西南北排列整齊的「坊」，坊門關閉後，便成為一個個封閉式的實體，這樣自然就更便於控制和管理。早從東周起就開始營建都城的洛陽，歷經東漢、魏、晉，都基本依照「面朝後市」的傳統格局，至北魏才出現了明顯的變化：由於城南傍洛水，運輸方便，市肆改置於城南及城的東西兩側偏南部，而宮殿則安排在城的北部。隋唐的東都洛陽，設在漢魏洛陽之西八公里處，是一座新建的都城，皇城和宮城都安置在都城西北隅地勢較高之處。宮城之北還有附城曜義城、圓璧城，皇城之東另有東城，東城之北又有含嘉倉，居民區則多在南部。有南、北、西三市，西市後來廢撤後，南、北二市均在都城西側水路運輸便捷處，其中尤以北市最為熱鬧。

本篇所記述的隋唐兩京宮、殿、亭、觀，縱然並不完全，也已數不勝數；其中尤以西京的太極宮、大明宮、興慶宮和東京的上陽宮，更是氣勢恢宏、美輪美奐，實為我國古代建築的極致。我們在有關章末的說明中，對其規模、沿革及相關典實作了些介紹，供讀者參考。篇中注釋，主要依據清代嘉道間曾纂輯過《全唐文》的徐松著述的《唐兩京城坊考》。此書附有兩京外郭城、皇城、宮城等若干幅示意圖，係作者根據《永樂大典》中《河南志圖》合以程大昌的《雍錄》、李好問的《長安志圖》，參考了胡三省注《資治通鑑》所引《閣本太極宮圖》、《閣本大明宮圖》等繪製而成。這些示意圖若對照諸書記載，雖尚有不盡如實之處，但大體還是可靠的。閱讀本篇各章如無相應的示意圖提供一個概貌，理解起來頗為困難，故乃參考徐松所繪諸圖重繪附於篇末。此外，亦參考近年來中國社會科學院考古研究所根據考古成果製成的〈唐長安城復原圖〉、〈唐大明宮圖〉等二圖，重繪附在後面，以便讀者一併比較參閱（頁八一八—八三〇）。

一

工部尚書一人，正三品。周之冬官卿❶也。漢五曹尚書❷，其三曰民曹。後漢以民曹兼主繕修、功作、城池、園苑之事❸。自晉、宋、齊、梁、陳，營宗廟❹則權置起部尚書❺，事畢省之。後周依《周官》，置大司空卿❻一人。隋開皇二年❼始置工部尚書，皇朝因之。龍朔二年❽改為司平太常伯，咸亨元年❾復為工部尚書。光宅元年❿改為冬官尚書，神龍元年⓫復故。

侍郎一人，正四品下。蓋周之冬官小司空中大夫⓬也。漢已來尚書侍郎⓭，今郎中之任也。

後周依《周官》⑭。隋煬帝⑮置工部侍郎，皇朝因之。龍朔二年改為司平少常伯，咸亨、光宅、神龍並隨曹改復。

工部尚書、侍郎之職，掌天下百工、屯田、山澤之政令。其屬有四：一曰工部，二曰屯田，三曰虞部，四曰水部；尚書侍郎總其職務而奉行其制命。凡中外百司之事，由於所屬咸質正焉。

【章　旨】記述工部尚書和侍郎之定員、品秩及其職掌。

【注　釋】❶冬官卿　即大司空卿。《周禮・冬官司空》篇早佚。據賈公彥疏《周禮・冬官・考工記》謂：「釋曰：鄭《目錄》云：象冬所立官也。是官名司空者，冬閉藏萬物，天子立司空以掌邦事，亦所以富立家，使民無空者也。」又據《環濟要略》稱：「冬官司空掌邦事，營城郭都邑，立宗廟社稷，造宮宅器械，監百工者。」❷漢五曹尚書　據《漢官儀》西漢成帝時，始設五曹尚書，為侍曹、二千石、戶曹、主客、三公。《後漢書・百官志》則為四曹，常侍、二千石、民、客曹。而民曹亦即戶曹。❸後漢以民曹兼主繕修功作城池園苑之事　《後漢書・百官志三》注引蔡質《漢舊儀》稱：「典繕治功作，監池苑園盜賊事」，較此多一盜賊事。又，《資治通鑑》卷一百七十八胡三省注引《唐六典》此句「城池」作「鹽池」，錄以備考。❹宗廟　《宋書・百官志》及《隋書・百官志》「宗廟」二字，《南齊書・百官志》則「宗廟」作「宮廟」。❺起部尚書　西晉始置。起部，取義於《尚書・虞書》：「百工起哉。」掌工役之事。若營建宗廟宮室，則置起部尚書，事畢，省。南朝宋、齊、梁、陳沿此制，而尚書起部曹則常設不闕。❻大司空卿　西魏恭帝三年（西元五五六年）始置，北周沿置。冬官府長官，掌工程建築、礦藏開發冶煉、河道疏浚、舟船運輸、服裝織造等事務。隋初罷置。❼開皇二年　即西元五八二年。開皇為隋文帝楊堅年號。❽龍朔二年　即西元六六二年。龍朔為唐高宗李治年號。❾咸亨元年　即西元六七〇年。咸亨為唐高宗李治又一年號。❿光宅元年　即西元六八四年。光宅是武則天稱制時年號。⓫神龍元年　即西元七〇五年。神龍為唐中宗李顯年號。⓬小司空中大夫　官名。大司空卿之副貳，輔助大司空卿處理政務。⓭漢已來尚書侍郎　東漢在尚書下設郎曹，計有尚書六曹，共設三十四郎曹。大體上由一郎主持一郎曹之庶務，稱侍郎。隋初二十四司諸曹郎皆稱侍郎，隋煬帝改諸司侍郎名為郎，唐初則稱郎中。另在六部各置侍郎一至二人，為六部尚書之副官。⑭後周依周官　指北周依照《周官》亦即《周禮》，設工部中大夫二人，正七命。此職始置於西魏恭帝三年（西元五五六年），北周沿置。係冬官府工部司長官，承司空之事，掌百工之籍，而理其禁令。⑮隋煬帝　隋朝皇帝楊廣。在位十四年，終年五十歲。

【語譯】尚書工部：尚書，定員一人，品秩為正三品。這一職務就是周朝的冬官卿。漢成帝時，設置五曹尚書，第三曹稱為民曹。東漢時，由民曹兼管營造修繕、百工製作、城池修浚以及園苑建築等方面的事務。從晉開始，到南朝的宋、齊、梁、陳歷朝在營造宗廟、宮室時，都臨時設置起部尚書，工程完畢以後便省掉了這一官職。北周依照《周官》，設置大司空卿一人。隋開皇二年開始設置工部尚書，本朝因承隋制，高宗龍朔二年時，一度改名為司平太常伯，到咸亨元年又恢復為工部尚書。武后光宅元年，改名為冬官尚書，中宗神龍元年又恢復稱舊名。

侍郎，定員一人，品秩為正四品下。這也就是周朝的小司空中大夫。漢朝以來尚書省的侍郎，就是現今郎中的職任。北周依照《周官》，亦設有小司空大夫。隋煬帝時設置工部侍郎，本朝因承隋的這一設置。高宗龍朔二年時，一度改名為司平少常伯，咸亨、光宅、神龍年間，這一職名曾隨著曹名的更改和恢復而作過更改和恢復。

工部尚書、侍郎的職務，是掌管全國百工、屯田和山川澤藪的政令。工部下屬有四個司：一是工部司，二是屯田司，三是虞部司，四是水部司。由尚書、侍郎總管全部職務，奉行與工部相關的制命。京師和外地各個官司，凡是涉及到工部職掌範圍內的事務，都要就正於他們。

二

郎中一人，從五品上。蓋《周禮》❶大司空屬官下大夫，郎中之任也。晉、宋、齊、後魏、北齊皆有起部郎中❷，梁、陳改置起部侍郎，後周置冬官小司空下大夫❸。隋初為工部侍郎，煬帝除「侍」字，又改工部為起部，皇朝因之。武德三年❹改為工部郎中。龍朔二年❺改為司平大夫，咸亨元年❻復為工部郎中。光宅、神龍並隨曹改復。

員外郎一人，從六品上。後周依《周禮》，置小司空上士❼，蓋員外郎任也。隋開皇六年❽置工部員外郎，煬帝改為起部承務郎，皇朝改為工部員外郎。龍朔二年改為司平員外郎，咸亨、光宅、神龍並隨曹改復。

主事三人，從九品上。

郎中、員外郎掌經營興造之眾務，凡城池之修濬❾，土木之繕葺❿，工匠之程式，咸經度之。

【章旨】記述工部司郎中、員外郎之定員、品秩和職掌。

【注釋】❶周禮　儒家經典之一。係搜集周王室官制和戰國各國制度，排比彙編而成。唯其〈冬官大司空〉篇早佚，漢時以〈考工記〉補之。❷起部郎中　主持起部曹之郎中。起部曹始置於西晉，掌工役之事。東晉沿置。南朝宋、齊起部曹屬度支尚書，北齊則屬祠部尚書。掌諸興造工匠等事。❸小司空下大夫　官名。西魏恭帝三年（西元五五六年）始置，北周沿置。北周冬官府屬下之下大夫，有小匠師下大夫、小司本下大夫、小司土下大夫、小司金下大夫、小司水下大夫等。下大夫品秩為正四命。❹武德三年　即西元六二〇年。武德為唐高祖李淵年號。❺龍朔二年　西元六六二年。❻咸亨元年　即西元六七〇年。❼小司空上士　北周冬官府所屬之上士，有工部上士、正三命。此外還有匠師上士、小司木上士、小司土上士、小司金上士、小司水上士等。❽開皇六年　即西元五八六年。開皇為隋文帝楊堅年號。❾修濬　疏浚。❿繕葺　營造和修理房屋。葺，用茅草覆蓋房屋。

【語譯】工部司：郎中，定員一人，品秩為從五品上。《周禮》大司空屬官中的下大夫，相當於現今郎中的職司。晉和宋、齊以及北魏、北齊，都設有起部郎中，梁、陳改為起部侍郎，北周設置冬官小司空下大夫。隋朝初年稱為工部侍郎，隋煬帝時，除去了「侍」字，又改「工部」為「起部」。本朝因承隋朝的官制。高祖武德三年，改名為工部郎中。龍朔二年時，又改名為司平大夫，咸亨元年再恢復為工部郎中。這個職名，在光宅、神龍年間，還隨著曹名的更改恢復而更改恢復過。

員外郎，定員一人，品秩從六品上。北周依照《周禮》設置小司空上士，即相當於員外郎的職司。隋朝開皇六年，設置工部員外郎，隋煬帝時改為起部承務郎。本朝改為工部員外郎，高宗龍朔二年一度改名為司平員外郎，在咸亨、光宅、神龍年間，這個職名曾幾次隨著曹名的更改恢復而更改恢復。

主事，定員三人，品秩從九品上。

工部司郎中、員外郎的職務，是掌管有關經營興建和製造方面的各種事務。凡是城池的修建和疏浚，房屋土木的營造和修葺，工匠製作規範程式的規定，都由他們謀劃和經管。

三

京城左河、華，右隴坻，前終南，後九嵕[1]。南面三門：中曰明德[2]，左曰啟夏[3]，右曰安化[4]。東面三門：中曰春明[5]，北曰通化[6]，南曰延興[7]。西面三門：中曰金光[8]，北曰開遠[9]，南曰延平[10]。今京城，隋文帝開皇二年[11]六月詔左僕射高熲[12]所置。南直終南山子午谷[13]，北據渭水[14]，東臨滻川[15]，西次灃水[16]。太子左庶子宇文禮[17]創制規模，將作大匠劉龍[18]、工部尚書賀婁子幹[19]、太府少卿高龍乂[20]並充檢校。至三年[21]三月，移入新都焉，名曰大興城。東西十八里一百一十五步㉒，南北十五里一百七十五步，墻高一丈八尺。皇城之南，東西十坊，南北九坊；皇城之東、西各一十二坊，兩市居四坊之地，凡一百一十坊。開元十四年㉓，又取東面兩坊為興慶宮。

【章　旨】記述唐代京城之四至和外郭城門之設置，以及長安城修建之歷史與沿革。

【注　釋】❶自「京城左河華」至「後九嵏」　此言唐代京都長安之四至方位。左河華，指東面為黃河、華山。華山係秦嶺山脈東段在華陰縣南，因遠望似花，故名華山。主峰太華山，古稱西嶽。右隴坻，指西面為隴山。隴山為六盤山南段別稱，位於今陝西省隴縣西南。前終南，指南面為終南山，秦嶺山峰之一，主峰海拔二六〇四米。後九嵏，指北面為九嵏山。其山在渭河北面醴泉縣之北。群峰挺拔，山環水繞，唐太宗李世民自選為陵址，故昭陵即建於九嵏山上。❷明德　明德門，外郭城南面之中門。北當皇城朱雀門，南出抵終南山八十里。❸啟夏　啟夏門，外郭城南面之東門。在明德門之東，門外西南二里有圜丘，及先農、籍田二壇。按《長安圖》，其東南角有進芳門。❹安化　安化門，外郭城南面之西門。位於清明渠之左。❺春明　春明門，外郭城東面之中門。春明門外有漢太子太傅蕭望之墓。❻通化　通化門，外郭城東面之北門。其東七里長樂坡上有長樂驛，下臨滻水。肅宗至德二載（西元七五七年）改為達禮門。《兩京道里記》曰：「通化門改達禮門，識者曰：『三年之喪，天下達禮，非嘉名。』三年而玄、肅晏駕，還復舊名也。」❼延興　延興門，外郭城東面之南門。據《資治通鑑・隋紀》注引《雍錄》稱長安城東面三門中有安興，是延興先為安興，但不知何時改。同昌公主葬時，懿宗與郭淑妃曾親御此門哭送。❽金光　金光門，外郭城西面之中門。東與春明門相對。金光門西出趣昆明池。❾開遠　開遠門，外郭城西面之北門。肅宗至德二載（西元七五七年），玄宗自蜀返京，即由開遠門入京城。德宗避朱泚，僖宗避黃巢，皆由此門出。《南部新書》云：「開遠門外立堠，云西去安西九千九百里，示戎人不為萬里之行。」❿延平　延平門，外郭城西面之南門。東與延興門相對應。李光弼薨，詔宰臣送於此門外。⓫隋文帝開皇二年　隋文帝，隋朝皇帝楊堅，在位二十四年，終年六十四歲。開皇二年，即西元五八二年，開皇為隋文帝年號。⓬高熲　渤海蓨（今河北陽信）人。字昭玄，隋開國宰相，後為隋文帝所殺。⓭子午谷　在今西安市東南，為由長安至漢中之道口。⓮渭水　黃河最大之支流。流經西安市北，橫貫關中平原，源於甘肅省渭源縣烏鼠山，在潼關縣入黃河。⑮滻川　即滻水。源出陝西藍田西南秦嶺山中，至西安入灞水。⑯灃水　源出長安西南秦嶺山中，北流至西安市西北入渭水。⑰宇文禮　據南宋本及廣池本當為「宇文愷」。北周宇文氏，出身代郡武川鎮（今內蒙古武川西南），字安樂。家世武將，然愷有巧思，多技藝，入隋拜營宗廟副監，決渭水達河。營新都長安時，領副監，新都之規劃皆出於愷。煬帝時，又為營東都副監，遷將作大匠，並規劃北修長城。隋之許多重大土建工程，愷均曾參預其事。⑱劉龍　河間（今河北獻縣）人。性強明，有巧思。齊後主令修三爵臺，甚稱旨。隋文帝時拜右衛將軍，兼將作大匠。遷都之始，與高熲參掌制度，時號為能。⑲賀婁子幹　字萬壽，本代人，少以驍武知名。北周時曾領軍器監，入隋後先任涼州刺史，不久即任營新都副監，尋拜工部尚書。⑳高龍乂　「乂」當作「叉」。《隋書・高祖本紀》載：「太府少卿高龍叉等創造新都。」《隋書》及《北史》未見有其傳。㉑三年　指開皇三年，西元五八三年。㉒步　古代長度單位。歷代定制實際長度不一。周代以八尺為步，秦代以六尺為步；舊制以營造尺五尺為步。營造尺一尺約合二四・五二五厘米。㉓開元十四年　西元七二六年。

【語　譯】京城長安的左面有黃河、華山，右面有隴山；前面是終南山，後面是九嵕山。京城南面有三門：中間是明德門，左面是啟夏門，右面是安化門。東面有三門：中間是春明門，北面是通化門，南面是延興門。西面亦有三門：中間是金光門，北面是開遠門，南面是延平門。現今的京城，是隋文帝開皇二年六月詔令左僕射高熲建置起來的。它的南面直接終南山的子午谷，北面據連渭水，東面濱臨滻水，西面緊靠灃水。京城的總體規模是由太子左庶子宇文禮（愷）設計的，並有將作大匠劉龍、工部尚書賀婁子幹和太府少卿高龍乂（叉）充當檢校。到隋文帝開皇三年三月，就遷入新都，取名為大興城。東西寬十八里又一百十五步，南北長十五里又一百七十五步，城牆高一丈八尺。皇城的南面東、西有十坊，南、北有九坊；皇城的東西兩面，各有十二坊。有東西兩個市場，佔四個坊的地面。全城共計一百一十坊。開元十四年，又取東面二坊的地面，造了一座興慶宮。

【說　明】唐的長安城，承隋之舊，其位置在今西安郊外的龍首原。隋文帝在開皇二年（西元五八二年）的詔書中對這一帶地貌作了這樣描繪：「龍首山，川原秀麗，卉物滋阜，卜食相土，宜建都邑，定鼎之基永固，無窮之業在期。公私府宅，規模遠近，營構資費，隨事條奏。」《隋書・高祖紀》營建新都城領銜的是左僕射高熲，負責總體設計的是宇文愷。新都的營建，參照了洛陽、鄴城的規模和格局，又結合龍首原以南的地貌特點，由於基本上是在空地上規劃設計的，所以布局異常規整為其主要特徵。在總體布局上是外城套內城，皇族宮殿、官府衙門和居民住宅，劃分有序，間隔分明。如果從高處鳥瞰，整座長安城猶如一個棋盤，塊塊分立，前後左右均衡對稱。居民區劃分為東西南北排列整齊的坊，坊門關閉後，每坊又都可以單獨成為一個整體。設計者巧妙地利用了東西向六條高坡，用來布置宮廷寺觀等高大建築物，更使其聳峙入雲，以擴大城市建設的立體空間。坡與坡之間的低地，除安置居民區外，又利用若干凹陷地帶，開挖成湖泊，裝點成為風景區。如著名的樂遊原，屬城內升平坊，由於景色秀麗，又為全城的最高點，每年三月三日、九月九日，便成了全城士女登高遊樂的好處所，在那裡可以俯瞰京城的全貌。

長安城由外郭城、皇城、宮城所組成，城中有城，是隋唐長安城設計上的一個創舉，在此之前未有先例。經過近年來考古發掘，其外郭城為一大長方形。東西廣，由春明門至金光門為九千七百二十一米；南北長，由明德門至宮城北面玄武門偏東處為八千六百五十一米，面積約八十四平方公里，幾乎相當於現今西安城的十倍。外郭城的西北角在今任家口村以北，東北角在今胡家廟西北，西南角在今木塔寨以西，東南角在今新開門村西北，四至極為分明。在唐代，長安城的東牆和北牆的一段，修有夾城複道，是為住在大明、興慶宮的皇帝和妃嬪們去位於城東南的曲江池遊樂而特設的。外郭城每面各三門，共十二門。本書此章所記僅為南、東、西三面，共九門，未及北面三門。北城面對禁苑，中為景曜門，東為芳林門，西為光化門。外郭城十二門，其中十一門都是三門洞，唯正南之明德門為一門五觀，其遺址就在今西南郊的楊家村，正是一門五觀，與記載完全相符。

長安城所有的街道都作東西、南北向，東西十一條大街，南北十四條大街，兩傍設有排水溝，並夾植槐榆，縱橫交錯，寬暢豁達，十分壯觀。城內供水系統頗為完善，除鑿井外，還有永安、清明、龍首三渠，分別從城南和城東引進滈水、潏水、滻水，城南的曲江池水也流入城內，在芙蓉園聚為泊渚，分流敦化、立政、青龍、進昌諸坊。全城的中軸線朱雀大街最寬，今實測為一百五十五米，以朱雀大街為界，把長安城一分為二，由長安、萬年兩縣分管，各領五十四坊。各坊四面有高牆，每面各設一門。皇城以南的三十六坊，只開東西門，不開南北門。十二城門的大街上，設有街鼓，每天定時擊鼓，以號令坊門的啟閉。街道就像胡同，不許破牆開設店鋪，居民住宅只能在坊內開門。另有東市、西市，那才是長安城內繁華的商業區。長安城的人口約在五十萬左右，主要集中在城的北半部，尤以崇仁坊最為密集。該坊靠近皇城的風景門街，又與東市相聯，由於距尚書省選院最近，每近冬季，各地赴選之人便紛紛來此居住。加之東都、河南道二十一個府州的進奏院亦集中於此，因此京中諸坊，莫之與比。

四

皇城❶在京城之中。東西五里一百一十五步，南北三里一百四十步，今謂之子城。南面三門：中曰朱雀❷，左曰安上❸，右曰含光❹。朱雀門正南當明德門，正北當承天門；外橫街❺正東直春明門，正西直金光門。東面二門：北曰延喜❻，南曰景風❼。延喜門在承天門外橫街，東直通化門。西面二門：北曰安福❽，南曰順義❾。安福門西直開遠門。其中左宗廟❿，在安上門內之東。右社稷⓫，在含光門內之西。百僚廨署列乎其間⓬，凡省六、寺九、臺一、監四、衛十有八，六省謂尚書⓭、中書⓮、門下⓯、秘書⓰、殿中⓱、內侍省⓲，九寺謂太常⓳、宗正⓴、司農㉑、太府㉒、鴻臚㉓、衛尉㉔、光祿㉕、太僕㉖、大理寺，一臺謂御史臺㉗，四監謂少府㉘、將作㉙、國子㉚、都水監㉛，十八衛謂左、右衛㉜，左、右金吾衛㉝，左、右驍騎㉞，左、右武衛㉟，左、右威衛㊱，左、右領軍衛㊲，左、右監門衛㊳，左、右千牛衛㊴，左、右羽林軍衛㊵。

今按：中書門下凡有三所，並在宮城之內；國子監在皇城之南；左、右金吾衛在皇城之東、西，左、右羽林軍在玄武門之北。東宮官屬凡府一、坊三、寺三、率府十。一府謂詹事府㊶，三坊謂左、右春坊㊷，內坊㊸；三寺謂家令㊹、率更㊺、僕寺㊻；十率府謂左、右衛率府㊼，左、右清道率府㊽，左、右司禦率府㊾，左、右內率府㊿，左、右監門率府(51)。

【章　旨】記述皇城四面諸門以及百僚廨署之位置。

【注　釋】❶皇城　為京城城中之城。位於京城之中，宮城之南。東西五里又一百一十五步，南北三里又一百四十步。周長十七里又一百五十步。❷朱雀　指朱雀門。北當宮城之承天門，南當外郭之明德門。❸安上　指安上門。唐肅宗至德三載（西元七五八年）一度改為光天門，尋復舊。❹含光　指含光門。《舊唐書・劉崇望傳》說到楊復恭稱兵闕下時，唐昭宗陳兵皇城東北延喜門，並命劉崇望是夜堅守度支庫。明日曉，崇望帶兵入此含光門，再至長樂門，致使叛軍「即遁去，軍士呼萬歲。是日庫市獲全，軍人不亂」。這說明入含光門，既可通向北面宮城之廣運門，以保全西左藏之倉庫；又可向東北至長樂門，以接應昭宗所在的延喜門，並保全東左藏之倉庫，實是策略上的明智之舉。❺外橫街　據南宋本，「外」上有一「門」字，當為「門外橫街」。❻延喜　指延喜門。直東即外郭之通化門。睿宗李旦，曾御延喜門觀燈縱樂，凡三日三夜。德宗貞元四年（西元七八八年）修延喜門複道，屬承天門。回鶻使及回鶻公主至，德宗御延喜門觀之。宣宗御延喜門見河隴老幼數千人，賜以冠帶。❼景風　指景風門。在延喜門之南，亦為皇城之東門。憲宗元和四年（西元八〇九年）六月曾有大風「吹敗延喜、景風門」（《唐會要》卷四四）。❽安福　指安福門。為皇城西門，西當外郭之開遠門。《朝野僉載》稱：睿宗先天二年（西元七一三年）元宵節，於安福門外作鐙輪，燃燈五萬盞，宮女千數，盛況空前。又，武元衡充劍南西川節度使，將行，憲宗親御安福門慰遣之。❾順義　指順義門。亦為皇城西門。其南有清明渠流過。❿宗廟　在皇城的東南隅，屬宗廟區。自東向西依次有太廟署，署東、署南並有街；然後是元獻皇后廟、中宗廟，西面靠安上門街為太廟。其地本太府寺玉作坊，坊中有御井。貞觀中，廢玉作坊，於此作太府寺賜坊，以曝四方貢賦之物濕者。先天中，置廟廢坊。錢易《南部新語》卷四稱：「長安太廟即苻堅所造。」⓫社稷　在含光門街西，皇城之西南隅。自東向西依次為大社和郊社署。大社之南門額，隋平陳所得，即東晉王羲之所題，隋代重以粉墨模之。郊社署的西面和南面都有街。⓬百僚廨署列乎其間　皇城在京城之中，宮城之南，為城中城，京師之諸司百衙皆設於皇城之內。自兩漢至於晉、齊、梁、陳，京師之內，皆諸司百衙與百姓人家雜處，隋文帝以為不便，於是皇城之內惟列府寺，不使雜居，使公私有別。唐沿隋制。皇城內南北向的街道，以承天門通朱雀門的街道為中軸，稱為承天門街；西面是含光門街，直通北面的廣運門；東面是安上門街，直通北面的長樂門。皇城的東西二側亦有街，東西向的大街稱橫街，宮城的南門外，東出延喜門，西出安福門，為第一橫街。皇城各街皆廣百步，唯此街南北廣三百步，以分隔宮城與皇城之門的區劃。宮城以南共有七條東西向的橫街，其中第四橫街即景風門直西通順義門的橫街。此七條橫街與南北向的五條直街縱橫交錯，把皇城分割成二十三個區域，京師的諸司衙門便都設置在各個相關的區域內。⑬尚書　指尚書省。在承天門街之東，尚書橫街之北。省內當中有都堂，本尚書令廳事。都堂之東為吏部、戶部、禮部三行，每行四司，左司統之；都堂之西為兵部、刑部、工部三行，每行四司，右司統之。舊戶部在禮部後，武則天改從《周禮》天、地、春、夏、秋、冬六官之名，以戶部為地官，因移在前。錢昌《南部新書》對尚書省景觀有細緻描繪，謂其東南有向陽通衢，以小橋相承，御史及殿中久次者，必拗項而望，故名「拗項橋」。又都堂南門道東有古槐垂陰甚廣，或夜聞絲竹之音，則省中有入相者，俗謂之「音聲樹」。⑭中書　指中書省。中書外省在承天門街之西，宮城之南，第二橫街之北；中書內省一在宮城太極殿之西右延明門外，一在大明宮宣政殿西，月華門外。中書的日常辦事地點在禁內。錢易《南部新書》卷一稱：「中書省有磐石，初薛道衡為內外侍郎，常踞其石草詔，後孫元超每見此石，未嘗不泫然。」⑮門下　指門下省。門下外省在承天門街之東，宮城之南，第二橫街之北，與中書外省隔街相望；門下內省則一在太極殿傍左延明門外，一在大明宮，宣政殿旁，日華門外。⑯秘書　指秘書省。在承天門街之西，第五橫街之北，含光門街之東，橫街至此而絕。秘書監院廳事前有隕星石，隋自咸陽移至於此，少監王邵作〈瑞石頌〉以讚美之。監院東有書閣重複，以貯古今圖籍。虞世南為秘書監，於省後堂集群書中奧義，號《北堂書鈔》。貞觀三年（西元六二九年）在西內太極殿側門下省之北置秘書內省，以修《五代史》，尋廢秘書內省。⑰殿中　指殿中省。在門下外省之東，第一橫街之南，第二橫街之北。⑱內侍省　在掖庭宮西南，通明門外，皇城之西北隅。省內有紫蘭亭。《長安志》載內侍省在通明門西南。⑲太常　指太常寺。在承天門街之東，第七橫街之北。《太平廣記》引《國史異纂》：「崔日知歷職中外，恨不居八座。及為太常卿，於都寺廳事後起一樓，正與尚書省相望，時人詔之『崔公望省樓』。」⑳宗正　指宗正寺。在承天門街之西，第六橫街之北。㉑司農　指司農寺。在承天門街之西，第四橫街之北。司農寺之草坊在含光門之西，第六橫街之北。先是廢石臺，本亦為司農寺草坊之地，景龍中，韋庶人置石臺，雕刻綵樓，上建頌臺，蛟龍蟠繞，下有石馬、石獅子、侍衛之象。初韋氏矯稱衣箱有五色雲氣，使畫工圖像，以示於朝。及節愍太子遇害，韋氏又上〈中宗聖威神武頌〉，刊石以紀其事，謂之〈頌臺〉，並勒公卿姓名於上。景雲元年（西元七一〇年）毀之。臺之北仍為司農寺之草坊，坊門北開。㉒太府　指太府寺。在承天門街之東，第二橫街之北。舊為都水監之地。㉓鴻臚　指鴻臚寺。在承天門街之西，第七橫街之北。其西即鴻臚賓館。據《資治通鑑》，回紇犯含光門時，曾突入鴻臚寺。蓋入含光門向東即鴻臚寺。㉔衛尉　指衛尉寺。在含光門街之西，第四橫街之北。其官署之東為尚輦局，西為大理寺。㉕光祿　指光祿寺。地處安上門街之東，第四橫街之北。其右而為都水監，左為軍器監，北面為東宮朝堂。㉖太僕　指太僕寺。在承天門街之東，第六橫街之北。其東為太府寺，西北隅為乘黃署，別開北門，署內藏指南車、記里鼓及輦輅之屬。又，太僕寺所屬之驊騮馬坊，在含光門街之西，第四橫街之南，司農寺草坊之西，坊門北開。坊西即沿皇城之南北街，面順義門之南。㉗御史臺　在承天門街之西，第六橫街之北。其東是宗正寺，西為司天監。《御史臺記》稱：御史臺門北開，「蓋取肅殺就陰之義」。又《唐語林》云：「御史臺三院，一曰臺院，其僚曰侍御史；二曰殿院，其僚曰殿中侍御史；三曰察院，其僚曰監察御史。察院南院，會昌初監察御史鄭路所葺。禮祭廳謂之松廳，南有古松也。刑察廳謂之魘廳，寢於此多魘。兵察常主院中茶，茶必市蜀之佳者，貯於陶器，以防暑濕，御史躬親緘啟，故謂之茶瓶廳。吏察主院中入朝人次第名籍，謂之朝簿廳。吏察之上則館驛使，館驛使之上則監察使，同僚之冠也。殿院廳有壁畫，山水甚工，云是吳道子真跡。」㉘少府　指少府監。在安上門街以東，第六橫街以北。其東為左藏外庫院，其地隋時為太府寺原址。僖宗再幸山南後，太廟焚毀，一度曾權以此少府監之大廳為太廟。㉙將作　指將作監。在含光門街之西，第二橫街之北，亦即皇城西北面之安福門之南。㉚國子　指國子監。在朱雀門街東第二街務本坊之西北。監中有孔廟，貞觀四年（西元六三〇年）立。其北即皇城之安上門。㉛都水監　在安上門街以東，第四橫街之北，尚書省之西，光祿寺之東。㉜左右衛　左衛在安上門街之西，第二橫街之北，原為隋左監門街、左翊街二府之地，武德初併為此衛；右衛在含光門街之東，第一橫街之南，其東鄰右監門衛。㉝左右金吾衛　分別在皇城之東、西。左金吾衛在延喜門外永興坊之西南角，神龍中自崇仁坊徙此；右金吾衛在布政坊之東北角，隋時為右武侯府。㉞左右驍騎　南宋本及廣池本均為「左、右驍衛」。隋置禁軍十六衛，有驍騎衛，唐於神龍後改為左、右驍衛。左驍衛在安上門街以西，第三橫街以北，東面鄰東宮僕寺，西面鄰左武衛；右驍衛在含光門街以東，第二橫街以南，東鄰右武衛街，西鄰將作監。㉟左右武衛　左武衛在承天門街之東，第三橫街之北。其地處左監門衛及左驍衛之間，其東原有左右金吾內府，後廢。右武衛在承天門街之西，第三橫街之北，與右驍衛相鄰。其西，貞觀中有左右金吾內府，後廢。㊱左右威衛　左威衛在第四橫街之南，承天門大街之東，位於吏部選院及左領軍衛之間。右威衛在承天門大街之西，第四橫街之南，位於秘書省與右領軍衛之間。衛門本南向，開元七年（西元七一九年）御史中丞李尚隱以此衛南門與御史臺北門相對不便，遂向政事堂提出，移門北向。㊲左右

領軍衛 左領軍衛在第五橫街之北，承天門街之東，街之北有兵部選院；右領軍衛在承天門街之西。㊳左右監門衛 左監門衛在第三橫街之北，承天門街之東，武德中分取左武衛地，自北街移於此。右監門衛在第二橫街之北，含光門街之東，分別與右千牛衛、右衛左、右相鄰。㊴左右千牛衛 左千牛衛在承天門衛之東，第二橫街之北，位於殿中省與左衛之間。右千牛衛在承天門街之西，第二橫街之北，處於四方館和右監門衛之間。㊵左右羽林軍衛 駐地在宮城北門玄武門之北，玄武門即隋大興宮城之北門。武則天稱帝時，皇太子李顯起居於北門，桓彥範、張柬之等率左右羽林軍討張易之，張昌宗於宮中擁中宗即位。中宗景龍三年（西元七〇九年），節愍太子李重俊發左右羽林軍殺武三思，欲突玄武門，由於羽林軍倒戈而失敗。㊶詹事府 位於第三橫街之北。府東有南北大街，街東即皇城之東面；其西為左司禦率府。㊷左右春坊 左春坊在第一橫街之北，嘉福門街之東，坊東有南北街，街東即皇城東面，延喜門之內。右春坊在安上門街之東，第二橫街之北，位於東宮內坊及右清道率府之間。㊸內坊 東宮內坊在安上門街之東，第二橫街之北，其東與右春坊相鄰。㊹家令 指家令寺。在第二橫街之北，南北街之西，位於左春坊與左清道率府之間。㊺率更 指率更寺。在安上門街之東，第三橫街之北，位於東宮僕寺及右司禦率府之間。㊻僕寺 東宮僕寺在安上門街之東，第三橫街之北，東與率更寺相鄰。㊼左右衛率府 左衛率府在第三橫街之北，嘉福門街之東。右衛率府則在嘉福門街之西，第三橫街之北。二衛率府隔街相鄰。㊽左右清道率府 左清道率府在第二橫街之北，嘉福門街之東，位於家令寺與左內率府之間。右清道率府在第二橫街之北，安上門之東，西與右春坊相鄰。㊾左右司禦率府 左司禦率府在第三橫街之北，嘉福門街之東，位於詹事府與左衛率府之間。右司禦率府在第三橫街之北，安上門街之東，位於右衛率府與率更寺之間。㊿左右內率府 左內率府在第二橫街之北，嘉福門街之東，位於左監門率府及左清道率府之間。右內率府在第二橫街之北，嘉福門之西，其位置在東宮朝堂之西，右監門率府之北，右清道率府之東。(51)左右監門率府 左監門率府在第二橫街之北，嘉福門之東，位於左內率府之西。右監門率府在第二橫街之北，安上門之東，其位置在東宮朝堂、右清道率府之間，右內率府之南。

【語譯】皇城設在京城的當中。皇城的東西寬度為五里又一百十五步，南北深度為三里又一百四十步。皇城現今稱為子城。皇城南面有三門，中間是朱雀門，左邊是安上門，右邊是含光門。朱雀門的正南當明德門，正北當承天門；〔門〕外橫街，正東直通春明門，正西直通金光門。東面有二門，北側是延喜門，南側是景風門。延喜門在承天門外橫街南側，東面直通通化門。西面有二門，北側是安福門，南側是順義門。安福門西面直通開遠門。皇城中，左邊是宗廟，在安上門內東首。右邊是社稷。在含光門內西首。文武百官的廨署，就分佈在皇城裡面，共有六省、九寺、一臺、四監和十八衛。六省指尚書、中書、門下、秘書、殿中和內侍六省；九寺指太常、宗正、司農、太府、鴻臚、衛尉、光祿、太僕、大理九寺；一臺指御史臺；四監指少府、將作、國子、都水四監；十八衛指左、右衛，左、右金吾衛，左、右驍（騎）衛，左、右武衛，左、右威衛，左、右領軍衛，左、右監門衛，左、右千牛衛，左、右羽林軍衛。今按：中書、門下有三所廨署，都在宮城之內；國子監在皇城南面；左、右金吾衛在皇城的東西兩邊；左、右羽林軍衛在玄武門的北面。太子東宮所屬的官署，有一府、三坊、三寺和十率府。一府指詹事府，三坊指左、右春坊和內坊，三寺指家令寺、率更寺和僕寺，十率府指左、右衛率府，左、右司禦率府，左、右清道率府，左、右內率府和左、右監門率府。

五

宮城❶在皇城之北。南面三門：中曰承天❷，東曰長樂❸，西曰永安❹。承天門，隋開皇二年❺作。初曰廣陽門，仁壽元年❻改曰昭陽門，武德元年❼改曰順天門，神龍元年❽改曰承天門。**若元正、冬至大陳設❾，燕會，赦過宥罪，除舊布新，受萬國之朝貢，四夷之賓客，則御承天門以聽政。**蓋古之外朝也。**其北曰太極門❿，其內曰太極殿，朔望則坐而視朝⓫焉。**蓋古之中朝也。隋曰大興門、大興殿。煬帝改曰虔福門，貞觀八年⓬改曰太極門。武德元年改曰太極殿。有東上、西上二閤門，東、西廊，左延明、右延明二門⓭。**次北曰朱明門⓮，左曰虔化門⓯，右曰肅章門⓰，肅章之西曰暉政門⓱，虔化之東曰武德西門⓲。**其內有武德殿⑲，有延恩殿。又北曰兩儀門，其內曰兩儀殿⑳，常日聽政而視事㉑焉。蓋古之內朝也。隋曰中華殿，貞觀五年㉒改為兩儀殿。承天門之東曰長樂門，北入恭禮門㉓，又北入虔化門，則宮內也。承天門之西曰廣運門㉔、永安門，北入安仁門㉕，又北入肅章門，則宮內也。兩儀殿之東曰萬春殿，西曰千秋殿。兩儀之左曰獻春門㉖，右曰宜秋門㉗。宜秋之右曰百福門，其內曰百福殿㉘。百福之西曰承慶門，內曰承慶殿㉙。獻春之左曰立政門，其內曰立政殿㉚。立政之東曰大吉門，其內曰大吉殿㉛。兩儀之北曰甘露門，其內曰甘露殿㉜。左曰神龍門，其內曰神龍殿㉝；右曰安仁門，其內曰安仁殿㉞。又有興仁㉟、宣猷、崇道、惠訓、昭德、安禮、正禮、宣光、通福、光昭、嘉猷㊱、華光、暉儀、壽安、綏福等門，薰風㊲、就日㊳、翔鳳、咸池㊴、臨昭、望僊、鶴羽、乘龍㊵等殿，凌煙㊶、翔鳳㊷等閣。

【章　旨】記述宮城諸殿門及諸門之佈局。

【注　釋】❶宮城　亦在京城之中，居皇城之北。東西四里，南北二里二百七十步，周十三里一百八十步，高三丈五尺。南即皇城，北抵苑，東為東宮，西為掖庭宮。隋築城時先宮城，次皇城，再次外郭城，逐步向南開拓。故宮城最北，皇城在宮城之南，外郭城又在皇城之南。宮城亦稱西內，大明宮稱東內，興慶宮稱南內，合稱三內。❷承天　承天門為宮城之正南門。門外有朝堂，東有肺石，西有登聞鼓，百姓可立石、撾鼓，直達皇帝。朝堂北頭，隋時為楊興村，門前有大槐樹，至唐玄宗開元天寶時，其樹猶在。據《舊唐書・李泌傳》，代宗山陵駕發引，德宗曾號送於承天門。❸長樂　長樂門在承天門之東。長樂門內設有東左藏庫。據《舊唐書・王志愔傳》，開元十年（西元七二二年），京兆人權梁山偽稱襄王男，自號光帝，與其黨及左右屯營押官謀反時，其左右屯營兵百餘人，曾由景風門入皇城，西行折而北，再由長樂門入宮城。❹永安　永安門在承天門之西。先為廣運門，廣運門之西才是永安門。宮城之西面，南曰通明門，門外即內侍省；北曰嘉猷門。宮城之北面有二門，中為玄武門，南直承天門；玄武門東為安禮門。❺開皇三年　西元五八三年。❻仁壽元年　西元六〇一年。仁壽為隋文帝楊堅第二個年號。❼武德元年　西元六一八年。❽神龍元年　西元七〇五年。❾大陳設　陳設為禮儀制度，有不同規格。大陳設指皇帝袞冕臨軒，展宮懸之樂，陳歷代寶玉、輿輅，備黃麾仗。❿太極門　在宮城南門承天門之內，嘉德門之北。門之兩廡為東西閤門，由閤門可轉北入兩儀殿，唐太宗時以此為入閤。⓫朔望則坐而視朝　朔望，指朔望朝亦稱大朝，夏曆每月初一、十五日，皇帝定期會見群臣。唐初在太極殿舉行朔望朝，大明宮落成後，便改在其宣政殿舉行。⓬貞觀八年　西元六三四年。⓭左延明右延明二門　太極門兩廊在東者為左延明門，在西者為右延明門。二延明門相向，中為東西橫街。在左延明門外為門下省，門下省之北為史館，之東為弘文館；右延明門外為中書省，中書省之東南有舍人院。《開元禮》朔日受朝規定設御幄於太極殿，設官位於左、右延明門之間橫街之南。⓮朱明門　據《永樂大典・閣本太極宮圖》，朱明門亦有東西上閤門。⓯虔化門　在武德門之西，南直恭禮門。據《舊唐書・玄宗紀》，玄宗誅太平公主黨羽，正是「出武德殿，入虔化門」，而梟常元楷、擒賈膺福、執蕭至忠等人的。又據《資治通鑑》卷一百八十四，隋恭帝義寧元年（西元六一七年）高祖李淵進封為唐王時，記其曾「日於虔化門視事」，可知虔化門亦隋之舊名。⓰肅章門　在暉政門之東，南直興仁門。朱明門以內為內朝，故虔化、肅章以內稱為宮內。《舊唐書・節愍太子重俊傳》：重俊殺武三思於其第後，在命人分兵守宮城諸門同時，又「自率兵趨肅章門，斬關而入，求韋庶人及安樂公主所在」。此亦為入肅章門即入內宮之佐證。⓱暉政門　東與肅章門齊，其北為承慶殿。高長公主薨，發哀於此門。⓲武德西門　武德殿有武德東西二門，門西與虔化門齊。《舊唐書・高宗紀》：「許敬宗待詔武德西門」，即指此門。⓳武德殿　居宮城南北之中而偏東，其北即為功臣閣。《資治通鑑》卷一百八十四隋恭帝義寧元年（西元六一七年），記李淵入長安進封唐王，「以武德殿為丞相府」，是武德殿為隋之舊名。睿宗禪位於李隆基，玄宗初始居武德殿視事。⓴兩儀殿　居宮城南北、東西之中，其左右分列日華、月華二門，象兩儀。唐中葉後，帝后喪多殯於此殿。㉑聽政而視事　南宋本作「聽朝而視事」，胡三省注《資治通鑑》卷一百九十七「上御兩儀殿」句引《唐六典》文，此句則為「視朝而聽事」。錄以備考。㉒貞觀五年　西元六三一年。㉓恭禮門　在長樂門之北，虔化門之南。㉔廣運門　在承天門與永安門之間。廣運門內有西左藏庫。㉕安仁門　在廣運門之北，暉政門之南。在安仁門與恭禮門之間尚有一納義門。㉖獻春門　當即萬春殿之門。或作「宣春」，《資治通鑑》注引《閣本太極宮圖》，射殿在宣春門北。㉗宜秋門　當即千秋殿之門。隱太子建成「葬日，太宗於宜秋門哭之甚哀」（《舊唐書・隱太子建成傳》）。㉘百福殿　睿宗崩於此殿，宣宗改為雍和殿。內有親親樓，為諸王宴會之所。㉙承慶殿　在暉政門之北。武德初，為太宗李世民居。㉚立政殿　在東、西大吉殿與百福殿之間，前有立政門。太宗文德皇后崩於此殿。㉛大吉殿　在立政殿之右，前有大吉門。莊恪太子薨於少陽院，遷居此殿。㉜甘露殿　在甘露門之北，左、右神龍殿、安仁殿之間。明皇自蜀還宮，常居此殿。㉝神龍殿　在甘露殿之東，功臣閣之西，其前有神龍門。中宗與玄宗皆崩於此殿。㉞安仁殿　在甘露殿之西，安仁門內。殿北有歸直觀，觀北有綵絲院。㉟興仁　指興仁門。興仁以下諸門，如宣猷、崇道、惠訓、昭德、安禮、正禮、宣光、通福、光昭、華光、暉儀、壽安、綏福等，其位置大都不詳，《唐兩京城坊考》亦言不知其處。以下僅就其可知者略作說明。㊱嘉猷　宮城的西垣有二門，南為通明門，通明門外為內侍省，其北即嘉猷門，為妃嬪住地。㊲薰風　薰風殿在宮城西北隅，山池院之南。㊳就日　就日殿與薰風殿相比鄰，皆在宮城之西北隅，其東有海池二。㊴咸池　咸池殿亦在宮城西北隅，咸池之西。咸池周圍有凝陰殿、望雲亭、鶴羽殿、咸池殿環之。㊵翔鳳咸池臨照望僊鶴羽乘龍　以上諸殿，《唐兩京城坊考》皆言不知其處。又，其中「鶴羽」，南宋本作「鶴翔」。㊶凌煙　即凌煙閣。在太極宮西北隅，功臣閣之東。《資治通鑑》卷一百九十六載，貞觀十七年（西元六四三年）二月，太宗命圖畫功臣長孫無忌等二十四人於凌煙閣。胡三省注：「《南部新書》曰：『凌煙閣在西內三清殿側，畫功臣皆北面，閣中有中隔，內面北寫功高侯王，隔外面次第功臣。』程大昌曰：『閣中凡設三隔，內一層畫功高、宰輔，外一層寫功高侯王，又外一層次第功臣。凡三隔者雖分內外，其所畫功臣像貌皆面北，恐是在三清殿側，以北而為恭邪？』余謂北面者，臣禮也。非以在三清殿側之故。」㊷翔鳳　指翔鳳閣，其址不詳。

【語　譯】宮城在皇城的北面，南面有三門，中間是承天門，東面是長樂門，西面是永安門。承天門，隋開皇三年所築。起初稱廣陽門，隋文帝仁壽元年改名為昭陽門，本朝高祖武德元年又改名順天門，到高宗神龍元年再改為承天門。每逢元旦、冬至日，或是有大陳設，舉行宴會，赦過宥罪，除舊布新，接受各國使節朝貢，迎接四夷賓客來臨，那麼君王就要親自到承天門聽政。這也就是古代的外朝。承天門的北面是太極門，它的裡面就是太極殿。每月的朔、望，君王就在太極殿坐而視朝。這也就是古代的中朝。隋時稱為大興門、大興殿。隋煬帝改稱為虔福門。唐太宗貞觀八年改名為太極門。殿在高祖武德元年已改為太極殿。太極殿的左、右有東上、西上兩道閣門，東西兩廊，左邊延明門，右邊延明門。太極殿的北面有朱明門，它的左面是虔化門，右面是肅章門，肅章門的西面有暉政門，虔化門的東南有武德西門。武德西門裏面就是武德殿，再後是延恩殿。朱明門的北面是兩儀門，門內有兩儀殿，是君王平常治理朝政、審察國事的地方。這也就是古代的內朝。隋朝名為中華殿，貞觀五年改名為兩儀殿。承天門的東側為長樂門，長樂門的北面是恭禮門，再北是虔化門，進入虔化門就是進入宮內了。承天門的西面是廣運門和永安門，在它的北面有安仁門，再北便是肅章門，進入肅章門便是進入內宮了。兩儀殿的東面是萬春殿，西面是千秋殿。兩儀門的左面是獻春門，右面是宜秋門。宜秋門的右面是百福門，百福門的西面是承慶門，門內就是承慶殿。獻春門的左面是立政門，門內便是立政殿。立政門的東面是大吉門，門內就是大吉殿。兩儀殿的北面是甘露門，門內稱為甘露殿。甘露門的左面是神龍門，門內為神龍殿；右面是安仁門，門內是安仁殿。還有興仁、宣猷、崇道、惠訓、昭德、安禮、正禮、宣光、通福、光昭、嘉猷、華光、暉義、壽安、綏福等門，薰風、就日、翔鳳、咸池、臨昭、望僊、鶴羽、乘龍等殿，和凌煙、翔鳳等閣。

【說　明】太極宮在皇城之北，太極宮中有十六座大殿，以太極、兩儀、甘露、延嘉四殿構成一條中軸線；宮城正中的南門為承天門，正北為玄武門，南對皇城的朱雀門，與外廓城的明德門，又構成一條貫串南北的大中軸線。這樣，整個宮城、皇城和外廓城的中軸線都在同一條直線上，在此中軸線兩側，各個建築群體大致採用對稱的布局。全宮大體可分為宮、省兩個部份。若以兩儀殿為東西界線，線南為省，即中書、門下省等諸衙署所在地；線北為禁中，屬於帝王的生活區。宮城的東面有東宮，為太子所居住的區域。據《唐兩京城坊考》估計，其南北的距離約與宮城齊。東宮的南北面分別為嘉福門和玄德門。宮之正殿為嘉德殿，由嘉福門入，先是重明門，繼北為嘉德門，即嘉德殿之殿門。門外有兩廊為左、右永福門，門內亦有兩廊為左、右嘉善門。嘉德殿之左右，東為奉化門，西為奉義門；其內分別為左右春坊。嘉德殿之北為崇教殿、麗正殿，麗正殿之左為崇仁殿，右為崇文殿，北為光天殿，再北為承恩殿，其北為玄德門。承恩殿之左右為宜春宮和宜秋宮，宜春宮之北為北苑，宜秋宮之南為內坊。宮城之西有掖庭宮，為妃嬪居住之地。掖庭宮南至通明門，稍短於宮城，北則與宮城齊。設有東西二門，東門稱嘉猷門，與宮城相通；西門外即為修德坊。貞觀三年（西元六二九年）敕左丞戴胄於掖庭西宮簡宮人出之。在掖庭東北垣上有一方臺，即眾藝臺。在宮城的東北隅，修有海池、凝雲閣、毬場亭、紫雲閣、南北千步廊等。宮城西北隅亦有咸池等三海池，修有凝陰閣、望雲亭、咸池殿、薰風殿、就日殿、東西千步廊等建築和景點。宮城內還設有寺廟各一：孔子廟、佛光寺；二院：尚食內院，公主院；三庫一倉：司寶庫、武庫、甲庫和內倉廩。此外，散見於諸書的殿或門還有：三清殿、昭慶殿、觀雲殿、弘文殿、觀德殿、新殿、相思殿、飛霜殿、昭德殿、臨湖殿、長樂殿、嘉壽殿、文思殿、顯福門、興安門、顯道門、金液門、玄德門、白獸門等等，其址均不詳，待考。

六

大明宮❶在禁苑❷之東南，西接宮城之東北隅。龍朔二年❸，高宗以大內卑濕❹，乃於此置宮。南面五門：正南曰丹鳳門❺，東曰望僊門❻，次曰延政門❼，西曰建福門❽，次曰興安門❾。南當皇城之啟夏門，舊京城入苑之北門，開皇三年❿開。餘四門並與宮同置。丹鳳門內正殿曰含元殿⓫，殿即龍首山之東趾也。階上高於平地四十餘尺，南去丹鳳門四百餘步，東西廣五百步。今元正、冬至於此聽朝也。夾殿兩閣，左曰翔鸞閣，右曰棲鳳閣⓬。與殿飛廊相接夾殿，東有通乾門，西有觀象門。閣下即朝堂，肺石、登聞鼓，如承天之制。其北曰宣政門⓭；門外東廊曰齊德門，西廊曰興禮門；內曰宣政殿⓮。殿前東廊曰日華門⓯，門東門下省⓰，省東南北街⓱，南直含耀門，出昭訓門⓲。宣政殿前西廊曰月華門⓳，門西中書省⓴，省西南北街，南直昭慶門，出光範門㉑。宣政之左曰東上閤，右曰西上閤㉒。次西曰延英門，其內之左曰延英殿㉓，右曰含象殿。宣政北曰紫宸門，其內曰紫宸殿㉔，即內朝正殿也。殿之南面紫宸門，左曰崇明門，右曰光順門㉕；殿之東曰左銀臺門，西曰右銀臺門㉖，次北曰九僊門㉗；殿之北面曰玄武門㉘，左曰銀漢門，右曰青霄門㉙。其內又有麟德㉚、凝霜㉛、承歡㉜、長安㉝、僊居㉞、拾翠㉟、碧羽㊱、金鑾㊲、蓬萊㊳、含涼㊴、珠境㊵、三清㊶、含冰㊷、水香㊸、紫蘭㊹等殿，玄武、明儀、大角㊺等觀，鬱儀㊻、結鄰㊼、承雲㊽、修文㊾等閣也。

【章　旨】記述大明宮諸門諸殿佈局概貌。

【注　釋】❶大明宮　舊太極宮後苑之射殿，貞觀八年（西元六三四年）置。初名永安宮，次年改稱大明宮。亦稱東內。因殿後有蓬萊池，又稱蓬萊宮。據龍首山上，故宮高出長安城上。其城南北五里，東西三里。備太上皇李淵清暑。❷禁苑　即隋之大興苑。東距滻水，北枕渭水，西包漢長安城，南接都城，東西二十七里，南北二十三里，周一百二十里。正南阻於宮城。❸龍朔二年　西元六六二年。❹高宗以大內卑濕　高宗，唐高宗李治。大內，指太極宮。龍朔二年（西元六六二年），高宗病風痺，以太極宮湫濕，而據於龍首山之大明宮則地勢高爽，故命司農少卿梁孝仁修之，並改名為蓬萊宮。初梁孝仁悉於庭院列植白楊樹，指示左驍衛大將軍契苾何力，何力不答，但誦古詩：「白楊多悲風，蕭蕭愁殺人。」意謂白楊乃塚墓木也。孝仁遽伐去，更植松柏。❺丹鳳門　在望僊門之西。本當京城翊善坊北門，置宮後，分為翊善、永昌二坊。肅宗至德三年（西元七五八年）一度改名明鳳門，尋復舊名。是年，肅宗曾御明鳳門，大赦天下，並改至德三年為乾元元年。❻望僊門　在丹鳳門之東，南當皇城東第二街。德宗貞元中修，有樓十間。門內東壁有雅樂樂具庫，見《樂府雜錄》。又，句中「僊」當作「僊」，即「仙」字。下同。❼延政門　在望僊門之東，當京城長樂坊北門。❽建福門　在丹鳳門之西，南抵京城光宅坊之北。望僊、建福二門各有下馬橋，跨東西龍首渠。二門昏而閉，五更五點而啟。肅宗至德年間有吐蕃自金吾仗亡命，因敕晚開，宰相待漏太僕寺車坊。憲宗元和元年（西元八〇六年），初置百官待漏院，各據班品為次於在建福門外，候禁門啟入朝。❾興安門　在東宮里德門之東。門有樓，即興安樓。《舊唐書・劉元濟傳》提到，憲宗曾「御興安門受俘，百僚樓前稱賀」。❿開皇三年西元五八三年。⑪含元殿　大明宮正殿。高宗在大明宮落成後，正月元日的朝會多在此殿舉行。武則天稱制時，一度改名為大明殿。據考古發掘，含元殿東西廣十一間，進深四間，每間廣約五米餘。殿之東西兩側有迴廊，南面即為登臨大殿長達七十餘米之龍尾道。龍尾道由三條平行斜坡臺階構成，中間一條最寬，達二十五米。自平地至朝堂分為三層，兩旁有青石扶欄，上層之欄柱刻以螭文，謂之螭頭，為左右二史站立之地。依此而下為諫議大夫所立，則謂之諫議坡；再下為兩省供奉官所立，謂之蛾眉班。含元殿位於龍首山上，突兀聳起，由龍尾道的下端仰視，猶如天宮降臨雲端，十分雄偉。⑫左曰翔鸞閣右曰棲鳳閣　翔鸞閣、棲鳳閣，並與含元殿之前廊相接。據《舊唐書．郝處俊傳》，上元元年（西元六七四年）高宗曾御含元殿東翔鸞閣觀大酺。《舊唐書．肅宗紀》記至德三年（西元七五八年）大閱諸軍於含元殿時，亦提到肅宗曾「御棲鳳閣觀之」。⑬宣政門　在含元殿之北，為宣政殿之殿門。門內皆植松，入閣賜對官班退，立東階松下。⑭宣政殿　在紫宸門之南。朔望之朝多在此殿舉行。《唐會要》卷二十四：「故事，朔望日，御宣政殿見群臣，謂之大朝。」⑮日華門　在宣政殿之東，與月華門左右相對。《舊唐書．溫造傳》記文宗太和二年（西元八二八年）宮中昭德寺失火時稱：「宰臣、兩省、京兆尹中尉、樞密，皆環立於日華門外，令神策兵救之，晡後稍息。」⑯門下省　東內的門下省在日華門外，因其在宣政殿之東，故又稱東省。其東側為弘文館與史館，史館之北則為少陽院。程大昌《雍錄》稱：長慶元年（西元八二一年）於門下省少陽院築牆及樓觀。⑰南北街　在少陽院之東。⑱南直含耀門出昭訓門　含耀門、昭訓門一北一南相對，同在東內苑之右側。含耀門西直宣政門，昭訓門西直通乾門。⑲月華門　在宣政殿之西側，與日華門左右相對。計有功《唐詩紀事》卷十五：「〔張〕九齡洎裴耀卿罷免之日，自中書至月華門，將就班列，二人鞠躬卑遜，〔李〕林甫處其中，揚揚自得，觀者竊謂一鵰挾兩兔。俄而詔張、裴為左右僕射，罷知政事。林甫視其詔，大怒曰：『猶為中丞耶！』二人趨就本班，林甫目送之，公卿不覺股慄。」⑳中書省　因其在宣政殿之西，故又稱西省。《白氏長慶集》卷十九有〈西省北院新作小亭，種竹門窗，東通騎省，與李常侍隔窗小飲各題四韻〉，詩題中之「西省」即指中書省。中書舍人院東接右散騎省直舍，南有戶而北無之，故白居易於省北築亭，以通騎省之牖。程大昌《雍錄》云：「杜甫為左拾遺，作〈紫宸殿退朝〉詩：『宮中每出歸東省，會送夔龍集鳳池。』鳳池者，中書也。言左省官方自宮中退朝而歸東省，又復集於西省者，就政事堂見宰相也。」又中書省北面為殿中外院、殿中內院，院西為集賢殿書院，再西方為南北街。㉑南直昭慶門出光範門　昭慶門、光範門一北一南相對，同在西內苑之左側。昭慶門東直宣政門，光範門東直觀象門。㉒左曰東上閤右曰西上閤　宣政殿左右亦即東西皆有上閤門，其北即為紫宸殿。每逢皇帝御紫宸殿時，喚仗便由此閤門入，故曰入閤。在紫宸殿舉行常朝開東閤門，忌辰則開西閤門。㉓延英殿　在紫宸殿之西，金鑾殿之南，與中書省僅隔殿中內外二院。唐制，內中有公事商量，降宣頭開延英；中書有敷奏入牓子，請開延英。唐中後期，延英殿常成為君臣議論政事的重要場所。有時奏事完畢後，皇帝宣佈「可以閑語矣」，於是便可說些輕鬆的話題：「因問閭閻細事，或談宮中遊宴，無所不至」（《資治通鑑》卷二四九）。㉔紫宸殿　在宣政殿之北，蓬萊殿之南。天子常參朝，除宣政殿外，便是此殿。因須從東閣門入，故稱「入閣」。㉕左曰崇明門　崇明門、光順門分別位於東、西內苑北端之右側和左側，隔紫宸門而遙相對應。崇明門東即左銀臺門。玄宗於崇明門選後宮，無用者還其家，由崇明門以出左銀臺門。光順門西即右銀臺門。開元十八年（西元七三〇年）中書令張說死，玄宗「遽於光順門舉哀，因罷十九年元正朝會」（《舊唐書・張說傳》）。㉖東曰左銀臺門西曰右銀臺門　左、右銀臺門分別位於東、西內苑北端，隔紫宸殿而遙相對應。左銀臺門之北為宣徽殿、清思殿、太和殿，太和殿外有太和門，亦為宮城之東門。右銀臺門之北有明義殿、麟德殿、翰林院等，其南則為北軍仗舍。㉗九僊門　翰林院之門曰翰林門，據《長安志》，翰林門之北即九僊門。九僊門內有九僊殿，《金鑾密記》：九僊殿銀井有梨二株，枝葉交接，宮中呼為雌雄樹。門外則有右羽林軍、右龍武軍、右神策軍三軍列焉。九僊門之外，北有鬭雞樓，南有七馬樓。㉘玄武門　大明宮之北門。門外稱禁苑，門內即玄武殿，殿之西南有紫蘭殿。玄武門上有門樓，為德宗所建，外設二廊，持兵宿衛。㉙左曰銀漢門右曰青霄門　銀漢門、青霄門均為大明宮北門，分置於宮城北端東西兩側，隔玄武門而遙相對應。銀漢門內為大角觀、珠鏡殿和望仙臺。青霄門亦作「凌霄門」、「青雲門」。門內有三清殿，右有大福殿。宦官李輔國，曾仗兵青霄門以俟肅宗。㉚麟德　指麟德殿。因建於高宗麟德年間，故有此名。《資治通鑑》注引韋執宜語：「翰林院在右銀臺門內，麟德殿在西重廊之後。」據考古發掘，麟德殿由前、中、後三重殿組成，面闊十一間，總進深十七間，面積達五千平方米，約為太和殿的三倍。殿東西兩側各有亭臺樓閣以為襯托。據記載：殿有三面，南有閣，東西有樓，故又稱曰三殿。憲宗謂李絳「明日三殿對來」（《舊唐書・李泌之子繁傳》）是也。殿東即寢殿之北相連，各有障日閣，凡內宴多於此。現已對麟德殿作了若干考古復原，建立了大明宮遺址陳列室。㉛凝霜　指凝霜殿。據《長安志》其址在掖門之內，當在麟德殿附近。㉜承歡　指承歡殿。在右銀臺門之北，亦與麟德殿相近。㉝長安　指長安殿。《永樂大典・閣本大明宮圖》：長安殿在金鸞殿南偏西，與麟德殿相近。《長安志》云：「長安」一名「長樂」。㉞僊居　指僊居殿。《永樂大典・閣本大明宮圖》：僊居殿在金鸞殿之西，與麟德殿相近。㉟拾翠　指拾翠殿。在僊居殿之西北。㊱碧羽　指碧羽殿。在掖門之內，與凝霜殿相近。㊲金鸞　指金鸞殿。在蓬萊殿之西南側，殿西有金鸞坡。《長安志》云：「金鑾西南有金鑾御院。」㊳蓬萊　指蓬萊殿。在紫宸殿之北。其北有太液池，亦謂之蓬萊池。李泌奏德宗文中有「陛下嘗令太子見臣於蓬萊池」句。又，憲宗欲近獵苑中，曾至蓬萊池西，出玄武門，入重玄門即禁苑。㊴含涼　指含涼殿。在太液池之北岸。㊵珠境　「境」，據《資治通鑑》卷二百四十三注引《閣本大明宮圖》當為「鏡」。珠鏡殿，在望仙臺之北，宣政殿之東北。㊶三清　指三清殿。在凌霄門之內，大福殿之東。㊷含冰　指含冰殿。《永樂大典．閣本圖》：含冰殿在拾翠殿之東，當金鑾殿之西北。㊸水香　「水」，據《長安志》及《唐兩京城坊考》當為「承」。據《永樂大典．閣本大明宮圖》：承香殿在含冰殿東。而《長安志》則謂：含冰殿在承香殿之東南。㊹紫蘭　指紫蘭殿。《長安志》：紫蘭殿在承香殿東北。自紫蘭而東，則太液池北岸之含涼殿。㊺玄武明儀大角　大角，指大角觀。據《長安志》，其址在珠鏡殿東北，銀漢門之內。玄武、明儀二觀未見記載。㊻欝儀　欝即「鬱」字。儀指鬱儀閣。即麟德殿之東廊。㊼結鄰　指結鄰閣。即麟德殿之西廊。㊽承雲　指承雲閣。在掖門之內。㊾修文　指修文閣。亦在掖門內，與凝霜殿、碧羽殿相近。

【語譯】大明宮在禁苑的東南，西面與宮城的東北隅相連接。龍朔二年，高宗因大內的地勢低濕，於是在這裏設置宮殿。它的南面有五座宮門：正南是丹鳳門，東面是望僊門，再向東是延政門，西面是建福門，再向西是興安門。南面相對應的是皇城的啟夏門，原來是京城進入禁苑的北門，隋文帝開皇三年開設的。其餘四門都與大明宮一起建置。丹鳳門內的正殿，稱含元殿。殿的位置在龍首山東段頭上，臺階高過平地四十餘尺。南面離開丹鳳門四百餘步，東西向寬度有五百餘步。現在每年元旦、冬至日，都在這裏聽朝。夾殿有兩閣，左面是翔鸞閣，右面是棲鳳閣。兩閣與殿之間有飛廊相連接。東面有通乾門，西面有觀象門。閣下便是朝堂，設有肺石和登聞鼓，像承天門的規制一樣。含元殿的北面是宣政門，門外東廊是齊德門，西廊是興禮門；門內便是宣政殿。殿前的東廊有日華門，日華門的東面是門下省，門下省的東面有南北街，街的南面直抵含耀門，向南出昭訓門。宣政殿前廊西面有月華門，月華門的西面是中書省，中書省的西面亦有一條南北街，南面直通昭慶門，向南出光範門。宣政殿的左面有東上閤，右面有西上閤，再向西是延英門。延英門內左邊是延英殿，右邊是含象殿。宣政殿北面有紫宸門，內有紫宸殿。這是內朝的正殿。紫宸殿的南面正門就是紫宸門，左面是崇明門，右面是光順門。紫宸殿東面有左銀臺門，西面有右銀臺門，北面是九僊門。紫宸殿正北面的宮門便是玄武門，左面有銀漢門，右面有青霄門。在大明宮內還有麟德、凝霜、承歡、長安、僊居、拾翠、碧羽、金鑾、蓬萊、含涼、珠境（鏡）、三清、含冰、水（承）香、紫蘭等殿，玄武、明義、大角等觀，鬱儀、結鄰、承雲、修文等閣。

【說　明】大明宮原是唐太宗李世民為其父親太上皇李淵盛夏避暑而修建的宮殿，唐高宗李治又作了擴建並移宮於此，一時成為唐代政治活動的中心。大明宮與太極宮、興慶宮，被稱為唐代三大宮殿，而就其規模及壯麗氣勢而言，大明宮實居其冠。計有殿、亭、觀、閣三十餘所，充分利用了龍首原的有利地形，使各座建築物高低錯落，交相輝映，空間層次極其分明。大明宮的基址至今尚存，宮城平面呈不規則長方形，全宮自南端丹鳳門起，北至宮內太液池、蓬萊山，在長達數里的中軸線上，排列著全宮主要的建築群，包括含元殿、宣政殿、紫宸殿等。軸線兩側採取大體對稱的布局，設置了多座殿、門、觀、閣。全宮分為省、宮兩個部分，省即內官衙署，宮指禁中，為帝王後宮的生活區。省與宮大致以宣政殿一線南北為界。後宮的布局以太液池為中心而環列，依地形而靈活設置。宮城之北則為禁苑區。大明宮內政務活動的集中地，唐代前期是在含元殿、宣政殿、紫宸殿一線，中後期則逐漸向麟德殿和延英殿轉移。本書此章記述的大明宮殿、門、觀、閣的名稱，不甚完全。在《唐兩京城坊考》中載錄的尚有思賢殿、會寧殿、咸泰殿、長生殿、壽春殿、中和殿，宣化門、玄英門、玄化門、毬場門，乾符門，南亭院、仙韶院、柿林院，以及乞巧樓、仰觀臺、含春亭等。在大明宮內，還有東西兩內苑。

七

興慶宮❶在皇城之東南，東距外郭城東垣。即今上❷龍潛❸舊宅也。開元初以為離宮。至十四年，又取永嘉❹、勝業❺坊之半以置朝❻，自大明宮東夾羅城複道❼，經通化門❽磴道潛通焉。宮之西曰興慶門❾，其內曰興慶殿❿；即正衙殿。有龍池殿。次南曰金明門⓫，門內之北曰大同門，其內曰大同殿⓬。宮之南曰通陽門⓭，北入曰明光門⓮，其內曰龍堂⓯。

通陽之西曰花萼樓⑯，樓西即寧王⑰第，故取詩人棠棣之義⑱以名樓焉。樓西曰明義門⑲，曰其內曰長慶殿⑳。宮之北曰躍龍門㉑，其內左曰芳苑門，右曰麗苑門。南走龍池，曰瀛洲門，內曰南薰殿。瀛洲之左曰僊雲門，北曰新射殿。又有同光、承雲、初陽、飛軒、玉華等門，飛僊㉒、交泰、同光、榮光等殿。初，上居此第，其里名協聖諱㉓，所居宅之東有舊井，忽涌為小池，周袤纔數尺，常有雲氣，或見黃龍出其中。至景龍㉔中，潛復出水，其沼浸廣，時即連合為一，未半歲而里中人悉移居，遂鴻洞㉕為龍池焉。蓋符命㉖之先也。

【章旨】記述興慶宮諸門諸殿佈局概貌。

【注釋】❶興慶宮　原為興慶坊，在皇城之東南。武周大足元年（西元七〇一年），其時為臨淄郡王的李隆基從幸西京，賜宅於興慶坊，名為五王子宅，即李隆基弟兄五人之宅。李隆基即位後，於開元二年（西元七一四年）置為離宮，仍以興慶為名。❷今上　指唐玄宗李隆基。❸龍潛　喻指皇帝未登位時。典出《南史》：「范雲恩結龍潛，沈約情深惟舊。」❹永嘉　指永嘉坊。在興慶坊之北。❺勝業　指勝業坊。在興慶坊之西。❻朝　當為「朝堂」。《長安志》興慶坊條注文：「取永嘉、勝業坊之半增廣之，謂之南內，置朝堂。」開元十六年（西元七二八年）宮成御朝。❼夾羅城複道　羅城即都城外郭。複道，亦稱閣道，帝王宮殿間左右或上下封閉式的通道。開元二十年（西元七三二年）築夾城之複道，自大明宮經通化門達興慶宮，次經春明門、延興門至曲江芙蓉園。這樣玄宗可以通過複道去曲江宴飲，行蹤不為外人所知。❽通化門　外郭城東面三門之北門即通化門，西向。❾興慶門　興慶宮之正門，西向。❿興慶殿　為興慶宮之正殿。殿東有興慶池，本是平地，垂拱、載初後，雨水流潦成水池，後又引龍首渠支流溉之，曰以滋廣，至神龍、景龍中，彌亙數頃，深至數丈。本以坊名池，置宮後謂之龍池。⓫金明門　在興慶宮西側。門內有翰林院。《學士院記》曰：「駕在興慶宮，則於金明門內置院。」中書令張說的〈鬭羊表〉，便是由其子詣金明門進奉。⓬大同殿　在翰林院之東，大同門內。殿壁有李將軍與吳道玄畫嘉陵江山水，又畫五龍，飛動若生。開元十七年（西元七二九年）蜀州新津縣興尼寺殿柱木文隱起太上老君像，及天寶元年（西元七四二年）所得玉像老君，皆於大同殿供養。《中朝故事》：每歲上巳日，許宮女於大同殿前骨肉相見。⑬通陽門　為興慶宮正南門，與正北躍龍門相對。又，《永樂大典．閣本興慶宮圖》作「初陽門」。⑭明光門　位於興慶宮南端，長慶殿之西，在勤政務本樓之東。文宗大和二年（西元八二八年）又修明光樓。⑮龍堂　據《永樂大典．閣本興慶宮圖》，龍堂在龍池內。⑯花萼樓　又名花萼相輝樓。在興慶宮西南隅，勤政務本樓之西。李隆基即位，改興慶坊為興慶宮後，其兄弟寧王憲、薛王業於勝業坊賜宅，申王撝、岐王範於安興坊賜宅，邸第相望，環於宮側。開元二十四年（西元七三六年）十二月，又平東市東北角、道政坊西北角，以廣花萼樓前地。玄宗親題「花萼相輝」之名，以取《詩經》棠棣之義。據說玄宗常登此樓，聞諸王音樂，咸召升樓，同榻宴謔。此類溫情脈脈的舉措，實即所謂「專以聲色畜養娛樂之，不任以職事」（《資治通鑑》卷二一〇），是一種較為文明的穩固自己皇位的權術。⑰寧王　指李隆憲。為睿宗長子，玄宗長兄。文明元年（西元六八四年）時，睿宗一度登位，李隆憲為嫡長，按慣例被立為皇太子。後因李隆基有討平韋氏之功，李隆憲又固讓，這才改立李隆基為皇太子。即位後，玄宗嘗製一大被長枕，表示願與李隆憲及其他兄弟永結友悌之好。而隆憲亦從此未曾有非分之想，因而才保持了兄弟間的相安無事。開元四年（西元七一六年）被封為寧王，其意亦是欲其安寧無事。開元二十八年（西元七四〇年）去世。⑱棠棣之義　棠棣，《詩經．小雅》有〈棠棣〉詩，八章四句，言兄弟之義。原詩為周公憫管蔡之失道，故作棠棣以燕兄弟也。⑲樓西曰明義門　「樓西」當作「樓東」。花萼樓在興慶宮之西南隅，樓西不當再有建築。《長安志》曰：「通陽門東曰明義門，門內曰長慶殿。」其位置既在通陽門之東，更應在花萼樓之東。長慶殿的位置在東南角能臨街，則明義門亦應在大體相同方位。⑳長慶殿　在興慶宮東南隅，睿武門之南，明義門之北。《唐雜說》云：「明皇為太上皇，居興慶樓，南俯大道，徘徊觀焉。」㉑躍龍門　興慶宮之北門。天寶十三年（西元七五四年）三月玄宗「御躍龍門，張樂宴群臣」（《舊唐書．玄宗紀》）。㉒僊　即「僊」字。㉓里名協聖諱　里名，指原坊名興慶。聖諱，指唐玄宗之名隆基。「興慶」與「隆基」，其義可協。㉔景龍　唐中宗李顯年號。㉕鴻洞　亦作「澒洞」、「洪洞」、「浲洞」。瀰漫汪洋貌。杜甫〈自京赴奉先縣詠懷〉：「憂端齊終南，澒洞不可掇。」㉖符命　以所謂祥瑞作為帝王將受到天命的憑證。此處所記有關龍池的一些神秘傳說，發生在「景龍中」即開元前八、九年，當是為李隆基登位而著意造作的輿論。

【語譯】興慶宮在皇城的東南角，東面與外郭城東牆相對。就是當今皇上即天子位以前在興慶坊的舊宅。開元初年改為離宮，到開元十四年，又取永嘉坊、勝業坊的一半面積，與興慶坊一起改建成為朝〔堂〕。又從大明宮東側，沿外郭城城牆，修建起複道，經過通化門觀以達興慶宮，這樣使東內與南內有了潛道可通。興慶宮的西面有興慶門，門內即為興慶殿。這是興慶宮的正殿，後有龍池殿。興慶門的南面有金明門，門內北面是大同門，大同門內就是大同殿。宮城南面的正門是通陽門，向北進入興慶宮後，便是明光門，門內有龍堂。通陽門的兩面是花萼樓。樓的西面就是寧王的府第，是當今皇上的兄長，所以取《詩經》中「棠棣」的含義，來命名這座樓。花萼樓的西（東）為明義門，門內是長慶殿。興慶宮的北面是躍龍門，在躍龍門內，左面是芳苑門，右面是麗苑門。向南行進的西（東）是龍池，有瀛洲門，門內有南薰殿。瀛洲門的左面是僊雲門，北面是新射殿。除上述殿門外，還有同光門、承雲門、初陽門、飛軒門、玉華門等，飛僊殿、交泰殿、同光殿、榮光殿等。起初，當今皇上居住在興慶坊的宅第時，坊的名字與皇上的名諱就很協和。在所居住的宅第的東面，有口舊井，忽然湧出水來形成了一個小池，周圍廣數尺，常有雲氣繚繞，有人看到有黃龍出現在池中。到了景龍年間，又在不知不覺中繼續湧水，而且有池有沼，面積越湧越大，後來就連合成了一個大池。這樣不到半年，住在坊裏的另外一些人家，全都移居他處，於是就擴大成了水波汪洋的龍池。這說明當今皇上是早有「符命」在先的。

【說　明】興慶宮是唐玄宗一朝的政治活動中心。這裏既是李隆基龍潛起飛之所，卻又是使他落魄傷心之處。興慶宮的滄桑起落，反映了李隆基一生政治上的榮辱興衰。

興慶宮原址興慶坊，本為五王子宅，是李隆基兄弟五人共同的舊宅基地。李隆基為睿宗第三子，按慣例是不能立為太子的，但他卻利用中宗暴崩、韋后臨朝稱制之際，一舉削平韋氏而終於當上了皇太子，繼而又受睿宗禪位而登臨了大寶。這時候，原來的興慶坊經過一番擴建修繕，也做了新皇帝的離宮，繼太極宮、大明宮之後，成為唐代第三座宮殿建築群，旌旗動龍蛇，千官擁立皇，可謂盛極一時。但是好景不常，「漁陽鞞鼓動地來，驚破〈霓裳羽衣曲〉」（白居易詩句）。安史之亂一起，玄宗倉皇西逃，長安很快陷落，興慶宮遭到大規模的破壞，連宮所藏的國史《開元實錄》也全被焚毀。安史之亂後，玄宗自蜀返京，雖仍居興慶宮，名義上還被尊為太上皇，但實際上形同軟禁，已經沒有多少自由。據《舊唐書・李輔國傳》，上元元年（西元七六〇年），「上皇（指玄宗）嘗登長慶樓，與公主（指持盈公主）語，劍南奏事官過朝謁，上皇令公主及如仙媛作主人」。就為讓持盈公主接待了一下劍南奏事官這樣一件尋常小事，竟被肅宗的寵信李輔國說成是「南內有異謀」，因而「矯詔移上皇居西內，送持盈於玉真觀，高力士等皆坐流竄」。一年以後，七十八歲的唐玄宗便在孤單寂寞中怏怏死去。

興慶宮的範圍略小於太極宮和大明宮，其佔地面積達二千零一十六畝，也還要超過北京明故宮一倍，其遺址就在今興慶公園一帶。其實，如今的興慶公園僅佔興慶宮故址的一部份。當年興慶宮的建築高大雄偉，其興慶殿、南薰殿、長慶樓、大同殿、勤政務本樓、花萼相輝樓、沉香亭等等，構成了一個龐大的建築群。玄宗與楊貴妃曾長期居住於此，詩仙李白亦曾在沉香亭前為唐玄宗、楊貴妃即興賦詩。但所有這一切，留給晚唐詩人的卻只有盛衰興廢的無窮詠嘆：「寥落古行宮，宮花寂寞紅；白頭宮女在，閑坐說玄宗。」（元稹〈行宮〉）

八

禁苑在大內宮城之北，北臨渭水❶，東拒滻川❷，西盡故都城❸，其周一百二十里❹。禽獸蔬果莫不毓❺焉。若祠禴烝嘗❻四時之薦❼，蠻夷戎狄九賓之享，則蒐狩❽以為儲供焉。

【章旨】記述禁苑之位置及畜植。

【注釋】❶渭水　黃河最大的支流。流經長安之北，為長安主要的水上通道。❷滻川　即滻水。源出陝西藍田縣西南秦嶺山中，北流會庫峪、石門峪、荊峪諸水，至西安市東入灞水。❸故都城　指漢長安故城。被劃在禁苑之內。❹周一百二十里　指禁苑之周長。其東西寬二十七里，南北深二十三里。禁苑亦有城垣圍著，南接宮城與京師外郭之城垣，近西苑者為芳林門，依次向西為景曜門、光化門。兩側有二門，南端為延秋門，北端為玄武門。北面由西而東分別為永泰門、啟運門、飲馬門。東面二門，北端為昭遠門，南端為光泰門；光泰門臨滻水。❺毓　生養；養育。❻祠禴烝嘗　宗廟四時之祭祀。春曰祠，夏曰禴，秋曰烝，冬曰嘗。❼薦　進獻祖先的祭品，諸如三牲。❽蒐狩　採集和狩獵。

【語　譯】禁苑在皇宮宮城的北面。它北面濱臨渭水，東面與滻水相對，西面包括漢代的長安故城。它的周長有一百二十里。各種禽獸、蔬菜，都在禁苑內種植、飼養。譬如宗廟四時祠、禴、烝、嘗用的供品，蠻夷戎狄九賓來朝時宴享的珍饈，都得依靠在禁苑內採集和狩獵來提供和儲藏。

【說　明】禁苑為唐代帝王狩獵的場所。吳兢《升平源》載有玄宗召姚崇共獵的事：「公至，上曰：『卿頗知獵乎？』元崇曰：『臣少孤，居廣臣澤，自不知書，唯以射獵為事。四十年方遇張憬藏，謂臣當以文學備位將相，無謂自棄。爾來折節讀書，今雖官位過添，至於馳射，老而猶能。』於是呼鷹放犬，遲速稱旨，上大悅。」玄宗與諸弟獵於近郊，亦在禁苑中。唐在苑中設置苑總監管轄，隸司農寺。總監下有東監、西監，南面有常樂監，北面舊宅監。苑中尚有宮亭二十四所，可考者有南望春亭、北望春亭、坡頭亭、柳園亭、蠶壇亭、禎興亭、桃園亭、神皋亭、七架亭、青門亭、臨渭亭和月坡毬場亭子，青城橋、龍鱗橋、棲雲橋、凝碧橋、上陽橋，以及廣運潭、九曲宮、元沼宮、魚藻宮等。漢代建築故址如咸宜宮、未央宮、西北角亭、南昌國亭、北昌國亭、流杯亭、明水園等，亦在其內。在光化門外，還有梨園、蒲萄園；散見於諸書的另有昭德宮、光啟宮、含光殿、飛龍院、驥德殿、虎圈、白華殿、會昌殿、西樓等。

禁苑以外，尚有西內苑，在太極宮之北，亦稱北苑。南北一里，東西與宮城齊。苑東為日營門，西為月營門。苑內亦有諸多殿、樓的建築。大明宮的東南隅有東內苑，南北二里，東西盡一坊之地，是一個狹長地帶，南即延政門，北即左銀臺門，東即太和門。苑之近北為左右雲龍門，中有龍首殿、龍首池，池東有靈武應聖院、承暉殿、看樂殿、小兒坊、內教坊、御馬坊、毬場亭子殿等。唐人一般稱西京三大苑，即包括禁苑、東內苑和西內苑三苑，以禁苑面積最大。禁苑由於一般人禁止入內，因而從某種意義上說，倒成了一個特殊的自然保護區。

九

東都❶城左成皋❷，右函谷❸，前伊闕❹，後邙山❺。南面三門：中曰定鼎❻，左曰長夏❼，右曰厚載❽。東面三門：中曰建春❾，南曰永通❿，北曰上東⓫。北面二門：東曰安喜⓬，西曰徽安⓭。都城，隋煬帝大業元年⓮詔左僕射楊素⓯、右庶子宇文愷⓰移故都⓱創造也。南直洛水之口⓲，北倚邙山之塞，東出瀍水⓳之東，西出澗水⓴之西；洛水㉑貫都，有河漢㉒之象焉。東去故都十八里。煬帝既好奢靡，愷又多奇巧，遂作重樓曲閣，連闥洞房，綺繡瑰奇，窮巧極麗。大業末喪亂，為王充㉓所據。武德五年㉔平充，乃詔焚乾陽殿及建國門㉕，廢東都，以為洛州總管府㉖。尋以宮城、倉庫猶在，乃置陝東道大行臺。武德九年復為洛州都督府㉗。貞觀六年改為洛陽宮㉘。十二年㉙，車駕始幸洛陽。明慶元年㉚，復置為東都。龍朔㉛中，詔司農少卿田仁汪㉜隨事修葺㉝，後又命司農少卿韋機更加營造。永昌中㉞，遂改為神都，漸加營構，宮室㉟、百司㊱、市里㊲、郛郭㊳，於是備矣。東面十五里二百一十步，南面十五里七十步，西面連苑㊴，距上陽宮㊵七里，北面距徽安門七里。郛郭南廣北狹，凡一百三坊，三市居其中焉。開元十二年㊶廢西市，取厚載門之西一坊地及西市入苑。西連禁苑，苑西四門㊷：南曰迎秋，次曰遊義，次曰籠烟，北曰靈溪。

【章 旨】記述東都洛陽之位置和諸門之設置以及隋唐二代營建之沿革。

【注 釋】❶東都 即今河南洛陽。隋煬帝即位後，於仁壽四年（西元六〇四年）令楊素、宇文愷等於洛陽營建東京，大業五年（西元六〇九年）改東京為東都。❷成皋 在今河南滎陽汜水鎮西。地勢險要，秦漢之際，劉邦、項羽曾相持於此。❸函谷 指函谷關。在今河南靈寶縣東北王垛村，戰國秦置。因關在谷中，深險如函，故有此名。東自崤山，西至潼津，通名函谷，號稱天險。❹伊闕 山名。在河南洛陽市南。又名龍門。春秋時稱為闕塞，因兩山相對如闕門，伊水流經其間，而取此名。伊闕山上有伊闕關，故亦為關名。❺邙山 在河南洛陽市北。東西走向，西起三門峽市，東至伊洛河岸，其東段稱北邙山，為古戰場，高歡與宇文泰曾激戰於此。其地多古代陵墓。❻定鼎 指定鼎門。為東都之正南門，南通伊闕，北對端門，隋時稱建國門。唐高祖武德四年（西元六二一年）平定王世充，改建國門為定鼎門。《大唐新語》武周長壽三年（西元六九四年），徵天下銅五十餘萬斤，鐵三百三十餘萬斤，錢二萬七千貫，於定鼎門內鑄八棱銅柱，高九十尺，徑一丈二尺，題曰「大周萬國述德天樞」。❼長夏 指長夏門。在定鼎門東五里。唐僖宗廣明元年（西元八八〇年），汝州召募軍李巡光等一千五百人，自雁門回，掠東都南市，焚長夏門而去。蓋南市與長夏門惟隔四坊。❽厚載 指厚載門，在定鼎門西二里。隋名白虎門，唐初因避高祖李淵祖李虎之名諱而改此。❾建春 指建春門。隋名建陽門，唐初改此名。《舊唐書．外戚傳》薛懷義「於建春門內敬愛寺別造殿宇，改名佛授記寺」。❿永通 指永通門。在運渠之畔。《鎮定命錄》載：樊陽源有表兄，任密縣令，使人招之，遂出永通門宿。許渾有〈出永通門經李氏莊〉詩。⓫上東 指上東門。在漕渠之北，西對東城之宣仁門。隋名為上春門，唐初改上東門。《資治通鑑》卷一百八十五載李密通款於東都，皇泰立等「於上東門置酒作樂，自段達已下皆起舞」。⓬安喜 指安喜門。在瀍水之東。隋名喜寧門，唐初改此。⓭徽安 指徽安門。錢易《南部新書》載：「徽安門上天多雀鴿，後絕無。清泰中，帝（指後唐末帝）上此樓自焚，俗謂之火燒門。」由徽安門出直北上邙山。⓮大業元年 西元六〇五年。大業為隋煬帝年號。⓯楊素 字處道，弘農華陰（今陝西華陰）人，官至尚書令。仁壽末，領營東京大監，卒於大業元年。⓰宇文愷 字安樂，屬北周宇文氏，出身於代郡武川鎮（今內蒙古武川西南）。其家世代武將，惟愷有巧思，多技藝，入隋拜營宗廟副監，後領營新都副監，新都之規劃皆出其手。煬帝即位，又以愷為營東都副監，尋遷將作大匠。愷揣煬帝心在宏侈，故東京規模窮極壯麗。功成，進位開府，拜工部尚書。⓱故都 指漢魏之洛陽故城。⓲南直洛水之口 《資治通鑑》卷一百九十五胡三省注引《唐六典》原注為「南直伊闕之口」。當以「伊闕」為是。⓳瀍水 源出河南洛陽市西北，東南流經洛陽舊縣城東入洛水。《尚書・洛誥》述周公營洛邑，卜瀍水西，又卜瀍水東，即此瀍水。⑳澗水　源出河南澠池縣東北，東南匯澠水，東流經新安縣，南至洛陽市西折東南入洛河。經過東都洛陽的澗水，即今過洛陽市西的一段澗水。㉑洛水　即今河南省之洛河。源出陝西省洛南縣西北，東南流經河南省盧氏縣，折向東北，在偃師縣納伊河後稱伊洛河，到鞏縣洛口以北入黃河。為黃河下游南岸的一大支流，全長四五〇公里。㉒河漢　指天河，亦即銀河。〈古詩十九首〉：「河漢清且淺，相去復幾許。」㉓王克　克即「充」字。王充，即王世充。本書避唐太宗李世民諱，故去「世」字。王世充，隋新豐（今陝西臨潼東北）人，字行滿，本姓支，祖籍西域。煬帝時曾任江都郡丞，因破起義軍功而升江都通守。煬帝死，擁立楊侗為帝，一年後廢楊侗而自稱帝，國號鄭，年號開朗。唐武德四年（西元六二一年）兵敗降唐，至長安，為仇人所殺。㉔武德五年　即西元六二二年。據《舊唐書・高祖本紀》應為「武德四年」：「武德四年五月丙寅，王世充舉東都降，河南平。」㉕乾陽殿及建國門　其故址即唐東都之含元殿及定鼎門。㉖洛州總管府　《唐會要》卷六十八河南尹條：武德四年（西元六二一年）「平王世充，廢東都，置總管府，以淮陽王道元為之」。㉗武德九年復為洛州都督府　武德九年，即西元六二六年。《唐會要》卷六十八，河南條：「武德九年六月十三日，廢行臺，置都督府，以屈突通為之。」㉘貞觀六年改為洛陽宮　貞觀六年，即西元六三二年。此處所記改洛州都督府為洛陽宮時間，與《新唐書・地理志》同而與《舊唐書・太宗本紀》異，後者為：「貞觀十一年（西元六三七年）二月甲子，幸洛陽宮，命祭漢文帝，三月丁亥車駕至洛陽。丙申，改洛州為洛陽宮。」《唐會要》卷六十八則記為「貞觀十一年三月十日，改為洛陽宮」。㉙十二年　「二」當是「一」之誤。新舊《唐書》均載貞觀十一年太宗始幸洛陽宮。貞觀十一年為西元六三七年。㉚明慶元年　當是「顯慶二年」之訛。《舊唐書・高宗本紀》：「顯慶二年十二月丁卯，手詔改洛陽宮為東都」。《新唐書・高宗本紀》及《資治通鑑》卷二百所記亦與《舊唐書・高宗本紀》同。顯慶二年為西元六五七年。㉛龍朔　唐高宗李治年號。㉜田仁注　據《唐會要》卷三十及《冊府元龜》卷十四當為「田仁汪」。㉝茸　當係「葺」之誤。南宋本、廣沘本均為「葺」。㉞永昌中　應是「光宅中」。據《舊唐書・則天皇后本紀》：「(文明元年)九月，大赦天下，改元為光宅。改東都為神都。」《新唐書》則天皇后本紀及地理志、《資治通鑑》卷二百零三並同。光宅改元係西元六八四年。㉟宮室　指宮城。㊱百司　指皇城。㊲市里　指東都外郭城內之街市坊里，亦即後文所言「凡一百三坊三市」。《河南志》引韋述《兩京新記》，較此處原注為詳。其云：外郭城內，縱橫各十街。定鼎門街廣百步，上東、建春二橫街七十五步，長夏、厚載、永通、徽安、安喜及當左掖門等街，各廣六十二步，餘小街各廣三十一步。城內主街道為定鼎街，亦稱天門街、天津街、天街，起於皇城之端門，渡天津橋，迄於定鼎門，係南北向大街。凡七里又一百三十七步，兩旁種植櫻桃、石榴，或雜種槐、柳等樹。城內有坊一百三坊，每坊東西南北各廣三百步，開十字街，四出趨門。有市三，隋時東市名豐都，南市名大同，北市名通遠。唐因之，唯稱謂有異，唐之西市為隋之南市，唐之南市則為隋之東市。市隸太府寺管轄。㊳郛郭　外城之城郭。東都之外城郭，《新唐書．地理志》云：「東西五千六百十步，南北五千四百七十步。西連苑，北自東城而東二千五百四十步。周二萬五千五十步，其崇丈有八尺。」㊴西面連苑　指外郭城西面與禁苑相連。㊵上陽宮　在禁苑之東。東接皇城之西南隅，南臨雒水，西距穀水，東面即皇城之右掖門。高宗上元中，司農少卿掌機營造。高宗晚年常居此宮聽政。㊶開元十二年　西元七二四年。㊷苑西四門　禁苑之西除下文所列迎秋、遊義、籠煙、靈溪四門外，尚有風和門，在靈溪門之北。此外禁苑南有三門，北有五門，東面亦有四門。

【語譯】東都的外城，左面有城皋關，右面有函谷關；前面緊連伊闕山，後面靠著邙山。南面有三門，中間是定鼎門，左面是長夏門，右面是厚載門。東面亦有三門，中間是建春門，南面是永通門，北面是上東門。北面有二門，東面是安喜門，西面是徽安門。東都的都城，是隋煬帝在大業元年下詔命左僕射楊素、右庶子宇文愷，離開漢魏故都舊址重新創建的。南面直對洛水（伊闕）的口上，北面依仗邙山之要塞，東面出瀍水之東，西面出澗水之西；洛水在城中貫通，大有上天銀河的氣象。東面距離故都十八里。隋煬帝既然喜好奢侈靡費，宇文愷又善於以奇巧相迎合，這樣東都的營建，便是高樓接高樓，殿門連殿門，曲閣洞房，綺繡瑰奇，技藝之精巧，裝飾之富麗，都達到了極頂。大業末年，天下大亂，東都一度為王〔世〕充所佔據。高祖武德五（四）年，平定王〔世〕充後，就下詔書焚毀乾陽殿和建國門，廢除東都，設置洛州總管府。不久，由於宮城和倉庫都還在，於是就設陝東道大行臺。到武德九年，又改為洛州都督府，太宗貞觀六年再改為洛陽宮。貞觀十二（一）年，皇上首次駕臨洛陽。明（顯）慶二年，又恢復設置東都。高宗龍朔年間，詔令司農少卿田仁注（汪）依據需要修繕東都的建築，後來又命司農少卿韋機進一步營造東都。武后永昌（光宅）年間，便改名為神都，逐漸擴大營造和構建，包括宮殿、百司的街門和坊里市肆，外郭城垣的修建，這時候作為一個都城的規模都已經具備了。外郭的城垣，東面是十五里又二百一十步，南面為十五里又七十步；西面與禁苑相連，距離上陽宮七里，北面距離徽安門七里。外郭的城垣，南面寬闊，北面狹小一些。共有一百零三坊，和南、北、西三市，分佈在城內。開元十二年撤掉西市，把厚載門西側的一個坊和原來西市的土地，併入禁苑。城郭的西垣與禁苑相連，禁苑的西面有四座門：南面的稱迎秋門，依次向北為遊義門、籠煙門，最北面的為靈溪門。

【說　明】洛陽位居河南省西部的伊洛盆地，南臨伊闕，背靠邙山，東有虎牢關，西有函谷關，四周群山環繞；自周公營建成周，周平王遷都建王城後，洛陽便成為都城。東漢、西晉、北魏皆建都於洛陽，隋唐則以洛陽為東都。隋煬帝在漢魏故都之外營建新都，每月役丁達二百萬人。《大業雜記》記載：「初衛尉劉權、秘書丞韋萬頃總監築宮城，一時布兵夫，周匝四面有七十萬人。城周匝兩重，延袤四十餘里，高四十七尺。六十日成。其內殿諸基及諸牆院，又役十餘萬人，直東都土工監常役八十餘萬人，其木工、瓦工、金工、石工又役十餘萬人。」其營建時役使人員數量之眾多，張玄素在向唐太宗的一封諫書中作過描述。張原是隋末景城縣的戶曹，後在唐太宗時擢拜為侍御史。他說：「臣又嘗見隋室造殿，楹棟宏壯，大木非隨近所有，多從豫章採來。二千人曳一柱，其下施轂，皆以生鐵為之，若用木輪，便即火出。鐵轂既生，行一二里即有破壞，仍數百人別齎鐵轂以隨之，終日不過三二十里。略計一柱，已有數十萬功，則餘費又過於此。」（《舊唐書・張玄素傳》）這樣一個巨大的工程，其在當時勞民傷財的情況可想而知。唐興代隋，對是否要保留以至重修和啟用東都，是有一個過程的。開始採取廢棄的政策，並焚毀了乾陽殿和建國門。但在全國統治日趨穩定後，隅於關中的京師長安，在轉輸上由於受到三門峽航道的阻礙，逐漸暴露出了一些困難。一旦關中遇到乾旱，長安就會出現糧荒，供養京師中如此龐大的官僚群，就會成為一個極棘手的問題。這樣的事終於發生了：貞觀元年（西元六二七年）「關中饑，米斗值絹一匹；二年天下蝗，三年大水」（《資治通鑑》卷一九三）。這次糧荒延續了整整三年才有所緩解。大概就是在這個過程中，唐太宗李世民萌發了要重修和啟用東都的意向。貞觀四年（西元六三○年）下詔發卒修葺洛陽宮乾陽殿。這時侍御史張玄素作了一番極諫，提出了百廢待興、饑寒猶切等五條理由，並說了上面他親眼所見的隋朝在洛陽修宮殿中那種勞民傷財的情況，力主東都不可重修：「臣聞阿房成，秦人散；章華就，楚眾離；及乾陽畢功，隋人解體。且以今日財力，何如隋世？陛下役瘡痍之人，襲亡隋之弊，以此言之，恐又甚於煬帝矣。」（同上）儘管語辭很尖銳，頗為難得的是李世民還是接受了張玄素的意見，把修洛陽宮的工程停了下來；同時說出了他所以要重修東宮的本意：「洛陽土中，朝貢道均，朕故修營，意在便於百姓。」（同上）就是說洛陽處國土之中，轉輸貢賦比長安方便。後來到高宗、武則天時期，長安的供應矛盾愈益突出，設置東都已是勢在必行了。自顯慶二年（西元六五七年）至咸亨三年（西元六七二年）前後十五年間，高宗攜百司禁軍四次赴東都，先後在東都留駐六年半時間，咸亨以後又去過三次，並最後死於東都。這七次赴東都有五次都是在正月和四月間出發，表明是為「就食」。武則天稱帝後直至去世二十年間，基本上都是在洛陽，神都已成為實際上的國都。高宗、武則天時期，把政治重心從長安移向洛陽，除了其政治上的原因外，主要還是著眼於經濟。以至玄宗於開元五年（西元七一七年）幸東都，亦是由於「關中不稔」（《資治通鑑》卷二一一）。從周秦以後中國歷史的大趨勢來看，無論政治或經濟的重心，都在逐步由西向東轉移。以關中定都，李唐是最後一個王朝。從這個意義上說，顯慶元年復置東都實屬歷史必然。

十

皇城❶在都城之西北隅，南面三門：中曰端門❷，左曰左掖門，右曰右掖門❸。東面一門，曰賓耀❹。西面二門：南曰麗景❺，北曰宣耀❻。東城❼在皇城之東，東曰宣仁門❽，南曰承福門❾。皇城在東城之內❿，百僚廨署如京城之制⓫。

【章旨】記述皇城及東城之概貌。

【注釋】❶皇城　在宮城之南。隋名太微城。亦稱南城，又稱寶城。東西長五里十七步，南北寬三里二百九十八步，周長十三里二百五十步，高三丈七尺。城呈正方形，東西微長，其西連上陽宮，則缺西北角，東接東城，則缺東南隅。❷端門　皇城之正南門。北當應天門，南當定鼎門。❸左曰左掖門右曰右掖門　左掖門、右掖門分處於端門東、西，各距端門一里。《舊唐書·太宗本紀上》：貞觀十二年（西元六三八年）「秋七月，癸未，大霪雨，穀水溢入洛陽宮，深四尺，壞左掖門，毀宮寺十九所，漂六百家」。《資治通鑑》卷一百八十五：由於元文都主張東都與李密和解，引起王世充兵變，「攻太陽門得入，皇甫無逸棄母及妻子，斫右掖門，西奔長安」。❹賓耀　指賓耀門。隋名東太陽門。唐武德中改為東明門，顯慶五年（西元六六〇年）再改名為賓耀門。位於皇城東北側，出應天門橫街東直七百步即為賓耀門。李庾《東都賦》有「翼大和而聳觀，側賓耀而疏軒」之句。❺麗景　指麗景門。在上陽宮東北，西入神都苑。武周時於「麗景門別置推事院，俊臣推勘必獲，專令俊臣等按鞫。亦號為新開門。但入新開門者，百不全一。弘義戲謂麗景門為『例竟門』，言入此門者，例皆竟也」（《舊唐書・來俊臣傳》）。❻宣耀　諸書多為宣耀，亦有稱「宣輝」者，如《河南志》雖記為「宣耀」，附圖卻稱「宣輝」。又《文苑英華》亦有「駕幸宣輝門，觀試舉人賦」。隋名為西太陽門。唐武德中改名為西明門，顯慶時又改名為宣耀門。據《河南志》宣耀次北，舊有寶城門，蓋即皇城之西門，因城為名也。門外苑又有二門，南為由儀門，北稱咸安門。❼東城　係隋時所築，唐因之。以在宮城及皇城之東，故名。東西四里一百九十七步，南北寬一里三百三十步。其南一百九十八步，屬宮城之東北隅，北面即含嘉倉城，南面屈曲，逐雒水之勢。城高三丈五尺。❽宣仁門　其左為尚書省，右為軍器監等監寺，東與外廓之上東門相直。《資治通鑑》卷一百八十五：元文都等為李密飾賓館於宣仁門東。《舊唐書・封常清傳》：安祿山攻東京，封常清嘗退守宣仁門，終敗。❾承福門　東城之正南門。其正北為含嘉門，東城北面之一門。含嘉門北即含嘉倉，倉北有德猷門，出門即是外廓城外。❿皇城在東城之內　「內」字似有誤，皇城應在東城之西南隅。⓫百僚廨署如京城之制　東都百僚廨署完備於開元初，分設在皇城與東城之內。皇城之內南北有四條街，東西亦有四條街。東城內南北街二，東西街三。徐松《唐兩京城坊考》卷五列舉了東京百僚廨署具體位置，茲刪去注文，引錄於下：應天門外第一橫街之南，第二橫街之北：東曰東朝堂。次東，門下外省。次東，殿中省。次東，左監門衛。次東，左衛。次東，左衛率府。次東，尚輦局。東朝堂之南，第三橫街之北：從西第一，右春坊。次東，左驍衛。次東，左千牛衛。次東，家令寺。次東，左武衛。次東，左威衛。次東，左監門率府。次東，左領軍衛。東朝堂之南，第四橫街之北：從西第一，曰鴻臚寺。次東，衛尉寺。次東，太府寺。次東，太廟。次北，中宗廟。應天門外第一橫街之南，第二橫街之北：西曰西朝堂。次西，中書外省。次西，四方館。次西，右衛率府。次西，右衛。西朝堂之南，第三橫街之北：從東第一，御史臺。次西，祕書省。次西，尚舍局。次西，太僕寺。賓耀門內道北：詹事府。東城承福門內南北街之東，從南第一橫街之北：從東第一，司農寺。次東，光祿寺。次東，太常寺。　承福門內南北街之東，從南第二橫街之北：東當宣仁門街北，尚書省。承福門內南北街之西，從南第一橫街之北：從西第一，少府監。次西，軍器監。次西，大理寺。

【語譯】皇城在東都都城的西北角。它的南面有三門，中間是端門，左面是左掖門，右面是右掖門。東面只有一門，就是賓耀門。西面有兩門，在南側的叫麗景門，在北側的稱宣耀門。東城在皇城的東面。東城的東面是宣仁門，南面稱承福門。皇城在東城之內（西南），其中百僚廨署的設置，如同京城的規制一樣。

十一

皇宮❶在皇城之北。東西四里一百八十步，南北二里八十五步，周回十三里二百四十一步。南面三門：中曰應天❷，左曰興教❸，右曰光政❹。應天門、端門，若西京承天之門❺。其內曰乾元門❻。若西京之太極門❼。東廊有左延福門，西廊有右延福門。興教之內曰會昌❽，其北曰章善❾。光政之內曰廣運❿，其北曰明福⓫。乾元之左曰萬春，右曰千秋，其內曰乾元殿⓬。則明堂也。證聖元年⓭營造，上圜下方，八囪四闥，高三百尺。元正、冬至有時而御焉。殿之左曰春暉門，右曰秋光門⓮，北曰燭龍門。明福之東曰武成門⓯，其內曰武成殿⓰；明福之西曰崇賢門，其內曰集賢殿⓱。武成之北曰延壽殿⓲。集賢之北曰僊居殿⓳，其東曰億歲殿⓴，又東曰同明殿㉑。其內又有觀禮、歸義㉒、收成、光慶等門，延祥、延壽、觀文、六合等殿，宜春、僊居㉓、迎祥、六合等院也。其西北出曰洛城西門㉔，其內曰德昌殿㉕，北曰儀鸞殿㉖。德昌南出曰延慶門，又南曰韶暉門，西南曰洛城南門㉗，其內曰洛城殿㉘，又北曰飲羽殿。洛城南門之西有麗景，夾城，自此潛通於上陽焉。

【章　旨】記述東都宮城概貌及諸門諸殿位置。

【注　釋】❶皇宮　洛陽宮城隋名紫微城。貞觀六年（西元六三二年）號為洛陽宮，武后光宅元年（西元六八四年）改為太初宮。城中隔城二，在東南隅者太子居之，在西北隅者皇子、公主居之。城北隔城二，最北者圓璧城，次南為曜儀城。❷應天　指應天門。初因隋名為則天門。神龍元年（西元七〇五年）避武后尊號，改應天門；又避中宗尊號改神龍門，開元初復為應天門。門上有飛觀相夾，門外即東西朝堂。武德四年（西元六二一年）以其太奢，令行臺僕射屈突通焚之，顯慶初，令司農少卿田仁汪修復，後又命司農少卿韋機更加營造。❸興教　指興教門。門北為會昌門。《舊唐書・玄宗本紀上》：開元十五年（西元七二七年）「秋七月甲戌，雷震興教門樓兩鴟吻，欄檻及柱災」。開元後改名為明德門。❹光政　指光政門。門北為廣運門。開元後改名為長樂門。昭宗遷東都，復名光政門。❺承天之門　即西京長安宮城南面正門。❻乾元門　隋名永泰門，武后改為通天門，開元五年（西元六二二年）復改為乾元門。門南直應天門，其北為含元殿。計有功《唐詩紀事》載：東京乾元門，舊章武軍鼓角樓也，節度使王彥威有詩刻石其上。❼太極門　即西京長安宮城太極殿前之殿門。❽會昌　指會昌門。係因隋名。在乾元門之東，宣政門之西。❾章善　指章善門。門內有門下省、弘文館；門之東自南而北依次有文思殿、莊敬殿、飛香殿、襲芳院等。❿廣運　指廣運門。在崇慶門之東，光範門之西。隋名景門，唐初因隋名，後改名廣運。《資治通鑑》卷二百零八注引《御史臺記》：「張柬之勒兵於景運門，將收諸武誅之，彥範以事既竟，不欲廣誅，遽解其兵。柬之固爭不果。」此景運門即廣運門。⓫明福　指明福門。本名顯福，避中宗名諱改。門內有中書省、史館、內醫局、尚食廚、命婦院、修書院等。《資治通鑑》卷二百零三：太子賢被逼自殺，「舉哀於顯福門」。⓬乾元殿　洛陽宮之正殿。隋曰乾陽殿。《資治通鑑》卷一百八十九：武德四年（西元六二一年），秦王破王世充，「觀隋宮殿，歎曰：逞侈心，窮人欲，無亡得乎！命撤端樓，焚乾陽殿，毀則天門及闕。」麟德二年（西元六六五年），命司農少卿田仁汪因舊址造乾元殿，高一百二十尺，東西三百四十五尺，南北一百七十六尺。武后長壽三年（西元六九四年）改造明堂，上圓下方，八窗四闥，高三丈，號萬象神宮，去都百餘里外，遙望見之。其北造天堂，以貯佛像。證聖元年（西元六九四年），明堂、天堂同焚，更造明堂，侔前制，凡高二百九十四尺，東西南北廣三百尺。其上初置寶鳳，後以金珠代之，號通天宮。其中號端扆殿。不復造天堂，於其所為佛光寺。開元五年（西元七一七年）玄宗幸東都，改為乾元殿。十年（西元七二二年）復為明堂。二十七年（西元七三九年）毀明堂之上層，改修下層為新殿。二十八年（西元七四〇年）佛光寺火，延燒廊舍，改新殿為含元殿。近年在其故地發掘出兩處建築遺址，南面一處呈「凸」字形，有散水、廊房等殘存建築；北面有一處建築呈圓形，其中心係石砌圓池，池外有兩周柱石，各柱石均有上下兩層，石塊疊在一起，分外整齊壯觀。⑬證聖元年　即西元六九五年。證聖為武周則天皇帝年號。又，據《唐會要》卷十一明堂制度載，明堂建於垂拱三年（西元六八七年），次年正月畢功；證聖元年正月遭火焚，同年三月依舊制重造，則此處所記指重造。⑭秋光門　廣雅本作「秋澄」門。徐松《唐兩京城坊考》卷五正文作「秋景門」，注曰：「《六典》作『秋澄』。」可知徐松所見之《唐六典》本亦為「秋澄」。南宋、正德諸本則「澄」字殘缺。故此中「光」字揣為四庫本所添加。⑮武成門　元《河南志》四唐城闕古蹟篇：宣政殿有武成門，又南千福門，又南敷政門；千福後改乾化，敷政後改光範。殿之東門曰東明門。故武成門即宣政殿之南面正門。⑯武成殿　在含元殿之西，後改名為宣政殿。《資治通鑑》卷二百零三光宅元年（西元六八四年）正月：「太后御武成殿，皇帝帥王公以下上尊號。」《新唐書‧李元紘傳》：開元十四年（西元七二六年）五月五日，玄宗宴武成殿，賜群臣襲衣。⑰集賢殿　其前身為集仙殿。殿南之崇賢門，原名亦當是迎仙門。《舊唐書‧玄宗本紀》開元十三年（西元七二五年）「四月丁巳，改集仙殿為集賢殿」。其位置在宣政殿西北。《舊唐書‧桓彥範傳》記彥範與敬暉等率兵討張易之事：「兵至玄武門，彥範等奉太子斬關而入，兵士大譟。時則天在迎仙宮之集仙殿。」《資治通鑑》卷二百零七亦載此事，提到武則天「在迎仙宮」。集仙殿即集賢殿，在迎仙宮內。⑱延壽殿　廣雅本作「仁壽」。徐松《唐兩京城坊考》卷五正文作「仁壽殿」，注文稱：《河南志》作「長壽」，今從《六典》。是知徐松所見之《唐六典》本亦為「仁壽殿」。南宋本、正德本則「仁」字並缺。疑四庫本底本此字亦缺，而補以「延」字，惟不知其何據。仁壽殿在集賢殿之東，觀文殿之南，宣政殿之北。⑲僊居殿　在集賢殿之北，德昌殿之東，億歲殿之西。⑳億歲殿　在僊居殿之東，觀文殿之西，集賢殿之北。《舊唐書‧崔義玄傳》載崔義玄之子崔神慶，「則天時累遷萊州刺史。因入朝，待制於億歲殿，奏事稱制」。㉑同明殿　《資治通鑑》卷二百零八神龍元年（西元七〇五年）十二月：「上始御同明殿見群臣」。殿北達九州池，其池屈曲，象東海之九洲，居地十頃，水深丈餘，鳥魚翔泳，花卉羅植。㉒歸義　指歸義門。仙居院西有仁智院，仁智院之南、九州池之東為歸義門。㉓僊居　指仙居院。在安福殿之西，仁智院之東，九州池之北。其北尚有花光院、山齋院、翔龍院、神居院等。㉔洛城西門　在德昌殿與儀鸞殿之西北，為宮城向禁苑之出口。㉕德昌殿　在飲羽殿之北，儀鸞殿之南，仙居殿之西。㉖儀鸞殿　在百戲堂之南，德昌殿之北。劉軻〈陳玄奘塔銘〉：法師謁文武聖皇帝於洛陽宮，二月己亥，對於儀鸞殿。㉗洛城南門　高宗乾封中開。《舊唐書‧楊烱傳》：如意元年（西元六九二年）七月望日，「宮中出盂蘭盆，分送佛寺，則天御洛南門，與百僚觀之」。洛南門即洛城南門。《冊府元龜》卷六百四十三開元十四年（西元七二六年）七月：玄宗「御洛城南門樓，親試岳牧舉人」；九月又於洛城南門「親試沉淪草澤詣闕自舉文武人等」。㉘洛城殿　在飲羽殿之南，集賢殿書院之西。《資治通鑑》卷二百零四天授元年（西元六九〇年）：「二月辛酉，太后策貢士於洛城殿。」

【語　譯】皇宮在皇城的北面。皇宮東西寬四里又一百八十步，南北深二里又八十五步，周長十三里又二百四十一步。南面有三門：中間是應天門，左面是興教門，右面是光政門。應天門、端門，猶如西京的承天門。應天門之內為乾元門。猶如西京的太極門。在東廊有左延福門，西廊有右延福門。在興教門內有會昌門，它的北面是章善門。在光政門內是廣運門，它的北面是明福門。乾元門的左側是萬春門，右側為千秋門，裏面是乾元殿。就是明堂。遭火焚後，在證聖元年重新營造。上圓下方，八窗四門，高三百尺。每年元正及冬至日，皇上按時到這裏來受百官朝賀。殿的左側是春暉門，右側為秋光（澄）門，北面有燭龍門。明福門的東面有武成門，門內便是武成殿。明福門的西面是崇賢門，它的裏面便是集賢殿。武成殿的北面有延（仁）壽殿。集賢殿的北面為僊居殿，它的東面是億歲殿，再東是同明殿。裏面還有觀禮門、歸義門、收成門、光慶門等，延祥殿、延壽殿、觀文殿、六合殿等，宜春院、僊居院，迎祥院、六合院等。宮城西北出口是洛城西門，它的裏面是德昌殿，北面是儀鸞殿。德昌殿的南面是延慶門，再南是韶暉門。宮城的西南是洛城南門，門內為洛城殿，北面是飲羽殿。洛城南門的西面，是麗景門，設有夾城，從這裏可以掩蔽地通向上陽宮。

【說　明】本章所記宮城城門，南面有應天、明德、長樂三門，元《河南志》則作天門。除上述三門外，還有重光門、太和門和洛城南門。其中洛城南門本章亦提到，只是不作為宮城南面之門。重光門是東宮的門，太和門據徐松《唐兩京城坊考》在乾元殿之旁。此外，本章未記到的還有：宮城東面一門，即東宮之重光北門，門是向東開的；西面二門：北側嘉豫門，南側洛城西門；北面二門：中間的玄武門，南與應天門相對應；東首的安寧門。玄武門之北有二隔城，依次為曜儀城與圓壁城。曜儀城有二門，東面為曜儀東門，西面為曜儀西門。圓壁城有三門，南面圓壁南門，北面龍光門，東面圓壁門。宮城內亦有二隔城：東南隅為太子所居之東宮，西北隅則為皇子與公主居之。東宮南面的正門即重光門，東西各有小門，東面是賓善門，西面是延義門。宮中還有馬坊。

又，本章原注中提到的觀禮、收成、光慶等門，延祥、延壽、觀文、六合等殿，宜春、迎祥、六合等院，其址皆不詳。

十二

上陽宮❶在皇城之西南。苑之東垂也。南臨洛水❷，西拒穀水❸，東面即皇城右掖門❹之南。上元中營造❺，高宗晚年常居此宮以聽政焉。東面三門❻：南曰提象門❼，即正衙門。北曰星躔門❽。提象門內曰觀風門，南曰洛日樓❾，北曰七寶閣，其內曰觀風殿❿。殿東面。其內又有麗春臺、耀掌亭、九州亭⓫。其西則有西上陽宮⓬，兩宮夾穀水⓭，虹橋以通往來。北曰化成院⓮，西南曰甘露殿，殿東曰雙曜亭。又西曰麟趾殿，東曰神和亭，西曰洞玄堂。觀風之西曰本枝院，又西曰麗春殿，東曰含蓮亭，西曰芙蓉亭，又西曰宜男亭，北曰芬芳門，其內曰芬芳殿。又有露菊亭，互春、妃嬪、僊杼、冰井等院，散布其內。宮之南面曰僊洛門。又西曰通僊門⓯，並在院中。其內曰甘湯院。次北東上曰⓰玉京門⓱，門內北曰金闕門，南曰泰初門。玉京之西曰客省院、蔭殿⓲、翰林院，又西曰上陽宮，宮西曰含露門⓳。玉京西北出曰僊桃門，又西曰壽昌門，門北出曰玄武門，門內之東曰飛龍廄。

【章旨】記述上陽宮之概貌及其內殿、亭、院、門諸建築之佈局。

【注釋】❶上陽宮　因其在宮城之西，故又稱西宮。《冊府元龜》卷十四：高宗顯慶五年（西元六六〇年）九月，「帝登雒水高岸，有臨眺之美，詔機於其所營上陽宮，宮成移御之」。機指司農卿韋弘機。《資治通鑑》卷二百零二高宗調露元年（西元六七九年）亦有記載：「司農卿韋弘機作宿羽、高山、上陽等宮，制度壯麗。上陽宮臨洛水，為長廊恒一里。宮成，上徙御之。」❷洛水　即今河南洛河，係黃河下游南岸之一大支流。橫貫東都洛陽而過，上陽宮即在洛水之北岸。沿岸有長廊，長一里，《舊唐書・玄宗本紀下》：開元二十九年（西元七四一年）「秋七月乙卯，洛水汎漲，毀天津橋及長陽宮杖舍，洛渭之間，廬舍壞，溺死者千餘人」。❸穀水　即今河南澠池南之澠水，及其下游之澗水，東流至洛陽市西注入洛水。東周王城即在穀、洛二水合流處之東北岸。唐時，穀水流入洛水處之東岸即為上陽宮，且為宮城九州池之水源。❹右掖門　在皇城端門之西一里。❺上元中營造　上元為唐高宗李治年號之一。上陽宮的營建起於顯慶五年（西元六六〇年），完成於上元二年（西元六七五年）。❻三門　南宋本、廣池本均為「二門」。近衛校明本稱：「《玉海》引《六典》，『三』作『二』。」下文所列亦僅有二門。❼提象門　即上陽宮之正衙門。《舊唐書・封常清傳》：安祿山攻東都，常清「戰於都亭驛，不勝，退守宣仁門，又敗。乃從提象門入，倒樹以礙之」。❽星躔門　門外有政事院，門內南為雙曜亭，北為仙居殿。❾洛日樓　洛，當作「浴」，形近而誤。南宋、廣池諸本均為「浴」。浴日樓，係觀風門之夾門，東臨洛水。❿觀風殿　即在觀風門內。殿東向，殿後為本枝院。武后還朝政後居此殿。⓫九州亭　元《河南志》四唐城闕古蹟篇「州」字作「洲」，並云：「亭院內竹木森翠。」⓬西上陽宮　《資治通鑑》卷二百零一胡三省注「上陽、合璧等宮」句：「上陽之西，隔穀水，有西上陽宮，虹梁跨穀，行幸往來。」⓭殿水　應是「穀水」之誤。⓮化成院　在宮城東北隅，僊居殿之北。徐松《唐兩京城坊考》卷五：玄宗於開元十年（西元七二二年）「御雒城門，試文章及第人，命蘇晉、陳希烈於化成院考」。化成院之南為僊居殿，神龍元年（西元七〇五年）武則天徙居於上陽宮，崩於仙居殿。⓯宮之南面曰僊洛門又西曰通僊門　上陽宮之南面有二門，即僊洛門與通僊門。《舊唐書・玄宗本紀上》：開元十三年（西元七二五年）「五月庚寅，妖賊劉定高率其黨夜犯通洛門，盡擒斬之」。此「通洛門」或為「通僊門」與「僊洛門」之簡稱。⓰上曰　此二字南宋、廣池諸本均為正文。當是，語譯依之。⓱玉京門　似應是上陽宮西面北側的大門。北面西側的另一大門即為上陽宮之玄武門。⓲蔭殿　《冊府元龜》卷十四帝王部都邑門二：高宗儀鳳四年（西元六七九年），「帝入雒，乃移御雒北陰殿」。雒北即洛水之北，此陰殿即上陽宮之蔭殿。⓳含露門　即上陽宮之西門。

【語譯】上陽宮在皇城的西南。位置在禁苑的東邊，南面濱臨洛水，西面與穀水相對，東面連接皇城右掖門的西南側。工程的營造完成在上元年間，高宗晚年經常居住在這座宮殿裏處斷國政。宮的東面有三（二）座門，在南側的門叫提象門，亦就是宮庭的正門。在北側的門稱星躔門。提象門內是觀風門，門的南側是洛（浴）日樓，北側是七寶閣，門內就是觀風殿。殿是東西向的，直面向東。殿的裏面又有麗春臺、耀掌亭和九洲亭。上陽宮的西面則有西上陽宮。上陽宮與西上陽宮的門夾著一條殿（穀）水，水上有虹橋，可以溝通二宮的往來。宮的北面是化成院，院的西南是甘露殿，殿的東面是雙曜亭，再往西便是麟趾殿。在麟趾殿的東側是神和亭，西側為洞玄堂。在觀風殿的西面是本枝院，再向西便是麗春殿。殿的東面是含蓮亭，西面是芙蓉亭，再西面是宜男亭，北面是芬芳門，門內便是芬芳殿。殿的周圍又分佈有露菊亭、互春、妃嬪、僊杼、冰井等院。上陽宮的南面是僊洛門，再向西為通僊門。都在苑中。門內有甘湯院。北面東上角是玉京門，門內北面是金闕門，南面是泰初門。玉京門西側是客省院、蔭殿和翰林院，再向西是上陽宮，宮西是含露門。玉京門西北角的出口是僊桃門，再向西是壽昌門，門北的出口是玄武門，門內東面是飛龍廐。

【說　明】依照本章記述的順序，上陽宮該是東西向的，與一般宮殿多取南北向不同。宮的東、南兩面之門，文中已作介紹，但沒有提到西、北。據諸書記載，上陽宮之北面亦有二門，可能東側為芬芳門，西側為玄武門。西面的大門，似是玉京門。似乎還有一金華門。《唐兩京城坊考》稱：「《永樂大典》引《洛陽志》：乾元元年郭子儀於長陽西金華門外仗下獲信寶。按金華當是上陽西門。」

又據本章敘述，上陽宮有上陽正宮和上陽西宮之分，兩宮之間隔著一條穀水，有橋可通。《舊唐書・地理志》亦載：「上陽之西，隔穀水有西上陽宮，虹梁跨穀，行幸往來。」《資治通鑑》卷二百一十三於開元二十年（西元七三二年）四月乙亥，記有玄宗「宴百官於上陽東洲」之事。既有「上陽東洲」，就意味著還可能有「上陽西洲」。如果上陽真有東西二洲，那就可以推想是洛水或穀水的一條支流貫穿而過，從而把上陽區域分出了東西二洲。這種推想還可以從王維的詩句中找到根據：「上陽花木不曾秋，洛水穿宮處處流。」假定上陽真有東西二洲，上陽正宮自然主要在東洲，西上陽宮則該在西洲。其實它只是上陽宮西南區域的一個小宮，確切地說是宮中之宮。整個上陽宮不大像是正方形或長方形的，它是隨著多變的地貌和水流而呈不規則的形狀。東洲即上陽正宮為政務活動的區域，西洲即西上陽宮為內庭的生活區。故玄宗宴百官於東洲。上陽宮內的客省院、翰林院、蔭殿等，都應在東洲。或許武則天死時所居之仙居殿，該是在西洲之西上陽宮。當然這些都還只是推想，不知能否獲得將來的發掘或其他考據的證實。

以上陽宮為題材的文學作品，當推白居易的〈上陽白髮人〉，「紅顏暗老白髮新」，一唱三歎，傾訴宮女的怨曠之苦：「上陽宮人苦最多，少亦苦，老亦苦，少苦老苦兩如何！君不見昔時呂尚美人賦，又不見今日上陽白髮歌。」

十三

禁苑❶在皇都之西，北拒北邙❷，西至孝水❸，南帶洛水支渠，穀、洛二水❹會于其間。東面十七里，南面二十九里，西面五十里，北面二十里，周迴一百二十六里❺。中有合璧❻、冷泉❼、高山❽、龍鱗❾、翠微❿、宿羽⓫、明德⓬、望春⓭、青城⓮、黃女⓯、陵波⓰十有一宮，芳樹⓱、金谷⓲二亭，凝碧之池⓳。開元二十四年⓴，上以為穀、洛二水或泛溢㉑，疲費人功，遂敕河南尹李適之㉒出內庫和顧㉓，修三陂以禦之，一曰積翠，二曰月陂，三曰上陽。爾後二水無力役之患。京都之制備焉。

【章旨】記述東都禁苑之四至、周長及其內宮、亭、池之佈局。

【注釋】❶禁苑 指唐之東都苑，即隋之會通苑，又名上林苑、芳華苑，武周時稱神都苑。《資治通鑑》卷一百八十大業二年（西元六〇六年）十月：煬帝大集四方散樂於東京「閱之於芳華苑積翠池側」。❷北邙 即邙山。邙一作「亡」。在東都北十里，山連偃師、鞏、孟津三縣，綿亘四百餘里。古陵寢都在其上。武德三年（西元六二〇年）李世民攻王世充，大軍屯於北邙山，以逼洛陽。上元二年（西元六七五年），武后祀先蠶於北邙山之陽。❸孝水　在東都西二十里。出谷口山，本名谷水，傳晉王祥臥冰於此，附近並有王祥墓，因改名孝水。北流入於穀水。高齊時，常山王演於此築孝水戍以拒周師。❹穀洛二水　指穀水與洛水。穀水，即今河南澠池南之澠水及其下游之澗水，至洛陽市西，與自西向東之洛水相會於禁苑之上陽宮旁。❺北面二十里　《唐兩京城坊考》作「二十四里」。❻合璧　指合璧宮。顯慶五年（西元六六〇年）四月，高宗命田仁汪、徐感造八關涼宮，五月幸八關宮，改名為合璧宮。當中之殿曰連璧殿。又有齊聖殿。北據山阜，甚為宏壯。高宗前期常臨幸此宮。據《新唐書・孝敬皇帝弘傳》，太子李弘於上元二年（西元六七五年）「從幸合璧宮，遇酖薨，年二十四」。係為武則天所毒死。❼冷泉　指冷泉宮。隋時建。有泉極冷，因以為名。❽高山　指高山宮。在禁苑西北隅。唐司農卿韋機所營造。❾龍鱗　指龍鱗宮。在禁苑中央。高宗時營造。《資治通鑑》卷一百八十，大業元年（西元六〇五年）五月：「築西苑，其內為海，周十餘里，為蓬萊、方丈、瀛洲諸山，高出水百餘尺，臺觀殿閣，羅絡山上，向背如神。北有龍鱗渠，縈紆注海內，緣渠作十六院，門皆臨渠。」唐之龍鱗宮得名於龍鱗渠，而十六院當在海，即凝碧池之北。龍麟宮的前身或許即是十六院。隋時十六院，每院都是「堂殿樓觀，窮極華麗」。❿翠微　指翠微宮。《唐兩京城坊考》以翠微宮為積翠宮，非也，此為二不同之宮。按《冊府元龜》卷十四帝王部都邑門二：「貞觀二十一年（西元六四七年）復置翠微宮，籠山為苑，自初裁至於設幄，九日而罷功，因改名翠微宮。正門北開謂之雲霞門，視朝殿名翠微殿，其寢殿名含風殿。並為皇太子構別宮，去臺連延里餘。正門西開，名金華門，內殿名喜安殿。」⓫宿羽　指宿羽宮。係高宗時韋機與高山宮營造。在禁苑之東北隅，南臨大池，池之流水盤曲。宮中有宿羽臺，《資治通鑑》武后長安三年（西元七〇三年）十一月「突厥遣使謝許婚，宴於宿羽臺，太子預焉」。胡三省注云：「宿羽臺在東都宿羽宮中。」⓬明德　指明德宮。隋稱顯仁宮。在合璧宮之東南，南逼南山，北臨洛水，宮北有射堂、官馬坊。《資治通鑑》卷一百九十四貞觀十一年（西元六三七年）二月甲子「上至顯仁宮」。此顯仁宮當即明德宮。是年以洛水漂溢民居，乃廢明德宮及飛山宮之圃苑，以給洛人之遭水患者。⓭望春　指望春宮。在禁苑之東南隅。開元二十六年（西元七三八年）建。⓮青城　指青城宮。亦稱青城堡。隋時建。在宿羽宮西。青城宮及其附近，曾是秦王李世民與王世充反復爭奪之地。武德三年（西元六二〇年）二月，李世民圍東都，後「移軍青城宮，壁壘未立，王世充帥眾二萬自方諸門出，憑故馬坊垣塹，臨穀水以拒唐兵」（《資治通鑑》卷一八八）。⓯黃女　指黃女宮。在合璧宮之東，宮三面臨洛水，水深潭處，號黃女灣，因以為名。⓰陵波　指陵波宮，係隋所建。⓱芳樹　指芳樹亭。《唐兩京城坊考》作「芳榭亭」。在黃女宮之南，有水相隔。⓲金谷　指金谷亭。高宗時建。⓳凝碧之池　隋稱積翠池，唐改此名。東西為五里，南北為三里。《資治通鑑》卷一百九十四貞觀十一年（西元六三七年）：「上宴洛陽宮西苑，泛積翠池。」此積翠池當即為凝碧池。⑳開元二十四年（西元七三六年）。開元為唐玄宗李隆基年號。㉑穀洛二水或泛溢　唐初穀洛二水頻頻泛濫為災。據記載：貞觀十一年（西元六三七年）穀洛水溢入洛陽宮，深四尺，壞左掖門，毀宮寺一十九所，漂六百餘家，溺死六千餘人。永淳初，洛水溢，溺民居千餘家。神龍初，洛水又溢，流二千餘家。開元八年（西元七二〇年）瀍、穀溢，漂溺幾二千餘人；十年（西元七二二年）伊水溢；十八年（西元七三〇年）洛水復溢，皆漂溺東都千餘家；二十年（西元七三二年）洛水溢，溺死千餘人。為此於開元二十四年（西元七三六年）敕令整治穀洛水患，出內庫錢修築三陂。㉒李適之　一名昌，恒山王承乾之子，為太宗李世民之孫。高宗神龍初起家拜左衛郎將，後由陝州刺史入為河南尹。㉓和顧　顧通「僱」。指由官府出資招募工匠以從事勞作。

【語　譯】禁苑在東都的西部，北依北邙山，西面到孝水，南面帶臨洛水的支渠，穀水與洛水在禁苑內相會。禁苑四周的長度，東面十七里，南面三十九里，西面五十里，北面二十里；周迴的總長為一百二十六里。禁苑內有合璧、冷泉、高山、龍鱗、翠微、宿羽、明德、望春、青城、黃女、陵波等十一所宮，芳樹、金谷二亭，還有一個凝碧池。開元二十四年，皇上因考慮到穀、洛二水經常泛溢成災，疲費人功與勞力，因而敕令河南尹李適之動用內庫錢資，僱用民工，在禁苑內修築三條堤陂，以抵禦洪水。三條堤陂一是積翠，二是月陂，三是上陽。這以後，就再也沒有因穀、洛二水為患而徵發勞役禍患百姓了。對西京和東都有關建制的記述，到此已大體完備。

【說　明】東都禁苑之內，實際上是一個宏大的宮殿群體，始建於隋大業元年（西元六〇五年），完備於唐開元年間，而修建的高峰期，大致在高宗─武則天年間。禁苑內的建築，本章原注中著錄的就有十一宮、二亭之多，這自然是不完全的，《唐兩京城坊考》還補充了隋及唐初苑內一些建築的名稱，如：朝陽宮、栖雲宮、景華宮、成務殿、大順殿、文華殿、春林殿、和春殿、華渚堂、翠阜堂、流芳堂、清風亭、露華亭、飛香亭、芝田亭、長塘亭、芳州亭、翠阜亭、芳林亭、飛華亭、留春亭、澂秋亭、洛浦亭等。其中合璧宮、龍鱗宮、明德宮、宿羽宮、高山宮的規模都相當大，又如凝碧池，周圍有十餘里，池中築有蓬萊、方丈、瀛洲三山，難怪要稱之為「海」了。唐代前期幾世皇帝，經常往返於西京與東都之間，高宗李治就曾說過「兩都是朕東西兩宅也」。為了便於皇帝往來，唐代還在兩京沿途修建了大量的行宮，如開元二十六年（西元七三八年）「兩京路行宮各造殿宇及屋千間」（《冊府元龜》卷十四）。

關於東都禁苑的管理，唐初設有洛陽宮總監，下轄青城宮、明德宮、洛陽宮農圃和食貨四個分監。高宗顯慶三年（西元六五八年）在修建東都時，廢除了洛陽宮總監，改青城宮監為東都苑北面監，明德宮監為東都苑南面監，洛陽宮農圃監為東都苑東面監，食貨監為東都苑西面監，總共四監，分區負責苑中事務。每監設監一人，從六品下；副監一人，從七品下；丞二人，正八品下。四面監直轄於司農寺。

十四

凡興建修築，材木工匠❶，則下少府❷、將作❸，以供其事。少府監匠一萬九千八百五十人，將作監匠一萬五千人散出諸州❹，皆取材力強壯、技能工巧者，不得隱巧補拙，避重就輕。其驅役不盡及別有和顧者❺，徵資市輕貨納於少府、將作監。其巧手供內者，不得納資，有闕則先補工巧業作之子弟。一入工匠後，不得別入諸色❻。其和顧鑄匠有名解鑄者❼，則補正工。凡計功程❽者，夏三月與秋七月為長功，冬三月與春正月為短功，春之二月、三月，秋之八月、九月，為中功。其役功則依〈戶部式〉❾。

【章旨】敘述有關工程中所需工匠之徵集、管理、考核的若干規定。

【注釋】❶材木工匠　指興建修築工程所需之木石材料以及服役工匠。❷少府　指少府監。掌百工技巧之政令。凡帝王及百官所需之器服、乘輿和服飾之繕作，錢幣之鑄造等，皆屬少府職掌。❸將作　指將作監。掌修建土木工程之政令。凡兩京城郭、宮殿、亭臺樓閣之營造和修葺，皆屬其職掌。如隋代負責營建兩京都城宮殿之宇文愷，便歷任將作大匠和工部尚書，唐代閻立德起家於尚衣奉御，為皇帝製作袞冕大裘，以後為太宗營造昭陵及翠微宮、玉華宮，先後擢為將作大匠遷工部尚書。

❹散出諸州　指少府、將作二監所額定之工匠皆分散由近京諸州提供。唐代工匠來源於官、雜戶，屬於賤民，世代服役，有時亦簡稱為工樂戶：工屬少府，樂屬太常。居住分散於諸州，其籍則屬於少府或將作。其服役制度，類似官戶或雜戶，一年三番或二年五番，如超期服役，則官給口糧。❺驅役不盡及別有和顧者　句中「顧」通「雇」，亦即「僱」。意謂在額定番上之工匠，如果使用不完而有剩餘，或者又另雇了他人役作；在這兩種情況下，當役而無役之工匠便須向將作監或少府監納資以代役，其資充作和雇工匠之用。❻不得別入諸色　指服役者一旦成為某項技巧之工匠以後，便不得改變自己戶籍和工種。❼和顧鑄匠有名解鑄者　指在和雇工匠中，若有能掌握熔鑄銅鐵之技巧者，則其名可入籍作為正式的工匠。❽計功程　指對一項工程所需勞力之計算。一個勞動力的勞動日，因季節不同，實際勞作時間會有長短，故有長功、短功、中功之分。夏季的四、五、六月及七月，晝長夜短，故作長功；冬季的十月、十一月、十二月及正月，晝短夜長，故作短功；春天的二月、三月，秋天的八月、九月，晝夜平分，故作中功。這個區分是為了便於計算工程所需之勞力的數量，計算違實或施工中造成損費，都將受到處罰。《唐律・擅興律》規定：「即料請財物及人功，多少違實者，笞五十。若事已損費，各併計所違贓庸，重者坐贓論減一等。」❾戶部式　式為法律文書的形式之一。唐朝式共有三十三篇。依尚書省諸曹及寺、監為其篇目。前後有《永徽式》、《垂拱式》、《開元式》等。此處「戶部式」當是指開元時的〈戶部式〉，式文具體內容已散佚。

【語　譯】凡是興建和修築土木工程，所需要的材木和工匠，都下達到少府監和將作監，以保障工程的需要。少府監額定的工匠為一萬九千八百五十人，將作監額定的工匠為一萬五千人，都分散在京師附近的各個州。工匠都要選擇身強力壯、技能精巧的，各地方不得，以拙頂巧，避重就輕。如果額定的工匠分配下來還有多餘，或者另外又和雇了別的工匠，那麼當役而不役的工匠就得納資代役，折成絹一類輕貨，繳納給少府監或將作監。如果是專門製作供內庭需用物品的巧匠，規定不得納資代役。工匠有缺額，先在能工巧匠的子弟中選補。一旦補入工匠以後，便不得再從事其他行業。在和雇的鑄造工匠中，如果有能熟練掌握冶鑄銅鐵等技術的，那就可以直接補為正式的工匠。關於在工程中對勞動日功效的計算和考核，規定是：每年夏季的三個月及秋天的七月份，作為「長功」；冬季的三個月及春季的正月，作為「短功」；春季的二、三月及秋季的八、九月，則作為「中功」。至於徵集勞役和考核功效的辦法，都依照〈戶部式〉的具體規定。

附圖

一、西京外郭城圖

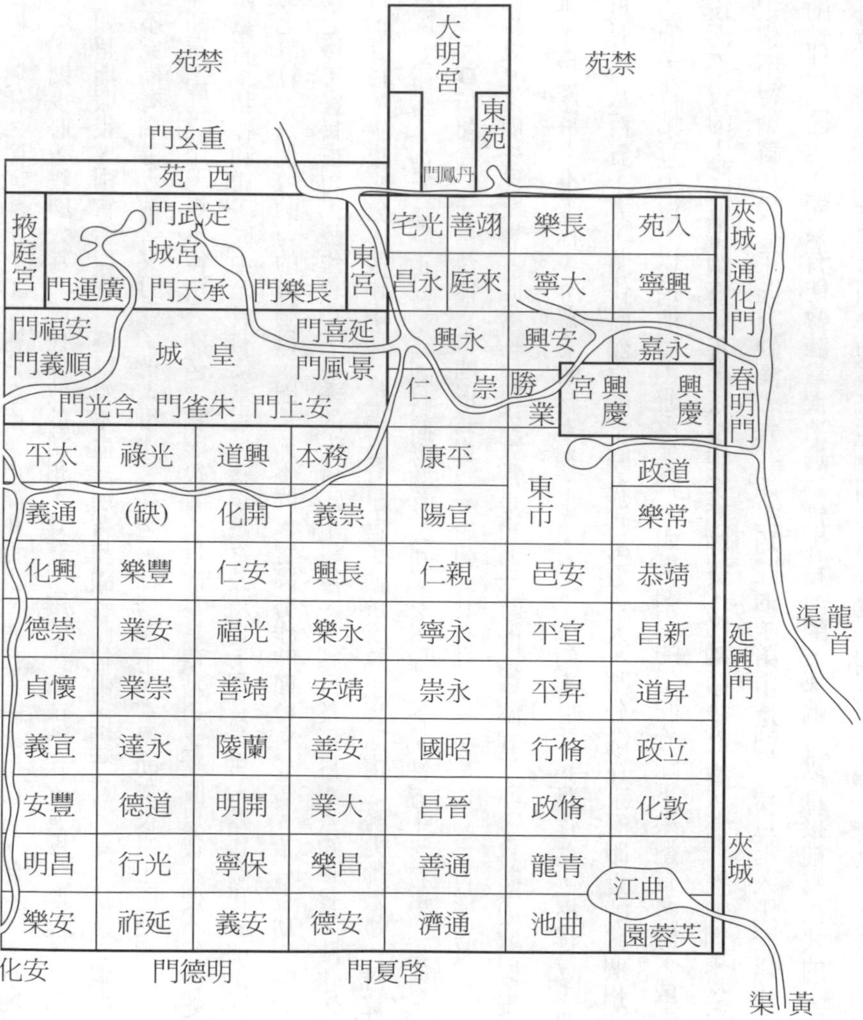
大明宮
禁苑
禁苑
東苑
重玄門
西苑
丹鳳門
定武門
掖庭宮
宮城
廣運門
承天門
長樂門
東宮
光宅
翊善
長樂
入苑
永昌
來庭
大寧
興寧
夾城
通化門
延喜門
永興
安興
永嘉
安福門
順義門
皇城
景風門
崇仁
勝業
興慶宮
興慶
含光門
朱雀門
安上門
春明門
太平
光祿
興道
務本
平康
東市
道政
通義
(缺)
開化
崇義
宣陽
常樂
興化
豐樂
安仁
長興
親仁
安邑
靖恭
崇德
安業
光福
永樂
永寧
宣平
新昌
龍首渠
延興門
懷貞
崇業
靖善
靖安
永崇
昇平
昇道
宣義
永達
蘭陵
安善
昭國
脩行
立政
豐安
道德
開明
大業
晉昌
脩政
敦化
夾城
昌明
光行
保寧
昌樂
通善
青龍
曲江
安樂
延祚
安義
安德
通濟
曲池
芙蓉園
安化
明德門
啓夏門
黃渠

819 中郎部工・書尚部工

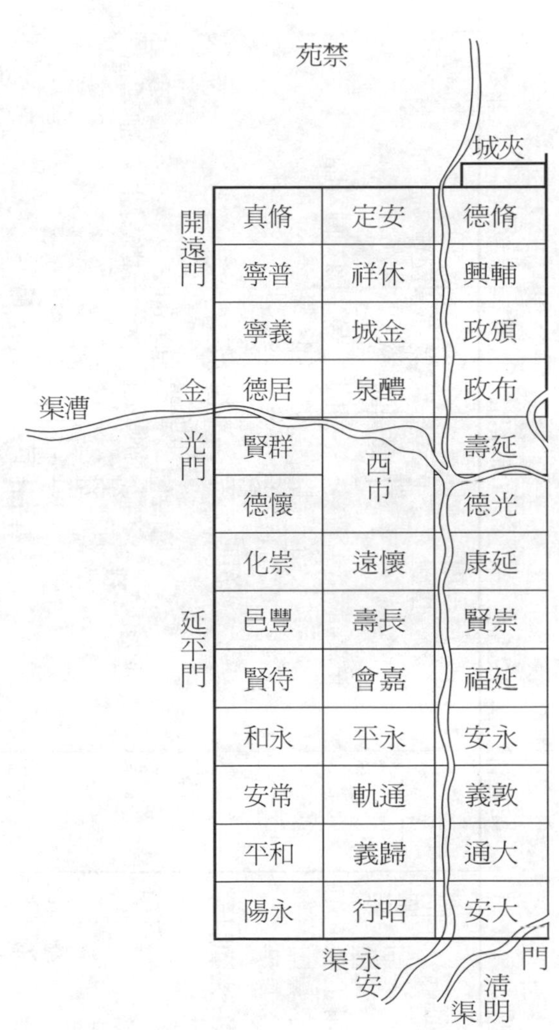

二、西京宮城圖

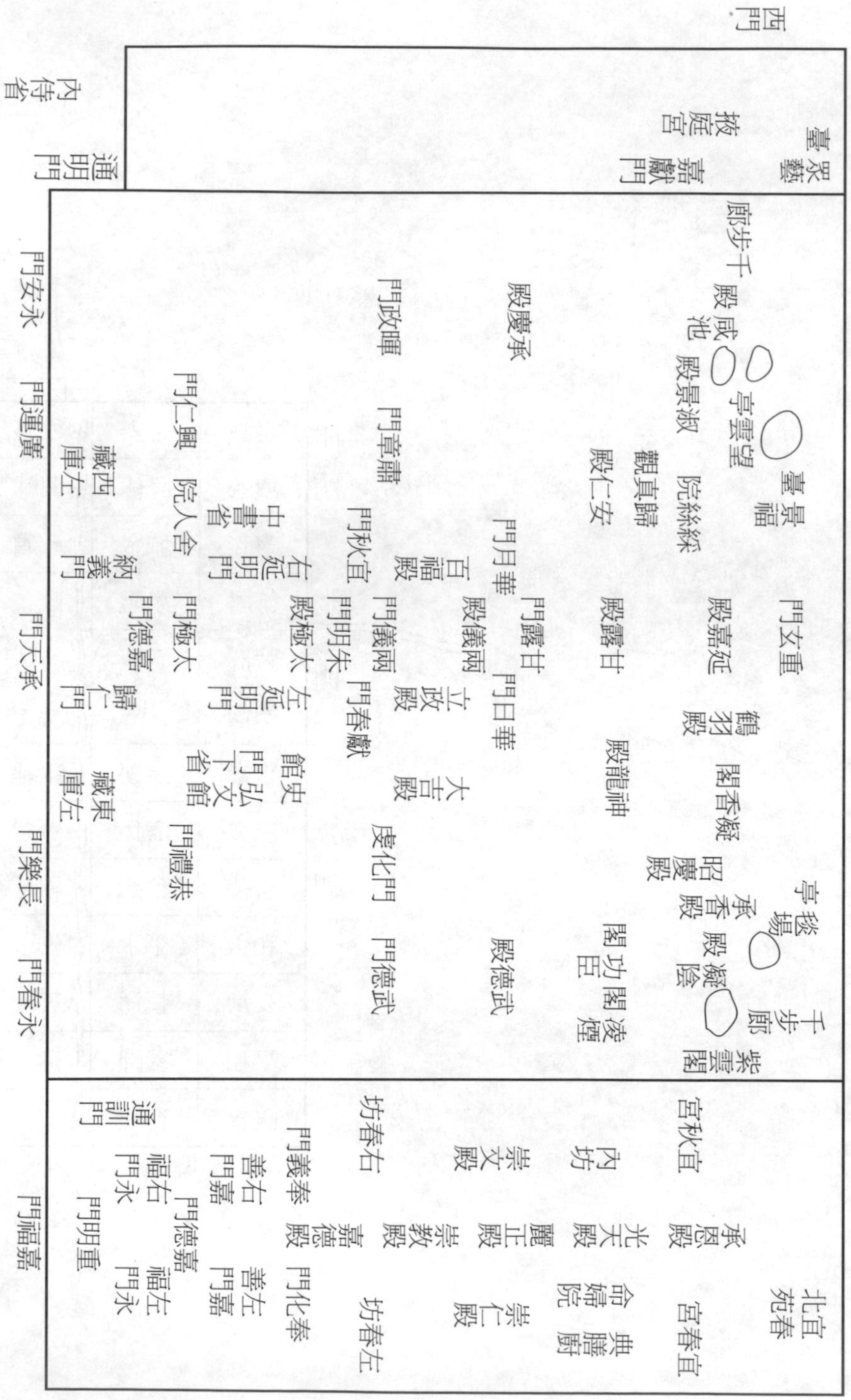

玄武門　安禮門　玄德門

西門　眾藝臺　掖庭宮　嘉猷門　通明門　內侍省

千步廊　咸池殿　望雲亭　淑景殿　福景臺　綵絲院　歸真觀　安仁殿　承慶殿

重玄門　延嘉殿　鶴羽殿　凝香閣　昭慶殿　承香殿　毬場亭　凝陰殿　千步廊　紫雲閣

甘露殿　神龍殿　功臣閣　凌煙閣

甘露門　月華門　日華門　兩儀殿　百福殿　立政殿　大吉殿　武德殿

暉政門　肅章門　宜秋門　兩儀門　朱明門　獻春門　虔化門　武德門

右延明門　太極殿　左延明門　史館　弘文館

中書省　門下省

興仁門　舍人院　太極門　恭禮門

嘉德門

西左藏庫　納義門　歸仁門　東左藏庫

永安門　廣運門　承天門　長樂門　永春門

宜秋宮　承恩殿　宮春宜

內坊　光天殿　命婦院　典膳廚

崇文殿　麗正殿　崇教殿　崇仁殿

右春坊　嘉德殿　左春坊

奉義門　奉化門

右嘉善門　左嘉善門

嘉德門

右永福門　左永福門

通訓門　重明門

宜春北苑　宜春宮

嘉福門

三、西京皇城圖

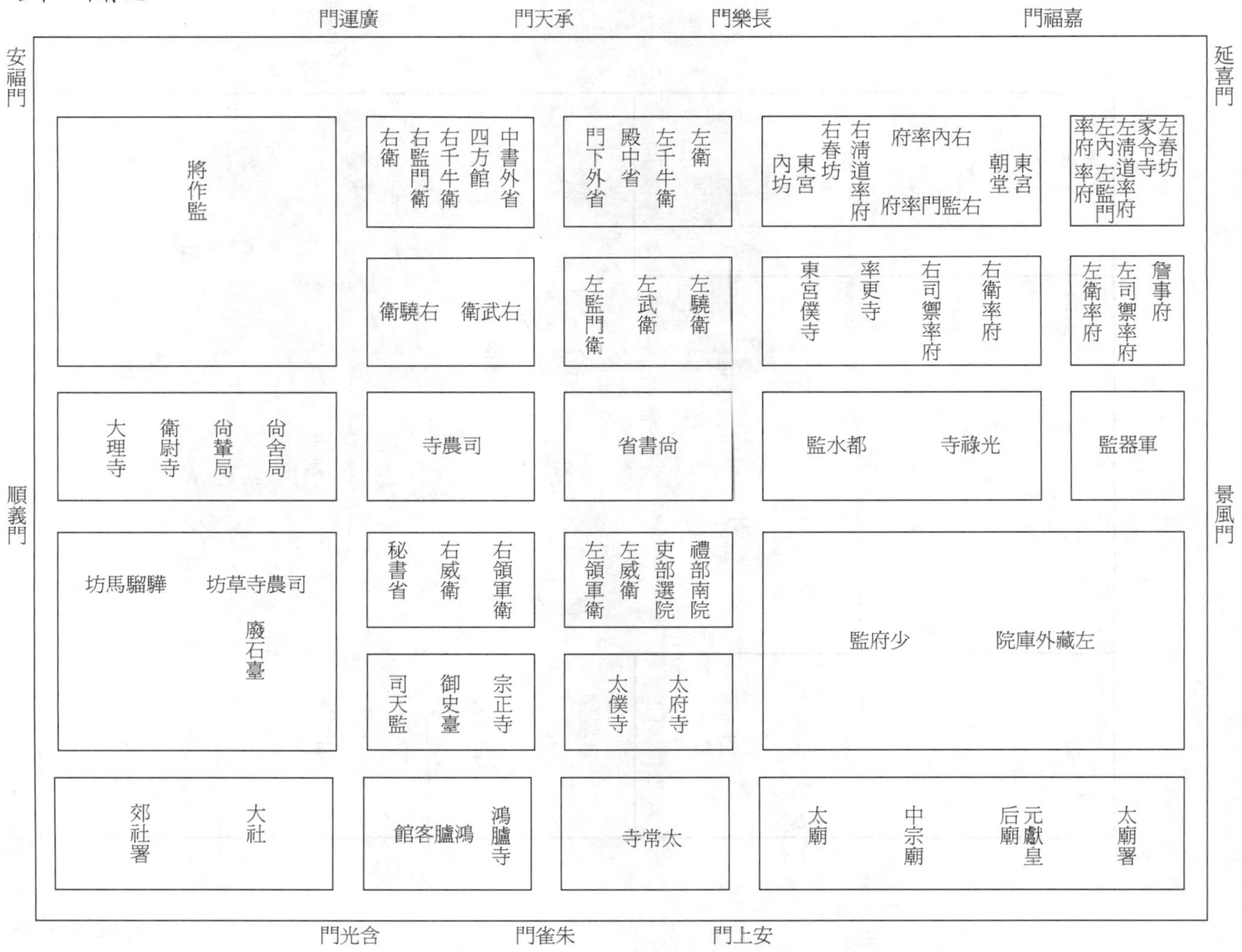

廣運門　承天門　長樂門　嘉福門

安福門　延喜門

將作監

中書外省　四方館　右千牛衛　右監門衛　右衛

左衛　左千牛衛　殿中省　門下外省

右內率府　東宮朝堂　右春坊　右清道率府　東宮內坊　右監門率府

左春坊　家令寺　左清道率府　左內率府　左監門率府

右武衛　右驍衛

左驍衛　左武衛　左監門衛

右衛率府　右司禦率府　率更寺　東宮僕寺

詹事府　左司禦率府　左衛率府

尚舍局　尚輦局　衛尉寺　大理寺

司農寺

尚書省

光祿寺　都水監

軍器監

順義門　景風門

司農寺草坊　驊騮馬坊　廢石臺

右領軍衛　右威衛　秘書省

禮部南院　吏部選院　左威衛　左領軍衛

左藏外庫院　少府監

宗正寺　御史臺　司天監

太府寺　太僕寺

大社　郊社署

鴻臚寺　鴻臚客館

太常寺

太廟署　皇獻元后廟　中宗廟　太廟

含光門　朱雀門　安上門

四、西京大明宮圖

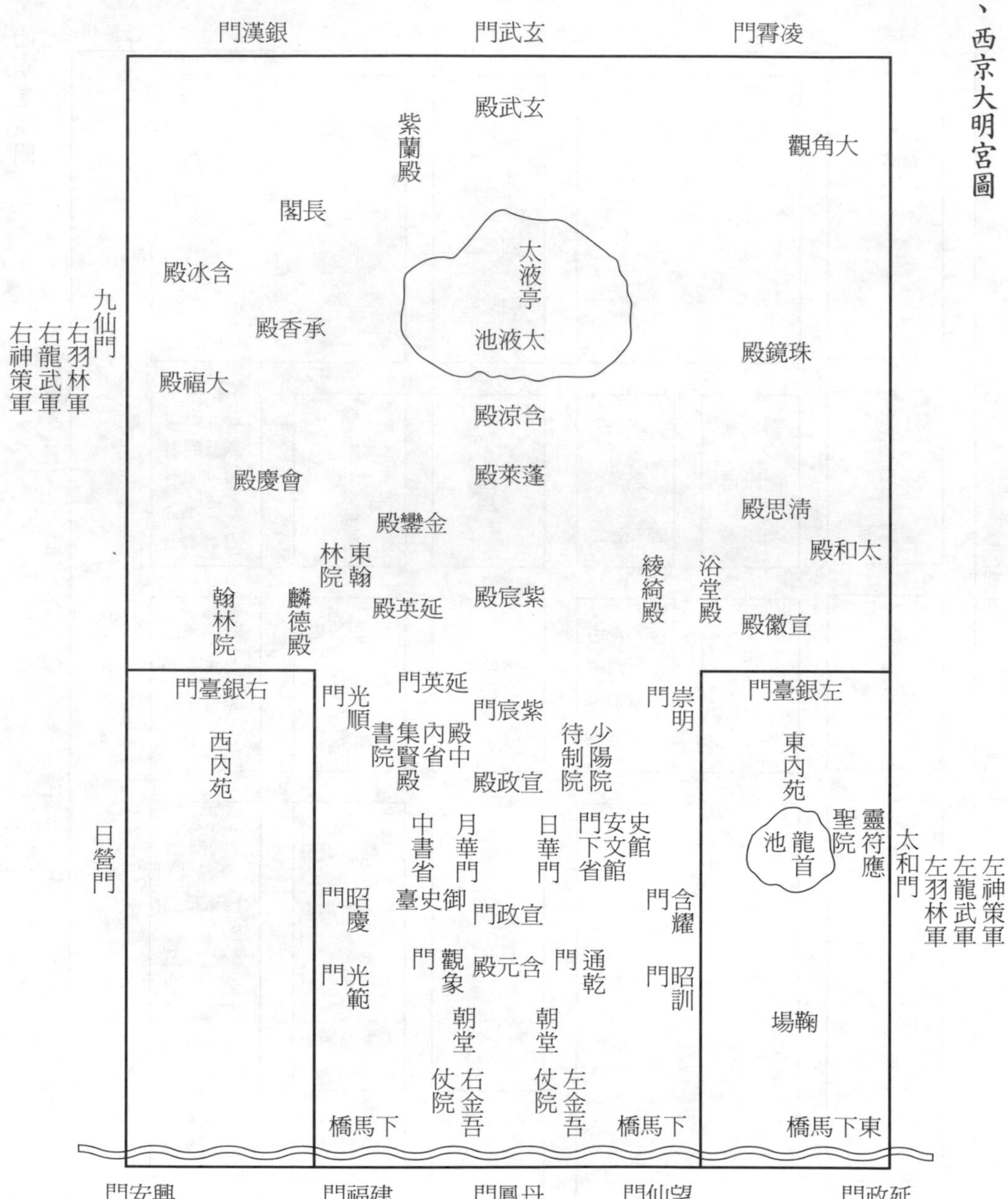

銀漢門
玄武門
凌霄門
玄武殿
紫蘭殿
大角觀
長閣
太液亭
含冰殿
九仙門
右羽林軍
右龍武軍
右神策軍
承香殿
太液池
珠鏡殿
大福殿
含涼殿
蓬萊殿
會慶殿
清思殿
金鑾殿
東翰林院
太和殿
綾綺殿
浴堂殿
翰林院
麟德殿
延英殿
紫宸殿
宣徽殿
右銀臺門
延英門
光順門
紫宸門
崇明門
左銀臺門
西內苑
殿中內省
集賢殿書院
宣政殿
少陽院
待制院
東內苑
中書省
月華門
日華門
史館
安文館
門下省
龍首池
靈符應聖院
太和門
左神策軍
左龍武軍
左羽林軍
日營門
昭慶門
御史臺
宣政門
含耀門
觀象門
含元殿
通乾門
光範門
昭訓門
朝堂
朝堂
鞠場
右金吾仗院
左金吾仗院
下馬橋
下馬橋
東下馬橋
興安門
建福門
丹鳳門
望仙門
延政門

五、西京興慶宮圖

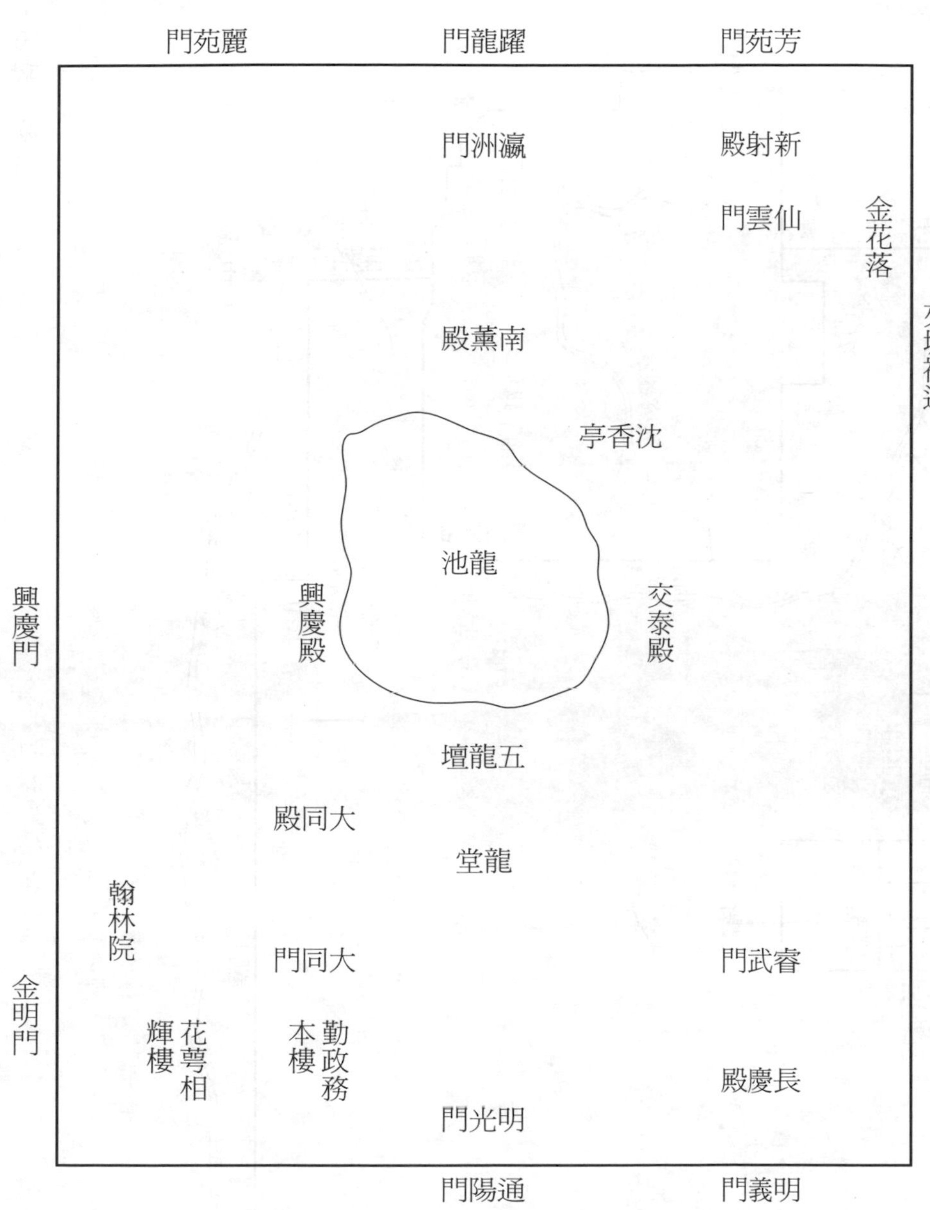
門苑麗
門龍躍
門苑芳
門洲瀛
殿射新
門雲仙
金花落
夾城複道
殿薰南
亭香沈
池龍
興慶殿
交泰殿
興慶門
壇龍五
殿同大
堂龍
翰林院
門同大
門武睿
金明門
花萼相輝樓
勤政務本樓
殿慶長
門光明
門陽通
門義明

六、西京三苑圖

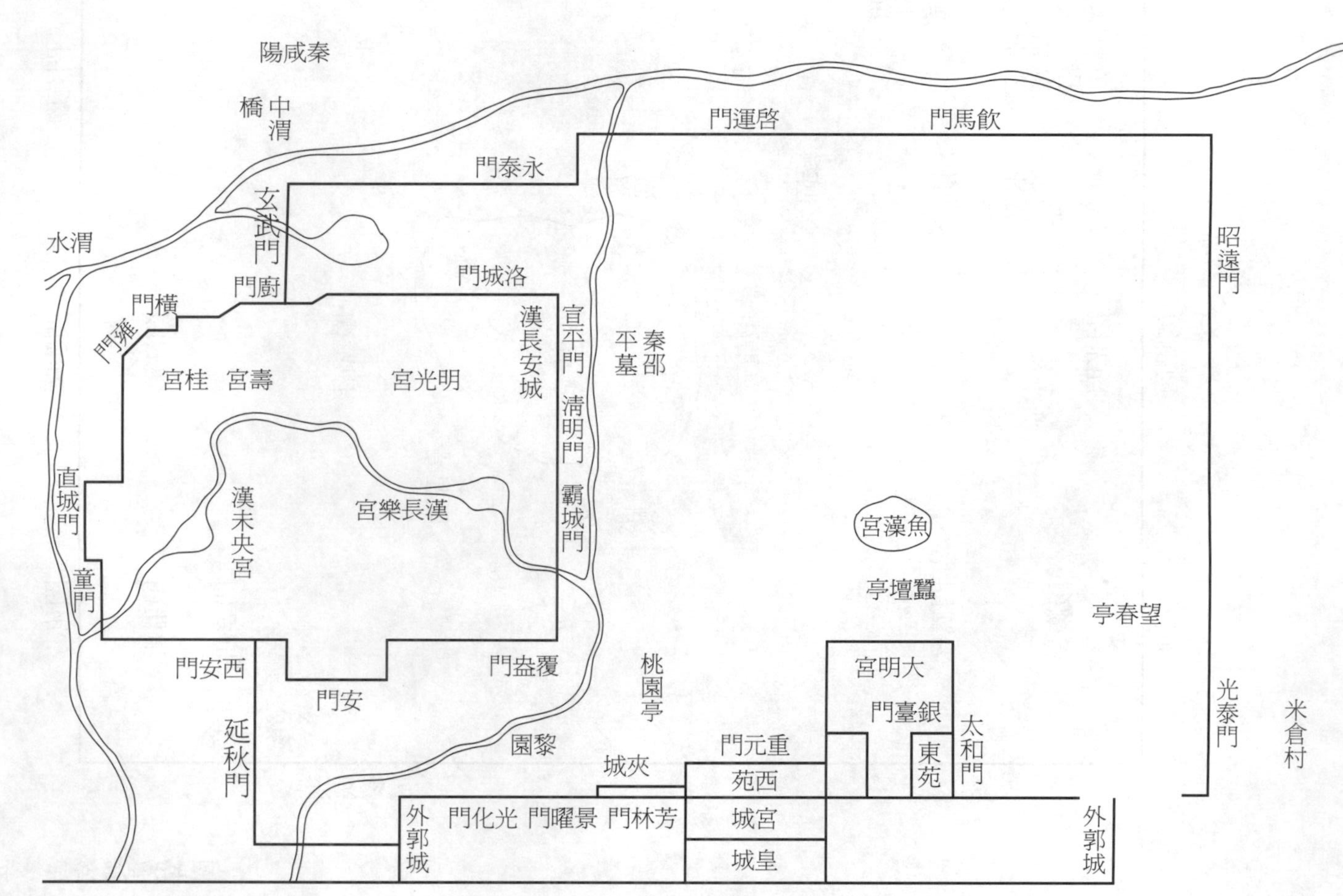
渭水
直城門
章門
雍門
橫門
桂宮
壽宮
廚門
玄武門
中渭橋
秦咸陽
明光宮
漢未央宮
漢長樂宮
西安門
安門
延秋門
洛城門
永泰門
漢長安城
宣平門
清明門
霸城門
覆盎門
梨園
秦邵平墓
外郭城
光化門
景曜門
芳林門
夾城
桃園亭
重元門
西苑
宮城
皇城
大明宮
銀臺門
東苑
太和門
魚藻宮
蠶壇亭
啓運門
飲馬門
望春亭
昭遠門
光泰門
米倉村
外郭城

七、東都外郭城圖

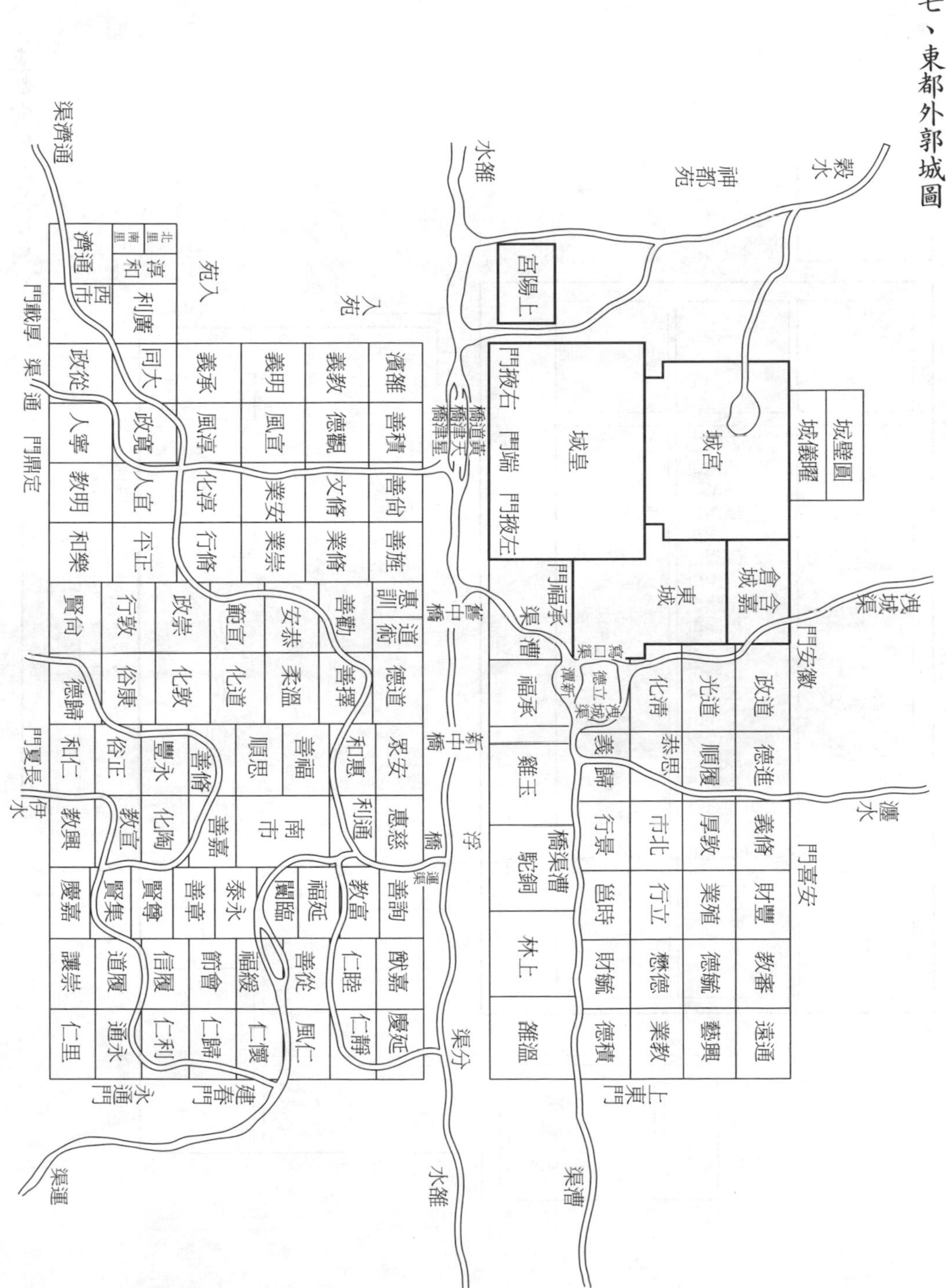

穀水
神都苑
雒水
上陽宮
皇城
宮城
圓璧城
曜儀城
含嘉倉城
東城
右掖門
端門
左掖門
承福門
天津橋
黃道橋
星津橋
舊中橋
新中橋
浮橋
漕渠
瀍水
洩城渠
徽安門
安喜門
上東門
建春門
永通門
長夏門
定鼎門
厚載門
通濟渠
通津渠
運渠
分渠
伊水
南市
北市
西市

八、東都宮城、皇城圖

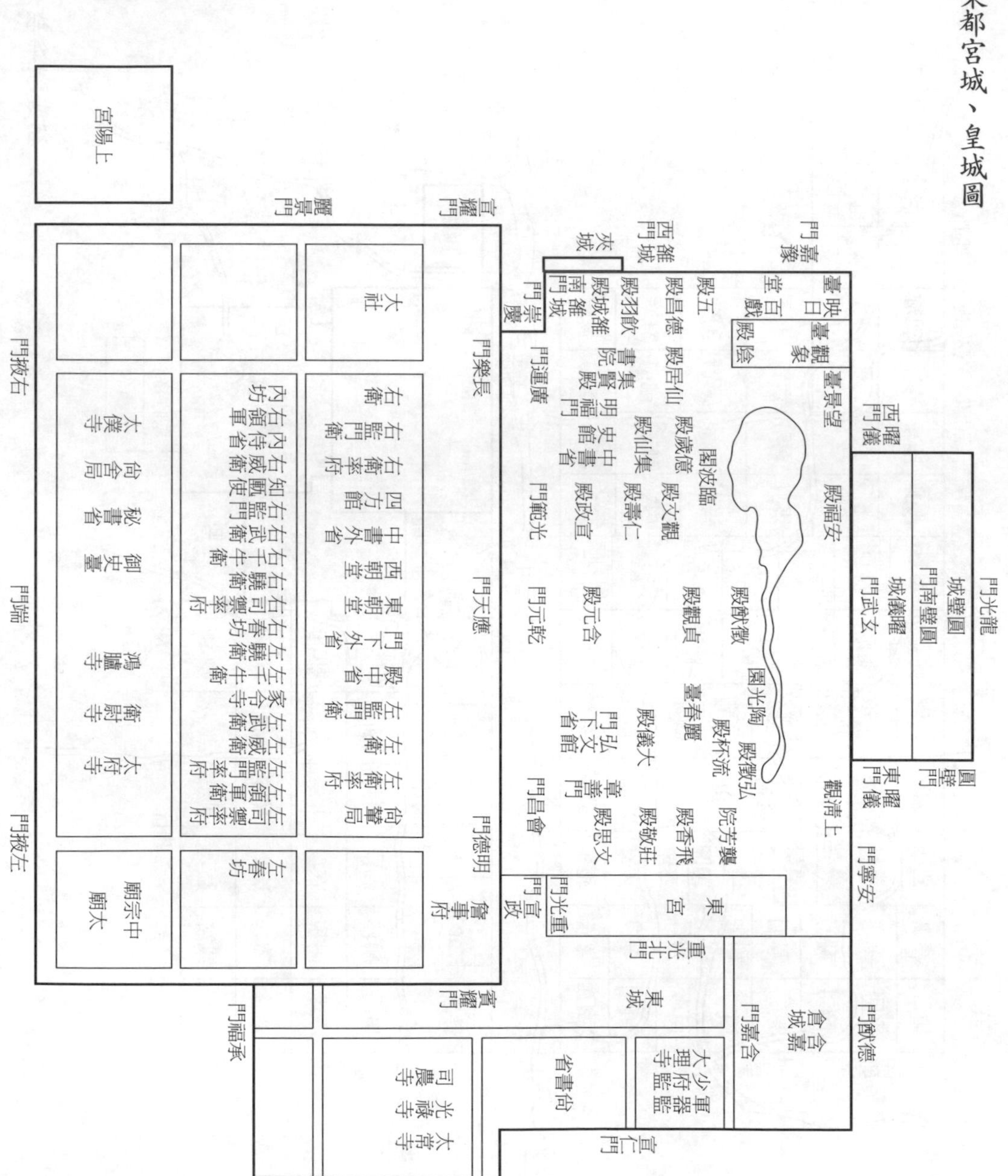
上陽宮
麗景門
宣耀門
嘉豫門
百戲堂
映日臺
陰殿
觀象臺
望景臺
西曜儀門
安福殿
龍光門
圓璧城
曜儀城
圓璧南門
玄武門
圓璧門
東曜儀門
上清觀
安寧門
德猷門
含嘉倉城
含嘉門
東城
重光北門
東宮
重光門
宣政門
西雉城門
夾城
雉南城門
崇慶門
五殿
德昌殿
飲羽殿
雉城殿
仙居殿
集書院
集賢殿
明福門
史館
中書省
億歲殿
集仙殿
臨波閣
觀文殿
仁壽殿
宣政殿
徽猷殿
貞觀殿
陶光園
弘徽殿
流杯殿
麗春臺
大儀殿
弘文館
門下省
襲芳院
飛香殿
莊敬殿
章善門
文思殿
長樂門
廣運門
光範門
應天門
乾元門
含元殿
會昌門
明德門
詹事府
大社
右衛
右監門衛
右衛率府
四方館
中書外省
西朝堂
東朝堂
門下外省
中書殿
左監門衛
左衛率府
尚輦局
內坊
右領軍
內侍省
右威衛
內使
右監門衛
知武衛
右千牛衛
右驍衛
右司禦率府
右春坊
右清道率府
左千牛衛
左驍衛
家令寺
左武衛
左威衛
左監門衛
左清道率府
左領軍
左司禦率府
左春坊
太僕寺
尚舍局
秘書省
御史臺
鴻臚寺
衛尉寺
太府寺
太廟
中宗廟
右掖門
端門
左掖門
賓耀門
承福門
宣仁門
尚書省
大理寺
少府監
軍器監
司農寺
光祿寺
太常寺

九、東都上陽宮圖

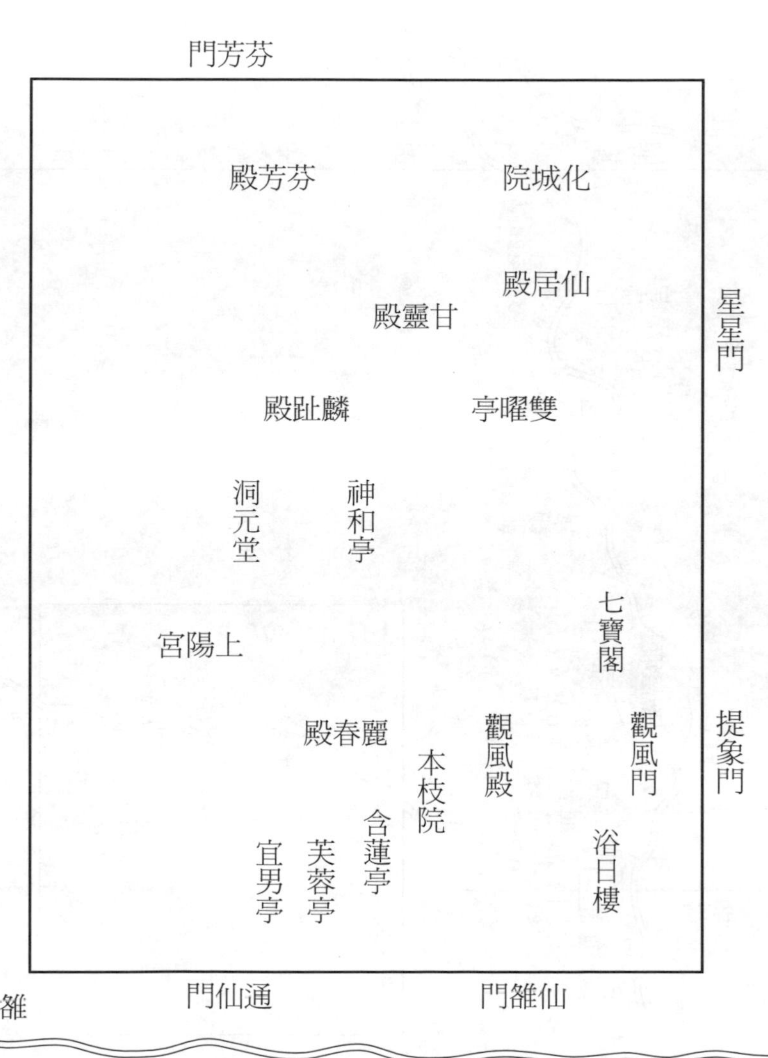
門芳芬
殿芳芬
院城化
殿居仙
殿靈甘
星星門
殿趾麟
亭曜雙
洞元堂
神和亭
七寶閣
宮陽上
殿春麗
觀風殿
觀風門
提象門
本枝院
含蓮亭
芙蓉亭
宜男亭
浴日樓
門仙通
門雒仙
水雒

十、東都苑圖

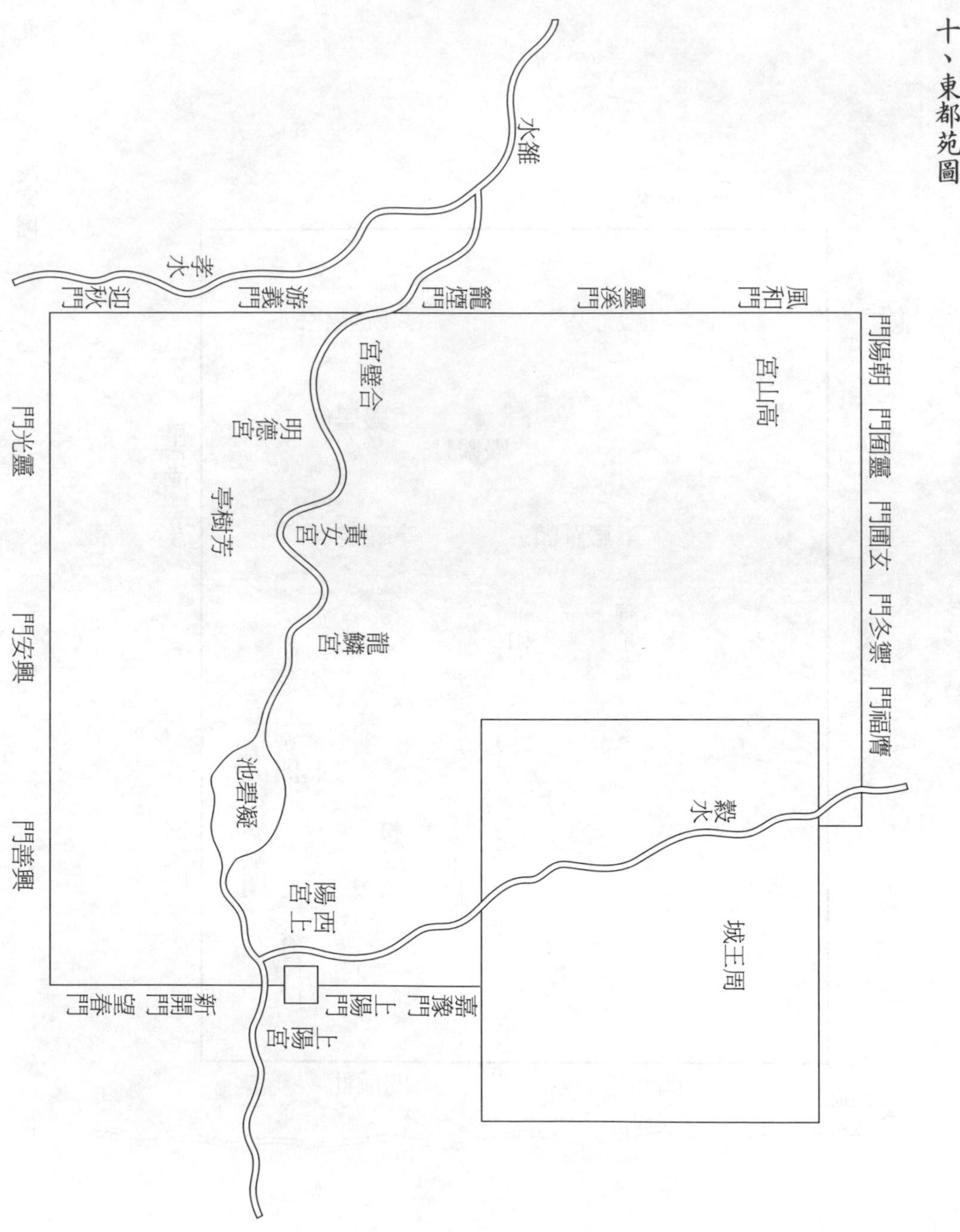
洛水
孝水
迎秋門
游義門
籠煙門
靈溪門
風和門
朝陽門
靈囿門
玄圃門
御冬門
膺福門
高山宮
合璧宮
明德宮
芳樹亭
黃女宮
龍鱗宮
凝碧池
穀水
西上陽宮
周王城
嘉豫門
上陽門
上陽宮
新開門
望春門
靈光門
興安門
興善門

十一、唐長安城復原圖

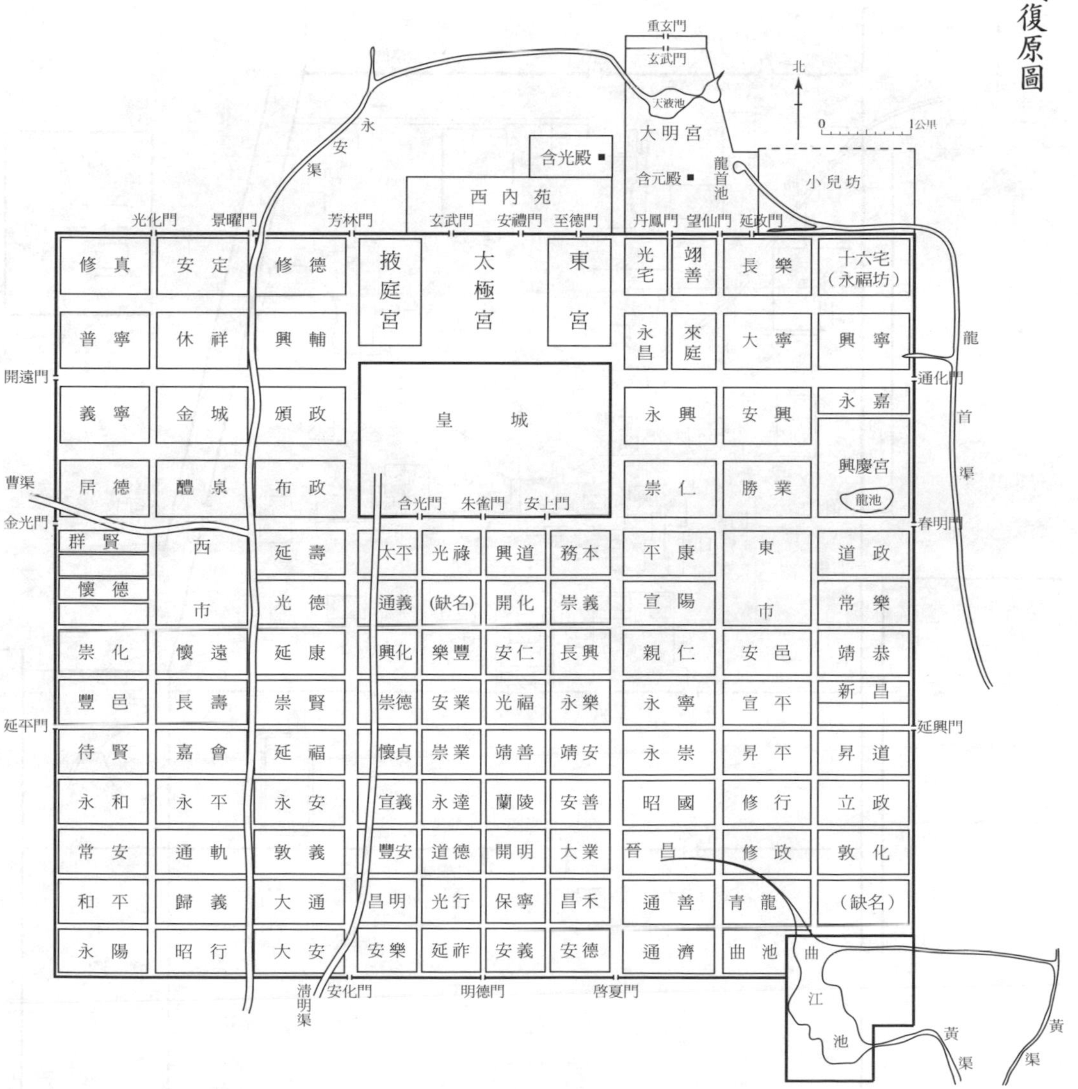

重玄門
玄武門
北
大液池
0 1公里
大明宮
含光殿
含元殿
龍首池
小兒坊
永安渠
西內苑
光化門 景曜門 芳林門 玄武門 安禮門 至德門 丹鳳門 望仙門 延政門
修真 安定 修德 掖庭宮 太極宮 東宮 光宅 翊善 長樂 十六宅（永福坊）
普寧 休祥 興輔 永昌 來庭 大寧 興寧
開遠門
通化門
龍首渠
義寧 金城 頒政 皇城 永興 安興 永嘉
曹渠
居德 醴泉 布政 崇仁 勝業 興慶宮 龍池
含光門 朱雀門 安上門
金光門
春明門
群賢 西市 延壽 太平 光祿 興道 務本 平康 東市 道政
懷德 光德 通義 (缺名) 開化 崇義 宣陽 常樂
崇化 懷遠 延康 興化 樂豐 安仁 長興 親仁 安邑 靖恭
豐邑 長壽 崇賢 崇德 安業 光福 永樂 永寧 宣平 新昌
延平門
延興門
待賢 嘉會 延福 懷貞 崇業 靖善 靖安 永崇 昇平 昇道
永和 永平 永安 宣義 永達 蘭陵 安善 昭國 修行 立政
常安 通軌 敦義 豐安 道德 開明 大業 晉昌 修政 敦化
和平 歸義 大通 昌明 光行 保寧 昌禾 通善 青龍 （缺名）
永陽 昭行 大安 安樂 延祚 安義 安德 通濟 曲池
曲江池
清明渠
安化門 明德門 啓夏門
黃渠
黃渠

十二、唐大明宮圖

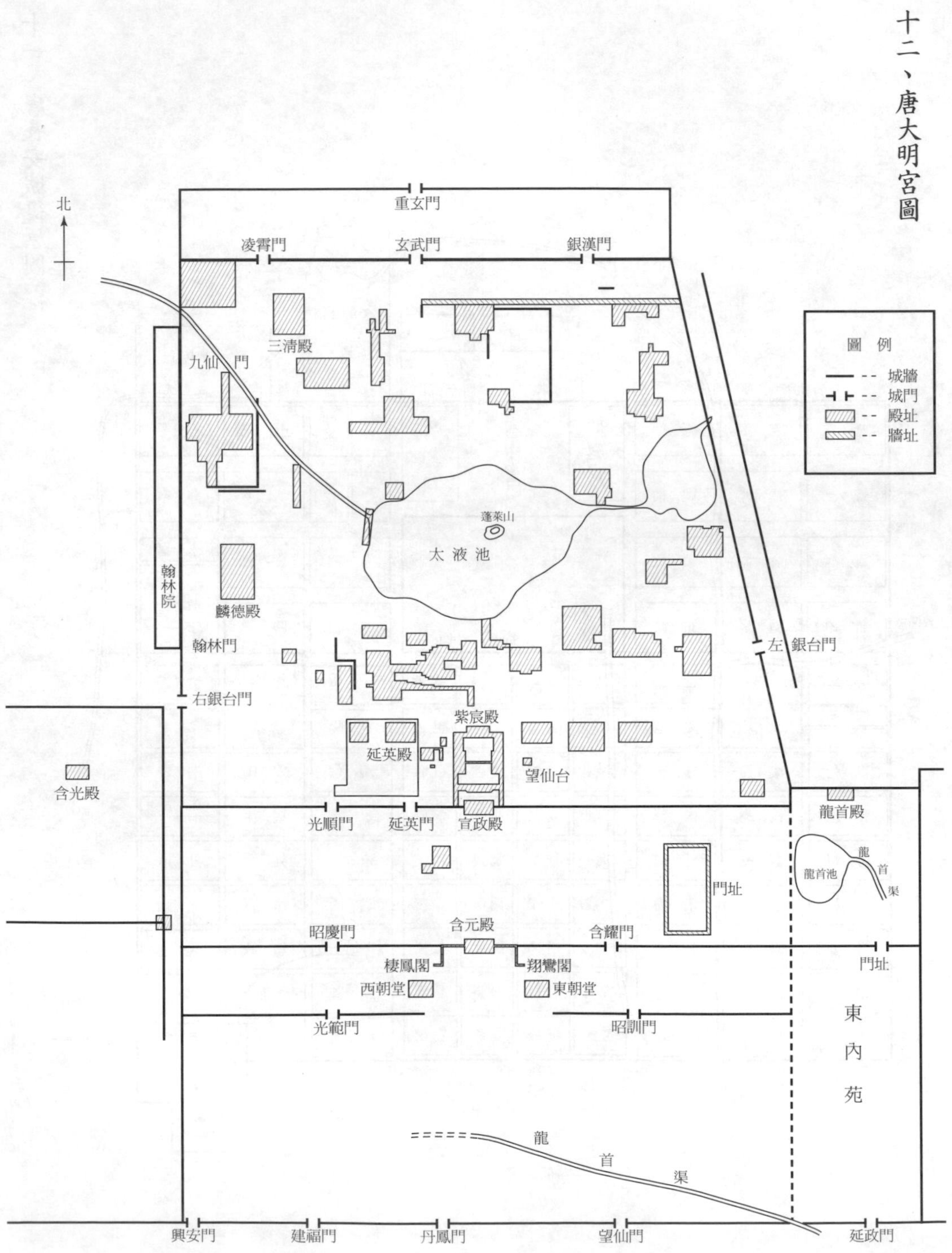

北
重玄門
凌霄門
玄武門
銀漢門
三清殿
九仙門
圖例
城牆
城門
殿址
牆址
蓬萊山
太液池
翰林院
麟德殿
翰林門
左銀台門
右銀台門
紫宸殿
延英殿
望仙台
含光殿
光順門
延英門
宣政殿
龍首殿
龍首池
龍首渠
門址
含元殿
昭慶門
含耀門
棲鳳閣
翔鸞閣
西朝堂
東朝堂
光範門
昭訓門
東內苑
龍首渠
興安門
建福門
丹鳳門
望仙門
延政門

屯田郎中

【篇　旨】本篇主要記述唐代軍州屯田的管理制度及其在沿邊軍州的分佈狀況，對配給在京文武官員職分田、公廨田的相關規定，亦有簡略介紹。唐代的屯田、職田、公廨田都是公有土地存在的一種形式。屯田和在京諸司的職田、公廨田，屬屯田司郎中、員外郎管轄範圍；在外諸州的職田、公廨田的管理，則為戶部司郎中、員外郎的職掌，故後者本書將其置於第三卷尚書戶部。但二者運作情況有相似之處，因此對照這些分置在兩處的記載文字，可以起到互相佐證的作用，以彌補直接史料的不足。

在唐代，屯田、職田、公廨田都有一個由盛而衰的演變過程。一要有閒人，二要有閒地，這是設置屯田的兩個基本條件。唐初屯田的興起，正是由於一方面沿邊地區集結著大量軍隊，在作戰間隙時期成了閒散的勞動力；另一方面，緣邊諸州又存在著大片空曠的無主荒地。但這些條件是隨著時間推移不斷在變化中的，於是屯田亦便由興盛走向衰落。這不限於唐代，別的歷史時期的屯田亦大多時起時落，很難得到持續發展。唐代的職分田、公廨田因承隋制，亦是在空荒無主地基礎上建立起來的一種土地關係，通過租佃經營，其收入作為公廨費用和官員俸祿的補充。在實際運作中，它往往演變成為一種侵擾和漁利百姓的苛政。開元時曾一度廢除職田，但因它牽涉到內外官員的實際利益，阻力重重，不久只得恢復舊制。此後很多職田更蛻變成經營者的私有財產，不少地方出現了土地失蹤、佃民逃亡的局面。儘管朝廷力圖挽回此種敗勢，但實踐卻一再證明此類努力的徒勞。故閱讀本篇有關屯田、職分田和公廨田制的記述，應注意其實際運作和演化過程。

一

屯田郎中一人，從五品上。漢尚書郎四人❶，其一人主戶口墾田，蓋兼屯田之任也。故氾勝之為侍郎❷，教田三輔❸是也。魏有農部郎曹❹，晉始置屯田郎中❺，東晉及宋、齊並左民郎中兼知屯田事❻，後魏、北齊並置屯田郎中❼。梁、陳、隋並為侍郎❽，亦郎中之任也。煬帝曰屯田郎❾。後魏、北齊祠部尚書領屯田，陳左戶部尚書領屯田，隋則工部尚書領之，皇朝因稱郎中。龍朔二年❿改為司田大夫，咸亨元年⓫復故。

員外郎一人，從六品上。隋開皇六年⓬置，煬帝改曰承務郎，武德三年⓭改曰員外郎，龍朔、咸亨隨曹改復。

主事二人，從九品上。

屯田郎中、員外郎掌天下屯田之政令。

【章旨】記述屯田司郎中、員外郎之定員、品秩及職掌。

【注釋】❶漢尚書郎四人　西漢武帝時常以郎官供尚書署差遣，後漸成定制，成為中朝常設官職，員四人。應劭《漢官儀》卷上：「尚書郎四人，其一郎主匈奴單于營部，一郎主羌夷吏民，民曹一郎主天下戶口墾田功作，謁者曹一郎主天下貝錢貢獻委輸。」❷氾勝之為侍郎　氾勝之，亦省稱氾勝，漢代農學家，《漢書．藝文志》農家有《氾勝之》十八篇。成帝時為議郎，後官至黃門侍郎。此處指其「教田三輔」時，似以「議郎」為勝。❸三輔　古地區名。其轄境相當於今陝西中部地區。漢景帝時分內史為左、右內史與主爵都尉，治理長安城中，所管轄京畿之地合稱三輔。漢武帝時改左右內史及主爵都尉為京兆尹、左馮翊、右扶風，仍合稱三輔。這一習慣稱謂，唐以後還沿用。❹魏有農部郎曹　據《晉書・職官志》魏有二十三尚書郎，其中有農部郎。其統屬關係，一說屬左民尚書，一說屬度支尚書。❺晉始置屯田郎中　晉武帝罷農部，始置屯田。西晉設吏部、三公、駕部、屯田、度支六曹尚書，屯田郎中屬屯田尚書。❻東晉及宋齊並左民郎中兼知屯田事　《晉書・職官志》稱江左無屯田。南朝宋、齊承東晉，亦無屯田郎中。以左民郎中兼知屯田事，當是依梁增置屯田於左戶，即左民尚書推知。然據《宋書・百官志》載晉元帝鎮東丞相府下屬設有田曹，宋高祖為相時，其丞相府亦設有田曹。❼後魏北齊並置屯田郎中　北魏孝文帝太和十七年（西元四九三年）改制，尚書省三十四曹郎，屯田郎中屬祠部尚書。北齊之屯田郎中，據《隋書・百官中》亦屬祠部尚書。❽梁陳隋並為侍郎　梁，據《隋書・百官上》於尚書省設郎二十三人，其中有屯田郎。陳，設郎二十一員，較梁少二員，所省為騎兵與虞曹，屯田則依梁之舊。隋，據《隋書・百官下》由工部尚書統工部，屯田侍郎各二人。❾煬帝曰屯田郎　指隋煬帝楊廣，把「諸曹侍郎，並改為郎」（《隋書・百官下》）。因而屯田侍郎改稱為屯田郎。❿龍朔二年　即西元六六二年。⓫咸亨元年　即西元六七〇年。⓬開皇六年　即西元五八六年。⓭武德三年　即西元六二〇年。

【語　譯】屯田司：郎中，定員一人，品秩為從五品上。西漢時設有尚書郎四人，其中一人分管戶口與墾田，那就是兼管屯田郎中的職務。漢成帝時，氾勝之擔任侍（議）郎，在三輔地區教授農田技術，就是一例。魏設有農部郎曹。從西晉開始在尚書臺設置屯田郎中。東晉和南朝的宋、齊，都是由左民郎中兼管屯田事務。北魏、北齊都設有屯田郎中，梁、陳、隋設屯田侍郎，亦就是現今屯田郎中的職任。隋煬帝時稱屯田郎。北魏、北齊是祠部尚書統領屯田，陳是左民部尚書總領屯田，隋則是由工部尚書兼管。本朝因承這一官制，改稱為郎中。龍朔二年一度改名為司田大夫，到咸亨元年恢復了原稱。

員外郎，定員一人，品秩為從六品上。這一官職是隋朝開皇六年設置的，煬帝時改名為承務郎。本朝高祖武德三年，改名為員外郎。龍朔、咸亨年間，這一職名曾隨著曹名的更改恢復而更改恢復過。

主事，定員二人，品秩為從九品上。

屯田司郎中、員外郎的職掌是，掌管全國有關屯田的政令。

【說　明】屯田之興，可追溯到漢武帝。當時因用兵匈奴，遠距離餽糧困難甚多，因而常常出現「士有饑色，師不宿飽」的情況。為了保障遠征軍的供給，於是才有屯田之設。最早是貳師將軍李廣利伐大宛之後，在西域自敦煌以西至輪臺，今新疆之烏魯木齊，皆有田卒數百人，置使者校尉領護。匈奴昆邪王投降後，自朔方以西至令零，亦通水渠、置田官，吏卒達五、六萬之多。後來李廣利投降了匈奴，搜索都尉桑弘羊又建議在輪臺東屯田：「輪臺東有溉田五千頃以上，可遣屯田卒，置校尉三人分護，益種五穀。張掖、酒泉，遣騎假司馬為斥候。募民壯健敢徙者詣田所。益墾開田，稍築列亭連城而西，以威西國，輔烏孫。」（《資治通鑑》卷二二）但其時漢武帝已進入晚年，對自己一生的許多「狂悖」行為開始有所追悔，因而非但沒有接受桑弘羊的建議，還由此引發了「輪臺罪己詔」，認為此「是擾勞天下，非所以優民也」（同上）。漢宣帝神爵元年（西元前六一年）西羌反，於是以趙充國為後將軍發兵擊西羌。在西羌基本平定後，趙充國又一次提出了在臨羌東至浩亹有未墾田二千頃以上，可以屯田的建議。具體實施辦法是：罷騎兵，留步兵分屯要害之處，有農事時每人三十畝，另外徵調郡國騎兵及屬國之騎兵各千人為遊兵，以護屯田。這個建議在朝廷上雖有爭論，但最後還是為宣帝所認可，並付諸實施。

屯田制度延續到東漢及三國時期，有了新的變化，即隨著軍事活動主要是在三國邊界的地區進行，屯田的地區也由邊疆轉移到中原。魏、蜀、吳三國在相互緣邊地區都曾設置過屯田，其中以魏和後來晉的規模最大。魏時屯田多在許下，利用黃巾餘部，州、郡皆置農官。最具代表性的是鄧艾在淮北、淮南的屯田，有五萬人，每年可提供五百萬斛軍糧，為後來西晉滅吳準備了最基本的條件。南北各朝，在雙方軍事對峙地區亦斷斷續續施行過屯田之制，在南朝齊，徐孝嗣於建武末為尚書令時，還曾主張在北方沿邊地區恢復屯田，並建議「別立主曹，專司其事」（《冊府元龜》卷五〇三），這可說是梁、陳重設屯田曹的前奏。

二

凡軍、州邊防鎮守❶轉運不給，則設屯田以益軍儲。其水陸腴瘠，播植地宜❷，功庸煩省，收率等級，咸取決焉。諸屯分田役力❸，各有程數❹。凡營稻一頃，將單功❺九百四十八日；禾，二百八十三日；大豆，一百九十二日；小豆❻，一百九十六日；烏麻，一百九十一日；麻，四百八十九日；床黍❼，一百八十日；麥，一百七十七日；蕎麥，一百六十日；藍❽，五百七十日；蒜，七百二十日；葱，一千一百五十六日；瓜，八百一十八日；蔓菁❾，七百一十八日；苜蓿❿，二百二十八日。

【章　旨】記述有關屯田分等及按作物種類考核之規定。

【注　釋】❶軍州邊防鎮守　泛指緣邊駐防邊軍之諸州。「唐初，兵之戍邊者，大曰軍，小曰守捉，曰鎮，而總之者曰道」《新唐書・兵志》。故軍、鎮、守捉都是邊軍組織稱謂。❷播植地宜　意謂屯田處土地適宜種植何種品類。❸諸屯分田役力　指屯田各地塊所需之勞力。又，《太平御覽》卷二百十八屯田郎中員外郎條引《唐六典》此句無「分」字。❹程數　規章。❺將單功　指以單個勞動力估算其所需勞動日數量。又，「將」，南宋本作「料」。似以「料」為是。❻小豆　即赤豆。❼床黍　即穄，又叫穈子。❽藍　植物名。如蓼藍、松藍，可作染料用；甘藍、擘藍，為蔬菜，可食用。❾蔓菁　即蕪菁。可食用。《晉書・西戎傳・吐谷渾》：「地宜大麥，而多蔓菁。」❿苜蓿　古大宛語之音譯，豆科植物，原產西域。一年生或多年生。係餵馬飼料。漢武帝時，張騫使西域，始從大宛傳入。又稱懷風草、光風草、連枝草。

【語　譯】凡是緣邊駐防邊軍的各個州，軍糧轉輸供給不足可以設置屯田，以增益軍糧的積儲。屯田無論是水田還是陸田，肥沃或者貧瘠，適宜播種哪些作物，費功的多少以及收穫的等級，都取決於屯田司。種植不同作物所需的勞動日，各有具體章程。種植稻田一頃，估計要用九百四十八個勞動日，禾為二百八十三個勞動日，大豆為一百九十二個勞動日，小豆為一百九十六個勞動日，烏麻為一百九十一個勞動日，麻為四百八十九個勞動日，床黍為二百八十個勞動日，麥為一百七十七個勞動日，蕎麥為一百六十個勞動日，藍為五百七十個勞動日，蒜為七百二十個勞動日，蔥為一千一百五十六個勞動日，瓜為八百十八個勞動日，蔓菁為七百十八個勞動日，苜蓿為二百二十八個勞動日。

【說　明】唐代前期屯田勞動力的來源，主要是士兵。如武則天天授初，婁師德檢校豐州都督「率士屯田，積穀數百萬」(《新唐書·婁師德傳》)。本章原注中提到的每頃各種作物所需勞動日數額，其勞動者就是服役的士卒。在士卒不足的情況下，也有依靠內地征夫來補充的，如《全唐文》卷三百九十四所錄〈顏真卿墓志銘〉云：「會郡中方集靜塞軍屯丁三千餘人」；唐開元〈水部式〉云：「滄……等十州共差水手五千四百人……兼准屯丁例，每夫年各帖一丁，其丁取免雜徭人家道稍殷有者，人出千五百文資助。」屯田所播種的作物，主要是糧食和馬料，少量蔬菜及麻類。

屯田往往不能維持太久，除了受勞動力來源限制外，還由於經營不善，收穫不如庸功，得不償費。如上面提到的婁師德，在檢校豐州都督時，率士卒屯田，當時曾受到武則天的表彰，認為因屯田而「不煩和糴之貴，無復運輸之艱，兩軍及其鎮兵咸得支給，勤勞之誠，久而彌著」。但沒有多久這片豐州的屯田便宣告荒廢。代宗時，楊炎為宰相，想恢復豐州屯田，主張發關輔人開陵陽渠，京兆尹嚴郢則竭力反對。反對的理由一是沒有足夠的勞動力去開墾；二是成本太高。他以西苑內植稻為例，算了一筆帳：「計一丁歲當錢九十六千，米七斛二斗，所僦丁三百，每歲合給錢二萬八千八百貫，米二千一百六十斛，不知歲終收穫幾何？臣計所得不補所費。況二千餘里，發人出塞屯田，一歲方替，其種穀從太原轉餉，運直至多，又每人須給錢六十三千，米七斛二斗，私出資費數又倍之，據所收必不登本。而關輔之人，不免流散，是虛畿甸而無益軍儲。」正是基於這些原因，開元二十五年(西元七三七年)曾下過一道詔令，把陳、許、豫、壽四州屯墾的稻田「分地均耕，令人自種。先所置屯田，宜並定其地量，給逃還及貧下百姓」(以上均引自《冊府元龜》卷五〇三)。

唐代中期開墾屯田，偶而亦有成功的例子。據《新唐書．食貨三》記載，元和中，振武軍饑，憲宗接受宰相李絳的建議，「乃以韓重華為振武、京西營和糴水運使，起代北，墾田三百頃，出贓罪吏百九餘人；給以耒耜、耕牛，假種糧，使償所負粟，二歲大熟。因募人為十五屯，每屯三百人，人耕百畝……墾田三千八百餘頃，歲收粟二十萬石，省度支錢二千餘緡」。韓重華屯田的地區在今河套一帶，所以成功的原因主要是勞動力靠徵發囚犯，是無償的。如果再要擴大規模或普遍推行，就非得招募人丁不可，那樣成本就很高，還是行不通。大致與韓重華同時，不少邊軍亦屯田，走的卻是另一條路子。他們運用強權，以貧瘠的土地換到百姓肥沃的土地，然後再招募百姓來耕種，費用由國家負擔，好處落入自己腰包。元和十五年（西元八二〇年）二月，剛即位的穆宗，不得不為此專門下了一道詔書，規定「邊軍營田處，其軍糧既取正稅米分給，其所管田自為軍中支用，不合取百姓營田，並以墝地迴換百姓肥濃田。其軍中如要營田，任取食糧健卒，而不得輒妄招召」（《冊府元龜》卷五〇三）。但這又能起多少作用呢？大凡當權者可以從中漁利的事，往往是不令而行，卻又禁而不止的！

三

凡天下諸田❶、（州管屯，總九百九十有二❷，河東道❸大同軍❹四十屯，橫野軍❺四十二屯，雲州❻三十七屯，朔州❼三屯，蔚州❽三屯，嵐州❾一屯，蒲州❿五屯。關內道⓫北使⓬二屯，鹽州監牧⓭四屯，太原⓮一屯，長春⓯一十屯，單于⓰三十一屯，定遠⓱四十屯，東城⓲四十五屯，西城⓳二十五屯，勝州⓴一十四屯，會州㉑五屯，鹽池㉒七屯，原州㉓四屯，夏州㉔二十二屯，豐安㉕二十七屯，中城㉖四十一屯。河南道㉗陳州㉘二十三屯，許州㉙二十二屯，豫州㉚三十五屯，壽州㉛二十七屯。河西道㉜赤水㉝三十六屯，甘州㉞一十九屯，大斗㉟一十六屯，建康㊱一十五屯，肅州[37]七屯，玉門[38]五屯，安西[39]二十屯，疏勒[40]七屯，焉耆[41]七屯，北庭[42]二十屯，伊吾[43]一屯，天山[44]一屯。隴右道[45]渭州[46]四屯，秦州[47]四屯，成州[48]三屯，武州[49]一屯，岷州[50]二屯，軍器四屯，莫門軍[51]六屯，臨洮軍[52]三十屯，河原[53]二十八屯，安人[54]一十一屯，白水[55]十屯，積石[56]一十二屯，富平[57]九屯，平夷[58]八屯，綏和[59]三屯，平戎[60]一屯，河州[61]六屯，鄯州[62]六屯，廓州[63]四屯，蘭州[64]四屯，南使六屯，西使一十屯。河北道[65]幽州[66]五十五屯，清夷[67]一十五屯，北郡[68]六屯，威武[69]一十五屯，靜塞[70]二十屯，平川[71]三十四屯，平盧[72]三十五屯，安東[73]一十二屯，長陽使[74]六屯，渝關[75]一十屯。劍南道[76]巂州[77]八屯，松州[78]一屯。開元二十二年[79]，河南道陳、許、豫、壽又置百餘屯；二十五年[80]，敕以為不便，并長春宮田三百四十餘頃，並令分給貧人。大者五十頃，小者二十頃[81]。凡當屯之中，地有良薄，歲有豐儉，各定為三等。凡屯皆有屯官、屯副。屯官取前資官[82]、嘗選人[83]、文武散官[84]等強幹善農事，有書判，堪理務者充；屯副取品子[85]及勳官[86]充。六考滿[87]，加一階，聽選[88]；得三上考者[89]，又加一等[90]。〕

【章旨】記述諸軍、州屯田之分佈及屯官、屯副之選任。

【注釋】❶凡天下諸田 句中「田」字，據南宋本當為「軍」。又，此下文字，以及後第四章（關於職分田）全部，和第五章（關於公廨田）前半章，均為四庫本所脫漏，茲據陳仲夫點校本（其底本為南宋本）補上，並加方括號以為區別。❷總九百九十有二 此下原注所列諸道屯田總數實有一千零四十一屯。李錦繡《唐代財政史稿》認為：「其中北、西、南、鹽州監牧使鹽池、軍器、長春宮使及長陽使，都不屬於軍州，將之減去，則得軍州屯數九百九十二屯。」❸河東道 轄今山西及河北西北部長城內外之地。開元以後，治所在蒲州，屬下有府二、州十九、縣一百一十。❹大同軍 在朔州之安邊，今山西朔縣之西。據《新唐書・地理志》記載，開元五年（西元七一七年）於大同軍城置馬邑縣。❺橫野軍 在蔚州，今河北蔚縣。《新唐書・地理志》稱，蔚州東北有橫野軍，乾元元年（西元七五八年）徙天成軍合之而廢橫野軍。❻雲州 治所雲州，在今山西大同市。❼朔州 治所新城，今山西朔縣西南。不久移至招遠，唐時改稱鄯陽，即今朔縣。❽蔚州 治所蔚縣，即今河北蔚縣。❾嵐州 治所宜芳，在今山西嵐縣之北。❿蒲州 治所河東，在今山西永濟縣。⓫關內道 轄今陝西秦嶺以北，甘肅省祖厲河流域以東，內蒙古呼和浩特市以西，陰山狼山以南河套地區。治所長安。下屬有府二、都護府二、州二十七、縣百三十五。⓬北使 屬監牧使，不屬諸邊軍州。唐於隴右、關內二道設五十六監，以牧群畜，牧監屯田，種植牧草，屬太僕寺管轄。諸群牧分設南使、北使、西使、東使以統之。此北使當即是太僕寺之北使。⓭鹽州監牧 鹽州治所在五原，今甘肅之定邊。監牧屬太僕寺。⓮太原 應屬河東道。在今山西太原市西南晉源縣。⓯長春 即長春宮使。據《唐會要》卷五十九長春宮使條，長春宮使一般由同州刺史兼管。同州，治所馮翊，今陝西大荔。其屯不屬於沿邊軍州。⓰單于 即單于都護府，其位置在內蒙古和林格爾之北。⓱定遠 在靈州，懷遠以北。其位置在今寧夏自治區賀蘭縣之北。⓲東城 指東受降城。屬豐州，其位置在勝州榆林之東，今內蒙托克托以南。⓳西城 指西受降城。屬豐州，在安北都護府，今內蒙古五原縣西北。⓴勝州 治所榆林，今內蒙古托克托以西。㉑會州 治所會寧，今甘肅靖遠縣。㉒鹽池 即今甘肅之鹽池。㉓原州 治所平高，今甘肅固原。㉔夏州 治所朔方，今寧夏白城子。㉕豐安 屬豐州，治所九原，今內蒙古五原東南，屬河套地區。㉖中城 指中受降城。屬豐州，在安北都護府，今內蒙古包頭市之南。㉗河南道 治所汴州，轄區相當於今山東、河南二省之黃河故道以南，及江蘇、安徽二省淮河以北地區。㉘陳州 治所宛丘，今河南之淮陽市。㉙許州 治所長社，今河南許昌市。㉚豫州 治所汝陽，今河南之汝南。㉛壽州 治所壽春，今淮南之壽縣。㉜河西道 指隴右道之北部，黃河以西河西走廊及其以西地區。㉝赤水 指赤水軍。治涼州城內，今甘肅武威，以其地有赤青泉得名。《元和郡縣志》：「軍之大者莫如赤水，幅員五千一百八十里，前距吐蕃，北臨突厥。」㉞甘州 治所張掖，今甘肅之張掖。㉟大斗 指大斗軍，在赤水軍西二百里。《新唐書・地理志》隴右道涼州條：「本赤水守捉，玄宗開元十六年（西元七二八年）為軍，因大斗拔谷為名。」㊱建康 指建康軍，在甘州張掖，即今甘肅張掖。《新唐書・地理志》隴右道甘州條：「張掖西北百九十里，祁連山北有建康軍，武周證聖元年（西元六九五年）王孝傑以甘肅二州相距迥遠，置軍。」㊲肅州 治所金城，今甘肅蘭州市。㊳玉門 指玉門軍，其地在玉門縣。開元中因其地置玉門軍。㊴安西 指安西都護府，治所西州，今甘肅吐魯番。㊵疎勒 又名沙勒，新疆古國名。唐在疏勒設鎮，故址在今新疆喀什市。㊶焉耆　新疆故國名。唐在此設鎮，故址在今新疆焉耆縣西南。㊷北庭　指北庭都護府，治所庭州。有瀚海軍、清海軍。西百里，有輪臺縣，今新疆烏魯木齊，歷來為軍隊屯墾之地。㊸伊吾　指伊吾軍。屬伊州，治所即伊吾，今新疆哈密市。《新唐書・地理志》隴右道伊州條：「西北三百里甘露川，有伊吾軍，景龍四年（西元七一〇年）置。」㊹天山　指天山軍。屬西州，治所高昌，今新疆吐魯番。《新唐書・地理志》西州條：有天山軍，玄宗開元二年（西元七一四年）置。㊺隴右道　開元後治鄯州，今青海樂都。轄今甘肅省東南部六盤山以西及青海省青海湖以東地區。㊻渭州　治所襄武，今甘肅隴西之東南。㊼秦州　治所上邽，今甘肅之天水。㊽成州　治所上祿，今甘肅禮縣之南。㊾武州　治所將利，今甘肅武都。㊿岷州　治所溢樂，今甘肅岷縣。51莫門軍　在洮州，治所臨潭，即今甘肅臨潭。《新唐書・地理志》隴右道洮州條：有莫門軍，高宗儀鳳二年（西元六七七年）置。52臨洮軍　屬臨州，治所狄道，今甘肅之臨洮。《新唐書・地理志》隴右道臨州條：有臨洮軍，武周久視元年（西元七〇〇年）置。53河原　指河源軍。在鄯城，今青海西寧市東南。《新唐書・地理志》隴右道鄯州條：有河源軍，西六十里有臨蕃城，高宗儀鳳三年（西元六七八年）置。又據《舊唐書・黑齒常之傳》：高宗永隆初，河源軍使黑齒常之為防禦吐蕃，置烽戍七十餘所，開屯田五千餘頃，歲收百餘萬石。肅宗乾元初地入吐蕃。54安人　指安人軍，屬鄯州，在今青海湟源縣西北。《新唐書・地理志》隴右道鄯州條：「星宿川西有安人軍。」55白水　指白水軍，在鄯州之鄯城（今青海西寧市東南）西北。《新唐書・地理志》隴右道鄯州鄯城條：「有河源軍，西六十里有臨蕃城，又西六十里，有白水軍。」56積石　指積石軍，在廓州（今青海化隆）達化縣。《新唐書・地理志》隴右道廓州達化條：西有積石軍，本靜邊鎮，高宗儀鳳二年（西元六七七年）置為軍。57富平　指富平縣。屬關內道京兆府，今陝西富平縣之北。58平夷　指平夷守捉城。屬河州之枹罕縣，今甘肅東鄉縣之西。《新唐書・地理志》隴右河州條：「西南四十里有平夷守捉城。」59綏和　指綏和守捉城。屬鄯州，治所湟水，今青海之樂都。《新唐書・地理志》隴右道鄯州條：「西南二百五十里，有綏和守捉城。」60平戎　屬劍南道之恭州。《新唐書・地理志》劍南道恭州條：「西南有平戎城。」61河州　治所枹罕，今甘肅東鄉縣。62鄯州　治所湟水，今青海之樂都。63廓州　治所化成，今青海化隆回族自治縣之西。64蘭州　治所金城，今甘肅蘭州市。65河北道　開元以後治所在幽州，轄區包括今北京、天津及河北、遼寧部分地區及山東、河南黃河以北地區。下屬州二十九、都護府一、縣百七十四。66幽州　治所薊縣，今北京市。67清夷　指清夷軍。屬媯州，治所懷戎，今河北懷來縣之東。《新唐書・地理志》河北道媯州條：有清夷軍，武后垂拱中置。有淮北、白陽度、雲治、廣邊四鎮兵。68北郡　不詳。或為定州之北平軍。69威武　指威武軍。屬檀州，治所燕樂，今北京市密雲縣東北。《新唐書・地理志》河北道檀州條：有威武軍，武周通天元年（西元六九六年）置。原稱漁陽，玄宗開元十九年（西元七三一年）更名。(70)靜塞　指靜塞軍。屬薊州漁陽，今河北之薊縣。《新唐書・地理志》河北道薊州條：有漁陽、臨渠二府，南二百里有靜塞軍，本障塞軍，開元十九年（西元七三一年）更名。(71)平川　疑係「平州」之誤。平州，治所盧龍，即今遼寧之盧龍。(72)平盧　指平盧軍。屬營州，治柳城，今遼寧朝陽市。《新唐書・地理志》河北道營州條：「有平盧軍，開元初置。」(73)安東　指安東都護府。治所屢徙，駐有懷遠軍、保定軍。(74)長陽使　非沿邊軍州之屯田。(75)渝關　屬營州，治所柳城，今遼寧朝陽市。其地有渝關守捉。《新唐書・地理志》河北道營州條：「西四百八十里有渝關守捉。」(76)劍南道　開元後治益州（今四川成都），轄今四川、雲南、貴州及重慶市之部分地區。下屬有都護府一、州三十八、縣百八十九。(77)巂州　治越巂，今四川西昌市。(78)松州　治所嘉誠，今四川之松潘。(79)開元二十二年　即西元七三四年。(80)二十五年　指開元二十五年，即西元七三七年。(81)大者五十頃小者二十頃　此二句表述籠統，不如《通典・食貨二・屯田》確切。其文為：「諸屯隸司農寺者，每三十頃以下，二十頃以上為一屯；隸諸軍州每五十頃為一屯。」並據此得出軍州屯田共為九九二屯，四萬九千六百頃。(82)前資官　指前曾任某項職事官，因考滿或其他原因而待選者。一般須任職經兩年考滿才能算「成資」。(83)嘗選人　指曾經參加過銓選之人員。(84)文武散官　指具備文武散位品階，等候銓選之官員。(85)品子　指具有門蔭資格之品官子弟。一般六品以下官之子稱品子。(86)勳官　唐代以戰功而獲勳階者，稱勳官。勳官分十二轉，轉多為貴，上柱國十二轉，為勳官之最高階。(87)六考滿　唐代官員一年考課一次，稱一考。六品以下職事官，四考皆滿，並得「中中」考者，可以進一階。而屯官則須六考滿才能加一階。(88)聽選　意謂允許參加吏部或兵部每年職事官之銓選。(89)得三上考者　考課分上上、上中、上下，中上、中中、中下，下上、下中、下下九等。得三上考者，指六考中獲得三次「上下」考以上者。(90)加一等　即散官之品階進一階。

【語　譯】全國各個田（軍）、（州所管轄的屯田，總計有九百九十二屯。河東道：有大同軍四十屯，橫野軍四十二屯，雲州三十七屯，朔州三屯，蔚州三屯，嵐州一屯，蒲州五屯。關內道：有北使二屯，鹽州監牧四屯，太原一屯，長春十屯，單于三十一屯，定遠四十屯，東城四十五屯，西城二十五屯，勝州十四屯，會州五屯，鹽池七屯，原州四屯，夏州二屯，豐安二十七屯，中城四十一屯。河南道：有陳州二十三屯，許州二十二屯，豫州三十五屯，壽州二十七屯。河西道：有赤水三十六屯，甘州十九屯，大斗十六屯，建康十五屯，肅州七屯，玉門五屯，安西二十屯，疎勒七屯，焉耆七屯，北庭二十屯，伊吾一屯，天山一屯。隴右道：有渭州四屯，秦州四屯，成州三屯，武州一屯，岷州二屯，綏和三屯，平戎一屯，河州六屯，鄯州六屯，廓州四屯，蘭州四屯，南使六屯，西使十屯。河北道：有幽州五十五屯，清夷十五屯，北郡六屯，威武十五屯，靜塞二十屯，平川（州）三十四屯，平盧三十五屯，安東十二屯，長陽使六屯，渝關十屯。劍南道：有巂州八屯，松州一屯。開元二十二年，河南道陳、許、豫、壽四個州又設置了一百多屯。到開元二十五年，皇上下敕書以為對百姓不利，便把這一百多屯連同長春宮的三百四十多頃屯田一起，都分賜給了貧窮百姓。屯的面積，大的有五十頃，小的為二十頃。在每一屯中，土地有肥瘠的不同，年成有豐歉的區別，規定各自分為三等。每個屯都設有屯官和屯副。屯官從前資官、曾經參選過的、文武散官中挑選，由強幹而又懂農事的，有書寫和起草公文能力的，並能處理日常政務的人充當；屯副則可以從品子和勳官中選擇人充當。屯官與屯副六考為滿考，品秩增加一階，可以參加吏部或兵部的銓選。六考中，有三次取得上考的，品秩可以再加一階。」

【說　明】唐代屯田分佈的區域，主要在緣邊軍州，從設置的過程看，又與邊區軍事形勢緊密相連。在武德、貞觀時，屯田主要是在北部與突厥交界的沿邊地區。如竇靜在太原，張公謹在代州，李素立在瀚海，他們先後在這些地區開置屯田，主要是為了對付突厥。太宗、高宗時期由於對高麗戰爭的需要，又促使東北地區屯田的興起。高宗、武則天時期吐蕃問題日益尖銳，因而就有了婁師德先在豐州即河套地區知營田事，後又任河源、積石、懷遠等軍及河、蘭、鄯、廓等州簡校營田大使。在這同時還有：郭元振都督隴右諸軍州大使，「令甘州刺史李漢通闢屯田，盡水之利，稻收豐衍」（《新唐書・郭元振傳》）；黑齒常之任河源道經略大使，於隴右「墾田五千頃，歲收斛百餘萬，由是食衍士精，戍邏有備」（《新唐書・黑齒常之傳》）。這個時期可說是唐代屯田的高潮。至於中原地區的屯田，則為數不多，主要集中在河南道陳、許、豫、壽諸州。這幾個州的交界區，在唐初「土地饒沃，戶口稀疏，逃亡所歸，頗成淵藪，舊多劫盜，兼有宿寇」（《唐要會》卷七十）。看來所以設置軍隊和屯田，是著眼於解決治安問題。但實際成效微微，因而到開元二十五年（西元七三七年）便撤銷了屯田。

四

〔凡在京文武職事官有職分田❶，一品一十二頃❷，二品一十頃，三品九頃，四品七頃，五品六頃，六品四頃，七品三頃五十畝，八品二頃五十畝，九品二頃。京兆❸、河南府❹及京縣❺官亦準此。其地子❻應入前人、後人❼，皆同外官，具在戶部。〕

【章旨】記述有關在京文武職事官分配職田的規定。

【注釋】❶職分田　係國家給予官吏之代祿田。唐代官吏的祿米是按本品給的，而職事官的職分田則是按職事品發給，在職的有職分田，離職後便轉歸繼任者的收入。外官的職分田由戶部司郎中主管，在京的職分田則由屯田司郎中管轄。又，本章全文原四庫本脫漏，此係據陳仲夫點校本（其底本為南宋本）補。❷一品一十二頃　京官職事官職分田配給，以品位高低為差等，其標準在唐初便已確定。此處原注所述京官職事官給職田標準，與《唐會要》卷九十二內外官職田條所載武德元年（西元六一八年）制京官各品職田標準是相同的。❸京兆　即京兆府。轄京師所在之萬年、長安及其附近之縣共二十。❹河南府　轄東都所在之河南、洛陽等二十縣。❺京縣　指京畿以內即京兆、河南二府所轄諸縣。❻地子　指職田之租入。官定標準為每畝粟二升。《唐會要》卷九十二內外官職田條：開元十年（西元七二二年）「命有司收內外官職田，以給逃還貧民戶，其職田以正倉粟畝二升給之」。這「畝給粟二升」是收回職分田後作為「地子」貼補的，但實際上官吏直接向百姓徵納的職田租入還要多得多。元稹〈同州奏均田狀〉曾提到唐後期農民在職田上負擔情況：「其諸色職田，每畝納粟三斗，草三束，腳錢一百二十文」。唐前期可能較此稍輕，但估計相差也不會太大。❼應入前人後人　指前後任官員在相互交接時，其職田收入應歸何人的問題。下文言「具在戶部」，即指對此的規定已在本書第三卷尚書戶部中作過敘述。具體見該卷第一篇下原注：「凡給公廨（應為「職分」）田，若陸田限三月三十日，稻田限四月三十日，以前上者，並入後人，以後上者，入前人。其麥田以九月三十日為限。」

【語　譯】〔凡是在京師的文武職事官，都有職分田。一品是十二頃，二品是十頃，三品為九頃，四品為七頃，五品是六頃，六品為四頃，七品是三頃五十畝，八品為二頃五十畝，九品是二頃。京兆府、河南府以及京畿各縣的官吏，亦按這個標準發給。關於京師官員在交接時，職分田的地子應該歸前任職官還是後任職官，都與對州縣官的規定相同。具體規定都已記載在本書第三卷戶部裏。〕

【說　明】唐制官祿是按官吏本品給的，而職田是按職事品給的，用中國大陸現時流行的工資制度作比，職田類似「崗位津貼」，職務在身才有，一離職就取消了。由此可見設置職田的目的，是使在任職事官，尤其是那些職事品高而本品較低的官員，都能獲得可觀的收入，以鼓勵他們盡職盡勞。職田的經營是租佃給百姓耕作，其租額，開元十八年（西元七三〇年）規定為每畝「無過六斗，地不毛者畝給二斗」。在地方上，由於是官府直接派人徵收，有的每畝高達一石一斗以上。河東、河北地方的職田，除了地租，還要徵收桑課、絲課。兩京的職田地租，規定須由佃民自送入城，不然就得另加所謂「腳價」。玄宗天寶十二年（西元七五三年）就曾為此下過赦書：「兩京百官職田，承前佃民自送，道路或遠，勞費頗多。自今已後，其職田去城五十里內者，依舊令佃民自送入城，自餘限十月內便於所管州縣並腳價貯納。其腳價五十里外，每年各徵二文；一百里外，不過三文，並令百官請本司請受。」（以上均據《唐會要》卷九二內外官職田條）百官從職田可以得到的好處如此之多，這就難怪開元時期曾經想取消職田而代之以應得職田數每畝給正倉粟二升的辦法，結果因阻力太大而只好作罷。當時，還曾一度想把職田集中起來，由官府如經營屯田那樣直接經營，後來同樣沒有行得通。此事見於《舊唐書·李元紘傳》：「時初廢京司職田，議者請於關輔置屯，以實倉廩。元紘建議曰：『軍國不同，中外異制。若人閑無役，地棄不墾，發閑人以耕棄地，省餽運以實運糧，於是乎有屯田，其為益多矣。今百官所退職田，散在諸縣，不可聚也；百姓所有私田，皆力自耕墾，不可取也。若置屯田，即須公私相換，徵發丁夫，徵役則業廢於家，免庸則賦闕於國。內地置屯，古所未有，得不補失，或恐未可。』其議遂止。」

關於職田土地的來源，主要是空荒的無主田。如開元時期一度取消職田後來又恢復時，就曾下詔「京官職田以京兆及岐、同、華、朔方等州空閑地及陂澤堪佃者充之」（《冊府元龜》卷五〇五）。但空閑地畢竟有限，因而職田常常不能給足，難免出現多少不均，時間久了有的甚至散失不存。白居易〈議百官職田〉一文稱：「國家自多事已來，厥制不舉，故稽其地籍，而田則俱存，考以戶租，而數多散失，至有品秩等、官署同，廩祿厚薄之相懸近乎十倍者矣。」《唐會要》卷九十二以下幾條記載，也說明了上述情況：

憲宗元和十三年（西元八一八年）三月詔：「百官職田多少不均，為弊日久，宜令每司各收職田草粟等數，自長官以下，據多少人作等差，除留闕官外分給。」這是要諸司統一徵收，在內部按人數依品第為差等統一分給，但這樣在諸司之間仍然不可能是劃一的。

穆宗長慶三年（西元八二三年）七月敕：「百司職田在京畿諸縣者，訪問本地，多被所由侵隱，抑令貧戶佃食蒿荒，百姓流亡半在於此。宜委京兆府勘會均配，務使公平。」由於年長日久，職田不少被經營人員侵佔，因而要重新勘會均配，但僅憑一紙空文，下面恐怕也不會全部照著做。

敬宗寶曆元年（西元八二五年）四月制：「京百司田散在畿內諸縣，舊制配地出子，歲月已深，佃戶至有流亡，官曹多領虛數，今欲據額均入地盤萬戶，供輸百司，盡得隨稅出子，逐畝平攤，比量舊制，孰為久便，宜委京兆府與屯田審勘計會，條流奏聞。」這是說土地已經流失了，職田收入多成了虛數。改進的辦法是把這筆收入攤入兩稅，統一分配，要京兆府與屯田司一起商議提出實施的條陳來。這份制文說明作為公有制的職田，實際上已經不存在；但職官的收入又不能減少，因而不得不一股腦兒將它攤入了兩稅。

職田流失的過程，反映了在官場鑽營侵吞成風的背景下，公有資產流失的一般規律，古今皆然。而解決這一痼疾的辦法，也是歷來如出一轍的，那就是將被官僚侵吞後出現的缺失，轉嫁到被剝奪了發言權的全體老百姓頭上。所謂「攤入兩稅」，就是加倍向民眾搜括的同義語。

五

〔凡在京諸司有公廨田❶，司農寺二十六頃，殿中省二十五頃，少府監二十二頃，太常寺二十頃，京兆、河南府各一十七頃，太府寺一十六頃，吏部、戶部各一十五頃，兵部及內侍省各一十四頃，中書省及將作監各一十三頃，刑部、大理寺各一十二頃，尚書都省、門下省、太子左春坊各一十頃，工部、光祿寺、太僕寺、秘書省各九頃，禮部、鴻臚寺、都水監、太子詹事府各八頃，御史臺、國子監、京縣各七頃，左右衛、太子家令寺各六頃，衛尉寺、左右驍衛、左右武衛、左右威衛、左右領軍衛、左右金吾衛、左右監門衛〕、太子左右春坊❷各五頃，太子左右衛率府、太史局各四頃，宗正寺、左右千牛衛、太子僕寺、左右司禦率府、左右清道率府、左右監門率府各三頃，內坊、左右內率府、率更寺各三頃❸。其有管署、局、子府❹，各準官品、人數均配。皆視其品命而審其分給❺。

【章　旨】記述有關在京諸司公廨田分配之規定。

【注　釋】❶公廨田　隋唐百官公務開支除由朝廷授給職分田外，又按等撥給各公廨若干田畝，其租入資官署公私日常費用，稱公廨田。又，本章自正文首句起，至原注「左右監門衛」止，均為四庫本脫漏，此係據陳仲夫點校本（其底本為南宋本）補。❷太子左右春坊　「左春坊」上文已提及，句中「左」字當為衍文。南宋、廣池諸本及《通典・職官十七》均為「太子右春坊」。❸各三頃　南宋本及《通典・職官十七》均作「各二頃」。❹其有管署局子府　指諸司之下屬機構。如司農寺下屬有上林署等四署及倉監之機構，秘書省下屬有著作局、太史局，親王府下屬有親事府、帳內府等子府。❺皆視其品命而審其分給　指公廨田或其課入，在本司全部品官中依人數、按品級分給。

【語　譯】〔凡是在京師的各個官司，都配有公廨田。司農寺二十六頃，殿中省二十五頃，少府監二十二頃，太常寺二十頃，京兆府和河南府各十七頃，太府寺十六頃，吏部、戶部各十五頃，兵部和內侍省各十四頃，中書省和將作監各十三頃，刑部、大理寺各十二頃，尚書都省、門下省、太子左春坊各十頃，工部、光祿寺、太僕寺、秘書省各九頃，禮部、鴻臚寺、都水監、太子詹事府各八頃，御史臺、國子監、京縣各七頃，左右衛、太子家令寺各六頃，衛尉寺、左右驍衛、左右武衛、左右威衛、左右領軍衛、左右金吾衛、左右監門衛、〔左右衛、〕太子〔左〕右春坊各五頃，太子左右衛率府、太司局各四頃，宗正寺、左右千牛衛、太子僕寺、左右司禦率府、左右監門率府各三頃，內坊、左右內率府、率更寺各三（二）頃。至於各司管轄的下屬署、局、子府等，亦可各自依照官品和人數，參預本司公廨田課入的共同分配。一律按照官員品階，審定名份，進行分配。

【說　明】公廨田制度，唐因隋制，然亦有變化。《隋書·食貨志》所載〈開皇令〉：「給公廨田，以供公用」，公廨田租入是給官署公用的。唐武德元年（西元六一八年）令則為：「各公廨田課其營種，以供公私之費」，加了一個「私」字，說明亦可作為官員私人的收入。如在外諸司公廨田的使用，《通典·職官十七》稱：公廨田收入及息錢等，除「常入公用之外，分充月料」。這就包括公私二方面，既列入常食料的開支，這是公；又作為官員月料的收入，這是私。在吐魯番出土文書中，還出現「縣公廨左史田」、「府史田」以及「宴設田」、「城田」、「亭田」等名目，說明公廨田還可能被分成若干塊，用以支付種種專人、專項的費用。公廨田主要是以租佃的方式經營的，亦有所謂公廨園，則由公廨自營，徵發百姓雜徭來勞作。在吐魯番文書中，就提到有這類性質的葡萄園，園內收穫的醬果成為官吏公廨膳房用料的來源。從上述州縣公廨田的使用情況，也不難推想出在京諸司公廨田的實際情況，肯定要比史籍上已有的記載複雜得多。

虞部郎中

【篇旨】本篇記述虞部司郎中、員外郎等之定員、品秩和沿革，並由其職掌而連帶列敘唐代山林川澤捕獵採集之禁令，以及有關供應諸閒廄草料和內宮柴炭的各項規定。

古代凡山澤之官，皆以「虞」命名。傳說中便有舜命益作虞。春秋時齊國設有虞侯，《左傳・昭公二十五年》：「藪之薪蒸，虞侯守之。」《周禮》中有虞衡之官。這些都是後世虞部設官的起源。三國魏時始置虞曹郎中，兩晉南北朝時置時省，北周改稱虞部，隋時虞部列為尚書工部四司之一，唐沿置。虞部之職，《舊唐書・職官志》稱其「掌京城街巷種植，山澤苑囿，草木薪炭，供頓田獵之事。凡採捕漁獵，必以其時」。較之本篇二章所言，增加了「街巷種植，山澤苑囿」之事。虞部司職掌中有關採集漁獵在時令上的限制，早在《呂氏春秋・十二紀》或《禮記・月令》中就已有記載，可見對山林川澤等的「環境保護」，古人早有足夠認識。與虞部直接相關之寺、監，有司農寺之京都苑總監、京都苑四面監，太僕寺之諸牧監等。

一

虞部郎中一人，從五品上。《周禮・地官》❶有山虞、澤虞❷，蓋虞部之職也。魏始有虞曹郎中❸一人，晉因之，宋、齊省，梁、陳為侍郎❹。後魏、北齊並有虞曹郎中❺，後周冬官有虞部下大夫一人❻，隋虞部侍郎，煬帝❼但曰虞部郎。梁、陳、後魏、北齊並祠部尚書領之，隋工部尚書領之，皇朝因焉。武德三年❽加「中」字。龍朔二年❾改為司虞大夫，咸亨元年❿復故。

員外郎一人，從六品上。後周依《周官》有山虞、澤虞中士，蓋今虞部員外郎之任也。隋開皇六年⓫置，煬帝改曰承務郎，皇朝復改為虞部員外郎。龍朔、咸亨隨曹改復。

主事二人，從九品上。

虞部郎中、員外郎掌天下虞衡⓬山澤之事，而辨其時禁⓭。

【章旨】記述虞部司郎中、員外郎之定員、品秩、沿革及其職掌。

【注釋】❶周禮地官　指《周禮》的第二篇〈地官司徒〉。《周禮》，儒家經典之一。係搜集周王室和戰國時各國官制，增減排比，並附以儒家理想彙編而成。❷山虞澤虞　二官名。均為《周禮》中地官司徒之屬官，分別掌山林、水澤之政令。❸魏始有虞曹郎中　曹魏始置虞曹，屬左民尚書。西晉太康以前虞曹屬屯田尚書，太康後改屬左民尚書，東晉時亦屬左民尚書。❹梁陳為侍郎　據《隋書．百官志》，梁尚書省二十三郎，較齊增屯田、騎兵、虞曹三郎。梁武帝天監三年（西元五〇四年）置侍郎，其郎中在職勤能，滿二歲即轉之，故郎中皆稱侍郎。陳承梁制。❺後魏北齊並有虞曹郎中　北魏孝文帝太和十七年（西元四九三年）改制，尚書省下設三十四曹郎，其中便有虞曹。《隋書．百官志》載北齊尚書省二十八曹亦設有虞曹，屬祠部尚書。❻後周冬官有虞部下大夫一人　北周官制依《周禮》，設天、地、春、夏、秋、冬六官府。但虞部非屬冬官府，應屬地官府。下大夫為西魏、北周官名，多為各司次官，亦有為次要之司長官者；品秩正四命。❼煬帝　隋朝皇帝楊廣。在朝十四年，終年五十歲。❽武德三年　即西元六二〇年。❾龍朔二年　即西元六六二年。❿咸亨元年　即西元六七〇年。⓫開皇六年　即西元五八六年。⓬虞衡　虞與衡，均為古代山澤之官名，此處則指度量和管理。《國語．齊語》：「澤立三虞，山立三衡。」注云：「虞，度也。掌度知山澤之大小，及所生六月者。」「衡，平也，掌平其政也。」⓭時禁　古代山林的砍伐、禽獸的捕獵，依不同季節有不同禁令，稱時禁。違者將受處罰。

【語　譯】虞部司：郎中，定員一人，品秩從五品上。《周禮．地官》篇中，設有山虞、澤虞的職司，亦就是現今虞部司職掌的範圍。曹魏開始設置虞部郎中，定員是一人。晉因承魏制，南朝宋、齊省撤了虞部，梁和陳又設置虞部侍郎。北魏、北齊都設有虞曹郎中。北周的冬(地)官府設有虞部下大夫一人。隋初設虞部侍郎,隋煬帝時只稱為虞部郎。這個職務在梁、陳、北魏、北齊,都由祠部尚書統領,隋朝改為由工部尚書管轄。本朝因承隋制。高祖武德三年,在「郎」字下加了一個「中」字。高宗龍朔二年,改名為司虞大夫,咸亨元年又恢復了舊稱。

員外郎,定員一人,品秩從六品上。北周依照《周禮》,設有山虞和澤虞中士,亦就是現今虞部司員外郎的職任。隋文帝開皇六年設置員外郎,隋煬帝時改稱為承務郎,本朝再改回稱虞部司員外郎。高宗龍朔、咸亨年間,這個職名又隨著曹名的更改和恢復而更改和恢復過。

主事,定員二人,品秩從九品上。

虞部司郎中、員外郎的職務,是掌管全國山林水澤的事務,確定不同季節有關砍伐、捕獵等方面的禁令。

二

凡採捕畋獵❶,必以其時。冬、春之交,水蟲❷孕育,捕魚之器,不施川澤;春、夏之交,陸禽孕育,餧獸之藥❸,不入原野;夏苗之盛,不得蹂藉❹;秋實之登,不得焚燎。若虎豹豺狼之害,則不拘其時,聽為檻穽❺,獲則賞之,大小有差。諸有猛獸處,聽為檻穽、射窠❻等,得即於官,每一賞絹四疋;殺豹及狼,每一賞絹一疋。若在牧監❼內獲豺,亦每一賞絹一疋,子各半疋。凡京兆、河南二都,其近為四郊,三百里皆不得弋獵❽、採捕。每年五月、正月、九月,皆禁屠殺、採捕。凡五嶽及名山❾能蘊靈產異,興雲致雨,有利於人者,皆禁其樵採,時禱祭焉❿。

【章　旨】記述山林川澤捕獵採集之時令及禁令。

【注　釋】❶畋獵　即狩獵。意在獵獲禽獸。❷水蟲　即魚類。《說文解字》云：「魚，水蟲也。」❸餧獸之藥　指雜有毒藥用以餌獸之食物。餧即「餵」字。❹蹂藉　踐踏。❺檻穽　誘捕猛獸之陷阱和牢籠。穽即「阱」字。❻射窠　誘捕並射殺猛獸之囚籠。以形似獸巢，故稱之為射窠。❼牧監　官辦畜牧場所。唐於隴右、關內二道設五十六監，以牧群畜，主要是牧養軍馬。❽弋獵　以細繩繫於箭尾進行射獵。❾五嶽及名山　五嶽即東嶽泰山、南嶽衡山、西嶽華山、中嶽嵩山、北嶽恆山。名山參見本書第三卷第一篇諸道所列名山山名。又，第四卷第一篇稱：「凡京師孟夏已後，旱則先祈岳鎮、海、瀆及諸山川能興雲雨者，皆於北郊望祭。」❿時禱祭焉　唐朝規定：每年立春之日祭東嶽泰山於兗州，東鎮沂山於沂州，東海於萊州，東瀆淮於唐州；立夏之日祭南嶽衡山於衡州，南鎮會稽山於越州，南海於廣州，南瀆江於益州；季夏土王日，祭中嶽嵩山於河南府；立秋之日祭西嶽華山於華州，西鎮吳山於隴州，西海及西瀆河於同州；立冬之日祭北嶽恆山於定州，北鎮醫無閭於營州，北海及北瀆於河南府。各於其境內，由本州長官行祭。

【語　譯】凡是採集、圍捕、田獵都必須遵守時令。冬春之交，是魚類繁殖的時期，捕撈魚品的器具，不得進入河流和湖泊；春夏之交，是陸上禽獸繁殖孕育的時期，藥獸的餌食，不許進入原野；夏天是植物禾苗生長旺盛的時期，不得任意踐踏；秋天是果實成熟的時期，不許焚山燎原。如果山林有虎狼豺豹為害人畜，那就可以不受時令的限制，允許在山林設置陷阱和牢籠。如捕獲了上述猛獸，可以按獵獲物的大小，給予不同等級的獎賞。各地有猛獸出沒的去處，允許設置檻阱、射窠等捕獵器具，若有獵獲，當即報告官府。每捕獲一頭猛獸，獎賞絹四疋。每殺死一頭豹或狼，獎賞絹一疋。如果是在牧監範圍內捕獲了豺，亦每頭獎賞絹一疋。豺的幼仔，則每頭賞半疋。在京兆府、河南府所在的京師和東都近郊地區，周圍三百里以內，不得進行狩獵、採集和圍捕。每年五月、正月、九月，都嚴格禁止對牲口的屠殺和狩捕。凡是五嶽和各座名山地區，能蘊藏靈氣產生祥異，能興雲致雨，有利於人們生活的，都禁止在這些地區樵採和捕獵，而要按四時禱告和祭祀。

三

凡殿中、太僕所管閑廄馬❶，兩都皆五百里供其芻藁❷。其關內、隴右、西使、北使、南使諸牧監❸馬、牛、駝、羊皆貯藁及茭草❹。高原藁支七年，茭草支四年，平地藁支五年，茭草支三年，下土藁支四年，茭草二年❺。其柴炭、木橦❻進內及供百官、蕃客❼，竝❽於農隙納之。供內及宮人，起十月，畢二月；供百官、蕃客，起十一月，畢正月。

【章　旨】記述有關供應諸閑廄草料及內宮柴炭等規定。

【注　釋】❶殿中太僕所管閑廄馬　殿中省下屬尚乘局，掌殿中系統內外閑廄之馬。分十二閑：左右飛黃、左右吉良、左右龍媒、左右騊駼、左右駃騠、左右天苑；二廄：祥麟、鳳苑，以畜養馬匹。另有屬于仗內的六廄、二閑，仗外的二廄、四閑；屬于太僕寺的諸牧監，則分佈於關內隴右地區。張說〈隴右群牧使頌〉云：「置八使以董之，設四十八監以掌之，跨隴右、金城、平涼、天水四郡之地，幅員千里，猶為隘狹，更折八監布於河曲，豐曠之野，乃能容之。」（《唐會要》卷七二）據此可知開元時期隴右共有五十六監，馬七十餘萬匹。❷芻藁　飼牲畜之乾草。❸關內隴右西使北使南使諸牧監　西使、南使屬隴右道，北使屬關內道。在關內道還有監州監牧使。此外領諸牧監的尚有東宮、夏州、銀州、嵐州四使。此即為統領五十六監之八使。此處所舉西使、北使、南使，僅為近京三使。諸使下屬皆有監牧屯田，以種植牧草。《張說之文集》卷十二開元十三年〈隴右監牧頌德碑〉云：「蒔茼麥苜蓿一千九百頃」，即指關內、隴右二道諸監牧使所管轄之屯田種植牧草之畝數。❹茭草　餵牲口之乾草。❺茭草二年　近衛校明本稱：「恐脫『支』字。」即當為「茭草支二年」。❻木橦　即圓木。作燃料用。❼蕃客　指蕃邦之貢使及賓客。❽竝　即「並」字。

【語　譯】凡是殿中省、太僕寺所管轄的閒廄內畜養的馬匹，都由京師、東都周圍五百里內的地區供給草料。關內道、隴右道所屬的西使、北使、南使各個牧監所畜養的馬、牛、駝、羊，都要貯備足夠的芻藁和茭草。貯備的數量：高原地區，芻藁夠支七年，茭草夠支四年；平原地區，芻藁夠支五年，茭草夠支五年；低窪地區，芻藁夠支四年，茭草（夠支）二年。進獻內庭和供應百官、蕃客的柴炭及圓木，都可利用農閒時節送納。供應內庭及宮人的，每年從十月開始到來年二月完畢；供應百官及蕃客的，每年從十一月開始，到來年正月完畢。

水部郎中

【篇旨】本篇記述水部司郎中、員外郎等之定員、品秩、沿革及職掌。水部司為尚書工部四司最後一司，其職任為主管全國川瀆陂池之政令，凡疏浚溝洫，堰決河渠，以及舟楫航運、農田灌溉之利皆屬其職掌範圍。如唐武德八年（西元六二五年），水部郎中姜行本「請於隴州開五節堰，引以通漕運，詔許之」（《冊府元龜·邦計部·河渠門二》），便是行使其作為水部司郎中的職責。通常情況下，各地河渠的開闢或疏浚，皆由州郡刺史奏請，水部司覆核奏聞。此外水利設施的管理、修葺，橋梁、渡口的設置，亦都屬水部司職掌。篇中由此而連帶概括地介紹了唐代河道、渡口、橋梁的分佈概況。與水部司相對應的寺監，則有都水監及其下屬舟楫署、河渠署，和在各地的關津令。

一

水部郎中一人，從五品上。魏置水部郎中❶。歷晉、宋、齊、後魏、北齊，並有水部郎中❷。梁、陳為侍郎❸。後周冬官府有司水中大夫❹，隋文帝❺為水部侍郎，煬帝❻但曰水部郎。宋、齊、陳、後魏、北齊，並郎官尚書❼領之，隋工部尚書領之，皇朝因焉。武德二年❽加「中」字。龍朔二年❾改為司川大夫，咸亨元年❿復故。

員外郎一人，從六品上。後周冬官府有小司水上士⓫，則水部員外郎之任也。隋開皇六年⓬

置，煬帝改為承務郎，皇朝復為水部員外郎。龍朔、咸亨隨曹改復。

主事二人，從九品上。

水部郎中、員外郎掌天下川瀆⑬、陂池⑭之政令，以導達溝洫⑮，堰決河渠⑯。凡舟楫、溉灌之利，咸總而舉之。

【章　旨】記述水部司郎中、員外郎之定員、品秩、沿革及其職掌。

【注　釋】❶魏置水部郎中　《宋書·百官志》記載魏世尚書省二十三郎中有水部郎曹。❷晉宋齊後魏北齊並有水部郎中　《晉書·職官志》晉武帝時尚書省三十四郎曹中有水部郎曹。東晉剩十八郎曹，水部尚存，康穆以後，一度省併水部。《宋書·百官志》云：宋高祖時，又加置水部等四郎曹為十九郎曹。《南齊書·百官志》云：南齊以都官尚書領都官、水部、庫部、功倫四曹。北魏太和改制尚書省設三十四郎曹，水部屬都官尚書。據《隋書·百官志》，北齊官制多循北魏，亦置水部。隋以都官尚書統水部，掌舟船、津梁、公私水事。❸梁陳為侍郎　《隋書·百官志》稱梁武帝天監三年（西元五〇四年）置侍郎，其郎中在職勤能，滿二歲者轉之。故諸曹郎皆為侍郎，水部亦如此。陳承梁制。❹後周冬官府有司水中大夫　北周依《周禮》按天、地、春、夏、秋、冬六官分職，設司水中大夫一人，屬冬官府。中大夫為六府所轄諸司長官，品秩正五命。❺隋文帝　隋朝皇帝楊堅，在位二十四年，終年六十四歲。❻煬帝　隋朝皇帝楊廣，在位十四年，終年五十。❼郎官尚書　南宋、廣池諸本均為「都官尚書」。❽武德二年　即西元六一九年。又，南宋本、廣池本均為武德三年。❾龍朔二年　即西元六六二年。❿咸亨元年　即西元六七〇年。⓫小司水上士　官名。西魏恭帝三年（西元五五六年）置，北周沿置。冬官府司水中大夫屬官，佐司水中大夫、小司水下大夫掌本司事務。品秩正三命。⓬開皇六年　即西元五八六年。⓭川瀆　指大小河流。⓮陂池　池沼。⓯導達溝洫　疏浚河渠。⓰堰決河渠　築堤堰堵或開通河渠。

【語　譯】水部司：郎中，定員一人，品秩為從五品上。從魏開始置水部郎中。歷經晉、宋、齊和北魏、北齊，都設置有水部郎中。梁、陳則置為水部侍郎。北周冬官府設置有司水中大夫，隋文帝時改為水部侍郎，煬帝時去掉「侍」

字，只稱水部郎。宋、齊、梁、陳和北魏、北齊，都是以郎（都）官尚書統領水部郎，隋則改為以工部尚書主管水部郎。本朝因承隋制。高祖武德三年，在「郎」下加了一個「中」字。高宗龍朔二年改名為司川大夫，到咸亨元年又恢復原名。

員外郎，定員一人，品秩為從六品上。北周在冬官府設有小司水上士，亦就是水部外郎的職任。隋文帝開皇六年設置水部員外郎，隋煬帝時改名為承務郎。本朝恢復舊名，稱水部員外郎。高宗龍朔、咸亨年間，這個職名曾隨著曹名的更改和恢復而更改恢復過。

主事，定員二人，品秩為從九品上。

水部司郎中、員外郎的職司是掌管全國河流湖泊方面的政令。凡是涉及船舶航運和農田灌溉的利益，而需要疏浚溝渠，堰堵或者開通河道的事務，都由水部司總攬舉辦。

二

凡天下水泉三億三萬三千五百五十有九❶，其在遐荒絕域，殆不可得而知矣。其江、河自西極達于東溟❷，中國之大川者也；其餘百三十有五水，是為中川者也；桑欽《水經》所引天下之水百三十七❸，江、河在焉。其千二百五十有二水，斯為小川者也。酈善長注《水經》，引其枝流一千二百五十二❹。若渭❺、洛❻、汾❼、濟❽、漳❾、淇❿、淮⓫、漢⓬，皆亘達方域⓭，通濟舳艫⓮，徒有之無，利於生人者矣。其餘陂澤，魚鼈、莞蒲⓯、秔稻⓰之利，蓋有不可得而備云。凡水有溉灌者，碾磑⓱不得與爭其利；自季夏及于仲春⑱，皆閉斗門，有餘乃得聽用之。溉灌者又不得浸人廬舍，壞人墳隧⑲。仲春乃命通溝瀆，立隄防，孟冬而畢。若秋、夏霖潦，泛溢衝壞者，則不待時而修葺。凡用水自下始⑳。

【章旨】記述全國江河概貌及其航運、養殖、灌溉之利與相關禁令。

【注釋】❶凡天下水泉三億三萬三千五百五十有九　此當是一種估計，無非極言其多。句中「三萬」《舊唐書·職官志》作「二萬」。❷東溟　即東海。❸桑欽水經所引天下之水百三十七　《水經》為我國第一部記述河道水系專著。其作者及成書年代歷來說法不一，此處以桑欽為作者，僅為一說。桑欽，傳為漢人。《新唐書·藝文志》：「桑欽《水經》三卷，一作郭璞撰。」《隋書·經籍志》：「《水經》，三卷，郭璞注。」《舊唐書·經籍志》作晉「郭璞撰」。清閻若璩始辨明非郭璞撰，但亦未提桑欽。胡渭認為創自東漢，而由魏晉人續成。全祖望以為成於東漢初，戴震則估計為三國時著作。此書在學術上的成就在於系統地以水道為綱，記述其源流和流經之所，確立了以水證地的方法。但所記繁簡不等，也存在一些錯誤。郭注本在唐代即已散佚，此書遂專附於酈道元《水經注》而流傳。酈注每水各成一篇，依天下水一百三十七計，應是一百三十七篇。《水經注》原為四十卷，至宋代已散佚五卷，故其所著水道數已不足一百三十七，所缺疑即在散佚之五卷中。今本《水經注》仍作四十卷，係宋人重刊時，離析篇帙，以湊合原數。❹酈善長注水經引其枝流一千二百五十二　酈善長，名道元，字善長，北魏地理學家，范陽涿縣（今河北涿州市）人。好學博覽，撰《水經注》四十卷，名為注釋《水經》，實則以《水經》為綱，作了二十倍於原書的補充和發展，自成巨著。所記大小水流一千二百五十二條，皆能一一窮源竟委，細述其所經地區山陵、原隰、城邑、關津等地理狀況，建置沿革和有關歷史事件、人物以至神話傳說，其引用書籍多達四百三十七種。還記錄了漢魏間不少碑刻，保存了大量當時的資料。版本現以北宋成都府學宮本為最早。主要注本有明朱謀諱《水經注箋》、清沈炳巽《水經注集釋訂訛》、趙一清《水經注釋》等。❺渭　指渭河。黃河最大的支流，源出甘肅省渭源縣鳥鼠山，流經陝西省中部關中平原，在潼關入黃河。全長七百八十七公里。❻洛　即今河南省之洛河，係黃河下游南岸大支流。源出陝西省洛南縣西北，東南流經河南省盧氏縣再折向東北，在伊氏縣與伊河合流，至鞏縣洛口入黃河。全長四百五十公里。❼汾　指汾河。黃河第二大支流，在山西省中部。源出寧武縣管涔山，經太原市南流，在新絳縣折向西，於河津縣西入黃河。全長七百十六公里。❽濟　為古四瀆之一。分為黃河南北兩部分：河北部分，源於河南濟源縣西王屋山，下游在今武陟縣南入黃河，近代其入河處為河堤所阻塞，已折入漭河；河南部分，本係從黃河分出來的一條支流，因分流處與河北濟口隔岸相對，遂被目為濟河的下游。據《漢書・地理志》及《水經注》，其時濟水自滎陽北分黃河東出，流經原陽東、封丘縣北，至山東定陶縣西，折東北注入巨野澤，又自澤北出經梁山縣東，至東阿舊治西，自此至濟南市北濼口，略同於今黃河水道；自濼口以下至海，略同於今小清河河道。❾漳　指漳河。在河北、河南二省邊境，有清漳河、濁漳河兩源，均出山西省南部，在河北省南部邊境匯合後稱漳河，東南流入衛河。全長四百十二公里。❿淇　指淇水。在河南省北部，古為黃河支流，南流至今汲縣東北淇門鎮南入河。東漢建安中，曹操於淇口作堰，遏使東北流，注入白溝（即今衛河），以通漕運，此後即成為衛河之支流。⓫淮　指淮河。源出河南省桐柏山，經河南、安徽等省至江蘇北部入洪澤湖，全長八百四十五公里。黃河奪淮後，下游原有入海河道汙高，遂逐漸由洪澤湖轉而入長江為主。支流有洪河、潁河、渦河、史灌河、淠河等。⓬漢　指漢水，又稱漢江。長江最長的支流。上源玉帶河，出於陝西省西南部寧強縣，東流至勉縣東和褒河匯合後稱漢江。東南流經陝西省西北部和中部，在武漢市入長江。全長一千五百三十二公里，支流有褒河、丹江、唐河、白河、堵河等。⓭亘達方域　貫穿於各個地區。⓮舳艫　泛指船舶。舳，船尾持舵處。艫，船前頭刺棹處。⓯莞蒲　均為蓆草。莞，俗名水葱。蒲，所製之蓆較粗。⓰秔稻　即粳稻，或水稻。⓱碾磑　以水力帶動的碾米石磨。唐代王公貴族往往壟斷碾磑，影響農田灌溉用水。如《唐會要》卷八十九載開元九年（西元七二一年）京兆尹李元紘奏文內稱：「疏三輔諸渠，王公之家緣渠立磑，以害水功，一切毀之，百姓大獲其利。」⓲自季夏及于仲春　即自夏曆六月至來年之二月。因屬枯水季節，故規定停止使用碾磑，以免影響農田灌溉用水。⓳墳隧　指墳墓及其地下墓道。⓴用水自下始　指灌溉用水，應由下游而上游，以保障上下游都能用到水，避免上游壟斷水利。

【語譯】全國水道共有三億三萬三千五百五十九條。至於那些遙遠荒僻地區的河川，是無法知道究竟還有多少。其中長江、黃河，從極西一直抵達到東海，是中國最大的河流。還有一百三十五條水流，被列為中等的河流。桑欽寫的《水經》，列舉天下的河流共有一百三十七條，把長江、黃河亦包括在內了。其餘一千二百五十二條水流，被稱為小河。酈善長注釋《水經》，說明那一百三十七條河流共有支流一千二百五十二條。譬如渭河、洛河、汾河、濟水、漳河、淇水、淮河、漢水，都是能貫串通達各個地區，溝通船舶航運，使各個地區的物資得以有無相通，極大地造福於民眾百姓。其餘湖泊池塘，對於魚鼈一類水產的供應，蓆草的養植，水稻的灌溉等方面的利益，無法一一加以細說。

凡是用來灌溉的河流，沿河設置的碾磑不得與農田爭奪水源。每年從季夏六月到來年仲春二月間，都必須關閉碾磑斗門，除非水源充沛，才可特許使用。用水灌溉農田的，亦須注意不得使水浸入近旁人家房屋廬舍，損壞他人的墳墓和隧道。每年仲春二月，便要下令在全國疏通溝瀆，設立堤防，在孟冬十月前完成這些工程。凡是在夏秋時節，由於雨水霖潦、河流泛溢而沖壞了水利設施的，那就不用等待季節，應當隨時修繕補治。凡是灌溉用水，處於下游的有優先權，以保障上游、下游都能利用水源。

三

凡天下造舟之梁❶四，河三，洛一。河則蒲津❷、大陽❸、盟津❹一名河陽；洛則孝義❺也。石柱之梁❻四，洛三，灞❼一。則天津❽、永濟❾、中橋❿；灞橋⓫也。木柱之梁⓬三，皆渭川也。便橋⓭、中渭橋⓮、東渭橋⓯，此舉京都之衝要也。巨梁十有一，皆國工修之。其餘皆所管州、縣隨時營葺。河梁橋⓰所須竹索，令宣⓱、常⓲、洪⓳三州役工匠預支造，宣、洪二州各大索二十條，常州小索一千二百條。大陽、蒲津竹索，每年⓴令司竹監給竹，令津家水手自造。其供橋雜匠，料須多少，預申所司，其匠先配近橋人充。浮橋腳舡㉑，皆預備半副；自餘調度，預備一副。河陽橋舡於潭㉒、洪二州造送，大陽、蒲津橋於嵐㉓、石㉔、隰㉕、勝㉖、慈㉗等州材木㉘，送橋所造。河陽橋置水手二百五十人，大陽水手二百人，仍各置木匠十人㉙，蒲津橋一十五人。孝義橋所須竹索，取河陽橋退者以充。**其大津無梁，皆給船人，量其大小難易，**

以定其差等。白馬津㉚船四艘，龍門㉛、會寧㉜、合河㉝等關舡並三艘，渡子各皆以當處鎮防人充。渭津關㉞舡二艘，渡子取永豐倉㉟防人充。渭水鴻渡㊱舡四艘；涇水㊲涇合渡㊳、韓渡、劉控坂渡、眭城坂渡、覆籬渡㊴，船各一艘；濟州津㊵、平陰津㊶、風陵津㊷、興德津，船各兩艘；洛水㊸渡口船三艘；渡子皆取側近殘疾中男㊹解水者充。會寧船別五人，興德船別四人，自餘船別三人。蘄州㊺江津渡㊻、荊州洪亭松滋渡㊼、江州馬頰檀頭渡㊽，船各一艘，船別六人。越州杭州浙江渡㊾、洪州城下渡、九江渡㊿，船各三艘，船別四人。渡子並須近江白丁便水者充，分為五番，年別一替。

【章　旨】記述關於全國橋梁、渡口之分佈概況及其管理。

【注　釋】❶造舟之梁　指以船為礅之浮橋。❷蒲津　指蒲津黃河渡口之浮橋。在今山西永濟西蒲州。《左傳・文公三年》：「秦伯伐晉，濟河焚舟」，即取道于此。戰國秦昭襄王五十年（西元前二五七年）初作「河橋」于蒲津，其後西魏、隋、唐皆在此連舟為浮梁，仍號河橋，唐始稱蒲津橋。此橋時壞時復，《唐要會》卷八十六橋梁條云：「開元九年（西元七二一年）十二月九日，增修蒲津橋。絙以竹葦，引以鐵牛，命兵部尚書張說刻石為頌。」《新唐書・地理志》同書河東道蒲州河西縣條：「有蒲津關，一名坂。開元十二年（西元七二四年）鑄八牛，牛有一人策之，牛下有山，皆鐵也，夾岸以維浮梁。」此橋在北宋時尚時壞時復，後鐵牛亦沉入河底。近年鐵牛在黃河邊出土，成為當地一景觀。❸大陽　橋名。在大陽津下游，漢後屬大陽縣，南岸當河南陝縣西北。唐貞觀十一年（西元六三七年）造舟為浮梁，長七十六丈，廣二丈。不久即廢。❹盟津　在今河南孟縣東南。相傳周武王伐紂時，在此盟會諸侯並渡河，故名盟津，後訛名孟津。東漢置關於此，為洛陽周圍八關之一。西晉杜預在此建有浮橋，北魏時又築河陽三城於西岸及河中洲上，故又名河陽。隋唐時在此建有浮橋。❺孝義　浮橋名。據《讀史方輿紀要》卷四十八孝義橋條：「在（偃師）縣東二十里洛水上。唐天寶七載（西元七四八年）河南尹韋濟奏，於偃師縣東山下開驛路，通孝義橋，後廢。宋景德四年（西元一〇〇七年）於其處造訾店渡橋，賜名奉先橋。」❻石柱之梁　指以石柱為橋礅之橋梁。❼灞　指灞水。在今西安市東二十里，源出藍田縣南山谷中，自南山北流經縣西，歷白鹿泉東，又北經西安灞陵故城西，北入於渭水。本名滋水，秦穆公更名，以彰霸功。秦始皇二十二年（西元前二二五年）命王翦伐楚，送至灞上。❽則天津　近衛校正德本此句云「則」上脫一「洛」字。洛指洛水。「洛則……」具體解釋上文「洛三」，謂洛水上有下文所言「天津、永濟、中橋」三橋。天津，指東都洛陽天津橋。隋大業初營建，以洛水貫都城，因建此橋。用大船連以鐵鎖，南北夾起四樓，以《爾雅》有「斗牛之間為天漢之津」，故取此名。李密破回洛倉，遂燒天津橋。武則天長壽中，命李德昭甃石為岸，開元二十年（西元七三二年）又改造之。橋的位置在皇城端門之南，橋北有黃道橋，橋南有星津橋。❾永洛齊　近衛校正德本此句云「洛」字衍，「齊」當為「濟」。永濟，指永濟橋。在今河南省宜陽縣西，隋大業三年（西元六〇七年）置於洛水上，隋末毀，唐貞觀八年（西元六三四年）重修，造舟為梁，長四十丈。後又易之以石柱。❿中橋　唐東都天津橋之東有中橋及利涉橋。《唐會要》卷八十六橋梁條：「上元二年（西元六七五年）司農卿韋機始移中橋，自立德坊西南置於安眾坊之左，南當長夏門街，都人甚以為便，因廢利涉橋，所省萬計。然每年洛水泛溢，必漂損橋梁，倦於繕葺。內使李昭德始創意令所司改用石腳，銳其前以分水勢，自是無漂損之患。」⓫灞橋　南宋本「灞橋」前尚有「灞則」二字，應補。「灞則」與前「洛則」對舉，都為解釋上文「洛三灞二」。灞橋，在今西安市東二十五里，舊跨灞水上，王莽地皇三年（西元二二年）灞橋水災，更名為長存橋。隋時更造以石。唐人以餞別者多於此，因名為銷魂橋。橋長凡十五虹，八十餘步。⓬木柱之梁　以木柱為橋礅之橋梁。⓭便橋　又名咸陽橋、西渭橋。在今西安市東北五十里，漢武帝建元三年（西元前一三八年）建此以通茂陵之道。長安西門稱便門，此橋與西門相對，故亦稱便門橋。太宗出玄武門經臨渭水，呼頡利隔水與語，與盟於便橋之上。此橋係長安附近渭水最西一橋，唐代官宦常以此為送客惜別之處。王維〈渭城曲〉有「勸君更盡一杯酒，西出陽關無故人」；杜甫〈兵車行〉云：「爺娘妻子走相送，塵埃不見咸陽橋」，均在此橋。玄宗於天寶十四年（西元五七七年）由此橋出逃，並將橋焚毀。此後雖經修復，但不復有舊觀。⓮中渭橋　在今西安市西北二十五里，對漢長安城橫門，故名橫橋。秦昭王時所建，是西安最古老的橋梁，橋長三百八十步，寬六丈。西漢周勃迎立代王，王使宋昌至渭橋觀變，丞相以下皆迎，昌還報代王，代王乃馳至渭橋。此橋當時處於長樂、咸陽二宮之間，此後屢毀屢建，橋址亦有遷移。唐貞觀十年（西元六三六年）始移於今址。⓯東渭橋　在今西安市東北五十里，即高陵縣耿鎮周家村。始建於漢景帝時，以便利長安城與櫟陽宮之間往來。漢末櫟陽宮廢，此橋塌圮。開元九年（西元七二一年）重建東渭橋。西元八八三年，日本僧人圓人奉使長安路過此橋，在其所撰《入唐求法巡行禮記》中稱：「高陵渭橋，水闊一里許，橋闊（指長度）亦爾。」宋金之際，此橋被毀，乃靠舟楫擺渡。近年曾兩次對唐代東渭橋進行鑽探和發掘，證實橋長三百餘米，橋址總面積七千餘平方米。並發現大量石料、木樁、鐵質細腰（連結石料之構件）等建築材料和唐代器物，並曾出土唐開元九年（西元七二一年）所建〈東渭橋記〉殘經幢。⑯河梁橋　據敦煌發現〈唐水部式〉殘卷，「河梁」當是「河陽」之訛。又，「橋」下尚有「每年」二字。⑰宣　指宣州。隋開皇九年（西元五八九年）改南豫州置，治所宣城，今安徽宣州市。唐時轄境相當於今安徽省長江以南，黃山、九華山以北地區，及江蘇溧水、溧陽等縣地。⑱常　指常州。隋開皇九年（西元五八九年）置，治所晉陵，今江蘇常州市。轄境相當於今江蘇之常州、無錫、武進、江陽和宜興等地。⑲洪　指洪州。唐治所在今南昌，轄區相當於今江西修水、錦江流域及南昌、豐城、進賢等市縣。⑳每年　敦煌發現之〈唐水部式〉殘卷作「每三年一度」。㉑舡　船也。㉒潭　指潭州。隋開皇九年（西元五八九年）改湘州為潭州。治所長沙，今湖南長沙市。唐轄境相當於今湖南之長沙、株州、湘潭、益陽、瀏陽、湘鄉、醴陵等市縣。㉓嵐　指嵐州。屬河東道，治所宜芳，今山西嵐縣之北。原名東會州，唐武德六年（西元六二三年）更名為嵐州。唐代轄區相當於今山西之興縣、嵐縣、靜樂、岢嵐等縣。㉔石　指石州。隋之離石郡，唐武德元年（西元六一八年）改名為石州，治所離石，今山西離石。唐代轄區相當於今山西之臨縣、離石、中陽等縣。㉕濕　應作「隰」。指隰州。隋之龍泉郡，唐武德元年（西元六一八年）改為隰州，治所隰州，今山西隰縣。轄區相當於今山西之石樓、永和、大寧、蒲縣等地。㉖勝　指勝州。隋開皇二十年（西元六〇〇年）分天州置，治所榆林，今內蒙古準噶爾旗東北十二連城。唐轄區相當於今黃河西岸準噶爾旗地區。㉗慈　指慈州。隋時為耿州，唐武德元年（西元六一八年）改為汾州，八年（西元六二五年）再改名為慈州，治所吉昌，今山西吉縣。唐轄區相當於今山西之吉縣及鄉寧等縣。㉘材木　當是「採木」之訛。敦煌發現之〈唐水部式〉殘卷，有「大陽、蒲津橋於嵐、石、隰、勝、慈等州折丁採木，浮送橋所」之記載可證。㉙仍各置木匠十人　據〈唐水部式〉殘卷，此句下尚有「在水手數內」一語。㉚白馬津　古津渡名。在今河南滑縣東北，秦、漢白馬河西北，古黃河南岸，與北岸黎陽津相對。在今代黃河南徙以前，歷來是軍事爭奪要地。㉛龍門　指龍門關，古津渡名。黃河至此，兩岸峭壁對峙，形似門闕，故名龍門。唐代屬絳州。武德元年（西元六一八年）於縣置泰州，貞觀十七年（西元六四三年）以龍門、萬泉屬絳州。今為山西河津縣。㉜會寧　指會寧關，古津渡名。會寧縣係會州治所，在今甘肅白銀市東南部。《新唐書·地理志》稱其地有黃河堰，開元七年（西元七一九年）築，其東南有會寧關。㉝合河　指合河關，古津渡名。在唐之河東道，嵐州之合河縣，今山西興縣之西。《新唐書·地理志》稱其北有合河關。㉞渭津關　古津渡名。唐代屬關內道華州之華陰縣。《新唐書·

地理志》稱華州有潼關，有渭津關。㉟永豐倉　據《元和郡縣圖志》，倉址在華州華陰縣東北三十五里渭水南岸。隋開皇三年（西元五八三年）始置時名廣通倉，大業初改稱永豐倉。當時為長安附近重要糧倉，後世渭水南移，倉址成了渭水北岸。在今陝西大荔縣境。㊱渭水鴻渡　渭水經鴻門之北，有下坂口，古作鴻門亭，疑即此渭水鴻渡。鴻門在新豐東十七里，在今陝西臨潼縣東北，秦漢之際劉邦、項羽相會於此。㊲涇水　渭河支流。在陝西省中部，源出六盤山東麓，流經甘肅省，至陝西省高陵縣入渭河。長四百五十一公里，上、中游流經黃土高原，挾帶大量泥沙，涇水與渭水合流處，涇水濁，渭水清，二水界限分明，故語云「涇渭分明」。㊳涇合渡　據《讀史方輿紀要》卷五十三臨潼縣渭水條，在陝西臨潼縣西北四十里處。在渭水與涇水合流處有稱交口渡者，疑即此渡。㊴韓渡劉控坂渡畦城坂渡覆籬渡　此四渡口不見於史書載錄，其址難詳。㊵濟川津　濟川，據南宋本當為「濟州」。濟州在今山東東阿縣之西，唐武德四年（西元六二一年）置，其所轄四縣有盧縣。《新唐書．地理志》載河南道鄆州盧縣「北有碻磝津故關」。《讀史方輿紀要》卷三十一則稱濟南府長清縣碻磝關即濟州關。疑此濟州津亦即碻磝津。㊶平陰津　河南孟津縣東北，黃河重要渡口之一。西元前二〇七年，劉邦北攻平陰，絕河津，南戰洛陽東，即此平陰津。㊷風陵津　又稱風陵渡。屬河東道蒲州河東縣。《新唐書．地理志》稱河東縣南有風陵關，武周聖曆元年（西元六九八年）置。而風陵津即在風陵關，故址在今山西芮城縣西南端，黃河南下，自此折向東流。因附近有風后陵而得名。㊸洛水　黃河下游南岸之大支流，在河南省西部，源出陝西省洛南縣西北，東南流經盧氏縣折向東北，在偃師縣接納伊河稱伊洛河，到鞏縣洛口以北入黃河。全長四百五十公里。㊹中男　唐制，男子十五歲以上，二十歲以下為中男。㊺蘄州　屬淮南道，治所蘄春，今湖北蘄春縣蘄州鎮西北。唐轄境相當於今湖北長江以北、巴河以東地區。㊻江津渡　在江陵東南二十里，稱江津口，或稱之津鄉。南朝時，為駐守江陵之軍事要地。㊼荊州洪亭松滋渡　當在荊州之松滋縣境內長江段。荊州隋為南郡，唐武德四年（西元六二一年）改為荊州。治所江陵，今湖北江陵。下領林江、長林、安興、石首、松滋、公安七縣，相當於今湖北松滋至石首之間的長江流域。㊽江州馬頰檀頭渡　江州，原為隋之九江郡，唐武德四年（西元六二一年）置江州。治所潯陽，今江西九江市。領盆城、潯陽、澎澤三縣，轄區相當於今江西之湖口、瑞昌、德安、都昌、彭澤沿江一帶。馬頰檀頭渡，其址不詳。㊾越州杭州浙江渡　越州與杭州隔浙江相對。越州，隋為會稽郡，唐武德四年（西元六二一年）置越州，治所會稽，今浙江紹興市。領會稽、諸暨、餘姚諸縣。杭州，隋為餘杭郡，唐武德四年（西元六二一年）置杭州，治所錢塘，今浙江杭州市。領錢塘、富陽、餘杭三縣。浙江，即今錢塘江，浙江渡為二州間之渡口。㊿洪州城下渡九江渡　洪州，隋之豫章郡，唐武德五年置洪州，治所豫章，今江西南昌市。領豐城、鍾陵等三縣，轄區相等於今江西修水、綿江流域和南昌、豐城、進賢等市縣。城下渡，當係豫章城下，贛江之渡口。九江渡，在今江西九江市。長江在此段稱九江，亦稱尋陽城西半里有湓浦港，北接長江，為商旅泊船處。入江處稱盆口，亦為過江渡口。白居易〈琵琶行〉序文云「予左遷九江郡司馬，明年秋，送客湓浦口」，即指九江渡。

【語譯】 全國用浮船作為橋梁的有四處，有三處在黃河上，一處在洛水上。黃河上的三處是蒲津、大陽、盟津，盟津亦叫河陽；洛水上則有孝義橋。用石柱作橋梁亦有四處，洛水上三處，灞水上一處。〔洛水上〕三處是天津橋、永濟橋、中橋；〔灞水上〕則有灞橋。用木柱製作橋梁的有三處，都在渭河上。就是便橋、中渭橋、東渭橋，是京都交通衝要之地。總共有大型橋梁十一處，全由國家動工修築。其餘的橋梁都是由所在的州縣隨時修造。河陽橋修葺所需要的竹索，由宣、常、洪三個州役使工匠預為製作。宣、洪二州各負擔大索二十條，常州則製作小索一千二百條。蒲津、大陽兩橋所需要的竹索，每年由司竹監提供竹子，令附近津家、水手自行製作。其中供應修葺橋梁的雜匠，估計需要多少，預先向所在官司機構申報；所需要的匠夫先由近橋的丁戶充當。浮橋所需的腳船，都要預先有備用的半副；其餘可以調度的浮船，則要預先準備好一副。河陽浮橋用的船，由潭、洪兩個州建造，並負責送達。大陽、蒲津的浮船，由嵐、石、濕（隰）、勝、慈等州採集木料，運送到橋梁所在地建造。河陽橋配置水手二百五十人，大陽橋水手為二百人，其中各配備木匠十人，蒲津橋為十五人。孝義橋所需的竹索，則拿河陽橋退還的充當。凡是在大渡口沒有橋梁的，都配給船隻和船夫擺渡，根據渡口大小和難易決定給船和人多少的等差。白馬津配給渡船四艘，龍門、會寧、合河等關，都配給船三艘，船上的渡子都可以用當地鎮防人員充當。渭津關船二艘，船上的渡子用永豐倉防人員充當。渭水鴻渡船四艘，涇水的涇合渡、韓渡、劉控坂渡、眭城坂渡、覆籬渡，各配給船一艘；濟川（州）津、平陰津、風陵津和興德津，各置渡船兩艘；洛水渡口船三艘，船上渡子都從就近地區選擇有殘疾的或者中男懂得水性的人充當。會寧船另外給五人，興德船另外給四人，其他地方的船都另外給三人。蘄州的江津渡，荊州的洪亭松滋渡，江州的馬頰檀頭渡，都配置渡船一艘，每船給渡子六人。越州、杭州之間的浙江渡，洪州的城下渡以及九江渡，各配置船三艘，每船給渡子四人，渡子都從就近江邊的白丁中選取熟悉水性的人充當。分成五番，每年一替換。

卷八

門下省

卷目

門下省

侍中二人
黃門侍郎二人
給事中四人
錄事主事各四人
令史十二人
書令史二十二人
田庫令史❶七人
傳制八人
亭長六人
修補制敕匠五人
掌固十人
左散騎常侍二人
諫議大夫四人
左補闕二人
左拾遺二人
起居郎二人
令史三人
典儀二人
贊者十二人
城門郎四人
令史一人
書令史二人
門僕八百人
符寶郎四人
令史二人
書令史三人
主寶六人
主符三十人
主節十八人
弘文殿❷學士無常員

❶南宋本及廣池本均作「甲庫令史」。

校書郎二人

學生三十人

令史二人

楷書手二十五人❸

典書二人

搨書手三人

筆匠三人

熟紙裝潢匠八人❹

亭長二人

掌固四人

---

❷正文為「弘文館」。

❸《舊唐書・職官志》作「三十人」。

❹正文為「九人」。

卷　旨

唐代實行中書、門下、尚書三省聯合宰相制。本書從第一卷下半部份開始至第七卷，以六卷又半的篇幅記述尚書省，此卷則續而專敘三省之一的門下省。

追溯歷史，三省原本都是宮官，皆直接侍從並受命於皇帝。秦漢之際，秉掌國政的是朝官即丞相，而非宮官。但宮官既為皇帝近侍，宮職中又常與「出詔」、「納奏」這樣一些重大政事有聯繫，因而只要皇帝需要，是不難從侍從轉化為朝政、從後臺走向前臺的。首先是尚書，接著是中書，自東漢魏晉後，相繼分掌了行政、立法兩種大權。門下則由於歷來是一個職掌多異的宮官群體，演化較為緩慢，長期未能擺脫以侍從為主的格局；但如果以取得封駁權作為由侍從走向干預朝政的標誌，那麼這種端倪魏晉後也已顯露，至隋封、駁二權全歸門下，於中書出令、尚書施行之間參之以審核，為三省分權奠定了基礎，迄唐而終成定制。這就是《通考．職官考三．宰相》說的：「按以三省為宰相之司存，以三省長官為宰相之職任，其說肇於魏晉以來，而其制定於唐。」

從丞相個人開府的宰相制，到三省聯合成一個施政機構，既互相制約又統同協力，這無疑是一種歷史進步。三省中，尚書省人多事繁，實際事務重於中書、門下，因而將尚書省分出禁內，稱為南衙或南省，保留中書、門下於禁中，稱內省，這樣內親外重，各具優勢，便平衡了三省的關係。朱熹把唐三省制下政事的操作程序概括為：「每事先經由中書省，中書做定將上，得旨，再下中書省，中書以付門下；或有未當，則門下繳駁，又還中書，中書又將上，得旨，再下中書，中書又付門下。若可行，門下又下尚書省，尚書代主書撰奉行而已。」（《朱子語類》卷一二八）這樣一個中書出令、門下審駁、尚書施行的運作過程，可以減少誤失，盡可能使每項決策都比較合理一些。由於三權分立，難免時有爭議，武德初，又於門下省設政事堂，為三省長官共議國政之所，每有舉措，先在政事堂議定，然後奏聞。睿宗文明初，裴炎任中書令，遷政事堂於中書省。玄宗開元十一年（西元七二三年）中書令張說改政事堂為中書門下，列吏、樞機、兵、戶、刑禮五房於其後，分曹以主眾務，其制更形完備。

本卷所敘門下省，一仍敘尚書六部之例，正文以主要官員之員數、品秩和職掌為主幹，原注則詳敘歷朝沿革。不同的是門下省所屬官署及官員，分直屬、文屬兩類。其基本官員為直屬，包括本省長官侍中，次長黃門侍郎，以及給事中。門下省正式建制後，殿中省從門下省分出，留下的主要職掌就是出納諫諍，而侍從方面的職能僅僅在某些禮儀場合還有若干表現。所謂文屬與直屬相對而言，表現為一種寬鬆的非直接的領導關係。其成員有散騎常侍、城門郎、符寶郎和弘文館學士等；職掌主要為侍從和諫議，說明門下省作為一個整體，依然保留著原係侍從宮官的歷史遺跡。值得注意的是，門下文屬系統的編制，不少是與中書省相對應的，此為「左」，彼為「右」。如門下省有左散騎常侍、左補闕、左拾遺，中書省則有右散騎常侍、右補闕、右拾遺等。

唐代門下省官署，在太極宮的，設於太極殿前左延明門以東；在大明宮的，則設在宣政殿前日華門以東。杜甫曾任門下省左拾遺，在〈紫宸殿退朝詩〉中，有「宮中每出歸東省」之句，所言「東省」，即宮中的門下省。中書省則位於其西，故稱西省。

為方便閱讀，我們將全卷分成五篇，即門下省、左散騎常侍、城門郎、符寶郎和弘文館學士。

門下省

【篇　旨】本篇主要敘述門下省本部的基本官員，包括侍中、黃門侍郎和給事中的定員、品秩、沿革及其職掌。侍中和黃門侍郎是本省正副長官，給事中則不僅是最主要成員，而且在建立三省長官共議國政於政事堂（後改中書門下）之制後，又通常成為門下省日常事務的實際主持者。

侍中、黃門侍中、給事中都曾為加官，他官加此，便得出入禁中，入侍皇帝，此制秦漢已經形成。在西漢，侍中無定員，規定凡列侯、卿大夫、將軍、都尉以及尚書、郎中等，都可加此，實際則多為與皇帝有特殊關係的親信，或是外戚，或是功臣，亦有一些通儒重臣。東漢置為正式職官，秩比二千石，侍從皇帝左右，顧問應對，向公卿傳諭御旨，地位尊貴，多授碩儒，無定員，不常設。黃門侍郎，東漢時因與給事黃門合為一官，故稱給事黃門侍郎，但亦仍可省稱黃門侍郎或黃門郎，侍隨皇帝左右，關通內外，給事於內廷。魏晉以後，侍中與黃門侍郎俱管門下眾事，由加官一變而為重要的實職主管。給事中，作為加官，除侍從顧問外，還分平尚書奏事，負責實際政務，為中朝要官，多以名儒國親充任。東漢省，魏晉復置，或為加官，或為正官，屬散騎省，南朝改隸集書省，至隋始併入門下省。

從本篇對侍中、黃門侍郎、給事中三官所記述的沿革來看，其本職原均為侍從，副職才是出納；至隋唐，這二者關係顛倒了過來：侍從的職能僅僅反映在禮儀形式上，如在大朝會、大祭祀時，由侍中「版奏中嚴外辦，以為出入之節」（四章），禮儀的實質性事務，門下省並不承擔；而出納，即發出皇帝的詔令，接納尚書省奏章，則成了門下省的主要職能。與出納相關的，還有一個篇中未予詳敘的封駁權的問題。在漢代，臣下的奏章須門下先署省封，而璽書的下達亦先由門下璽封後才由尚書令重封。這種「封」的權力，魏晉後集中於門下，門下對封事負有全責，悉坐省官。駁是指對章奏、詔命違失之處的駁正。在兩漢駁正之權屬於三公、丞相，後來是取代三公的尚書；至南北朝，駁權由尚書省移至門下，上至駁詔，下至駁奏，或封還，或異議，已是屢見不鮮，至唐代，門下省審覆上下行文書成了定制。門下省職掌的這一變化，標誌著它已與中書、尚書並列而構成為聯合宰相，其長官侍中、黃門侍郎亦成為參預最高決策的成員；與此同時，實際主持本省事務的職責，則落到了給事中的肩上。

篇末，對門下省錄事、主事、甲庫令史、傳制等低品官員，也作了簡介。至於亭長、掌固以及修補制敕匠等胥吏或工匠，則仍尚書諸部寫作之例，僅列於卷目，正文及原注均未提及。

一

侍中二人，正三品。《漢書‧百官表》❶云：「侍中皆加官❷，所加或列侯、將軍、卿大夫❸，無員，多至四十人，得入禁中❹，諸曹受尚書事，皆秦制。」《漢官》❺云：「秩比二千石。」董巴《輿服志》❻：「侍中冠武弁大冠❼，亦曰惠文冠❽，加金璫❾，附蟬為文，貂尾為飾❿。侍中服之則左貂⓫，常侍⓬則右貂。金取堅剛，百鍊不耗；蟬取居高飲清；貂取內勁悍，外溫潤。本趙武靈王⓭胡服之制，秦滅趙，得其冠，賜侍中焉。」漢制分掌乘輿服物⓮，功高者一人為正僕射⓯。後漢初亦加官，出宣帝命，入備顧問。法駕⓰出，多識者一人參乘，兼負傳國璽⓱，操斬白蛇劍⓲；餘皆騎在乘輿車後。從駕入廟祠⓳，天子上堂盥，以巾奉酒⓴。魏武㉑改僕射為祭酒㉒。蔡質㉓《漢官典職》㉔曰：「侍中在尚書僕射下，尚書上。舊與中官皆止禁中宿直，廬在石渠門外㉕；武帝㉖

時，侍中僕射馬何羅㉗挾刃謀逆，由是侍中出禁外。王莽㉘秉政，復止禁中。惠帝㉙元和㉚中，侍中郭舉與後宮通㉛，伏誅，由是復出外。」靈帝㉜時，侍中舍有八區，論者因言員有八人，未詳也。《獻帝起居注》㉝云：「初置侍中六人，出入禁中，近侍帷幄，省尚書事㉞。」魏氏侍中置四人，省祭酒祭㉟，而加官不在數。服秩依漢氏，掌儐贊威儀。大駕出，則次直侍中護駕；正直侍中負璽陪乘，不帶劍；餘皆騎從。御登殿，與散騎常侍㊱對秩㊲，侍中居左，常侍居右，備切問近對，拾遺補闕。《晉令》㊳：「侍中品第三，武官㊴，絳朝服㊵，佩水蒼玉㊶。」東晉桓溫㊷奏省二人，後又復舊。宋氏掌奏事，直侍左右，殿內、門下眾事皆掌之㊸，餘同晉氏。齊氏又以高功者一人為祭酒，掌詔令機密，朝會，多以美姿容者兼其官，餘同宋氏。梁氏秩二千石，品第三，後班第十二㊹，與給事黃門侍郎一人對掌禁令㊺。陳氏依梁。後魏侍中六人，加官在數㊻，初從第一品中㊼，太和末革令㊽，正第三品，北齊因之㊾，掌獻納諫正及進御之職㊿。後周天官府(51)置御伯中大夫(52)二人，天子出入則侍中左右(53)，大祭祀盥洗則受巾。武帝改御伯為納言(54)，蓋侍中之職也。宣帝(55)末，又別置侍中，為加官。隋氏諱「忠」(56)，改為納言，置二人，正三品，掌陪從；煬帝十二年(57)，改納言為侍中(58)。皇朝初為納言，武德四年(59)改為侍中。初，秦漢置侍中曹，無臺省之名，自晉始有門下省。歷宋、齊、梁、陳、後魏、北齊、隋、國初，皆曰門下省。龍朔二年(60)改為東臺左相，咸亨元年(61)復舊。光宅元年(62)改為鸞臺納言，神龍元年(63)復舊。開元元年(64)改為黃門監，五年(65)復舊，曰門下省侍中。

【章 旨】記述門下省長官侍中之定員、品秩及其沿革。

【注 釋】❶漢書百官表 即《漢書‧百官公卿表》。《漢書》，東漢班固撰，一百篇，分一百二十卷，係我國第一部紀傳體斷代史。〈百官公卿表〉，《漢書》八表之一。它是我國史書中第一次比較系統地記錄了秦漢兩朝官僚制度，開創了正史中列〈職官志〉的先河。❷侍中皆加官 侍中是省官，能出入禁中，隨侍君主左右，與君主關係親密。君主有事，令侍中往外宣；百官有事，由侍中往裡傳。加官，指於原職稱之外，加領代表某種特權的官銜。侍中之稱，便有此種性質。如省外官員加授侍中以後，便可出入省中，隨著與君主關係的更加密切，其政治地位也驟然提高，因而成為省外諸官追慕的目標。作為加官的職銜，不止是侍中，此句《漢書‧百官公卿表》原文為：「侍中、左右曹、諸吏、散騎、中常侍，皆加官。」漢代侍中無定員，有時多至數十人。侍中的長官西漢稱僕射，東漢為祭酒。自晉以後，侍中始成為門下省長官之稱。❸所加或列侯將軍卿大夫 指可以加授侍中之官員類別。列侯，爵名，亦稱徹侯。秦設二十等爵，其最高爵即為徹侯。漢承秦制，封群臣異姓有功者為徹侯，避武帝名諱而改為通侯，亦稱列侯。將軍，武官之專稱。卿大夫，係古代對高級官員之通稱。此句《漢書‧百官公卿表》原文為：「所加或列侯、將軍、卿大夫、將、都尉、尚書、太醫、太官令至郎中。」❹多至四十人得入禁中 「四十人」，據南宋本應為「數十人」。禁中，即宮中。以宮庭門閣有禁，非侍御之臣不得妄入，故稱禁中。❺漢官 書名。作者及成書年代不詳。《隋書‧經籍志》稱有五卷，《通志‧藝文略》稱今存一卷，其他公私目錄均未著錄。東漢末應劭曾為之作注。其佚文僅見於《後漢書》之〈百官志〉和〈郡國志〉注，內容側重公卿員吏之人數和品秩，並附記諸郡郡治與京師洛陽之距離。❻董巴輿服志 《舊唐書‧經籍志》著錄有「《輿服志》一卷，董巴撰」；《新唐書‧藝文志》則為「董巴《大漢輿服志》一卷」。作者董巴生平不詳。❼武弁大冠 即武冠。《後漢書‧輿服志》：「武冠，俗謂之大冠。環纓無蕤，以青系為緄，加雙鶡尾，豎左右，為鶡冠云。」「鶡者，勇雉也，其鬬對一死乃止，故趙武靈王以表武士，秦施之焉。」注引徐廣曰：「鶡似黑雉，出於上黨。」荀綽《百官表注》曰：「冠插兩鶡，鷙鳥之暴疏者也。每所攫撮，應爪摧衄，天子武騎故以冠也。」❽惠文冠 即武冠。《漢書》注引服虔曰：「武冠也。趙惠文所服，故號惠文。」趙惠文王，係趙武靈王之子，在位三十三年。❾金璫 金製之耳璫。《風俗通》曰：「耳珠曰璫。」《太平御覽》卷七百十八璫珥條引《釋名》曰：「瑱，鎮也。懸璫耳旁，不欲使人妄聽，自鎮重也。此本出于蠻夷，蠻夷婦女輕浮好走，以此璫垂之也。今中國用耳璫，仿此也。」❿附蟬為文貂尾為飾　指在珥璫的一側附蟬翼，另一側飾貂尾。《太平御覽》卷二百十九條引應劭《漢官》：「侍中周官也。金蟬有貂，金取堅剛百煉不耗；蟬居高食潔，目在掖下；貂內勁悍而外溫潤。」同書卷九百四十四蟬條引崔豹《今古注》：「貂蟬胡服也。貂者取其有文而不煥，外柔而易，內剛而勁也；蟬者取其清虛而識時變也。在位者有文而不自耀，有武而不示人，清虛自守，識時變而動也。」漢初用黑貂尾，王莽時改為黃貂。佩戴時能取下，亦能戴上。《南齊書·百官志》：「宋文帝元嘉中，王華、王曇首、殷景仁等並為侍中，情任親密，與帝接膝共語，貂拂帝手，拔貂置案上。語畢復手插之。」⓫侍中服之則左貂　《通典》同此；《後漢書·獻帝紀》注引《漢官儀》：「侍中左蟬右貂。」則與此有異。⓬常侍　即中常侍，亦為加官。秦官漢因，西漢宦者與士人參用，東漢則全用宦者。常侍與君主關係之親密更超過侍中。⓭趙武靈王　戰國時趙國君主，在位二十七年。以倡導胡服騎射著稱於史。⓮乘輿服物　指帝王使用的乘輿和冠服。下至褻器虎子之屬，皆由侍中分掌。漢武帝時，孔安國為侍中，以其儒者，特聽掌御唾壺，朝廷榮之。⓯功高者一人為正僕射　此句南宋本作「功高者一人為僕射」，無「正」字。指在侍中之間選一功高者稱侍中僕射為之長。《漢書·百官公卿表》：「僕射，秦官，自侍中、尚書、博士、郎皆有。古者重武官，有主射以督課之，軍屯吏、騶、宰、永巷宮人皆有，取其領事之號。」注引孟康曰：「皆有僕射，隨所領之事以為號也。若軍屯吏則曰軍屯僕射，永巷則曰永巷僕射。」由侍中間選任之侍中僕射，類似於督察各侍中職守的武裝憲兵，因此而亦成為侍中之長官。⓰法駕　帝王之車駕。《史記·呂后本紀》：「乃奉天子法駕，迎代王于邸。」裴駰《集解》引蔡邕曰：「天子有大駕、小駕、法駕。法駕上所乘，曰金銀車，駕六馬，有五時副車，皆駕四馬，侍中參乘，屬車三十乘。」⓱傳國璽　《通志·器服略》載：「始皇得藍田白玉為璽，螭虎鈕，文曰：『受天之命，皇帝壽昌。』」漢高帝入關，得秦始皇白玉璽佩之，曰傳國璽。」⓲斬白蛇劍　指高祖劉邦斬白蛇之劍。傳國璽與斬蛇劍在漢代同被視為受天命之信物，傳國之大寶，由侍中佩在天子之左右。關于斬白蛇劍的來歷，《漢書·高帝紀》記錄了一個帶有神話色彩的故事：劉邦初起反秦時，一次醉行澤中，「令一人行前。行前者還報曰：『前有大蛇當徑，願還。』高祖醉，曰：『壯士行，何畏！』及前，拔劍斬蛇。蛇分為兩，道開。行數里，醉困臥。後人來至蛇所，有一老嫗夜哭。人問嫗何哭？嫗曰：『人殺吾子。』人曰：『嫗子何為見殺？』嫗曰：『吾子，白帝子也，化為蛇，當道，今者赤帝子斬之，故哭。』人乃以嫗不誠，欲苦之，嫗因忽不見。後人至，高祖覺。告高祖，高祖乃心獨喜，自負。諸從者日益畏之。」這自然屬於歷史上屢見的那種經過著意編造用來附會所謂天命的政治性讖語。⓳從駕入廟祠　指侍中隨從皇帝入宗廟參加祭祀。⓴天子上堂盥以巾奉酒　《後漢書·祭祀志下》注引

《漢舊儀》稱：「皇帝上堂盥，侍中以巾奉觶酒從。」皇帝進入宗廟祭祀的大堂後，要澆水洗手。盥，即澆水洗手。而在旁之侍中一面奉巾供皇帝拭手，一面捧著觶酒以待。觶為盛酒的酒器，供皇帝為神主上酒用。從這些細節可知侍中是陪侍在皇帝左右的侍從人員。㉑魏武　據南宋本及《通典》應為「光武」。光武，東漢皇帝劉秀。在位三十二年，終年六十二歲。㉒改僕射為祭酒　指侍中長官之稱謂由僕射改為祭酒。《後漢書・百官志》謂東漢初僕射轉為祭酒，《後漢書・卓茂傳》則載有「更始立，以茂為侍中祭酒」事。更始為新末劉玄稱帝時年號（西元二三年—二五年）。大抵改僕射為祭酒事，當在更始或更始以前，東漢初則因之。祭酒之稱，始於古代貴族大夫饗飲，後漸演化為官名。《史記・孟子荀卿列傳》有「荀卿三為祭酒」句，司馬貞《索隱》稱：「禮食必祭先，飲酒亦然，必以席中之尊者一人當祭耳，後因以為官名，故吳王濞為劉氏祭酒是也。」漢代以祭酒名長官除侍中祭酒外，尚有博士祭酒、軍師祭酒等。㉓蔡質　字子文，陳留圉（今河南杞縣之南）人，漢衛尉。蔡邕之叔，曾與邕一起受人誣陷入獄，邕上書自陳中提到「臣季父質，連見拔擢，位在上列」；「臣之愚冗，職當咎患，但前者所對，質不及聞，而衰老白首，橫見引逮，隨臣摧沒，并入阬埳，誠冤誠痛」（《後漢書・蔡邕傳》）。㉔漢官典職　《隋書・經籍志》著錄「《漢官典職儀式選用》二卷，漢衛尉蔡質撰」；《新唐書・藝文志》著錄「蔡質《漢官典儀》一卷」。諸書所引，又有作《漢官典職》、《漢官典職儀》者。陳氏《書錄題解》稱：「《漢官典儀》一卷，漢衛尉蔡質撰，雜記官制及上書儀式。李埴續補一卷。俱不傳。」今有清人孫星衍輯錄之一卷。㉕廬在石渠門外　廬，指侍中宿直之所。石渠門為石渠閣之門。石渠閣為蕭何所造，因其下礱石為渠以導水而有此名。閣內藏入關所得秦之圖籍，漢成帝時又於此藏秘書，其址在未央宮東。《漢書・嚴助傳》：嚴助為會稽太守，數年無善聲，因「賜書曰：制詔會稽太守，君厭承明之廬」。注引張晏曰：「承明廬在石渠閣外。直宿所止曰廬。」㉖武帝　西漢皇帝劉徹。在位五十四年，終年七十一歲。㉗馬何羅　《漢書》之〈武帝紀〉、〈霍光傳〉及〈金日磾傳〉均作「莽何羅」。其「挾刃謀逆」事，〈武帝紀〉繫於征和四年（西元八九年）夏六月：「侍中僕射莽何羅與弟重合侯通謀反，侍中駙馬都尉金日磾、奉車都尉霍光、騎都尉上官桀討之。」㉘王莽　字君巨，魏郡元城（今河北大名東）人。漢元帝皇后之姪，西漢末，以外戚掌握政權，初始二年（西元八年）稱帝，建國號新，年號始建國。更始元年（西元二十三年）新朝崩潰，王莽被殺。㉙惠帝　據南宋本應為「章帝」。東漢皇帝劉炟。在位十三年，終年三十三歲。㉚元和　東漢章帝年號。㉛侍中郭舉與後宮通　《後漢書・百官志》注引蔡質《漢儀》記其事略詳於此。文為：「侍中郭舉與後宮通，拔佩刀驚上，舉伏誅，侍中由是復出外。」㉜靈帝　東漢皇帝劉宏。在位二十一年，終年三十四歲。㉝獻帝起居注　《隋書・經籍志》著錄《漢獻帝起居注》五卷。作者姓名不詳。㉞自「初置侍中」至「省尚書事」　此四句說明從東漢末起，侍中的地位開始發生了變化。編員從不固定到固定為六人；職能從對君王一般生活上的侍從到掌握出納詔命、章奏的機要。出納詔命即意味著參與君王的號令權和立法權，因而侍中也就成了參預機要的成員。㉟祭酒祭　據南宋本當為「祭酒」。後一「祭」字衍。㊱散騎常侍　散騎與常侍，原均為秦官。散騎騎從乘輿車後；中常侍得入禁中，皆無員，亦以為加官。東漢初，省散騎，而中常侍用宦者。魏文帝黃初初，置散騎，合之於中常侍，稱散騎常侍，同掌規諫，不典事，貂璫插右，騎而散從。㊲對秩　據南宋本應為「對扶」。㊳晉令　書名。賈充撰，四十卷。《隋書·經籍志》、新舊《唐書》〈藝文志〉皆有著錄。㊴武官　據南宋本當為「武冠」。㊵絳朝服　又稱具服，為五品以上陪祭、朝饗、拜表等大事之服。據《新唐書·車服志》其穿戴包括冠幘、簪導、絳紗單衣、白紗中單、黑領、袖，黑褾、襈，白裙、襦，革帶、金鉤韘，假帶，曲領方心，絳紗蔽膝，白韈，烏皮舄，劍，紛，鞶囊，雙佩，雙綬。㊶水蒼玉　玉石名。古代官員按品級佩戴玉石，如一品佩山玄玉，二品以下佩水蒼玉。水蒼，指玉石的花紋似水紋。㊷桓溫　字元子，譙國龍亢（今安徽懷遠西）人。晉明帝婿，拜駙馬都尉、安西將軍，任荊州刺史；西伐蜀，進位鎮西大將軍。專斷朝政，圖謀禪讓，未成而死。㊸自「宋氏掌奏事」至「眾事皆掌之」　此三句反映至南朝劉宋，侍中權力範圍進一步擴大。掌奏事，是平尚書省事，成了皇帝與尚書省之間的中間環節。殿內，指掌內庭供奉。門下，原來並非指稱某一宮官或官署，而是泛指包括奔走於黃門內外的宮官群；至南朝宋時，門下省已發展成了一個有實職的宮官機構，其下屬有公車令、太醫令、太官令、驊騮廐丞等職官，由侍中與給事黃門侍郎共同執掌門下眾事。㊹後班第十二　梁初亦為九品制，武帝天監七年（西元五〇八年）徐勉為吏部尚書，定官品為十八班，以班多為貴。同為秩十二班者除侍中外，尚有散騎常侍、左右衛將軍、司徒左長史、衛尉卿等。㊺與給事黃門侍郎一人對掌禁令　給事黃門侍郎，東漢合併「給事黃門」與「黃門侍郎」而置。亦簡稱黃門、黃門郎、黃門侍郎。掌侍從左右、關通內外，與侍中平省尚書奏事。《隋書·百官志上》稱：「門下省置侍中、給事黃門侍郎各四人，掌侍從左右，儐相威儀，盡規獻納，糾正違闕；監合嘗御藥，封璽書。侍中功高者，在職一年，詔加侍中祭酒，與侍郎功高者一人，對掌禁令，〔統〕公車、太官、太醫等令，驊騮廐丞。」㊻加官在數　廣池訓點近衛本稱：「在」，《職官分紀》作「無」。應從。加官當不應計算在六名定員之內。㊼初從第一品中　據《魏書·官氏志》太和中的官品令，中侍中列在從第一品上，非從第一品中。㊽太和末革令　指北魏孝文帝拓跋宏太和二十三年（西元四九九年）公布之職令。此令為孝文帝死後，世宗即位之初所頒行，侍中被列為第三品。㊾北齊因之　北齊因承北魏，設侍中六人，與給事黃門侍郎六人，共同執掌門下省。㊿掌獻納諫正及進御之職　指其職掌為兩個方面：一是盡諫官之拾遺補闕；一是從生活起居方面侍奉君王。其下屬所統之局有六：左右局、尚食局、尚藥局、主衣局、殿中局和齋帥局。其職掌皆為侍奉皇帝日常生活之需。51天官府　北周仿照《周禮》設置天官府，以大冢宰統之。《周禮》：「大宰之職，掌建邦之六典，以佐王治邦國。」52御伯中大夫　天官府屬官。西魏恭帝三年（西元五五六年）置正五命，北周沿置。北周任御伯中大夫之職者，據《隋書》、《周書》載錄，有梁睿、李昶、鄭孝穆等。53侍中左右　「中」當是「于」之誤。全句為：「天子出入則侍于左右。」54武帝改御伯為納言　武帝，指周武帝。北周皇帝宇文邕，字禰羅突。在位十六年，終年三十六歲。於保定四年（西元五六四年）改御伯為納言。《隋書・滕穆王瓚傳》：「周世自右侍上士，遷御伯中大夫。保定四年改為納言。」55宣帝　北周皇帝宇文贇。在位二年，終年二十二歲。56隋氏諱忠　因隋文帝楊堅之父名楊忠，故諱「忠」，而侍中之「中」與「忠」音同。57煬帝十二年　即大業十二年，西元六一六年。煬帝，隋朝皇帝楊廣，年號為大業。58侍中　據南宋本當為「侍內」。59武德四年　西元六二一年。武德為唐高祖李淵年號。60龍朔二年　西元六六二年。龍朔為唐高宗李治年號。61咸亨元年　西元六七〇年。咸亨亦是唐高宗李治年號。62光宅元年　西元六八四年。光宅為武后稱制時年號。63神龍元年　西元七〇五年。神龍為唐中宗李顯年號。64開元元年　西元七一三年。開元為唐玄宗李隆基年號。65五年　指開元五年，即西元七一八年。

【語　譯】侍中，定員二人，品秩為正三品。《漢書・百官公卿表》說：「侍中都是作為加官授給的，被加官的對象有列侯、將軍、卿大夫等，沒有定員的限制，多的時候可以高達四（數）十人。侍中可以進入禁中，各曹受尚書事。這些都是秦朝就有的制度。」《漢官》記載：「侍中的俸秩為比二千石。」董巴的《輿服志》說：「侍中頭上戴的是武弁大冠，亦叫惠文冠。加上黃金製的珥璫，附有蟬翼作為文飾，貂尾作為裝飾。如果侍中服用，貂尾插在左面；常侍服用，貂尾就插在右面。所以要用金，取意於黃金的堅剛，百煉不耗；所以用蟬翼，取意於蟬總是棲居高處，吸飲的是潔淨的露水；所以用貂尾，取意於貂內藏強悍而外表又顯得很溫潤。這本來是趙武靈王採用胡服的式樣，秦始皇攻滅趙國時，得到了這些冠服，便賜給了侍中。」漢制規定侍中的職掌是管理君王的乘輿服物，在侍中中選擇功績較高的一人為長官，稱僕射。東漢初期，侍中亦是加官，職掌是外出替君王宣布詔命，入內則為君王身旁的顧問。皇上乘輿出行時，就在侍中中間選擇一名識見廣博的作為陪乘，他同時要護持傳國玉璽和操持高祖斬白蛇寶劍。侍中的其他人員，都騎著馬跟隨在乘輿的車後。如果陪隨御駕入宗廟參加祭祀，當皇上登堂盥洗時，侍中就要在一旁奉持手巾和觶酒伺候。東漢魏（光）武帝時，把侍中僕射改名為侍中祭酒。蔡質的《漢官典職》說：「侍中的地位，在尚書僕射之下，尚書之上。早先侍中是與宦官一起值宿在禁中的，他們的住所稱為廬，就在石渠門外。漢武帝時，侍中僕射馬（莽）何羅身藏利刃企圖謀逆，由於這個緣故，就把侍中遷移到禁宮之外。王莽執政時，再遷入禁內。東漢章帝元和時，又有個侍中叫郭舉的與後宮通奸而被誅，為這件事侍中再次被遷出宮外。」東漢靈帝時，侍中的居處有八區之說，因而有人認為此時侍中的定員為八人。實際情況如何，已無法詳知了。《獻帝起居注》中說：「最初侍中定員為六人，可以出入禁中，近侍君王於帷幄之中，省察尚書臺有關事務。」曹魏時，侍中定員為四人，省去了祭酒，而加官不在定員數字之內。侍中的品秩和冠服依照漢朝的規定，職掌是君王左右的儀仗和導引。御駕出巡時，擔任次值的侍中在前後護駕，擔任正值的侍中則捧持傳國玉璽陪乘在君王之旁，不准帶劍；其餘的侍中都騎馬隨從車後。如果御駕登殿，就與散騎常侍一起扶持君王，侍中在左邊，常侍在右邊，同時就近回答皇上的各種提問，起到一點拾遺補闕的作用。《晉令》說：「侍中的品秩為第三品，戴武官（冠），穿絳色的朝服，腰佩水蒼玉。」東晉時，桓溫曾奏議省為兩個人，後來又恢復為四人。南朝劉宋時，侍中的職掌是接納尚書省的奏事，輪值侍從於君王左右，同時殿內、門下二省眾多事務都參與掌管；其他方面與晉代相同。蕭齊時，又恢復在侍中中間選擇功績較高的一人作為祭酒，執掌傳宣詔令機要及舉行朝會等事務，大多以姿容俊美的人兼任此官職；其餘與劉宋的規定相同。蕭梁時，侍中的俸秩為二千石，官品為第三品，後來改為第十二班，與給事黃門侍郎一人一起執掌君王的詔命。陳朝的官制依照蕭梁的制度。北魏時，侍中的定員規定為六人，加官則（不）在這個數字之內，品秩起初規定為從第一品中，太和末年的改革令，改為正第三品。北齊因承北魏的制度，侍中的職掌是在御駕身旁獻納諫正和管理君王進御的各種服物。北周的天官府設置御伯中大夫二人，皇帝出入時，陪侍在左右；逢有大祭祀，皇上登堂盥洗，由侍中奉侍手巾。周武帝時，將御伯改名為納言，實際上也還是侍中的職務。周宣帝末年，在納言之外，又另設侍中，這是一種加官而已。隋朝避諱「忠」字，又改為納言，定員為二人，品秩為正第三品，職掌是君王左右的侍從。煬帝大業十二年，改稱納言為侍中（內）。本朝初年仍稱為納言，到武德四年改名為侍中。當初，在秦漢時期，只設置侍中曹，還沒有臺、省這樣的名目，從晉朝開始，才有門下省，歷經宋、齊、梁、陳、北魏、北齊、隋及本朝初年，都稱為門下省。龍朔二年時，曾改名為東臺左相，到咸亨元年，又恢復原來的名稱；光宅元年時，又改名為鸞臺納言，神龍元年再次恢復原來的名稱；開元元年改名為黃門監，開元五年仍然恢復舊名，就叫門下省侍中。

【說　明】門下省是機構的名稱，侍中為門下省長官的名稱。本章所敘述的沿革，包括作為機構的門下省和作為官稱的侍中這樣兩個方面，原注的敘述著重在侍中，而非門下；關於門下的沿革只是一筆帶過，需要補充說明幾句。

門下，是「黃門之下」的簡稱。秦漢宮門都塗以黃色，故以黃門指稱宮門。門下省是門下諸省的首省，它的正式建置是魏晉以後的事，專一以出納帝命作為職掌更是隋唐以後的事。但在秦漢之際，宮門內已相繼設置了許多溝通內外的官員，大體可分為三類，第一類是散騎與中常侍。散騎掌黃門外，陪侍乘輿，出行時獻替可否；中常侍掌黃門內，二者都是直接護衛、侍奉皇帝的宮官，皆自士人中擇選充任。第二類是黃門侍郎、給事黃門。他們都是宦者，是替皇帝通訊、傳令的宮官。其中侍郎屬黃門署，掌黃門外；給事屬中黃門署，掌黃門以內。這二署均屬少府。第三類是侍中、諸吏、給事中，都是替皇帝聯繫內外朝政的官吏。侍中原來是丞相府的兩曹史，為宮府傳遞公文的；諸吏、給事中則分屬左、右曹，在黃門內平尚書奏事。漢沿秦制，然被任使上述職務的，除本官即為宮官外，還有朝官的加官。如果本官是宮官，那麼官與職是一致的；本官是朝官，因加官而入主宮職，就出現了官與職相異的狀況。由於加官沒有定員的限制，因此奔走在黃門下的官吏人數很難核實，他們與黃門內外的官僚群被統稱為「中朝」（不包括尚書、御史、謁者這一類通常由士人出任的宮官），以與丞相府的「外朝」相區別。這個「中朝」雖未建立正式的官署，但已具備「門下」的雛型。至東漢時，侍中與黃門郎等顧問侍從官員居侍中寺，中常侍、小黃門等宦官居東寺，而分管禁軍之將領因其值宿地而被稱為西寺，三者相合被稱為門下三寺，這便是「門下」得名的由來。東漢因多女主稱制，宦官專權，所以門下三寺中實權落在東寺。至東漢末，盡誅宦官，禁軍總於權臣，三寺中得以保留下來的唯有侍中寺了。曹魏時，官署多以「省」稱，如尚書、中書皆稱省；侍中寺亦因以改名為侍中省。西晉稱門下省，而侍中與給事黃門侍郎成了門下省的主幹，與散騎省共平尚書奏事。東晉在門下省恢復西寺，稱西省，作為禁軍值宿之處。這樣門下省、散騎省與西省一起，合稱門下三省。南北朝時，門下省侍從生活與出納帝命兩個方面的職司尚未分化，《隋書

‧百官志中》關於北齊門下的職掌依然是「掌獻納諫正及司進御之職」。那時門下省還統領著城門、尚食、尚藥、符璽、御府、殿內等總稱內侍六局」。直到隋煬帝大業三年（西元六〇七年）改制，把門下省原來統領的內侍六局除符璽局外的其餘五局，改隸殿內省，這就大大減輕了門下省原來擔負的侍奉君王日常生活起居的那一方面的事務。至唐代，門下省的屬官，只保留了侍中、黃門侍郎、給事中、諫議大夫、左補闕、左拾遺、起居郎這樣一些官員，而城門、符寶二署都是作為門下省的「文屬」而存在的。這樣經過一千多年的發展和演變，門下及其屬官的職司，終於從侍奉帝王生活為主，到侍從與出納帝命並重，最後成為以封駁出納為主的，與中書省共同構成協助君王執掌立法、施令的一個重要機構。作為對比，不禁使人想起孔子後裔、西漢大學者孔安國的故事。在他任侍中時，一面以他的博學為漢武帝應對顧問，一面卻還要為皇帝捧痰盂。這在今天看來，會是一個笑話，但在當時卻被視為天經地義。原因是中國古代官制原由天子或諸侯的家臣演化而來，加上家天下的體制及其思想的浸染，國事與帝王家事長期合二為一，混淆不清。在其後的封建專制制度下，更是一切都以皇帝為中心。既然皇帝有侍奉生活、協助政務這兩方面的需要，作為侍臣這兩種職司自然也缺一不可。當然漢武帝不會僅僅為了要人替他捧痰盂才叫孔安國去當侍中的。他亦知道孔安國的所長不在這方面，但侍中必須有這兩種職司的定制又不能破，於是便搞了點靈活性。按規定侍中的職責中包括為皇帝捧持「下至褻器虎子之屬」（《通典‧職官三》，原「虎」因避諱作「武」），為了照顧這位大學者的面子，漢武帝特破例恩准「聽掌御唾壺」。就為這個例外，「朝廷榮之」（同上），就是說滿朝文武眼紅得不得了！不過我們還是不應把它當作笑話來看。今人無權譏笑古人。何況，縱然歷史過去了二千餘年，孔安國捧痰盂這樣具體的事也許已不會再發生，但卻不能否認家天下的思想以不同形式、在不同程度上的繼續存在，某些官員個人及其家庭消費公費化的大量存在；至於以捧過大人物的「痰盂」為無上榮耀的思想觀點，不更是在報章雜誌或文學作品中屢見不鮮嗎？現在首長們的祕書，對首長的政事和家事不還是都要管嗎？

二

侍中之職，掌出納帝命，緝熙皇極❶，總典吏職，贊相禮儀❷，以和萬邦，以弼❸庶務，所謂佐天子而統大政者也。凡軍國之務，與中書令參而總焉❹，坐而論之，舉而行之，此其大較也。

【章　旨】記述侍中之職掌。

【注　釋】❶出納帝命緝熙皇極　意謂君王的詔命需由門下省轉下，臣下的奏章由門下省上達，從而光大皇帝至高無上的威儀。❷贊相禮儀　指侍中在重大典禮儀式中，負有導引司儀的職責。❸弼　輔佐。❹與中書令參而總焉　指重大的政務決策，侍中可與中書省長官中書令一起參預，共同抓總。說明侍中在唐代具有宰相職能，是中書、門下、尚書三省聯合宰相的鼎足之一。

【語　譯】侍中的職掌是負責出納帝王的詔令，光大皇上的崇高威望；總領全省官吏各盡其職，在重大典禮中負責導引司儀，這樣來協和天下所有國家，輔弼君王處理各項事務。這就是所說的佐助天子而總攬大政的宰臣。凡是涉及到全局性的軍國大事，侍中可以與中書省長官中書令一起參預抓總，共同討論，付諸施行。這就是它的最基本的職責。

【說　明】本章概述唐代侍中的職掌。具體說來，一是對臣下奏抄的審議，發現不妥的，侍中有權駁回；二是對中書省起草的制書、詔命進行審議，發現有問題的，可以封還。對唐代制書的起草過程，朱熹曾作過這樣概述：「唐制，每事先經由中書省，中書做定將上，得旨，再行中書，中書又付門下。或有不當，則門下繳駁，又還中書，中書又將上，得旨，再下中書，中書又付門下。若可行，門下又付尚書省，尚書但主書撰奉行而已。」（《朱子語類》卷一二八）可見皇帝詔敕的製作，必須經過中書出旨、門下審覆、付於尚書省這樣幾個基本程序，否則就是違制。所以唐高宗儀鳳閣任檢校中書侍郎的劉禕之曾說：「不經鳳閣、鸞臺（指中書、門下），何名為敕！」（《舊唐書》本傳）此外，侍中還承擔著「臨軒命使冊皇后、皇太子，則承詔降宣命」的使命。第三項職掌是，在重大典禮上負責典儀導引。

三

凡下之通于上，其制有六：一曰奏抄❶，謂祭祀❷、支度國用❸、授六品以下官❹、斷流已下罪及除、免、官當者❺，並為奏抄。**二曰奏彈**❻，謂御史糾劾百司不法之事。**三曰露布**❼，謂諸軍破賊，申尚書兵部而聞奏焉。**四曰議**❽，謂朝之疑事，下公卿議，理有異同，奏而裁之。**五曰表**❾，**六曰狀**❿；蔡邕⓫《獨斷》⓬：「凡群臣上書通於天子者四品⓭：一曰章，二曰奏，三曰表，四曰駮議。章者，稱『稽首上以聞』⓮，謝恩、陳事，詣闕通者⓯也。奏者，上言『稽首言』，下言『稽首以聞』，其中有所請⓰；若罪法劾案公府送御史臺⓱，卿、校送謁者臺通者也⓲。表者，上言『臣某言』，下言『臣某誠惶誠恐，頓首頓首，死罪死罪』，左方下附曰『某官臣某申上』，以詣尚書通者也。公卿、校尉、諸將不言姓，大夫以下皆言姓。報章曰『聞』，報奏曰『可』，其表文尚書報所上云『已奏如書』。凡表、章以啟封，其言密事得皂囊⓳。其有疑事，公卿百官會議⓴而執異意者曰駮議㉑，曰『某王甲議可為如是』㉒，下言『愚戇議異』㉓；其合於上意者，文報曰『某官某甲議可』。漢承秦法，群臣上書皆言『昧死言』，王莽㉔慕古，改『昧死』曰『稽首』，光武㉕

因而不改。」章奏制度，自漢已後，多相因循。《隋令》有奏抄、奏彈、露布等，皇朝因之。其駁議、表、狀等，至今常行。其奏抄、露布侍中審，自餘不審。皆審署申覆而施行焉。復奏㉖畫「可」訖，留門下省為案。更寫一通，侍中注「制可」，印縫，署送尚書省施行。

【章旨】記述關於六種以下達上的公文格式及其門下省審議的過程。

【注釋】❶奏抄　亦稱奏章。臣屬向帝王進呈的公文形式。此處指諸司的奏章。其程序一般先由六部覆斷，再送尚書都省，都省尚書令、僕射以下，各部尚書以下、侍郎以上具署申奏，然後送門下省。門下省審議的程序，據《唐律疏議・名例律》是：「先門下錄事勘，給事中讀，黃門侍郎省，侍中審，有乖失者，依法駁正，卻牒省司。」這個過程完成，君王畫「可」訖，留門下省為案，更寫一通，侍中注「制可」，印縫，署送尚書省施行。❷祭祀　指尚書省禮部祠部司及太常寺為祭祀事需草擬奏抄。❸支度國用　指尚書省戶部度支司為國家每年財政預算事需草擬奏章。如日本學者大津透等由數十件吐魯番文書拼接而成的《儀鳳三年度支奏抄》，便是此類奏抄的實證。❹授六品以下官　按唐制規定，六品以下官在吏部三銓注擬畢，皆當團甲以過左右丞相，乃上門下省審議；在門下省則由給事中讀，黃門侍郎省，侍中審，然後進甲奏聞。如果門下省批「官不當」者，則由吏部改注；然亦有重執原注而上者。❺斷流已下罪及除免官當者　句中「下」當是「上」字之訛。《唐律疏議・斷獄下》：「諸斷罪應言上而不言上」條疏議引《獄官令》云：「杖罪以下，縣決之；徒以上，縣斷定，送州覆審訖；徒罪及流應決杖、笞若應贖者，即決配、徵贖。其大理寺及京兆、河南府斷徒及官人罪，并後有雪減，並申省，省司覆審無失，速即小知；如有不當者，隨事駁正。若大理寺及諸州斷流以上，若除、免、官當者，皆連寫案狀申省。大理寺及京兆府即封案不送。」據此，唯斷流已上罪才需申尚書省，再由尚書省申門下省審議。流以上罪指流罪及死罪；除、免、官當者，指以官當罪，其規定是：「以官當徒者，五品已上犯私罪者，一官當徒二年；九品已上，一官當徒一年；若犯公罪者，各加一年。以官當流者，三流同比徒四年，仍各解見任。除名者，比徒三年。免官者，比徒二年。免所居官者，比徒一年。」《舊唐書・刑法志》❻奏彈　奏章的一種，即為御史彈劾諸司非違而上奏的公文形式。唐初皇帝視事之日，御史即可奏劾。中宗景龍三年（西元七〇九年）規定，須先進狀，聽進止：許則奏之，不許則止。凡中外百僚之事應彈劾者，御史言於大夫，奏狀則須大夫、中丞押署，再經門下省審議。❼露布　亦稱露板或露版。原指一種不加檢封、公之於眾的文書，如檄文、捷報等，此處則指奉命率兵出征後，向尚書省申報的功狀。封演《封氏見聞記》卷四稱：「露布，捷書之別名也。諸軍破賊則以帛書建諸竿上，兵部謂之露布。蓋自漢以來有其名。所以名露布者，謂不封檢露而宣佈，欲四方速知，亦為之露版。魏武奏事云：『有緊急，則露版插羽』是也。」唐露布的格式如下：「尚書兵部：臣某言臣聞云云恭惟皇帝陛下云云　臣等云云　臣不勝慶快之至（或云無任慶躍之至），謹遣某官奉露布以聞。」❽議　凡公卿大臣討論朝廷疑難之事，由門下省將不同意見錄而奏之，其文書稱之為「議」。❾表　一般臣屬上書於君王之文書皆可稱為表。表有賀表，如賀祥瑞、誕辰等；謝表，如謝官爵、謝賜物等。刺史上任後，例有謝上表。不同於章奏的是，表不必有文頭套語，僅以「臣某言」即可開宗言事。歷史上著名的表文有〈出師表〉（諸葛亮）、〈陳情表〉（李密）等。❿狀　臣屬向君王就某事提出請求之文書稱狀，亦稱奏狀。狀，意謂陳述。作為一種公文文體，它始於漢而興於唐，在陸贄、白居易、柳宗元文集中，有不少狀文收錄，陸贄的〈奉天請罷瓊林大盈二庫狀〉為傳世名篇。又，狀除進呈帝王外，下級官吏致上級官長有時亦用狀。⓫蔡邕　字伯喈，東漢末陳留圉（今河南杞縣南）人。少博學，師事胡廣，好辭章、術數、天文，妙操音律。為王允所殺。〈熹平石經〉為蔡邕所書。其重要著作有《獨斷》、《勸學》、《釋誨》、《敘樂》、《女訓》、《篆勢》等。⓬獨斷　書名。蔡邕撰，二卷。宋左圭所輯《百川學海叢書》甲集及明·何鏜《漢魏叢書》皆收有此書。⓭凡群臣上書通於天子者四品　此句《獨斷》原文無「通」字，「品」作「名」。⓮稽首上以聞　《獨斷》原文作「稽首上書」。稽首，至敬之禮。其說不一。據《周禮》注及疏稱：稽首拜頭至地之時間較頓首拜長，因而為最重之禮，臣見君用之；頓首拜則為平敵相拜。⓯詣闕通者　指由宮門上達於帝王。闕，代指宮門。《漢書·朱買臣傳》：「詣闕上書」即是。⓰有所謂　據南宋本當為「有所請」。⓱若罪法劾案公府送御史臺　指奏彈糾劾百司不法之事，由公府送御史臺受理。《後漢書·百官志三》御史中丞條本注：「掌察舉非法，受公卿群吏奏事，有違失舉劾之。」公府，指丞相府。⓲卿校送謁者臺通者也　卿校，《獨斷》原文作「公卿、校尉」，係文武高級官員。意謂若為公卿、校尉等高品之奏章，亦可直接由謁者通於君王。謁者，承旨傳宣之官。《後漢書·百官志二》本注稱其職掌為「賓贊受事，及上章報問」。⓳其言密事得皂囊　今《百川學海》及程榮《漢魏叢書》本《獨斷》並作「其言密事，得皂囊盛」。皂囊，黑色之封套。⓴公卿百官會議　漢王朝遇到重大事情時，依旨命公卿百官會議，由丞相主持。會議的結果，必須列出全部或一部份參加者的名單，向皇帝作書面報告。有分歧意見亦須如實上奏，聽由皇帝作出裁決。㉑駮議　駮即「駁」字。下同。駮議，公卿百官會議討論中，若有與皇帝不同意見，稱駮議。㉒曰某主甲議可為如是　《獨斷》原文作「某官某甲議以為如是」。㉓下言愚戇議異　《獨斷》

原文「愚」上有「臣」字。此句為臣下與皇帝意見相左時，臣下的謙詞。㉔王莽　字君巨，魏郡元城（今河北大名東）人。漢元帝皇后姪。西漢末，以外戚秉掌朝政，初始元年（西元八年）稱帝，改國號為新。年號始建國。㉕光武　東漢開國皇帝劉秀，字文叔，南陽蔡陽（今河南南陽）人。在位三十二年，終年六十二歲。㉖復奏　據《唐會要》卷五十四中書省條當為「覆奏」。

【語　譯】關於臣下上達君王的公文形式，它的規制有六種。一是奏抄，譬如有關祭祀，支度國用，授任六品以下官職，流以下（上）罪的判決，以及對犯罪官吏除、免、官當的處理意見，都要用奏抄的形式，報告門下省覆審。二是奏彈，指御史奏彈各司百官違法亂紀事例的文書。三是露布，指各軍用兵破敵後，向尚書省兵部申報功狀轉門下省奏聞皇帝的文書。四是議，朝廷遇有疑難之事，下交百官公卿朝議，無論相同或不同意見，都用「議」這種文書奏報，由皇帝裁奪。五是表，六是狀；蔡邕的《獨斷》說：「所有臣下向皇帝的上書，有四種格式：一是章，二是奏，三是表，四是駁議。章這一類文書，開頭寫『稽首上以聞（書）』，通常是為了謝恩或者陳述公事，直接到宮門通達到君王的。奏這一類文書，開頭寫『稽首言』，結尾稱『稽首以聞』，文中一般都有所要請示的內容。如果是因違法犯罪案件而彈劾的奏文，要由丞相府送御史臺；若是公卿、檢校等官員的奏文，可以直接通過謁者臺上達於君王。表這一類文書，頭裡寫『臣某言』，末了說『臣某誠惶誠恐，頓首頓首，死罪死罪』；在文書的左方下面附上一筆『某官某甲上』，可以通過尚書臺上達。在上面這些奏文中，公卿、校尉和各個將領只須署名，可以不署姓；大夫以下都還要署姓。受理公文的官署，對章的回報稱『聞』，對奏文的回報稱『可』；對表文，尚書省回覆發文官司稱：『已奏如書』。章、表上奏時，都是啟封的，如果所奏的是機密之事，那就得裝上黑色的封套。朝廷遇有疑難的事，公卿百官舉行朝議，如果發表的意見與皇上不一致，那就稱駁議。駁議的寫作格式開頭是『某主（官某）甲議可（以）為如是』，末尾寫『（臣）愚戇議異』；如果朝議的結論與君王一致，奏文稟報說『某官某甲議可』。本來，漢承秦法，臣子們上書君王時，都稱『昧死言』，到王莽時，因為他仰慕古代的規制，把『昧死』改為『稽首』，光武皇帝因承這個做法，沒有再改。」有關章表的制度，自從漢代以來，大多相互因循。《隋令》規定有奏抄、奏彈、露布等幾種文書，本朝因承了隋的制度，譬如駁議、表、狀這些格式，至今仍在通行。其中奏抄、露布由侍中審議，其餘都不屬侍中審。上面六種文書，都由門下省審議署名申奏覆核以後，才能交付施行。具體過程是：門下省復（覆）奏，皇帝畫「可」完畢，正本就留在門下省作為檔案，另外抄寫一個副本，由侍中注上「制可」，蓋上騎縫印，簽署發送到尚書省去施行。

【說　明】本章敘述由下達上六種公文的格式及門下省審覆並最後付尚書省施行的過程，它反映了封建朝廷處理日常政務的基本程序。這一套程序和格式，原注引蔡邕《獨斷》所介紹漢代的情況，相互比照，說明自秦漢至隋唐，基本相沿不改，只是負責審議的門下省這一機構，秦漢時期還沒有建立起來，因而在西漢是御史臺，在東漢則是御史臺、謁者臺和尚書臺，負有這方面的職責。兩漢的執行機構也還不是尚書省，而是丞相府。日本大庭脩先生所著《秦漢法制史研究》一書提到一九三〇年～一九三一年間，在內蒙古額濟納河兩岸漢代遺址出土的木簡中，有漢宣帝元康五年（西元前六一年）二月十一日發出的詔書，可以作為一個實例來作些分析。這份詔書由八片木簡組成，第一、二簡是御史大夫丙吉的上奏文，第三簡是皇帝的認可語：「制曰可」。上奏被皇帝認可，原奏文便具有了詔的效力。因而這一詔令是由前三片簡構成的。第四至第八簡，則是詔令傳達、執行的記錄：四簡由御史大夫傳向丞相；五簡由丞相傳向車騎將軍、將軍以及郡太守和諸侯之相；六簡由張掖太守傳向屬國都尉、縣令；七簡由張掖水都尉傳向肩水城尉；八簡由肩水侯向所屬尉、侯長傳達詔令。八片木簡，清楚地說明了一份詔書的產生及其依照隸屬關係由中央政府逐級下達直到防禦匈奴第一線邊防哨所的全過程。這篇詔書的主要篇幅是御史大夫的奏文，內容為當年五月二日至夏至前後五天下令休兵，不聽政事；並規定夏至之日，官民要共同舉行更水火的活動。在此之前，先是太史令向太常寺報告節令的禁忌，然後由太常寺向丞相申報並提出夏至前後休兵的建議；丞相接到申報後，按漢制不是直接上奏，而是以由御史大夫接受丞相建議的形式，然後呈奏於皇帝。因而奏文又分成兩部份，前半部份是轉達丞相的上奏：「丞相魏相上太常蘇昌書，言太史丞定言，元康五年二月二日壬子夏至，宜寢兵，大官抒井，更水火，進鳴雞，謁以聞，布當用者。」後半部份便是「御史大夫謹案」，提出「四月二十九日至五月四日五日間，寢兵，不聽事」和夏至日官兵共同舉行更水火活動的具體方案，奏請恩准將此事下達有關官吏並佈告周知。皇帝批准後移交執行的程序為：由御史大夫轉達給丞相，由丞相逐級下達到最基層。據此可知漢代御史大夫的這部份職掌，相當於唐代門下省侍中的職務，其與丞相的關係，亦類似於唐代門下侍中與尚書省左右僕射的關係。漢時御史定員四十五人，其中十五人作為侍御史，在殿中供職，而御史大夫便是留在殿中掌管文書圖籍的諸御史的直接長官，還保留著古代天子侍奉官的痕跡。到了東漢，御史臺的長官是御史中丞，御史臺的主要職掌轉為以監察為主，它受理的公文只保留屬於糾彈百司不法那一部份。

四

凡法駕❶行幸，則負寶❷以從。秦、漢初置侍中，主諸御物❸，品秩亦卑。晉、魏以來，其任漸重。至隋，乃為宰相之職任。負寶之儀，因而不改，甚非尊崇宰輔之意。大朝會❹、大祭祀❺，則版奏❻「中嚴」、「外辦」❼，以為出入之節；輿駕還宮，則請「解嚴」❽，所以告禮成也。凡大祭祀，皇帝制齋❾，既朝，則請就齋室；將奠，則奉玉及幣以進❿；盥手，則酌罍水以奉⓫；及贊酌汎齊⓬，進福酒以成其禮焉。若饗宗廟，則進瓚⓭而贊酌鬱酒⓮以祼⓯；既祼，則贊酌醴齊；其餘如饗神祇之禮⓰。籍田⓱，則奉耒⓲以贊事。《唐禮》⓳：「廩犧令⓴供耒，司農卿㉑受之，以授侍中。」

【章旨】記述侍中在重大禮儀活動中之職掌。

【注釋】❶法駕　亦稱金銀駕。指皇帝車駕。駕六馬，有五時副車，皆駕四馬，侍中參乘，屬車三十乘。❷寶　指傳國之璽。❸主諸御物　意謂侍中分管君王所用各種服物。❹大朝會　指類似於元旦、冬至舉行的盛大朝會。❺大祭祀　唐代把祭祀分為大祀、中祀、小祀三等。由皇帝主持的天神、地祇、神州、宗廟的祭祀，為大祀。❻版奏　指手持朝版上奏。❼中嚴外辦　分別為大朝會或大祭祀儀式中皇帝出場前的兩個儀程，由侍中版奏呼出。《新唐書・禮樂志一》：「初，未明三刻，諸衛列大駕仗衛。侍中版奏「請中嚴」。乘黃令進玉輅於行宮南門外，南向。未明一刻，侍中版奏「外辦」。皇帝服袞冕，乘輿以出。皇帝升輅，如初。」侍中版奏「中嚴」後，文武官員作好隊列，準備迎接君王的出行。如在致齋之日，晝漏上水一刻，侍中版奏「請中嚴」。諸衛之屬要立即督令其儀仗隊伍入陳殿庭，通事舍人引文武五品以上袴褶陪位，諸侍衛之官服其器服，諸侍臣齋者結佩，詣閤恭候皇帝即將啟駕。侍中版奏「外辦」後，皇帝服袞冕、結佩，乘端坐輿出自西房，曲直華蓋，警蹕侍衛；若是大祭祀，需再升玉輅，大朝會則即就御座，東向，侍臣夾侍。通過侍中這樣先後兩次莊重宣告，使皇帝的出場和將要舉行的儀式，更顯得整齊規正，莊嚴肅穆，氣勢非凡。❽解嚴　相對於「中嚴」而言。即解除由宣告「中嚴」而出現的戒嚴狀態。❾制齋　據南宋本當作「致齋」。亦稱齋戒，帝王在祭祀前規定的齋期內，沐浴更衣，另室別居，戒除嗜欲，清心潔身以示莊敬的一種儀式。唐制，齋期分三種，致齋屬第二種，另兩種為散齋、清齋。《新唐書・禮樂志一》：「大祀，散齋四日，致齋三日；中祀，散齋三日，致齋二日；小祀，散齋二日，致齋一日」；「其餘清齋一日」。其過程一般是：大祀前七日，由太尉誓百官於尚書省：「某日祀某神祇于某所，各揚其職，不供其事，國有常刑。」於是乃齋。前四日為散齋，後三日為致齋，皇帝分別齋於別殿四日，太極宮二日，行宮一日。在致齋開始的第一天，要舉行儀式，從侍中版奏「請中嚴」百官各就其位肅立恭候，到再奏「外辦」宣布儀式開始，皇帝於御座就坐，侍中前跪奏稱：「侍中臣某言，請就齋室。」於是皇帝降座入室，文武侍臣還本司，陪位者以次出。在散齋期內，凡預祠之官理事如舊，唯不得弔喪問疾或作樂，亦不可判署刑殺文書，不行刑罰，不預穢惡心。在致齋期內，只行與祭祀相關事務，其餘一切悉止。❿奉玉及幣以進　指祭奠開始時，由侍中奉玉及幣進與皇帝。玉、幣分別指祭奠時敬獻的玉石和束帛。據《新唐書・禮樂志一》其程序為：皇帝升壇自南陛，北向立。太祝以玉幣授侍中，東向以進。皇帝搢鎮珪受之，跪奠於昊天上帝，俛伏，興，少退，再拜，立於西方，東向。太祝以幣授侍中以進，皇帝受幣，跪奠於高祖神堯皇帝，俛伏，興，拜，降自南陛，復位。⓫盥手則酌罍水以奉　據南宋、廣池諸本及《舊唐書・禮儀志》，「盥手」之下、「則酌罍水以奉」之上，脫「則取匜以沃洗爵」七字。全文應為：「盥手，則取匜以沃；洗爵，則酌罍水以奉。」語譯依此。文中匜、爵、罍均為古代器皿。匜為盥器，青銅製，形如瓢，有足，並有流水的口子。皇帝盥洗時，與盤合用，匜以倒水，洗手之水則承接於盤。爵為酒器，青銅製，有流、柱、鋬和三足，盛行於殷代和西周初期，用以祭奠盛酒前，先要清洗。罍為容器，用以盛水或酒。圓形，小口，廣肩，深腹，圈足，有蓋，肩部有兩環耳，腹下又有一鼻。⓬贊酌汎齊　意謂侍中替皇帝在爵內斟滿酒。汎齊，指酒滿溢與爵沿齊。⓭瓚　玉杓。古代以圭為柄的灌酒器。⓮鬱酒　古代祭祀用的一種酒。由黑黍釀製，並搗以香草鬱和而成。⓯裸　應為「祼」，形似而訛。祼，灌祭。古代祭奠以後的酒，人不再飲用，灌澆於地。《尚書．洛誥》：「王入太室祼。」孔穎達疏：「王以圭瓚酌鬱鬯之酒以獻尸，尸受祭而灌於地，因奠不飲，謂之祼。」《新唐書．禮樂志二》記其程序為：「皇帝詣罍洗，侍中跪取匜，興，沃水，又跪取盤，興，承水。皇帝搢珪，盥手。黃門侍郎跪取巾於篚，興，以帨受巾，跪奠於篚。又取瓚於篚，興，以進，皇帝受瓚。侍中酌水捧盤，皇帝洗瓚，黃門侍郎授巾如初。皇帝拭瓚，升自阼階，就獻祖尊彝所。執尊者舉冪，侍中贊酌鬱酒，進獻祖神座前，北向跪，以鬯祼地奠之，俛伏，興，少退，北向再拜。」⑯其餘如饗神祇之禮　指對其他祖先神主，其祼祭之禮皆似前所述。

⑰籍田　亦稱藉田。春耕開始時，供天子舉行「躬耕」儀式的田畝，藉以顯示其對農作的重視。此處則代指躬耕籍田之儀式。《通志．禮略》稱：周制，天子孟春三月，乃擇元辰，親載耒耜，置之車右，帥公卿諸侯大夫躬耕籍田千畝於南郊。天子三推，以事天地、山川、社稷。唐時，貞觀三年（西元六二九年）正月二十一日，太宗親祭先農，籍於千畝之甸。開元二十三年（西元七三五年）二月，玄宗親祠神農於東郊，禮畢，躬御耒耜，親於千畝之甸。時有司進儀注：天子三推，公卿九推，庶人終畝。明皇欲重勸耕籍，遂進耕五十餘步，盡壠乃止。耕畢，輦還齋宮，大赦，侍耕執牛官皆加級賜帛。⑱耒　即耒耜。古代翻耕土地的農具。耒為木柄，耜乃其鏟。⑲唐禮　指《大唐開元禮》。⑳廩犧令　太常寺有廩犧署，設令一人，從八品下。掌薦犧牲及粢盛以供祭祀之事。籍田所收九穀皆納神倉，以供粢盛之用。㉑司農卿　司農寺長官，從三品。《新唐書．禮樂志》記廩犧令、司農卿及侍中奉耒之程序為：「皇帝出就耕位，南向立，廩犧令進耒席南，北向，解韜出耒，執以興，少退，北向立。司農卿進受之，以授侍中，奉以進。皇帝受之，耕三推，侍中前受耒耜，反之司農卿，卿反之廩犧令，令復耒於韜，執以興，復位。」

【語　譯】凡是皇帝外出巡行時，侍中便要護負傳國寶璽陪乘在一旁。秦漢時期開始設置侍中這一職務時，它的職掌主要是分管皇帝御用的服物，品秩亦比較低。魏晉以後，職任才逐漸顯要起來。到了隋朝，地位相當於宰相的職掌，但護負傳國寶璽的形式，卻因仍不改，這並非不要尊崇宰輔的意思。凡是大朝會、大祭祀時，侍中便要負責向君王版奏「中嚴」、「外辦」，使儀式的進行有統一的節奏。御駕要返還宮殿時，亦要由侍中奏請「解嚴」，說明全部禮儀宣告完成。凡是大型的祭祀，皇帝要舉行制（致）齋的儀式，皇上已經臨朝，便由侍中恭請皇帝進齋室；皇帝將要祭奠，侍中奉進祭獻的玉石和束帛；皇帝要盥手，〔侍中捧匜澆水；皇帝要洗爵，〕侍中倒出罍中的水供奉。做完這一切，再替皇帝在爵中把酒斟滿，皇上進獻福酒，這樣便完成了整個祭祀的禮儀。如果在宗廟祭饗，侍中便要向皇帝進奉玉瓚，替皇帝斟上鬱酒，皇上灑酒於地以行裸祭。第一程序裸祭完畢後，還要替皇帝把甜酒斟滿，以完成饗祭其餘神祇的禮儀。皇帝在孟春正月舉行躬耕籍田的禮儀時，侍中要捧著耒耜以協助完成全部儀式。《唐禮》規定：「由廩犧令提供耒耜，司農卿接受後，再授給侍中。」

【說明】 侍中雖然已處於宰輔的地位，然從其在大朝會、大祭祀所扮演的角色看，一會兒奉水，一會兒斟酒，似乎仍與奴僕無異。不過因為他所侍奉的是至尊至上的天子，是在專制制度下一切權力的象徵和化身，所以在當時百官心目中，侍中的此等作為非但毫無輕賤之意，而且簡直是他們欽羨不已、夢寐以求的極頂榮耀。就以所謂躬耕籍田來說吧，皇帝要裝模作樣鋤幾下地，就得有一把鋤頭（耒耜）。那鋤頭就放在身旁車子上（《通志・禮略》：「親置耒耜，置之車右。」），僅有咫尺之遙，自己拿一下，或由別人遞一下，都是極簡單的事。但是，不，《大唐開元禮》卻鄭重地作了如下規定：廩犧令供耒，司農卿受之，以授侍中，侍中奉以進。在遞一把鋤頭這麼一個細小動作上，居然分別劃出了供、受、授、奉進這樣幾個絕不容許僭越的等級，有些人也許盡心盡力侍奉一輩子，亦還不能從一個較低的等級爬到另一個較高的等級，弄得不好，倒會一個跟斗栽下去。所謂「躬耕」開始了，大家甩開膀子鋤地不就可以了嗎？不，還得分出幾個更加不可僭越的等級來：「天子三推，三公五推，卿諸侯大夫九推。」（《呂氏春秋・孟春紀》）如果我們把這些繁瑣的規定視為無聊，那就因為還沒有弄懂中國帝王制度的精髓或奧祕就在於：它要在它權力所及的時空範圍的所有一切事物上，一概深深打上「君尊、臣卑、民賤」的烙印。因而在這些繁瑣的形式背後，包含著一個至今並未失去現實意義的沉重的主題，值得我們去冷靜地反思。

五

凡諸侯王及四夷之君長朝見，則承詔而勞問之❶；臨軒❷命使冊后及太子，則承詔以命之❸。《唐禮》：「侍中前，承詔，降，宣詔曰：『冊某氏女為后，命公等持節展禮。』

冊太子亦如之。」凡制勑慰問外方之臣及徵召者❹，則監其封題。若發驛遣使，則給其傳符❺，以通天下之信。凡官爵廢置，刑政損益，皆授之于記事之官❻；既書於策❼，則監其記注焉。凡文武職事六品以下，所司進擬，則量其階資❽，校其材用，以審定之；若擬職不當，隨其便屈❾，退而量焉❿。

【章旨】記述侍中在接待四夷君長及冊立皇后、皇太子儀式中之職司及其他日常事務。

【注釋】❶諸侯王及四夷之君長朝見則承詔而勞問之　接待諸侯王及四夷君長和使節在禮儀上屬賓禮，侍中在此類禮儀場合起著司儀有時又作為君王代表的作用。《新唐書・禮樂志六》記其禮儀程序為：「侍中版奏『請中嚴』。諸侍衛之官及符寶郎詣閤奉迎，蕃主及其屬各立於閤於西廂，東面。侍中版奏『外辦』。皇帝服通天冠，絳紗袍，乘輿以出。舍人引蕃主入門，舒和之樂作。典儀曰：『再拜』。蕃主再拜稽首。侍中承制降詣蕃主西北，東面曰：『有制』。蕃主再拜稽首。乃宣制，又再拜稽首。侍中還奏，承旨降勞，敕升座。蕃主再拜稽首，升座。侍中承制勞問，蕃主俛伏避席，將下拜，侍中承制曰：『無下拜』。蕃主復位，拜而對。侍中還奏，承制勞還館。侍中奏『禮畢』。皇帝興。」❷臨軒　指皇帝離開正殿，在殿前平臺上宣告制命。❸命使冊后及太子則承詔以命之　意謂在舉行冊立皇后或太子儀式中，由侍中奉詔宣讀制命。冊立皇后一般以太尉為使，宗正卿為副。宣布制命時，《新唐書・禮樂志八》記其程序為：「設使者受命位於大橫街南道東，西上，副少退，北面。侍中請『中嚴』。群臣入就位。使、副入，立於門外道東，西面。黃門侍郎引幡、節，中書侍郎引制書案，立於左延明門內道北，西面北上。乃奏『外辦』。皇帝袞冕御輿，出自西房，即御座。使、副入，就位。典儀曰：『再拜。』在位者皆再拜。侍中前承制，降詣使者東北，西面曰：『有制』。使、副再拜。侍中宣制曰：『納某官某氏女為皇后，命公等持節行納采等禮。』使、副又拜，主節立於使者東北，西面，以節授黃門侍郎，侍郎以授使者，付于主節，立於後。中書侍郎引制書案立於使者東北，以制書授使者，置於案。典儀曰：『再拜』。在位者皆再拜。使、副出，持節者前導，持案者次之。侍中奏『禮畢』。皇帝入，在位者以次出。」冊后儀式通常在太極殿舉行，大橫街在太極門之前；左延明門則為太極殿前左側之門，門外便是門下省。命使冊立太子的禮儀亦如之。❹制勅慰問外方之臣及徵召者　指以敕書慰勞或徵召地方官員入朝等事。如唐高祖李淵徵召延州總管段德操入朝，貞觀時郭孝恪伐焉耆有功，唐太宗李世民以璽書勞之等皆是。凡此類敕書下達時，皆由侍中監督檢查其封函與題名是否嚴密無誤。❺傳符　指給予乘驛者之符信。《新唐書・百官志二》稱魚符，亦稱為券。在京由門下省給，在外則由留守或諸軍給。❻記事之官　指門下省屬官起居郎，掌修記事之史。❼策　即冊籍。古代用竹片或木片記事著書，成編者即稱策。❽階資　指其散品階位和前資。❾隨其便屈　《舊唐書・百官志二》作「隨其優屈」。指所擬授之職官高于或低于其階資或才用者。❿退而量焉　指審其擬職稱否而進退之。

【語　譯】凡是諸侯王以及周邊國家的君長來京師朝見君王，便由侍中承奉詔命向他們表示慰勞；如果君王臨軒命令使臣主持冊立皇后或者皇太子儀式，亦由侍中承詔宣讀制命。《唐禮》規定儀式的程序是：「侍中先進前，承接詔書，然後走下階陛，宣讀詔書說：『冊立某氏的女子為皇后，命令各位為使者，拿著符節前去宣佈制命舉行禮儀。』」冊立皇太子時侍中宣制的儀式亦是這樣。凡是皇上下達敕書慰問或徵召在京師以外的文武大臣，都由侍中監督檢查敕書的封題。如果派遣使節需用驛傳，便由門下省發給傳符，借以溝通全國各地的信息。舉凡官爵的設置或廢除，刑政法典的刪改或補充一類事，都要教記事的官員做好記載；已經載錄入冊後，侍中還要檢查記注得是否準確無誤。由尚書省吏部擬注的六品以下文武職事官的名錄，侍中要根據被注擬官員的品階和官資，再衡量他的才幹和能力，作出審定；如果所擬注的官職不恰當，可以退回吏部，按照該官員實際狀況，重新注擬。

六

黃門侍郎二人，正四品上。晉《職官志》❶云：「黃門侍郎，秦官也。無常員，掌侍從左右。漢因之，秩六百石❷。劉向〈戒子歆書〉❸曰：『今若年少，得黃門侍郎，要處也。』」應劭❹曰：「黃門侍郎每日暮向青瑣門❺拜，謂之『夕郎』。」初，秦又有給事黃門之職，漢因之，至後漢，并二官，曰給事黃門侍郎，掌侍從左右，關通中外，諸王朝見則引王就坐。至獻帝❻時，與侍中各置六員，出入禁中，近侍帷幄，省尚書事。後又改為侍中侍郎，尋復舊為給事黃門侍郎。魏氏置四人。東晉桓溫❼奏省二人，後又復舊。所掌與侍中俱，置四人，管門下眾事，與散騎常侍並清華❽，而代謂之「黃散」焉。《晉令》❾：「品第五，秩六百石，武冠❿，絳朝服⓫。」宋氏因晉，而郊廟⓬則一人執蓋⓭，臨軒⓮、朝會則一人執麾⓯。齊因晉、宋，又與侍中參典詔命，侍中呼為「門下」，給事黃門侍郎呼為「小門下」。梁氏增秩二千石，品第五，後班第十⓰，與侍中同掌侍從左右，儐相威儀，盡規獻納，糺正違闕，監合嘗御藥，針璽書⓱；高功者一人，與侍中祭酒⓲對掌禁令。陳氏因梁。後魏給事黃門侍郎史闕其員，初，正第三品；太和末，正第四品上⓳。北齊置六人，品依魏氏⓴，所掌與侍中同。後周天官府㉑置御伯下大夫㉒二人，武帝為納言下大夫㉓，掌貳納言上大夫之職。隋置四人，正第四品上；煬帝㉔減二人，去「給事」之名，直曰黃門侍郎。隋氏用人益重㉕，皇朝因之。龍朔二年㉖改為東臺侍郎，咸亨元年㉗復舊。光宅元年㉘改為鸞臺侍郎，神龍元年㉙復舊。

黃門侍郎掌貳侍中之職，凡政之弛張，事之與奪，皆參議焉。若大祭祀㉚，則從升壇㉛以陪禮；皇帝盥手㉜，則奉巾以進；既帨㉝，則奠巾于篚㉞，奉匏爵㉟以贊獻。凡元正、冬至天子視朝，則以天下祥瑞㊱奏聞。

【章旨】記述黃門侍郎的定員、品秩、沿革及其職掌。

【注釋】❶晉職官志　即《晉書·職官志》。《晉書》修撰於唐初，自貞觀二十年（西元六四六年—六四八年）成書，房玄齡、褚遂良、許敬宗為監修，體例由敬播擬，令狐德棻等撰。一百三十卷。其中〈職官志〉記述沿革較他書為詳。❷自「黃門侍郎」至「秩六百石」　此段引文與《晉書·職官志》原文略異。原文為：「給事黃門侍郎，秦官也，漢已後並因之。與侍中並管門下眾事，無員，及晉，置員四人。」錄以供參閱。❸劉向戒子歆書　當是劉向文集中之篇名。劉向，西漢楚元王劉交四世孫，字子政，本名更生。漢元帝時為諫議大夫。經學家、目錄學家、文學家。《隋書·經籍志》著錄有《漢諫議大夫劉向集》六卷。其子劉歆，字子駿，少以通詩書能屬文，漢成帝時為黃門郎。河平中，受詔與父向領校秘書，講六藝、傳記，諸子、詩賦、數術、方伎無所不究。下述引文中「要處」，《太平御覽》卷二百二十一黃門侍郎條引原書作「顯處」。《唐六典》原注因避唐中宗李顯諱而改「顯」為「要」。❹應劭　字仲遠，汝南南頓（今河南項城之西）人。少篤學，博覽多聞，建安二年（西元一九七年）拜為袁紹軍謀校尉。時始遷都於許（今河南許昌），舊章堙沒，劭綴集所聞，著《漢官禮儀故事》，凡朝廷制度，百官典式，皆其所立。所著《漢官儀》十卷已佚。下述引文出自《後漢書·孝獻帝紀》注。❺青瑣門　《後漢書·百官志三》黃門侍郎條注引《宮閣簿》：「青瑣門，在南宮。」❻獻帝　東漢皇帝劉協，字伯和，靈帝之子。即位於西元一八九年，是董卓所擁立的傀儡。建安元年（西元一九六年），曹操迎於都許，又為曹操手中的傀儡。建康元年（西元二二〇年）禪位於曹丕，被封為山陽公。前後在位三十一年，遜位至死十四年，終年五十四歲。❼桓溫　字元之，譙國龍亢（今安徽懷遠西）人。宣城太守桓彝之子，明帝婿，拜駙馬都尉，任荊州刺史，因伐西蜀而進位征西大將軍，專斷朝政，圖謀禪讓，未成而死。❽清華　指清貴的官品。❾晉令　賈充撰，四十卷。《隋書·經籍志》及新舊《唐書》藝文志皆有著錄。❿武冠　亦稱武弁、大冠或鶡冠。《後漢書·輿服志》：「武冠「環纓無蕤，以青系為緄，加雙鶡尾豎左右，為鶡冠云。」因其傳為戰國時趙惠文王所製，又稱惠文冠。⓫絳朝服　又稱具服。為五品以上陪祭、朝饗、拜表等大事之服。據《新唐書·車服志》，其穿戴包括冠幘，簪導，絳紗單衣，白紗中單，黑領、袖，黑褾、襈、裾，白裙、襦，革帶、金鉤鰈，假帶，曲領方心，絳紗蔽膝，白襪，烏皮舄，劍，紛，鞶囊，雙佩、雙綬。⓬郊廟　分別指對上天與宗廟的祭祀。周代於冬至日祭天於南郊即稱為「郊」。⓭蓋　指傘蓋。遮陽、避雨，亦用以裝飾。⓮臨軒　皇帝離開正殿，在殿前平臺上接見臣屬稱臨軒。⓯麾　旌幡，指揮用。⓰後班第十　南朝梁於武帝天監初，定官品為五品；天監七年（西元五〇八年）又命吏部尚書徐勉改為第十班，故稱「後班第十」。⑰針璽書　近衛校正德本稱「針」當作「封」。南宋本正為「封璽書」。⑱侍中祭酒　即侍中之長。西漢有侍中僕射，東漢改為侍中祭酒。僕射、祭酒均為其長之意，擇侍中中功高者一人為之。⑲初正第三品太和末正第四品上　言北魏時給事黃門侍郎品秩之前後變化。《魏書・官氏志》載太和（北魏孝文帝年號）前制，給事黃門侍郎為第三品中；太和二十三年（西元四九九年）孝文帝去世前，再次制訂官品令，頒佈則已在世宗初，給事黃門侍郎列為第四品上階。⑳品依魏氏　魏氏，指北魏。據《隋書・百官志中》，北齊給事黃門侍郎官品列為第四品，與北魏同。㉑天官府　北周仿《周禮》天、地、春、夏、秋、冬六官設府，其中天官府以大冢宰統之。《周禮・天官》：「大宰之職，掌建邦之六典，以佐王治邦國。」㉒御伯下大夫　官名。西魏恭帝三年（西元五五六年）置，北周沿置。天官府御伯中大夫屬官，正三名。北周任此職者有柳慶元之子帶韋，泗州刺史趙本質之祖父趙亮等。㉓武帝為納言下大夫　武帝，北周皇帝宇文邕，字禰羅特。在位十六年，終年三十六歲。北周於保定四年（西元五六二年）六月，改御伯為納言；御伯下大夫亦隨之改為納言下大夫，省稱小納言。正正命。佐納言中大夫隨侍於皇帝左右。武帝建德二年（西元五七三年）省中大夫，遂為納言司長官；宣帝即位後，復置中大夫，仍為次官。隋文帝開皇初年罷。㉔煬帝　隋朝皇帝楊廣。在位十四年，終年五十。㉕隋氏用人益重　隋代對黃門侍郎人選尤為重視，地位也顯得重要。如劉行本，文帝時由諫議大夫遷黃門侍郎，一次文帝怒一郎，於殿前笞之。行本以為此人素清，其過又小，應予寬宥，文帝不顧，於是他「正當上前曰：『陛下不以臣不肖，置臣左右，臣言若是，陛下安得不聽？臣言若非，當致之於理，以明國法，豈得輕臣而不顧也！臣所言非私。』因置笏於地而退。上斂容謝之，遂原所笞者」（《隋書》本傳）。又如張衡，曾任揚州行軍總管，煬帝為皇太子時，衡為右庶子，領給事黃門侍郎，煬帝嗣位，除給事黃門侍郎，進位銀青光祿大夫，俄遷御史大夫。煬帝上太行，開道九十里，親抵其宅。㉖龍朔二年　即西元六六二年。龍朔為唐高宗李治年號。㉗咸亨元年　即西元六七〇年。咸亨亦是唐高宗李治年號。㉘光宅元年　即西元六八四年。光宅為武則天稱制時之年號。㉙神龍元年　即西元七〇五年。神龍為唐中宗李顯年號。㉚大祭祀　唐制分祭祀為大、中、小三等，凡對天地、宗廟、五帝及追尊之帝、后的祭祀稱大祭祀。㉛壇　指祭壇。㉜盥手　即祭祀前侍中以匜為帝澆水以洗手。㉝帨　帨巾，即上句「奉巾以進」中之「巾」。此處則用如動詞，意謂用巾擦手。㉞奠巾于篚　奠，安置；篚，竹筐，盛物之竹器。此句意為替君王把用過的手巾，安放於竹筐。㉟匏爵　形似匏瓜之爵，酒之盛器。㊱祥瑞　被視為吉祥的種種徵兆，並賦予受命於天的神祕意義，詳見本書前第四卷第一篇。此處則代指諸州縣向朝廷奏報發現祥瑞之表草。元正、冬至皇帝受群臣朝賀時，黃門侍郎奏祥瑞是在「上公已賀，中書令前跪奏諸方表」以後：「黃門侍郎又進跪奏祥瑞」，然後「俱降，置所奏之文於案，侍郎與給事中引案退至東、西階前，案出」（《新唐書．禮樂志九》）。

【語譯】黃門侍郎，定員二人，品秩為正四品上。《晉書．職官志》說：「黃門侍郎，是秦朝設置的官職，沒有固定員數。它的職掌是在君王左右充當侍從。漢因承秦的這一官制，俸秩定為六百石。」劉向在〈戒子歆書〉中說：「你現在年紀還很輕，就擔任了黃門侍郎，這可是個顯要的職位啊！」應劭的《漢官儀》說：「黃門侍郎每天傍晚時，向青瑣門朝拜，因此被稱為『夕郎』。」當初，秦朝除黃門侍郎外，還有給事黃門的職位，西漢亦沿置，到東漢時，把這兩個官職合在一起，稱給事黃門侍郎，職掌是侍從君王左右，溝通宮廷內外，各個封王來朝見時，由他引迎他們就坐。到漢獻帝時，給事黃門侍郎與侍中各自的定員都是六個人，可以出入禁中，在皇帝身邊侍奉，並省察尚書臺的事務；後來一度改名為侍中侍郎，不久又恢復了舊稱，仍然叫給事黃門侍郎。曹魏時，定員為四人。東晉時，桓溫奏議定員減少到二人，後來還是恢復了舊制。職掌與侍中相同，設置四人，主管門下的各種事務，與散騎常侍一樣都是清要之職，一般人統稱他們為「黃散」。《晉令》規定：「官品第五，俸秩為六百石，戴武冠，穿絳朝服。」南朝劉宋承襲晉代的官制，在祭祀天地宗廟時，給事黃門侍郎有一人執持蓋，君王臨軒朝會時，則有一人執麾。南朝蕭齊因承晉、宋的官制，給事黃門侍郎與侍中一起負責詔命的出入，侍中被稱為「門下」，給事黃門侍郎被稱為「小門下」。南朝蕭梁把給事黃門侍郎的俸秩增加到二千石，官品居第五，後來又改為第十班，與侍中一起執掌侍從於君王左右，儐相典禮的威儀，並依照規制向君王進獻建議，糾正迕違和闕失，監督和合並親嚐君王的藥物，密封下達的璽書；在四人中選擇功績較高的一人與侍中祭酒一起，共同執掌禁宮中的號令。陳朝因承蕭梁的制度。北魏給事黃門侍郎的定員，史書沒有明確記載。孝文帝太和初期，規定它的品秩為正第三品，太和末年改為正第四品上。北齊定員為六人，品秩依照北魏，職掌與侍中相同。北周在天官府設置御伯下大夫二人，周武帝時，改名為納言下大夫，掌管的事務為納言上大夫的副職。隋朝設置四員，品秩為正第四品上；煬帝時減去了二人，又去掉「給事」的名稱，直接稱「黃門侍郎」。隋朝在黃門侍郎的用人上，顯得更加重視。本朝因承隋朝的制度。龍朔二年改稱黃門侍郎為東臺侍郎，到咸亨元年又恢復了舊名；光宅元年時又改名為鸞臺侍郎，到神龍元年又恢復了原來的稱謂。

黃門侍郎的執掌為侍中的副職，凡是國家政令的或寬或嚴，處理政務中的是給予還是剝奪，都要參預一起議論。若有大祭祀，便隨從皇帝登臨祭壇，陪禮在旁。按照儀式，皇帝盥手時，由黃門侍郎進奉手巾；擦手完畢，就把手巾安放到竹筐之內，再奉上匏爵，在一旁協助祭獻。凡是元旦和冬至日皇帝接受群臣朝賀時，要把全國各地申報來的祥瑞表章，跪奏給皇上聽聞。

【說　明】關於黃門侍郎，在東漢有黃門侍郎、給事黃門侍郎、黃門郎這三種稱謂並存，實際則是同一官職。《後漢書・獻帝紀》：「初令侍中、給事黃門侍郎員各六人。」劉昭注引「《漢官儀》曰：『給事黃門侍郎，六百石，無員，掌侍從左右，給事中使，關通中外。』應劭曰：『黃門侍郎，每日向青瑣門拜，謂之夕郎。』《輿服志》曰：『禁門曰黃闥，以中人主之，故號曰黃門令。』然則黃門郎給事黃闥之內，故曰黃門郎，本既無員，於此各置六人。」這段用來解釋「給事黃門侍郎」這同一職名的注文，卻引有三種稱謂：給事黃門侍郎、黃門侍郎、黃門郎，可見在劉昭心目中，這三個名稱所指係同一官職。這種情況，亦反映在對同一任職者的記載上。如西漢末的揚雄，同是在《資治通鑑》中，三處記載他的同一職名卻用了三種不同稱謂：漢哀帝建平二年（西元前五年）：「上以問黃門侍郎蜀郡揚雄」；建平四年（西元前三年）：「黃門郎上書諫曰」；王莽天鳳五年（西元十八年）：「是歲揚雄卒。初成帝之世，雄為給事黃門郎」。類似的情況在《後漢書》中亦有，如竇固，《後漢書》本傳：「固字孟孫，少以尚主，為黃門侍郎」；《後漢書・馬援傳》：「援謂黃門郎……竇固曰……」可見這些名稱都是指同一職官，只是繁簡不同而已。

本章中還提到東漢獻帝時，黃門侍郎職掌包括「省尚書事」，但究竟怎樣「省」的，則語焉不詳。可資參閱的是《太平御覽》卷二百二十一職官部黃門侍郎條引《漢官儀》下面一段話：「尚書郎奏事明光殿，省中皆胡粉塗壁，其邊以丹漆地，故曰丹墀。尚書郎含雞舌香，伏其下奏事。黃門郎對揖跪受，黃門侍郎稱『已聞』，乃出。」（本書第一卷尚書都省亦有類似記載）據此可知尚書郎的奏文，須經黃門侍郎才得以轉達皇帝，原因是尚書郎不能像省內官黃門侍郎那樣直接進入禁宮。憑藉這一點，黃門郎的地位自然要尊於其他郎官。兩漢任黃門侍郎見於史著的有四十四例，這些人多數少年即任此職，考其門第不是皇親國戚，便是勳舊重臣，只有少數人如揚雄等，是以才學著聞。

七

給事中四人，正五品上。《漢書・百官表》❶云：「給事中亦加官❷，所加或大夫、博士、議郎，皆秦制。」《漢儀註》❸：「諸給事中日上朝謁，平尚書奏事，分為左、右，以有事殿中，故曰『給事中』。多名儒、國親為之，掌左右顧問，位次中常侍❹。」後漢省其官。魏氏復置，或為加官，或為正員。晉氏無加官，亦無常員，隸散騎省❺，位次散騎常侍。《晉令》❻云：「品第五，武冠❼，絳朝服❽。」宋、齊隸集書省❾，位次諸散騎❿下，奉朝請⓫上。梁、陳秩六百石，品第七，與諸散騎常侍侍從左右，獻納得失，省諸奏聞⓬。後魏史闕其員；初，從第三品上，太和⓭末，從第六品上。北齊集書省置六十員⓮，從第六品上。後周天官府⓯置給事中士⓰六十人，掌理六經及諸文誌，給事於帝左右。其後，六官⓱之外又別置給事中四人⓲。隋初於門下省置給事中二十人，掌陪從朝直。煬帝⓳名給事郎，減置四人，位次黃門侍郎下，從第五品，掌省讀奏⓴。皇朝又曰給事中。龍朔二年㉑改為東臺舍人，咸亨元年㉒復舊。

【章旨】記述給事中之定員、品秩及其沿革。

【注釋】❶漢書百官表　即《漢書》之〈百官公卿表〉。❷給事中亦加官　加官，指官員於本職之外所加領的其他官銜。句中稱所加對象本職為「大夫、博士、議郎」，如：諫大夫劉向曾加給事中（《漢書》本傳）；博士匡衡亦曾加給事中（《資治通鑑》漢元帝二年）等。但兩漢所加對象遠比句中所列廣泛，其他職官包括三公九卿和列侯，亦都曾有加授給事中的，如大司馬衛將軍董賢（《漢書》本傳）、關內侯蕭望之（《資治通鑑》漢元帝二年）等。這些官員所以要加給事中的職銜，是因為按其原先職務是不能出入省內的，一經加授即轉化為省內官，可以出入禁內，直接接近皇帝，甚至有可能成為參預機密的重臣。因而加官之制，是帝王認為原有官制無法滿足他某種政治需要情況下採取的一種機動，由臨時措施久而成為定制。

❸漢議註　近衛校正德本稱：「議」當「儀」。南宋本正作「儀」。漢儀註，書名，《隋書・經籍志》、新舊《唐書》藝文志皆未著錄，作者不詳。此處原注引文與《太平御覽》卷二百二十一職官部給事中條同，但與《漢書・百官公卿表》注引略異。其文為：「《漢儀注》：『諸吏、給事中日上朝謁，平尚書奏事，分為左右曹。魏文帝合散騎、中常侍為散騎常侍也。』」

❹中常侍　宮廷內侍官。秦始置，以宦官任。歷代沿置，皆銀鐺左貂，給事殿省。常用作列侯、郎中等官員之加官，得以出入禁中。隋唐改稱內常侍，隸內侍省。

❺散騎省　官署名。三國魏、西晉與侍中省並屬門下，東晉則為門下三省之一。下文所言散騎常侍為其長官，並設散騎侍郎、員外散騎侍郎等官，得出入宮禁，侍從應對，諫諍得失，參預平尚書奏事，有異議得駁奏，權任頗重。南朝改名為集書省，職任驟降，亦常作為集書省代稱。集書省，見後注。

❻晉令　書名。晉賈充等撰，四十卷。

❼武冠　亦稱武弁、大冠或惠文冠。《後漢書・輿服志下》：「武冠，一曰武弁、大冠，諸武官冠之。侍中、中常侍加黃金璫、附蟬為文，貂尾為飾，謂之趙惠文冠」，因其傳為戰國時趙惠文王所製。

❽絳朝服　又稱具服，為五品以上陪祭、朝饗、拜表等大事之服。

❾集書省　官署名。南朝宋、齊時，散騎省從門下分出，稱集書省，然因擬詔出令之職移歸中書省，故地位遠遜晉之散騎省。《初學記・職官下》：晉初，散騎常侍「選望甚重，與侍中不異。自宋以來，其任閑散，用人益輕，別置集書省領之」。在集書省中設散騎侍郎、給事中、奉朝請等官。集書省與門下省是平行機構，與尚書、中書、門下、秘書四省合稱五省。其所以稱集書省，原指其掌圖書文翰之事，係由東晉時散騎省職掌章表詔命演化而來；但後來集書省諸官主要還是「掌侍從左右，獻納得失」（《隋書・百官志上》）。隋廢集書省。

❿諸散騎　散騎有散騎常侍、通直散騎常侍、員外散騎常侍等名目，故稱諸散騎。其職掌為侍從君王左右。

⓫奉朝請　為一種政治優待，始於漢。無定員，亦不為官。春季朝會稱朝，秋季朝見稱請。授此號者，特許參加朝會，班次亦可提高。如晉武帝以宗室外戚為奉車、駙馬、騎都尉，並為奉朝請。

⓬省諸奏聞　意謂省讀各種奏文。《隋書・百官志上》稱梁時給事中的職掌有「侍從左右，獻納得失，省諸奏聞文書，意異者，隨事為駁」。

⓭太和　北魏孝文帝元宏年號。

⓮六十員　此員數與《通典・職官三》宰相侍中給事中條、《冊府元龜》卷四百五十七臺省部總序、《職官分紀》卷六給事中條所記相同，《隋書・百官志中》則記北齊集書省「給事中六人」。

⓯天官府　北周仿《周禮》天、地、春、夏、秋、冬六官設府，其中天官府以大冢宰統之。《周禮・天官》：「大宰之職，掌建邦之六典，以佐王治

邦國。」⑯給事中士　官名。西魏恭帝三年（西元五五六年）置，北周沿置。天官府納言中大夫屬官，掌理六經及諸文志，給事於帝王左右。員六十人，分置左、右，正二命。北周任此職者，有衛玄、鄭譯、裴俠（分別見《隋書》、《周書》本傳）等。⑰六官　指北周依《周官》建制，將職官分為天、地、春、夏、秋、冬六官。⑱別置給事中四人　此句南宋本無。「四人」二字，卻於「給事中」下續有「日四命」一句。⑲煬帝　隋朝皇帝楊廣。在位十四年，終年五十歲。⑳自「減置四人」至「掌省讀奏」　據《職官分紀》卷六及《冊府元龜》卷四百五十七，句末「奏」下尚有一「案」字，當為「掌省讀奏案」。關於隋在吏部另置給事四人事，據《隋書・百官志》在開皇六年（西元五八六年），與隋初所置給事二十人，品秩與職掌皆不同。原來總言陪從朝直，並無明確職務分工，品秩亦低，屬閑職；此另置之四人，職務明確，即省讀尚書省奏案，品秩亦上升為從第五品。㉑龍朔二年　即西元六六二年。龍朔為唐高宗李治年號。㉒咸亨元年　即西元六七〇年。咸亨亦是唐高宗李治年號。

【語　譯】給事中，定員四人，品秩為正五品上。《漢書・百官公卿表》說：「給事中亦是加官，可以加給事中的有大夫、博士、議郎，這原來是秦朝的一種官制。」《漢議（儀）註》記載：「各給事中每日上朝謁，處理尚書郎奏事，官署分為左右兩曹。因為宮殿中有的事務由他們做，所以職名定為『給事中』。擔任給事中的多是著名學儒、皇親國戚。它的職掌是在君王左右做顧問，地位低於中常侍。」東漢省去了這一官職。曹魏重新設置給事中，有時作為加官，有時定為正員。晉朝不設加官，亦沒有固定編員，隸屬於散騎省，地位比散騎常侍次一等。《晉令》規定：「給事中官品第五，戴武冠，穿絳朝服。」給事中在南朝劉宋、蕭齊時，都屬於集書省。地位在各類散騎之下，奉朝請之上。蕭梁和陳朝定給事中俸秩為六百石，官品第七，與各散騎常侍一起侍從君王左右，對政務的或得或失貢獻建議，並省讀尚書省的各類奏文。北魏給事中的員數，史書缺乏明確記載；它的品秩，太和前制定為從第三品上，到太和末改為從第六品上。北齊在集書省設給事中，定員多達六十人，官品為從第六品上。北周在天官府設置給事中士六十人，職掌為整理六經和各類文誌圖籍，在君王左右隨時聽候詔使。後來，北周又在六官之外另外設置了四員給事中。隋朝初期，在門下省設置給事中二十人，職掌是陪從朝參輪值。到煬帝時，改名為給事郎，減少到僅設四人，地位在黃門侍郎之下，官品為從第五品，職掌為省讀奏〔案〕。本朝恢復稱給事中，高宗龍朔二年一度改名東臺舍人，到咸亨元年又恢復舊稱。

【說　明】本章所記給事中一職其稱謂之由來，胡三省注《資治通鑑》漢武帝建元三年東方朔「拜為太中大夫、給事中」一語時，作了這樣解釋：「《續漢志》：給事中關通內外，蓋以給事禁中名官也。」給事亦就是供事，給事中即給禁中做事。在漢代，供事於其他方面，亦可以「給事」為名。如《漢書・張安世傳》：「用善書，給事尚書。」師古注曰：「于尚書中給事也；給，供也。」又如《漢書・李延年傳》：「延年坐法腐刑，給事狗監中。」師古注曰：「掌天子之狗，于其中供事也。」這樣，在尚書中供事可稱「給事尚書」，在狗監中供事就叫「給事狗監中」。本章原注所引《漢儀注》的話「以有事殿中，故曰給事中」，便是從同一意義上說明給事中名稱的由來。

給事中的職掌，據《漢儀註》主要是兩條：一是平尚書奏事，一是掌左右顧問。後者一般加官可以勝任，前者則須以正式編員作為日常工作來進行的。故曹魏恢復設置給事中時，可以「或為加官，或為正員」（本章原注）。作為加官，它的職務是侍從顧問；作為正員，主要職掌便是平尚書奏事。當「給事中」作為加官職銜使用時，首先是因為皇帝有了某種政治需要，要讓按原來本職無法進入禁宮的某位朝臣來做他的近侍顧問；而對這位朝臣來說，卻亦是不啻鴻運天降，因有了經常接近皇帝的機會，往往一夜之間便身價百倍。《漢書・霍光傳》記述的一件事頗能說明問題。霍光為霍去病之異母弟，以裙帶關係加上受遺詔輔政的名義，長期專擅朝政，因而要到霍光死後，宣帝「始躬親朝政」。宣帝親政不久，就加授御史大夫魏相為給事中。霍光妻顯一聽到這個消息，就把霍山等霍氏家族的人找來說：「女曹不務奉大將軍餘業，今大夫給事中，他人壹間，女復能自救耶？」為什麼霍光的妻子對魏相以御史大夫加授給事中一事那麼敏感，又把未來的局勢估計得那麼嚴重呢？原來當時霍光的侄孫霍山正領尚書事，依漢故事，諸上書者皆為兩封，署其一為副，領尚書者先發副封，以為所言不善，屏去不奏，因此霍山可以假領尚書之職而一手遮天。如今魏相以御史大夫加授給事中，便打破了霍山的封鎖。事情的發展也正如霍光妻子所擔心的那樣，魏相因有了給事中職銜的便利，開始策劃鏟除霍氏勢力的行動，宣帝亦因此之助而得以真正掌握實權。《漢書》所載得給事中加官的人員很多，其作用當然各不相同，在於皇帝如何使用。

八

給事中掌侍奉左右，分判省事❶。凡百司奏抄，侍中審定，則先讀而署之，以駁正違失❷。凡制敕宣行，大事則稱揚德澤，褒美功業，覆奏而請施行；小事則署而頒之❸。凡國之大獄，三司❹詳決，若刑名不當，輕重或失，則援法例退而裁之❺。凡發驛遣使，則審其事宜，與黃門侍郎給之❻；其緩者，給傳❼；即不應給，罷之。凡文武六品已下授職，所司奏擬❽，則校其仕歷深淺❾，功狀殿最❿，訪其德行，量其材藝⓫；若官非其人，理失其事，則白侍中而退量焉。若文武進級至于三品、五品，則覆其入仕之階、考，會所由之狀而奏裁之⓬。凡制敕文簿⓭、授官甲歷⓮，皆貯之於庫，監其檢覆，以出入焉。其弘文館⓯圖書繕寫、讎校，亦課而察之。凡天下冤滯未申及官吏刻害者，必聽其訟，與御史及中書舍人同計其事宜而申理之⓰。每日令御史一人，共給事中、中書舍人受詞訟。若告言人事害政者及抑屈者，奏聞；自外依常法。

【章旨】記述給事中之職掌。

【注釋】❶分判省事　給事中亦屬五品以上侍奉官，故能與侍中、黃門侍郎一起分掌門下省諸項事務。侍中、侍郎缺位時，則由給事中總本省事務。安史之亂後，侍中不單授，門下侍郎又常為同平章事本官，而此時作為三省長官議政處的中書門下又已移至中書省即所謂西省，故給事中大多成為門下省日常事務的實際主持者。❷自「凡百司奏抄」至「以駁正違失」句中「駁」即「駁」字。門下省審查封駁的上行文書主要是諸司之奏抄。由侍中審查，給事中省讀並簽署。唐代給事中駁正奏抄的事，史書也有記載，如貞觀十六年（西元六四二年）刑部奏請反叛者兄弟緣坐，給事中崔仁師駁之曰：「誅其父子，足以警心，此而不恤，何憂兄弟？」（《唐會要》卷五十四）此事後便因此一駁而寢息。❸自「凡制勑宣行」至「署而頒之」句中「勑」即「敕」字。制敕指下行文書，唐制分成七類：冊書、制書、慰勞制書、發日敕、敕旨、論事敕旨和敕牒，其中又有大事小事之分。下行文書經過門下省時，大事制書類需覆奏畫可，小事敕旨類則無需覆奏，即由給事中署而頒之。據日本仁田井陞《唐令拾遺·公式令第二十一》復原的唐代制書令的格式如下：

門下：云云。主者施行

年　月　日

中書令具官封姓名　宣

中書侍郎具官封姓名　奉

中書舍人具官封姓名　行

侍中具官封臣名

黃門侍郎具官封臣名

給事中具官封臣名　等言

制書如右　請奉

制付外施行。謹言

年　月　日

可（御畫）

一般說來，若是大事，在「給事中具官封臣名　等言」後須有一段讚美文字，這就是文中所謂「大事則贊揚德澤，褒美功業」；若是小事，則於「等言」後，徑書「制書如右，請奉制付外施行」等字即可，這就是所謂「小事則署而頒之」。❹三司　指刑部、大理寺、御史臺三法司。唐代有重大案件，由三法司聯合會審。❺援法例退而裁之　指司法部門處理獄案如有刑名不當或處刑畸輕畸重時，給事中可以援引法律或案例退而予以裁正。❻給之　指給予傳符，亦稱券，一種乘驛的符信。使臣持此方可乘驛。❼其緩者給傳　意謂如果其事並不緊急，則不給券乘驛，而給傳。傳即過所，此處指過關津時使用的憑證。《漢書・文帝紀》有「除關無用傳」一語，注引張晏曰：「傳，信也，若今過所也。」《關津疏議》：「關謂判過所之處，津直度人，不判過所。」本書第六卷第四篇司門郎中職掌條：「凡度關者，先經本部本司請過所，在京，則省給之；在外，州給之。」❽所司奏擬　指吏部銓選時所奏擬授予之職官。❾仕歷深淺　唐代官吏選拔，須參考其官資，每做一任官，滿兩考（通常一年一考課）以上算「成資」，便有一相應的官資等級。開元前，職官四年考滿以後，每年皆可赴選；開元十八年（西元七三〇年）吏部尚書裴光庭創為「循資格」，規定現官任滿後，須等若干選，自一選至十二選，才能參加銓選。待選的年限，依其官品高下而定。銓選時參考其前一任官資高低授職。❿功狀殿最　唐代官員每年要進行一次考課稱小考，三、四年舉行一次為大考；小考評定當年政績的優劣，大考則綜合任期內的政績，每考都要錄其行狀，考第分上上至下下九等，考課標準有為「四善」、「二十七最」（詳本書第二卷第四篇）。最與殿分別為考課等第概稱，最指領先，殿指居後。⓫訪其德行量其材藝　唐代銓選職官時，「以三類觀其異：一曰德行，二曰才用，三曰勞效。德鈞以才，才鈞以勞。」（本書第二卷第一篇下）⓬自「文武進級」至「奏裁之」　唐制規定五品以上官員，吏部無權除授，而只是將其名籍報送中書門下，中書門下經過覆核，依據該官員「具員」即檔案斟酌注擬，最後上奏聽候制授。《唐會要》卷五十四錄有建中三年（西元七八二年）中書門下的一道奏文，其中稱：「準貞觀故事，京常參官及外官五品已上，每有除拜，中書門下每立簿書，謂之『具員』，取其年課，以為遷授，此國之大經也。自艱難以來，此法遂廢垂將三十載，伏望自大歷十四年（西元七七九年）已來量署具員，據前資見任員，量與改轉。從今已後，刺史四考，郎中、起居、侍御史各兩考，餘官各三考與轉，其升進黜退，並準故事處分。仍天下州縣審勘，責前資鄉貫歷任官諱同一狀中書門下。」入仕之階，指其出身和散官品階。考，指考課年限。所由之狀，指考課之殿最功狀。⓭制敕文簿　指留檔之制文、敕令。門下省下達的制文，均為復抄的副本，由侍中注「制可」，印縫署送尚書省施行，而原件則留門下省歸檔。⓮授官甲歷　指選人之檔案。中書、門下、吏部各有一份，稱三庫甲歷，或簡稱庫甲。選人參選時，有解狀、簿書、資歷、考課等文書，南曹據甲歷以檢勘選人之文書，發現有偽誤（稱「粟錯」），即予駁放，視其情節罰以殿選。⓯弘文館　官署名。唐高祖武德九年（西元六二六年）改原修文館而置，隸門下省。掌詳正圖籍，教授生徒，參議朝廷制度沿革、禮儀輕重之事。有館主、學士等官。玄宗開元七年（西元七一九年）增設校書郎二人，掌校理典籍，刊正錯謬。

⑯自「凡天下冤滯未申」至「申理之」 唐制，凡一般冤案由給事中會同御史、中書舍人申理，被稱為「小三司」，以區別於重大案件由大理寺、刑部、御史臺會審之「大三司」。申訴冤案之程序規定為：「先由本司、本貫，或路遠而躓礙者，隨近官司斷決之。即不伏，當請給不理狀，至尚書省左右丞為申詳之。又不伏，復給不理狀，經三司陳訴。」（本書第六卷第一篇）

【語譯】給事中的職掌是侍奉於皇帝左右，分管門下省的日常事務。凡是各個官司送上來的奏抄在門下省侍中審定以前，先由給事中省讀然後簽署，同時駁正其中的違失之處。凡是宣行制敕，如果是大事，要寫上頌揚君王德澤，讚美皇上功業的話，覆奏後請求准予施行；如果是小事，就由給事中簽署後送到尚書省去頒發施行。凡是國家的大案要案，指定由大理寺、刑部、御史臺三法司會審認真決斷，如果發現原來的判決有刑名不當的，或者處刑畸輕畸重的，給事中可以援引相關法律條文及過去同類案例予以指出，並退還重審。凡是派遣使臣啟用驛傳，由給事中進行審核，符合規定的，就會同黃門侍郎一起發給驛券；其中有些可以緩行的，就只給過所；不應該給的，就撤消請求。凡是文武六品以下官員，由吏部和兵部銓選奏擬授予官職的，給事中要校核選人仕歷的深淺，歷年考課功狀的優劣，察問他的德行，衡量他的才藝，看原來注擬是否適當；如果官職與所選的人不相稱，或者處理有不合理的地方，就報侍中以後，退還給有關部門。如果文武官任職晉級到三品、五品的，給事中就要覆核此人原來進入仕途的品階，歷次考課的情況，報送部門的奏狀，再上奏聽候裁定。凡是與制敕相關的文簿，授官的甲歷，都要入庫妥為保存，因檢覆而需要出入庫時，要做好監督檢查。對弘文館圖書的繕寫和讎校，給事中亦負有監督檢查的責任。各地如果有冤案久拖不審的，以及有官吏刻害百姓的，給事中定要過問這類案子，會同御史和中書舍人共同討論，作出審理。按制度，每天令御史一人，與給事中、中書舍人一起，共同受理辭訟。如果案情涉及告發官員、危害到政事的，以及壓抑冤屈申訴的，那就要奏報皇上。此外，都可依常法處理。

【說明】本章所述給事中職掌中，最重要的是封駁，即找出下行和上行兩種文書中的違失，並作出處理：封還皇帝失宜的詔命，駁正臣下違誤的奏章。細加比較，唐朝前期與後期給事中的這一職掌是有所變化的。在前期，封駁的職能主要針對上行文書，即側重於對諸司奏抄中違誤的駁正。這一點，本章表述得很明確：「凡百司奏抄，侍中審定，則先讀而署之，以駁正違失。」而對制敕一類下行文書，強調的是對皇帝的歌功頌德：「稱揚德澤，褒美功業」，並未提及若詔令失宜，給事中亦應有「封還」的職能。《新唐書・百官志二》對給事中職掌的表述，就有明顯不同：「詔敕不便者，塗竄而奏還，謂之『塗歸』。季終，奏駁正之目。」詔敕若有不便，不僅可以「塗歸」，而且還要登錄在冊，每個季度向皇帝作一次總的奏報，足見其對此的重視。大體說來，本章的表述，反映的是唐代前期情況，而《新唐書・百官志二》反映的則是後期的情況。《唐會要》卷五十四錄有文宗開成三年（西元八三八年）一道敕令：「給事中封駁制敕，宜令季終具所駁聞奏，如無，亦宜聞奏。」這道敕令的頒佈，不僅說明有無封駁，成了每個季度考核給事中政績的重要根據，同時還表明給事中獨立行使封駁權已經法制化了。為什麼會有這種變化呢？這該是與給事中在前後期的地位不同有關。唐因隋建立了三省制，中書草詔，門下封駁，尚書奉行，三者互相牽制，目的是為了防止詔令的錯失。但中唐以後，情況發生了變化。先是政事堂制度的確立，接著政事堂從門下遷到中書，又改政事堂為中書門下；安史之亂後，侍中不再單授，門下侍郎又常為同平章事的本官，並多在西省（即中書省）辦理日常事務，這樣一來，門下省長官經常處於空缺，因而給事中便成了門下省事務的實際主持者。再一個情況是：既然門下省的黃門侍郎長期在中書門下參預議論重大政務，他也成了當事人，就難以再客觀地行使封駁的職掌，因而門下省封駁的使命很自然地落到了給事中的肩上。正是由於這種歷史機緣，唐代後期湧現了一批以駁正著聞的給事中，如狄兼謨、崔植、袁高、李藩、許孟雄等，他們的事例在《唐會要》卷五十四給事中條有大量記載。白居易在〈鄭覃可給事中制〉一文中說：「給事中之職，凡制敕有不便于時者，得封奏之；刑獄有未合于理事，得與御史糾理之；有司選補不當者，得與侍中裁退之。奉是而行，號為稱職。固不專於掌侍奉，讚詔令而已。」不是一味唱讚歌，而是努力糾正違失，白居易的這番話實為精闢之論。從一定意義上說，唐代後期所以還能步履蹣跚地緩慢行進，包括給事中在內的一批直臣的諍諫之功不可沒。究其淵源，也還是貞觀時代留下的遺風。在這個問題上，李世民在登極前期，與歷代帝王比較，有頗為難得的清醒認識。《貞觀政要》卷一載有他兩次就封駁問題對近臣的談話，一次是在貞觀元年（西元六二七年）：「中書所出詔敕，頗有意見不同，或兼錯失而相正以否。元置中書、門下，本擬相防過誤。人之意見，每或不同，有所是非，本為公事。……卿等特須滅私徇公，堅守直通，庶事相啟沃，勿上下雷同也。」另一次在貞觀三年（西元六二九年）：「中書、門下，機要之司。擢才而居，委任實重。詔敕如有不穩便，皆須相論。比來唯覺阿旨順情，唯唯苟過，遂無一言諫諍者，豈是道理？若惟署詔敕，行文書而已，人誰不堪，何煩簡擇以相委付！」兩次談話都是反對上下雷同，阿旨順情，討厭那種只會署詔敕行文書的奴才們。縱然真要犯顏直諫起來事情也並不那麼簡單，但作為一個盛世之君而能夠這樣倡言，畢竟還是要比那些只想著鶯歌燕舞、沉迷於「從臣皆半醉，天子正無愁」（李商隱詠史詩〈陳後宮〉）的當國者，要高明一些，氣度也要大一些。

九

錄事四人，從七品上。後魏門下省錄事從第八品❶。北齊門下錄事置四人，從第八品上。隋氏置六人，煬帝三年❷，加門下錄事為正第八品。皇朝置三人❸。龍朔二年❹改為東臺主書，咸亨元年❺復舊。開元初，減置一人。

主事四人，從八品下。晉置門下主事，歷宋、齊，品第八。梁、陳名為門下主事令史❻。北齊門下主事令史八人❼，從第八品上。隋初，諸臺省並置主事令史❽；煬帝三年，直曰主事。舊令❾從九品上，開元二十四年❿，敕加入從八品上⓫。

田庫⓬令史七人。品第九。宋及梁、陳並同晉氏。後魏、北齊門下並有令史及書令史。自漢以來，令史皆有品秩，至隋開皇初，始降為流外行署⓭。

傳制八人。《晉書》⓮：「劉裕⓯舉義兵襲徐州刺史桓脩⓰，令何無忌⓱偽著傳詔服稱敕宋⓲，城中無敢動者。」又，齊受禪時，侍中謝朏⑲在直，傳詔呼云：「須侍中解印。」朏曰：「齊當自有侍中。」乃朝服步出。梁、陳二代並有傳詔之職，而用人猶重。天后⑳改為傳制，掌送制敕。流外㉑之中，最小吏也。分番上下，亦呼為番官。

【章旨】記述錄事、主事、甲庫令史、傳制的定員、品秩及沿革。

【注釋】❶後魏門下省錄事從第八品 據《魏書・官氏志》：太和末門下錄事為從第八品上。與此有異。❷煬帝三年 即大業三年，西元六〇七年。煬帝，隋朝皇帝楊廣，年號為大業。❸三人 正文及本卷卷目均作「四人」。揆諸下文，開元初減置一人，前固當有五人，「三」或係「五」之訛。❹龍朔二年 即西元六六二年。龍朔為唐高宗李治年號。❺咸亨元年 即西元六七〇年。咸亨亦為唐高宗李治年號。❻梁陳名為門下主事令史 按《隋書・百官志上》梁、陳有集書正令史，或稱門下集書主事通正令史。❼北齊門下主事令史八人 《隋書・百官志中》：北齊門下省有「通事令史、主事令史八人」。❽隋初諸臺省並置主事令史 《隋書・百官志下》：門下省設「通事令史六人」。❾舊令 指唐高祖《武德令》。❿開元二十四年 即西元七三六年。⓫敕加入從八品上 句首「勅」即「敕」字。從八品上，據正文當為「從八品下」。⓬田庫 南宋本及廣池本均作「甲庫」，當是。甲庫，官署名，掌儲奏抄檔案之機構，唐時門下省及吏、兵部有置，以令史值曹。⓭流外行署 指由流外官署理甲庫令史的職務。⓮晉書 唐貞觀末集體編撰的紀傳體史著。一百三十卷。由房玄齡、褚遂良、許敬宗監修，修史體例由敬播擬定，令狐德棻等撰寫。⓯劉裕 即宋武帝。字德輿，小名寄奴，彭城（今江蘇徐州）人，遷居京口（今江蘇鎮江）。幼年貧窮，曾農耕捕魚為生，後為東晉北府兵將領，從劉牢之鎮壓孫恩起義，元興三年（西元四〇四年）擊敗桓玄，掌握東晉大權，元熙二年（西元四二〇年）代晉稱帝，建國號宋，為南朝劉宋的創建者。在位二年，終年五十九歲。⓰栢循 據《晉書》〈何無忌傳〉及〈桓脩傳〉當為桓脩。桓脩，字承祖，為桓謙之兄弟，桓玄執政時，以桓脩都督六州、右將軍及徐、兗二州刺史。東晉時徐州治所在京口，劉裕起兵後，被殺。⓱何無忌 東海郯（東晉僑置京口，今江蘇鎮江）人，係北府兵將領劉牢之的外甥，與桓玄有隙，助劉裕起兵，擊敗桓玄。⓲敕宋 據《晉書・何無忌傳》當為「敕使」。⓳謝朏 字敬沖，謝莊之子。謝家為東晉南朝之世族，朏曾為蕭道成之長史，但不贊成蕭道成急於禪代，《南史・謝朏傳》記其事稱：「及齊受禪，朏當日在直，百僚陪位。侍中當解璽，朏佯不知，曰：『有何公事？』傳詔云：『解璽授齊王。』朏曰：『齊王自應有侍中。』乃引枕臥。傳詔懼，乃使稱疾，欲取兼人。朏曰：『我無疾，何所道！』遂朝服出東掖門，乃得車，仍還宅。是日，遂以王儉為侍中解璽。」以上何無忌、謝朏二事，意在說明傳詔（即唐代的傳制）一職的作用。⑳天后　即武則天。㉑流外　指在正式官階、品之外的一般胥吏。隋唐九品正官、九品視官外，亦置流外勳品至九品、視流外勳品至九品，《舊唐書・職官志一》稱：「有流外自勳品以至九品，以為諸司令史、贊者、典謁、亭長、掌固等品。」

【語　譯】錄事，定員四人，品秩為從七品上。北魏的門下省錄事為從第八品。北齊門下設置錄事四人，品秩為從第八品上。隋朝設置錄事六人，隋煬帝三年，門下錄事的品秩提升到正第八品。本朝門下錄事定員為三（五）人。高宗龍朔二年，把錄事這個職名改為東臺主書，到咸亨元年又恢復了原來的名稱。開元初年，減少定員一人。

主事，定員四人，品秩為從八品下。晉朝開始設置門下主事這一官職，歷經宋、齊兩代，品秩都列為第八品。梁和陳都稱為門下主事令史。北齊亦稱門下主事令史，定員為八人，品秩是從第八品上。隋朝初年，各個臺省都設置主事令史，隋煬帝三年，就直接稱為主事。本朝按照原來的規定，主事的官品為從九品上，玄宗開元二十四年，下敕令加到從第八品上（下）。

田（甲）庫令史，定員為七人。晉朝設置門下令史，品秩定為第九品。南朝的宋及梁、陳，都與晉朝相同。北魏、北齊門下省都有令史、書令史。從漢朝以來，令史都規定有品秩，從隋開皇初年起，才開始降為流外，由流外官署理令史的職務。

傳制，定員八人。傳制原稱傳詔。《晉書》記載說：「劉裕舉發義兵，襲擊徐州刺史栢循（栢脩），命令何無忌穿了傳詔的服飾，偽裝成敕使來到京口，城中沒有人敢動他。」還有一例，南朝蕭齊受禪時，侍中謝朏正當班值日，傳詔呼喊道：「要侍中解印！」謝朏說：「你們齊朝應當有自己的侍中吧？」說完就穿上朝服，大步走出門去。南朝梁、陳兩代，都設有傳詔的職務，選人時，格外慎重。武則天時改名為傳制，負責送達制敕。傳制在流外官中，是地位最低的小吏，由分番上下服役的人充當，所以亦稱為番官。

左散騎常侍

【篇旨】本篇所敘為門下省文屬系統之一，以散騎、諫議大夫、補闕拾遺等諫官的設置概況及其職掌為主，亦記述了起居郎的建置和職掌。篇末對在典禮中負責唱警唱奏的低級官吏典儀，亦簡略作了介紹。

唐代的諫官中，唯諫議大夫四員全設在門下省，其餘散騎常侍、補闕、拾遺等，都分置左右，左隸門下，右隸中書。所以採用這種同一職務、分置二省的體制，或許是為了利於兼聽，而又使之互相制約以便於控制。

在諫官中，地位最高的是散騎常侍，唐初定為從三品，代宗廣德時升為正三品，在兩省供奉官中，其地位僅次於侍中和中書令，因而被稱之為「侍極」，屬「宰臣次列」（貞元敕文中語）。一個人入仕而至於到了侍臣之極的地步，可謂在宮廷和官場中閱盡世故，很少再有敢於拂逆龍鱗向皇帝直面己見的骨氣了。在唐代任散騎常侍而還能有所進諫的，只有太宗時的劉洎、文宗時的崔元亮等屈指可數幾個，其餘則大多成了用來安排元老及罷政大臣的榮典，安史之亂後，散騎常侍加員升秩，亦往往只是對閑散大臣的一種優遇。

唐代真正的諫職是諫議大夫和左右補闕、拾遺。諫議大夫定員四人，秩正五品上，德宗貞元年間曾分置左右，憲宗時又罷左右之名。諫議大夫是唐初以來主要的諫職，貞觀時還規定了諫官可以參加三品以上平章國事的會議，名臣如魏徵、王珪、褚遂良等都曾擔任過此職，並官至丞相。補闕和拾遺則都是到了武則天時期才有的諫職，品秩只有從七品、從八品之間，很低，而諫諍的職司卻不輕。這種品秩與職司的不相稱，卻正是設置者的匠心所在：地位低，資歷淺，可以使之無所顧忌。當然武則天決不會真的讓他們來督察自己，而是借助於他們的耳目口舌，排斥政敵，鞏固自己。諫官言事，一是廷爭，二是封事；廷爭為當面直言得失，封事則是以奏疏向君王就時政進言。唐代諫官另一任務是知匭使，以開告密之門。關於匭使的設置，本書列在中書省，故留待下一卷去敘述。

唐代諫官的出身，除個別由山林遺賢直接選任外，一般由郎中以上官升任。補闕、拾遺，雖然品秩較低，但由於是供奉官，亦不由吏部注擬，而由君相授任。從《文苑英華》卷三百八十三所收有關補闕、拾遺授官的敕文看來，其前身大都為科舉出身，再經縣尉或主簿，有一定歷事經驗才升任的。如白居易先是德宗貞元十四年（西元七九八年）進士及第，憲宗元和時制舉入第四等，授盩厔（今陝西省周至縣）縣尉，經集賢校理、翰林學士，始拜為左拾遺。而元稹則是明經及第在元和元年（西元八〇六年）制舉第一名，而被除右拾遺的。

門下省的起居郎、中書省的起居舍人，都是記注官，其職掌是記錄皇帝的言論與舉措。天子之言行舉止謂之起居，左史記事、右史記言，這一傳統由來久遠，魏晉以後稱之為起居注，起居郎、起居舍人亦由此而得名。設立這一建置的目的，據《舊唐書・褚遂良傳》說是通過「善惡必記，戒人主不為非法」，實際上在多數情況下，總是流於形式。

無論從諫官的職掌，或是起居注的建置，都說明封建當國者已從歷史上無數次存亡繼絕的前車之鑒中，懂得了單是從王朝和個人的興衰榮辱著眼，也必須承認自己並非全智全能，應當容許並傾聽不同意見，身邊需要有人隨時提醒、約束自己。但封建專制制度的本性，又決定了一切即使是基於良好初衷的規定、設置、措施等等，是否真能有效，最終都還是因皇帝個人的品性、素養而異。據此，我們在相關章節末尾作了點說明，供讀者參閱。

一

左散騎常侍二人，從三品。秦置散騎❶，又置中常侍。其散騎傍乘輿，專獻可替否❷；中常侍得出入禁中，常侍左右。漢因之，並用士人，無常員，皆加官❸，所加或列侯、將軍、卿大夫等❹。冠武冠❺，皆銀璫❻附蟬為文，貂尾為飾，謂之「貂蟬」❼。後漢省散騎，而中常侍改用宦者❽。魏黃初❾復置散騎，與中常侍合為一，直曰散騎常侍，復用士人。晉置四人，典章表、詔命❿、優文⓫、策文⓬等，雖隸門下，別為一省⓭，潘岳⓮云「寓直散騎之省⓯」是也。又，領六散騎則有員外散騎常侍⓰，無常員，魏末，散騎常侍有在員外者，因名焉。又有通直散騎常侍四人，晉泰始十年⓱，使二人與散騎常侍通員直，因名焉。又有散騎侍郎四人，魏與散騎常侍同置。自魏至晉，散騎常侍、侍郎與中黃門侍郎⓲，共平章尚書奏事，江左⓳乃罷之。又有員外散侍郎⓴，無常員，晉武所置。又有通直散騎侍郎四人。東晉并中書入散騎省，故庾亮㉑《讓中書牋》曰：「方今并省，不宜多官。往以中書事并附散騎，此事宜也。方今喉舌之要則任在門下，表章、詔命則取之散騎，殊無事復立中書也。」晉代此官選任愈重㉒，時與黃門侍郎謂之「黃散」。《晉令》㉓云：「散騎常侍品第三，冠右貂、金蟬㉔，絳朝服㉕，佩水蒼玉㉖。」宋置散騎常侍四人，亦以加官，九次者為祭酒㉗，領六散騎㉘焉；又置集書省㉙領之。齊因省祭酒之號。梁因之，而加秩中一千石㉚，後班第十二㉛；高功一人為祭酒，與散騎侍郎一人對掌禁令㉜。自宋以來用人雜，故其官漸替。梁大同㉝雖革選此侍中，而人終不見重。天監六年㉞，詔曰：「帶騎常侍㉟、員外散騎常侍、通直散騎常侍為清望㊱，宜革選，參舊例。」自是，散騎視侍中，通直視中丞，員外視黃門侍郎。

陳氏因之。後魏集書省置散騎常侍，第二品㊲；太和末㊳，從三品，亦領六散騎。北齊置六人㊴，餘同魏氏。後周散騎常侍為加官。隋文帝㊵門下省置散騎常侍四人，從第三品，掌陪從朝直；亦置六散騎常侍㊶。開皇六年㊷，省員外散騎常侍；煬帝三年㊸，又省散騎常侍、散騎侍郎。武德㊹初，散騎常侍加官。貞觀㊺初，置散騎常侍二員，隸門下省；顯慶二年㊻又置員外㊼，隸中書省，始有左、右之號㊽。並金蟬、珥，貂，左散騎與侍中左貂，右散騎與中書令右貂，謂之「八貂」。龍朔二年㊾改為左常侍㊿，咸亨元年(51)復舊。

左散騎常侍掌侍奉規諷，備顧問應對。

【章　旨】敘述左散騎常侍之定員、品秩、沿革及其職掌。

【注　釋】❶散騎　官名。以其能隨皇帝出行，騎而散從故名。秦置漢因而為加官，無常職，無定員。武帝時以其掌顧問應對，屬中朝官。❷獻可替否　進獻可行的建議，否定錯誤的意見。替，廢棄。❸加官　官吏於原職之外，加領代表某種特權的職銜。❹所加或列侯將軍卿大夫等　指可以被加「散騎」銜的官員種類。列侯，爵名，亦稱徹侯。秦設二十等爵，其最高者為徹侯。漢承秦制，封群臣異姓有功者為徹侯，避武帝名諱而改為通侯，亦名列侯。將軍，高級武官之通稱。卿大夫，古代高等官員之泛稱。據《漢書·百官公卿表》，可以加授散騎銜的尚有將、都尉、尚書、太醫、太官令至郎中等。加官沒有定員的限制，有時多至數十人。❺武冠　亦稱武弁、大冠。因傳為戰國時趙惠文王所倡製，故又稱惠文冠。據《後漢書·輿服志下》，為侍中、中常侍所服用。❻銀璫　銀製之耳璫。《風俗通》：「耳珠曰璫。」璫之原意是懸於耳傍，避免妄聽；作為官制服飾後，則用以顯示懸掛者之身份。❼貂蟬　指在耳璫的一側綴以蟬翼紋飾物，另一側則插以貂尾。❽宦者　俗稱太監。其職掌為侍奉皇帝及其家族人員。由閹人充當。❾黃初　魏文帝曹丕年號。❿章表詔命　指官員上達皇帝的奏章、表狀和皇帝發佈的命令和文告。⓫優文　即慰勞制文。優撫慰勞官員之賢能者。⓬策文　即冊書。立后、建嫡以及冊封諸侯王的文告。

⓭雖隸門下別為一省　指散騎常侍自魏晉起，名義上隸屬於門下省，實際上則自為一省，即散騎省。《通典・職官十九》：晉第九品有「門下、散騎、中書、尚書、秘書令史。」《通典》此文所據為晉賈充之《晉令》，可見晉時散騎是與門下、尚書、中書等並列為一省。⓮潘岳　字安仁，滎陽中牟（今河南滎陽）人。曾任河陽令，虎賁中郎將，累遷給事黃門侍郎，與石崇等諂事賈謐，後與石崇一起被趙王司馬倫及孫秀所殺。⓯寓直散騎之省　指潘岳為中郎將時，寓居於散騎省。此語出自潘岳〈秋興賦序〉云：「余春秋三十有二，始見二毛，以太尉掾兼虎賁中郎將，寓直於散騎之省。高閣連雲陽，景罕曜珥蟬，冕而襲紈綺之士，此焉遊處。」其意頗為自負。⓰員外散騎常侍　官名。魏末始置，屬散騎省。初為正員之外添差之散騎常侍，無員數，後為定員官。兩晉、南朝及北魏沿置。初多授宗室、公族，雖係閑職，仍為顯官。隋初屬門下省，開皇六年（西元五八六年）廢。⓱泰始十年　西元二七四年。泰始為晉武帝司馬炎年號。⓲散騎常侍侍郎與中黃門侍郎　句中「與」下脫一「侍」字。《宋書・百官志》與此相應之句為：「魏晉散騎常侍、侍郎與侍中、黃門侍郎，共平尚書奏事。」⓳江左　指東晉及南朝之宋、齊、梁、陳。古人在地理上以東為左，以西為右。上述諸朝及其統治區域多在長江下游以東，故以江左稱之。⓴員外散侍郎　當是「員外散騎侍郎」，「散」下脫一「騎」字。《宋書・百官志》：「員外散騎侍郎，晉武帝置，無員。」㉑庾亮　字元規，潁川鄢陵（今河南鄢陵西北）人。妹為晉明帝皇后，歷任元帝、明帝、成帝中書令，秉朝政。明帝在藩時，以亮為中書監，故亮上牋讓中書。㉒晉代此官選任愈重　《太平御覽・職官》散騎常侍條引《唐六典》此句作「晉代此官選望甚重」。㉓晉令　書名。晉賈充撰，四十卷。《隋書・經籍志》及新舊《唐書》藝文志皆有著錄。㉔冠右貂金蟬　指武冠之裝飾。㉕絳朝服　又稱具服。為五品以上陪祭、朝饗、拜表等大事所服用。㉖水蒼玉　玉石名。古代官員按品級佩戴玉石，如一品佩山玄玉，二品以下佩水蒼玉。㉗九次者為祭酒　句首「九」據南宋本當為「久」。《宋書・百官志下》亦作「久」。此句意謂在四人中，以任期最長者為祭酒，即長官。祭酒，古代饗宴時酹酒祭神，以年長者為主祭，因以祭酒代稱長官。㉘六散騎　指散騎常侍、通直散騎常侍、員外散騎常侍、散騎侍郎、通直散騎侍郎和員外散騎侍郎。㉙集書省　官署名。南朝宋改散騎省置。《初學記・職官下》：晉初，散騎常侍「選望甚重，與侍中不異。自宋以來，甚任閑散，用人益輕，別置集書省領之」。其下除散騎常侍外，尚有散騎侍郎、給事中、奉朝請；常侍、侍郎還設有「通直」、「員外」名目，仍沿晉制。㉚中一千石　當係「二千石」之誤。《職官分紀》卷六散騎常侍員品條引《唐六典》原文為「梁加秩中二千石」。㉛後班第十二　梁原定散騎常侍秩二千石；武帝天監七年（西元五〇八年），徐勉為吏部尚書，改官品為十八班，以班多為貴，因定散騎常侍為第十二班，故稱「後班第十二」。同為秩十二班者尚有侍中、左右衛將軍、司徒左長史、衛尉卿等。㉜與散騎侍郎一人對掌禁

令　此句《隋書・百官志上》「侍郎」下有「功高者」三字。意謂散騎常侍之祭酒與散騎侍郎之祭酒共同執掌本部門之禁令。㉝梁大同　近衛校正德本：據《南齊志》、《通典》，當作「宋大明」。大明，南朝宋孝武帝劉駿年號，始於西元四五七年，終於四六四年。㉞天監六年　西元五〇七年。天監為梁武帝蕭衍年號。㉟帶騎常侍　近衛校正德本：「『帶』當作『散』。」應為散騎常侍，與《隋書・百官志上》亦合。㊱清望　指清要之官。㊲第三品　《魏書・官氏志》作「第二品下」。㊳太和末　太和是北魏孝文帝元宏年號。太和末，即太和二十三年，西元四九九年。㊴北齊置六人　據《隋書・百官志中》北齊置集書省領散騎，設散騎常侍六人，通直散騎常侍六人，員外散騎常侍二十人，散騎侍郎六人，通直散騎侍郎六人，員外散騎侍郎一百二十人。又領起居省之散騎常侍、通直散騎常侍、散騎侍郎、通直散騎侍郎各一人。㊵隋文帝　隋朝皇帝楊堅。在位二十四年，終年六十三歲。㊶六散騎常侍　當是散騎常侍、通直散騎常侍、員外散騎常侍、散騎侍郎、通直散騎侍郎、員外散騎侍郎之總稱。「常侍」二字疑衍。又，據《隋書・百官志下》，隋初在門下省六散騎為散騎常侍、通直散騎常侍各四人，散騎侍郎四人，員外散騎常侍六人，通直散騎侍郎四人，並掌部從朝直。此外還有員外散騎侍郎二十人，並掌同散騎常侍等，兼出使勞問。㊷開皇六年　即西元五八六年。開皇為隋文帝楊堅年號。㊸煬帝三年　即大業三年，西元六〇七年。煬帝，隋朝皇帝楊廣，年號為大業。㊹武德　唐高祖李淵年號。㊺貞觀　唐太宗李世民年號。㊻顯慶三年　顯慶為唐高宗李治年號。三年，似係「二年」之誤。《舊唐書・職官志》此事繫於顯慶二年。顯慶二年即西元六五七年。㊼又置員外　《太平御覽・職官部》散騎侍郎條引《唐六典》原文為「又置二員」。此處「員外」二字當是「二員」之誤。㊽始有左右之號　此事《舊唐書》、《通典》等皆有記，《唐會要》卷五十四較詳，其文為：「顯慶二年十二月二十八日，〔散騎常侍〕分左、右各兩員，其左隸門下省，右隸中書省。」㊾龍朔二年　即西元六六二年。龍朔為唐高宗李治年號。㊿左常侍　《通典・職官三》及《舊唐書・職官志二》并為「左侍極」。51咸亨元年　即西元六七〇年。咸亨亦為唐高宗李治年號。

【語譯】左散騎常侍，定員二人，品秩為從三品。秦朝設置散騎，又設置了中常侍。散騎隨從在君王乘輿旁邊，以備顧問，進獻可行的建議，否定錯誤的意見。中常侍可以出入禁宮，經常侍奉在君王左右。漢朝因襲秦代的制度，都用士人擔任這一官職，沒有固定編員，都屬於加官。被加官的對象包括列侯、將軍、卿大夫等。左散騎常侍的服飾是，頭戴武冠，佩戴的都是銀色珥璫，又用蟬翼、貂尾作為裝飾，所以被人稱為「貂蟬」。東漢省去了散騎的官職，中常侍又改用宦官擔任。曹魏文帝黃初年間，恢復設置散騎，與中常侍合而為一，直接稱呼為散騎常侍，重新使用士人。

晉朝設置散騎常侍，定員為四人，負責章表、詔命、優文、策文等事務，雖然從編制上說隸屬於門下，實際上是自成一省，潘岳在〈秋興賦序文〉中所說的「因當值而寄住在散騎省」，指的就是這個散騎省。又，散騎省所屬的六種散騎官員中，有一種員外散騎常侍，沒有定員，因為曹魏末年散騎常侍有在編員以外的，所以就取名為員外散騎常侍。還有通直散騎常侍，定員四人，西晉泰始十年，讓員外散騎常侍中有二人與散騎常侍一起參加輪值，因而就叫他們通直散騎常侍。又有散騎侍郎，定員四人，曹魏時與散騎常侍一起設置。自魏至晉，都是散騎常侍、散騎侍郎與〔侍〕中、黃門侍郎，共同平章尚書奏事，到東晉後才停止。又有員外散騎侍郎，亦沒有常員，是晉武帝時設置的。最後還有通直散騎侍郎，定員為四人。以上統稱為六散騎。東晉時，中書亦併入了散騎省，所以庾亮在〈讓中書牋〉一文中說：「方今正在併省機構，不宜多設官員。過去以中書的事務，併附在散騎省之下，這是非常適宜的。如今為皇上宣讀詔文、傳達制命的重要職任已由門下省擔當，而起草章表、詔命的任務又有散騎省，實在沒有必要另外再設立中書省了。」在晉代，散騎的選任，非常重視選人的聲望，當時與黃門侍郎一起被人們稱為「黃散」。《晉令》說：「散騎常侍品秩第三，戴武冠，右面插貂尾，左面飾蟬翼，穿絳朝服，佩水蒼玉。」南朝宋時，設置散騎常侍，定員四人，亦是屬於加官，以其中職齡最長的為祭酒，統領六類散騎；同時又設置集書省，作為統轄。南朝蕭齊因承這一官制，但省去了散騎祭酒的稱號。梁朝沿襲蕭齊的體制，把散騎的品秩提升到中二千石，後來又定為班第十二，仍以其中功績最高的一人做散騎祭酒，與散騎侍郎一人共同掌散騎的禁令。自南朝劉宋以來，散騎的人選比較散雜，所以這個職務亦就逐漸被人們輕視。梁（宋）孝武帝大同（明）年間，對選制曾經作過一次改革，要求選拔散騎與選拔侍中用一樣的標準，但結果還是不被重視。梁武帝天監六年，下詔令說：「帶（散）騎常侍、員外散騎常侍和通直散騎常侍都屬於清望之官，對這三類官員的選制，應參照過去的做法進行改革。」從那以後，選拔散騎常侍比照侍中，通直散騎常侍比照中丞，員外散騎常侍比照黃門侍郎。陳因梁的體制，北魏在集書省設置散騎常侍，品秩為第二品〔下〕，孝文帝太和末年，改為從三品，亦統領六類散騎。北齊散騎常侍、散騎侍郎各設置六人，其餘同北魏一樣。北周散騎常侍是加官。隋文帝初年，門下省設置散騎常侍四人，品秩為從三品，職掌是侍從朝直，散騎亦分為六類設置。到開皇六年省去了員外散騎常侍；煬帝三年，又省去了散騎常侍和散騎侍郎。本朝武德初年，散騎常侍是加官。貞觀初年，設置散騎常侍二員，隸屬於門下省；顯慶三（二）年，又增置員外（二員），隸屬於中書省，從這時開始，散騎常侍才有了左與右的稱號。左右散騎常侍的飾物都是金製的蟬翼、珥璫加貂尾，左散騎與侍中是左面插貂尾，右散騎與中書令是右面插貂尾。龍朔二年改名為左侍極，咸亨元年恢復原來的名稱。

左散騎常侍的職掌，是在君王左右侍奉並規諫諷喻，隨時準備應對皇上的詢問。

【說　明】門下省的散騎，從建置、隸屬、職掌上看，自秦漢至隋唐是變化比較大的一個部門。其實際發揮的作用，亦因時因人而異，然其基本的屬性，始終是君王左右的侍從以備顧問的成員。

先說建置。秦漢時期，散騎與中常侍原分為二，散騎是騎馬隨從乘輿，而中常侍得出入禁中，常侍左右；相同之處是都屬加官，沒有定員。東漢未置散騎，而中常侍則用宦官。至魏始把散騎與中常侍合而為一，稱散騎常侍及散騎侍郎，定員為各四人。魏末又置員外，即員外散騎常侍和員外散騎侍郎，均無定員。晉武帝泰始十年（西元二七四年），在員外散騎常侍和員外散騎侍郎中各選二員為通直散騎常侍、通直散騎侍郎；至晉元帝時，通直各增為四人。這樣散騎的建置便有了六類：散騎常侍，員外散騎常侍，通直散騎常侍；散騎侍郎，員外散騎侍郎，通直散騎侍郎，這便是所謂的「六散騎」。自魏晉至隋，這個建置沒有大的變化，定員則差別較大，一般是四人，北齊增至六人，員外散騎常侍和員外散騎侍郎更分別增至二十人和一百二十人，顯然都是加官。隋則略為減省，員外散騎常侍六人，員外散騎侍郎二十人；煬帝時撤銷了散騎的建置。唐初又恢復散騎常侍，但為加官，至貞觀時改為職事官，只設散騎常侍四人。至高宗顯慶二年（西元六六五年）分散騎常侍為左、右各二人，分隸中書、門下；隸門下者為左散騎常侍，隸中書者為右散騎常侍。

再看隸屬。《漢書．百官公卿表》把秦與西漢的散騎和中常侍都作為加官，與侍中、左右曹、諸吏放在同一類別，其隸屬關係不很明確。曹魏黃初元年（西元二二〇年）恢復東漢所省散騎，又復給事中，稱散騎省，居門下，其屬下為諸散騎。在西晉，散騎省名義上雖仍隸門下，實際卻已別為一省。至南朝時，侍中省與門下省合而為一，而散騎則從門下分出，獨立成為集書省。北魏孝文帝改革以後，仿效南朝制度，散騎諸官亦另設集書省。北齊因北魏之制。隋朝則撤銷了集書省，諸散騎合併於門下省。唐代亦不設集書省，而把散騎常侍分為左、右，分別隸屬於門下和中書二省。

最後是散騎的職掌，從秦漢到隋唐亦有一段曲折的過程。秦漢最早設置散騎常侍的目的，只是侍從於君王身旁以備顧問；曹魏初年，設置散騎常侍與散騎侍郎時，又增加了與侍中、黃門侍郎共平尚書奏事的職司，到西晉初年，散騎又取代了中書典章表、詔命、優文、策文的職能，及至東晉，乾脆把中書併入了散騎省，不再與侍中、黃門侍郎共平尚書事。故東晉明帝時庾亮寫了〈讓中書牋〉，以為根本沒有復立中書的必要。不久由於中書監的恢復，集書省散騎諸官的職能又恢復到「掌侍從左右，獻納得失」。南北朝和隋，散騎的職掌始終沒有超出這個範圍。

從散騎成員的組成，亦可以概見其變化。在漢代擔任散騎之職見於史著的有劉向，本名更生，元帝時，受太輔蕭望之、少輔周堪的推薦，擢為散騎宗正給事中，與侍中金敞，拾遺於左右，四人同心輔政。魏初恢復設置散騎後，在文帝、明帝二世歷官散騎的應璩曾寫詩描述自己的職位是：「散騎帝師友，朝夕進規獻。」上述二例，說明散騎一職之重要和選人之慎重。到魏末情況就不同了。「散騎皆多貴子弟，或以高才儒英充其選」。那時，司馬氏掌實權，司馬駿還是一個八歲的孩子就做了散騎常侍。在西晉，阮孚為散騎常侍時，還發生了「以金貂換酒，為所司糾彈，帝宥之」這樣的荒唐事。東晉安帝時，雖然規定「散騎常侍望重，以與侍中不異」，但實際卻是「其後職任閒散，用人漸輕」（均見《職官分紀》卷六）晉代畫家顧愷之亦曾為散騎常侍。顧氏名震當時畫壇，享譽百代；但若論經國治邦，顧問應對，顯非其所長。此例說明散騎之職，此時已演化為皇帝左右的「賓宴之臣」，即清客了。流風所及，到了南朝，散騎諸官已為「清華所不為」，成了世族們嘲笑的對象，至隋而為煬帝所廢，並非偶然。唐初復置散騎常侍時，首任為黃門侍郎劉洎，大概就包含著想提高一下這一職位聲望的用意吧？不過效用亦有限，因為單是「獻納得失」這一職掌畢竟是虛空的。歸根結蒂一句話：散騎一職作用的大小，決定於皇帝的需要，所以往往還是因人因事而異。

二

諫議大夫四人，正五品上。《漢書・百官表》❶云：「秦諫大夫屬中令❷，無常員，多至數十人，掌議❸。至武帝元狩六年❹，始因秦置之，秩比六百石❺。光武❻中興，諫議大夫置十三員❼。魏氏因之，史闕員、品。晉、宋、齊、梁、陳並置❽。至後魏始置之，正第四品❾。北齊集書省置諫議大夫七人，從第四品下。後周地官府❿置保氏下大夫⓫一人，掌規諫，皆其任也⓬。隋氏門下省置諫議大夫七人，從四品下。皇朝置四人。龍朔二年⓭改為正議大夫⓮，神龍元年⓯復舊。**諫議大夫掌侍從贊相，規諫諷諭⓰。凡諫有五：一曰諷諫，**風之以言⓱，謂之諷諫。孔子曰⓲：「諫有五，吾從諷。」《白虎通》⓳曰：「人懷五常⓴之性，故有五諫也。」**二曰順諫㉑，**謂其所不可，不敢逆而諫之，則順其君之所欲，以微通之，若優旃㉒之比。**三曰規諫㉓，**謂陳其規而正其事。**四曰致諫㉔，**謂致物以明其意。**五曰直諫㉕。**謂直言君之過失，必不得已然後為之者。

【章　旨】敘述諫議大夫之定員、品秩、沿革和職掌。

【注　釋】❶漢書百官表　即《漢書・百官公卿表》。《漢書》，東漢班固撰，我國第一部紀傳體斷代史。〈百官公卿表〉，《漢書》八表之一。第一次比較系統地記錄了秦漢兩朝的官僚制度，開創了正史職官志的先河。❷中令　據《漢書・百官公卿表》當為「郎中令」。郎中令，秦官，掌宮殿掖門戶，有丞。漢武帝太初元年（西元前一〇四年）更名光祿勳，屬官有大夫、郎、謁者，皆秦官。其中大夫掌論議，有太中大夫、中大夫、諫大夫。❸掌議　據《漢書・百官公卿表》應為「掌論議」。此處脫一「論」字。❹元狩六年　據《漢書・百官公卿表》「六年」當為「五年」。元狩五年即西元前一一八年。元狩為漢武帝劉徹年號。❺秩比六百石　《漢書・百官公卿表》為「秩比八百石」。❻光武　東漢皇帝劉秀，稱光武帝。《謚法》：「能紹前業曰光，克定禍亂曰武。」❼諫議大夫置十三員　《續漢書・百官志》：「本注曰：『無員』。」注引《漢官》曰：「三十人。」❽並置　近衛本校正德本稱：「『置』當作『省』。」證以史著，此句當是「晉、宋、齊、梁、陳並省」。❾正第四品　《魏書・官氏志》所記與此有異：諫議大夫，北魏孝文帝太和前制，第四品下；太和末，則為從第四品下。❿地官府　北周仿《周禮》，依天、地、春、夏、秋、冬六官建制，設地官司徒，掌邦教，以佐王安擾邦國。⓫保氏下大夫　官名。西魏始置，北周沿置。地官府師氏中大夫屬官，定員一人，品秩正四命。《冊府元龜》卷五百二十三諫諍部總序：「後周有保氏下大夫，掌規諫。」⓬掌規諫皆其任也　此句南宋本為：「掌規諫於天子，蓋其任也。」⓭龍朔二年　即西元六六二年。龍朔為唐高宗李治年號。⓮正議大夫　「議」係「諫」之誤。《舊唐書・職官志》為「龍朔改為正諫大夫」。⓯神龍元年　即西元七〇五年。神龍為唐中宗李顯年號。⓰諷諭　亦作諷喻。此處指諷諫。不直指其事，而是運用委婉曲折的語言或寓言故事來進行勸諫。⓱風之以言　以語言進行勸告。風通「諷」。⓲孔子曰　以下引語見《孔子家語》。原文為：「忠臣之諫君，有五義焉。吾其諷諫乎。」⓳白虎通　《白虎通義》之省稱。漢班固撰。漢代經學因今古文之爭，東漢章帝下詔統一經義，命有關官員及學者在白虎觀講論五經同異，以求得統一認識。當時有人將奏章及皇帝批答輯成《白虎奏議》一書，班固奉命據而編撰集成《白虎通義》。其說多承董仲舒，並大量引用緯書，以為立論之據；內容涉及古代社會生活、政治制度、文化、倫理、道德各個方面。《隋書》及新舊《唐書》均著錄為六卷，《宋史・藝文志》著錄十卷，《四庫全書總目》提到元大德本為四卷，凡四十四篇。⓴五常　指仁、義、禮、智、信。㉑順諫　即順說。指順從帝王之意欲而進行勸說。要求進諫者能揣摩君主心理，順其思路，投其所好，然後因勢利導，引向諫說主題，以達到預期目的。《呂氏春秋》有〈順說〉篇以言順說之技巧。㉒優旃　《史記・滑稽列傳》有其列傳，稱：「優旃者，秦倡侏儒也。善為言笑，然合於大道。」文中記載一次秦始皇欲擴大苑囿而至於東抵函谷、西接陳倉，優旃於是順諫曰：「善。多縱禽獸於其中，寇從東方來，令麋鹿觸之足矣。」始皇以故輟止。後二世立，又欲漆其城。優旃又諫曰：「善。主上雖無言，臣固將請之。漆城雖於百姓愁費，然佳哉！漆城蕩蕩，寇來不能上。即欲就之，易為漆耳，顧難為蔭室。」於是二世笑而止之。㉓規諫　指以事物典範或應有的規矩進諫。《國語・周語上》：「近臣盡規。」㉔致諫　即以比喻的形式，說明諫意，使對方由感性通向理性。㉕直諫　直言進諫。《呂氏春秋》有〈直諫〉篇，敘述了勇於直諫的多例史實。如楚文王沉湎淫樂，其太保申竭力直諫以為「王之罪當笞」，文王勉強接受一種笞刑的表示，不久卻故態復萌，於是申便欲「自流於淵」，並「請死罪」，即以死相諫，這才終於出現了「王乃變更」的轉機。

【語　譯】諫議大夫，定員四人，品秩為正五品上。《漢書・百官公卿表》說：「在秦朝，諫大夫屬於〔郎〕中令，沒有定員，人數多時可以達到數十人，職掌是〔論〕議。漢武帝元狩五年，因承秦的制度，亦設置諫大夫，官秩是比六（八）百石。光武帝中興漢統，設置諫議大夫，定員是十三人。曹魏繼承東漢的官制，但諫議大夫的定員和品秩都沒有記載下來。晉、宋、齊、梁、陳都〔沒有〕設置。到北魏時，才又恢復設置諫議大夫，品秩為正第四品。北齊在集書省設置諫議大夫七人，品秩定為從第四品下。北周在地官府設置保氏下大夫一人，向皇上規諫，就是他的職任。隋朝在門下省設置諫議大夫七人，品秩為從第四品下。本朝設置四人，高宗龍朔二年改名為正議（諫）大夫，中宗神龍元年時，又恢復舊稱。諫議大夫的職掌是在君王左右侍從和輔助，並規諫和諷諭君王。關於諫，可以分為五類：一是諷諫，用委婉的語言相勸，稱為諷諫。孔子說：「諫有五種，我主張諷諫。」《白虎通》說：「人人都有五常作為本性，因此諫亦有五諫的區別。」二是順諫，指明知君王的行為不應當，但又不敢逆鱗直諫，因而採取順著君王的意願說下去逐漸使他明白過來，就像優旃所做的那樣。三是規諫，指陳述事物本身的規矩，以端正君王某些錯失行為。四是致諫，指借助具體事物作為比喻，來說明勸諫的意思。五是直諫。指直接明言君王所犯的過失，這只有在必不得已的情況下才使用的一種進諫方式。

【說　明】關於諫議大夫的設置，始於秦，屬郎中令，稱諫大夫，漢代武帝始沿置，東漢自光武帝起稱諫議大夫。魏亦設，如賈逵在文帝、明帝時拜諫議大夫，還曾稱李尤有「揚雄之才」，舉薦為諫議大夫，但其建置史著不詳。晉及南朝罷置，一說梁、陳有設。北朝北魏復設，至北齊、隋、唐諫議大夫的建置都比較明確了。唐於德宗貞元四年（西元七八八年）分左右，在門下省設左諫議大夫，中書省設右諫議大夫，定員各為四人。至憲宗元和元年（西元八〇六年）又廢左右之名。

諫議是古代國家政治生活中的一種特殊現象。據《廣雅・釋詁》諫是「正」，即「以道正人之行」，這不是值得稱道的一件好事嗎?但當諫諍者只是微弱而渺小的個人,所面對的卻是擁有生殺予奪、至高無上權力的皇帝的時候,這種懸殊的對比便很容易導致可怕的結局。《韓非子》的〈說難〉曾以逆鱗為譬,作過這樣一番論述:「夫龍之為蟲也,柔可狎而騎也,然其喉下有逆鱗徑尺,若有人嬰(通「攖」。觸犯)之者,則必殺人。人主亦有逆鱗,說者能無嬰人主之逆鱗,則幾矣。」帝王犯有過失者幾十之八九,而他們之中諱疾忌醫者亦十之八九,這事情就很難辦了。但眾多歷史事實證明,即使單就維護王朝及帝王本人利益而言,也斷然離不開身旁有人規諫,於是幾經前車之覆而設置諫官終於成為制度;自然帝王之尊嚴是絕對不可侵犯,因而便要在進諫的技巧上多作講究。本章所記的五諫,核心是順諫,就是要順著帝王的意願、喜好及當時的情緒的細微變化去進說,切莫去觸犯那片韓非早已警告過的其長徑尺的逆鱗。原注中列舉的優旃便是善於順諫的一例。對這種技巧,《呂氏春秋·順說》從理論上作了概括:「善說者若巧士,因人之為力以自為力;因其來而與來,因其往而與往;不設形象,與生與長;而言與之嚮;與盛與衰,以之所歸。」其中道理似乎十分奧妙,其實說白了,無非像對頑劣兒童那樣用一種「哄」的辦法,與溜鬚拍馬亦相去不遠。《白虎通義》把之所以需要五諫,提高到人的本性來認識,它似乎忘了補充一句:這不是普通人的本性,而是帝王本性;是一切擁有最高權力的集團或個人,在社會尚未成熟到能產生相應的制約力量以前必然會有的那種專橫跋扈的本性。因而這是一種極不平等的對話,是注定不會有多大效果的對話。在歷史上,諫官制度的作用雖因人而異,但總的來說收效甚微。縱然不少正直的進諫者為此而身遭鼎鑊、斧鉞甚至滅族大禍,其人其骨自然令人肅然起敬,但他們為之所殉之主人及其事業,即那些帝王和王朝,還是依照自己固有本性,不可避免地,亦是理所當然地相繼走向滅亡。

公平地說,唐代在各個封建皇朝中,還是比較能容納臣下諫諍的,唐太宗在這方面開了一個好頭,容忍了如魏徵這樣敢於直言相諫的人。貞觀元年(西元六一八年)他一登位就規定:「中書門下及三品以上入內平章國計,必使諫官隨入,得聞政事」;有所進諫,亦還能「虛己以納之」。玄宗前期對諫事亦比較重視,開元十二年(西元七二四年)專門為此下過敕令:「自今以後,諫官所獻封事,不限旦晚,任封狀進來,所由門司不得有停滯,如須側門論事,亦任隨狀面奏,即使令引對。詔令不便於時,法禁乖宜、刑賞未當,徵求無節,冤抑在人,並極論失,無所迴避,以稱朕意。」(均引自《唐會要》卷五五)在為人稱道的「開元之治」中,自姚崇至張九齡等重臣,都得以坦直陳言,盡心輔佐。但玄宗晚年卻沉溺晏樂，漸入昏庸。宋代晁說之因觀當時人所畫之玄宗〈打球圖〉而作詩嘲諷道：「閶闔千門萬戶門，三郎（玄宗小名）沉醉打球回。九齡已老韓休死，無復明朝諫疏來。」肅宗即位後，似乎有點想重振旗鼓的意向，專為諫官事下的敕文，一次是在至德元年（西元七五六年）九月十日：「諫議大夫論事，自今以後不須令宰相先知」；另一次是在乾元二年（西元七五九年）四月四日：「兩省諫官，十日一上封事，直論得失，無假文言，冀成殿最，用存數沮勸」（均同上引）。言辭不能說不懇切，實際情況並非全是如此，而另有其原因。肅宗的這兩項詔令，出於他當時所處的環境，既要解決面臨的安史之亂，又要克服玄宗留下的積弊，才能穩固自己的地位。至於危機過後，那就是另一回事了。此類實例，古今多有。所以凡是評詁政治家們在危機時期發表的文告或許下的諾言，總要酌情打上一個折扣，免得上當。

三

左補闕二人，從七品上。皇朝所置。言國家有過闕而補正之，故以名官焉。《詩》❶云：「袞職有闕，仲山甫補之❷。」蓋取此義。後漢伏湛❸出入禁闈，拾遺補闕。〈魏志〉❹：「文帝❺敕侍臣曰：『公卿等宜拾朕之遺，補朕之缺。』」晉武帝❻詔曰：「公卿等宜補闕拾遺，獻可替否。」《晉職官志》❼：「御登殿，侍中居左，散騎常侍居右，備切問近對，拾遺補闕。」後魏孝文帝❽令侍中李沖❾補闕左右。垂拱❿中，因其義而創立四員，左、右各二焉。天授⓫初，左、右各加三員，通前為十員。神龍⓬初，依舊各置二人。其才可則登，不拘階敘⓭。又置內供奉⓮，無員數，才職相當，不待闕而授，其資望亦與正官同，祿俸等並全給。右補闕亦同。

左拾遺二人，從八品上。皇朝所置。言國家有遺事，拾而論之，故以名官焉。《史記》⑮：「汲黯⑯曰：『臣願為中郎署長⑰，出入禁闥，補闕拾遺。』」《漢書》⑱：「元帝⑲初立，給事中劉向⑳、侍中金敞拾遺於左右。」後漢張衡㉑為侍中，恒居帷幄，從容諫議，拾遺左右。後魏初，置內侍長㉒，主拾遺應對，若今之侍中、散騎。又，孝文帝㉓命侍中邱惟㉔拾遺左右。垂拱中，因其義而創立四員，左、右各二焉。天授初，左、右各加三員，通前共為十員。神龍初，依舊各置二員。才可則登，不拘階敘。亦置內供奉，無員數，資望俸祿並如正官。右拾遺亦同。

左補闕、拾遺掌供奉諷諫，扈從㉕乘輿。凡發令舉事有不便於時，不合於道，大則廷議，小則上封。若賢良之遺滯㉖於下，忠孝之不聞於上，則條其事狀而薦言之。

【章旨】敘述左補闕、左拾遺之定員、品秩及其職掌。

【注釋】❶詩　即《詩經》。中國最早詩歌總彙。原即以《詩》稱，儒家列為經典之一，後因名《詩經》。編成於春秋時代，共三百零五篇，分風、雅、頌三大類，據《史記》記載係孔子所刪定。❷袞職有闕仲山甫補之　出自《詩經·大雅》之〈烝民〉第六章。全詩共八章，讚美周宣王能使用賢能之臣樊侯仲山甫，使周王室得以中興。上句「袞職有闕」，意謂天子職事有闕失。袞指袞冕，為天子之服，用以代指天子，以避免直接指斥王者有闕失，這是一種修辭手法。下句原文為「維仲山甫補之」，意謂只有如仲山甫這樣賢能的臣子，才能彌補君王的闕失。❸伏湛　字惠公，琅邪東武（今膠南諸城）人。濟南伏勝之後，世傳《詩經》。光武即位，徵拜為尚書，車駕出征，常留鎮守，總攝群司。❹魏志　即陳壽所著《三國志》之〈魏志〉。❺文帝　魏文帝曹丕。在位七年，終年四十。❻晉武帝　西晉皇帝司馬炎。在位二十六年，終年五十五。❼晉職官志　即《晉書·職官志》。《晉書》由房玄齡、褚遂良、許敬宗三人監修，參加編寫的有二十一人，體例由敬播擬訂。成書於貞觀二十二年（西元六四八年），前後歷時三年。❽孝文帝　北魏皇帝元宏。在位二十三年，終年三十三。❾李沖　字思順，隴西狄道（今甘肅臨洮）人。曾任中書令，加散騎常侍，給事中，後任尚書僕射。建議立三長制，五家為鄰，五鄰為里，五里為黨，各設一長，代替宗主督護制；整理戶籍，均平賦役，協助孝文帝南遷並營建新都洛陽。❿垂拱　武則天稱制時年號。關於補闕置四員並分左、右之敕令下於垂拱元年（西元六八五年）二月二十九日，其文稱：「記言書事，每切於旁求；補闕拾遺，未弘於注選。瞻言其理，必藉眾才，寄以登賢，期之進善。宜置左右補闕各二員，從七品上；左右拾遺各二員，從八品上，掌供奉諷諫，行立次于左右史之下。仍附於令。」（《唐會要》卷五六）⓫天授　武則天稱帝時年號。加置左右補闕、拾遺之敕令，據《唐會要》頒於天授二年（西元六九一年）二月五日。左、右補闕各加三員，連前置共為十員，即左、右各五員。⓬神龍　唐中宗李顯年號。⓭其才可則登不拘階敘　意謂對補闕、拾遺的選授，不受其原來資階的限制，只要有這方面的才能，即可選授。⓮內供奉　在禁中內廷供奉。供奉，行走、當值的意思。《舊唐書・中宗紀》：神龍元年（西元七〇五年）四月「以安北大都護、安國相王旦為左右千牛大將軍，每大朝會內供奉」，後遂為兼司某職專稱，非正職，無專掌，去此名即為真授。如《唐會要》卷六十侍御史條：「侍御史，四員，長安二年（西元七〇二年）始置內供奉，在正員之外，仍不得過本數，其徙改與正官資望亦齊」；《新唐書・張九齡傳》：「遷中書舍人內供奉，封曲江南，進中書舍人。」左右補闕內供奉的情況亦同，唯無定員之限制。⓯史記　原名《太史公書》，西漢司馬遷撰。一百三十篇，為我國第一部紀傳體通史。⓰汲黯　字長孺，濮陽（今河南濮陽）人。黯治黃老之言，為政清靜無為，好游俠，任氣節。漢武帝時為謁者，其諫敢於觸犯上之顏色，因而為武帝所疏遠。⓱臣願為中郎署長　今本《史記・汲黯傳》無「署長」二字。據同書記載，因汲黯屢次直諫，武帝召拜其為淮陽太守，黯伏謝不受印綬，武帝召上殿，「黯泣曰：『臣自以為填溝壑，不復見陛下，不意陛下復收之。臣常有狗馬之心，今病，力不能任郡事。臣願為中郎，出入禁闥，補過拾遺，臣之願也。』」但武帝不聽，汲黯還是被迫赴任。⓲漢書　東漢班固撰。一百篇，分一百二十卷。為我國第一部紀傳體斷代史。⓳元帝　西漢皇帝劉奭之，字盛，宣帝之子。在位十六年，終年四十三歲。史著稱其為太子時「柔仁好儒，見宣帝所用多文法吏，以刑名繩下，大臣楊惲、蓋寬饒等坐刺譏辭語為罪而誅，嘗侍燕從容言：『陛下持刑太深，宜用儒生。』宣帝作色曰：『漢家自有制度，本以霸王道雜之，奈何純任德教，用周政乎！』」宣帝因此感嘆說：「亂我家者，太子也！」（《漢書・元帝紀》）西漢至元、成、哀、平，一代不如一代，最後政權落入外戚王氏手中。⓴劉向　字更生，劉氏宗室，楚元王之後。漢元帝初立時，劉向因蕭望之、周堪舉薦，先後由郎中、給事黃門遷散騎諫大夫給事中、散騎宗正給事中，《漢書》本傳稱其「與侍中金敞拾遺於左右」。㉑張衡　字子平，河南南陽西鄂（今河南南陽縣石橋鎮）人。漢順帝時曾為太史令，後遷侍中，得侍帷幄，諷議左右。據《後漢書》本傳記載，順帝「嘗問衡天下所疾惡者，宦官懼其毀己，皆共目之，衡乃詭對而出。閹豎恐終為其患，遂共讒之」，結果張衡亦只能出為河間相。由於皇帝被周邊小人包圍，作為侍中的張衡，在拾遺補闕上，亦難以有所作為。㉒內侍長　鮮卑拓跋部什翼犍建立代國時（西元三三八年—三七六年）所置，為內侍之長官。員額四人，掌侍從左右，顧問應對，拾遺補闕，亦察舉百官，糾發奸邪。北魏建國後仍置。《魏書・官氏志》：「又置內侍長四人，主顧問，拾遺應對，若今之侍中、散騎常侍也。」㉓孝文帝　北魏孝文帝拓跋宏，亦即元宏。即位時僅五歲，由太皇太后馮氏當國十九年，馮氏死後才親政。在位二十九年，終年三十三歲。㉔邱惟　此名史書無錄。《魏書》有〈丘堆傳〉，「惟」、「堆」形似，誤寫亦有可能。但丘堆拾遺左右於太宗即位時，且已於世祖時因從征赫連昌喪師而被誅，時間都遠在孝文帝之前。僅錄以備考。㉕扈從　為皇帝出巡時之護駕隨從人員。此處則用如動詞，意謂隨從。㉖遺滯　指遺佚滯留於民間。

【語　譯】　左補闕，定員二人，品秩為從七品上。這一官職為本朝所創置。所謂補闕，是指國家政務中出現了過失或短闕，由他來做補正，因而就用這種職能作了官名。《詩經》中有一首詩唱道：「穿袞袍的在職務上有了闕失，賢能的仲山甫就來為他補正。」這就是設置補闕所採取的意義。東漢時期的伏湛，就擔任過這個職務，出入禁闈，為皇上拾遺補闕。《三國志・魏志》記載：「文帝曾指示侍臣說：『公卿們啊，你們要善於撿拾我的遺漏，補正我的缺失。』」晉武帝司馬炎曾下詔說：「公卿們應當為我補正闕失，拾取遺漏，進獻可行建議，否定錯誤意見。」《晉書・職官志》：「君王登殿時，侍中站在左面，散騎常侍站在右面，以備君王就近隨時提問，他們近前回答，為君王拾遺補闕。」北魏孝文帝時，讓侍中李冲伴隨在左右，隨時補闕。武后稱制的垂拱年間，便是出於上面提到的用意，創置補闕四員，分為左、右各二。到武后稱帝的天授初年，左、右又各加三員，合在一起定員增加到十員。高宗神龍初年，仍舊各置二人。並規定只要具備相應的才能就授任，可以不受他原來官階高低的限制。另外還為補闕設置內侍奉，沒有固定員數，只要本人才職相當，不必等到有缺額才補授。內供奉的資望亦與正官相同，俸祿全部照給。右補闕與左補闕相同。

　左拾遺，定員二人，品秩為從八品上。這一官職為本朝所創置。所謂拾遺，是指國家政務中出現遺漏的事，由他提出來並加以議論，因而就用這種職能作了官名。《史記・汲黯傳》記載：「汲黯向皇上稟奏：『臣願意留守京師做郎中，可以出入禁宮，替皇上做些補過拾遺的事。』」《漢書・劉向傳》中說：「漢元帝剛即位時，讓給事中劉向和侍中金敞伴隨在左右當拾遺。」東漢時，張衡擔任侍中，經常能居留在君王的帷幄裡，從容地對朝政提出批評建議，侍從在君王身旁提醒一些被遺漏的事。北魏初年，曾設置內侍長，它的職掌是對答皇上的提問，提出一些被遺漏的事，類似現今侍中、散騎的職掌。又，孝文帝時，曾讓侍中邱惟拾遺於左右。武后垂拱時期，出於對上面提到的那些意義的考慮，創議建置拾遺，定員為四人，左、右各有二員；到天授初年，又各增加了三員，總共為十員。高宗神龍初年，改為依舊各設置二員。並規定只要具備相應的才能，即可任用，不必受他原來官階高低的限制。作為兼任，拾遺名下，亦設有內供奉，沒有定員的限制，他們的資望與俸祿都與正官一樣。右拾遺與左拾遺相同。

左補闕、左拾遺的職掌，是在君王身旁供奉諷喻和諫諍；皇上出巡時，隨從在乘輿左右。凡是須發詔令或者興舉政事，如果有不合於時宜的，不符合道義的，大的可以參加廷議，小的可以直接上書封奏給皇上。至於像有賢良之士隱沒在民間，有忠孝兩全的事跡不能上達於朝廷這樣一類事，那麼補闕和拾遺就要條陳事情的詳情，向皇上奏報。

【說　明】補闕和拾遺都是武則天垂拱元年（西元六八五年）設置的，其品秩皆不高：補闕只從七品上，拾遺為從八品上，但其職任則如本章末尾所述實在不輕。為什麼武則天要選用品秩低下的人員來充當諫職這個危險而又重大的任務呢？白居易在唐憲宗元和年間曾授任為左拾遺，據《舊唐書》本傳，就在拜命之日，他在獻疏言中對此作過一個說明。他說：「其選甚重，其秩甚卑，所以然者，抑有由也。大凡人之情，位高則惜其位，身貴則愛其身；惜位則偷合而不言，愛身則苟容而不諫，此必然之理也。故拾遺之置，所以卑其秩者，使位未足惜，身未足愛也；所以重其選者，使下不忍負心，上不忍負恩也。夫位不足惜，恩不忍負，然後能有闕必規，有違必諫；朝廷得失無不察，天下利病無不言。此國朝置拾遺之本意也。」這段分析是點到了問題的核心的。利用小人物來制衡大人物，可說是在封建專制制度下，帝王們經常使用的一種南面術。特別是權力結構發生動盪或作重大調整時，在權力角逐中的得勝者或新上臺的統治者，更少不得要使用這一傳統策略，以鞏固、擴大自己的地位和權勢。那些受到統治者破例青睞的小人物，幾乎無不感激涕零而甘願竭誠報效的。白居易在同一篇疏文中對自己的心態作了這樣描述：「臣本鄉校豎儒，府員走吏，委心泥滓，絕望煙霄。豈意聖慈，擢居近職，每宴飲無不先預，每慶賜無不先霑；中廄之馬代其勞，內廚之膳給其食……」一個小官吏，平步青雲，受到如此恩遇，怎能不感知遇之恩而急於圖報呢？所以他說：「臣所以授官已來，僅經十日，食不知味，寢不遑安，唯思粉身以答殊寵，但未獲粉身之所耳。」當一個人處於這種心態時，其圖報對象即君主，便可以得心應手地把他作為工具來使用了。武則天就是這樣去利用來俊臣、周興這幫子打手的。但一當她削弱李唐宗室、鞏固自己統治地位的目的已經達到，那麼這批新貴的使用價值亦就所剩無幾，於是只要她稍不順意，或哪裡出了漏子，便拿這些人來做替罪羊和刀下鬼，並把所有壞事都栽到這幾個人頭上，好像以往的一切過失都與自己毫不相干，其身與其寶座依然金碧輝煌。

由此不難看出，在通常情況下，拾遺補闕一類諫官的設置，其作用形式重於內容，即主要是作為帝王廣開言路的一種「擺式」而存在的，就像現在世界上，有的國家也還有某種民主政治的「擺式」存在一樣。因而如果有誰真想做一個諫官，真要按典制規定去給皇帝「供奉諷諫」，為他拾遺補闕，那就難免碰壁，甚至碰得頭破血流。就說本章原注中提到的幾個例子吧。汲黯就是因為犯顏直諫而被漢武帝趕出京師的，原注所引他那番還想留下來盡職盡忠的話，言辭不可謂不懇切，武帝卻還是當作了耳邊風。劉向預感到外戚王氏專權將對漢室帶來嚴重危險，曾屢次向漢元帝進言，非但沒有被聽信，自己還險遭不測。張衡的遭遇也沒有好多少。再說白居易，在他授任左拾遺三年時間裡，確實像他在拜命之日的疏文中所說的那樣，寢食不安地「唯思粉身以答殊寵」。當時因國用拮据，一些節度使在入朝時，攜帶大量金銀錢財給皇帝，美其名為「進奉」，實際上是變相的賣官鬻爵。白居易單為此事，進獻了〈論裴均進奉銀器狀〉等一系列疏文，有時甚至當面與憲宗爭執起來。結果便是《資治通鑑》卷二百三十八的這段記載：「白居易常因議事，言陛下錯，上色莊而罷，密召承旨李絳謂白居易小臣不遜，須令出〔翰林〕院。」憲宗元和九年（西元八一四年），白居易終因一次上書言事（建議捉拿刺殺主張削平藩鎮的宰相武元衡的凶手）而被貶為江州刺史，繼又貶為江州司馬，這也即著名〈琵琶行〉中所說的「我從去年辭帝京，謫居臥病潯陽城」的歷史背景。

不過唐代在思想文化方面，還是比較寬鬆大度的，並不強調什麼輿論一律，動不動就搞文字獄。白居易在寫給他的好友元稹的信，即著名的〈與元九書〉中說到他在任職左拾遺期間，對於那些「難於指言」的材料，「輒詠歌之，欲稍稍進聞於上」，就是用詩歌的形式以針砭時弊，縱使皇帝還是聽不進去，但卻可以在社會輿論中贏得支持並造成久遠的影響。這實在是一件大幸事，賴於此，我們後人才能讀到這位大詩人那些流傳千古的《秦中吟》、《新樂府》五十首等詩篇，其中〈賣炭翁〉、〈新豐折臂翁〉等等，千百年來可謂婦孺皆能成誦。《秦中吟》中的〈重賦〉，揭露當時的苛政，甚至點出要害就在國家最高領導：「昨日輸殘稅，因窺官庫門：繒帛如山積，絲絮如雲屯。號為羡餘物，隨月獻至尊。奪我身上煖，買爾眼前恩：進入瓊林庫，歲久化為塵。」還有一首〈不致仕〉，對那些賴在高官厚祿位置上遲遲不肯退休的老官僚的揭露，真是入木三分：「七十而致仕，禮法有明文，何乃貪榮者，斯言如不聞！可憐八九十，齒墮雙眸昏。朝露貪名利，夕陽憂子孫。桂冠顧翠緌，懸車惜朱輪。」你看已經耳聾眼花，老態龍鍾了，卻還死戀祿位，臨了還硬要給子孫撈上幾把油水才勉強退下去。讀著這些詩句，因其依然保留著深刻的現實意義，簡直還以為它就是在昨天寫的！

順便提一下唐代官制史，亦是唐代文學史上一個頗為耐人尋味的現象：除了白居易，還有好幾位著名詩人，如杜甫、陳子昂、元稹等，都曾擔任過拾遺、補闕一類職務。杜甫是在安史之亂中逃亡到肅宗暫時進駐地鳳翔時，被授命為左拾遺的，他的許多具有史詩意義的詩篇，也正是完成於這一時期。當然不能說杜甫之所以成為偉大的現實主義詩人，是因為他擔任過左拾遺這個官職，更何況，就是在唐代，借著拾遺補闕這類比較特殊的職位巧為經營而青雲直上的，亦大有人在。不過若是一個正直的人，那麼諫官的職位，還是有利於冷靜地從正反兩個方面，特別是從反面觀察、思索問題，也比較能夠接近和重視低級官吏和下層民眾，從而使自己的認識比較符合社會客觀真實。無論如何，做官也好，寫詩也好，一味阿主媚上，歌功頌德，總是沒有出路的；唯有多反映一點下層的呼聲，多為民眾做些好事，才能獲得歷史的承認。

四

起居郎二人，從六品上。起居郎因起居注以為名。起居注者，紀錄人君動止之事。《春秋傳》❶曰：「君舉必書。」《禮》云：「動則左史書之，言則右史書之❷。」又曰：「左史記事，右史記言；言為《尚書》❸，事為《春秋》❹。」皆其事也。宋衷《世本》❺云：「沮誦❻、蒼頡❼為黃帝❽左、右史。」《周書》❾：「穆王❿時有左史戎夫⓫，書前代存亡之誡。」諸侯之國亦立之⓬。晉武帝⓭時得汲冢書⓮，有《穆天子傳》⓯，體制與當時起居注正同，蓋周左、右史之所錄也。漢武有《禁中起居注》⓰，後漢明德皇后⓱撰《明帝起居注》⓲，然則漢時起居注似在宮中，為女史⓳之職。魏、晉已來，皆中書著作⓴兼修國史。元康二年，著作隸入秘書，別名著作省㉑，歷宋、齊、梁、陳，皆掌國史。後魏及北齊集書省領起居注，令史之職從第七品上。後周春官府置外史㉒，掌書言及動作㉓，以為國誌㉔，即其任也。又有著作二人，掌綴國錄㉕，蓋起居、著作自此分也。隋省內史舍人四員而始置起居舍人二員㉖，皇朝因之。貞觀二年㉗省起居舍人，移其職於門下，置起居郎二員。顯慶中㉘，又置起居舍人，始與起居郎分在左、右。龍朔二年㉙改為左史，咸亨元年㉚復故。天授元年㉛又改為左史，神龍元年㉜復故。

令史三人。先置楷書手，今改為令史。

起居郎掌錄天子之動作法度，以修記事之史。凡記事之制，以事繫日，以日繫月，以月繫時，以時繫年。必時書其朔日、甲乙以紀歷數㉝，典禮文物以考制度，遷拜旌賞以勸善，誅伐黜免以懲惡。季終則授之于國史㉞焉。漢獻帝及西晉以後諸帝皆有起居注㉟，皆史官所錄。自隋置為職員，列為侍臣，專掌其事，每季為卷，送付史官㊱。

【章旨】敘述起居郎之定員、品秩、沿革及其職掌。

【注釋】❶春秋傳　書名。《漢書・藝文志》在介紹《春秋》二十三家、九百四十篇後稱：「古之王者世有史官，君舉必書，所以慎言行、昭法式也。左史記言，右史記事，事為《春秋》，言為《尚書》，帝王靡不同之。」《隋書・經籍志》云：「《春秋傳》曰：『居舉必書，書而不法，後嗣何觀？』」❷禮云三句　此下所引「動則左史書之，言則右史書之」，語出《禮記》之〈玉藻〉篇。故「禮云」即是《禮記》云。《禮記》，儒家經典之一。是秦漢以前各種禮儀論著的選集，相傳為西漢禮學家戴德之姪戴聖所編纂，因又稱《小戴禮記》，今本為東漢鄭玄注本。〈玉藻〉篇記載天子諸侯服冕笏佩諸制及行禮之容節。左史、右史，為史官名。周代史官有左右之分。❸言為尚書　指記天子之言的書，即是《尚書》。王肅稱：「上所言，下為史所書，故曰尚書也。」劉知幾之《史通》云：「蓋《書》之所主，本於號令，所以宣王道之正義，發話言於臣下，故其所載，皆典謨、訓誥、誓命之文。至如〈堯〉〈舜〉二典，直序人事，〈禹貢〉一篇，唯言地理，〈洪範〉總述災祥，〈顧命〉都陳喪禮，茲亦為例不純者也。」❹事為春秋　言《春秋》為記事之書。孔穎達之〈春秋序〉云：「《春秋》者，魯史記之名也。記事者，以事繫日，以日繫月，以月繫時，以時繫年，所以紀遠近，別同異也。」❺宋衷世本　宋衷，東漢南陽章陵人，字仲子。曾注《世本》，此處誤為作者。《世本》，即《世本八種》，先秦史料叢編。記三皇五帝至春秋間事，為先秦史官記錄和保存的部分歷史檔案資料。約編定於戰國末年，經秦漢人整理，記事亦延至秦及漢初。《漢書・藝文志》著錄於春秋類，《隋書・經籍志》著錄有《世本》四卷，列於姓氏書一類。原書在宋代即已散佚，今存本為清秦嘉謨等輯補。❻沮誦　相傳為黃帝之史官。《後漢書・獻帝紀》沮儁注引《風俗通》曰：「沮，姓也。黃帝史官沮誦之後。」❼蒼頡　相傳亦為黃帝之史官。古書記為漢字之創造者。《說文解字》序稱其「見鳥獸蹏迒之跡，初造書契」。❽黃帝　傳說中中原各族的共同祖先。姬姓，號軒轅氏。古書中許多發明和制度的創造，都託源於黃帝的時代。❾周書　《尚書》中的一輯。今本《尚書》分輯為《虞書》、《夏書》、《商書》和《周書》。其中《周書》有三十二篇。又，《漢書・藝文志》著錄有《周書》七十一篇；西晉初年，汲郡又發現了《汲冢周書》，為記載周代之史書。此處原注所引之《周書》當是汲冢之《周書》。❿穆王　西周天子姬滿，係周成王之重孫。《史記》稱其五十歲即位，在位五十五年，若依此則終年已百有五歲。似有誤。《竹書紀年》則謂係指周受命至穆王百年，非穆王壽百歲也。⓫戎夫　周穆王時史官。⓬諸侯之國亦立之　劉知幾《史通・外編》記有諸侯置史官事，其文稱：「至於諸侯列國，亦各有史官。求其位號，一同王者。至如孔甲、尹逸，名重夏殷；史佚、倚相，名高周楚。晉則伯黶司籍，魯則丘明受經，此並歷代史臣可得言者。降及戰國，史氏無廢，蓋趙鞅晉之一大夫耳，猶有直臣書過，操簡筆於門下；田文齊之一公子耳，每坐對賓客，侍史記於屏風。至若秦趙二主澠池交會，各命其御史，書某年、月鼓瑟鼓缶，此則春秋君舉必書之義也。」⓭晉武帝　即司馬炎。在位二十一年，終年五十五歲。⓮汲冢書　晉太康間出土之古文字書。據《晉書・束皙傳》：汲郡人不準盜發魏襄王墓（一說安釐王墓），得竹書數十車，皆科斗字，被稱為汲冢書。有《竹書紀年》十三篇等共七十五篇。晉武帝以其書付秘書校綴次第，尋考指歸，而以今文寫之。束皙時在著作，得觀竹書，並參預考釋和訂正。⓯穆天子傳　汲冢書之一。共五篇，作者不詳。《隋書・經籍志》著錄為六卷，郭璞注。言周穆王游行四海，見帝臺、西王母。其中保存若干古代中西交通史料。敘述穆王與西王母宴會及盛姬之死，有濃厚神話故事色彩。⓰禁中起居注　書名。未見史書正式的著錄。⓱明德皇后　漢明帝劉莊皇后。係伏波將軍馬援之小女，十三歲選入太子宮，明帝即位旋立為貴人，永平三年（西元六〇年）立為皇后。史書稱其能誦《易》，好讀《春秋》、《楚辭》。⓲明帝起居注　書名。相傳為明德皇后所撰。⓳女史　宮禁內廷之史官。劉知幾《史通・外編・史官建置》云：「古者人君外朝則有國史，內朝則有女史，內之與外，其任皆同，故晉獻惑亂，驪姬夜泣，床第之私，房中之事，不得掩焉。楚昭王讌遊，蔡姬對以其願，王顧謂史書之：蔡姬許從孤死矣。夫宴私而有書事之冊，蓋受命者，即女史之流乎？」⓴中書著作　指中書著作郎。三國魏明帝太和中始置，因隸於中書省，故有此稱。西晉初，晉武帝曾以繆徵為此職。定員一人，謂之大著作郎，專掌史任；另置著作佐郎八人。後因著作郎改隸秘書省，此稱廢。㉑自「元康二年」至「別名著作省」　元康二年，西元二九二年；元康為晉惠帝司馬衷年號。《晉書・職官志》稱此年「詔曰：『著作舊屬中書，而秘書既典文籍，今改中書著作為秘書著作。』」於是著作郎由原屬中書省而改隸於秘書省，後雖自置著作省，但仍隸於秘書省。㉒後周春官府置外史　北周仿《周禮》天、地、春、夏、秋、冬六官設府，其中春官府置大宗伯卿，掌邦禮，以佐王和邦國。下設外史下大夫一人，品秩正四命。北周任外史下大夫者，見《周書・藝術・黎景熙傳》：「武成末，遷外史下大夫。」《隋書・明克讓傳》：「周明帝引為麟趾殿學士，俄授著作上士，轉外史下大夫。」㉓掌書言及動作　此句「書」下脫一「王」字。據《通典・職官三》當為「掌書王言及動作」。㉔國誌　相當於起居注。㉕國錄　相當於實錄。㉖隋省內史舍人四員而始置起居舍人二員　隋文帝開皇時，在內史省置舍人八人，至煬帝大業三年（西元六〇七年）省內史舍人四員，即由八人減為四人，另置起居舍人二員，從六品。㉗貞觀二年　即西元六二八年。貞觀是唐太宗李世民年號。㉘顯慶中　指顯慶三年（西元六五八年）十二月。顯慶係唐高宗李治年號。㉙龍朔二年　即西元六六二年，龍朔為唐高宗又一年號。㉚咸亨元年　即西元六七〇年。咸亨亦為唐高宗年號。㉛天授元年　即西元六九〇年。天授為武則天稱帝時之年號。㉜神龍元年　即西元七〇五年。神龍為唐中宗李顯年號。㉝必時書其朔日甲乙以紀歷數　朔日，指夏曆月初一。甲乙，指排列每日之次序。我國古代以天干（甲、乙、丙、丁等）地支（子、丑、寅、卯等）紀時。歷數，即曆數，為記載每年時間和節候的次序。全句意為紀事時，必須按時標明發生其事之年、月、日。又，《太平御覽》卷二百二十二引《唐六典》此句「必」下無「時」字。㉞國史　指中書省所屬之史館。㉟漢獻帝及西晉以後諸帝皆有起居注　漢獻帝，東漢最後一個皇帝劉協，係董卓扶持之傀儡，後又為曹操所挾持，終禪位於曹丕，被封為山陽公。據《隋書・經籍志》著錄有《漢獻帝起居注》五卷。自西晉至南朝宋、齊、梁、陳、北魏及隋，其有起居注均為史書所著錄。㊱史官　即史館。

【語　譯】起居郎，定員二人，品秩為從六品上。起居郎是因為記錄起居注而得名。所謂起居注，是專門記錄人君日常舉止行動的。《春秋傳》說：「君王有舉動，必定要記載下來。」《禮記》說：「君王的舉動，由左史記錄下來；君王的言語，由右史記錄下來。」又說：「左史記事，右史記言；記言的彙編在一起便是《尚書》，記事的彙編在一起便是《春秋》。」這些都屬於起居郎的職事。宋衷（注）的《世本》記載道：「沮誦和蒼頡，在黃帝時擔任左史和右史。」《周書》說：「周穆王時，有位左史叫戎夫的，記載歷代存亡的教訓，作為後世的警誡。」各諸侯王國，亦設立有史官。晉武帝時，從古代墓葬中獲得了一批汲冢書，其中有一部《穆天子傳》，它的體制與當時的起居注正相一致，這大概就是周代左史、右史所作的記錄吧。漢武帝時，有一部《禁中起居注》，東漢明德皇后還曾撰寫過《明帝起居注》，不過漢代的起居注，似乎是設在宮中，屬於女史的職司。從魏、晉以來，都是中書省的著作郎，兼修國史。

西晉惠帝元康二年，將著作郎由中書省改隸秘書省，後來又另外起名叫著作省，歷經南朝的宋、齊、梁、陳，都由它執掌國史的修撰。北魏以及北齊，則由集書省管轄起居省，下設令史，品秩為從第七品上。北周在春官府設外史，職掌為記錄君王的言語和舉止，作為國誌，這亦就是起居郎的職責；另外還有著作二人，掌編綴國錄，從這開始，便把起居與著作分開了。隋煬帝時，省去內史省的舍人四員，設置起居舍人二員。本朝因承隋制。太宗貞觀二年，省去了內史省的起居舍人，把它的職務歸到了門下省，在門下省設置起居郎二員。高宗顯慶年間，又重新設置起居舍人，開始與起居郎分別侍奉在君王左右。高宗龍朔二年，改起居郎為左史，咸亨元年又恢復舊稱。武周天授元年，再次改名為左史，中宗神龍元年還是恢復了舊名。

令史，定員為三人。原先設置的是楷書手，現改為令史。

起居郎的職掌是記錄皇帝按照規範的舉止行動，將用來修撰「記事」的歷史。關於記事的規制，都是要把事件歸在所發生的當日，再把這日子歸在相應的月份，把這月份歸在相應的季度，最後再把這個季度歸在相應的年度。記錄時，必須按時寫明與事件相關的年、月、日，事件都按時間的順序排列。屬於典禮文物方面的記載，可以作為修訂制度的參考；有關遷升、拜授、旌表和賞賜方面的記載，可以用來鼓勵人們向善；那些誅殺討伐、黜除罷免的記載，可以用來懲戒為惡的人。每個季度結束時，要把所作的記錄彙總移交給史館修史。漢獻帝以及從西晉以來各個皇帝，都有起居注保留下來。這些起居注都是當時史官們所作的記錄。從隋開始，設置專門的職員，列為君王身旁的侍臣，負責做這件事。每一季度彙成一卷，送交史館以備修史。

【說　明】有關起居注的作用問題，《唐會要》卷五十六錄有太宗李世民與給事中兼起居郎杜正倫的一段對話。太宗說：「朕每日坐朝，欲出一言，即思此言，於百姓有利益否？所以不能多言。」杜正倫進言道：「君舉必書，言存左史。臣職當修起居注，不敢不盡愚直。陛下若一言乖於道理，則千載累於聖德，非直當今有損於百姓，願陛下慎之。」有舉必書，有言必錄，若果如此，那麼這對具有自省要求的君王來說，倒亦不失為一種自我約束的方法，也許還能為子孫後代留下一些規矩。但這仍然遠不是權力機構本身所具有的制約機制。設置諫官多少還有一點外在的制約力，起居注的作用則是完全建立在君主能否自覺反省自己的基礎上的，若是遇上一個剛愎自用的霸道皇帝，你又能奈他何？所以《舊唐書・褚遂良傳》以為通過起居注「善惡必記」，就可以「戒人主不為非法」，未免是一廂情願了。不過起居注畢竟為後人留下了帝王日常行止的大量第一手材料，對研究歷史頗為有用，這倒是應該感謝那一代又一代的起居郎的。

唐代對起居郎的設置及其實際狀況，前後變化亦較多。見之於《唐會要》十卷的憲宗元和十二年（西元八一七年）為重申起居注舊制而頒發的一篇敕文，對此有一段概括性的敘述：「自隋氏因前代史官，有起居注，故置起居舍人，以紀君舉，國朝因之。貞觀初置郎而省舍人，顯慶中始兩置之。分侍左右杖下，秉筆隨相入禁殿，命令謨猷皆得詳錄。若伏在紫宸閣內，則夾香案分立殿下，正直第二螭首，和墨濡翰，皆即螭首之坳處，由是諺傳謂螭頭有水。官既密侍，號為清美。永徽之後，始與百官杖下俱退。長壽年中，姚璹為相，以史官不聞獻替，表請宰臣一人，撰錄軍國政要，號為時政紀，隨月移之史官館。及起居既錄之宰臣，事同銘述，於是推美讓善之義行，信史直書之義闕。既而歲月稍久，樞務復繁，注記漸簡，未幾皆廢。其後執事者時或修綴，百無一二，而左史所守，猶固於制敕，時存筆削。至於右史，職在記言，但編集詔書，繕寫而已。」大體說來，起居注之制在貞觀時期還比較完備，及至高宗，已流於形式，而武則天稱帝時更以「時政記」取代了起居注，「推美讓善之義行，信史直書之義闕」，失去了設置此制的初衷，亦變成了一種為帝王歌功頌德的載體，就是這樣也難以持久，「未幾皆廢」。這便是憲宗要發上面提到的重申起居注舊制的敕文的原由。在唐代後期漫長的日子裡，隨著記注之職的曠廢，起居郎與起居舍人的地位也日益下降，不復有前期那種「秉筆隨相入禁殿」的風光。

五

典儀二人，從九品下。《周禮》秋官❶有司儀❷上士八人，中士十有六人，蓋皆典儀之任也。《齊職儀》❸云：「東官殿中將軍❹屬官有導客局，置典儀錄事一人，掌朝會之事。」史闕其品秩。梁有典儀之職，未詳何曹之官，掌唱警、唱奏之事❺，朱服❻、武冠❼。陳亦有之。後魏置典儀監，從第五品❽，史闕其員及所掌。皇朝置典儀二人，隸門下省。初，用人皆輕。至貞觀初，李義府❾為之，是後常用士人。領贊者❿，以知贊唱之節。

贊者十二人。隋太常寺有贊者十六人，鴻臚寺有贊者十二人，皇朝因置之，隸門下省。掌贊唱，為行事之節。分番上下，亦為之番官。

典儀掌殿上贊唱之節，及設殿庭版位之次。若元正、冬至大朝會，王公外殿⓫，既坐，酒至而起，皆傳贊唱而為之節也。**凡國有大禮，侍中行事，及進中嚴外辦之版⓬，皆贊相焉。**

【章　旨】敘述典儀之定員、品秩、沿革和職掌。

【注　釋】❶周禮秋官　《周禮》，儒家經典之一。係戰國年間儒生搜集周王室官制和戰國時各國官制，增刪排比，並附會以儒家政治理想彙編而成的典籍。秋官為其篇名，亦是官名，屬刑官，設司寇卿，掌邦國之刑法。❷司儀　《周禮》秋官之屬。一說周朝有置。上士八人，中士十六人。掌賓客儐相之禮，以詔儀容辭令揖讓之節。❸齊職儀　書名。《隋書・經籍志》著錄有《齊職儀》五十卷，齊長水校尉王珪之撰。《南齊書・王逡之傳》：「從弟珪之，有史學，撰《齊職儀》。」今已亡佚。❹東宮殿中將軍　東宮，指太子住地。殿中將軍為東宮禁衛之武官。❺唱警唱奏之事　指司儀時，以歌吟的聲腔，宣佈儀式中應注意事項，及配合音樂宣唱行禮跪拜之節度。❻朱服　指典儀司禮時穿的紅色禮服。❼武冠　亦稱武弁或大冠。戰國趙武靈王所倡之胡服。又傳經其子何即趙惠文王改製，故又稱惠文冠。❽從第五品　據《魏書・官氏志》，太和前制，典儀監為從第五品上。❾李義府 瀛州饒陽（今河北饒陽）人。唐太宗貞觀八年（西元六二五年）劍南道巡察大使李大亮以李義府善屬文，表薦之。補門下省典儀，後侍晉王，除太子舍人，因支持高宗立武則天為皇后而青雲直上。然人輕其早年出身於典儀，且貪冒無厭，稱其笑中有刀，柔而害物。❿贊者 《舊唐書・職官志》：「大凡祭祀朝會，在位者拜跪之節，皆贊導之，贊者承傳焉。」即行禮時，在一旁唱贊跪拜之節律。⓫外殿 近衛校正德本稱：「外」當為「升」。南宋本正作「升殿」。⓬進中嚴外辦之版 指在典禮進行時，典儀須協助侍中先後作「中嚴」、「外辦」之版奏。唐制，每次行大禮之前，由侍中版奏君王「請中嚴」，表示禮儀進入預備階段，殿庭上文武百官都要依次各就各位，肅立恭候。繼而侍中再次版奏「外辦」，於是皇帝服袞冕乘輿以出；若是大祭祀，需再升玉輅，大朝會則即就御座，典禮正式開始。在侍中版奏過程中，在一旁提示和協助，屬典儀之職。

【語譯】典儀，定員二人，品秩為從九品下。《周禮》記載的秋官屬下官員中，有司儀上士八人，中士十六人，都是屬於現今典儀的職任。《齊職儀》中說：「東宮殿中將軍的屬官有個導客局，設置典儀錄事一人，執掌朝會的具體事務。」它的品秩，史書沒有記載下來。南朝梁有典儀這一職名，但不知道它是隸屬於哪一個曹司的。它的職掌是在禮儀進行過程中，宣唱注意事項和唱奏關於行禮節度的事。穿紅色的禮服，戴武冠。南朝陳亦設有典儀這個職位。北魏設典儀監，品秩為從第五品。關於它的定員和職掌，史書上都沒有記載。本朝典儀定員為二人，隸屬於門下省。最初，任用典儀的人員，地位都很低下，到貞觀初年，李義府出任了這一職務，從那以後，就經常用士人來擔任。典儀要總領所屬的贊者，以做好在典禮進行過程中，贊唱儀式行進節度的事。

贊者，定員為十二人。隋朝太常寺設有贊者十六人，鴻臚寺設有贊者十二人。本朝因承隋朝的這一體制，改為隸屬於門下省，職掌就是贊唱，用來作為行禮的節度。都是分番上下，所以亦可稱為番官。

典儀的職掌是在殿上舉行儀式時，負責贊唱行禮的節度，以及在殿庭上設定百官座位的次序。譬如在元日、冬至大朝會時，王公大臣們外（升）殿、就座以及行酒時如何起立迎接，都須由贊者傳達贊唱，作為規定行動的節度。凡是國家有重大的典禮，由侍中負責主持，在版奏「請中嚴」和「外辦」過程中，典儀都要在一旁導引和協助。

城門郎

【篇旨】本篇敘述城門郎的定員、品秩、沿革及其職掌；並由其職掌而連帶介紹了唐代京師外廓諸門、皇城諸門、宮城諸門和諸殿之門每日晨昏啟閉的時刻、鑰匙的管理等制度，以及若非規定時間內要啟閉諸門時的一套嚴格手續規定及具體操作過程。

古代城門的管理，大致包括三方面的內容：一是城門的禁衛；二是城門出入的管理；三是諸門每日的啟閉及其鑰匙的保管。在漢代，城門管理的這三方面職能還沒有完全分化，如城門校尉，其下有緹騎一百二十人，那是屬於城門禁衛方面的職能；而掌宮門衛屯的衛尉，似乎也有這方面的職能，故一身而多任的城門校尉的品秩就相當高。到了隋唐，這三方面不同職能的分化就已很明確：城門的禁衛屬京師諸衛；諸門的出入管理，則歸之於監門衛；留下來屬於城門郎的職掌，便只是諸門定時的啟閉和鑰匙的保管。任務是單一了，品秩也下降了。其所以隸屬於門下省，也許與門下宮官群體本就發跡於溝通宮殿門內外這一歷史淵源有關。

又，唐代東西二都城門、宮門、殿門，星羅棋布且稱謂繁多，初次閱讀，往往會莫辨其南北東西。讀者不妨參閱本書第七卷首篇工部司附圖，以便對二都諸門之布局、位置及其相互關係有一個輪廓的瞭解。

一

城門郎四人，從六品上。《周禮》地官❶有司門下大夫❷二人、上士四人，蓋城門郎之任也。初，漢置城門校尉❸員一人，秩二千石，掌城門屯兵❹；有司馬及丞各二人，十二城門候各二人❺，出從緹騎❻百二十人，蓋兼監門將軍之職。魏因之。晉氏品第四，秩二千石，銀章青綬❼，絳朝服❽，武冠❾，佩水蒼玉❿。元帝⓫省之。宋、齊俱以衛尉⓬掌宮城屯兵及管鑰之事。梁、陳二代依秦、漢，以光祿卿掌宮殿門戶，亦無城門之職。後魏置城門校尉，第三品下；太和⓭末，第四品上。北齊衛尉寺統城門寺，置城門校尉二人，第四品上，掌宮殿門⓮并諸倉庫管鑰之事。而後周地官府置宮門中士一人、下士一人，掌皇城五門之禁令⓯；又置城門中士一人、下士一人，掌皇城十二門之禁令⓰，蓋並其任也。隋氏門下省統城門局校尉二人，從第四品下⓱。煬帝三年⓲，又隸內省⓳；十二年⓴，又減一人，降為正第五品。後又改校尉為城門郎，置四人，從第六品，又隸門下省。皇朝因之。

門僕八百人。按：晉光祿勳左中郎將㉑有崇禮等門僕各二人，隋有太廟㉒、郊社㉓門僕。皇朝城門郎置門僕，分番上下，掌送管鑰。

【章　旨】敘述城門郎之定員、品秩及其沿革。

【注　釋】❶周禮地官　《周禮》，儒家經典之一。係戰國年間儒生搜集周王室官制和戰國時各國官制，增刪排比並附會以儒家政治理想彙編而成的典籍。地官為其篇名，亦為官名。設大司徒，掌邦教，建邦土地之圖與其人民之數，佐王安擾邦國。❷司門下大夫　地官大司徒之屬官。掌授管鍵，以啟閉國門。❸城門校尉　漢武帝征和二年（西元前九一年）始置。秩二千石，掌京城長安諸門警衛，領城門屯兵，職顯任重，每以重臣監領。❹掌城門屯兵　此句「掌」下疑脫「京師」二字。《漢書・百官公卿表》稱：「城門校尉掌京師城門屯兵。」❺十二城門候各二人　南宋本及兩《漢書》百官表、志均為「各一人」。關於西漢京師十二門，據《三輔黃圖》：漢長安城南出東頭第一門曰覆盎門，以其南下有杜城，故亦曰下杜門，又稱端門。南出第二門曰安門，亦曰鼎路門。南出第三門曰西安門，一曰便門，即平門也。東出北頭第一門曰宣平門，民間謂之東都門。東出第二門曰清明門，亦曰籍田門，一曰凱門。東出南頭第一門曰霸城門，民見門色青，名曰青城門，或曰青門。西出南頭第一門曰章城門，亦曰章門。西出第二門曰直城門，亦曰故龍樓門。西出北頭第一門曰雍門，民呼曰函里門。北出西頭第一門曰橫門。北出第二門曰廚城門。北出東頭第二門曰洛城門，又曰高門。關於東漢洛陽的十二門，《後漢書・百官志四》本注曰：雒陽城十二門，其正南一門曰平城門，北宮門屬衛尉。其餘上西門，雍門，廣陽門，津門，小宛門，開陽門，秏門，中東門，上東門，穀門，夏門，凡十二門。❻緹騎　城門校尉屬下之侍從騎衛，掌導從，無品秩。緹騎亦用以逮捕犯官或不法者，類似現代警察。❼銀章青綬　銀色之印章，青色之繫印綬帶。❽絳朝服　即絳紗單衣之朝服。❾武冠　亦稱武弁、大冠。戰國時趙武靈王效胡服，用武冠，秦滅趙，以此賜近臣。又傳此冠經趙武靈王子何即惠文王改製，故又稱惠文冠。❿水蒼玉　玉石名。古代按官員品位佩戴玉石，如一品佩山玄玉，二品以下佩水蒼玉。⓫元帝　東晉皇帝司馬睿。在位五年，終年四十七歲。⓬衛尉　始置於秦，歷代沿置。掌宮廷禁衛，主管宮門屯駐衛士，專司晝夜巡警和檢驗出入者之門籍。東晉省，南朝宋、齊復置。據《宋書・百官志上》：衛尉一人，掌宮門屯兵。《南齊書・百官志》：衛尉，府置丞一人。掌宮城管籥。張衡〈西京賦〉：「衛尉八屯，警夜巡晝。」⓭太和　北魏孝文帝元宏年號。⓮掌宮殿門　《隋書・百官志中》：城門寺校尉「掌宮殿城門」。此處「殿」下脫一「城」字。⓯掌皇城五門之禁令　姬周王宮有五門，北周依仿而宮城亦設五門：南出外朝為露門，正門為應門，東側為崇陽門，西側為肅章門，北側為玄武門。⓰掌皇城十二門之禁令　北周長安大城，沿漢之舊，亦一面三門，四面共十二門。但十二門之名見於史文者僅有：太陽門，即南門，見《隋書・禮儀志二》：「為圓丘於國之南，太陽外道東二里。」宣仁門，見《隋書・高祖紀》：「開皇元年（西元五八一年）三月，宣仁門槐樹連理。」疑即漢城東北角之宣平門。青門，見《周書・突厥傳》：「收鄧叔子以下三千人付突厥使者，殺之於青門外。」《周書・宣帝紀》：「大象元年（西元五七九年）三月庚申，帝親擐甲冑入自青門，百官迎於青門外。」陽武門，即西側的城門，見《隋書・禮儀志》：「後周孟秋迎太白，先見三日，遂建棋於陽武門外。」橫門，庾信有〈歲晚出橫門〉詩。以上共五門。其餘待考。⓱隋氏門下省統城門局校尉二人從第四品下　《隋書・百官志下》記較此詳且略異，其文為：「門下省統城門等六局，城門局下設校尉二人，直長四人，城門校尉品秩列在從四品上。」⓲煬帝三年　即大業三年，西元六〇七年。隋煬帝年號為大業。⓳內省　據南宋本應為「殿內省」。官署名。隋煬帝大業三年（西元六〇七年）置。長官監一員，次官少監一員，丞一員。掌侍奉皇帝生活起居事務；又有奉車都尉十二員，掌進御輿馬；統尚食、尚藥、尚衣、尚舍、尚乘、尚輦六局。唐高祖武德三年（西元六二〇年）改為殿中省。⑳十二年 指隋煬帝大業十二年，即西元六一六年。㉑晉光祿勳左中郎將 光祿勳，官名。漢武帝太初元年（西元前一〇四年）改郎中令置。職掌宮殿門戶宿衛，兼侍從皇帝左右。地位顯要，機構龐大，領諸大夫、五官中郎將、左右中郎將，郎中車、戶、騎三將，期門僕射、羽林中郎將及諸郎署長等。魏晉承漢制，在光祿勳下亦設五官及左、右中郎將。左中郎將，與五官及右中郎將分領中郎，更值宿衛，協助光祿勳考核管理郎官謁者從官。秩比二千石。魏、西晉時職任漸輕，四品，居宮禁之外。晉武帝泰始九年（西元二七三年）罷。㉒太廟 即宗廟。㉓郊社 祭祀天地之場所。祭天稱郊，以圜丘；祭地稱社，以方丘。隋初，為圓丘於京師太陽門外道東二里；為方丘於宮城之北十四里。

【語譯】城門郎，定員四人，品秩為從六品上。《周禮》記載的地官屬下官員中，有司門下大夫二人，上士四人，就相當於城門郎的職任。最初，漢代設有城門校尉，定員一人，俸秩二千石，掌管京師城門的屯兵。它的屬下有司馬和丞各一人，京師十二城門每門設候二（一）人，還有皇上出行隨從緹騎一百二十人，這是由於城門校尉兼管監門將軍的職務。曹魏因承漢制。西晉時，它的官品列為第四，俸秩是二千石，佩戴銀製的印章，青色的綬帶，穿絳朝服，戴武冠，佩水蒼玉。東晉元帝時省去這個建置。南朝的宋、齊，都是以衛尉兼掌宮門的屯兵和宮城的鑰匙。梁、陳二代，依照秦漢的官制，由光祿卿掌管宮殿門戶，沒有專門分管京師城門的職官。北魏太和前制，設置城門校尉，品秩為第三品下，到太和末改為第四品上。北齊由衛尉寺統轄城門寺，城門寺設置城門校尉二人，品秩為第四品上，執掌宮殿、〔城〕門以及各個倉庫的鑰匙等事務。北周在地官府設置宮門中士一人，下士一人，掌皇城五門的禁令；又設置城門中士一人，下士一人，掌京師皇城四周十二門的禁令，這亦是屬於城門郎的職掌。隋朝由門下省統轄城門局，設校尉二人，品秩為從第四品下。隋煬帝大業三年，改為隸屬於新增的〔殿〕內省，到大業十二年又將定員減為一人，品秩降為正第五品。以後又改城門校尉為城門郎，定員四人，品秩為從第六品，又改為隸屬於門下省。本朝因承隋朝的這一體制。

門僕有八百人。按：西晉光祿勳下有左中郎將，它的下屬中有崇禮等門門僕各二人。隋朝在太廟、郊社設有門僕。本朝在城門郎之下設置門僕，由百姓分番上下服役，負責給城門送鑰匙。

二

城門郎掌京城、皇城、宮殿諸門開闔之節❶，奉其管鑰而出納之。明德等門❷為京城門，朱雀等門❸為皇城門，承天等門❹為宮城門，嘉德等門❺為宮門，太極等門❻為殿門，通內等門並同上閤門。東都諸門❼准此。開則先外而後內，闔則先內而後外，所以重中禁，尊皇居也。候其晨昏擊鼓之節而啟閉之。承天門擊曉鼓，聽擊鐘後一刻，鼓聲絕，皇城門開；第一鼕鼕聲絕，宮城門及左右延明❽、乾化門❾開；第二鼕鼕聲絕，宮殿門開。夜，第一鼕鼕聲絕，宮殿門閉；第二鼕鼕聲絕，宮城門閉及左右延明門、皇城門閉。其京城門開閉與皇城門同刻。承天門擊鼓，皆聽漏刻契❿至乃擊，待漏刻所牌⓫到，鼓聲乃絕。凡皇城、宮城闔門之鑰，先酉⓬而出，後戌⓭而入；開門之鑰，後丑⓮而出，夜盡而入。宮城、皇城鑰匙，每日入前五刻⓯出閉門，一更二點⓰進入；五更一點⓱出開門，夜漏盡，第二鼕鼕後二刻而進入。京城闔門之鑰，後申⓲而出，先子⓳而入；開門之鑰，後子而出，先卯⓴而入。京城門鑰匙於東廊下貯納，每去日入前十四刻出閉門，二更一點入；四更一點出開門，夜漏盡，第二鼕鼕後十刻入。若非其時而有命啟閉，則詣閤㉑覆奏，奉旨、合符而開闔之。殿門及城閉若有敕夜開㉒，受敕人具錄須開之門，宣送中書門下。其牙內諸門㉓，城門郎與監直監門將軍、郎將各一人㉔俱詣閤覆奏，御注「聽」，即請合符門鑰㉕，對勘符然後開之。凡車駕巡幸，所詣之所，計其應啟閉者，先發而請其管鑰，及至，即開闔如京城之制。

【章旨】敘述城門郎之職掌及京城、皇城、宮城、宮殿諸門啟閉之制。

【注釋】❶諸門開闔之節　指宮門、城門開啟、關閉的規則和章程。❷明德等門　指唐代京師外廓諸城門。明德門是南面中門，左面有啟化門，南面有安化門；東面三門為春明、通化、延興；西面三門是金光、開遠、延平。北面屬宮門，因宮城即在京師之北。❸朱雀等門　指唐代長安皇城諸門。朱雀門為皇城正南門，南面正對明德門；其左面為安上門，右面是含光門。皇城東面二門，北為延喜門，南是景風門；西面亦有二門，北為安福門，南是順義門。❹承天等門　指宮城諸門。宮城在皇城之北。承天門是宮城南面中間正門。其南與皇城的朱雀門、外城的明德門構成全城的中軸線；在宮城之北又與玄武門構成一直線。承天門是唐代的外朝，君王於承天門接受朝賀。承天門左面是長樂門和永春門，右面是廣運門和永安門。宮城的南側有五門，東面僅一門，稱鳳凰門；西面有二門，南是通明門，北是嘉猷門；北側則是玄武門。❺嘉德等門　指太子東宮諸門。東宮在宮城東側，南北與宮城齊。東宮的正殿為嘉德殿，殿門即為嘉德門，正門則是重明門。東宮南為嘉福門，北為玄德門。又，太極宮之正門亦稱嘉德門。❻太極等門　太極殿的殿門即為太極門。門的兩廡為東西閤門，即為太極宮通內諸門。❼東都諸門　包括東都洛陽外廓羅城諸門，皇城諸門及宮城諸門。❽左右延明　太極殿旁有兩廊，在東廊者為左延明門，門外為門下省；在西廊者為右延明門，門外為中書省。❾乾化門　太極殿之北有朱明門，亦有東西上閤門，其左之上閤門即乾化門。隋時稱虔化門，唐高祖李淵受封為唐王時，即在虔化門視事。❿漏刻契　據漏刻通知擊鼓以報時的符信。古代以漏壺計時，由數個漏水壺相疊而成，水自上逐漸滴下，在最下一個浮標（亦稱浮箭）上刻時辰，水面升高，浮標亦隨之升高，從浮箭指向水壺刻度而知當時之時辰。古人把一晝夜分成一百刻（一刻相當於現代鐘錶十四分又二十四秒），再按照晝夜長短劃分晝夜刻數。如冬至日，晝最短，為四十刻，夜漏則為六十刻；夏至日，晝最長為六十刻，夜漏則為四十刻。春分和秋分，晝夜等長，各為五十刻。由契壺正根據漏刻以漏刻契的形式發出報時的通知，通過擊鼓和擊鐘以報時。⓫漏刻所牌　據漏刻通知停止擊鼓的符信。與漏刻契對應使用。⓬酉　十二時辰之一。約傍晚十七時至十九時。⓭戌　應為「戌」。十二時辰之一。約晚上十九時至二十一時。⑭丑 十二時辰之一。約淩晨一時至三時。⑮日入前五刻 即日落前一個多小時。⑯一更二點 古代夜間以更點計時，一夜五更，一更又有五點。每次擊鐘鼓以更、點報時。一更二點為初夜時分。⑰五更一點 天將黎明之時。⑱申 十二時辰之一。約下午十五時至十七時。⑲子 十二時辰之一。約半夜二十三時至一時之間。⑳卯 十二時辰之一。約早晨五時至七時。㉑閤 亦寫成「閣」。原指側門。顏師古注《漢書·公孫弘傳》「開東閤以延賢人」句：「閤者，小門也，東向開之，避當庭門以而引賓客，以別於掾史官屬也。」此處指通向帝王之門。在唐代，凡皇帝御便殿，近臣可由閤門入，因稱「入閤」。一般指太極門兩廡之東西上閤門。若皇帝在兩儀殿或大明宮，則朱明門或宣政殿之兩側亦各有東西上閤門。㉒殿門及城閉若有敕夜開 句中「城閉」當是「城門」之訛。《資治通鑑》天寶五載胡三省注「楊貴妃方有寵」句引《唐六典》原文，作「殿門及城門，若有敕夜開」。又《通鑑》所載：「及夜，力士伏奏，請迎貴妃歸院，遂開禁門而入。」夜間若有敕，亦得以開宮城禁門之一例。㉓牙內諸門 指官署諸門。牙，即官署。《資治通鑑》唐中宗神龍元年：「北門南牙，同心協力。」胡三省注：「南牙謂宰相，北門謂羽林諸將。」㉔監直監門將軍郎將各一人 句首「監直」據南宋本當為「見直」，意謂當天當值者。唐宮庭諸衛設有左、右監門衛，各置將軍二人，中郎將四人掌諸門禁衛門籍之法。此處指當值的監門將軍及郎將各一人。㉕合符門鑰 指符文上指定要開啟之門的鑰匙。

【語譯】城門郎掌管京城、皇城和宮殿各道門戶開啟、閉闔的規章制度，並保管好門戶的鑰匙按時出給和收藏。包括明德門等京城的各道城門，朱雀門等皇城的各道城門，承天門等宮城的各道城門，嘉德門等宮門，太極門等殿門，以及通大內的各座東西上閤門。東都洛陽的各類門戶亦與西京的規定一樣。凡是開門，一律是先外而後內；關門，則是先內而後外。這樣做的目的是注重禁內，尊崇皇上所居住之內宮。開啟或是關閉，要根據早晨和黃昏兩次報時的鼓聲來進行。承天門早晨擊鼓，在聽到擊鼓後一刻鐘，鼓聲停止了，皇城門就開啟；第一陣「鼕鼕」聲停止，宮城門以及左、右延明門和乾化門一齊開啟；第二陣「鼕鼕」聲停止，宮殿門打開。晚上第一陣「鼕鼕」聲停息，宮殿門關閉；第二陣「鼕鼕」聲停息，宮城門關閉，左、右延明門以及皇城門亦同時關閉。京城外廓各座城門啟閉的時間，與皇城門啟閉的時間相同。承天門擊鼓要根據秘書省太史局漏壺報時的符契到達才開始擊鼓，等到漏刻停止擊鼓的符牌送來鼓聲才停下來。關閉宮城、皇城的管鑰一般都是在酉時前取出，戌（戍）時後收入；啟門的管鑰，則在丑時後取出，天亮夜盡時收入。宮城、皇城的鑰匙，每天日落以前五刻鐘，取出準備關門用，晚上一更二點便應將鑰匙收好；早晨五更一點，取出鑰匙開門，夜盡天亮，第二陣「鼕鼕」鼓聲停止後二刻鐘收好歸入。京城關閉城門的鑰匙，在申時之後，便要取出，在子時之前要收好歸入；開門的鑰匙，則在子時以後取出，卯時以前收入歸好。京城城門的鑰匙在東廊下貯納和保管，每天日落前十四刻取出閉門，晚上二更二點收入歸好；天亮前四更二點時，取出開門，夜盡天亮，第二陣「鼕鼕」鼓聲後十刻收入歸好。如果不是在規定的時刻，有敕命要開啟或關閉京城各座城門時，那就必須進閤門覆奏，遵照旨意，查驗符文，符合一致，方可開啟或關閉。殿門及城門，如果有敕令在晚上開啟時，受敕的人要先具文寫明要求開啟的門戶名稱，然後宣送中書門下。如果要開始的是皇城內衙署各門，由城門郎與監（見）值的監門將軍和中郎將各一人，一起到閤門覆奏，經皇帝御批一個「聽」字，亦就是獲得了許可，再請求門鑰的符文核對符文無誤，然後才開啟該門。凡是御駕巡幸所抵達的地方，要估計好應該啟閉哪幾道門戶預先申報這些鑰匙，這樣皇上一抵達，立即就可開啟或者關閉相關的門戶。這些都與京城的規定相同。

符寶郎

【篇　旨】本篇敘述符寶郎設置的定員、沿革及其職掌。符寶郎的主要職責便是為皇帝掌管八寶和符節。所謂寶，即璽，亦就是印章。皇帝的詔命敕書都要用璽，既為了防偽，亦用以顯示莊嚴和權威。皇帝的寶璽有二類，一類是應用於實際政務的，共有六璽，包括冠以皇帝稱謂的行寶、之寶、信寶及冠以天子稱謂的行寶、之寶、信寶，在境內外分別有其相應的適用範圍，本篇中作了具體規定。另一類是神寶和受命寶，它們不僅是皇帝至上權力的象徵，在古人心目中，還被視為受有天命，因而亦即是該王朝具有正統地位的標誌。除了難得封禪泰山和梁父山作為玉檢封函的封印外，一般並不實際使用，只在朝會時，供設於皇帝御座之旁，由百官頂禮膜拜。篇中原注對受命璽自秦始皇刻製以來歷經千年的傳授史，作了詳盡的引錄和敘述，目的無非用以說明寶璽承傳有據，李唐王朝確係受命於天。把一顆印章抬舉到如此崇高地位，是皇權對民眾敬畏天命和崇拜異物的心理的一種利用，借助神秘的超物質力量，使之轉化為對人間的現實的統治。實際上，所謂受命璽帶給民眾，亦包括歷代帝王的，並非像它上面刻文所說的那樣「受命于天，既壽永昌」具有吉祥意義，而是接連不斷的災難。對此，我們在有關章節末尾，據引若干史實，約略作了說明，供讀者諸君參閱。

本篇後半部份記敘的符節，是權威或身份的憑證，同時亦是璽印以外追加的一種防偽措施。由於璽書亦能作偽，因而又規定凡重大事務，璽書須與符聯合使用，方為有效。符在秦以前就有，如著名的信陵君竊符救趙故事，便說明在當時只有竊到虎符才能調動魏將晉鄙麾下的軍隊。符在漢代主要是銅虎符和竹使符，唐代則有魚符、傳符、木契等，驛站便成了傳送璽書與魚符的載體。旌節是皇帝授予使者權力的象徵，作戰時，亦有用以指揮軍隊的進止，在某種意義上說，它也是現代軍旗的前身。唐代節度使受命之日即授以旌節，以專制軍事：旌以專賞，節以專殺。

一

符寶郎四人，從六品上。《周禮》地官❶有掌節❷，春官又有典瑞❸，並其任也。自漢以來，唯旌節❹稱節，餘皆號符❺焉。寶❻，即璽也。秦為符璽令，《史記》❼云：「始皇❽出遊會稽❾，丞相李斯❿、中車府令趙高⓫從，高兼行符璽令事。」是也。漢因秦，置符節令⓬、丞，屬少府。《漢官》⓭云：「秩四百石。」《漢書》⓮云：「昭帝⓯幼沖，霍光⓰秉政。殿中夜驚，光召符璽郎取璽，郎不與，光奪之，郎按劍曰：『臣頭可得，璽不可得。』光壯之，增秩二等。」後漢則別為一臺⓱，亦屬少府，置符節令一人為臺率，主符節事，凡遣使掌授節，令尚符璽郎中四人⓲。兩漢皆傳秦六璽及傳國璽⓳。魏符節令位次御史中丞⓴。晉武帝㉑太始元年㉒，省并蘭臺，置符節御史㉓。宋因之。齊置主璽令史於蘭臺，以侍書御史領之㉔。梁、陳御史臺領符節令史。後魏御史臺置符節令，領符璽郎中。初㉕，從第四品中；太和末㉖，從第六品上。北齊御史臺並置符節署令一人，領符璽郎中四人。後周天官府㉗置主璽下士四人，分掌神璽、傳國璽與六璽㉘之藏。隋初，門下省統六局㉙，符璽局置監二人，正第六品上㉚；直長四人，從第七品上。煬帝二年㉛改為郎，從第六品。皇朝因隋，置符璽郎四人。天后㉜更名符寶郎，授命㉝及神璽等八璽，文並瑑為「寶」

字㉞。神龍㉟初，復為符璽郎。開元㊱初，又為符寶郎，從璽文也。

主寶六人。寶即璽也。《周書》㊲曰：「湯放桀㊳，大會諸侯，取天子之璽置天子之座。」璽書古者印、璽二名尊卑共之，諸侯、大夫印亦稱璽。《春秋左傳》㊴曰：「季武子使季冶問㊵，璽書追而與之。」是也。主寶掌之，分番上下，亦謂之番官㊶。

主符三十人。漢文帝㊷時，與郡守為竹使符第一至第五㊸，以代周之鎮圭㊹；納兵為銅獸符㊺第一至第五，以代周之牙璋㊻。各分半，右留京師，左以與之，皆符合為信。六國時，魏公子無忌㊼竊兵符，矯命殺晉鄙㊽，則六國亦有之。後漢太守、都尉初除，與璽書，及發兵亦與璽書，或與詔書，姦偽刻造，無由檢知。至順帝，以此制煩擾，但召符節令發銅獸、竹使符耳㊾。歷魏、晉、宋、梁、陳皆用之。後魏有傳符㊿，歷北齊、隋皆用之。武德初為銀菟符，後改為魚符(51)，又有傳符，主符掌之。分番上下，亦謂之番官。

主節十八人。主節掌守幡節(52)。並分番上下，亦謂之番官。

【章　旨】敘述符寶郎之定員、品秩及其沿革。

【注　釋】❶周禮地官　《周禮》，儒家經典之一。係戰國年間儒生搜集周王室官制和戰國時各國官制，增刪排比並附會以儒家政治理想彙編而成的典籍。地官為其篇名，亦為官名，設大司徒，掌管土地和人民。❷掌節　官名。《周禮》地官之屬。其職掌是保管天子使用的各種符節，辨別其用途及有效日期，到期則必須歸還注銷。凡是有政令或使節通達之地，必定有節，並附有傳。❸春官又有典瑞　春官，《周禮》所記六官之一。長官為宗伯，掌典禮，其屬官有六十。典瑞，春官宗伯之屬官，掌王、公、侯、伯、子、男所執玉和玉瑞及各種禮神玉器，辨明其名號、等級及用途。❹旌節　漢代使者所持之節。作為憑信，用以發兵和指揮軍隊。《後漢書・光武本紀》李賢注引《漢官儀》云：「節，所以為信也。以竹為之，柄長八尺，以旄牛尾為其毦三重。」漢初節的毛飾物為紅色，漢武帝末年改為黃色。節是皇帝授予使者的信物，由對節的信賴使持節者成為同樣可以信賴。漢代持節的多為皇帝左右的大夫、中郎將或謁者。武帝天漢時，蘇武以中郎將出使匈奴，所持即為旌節。後為匈奴所羈，史稱其「杖漢節牧羊，臥起操持，節旄盡落」（《漢書・蘇武傳》）。❺符　古代傳達皇帝命令或徵調軍隊所使用的信物。雙方各執其半，合以為驗。歷代所製材質不一，有金、玉、銅、竹、木等。如戰國時信陵君竊符救趙，其符即為銅製虎符。漢代常用的除了銅虎符以外，還有竹使符。如《後漢書・禮儀志下》：「〔皇帝崩駕〕是日夜，下竹使符，告郡國二千石、諸侯王。竹使符到，皆伏哭盡哀。」竹使符之形有二說，一說為竹箭形，長五寸，刻有篆書，各分一半：右符留京師，左符與郡守。一說為以一根竹管剖為五枚，共一組，這五枚又一分為二，右半置於中央，左半與郡國守相，竹節相合即成為證物。❻寶　指皇帝使用的印信，即玉璽，亦稱璽。❼史記　即《太史公書》。漢司馬遷撰，一百三十篇，為我國第一部紀傳體通史。❽始皇　即嬴政。戰國時秦國國君，即位時僅十三歲。始皇二十六年（西元前二二一年）滅六國而建立統一的秦王朝。在位三十七年，終年五十歲。❾會稽　今浙江紹興。❿李斯　楚上蔡（今河南上蔡西南）人。初為郡小吏，後從荀卿學，戰國末入秦，先為呂不韋舍人，後為秦始皇客卿，官至丞相。終為趙高所忌殺。⓫中車府令趙高　趙高，秦宦官。本趙國人，進入秦宮，管事二十餘年，及秦始皇崩於沙丘，矯詔賜扶蘇死而立二世，事無大小皆決之。中車府令，秦太僕屬官，掌乘輿路車，由宦官任職故稱中車府令。⓬符節令　官名。秦有符璽令，掌管皇帝璽印。漢因而改為此名，兼保管銅虎符、竹使符，遣使則掌授節。有丞，又領尚符璽郎，東漢秩六百石，位次御史中丞，其官署亦稱臺，領符璽，郎中四員，並有符璽令史。⓭漢官　書名。作者及成書年代不詳。《隋書・經籍志》曰五卷，《通志略》稱今存一卷，其他公私目錄皆未著錄。漢末應劭曾為之作注。其佚文僅見《續漢百官志》注和《郡國志》注，內容側重於公卿員吏之人數和品秩，並附記諸郡治所距京師洛陽之里程。⓮漢書　東漢班固撰，一百篇，分一百二十卷，我國第一部紀傳體斷代史。其中八表和天文志未成而由其妹班昭和馬續續成。⓯昭帝　西漢皇帝劉弗陵，漢武帝之子。九歲即位，由霍光、桑弘羊輔政。在位十三年，終年二十二歲。⓰霍光　字子孟，河東平陽（今山西臨汾西南）人，驃騎將軍霍去病之異母弟。霍去病去世後，光為奉車都尉、光祿大夫，出入禁闥二十餘年。昭帝年幼即位，光與金日磾、上官桀、桑弘羊等同受遺詔輔政，任大司馬大將軍，實際執政二十餘年，使西漢在武帝去世後仍保持一個比較平穩的時期。⓱別為一臺　東漢置符節臺，主符節之事，掌璽及虎符、竹使符之在內之半者。

⑱令尚符璽郎中四人　句首「令」字，據《職官分紀》卷六引《唐六典》原文當作「領」。《後漢書．百官志三》：「尚符璽郎中四人。本注曰：『舊二人在中，主璽及虎符、竹符之半者。』」⑲秦六璽及傳國璽　秦始皇始制璽以玉不通臣下，用制乘輿六璽，即：皇帝行璽，皇帝之璽，皇帝信璽；天子行璽，天子信璽，天子之璽。傳國璽，秦始皇得藍田白玉為璽，螭虎鈕，文曰：「受命于天，既壽永昌。」漢高祖劉邦入關中，得秦始皇白玉璽佩之，稱之為傳國璽。⑳御史中丞　西漢始置，為御史大夫副貳，秩千石。居宮中蘭臺，為宮掖近臣。其主要職掌為監察、執法；掌管蘭臺所藏圖籍秘書、文書檔案；外督諸州及郡國行政，內領侍御史十五員，監察殿庭、典禮威儀以及關通中外朝等事。㉑晉武帝　西晉皇帝司馬炎。在位二十五年，終年五十五歲。㉒太始元年　西元二六五年。太始即泰始，係晉武帝年號。㉓省并蘭臺置符節御史　省并，即「省併」。蘭臺，漢代宮內藏圖書之處，以御史中丞掌之。漢時班固為蘭臺令史，受詔撰史。曹魏蘭臺亦藏書，由御史掌。晉武帝省併蘭臺，而置符節御史事，《晉書．職官志》繫於泰始九年（西元二七三年），非此處所記泰始元年。㉔以侍書御史領之　據《南齊書．百官志》南朝齊設治書侍御史二人，無「侍書御史」之職；《通典．職官三．宰相》此句為「以持書侍御史領之」，當從。持書原作「治書」，唐代因避高宗李治名諱改。治書侍御史，或說西漢宣帝時令侍御史二人治書（管理圖籍文書）遂有其名。職掌依據法律審理疑獄，與符節郎共平廷尉奏事。歷代沿置。隋以治書侍御史為御史臺次官，員二人，從五品，實際主持臺務。唐高宗時因避諱，改置御史中丞。㉕初　指北魏孝文帝太和十七年（西元四九三年）。是年頒佈的〈官品令〉，符璽郎中列在從第四品中。㉖太和末　指太和二十三年，西元四九九年。㉗天官府　北周仿《周禮》天、地、春、夏、秋、冬六官設府，其中天官府為六府之首，以大冢宰卿為長官。㉘神璽傳國璽與六璽　據《通志略》，北周皇帝有八璽：神璽，明受之於天；傳國璽，明受之於運，二者皆寶而不用。皇帝負扆，則置神璽於筵前之右，置傳國璽於筵前之左。其餘六璽依舊制。㉙門下省統六局　隋門下省所統六局為城門、尚食、尚藥、符璽、御府、殿內六局。其中符璽局置監二人，直長四人。㉚正第六品上　《隋書．百官志下》列符璽監於正第六品下。㉛煬帝二年　據南宋本當為「煬帝三年」，即大業三年，西元六〇七年。㉜天后　即武則天。唐高宗后，武周皇帝。在位二十年，終年八十一歲。㉝授命　據南宋本應為「受命」。指印文為「受命于天」等字樣之傳國璽，因亦稱受命寶。㉞並瑑為寶字　意謂在八枚玉璽都雕刻上篆文「寶」字。瑑，玉器上隆起的雕紋。此處用如動詞：瑑刻。㉟神龍　唐中宗李顯年號。㊱開元　唐玄宗李隆基年號。㊲周書　即《逸周書》。連敘共七十一篇，多數為戰國時擬周代誥誓辭命之作。書中文字多有脫誤，今存晉代孔晁注本。㊳湯放桀　指商湯放逐夏桀。湯是商朝的建立者，又稱成湯、成唐，甲骨文稱唐、大乙，又稱高祖乙。建都于亳（有三處，其一為今河南偃師縣西）。桀為夏朝最後一個君王，兵

敗以後，為商湯放逐而死。㊴春秋左傳　編年體史書。相傳為春秋左丘明所著，起於魯隱公元年（西元前七二二年）終于魯悼公四年（西元前四六四年），比《春秋》經文多十七年。文字簡潔，記事翔實。㊵季武子使季治問　此事《左傳》繫於魯襄公二十九年（西元前五四四年）。季武子為魯襄公時執政大夫。是年正月，襄公因事離魯赴楚，季武子利用這一機會武力佔領了卞地。四月，襄公自楚還魯，抵達方城時，季武子派公治（因係季氏家臣亦稱季治）為使者前往迎候，中途又匆匆發璽書追上公治向襄公報告：「聞守卞者將叛，臣帥徒以討之，既得之矣，敢告。」這種欲蓋彌彰的做法，使襄公更加反感：「欲之而言叛，祇見疏也。」本書此處引《左傳》這段文字，只是為了說明在古代不僅天子印章稱璽，諸侯、大夫之印章亦可稱璽。㊶番官　指分番上下輪值之官吏。㊷漢文帝　西漢皇帝劉恆，初封為代王。呂后死後，周勃、陳平等迎以為皇帝。在位二十三年，終年四十六歲。㊸與郡守為竹使符第一至第五　漢代的竹使符，是用一根按規定長度截取竹節管，一剖為五枚，有編號順序，每枚又一剖為二，右半留在朝廷，左半授與郡國守相。朝廷派遣使節去地方，或地方有使臣赴京師，皆以竹使符為信物，唯其使用的次序則相反：朝廷是從第一至第五，地方為自第五至第一。目的是以防假冒詐偽。這樣的竹使符及其使用方法，在當時條件下無法偽冒。㊹鎮圭　古代王者鎮國之寶，可用以徵召諸侯。圭，長條形玉器。《周禮．春官宗伯》稱：「『珍圭以徵守，以恤凶荒。』注云：「杜子春云：『珍當為鎮，書亦或為鎮。以徵守國諸侯，若今徵郡守，以竹使符也。鎮者，國之鎮，諸侯亦一國之鎮，故以鎮圭召之也。凶荒，則民有遠志，不安其土，故以鎮圭鎮安之。』鄭玄謂珍圭王使之瑞節，制大小當與琬琰相依，王使人徵諸侯，憂凶荒之國，則授之執以往，致王命焉。』」㊺納兵為銅獸符　句首「納」，南宋本作「徵」。銅獸符，即銅虎符。唐代為避高祖李淵祖父李虎之名諱，故以「獸」代「虎」。《漢書．文帝紀》二年（西元前一七八年）九月：「『初與郡守銅虎符，竹使符。』應劭注曰：『銅虎符第一至第五，國家當發兵遣使者，至郡合符，符合乃聽受之。』」㊻牙璋　古代用以徵發軍隊的信物。《周禮．春官宗伯》稱：「『牙璋以起軍旅，以治兵守。』注云：『鄭司農云：牙璋瑑以為牙，牙齒兵象，故以牙璋發兵，若今時以銅虎符發兵。』」《夢溪筆談》則云：「先儒謂（牙璋）有鉏牙之飾於剡側，不然也。牙璋，判合之器也。當於合處為牙，如今之合契。牙璋，牡契也，以起軍旅，則其牝宜在軍中，即虎符之法。」據謂其長七寸。㊼魏公子無忌　即信陵君。戰國時魏國貴族，魏安釐王之弟，門下有食客三千。安釐王二十年（西元前二五七年）秦圍趙，無忌以計竊得兵符，矯詔擊殺將軍晉鄙，奪取兵權，為趙解邯鄲之圍。後十年，為上將軍，聯合五國之兵逐秦軍至函谷關，威震天下。後魏王中秦間計而疏無忌，無忌謝病不朝，日夜宴樂，竟病酒而卒。㊽晉鄙　魏國將軍。魏安釐王二十年（西元前二五七年），秦軍圍邯鄲，求救于魏，魏使將軍晉鄙將十萬軍救趙。秦王使使者告魏王曰：「吾攻趙旦暮且下，而諸侯敢救者，已拔趙，必移兵先擊之。」魏王恐，使人止晉鄙，留軍壁鄴，名為救趙，實持兩端以觀望。魏公子無忌竊得虎符，至鄴，矯魏王令代晉鄙。晉鄙合符，疑之，舉手視公子曰：「今吾擁十萬之眾，屯於境上，國之重任，今單車來代之，何如哉？」欲無聽。隨魏公子之力士朱亥袖十四斤鐵椎，椎殺晉鄙，公子遂將晉鄙軍。㊾自「至順帝」至「竹使符耳」　順帝，東漢皇帝劉保。在位十八年，終年三十歲。此數句言東漢恢復行銅虎符、竹使符制始於順帝，與史載不符。據《後漢書．杜詩傳》應是東漢初光武年間：「初禁錮尚簡，但以璽書發兵，未有虎符之信。詩上疏曰：『臣聞，兵者國之凶器，聖人所慎。舊制，發兵皆以虎符，其餘徵調竹使而已。符策合會，取為大信，所以明著國命，斂持威重也。間者發兵但用璽書，或以詔令。如有奸人詐偽，無由知覺。愚以為，軍旅尚興，賊虜未殄，徵兵郡國，宜有重慎。可立虎符，以絕奸端。』」據載，「書奏，從之」，此議是實行了的。杜詩卒於光武建武十四年（西元三八年），其奏文當在此前。東漢初建，事出倉卒，體制當有不完備處，杜詩的奏議亦僅為恢復西漢舊制而已。㊿傳符　用以給郵驛，通制命。51武德初為銀菟符後改為魚符　武德，唐高祖李淵年號。據《舊唐書．高祖本紀》：唐正式建制前的隋恭帝義寧二年（西元六一八年）四月，停竹使符，頒銀菟符諸郡。武德元年（西元六一八年）九月，改銀菟符為銅魚符。武則天時一度改為龜符，中宗初年又恢復為魚符。魚符亦分左右兩半，字皆刻於符陰，上端有一「同」字，側刻「合同」二半字。狀似魚，首有孔，可繫佩。除發兵用的兵符外，五品以上官都有隨身佩戴的符，分金、銀、銅等質。此外還有過宮殿門、城門使用的通行符。52幡節　即旌節。旌專賞，節以專殺。

【語　譯】符寶郎，定員四人，品秩為從六品上。《周禮》所記的地官屬官中有掌節，春官屬官中又有典瑞，他們都是符寶郎的職任。從漢代以來，只有旌節稱節，其他都稱為符；寶，就是指璽。秦朝設有符璽令，《史記》說：「秦始皇帝巡遊會稽，丞相李斯、中車府令趙高為隨從，趙高兼任符璽令的事」，就是秦代設有符璽令的證明。漢朝因承秦的官制，設置了符節令、丞，附屬在少府的轄下。《漢官》記載：「符節令的品秩是四百石。」《漢書》說：「昭帝在位時年幼，由霍光執政。有一次宮殿中半夜發生意外驚事，霍光召來符璽郎向他要玉璽，符璽郎拒絕不給，霍光想要強行奪取，符璽郎按劍說道：『你可以把我頭拿去，但玉璽休想得到！』」事後霍光稱讚他做得對，給他增加俸秩二等。」東漢時，另外建立符節臺，亦歸少府統轄。設置符節令一人作為臺的長官，主持有關符節的各項事務。凡是要派遣使節，都由符節令授給旌節。符節令的下屬有尚符璽郎中四人。兩漢都承繼秦代用六璽和傳國璽的制度。曹魏亦有符節令，它的地位僅次於御史中丞。晉武帝太始元年，省掉了蘭臺，設置符節御史來負責相關事務。南朝宋沿襲晉的這一官制。南齊則是在蘭臺設立主璽令史，由侍書（持書）〔侍〕御史管轄。梁和陳都是在御史臺設置符節令史。北魏在御史臺設置符節令，統領符璽郎中。太和初制，品秩為從第四品中；太和末，改為從第六品上。北齊由御史臺統領符節署，設符節令一人，統領符璽郎中四人。北周在天官府設置主璽下士四人，分別負責神璽、傳國璽以及六璽的保藏。隋朝初年，門下省下統管六局，符璽局便是其中一局，設置監二人，品秩為正第六品上；直長四人，品秩為從第七品上。煬帝二（三）年時，改稱監為郎，品秩為從第六品。本朝因承隋的制度，設置符璽郎四人。武則天時改名為符寶郎，把授（受）命璽、神璽等八顆玉璽，全都瑑刻上「寶」字。中宗神龍初又恢復稱符璽郎；玄宗開元初年再改名為符寶郎，這是為了隨從玉璽上的那個「寶」字。

主寶六人。寶就是指璽。《周書》上說：「商湯放逐了夏桀，大會各地的諸侯，把天子用的寶璽，放置在天子的座位上。」在古代，印、璽這兩個名稱，無論尊卑都可以使用，沒有嚴格的限制。不僅天子，諸侯、大夫的印章亦可以稱璽。譬如《春秋左傳》有這樣一段記載：「季武子派遣季冶前往魯襄公處問候，中途又發了一封璽書派人追上季冶讓他帶上……」這就是大夫的印章亦可以稱為璽的例子。寶璽由主寶具體掌管。他們分番上下輪值守護，所以亦可以稱為番官。

主符三十人。漢文帝時，在朝廷與郡太守的往來，使用竹使符，從第一號到第五號，用它們代替了周朝用過的鎮圭；關於徵調軍隊，則使用銅獸符，亦有從第一號到第五號共五枚，用它們代替了周朝用過的牙璋。竹使符與銅獸符都是一剖為二，各取一半，右半枚留在京師，左半枚給予郡守，都要以兩半相符作為憑信。戰國時期的中原六國，魏國的公子無忌曾經竊取了兵符，假借君命，椎殺了統兵的將軍晉鄙，率領軍隊解了邯鄲的圍，可見那時六國都已使用兵符了。東漢時，初次除拜郡的太守和都尉，都是給與璽書的；至於發兵，一般給與璽書，但亦有用詔書的，這樣容易被人刻意偽造，而且又無從檢驗得出。到順帝時，由此引發的糾紛很多，這才下令符節令給州郡地方發銅獸符、竹使符了。這個辦法，從魏、晉到南朝的宋、齊、梁、陳，歷朝都採用。北朝的北魏則稱為傳符。經過北齊以及隋朝，亦都使用這個辦法。本朝武德初年，一度改為銀菟符，不久又改為魚符。此外還有傳符。都是由主符具體掌管。主符亦是分番上下，稱為番官。

主節十八人。主節的職掌是分管授給使臣的幡節。都是分番上下，亦被稱為番官。

【說明】符寶郎的歸屬，自秦漢以來，有過兩次變化。秦漢時屬少府，魏晉後改屬御史臺，設於蘭臺，由治書侍御史領之。南北朝沿魏晉舊制。從隋朝起，始屬門下省，為其統轄六局之一。唐承隋制，將符寶郎歸屬於門下省，從而強化了門下省的職能。唐初，著名史家李延壽曾任此職。門下省的主要職掌是「出納帝命」，即皇帝的詔書由其轉下，臣下的章奏由其上達，門下省處於封建皇朝咽喉的要害部位。而詔命是以璽書的形式下達的，因而最後一道工序就必須通過符寶郎。不經過符寶郎用璽，詔書就不能完成其法定的手續；沒有符寶郎管轄的銅魚符和傳符，詔書與命令也無法下達。故符寶郎是整個門下省機構運轉不可或缺的一個重要環節。

關於唐代符寶郎如何用寶的細節，未見有具體記載。明代有尚寶司，即唐代符寶郎的職司；《西垣筆記》記明代用璽之法說：「明置各寶，皆內尚寶監女官掌之。遇用寶，則尚寶司以揭貼赴尚寶監，尚寶監請旨，然後赴內司領取。」又規定每年三月二十九、九月二十九日為用寶之期。先期，請出洗滌，尚寶太監用大黃絨絛，兩手恭捧掛於項，尚寶卿以金盤盛水濯之，次日乃用。未知朱明之制可否用來比擬於李唐？

二

符寶郎掌天子之八寶及國之符節，辨其所用，有事則請於內，既事則奉而藏之。

八寶：一曰神寶❶，所以承百王鎮萬國；二曰授命寶，所以修封禪❷，禮神祇；徐令言《玉璽記》❸曰：「玉璽者，傳國璽也，秦始皇❹取藍田❺玉刻而為之。其書李斯❻所製，回文❼曰：『受命于天，既壽永昌。』璽上隱起為盤龍文，文曰：『受天之命，皇帝壽昌。』方四寸，紐五龍盤[8]。秦滅傳漢[9]，歷王莽[10]，為元后[11]投之于地，遂一角缺。莽滅，校尉公賓就收璽綬[12]，詣更始[13]於宛[14]，更始敗，以璽上劉盆子[15]。盆子降，面縛上璽綬光武[16]。光武祠於高廟[17]，受傳國璽。至靈帝[18]崩，少帝[19]失位，掌璽者投于井中，為孫堅[20]所得，袁術[21]拘其妻而奪之。術死，荊州刺史徐繆得璽，還許上之[22]。漢滅傳魏，至晉懷帝[23]，璽沒于劉聰[24]。聰死，劉曜[25]得之，又傳於石勒[26]、石季龍[27]、冉閔[28]。石季龍摩其隱起之文，又刻其傍為文，曰：『天命石氏。』後冉閔敗，其將蔣韓求救於晉，遂以璽送建業[29]，永和八年[30]也。歷東晉、宋、齊、梁，侯景[31]竊位，為景所得。景敗，為將侯子監盜璽走江東[32]，懼追兵至，投諸佛寺，為棲霞寺[33]僧永得之。陳永定三年[34]，僧永死，弟子普智奉獻。陳亡，璽傳於隋。」又，《晉陽秋》[35]云：「晉孝武十九年[36]，雍州刺史郗恢[37]於慕容永[38]處得璽，乃送建業。其璽方六寸，厚一寸七分[39]，高四寸六分，蟠龍隱起，文字巧妙，一與傳國璽同，但形制高入[40]，玉色不逮耳。自晉至梁，相傳謂之鎮璽。及侯景敗，侍中趙思齊挾以度江[41]，兗州刺史郭元建[42]得之，以送于齊文宣帝[43]。齊亡入周，周傳于隋。隋文帝[44]初亦謂之為傳國璽，開皇二年[45]改為授命璽。至開皇九年[46]平江南，得真傳國璽，乃改前所得大者名神璽[47]，至大業[48]初，著之于《令》。隋末，又沒于宇文化及[49]、竇建德[50]。武德四年[51]，克平東夏[52]，建德右僕射裴矩[53]奉傳國璽、六璽以獻。

【章 旨】由符寶郎之職掌而連帶記述天子八璽中傳國璽和神璽的承傳歷史。

【注 釋】❶神寶 八寶之一。始於北周，稱神璽，明受之于天，寶而不用。隋唐皆因之，武則天時改璽為寶，故稱神寶。《新唐書・車服志》：「神璽以鎮中國，藏而不用。」❷授命寶所以修封禪 授命寶，據南宋本應為「受命璽」。下文「授命璽」亦同。修封禪，指以傳國璽即受命璽，在封禪時用以封石函。如太宗時，房玄齡、魏徵、楊師道等奏議的封禪儀注中，便規定在泰山上封存玉牒表函，都要「纏以金繩，封以金泥，印以受命之璽」(《新唐書・禮樂志四》)。❸徐令言玉璽記 《新唐書・藝文志》儀注類著錄有徐令言《玉璽正錄》一卷。《玉璽記》當即是《玉璽正錄》。《舊唐書・經籍志》亦有錄，唯作者為「徐令信」。徐令信即是徐令言，應是隋唐間人，其生平不詳。此類書籍見於著錄的尚有姚察《傳國璽》十卷，僧約貞《玉璽譜》一卷。❹秦始皇 秦王朝建立者嬴政。在位三十七年，終年五十歲。❺藍田 即今陝西省藍田縣。❻李斯 楚上蔡(今河南上蔡西南)人，官至丞相，後為趙高所忌殺。❼回文 《職官分紀》卷六符寶郎條引《唐六典》原文作「面文」；南宋本亦同。❽紐五龍盤 指玉璽上便於提攜的襻紐，形狀如有五龍盤踞。❾秦滅傳漢 指玉璽由秦入漢。《漢書・元后傳》：「初，漢高祖入咸陽至霸上，秦王子嬰降於軹道，奉上始皇璽。及高祖誅項籍即天子位，因服其璽，世世傳受，號曰漢傳國璽。」❿王莽 新王朝之建立者。字巨君，魏郡元城(今河北大名東)人，漢元帝王皇后姪。西漢末，以外戚掌握政權，初始元年(西元八年)稱帝，建國號新，年號始建國。在位十五年，終年六十八歲。⓫元后 姓王，名政君，十八歲入掖庭為家人子，宣帝時被選入太子宮，生子劉驁。元帝即位，劉驁立為太子，政君被立為皇后。元帝死，其子驁被立為帝，即漢成帝；其弟王鳳為大司馬大將軍。從此王氏以外戚執掌政權，王家前後有九侯、五大司馬，最後王莽稱帝，取代西漢王朝。時傳國璽藏長樂宮，及莽即位，請璽，元后不肯授莽；莽特使其弟王舜再次索要，元后「聞舜語切，恐莽欲脅之，乃出漢傳國璽，投之地以授舜，曰：『我老已死(知)，(如)而兄弟，今族滅也！』」(《漢書・元后傳》)⓬校尉公賓就收璽綬 校尉，秦漢為統兵武官，次於將軍而高於都尉，多為出征時臨時任命。常設之專職校尉則依其職務冠以名號，如司隸校尉、城門校尉等。公賓為其姓，就為其名。曾為皇帝治禮，故識璽綬。《漢書・王莽傳》載其事云：「商人杜吳殺莽，取其綬。校尉東海公賓就，故大行治禮，見吳問綬主所在，曰：『室中西北陬間。』就識，斬莽首。」⓭更始 即新莽末，綠林首領劉玄。字聖公，南陽(今河南南陽)人。劉玄於西元二十三年稱帝，建年號為更始，人稱之為更始帝。三年後降於赤眉軍，不久被絞死。⓮宛 古縣名。今河南南陽市。時更始建都於宛。⓯劉盆子 太山式(今山東泰安)人，城陽景王劉章之後。新莽末，因其為遠支皇族，被赤眉軍推為首領，並於西元二十五年稱帝，年號建世。赤眉兵敗，投降於光武帝劉秀，賜滎陽均輸官地，食稅終身。⑯面縛上璽綬光武 面縛，兩手反綁。《左傳．僖公六年》：「許男面縛銜璧。」杜預注：「縛手於後，唯見其面。」《史記．宋微子世家》：「肉袒面縛。」司馬貞《索隱》：「面縛者，縛手於背而面向前也。」劉盆子降於光武並面縛上璽綬事，見《後漢書．劉盆子傳》：時赤眉軍在崤谷遇伏，不得已「乃遣劉恭乞降，曰：『盆子將百萬眾降，陛下何以待之？』」〔光武〕帝曰：『待汝以不死耳。』樊崇乃將盆子及丞相徐宣以下三十餘人肉袒降。上所得傳國璽，更始七尺寶劍及玉璧各一。積兵甲宜陽城西，與熊耳山齊。帝令縣廚賜食，眾積困餧，十餘萬人，皆得飽飫。」光武，即東漢開國皇帝劉秀。南陽蔡陽（今湖北棗陽縣西）人，字文叔。在位三十二年，終年六十二歲。⑰高廟 即祭祀漢高祖劉邦之宗廟。⑱靈帝 東漢皇帝劉宏。十二歲即皇位，在位二十二年，終年三十三歲。⑲少帝 劉辯，漢靈帝之子。即位時年十七，不久便被廢為弘農王，後又為董卓所殺。⑳孫堅 字文臺，吳郡富春（今浙江富春）人。相傳為孫武之後。起兵討董卓，屬袁術部下，在襄陽為黃祖軍士所射殺，時年三十七。孫策、孫權皆其子。孫堅得傳國璽事，見於《三國志》之裴松之注引《吳書》：「堅入洛，掃除漢宗廟，祠以太牢。堅軍城南，甄官井上，旦有五色氣，舉軍驚怪，莫有敢汲。堅令人入井，探得漢傳國璽，文曰：『受命于天，既壽永昌』；方圓四寸，上紐交五龍，上一角缺。初黃門張讓作亂，劫天子出奔，左右分散，掌璽者投以井中。」㉑袁術 字公路，汝南汝陽（今河南商水縣境內）。東漢末，累遷河南尹虎賁中郎將。董卓議廢立，以為後將軍。後畏禍出奔，割據南陽。及聞孫堅得傳國璽，「遂拘堅妻奪之」（《後漢書．袁術傳》）。《三國志》裴松之注引《山陽公載記》：「袁術將僭號，聞堅得傳國璽，乃拘堅夫人而奪之。」㉒徐繆得璽還許上之 徐繆，據《三國志．魏志．武帝紀》注引《獻帝起居注》當為「徐璆」。徐璆，東漢廣陵（今江蘇揚州）人。少博學，辟公府，舉高第，遷荊州刺史。其得傳國璽事，據《先賢行狀》所記在徐璆為袁術所劫之後：「術僭號，欲授以上公之位，璆終不為屈。術死後，璆得術璽，致之漢朝，拜衛尉太常。」還許上之，意謂將所得之璽送歸許向漢獻帝獻上。許，指許縣，春秋許國，秦置縣。治所今河南許昌縣東。東漢建安元年（西元一九六年）曹操迎獻帝都此。㉓晉懷帝 司馬熾，字豐度，西晉皇帝，係晉武帝司馬炎第二十五子。即位後，東海王越專權，後越兵敗為石勒所殺，京師洛陽破，懷帝被俘送平陽（今山西臨汾）而為劉聰所殺。在位五年，終年三十。㉔劉聰 字玄明，一名載，匈奴人，十六國時期漢國國君。劉淵第四子，劉淵死，即殺其兄劉和，奪取帝位。在位九年而卒。㉕劉曜 字永明，十六國時期前趙國君，匈奴人。少孤，養於漢王劉淵，並仕於劉淵、劉聰父子，位至相國。會靳準殺聰子粲奪帝位，因率兵攻準進軍平陽（今山西臨汾西南）而自即帝位，盡滅靳氏。遷都長安，改漢為趙，史稱前趙。後兵敗于石勒，被俘殺。㉖石

勒　字世龍，初名匐，十六國時期後趙國君。羯族，上黨武鄉（今山西榆社北）人。少時曾被賣為奴，西晉末，與汲桑等聚眾起義，後投奔劉淵為大將。西元三一九年自稱趙王，建都襄國（今河北邢臺），年號建平，史稱後趙。曾佔有華北大部分疆域。在位十四年，終年六十。㉗石季龍　石勒從子。勇敢善戰，石勒曾仗以專征之任。石勒死，殺其子石弘而自立為帝，前後在位十五年。㉘冉閔　字永曾，小字棘奴，石季龍之養孫，本姓冉，魏郡內黃（今河南內黃以西）人。石勒破陳午獲其父冉瞻，時冉閔僅十二歲，石勒命石季龍養之，季龍撫之如孫。冉閔長大後能征善戰。石季龍死，石氏自相殘殺，冉閔起兵盡誅羯胡，死者二十餘萬，又盡滅石氏，自稱帝，改元永興，國號魏。後為鮮卑人慕容儁俘殺。㉙蔣韓求救於晉遂以璽送建業　蔣韓，據《職官分紀》卷六當為「蔣幹」。其求救於晉事，《晉書·石季龍載記》稱：其時冉閔被俘，鄴中饑，人相食，季龍時宮人被食略盡。冉智尚幼，蔣幹遣侍中繆嵩、詹事劉猗奉表歸順，乞師于晉。濮陽太守戴施責其傳國璽，並率壯士百餘入鄴相脅，聲言若出璽，則必遣軍糧厚相救餉，「幹以為然，乃出璽付之」。又，《後漢書·輿服志》注引《晉陽秋》則謂：「冉閔大將軍蔣幹以傳國璽付河南太守戴施，施獻之，百僚皆賀。璽光照洞徹，上蟠螭文隱起，書曰：『昊天之命，皇帝壽昌。』秦舊璽也。」建業　亦稱建康，今江蘇南京市。其時為東晉之都。㉚永和八年　西元三五二年。永和是晉穆帝司馬聃年號。㉛侯景　字萬景，魏之懷朔鎮（今內蒙固陽西南）人。原屬爾朱榮部下，高歡誅爾朱氏，侯景降高歡，為河南大行臺，擁兵十萬。高歡死，侯景為高澄所敗，又轉而降梁，不久又起兵反梁，陷臺城，建國號漢，旋為王僧辨所敗，退吳郡松江，由吳瀆遁入大海，至壺豆洲被殺。㉜侯子監盜璽走江東　據《梁書·侯景傳》侯景有部將侯子鑒，當即此侯子監。侯景兵敗，子鑒奔廣陵（今江蘇揚州），其下落不明。江東，指長江下游南岸地區。與《梁書·侯景傳》記載侯子鑒奔逸地點有異。㉝棲霞寺　中國佛教四大叢林之一。建於南齊，位於今南京市東北棲霞山上。寺後千佛巖上存有石刻。按：若依《梁書·侯景傳》侯子鑒所奔為廣陵即今江蘇揚州，則當非今南京之棲霞寺而應是揚州之棲靈寺。棲靈寺，建於南朝宋大明年間，原名大明寺，因寺內有棲靈塔，故亦名棲靈寺。㉞永定三年　西元五五九年。永定為南朝陳武帝陳霸先年號。㉟晉陽秋　書名。《舊唐書·經籍志》著錄有「《晉陽春秋》二十二卷，鄧粲撰」。錢大昕《廿二史考異》卷五十八云：「『春』字衍。」《新唐書·藝文志》著錄有「《晉陽秋》二十二卷」。㊱晉孝武十九年　晉孝武帝，即司馬曜。在位二十四年，有兩個年號：「寧康」，僅三年；「太元」，二十一年。故此當係太元十九年，即西元三九四年。㊲郄恢　字道胤，高平金鄉（今山東金鄉）人。東晉孝武帝時，以雍州刺史駐襄陽。時苻堅因淝水之敗，內部陷於分裂，鮮卑人慕容永據有長子（今河南長治市），慕容垂攻長子，「永窮蹙，遣其子弘求救於恢，並獻玉璽一紐，恢獻璽於臺」（《晉書·郄恢傳》）。恢所得之璽即此。㊳慕容永　原為慕容皝部屬，後為苻堅下屬，苻秦瓦解，成為割據長子（今河南長治市）之地方勢力，後為慕容垂所併滅。㊴厚一寸七分　《太平御覽》卷六百八十二璽條引《玉璽譜》作「厚七分」。㊵高入　近衛校本曰：「『入』當作『大』。」廣雅本亦作「大」，是。㊶趙思齊挾以度江　趙思齊，生平不詳。挾以度江，南宋本作「接以渡江」。江，指長江。㊷郭元建　人名。其生平不詳。㊸齊文宣帝　北齊皇帝高洋，高歡次子，字子進。在位十年，終年三十一歲，因酗酒發狂而亡。㊹隋文帝　隋朝皇帝楊堅。在位二十四年，終年六十四歲。㊺開皇二年　即西元五八二年。開皇為隋文帝楊堅年號。《隋書・高祖紀》：「開皇二年，五月甲子，改傳國璽曰受命璽。」㊻開皇九年　西元五八九年。㊼神璽　此名非始於隋，北周已有。《隋書・禮儀志六》北周「皇帝八璽有神璽，有傳國璽，皆寶而不用。」而《隋書・禮儀志七》則稱：隋「神璽寶而不用，受命璽封禪則用之」。㊽大業　隋煬帝年號。㊾宇文化及　代郡武川（今內蒙古武川）人，宇文述之子，鮮卑族。本姓破野頭，後因從其主，改姓宇文氏。其父宇文述過江參加平陳之役，因得楊廣寵信。煬帝即位，宇文化及因其父之故而得為右屯衛將軍，其弟宇文士及與司馬德戡發動兵變，推宇文化及為主，殺煬帝于江都，率軍北上，後為竇建德所滅。㊿竇建德　隋末河北農民軍首領，清河漳南（今河北故城東北）人。初歸高士達，能傾身接物，勢日張，大業十二年（西元六一六年）已擁眾十餘萬，次年稱夏王，建都樂壽（今河北獻縣），國號為夏。五鳳二年（西元六一九年）擊殺宇文化及，後因援救被圍在洛陽之王世充，而為李世民所敗，被俘殺於長安。(51)武德四年　即西元六二一年。武德為唐高祖李淵年號。(52)東夏　指竇建德所建之夏國，因其都樂壽在長安之東，故稱其東夏。(53)裴矩　字弘大，河東聞喜（今山西聞喜）人。隋文帝時直內史省，隋煬帝時從幸江都，後隨宇文化及北上，為竇建德所俘，曾助建德創定朝儀。及建德敗，「與偽將曹旦及建德之妻齎傳國八璽，舉山東之地來降」（《舊唐書・裴矩傳》）。

【語譯】符寶郎的職責是掌管皇帝的八寶以及國家的符和節，辨明它們各自的用途。遇到需要用寶璽時，就向內庭提出請示，使用完畢，便把寶璽捧到內庭收藏好。皇帝的八寶：一是神寶，用它上承百王，下鎮萬國。二是授（受）命寶，亦就是傳國璽，用它完善封泰山禪梁父的儀式，完成祭祀神祇的典禮。徐令言在《玉璽記》中說：「所謂玉璽，就是傳國璽。是秦始皇取藍田所產的美玉雕琢而成，璽上面的文字是李斯書寫的，正面的篆文是：『受命于天，既壽永昌。』璽上端隱現盤龍似的文字，文句是：『受天之命，皇帝壽昌。』璽印四寸見方，頂上的襻紐為五龍盤繞。秦朝滅亡後，玉璽傳到了漢，西漢末為王莽所得，曾被漢元后丟到地上過，因此缺了一隻角。王莽滅亡時，校尉公賓就收好璽綬，送到宛地獻給更始皇帝。更始失敗，把傳國璽獻給劉盆子。劉盆子投降光武帝時，自己反綁著雙手，把傳國璽進呈給光武帝。為此光武帝祭祀漢高祖宗廟，舉行了接受傳國璽的儀式。東漢到靈帝去世後，他的兒子少帝亦很快失去了帝位，這顆玉璽被掌璽的人投到了井中，後來為孫堅所獲得。袁術拘押了孫堅的妻子，把傳國璽奪到了手。袁術一死，荊州刺史徐繆（璆）得到了實璽，歸送到許縣，獻給了曹操。漢朝滅亡後，國璽傳到了魏，到晉懷帝時，被弄到了劉聰那裡，劉聰死後，又為劉曜所取得，接著又先後傳到石勒、石季龍、冉閔這些人手裡。石季龍模仿那些隱起的盤龍似的文字，又在旁邊刻了一行字，說是『天命石氏』。以後冉閔失敗，他的部將蔣韓（幹）向東晉去討救兵，不得已把傳國璽送到了建業，這是東晉穆帝永和八年的事。這以後傳國璽在江東經歷了宋、齊、梁這幾個朝代，到梁末侯景竊取帝位時，又為他所奪得。侯景失敗，他的部將侯子監盜得這顆實璽逃亡江東，由於懼怕追兵趕來，便把它放到了一座佛廟內，這樣傳國璽又為棲霞寺的僧永得到了。在南朝陳永定三年，僧永去世，他的弟子普智將傳國璽奉獻給了陳朝。陳朝滅亡時，這一實璽最後傳到了隋朝。」另外，據《晉陽秋》一書說：「晉孝武帝太元十九年，雍州刺史郄恢從慕容永那裡得到了一顆玉璽，於是就把它送了京都建業。玉璽方六寸，厚一寸七分，高四寸六分，蟠龍隱現，文字巧妙，一切都與傳國璽相同；只是形制比傳國璽高大，玉色不如傳國璽罷了。」從晉朝到梁朝，代代相傳，把這顆玉璽稱為鎮璽。到侯景兵敗時，侍中趙思齊懷藏著鎮璽渡過了長江，後來兗州刺史郭元建得了此印，送給北齊的文宣帝。北齊亡，鎮璽落到了北周，北周傳給了隋。隋文帝初年亦稱它為傳國璽，開皇二年改名為授（受）命璽；到開皇九年，平定江南滅掉了陳，得到了真正的傳國璽，於是就改前面所得那顆大的玉璽為神璽，到大業初年，還把這些稱謂的規定寫進了律令。隋朝末年，傳國璽和神璽又先後流落到了宇文化及和竇建德。本朝高祖武德四年，平定了竇建德所建立的東夏，竇建德的右僕射裴炬將傳國璽、神璽和六璽一起奉獻給了本朝。

【說　明】傳國璽與應用於日常政務的六璽不同，它是皇權的象徵，因而是所謂「實而不用」。歷代封建皇朝都十分重視傳國璽的授受，把它視為天命攸歸，因而是否擁有此璽便成了某個王朝是否符合正統地位的重要證明。本章原注，把自秦始皇刻製傳國玉璽以來直至隋唐的傳承歷史，敘述得曲折而詳盡，便可見其對此的重視。但如果我們仔細作些推敲，就會發現其中有些記載並不那麼可靠。如孫堅得傳國璽的事，陳壽的《三國志》沒有載錄，裴松之注引《吳書》

和《山陽公載記》在所加的案語中，就表示有所懷疑。荊州刺史徐璆得璽還許上一事，亦僅見於裴松之注引之《獻帝起居注》及《先賢行狀》，而為《三國志．魏武帝紀》本文所不載。然而歷代統治者對這些記載的態度，則是寧信其有，勿信其無，因為這對於證明其統治之天命所歸有利。在古人心目中，無論哪個王朝，如果沒有這顆玉石刻的印章，似乎就無法證明其統治之合理與合法。如晉元帝渡江東立國，歷經數帝，均無傳國璽在手，北方統治者由此而譏笑司馬氏王朝是「白板天子」，沒有做皇帝的資格。所以東晉穆宗時，雍州刺史郗恢要想方設法從慕容永那兒弄來那顆「傳國璽」，結果卻是假的！不過有總比沒有好，多少也是一種安慰吧。又，本章原注認為是開皇九年平陳得到真的傳國璽以後，才將那顆假的命名為神璽的，但據《隋書．禮儀志》的記載，八璽之制北周便已定型，除了六璽之外，尚有神璽與傳國璽，故隋應是承周而來。本書所以要把傳國璽的傳承關係說得如此有頭有尾，用意無非隱含著這樣一個主題：李唐之擁有天下乃天命所歸。實際上唐代的傳國璽是另行刻製的，此事《唐會要》卷五十六有錄：貞觀十六年（西元六四二年）：「太宗刻受命之玉璽，白玉為螭首，其文曰：『皇天景命，有德者昌。』」其名稱亦屢有改易，天寶十年（西元七五一年）一度稱為傳國寶，後又改名為承天寶。

傳國璽上所刻文字，本章原注記為由李斯書寫的小篆：「受命于天，既壽永昌」；又有隱起的盤龍文：「受天之命，皇帝壽昌」。他書亦有記，但僅錄其一，如《漢書》：「昊天之命，皇帝壽昌」；《晉書》：「受天之命，皇帝壽昌」。意思都是一樣的：獲得天命的皇帝和他的王朝，可以長壽、長盛。但歷史並沒有按照他們的意願行事。首創者秦始皇本人只活了四十九歲，他所建立的大秦帝國存在了不到十五年。洪邁在《容齋隨筆》卷八「人君壽考」一則中，作了一個耐人尋味的統計：自漢晉至五代，共一百三十六帝君，活到七十以上的只有五個：「漢武帝、吳大帝、唐高祖至七十一，玄宗七十八，梁武帝八十三，自餘至五六十者亦鮮」。那麼這幾個難得的長壽者結局又是如何呢？「梁武帝召侯景之禍，幽辱告終，旋以亡國；玄宗身致大亂，播遷失意，飲恨而沒。享祚久長，翻以為害，固已不足言。漢武末年，巫蠱事起，自皇太子、公主、皇孫皆不得其死，悲傷愁沮，群臣上壽，拒不舉觴，以天下付八歲兒。吳大帝廢太子和，殺愛子魯王霸。唐高祖以秦王之故，兩子十孫同日併命，不得已而禪位，其方寸為如何？然則五君者雖有崇高之位，享耄耋之壽，竟何益哉！」上文提到唐代另行刻製的受命玉璽是改成了「皇天景命，有德者昌」八個字的，這個「有德者」當然是非他李唐莫屬了，然而曾幾何時，無情的歷史卻記下了這樣一筆：唐哀帝四年（西元九〇七年）三月，派出中書侍郎、平章事楊涉押傳國寶使，御史大夫薛貽矩為押金寶使，一起去大梁，把這顆寶璽連同皇位一古腦兒讓給了朱溫。哀帝在給朱溫的書中長嘆一聲：「於戲！天之曆數在爾躬，允執其中，天祿永終。」但是沒有用，後來朱溫還是一刀結果了哀帝李柷年方十七的生命（見《舊唐書・哀帝紀》）。朱溫建立的後梁，自然更是匆匆而過，玉璽又傳到了李存勗的後唐，亦是曇花一現，到石敬瑭兵臨城下，絕望的末帝李從珂便懷抱著這顆被視為皇權象徵的受命玉璽，舉族自焚而死。這下，連玉璽本身也斷了壽命，從此最後結束了由秦始皇開始的有關受命玉璽傳授及其神話的歷史。當然，玉石原本無意，一切神秘的政治符號都是人們強加給它的。不知是有幸還是不幸，這塊藍田玉石自從被供上宮殿，受到萬千臣民頂禮膜拜的同時，卻又成了人們角逐的中心，爭奪的焦點，由此引發了一次接一次的血肉橫飛的宮廷政變和屍骨遍野的逐鹿戰爭。但還是有人要把這種悲劇繼續演下去，原因是力圖使國家最高權力永遠成為一己私有，對他們來說實在是一種難以遏制的誘惑。具有諷刺意味的是作為契丹的兒皇帝，既缺德又不昌盛的石敬瑭的後晉，也刻了顆稱之為「傳國璽」的東西，上面的文字居然是「惟德允昌」。這幕荒唐劇對受命玉璽的傳授史只能說是一次狗尾續貂，秦始皇若泉下有知也會感到羞恥的吧？

三

三曰皇帝行寶，答疏於王公則用之；四曰皇帝之寶，勞來勳賢則用之；五曰皇帝信寶，徵召臣下則用之；六曰天子行寶，答四夷書則用之；七曰天子之寶，慰撫蠻夷則用之；八曰天子信寶，發蕃國兵則用之。衛宏《漢舊儀》❶曰：「天子有六璽，皆白玉螭獸紐❷，文曰：『皇帝行璽』，『皇帝之璽』，『皇帝信璽』；『天子行璽』，『天子之璽』，『天子信璽』。」虞喜《志林》❸曰：「所封事異，故文字不同。」《漢儀》又云：「以皇帝行璽為凡雜❹，以皇帝之璽賜諸侯王書，以皇帝信璽發兵；其徵大臣以天子行璽，外國事以天子之璽，鬼神事以天子信璽。皆以武都❺紫泥封，青布囊白素裡❻，兩端縫❼，尺一版，中約署。有事及發外國兵用天子信璽❽，封拜外國及徵召用天子行璽❾，賜匈奴單于、外國王書用天子之璽❿，下竹使符徵召大事行州、郡、國者用皇帝信璽⓫，諸下銅獸符發郡、國兵用皇帝之璽⓬，封拜王公以下遣使就授皆用皇帝行璽⓭。若車駕行幸，次直侍中佩信璽、行璽以從。天子之信，古曰璽，今曰寶，其用以玉，其封以泥；皇后及太子之信曰寶，其用以金也。

凡大朝會，則捧寶以進于御座；車駕行幸，則奉寶以從于黃鉞⓮之內。今元正朝會則進神寶及受命寶；若行幸，則合八寶為五轝⓯，函籙封盛⓰以從。

【章　旨】記述天子六璽使用之有關規定。

【注　釋】❶衛宏漢舊儀　衛宏，字敬仲，東漢東海（今山東郯城）人。少時與河南鄭興俱好古學，光武以為議郎。《後漢書》本傳稱其作《漢舊儀》四篇，以載西京雜事。《隋書．經籍志》及新舊《唐書》書志並為《漢舊儀》四卷，而《宋史．藝文志》則著錄為三卷，馬端臨《文獻通考．經籍考》卷目與宋志同，但別題作《漢官舊儀》。紀昀《四庫提要》稱：「今《永樂大典》所載此本，亦題《漢官舊儀》，不著撰人名氏。其間述西京舊事，典章儀式甚備，且與諸書所引《漢舊儀》之文參校，無弗同者，自屬衛宏本書。其稱《漢官舊儀》「或後人因其所載官制為多，妄加之耳」。❷白玉螭獸紐　指玉璽上之襻紐，皆刻有螭與虎的形狀。螭，古代傳說中的一種動物，蛟龍之屬，頭上無角。《說文解字．虫部》：「螭，若龍而黃。」獸，應是「虎」字。唐代因避高祖李淵祖父李虎之名諱而改。❸虞喜志林　虞喜字仲寧，會稽餘姚（今浙江餘姚）人。東晉天文學家，著有《安天論》等著作。《志林》亦為虞喜所著，三十篇。其事跡詳《晉書》本傳。此處《志林》引文見於《三國志・吳志》裴松之注引，其全文為：「天子六璽者，文曰『皇帝之璽』、『皇帝行璽』、『皇帝信璽』、『天子之璽』、『天子行璽』、『天子信璽』。此六璽所封事異，故文字不同。」❹以皇帝行璽為凡雜　「雜」字當有誤，其下疑有脫漏。《漢書・輿服志下》注引《漢舊儀》原文為：「皇帝行璽，凡封之璽賜諸侯王書。」又，關於皇帝行璽的使用，《隋書・禮儀志六》記北齊之制為「封常行詔敕則用之」；北周之制為「封命諸侯及三公用之」。《隋書・禮儀志七》：「封命諸侯及三師、三公則用之。」據此，補上脫漏後，全句似應是：「以皇帝行璽封命諸侯及三公等。」語譯姑依此。❺武都　漢郡名。治所在今甘肅武都。❻青布囊白素裏　指璽書要以青布為表、白素作裏的囊袋收藏起來。又《後漢書・輿服志》注引《漢舊儀》此文，無「布」字。❼兩端縫　《後漢書・輿服志下》注引《漢舊儀》作「兩端無縫」。❽有事及發外國兵用天子信璽　據《隋書・禮儀志》稱：天子信璽，在北齊，發兵外國及有事鬼神則用之；北周，發諸夏之兵用之；隋制，徵番國之兵用之。❾封拜外國及徵召用天子行璽　據《隋書・禮儀志》稱：天子行璽，在北齊及北周，封拜外國用之；在隋，封命蕃國之君則用之。❿賜匈奴單于外國王書用天子之璽　據《隋書・禮儀志》稱：天子之璽，在北齊賜諸外國書則用之，在北周與番國諸君書用之，在隋則賜番國之君書則用之。⓫下竹使符徵召大事行州郡國者用皇帝信璽　句首「下」之上，當有一「諸」字，以與下文「諸下銅獸符發郡國兵」句例相合。據《隋書・禮儀志》稱：皇帝信璽，北齊為下銅獸符、發諸州徵鎮兵、下竹使符、拜代徵召諸州刺史用之；北周為發諸夏兵用之；隋制為徵諸夏兵則用之。⓬諸下銅獸符發郡國兵用皇帝之璽　據《隋書・禮儀志》稱：皇帝之璽，北齊為賜諸王書用之；北周則為與諸侯及三公書用之；隋制為賜諸侯及三師、三公書用之。⓭封拜王公以下遣使就授皆用皇帝行璽　據《隋書・禮儀志》稱：皇帝行璽，北齊封常行詔敕用之；北周則封命諸侯及三公用之；隋制封命諸侯及三師、三公用之。⓮黃鉞　亦稱天鉞、金鉞，省稱鉞。狀類斧而大，飾以金(銅)，故稱。因其柄長，形大，又稱大柯斧。本為兵器，後用為儀仗，亦以賜予出征將帥以示威重。起自上古，後世繼之，形質均有所變更。《尚書・牧誓》：「王左仗黃鉞，右秉白旄以麾。」孔穎達疏：「太公《六韜》云：大柯斧重八斤，一名天鉞。」《新唐書・儀衛志上》：「符寶郎奉六寶與殿中後部從，在黃鉞內。」⓯轝　同「輿」。本謂車箱，因即指車。⓰函篋封盛　指與八寶封盛在一起的還有箱函簿籍。

【語　譯】〔八寶：〕三是皇帝行寶，回答王公奏疏時使用它。四是皇帝之寶，慰勞有功勳和賢能的大臣時使用它。五是皇帝信寶，徵召州郡大臣時使用它。六是天子行寶，答四夷的詔書上使用它。七是天子之寶，慰勞安撫四方蠻夷時使用它。八是天子信寶，徵發蕃國軍隊時使用它。衛宏著的《漢舊儀》說：「天子有六顆璽印，都用白玉製成，在紐襻上雕刻有螭和虎的形狀，璽印上刻的文字，分別是『皇帝行璽』、『皇帝之璽』、『皇帝信璽』、『天子行璽』、『天子之璽』和『天子信璽』。」晉代的虞喜在《志林》中說：「這六顆玉璽由於所封的事各有不同，所以它們的刻文亦有所不同。」《漢舊儀》還說：「用皇帝行璽，封命〔諸侯及三公等〕；用皇帝之璽，賜給諸侯王書；用皇帝信璽，徵發州郡和諸侯國的軍隊；徵召大臣時，用天子行璽；在有關外國事務方面，用天子之璽；祭祀鬼神則用天子信璽。使用這六顆玉璽，都要以武都出產的紫泥作為封泥，封件裝在用白素作裡子的青布包囊內，兩端都要縫滿，放在一尺長的木板箱中，並由有關官員簽署。凡是有事須徵發外國軍隊時，用天子信璽；封拜外國國君或徵召大臣時，用天子行璽；賜匈奴單于以及外國國王書時，用天子之璽；〔有關〕下發竹使符徵召大臣，或遇有重大事件頒發到州、郡、封國的詔書，用皇帝信璽；有關下發銅虎符徵發州、郡、封國的軍隊，用皇帝之璽；遣使就地封拜三公以上的詔書，都用皇帝行璽。如果御駕外出巡行，由當值的侍中奉持信璽和行璽作隨從。」天子與臣下之間使用的信物，古代稱作璽，當今稱為寶；是用玉石雕刻的，封印用紫泥。皇后和太子的憑信物稱為寶，是用黃金製作的。

凡是遇有大朝會，符寶郎便要捧出寶璽放置於御座一旁；御駕外出巡幸，則要奉持寶璽隨從於儀仗的黃鉞隊列中。如今元正朝會時，要把神寶與受命寶放在御座兩旁；如果皇上外出行幸，那就要把八寶分裝在五輛車輿內，包括它的箱函和簿籍一起封好，隨從在御駕之後。

【說　明】本章原注所引衛宏《舊漢儀》有關漢代六璽行用規範的文字，互見於《後漢書·輿服志下》注文所引。後者還有一段本章所未錄的文字，有關於璽書如何下發的具體規定，可以加深我們對這一問題的感性認識。其文稱：「奉璽書使者乘馳傳，其驛騎也，三騎行，晝夜千里為程。」這說明：㈠只有蓋有六璽印章的詔敕文書，才稱為璽書；㈡璽書從京師下達至地方的傳遞工具是驛傳；㈢驛傳對璽書須作特快處理，即要用三匹馬輪替，以一晝夜千里之速送達。本章原注還告訴我們，為防止詐偽，璽書又必須與銅虎符、竹使符一起合用，方為有效。如原注中說：「〔諸下竹使符徵召大事行州、郡、國者用皇帝信璽，諸下銅獸符發郡、國兵用皇帝之璽。」璽書表示最高意旨，符信則保證其確係出自皇帝，二者缺一不可。在隋代亦有降符與璽書並行的例子。如隋文帝命其愛子漢王楊諒為并州總管，還曾下過這樣的密約：「若璽書召汝，敕字旁別加一點，又與玉麟符合者，當就徵。」（《資治通鑑》卷一八〇）玉麟符便是帝王徵召諸王的信物。後來隋煬帝繼位，敕召漢王楊諒入京，因發覺與其父所規定的「敕字旁別加一點」的密約不符，疑而起兵，釀成了兄弟之間的一場流血衝突。

本章原注所引《舊漢儀》對玉璽封藏、使用的種種嚴密規定，從有關史實的載錄中亦可得到印證。如據《漢書·霍光傳》記載，在霍光等廢黜昌邑王劉賀的奏疏中，數說其最主要的過錯便是濫用玉璽，視之若玩物。昌邑王為漢武帝的孫子，他是在昭帝靈柩前即位的，即位的一個重要儀式，便是接受先帝的信璽和行璽。可這個昌邑王「受皇帝信璽行璽大行前，就次發璽不封」。按規定璽印的刻紋必須用紫泥封沒，以防止濫用或偷刻；而昌邑王竟當場將其啟封，而且不再封好。更不成話的是，他竟然自己到符璽藏所取了十六枚符節，從早到晚，向他的侍從官這個、那個發令做遊戲，甚至還給他一個親近的侍中發了這樣一道璽書：「皇帝問侍中君卿：使中御府令高昌奉黃金千斤，賜君卿娶十妻。」無緣無故賞賜近臣千斤黃金，十個老婆，這當然是一個荒唐的玩笑。奏疏還指責昌邑王「受璽以來二十七日，使者傍午，持節詔諸官署徵發，凡千一百二十七事」。僅僅做了二十七天皇帝，以璽書遣使徵召竟達一千一百二十七事之多，平均每天四十餘次，如此濫用權力，當然是霍光等顧命大臣不能容忍了。結果是在得到皇太后允許後，廢了昌邑王。其廢黜的一個儀式是：「乃即持其手，解脫其璽組，奉上太后，扶王下殿，出金馬門，群臣隨送。」這說明玉璽是皇帝至上權力的象徵，皇帝倒臺時，便從他手上取下璽組。

關於六璽行用的範圍，自漢代以來，雖略有變化，但大體相仿，把《漢舊儀》的敘述，與《隋書·禮儀志》關於北齊、北周、隋六璽各自行用的範圍作一番對照，便可見其基本相沿。而本章所述唐代關於六璽使用的規定，當是最為規範的了。歸納起來，六璽在刻文上有「皇帝」與「天子」之別：冠以「皇帝」的三璽，為行用於國內，須於王公大臣及州郡地方；冠以「天子」的三璽，則行用於國外，須於四夷周邊諸國，二者可謂內外有別。天子為天下共主，故用之於周邊諸國；皇帝是華夏最高統治者，故用之於王公大臣及州郡長官——這大概就是唐人對這兩個概念的不同理解吧？

四

凡國有大事則出納符節❶，辨其左右之異，藏其左而班其右，以合中外之契❷焉。

一曰銅魚符❸，所以起軍旅，易守長；兩京留守❹，若諸州、諸軍、折衝府諸處捉兵鎮守❺之所及宮總監❻，皆給銅魚符。二曰傳符❼，所以給郵驛通制命；兩京留守及諸州若行軍所❽，並給傳符。諸應給魚符及傳符者，皆長官執之。其長官若被告謀反大逆，其魚符付以次官；無次官，付受告之司❾。三曰隨身魚符，所以明貴賤應徵召；親王及二品已上散官、京官文武職事五品已上、都督❿、刺史⓫，大都督府長史、司馬⓬，諸都護、副都護⓭，並給隨身魚符。四曰木契⓮，所以重鎮守慎出納；車駕巡幸，皇太子監國，有兵馬受處分者為木契⓯。若王公以下、兩京留守及諸州有兵馬受處分，并行軍所及領兵五百人以上、馬五百疋以上征討，亦各給木契⓰。其在外及行用法式並准魚符。五曰旌節⓱，《周禮》⓲掌儀⓳職曰：「凡邦國之使節，山國用獸節⓴，土國用人節，澤國用龍節，皆金也。」又云：「道路用旌節㉑。」注云：「今漢使所擁是也㉒。」《漢書》㉓曰：「戾太子㉔遭巫蠱事㉕，不自明㉖，取漢使節發兵，與丞相劉屈氂㉗戰。初，漢節純赤，以太子持赤節，故更為黃旄，加以相別」；「蘇武㉘在匈奴，執漢節毛落」，並其事也。所以委良能，假賞罰。魚符之制，王畿㉙之內，左三右一；王畿之外，左五右一。左者在內，右者在外。行用之日，從第一為首，後事須用，以次發之，周而復始。大事兼敕書，替代留守軍將及軍發後更添兵馬，新授都督、刺史及改替，追喚別使，若禁推㉚、請假敕許及別敕解任者，皆須得敕書。小事但降符函封，追遣使合而行之。應用魚符行下者，尚書省錄敕牒，門下省奏請，仍預遣官典㉛就門下對封，封內連寫敕符，與左魚同函封，上用門下省印。共追右符㉜，函盛封印㉝亦准此。傳符之制，太子監國曰雙龍之符㉞，左、右各十；京都留守曰麟符㉟，左二十，其右一十有九；東方曰青龍之符㊱，西方曰騶虞之符㊲，南方曰朱雀之符㊳，北方曰玄武之符㊴；左四右三。左者進內，右者付外應執符人。其兩京留守並進內；若車駕巡幸，留右符付留守人。隨身魚符㊵之制，左二右一。太子以玉，親王以金，庶官以銅，隨身魚符皆題云「某位姓名」。其官只有一員者，不須著姓名；即官名其曹司同者，雖一員亦著姓名。隨身者，仍著姓名，並以袋盛。其袋三品已上飾以金，五品以上飾以銀。六品以下、守五品已上者㊶，不佩魚。若在家非時及出使㊷，別敕負檢校㊸并領兵在外，不別給符契。若須迴改處分者，勘符同，然後承用。佩以為飾。刻姓名者，去官而納焉；不刻者，傳而佩之。若傳佩魚，皆須遞相付，十日之內，申報禮部。木契之制，太子監國，則王畿之內，左、右各三；王畿之外，左、右各五；庶官鎮守，則左、右各十。旌節之制，命大將帥及遣使於四方，則請而假之。旌以專賞，節以專殺。

【章旨】敘述出納符節諸項制度。

【注釋】❶符節　符，指銅魚符、傳符；節，指旌節，均為向臣下傳達君命之信物。❷契　指事前之約定。❸銅魚符　原為戰國秦漢時使用之虎符。唐初武德時一改為銀菟符，再改為魚符，以銅製，故稱銅魚符。符分為左右兩半，字刻於符陰，上端刻有一「同」字，側面所刻「合同」均為半個字，以使契合；首有一小孔，以便繫佩。武則天時一度改為龜符，中宗初年又恢復為魚符。❹兩京留守　留守之稱，始於漢初。高祖劉邦出關東，常以呂后留守，但非官名。隋末始於陪都太原置為官稱，掌守宮闕。煬帝大業十三年（西元六一七年）以李淵為太原留守。唐制，東都洛陽及北京太原皆置，故稱兩京留守。東都留守位河南尹之上，常以將相大臣出任，例兼東都畿汝防御使，太原留守亦常以河東節度使兼太原尹充。其職按時巡視宮殿，練兵守境，按察所屬。又，皇帝出巡或出征，在京師長安亦設留守，如貞觀十七年（西元六四三年），太宗出征遼東，令太子太傅房玄齡充京城留守；咸亨二年（西元六七一年）高宗東幸洛陽，以雍州長史李晦為西京留守；武則天垂拱三年（西元六八七年），以文昌右丞相蘇良嗣為西京留守。❺諸州諸軍折衝府諸處捉兵鎮守　諸州，指全國各地方行政機構，直屬中央，下設縣；州的長官為刺史。諸軍，指駐守地方的軍事機構，分為二類，一類是管轄府兵的折衝府，一類是戍邊的軍隊。唐在全國先後置府六百三十四，府有大中小之別，統兵一千人左右，其統率府兵的將領為折衝都尉，副將為果毅都尉。徵調折衝府府兵時，則下魚符。到天寶時，折衝府已無兵可調，如天寶八載（西元七四九年）五月九日曾敕「停折衝上府下魚書，以無兵可交」（《唐會要》卷七二）。捉兵鎮守，指戍邊的軍隊。《新唐書・兵志》稱：「唐初，兵之戍邊者，大曰軍，小曰守捉，曰城，曰鎮，而總之者曰道。」又云：「其軍、城、鎮、守捉皆有使。」軍鎮士兵人數五千以上至萬人者，設大使一人，副使一人。❻宮總監　掌監守各地行宮事務之長官。隋始置，如唐高祖李淵為隋太原留守時，曾領晉陽宮監。唐沿置。如唐初帝王常臨避暑之九成宮，便設有宮總監一人，官秩從五品下，副監一人，從六品下。❼傳符　給郵驛的憑證。有傳符者，可以發給紙券，憑紙券可以住宿驛舍，使用牛馬車船等交通工具。紙券在京師由門下省發給，在地方則由諸州刺史或諸軍使給。❽行軍所　指作戰或行軍期間，軍隊的臨時指揮所。如唐高宗征遼時，於龍朔元年（西元六六一年）以契必何力為遼東道行軍大總管，至乾封元年（西元六六六年）再次以其為遼東道行軍大總管，是即行軍所。事畢即罷之。肅宗至德二年（西元七五七年）為了收復兩京，組織會戰時，以李嗣業為鎮西北庭支度行營節度使，郭子儀為朔方右行營節度使，王思禮為關內行營節度使。其各自之行軍駐地皆可稱為行軍所。❾受告之司　指接受處理該犯罪官員之司法機構，如大理寺等。❿都督　唐初置大都督府與都督府，大府設都督一人，從二品；中府一人，正三品；下府一人，從三品。掌督所屬諸州之兵馬、甲械、城隍、鎮、戍、糧廩之事，總判府事。⓫刺史　州之地方長官。唐承隋制，罷郡為州，以州統縣，將州分為上、中、下三等，皆置刺史，上州刺史從三品，中州刺史正四品上，下州刺史正四品下。⓬大都督府長史司馬　唐制，大都督府在都督之下設長史一人，從三品；司馬二人，從四品下。因大都督常以親王遙領，故長史或司馬往往成為大都督府事務之實際執掌者。⓭諸都護副都護　唐在西北邊地置大都護府，設大都護一人，從二品；副大都護一人，從三品。前後曾設有安西、安北、北庭、安東、安南、單于等六個都護府。⓮木契　此處指用於軍中之木契，作為處分和調動兵馬之符信。木契作為出納之符信，在其他部門使用亦很普遍，如戶部所屬之倉部和金部，凡向司農寺、太府寺交辦諸倉儲出納類事，均以木契為符信。庫藏的支給，通常須經據符牒、勘木契、稟判文、錄姓名及名數這四道手續。又如太極殿前刻漏所，亦以木契為憑，報知承天門監門按時鳴鼓。木契亦如魚符一般，分成左右，或稱雌雄，合契以驗取信。⓯自「車駕巡幸」至「為木契」　此為使用木契的一種情況，即當皇帝外出巡幸或親征，留皇太子在內地監國，而需對軍隊調動或處分時。如貞觀十九年（西元六四五年）唐太宗李世民親征遼東，留皇太子李治在定州監國，有事於軍隊即用木契。⓰自「若王公以下」至「亦各給木契」　此為對有兵馬處分權可給予木契者的例舉。如唐肅宗至德初，李光弼以戶部尚書兼太原尹、北京留守，《舊唐書》本傳載：「時節度王承業軍政不修，詔御史崔眾交兵於河東。眾侮易承業，或裹甲持槍突入承業廳事玩謔之。光弼聞之素不平。至是交眾兵於光弼。眾以麾下來，光弼出迎，旌旗相接而不避。光弼怒其無禮，又不即交兵，令收繫之。翌日，以兵仗圍眾，至碑堂下斬之，威震三軍。」這是李光弼以北京留守身份處分兵馬的事例。⓱旌節　古代使者所持之節，用為信物。唐時，為皇帝賜予節度使之儀仗，藉以行使相應權力。《宋史·輿服志二》：「旌節，唐天寶中置，節度使受命日賜之，得以專制軍事，行即建節，府樹六纛。」其形制，據《新唐書·車服志》為：「旌，以絳帛五丈，粉畫虎，有銅龍一，首纏緋幡，紫縑為袋，油囊為表。節，懸畫木盤三，相去數寸，隅垂赤麻，餘與旌同。」⓲周禮　儒家經典之一。戰國時儒生搜集周王室官制和戰國時各國制度，並附以儒家理想，增刪排比而成的官制彙編。⓳掌儀　據南宋本及《職官分紀》引《唐六典》原文應為「掌節」。掌節，《周禮》屬地官，設掌節上士二人，中士四人。掌守邦國符節而辨其所用。⓴山國用獸節　句中「獸」《周禮》原文作「虎」。本書避唐高祖李淵祖父李虎之名諱而改為獸。《職官分紀》引《唐六典》文已復為「虎」。全句意謂山國用形狀似虎之節。下文「人節」、「龍節」亦分別指似人形、龍形之節。㉑道路用旌節　指通行道路使用旌節。㉒注云今漢使所擁是也　注，指《周禮》之注文，係東漢鄭玄所注。注文意謂當今漢之使節所持即為旌節。漢制之旌節，綴旄牛尾於竿頭，下有五綵折羽，用以指揮和開道。蘇武出使匈奴所持即此旌節，後被扣持節牧羊於北海十九年。㉓漢書　我國第一部紀傳體斷代史。東漢班固撰，一百篇。㉔戾太子　漢武帝之子劉據。戾係謚號。《謚法解》：「不悔前過曰戾。」㉕巫蠱事　指漢武帝晚年因巫蠱而引起的一次宮廷流血事件。所謂巫蠱，指通過巫術詛咒或將木偶埋入地下而施以邪術，被古人視為可以此加害於人的一種暗中進行的活動。漢武帝晚年多病，繡衣直指江充奏稱其病由巫蠱所致，因而令治巫蠱。江充捕巫蠱及夜祭祀祝詛者，並誣告太子宮中亦埋有木偶，太子劉據大懼，因矯詔收捕江充，斬之。武帝發兵追捕，太子也發兵抗拒，激戰五日，死者數萬。後太子兵敗自經而亡。㉖不自明　據南宋本此處脫一「懼」，當為「懼不自明」。意謂害怕自己無法加以說清。㉗劉屈氂　漢武帝庶兄中山靖王之子，由涿郡太守任為左丞相。太子劉據殺江充後，發兵入丞相府，武帝發三輔近縣兵由屈氂兼將閉城捕反者，太子亦使人持節發兵相抗。此處所引《漢書》語見劉屈氂本傳，僅為說明旌節有赤黃之分。事後屈氂也以「使巫祠社，祝詛主上」之罪名被腰斬處死。㉘蘇武　字卿，杜陵（今陝西長安縣東武村北）人。少以武任，兄弟並為郎。漢武帝天漢元年（西元前一〇〇年）奉命以中郎將使持節出使匈奴，在匈奴因故被扣，以死拒降。匈奴單于曾使李陵、衛律等前後多次勸降，均為武所拒，因被徙於北海（今貝爾加湖）牧羊。「武既至海上，廩食不至，掘野鼠去中實而食之。杖漢節牧羊，臥起操持，節旄盡落」（《漢書》本傳）。蘇武於昭帝始元六年（西元前八一年）始回國，前後留匈奴十九年。㉙王畿　古代指直屬天子之地域。《周禮・夏官・職方氏》：「乃辨九服之邦國，方千里，曰王畿。」此處則指唐代京師長安和東都洛陽城內。京城稱京畿，東都則稱都畿。㉚禁推　指派遣之官員，因故而需迴避者，可自行提出請求，稱禁推。如鞫獄官與被鞫人有親屬、仇嫌關係者，或為府佐與府主等隸屬關係者，皆須自動請求換推。㉛官典　即主典。為流外官府史一類官吏，經辦具體事務，諸如核對函封等。㉜共追右符　「共」當係「若」之誤。南宋本及《職官分紀》引《唐六典》原文均為「若追右符」。左符藏於內，右符行於外，發使時，以左符與右符相合為信。此言若因故而需追還右符者。㉝函盛封印　指以符放置函內及對函進行對印。凡有傳符、銅魚符者，皆給封符印，發驛封符及封魚函時，以封符印蓋封，以防他人拆封。㉞雙龍之符　此為皇帝外出巡幸，太子留守監國時使用，故稱雙龍。作為皇帝與太子之間傳達憑信。㉟麟符　係皇帝巡幸在外時，與京師或東都留守傳達所用之符信。左符為巡幸之君王所執，右符付留守之大臣。㊱青龍之符　青龍，四象之一。我國古代天文學以四種動物（龍、虎、鳥、龜或蛇）和四種方色（青、白、赤、黑）組合在一起，表示天空東西南北四大組星象，謂之四象。二十八宿星象體系中，東方七宿屬青龍（亦稱蒼龍）之象。此處則用以比附於傳符之分類。青龍之符其符之形似龍，使用於東方。㊲騶虞之符　騶虞，即白虎，四象之一。二十八宿中西方七宿屬白虎之象。其符之形似虎，使用於西方。㊳朱雀之符　朱雀，四象之一。二十八宿中南方七宿屬朱雀，使用於南方。㊴玄武之符　玄武，四象之一。二十八宿中北方七宿形似龜蛇相纏之象，北方屬黑，故稱玄武。其符之形亦似此，使用於北方。㊵隨身魚符　古代多用虎符，魚符亦有。唐高祖李淵為避其祖李虎名諱，廢虎符，概用魚符。隨身魚符則依官品和封爵授給官員隨身繫佩，以金、銀、銅等不同材質製成，既用以作為應命出入宮殿門之憑證，亦以為官位尊卑之標識。《新唐書・車服志》：「隨身魚符者，以明貴賤，應召命，左二右一，左者進內，右者隨身。」㊶六品以下守五品已上者　指散官品位為六品以下，守五品以上之職事官者，亦不得佩隨身魚符。「以」、「已」可通。㊷若在家非時及出使　此句及以下為列舉不另給符契的幾種情況。此句所列二例，一是官員在家皇帝臨時召見；二是出使在外。㊸別敕負檢校　句中「負」，南宋本作「召」。指應特別敕召而任檢校者。檢校一詞，六朝已有，有檢查料理之意。至唐初，檢校官為有職事而未正授之官。《唐律疏議・名例・無官犯罪》：「內外官致令攝他司者，皆為檢校。」但唐中葉以後，藩鎮及諸使僚屬率帶檢校官。此為虛銜，係在原官上加官，而權知則仍依職事官。

【語譯】凡是國家遇有重大事件，都需要使用符節。分辨清楚左與右的不同用途：左符保存在內府，右符須發給相應的文武官員；使用時，以內外亦就是左右符的契合作為憑信。符節的種類：一是銅魚符，用來調動軍隊或更換地方長官。包括兩京的留守，各州的刺史，各軍的大使、折衝府的都尉和邊境各地的守捉、城鎮以及宮總監等，都給予銅魚符。二是傳符，用來給予使用郵遞驛站的方便，通達君王的制書和詔命。兩京的留守，以及各州的刺史，還有行軍所，都給傳符。各個應該發給的機構，魚符和傳符都由該機構的長官執掌。如果該長官被人告發有謀反大逆的罪狀，那麼魚符和傳符就交付給次官保存；沒有次官的，就上交給受理此案的主管機構。三是隨身魚符，用來顯示繫佩者貴賤等級，和作為應命出入宮殿門的憑證。凡是親王以及三品以上的散官，在京五品以上文武職事官，地方官中的都督、刺史，大都督府中的長史、司馬，各個都護府的都護和副都護，都給予隨身魚符。四是木契，用來加強對軍隊的鎮守，嚴格馬匹出納的制度。逢到御駕外出巡幸，由皇太子監國時，有兵馬需要調動或處分的，給予木契。包括王公以下大臣，兩京的留守，以及各個州的長官需要處理有關兵馬事務的；或者行軍指揮所，以及領兵在五百人以上、馬五百匹以上出發征討的將領，亦可以給予木契。木契在內或在外行用的法式，與魚符相同。五是旌節，《周禮》對掌儀（節）的職掌規定說：「凡是邦國派遣的使節，山區的國家用獸（虎）形的節，平原的國家用人形的節，水鄉澤國用龍形的節。節都是用銅製作。」又說：「通行道路用旌節。」對旌節一詞，鄭玄的注文說：「如今漢使節所執持的節便是旌節。」《漢書》說：「戾太子遭遇巫蠱的冤屈，〔害怕〕自己無法解說清楚，於是就用漢使節的旌節徵發兵馬，與丞相劉屈氂率領的軍隊交戰。原來漢軍使的旌節純是赤色，由於太子率領的軍隊所持的亦是赤節，為了與太子軍隊相區別，所以旌旗臨時改了黃旄。」《漢書》還說到：「蘇武在匈奴執持漢節放羊，由於歲月久長，節上的旄都凋落下來。」以上都是使用旌節的事例。旌節是用來委派優秀能幹的使節，假以專制賞罰的大權。關於使用魚符的規定：京師以內，每組魚符的左符三枚對右符的一枚；京師以外，每組魚符左符五枚對右符一枚。左符藏於內廷，右符頒發在外。君王要使用魚符時，從第一編號開始，繼續有事需用，就依著編號次序下發，這樣便可周而復始地不斷使用。如果是重大的事務，要敕書與魚符一起使用。例如替代留守軍隊的將領，軍隊出發後需要再增添兵馬，新授任都督、刺史以及派人改替原來的刺史、都督，或者追喚已經派出的都督、刺史另作差遣；再有因迴避申請禁推，或者有事請假經敕書允准的，或者特別敕書解除職務的，這些都要敕書與魚符一起使用，方為有效。如果是小事，只要下達魚符的函封，派遣使節傳遞合符，便可施行。應用魚符下達命令的，要由尚書省根據相應的敕牒公文，經門下省奏請，還須派相關的典吏，在門下省當面封函，在封內須有二省共同署名的敕符，與左魚符一起封在函內，然後用門下省的印封函。如果是追回在外面的右魚符，有關函封盛印的格式亦要依照這個規定辦理。關於使用傳符的規定：太子監國時，與君王之間的聯繫，要使用雙龍符，左、右各十枚。京師和東都留守，則使用麟符，左符二十枚，右符十九枚。與東方聯繫使用青龍符；與西方聯繫使用騶虞符，亦就是白虎符；與南方聯繫使用朱雀符；與北方聯繫使用玄武符。四方之符都是左符四枚，右符三枚。魚符的左符進藏在內廷，右符頒發在外面相關官署，由可以持有魚符的官員執掌。兩京留守的魚符都要進藏內廷，如果御駕外出巡幸，那麼就把右符交付給留守執掌。關於隨身魚符使用的規定：隨身符都是左符二枚，右符一枚。製作的材質，太子繫佩的用玉，親王繫佩的用金，百官繫佩的用銅。隨身魚符都要寫明「官位、姓名」。如果該官職定員只有一人的，那就不需要寫姓名；但如果官稱與曹司名稱相同的，即使定員只有一人，亦還是要寫明姓名。隨身繫佩的那一邊，同樣要寫清楚姓名，並用魚符袋盛放。關於魚符袋的規制，三品以上官員，用金裝飾；五品以上官員，用銀裝飾。散官六品以下的，守職官五品以上的，都不能繫佩魚符。如果官員在家臨時受到召見，還有奉命出使在外，或者應特別敕召負責檢校某官司，或者領兵在外的，都不再另給符契。倘若需要迴改處分的，須經勘驗魚符相同，然後才可以承用。隨身符用來隨身繫佩，作為裝飾。如果上面刻有姓名，去官離任，便須交納；不刻姓名的，可以傳給接任的官員佩戴。若是傳授隨身魚符，都要依次相遞，並在十日內申報禮部備案。關於使用木契的規定：太子監國時，在王畿之內使用的，左右契各三枚；在王畿之外使用的，左右契各五枚；百官鎮守的，則是左右各十枚。關於使用旌節的規定：任命軍隊的將帥，派遣使節於四方，便可請給旌節。旌是用來專制賞賜的，節是用來專制生殺之權的。

【說　明】本章所述符節制，實際就是在指揮機構與執行機構之間，依據當時的技術條件，對命令和信息的傳遞所採取的一系列防偽保密措施。為確保命令的真實可靠，用璽印是一個辦法，但後來璽書也變得可以偽造，於是加上了符節，這便有了雙重的防偽保證。命令的下達需要有一個傳遞的載體，在古代那就是驛傳，這便有了傳符。在指揮機構與執行機構之間又存在著不同的級別和層次，如皇帝與京師和地方的軍政機構之間，皇帝外出巡幸時與留守監國的太子以及京都留守大臣之間，有關命令或信息的傳遞，都存在著不同的上下等級關係，這又需要在符的製作形式上予以表現出來。如皇帝與東西南北四方軍政機構聯繫分別使用青龍、白虎、朱雀、玄武之符，外出巡幸對監國太子用雙龍之符，對京都留守用麟符等。在傳遞命令的過程中，為了防止洩露，又需要有嚴密的函封程序和格式，並用封符印封訖。因而規定有傳符、銅魚符者，皆給封符印，在發驛封符及封魚符函時使用。在魚符函封抵達地方以後，又要由州郡與折衝府共同檢驗封函是否完好，勘合無誤，才能按敕書發兵。為保證這些措施的切實執行，還制定了相應的法令，如《唐律》中就載有若發符過程中官吏有違法行為將作嚴厲處分的條文。

至於隨身魚符，它的發生和發展頗有些特殊。出入宮殿門，在漢代使用門籍，如《漢書·元帝紀》有「令從官給事宮司馬中者，得為大父母、父母、兄弟通籍」句，應劭注曰：「籍者，為二尺竹牒，記其年紀、名字、物色，縣之宮門，案省相應乃得入也。」可知門籍便是書有朝臣姓名年貌憑以出入宮門的通行證。隨身魚符本來亦只是作為應召命進入宮殿門時使用的一種憑證，但由於它是依官品品位授給，又是隨身繫佩在身上的，因而很快便發展成為裝飾品，進而又成了顯示身份品位的標誌物。不僅隨身魚符，後來連盛魚符的魚袋，亦成為章服的一種標識。這最早是在唐高宗時，五品以上都給隨身魚袋，但魚袋之裝飾則依官品而有別：三品以上以金飾，四品以銀飾，五品以銅飾。《新唐書・車服志》稱：「〔中宗〕景龍中，令特進佩魚，散官佩魚自此始也。然員外、試、檢校官，猶不佩魚。〔睿宗〕景雲中，詔衣紫者魚袋以金飾之，衣緋者以銀飾之。〔玄宗〕開元初，駙馬都尉從五品者假紫、金魚袋，都督、刺史品卑者，假緋、魚袋，五品以上檢校、試、判官皆佩魚。中書令張嘉貞奏，致仕者佩魚終身，自是百官賞緋、紫，必兼魚袋，謂之章服。當時服朱紫、佩魚者眾矣。」此時的魚袋已純粹成了顯示官位等級的服飾的一個組成部份，原初的符契作用反而變得無關緊要了，這大概也是一種所謂異化吧。此種風氣一直延續至宋代。《宋史・輿服志五》稱：「魚袋，其制自唐始，宋因之。以金銀飾為魚形，公服則繫於帶而垂於後，以明貴賤，非復如唐之符契也。」梅堯臣〈垂拱殿起居聞南捷〉詩：「腰佩金魚服金帶，榻前拜跪稱聖皇。」僅有袋而無魚，即存其形式而棄其內容，這是文化發展史上一個頗為有趣的現象。

附圖

玉璽圖選（選自宋・龍大淵《古玉圖譜》）

受命于天 既壽永昌

秦玉傳國璽一

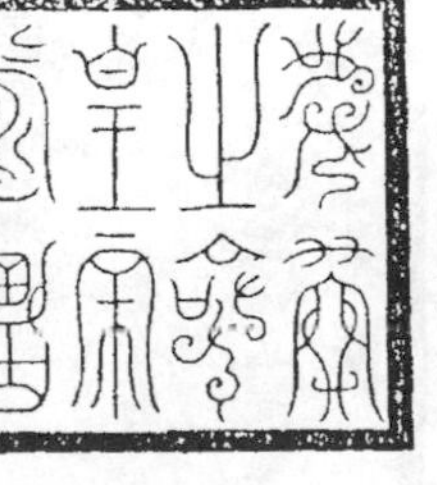

受天之命 皇帝壽昌

秦玉傳國璽二

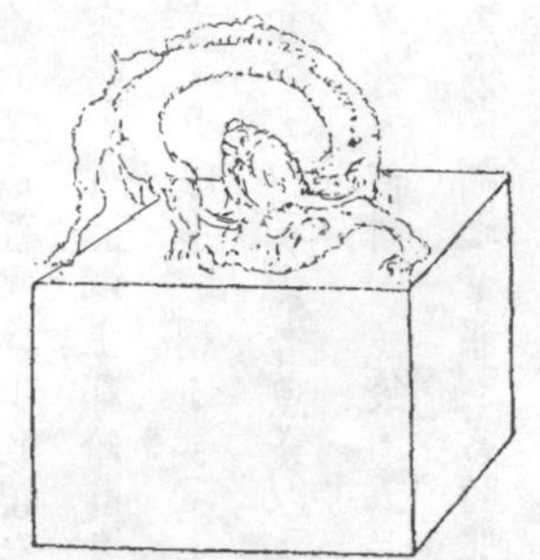

漢玉六璽一

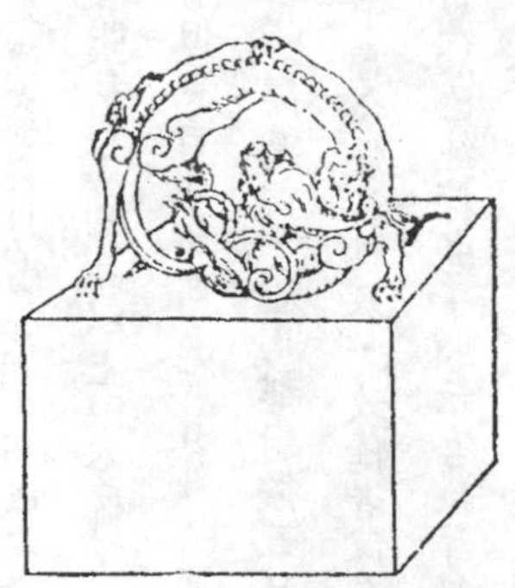

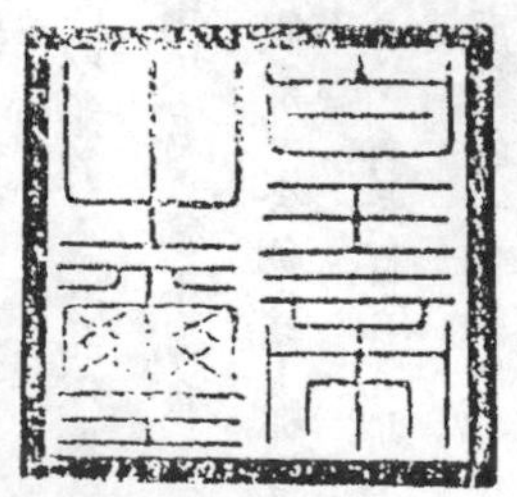

漢玉六璽二

秦玉小璽一

秦玉小璽二

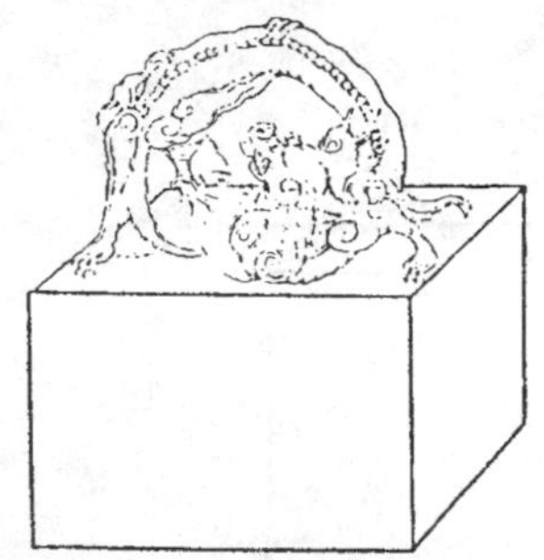

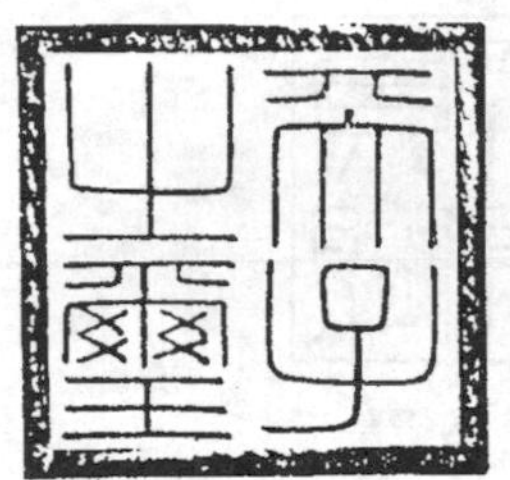

漢玉六璽五

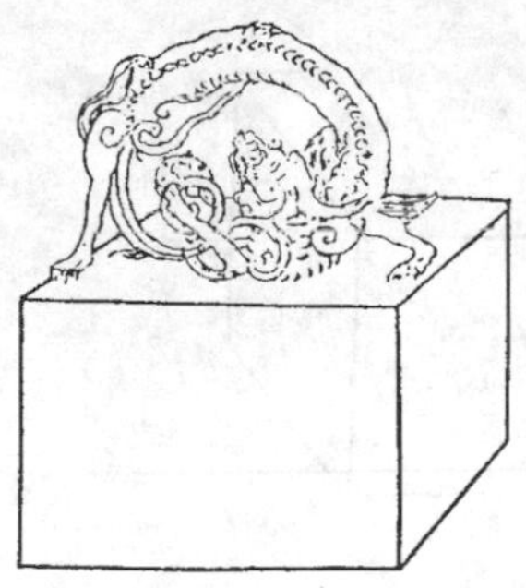

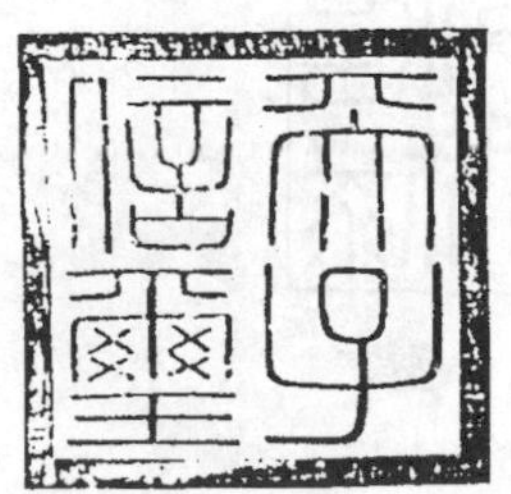

漢玉六璽六

漢玉六璽三

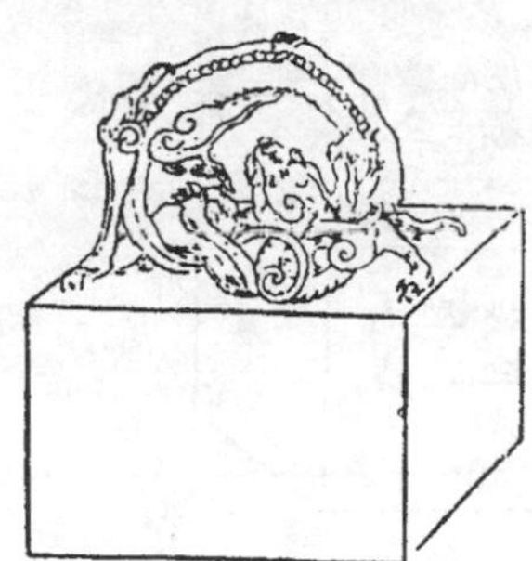

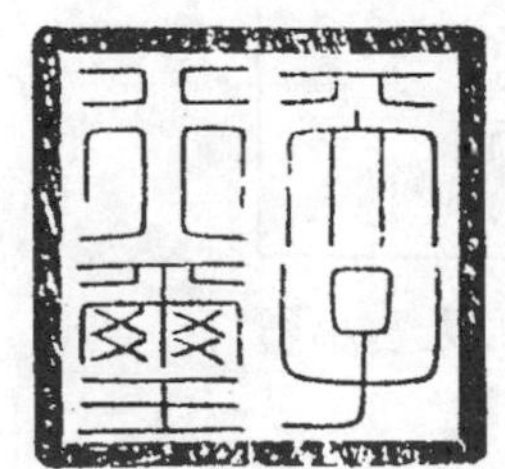

漢玉六璽四

唐玉開元小璽

唐玉小璽一

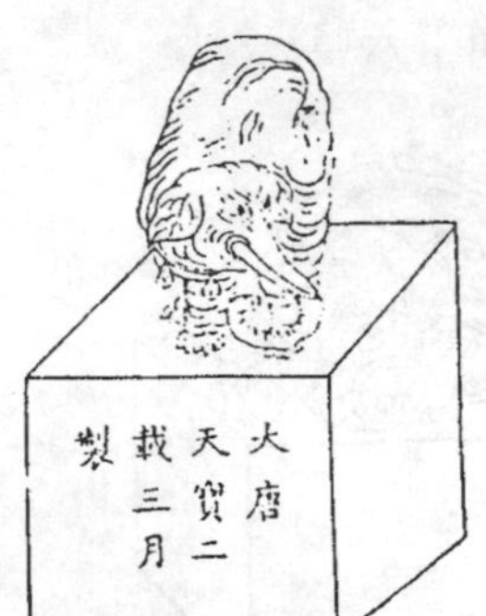

唐玉天寶小璽

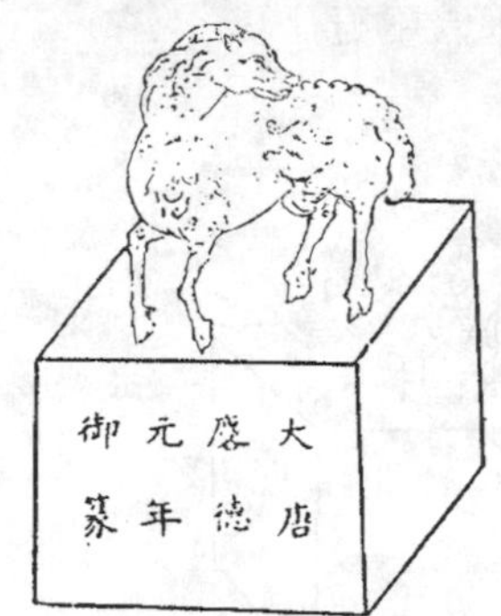

唐玉小璽二

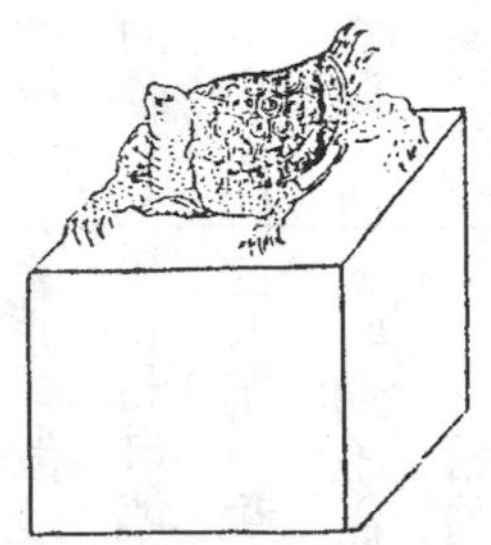

唐玉大周國寶小璽

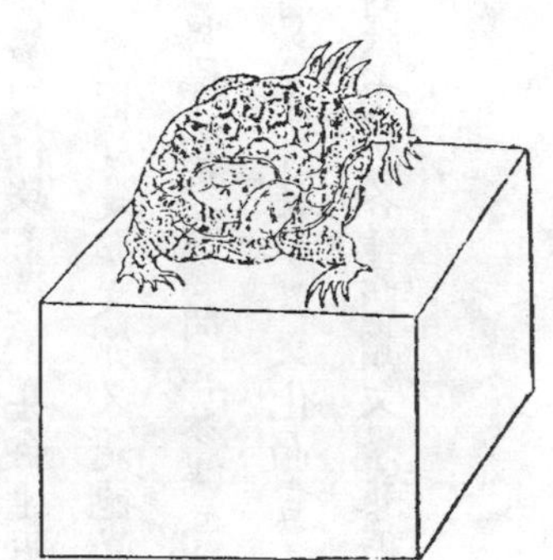

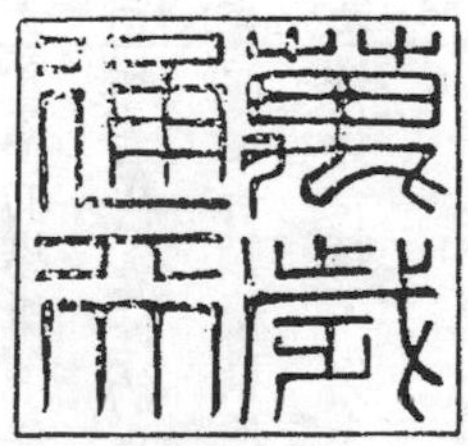

唐玉萬歲通天小璽

弘文館學士

【篇　旨】本篇記述弘文館學士、校書郎等的設置及其沿革和職掌；對弘文館學生之名額及其教授、考試制度等，亦各有具體規定。

弘文館之稱雖始於唐，但作為圖書集中貯存之所這樣一個機構，古代早有。在當時印刷技術還沒有普及的條件下，書籍只能依靠手抄，身價十分昂貴，只有帝室宮廷才有可能彙集大量的圖籍，因而自秦以來，每個王朝都在宮廷內外置有幾處大規模藏書館所。西漢在宮外有太常、太史、博士這些機構，宮內則有延閣、廣內、石渠閣等樓宇，此外在未央宮還有麒麟閣、天祿閣御史中丞在殿中所掌的蘭臺，都藏有大量圖籍。自東漢至隋唐歷代有關這類設置，篇中原注已作了詳敘。在這種貯藏集中圖書的場所，都設有相應的官員和一批專門人才，來抄寫、整理、校刊和保管這些圖籍，我國古代如此眾多文獻典籍得以代代相傳，其中不少一直保留至今，正是這些人作出的千秋功業。同時，許多傳世之作的撰述，亦離不開內廷貯藏的秘書，司馬遷的《史記》是如此，班固的《漢書》亦是如此。

儘管弘文館不像其他機構那樣有它下屬的行政系統，甚至連明確的管轄範圍也沒有，但它卻對整個王朝的統治有著非常微妙而不可忽視的影響，原因就是弘文館又是飽學之士薈萃的場所，任何一個頭腦比較清醒的帝王，都會利用他們豐富的學養，作為自己決策的顧問和參謀。這方面頗有代表性的皇帝是唐太宗李世民，參見我們在本篇一章末尾所作的說明。當然，即使單就文化而言，弘文館這一類機構作用亦是顯見的。唐代貞觀、開元時期不僅經濟繁榮、政局相對穩定，各種門類文學藝術更是盛極一時，與太宗、玄宗對弘文館、集賢院等文化機構的重視，自然亦分不開。

一

弘文館學士，無員數。後漢有東觀❶，魏有崇文館❷，宋元嘉❸有玄、史兩館，宋太始至齊永明有總明館❹，梁有士林館❺，北齊有文林館❻，後周有崇文館❼，或典校理，或司撰著，或兼訓生徒，若今弘文館之任也。武德初，置修文館；武德末，改為弘文館❽。神龍元年❾，避孝敬皇帝❿諱，改為昭文。神龍二年⓫，又改為修文，景雲二年⓬改為昭文。開元七年⓭又改為弘文，隸門下省。自武德、貞觀以來，皆妙簡賢良為學士⓮。故事：五品已上，稱為學士；六品已下，為直學士。又有文學直館⓯，并所置學士，並無員數，皆以他官兼之。儀鳳⓰中，以館中多圖籍，置詳正學士校理。自垂拱⓱以來，多大臣兼領。館中有四部書。貞觀初，褚無量檢校館務⓲，學士號為館主，因為故事。其後有張太素⓳、劉偉之⓴、范履冰㉑，並特敕相次為館主焉。常令給事中一人判館事。

學生三十人。補弘文、崇文㉒學生例：皇宗緦麻已上親㉓，皇太后、皇后大功已上親㉔，散官一品、中書門下三品、同中書門下平章事、六尚書、功臣身食實封㉕者，京官職事正三品、供奉官㉖三品子孫，京官職事從三品、中書黃門侍郎子，並聽預簡，選性識聰敏者充。貞觀元年㉗，敕見任京官文武職事五品已上㉘有性愛學書而及有書性者，聽於館內學書，其法書內出。其年有二十四人入館，敕虞世南㉙、歐陽詢㉚教示楷法。黃門侍郎王珪㉛奏：「學生學書之暇，請置博士，兼肄業焉。」敕太學助教侯孝遵㉜授其經典，著作郎許敬宗㉝授以《史》《後》㉞。二年，珪入奏㉟請為學生置講經博士，考試經業，准試貢舉，兼學法書。

校書郎二人，從九品。本置名讎校，掌校典籍。開元七年㊱罷讎校，置校書四人；二十三年㊲，減二人。

典書二人。館中有經、史、子、集四部之書，使典之也。其職同流外㊳，入考入流㊴。

搨書手㊵三人。貞觀二十三年㊶置。龍朔三年㊷，館內法書九百四十九卷並裝進，其搨書停。神龍元年㊸又置。

筆匠三人。貞觀二十三年置。

熟紙裝潢匠㊹九人。貞觀二十三年置。

【章　旨】記述弘文館之設置及沿革，並對學員名額、選補條件、書法學科之教授等，作了具體規定。

【注　釋】❶東觀　洛陽南宮宮殿名，漢代藏書之所。據《後漢書・安帝紀》，安帝永初四年（西元一一〇年）詔謁者劉珍及五經博士，在此「校定東觀五經、諸子、傳記、百家藝術，整齊脫誤，是正文字」。又，《晉書・職官志》稱：「漢東京圖籍在東觀，故使名儒著作東觀。」❷崇文館　《三國志・魏明帝紀》作「崇文觀」：明帝青龍四年（西元二三六年），「置崇文觀，徵善屬文者以充之」。❸宋元嘉　即南朝宋文帝，元嘉係其年號。姓劉，名義隆，小名車兒。在位三十年，終年四十七歲。❹宋太始至齊永明有總明館　太始，即泰始，係南朝宋明帝劉彧年號。永明，南朝齊武帝蕭賾年號。總明館，國立學校名。

《南齊書・百官志》稱：泰始六年（西元四七〇年），「以國學廢，初置總明館，分玄、儒、文、史四科，科置學士各十人，正令史一人，書令史二人，幹一人，門吏一人，典觀吏二人。建元中掌治五禮。永明三年國子學建，省。」引文中之「建元」，係齊高帝蕭道成年號。❺梁有士林館 《梁書・武帝紀》稱：武帝「大同中，於臺西立士林館，領軍朱異、太府卿賀琛、舍人孔子袪等，遞相講述」。❻北齊有文林館 北齊後主武平三年（西元五七二年），「祖珽奏立文林館，於是更召引文學士，謂之待詔文林館焉」（《北齊書・文苑傳序》）。當時有一大批文人學士被薦為待詔文林，成為一時之盛事。❼後周有崇文館 此句疑有誤。《周書・儒林傳序》：「世宗纂業，敦尚學藝，內有崇文之觀，外重城均之職。」這可能便是此處原注之依據，但與他書所載不符。據《周書・明帝紀》記載，北周本無崇文館之設，明帝所集公卿已下有文學者八十餘人，刊校經史，考訂圖籍，其址為麟趾殿。所謂「內有崇文之觀」者，抑或即指此麟趾殿耶？《通典・職官典》亦謂「後周有麟趾殿學士，掌著述」。如王褒、庾信等北周著名學者，都曾為麟趾殿學士。❽自「武德初」至「改為弘文館」 武德，唐高祖李淵年號。武德時期兩次更改館名，據《唐會要》卷六十四弘文館條所錄為：武德四年（西元六二一年）於門下省置修文館，至九年（西元六二六年）三月，改為弘文館。❾神龍元年 即西元七〇五年。神龍為唐中宗李顯年號。❿孝敬皇帝 唐高宗李治第五子李弘。顯慶元年（西元六五五年）被立為太子，上元二年（西元六七五年去世），在合璧宮遇酖而薨，時年二十四歲。謚為孝敬皇帝。實為武則天所毒死。《資治通鑑》上元二年太子薨於合璧宮條胡三省注稱：「李泌對肅宗云：『高宗有八子，睿宗最幼，天后所生四子，自為行第，故睿宗第四。長曰孝敬皇帝，為太子監國，仁明孝悌。天后方圖臨朝，乃酖殺孝敬，立雍王賢為太子。』」⓫神龍二年 即西元七〇六年。⓬景雲二年 即西元七一一年。景雲為唐睿宗李旦年號。⓭開元七年 即西元七一九年。開元為唐玄宗李隆基年號。⓮自武德貞觀以來皆妙簡賢良為學士 貞觀為唐太宗李世民年號。武德貞觀間精選賢良文學事，據《唐會要》卷六十四稱：武德九年（西元六二六年）「太宗初即位，大闡文教，於宏文殿聚四部群書二十餘萬卷，於殿側置宏文館，精選天下賢良文學之士，虞世南、褚亮、姚思廉、歐陽詢、蔡允恭、蕭德言，以本官兼學士，令更宿直，聽朝之隙，引入內殿，講論文義，商量政事，或至夜分方罷」。⓯文學直館 官署名。唐高祖武德四年（西元六二一年）秦王府置於宮城之西，以待四方之士，入館者，時人謂之登瀛洲。有杜如晦、褚亮、杜正倫、李玄道、李守素、姚思廉等十八人為文學館學士。秦王府僚屬並以本官兼學士。⓰儀鳳 唐高宗李治年號。⓱垂拱 武則天稱制時年號。⓲褚無量檢校館務 句中「褚無量」恐有誤。褚無量，字弘度，杭州人，景龍三年（西元七〇九年）遷國子司業，兼修文館學士，因而不可能在貞觀初檢校弘文館館務。《通典・職官・宰相》弘文館條作「褚亮」。褚亮，字希明，杭州錢塘人。南朝陳後主時人，陳亡，入隋為東宮學士。大業中授太常博士。入唐，與杜如晦等十八人為文學館學士，卒年八十八歲。《舊唐書》本傳稱其於貞觀元年（西元六二七年）「為弘文館學士」，但未言曾檢校館務。據《唐會要》卷六十四宏文館條所錄，貞觀初，檢校宏文館館務者為褚遂良：「號為館主，因為政事，其後得劉禕之、范履冰，並特敕相次為館主。」故此處褚無量當是「褚遂良」之誤。褚遂良，褚亮之子，工楷隸，貞觀中歷官諫議大夫，兼起居注。高宗即位後，遷尚書右僕射，封河南郡公。⑲張太素　生平及行年不詳。⑳劉偉之　偉，據南宋本當作「禕」。劉禕之，字希美，常州晉陵（今江蘇武進）人。少時以文藻知名，高宗時遷左史、弘文館直學士，後遷檢校中書侍郎。武則天稱制時，因說了句「太后既能廢昏立明，何用臨朝稱制？不如返政，以安天下之心」而獲罪，武則天「謂左右曰：『禕之我所引用，乃有背我之心，豈復顧我恩也！』」（《舊唐書・劉禕之傳》）後竟借故賜死。時年五十七歲。㉑范履冰　河內（今河南沁陽）人，與劉禕之同時為弘文館直學士，常被召入禁中，時人稱之為北門學士。武則天稱制時，「歷鸞臺天官二侍郎、春官尚書、同鳳閣鸞臺平章事，兼修國史；載初初，坐舉逆人被殺」（《新唐書・文藝・范履冰傳》）。㉒崇文　指崇文館，太子東宮學館。唐太宗貞觀時置。設學士、直學士，不定員，學生二十人。學士掌東宮圖籍，以教授諸生。課試舉送一同於宏文館生員。㉓皇宗緦麻已上親　凡皇帝同一高祖父母下之兄弟，均屬皇宗緦麻以上親。緦麻為喪服五服中最輕的一種。㉔大功已上親　指堂兄弟以上之親屬。大功為喪服五服中的第三服。㉕食實封　唐制，食實封者得真戶，以豐饒之地，中等以上之戶給之。封戶所得之租稅，三分中以一分入官，二分入封國。由州縣官與國官、邑官共同徵收封戶之租調。㉖供奉官　侍奉皇帝左右之近臣。唐以中書、門下二省官及御史臺官為供奉官。㉗貞觀元年　西元六二七年。㉘五品已上　據南宋本當為「五品已上子」。㉙虞世南　字伯施，越州餘姚（今浙江餘姚）人。唐太宗時為弘文館學士，改秘書監，封永興縣公，終年八十一歲。死後，太宗在手敕中稱：「虞世南於我猶一體也，拾遺補闕，無日暫亡」，並盛讚其為「當代名臣，人倫準的」（《舊唐書・虞世南傳》）。㉚歐陽詢　潭州臨湘（今湖南長沙）人，隋唐間著名書法家。《舊唐書》本傳稱其「初學王羲之書，後更漸變其體，筆力險勁，為一時之絕，人得其尺牘文字，咸以為楷範焉。高麗甚重其書，嘗遣使求之」。貞觀初，為弘文館學士，年八十餘卒。㉛王珪　字叔玠，太原祁（今山西省祁縣）人。貞觀初徵為諫議大夫，貞觀二年（西元六二八年）為侍中。㉜侯孝遵　生平及行年不詳。㉝許敬宗　杭州新城（今浙江富陽西南）人。貞觀時曾為著作郎，兼修國史。高宗在東宮時，為太子右庶子。永徽三年（西元六五二年），加弘文館學士；顯慶時，拜侍中，監修國史唯記事有阿曲。㉞史後　南宋本作「史漢」。即《史記》、《漢書》之簡稱。㉟入奏　南宋本為「又奏」。㊱開元七年　西元七一九年。㊲二十三年　指開元二十三年，即西元七三五年。㊳流外　唐時列入九品的官員稱流內，其不列入九品，多由雜途出身之吏員則稱流外。如諸司之錄事、令史、府史、亭長、掌固之類，亦稱未入流。流外經過一定年限的考功，可以入流，但限於六品以下。由流外入流者，通常受人歧視。如張玄素，貞觀時在東宮行太子左庶子，《舊唐書》本傳記到唐太宗一次問他歷官所由，一番盤根究底，使他不得不如實說出最初曾是「流外」。事後，他竟羞慚得「將出閤門，殆不能移步，精爽頓盡，色類死灰」。㊴入考入流　據南宋本應為「八考入流」。意謂須經八次考功（一年一次），才能入流。㊵搨書手　搨印碑帖文字或圖形之工匠。㊶貞觀二十三年　西元六四九年。㊷龍朔三年　即西元六六三年。龍朔為唐高宗李治年號。㊸神龍元年　即西元七〇五年。神龍為唐中宗李顯年號。㊹熟紙裝潢匠　裱裝字畫之工匠。

【語　譯】弘文館學士，官數沒有定員。東漢設有東觀，曹魏有崇文館，南朝宋元嘉年間，設有玄、史兩個學館；從宋明帝泰始年間到齊武帝永明年間，一直設有總明館；梁武帝時有士林館，北齊有文林館，北周有崇文館；這些學館的職掌或是校對整理圖籍，或是從事著述，或是兼管訓授生徒，亦就是現今弘文館的職司。唐高祖武德初年，設置了修文館，到武德末期，改為弘文館。高宗神龍元年，為了避孝敬皇帝李弘的名諱，改為昭文館，神龍二年時，又改為修文館，到景雲二年則又改了回去稱昭文館，開元七年最後改定弘文館，隸屬於門下省。從武德、貞觀以來，都是精選當世的賢良，來兼任弘文館的學士。依照成例，五品以上稱為學士，六品以下稱為直學士。另有文學直館，亦設置學士，沒有固定員數，通常都是由他官兼任。高宗儀鳳期間，因為館中圖籍甚多，便又設置了詳正學士，專職校理圖籍。自武后垂拱以來，弘文館的長官都是朝廷大臣兼領。館中貯藏有經、史、子、集四個門類的圖書。貞觀初年，由褚無量（遂良）檢校館務，被學士們稱為館主，這一做法便因襲下來成了慣例。此後有張太素、劉偉（禕）之、范履冰等人，都得到皇上特別敕書先後成為弘文館館主。通常還要另外委任給事中一人，主管館中的日常具體事務。

學生三十人。選補為弘文館、崇文館生員的條件，依例是皇帝緦麻以上的親屬，皇太后、皇后大功以上的親屬，散官一品、中書門下三品、同中書門下三品、同中書門下平章事、六部尚書、功臣有食實封的，京官職事正三品、供奉官三品的兒子和孫子，京官職事從三品和中書、黃門侍郎的兒子，都可以允許參加簡選。在具備以上條件的人員中，要選擇那些秉性和學識聰靈敏達的來作為弘文館學生。貞觀元年曾下過敕書，在文武職事五品以上現任京官（的兒子）中，如果有愛好學習書法或者有書法天賦的，可以在弘文館內學習書法，臨摹需用的法帖由內廷供應。在敕書頒發的當年，便有二十四人入館學習書法，又敕令虞世南與歐陽詢教授和示範楷書筆法。黃門侍郎王珪奏議說：「學生學習書法有空暇，請示可否設置負責教授的學官博士，使學生得以同時修習學業。」於是敕令太學的助教侯孝遵教授儒家經典，著作郎許敬宗講授《史記》和《後》《漢書》。貞觀二年，王珪又奏請再為學生設置講經博士，這樣他們亦可以報考經業，按照與其他貢生一樣的格式參加貢舉，同時兼學書法。

校書郎，定員二人，品秩為從九品上。原先的名稱為讎校，職掌是校對典籍。開元七年，撤銷了讎校，新設置校書四人；開元二十三年，減為二人。

典書，定員二人。館中有經、史、子、集四類圖書，由典書保管。典書的職品屬流外，要經過八考才能入流。

搨書手，定員三人。貞觀二十三年開始設置。到龍朔三年，館內裝釘保存好的法書已達九百四十九卷，因而一度停止搨書手的設置，神龍元年又重新設置。

筆匠，定員三人。貞觀二十三年設置。

熟紙裝潢匠，定員九人。貞觀二十三年設置。

【說　明】本章原注中提到的，唐高祖武德初年於門下省置修文館，後又改名為弘文館，其背景牽涉到唐代前期一個極為敏感的歷史問題，即玄武門之變。弘文館實際上是由秦王府的文學館演化而來，而文學館的十八學士，可說正是秦王李世民謀取國家最高權力的參謀班子。武德九年（西元六二六年）李世民發動玄武門之變，打敗並殺死了他的哥哥、已經立為太子的李建成。唐太宗李世民登上極位後，原來在宮城西側的文學館就搬到了宮內宏文殿側，改名為弘文館，原來的文學館十八學士便成了弘文館學士，其中有的成了最高層決策的智囊團，如杜如晦、房玄齡、虞世南、褚遂良等；有的是文化界的知名人士，如姚思廉、陸德明、孔穎達、歐陽詢等；還有一些則是幾朝元老或年輕新銳，如褚亮、許敬宗等。這樣一個班子，是不能單純從原來意義上的弘文館的職掌，例如整理圖籍、教授生員，去理解它的作用的；為了適應李世民初即帝位穩定政局的需要，它更多的還是要從政治上、文化上給予顧問和參議，同時也許還可借助他們各自在學業上的身份和成就，在士人中起到一種平衡的作用。但學士們又必須是不掌握任何實質性的行政權力，即皇帝個人握有的至上權力絕不容許分割，必須確保高度集中。不僅弘文館，中書省的集賢書院，太子東宮的崇文館，這三個機構的屬性大抵都是如此。它們各自的作用，決定於皇帝是否使用和如何使用它們，如果皇帝認為不需要，或想不到，或不善於從上述高層決策意義上去使用它們，那麼它們只好恪守本職成為一個被冷落於政治漩渦之外的清閑機構，默默無聞地做一點編纂修撰圖籍的工作，這於一個國家或民族的文化發展無疑是一件意義深遠的大好事，但身當其時的學士們卻難免會有「冷板凳」之嘆。

二

弘文館學士掌詳正圖籍，教授生徒。凡朝廷有制度沿革，禮儀輕重，得參議焉。校書郎掌校理典籍，刊正錯謬。其學生教授考試，如國子之制❶。禮部試崇文、弘文生舉例：習經一大經、一小經❷；史習《史記》❸、《漢書》❹、《後漢書》❺、《三國志》❻，各自為業，及試時務策五條。經、史皆讀文精熟，言音典正。策試十道，取粗解注義，經通六，史通三；其時務策須文體❼，不失問目意，試五得三。皆兼帖《孝經》、《論語》❽，共十條者為第❾。

【章旨】敘述弘文館學士及校書郎之職掌。

【注釋】❶國子之制　指國子學博士、助教們教授考試學生之制度。國子監有國子、太學、廣文、四門、律、書、算七學，國子學是吸收文武官三品已上及國公子孫，二品已上曾孫為生員者。❷習經一大經一小經　句首「習經」，近衛校明本稱「當作經習」。參照下文「史習」文例則亦應為「經習」。指經的學習與考試。唐制，禮部貢試以《禮記》、《左氏春秋》為大經，《毛詩》、《周禮》、《儀禮》為中經，《周易》、《尚書》、《公羊春秋》、《穀梁春秋》為小經。通二經，一般是指一大經、一小經，或是二中經；若通三經者，則指大、中、小經各一。❸史記　我國第一部記傳體的通史。漢司馬遷撰，一百三十篇。❹漢書我國第一部紀傳體斷代史。東漢班固撰，一百篇，分一百二十卷。其中八表與天文志係其妹班昭和馬續所續成。❺後漢書紀傳體東漢史。南朝宋范曄撰，一百二十篇，分一百三十卷。原書只有紀傳，北宋時把晉司彪《續漢書》八志，與之匹配，成為今本。故唐時之《後漢書》尚不包括八志。❻三國志 紀傳體三國史。西晉陳壽撰，六十五卷，分魏、蜀、吳三志。無表志。南朝宋時，裴松之為之作注，博引群書，注文多出本文數倍，保存史料甚富。❼時務策須文體 據南宋本，此句脫一「識」字。應為「時務策須識文體」。❽兼帖孝經論語 意謂還須兼考《孝經》、《論語》。貼，即貼經，古代試題形式之一。由考生填寫經文中被貼的若干字，類似現今之填充題。《孝經》、《論語》，並為儒家經典。前者作者係孔門後學，共十八章；後者係孔子弟子及其再傳弟子關於孔子言論的記錄，共二十篇。內容有孔子談話，答弟子問，及弟子間相與談論。❾共十條者為第 此句近衛校正德本稱：「據《唐志》，『條』下脫『通六』二字。」《新唐書・選舉志》正作「共十條，通六者為第」。補上後，全句意謂共十道題中，能填對六道的，即為及第。

【語　譯】弘文館學士的職掌是審慎地校正圖籍，教授生徒。凡是朝廷有關制度沿革，禮儀輕重的調節一類事宜，弘文館學士都要參預議論。校書郎的職掌是校正和整理各種典籍，刊正典籍中的錯謬。至於對弘文館學生的教授和考試，與對國子生的相關規定一樣。禮部關於崇文生和弘文生參加舉試的規定主要有：經的學習，是一大經與一小經；史的學習，則是《史記》、《漢書》、《後漢書》、《三國志》各選一部為業；此外還要考時務策五道題目。對經和史學習的要求，閱讀要精到熟練，語音要標準而典雅。考題一共十道，要求初步理解正文和注文的含義，經能通解六道題，史能通解三道題，便作為及格。時務策考核的要求是必須能〔識別〕文章體裁，回答不離問題的原意，考五道題，要有三道題的回答符合上述要求。此外，都還要考《孝經》、《論語》的貼經，十道題〔通六道題〕為及第。

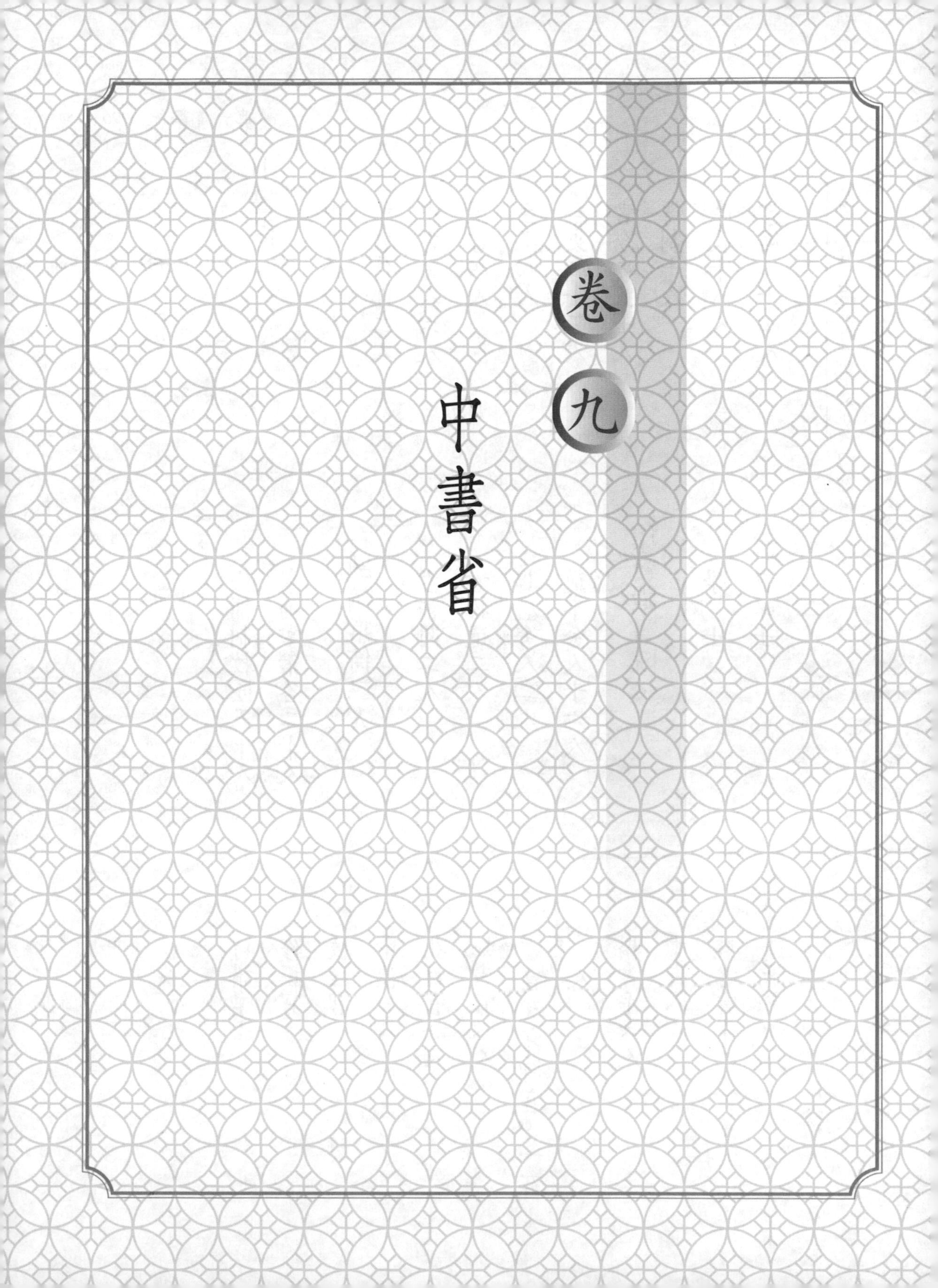

卷九

中書省

卷目

中書省

中書令二人
中書侍郎二人
中書舍人六人
主書四人
主事四人
令史二十五人
書令史五十人
傳制十人
亭長十八人
掌固二十四人
修補制敕匠五十人
掌函掌案各二十人

右散騎常侍二人

右補闕二人
右拾遺二人
起居舍人二人
通事舍人十六人

集賢殿書院

學士
直學士
侍講學士
修撰官
校理官
中使一人
孔目官一人
知書官八人
書直及寫御官❶一百人
搨書手六人
畫直八人
裝書直十四人
造筆直四人

❶南宋本為「寫御書」。正文亦為「寫御書」。

典四人

集賢殿學士❷

史館

史官

亭長二人

掌固六人

熟紙匠六人

匭使院

知匭使一人

判官一人

典二人

---

❷近衛校正德本以為此五字係「剩出，可削」。又曰：「『史館』當抬頭。」應從。正文也無「集賢殿學士」，而以「史館」轄「史官」。

卷旨

本卷所敘之中書省，是唐代作為聯合宰相的三省之一，是中央機要之司，掌軍國之政令。由中書省承旨制定詔敕，經門下省封駁並進御畫後，付尚書省施行。大體說來，中書、門下為決策機構，尚書省則屬行政系統。

本卷所記唐代中書省的直屬官員，定額為四十二名，包括中書令二人，侍郎二人，中書舍人六人，散騎常侍二人，補闕、拾遺、起居舍人各二人，通事舍人十六人，主書、主事各四人。原書不分篇，我們將它分成〈中書省〉和〈右散騎常侍〉兩篇。《新唐書·百官志二》則又加以德宗時新置的諫議大夫和增置的補闕、拾遺的員額，共為五十四名，較此多十二人。中書省的文屬機構尚有集賢殿書院、史館和匭使院，我們亦分了兩篇，即〈集賢殿書院〉和〈史館、匭使院〉。《舊唐書·職官志二》中書省的文屬機構還有翰林院、內教坊和習藝館三個，《唐六典》則未錄。

中書省的長官是中書令，侍郎為其副貳。但由於中書令身為相職，與尚書、門下長官一起參加政事堂議政成了他主要職責，特別是大曆二年（西元七六七年）後，中書令的品秩升為正二品，不再單授，很難再過問本省事務；而中書侍郎為「同平章事」本官，升正三品，因而便成了中書省的主要長官。在平日，實際主持中書省工作的往往就是中書舍人。

唐代中書省的主要職掌是起草詔書，具體執筆者則多為中書舍人。首篇中將唐代詔書分為冊書、制書、慰勞制書、發日敕、敕旨、論事敕書和敕牒七類；各種制敕起草的格式，適用的範圍，文中都有具體規定。中書舍人還要分房參議表章，協助宰相判案，以及考課時任監考使和參加與給事中、侍御史一起三司受事等。

此外，在重大的禮儀活動中，中書依然保留著作為帝王侍從的職掌。

唐代中書省分置於宮內和外朝，在外朝者稱中書外省，位於橫街南側和承天門街西側的交會處；在宮內者稱中書內省，位於大明宮內，宣政殿西廊月華門之西。東都亦置中書外省與內省，外省位於應天門街第一橫街之南，第二橫街之北，西緣為西朝堂，次西即外省所在。內省位於宣政殿西側，史館之東，集仙殿之南，處於宮城之西南隅。

中書省

【篇旨】本篇敘述中書省本部的主要官員，包括中書令、中書侍郎，以及中書舍人的定員、品秩、沿革和職掌。此外對一般官員主書、主事、令史、書令史的定員和品秩，亦有簡略介紹。關於中書省這一機構及其職官的建置和沿革，在上卷門下省中我們已經連帶作過一點說明，此處就不再重復。中書令與中書侍郎是中書省的正副長官，但在唐代，由於中書、門下、尚書三省長官在政事堂（後改中書門下）共議政事且同署辦公，所以實際主持中書省日常事務的則為中書舍人。

因中書令之職掌所及，本篇以主要篇幅敘述了詔書的七種形式及其沿革，可以由此約略窺見古代及唐代依照封建等級觀念在不同場合所使用的詔書的不同名稱及其不同的書寫格式，以至文字的字體、習慣用語，包括所用紙張的材質也各有異。文中對詔書制作的程序和下達執行的過程都有明細規定。據此可以大體瞭解歷代帝王是如何通過詔令來推動整個封建國家機器運作的。

閱讀本篇的重點是，弄清楚唐代的宰相制度及其變化。杜佑在《通典．職官三》中稱：「大唐侍中、中書令是真宰相。其餘以他官參掌者，無定員，但加同中書門下三品及平章事、知政事、參知機務、參與政事及平章軍國重事之名者，並為宰相，亦漢行丞相事之例也。」他把政事堂參加決策者分為真宰相和行宰相兩類，只有中書令和侍中才是真宰相。但這種情況高宗後又有了變化。睿宗時中書令裴炎把政事堂從門下省遷至中書省，玄宗時中書令張說改稱政事堂為中書門下，並刻製「中書門下」之印，這實際上宣告了由中書令執三省長官之牛耳，唯有他才是相權的真正執掌者。對這個演變過程及相關史實，我們在三章之末的說明中約略作了點介紹。

第三章敘述中書令職掌，四庫本無注，諸本皆然。近衛本校此疑其脫漏注文，並從《舊唐書・職官志》移錄一段相關文字，補為原注。考慮到所移錄文字反映了唐代前期宰相制度從三省並重到事實上的兩省制的演變過程，於閱讀本篇頗有幫助，故亦予以轉錄於正文之後，編排格式一似其他原注，唯加上方括號以為區別。

一

中書令二人，正三品。《周官》[1]：「內使[2]掌王之八柄[3]，掌書王命[4]。」蓋中書之任也。漢中書謁者令、丞[5]屬少府[6]。自武帝[7]游宴後庭，故用宦者。司馬遷[8]被腐刑[9]之後為中書令，即其任也。不言「謁者」，省文也。宣帝[10]時任中尚書官[11]弘恭[12]、石顯[13]，皆宦者，恭為令，顯為僕射。元帝[14]即位，恭死[15]，顯代為中書令。元帝以中人[16]無外黨，遂委以政事，事無大小，皆因決白，貴幸傾朝，公卿已下畏之，重足并迹[17]。成帝[18]改中書謁者令，罷中書宦官，更以士人為之[19]。《漢書儀》[20]云：「頒贊尚書出入奏事[21]，秩千石。」後漢省。獻帝[22]時，魏武[23]為魏王，置秘書令，典尚書奏事，此又中書之任也。魏黃初[24]，改秘書令典尚書奏事為中書令，又置監與令各一人，秩並千石。以秘書左丞劉放[25]為中書監，右丞孫資[26]為中書令，二人用事，權自此重矣。魏置監右於令，故孟康[27]目[28]中書令遷中書監，時以為美也。魏中書典尚書奏事，若密詔下州郡及邊將，則不由尚書。晉氏監、令並第三品，秩千石，銅印、墨綬[29]，進賢兩梁冠[30]，絳朝服㉛，佩水蒼玉㉜，軺車㉝。監、令掌贊詔命，記會時事，典作文書。舊尚書并掌詔奏，既有中書官，而詔悉由中書官也。故荀勗㉞從中書監為尚書令，人賀之，乃發恚㉟曰：「奪我鳳凰池㊱，何賀之有！」東晉朝更重其職，多以諸公領之㊲。中興之後，以中書九任㊳并入散騎省㊴，後復置之。宋、齊置監、令，品秩並同晉氏。梁監增秩至中二千石，令秩增二千石，監、令並增秩至二品；後定十八班㊵，監班第十五，令班第十四㊶。陳氏監、令品秩依梁㊷；中書分為二十一局㊸，各掌尚書諸曹，總國機要，而尚書唯聽受而已。後魏置監、令各一人。孝文㊹初，定命中書監正第一品，中書令正第二品中；太和末㊺，監從第二品，令正第三品。北齊依魏。後周依《周官》，春官府置內史中大夫㊻二人，掌王言，蓋比中書監、令之任；後又增為上大夫㊼。隋氏改中書省為內史省，置內史省監、令各一人；尋廢監，置令二人，正第三品。文帝廢三公府寮㊽，令中書令與侍中知政事，遂為宰相之職。煬帝十二年㊾，改為內書省；武德㊿初，為內史省；三年(51)，改為中書省。龍朔二年(52)，改省為西臺，令為右相；咸亨元年(53)復舊。光宅二年(54)，改中書為鳳閣，令為內史；神龍元年(55)復舊。開元元年(56)改為紫微令，五年復舊。

中書令之職，掌軍國之政令，緝熙帝載(57)，統和天人；入則告之，出則奉之，以釐(58)萬邦，以度百揆(59)，蓋以佐天子而執大政者也。

【章　旨】記述中書令之定員、品秩和設置之沿革及職掌。

【注　釋】❶周官　即《周禮》，儒家經典之一。係搜集周王室官制和戰國時各國制度，增刪排比並附會以儒家政治理想彙編而成的官制典籍。❷內使　據南宋本當為「內史」。內史於《周禮》屬春官宗伯，為五史之一。掌草擬下達諸侯之王令，撰作與傳佈冊命諸侯、公卿大夫之冊文，並佐天子制祿頒賞，依據法令考核政事，督察百官，屬機要之任。❸八柄　指決定或處理爵、祿、廢、置、殺、生、予、奪這八個方面的權柄。❹掌書王命　指王者如有命令下達畿內諸臣，則由內史撰作與傳告。❺中書謁者令丞　即中書謁者令、中書謁者丞。秦及漢初內官有中謁者令，掌宮中拜授報章諸事。《史記・灌嬰傳》：「沛公立為漢王，拜嬰為郎中，從入漢中，十月，拜為中謁者。」武帝時名為中書謁者令，更以士人為之，屬少府，以宦官典領。成帝建始四年（西元前二九年）後改為中謁者令。中謁者丞，即中謁者令下屬之四丞。如《漢書・成帝紀》記有「陳臨殺司隸校尉轅豐于殿中」一事，此陳臨即為中謁者丞。❻少府　官署名，亦為官名。秦漢時列為九卿之一。職掌帝王私室財政，管理山澤、陂池、市肆租稅之收入，以供國君及宮廷日常生活、祭祀、賞賜之需。❼武帝　指漢武帝劉徹。在位五十四年，終年七十歲。❽司馬遷　字子長，夏陽（今陝西韓城南）人，太史公司馬談之子。初任郎中，後繼父職，任太史令。因替李陵降匈奴事辯解而遭下獄受腐刑，出獄後，任中書令，即中書謁者令的簡稱。發憤完成我國第一部紀傳體通史，初稱為《太史公書》，今通稱《史記》。❾腐刑　古代肉刑的一種。割除男性生殖器官，使之喪失生育能力，猶若腐木之不生實，故稱腐刑。❿宣帝　西漢皇帝劉詢，漢武帝曾孫，戾太子之孫。號曰皇曾孫，生數月，遭巫蠱事，廷尉監丙吉使女徒更乳養，後詔大赦，才由掖庭養視，屬籍宗正。漢昭帝去世，以嗣昭帝後，即皇帝位，在位二十五年，終年四十歲。⓫中尚書官　即中書令。⓬弘恭　沛（今江蘇沛縣）人，少時坐法腐刑，為中黃門，宣帝時任為中書官，因明習法令故事而為宣帝所寵信。⓭石顯　濟南（今山東濟南）人，少時亦坐法受腐刑，為中黃門；弘恭為中書令時，石顯為中書僕射，至元帝繼位弘恭死，石顯代為中書令。⓮元帝　西漢皇帝劉奭。在位十六年，終年四十三歲。⓯夗　即「死」字。⓰中人　指宦官。⓱重足并迹　南宋本作「重足一跡」，義同。「迹」、「跡」為同一字。意謂疊足不前，雙腳立在一個腳印上，常用以形容恐懼不安之狀。語出《史記・酷吏列傳・義縱》。漢武帝時，義縱遷南陽太守，處理寧氏一案極為嚴酷，不僅盡破碎其家，且多有株連，致使「南陽吏民重足一跡」。⓲成帝　西漢皇帝劉驁。在位二十六年，終年四十五歲。⓳罷中書宦官更以士人為之　指成帝建始四年（西元前二九年），罷中書令石顯官，另置尚書員五人，以士人為之。⓴漢書儀　據南宋本當為「漢舊儀」。書名，亦稱《漢官舊儀》。東漢衛宏撰，四卷。載西漢舊事，包括皇帝起居、官制、名號職掌、中宮及太子制度等。原書本有注，但已久佚，魏晉唐人引稱《漢儀注》者，即此書。今存輯本正文與注不復分別，唯《永樂大典》本所存原注仍以小字書之。㉑頒贊尚書出入奏事 據《職官分紀》卷七中書令條引《唐六典》原注此句中「頒」當作「領」。領贊，導引。全句意謂：若尚書出入後庭奏事，則須由中書導引通謁。㉒獻帝 東漢最後一個皇帝劉協，係董卓擁立之傀儡，後依附於曹操。在位三十一年，遜位後，魏文帝曹丕封為山陽公十四年，終年五十四歲。㉓魏武 指曹操。漢獻帝建安十三年（西元二〇八年）進位為丞相，後封為魏王。西元二二〇年其子曹丕稱帝，追尊為武帝。㉔黃初 魏文帝曹丕年號。《職官分紀》卷七中書令條引《唐六典》原注作「黃初初」，較此處多一「初」字，而與《宋書·百官志》正合。㉕劉放 字子棄，涿郡（今河北涿縣）人。在曹操執政時參丞相軍事，歷縣令，魏國既建，為秘書郎，文帝黃初初年為中書監，加給事中，掌機密。明帝時尤見寵任，封方城侯，累官驃騎將軍。㉖孫資 字彥龍，太原（今山西太原）人。亦歷縣令，參丞相軍事，魏文帝黃初初年為中書令，加給事中。魏明帝時亦倍受寵任，並於明帝臨終時與劉放一起參預決策以曹爽、司馬懿輔政事。㉗孟康 字公休，安平廣宗（今河北安平）人。魏明帝時為散騎常侍，弘農太守，領典農校尉，渤海太守，給事中，散騎侍郎中書令，後轉為中書監，封廣陵亭侯。嘗注《漢書》。㉘目 南宋本及廣池本均作「自」，當從。㉙銅印墨綬 印，古代原用作符信，後漸成為權力的象徵和身分的標誌。漢自三公以下，分金、銀、銅三等，唐諸司多用銅印，品高者或塗以金。綬，拴繫官印之絲帶，以不同色彩顯示官品之尊卑。《漢官》稱：「尚書僕射，銅印青綬。」《後漢書·輿服志》：秩「千石、六百石黑綬」。㉚進賢兩梁冠 進賢冠，古儒者之冠。前高七寸，後高三寸，長八寸。有五梁、三梁、二梁、一梁之別。君主冠五梁之進賢冠，尚書、秩二千石及千石以上，則冠兩梁。㉛絳朝服 朝服，古代君臣朝會時所用禮服。《論語·鄉黨》：「吉月，必朝服而朝。」此處絳朝服為臣屬在朝饗、拜表、陪祭等大事所服。包括絳紗單衣，白紗中單，皂領、襈裙，白襦裙，革帶，曲領方心，絳紗蔽膝，襪、舄，劍，佩，綬。㉜水蒼玉 亦省稱「水蒼」，玉之一種。因其色青而有水紋故名。古代官員按品級佩玉石，如一品佩山玄玉，二品以下佩水蒼玉等。㉝軺車 古代軍車，由一匹馬牽引者稱軺車，二匹馬牽引者稱軺傳。魏晉重軺車，規定中書監令及僕射、侍中、黃門、散騎，初拜及謁陵廟，亦得乘之。㉞荀勗 字公曾，潁川潁陰（今河南許昌）人，東漢荀爽之曾孫。晉武帝太康中，守中書監。性慎密，久居中書，專管機事，有才思，探得人主微旨，不犯顏忤諍，其語諸子曰：「人臣不密則失身，樹私則背公，是大戒也。」後為尚書令，因失卻中書監職位而罔罔悵恨，或有賀之者，勗曰：「奪我鳳凰池，諸君賀我邪！」（《晉書·荀勗傳》）㉟恚 憤怒；怨恨。㊱鳳凰池 魏晉時中書省掌管機要，權大位重，又因接近皇帝而稱此。亦簡稱鳳池。

如李白〈贈江夏韋太守良宰〉：「君登鳳池去，勿棄賈生才。」一說古代以鳳詔稱帝王之詔書，中書監為起草詔書之機構，故譬作鳳凰池。㊲東晉朝更重其職多以諸公領之　此說他書亦有載，如《晉諸公贊》：「王獻之為中書令，啟瑯琊王為中書監，表曰：『中書職掌詔命，非輕才所能獨任，自晉建國，常命宰相參領，中興以來，益重其任，故能王言彌徽，德音四塞者也。』」（轉引自《職官分紀》卷七）㊳中書九任　句中「九」當是「之」字之訛。《職官分紀》卷七引《唐六典》原注此句作「之」字。㊴散騎省　散騎，秦置，為加官，騎從乘輿車後。東漢省，魏復置，西晉泰始十年（西元二七四年）置通直散騎常侍二員，東晉增為四員，其機構稱為散騎省，但附屬於門下，又一度以中書併入散騎省，故散騎省亦曾掌表詔之事。㊵後定十八班　南朝梁官制，初因齊，為九品制；武帝天監七年（西元五〇八年）徐勉為吏部尚書，奉命革選官秩以十八班為序，班多為貴。㊶令班第十四　據《隋書・百官志上》及《通典・職官十九》，梁中書令之官品均為第十三班。㊷陳氏監令品秩依梁　據《隋書・百官志上》，南朝陳中書監和中書令並為中二千石，監品第二，令品第三。㊸中書分為二十一局　此事《隋書・百官志上》記載較詳。其文稱：「國之政事，並由中書省。有中書舍人五人，領主事十人，書吏二百人。書吏不足，并取助書分掌二十一局事，各當尚書諸曹，並為上司，總國內機要，而尚書唯聽受而已。」㊹孝文　北魏皇帝拓跋宏，五歲受禪即帝位。在位二十八年，終年三十三歲。㊺太和末　太和係孝文帝年號。太和末指太和二十三年，西元四九九年。㊻內史中大夫　官名。西魏恭帝三年（西元五五六年）置，北周沿置。掌皇帝詔書之撰寫與宣讀，參議刑罰爵賞及軍國大事。定員二人，品秩正五命。西魏、北周任內史中大夫見諸《周書》者，如〈李昶傳〉：「六官建，〔昶〕拜內史下大夫，遷內史中大夫」；〈王褒傳〉：「保定中，〔褒〕除內史中大夫，凡大詔冊，皆令褒具草」。㊼後又增為上大夫　北周宣帝時，始置內史上大夫。《周書・宣帝紀》：大象元年（西元五七九年）二月辛巳，「詔傳位於皇太子衍，帝於是自稱天元皇帝，所居稱天臺，內史、御正皆置上大夫」。《北史・鄭羲傳》：從曾孫道邕，道邕子譯，超拜內史中大夫，遷內史上大夫。上大夫之官，自譯始也」。後隋文帝楊堅拜丞相，「拜譯柱國、相府長史，行內史上大夫事」。《廣弘明集》敘鄴城王明廣請興佛法事：大象元年（西元五七九年）：「鄴城王明廣上書內史上大夫宇文譯……內史上大夫宇文譯宣敕旨」。宇文譯，即上文鄭譯，賜姓宇文。據此可知北周內史上大夫之職務，即相當於中書監之職掌。㊽文帝廢三公府僚　文帝，指隋文帝楊堅。三公，古代最高輔政大臣，通常指司徒、司馬、司空，亦指太師、太傅、太保，詳本書第一卷。漢時三公各自立府，自辟僚屬。隋文帝廢三公府僚事，《隋書・百官志下》有記，其文稱：「三公，參議國之大事，依後齊置府僚。無其人則闕……尋省府及僚佐，置公則坐於尚書都省。」㊾煬帝十二年　煬帝，隋朝皇帝楊廣，年號為人業。煬帝十二年，即大業十二年，西元六一六年。

50武德　唐高祖李淵年號。51三年　指武德三年，西元六二〇年。此年之三月，改納言為侍中，內史令為中書令，給事郎為給事中。以封德彝為中書令。52龍朔二年　即西元六六二年。龍朔為唐高宗李治年號。53咸亨元年　即西元六七〇年。咸亨亦為唐高宗李治年號。54光宅二年　即西元六八五年。光宅為武則天稱制時年號。55神龍元年　即西元七〇五年。神龍為唐中宗李顯年號。56開元元年　即西元七一三年。開元為唐玄宗李隆基年號。57緝熙帝載　意謂光大帝王之事業。緝熙，發揚光大。載，通「事」，事業。《尚書・舜典》：「有能奮庸熙帝之載。」孔安國傳：「載，事也。」58釐　治理。《尚書・堯典》：「允釐百工。」59以度百揆　意謂總理一切事物。語出《尚書・舜典》：「納於百揆。」揆，此處作「事物」解。

【語　譯】中書令，定員二人，品秩為正三品。《周官》記載說：「內史掌理帝王八項權柄的法則，草撰和書寫帝王的詔令。」這就是現今中書的職責。漢朝設有中書謁者令和丞，是少府的屬官。由於漢武帝經常遊樂宴息在後庭，所以從那時起，多用宦官擔任此職。司馬遷在受腐刑以後，任為中書令，就是這個職務。不提「謁者」二字，只是行文上的省略罷了。漢宣帝時被任為中書官的，先後有弘恭、石顯，他們就都是宦官。弘恭為中書令，石顯為中書的僕射。漢元帝即位，弘恭死後，石顯接任中書令。元帝認為宦官中人在外朝沒有黨援，所以放手委任他們政務，事無大小，都由他們報告皇帝後決定。如此貴倖，權重壓朝，使得公卿以下文武百官都畏懼得裹足不前。漢成帝時，改稱中書謁者令為中謁者令，不再讓宦官做中書，改由士大夫來擔任。《漢書（舊）儀》說：「中書令的職掌是導引尚書出入禁中奏事，品秩為一千石。」東漢省去了中書這一建置。漢獻帝期間，魏武帝曹操在他被封為魏王時，曾設置過秘書令，負責尚書奏事，實際上這亦是中書的職任。魏文帝黃初初年，改由中書令代替秘書令負責尚事奏事，又設置中書監與中書令各一人，品秩都是一千石，當時以秘書左丞劉放為中書監，右丞孫資為中書令，兩人受到重用，從此中書的權力加強了。依曹魏的制度，中書監地位高於中書令，所以當孟康由中書令遷為中書監時，人們都以為他得到了一個榮耀的職位。曹魏規定由中書主管尚書的奏事，如果君王有密詔頒給州郡或邊將，可以不通過尚書而直接下達。在晉朝，中書監與中書令都是第三品，俸秩一千石，佩銅印、墨綬，戴進賢兩梁冠，穿絳朝服，佩水蒼玉，乘軺車。那時中書的職掌是起草詔命記會時事，負責撰寫文告。原來尚書亦一起負責詔書和奏章，這時既然已設置了中書官，詔書便都由中書官草擬了。因此荀勗從中書監調去做尚書令，有人為此向他祝賀時，他怨憤地說：「把我的鳳凰池奪去了，還有什麼可以祝賀的！」東晉期間，更加看重中書的職務，大多由諸公來擔任此職。東晉中興以後，曾一度把中書的職任併到散騎省，後來又恢復中書省。南朝的宋和齊，在中書省都設置監與令，品秩與晉朝時相同，都是第三品。到梁朝，中書監俸秩增加到中二千石，令增到二千石；監和令的官品都提高到二品。後來改定十八班時，中書監定為十五班，中書令定為十四（三）班。陳朝中書監、令的品秩都依照梁朝的規定，中書分為二十一局，各自對口分別掌管尚書省的各曹，總理國家的機要，而尚書只是聽受中書的命令和指揮而已。北魏中書省設置監、令各一人，孝文帝太和十七年頒佈的官品令，規定中書監為正第一品，中書令為正第二品中；太和二十三年的令，中書監改為從第二品，中書令改為正第三品。北齊依照北魏的規定。北周依據《周官》所記載的官制，在春官府設置內史中大夫二人，職掌是負責帝王詔書和命令的起草，也相當於中書監和中書令的職任；後來又提高為內史上大夫。隋朝改中書省為內史省，設置監、令各一人，不久撤銷了內史監，單設內史令二人，品秩為正第三品。隋文帝廢除三公設府僚的制度，讓中書令與侍中負責政事，這樣中書的職位便正式成為宰相的職務。隋煬帝十二年，改名為內書省。唐高祖武德初年，又改名為內史省，到武德三年，再改回稱中書省。高宗龍朔二年時，改稱中書省為西臺，中書令為右丞相；咸亨元年又恢復了舊稱。光宅二年，又把中書省改名為鳳閣，中書令稱內史；中宗神龍元年時又恢復舊稱。開元元年時曾改名為紫微令，開元五年又恢復舊稱。

中書令的職務是掌管有關軍國大事方面的政令，發揚光大帝王的事業，統同天人之間的協調；帝王入朝負責稟報，帝王外出巡幸，做好侍奉，這樣來整治天下萬邦，總理大小事務，也就是佐助天子掌握國家的大政方針。

【說　明】中書之名始於漢武帝。本章原注說：「自武帝遊宴後庭，故用宦者。」此語先見於《漢書．蕭望之傳》。為什麼遊宴後庭就要用宦者呢？原來漢代皇帝所居之「禁中」分為前後兩部，前部即前庭，是皇帝理政和百官上朝的地方；後部即後庭，是皇后妃起居的生活區。禁中只有宦官才能進入，而後庭，即使是宦官也並非人人都可進入。中常侍是宦官，即經過閹割的男性充當的宦官，故可以出入皇帝的臥內，而尚書雖屬宦官，卻是士人，但主詔令章奏，不侍皇帝起居，故只能奏事前庭，不得進入後庭。武帝既然遊宴後庭，樂不思出，由士人擔任的尚書便無由奏事，於是移前庭詔奏於後庭辦理，由宦者充當的中尚書便這樣應運而生。秦代的丞相可以變成中丞相，漢代的尚書可以變成中尚書，明代的內閣票擬可以變成司禮監秉筆，都是基於同一原由演化的結果。漢武帝以宦官為中書之制，一直延續到昭帝、宣帝、元帝三朝。在此期間見之於記載的中書令有司馬遷以及弘恭、石顯。後庭的中書與前庭的尚書是並存的，二者的分職是：尚書在前庭納百官奏章，經過初審，交由後庭中書呈皇帝；中書依御旨起草詔令，出之於尚書，由尚書謄正頒賜於外。由於中書掌前後庭的傳達，侵奪了中謁者的職權，故併中書與中謁者為一官，稱中書謁者令，「中書令」即其簡稱。尚書原來的職掌是出和納，設置中書後，這兩個職掌都發生了變化。先從納，亦即納奏看。朝臣上奏書者，皆為一式兩封，領尚書者可以先發副封，但有決定「留中」即扣住不送之權；不留中的奏書，將正本交尚書郎在皇帝面前啟封宣讀。設置中書後，發副之權仍屬尚書，但正本啟封宣讀之權已歸屬於中書，而到宣帝時，去吏民上書之副本，這樣尚書「留中」的權亦被駁奪了，尚書被降為近乎中書的傳達室。再從出，亦即出令看。置中書前，皇帝有詔命，尚書令受命，交尚書郎起草下達；置中書後，起草詔令已歸中書，尚書負責謄正頒發，僅為一般庶務而已。始於武帝的這種格局，至成帝而一變。建始四年（西元前二九年），成帝下詔廢除中書謁者令，出納之事復歸尚書。但實際上這種「復歸」已不可能是恢復漢初的局面，無非以外戚代替宦官，如王鳳、王音、王商等外戚借尚書而專出納，出現了元王后一門相繼專權的局面，並最終導致了西漢的滅亡。

中書建省始於魏，本章原注亦有簡略敘述。曹操封為魏王時，曾仿東漢桓帝設秘書監的先例而置秘書令，典尚書奏事及圖書秘記之事，這樣魏王府的秘書令便掌了出納之權。曹丕即位，把秘書分為兩個機構，新分出的機構稱中書，其長官為中書監、中書令，以原秘書左、右丞劉放和孫資分別充任；留下的秘書的首長稱秘書監。二者的分職是：秘書專掌圖書秘記之事，中書則典尚書奏事，掌出納。劉、孫二人，歷事魏武、文帝、明帝三代，掌管帝王出令之權，參預國事最終決策，這便是原注中所說的「權自此重矣」。但劉、孫所以權重，久任只是一個原因，更重要的還在於他們參預了明帝臨終時顧命大臣的選擇。《三國志・劉放傳》載：「〔明〕帝寢疾，欲以燕王宇為大將軍，及領軍將軍夏侯獻、武衛將軍曹爽、屯騎校尉曹肇、驍騎將軍秦朗共輔政。宇性恭良，陳誠固辭。帝引見放、資入臥內，問曰：『燕王正爾為？』放、資對曰：『燕王實自知不堪大任故耳。』帝曰：『曹爽可代宇不？』放、資因贊成之。又深陳宜速召太尉司馬宣王，以綱維皇室。帝納其言，即以黃紙授放作詔。放、資既出，帝意復變，詔止宣王勿使來。尋更見放、資曰：『我自召太尉，而曹肇等反使吾止之，幾敗吾事！』命更為詔。帝獨召爽與放、資俱受詔命，遂免宇、獻、肇、朗官。太尉亦至，登牀受詔，然後帝崩。」這次顧命大臣的決定，劉放與孫資起了重要作用，而兩人所憑藉的，正是中書監、中書令這個專掌出納的特殊職位。當時明帝已是臨終前極度虛弱的人，經過劉、孫接連兩次作詔這麼一番調理，便把曹宇換成了曹爽，同時引進了司馬宣王即司馬懿。這在當時實際上是兩個集團之間一場權力的爭奪：曹宇與曹肇失敗了，暫時得勝的是曹爽。後來司馬氏又挫敗了曹爽，並最終取代曹魏而建立了晉，足見這次臨終安排影響之重大和深遠。如果單就官品地位而言，尚書令是丞相，而中書監、令只是帝王左右的助手，自不可同日而語；但若是就整個封建國家機器運作過程而言，那麼中書因其更加接近皇帝這一特殊地位，使得它的重要性要超過尚書：尚書掌握的只是施政權，即行政權力，而中書所執掌的卻是出令權，即立法權。這就難怪本章原注所引錄的荀勗，當他從中書監「升任」為尚書令人們紛紛表示祝賀時，他卻反而要惱怒地說：「奪我鳳凰池，何賀之有？」

也許是物極必反、盛極必衰吧，在南朝，隨著君主權力的恢復和寒門士族的興起，起草詔令的實權漸次轉歸中書侍郎以至中書舍人，中書監、令經過一番演化，變成了一種清閑無事的榮譽頭銜。在北朝，中書省從未有像魏晉和南朝那樣執掌過如此重要權力，它只是一個「掌詔誥」或「管司王言」的機構。這是因為擔負中書一類職務的多為漢族士人，而實質性大權始終掌握在鮮卑貴族大臣手裡。在北魏充任中書監、令的有高允、高閭、崔光，北齊有邢卲、魏收、陽休之，他們的權力和影響都沒有能超越掌管詔誥的範圍。

隋代中書省歷稱內史省、內書省，廢中書監，置令二人。又將其原來的一些職務劃出，如史職併於秘書省，禮樂併於太常寺，從而使中書省成為職掌比較單純和集中，成為接納百官奏事的中樞機構。唐代中書省分置於宮內和外朝兩處，在宮內者稱中書內省，位於宣政殿西側；在外朝者稱中書外省，位於橫街南側與承天門街西側交會處。唐初因隋制，以三省之長官，即中書省之中書令，門下省之侍中，尚書省之尚書令，共議國政，以三省長官為當然宰相。其共議國政地點，自高祖武德以來，常在門下省，稱之為政事堂；高宗永淳時移至中書省，仍稱政事堂；至玄宗開元中期改稱中書門下。依照這一制度，中書令的實際辦公地點不是在中書省，而是在中書門下；這樣，中書省日常起草詔書一類事務便落到了中書舍人身上。只有在重大的禮儀場合，中書令還扮演著宣讀詔書的這一傳統角色。

二

凡王言❶之制有七：一曰冊書❷，立后建嫡❸，封樹藩屏❹，寵命尊賢❺，臨軒備禮❻則用之。二曰制書❼，行大賞罰，授大官爵❽，釐革舊政，赦宥降虜❾則用之。三曰慰勞制書❿，褒贊賢能，勸勉勤勞則用之。四曰發日敕⓫，謂後畫⓬發日敕也。增減官員，廢置州縣，徵發兵馬，除免官爵，授六品以下官，處流已上罪，用庫物五百段、錢二百千、倉糧五百石、奴婢二十人、馬五十疋、牛五十頭、羊五百口已上，則用之。五曰敕旨⓭，謂百司承旨而為程式，奏事請施行者。六曰論事敕書⓮，慰諭公卿，誡約臣下則用之。七曰敕牒⓯。隨事承旨，不易舊典則用之。皆宣、署、申、覆⓰而施行焉。《尚書》⓱有典⓲、謨⓳、訓⓴、誥㉑、誓㉒、命㉓之書，皆帝王詔制記于簡策者也。蔡邕㉔《獨斷》㉕稱：「漢制，天子之書㉖，一曰策書，二曰制書，三曰詔書，四曰戒敕㉗。策者，以簡為之，其制長三尺，短者半之，其次一長一短㉘兩編，下附篆書，題㉙年、月、日，稱『皇帝曰』，以命諸侯王、三公㉚。制書，帝者制度之命也。其文曰『制詔』，三公赦令、贖令之屬是也。近道印付使，遠道皆璽封，尚書令即准赦、贖令召三公詣朝堂受制書，司徒露布州郡㉛。詔書有三品㉜：其文曰『告某官某官如故事』㉝，是為詔書；群臣有所奏請，尚書令奏下之，有『制詔，天子答之曰可㉞』，以為詔書；群臣有所奏請，無尚書令奏『制曰』之字，則答曰『已奏如書，本官下所當至』㉟，亦曰詔。戒書、戒敕，刺史、太守及三邊營官被敕，文曰『有詔敕某官』，是為戒敕㊱。」自魏、晉以後因循，有冊書、詔、敕，總名曰詔。皇朝因隋不改。天后天授元年㊲，以避諱，改詔為制㊳。今冊書用簡，制書勞慰制書、發日敕用黃麻紙㊴，敕旨、論事敕及敕牒用黃藤紙，其敕書頒下諸州用絹。

【章 旨】記述帝王詔書的種類和各自的應用範圍，以及中書令在制詔過程中的職責。

【注 釋】❶王言　指帝王之詔令。❷冊書　詔書中最為隆重的一種。凡立皇后，建太子，封諸王，及封諸少數族首領等大事用之。唐代一般用竹簡書寫，仍保留著周代冊命制度的舊習。❸立后建嫡　指立皇后、建太子時需用冊書。冊立皇后，如唐高宗永徽六年（西元六五五年）十一月，「臨軒命司空（李）勣、左僕射（于）志寧冊皇后，文武群官及番夷之長，奉朝皇后於肅義門」（《舊唐書．高宗紀》）。其冊立武后之詔文，據《資治通鑑》卷二百載錄為：「武氏門著勳庸，地華纓黻，往以才行選入後庭，譽重椒闈，德光蘭掖。朕昔在儲貳，特荷先慈，常得侍從弗離朝夕，宮壼之內，恒自飭躬嬪嬙之間，未嘗邇目，聖情鑒悉，每垂賞歎，遂以武氏賜朕，事同政君，可立為皇后。」建嫡，如唐太宗於貞觀十七年（西元六四三年）立晉王李治為皇太子，其冊文為：「維貞觀十七年（西元六四三年），歲次甲辰，四月某朔日。於戲，維爾并州都督、左武侯大將軍、晉王治，忠肅恭懿，宣慈惠和，仁孝出於自然，信義備於成德，禎祥夙著，睿哲日新，永言少陽，匕鬯是寄，疇茲朝列，卿士協從。是用命爾為皇太子。往欽哉！爾其思王道之艱難，遵聖人之炯戒。勤修六德，勉行三善。無或舉非法度，忘恭儉而好驕奢；無或理乖彝倫，遠忠良而近邪佞。非履道無以彰名，非任賢無以成德。爾身為善，國家以安；爾身為惡，天下以殆。睦九族而禮庶僚，懷萬邦而擾遐裔，兢兢業業，無怠無荒。克念爾祖宗，以寧我宗社，可不慎歟！」（《唐大詔令集》卷二十八）❹封樹藩屏　指分封諸王，以為國之藩屏。藩屏，藩籬和屏風，喻護衛。語出《左傳．僖公二十四年》：「故封建親戚，以藩屏用。」分封諸王所用之冊書，如唐太宗於貞觀十年（西元六三六年）冊封其第四子李泰為魏王，其文為：「維貞觀某年月某日甲子，皇帝若曰：於戲！在昔哲後，受命君臨，并建茂親，以為藩衛，然則古之列國，今之按部，循名或異，立政則同，皆所以共治黎元，俱奬王室，克隆鼎祚，咸悉由之。惟爾雍州牧、左武侯大將軍、越王泰，生而韶敏，幼而好學，樂善不倦，才藝日新；位則維城，禮優分器，惟彼三魏，實號五都，非親勿居，夾輔攸屬。是用命爾為使持節都督相、衛、黎、魏、洺、邢、貝七州諸軍事，相州刺史，改封魏王，傳之子孫，長為藩翰。古人有言：皇天無親，惟德是輔；民心無常，惟惠之懷。往欽哉！爾其鑒茲格言，無自驕奢，無邇邪佞，兢兢業業，以保爾茅土。可不慎歟！」（《唐大詔令集》卷三四）❺寵命尊賢　對大臣的任命與表示尊敬。這類冊文，《唐大詔令集》卷六十收有多篇，如高宗顯慶元年（西元六五六年）冊張允恭為鄯州都督，其文為：「維顯慶元年（西元六五六年）歲次丙辰，十二月辛卯朔，八日戊戌，皇帝若曰：『夫安邊訓俗，有國之先猷；簡賢任能，為政之常典。惟爾蘭州都督、安樂縣開國公張允恭，器宇詳正，識用邁遠，夙著勤誠，早延恩遇。今方違夐，羌戎薦居，降節監撫，綏懷攸屬。是用命爾為使持節都督鄯、蘭、河、儒、廓、淳、濛七州諸軍事及鄯州刺史，封如故。爾其鎮靜幽荒，式清奸宄，憺威棱以肅遠，明賞罰以垂信。無怠庶政，率由舊章，光膺寵命，可不慎歟！』❻臨軒備禮　臨軒，皇帝不坐正殿而在殿前平臺上接見臣屬。此句意謂皇帝在正殿前平臺上任命冊立的使節或舉行冊立的儀式。如冊立皇太子，便是皇帝臨軒，由中書令跪讀冊文，皇太子自中書令接受冊文及璽綬。❼制書　又一種帝王文書。《史記・秦始皇本紀》：「命為制，令為詔。」蔡邕《獨斷》：「制者，帝王制度之命也。」凡皇帝要行大的賞罰、改革舊政或寬赦降虜等，通用制書。唐代制書的格式，依〈公式令〉，應是：

門下：云云　主者施行

年　月　日

中書令具官封臣姓名宣

中書侍郎具官封臣姓名奉

中書舍人具官封臣姓名行

侍中具官封臣名

黃門侍郎具官封臣名

給事中具官封臣名　等言（大事則稱揚德澤，褒美功業）

制書如右　請奉

制府外施行謹言

年　月　日

可（御畫）

各類制書之具文，詳《唐大詔令集》。❽行大賞罰授大官爵　行大賞罰，如封親王，或除親王封爵；授大官爵，指授任六品以上官爵，都須用制書。授任的，如〈張說中書令王晙同三品制〉、〈韓休平章事制〉等；貶降的，如〈李宗閔明州刺史制〉、〈再貶李宗閔處州長史制〉、〈三貶李宗閔潮州司戶制〉等。（詳見《唐大詔令集》卷四五、五七）❾赦宥降虜　降虜，《唐會要》卷五十四中書省條作「降恩」，《職官分紀》卷七引《唐六典》原注此句作「降旨」。赦宥，亦稱「恩宥」，如大赦令，稱赦文，在古代常被視為皇帝「降恩」赦免按規定可赦免的罪犯。故似以「降恩」為勝。至於此類文書，則如《唐大詔令集》卷六十九所收〈貞元元年南郊大赦天下制〉等便是。❿慰勞制書　制書的一種。用以褒獎賢能，慰勞勤勉。如唐代宗時由常袞起草的〈褒勞勳臣制〉便是，見於《唐大詔令集》卷六十。⓫發日敕　敕，是指上命下的一種文書。顧炎武《金石文字記》：「漢時人，官長行之掾屬，祖父行之子孫，皆曰敕……至南北朝以下，則此字唯朝廷專之。」發日敕則是指已經中書門下，進呈皇帝畫「敕」，即將頒行的敕書，所以稱「畫敕而施行者曰發日敕」（葉夢得《石林燕語》卷三）。據《唐律疏議．職制律》，畫「敕」亦不一定都寫「敕」字，如授予六品以下官的敕書，即進畫「聞」字；授予五品以上官則進畫「可」字。發日敕是日常使用最多、範圍最廣的一種詔書形式。有時亦簡稱為手詔。⓬後畫　「後」當為「御」之訛。《職官分紀》卷七中書令條引《唐六典》原注便作「御畫」。⓭敕旨　是根據皇帝旨意而制作的有關某一事項的施行程式，即此下原注所言「百司承旨而為程式，奏事請施行者」。如貞觀九年（西元六三五年）太上皇李淵去世，需要建立宗廟。於是在同年七月下詔：「國初草創，宗廟之制未備，今將遷祔，宜令禮官詳議」（《資治通鑑》卷一九四）。據此而發的制書，便是收錄於《唐大詔令集》卷七十五的〈令所司與禮官議宗廟制〉。禮官及百司遵奉旨意，經過集議提出實施方案，作為奏議進上供皇帝抉擇，當方案被最後確定時，便在奏議後面批以「敕旨宜依」、或「敕旨依」、或「敕旨依奏」等字樣，即可正式付諸施行。⓮論事敕書　針對某項具體事務，諸如或慰諭公卿將士，或誡約臣下而發的敕書。此類敕書《唐大詔令集》收有不少。如高祖武德元年（西元六一八年）〈誡表疏不實詔〉是誡約臣下的；武德九年（西元六二六年）〈令內外官相存問詔〉是慰諭公卿的；代宗至德元年（西元七五六年）〈慰諭朔方將士敕〉是慰勞郭子儀及前方將士的。又如開元十六年（西元七二八年）〈令州縣以制敕告示百姓敕〉，是就州縣不將制敕告示百姓事重新作出規定的，敕文較短，茲錄於下：「敕：凡制令宣佈，皆所以為人。如聞州縣承敕，多不告示百姓，使閭巷間不知旨意，是何道理？宜令所由提撕，應有制敕、處分等，令始終句當，使百姓咸知。如施行有違，委御史訪察聞奏。」（《唐大詔令集》卷一一〇）⑮敕牒　葉夢得有「敕牒乃尚書省牒」（《石林燕語》卷三）的說法，可能是尚書省根據旨意擬定的政令，以牒文的形式，下達給相關部門。⑯宣署申覆　指上述七種制詔起草頒行，皆須經下述程序：由中書令宣旨，中書侍郎及中書舍人奉行起草和署名，再由門下省的侍中、黃門侍郎、給事中審議，最後由皇帝畫可後，方可交付尚書省下達施行。這種經過中書、門下起草和審議，有底本留在中書可以檢覆的宣命，謂之「正宣」，也就是說，制書或詔書只有由中書起草的才是正宣。⑰尚書　儒家經典之一。相傳為孔子編集而成，是我國古代最早的文告彙編。其中〈虞書〉五篇，〈夏書〉四篇，〈商書〉十七篇，〈周書〉三十二篇。〈尚書序〉把《尚書》全部篇什分為典、謨、訓、誥、誓、命六種文體。⑱典　《尚書》文體之一。用於記載典制。如〈堯典〉、〈舜典〉、〈禹典〉、〈洪範〉、〈呂刑〉、〈周官〉，都屬於這一類。⑲謨　《尚書》文體之一。謨的字義為謀略、謀劃，因此這類文體多為上古君臣討論謀劃的記錄。如《尚書・虞夏書》中有〈大禹謨〉、〈皐陶謨〉，前者屬古文《尚書》，後者屬今文《尚書》，二篇都是舜與禹、益、皐陶討論政務的記錄。⑳訓　《尚書》文體之一。古言可為法式者稱訓，或訓誡。如《尚書・商書》中之〈尹訓〉篇，是伊尹教導太甲的訓辭；〈盤庚〉上、中、下三篇，是盤庚為遷都事教導臣民的訓辭，便都屬訓。㉑誥　《尚書》文體之一。以命令形式告諸四方的一種文獻。如《尚書・周書》中的〈大誥〉，便是周武王去世以後，管叔、蔡叔作亂，周公出師東征前，以成王名義發佈的文告。文中申述東征的理由，勸導臣民同心同德地去平定叛亂。㉒誓　《尚書》文體之一。多為君王率領諸侯聚眾出征時的誓言。如《尚書》中的〈甘誓〉、〈湯誓〉、〈泰誓〉，便分別是夏啟討伐有扈氏、商湯討伐夏桀和周武王伐商大會諸侯時的誓師詞。㉓命　《尚書》文體之一。多為君王任命官員或賞賜諸侯的冊命。如《尚書》中的〈蔡仲之命〉、〈文侯之命〉皆是。前者是周公平定蔡叔叛亂後，冊命其子蔡仲為蔡國國君的命令，後者則是周平王表彰晉文侯平定戎亂功績的冊書。文侯即晉文公重耳。㉔蔡邕　字伯喈，陳留圉（今河南杞縣南）人。少博學師事胡廣，好辭章、術數、天文，妙操音律，歷遷議郎。後為程璜所構髡鉗徙遠方。遇赦後，董卓辟之，初稱疾不就，卓怒，不得已而至，三日三遷，終拜左中郎。卓誅後，為王允所殺。著有《獨斷》、

《蔡中郎集》。㉕獨斷　蔡邕撰，二卷。宋代左圭所輯之《百川學海叢書》甲集，及明代何鏜之《漢魏叢書》皆收有此書。㉖天子之書　《獨斷》原文作「其命令」。㉗戒敕　《獨斷》原文作「戒書」。㉘「其制長二尺」至「一長一短」　長三尺，《獨斷》與《漢制度》皆作「長二尺」。又，策簡有長有短，其用意難詳。褚少孫所補《史記》之〈三王世家〉，以為策文之簡參差長短「皆有意」，但「人莫之能知」。可見早在漢代，此事已成為一個謎。㉙題　《獨斷》及《漢制度》作「起」。㉚以命諸侯王三公　《獨斷》在此句下，關於策書的應用範圍，尚有如下一段文字：「其諸侯王三公之薨於位者，亦以策書誄謚其行而賜之，如諸侯之策。三公以罪免，亦賜策，文體如上策而隸書，以一尺木兩行，唯此為異者也。」漢代命諸侯王的策書，在《史記・三王世家》中尚保留有三篇，即〈齊王策〉、〈燕王策〉和〈廣陵王策〉。今錄〈齊王策〉全文如下：「維六年四月乙巳，皇帝使御史大夫湯廟立子閎為齊王。曰：於戲！小子閎，受茲青社！朕承祖考，維稽古建爾國家，封於東土，世為漢藩輔。於戲念哉！恭朕之詔，惟命不于常。人之好德，克明顯光。義之不圖，俾君子怠。悉爾心，允執其中，天祿永終。厥有愆不臧，乃凶于而國，害于爾躬。於戲，保國艾民，可不敬與，王其戒之。」六年，是漢武帝元狩六年，即西元前一一七年。此策書的開頭便是「題年、月、日」，說明事由，以下便是「皇帝曰」。㉛自「制書」至「露布州郡」　此段共五十七字，與《獨斷》原文相校，有較多闕略。其中「近道印付使，遠道皆璽封」二句，原文為「凡制書有印使符，下遠近皆璽封」，含義亦相異。茲引《獨斷》原文，缺略處以方括號表出，則全文如下：「制書，帝者制度之命也。其文曰『制詔』，三公赦令、贖令之屬是也。〔刺史太守相劾奏，申下土遷書，文亦如之。其徵為九卿，若遷京師近臣，則言官，具言姓名；其免若得罪，無姓。凡制書有〕印使符，下遠近皆璽封，尚書令印重封。唯赦〔令〕、贖令，召三公詣朝堂受制書，司徒〔印封〕。露布〔下〕州郡。」這段文字內容包括制書的範圍，諸如赦令、贖令等；制書下達的程序，如須有竹使符與璽封，尚書令重封，屬於赦令、贖令、召三公詣朝堂的，則由司徒印封。唯有露布不需封印即可直接下州郡，因為它原本是公開文書。此外還規定，若是徵為九卿或由外官遷為內官一類制書，須寫明官稱並本人姓名，若是因罪免官的制文，則單稱名不書其姓。依照《獨斷》這段文字對制書的界定，以為開頭必有「制詔……」字樣，那麼《漢書・李尋傳》所錄漢哀帝建平二年（西元前五年）改元大赦詔書，就大體符合制書格式。其文為：「詔制丞相御史：蓋聞《尚書》『五曰考終命』，言大運壹終，更紀天元人元，考文正理，推曆定紀，數如甲子也。朕以眇身入繼太祖，承皇天，總百僚，子元元，未有應天心之效。即位出入三年，災變數降，日月失度，星辰錯謬，高下貿易，大異連仍，盜賊並起。朕甚懼焉，戰戰兢兢，唯恐夷陵。惟漢興至今二百載，歷紀開元，皇天降非材之右，漢國再獲受命之符，朕之不德，曷敢不通夫受天之元命，必與天下自新。其大赦天下，以建平二年為太初元年，號曰陳聖劉太平皇帝。漏刻以百二十為度。布告天下，使明知之。」漢哀帝這次改元是因為自己寢疾不瘉，接受賀良的建議改元大赦，以求身體的康復。從詔書內容看，改元涉及制度的變易，大赦則屬於赦令的範圍，文首為「詔制丞相御史」，結尾為「布告天下使明知之」，這樣的內容和格式，符合制書體例。在《史記》、《漢書》等史著中，收錄詔令一類文書雖不少，但大多依記敘要求作了刪削，能完整保留制書這一公文形式的頗為罕見；即以哀帝這份改元大赦詔書，在《漢書·哀帝紀》中便有較大刪節，文首的「詔制丞相御史」及末尾的「布告天下，使明知之」都被刪去，已無法窺其全貌。㉜詔書有三品　此句《獨斷》原文為：「詔書者，詔誥也，有三品。」而《漢制度》則是：「詔書者，詔誥也。」㉝其文曰告某官某官如故事　此為《獨斷》所論定的三種詔書之一的用語體例。但句中「某官某官」，似有誤。《獨斷》原文為「某官官」，亦難通。《太平御覽》卷五百九十三引《漢制度》作「某官云」，較為可解。此種「如故事」句例，日本大庭脩在《秦漢法制史》一著中認定為「相當於《宋書·禮志》中元嘉二十六年（西元四四九年）皇太子監國時有司所奏儀注中的文句」。在《宋書·禮志二》相當於上述詔書的格式有：

令司徒。某事云云。令如是，其下所屬，奉行如故事。文書如千里驛行。

年月日子

右令書自內出下外儀。

這是從內宮直接下達的詔書，「告某官」即「令司徒」，下當有令辦某事的具體內容，然後是通知其下屬奉行如故事。《獨斷》中所述「告某官」與「如故事」，恰好是詔書格式之一頭一尾。㉞自「群臣有所奏請」至「天子答之曰可」　此為第二種詔書的用語體例。《獨斷》此段原文為：「群臣有所奏請，尚書令奏之，下有制曰，天子答之曰可。若下某官云云。亦曰詔書。」此類詔書多由自下而上產生。先臣下奏請，經過尚書省，向皇帝提出建議，皇帝下制文，令相關機構議論可行性並提出具體方案，再上報皇帝，皇帝制曰「可」，然後交付相關機構具體執行。《史記·三王世家》，圍繞著該不該封拜三皇子為諸侯王事，正文全由臣下的奏請和漢武帝的制書組成；只是此事經過幾上幾下，所反映的過程頗為複雜。最先是霍去病以大司馬的身分提出封拜劉閎等三皇子為諸侯王的奏議，奏議經由尚書令而上達至未央宮，漢武帝的制文是「制曰：下御史」，意思是要群臣議論，此事是否可行。於是「〔元狩〕六年三月戊申朔乙亥，御史臣光、守尚書令、丞非，下御史書到，言……」這「言」字以下便是他們接到制書後，經過議論，共同提出的建議：「昧死請立」三皇子為諸侯王。但開頭兩次漢武帝都以為封為列侯即可，直到第三次才下達「制曰：立皇子閎為齊王，旦為燕王，胥為廣陵王」。接著便正式作為詔書下達，其下達程序是：「〔元狩〕六年四月戊寅朔癸卯，御史大夫湯下丞相，丞相下中二千石，二千石下郡太守、諸侯相，丞〔承〕書從事，下當用者。如律令。」「承書」和「從事」意謂接到詔書、立即辦理。「承書從事，下當用者」係漢時公文常用語，相當於唐代公文中「主者施行」、「符到奉行」之意。㉟自「群臣有所奏請」至「本官下所當至」　此為第三種詔書用語體例，類似唐代「敕牒」，屬於日常事務，不必上下往返議論，因而不經尚書令奏制曰，直接批文為「已奏如書，本官下所當至」，表示已收到奏書，其所奏事為該官所應承辦事務。又，首句中「奏請」，南宋本作「表請」，《職官分紀》卷七引《唐六典》原注此句則為「表奏」。

㊱自「戒書戒敕」至「是為戒敕」　此段與《獨斷》原文相校，大體一致，唯後者略詳。其文為：「戒書，戒敕刺史、太守及三邊營官。被敕文曰『有詔敕某官』，是為戒敕也。世皆名此為策書，失之遠矣。」漢代誡敕，相當於唐代的論事敕書，是皇帝與在京師外的刺史、太守及在三邊統率軍隊的營官，就某項事務進行商討的問事敕書，或給官吏以誡約的敕書。此類文書之概貌可見於《漢書·趙充國傳》。其時後將軍趙充國在今甘肅青海一帶，與京師書函往返討論軍事問題，因在出兵問題上與九泉太守辛武賢的奏議相左，宣帝「以書敕讓充國曰：『皇帝問後將軍，甚苦暴露。將軍計欲至正月乃擊罕羌，羌人當獲麥，已遠其妻子，精兵萬人，欲為酒泉、敦煌寇。邊兵少，民守保不得田作……』」，這便是一份戒書。開頭的「皇帝問」，是責讓趙充國推遲出兵的計劃。趙充國在上書謝罪的同時，詳細陳述了進兵與陳兵的利害關係。一個月後，他的中奏獲得了宣帝認可：「璽書報從充國計焉。」後來趙充國還提出要在西羌屯田的奏議，因朝臣意見不一，奏書與戒書亦有多次往返，但最後同樣得到宣帝批准：「上於是報充國曰：『皇帝問後將軍，上書言羌虜可勝之道，今聽將軍，將軍計善。其上留屯田及當罷者人馬數。將軍強食，慎兵事，自愛！』」以上幾例「皇帝問後將軍」開頭的詔書，便是此處原注中所言「有詔敕某官」。

㊲天授元年　即西元六九〇年。天授為武則天稱帝後的第一個年號。㊳以避諱改詔為制　所避為武則天之名曌。「詔」、「曌」同音。㊴黃麻紙　據葉夢得《石林燕語》卷三稱：「紙以麻為上，藤次之，用此以為輕重之使。」從紙的品級上亦可知，用黃麻紙書寫的制書、慰勞制書、發日敕，要重於用藤紙書寫的敕旨、論事敕書及敕牒。又，高承《事物紀原》卷二云：「唐高宗上元二年（西元六七五年）以制敕施行，既為永式，用白紙多為蟲蛀，自今已後，尚書省頒下諸州縣，並用黃紙。敕用黃紙，自高宗始也。」

【語譯】關於帝王詔令的格式，共有七種。一是冊書，立皇后，建太子，分封諸侯王作為帝室屏藩，尊崇賢士，寵命大臣，皇帝臨軒備禮舉行儀式，都用冊書。二是制書，施行大的賞賜或懲罰，授予重要的官爵，治理歷年的舊政，降虜（恩）進行大赦，都用制書。三是慰勞制書，褒獎讚揚賢能的官吏，勸勉勤於官事的臣下，都用慰勞制書。四是發日敕，是指經過皇帝後（御）畫的發日敕。它的應用範圍，包括增減官員的定員，州、縣的廢除或者增置，在地方上徵發兵馬，除免某人的官爵，授任六品以下的官吏，處分流刑以上的刑罰，調用庫存的物資，如絹五百段以上，錢二十萬以上，糧食五百石以上，奴婢二十人以上，馬五十匹以上，牛五十頭以上，羊五百隻以上，都要用發日敕。五是敕旨，是指各個官司機構，根據皇帝旨意起草具體貫徹執行的辦法和付之實施的方案，上奏皇帝請旨施行的，用敕旨。六是論事敕書，就某一具體事項，皇帝慰諭有關公卿，或者責問、誡約有關臣下時，用論書敕書。七是敕牒，隨事根據旨意，或可依照過去典則辦理的事，用敕牒。以上各種制書、敕書，都由中書令宣旨，中書侍郎及舍人奉行起草，門下省審議後向皇帝申覆御畫，最後由尚書省頒行。《尚書》裡收有典、謨、訓、誥、誓、命六種不同的文體，都是帝王的詔令、制書被記載於簡冊彙集而成的。蔡邕在《獨斷》中說：「根據漢朝的制度，天子的文書共有四種：一是策書，二是制書，三是詔書，四是戒敕。策書，是用竹簡做成的，它的規制是：長的為二尺，短的折半，亦就是一尺。編排的次序是一長一短，分作兩編，下面附有篆書，題有年、月、日，頭裡稱『皇帝曰』，用這種格式的文書來任命諸侯王及三公。制書，是帝王有關制度方面的命令，文頭稱『制詔三公』，例如赦令、贖令便是屬於這一類。〔制書的下達，〕近距離的有竹使符，遠距離的都用璽封，再用尚書令印〔重封〕。如果是赦令和贖令，要召三公到朝堂受制書，由司徒〔印封〕。至於露布，那就可以直接下達州郡。詔書，它的格式共有三種。一種是它的用語體例為『告某官某官（云），如故事』；另一種是群臣有所奏請，經尚書令上奏後再下達，有『制詔，天子答之曰可』這樣的字樣的。第三種亦是群臣有所奏請，但沒有經過尚書令上奏，因而亦沒有「制曰」字樣，只是回答說：『已奏如書，本官下所當至』。戒書，是戒敕刺史、太守和三邊營官的，被敕的文字開頭是『有詔敕某官』，這就是戒敕的格式。」從魏晉以來，歷朝都因循兩漢公文書的格式，有冊書、詔書、敕旨，總的名稱就是「詔」。本朝在公文書上繼承隋的制度沒有改變。天后天授元年，因為避諱，把「詔」改成了「制」。現今冊書仍用竹簡，制書、慰勞制書、發日敕用黃麻紙書寫，敕旨、論事敕書和敕牒用黃藤紙書寫。赦書由於要下頒到各個州去，所以用絹書寫。

【說　明】關於古代公文書格式，本書除本章外，還有第一卷〈尚書都省〉篇，第八卷〈門下省〉首篇，前後有三處述及。這總數不下一、二十種，包括下行和上行的公文格式，就其實際應用價值而言，顯然都屬明日黃花，不再適用於現代社會；但如果我們換一個角度，從研究歷史、認識古代政治體制以至政治生活出發，那它們實在是不可多得的好材料。不妨可以把它們比作「精神化石」，亦即是說，我們可以通過這些歷經千百年凝固下來的格式，清楚地看到整個封建王朝等級森嚴的上下關係，錯綜複雜的横向關係；看到上令是如何下達的，下情是如何上進的，從而瞭解當時整個國家機器是如何運作的，作為帝王制度頂端的皇帝是如何行使其權力，如何發號施令的；而作為聯合宰相中書、門下、尚書三省，又是如何圍繞著詔書與奏章，即「出」與「納」，有序地顯示各自的職能的。如果再聯繫這上下行兩種文書產生的歷史背景和制作、施行的實際過程，那不就等於一部活生生的歷史了嗎？

當然，對我們後人來說，要真正弄清楚這些格式，特別是弄懂其中所蘊藏的含義，也不是一件容易的事，譬如缺少相對應的實物比照，便是一個不小的困難。褚少孫為《史記》補〈三王世家〉時，其正文只是把有關公文書依次作一番編纂而已。編完後他卻說：「至其次序分絕，文字之上下，簡之參差長短，皆有意，人莫之能知」，要求「覽者自通其意而解說之」（見〈三王世家〉跋語）。褚少孫是西漢元成間的一個博士，離開司馬遷的時代還不遠，就是他，儘管看到過那些封策書的原文，但對其中次序之劃分，文字之上下，簡片之參差長短，明知含有深意，卻已「莫之能知」，這對後人來說，在缺少實物比照的情況下，就更加難以知其細節了。所以蔡邕《獨斷》對策書、制書、詔書、戒書這四種文體所作的概括的文字，還存在某些難以通解之處，本書原注引用《獨斷》的段落，與原文亦每有出入，這些都需要有人去作專門研究。目前《史記》、《漢書》雖錄有不少詔文，但都經過較大刪節，只有個別篇什，如〈三王世家〉及我們在本章注釋中已提到的《漢書》中的〈趙充國傳〉、〈李尋傳〉所收錄的若干公文書，多少還保留著一點原來文體的面貌。此外便是敦煌漢簡中制書的殘簡，和若干金石文字，也可用來作些推斷。不過從整體上看，《獨斷》所歸納漢代帝王命令的四種文體，與唐代王言之制的七種文體，基本上還是相對應的。如果把漢代的策書，如漢武帝時的〈齊王策〉，與唐代初年李世民封李泰為魏王的〈冊雍州牧左武侯大將軍越王泰改封魏王文〉相比較，其格式與文字都頗為相似。漢代的制書、慰勞制書亦相類，只是唐代制書使用的範圍更加寬泛罷了。漢代詔書的三品與唐代的幾種敕書差別也不大，漢代的戒書與唐代的論事敕書是大致接近的。當然，漢、唐畢竟相隔千年，差異不可能沒有，例如各自所採用的固定用語，或稱之習慣語，就有不少變化。

三

凡大祭祀❶群神，則從升壇❷以相禮；享宗廟❸，則從升阼階❹；親征纂嚴❺，則使戒敕百寮。冊命親賢，臨軒則使讀冊；若命之于朝❻，則宣而授之。凡冊太子❼，則授璽、綬。凡制詔宣傳❽，文章獻納❾，皆授之於記事之官❿。〔武德、貞觀⓫故事，以尚書省左、右僕射各一人及侍中、中書令各二人為知政事官。其時，以他官預議國政者，云「與宰相參議朝政」，或云「平章國計」，或云「專典機密」，或「參議政事」⓬。貞觀十七年⓭，李勣⓮為太子詹事，特詔同知政事，始謂「同中書門下三品」。自是，僕射常帶此稱；自餘非兩省長官預知政事者，皆以此為名。永淳⓯中，始詔郭正一⓰、郭待舉⓱、魏玄同⓲等與中書門下同承受進止平章事。自天后⓳已後，兩省長官及同中書門下三品并平章事為宰相；其僕射不帶「同中書門下三品」者但釐尚書省而已。總章二年⓴，東臺侍郎張文瓘㉑、西臺侍郎戴至德㉒等始以「同中書門下平章事」著之入銜，自是相承至今。永淳二年㉓，黃門侍郎劉齊賢㉔知政事，稱「同中書門下平章事」。自後，兩省長官及他官執政未至侍中、中書令者，皆稱「同中書門下平章事」也。〕

【章　旨】敘述中書令有關禮儀方面的職掌和唐代前期宰相名稱的沿革。

【注　釋】❶大祭祀　唐制，祭祀分大、中、小三個等次。其中大祀指對天、地、宗廟、五帝及追尊之帝、后之祭祀。❷壇　指祭壇。如祭天之壇為圜丘，祭地之壇為方丘。❸宗廟　即太廟。唐代在東西兩都皆有太廟，以歲時祭享祖先之神主。❹阼階　指殿堂前之東階。古代賓主相見，賓升自西階，主人則立於東階。《禮記・士冠禮》：「主人玄端爵韠，立於阼階下。」鄭玄注：「阼猶酢也，東階所以答酢賓客也。」此處則謂中書令在祭享宗廟時，能隨從皇帝一起升太廟之東階。❺親征纂嚴　皇帝親征前的禮儀活動。纂嚴，即戒嚴。凡有大的禮儀活動，均由侍中版奏中嚴、外辦，禮成則請解嚴，故此處以「纂嚴」代指典禮儀式。皇帝親征的禮儀是，出征前一日，在太極殿舉行朝儀，皇帝服武弁接受群臣朝拜，中書令在儀式最後奉命宣旨以戒敕百僚。❻若命之于朝　指諸侯王及大官爵要在朝堂上封拜，則由中書令宣旨而授之。❼冊太子　指臨軒舉行冊立皇太子的儀式。正殿平臺前，由中書令奉命在皇帝面宣旨，跪讀冊文，皇太子受冊，並從中書令受璽綬。皇太子璽金質，藏而不用；皇太子封令書則用左春坊印。❽制詔宣傳　指詔旨的宣告。❾文章獻納　指大朝會時接受百僚之表狀。有大事若大克捷、大祥瑞，凡百僚賀表，由中書令受而進獻給皇帝。❿記事之官　指起居官。門下省設有起居郎，中書省設有起居舍人，皆是記事記言之官。又，此下原注，四庫本及諸本均無。近衛校正德本時，據《舊唐書・職官志》補。鑒於《舊唐書・職官志》原多本《唐六典》，且此段文字記述唐前期宰相制度沿革較詳，故予以轉錄，並加上方括號，以為區別。文中「進止」之「止」，《舊唐書》原訛作「旨」，近衛本亦照錄未改，陳仲夫點校本則據《舊唐書・高宗本紀》等改為「止」，茲依之。⓫武德貞觀　分別為唐高祖李淵和唐太宗李世民年號。⓬自「其時」至「參議政事」　此段文字中的「他官」，指除侍中、中書令、左右僕射以三省長官作為聯合宰相以外的官員。非三省長官的「他官」，只要皇帝授以「與宰相參議朝政」、「平章國計」、「專典國機」、「參議政事」等等名義，便亦可以進政事堂預議國政。如自貞觀元年至十三年（西元六二七年—六三九年），以他官預議國政者，據《唐會要》卷五十一名稱條載錄有：御史大夫杜淹除「參議朝政」；魏徵除「秘書監參議朝政」；蕭瑀除御史大夫「與宰相參議朝政」；戴冑除民部尚書「與左右僕射、侍中、中書令同平章國計」；岑文本兼中書侍郎「專典機密」；詔李靖加特進，患若小瘳，每三日兩日至門下中書「平章政事，朝章國典，參議得失」；劉洎除黃門侍郎「參知政事」。起初，這往往是一些權宜性的措施，以後漸成定制，目的無非為了加強對政事堂的控制和干預。⓭貞觀十七年　西元六四三年。⓮李勣　曹州離狐（今山東東明之東北）人。本姓徐，名世勣，因犯唐太宗李世民名諱改為單名勣。隋末從翟讓、李密，後降唐，隨李世民平王世充。貞觀十七年（西元六四三年）李治為皇太子，以李勣為太子詹事兼左衛率，加位特進，同中書門下三品。⑮永淳　唐高宗李治年號。永淳元年為西元六八二年。⑯郭正一　定州鼓城（今河北定縣）人。貞觀時進士出身，歷中書舍人、弘文館學士。永淳中「詔與郭待舉、岑長倩、魏玄同並中書門下承受進止平章事。平章事自正一等始」（《新唐書・郭正一傳》）。⑰郭待舉　許州潁川（今河南許昌）人，以黃門侍郎與中書門下同承受進止平章事。時高宗欲啟用待舉等，「謂韋知溫曰：『待舉等資任尚淺，且令預聞政事，未可與卿等同名。』自是外司四品已下知政事者，始以平章事為名」（《資治通鑑》卷二〇三）。⑱魏玄同　定州鼓城（今河北定縣）人，以吏部侍郎與中書門下同承受進止平章事。⑲天后　即武則天。名曌，并州文水（今山西文水）人。高宗永徽六年（西元六五五年）立為皇后，高宗卒，廢中宗，以皇后臨朝稱制，稱則天皇后。後稱帝，國號周。前後在位二十年，終年八十三歲。⑳總章二年　即西元六六九年。總章為唐高宗李治年號。㉑張文瓘　貝州武城（今河北清河西北）人。總章二年（西元六六九年）為東臺侍郎（即黃門侍郎），同東西臺三品。先是同三品不入銜，至此始入銜。㉒戴至德　相州安陽（今河南正陽西南）人。唐初尚書左丞戴胄之姪。累遷西臺侍郎、同東西臺三品，尋轉戶部尚書，仍知政事。但據《舊唐書・戴胄傳》，戴至德遷西臺侍郎同三品，時在「乾封中」，非此處所言「總章二年」。又，《資治通鑑》卷二百零一總章二年記載與張文瓘同時任西臺侍郎者，為李敬玄，非戴至德。姑存疑。㉓永淳二年　西元六八三年。㉔劉齊賢　字景先，魏州觀城（今河北魏縣）人。唐高宗永淳元年（西元六八二年）十月，以黃門侍郎進同中書門下平章事。高宗疾篤時，命太子監國，「〔裴〕炎奉詔與黃門侍郎劉齊賢、中書侍郎郭正一並於東宮平章事」（《舊唐書・裴炎傳》）。

【語譯】凡是大祀祭祀群神時，中書令要隨從皇帝登上祭壇，協助典禮的進行；在宗廟舉行享祭時，要隨從皇帝登上東階參預祭祀；皇帝親征前舉行儀式時，要奉使宣旨告誡文武百官。舉行冊命親貴賢臣的儀式時，皇帝來到正殿平臺前，中書令要奉使宣讀冊文；如果在朝堂上舉行這類儀式，那就由中書令宣旨並授命。舉行冊立皇太子的儀式，由中書令跪讀冊文，並向太子傳授璽印和綬帶。此外，舉凡制詔的宣傳，百官表文的獻納，都要由中書令傳達給專門負責記事的官員，以便記載備案。〔依照武德、貞觀時期留下的成例，以尚書省左、右僕射各一人，和侍中、中書令各二人，組成主持日常國政的宰相班子。那時，如果上述官員以外的其他官員要與宰相們一起參議國政，那就得由皇帝給予「與宰相參議朝政」的職銜，有的稱「平章國計」，有的稱「專典機密」，亦有的稱「參議政事」。貞觀十七年，李勣授任為太子詹事，皇上頒發特詔，讓他一起參議政事，第一次有了「同中書門下三品」這樣一個稱謂。從此以後，尚書省僕射參預政事的，就經常要帶上這個稱謂，其他不屬於中書、門下兩省長官而參預政事的，亦都要帶上這個職銜。高宗永淳年間，開始發詔讓郭正一、郭待舉、魏玄同等幾人，與中書門下同承受進止平章事。自從武后執政以後，兩省的長官以及同中書門下三品的官員，一起主持政事組成為聯合宰相；尚書省的僕射如果不帶「同中書門下三品」的，那就只能管管尚書省的內部事務了。總章二年，東臺侍郎張文瓘和西臺侍郎戴至德等人，首次以「同中書門下三品」的名義，登錄入宰相職銜，從此以後兩省侍郎入宰相銜的制度，一直承續到現在。永淳二年，黃門侍郎劉齊賢被授任主持政事，稱謂是「同中書門下平章事」。從此以後，兩省長官及其他官員參預朝政，而原官還不是侍中、中書令的，都要加上「同中書門下平章事」這樣一個稱謂了。」

【說　明】本章敘述的內容，包括兩個方面。一是中書令在禮儀場合的職掌。在唐初，中書令作為三省長官之一，早已是當然的宰相；但在舉行某些重大典禮時，還多少保留著傳統的侍從角色，承擔宣讀詔旨類任務。二是從《舊唐書·職官志》移栽過來的原注，敘述了唐代前期宰相名稱的沿革。只要略微聯繫一下史實就不難發現，這個名稱的變化，實際上反映了唐朝前期宰相制度一場形式上似乎並不顯眼，但影響卻頗為深遠的演變。

在唐初，中書、門下、尚書三省長官是當然宰相。如果此制一直穩固不變，那也就不存在宰相名稱的變革問題。事情是從貞觀起始的，皇帝感到三省長官已不足以實現他的某些政治作為，而並非三省長官的某個（或兩三個）官員，他卻認為可以委以重任，所謂名稱問題就這樣產生了：即如何給這些原注中稱作「他官」的官員以一個稱謂，從而使他們得以加入宰相班子。開始這些名稱可謂五花八門，原注中已列舉了若干個，直到貞觀十七年（西元六四三年），才有了一個統一的名稱，便是「同中書門下三品」；到高宗末，武則天稱制時，又改為「同中書門下平章事」。隨著稱謂的定制，宰相機構的一個實質性的變化，已悄然發生，那就是實際上已由三省制變成了二省制，即尚書省已成為專一的行政機構而被排斥於作為決策機構的中書門下之外。這就是原注所說的：尚書省的僕射如果「不帶『同中書門下三品』者，但釐尚書而已」。此是其一。作為中書門下的協調工作的場所政事堂，原設在門下省，永淳二年（西元六八二年）裴炎由侍中任中書令將政事堂從門下省遷至中書省（注），這樣中書令成了實際上的首輔。至開元十一年（西元七二三年）中書令張說奏議改稱政事堂為「中書門下」，政事堂的印亦改為「中書門下之印」；其下又列有吏、樞機、兵、戶、刑禮五房，分曹以主眾務。這一改，原來僅僅作為議政場所的政事堂，已演變成了一個正式的中央機構，亦就是說，除了原來中書省、門下省以外，又多出了一個「中書門下」，一起行使宰相之職。不僅機構重疊，影響所及，還使中書省的實際長官由中書令降為中書侍郎或中書舍人，門下省的實際長官亦由侍中降為黃門侍郎或給事中。此是其二。唐初三省並重時，在政事堂宰相會議上，三省長官是並肩的，無明顯的輕重主次之分；但自裴炎遷政事堂於中書省以後，便由中書令獨秉大筆，三家分掌的局面不復存在。宰相的人數在太宗時期，同時並相一般為五六人，前後二十三年，宰相總數有二十九人。高宗、武后時期人數激增，中宗景龍中同時為相者竟至十九人。玄宗即位後，宰相人數減少，開元初，同時並相最多也僅有四人，一般為二、三人。這樣便由唐初的宰相集體既議且決，變成了通常由中書令一相獨斷的局面，因而玄宗晚年的相權先後實際上為李林甫和楊國忠獨掌，也非屬偶然了。而追根尋源，這種變化早在貞觀時期有關宰相名稱的種種變換中已經顯露了某些端倪。此是其三。

隱藏在宰相名稱問題背後的上述儘管是緩慢的、但卻是實質性的變化，反映到觀念上，便是「相」這一概念的內涵與外延亦產生了差異。大體說來，唐代前期以為宰相是一個集體的決策機構，玄宗以後則被視為是對個別重臣的全權委託。這一點，記載於《資治通鑑・唐紀四十九》的德宗與李泌有關君相關係的一次對話，頗能說明問題。德宗認為：「凡相者，必委以政事，如玄宗時牛仙客、陳希烈，可以謂之相乎？如肅宗、代宗之任卿（指李泌）雖不受其名，乃真相耳。」李泌在玄宗時曾以翰林供奉東宮，肅代間並無宰相之名，但皇帝處以賓友，入議國事，所以在德宗看來，卻是真正的宰相。由此可見在皇帝心目中，誰是相、誰不是相另有一本帳，那就是他要委政於誰，誰就是相，並非有平章事頭銜的便必然是相。在同一次對話中，德宗還對他即位以來若干個宰相作了評論。他說：「朕好與人較量理體，崔祐甫性褊躁，朕難之，則應對失次，朕常知其短而護之。楊炎論事亦有可采，而氣色麤傲，難之輒勃然怒，無復君臣之禮，所以每見令人忿發，餘人則不敢復言。盧杞小心，朕所言無不從，又無學，不能與朕往復，故朕所懷常不盡也。」論到李泌時，德宗說：「惟卿則異彼三人者。朕言當，卿有喜色；不當，常有憂色。雖時有逆耳之言，如曏來紂及喪邦之類（指對話過程中，李泌曾提醒德宗不應言「天命」，商之亡就因為紂曾說過「我生不由命在天」），朕細思之，皆卿先事而言，如此則理安，如彼則危亂，言雖深切而氣色和順，無楊炎之陵傲。朕問難往復，卿辭理不屈，又無好勝之志，直使朕中懷已盡屈服而不能不從，此朕所以私喜於得卿也。」作為一個皇帝，德宗的這番論述倒是難得的懇切，因而比較真實地表露了他的情性。在封建專制制度下，國家權力集中皇帝一個人，而當皇帝把宰相看作是對個別重臣全權委託時，在相當大的程度上，整個國家的命運，就維繫在君相關係這條雙股索繩上了。但皇帝其實亦是一個活生生的人，有尋常人的七情六欲，有他的優點，自然亦有弱點。這樣能否當好宰相，首先要看你是否熟知並善於把握皇帝的性格，從而因勢利導地去秉掌國政，治理國家。當然亦存在另一條路子，那就是利用皇帝的弱點，去攫取一己私利。不妨設想一下，如果李泌亦是李林甫、楊國忠那樣的人物，中唐的政局也許就會更加險惡。所幸的是，李泌縱然操尚不羈，又好神仙鬼道，但基本上還是具備了作為宰相應有的德才。

注：裴炎把政事堂由門下省遷至中書省，實際上是一場宮庭政變。據《舊唐書・裴炎傳》，高宗死，中宗即位，欲以韋后之父韋玄貞為侍中，裴炎固爭以為不可，中宗謂其左右曰：「我讓國與玄貞豈不得，何為惜侍中耶？」於是裴炎與武則天決策，廢中宗為廬陵王，由太后武則天臨朝。正是在這個背景下，把政事堂由門下省遷至中書省的。在帝王制度下，較為重大的機構變動，往往是權力角逐或勝或負的結果，有時也可能是這種生死較量的前奏。

四

中書侍郎二人，正四品上。按環濟《要略》❶：「漢置中書，掌密詔，有令、僕、丞郎。」《漢舊儀》❷云：「置中書領尚書事，掌匈奴營部一郎，民曹一郎，謁者一郎。」魏黃初❸，中書置監、令，又置通事郎，次黃門郎❹，即中書侍郎之任也。〈魏志〉❺：「明帝❻詔舉中書郎，謂盧毓❼曰：『得人與否，在盧生耳。』」又：「司思直王❽辟王伯輿❾，擢為中書侍郎。」則其名起於魏氏。《晉令》❿：「中書侍郎四人，品第四⓫，給五時朝服⓬，進賢一梁冠⓭。」晉氏每一郎入直西省，專掌詔草，更直省五日；從駕，則正直從，次直守。東晉又改為通事郎，尋復舊。宋、齊並同晉氏。梁功高者一人主直內事⓮，秩千石，班第九。陳依梁。後魏置四人，初，正第四品上⓯；太和末⓰，從第四品上。北齊因之。後周依⓱，春官府⓲置小內史下大夫⓳二人，蓋比中書侍郎之任也。隋初改為內史省侍郎，置四人，正第四品下，煬帝二年⓴減二員，十二年㉑改為內書侍郎。皇朝改為內史侍郎。武德三年㉒改為中書侍郎，龍朔、咸亨、光宅、神龍、開元㉓並隨省改復。

中書侍郎掌貳令之職。凡邦國之庶務，朝廷之大政，皆參議焉。凡臨軒㉔冊命大臣，令為之使，則持冊書以授之。若自內冊㉕，則以冊書授使者㉖。冊后則奉琮、璽及綬㉗，冊太子則奉璽㉘，皆以授使者。凡四夷來朝，臨軒則授其表疏㉙，升于西階㉚而奏之；若獻贄幣㉛，則受之以授於所司。

【章　旨】敘述中書侍郎之定員、品秩及其沿革和職掌。

【注　釋】❶環濟要略　環濟所著之《要略》。環濟，生平不詳。《要略》即《帝王要略》。《隋書‧經籍志》有著錄，十二卷。記帝王及天官、地理、喪服。新舊《唐書》藝文志亦有錄。❷漢舊儀　漢衛宏撰，四卷，載西京舊事。清人孫星衍校輯分上下兩卷，及補遺二卷。❸黃初　魏文帝曹丕年號。又，《宋書・百官志》，「黃初」下尚有一「初」字。❹又置通事郎次黃門郎　《宋書・百官志下》所記，較此二句為詳。其文云：「又置監及通事郎，次黃門郎。黃門郎已署事過，通事乃奉以入，為帝省讀書過。」❺魏志　指《三國志》之〈魏志〉。晉陳壽撰。❻明帝　曹叡，三國魏皇帝。在位十二年，終年三十六歲。❼盧毓　字子家，涿郡涿（今河北涿縣）人。東漢末經學家盧植之子。魏國既建，拜黃門侍郎，累遷吏部尚書。❽司思直王　據南宋本當為「司馬宣王」。司馬宣王，即司馬懿，字仲達，河南溫縣（今河南溫縣以西）人。出身士族，魏明帝時為大將軍，多次率重兵與蜀相抗。嘉平元年（西元二四九年）殺曹爽，專國政。死後其子司馬師、司馬昭相繼執政，孫司馬炎建立晉朝，追尊為宣帝，故稱司馬宣王。❾王伯輿　伯輿為字，名基，東萊曲城（今山東招遠西）人。《三國志・魏志》本傳稱：「大將軍司馬宣王辟基，未至，擢為中書侍郎。」❿晉令　賈充等撰，四十卷。《隋書・經籍志》及兩《唐書》書志皆有著錄。⓫品第四　《通典・職官十九》晉官品：中書侍郎第五品。⓬五時朝服　漢制，一歲五郊，天子與執事者所服各如方色。魏以後名為五時朝服，自皇太子以下，隨官授給，三年一易。⓭進賢一梁冠　進賢冠，儒者之冠服。冠前高七寸，後高三寸，長八寸，有五梁、三梁、二梁、一梁之別，以梁多為貴。中書郎冠一梁。⓮主直內事　《隋書・百官志》及《通典・職官》並作「主省內事」。⓯初正第四品上　指北魏孝文帝太和十七年（西元四九三年）之〈官品令〉，規定中書侍郎為正第四品上。⓰太和末　太和為北魏孝文帝年號。太和末，即太和二十三年（西元四九九年），孝文帝去世於是年，由其子魏世宗頒佈〈官品令〉。⓱後周依　近衛校正德本稱：「『依』下當有『周官』二字。」當是。《周官》，即《周禮》，儒家經典之一。⓲春官府　西魏恭帝三年（西元五五六年）置，北周沿置。與天官、地官、夏官、秋官、冬官五府合稱六府，以大宗伯卿為長官，設小宗伯上大夫、春官府都上士以佐其職。掌制定國家各項禮儀，主持祭祀儀式，守護宗廟陵墓，撰寫皇帝詔命，修撰國史及音樂、卜祝、僧道等方面事務。⓳小內史下大夫　亦稱內史下大夫、內史次大夫。西魏始置，北周沿置。春官府內史次官，佐內史中大夫掌綸誥，並參議刑罰爵賞以及軍國大事。品秩為正四命。北周任小內下大夫者，據《隋書》有梁彥光、賀弼等。⓴煬帝二年　即大業二年，西元六〇六年。煬帝，隋朝皇帝楊廣。又，南宋本作「煬帝三年」。㉑十二年　指隋煬帝大業十二年，西元六一六年。㉒武德三年　即西元六二〇年。武德為唐高祖李淵年號。㉓龍朔咸亨光宅神龍開元　龍朔、咸亨，皆為唐高宗李治年號；光宅、神龍、開元，分別為武則天、唐中宗李顯、唐玄宗李隆基年號。㉔臨軒　皇帝不坐正殿，而在殿前平臺上舉行典禮稱臨軒。㉕內冊　指冊命皇后，冊立太子。㉖以冊書授使者　使者一般為中書令。授冊時，中書侍郎以冊授中書令，再由中書令授受冊立者。㉗琮璽及綬　琮為外方內圓之玉器，璽即璽印。皇后璽為龜紐金質。綬是繫金璽之絲帶。

㉘冊太子則奉璽　此句「璽」下當增一「綬」字。上章中書令職掌已言「凡冊太子則授璽綬」。皇太子為金璽龜鈕，朱黃綬，四綵：赤、黃、縹、紺。授太子璽綬時，由侍郎以璽綬授中書令，再由中書令授太子。㉙授其表疏　據《通典・禮九十一》當為「受其表疏」。㉚升于西階　古代迎客時，主人立於東階迎客，客人由西階升堂而入室。中書侍郎受四夷之表疏，循客禮，故升於西階。㉛贄幣　指四夷朝見時所上貢之禮物。

【語　譯】中書侍郎，定員二人，品秩為正四品上。環濟撰寫的《帝王要略》說：「漢代設置中書，職掌密詔，並設有令、僕、丞、郎。」《漢舊儀》說：「設置中書官，總領有關尚書的事務。它的下屬有一個郎，分管匈奴營部，另一個郎分管民曹，還有一個郎分管謁者。」魏文帝黃初〔初〕年，建立中書省，設置監和令各一人。又設置通事郎，它的地位次於黃門郎，相當於現今中書侍郎的職任。《三國志・魏志》記載說：「明帝下了詔令，要推舉合適人選來擔任中書郎，並對負責選舉的盧毓說：『中書郎能否得到恰當的人選，關鍵在於你身上了！』」還有一段記載說：「司馬宣王徵辟到了王伯輿，把他提拔為中書侍郎。」從這些說明，中書侍郎的名稱最早出現在曹魏。《晉令》中說：「中書侍郎定員四人，品秩為四品。授給穿五時朝服，戴進賢一梁冠。」晉代規定每次有一郎去西省當值，專門執掌起草詔書的事，每五日更換一人。如果要隨從御駕出行，就由正在值日的隨從，次值的留守。東晉時一度改名為通事郎，不久又恢復中書侍郎的舊稱。南朝宋和齊，都與晉代相同。蕭梁時，規定在中書侍郎中選擇功績最高的一人，負責主持省內的日常事務，這位官員的品秩為一千石，班第九。陳朝依梁朝的制度。北魏中書侍郎定員有四人，品秩在太和十八年時定為正第四品上，到太和末年改為從第四品上。北齊因承北魏的體制。北周依照《周禮》的官制，在春官府設置小內史下大夫二人，也正相當於中書侍郎的職任。隋朝初年，改名為內史侍郎，定員四人，品秩正第四品下；煬帝二年時，把定員減為二人，到十二年時又改名為內書侍郎。本朝改名為內史侍郎。高祖武德三年又改名為中書侍郎。在龍朔、咸亨、光宅、神龍、開元年間，中書侍郎這個職名隨著省名的更改和恢復而一起更改和恢復。

中書侍郎的職掌是作為中書令的副貳，凡是國家的日常事務，朝廷大政方針，他都要參預議論。在皇帝臨軒冊命大臣時，中書令作為使者，中書侍郎負責捧持冊書傳給中書令。如果是內廷的冊命，那麼中書侍郎要親手把冊書傳給使者，亦就是中書令。如果是冊立皇后，中書侍郎就站在一旁捧持琮、璽及綬；如果是冊立太子，也是在一旁捧持璽〈與綬〉，都是傳交給奉命冊立的使者，再由使者授與被冊立皇后或者皇太子。凡是周邊藩國的首領或使節來朝賀，皇帝來到正殿平臺前，由中書侍郎受納他們朝賀的表章、疏文，再從西階登升向皇帝上奏；如果有貢獻的贄幣，亦代為收受，然後再轉給相關的官司登錄和保藏。

五

中書舍人六人，正五品上。魏氏中書置通事一人，掌呈奏案草，《魏志》❶云「明帝❷時有通事劉泰❸」是也。高貴鄉公❹正始❺中改為通事舍人，尋又改為通事侍郎，則猶兼侍郎之任也。《晉書・百官志》❻云：「晉初，中書舍人、通事各一人，至東晉合為一職，謂之通事舍人，專掌呈奏。後復省之，而以侍郎兼其職。」《晉令》❼：「中書通事舍人品第七，絳朝服❽，武冠❾。」宋初又置通事舍人四人，品亦同晉氏❿，入直閤內⓫，出宣詔命，而侍郎之任輕矣。齊武永明⓬，中書通事舍人四人，各住一省，時謂之「四戶」，既總重權，勢傾天下。會熒惑入太微⓭，太史⓮奏宜修祈禳之禮，太尉王儉⓯謂之曰⓰：「天文乖忤，此由四戶。」帝納之，不能改也。而梁氏秩四百石，品第八。梁用人殊重，簡以才能，不限資地，多以地官兼領⓱，並入閤內，專掌中書詔誥，猶兼呈奏之事。故裴子野⓲以中書侍郎、鴻臚卿常兼中書通事舍人，別敕之詔誥⓳。自魏、晉，詔誥皆中書令及中書侍郎掌之，至梁始舍人為之⓴。其後，除「通事」，直曰中書舍人。陳氏置五人，餘同梁氏。後魏第六品上㉑，史闕其員。北齊置十人，品同魏氏㉒，並掌詔誥。後周春官府㉓置小史上士㉔二人，此其任也。隋初改曰內史舍人，置八人，專掌詔誥，正第六品上；開皇三年㉕，加從第五品上。煬帝三年㉖減置四人，十二年改曰尚書舍人㉗。皇朝改曰內史舍人，武德三年㉘改曰中書舍人。龍朔、咸亨、光宅、神龍、開元㉙，並隨省改復。

【章旨】敘述中書舍人之定員、品秩及其沿革。

【注釋】❶魏志 《三國志》之〈魏志〉，晉人陳壽撰。❷明帝 三國魏皇帝曹叡。在位十三年，終年三十六歲。❸劉泰 生平未詳。唯《晉書・荀勗傳》曾有所及，云：「以臣所聞，明帝時唯有通事劉泰等官，不過與殿中同號耳。」❹高貴鄉公 即曹髦。字彥士，曹丕之孫。正始中被封為郯縣高貴鄉公。齊王曹芳被廢後，為司馬師所擁立，實係傀儡，終為司馬昭所殺。在位五年，終年僅二十。❺正始 正始是齊王芳年號。高貴鄉公的年號為正元與甘露，此處恐有誤。❻晉書百官志 當是《晉書》之〈職官志〉。《晉書》修於唐初，以房玄齡、褚遂良、許敬宗三人為監修，令狐德棻等人修撰，體例為敬播所擬訂，共一百三十卷。❼晉令 賈充撰，四十卷。《隋書・經籍志》及兩《唐書》的書志皆有著錄。❽絳朝服 絳衣及朝服。❾武冠 一名武弁，或稱大冠。《後漢書・輿服志下》：「武冠，一曰武弁大冠，諸武官冠之。侍中、中常侍加黃金璫，附蟬為文，謂之趙惠文冠。胡廣說曰：『趙武靈王效胡服，以金璫飾首，前插貂尾，為貴職。秦滅趙，以其君冠賜近臣。』」❿品亦同晉氏 《職官分紀》卷七中書舍人員品條引《唐六典》原注此句作「品秩同晉氏」。⓫入直閤內 意謂能進入皇帝內宮當值。閤，殿旁通向內宮的小門。⓬齊武永明 永明，齊武帝蕭賾年號。蕭賾在位十一年，終年五十四。立，當係「初」之誤。《職官分紀》卷七引《唐六典》原注此句及《通典・職官三》宰相中書舍人條皆作「初」。⓭熒惑入太微 熒惑即火星。由於火星呈紅色，熒熒若火，其亮度及運行軌跡又常有變化，令古人迷惑，因稱「熒惑」。太微，星官名。在北斗之南，軫宿和翼宿之北。古人以太微象徵帝座，若熒惑即火星進入太微星區，便被視為將有災禍降臨皇帝的預兆。⓮太史 原為古代官名。《周禮》列為春官宗伯屬官，下大夫。掌起草文書，參與冊命貴族典禮，代王宣命，記載史事，保管圖籍，規諫君王，兼管天文曆法、祭祀等事務。東漢後，成為專司占候天文、修定曆法的官署名稱，有稱署、局、臺、院，歷朝不一。⑮王儉　字仲寶，琅琊臨沂（今山東臨沂）人。出身琅琊王氏，為南朝高門世族。宋明帝時歷官秘書丞，齊武帝時，以太尉領尚書事、領中書監，參掌選事。封南昌縣公，卒謚文憲。⑯多以地官兼領　地，當係「他」之誤。南宋本及《職官分紀》卷七引《唐六典》原注皆作「他」字，似應從。⑰謂之曰　《職官分紀》卷七引《唐六典》原注此句，及《太平御覽》卷二二〇中書舍人條引《齊書》，均作「謂帝曰」，似應從。⑱裴子野　字幾原。河東聞喜（今山西聞喜）人。梁武帝時為著作郎，掌國史及起居注，後兼中書通事舍人，除通直正員郎，又敕掌中書詔誥，遷中書侍郎。在這些職名中，中書侍郎等是虛銜，而兼中書通事舍人、別敕知詔誥，才是他的主要職務。因為在南朝實際掌詔書的已是通事舍人，而不是中書令、中書侍郎。⑲別敕之詔誥　句中「之」，不可解。南宋本及《通典．職官三》均作「知」，當據以改。知，主持；主管。⑳至梁始舍人為之　句中「為」《通典．職官三》作「專」，至確。因至梁知詔誥已成為舍人之專利，即使是中書侍郎，若無「兼中書舍人」之職亦不能為詔誥。不能為詔誥，就不成其為樞機。㉑後魏第六品上　據《魏氏官氏志》：北魏時中書舍人之品秩，前後有別：太和十七年（西元四九三年）制，為從第六品上；太和二十三年（西元四九九年）制，為第六品下。㉒品同魏氏　《隋書．百官志中》及《通典．職官二十》，北齊中書舍人均為第六品，則與北魏有異。㉓春官府　西魏始置，北周沿置。與天官、地官、夏官、秋官、冬官五府合稱六府。以大宗伯卿為長官，設小宗伯上大夫、春官府都上士以佐其職。掌制定國家各項禮儀、守護宗廟陵墓及撰寫皇帝詔命、編修國史等項事務。㉔小史上士　西魏始置，北周沿置。春官府太史中大夫、小史下大夫佐官，正三命。又，《冊府元龜》卷四五七臺省部總序作「小內史上士」。小史上士與小內史上士有別。小史上士為春官府內史司屬官，佐內史中大夫、小內史下大夫掌本司事，正三命。依歸屬及職掌，似以小內史上士為是。㉕開皇三年　即西元五八三年。開皇為隋文帝楊堅年號。㉖煬帝三年　即大業三年，西元六〇七年。大業為隋煬帝楊廣年號。㉗十二年改曰尚書舍人　十二年，指大業十二年，西元六一六年。尚書舍人，據南宋本及《舊唐書．職官志》當為「內書舍人」。㉘武德三年　即西元六二〇年。武德為唐高祖李淵年號。㉙龍朔咸亨光宅神龍開元　龍朔、咸亨，皆唐高宗李治年號；光宅、神龍、開元，分別為武則天、唐中宗李顯、唐玄宗李隆基年號。

【語　譯】中書舍人，定員六人，品秩為正五品上。曹魏時期，在中書省設置通事一人，職掌是呈奏案章。《三國志．魏志》說「明帝時，有通事劉泰」，就是這個職務。高貴鄉公（齊王芳）正始年間，改稱為通事舍人，不久又改為通事侍郎，還是兼著侍郎的職任。《晉書．職官志》說：「晉初，設置中書舍人、通事各一人，到東晉時，合為一職，稱為通事舍人，專掌進呈奏章，後來又省去了，讓侍郎來兼這個職務。」《晉令》規定：「中書通事舍人的品秩為第七品，穿絳朝服，戴武冠。」南朝宋初年，又置通事舍人四人，品秩同晉代一樣，能進入閤內當值，出殿宣佈詔命，這樣，中書侍郎的職任就被減輕了。齊武帝永明初年，中書通事舍人定員為四人，各住一省，當時人稱為「四戶」，他們總攬朝政大權，威勢逼懾全國。恰在這期間，熒惑星進入了太微星垣，於是太史便上奏，說是應當舉行祈禱的典禮，以便禳除由這一異常天象預示的災禍。太尉王儉對齊武帝說：「天象之所以違反常規，就是由於那『四戶』的緣故。」齊武帝雖然接納了王儉的意見，但並沒有改變「四戶」專權的格局。在梁朝，中書通事舍人的俸秩是四百石，官品列為第八。蕭梁時期對中書通事舍人的人選，非常重視，按照才能簡選，不限於資歷和地望，大多由其他官員兼領這個職務，並且可以進入閤內，專門負責中書詔誥的事，同時兼管進呈奏章。因此，裴子野雖是中書郎、鴻臚卿，還得兼中書通事舍人，又另有敕令，才由他主持知詔誥的事。從魏晉以後，皇帝的詔誥都是由中書令和中書侍郎執掌的，到了梁朝，才開始改由中書舍人專門負責。從這以後，職名中除去了「通事」二字，直接稱中書舍人。陳朝把定員增到五人，其他制度與梁朝相同。北魏時，中書舍人的品秩在第六品上，但它的員數，史書缺少記載。北齊中書舍人定為十人，品秩與北魏相同，同時執掌詔誥。北周在春官府設置小史上士二人，也就是中書舍人的職任。隋朝初年，改名為內史舍人，定員為八人，專門執掌詔誥的事，品秩在正第六品上；開皇三年，提升為從第五品上。煬帝三年時，把定員減到四人，十二年時改稱為尚（內）書舍人。本朝初年，改名為內史舍人，高祖武德三年時，又改名為中書舍人。在龍朔、咸亨、光宅、神龍、開元年間，這一職名還隨著中書省名稱的更改而更改，恢復而恢復。

【說　明】本章所述的中書舍人只不過是中書省的一個屬官，論品秩自然要在中書令、中書侍郎之下，但在南朝的特定歷史條件下，它的權勢往往凌駕在宰相之上。如原注中提到的王儉，作為江東世族，他在齊武帝時以太尉領尚書事、領中書監參掌選事，處於朝廷首輔的地位。但就是他，卻經常對人說：「我雖有大位，權寄豈及茹公。」（《南史．茹法亮傳》）茹公就是茹法亮，僅僅是一個品秩很低的中書舍人。為什麼在南朝官制中會出現這種奇特的現象呢？《南史・恩倖傳序》有這樣一段敘述：「宋文世、秋當、周赳並出寒門。孝武以來，士庶雜選，如東海鮑照以才學知名，又用魯郡巢尚之，江夏王義恭以為非選。帝遣尚之，送尚書四十餘牒，宣敕論辯，義恭乃嘆曰：『人主誠知人。』及明帝世，胡毋顥、阮佃夫之徒，專為佞倖矣。齊初亦用久勞及以親信，關讞表啟，發署詔敕，頗涉辭翰者，亦為詔文，侍郎之局復見侵矣。建武世，詔命殆不關中書，專出舍人。省內舍人四人，所置四省，其下有主書、令史，舊用武官，宋改文吏，人數無員，莫非左右要密。天下文簿版籍，入副其省，萬機嚴密，有如尚書外司。」這段敘述反映了三個問題。㈠中書舍人受寵幸和重用，是南朝皇權與世族豪門矛盾的結果。東晉和南朝都是偏安江左的政權，它們得以存在離不開世家大族的支撐。所以晉元帝即位稱帝時，要琅琊王氏以驃騎將軍領中書監、錄尚書事的王導升御牀共坐，當時曾有「王與馬，共天下」之說。這是一場政治交易，即東晉王朝在獲得高門世族支持的同時，不得不把錄尚書事、中書監令這些宰相大位全由豪門去壟斷。但帝王制度最本質的特徵，就是要把國家的一切權力全部集中在皇帝一個人手上，東晉政權這種「共天下」現象是一種無奈的妥協，只能是暫時例外。到了南朝，諸帝自身皆非出於高門，也許正是這一點，使他們在試圖擺脫世族的控制時，比較容易想到一個辦法：在名義上仍讓世族豪門佔有宰輔高位的同時，物色和起用寒門為中書舍人，以為可信，即授以超越其職掌的重權。這便是引文開頭所說的「宋文世、秋當、周赳並出寒門」，孝武後又有以才學見用的鮑照、巢尚之等，這種做法自然引起世族不滿，因而「江夏王義恭以為非選」。㈡寒門出仕的歷史作用很值得研究。原注所引的王儉的那句牢騷話是頗可玩味的：「我雖有大位，權寄豈及茹公。」所謂權寄，無非一時之寵幸，而大位卻是合乎正統的制度。寵幸盛衰無常，大位則相對比較固定。寒門出任的歷史作用總的應當肯定，但不容忽視的一個事實是：當時的那些中書舍人，雖擁有中書監、令的權勢，其中多數卻顯然缺少中書監、令應具備的文化素養和儒學基礎，擅長的只是吏事，雖善於揣摩時主心意，畢竟不是經綸百揆、治國安邦之材。這就是引文所揭示的「及明帝世，胡毋顥、阮佃夫之徒，專為佞倖矣」。因此近數十年來流行的一種歷史觀，以為只要出身寒門，便永遠被歸入推進歷史的動力，實在是一個經不起歷史本身檢驗的謬誤。㈢中書舍人權勢的鼎盛期是在南朝齊武帝之世。此時中書舍人分四省，下屬有主書、令史，儼然成為另一個尚書省，名義上還文屬於中書省，實際卻直接聽命於皇帝，專掌草擬、發佈詔令，受理文書章奏，直至監督尚書省及諸司諸州府政務之施行。至南朝陳，還進一步發展到舍人「分掌二十一局事，各當尚書諸曹，並為上司，總國內機要，而尚書唯聽受而已」(《隋書・百官志上》)。

這是由寒門出身的中書舍人們的幸運嗎？也不見得。事實上把重權寄於所親幸的小臣，既可使彼感激涕零地為我效命，又可借以制衡那些高位重臣，這原是中國歷史上歷代帝王經常玩弄的一種統治術，宰相制度及其名稱的一再變化，由丞相而尚書，由尚書而中書，都是基於這個原因，而且只要帝王制度及其變形依然存在，類似的把戲還會繼續演下去。除了如胡毋顥、阮佃夫之徒，一旦權重勢赫便不能把握自己，「專為佞倖」而受到歷史唾棄以外，等侍受寵幸的小臣們的，還有另一種結局，那就是或對皇帝稍有冒犯，或皇帝覺得不順眼、不遂心，或剛巧需要找隻替罪羊來為自己文過飾非，那就會棄之如同敝履地把你隨意拋擲到宮廷之外，倘有必要，還會把所有罪惡一起加到你的頭上！或者恰巧遇上宮廷政變皇位更迭，那你就自然成為前皇一切罪過的替身和犧牲品，落得一個悲慘的結局，如唐中葉二王八司馬便是。可悲哀的是在現代生活中，我們往往還能看到這一類故事的反復重演，只要讀者細細去體味，那麼其中的奧妙，古今是相通的。

六

中書舍人掌侍奉進奏，參議表章❶。凡詔旨、制敕及璽書、冊命，皆按典故起草進畫，既下則署而行之❷。其禁有四：一曰漏洩❸，二曰稽緩❹，三曰違失❺，四曰妄誤❻，所以重王命也。制敕既行，有誤則奏而改之。凡大朝會❼，諸方起居❽，則受其表狀而奏之；國有大事，若大克捷及大祥瑞，百僚表賀❾，亦如之。凡冊命大臣于朝，則使持節讀冊命命之❿。凡將帥有功及有大賓客，皆使以勞問之。凡察天下冤滯，與給事中及御史三司鞫其事⓫。凡有司⓬奏議，文武考課，皆預裁焉。按：今中書舍人、給事中，每年各一人監考內外官使⓭。其中書舍人在省，以年深者為閣老，兼判本省雜事；一人專掌畫，謂之知制誥⓮，得食政事之食⓯；餘俱分署制敕⓰。六人分押尚書六司⓱，凡有章表皆商量，可否則與侍郎及令連署而進奏。其掌畫事繁，或以諸司官兼者，謂之兼制誥⓲。

【章旨】敘述中書舍人之職掌。

【注釋】❶侍奉進奏參議表章　此為中書舍人屬於「納」方面的職掌。進奏，指舍人六員分押尚書六部及百司之表章，皆須經由尚書省上奏歸口再遞送中書省。參議，指中書省收到奏章後，舍人六員共同議論奏章。先由分管此事之舍人提出初步處理意見，其餘五位舍人亦都提出相同或不同的處理意見，分別寫在表章上，簽上各自的姓名，謂之「五花判事」。《資治通鑑》卷一百九十三貞觀三年（西元六二九年）稱：「故事，凡軍國大事，則中書舍人各執所見，雜署其名，謂之五花判事。中書侍郎、中書令省審之，給事中、黃門侍郎駁正之。上始申明舊制，由是鮮有敗事。」又《南部新書》卷二：「其舍人中選一人明練政事者，專典機密，謂之解事舍人。」❷自「凡詔旨」至「署而行之」　此為中書舍人屬於「出」方面的職掌。起草詔旨的根據，一種是皇帝派遣宦官將要草擬的詔書宣付中書撰作。如天寶十四載（西元七五五年），為安祿山請以蕃將三十二人代漢將事，玄宗「遣中使袁思藝宣付中書門下，即日進畫」（《安祿山事跡》中卷）；中書承宣後，「錄之於籍，謂之宣底」（《宋朝事實類苑》卷二〇）。另一種是宰相擬就詔書要點即所謂「詞頭」，送中書省，由中書舍人據而起草。若中書舍人以為不妥，也可以封還詞頭，拒絕起草。如白居易在就任中書舍人期間，一次為處理李景儉、獨孤朗等人因酒醉詆忤宰相而需草擬詔文，詞頭提示要將二人遠貶，他不同意，便封還詞頭，並進奏章提出自己的看法。典故，指可以作為定制據以參照的典例和故實。進畫，指進呈皇帝簽署。一般大事畫「可」，對奏抄的批覆則畫「聞」，然後才是交門下省頒下尚書省，付諸施行。❸漏洩　中書禁律之一。漏洩機密者將受大處分。《冊府元龜》卷四百七十八臺省部載錄：西晉荀勗為中書官，「性慎密，每有詔令大事，雖已宣佈，然終不言，不欲使人知己之豫聞也。族弟良曾勸勗曰：「公大失物情，有所進益者自可語之，則懷恩多矣。』其壻武統亦說勗「宜有所營置，令有歸戴者」。勗並默然不應，退而語諸子曰：『人臣不密則失身，樹私則背公，是大戒也。』」因洩漏機密而受處分者，如「東魏韋鴻為中書舍人，（孝靜帝）天平三年（西元五三六年）坐洩漏賜死於家」。❹稽緩　中書禁律之一。中書省處理文書有期限的規定，不得遲緩。《唐會要》卷五十四中書省載錄：「武德三年（西元六二〇年）高祖嘗有敕，而中書門下不時宣行，高祖責其遲由。內史令蕭瑀曰：『臣大業之日，見內史宣敕，或前後相乖者，百司行之，不知何所承用，所謂易雖在前，難必在後，臣在中書日久，備見其事。今皇階初構。事涉安危，若遠方有疑，恐失機會，比每授一敕，臣必審勘，使與前敕不相乖背者，始敢宣行，遲晚之衍，實由於此。』高祖曰：『卿能用心若此，我有何憂。』」❺違失　中書禁律之一。指不得有違誤和差錯。《唐會要》卷五十五中書舍人載錄：唐中宗景龍四年（西元七一〇年）：「初定內難，唯中書舍人蘇頲，在太極殿後，文詔填委，動以萬計，手操口對，無毫釐差誤。」❻妄誤　「妄」當作「忘」。近衛校正德本稱：「據新舊唐志，『妄』當作『忘』。」《太平御覽》卷二百二十二中書舍人條引《唐六典》原文亦作「忘誤」。忘誤之事，武周天授元年（西元六九〇年）曾有一例。是年「壽春郡王成器兄弟五人初出閤，同日受冊，有司撰儀注，忘載冊文，及百僚在列，方知闕禮，宰相相顧失色。中書舍人王勮立召小吏五人，各令執筆，口授分寫，同時須臾俱畢，詞理典贍，時人歎服」（《唐會要》卷五五）。❼大朝會　指每年元正、冬至之朝會。諸州表由中書令上奏。❽諸方起居　意謂各類向皇帝問起居即請安的拜表。唐制，行從官每日起居；兩京文武職事五品以上，三日一奉表起居；東都留司文武官每月於尚書省拜表，留守官員共遣使起居。皆以月朔日，使奉表以見，中書舍人一人受表以進。❾百僚表賀　唐制，凡有大克捷、大祥瑞，百官皆須上表，以示祝賀。此類賀表多由文人代筆，在柳宗元的《柳河東集》中，由他撰作的大祥瑞賀表，便有〈御史臺賀嘉禾表〉、〈禮部賀嘉禾及芝草表〉、〈京兆府賀嘉瓜、白菟、連理棠樹等表〉、〈禮部賀甘露表〉等；大克捷賀表有〈柳州賀破東平表〉等。白居易的《長慶集》中亦有收入，如〈為宰相賀殺賊表〉、〈賀平淄青表〉等皆是祝賀克捷表文。❿使持節讀冊命命之　凡冊命大臣，或降削王公時，由中書舍人奉命於朝堂宣讀表文。如唐中宗神龍元年（西元七〇五年）敬暉等奏請降削武氏諸王，中書舍人畢構讀表，史載其既聲韻朗暢，兼分析其文句，左右聽者皆歷然可曉。由是武三思惡之。⓫與給事中及御史三司鞫其事　由中書舍人，會同給事中、侍御史審理冤案，謂之「三司」。相對於重大案件由刑部侍郎、御史中丞、大理寺卿會審之「大三司」，亦稱之為「小三司」。小三司審理的案件，一般係由皇帝指令覆審的要案。⓬有司　《職官分紀》卷七引《唐六典》原文及《舊唐書・職官志》並為「百司」。⓭中書舍人給事中每年各一人監考內外官使　此制錄於本書第二卷第四篇考功郎中：「又定給事中、中書舍人各一人，其一人監京官考，一人監外官考。」但事實上此規定並未經常認真執行，故德宗建中二年（西元七八一年）門下侍郎盧杞奏稱：「《六典》云：中書舍人、給事中充監中外考使，重其事也。今者有知考使，無監考使，既闕相臨，難令詳揀，請依舊置監使。敕旨：令依。」（《唐會要》卷五五）未置監考使，中書舍人，難以依職掌裁定文武官員之考課。⑭知制誥　指中書舍人六人中，有一人專職起草詔令並進畫。⑮得食政事之食　唐制，對常參官，包括中書、門下及御史臺的供奉官，每日官廚供應一頓午餐，由太官署提供。另有堂廚，專為在政事堂辦公宰相們提供膳食。此處言得食政事之食，指中書舍人可與宰相們同食，是一種破例的優待，政事堂廚格外豐盛。《唐會要》卷五十三高宗龍朔二年（西元六六二年）：「諸宰臣以政事堂供饌珍美，議減其料。東臺侍郎張文瓘曰：『此食，天子所以重機務待賢才也。吾輩若不任其職，當即陳乞以避賢路，不可削減公膳，以邀求名譽也。國家之所以費，不在此，苟有益於公道，斯亦不為多也。』眾乃止。」⑯分署制敕　指中書舍人六人，分六部簽署百司奏抄之批覆。⑰六人分押尚書六司　因為百司章表都是分別由尚書省六部奏上，所以中書舍人參議表章需按尚書省六部對口分押。早在魏晉時代，中書省已典尚書省奏事，南朝中書舍人五人分領二十一局，各當尚書諸曹，並為上司。此即唐代中書舍人分押尚書六部所依之前制。開元二十五年（西元七一四年）紫微令姚崇奏稱：「中書舍人六人，每一人商量事，諸舍人同押連署狀進說。凡事有是非，理均與奪，人心既異，所見或殊，抑使雷同，情有不盡。臣令商量，其大事執見不同者，望請便作商量狀，連本狀同進。若狀語交互，恐煩聖聽，臣既是官長，望於二狀後，略言二理優劣，奏聽進止，則人各盡其能官無留事。」「敕曰可。」（《唐會要》卷一五）⑱兼制誥　《新唐書．百官志》「兼」下有「知」字。關於由他官兼掌制誥事，起於開元以後。任此職者有兩類情況。一為官卑於中書舍人者，如員外郎、郎中等，稱為知制誥；若真除中書舍人，則知制誥為其本職，不復另加「知制誥」三字。一為官位高於中書舍人者，如諸司侍郎以上官，仍令其執行中書舍人之職，而稱為知制誥。如柳公權，原為中書舍人，充翰林書詔學士。一次直言面諫文宗當以進賢良、退不肖、納諫諍、明賞罰為務，朝臣為之股慄，公權辭氣不可奪。「帝謂之曰：『極知舍人不合作諫議，以卿言事有諍臣風彩，卻授卿諫議大夫。』翌日降制，以諫議知制誥，學士如故。」（《舊唐書．柳公權傳》）德宗貞元四年（西元七八八年），「以翰林學士職方郎中吳通微，禮部郎中顧少連，起居舍人吳通元，左拾遺韋執誼並知制誥。故事，舍人六員，通微等與庫部郎中張濛凡五人，以他官知制誥，而六員舍人皆缺焉」（《唐會要》卷五五）。

【語　譯】中書舍人的職掌是侍奉禁中，轉呈百司的奏章，並共同參議所進上的表章。凡是詔旨、制敕、璽書、冊命，都由中書舍人按照典制起草，進呈內廷御畫，然後經門下省簽署而由尚書省頒發施行。中書舍人的職務禁律有四條：一是嚴禁洩密，二是不得遲緩，三是不准違失，四是不許有遺忘和差錯。制定這些禁律的目的是為了嚴肅王命。制敕已經頒發施行，如果有失誤，就要由中書舍人進奏作出改正。凡是遇上大朝會，各方進呈的向皇上請安的表狀，由中書舍人接受下來再向上進奏。國家有大慶事，譬如有大的捷報，發現大的祥瑞，文武百官進呈的賀表，亦由舍人收下再進奏。凡是在朝堂上冊命大臣，由中書舍人受命持節並宣讀冊文，宣告任命的成立。凡是有將帥立了大功，或是有大賓客來朝，都派中書舍人為使者前去慰問他們。全國各地若有較大的冤案或久拖未決的要案需要審察，由中書舍人與給事中和御史這樣「三司」一起會同覆審。此外有關各個司的奏議，文武官員的考課，中書舍人亦都有權參預裁定。按：現今規定，每年由中書舍人及給事中各一人，在考功時監考京師和地方各個官使。在中書省的中書舍人，以年資最深的一人作為「閣老」，由他兼管中書省的各項雜事；另外一人專掌詔旨的起草和進呈御畫，稱之為「知制誥」，唯有他可以享受政事堂堂廚的供食；其他舍人只是分署制敕。中書舍人六人分別押領尚書省的六部，不過凡是尚書省上奏的章表，六個舍人都要共同商議，無論可與不可，都要與中書侍郎和中書令一起連名簽署，然後進奏皇上。中書舍人六人中，以負責進呈御畫的工作最為繁重，因此有時也由其他各司官員兼辦的，稱為兼制誥。

【說　明】唐代在中書省具體負責起草詔令的主要是中書舍人，所以一般制書格式中都寫有「中書令臣某宣；中書侍郎臣某奉；中書舍人某行」一類字樣。除起草詔令外，中書舍人的另一項重要職責是參議表章，佐宰相判案。據說政事堂有一後門，直通中書舍人院，之所以建成這種格局，是為了「宰相到中書舍人院咨訪政事以自廣也」（《舊唐書・常袞傳》）。開元五年（西元七一七年）高仲舒、崔琳並為中書舍人，侍中宋璟頗為器重，嘗對人說：「故事問高仲舒，今事問崔琳，又何疑焉。」（《唐會要》卷五五）這些都說明，在宰相們心目中，中書舍人的地位是相當高的。

充任中書舍人的一個重要條件，是文筆流暢，思緒敏捷，而如果文才不能達到這樣要求，便將被轉遷他官。如武周大足元年（西元七〇一年）則天皇帝「常引中書舍人陸餘慶入令草詔，餘慶回惑至晚，竟不能裁一詞，由是轉左司郎中」（《唐會要》卷五五）。所以唐代文人任中書舍人者頗多。穆宗時白居易起草元稹除中書舍人的制文中稱：「仲尼曰：志有之，言以足志，文以足言，言之無文，行而不遠。故吾精求雄文達識之士掌密命，立內庭，甚難其人，爾中吾選。」又稱：「元稹去年夏，拔自祠曹員外，試知制誥，而能芟繁詞，剗弊句，使吾文章言語與三代同風，引之而成綸綍，垂之而為典訓。凡秉筆者莫敢與汝爭能，是用命爾為中書舍人，以司詔令。」（《白氏長慶集》卷五〇）在武則天時期，鳳閣舍人李嶠，還由於文思敏捷而被稱為大手筆。睿宗初年，蘇頲掌文誥，到玄宗時，更遷為中書侍郎，仍供政事之食。玄宗曾對蘇頲說：「前朝有李嶠、蘇味道，謂之蘇李；今又有卿與李乂，亦不讓之。卿所制文誥，可錄一本封進，題云『臣某撰』，朕要留中披覽。」（《舊唐書・蘇頲傳》）可能就是因為玄宗說過這話的緣故吧，唐代曾經撰寫過制文的文人，都喜歡把制文亦收入自己文集，如擔任過中書舍人的白居易，在《白氏長慶集》中便收有不少制文。

據有的學者統計，在新舊《唐書》的人物列傳中，曾任中書舍人共二百七十九例，其中遷尚書省六部侍郎一百六十五例，遷中書侍郎十三例，遷御史中丞十三例。從這些數字大致可以看出中書舍人往往成為官員升遷的跳板，其中有的還一躍而為臺省長官，如唐代名相張九齡、裴度等，便都出身於中書舍人。白居易任中書舍人時，曾寫過一首題為〈中書寫直〉七律：「繚繞宮牆圍禁林，半開閶闔曉沈沈。天晴更覺南山近，月出方知西掖深。病對詞頭慚彩筆，老看鏡面愧華簪。自嫌物故將何用，土木形骸麋鹿心。」這是以文人的心態來看待為時人所欽羨的中書舍人的生活，沒有熱衷於以此作為進身之階，時間久了，反而會有一種厭倦的感覺，因為這裡畢竟是「金虎」之地（李善注《文選・張衡〈東京賦〉》：「金虎，言小人在位，貪求之德堅若金，讒謗之言惡若虎。」），既非說真話之所，亦難有真性情可言，還不如寄情山水文友，在文學上謀求自己的樂趣。這大概就是白居易之所以成為白居易的緣故吧？

七

主書四人，從七品上。《周官》天官❶有司書❷中士四人，鄭注❸云：「主會計之簿書。」❹

掌邦國六典❺、以法❻、九職❼，蓋此主書之任也。王道秀《百官春秋》❽：「初，晉中書置主書，用武官，宋文帝改用文吏❾。」齊氏尚書置主書令史❿。梁氏不置。陳氏中書置主書十人⓫，去令史之名。後魏中書有主書令史八人，從第七品上。北齊十人，從八品上⓬。天保⓭中，文宣⓮躬親政事，主書令史頗亦受委，並得奏事。文宣曾立看主書令史題署，嫌其遲，語云：「但『主書』，何須復著『令史』二字也。」即以去之。至武成河清⓯初，左丞劾其輒改吏稱，皆云文宣口敕，尋屬新令初頒，遂去「令史」之字。文宣之代，雖曰委任，用人猶輕。至孝昭⓰、武成，召引才學之士荀士遜⓱、李得林⓲、樊孝廉⓳為之，頗曰清舉，猶未有灼然子弟⓴屈為此職。隋氏中書主書亦有「令史」字，置十人，正第九品上㉑，用人益輕。煬帝三年㉒改減為四人㉓。皇朝因之，流外入流累轉為之㉔。

主事四人，從八品下。魏氏所置。歷宋、齊，中書並置主事㉕，品並第八。梁中書令史二人，品第八。陳氏及後魏、北齊並不置。隋初，諸臺省並置主事令史㉖，皆正第九品上；煬帝三年，並去令史之名㉗。前代用人皆輕，而隋氏雜用士人為之，故顏愍楚㉘文學名家為內史主事，尋罷士人。皇朝並用流外入流累轉為之。舊令從九品上㉙，開元二十四年敕進入八品㉚。

令史二十五人，書令史五十人。魏置中書令史，品第八。晉氏品第九，宋氏品第八。齊中書令史品第六。梁中書令史八人，書令史十二人，品皆第九。陳氏中書吏不置令史。後魏、北齊中書竝有令史。自前代以來，令史皆有品秩，至隋開皇㉛初始降為流外行署。

【章　旨】敘述主書、主事等之定員、品秩及其沿革。

【注　釋】❶周官天官　《周官》，又名《周禮》，儒家經典之一。戰國時儒生搜集周王室官制及戰國時各國制度，附會以儒家政治理想，增減排比彙編而成此書。天官，《周禮》之篇名，又為官名。掌邦治，以佐王均邦國。設大宰卿一人，治其府之所屬。❷司書　《周禮》在天官下有司書上士二人，中士四人。其職掌與司會相類；司會主考核會計，司書則為之分類記載於簿書。此處原注以《周官》之司書譬主書，實有牽強之處。❸鄭注　指鄭玄之《周禮》注。鄭玄，東漢古文經學家，今所傳之《周禮》即為其所注，唐賈公彥作疏。❹主會計之簿書　句中「會計」南宋本作「計會」，義亦近。又，鄭玄原注此句為：「謂受財幣之簿書也。」❺六典　據《周禮．天官》，六典為治典、教典、禮典、政典、刑典、事典，分屬冢宰、司徒、宗伯、司馬、司寇、司空六官。❻以法　據《周禮》天官冢宰下司書之職掌當是「八法」，「以」係「八」之誤。八法，《周禮．天官》有載，為官屬、官職、官聯、官常、官成、官法、官刑、官計，這八項治官之法。❼九職　即《周禮．天官》所記之「以九職任萬民」。此九職，「一曰三農，生九穀；二曰園圃，毓草木；三曰虞衡，作山澤之材；四曰藪牧，養蕃鳥獸；五曰百工，飭化八材；六曰商賈，阜通貨賄；七曰嬪婦，化治絲枲；八曰臣妾，聚斂疏材；九曰閒民，無常職，轉移職事。」❽王道秀百官春秋　《百官春秋》，書名。其卷數及著者姓名諸書記載有異。《隋書．經籍志》著錄為「《百官春秋》五十卷，王秀道撰」；《舊唐書．經籍志》著錄為「《百官春秋》十三卷，王道秀撰」；《新唐書．藝文志》著錄為「王道秀《百官春秋》十三卷」。❾自「初」至「改用文吏」　《晉書．職官志》未見此類似之記載，《宋書．百官志下》在中書令條下則記有「其下有主事，本用武官，宋改用文吏」。宋文帝，即劉義隆，小字車兒，南朝宋皇帝。在位三十年，終年四十六歲。❿齊氏尚書置主書令史　句中「尚書」當是「中書」之訛。《職官分紀》卷七引《唐六典》原注此句及《通典．職官三》均作「中書」。正德以下諸本多訛「中」為「尚」。《南齊書．百官志》：「中書省職，置主書令史、正書以下。」《南史．恩倖傳序》：「省內舍人四人，所直四省，其下有主書令史，舊用武官，宋改文吏，人數無員，莫非左右要密，天下文簿版籍，入副其省，萬機嚴密，有如尚書處史。」⓫陳氏中書置主書十人　《隋書．百官志上》稱：陳時，「國之政事，並由中書省。有中書舍人五人，領主事十人，書吏二百人。書吏不足，並取助書。分掌二十一局事，各當尚書諸曹，並為上司，總國內機要，而尚書唯聽受而已。」⑫從八品上　《隋書・百官志》：北齊主書為正第八品下階。⑬天保　北齊文宣帝高洋年號。⑭文宣　北齊皇帝高洋，在位十年，終年三十一歲。⑮武成河清　武成，指武成帝，北齊皇帝高湛，為高歡之第九子。在位四年，終年三十二歲。河清為其年號。⑯孝昭　孝昭，指孝昭帝，北齊皇帝高演，為高歡之第六子，在位僅一年，終年二十七。⑰荀士遜　廣平（今河北雞澤）人。為文清典，武定末為司州秀才。「皇建中，馬敬德薦為主書，轉中書舍人。狀貌甚醜，以文辭見重。嘗有事須奏，遇武成在後庭，因左右傳通。傳通者不得士遜姓名，乃云『醜舍人』，帝曰：『必士遜也。』看封題果是，內人莫不覩笑。」（《北齊書・荀士遜傳》）⑱李得林　據南宋本當為「李德林」。字公輔，博陵安平（今河北安平）人。少孤，以才學見知，善談吐，從官以後，即典機密，性慎重。歷仕北齊、北周、隋，隋禪代之詔策璽書皆李德林之辭。其子李百藥，博學多才，著有《南史》、《北史》。⑲樊孝廉　即樊遜，字孝廉，河東北猗氏（今山西太原）人。武成帝時任主書，遷員外散騎侍郎。⑳灼然子弟　指優秀的世族子弟。㉑正第九品上　《隋書・百官志下》總敘官品條及《通典・職官二十一》之隋官品令，主書皆為從八品上。㉒煬帝三年　即隋煬帝大業三年，西元六〇七年。㉓改減為四人　《隋書・百官志下》稱煬帝時「減主書員，置四人，加為正八品」。㉔流外入流累轉為之　九品以外的官為流外官。此處指主書一般由流外官累轉入流而為之。令史、書令史等流外官，須八考方能入流，亦有六、七年上考即入流者。流外遷轉須由後行閑司，經兩考轉入前行七司，累計考滿才能入流，轉而任主書之職。㉕中書並置主事　《宋書・百官志下》中書省條：「其下有主事，本用武官，宋改用文吏。」㉖隋初諸臺省並置主事令史　隋初，指開皇十四年（西元五九四年）。《隋書・百官志下》稱「是年諸省各置主事令史員」。㉗並去令史之名　《隋書・百官志下》稱煬帝時，「諸司主事，並去令史之名。其令史隨曹閑劇而置。每十令史，置一主事，不滿十者，亦置一人」。㉘顏愍楚　《通典・職官四》本注：「顏愍楚者，文學名流，為內史主事。」餘不詳。㉙舊令從九品上　舊令指唐高祖時之〈武德令〉。此令規定中書門下主事為從九品上階。㉚開元二十四年敕進入八品　開元二十四年為西元七三六年，開元是唐玄宗李隆基年號。《舊唐書・職官志》稱：「中書、門下、尚書都省、兵部、吏部、考功、禮部主事，舊從九品上，開元二十四年改七司八品，其省內諸司依舊。」㉛開皇　隋文帝年號。

【語　譯】主書，定員四人，品秩為從七品上。《周官》中天官的屬官有司書中士四人。鄭玄的注釋說：「主管財幣會計的簿書。」職務是掌管有關國家的六典、以（八）法、九職方面的事務，這亦就是主書的職任。王道秀撰的《百官春秋》說：「起初，西晉在中書省下設有主書，用武官來擔任，到宋文帝時，才改用文吏。」南朝蕭齊，在尚（中）

書省設置主事令史，梁朝沒有這個建置。陳朝在中書省設置主書十人，省去「令史」的名稱，單稱主書。北魏在中書省設置主書令史，定員八人，品秩為從第七品上。北齊時定員為十人，品秩是從八品上。天保年間，文宣帝親自處理政事時，主書令史也頗受重視，他們都可以承擔奏章方面的事務。文宣帝曾立在一旁觀看主書令史簽署文件，嫌速度太慢，便說：「只要寫上『主書』就可以了，何必再加『令史』這兩個字呢?」因此便減省了這兩個字。到了武成帝河清初年，尚書左丞劾奏主書不該經常更改官吏的稱謂，主書們便都說，這是文宣帝曾經作過口頭敕令的。為此，不久便頒行新令，正式把「令史」二字省去。在文宣帝時期，雖說對主書委有重任，但所用人選地位還是比較低。到孝昭帝、武成帝時，召引當時著名有才學的士人，像荀士遜、李得（德）林、樊孝廉等，都做過這個職務，但還是沒有優秀的世族子弟來屈就此職。隋朝中書省主書的稱謂，亦帶有「令史」二字，定員為十人，品秩是正第九品上，所擇用的人選，社會地位更加低微。煬帝三年，將定員減少為四人。本朝因承隋的制度，由流外官累遷轉升的來充當這個職務。

主事，定員四人，品秩為從八品下。最早是曹魏設置，經過南朝的宋、齊，中書省下都設有主事，品秩都定在第八品。梁朝主事令史定員為二人，品秩亦為第八品。陳朝及北魏、北齊都沒有設置。隋朝初年，各個臺省官司機構都設有主事令史，品秩都是正第九品上。煬帝三年，各臺省的主書令史，在稱謂上都減去了「令史」二字。在隋之前，歷代的主事人選，社會地位都很低微，到了隋朝，雖也曾選用了一些士人來充當此任，所以像顏慜楚那樣文學名家亦做過內史主事，但不久就不再任用士人了。本朝都是選擇流外官入流後多次遷轉的來擔任此職。按照以前官品令，主事的品秩在從九品上，開元二十四年下過一道敕令，升到了第八品。

令史，定員二十五人，書令史定員五十人。曹魏開始設置中書令史，品秩為第九品。晉朝時品秩為第九品，南朝的劉宋，品秩為第八品。蕭齊為第六品。梁朝時，中書令史定員八人，書令史定員十二人，品秩都是第九品。陳朝在中書省吏員中不設置令史。北魏、北齊的中書省都設有令史。在隋之前，歷代令史都定有品秩，到隋開皇初年，方始降低到流外定秩。

【說　明】上章說明中，在提到中書舍人須文筆流暢、才思敏捷時，我們舉了頗受唐玄宗器重的舍人蘇頲的例子，在「文詔填委，動以萬計」的情況下，他「手操口對」，居然能做到「無毫釐差誤」。蘇頲如此飛筆草詔，有誰來謄抄呢？那就是主書。當時有兩個人，一個叫韓禮，一個叫談子陽。兩人謄抄，竟然還趕不上蘇頲一人起草：「主書韓禮、談子陽轉書詔草，屢謂頲曰：『望公稍遲，禮等書不及，恐廢。』」（《唐會要》卷五五）這段記載生動形象地說明，流外胥吏主書們是如何辛勤地工作的。

右散騎常侍

【篇　旨】本篇主要敘述中書省右散騎常侍、右補闕、右拾遺等諫官設置的概況及其職掌，此外還介紹了起居舍人、通事舍人的定員和職掌。

唐代的諫官，唯諫議大夫四員都置在門下省，其他如散騎常侍、補闕、拾遺等各分左右，分置於門下、中書二省，如此安排的用意，想是便於兼聽，又有利於君王的控制。由於散騎、補闕、拾遺的故事已詳於上一卷〈門下省〉，故本卷在這方面的說明便從略。需要補充的是，補闕和拾遺的設置，始於武則天垂拱元年（西元六八五年）。武氏設置這兩個機構的目的，並非為了想聽取不同的政見，真的「補闕」、「拾遺」；而是出於搜索政敵動向的需要，借此廣己耳目。其時徐敬業在揚州的叛亂雖已鎮壓下去，但她深感李唐宗室及朝廷大臣中，依然潛在著一股威脅自己臨朝稱制的力量，她要興大獄，把這股異己力量亦鎮壓下去。這可說便是武則天設置補闕、拾遺的原初動機。所以最早出任此二職務的人選中，如左補闕傅遊藝等，便是充當武則天鷹犬的酷吏。作為諫職的職能，是以後逐漸發展起來的。

中書省的起居舍人，與門下省的起居郎是互相對應的，都是記注官。所謂左史記事，右史記言，這是一個很古老的傳統（《禮記．玉藻》：王者「動則左史書之，言則右史書之」），但實際上記事與記言卻很難劃分。不過古人辦事，傳統至上，因而還是把記事與記言分成起居郎與起居舍人二職，且分屬於二省。本篇二章稱：「起居唯得對仗承旨，仗下之後謀議不得預聞。」仗下君臣議政時，起居舍人連旁聽的資格也沒有，又叫他如何完成「記言」的職責呢？其後又規定由當日知印的宰相撰錄後，連名封印在每季之末送起居注。但宰相們若是不辦，誰也奈何他不得，史載就有宰相去官三五年後而尚未送納其所撰錄的實例。所以起居注往往是三五年後，採拾傳聞而已，耳目已隔，事實真情自然要大大打上折扣了。儘管唐代歷朝君王一再重申此制，但實際執行的情況，離規定總有相當距離。

一

右散騎常侍二人，從三品。故事已詳於左省❶。顯慶二年❷置，龍朔二年❸改為右常侍❹，咸亨元年❺復故。

右散騎常侍掌如左散騎常侍之職。

右補闕二人，從七品上。廢置已詳門下省左補闕注。

右拾遺二人，從八品上。已詳左拾遺注。

右補闕、拾遺掌如左補闕、拾遺之職。

【章　旨】敘述右散騎常侍及右補闕、拾遺之定員、品秩及職掌。

【注　釋】❶左省　指門下省。以其官署在京都長安皇城內太極殿前之左側，亦即東側，故稱左省，又稱東省。同理，中書省在右側，故亦可稱右省或西省。❷顯慶二年　西元六五七年。顯慶為唐高宗李治年號。❸龍朔二年　西元六六二年。龍朔為唐高宗李治另一年號。❹右常侍　據南宋本及廣池本當為「右侍極」。❺咸亨元年　西元六七〇年。咸亨是唐高宗李治又一年號。

【語　譯】右散騎常侍，定員二人，品秩為從三品。它的沿革故事，已經詳細記載上一卷門下省的左散騎常侍條下。這一官職在唐高宗顯慶二年開始設置，龍朔二年改名為右常侍（右侍極），咸亨元年恢復原來的名稱。

右散騎常侍的職掌與門下省左散騎常侍的職掌相同。

右補闕，定員二人，品秩為從七品上。有關這一官職歷朝或者廢止或者設置的情況，已在上一卷門下省左補闕的注文中作過介紹。

右拾遺，定員二人，品秩為從八品上。它的沿革已詳細記錄在上一卷門下省左拾遺的注文裡。

右補闕、右拾遺的職掌與上一卷左補闕、左拾遺的職掌相同。

二

起居舍人二人，從六品上。起居舍人因起居注而名官焉。古者，人君言則右史書之，即其任也。其設官沿革，起居郎注詳焉。隋煬帝三年[1]，減內史舍人四員，置起居舍人二人，從第六品上[2]，次內史舍人下，始以虞世南[3]、蔡允恭[4]為之。皇朝因之。貞觀二年省[5]，顯慶二年又置[6]。龍朔二年[7]改為右史，咸亨元年[8]復故。天授元年[9]又改為右史，神龍元年[10]復故。

起居舍人掌修紀言之史，錄天子之制誥德音[11]，如記事之制[12]，以紀時政之損益。自永徽[13]以後，起居唯得對仗承旨，仗下之後，謀議皆不得預聞[14]。長壽元年[15]，文昌左丞[16]姚璹[17]知政事，以為帝王謨訓[18]，不可遂無紀述，若不宣自宰相，史官無從得書，遂表請仗下所言軍國政要，即宰相一人專知撰錄，號為《時政記》[19]，每月送史館。自後因循，錄付兩省起居，使編錄焉。**季終，則授之於國史[20]。**

【章 旨】敘述起居舍人之定員、品秩、沿革及職掌。

【注 釋】❶隋煬帝三年 即大業三年，西元六〇七年。❷從第六品上 《隋書·百官志下》：起居舍人從六品。又云：「煬帝即位，多所改革。三年定令，品自第一至于第九，唯置正從，而除上、下階。」據此當為「從第六品」。「上」字衍。❸虞世南 字伯施，越州餘姚（今浙江餘姚）人。大業初，累受秘書郎，遷起居舍人。後陷於竇建德，授黃門侍郎，李世民滅建德，引為秦府參軍，李世民即帝位後，任弘文館學士。❹蔡允恭 荊州江陵（今湖北江陵）人。有風彩，善吟詠，仕隋歷著作佐郎、起居舍人，煬帝屬詞賦，多令之諷詠。亦沒入竇建德，及平東夏，李世民引為秦府參軍、兼文學館學士。撰有《後梁春秋》十卷。❺貞觀二年省 貞觀二年，西元六二八年。貞觀係唐太宗李世民年號。此年移起居舍人於門下省，改為起居郎，故稱「省」。❻顯慶二年又置 顯慶二年，西元六五七年。顯慶為唐高宗李治年號。《唐會要》卷五十六起居郎起居舍人條云：「顯慶三年（西元六五八年）十二月十五日，又改為中書省起居舍人，兩員，品同起居郎。」即此處所言「又置」。❼龍朔二年 即西元六六二年。龍朔為唐高宗李治又一年號。❽咸亨元年 即西元六七〇年。咸亨亦是唐高宗李治年號。❾天授元年 即西元六九〇年。天授是武則天稱帝時年號。❿神龍元年 即西元七〇五年。神龍為唐中宗李顯年號。⓫制誥德音 帝王之言辭稱制誥；臣民被其德澤，故又稱之為德音。⓬記事之制 指按時間順序記載事件之規則。本書第八卷第二篇：「凡記事之制，以事繫日，以日繫月，以月繫時，以時繫年，必時書其朔日甲乙以紀曆數。」⓭永徽 唐高宗即位後第一個年號。⓮起居唯得對仗承旨三句 唐制，皇帝常日或隔日御殿見群臣，稱常參，有儀仗立殿側。此處所謂對仗承旨，指起居官得參加常參會議，記錄時政。仗下之後謀議皆不得預聞，指常參會議結束，皇帝僅留下少數大臣參議政事，起居官則不在預聞謀議之列，與百官一起隨儀仗退出殿廷。《唐會要》卷五十六起居郎起居舍人條引蘇冕曰：「貞觀中每日杖退後，太宗與宰臣參議政事，即令起居郎一人，執簡記錄，由是貞觀注記政事，稱為畢備。及高宗朝會，端拱無言，有司唯奏辭見兩事，其後許敬宗、李義府用權，多妄論奏，恐史官直書其短，遂奏令隨仗便出，不得預聞機務，因為故事。」這段記載亦說明，仗下之後起居官皆不得預聞謀議，係武后、玄宗以後的定制。⓯長壽元年 即西元六九二年。長壽是武則天稱帝時年號。⓰文昌左丞 即尚書都省之左丞，武后光宅元年（西元六八五年）曾一度改稱尚書省為文昌臺。⓱姚璹 字令璋，雍州萬年（陝西西安）人。為姚思廉之孫，祖籍在浙江吳興，陳亡，遷關中。永徽中，以明經及第，累遷至中書舍人。武周長壽二年（西元六八六年），遷文昌左丞，同鳳閣鸞臺平章事。⓲謨訓 指帝王之謀略和教誨。⓳時政記 書名。由宰相執筆記載之政事廷議實錄。有著錄的，僅見於《新唐書・藝文志》，有「姚璹修《時政記》四十卷」。此外，德宗時賈耽、齊杭亦修過《時政記》，及耽杭罷而事遂廢。憲宗曾就《時政記》的中斷向李吉甫問過原因，李回答說：「凡面奉德音，未及施行，總謂機密，固不可書以送史館；其間謀議有發自臣下者，又不可自書以付史館；及事已行者，制旨昭然，天下皆得聞知，即史官之記，不待事以授也。」（《唐會要》卷六四）憲宗曾有恢復此舊制的意向，並於元和十二年（西元八一七年）下敕規定「自今以後，每坐日，宰臣及諸司對後，如有事可備勸誡，合記述者，委其日承旨宰相，宣示左右起居，令其綴錄，仍准舊例，每季送史館，以為常例」（《唐會要》卷五六）。但敕文中既已定下了「合記述者」這樣一種限制，宰相們又往往以事關機密，不以告之，事竟不行。⑳國史　指史館之史官，掌修國史。

【語　譯】起居舍人，定員為二人，品秩是從六品上。起居舍人的官稱是因為起居注而得名的。古時候，君主的言論是由右史來書寫記載的，這亦便是起居舍人的職任。關於這一官職設置的沿革，在上一卷門下省起居郎條下的注文中已經詳細說明了。隋煬帝三年，減少內史舍人的定員到四人，增加起居舍人的定員二人，品秩為從第六品上，它的地位處在內史舍人之下，最初由虞世南、蔡允恭二人擔任這一官職。本朝因承隋的制度。太宗貞觀二年減省了這一職位，高宗顯慶二年又重新設置。龍朔二年改名為右史，咸亨元年又恢復舊稱。武周天授元年又改名為右史，到中宗神龍元年再恢復原來的名稱。

起居舍人的職掌是負責修撰「記言」的歷史，記錄皇帝的制令詔誥。記言的格式與上一卷門下省起居郎記事的格式一樣，記言的作用是載記時政的得失利弊。自高宗永徽以後，起居官只能在常參日對仗承旨，儀仗隊退下後，當宰相與皇帝參議朝政時，他們就不能再參加旁聽和記錄。武后長壽元年，文昌左丞姚璹參知政事，認為帝王的謀略和訓誨，不應從此沒有記述，如果不是由宰相提供第一手材料，史官們便無法作出記載。於是上表請求恩准在儀仗退下君臣謀議軍國大事時，指定宰相一人專門負責撰錄，所作的記錄可稱為《時政記》，每月送給史館。從此便因循這項制度，由宰相撰錄後，交給中書、門下兩省的起居官，由他們來具體編錄。每個季度末，彙總送給史館，以便編撰國史。

【說　明】起居注作為正式的著作，當始於東漢明德馬皇后所撰的《漢明帝起居注》，其大量湧現則是在漢魏六朝。起居官的設置，隋唐時期頗受重視。劉知幾在《史通・外篇》有一段概括的記述可與本章互為補充，今錄於下：「煬帝以為古有內史外史，今既有著作，宜立起居，遂置起居舍人二員，職隸中書省，如庾自直、崔濬祖、虞世南、蔡允恭等咸居其職，時謂得人。皇朝因之，又加置起居郎二員，職與舍人同。每天子臨軒，侍立於玉階之下，郎居其左，舍人居其右。人主有命，則逼階延首而聽之，退而編錄，以為起居注。龍朔中改名左史、右史，今上（指唐中宗李顯）即位，仍從國初之號焉。高宗、太宗時，有令狐德棻、呂才、蕭鈞、褚遂良、上官儀；高宗、則天時，有李安期、顧胤、高智周、張太素、凌季友，斯並當時得名，朝廷所屬者也。夫起居注者，編次甲子之書，至於策命、章奏、封拜、薨免，莫不隨事記錄，言惟詳審。凡欲撰帝紀者，皆稱之以成功。」唐代起居注的著作，見於著錄的很少，僅有溫大雅的《大唐創業起居注》三卷，及《開元起居注》三千六百八十二卷，修撰人名不詳。中唐以後，隨著起居注職務的曠廢，起居郎與起居舍人的地位也有所下降，不過他們仍是兩省的供奉官，不失為補闕、拾遺等低級清官向上躍遷的臺階，元稹就有過「左右史正同第一流，甚選殆精於尚書郎」（《文苑英華》卷三八三，元稹〈授孔述睿起居舍人制〉）的說法。

三

通事舍人十六人，從六品上。通事舍人即秦之謁者❶。《漢書·百官表》❷云：「謁者掌賓贊受事，員七十人，秩比六百石，有僕射❸，秩比千石。」《舊儀》❹云：「謁者有缺，選郎中美鬚眉大音者補。」《後漢·百官志》❺：「和帝❻時，陳群何熙❼為謁者僕射，贊拜殿中，音動左右。」後漢有常侍謁者❽五人，謁者三十五人。二漢謁者臺並隸光祿勳❾。魏置謁者十人❿。晉武帝⓫省僕射，以謁者并蘭臺⓬。晉初，置舍人、通事各一人，隸中書。東晉令舍人、通事兼謁者之任⓭，「通事舍人」之名自此始也。宋武帝⓮置謁者僕射，領謁者十八人⓯。齊因之。梁置謁者十人⑯，亦隸謁者臺。陳亦有之。後魏謁者從第五品中⑰。北齊謁者三十人⑱，正第九品下。隋初罷謁者官，置通事舍人十六人，從六品上；開皇三年⑲，增舊為三十四員⑳。又置謁者臺㉑，改通事舍人為通事謁者㉒；創置四方館於建國門外㉓，隸鴻臚寺㉔，以待四方使者。皇朝廢謁者臺，改謁者為通事舍人，隸四方館，屬中書省。通事舍人掌朝見引納及辭㉕謝者於殿廷通奏。京官文武職事五品已上假㉖、使㉗，去皆奏辭，來皆奏見；其六品已下奉敕差使亦如之。外官五品已上假、使至京及經京過，若新授及駕行在三百里內過，並聽辭見。凡近臣入侍，文武就列，則引以進退，而告其拜起出入之節。凡四方通表，華夷納貢，皆受而進之。若有大詔令，則承旨以宣示百寮。

凡軍旅之出，則受命慰勞而遣之；既行，則每月存問將士之家，以視其疾苦；凱還，則郊迓之，皆復命。凡致仕之臣與邦之耋老，時巡問亦如之。

【章　旨】敘述通事舍人之定員、品秩、沿革及職掌。

【注　釋】❶秦之謁者　戰國時，齊、秦、楚等國均曾設置謁者，掌引見賓客，贊導受事。荀綽《晉百官表注》曰：「昔燕太子使荊軻劫始皇，變起兩楹之間，其後謁者持匕首刺腋。高祖偃武行文，故易之以板。」（轉引自《後漢書·百官志》劉昭注）❷漢書百官表　即《漢書》之〈百官公卿表〉。《漢書》，東漢班固撰，一百二十卷。其公卿表記秦漢官制，創史著官志先例。❸僕射　本是武官，後取善射者掌事這一古義，以為諸官之長稱謂。秦漢置為侍中、謁者、博士、郎等之長官，隨所領之事以為號，如領謁者之長官便稱謁者僕射，或稱大謁者。❹舊儀　即《漢舊儀》，東漢衛宏作。《後漢書·衛宏傳》稱宏作

《漢舊儀》四卷，以載西京舊事。《隋書・經籍志》著錄《漢舊儀》四卷，衛敬仲撰。清代孫星衍校《漢舊儀》二卷，別作補遺二卷。又，下述引文中，「鬚睂」即「鬚眉」。❺後漢百官志　即《後漢書》之〈百官志〉。《後漢書》，宋范曄撰，無志；梁劉昭將晉司馬彪《續漢書》之志八篇、三十卷合於范曄《後漢書》，並為范書作注。故《後漢書・百官志》實為司馬彪所撰。又，此下引文並非出於《後漢書・百官志》，而是見於《後漢書・何熙傳》。❻和帝　東漢皇帝劉肇，十歲即皇帝位，在位十七年，終年二十七歲。和帝永元四年（西元九二年）曾使謁者僕射收竇憲大將印綬，遣憲及其弟就國，憲等至國皆自殺。❼陳群何熙　陳群，據南宋本當為「陳郡」。何熙即為陳郡（今河南淮陽）人，字孟孫。《後漢書・何熙傳》稱其於「永元中為謁者。身長八尺五寸，善為威容，贊拜殿中，音動左右，和帝偉之。擢為御史中丞，歷司隸校尉、大司農」。又，《後漢書・孝和帝紀》於永元四年（西元九二年）記有竇憲潛圖弒逆，帝使謁者僕射收憲大將軍印綬一事，但未著此謁者僕射姓名。或許即是何熙。此舉為和帝親政立下大功，故熙得以節節擢升。❽常侍謁者　指給事皇帝左右之謁者，主殿上時節威儀。❾光祿勳　官名。西漢武帝時改郎中令置。掌宿衛宮殿門戶，典謁署郎更直執戟，兼侍從皇帝左右，宮中宿衛、侍從、傳達之官如大夫、郎官、謁者等皆屬之。❿魏置謁者十人　《晉書・職官志》稱：「魏置僕射，掌大拜授及百官班次，統謁者十人。」此處原注文字省略了「魏置僕射」一語，致使與下文「晉武帝省僕射」不相銜接。⓫晉武帝　西晉皇帝司馬炎，字安世。在位二十五年，終年五十五歲。⓬蘭臺　漢代宮中藏書室。由御史中丞掌管，置蘭臺令史，掌書奏。東漢以御史大夫官屬省入蘭臺，故御史臺亦簡稱蘭臺。此處蘭臺即指御史臺。晉武帝以謁者併入御史臺，省謁者僕射。事見《晉書・職官志》。⓭東晉令舍人通事兼謁者之任　句中「令」疑係「合」之誤。《晉書・職官志》與此句對應之文字為：「江左合舍人通事，謂之通事舍人。」唯有如此表述，才能連接下文「通事舍人之名自此始也」。⓮宋武帝　南朝宋皇帝劉裕，字德輿，小名寄奴，彭城（今江蘇徐州市）人。在位三年，終年六十。⓯領謁者十八人　《宋書・百官志》及《通典・職官三》皆為「領謁者十人」。⓰梁置謁者十人　此事《隋書・百官志上》記載較詳，其文為：梁「謁者臺，僕射一人，掌朝覲賓饗之事。屬官謁者十人，掌奉詔出使拜假，朝會擯贊。功高者一人為假史，掌差次謁者」。⓱後魏謁者從第五品中　據《魏書・官氏志》，北魏謁者之品秩前後有別。孝文帝太和十七年（西元四九三年）前制，謁者品秩為從第五品中階，中謁者則為從第五品下階；而太和二十三年（西元四九九年）後制，謁者僕射為第六品上階，謁者則列第九品下。⓲北齊謁者三十人　據《隋書・百官志中》北齊設謁者臺，「僕射二人，謁者三十人，錄事一人」；品秩中謁者僕射為從第八品上階，謁者為第九品下階。⓳開皇三年　即西元五八三年。開皇為隋文帝楊堅年號。⓴增舊為三十四員　三十四員，據南宋本當為「二十四員」。但全句仍難詳解。《隋書・

百官志下》稱：隋初在內史省設通事舍人十六人，而開皇三年則為「增通事舍人十二員，通舊為二十四員」。未知此句是否係上引二句脫略、合併而成？㉑又置謁者臺　據《隋書‧百官志下》，又置謁者臺事在煬帝時，「增置謁者、司隸二臺，并御史為三臺」。故此句「又」前似當有「煬帝」二字。㉒改通事舍人為通事謁者　此事《隋書‧百官志下》記載較詳。其文稱：「改通事舍人員為謁者臺職」，「謁者臺大夫一人，為正四品，屬官有丞一人，主簿錄事各一人等員。又有通事謁者二十人，從六品，即內史通事舍人之職也。次有議郎二十四人，通直三十六人，將事謁者三十人，謁者七十人，皆掌出使。」又，許敬宗在隋，曾「直謁者臺，奏通事舍人事」(《舊唐書‧許敬宗傳》)，亦即通事謁者。㉓創置四方館於建國門外　《隋書‧百官志下》稱：「初煬帝置四方館於建國門外，以待四方使者，後罷之，有事則置，名隸鴻臚寺，量事繁簡，臨時損益。東方曰東夷使者，南方曰南蠻使者，西方曰西戎使者，北方曰北狄使者，各一人，掌其方國及互市事。」隋東都城南面二門，正南便是建國門，後為李世民所毀。唐亦置四方館，但屬中書省，以通事舍人主管，其址即隋之謁者臺舊址。據徐松《東西兩京城坊考》，西京四方館的位置在承天門街之西，宮城之南，第二橫街之北；從東起，第一為中書外省，次即為四方館，隋曰謁者臺。東都四方館則在應天門外，第一橫街之南，第二橫街之北，西曰西朝堂，次西為中書外省，再西即四方館，隋亦曰謁者臺。㉔鴻臚寺　官署名。北齊始置。掌外國少數族賓客接待、朝會及吉凶禮儀，兼管佛教、祆教寺廟，領典客、典寺、司儀等署。歷朝沿置。煬帝時別置四方館，接待各國使者，管理互市事務，名義上隸本寺。㉕辤　即「辭」字。下同。㉖假　官吏、代理政事，真除以前稱「假」。㉗使　原為奉命出使之使者，因後世帝王常差遣官員出使，而使這一概念有了很大發展。如因進行某項特別事務而需派人去主持或經辦，便加以專職的使名，大抵多為臨時差遣，事畢即罷。但亦有長期沿置而成為正式官名者。隋唐以後，置使漸多，前者如五坊使、花鳥使；後者如節度使、觀察使、鹽鐵使等。

【語　譯】通事舍人，定員十六人，品秩為從六品上。通事舍人，就是秦朝的謁者。《漢書‧百官公卿表》說：「謁者的職掌是導引賓客的進退和接受四方的貢納。定員是七十人，俸秩為比六百石，設有僕射作為長官，僕射的俸秩是比一千石。」《漢舊儀》說：「謁者有空缺時，從郎中中挑選鬚眉漂亮，發音宏亮的替補。」《後漢書‧百官志》記載：「漢和帝時，陳群（郡）的何熙，被任命為謁者僕射，在殿上導引拜見時，嗓音宏亮，震動左右。」東漢設常侍謁者五人，謁者三十五人。兩漢時期的謁者臺都隸屬於光祿勳。曹魏時，〔設有僕射，領〕謁者十人；到晉武帝時，減省了僕射，把謁者併入蘭臺。晉朝初年，設置舍人和通事各一人，隸屬於中書省。東晉令（合併）舍人、通事，稱為通事舍人，兼管謁者的事務，「通事舍人」這個名稱就是從這時候開始有的。宋武帝時，設置謁者僕射，領謁者十八人（十人）。南朝齊因承劉宋的體制。蕭梁設置謁者十人，亦隸屬於謁者臺。陳朝亦有這個設置。北魏（太和前制）謁者的品秩是從第五品中。北齊設謁者三十人，品秩為正第九品下。隋朝初年，停止了謁者官的建制，另外設置通事舍人十六人，品秩為從六品上；隋文帝開皇三年，增加到二十四員。（煬帝時）又設置謁者臺，改稱通事舍人為通事謁者；在建國門外創置四方館，隸屬於鴻臚寺，以接待四方來朝的使者。本朝廢除了謁者臺，改稱謁者為通事舍人，下隸四方館，上屬中書省。通事舍人的職掌是負責引納受召見和來辭謝的官員到殿庭後，向皇上通奏。在京師的文武職事官五品以上的，如果有「假」或「使」的受命，出發時，通事舍人要為他們上奏辭謝，回來時，要為他們上奏朝見。六品以下的官員，只要是奉敕命差使的，亦要這樣做。京師以外五品以上官員，因為「假」和「使」的受命而來到京師或經過京師，如果官職是新授的，以及駕行在三百里內經過的，都允許離去時奏辭，來到時奏見。凡是近臣入侍皇上，文武百官在朝會上就列，都由通事舍人導引進退，並負責告訴他們拜起出入要注意的禮節。凡是四方使節上達的通表，華夷進獻的貢物，都由通事舍人代為收受再送入宮廷。如果有大詔令，則由通事舍人承旨向百官宣告。凡是動用軍旅，出發時，由通事舍人受命去慰勞和送行；出發後，每月要去探問將士的家屬，瞭解他們的疾苦；軍隊凱旋回京，要到京郊去迎接。這些任務完成後，都要及時向君王稟報復命。凡是致仕退休的臣屬，國家的元老們，要按時向他們去巡訪和慰問，事後亦要向君王稟報復命。

【說　明】謁者是為帝王或卿大夫導引賓客晉見及禮儀的侍從人員，戰國時齊、秦、楚已有，如《國語·齊語四》：「謁者以告，公遽見之。」西漢謁者的名目很多，統領謁者的稱謁者僕射，在內廷供奉者稱中謁者，給侍皇帝左右的稱常侍謁者，以郎中任謁者的稱郎中謁者。還有奉命主掌某一方面專門事務的，如都水、河堤、勸農、運水、伐船等各種專職謁者。初為謁者稱灌謁者，滿一年之後稱給事謁者。《漢舊儀》記有謁者贊禮儀的實例，如：「皇帝在道，丞相迎謁，謁者贊曰：『皇帝為丞相下輿。』立乃升車。皇帝見丞相起，謁者贊稱曰：『皇帝為丞相起。』立乃坐。」從事這類贊儀的不僅是謁者，還有侍中及太常，或其他官吏，本章原注提到的東漢謁者僕射何熙，不過是一個比較突出的例子罷了。作為專門管理謁者的機構謁者臺，漢已有設，但屬光祿勳，至南北朝時而始為正式獨立機構。隋煬帝時的謁者臺一度最為龐大，皆主出使，因而與南北朝謁者臺所掌贊導禮儀之制已不盡相同。唐廢謁者臺，改謁者為通事舍人。此後謁者臺遂不再設。

唐代通事舍人掌朝見引納，如元正、冬至等重大朝會時，便由通事舍人引百僚各就朝堂依次列位，引四品以下及諸親、客應先置者入就位；退朝時再依次引出。唐代見於記載的通事舍人，如崔敦禮，受任在武德中，後「太宗使敦禮往幽州召盧江王瑗。瑗舉兵反，執敦禮，問京師之事，敦禮竟無異詞。太宗聞而壯之，遷左衛郎將，賜以良馬及黃金雜物」（《舊唐書》本傳）。又如崔行功，為中書侍郎唐儉的女婿，「高宗時，累轉吏部郎中，以善敷奏，嘗兼通事舍人，內供奉」。崔行功又善行文，故「當時朝廷大手筆，多是行功及蘭臺侍郎李懷儼之詞」（《舊唐書》本傳）。這些記載說明，唐初通事舍人的職事，並不限於儐相贊引。此外，唐在太常寺另設有謁者十人，贊引二十人，亦在各種祭祀禮儀活動中，主導引之事。

集賢殿書院

【篇　旨】本篇敘述集賢殿書院前身的沿革，及其在開元年間設置的經過；集賢殿書院學士、直學士之品秩、來源，以及修撰官、校理官包括書直、搨書手等人員的編制和定員，並附帶追述歷代藏書的聚散概況和四部編目的沿革，篇末是集賢殿書院的職掌。

集賢殿書院的設置，是玄宗開元年間興文治的一件盛事。它起始於開元五年（西元七一七年），由馬懷素、褚無量主持，組織人員在東都乾元殿東部廊下抄寫四部書，完成後，書藏於西京太極宮東宮麗正殿，同時始置麗正書院，設修書使，先是元行沖，繼任的是張說。開元十三年（西元七二五年）正式改麗正修書院為集賢殿書院。書院的設置，反映了開元初期玄宗從穩定政局到勵精圖治的需要，而其名稱的更改，則又是他籠絡文人學士的一種手段（參見一章㉗注）。集賢院學士實際上就是隨時聽候王命的待詔學士，相當於現今的智囊團。如張說，玄宗還在東宮時，他就是侍讀，後在玄宗與太平公主角逐國家權力中，張說又立有大功，故被拜為中書令，兼知院事。學士們既擔負著「待詔」的使命，就得緊隨皇帝的行止，所以集賢殿書院就不能只有集賢殿一處，大凡玄宗經常居留之所附近，都得安置，所以三大之內，東都、華清宮，均設有集賢殿書院。

集賢院又是修書、藏書之地。開元時期，玄宗還經常提出一些修書的任務，交由集賢殿學士、直學士去承擔。集賢殿的藏書也經常需要整理和抄寫。這一時期集賢殿的藏書是唐代的鼎盛期，兩《唐書》中〈經籍志〉和〈藝文志〉的撰作，包括對圖書以經、史、子、集四庫這樣一種分類格局，都以集賢殿這個時期的藏書為依據。應當肯定，集賢殿書院在整理我國古代圖籍上，是作出了貢獻的。

集賢殿書院的管理，從玄宗以宰相張說為大學士知院事起，便成為定制。集賢殿的學士、直學士和修撰官、校理官，都是由朝官兼任不另設定員；只有知書官以下具體負責圖籍分類和管理以及抄寫的吏員，才有固定的編制和食料俸祿的供給；日常的管理則另有中使一人，孔目官一人。

一

集賢殿書院：開元十三年[1]所置。漢、魏以來，其職具秘書省[2]。梁武帝[3]於文德殿內列藏眾書[4]。北齊有文林館學士[5]，後周有麟趾殿學士[6]，皆掌著述。隋平陳之後，寫書正、副二本[7]，藏於宮中，其餘以實秘書外閣。煬帝於東都置觀文殿[8]，東西廂貯書。自漢延熹[9]至今，皆秘書掌圖籍，而禁中之書或時有焉。及太宗在藩邸，有秦府學士十八人[10]；其後崇文館[11]、弘文館[12]皆有學士，則天時亦有珠英學士[13]，皆其任也。今上即位，大收群書，以廣儒術。自開元五年[14]，於乾元殿[15]東廊下寫四部書，以充內庫，乃令右散騎常侍褚無量[16]、秘書監馬懷素[17]摠其事，置刊定官四人，以一人判事，其後因之。六年[18]，駕幸東京；七年[19]，於麗正殿安置[20]，為修書使。褚、馬既卒，元行沖[21]為使，尋以張說[22]代之。八年[23]，置校理二十人。十二年[24]，駕幸東都，於命婦院[25]安置。十三年[26]，召學士張說等宴於集僊殿，於是改名集賢殿修書所為集賢殿書院[27]，五品已上為學士，六品已下為直學士，以說為大學士，知院事。說累讓「大」字，詔許之。其後，更置修撰、校理官。只[28]有待制[29]官名，其來尚矣。漢朱買臣[30]待詔公車[31]。公車，衛尉之屬官，掌天下之上書。東方朔㉜、劉向㉝、王褒㉞、賈月之㉟等待詔金馬門㊱，官署門㊲也。今之待制，即其事焉。

【章　旨】敘述唐代集賢殿書院設置過程及其與前朝相關機構和官制之沿革。

【注　釋】❶開元十三年　即西元七二五年。開元為唐玄宗李隆基年號。❷漢魏以來其職具秘書省　意謂集賢殿書院之職能，相當於漢魏以來之秘書省。案東漢桓帝延熹二年（西元一五九年）置秘書監，後省。曹操為魏王，置秘書令、丞，魏文帝時秘書令改監，晉武帝時又以秘書併中書省，而其秘書著作之局不廢，惠帝時復置秘書監，並統著作省。❸梁武帝　南朝梁皇帝蕭衍，字叔達，小字練兒，南蘭陵（今江蘇武進東北）人。在位四十七年，終年八十六歲。❹文德殿內列藏眾書　《隋書·經籍志》稱：「齊永明中，秘書丞王亮監謝朏又造《四部書目》，大凡一萬八千一十卷。齊末兵火，延燒秘閣，經籍遺散。梁初秘書監任昉，躬加部集，又於文德殿內，列藏眾書，華林園中眾集釋典，大凡二萬三千一百六卷。」又稱：「元帝克平江陵，收文德之書及公私經籍，歸於江陵，大凡七萬餘卷。周師入郢，咸自焚之。」❺北齊有文林館學士　北齊後主武平三年（西元五七二年）：「祖珽奏立文林館，於是更召引文學士，謂之待詔文林館焉。」（《北齊書·文苑傳》）館中招集當時名士學者，撰《玄洲苑御覽》，後改名《聖壽堂御覽》。❻後周有麟趾殿學士　北周明帝宇文毓即位，「集公卿已下有文學者八十餘人於麟趾殿，刊校經史。又捃採眾書，自羲農以來，迄於魏末，敘為《世譜》凡五百卷云」（《周書·明帝紀》）。❼隋平陳之後寫書正副二本　《隋書·經籍志》稱：隋開皇三年（西元五八三年），「秘書監牛弘，表請分遣使人，搜訪異本。每書一卷，賞絹一匹，校寫既定，本即歸主。於是民間異書，往往間出。及平陳已後，經籍漸備。（按：陳之書籍，亦是陳天嘉中，重新鳩集，考其篇目，遺闕尚多。）檢其所得，多太建時書，紙墨不精，書亦拙惡。於是總集編次，存為古本。召天下工書之士，京兆韋霈、南陽杜頵等於秘書內，補續殘缺，為正副二本，藏於宮中，其餘以實秘書內外之閣，凡三萬餘卷。」又，《舊唐書·職官志》此句中「寫」下有「群」字，為「隋平陳之後，寫群書正副二本」。❽煬帝於東都置觀文殿　煬帝，隋朝皇帝楊廣。《隋書·經籍志》稱：「煬帝即位，秘閣之書，限寫五十副本，分為三品，於東都觀文殿東西廂構屋以貯之，東屋藏甲乙，西屋藏丙丁。」❾延熹　東漢桓帝劉志年號。❿秦府學士十八人　秦府，指秦王府。李淵稱帝時，李世民曾被封為秦王。唐高祖武德四年（西元六二一年）秦王府置文學館於宮城之西，以待文學之士。以杜如晦、褚亮、杜正倫、李玄道、李守素、薛收、元敬、姚思廉等十八人為文學館學士。貞觀初作〈十八學士圖〉。⓫崇文館　貞觀中置，係太子學館，隸東宮。⓬弘文

館　武德初置修文館，武德末改名為弘文館，隸門下省。⑬珠英學士　據南宋本當為「珠英學士」。武則天於內廷撰〈三教珠英〉，取文辭之士，稱珠英學士，有李嶠、張說、徐彥伯等，以張昌宗主持其事。⑭開元五年　西元七一七年。⑮乾元殿　東都皇宮內之正殿，即武則天時之明堂。上圜下方，八囪四達，高三百尺，元正、冬至有時在此舉行朝會。⑯褚無量　字宏度，杭州鹽官（今浙江杭州）人。精《三禮》及《史記》，舉明經，累除國子博士，遷國子司業，兼修文館學士。玄宗時兼皇太子侍讀，又兼國子祭酒。其時內庫舊書，自高宗即藏在宮中，漸致遺逸，無量因「奏請繕寫刊校，以弘經籍之道。玄宗令於東都乾元殿前施架排次，大加搜寫，廣採天下異本。數年間，四部充備，仍引公卿已下，入殿前令縱觀焉」（《舊唐書・褚無量傳》）。⑰馬懷素　潤州丹徒（今江蘇丹陽）人。雖居吏職，篤學而手不釋卷，為玄宗所禮敬，與褚無量同為侍讀。「是時秘書省典籍散落，條流無敘，懷素上疏曰：『南齊已前墳籍，舊編王儉《七志》；已後著述，其數盈多，《隋志》所書，亦未詳悉。或古書近出，前志闕而未編；或近人相傳，浮詞鄙而猶記。若無編錄，難辯淄澠。望括檢近書編目，并前志所遺者，續王儉《七志》，藏之秘府。』」（《舊唐書》本傳）玄宗此次詔令整理圖籍，實為馬懷素所建議。⑱六年　指開元六年，西元七一八年。⑲七年　西元七一九年。⑳於麗正殿安置　據韋述《集賢記注》：開元六年（西元七一八年）冬車駕入京，乾元殿所抄寫書籍，於西京大內東宮之麗正殿安置。秘書官並為修書學士，麗正殿檢校官以麗正殿直學士為名。麗正殿的位置在西京宮城東宮內，崇教殿之北，光天殿之南，崇仁殿之西，崇文殿之東。㉑元行沖　名澹，以字行，河南洛陽人。擢進士第，累遷通事舍人，開元中為弘文館學士。《舊唐書》本傳稱：「先是，秘書監馬懷素集學者續王儉《今書七志》，左散騎常侍褚無量於麗正殿校寫四部書，事未就而懷素、無量卒，詔行沖總代其職。於是行沖表請通撰古今書目，名為《群書四錄》，書成，奏上之。尋以衰老罷知麗正殿校寫書事。」㉒張說　字道濟，河南洛陽人。玄宗在東宮時，張說與褚無量俱為侍讀。玄宗即位，拜中書令。㉓八年　指開元八年，西元七二〇年。㉔十二年　開元十二年，西元七二四年。㉕命婦院　其址，東都在明福門內，中書省之北；命婦院北側為修書院，修書院本為太平公主內宅。西京之命婦院，在光順門大街之西，開元時置集賢院，本為命婦院之地。其北院全取命婦院舊屋。（據《唐會要》卷六四）㉖十三年　指開元十三年，西元七二五年。㉗自「宴於集僊殿」至「集賢殿書院」　僊即「仙」字。西京宮城之北有明福門，其西為崇賢門，集仙殿即在崇賢門內。集仙殿改名為集賢殿事，《資治通鑑》卷二百一十二錄於開元十三年（西元七二五年）下。是年「四月，丙辰，上與中書、門下及禮官學士宴於集仙殿。上曰：『仙者憑虛之論，朕所不取；賢者濟理之具，朕今與卿曹合宴，宜更名曰集賢殿。』」又，《舊唐書・玄宗本紀》在同年下稱：「四月，丁巳，改集仙殿為集賢殿，麗正書院改集賢書院。」㉘只　據南宋本當為「又」。㉙待制　官名。

相當於漢代待詔。唐在集賢殿書院置有待制，非登朝官。㉚朱買臣　字翁子，吳（今江蘇蘇州）人。因嚴助之薦而被漢武帝拜為中大夫。與嚴助俱侍中，後為待詔。㉛公車　衛尉下屬之官署，是待詔守候皇帝徵召之所。公車又為官名，即衛尉屬官公車司馬之省稱。顏師古注引《漢官儀》曰：「公車司馬掌殿司馬門，夜徼宮中，天下上事及闕下，凡所徵召皆總領之。令秩六百石。」㉜東方朔　字曼倩，平原厭次（今山東平原南）人。漢武帝時東方朔上書自薦，令待詔公車。㉝劉向　字子政，沛（今江蘇沛縣）人，漢皇族楚元王劉交四世孫。本名更生，漢成帝時更名為向。治《春秋穀梁傳》，亦好《左氏傳》。曾任諫大夫、宗正等。曾校閱群書，撰成《別錄》，為我國目錄學之祖。原有文集，已佚，明人輯有《劉中壘集》。另有《洪範五行傳》、《新序》、《說苑》、《列女傳》等，今存。㉞王褒　字子淵，蜀人。漢宣帝時，修武帝故事，講論六藝群書，王褒被召見誦讀，與劉向等待詔金馬門。㉟賈肙之　據南宋本，其中「肙」當作「捐」。字君房，賈誼之曾孫，雒陽（今河南洛陽）人。元帝初即位，上疏言得失，待詔金馬門。㊱金馬門　漢代宮門名。《史記．滑稽列傳》：「金馬門者，宦署門也。門傍有銅馬，故謂之曰金馬門。」漢代徵召進京之人，多待詔公車，其中有才能卓著者，得令待詔金馬門。如東方弘，先是待詔公車，後待詔金馬門，稍得親近。待詔的地點，除了公車、金馬門外，尚有太學、相府、保宮、掖庭、黃門宦署等。㊲官署門　據《史記．滑稽列傳》及褚少孫所補之《史記．東方朔傳》，應是「宦署門」。

【語　譯】集賢殿書院：玄宗開元十三年設置。它的職務相當於漢魏以來的秘書省。南朝梁武帝時，在文德殿內收藏各種圖書。北齊後主時，曾設有文林館學士；北周明帝時置有麟趾殿學士，它們的職掌都是撰述著作。隋朝平定陳以後，搜集各地的圖書，補續殘缺，書寫正副二本，藏在宮中，其餘用來充實秘書內外各樓閣。隋煬帝時，在東都觀文殿東西廂構屋貯書。從東漢延熹年間起直到當今，都是秘書省掌管圖籍，因而禁中隨時都保存有數量相當多的圖書。太宗李世民還在藩邸秦王府時，有文學館學士十八人。這以後，崇文館和弘文館都設有學士，武則天時期亦設有殊（珠）英學士，都擔負有撰述和整理圖籍的職任。當今皇上即位後，又大力收集群書，用以廣大儒術。從開元五年起，在乾元殿的東廊下，組織人力抄寫經、史、子、集四類圖書，以充實內廷的書庫，並讓右散騎常侍褚無量和秘書監馬懷素總抓這件事。又設置刊定官四人，其中一人為主管，以後這個制度便一直因承下來。開元六年，皇上駕幸東京；開元七年，在麗正殿設置修書使。褚、馬二人去世後，由元行沖繼任，不久又讓張說代行這個職務。開元八年，設置校理二十人。開元十三年，皇上又一次駕幸東都，在命婦院的北面安置修書院。開元十三年，皇上召學士張說等設宴於集仙殿，就是在這次宴席上，把集仙殿改名為集賢殿，修書的地方定名為集賢殿書院，五品以上為學士，六品以下稱直學士，由張說擔任大學士，主管書院事務。張說多次推讓不要加上「大」字，皇帝下詔准許了他的要求。這以後又設置了修撰和校理官。此外還有一個叫「待制」的官名，由來已非常久遠了。例如漢代朱買臣待詔公車。公車是衛尉的屬官，掌管全國各地臣民向皇帝上書有關事務的。還有東方朔、劉向、王褒、賈肙（捐）之等，都曾經待詔金馬門，亦就是宦（宧）署門。如今的待制，與那時的待詔是一回事。

【說　明】最早而且比較完整地介紹集賢殿書院的著作，當推韋述的《集賢記注》。韋述，年少即舉進士，累官工部侍郎。他是當事人，直接被張說引為集賢院直學士，前後在書府四十年，任史官二十年，故他的記注最為可靠，許多細節的敘述，與《唐六典》原注基本一致。開元五年（西元七一七年），原在東都乾元殿東廂下抄寫四部書，遷至西京後，安置在東宮的麗正殿，麗正書院之名，起始於此。同時還把秘書官併為麗正殿書院。開元八年（西元七二〇年）散騎常侍褚無量知麗正殿，取秘書省學士入麗正殿校勘，兩處學士合而為一。開元十年（西元七二二年）春，玄宗赴東都，移書院於明福門外，中書省之北，取名亦為麗正書院。這年九月詔張說知麗正殿修書。張說有〈恩敕麗正殿書院宴應制得林字詩〉：「東壁圖書府，西垣翰墨林。誦詩聞國政，講《易》見天心。」《舊唐書・馬懷素等傳》篇末史臣曰：「俾西垣東觀，一代粲然。」此西垣即明福門外之麗正書院。開元十一年（西元七二三年）玄宗回西京，於大明宮光順門外創建書院，亦名之為麗正書院。開元十三年（西元七二五年）改集仙殿為集賢殿，同時，正式改麗正書院為集賢殿書院，以張說知院事，右散騎常侍徐堅副之。有「禮部侍郎賀知章，中書舍人陸堅，並為學士；國子博士康子元為侍講學士；考功員外郎趙東曦，監察御史咸廙業，左補闕韋述、李釗、陸元泰、呂向，拾遺毋煚，太學助教余欽，四門博士趙元默，校書郎孫季良，並直學士；太學博士侯行果，四門博士敬會直，右補闕馮鷺，並侍講學士」（《唐會要》卷六四）。其他幾處麗正書院亦改名為集賢書院。西京大明宮之集賢院，在光順門水大街之西，南鄰命婦院，北接宮垣，東隔街為諸王待制院。興慶宮之集賢書院在和風門橫街之南，東隔水巷鄰中書省，西接上舍內局，南隔巷即弘文館，北隔殿中省繖扇院。華清宮之集賢院在宮北橫街之南，鄰羽林仗院，北隔街金吾湯院，東接驃騎大將軍高力士宅，西鄰衛尉寺。東京之集賢院在明福門外大街之西院，東隔街對武成宮院，西又有南北街，街西為史館及尚食局，南鄰中書省，北接宮城。韋述《集賢記注》對每個院落的內部結構和外部環境，都有具體而細緻的描述。

《舊唐書‧職官志》在中書省還附敘了翰林院。翰林院的前身便是待詔的學士們。本章原注把待制譬之於漢代的待詔。唐代，在興慶宮的金明門內，大明宮的右銀臺門內，太極殿的顯福門，以及東都的華清宮，都設有待詔的住所。皇帝在哪個宮殿，待詔們便守候在那個宮殿的規定住所。如武德、貞觀時，有溫大雅、魏徵、李百藥、岑文本、許敬宗、褚遂良等，都曾是文學館或弘文館學士，以文詞待詔。此後，這個制度一直延續下來，至高宗時，改在北門候進止，因此號為北門學士。玄宗時，如張說、陸堅、張九齡、徐安貞、張垍等，本來大都是集賢院學士，亦不時被召入禁中，謂之翰林待詔。玄宗以後，這些待詔的翰林，例置學士六人，選擇其中一人為承旨，一旦獨承密命，往往位至宰相。

二

學士。五品以上為學士，每以宰相為學士者知院事❶。初，張說❷為中書令知院，制以右常侍徐堅❸副之，自爾常以近密官為副，兼判院。

直學士。六品以下為直學士。並開元十三年❹置。

侍講學士。開元初，褚無量❺、馬懷素❻侍講禁中，為侍讀。其後，康子元❼等為侍講學士。

修撰官❽，**校理官**❾。同直學士，無常員，以佗官兼之。又有留院官，檢討官，皆以學術❿別勅留之。

中使一人[11]。自乾元殿[12]寫書，則直知出入，宣傳進奏，掌同宮禁。

孔目官[13]一人。開元五年[14]置。

知書官[15]八人。開元五年置。漢劉歆[16]總群書而為《七略》[17]，凡三萬三千九十卷。遭王莽、董卓之亂[18]，掃地皆盡。魏氏採掇遺亡，至晉，總括群書，凡二萬九千九百四十五卷[19]。惠、懷之後[20]，靡有孑遺。東晉所存三千一十四卷。至宋，謝靈運造《四部目錄》[21]，凡四千五百八十二卷。其後，王儉復造目錄[22]，凡萬五千七十四卷[23]。齊王亮、謝朏[24]《四部書目》，凡萬八千一十卷。齊末，兵火延燒，秘閣經籍焜燼。梁帝克平侯景[25]，收公私經籍歸于江陵，凡七萬餘卷；周師入郢[26]，咸自焚之。周武保定[27]中，書盈萬卷，平齊所得[28]，纔至五千。隋秘書監牛弘[29]請分遣使者搜訪異書，平陳之後，經籍漸備，凡三萬餘卷。煬帝[30]寫五十副本，分為三品。大唐平王世充，收其圖書[31]，泝河西上，多有漂沒，存者猶八萬餘卷。自是圖籍在秘書[32]。今秘書、弘文[33]、史館[34]、司經、崇文[35]皆有之；集賢所寫，皆御本也。書有四部：一曰甲，為經；二曰乙，為史；三曰丙，為子；四曰丁，為集。故分為四庫，每庫二人，知寫書、出納、名目、次序，以備檢討焉。四庫之書，兩京各二本，共二萬五千九百六十一卷，皆以益州[36]麻紙寫。其京庫[37]書鈿白牙軸[38]、黃帶、紅牙籤，史庫書鈿青牙軸、縹帶[39]、綠牙籤，子庫書彫紫檀軸[40]、紫帶、碧牙籤，集庫書綠牙軸、朱帶、白牙籤，以為分別。

書直及寫御書㊶一百人。開元三年㊷十二月，勅於秘書省、昭文館㊸兼廣召諸色能書者充，皆親經御簡。後又取前資、常選㊹、三衛㊺、散官㊻五品以上子孫，各有年限，依資甄敘。至十九年㊼，敕省官為直院㊽也。

搨書手㊾六人。乾元殿初置二人，開元十四年㊿奏加至六人。取人及有官同有院(51)。

畫直(52)八人。開元七年(53)勅，緣修雜圖，訪取二人。八年(54)，又加六人。十九年，院奏定為直院(55)。

裝書直(56)十四人。開元六年(57)置八人，七年(58)更加十人，十九年(59)八月減四人。

造筆直(60)四人。開元六年置。

典(61)四人。開元五年置二人，九年(62)加二人。

【章旨】敘述集賢殿書院學士、直學士之品秩以及修撰、校理等官吏之定員，並兼及歷代內廷藏書和圖書編目之沿革概況。

【注釋】❶每以宰相為學士者知院事　第一個以宰相兼學士而主持集賢院事務的是張說，他是以中書令兼知集賢殿院事。張說罷中書令後，於開元十七年（西元七二九年）復拜尚書左丞相，仍兼集賢院學士。張說死，開元十九年（西元七三一年）以中書令蕭嵩為集賢院學士知院事，又以張九齡為副。蕭、張先後敗，李林甫接任中書令，亦兼集賢殿學士，知院事。李林甫死，楊國忠代為右相，亦兼集賢殿學士。此制延續頗久，至德宗貞元時，李泌為相仍兼集賢殿學士，並知院事。❷張說　字道濟，又字說之，河南洛陽人。開元初為中書令，深受玄宗寵信，前後三秉大政，掌文學之任凡三十年，朝廷大述作多出其手。時人以與蘇頲並稱大手筆。❸徐堅　字元固，浙江湖州人。前後任修文館學士、崇文館學士，以右散騎常侍為集賢殿書院學士，副張說知院事。曾撰《初學記》三十卷，在唐人類書中，博不及《藝文類聚》，而精則勝之。《大唐新語》九稱：「玄宗謂張說曰：『兒子等欲學綴文，須檢事及看文體，御覽之輩，部秩既大，尋討稍難。卿與諸學士撰集要事並要文，以類相從，務取省便，令兒子等易見成就也。』說與徐堅、韋述等編此進上，以《初學記》為名。」此書保存了一些失傳古書的片段，也可以用來校正今本古書的某些譌誤。❹開元十三年　西元七二五年。❺褚無量　字宏度，杭州鹽官（今浙江杭州）人。精《三禮》及《史記》，舉明經，累遷國子司業，兼修文館學士。玄宗時兼皇太子侍讀，又兼國子祭酒。❻馬懷素　潤州丹徒（今江蘇丹陽）人。開元初為戶部侍郎。《舊唐書》本傳稱其「雖居吏職，而篤學，手不釋卷，謙恭謹慎，深為玄宗所禮，令與左散騎常侍褚無量同為侍讀。每次閤門，則令乘肩輿以進。上居別館，以路遠則命宮中乘馬，或親自送迎，以申師資之禮」。❼康子元　越州會稽（今浙江紹興）人。仕歷獻令，累擢秘書少監，官至宗正少卿。開元初，詔中書令張說舉能治《易》、《老》、《莊》者，說以子元聞，為集賢侍講學士。❽修撰官　官名。玄宗開元時集賢殿書院置。多以朝官兼任，無常員，掌編撰典籍。如開元初，趙冬曦「與秘書少監賀知章、校書郎孫季良、大理評事咸廙業入集賢院修撰」（《新唐書・趙冬曦傳》），此數人即為修撰官。天寶後，史館亦置，掌修史，以登朝官領史職者為之。❾校理官　掌校勘書籍之官員，亦為兼職。如開元時，以「將仕郎王嗣林、四門助教范仙廈為校勘，翰林貢舉呂向、東方顥為校理」（《新唐書・趙冬曦傳》），此數人即為校理官。❿學術　《舊唐書・職官志》作「學士」。⓫中使一人　《舊唐書・職官志二》作「押院中使一人」。其本注稱：「自乾元殿寫書，則置掌出入，宣進奏，兼領中官，監守院門，掌同宮禁。」則其職務相當於管理出入的門衛，與內廷聯繫的宣傳和進奏。⓬乾元殿　東都皇宮內之正殿，即武則天時之明堂。⓭孔目官　掌文書簿記圖籍之屬吏，以所屬官府大小眾事一孔一目皆經其手，故稱。始置於集賢殿書院，其後為地方節度使亦置以為屬官。⓮開元五年　西元七一八年。⓯知書官　玄宗開元五年（西元七一七年）乾元殿抄四部書置，掌以書籍按四庫分類。乾元殿更號麗正修書院後罷，再改為集賢殿書院復置。⓰劉歆　字子駿，沛（今江蘇沛縣）人。漢楚元王之後，劉向之子。少通《詩》、《書》，能屬文，為漢成帝召見，待詔宦者署，為黃門郎。後奉詔與其父劉向領校秘書。⓱七略　分類書目。西漢劉歆撰。漢孝成帝時，因內廷圖書散佚，下詔求遺書於天下，以劉向校經傳諸子詩賦，每一書校就，向便為之撰一提要，向去世後，子歆繼其事，在天祿閣整理圖籍，集每書之提要而成《七略》：一〈輯略〉，二〈六藝略〉，三〈諸子略〉，四〈詩賦略〉，五〈兵書略〉，六〈術數略〉，七〈方技略〉。所撮書三萬三千九十卷。東漢班固以《七略》為《漢書・藝文志》，刪去提要，僅保留其篇目。⓲王莽董卓之亂　王莽，字君巨，魏郡元城（今河北大名東）人。篡漢建立新朝，在綠林、赤眉軍的打擊下，新朝崩潰。王莽末年，西漢積藏的圖籍，焚燒殆盡。光武中興，重新搜集整理圖籍，石室、蘭臺、東觀、仁壽閣皆東漢藏書之所。董卓　字仲穎，隴西臨洮（今甘肅岷縣）人。東漢靈帝時，任并州牧，奉召率軍進洛陽，誅宦官，廢少帝立獻帝，導致東漢末政局大亂，迫獻帝西遷，圖書縑帛，軍人皆取為帷囊。所收而西，猶七十餘載。西京又大亂，圖籍遂掃地以盡。⑲魏氏採掇遺亡四句　魏晉二代採集遺佚之圖籍，「藏在秘書中、三閣。魏秘書監鄭默，始制《中經》，（晉）秘書監荀勗，又因《中經》更著《新簿》，分為四部，總括群書。一曰甲部，紀六藝及小學等書；二曰乙部，有古諸子家、近世子家、兵書、兵家、術數；三曰丙部，有史記、舊事、皇覽簿、雜事；四曰丁部，有詩賦、圖讚、汲冢書。大凡四部，合二萬九千九百四十五卷。但錄題及言，盛以縹囊，書用緗素。至於作者之意，無所論辯」（《隋書・經籍志》序）。⑳惠懷之後　指經八王之亂以後，西晉覆滅。惠，晉惠帝司馬衷，司馬炎之第二子，性愚呆。《晉書》本紀記其「嘗在華林園，聞蝦蟆聲，謂左右曰：『此鳴者為官乎，私乎？』或對曰：『在官地為官，在私地為私。』及天下荒亂，百姓餓死，帝曰：『何不食肉糜？』」後食餅中毒死。在位十五年，終年四十八歲。懷帝司馬熾，司馬炎之第二十五子。繼惠帝而立，在位七年，為劉聰所殺，終年三十歲。經過晉末大亂，渠閣文籍，靡有孑遺。㉑謝靈運造四部目錄　謝靈運，陳郡陽夏（今河南太康）人，謝玄之孫。少好學，博覽群書，詩文之美，江左莫逮。宋武帝時，徵為秘書監，使整理秘閣書，補足遺闕，造《四部目錄》。其卷數，《隋書・經籍志》較此處多「六萬」二字。為六萬四千五百八十二卷。㉒王儉復造目錄　王儉，字仲寶，王曇首之孫，年十八即任秘書郎，遷秘書丞。其著述，除所造《目錄》外，據《隋書・經籍志》序文，又依《七略》撰《七志》四十卷，「一曰經典志，紀六藝、小學、史記、雜傳；二曰諸子志，紀今古諸子；三曰文翰志，紀詩賦；四曰軍書志，紀兵書；五曰陰陽志，紀陰陽圖緯；六曰術藝志，紀方技；七曰圖譜志，紀地域及圖書」。㉓萬五千七十四卷　《隋書・經籍志》其《目錄》：大凡萬五千七百四十卷。㉔王亮謝朏　王亮，字奉叔，宋末選尚公主，拜駙馬都尉。入齊，歷官晉陵太守。建武末，累遷尚書左僕射。梁受禪，官終中書監。謝朏，字敬沖，幼聰慧，十歲能屬文。及齊高帝輔政，引為左長史，後轉侍中，歷都官尚書。齊永明中，王亮為秘書丞，謝朏為秘書監，共造《四部書目》。㉕梁帝克平侯景　指梁元帝蕭繹，自江陵起兵，平定侯景之亂。侯景，字萬景，朔方人，東魏末，以河南壽春降梁，又起兵反梁，陷臺城，兵敗，由滬瀆入海，為人所殺。梁於文德殿藏書，元帝收文德殿藏書及公私經籍歸於江陵。㉖郢　今湖北之江陵。㉗周武保定　周武，指周武帝，北周皇帝宇文邕，保定為其年號。《隋書・經籍志》稱：「保定之始，書止八千，後稍加增，方盈萬卷。」㉘平齊所得　指北周武帝平定北齊所得之圖籍。《隋書・經籍志》：「周武平齊，先封書府，所加舊本，纔至五千。」㉙牛弘　字里仁，安定鶉觚（今甘肅靈臺）人。隋開皇初任秘書監，建議分遣使人，赴各地搜訪異本。於是下詔，獻書一卷，賫縑一匹。一二年間，篇籍積備。㉚煬帝　隋朝皇帝楊廣。《隋書·經籍志》稱其即位後，「秘閣所藏之書，限寫五十副本，藏於宮中，分為三品：上品紅瑠璃軸，中品紺瑠璃軸，下品漆軸。於東都文觀殿東西廂構屋以貯之，東屋藏甲乙，西屋藏丙丁。又聚魏以來古蹟名畫，於殿後起二臺，東曰妙楷臺，藏古蹟；西曰寶蹟臺，藏古畫。又於內道場，集道、佛經，別撰目錄。」㉛大唐平王世充收其圖書　指秦王李世民於武德五年（西元六二二年）平定王世充，收其圖書及古董。據《隋書·經籍志》，當時「命司農少卿宋遵貴載之船，泝河西上，將致京師，行經底柱，多被漂，其所存者，十不一二。其《目錄》亦為所漸濡，時有殘缺。今考見存，分為四部，合條為一萬四千八百六十六部，有八萬九千六百六十六卷」。㉜秘書　即秘書省。掌經籍圖、國史實錄之官署。東漢桓帝時置秘書監之職，掌禁中圖書典籍。南朝梁始置秘書省，以秘書監為長官，隋煬帝增置秘書少監為輔佐。唐沿置，掌秘記圖籍、國史實錄、天文曆數等。㉝弘文　即弘文館。唐高祖武德九年（西元六二六年）改原修文館而置，隸門下省。掌詳正圖籍、教授生徒、參議朝廷制度沿革及禮儀輕重之事。其址始置於弘文殿之側，後遷至大明宮之宣政殿右側，日華門外，門下省之東。㉞史館　唐太宗貞觀三年（西元六三〇年）始置於禁中，在門下省北；及大明宮初成，置於門下省南。玄宗開元二十五年（西元七三七年）移置於中書省之北。掌修國史，凡天地日月之祥、山川封域之分、昭穆繼代之序、禮樂師旅之事、誅賞廢興之政，皆本於起居注、時政記，以為實錄，然後立編年之體，既終，藏之於府。㉟崇文　即東宮之崇文館。唐高宗上元二年（西元六七五年）改崇賢館置，設學士、直學士，無常員，缺則以太子庶子領館事。肅宗乾元初，以宰相為學士，總館事。掌經籍圖書，教授生徒。其隸屬或門下坊或桂坊無定，德宗後隸左春坊不改。東宮麗正殿之右為崇文殿，其位置當在崇文殿之側近。㊱益州　治所今四川成都，轄區約相當於今之成都平原。㊲京庫　據南宋本當為「經庫」。㊳鈿白牙軸　指以白牙鑲嵌書的軸心。古代書是長卷，故需裝有軸以束捲。鈿，鑲嵌。㊴縹帶　青白色之絲帶。㊵彫紫檀軸　彫即「雕」字。指以雕有花紋的紫檀木作為捲書之軸。㊶書直及寫御書　皆為工於書寫者，屬直官。唐代諸司都有一定數量的直官，介於官與吏之間，多為帶有專門技能性的官員。直官的選任主要根據其才能，一般沒有資歷出身上太大的限制，可由各色人自我推薦，即「請射」，用人機構直接錄用，即「帖直」，最後吏部注擬只是一個形式。㊷開元三年　西元七一五年。南宋本及廣池本均作「開元五年」。㊸昭文館　即弘文館。中宗神龍元年（西元七〇五年）因避孝敬皇帝李弘名諱改，至開元七年（西元七一九年）復稱弘文館。㊹前資常選　指有散官品階及前資按規定可參加每年吏部冬選者。㊺三衛　指親衛、勳衛、翊衛。由五品以上官員子孫以門蔭充任。㊻散官　指未入仕而帶散位品階者。四品以下的散官須通過番上或納資以取得參選的資格。㊼十九年　指開元十九年，西元七三一年。㊽直院　有散官品階的書直官在集賢書院，稱直院。㊾搨書手 用紙墨摩印古碑帖文字的工匠。㊿開元十四年 西元七二六年。(51)有院 據南宋本、廣池本及上文原注句例當為「直院」。(52)畫直 有繪畫技術之直官。(53)開元七年 西元七一九年。(54)八年 開元八年，西元七二〇年。(55)院奏定為直院 指經集賢書院上奏，定畫直為直院。(56)裝書直 有裝書技術之直官。(57)開元六年 西元七一八年。(58)七年 即開元七年，西元七一九年。(59)十九年 即開元十九年，西元七三一年。(60)造筆直 有製筆技術之直官。(61)典 為不入流，甚至連流外也稱不上之吏職，亦有以色役、職役充當者。此處之典，當是書典，掌看管圖書之日常事務。(62)九年 指開元九年，西元七二一年。

【語 譯】 學士。職事官五品以上入值集賢殿書院的，稱為學士。通常就由以宰相為集賢殿學士的，兼管全院事務。最初，張說以中書令的身分主持集賢書院事務，皇上又下制令以右散騎常侍徐堅作為副職。從這以後，本朝經常以與君王關係近密的官員作為書院副職，並兼管院事。

直學士。職事官六品以下入值集賢殿書院的，稱為直學士。直學士的人選都是在開元十三年設定的。

侍講學士。開元初年，褚無量、馬懷素曾在禁宮中擔任侍講，稱為侍讀。這以後，又有康子元等曾做過集賢殿書院的侍講學士。

修撰官，校理官。同直學士一樣，亦沒有常設的定員，都是由他官兼任此職。還有留院官、檢討官這樣一些名目，都是因學問而有特別敕文留在書院內的。

中使一人。從乾元殿開始寫書起設置的，負責出入門衛，宣傳敕旨，進奏章表，職掌類同內廷的禁衛。

孔目官一人。開元五年設置。

知書官八人。開元五年設置。漢代劉歆曾總錄群書，撰成《七略》，總共收錄圖書有三萬三千零九十卷。西漢內廷的藏書，經歷王莽和董卓的禍亂，幾乎全部喪失。曹魏又重新採集遺佚的書籍，到西晉初年時，總括所藏各類書籍達到二萬九千九百四十五卷。惠帝及懷帝之後，魏晉內廷的藏書又散失得蕩然無存。東晉時，以原來的簿錄校內廷藏書，還保存的只有三千零十四卷。到南朝宋，謝靈運奉命編造《四部目錄》，共收錄四千五百八十二卷。這以後，又有王儉奉命再次編撰《目錄》，共有一萬五千零七十四卷。南朝齊時，王亮、謝朏同造《四部書目》，共有一萬八千零十卷。南齊末年，由於兵戈火燒，秘閣所藏經籍又化為灰燼。梁武帝在文德殿兩側收藏書籍，梁元帝平定侯景之亂後，把文德殿所藏的公私經籍運歸江陵，大體上有七萬餘卷。北周軍隊進入郢地亦就是江陵，所存經籍又被焚燒無餘。北周武帝保定年間，內廷藏書約一萬多卷。平定北齊時，所得的藏書，不過才五千卷。隋朝初年，秘書監牛弘，奏請派遣使者到各地去訪求異書，直到平定陳之後，所藏經籍才逐漸完備，總共有三萬餘卷。隋煬帝時，將秘書省的藏書，規定每種書籍寫五十副本，分成三個品第歸藏。大唐平定王世充後，收洛陽所藏圖籍，用船裝載，溯黃河西上，途中被漂沒了很多，唐初內廷保存的經籍，還有八萬餘卷。從這以後，圖籍都集中在秘書省。現今秘書省、弘文館、史館、司經和崇文館，都保存有經籍。集賢殿書院所寫的，都是備皇上御覽的本子。所有的藏書被分成四部，一稱甲，為經部；二稱乙，為史部；三稱丙，為子部；四稱丁，為集部。因此而分為四個書庫，每庫有定員二人，負責寫書、出納、編目、排列次序，以備隨時檢查討論。四庫的藏書，東西兩京各有兩套，共二萬五千九百六十一卷，都是用益州出產的麻紙書寫。京（經）庫的書，用鑲嵌白牙做卷軸，黃色的絲帶，紅色的牙籤；史庫的書，用鑲嵌青牙做卷軸，青白色的絲帶，綠色的牙籤；子庫的書，用雕花的紫檀木做卷軸，紫色的絲帶，碧色的牙籤；集部的書，用綠色的牙軸為書軸，朱紅色的絲帶，白色的牙籤。用這些不同裝飾，以便區別各自的歸屬。

書直和寫御書，定員一百人。開元三年十二月，皇上下敕文，在秘書省、昭文館、廣召各種能寫書的人充當，都經過皇上親自簡選。以後，又從前資常選、三衛、散官五品以上的子孫中，各依照規定的年限，按照資歷選擇錄取。開元十九年，又敕令其中有品秩的為直院。

搨書手六人。在乾元殿寫書時，最初設置二人，到開元十四年，經過奏請後加到六人。選取人的標準及有官的，同直院一樣。

畫直八人。開元七年，下敕令因修補各種雜圖的需要，徵求錄取了二人。到開元八年，又加了六人。十九年時，經過奏請，亦定為直院。

裝書直十四人。開元六年設置時為八人，到七年，又加了十人，十九年八月，又減去了四人。

造筆直四人。開元六年設置。

典四人。開元五年設置時為二人，到九年又加了二人。

【說　明】本章原注的敘述，涉及到兩個問題：一是我國古代圖書編目的沿革；一是歷代宮廷藏書聚散狀況。

中國最早的圖書分類，當推劉歆的《七略》，原書久佚，僅存清代洪頤煊等輯佚本。班固撰《漢書・藝文志》是以《七略》為藍本的，故可據以窺其大體面貌。所謂《七略》，實際上是把圖書分為六類，其中〈輯略〉是全部書籍的目錄提要，類似於清代的《四庫全書目錄提要》。具體的分類是：〈六藝略〉，相當於四庫的經部，是按《易》、《書》、《禮》、《樂》、《詩》、《春秋》來分類，再加上《孝經》、《論語》、小學即文字學這三類。史部沒有獨立出來，還依附在《春秋》之內。〈諸子略〉，相當於四庫的子部，按先秦諸子分類。〈詩賦略〉，相當於四庫的集部，容量比集部狹小得多。〈兵書略〉，主要是兵書類；〈術數略〉，主要是陰陽五行天文曆法以及占驗類書籍；〈方技略〉主要是醫學、神仙、房中術一類書籍，這三略在古代都屬於應用技術。自漢至南北朝，如劉宋時期王儉《七志》的分類，蕭梁時期阮孝緒《七錄》的分類，總的都還沒有擺脫劉歆《七略》的基本格局，也有一些局部的變化。如《七錄》的前四錄，已出現了經、史、子、集分類的雛型：〈經典錄〉紀六藝接近於經部，〈記傳錄〉大體相當於史部，〈子兵錄〉類似於集部，〈伎術錄〉則相當於《七略》的〈術數略〉。另有〈佛錄〉與〈道錄〉，則反映了漢魏以來，佛道二教獲得了進一步發展，以致相應的典籍也大批出現。以經、史、子、集這樣四部或稱四庫來分類圖書，最早當始於魏晉時代。如魏人鄭默的《中經》，晉人荀勗的《新籍》，都把全部圖籍分成甲、乙、丙、丁四大類：甲部，紀六藝及小學等書；乙部，古代、近代諸子家，兵書、兵家、術數；丙部，史記、舊事、覽簿、雜事等；丁部，詩賦、圖讚以及「汲冢書」，共二萬九千九百四十五卷。但這一分類的書目並沒有保存下來。我們現在能夠看到的最早的四部分類圖書目錄，是《隋書・經籍志》。所以歐陽修在《新唐書・藝文志》序文中，把四部分類歸始於唐：「自漢以來，史官列其名氏篇第，以為六藝、九種、七略；至唐始分為四類，曰經、史、子、集。」從我國圖書分類學發展史來說，四部分類的形成無疑是一個重要階段，但經、史、子、集顯然還不能概括各種圖書所屬門類，因而並不科學；就思想而言，主要是突出了帝王制度在政治上的需要。大體說來，經部是傳統的帝王思想的經典性的表述；史部是帝王事功行狀的彙編，歷史經驗的總結，讀經與讀史是帝王不可或缺的課程。子部是諸家對帝王思想和策略的闡述；集部的主體是詩賦，一個經常性的共同主題，便是對適應於帝王制度的人性、人格和情操的規範性的描述。不難看到，在這個分類方法上打著深深的封建專制主義烙印。唐以後所遵循的都是這個基本分類方法，集其大成者便是清代乾隆年間的《四庫全書》，歷時十載，編就了我國歷史上規模最大的一套叢書，收入書籍凡三千四百六十一種，七萬九千三百零九卷；另有四庫存目六千七百九十三種，九萬三千五百五十一卷。基本上包羅了乾隆以前中國古代的重要著作。從保存古代典籍和傳統文化上說，意義自然十分重大，但就分類而言，依然沒有越出古代雷池一步。耐人尋味的是，迄今還有人熱衷於接續這個傳統，或出版存目的部分，或續補《四庫全書》，甚至打算延伸到民國以後的書籍，他們似乎忘記了彙編《四庫全書》的服務對象是皇帝。這件事亦從一個側面說明了帝王制度及其傳統思想還在許多方面直接間接影響著我們。

中國古代藏書，由於主要集中於宮廷，這便不能擺脫與王朝存亡相共的命運，每次王朝更迭，幾乎都要給書籍帶來毀滅性的災難，然後再在廢墟上重建新的藏書。秦末，項羽一把大火，燒了秦宮廷的藏書。漢以後的書災，本章原注已有所提及，如王莽、董卓之亂，惠、懷時期的八王之亂，齊末的兵火之災，還有周師入郢的大火，被隋初任秘書監的牛弘，稱之為書之「五厄」。在這五厄中，不知有多少我們民族先輩智慧和知識的結晶化作青煙而去。書的災難，隋以後依然在延續。僅舉一例：隋在西京的嘉則殿藏書，有三十七萬卷之多，到唐武德初年已只剩下八萬餘卷。唐代藏書莫盛於開元，見於著錄者，達五萬三千九百一十五卷，其中產生於本朝的書有二萬八千四百六十九卷。但祿山之亂一起，「兩都覆沒，乾元舊籍，亡散殆盡」（《舊唐書・經籍志上》）。肅宗、代宗年間，再次搜書，至文宗開成初年，藏書又增加到五萬六千四百七十六卷。到了唐末，黃巢農民軍再陷兩京，結果是「曩時遺籍，尺簡無存」（同上）。中國歷史上的宮廷藏書，斷斷續續，一次又一次的聚而又散，散而復聚，幾乎形成了一個不能自破的循環圈，這又從一個側面反映了帝王制度對經濟文化發展的一種羈絆和限制。

三

集賢院學士掌刊緝古今之經籍，以辨明邦國之大典，而備顧問應對。凡天下圖書之遺逸，賢才之隱滯，則承旨而徵求焉。其有籌策之可施於時，著述之可行於代者，較其才藝，考其學術而申表之。凡承旨撰集文章，校理經籍，月終則進課❶于內，歲終則考最❷于外。開元八年❸十月敕：「學士等入經三年已上為年深，若校理精勤、紕繆多正，及不能詳覈、無所發明，委修書使錄奏，別加褒貶。」

【章旨】敘述集賢院學士之職掌。

【注釋】❶課　課程。指功課之進程、期限。《朱子全書・學六》：「寬著期限，緊著課程。」❷最　指殿最。官員考課用語。通常以優等稱「最」，劣等稱「殿」。❸開元八年　西元七二〇年。

【語譯】集賢院學士掌管古今經籍的輯集和刊正，藉以辨明國家各種慶典的儀制，以備皇帝隨時垂問時應對。凡是散落在全國各地的圖書經籍，隱匿於市井僻鄉的賢能之才，學士要依照御旨廣為徵集和訪求。其中如果有計策謀略可以施行於現時，著作學說可實行於當代的，就要較量他們的才藝，考究他們的學術，然後上表申薦給朝廷。凡是奉旨撰寫收集的書籍文章，校對整理的經籍，每月月底要向內廷報告完成的進度；到年底時，要與其他官員一起參加考課，評出殿最等第。開元八年十月頒發的敕令說：「學士等官員入值集賢院，經過三年以上的可以稱為「年深」。從事校理的官員，如果校理精確而勤懇努力，多所刊正典籍中的錯誤和紕繆；或者不能詳細校核，無所作為的，那就要由修書使記錄上奏，另外加以褒揚或者貶斥。」

【說　明】本章記述集賢院的職掌，主要便是「刊緝古今之經籍」，這似乎無關經邦治國，因而當初張說受命籌置集賢書院時，朝臣中曾經有過異議。此事發生於開元十一年（西元七二三年），《資治通鑑》卷二百一十二有錄。這年五月，「中書舍人洛陽陸堅以為此屬無益於國，徒為糜費，欲悉罷之。張說曰：『自古帝王於國家無事之時，莫不崇宮室，廣聲色，今天子獨延禮文儒，發揮典籍，所益者大，所損者微。陸子之言，何不達也！』」集賢院正是在玄宗「重說而薄堅」的決策下開始啟動的，應當說在整個開元時期，它還是做了不少有益的工作，並對我國古代學術以至整個文化事業的發展產生了深遠的影響。如開元九年（西元七二一年），元行沖上《四部錄》二百卷，此時內府的藏書已有二千六百五十五部，四萬八千一百六十卷，分為經、史、子、集四部，編造人，經部是殷踐猷、王愜，史部是韋述、余欽，子部是毋煚、劉彥直，集部是王灣、劉仲，體例則由韋述擬定。其後，毋煚又節略為《古今書錄》四十卷，這便是新舊《唐書》中《藝文志》和《經籍志》的前身。開元十三年（西元七二五年）康子元奉詔注解《東封儀注》，徐堅等奉詔纂經史文章之要，以類相從，為皇子們讀書提供一個袖珍本；是書兩年後即完成，玄宗親題書名為《初學記》。開元十七年（西元七二九年）張說奉命完成《八陣圖》十卷及經二卷。開元十九年（西元七三一年）徐安貞等承旨撰作《文府》二十卷。開元二十三年（西元七三五年）張九齡等奉敕修撰《籍田儀注》。開元二十七年（西元七三九年）張九齡等第一次上《唐六典》三十卷，百官稱賀。所以《唐六典》這本書自身，也可以說是集賢院的產兒。然而到了開元末和天寶年間，李林甫、楊國忠相繼用事，進入晚年的唐玄宗，漸漸消失了當初那種勵精圖治的銳氣，作為一個封建專制皇帝，他亦沒有脫出「國家無事之時，莫不崇宮室，廣聲色」這個通常發展規律，開始走向淫樂和昏庸。與此同時，集賢殿書院亦風光不再。

史館・匭使院

【篇 旨】本篇敘述屬於中書省的兩個機構：史館與匭使院。

史館的前身是秘書省的著作局，貞觀三年（西元六二九年）才移史館於太極宮門下省之北，由宰相監修，這樣秘書省著作局便停止了編史的職能。與此相應，還規定了諸司須報送史館的作為史料的事類，建立了由起居注、時政記到實錄的制度，並擬定了國史編纂的體制。在帝王的直接干預下，貞觀年間出現了編纂史著的高潮，先後完成的有《梁書》、《陳書》、《北齊書》、《北周書》和《隋書》這五代史以及《晉書》，還有李延壽個人編撰的《南史》和《北史》，這樣在中國二十四史中，修編於這個時期的佔了八部。史學理論著作，亦出現了像劉知幾《史通》這樣的重要成果。「前事不忘，後事之師」。唐太宗李世民之所以在這個時期如此重視編撰前代史，目的自然是為了從中汲取於治理當朝有用的經驗教訓。他自己還親自為《晉書》的〈宣帝紀〉、〈武帝紀〉、〈陸機傳〉、〈王羲之傳〉寫了史論，亦是出於同樣考慮。與此同時，李世民對當代史的編纂，特別是對《高祖實錄》和貞觀前期實錄的撰作，尤為關注，規定非經他過目不可。這就難免使人聯想到他有玄武門之變那塊心病，因而表現出對相關史著的過分操心。我們在有關注釋和說明中提供了若干史實，以助讀者對此問題的思考。

匭使院始置於武則天垂拱初年。匭為接受訴狀的銅製箱櫃，因而匭使院實際上是一個以受理告密為主要職司的機構，這當與武則天欲稱制進而稱帝，須大興獄案、剪除異己的政治需要密不可分。但李唐以後，類似銅匭的鼓勵告密舉措一直被保留了下來，卻又無關於武氏，而只能從帝王制度固有的集權專制本質上去作出說明。

一

史館史官。周有太史[1]、小史[2]、內史[3]、外史[4]，而諸侯之國亦置史官[5]。又《春秋》[6]、《國語》[7]引《周志》及《鄭書》之說。推尋事迹，以[8]當時記事各有職司。其後陵夷，史官放絕。秦滅先王之典，其制莫存。至漢武始置太史[9]，命司馬談[10]為之。時，天下計書先上太史，副上丞相。談乃據《左氏》[11]、《國語》、《代本》[12]、《戰國策》[13]、《楚漢春秋》[14]，接其後事，成一家之言。談卒，其子遷又為太史，嗣成其事，名曰《史記》[15]。遷卒後，好事者若馮商[16]、劉歆[17]、揚雄[18]等亦頗著述。漢末，扶風班彪[19]綴後傳數十篇。彪卒，其子固[20]續成其志，名曰《漢書》[21]。後漢明帝[22]又召固入東觀[23]，與陳宗[24]、尹敏[25]、孟冀[26]共成《光武本紀》[27]。其後，劉珍[28]、劉毅[29]、劉陶[30]、伏無忌[31]、黃景[32]等相次著述東觀，所撰書謂之《東觀漢記》[33]。然皆佗官兼領史職。至魏明帝太和中，始置著作郎及佐郎[34]，隸中書省，專掌國史。至晉惠帝元康二年，改隸秘書省[35]。歷宋、齊、梁、陳、後魏並置著作，隸秘書省，北齊因之，代[36]亦謂之史閣，亦謂之史館。史閣、史館之名自此有也。故北齊邢子才[37]作詩酬魏收[38]「冬夜直史館」是也。後周有著作上士、中士[39]，掌國史，隸春官府。隋氏曰著作曹[40]，掌國史，隸秘書省。皇朝曰著作局。貞觀初，別置史館於禁中[41]，專掌國史，以佗官兼領；或卑品有才，亦以直館焉。

【章　旨】敘述史館及史官之設置和沿革。

【注　釋】❶太史　亦稱「大師」。傳為殷商六大之一。《禮記・曲禮下》：「天子建天官，先六大，曰大宰、大宗、大史、大祝、大士、大卜，典司六典。」《周禮》則列為春官宗伯屬官，下大夫。西周及春秋、戰國列位大臣，掌起草文書，參與冊命貴族典禮，代王宣命，記載史事，編撰史書，保管國家典籍，規諫君王，顧問諮詢，兼管天文曆法及祭祀事務。秦、西漢為太常屬官，東漢後地位漸低。❷小史　《周禮》列為春官之屬官。中士爵。掌王室及諸侯國圖志、世系，佐太史進行各種禮儀活動。❸內史　《周禮》春官之屬官。中大夫爵。其職為「掌王八枋（柄）之法，以詔王治。執國法及國令之貳，以考政事，以逆會計。掌敘事之法，受訥訪，以詔王聽治。凡命諸侯及孤卿大夫，則策命之。凡四方之事書，內史讀之。王制祿，則贊為之，以方出之。賞賜亦如之。內史掌書王命，遂貳之」。❹外史　《周禮》春官之屬官。上士爵。其職為「掌書外令，掌四方之志，掌三王五帝之書，掌達書名於四方。若以書使於四方，則書其令」。❺諸侯之國亦置史官　指春秋時，各諸侯國亦設置史官。如《左傳・魯宣公二年》：晉之大史董狐書「趙盾弒其君」，孔子稱其為「古之良史也」。又如《左傳・魯襄公二十五年》：齊之太史「書曰：『崔杼弒其君』，崔子殺之，其弟嗣書而死者二人。其弟又書，乃舍之。南史氏聞大史盡死，執簡以往」。❻春秋　儒家經典之一。編年春秋史。相傳為孔子依魯國史官所編《春秋》加以整理修訂而成。起於魯隱公元年（西元前七二二年），終於魯哀公十四年（西元前四八一年），計二百四十二年。春秋文字簡短，被視為寓有褒貶之意，後世因稱為「春秋筆法」。解釋《春秋》的有《左氏》、《公羊》、《穀梁》等三傳，古時《春秋》經文和傳文分列，今則分載於各傳之前。❼國語　國別史。相傳為左丘明所撰，二十一卷。分周、魯、齊、晉、楚、吳、越八國，起於周穆王，終於魯悼公，以記西周末年和春秋時期周魯等國貴族的言論為主，可與《左傳》相參證，故有《春秋外傳》之稱。劉子玄《史通》稱：「自古名儒賈逵、王肅、虞翻、韋曜之徒，並申以注釋，治其章句，此亦六經之流，三傳之亞也。」近人徐元誥著有《國語集解》。❽以　據南宋本及《通典・職官三》當作「似」。❾漢武始置太史　漢武，西漢皇帝劉徹。在位五十四年，終年七十一歲。《史記集解》引如淳注：「《漢儀注》：太史公，武帝置，位在丞相上。天下計書先上太史公，副上丞相，序事如古春秋。」❿司馬談　夏陽（今陝西韓城南）人。漢武帝時為太史公，臨終前囑其子遷曰：「余先祖周室之太史，典天官之事。余死，汝必為太史，無忘吾所欲論著。」司馬遷承父遺願，完成了《史記》，人因稱其為《太史公書》。⓫左氏　即《左傳》，亦稱《春秋左氏傳》，儒家經典之一。相傳為春秋時左丘明所撰。起於魯隱公元年（西元前七二二年），終於魯悼公四年（西元前四六四年），比《春秋》多出十七年，其敘事更至於魯悼公十四年止。書中保存了大量古代史事記錄，且語言簡練、生動，富有文學性。注本有西晉杜預《春秋左氏經傳集解》、唐孔穎達《春秋左傳正義》等。⑫代本　即《世本》。唐人避太宗李世民名諱改稱。戰國時史官所撰。記黃帝迄春秋時諸侯大夫之氏族、世系、都邑、制作等。原書在宋代散佚，清人有多種輯佚本。⑬戰國策　戰國時縱橫游說之士言論和策謀的彙編。西漢末劉向編訂為三十三篇。分為東西二周、秦、齊、燕、楚、三晉、宋、衛、中山十二策，四百八十六章。近年湖南長沙馬王堆出土西漢帛書，記述戰國時事，與本書內容相似，定名為《戰國縱橫家書》。⑭楚漢春秋　漢陸賈撰。記項羽、漢高祖及惠帝、文帝時事，《史記》敘楚漢間事曾取材於此。原書九卷，久已散佚，清代茆澤林有輯本一卷。⑮史記　漢司馬遷撰，我國第一部紀傳體通史。記事起於黃帝，迄於漢武帝，首尾三千年左右，詳於戰國秦漢。一百三十卷，分本紀、世家、列傳，以八書記制度，列十表以通史事之脈絡，為後世各史所沿用。全書約完成於漢武帝太初元年至征和二年間（西元前一〇四—前九一年）。元帝、成帝間，褚少孫又補撰了〈武帝紀〉、〈三王世家〉、〈龜策列傳〉等篇。⑯馮商　《漢書・藝文志》注稱馮商續《太史公》七篇。韋昭注曰：「馮商受詔續《太史公》十餘篇，在班彪《別錄》。商字子高。」師古曰：「《七略》云：商，陽陵人，治《易》，事五鹿充宗，後事劉向，能屬文，後與孟柳俱待詔，頗序列傳，未卒，病死。」⑰劉歆　字子駿，楚元王之後，劉向之子。少以能通《詩》、《書》，為黃門郎，與父向一起領校秘書，講六藝傳記。及王莽代漢建立新朝以歆為國師。⑱揚雄　字子雲，蜀郡成都（今四川成都）人。王莽時校書於天祿閣，官為大夫。好辭賦，曾作〈甘泉〉、〈羽獵〉等賦。⑲班彪　字叔皮，扶風安陵（今陝西咸陽東北）人。東漢初，舉茂才，拜徐令，因病免官，專力從事史學述作。以《史記》止於西漢太初年間，作《後傳》六十餘篇，以補太初以後之闕。⑳固　指班固。班彪之子，字孟堅，扶風安陵（今陝西咸陽東北）人。九歲能屬文，及長，博貫載籍，明帝奇之，以為郎。後為人告發私改國史而下獄，弟班超上書力辯，召為蘭臺令史，典校秘書，奉詔完成其父所著之《後傳》，歷二十餘年，修成《漢書》，開創了我國斷代史之體制。㉑漢書　東漢班固撰。我國第一部紀傳體斷代史。一百篇，分一百二十卷。其八表和〈天文志〉未完成，由其妹班昭與馬續續成。㉒漢明帝　東漢皇帝劉莊。在位十八年，終年四十八歲。㉓東觀　洛陽宮殿名。為東漢宮中藏書之所。《後漢書・安帝紀》永初四年（西元一一〇年），「詔謁者劉珍及五經博士，校定東觀五經、諸子、傳記、百家藝術，整齊脫誤，是正文字。」㉔陳宗　《後漢書・班固傳》稱其為「前睢陽令」，餘不詳。㉕尹敏　《後漢書・班固傳》稱其為「長陵令」。㉖孟冀　《後漢書・班固傳》稱其為「司隸從事」，《通典・職官八》則作「司隸校尉孟冀」。㉗光武本紀　《後漢書・班固傳》稱班固與陳宗、尹敏、孟異（冀）共成《世祖本紀》。㉘劉珍　字秋孫，南陽蔡陽（今湖北襄陽市以東）人。

東漢安帝永初中為謁者僕射，鄧太后詔使與校書劉騊駼、馬融及五經博士，校定東觀五經、諸子傳記、百家藝術，整齊脫誤，是正文字。永寧元年（西元一二〇年）太后又詔珍與騊駼作建武以來名臣傳，遷侍中、越騎校尉。㉙劉毅　東漢宗室，北海敬王之子。劉珍、馬融等共上書稱其有文辯，安帝時拜為議郎。㉚劉陶　據《後漢書・劉珍傳》，與劉珍一起校內東觀五經等經籍的數人中，無劉陶而有「劉騊駼」。劉騊駼，其生平不詳。劉陶，字子奇，潁川潁陰（今河南許昌市西南）人。其生平事蹟《後漢書》有傳，但與《東觀漢記》無關。㉛伏無忌　為伏生之後，伏湛之玄孫。伏氏自伏生始，世傳經學，清靜無競，因其本州號為「伏不鬬」。伏無忌《後漢書・伏湛傳》稱其「亦傳家學，博物多識，順帝時，為侍中屯騎校尉。永和元年（西元一三六年）詔無忌與議郎黃景校定中書五經、諸子百家、藝術。元嘉中，桓帝復詔無忌與黃景、崔寔共撰《漢記》。又自采集古今，刪著事要，號曰《伏侯注》」。㉜黃景　劉知幾《史通・外篇・正史》載：東漢安帝永初中，「命侍中伏無忌與諫議大夫黃景，作〈諸王王子功臣恩澤侯表〉、〈南單于西羌傳〉、〈地理志〉」。㉝東觀漢記　書名。《隋書・經籍志》著錄為一百四十三卷，起光武記注至靈帝，長水校尉劉珍等撰。今已散佚。然在魏晉間曾廣為流傳，與《史記》、《漢書》合稱三史。范曄《後漢書》主要依據即是此書，若把《後漢書》與《東觀漢記》輯本對照，便可一目了然。㉞魏明帝太和中始置著作郎及佐郎　魏明帝，三國魏皇帝曹叡，字元沖。在位十三年，終年三十六歲。太和為其年號。始置著作郎及佐郎事，《晉書・職官志》稱：「魏明帝太和中，詔置著作郎，於此始有其官，隸中書省」；設「著作郎一人，謂之大著作郎，專掌史任，又置佐著作郎八人。著作郎始到職，各撰名臣傳一人」。㉟晉惠帝元康二年改隸秘書省　晉惠帝，西晉皇帝司馬衷，武帝司馬炎第二子。前後在位十五年，終年四十八歲。元康為其年號，二年即西元二九二年。改隸秘書省事，《晉書・職官志》稱：「元康二年詔曰：『著作舊屬中書，而秘書既典文籍，今改中書著作為秘書著作。』於是改隸秘書省。」㊱代　指北魏。西元三一五年，晉愍帝封拓拔猗盧為代王，建立代國，有今內蒙古中部和山西北部地。西元三三八年，拓拔什翼犍即位，始稱年號為建國，後為前秦苻堅所滅。淝水之戰後，前秦瓦解，什翼犍之孫拓拔珪於西元三八六年乘機復國，改國號為魏，史稱北魏。建都平城（今山西大同），旋即稱帝。先後併吞後燕、夏、北燕、北涼，統一北方而與南朝對峙。㊲邢子才　名邵，字子才，河間鄚（今河北河間縣南）人。東魏、北齊間，與溫子昇同為文士之冠，世謂之溫邢。子昇死後，與魏收被稱為邢魏。㊳魏收　字伯起，小字佛助，鉅鹿下曲陽（今河北晉縣）人。二十六歲即典起居注，並修國史，兼中書侍郎。北齊文襄帝高澄稱「在朝今有魏收，便是國之光彩，雅俗文墨，通達縱橫。我亦使子才、子昇時有所作，至於詞氣，並不及之。吾或意有所懷，忘而不語，語而不盡，意有未及，收呈草皆以周悉，此亦難有。」（《北齊書・魏收傳》）。㊴著作上士中士　此二職均為西魏恭帝三年（西元五五六年）所置，北周沿置，春官府外史下大夫屬官。著作上士員二人，掌綴國錄，正三命；著作中士員四人，佐上士之職，正二命。㊵著作曹 隋設之著作曹為秘書省所領，設郎二人，佐郎八人，校書郎、正字各二人。著作郎品秩為正七品下階。唐高祖武德四年（西元六二一年）改曹為局。㊶貞觀初別置史館於禁中 此事據《唐會要》卷六十三載錄，發生在貞觀三年（西元六二九年）閏十二月。唐初，只是將隋之著作曹改為著作局，其隸屬關係仍因隋制，隸秘書省。唐太宗李世民之所以要罷著作局而別置史館，且將史館移入禁中即門下省之北，還特命國史要由宰相監修，都只為他有玄武門之變這塊心病，怕被史官實錄在案，受後人詬病。《資治通鑑》卷一百九十七貞觀十七年（西元六四三年）所載頗可一窺李世民其時真實內心：「初，上謂監修國史房玄齡曰：『前世史官所記，皆不令人主見之，何也？』對曰：『史官不虛美，不隱惡，若人主見之必怒，故不敢獻也。』上曰：『朕之為心，異於前世。帝王欲自觀國史，知前日之惡，為後來之戒，公可撰次以聞。』諫議大夫朱子奢上言：『陛下聖德在躬，舉無過事，史官所述，義歸盡善。陛下獨覽起居，於事無失，若以此法傳示子孫，竊恐曾、玄之後，或非上智，飾非護短，史官必不免刑誅。如此，則莫不希風順旨，全身遠害，悠悠千載，何所信乎！所以前代不觀，蓋為此也。』上不從。玄齡乃與給事中許敬宗等刪為《高祖》、《今上實錄》，癸巳，書成，上之。上見書六月四日事（即玄武門之變，李世民殺其兄李建成事），語多微隱，謂玄齡曰：『周公誅管蔡以安周，季友鴆叔牙以存魯，朕之所為，亦類是耳，史官何諱焉！』即命削去浮詞，直書其事。」李世民既不信任他人，指定要讓房玄齡監修，仍不放心，還要親自過目，史官於無奈中只好微隱以就，他卻又以周公自況反為標榜，真可謂煞費苦心。所以《高祖實錄》與《太宗實錄》前半部，便是在這種歷史背景下完成的，不可憑信。

【語 譯】史館與史官。周朝有太史、小史、內史和外史，當時各諸侯封國亦設置有這些官職。又《春秋》和《國語》引用了《周志》及《鄭書》的話。細心推究那些記述的事蹟，以為（似乎）當時史官記事各有職司的範圍。這以後由於歷史的變遷和衰落，史官逐漸銷聲匿跡，加上秦朝毀滅先王的典制，史館制度就無法存在了。到漢武帝時，才開始設置太史，任命司馬談為太史丞。當時，各地每年上送的計書，先給太史，副本給丞相。司馬談於是便根據《左傳》、《國語》、《世本》、《戰國策》和《楚漢春秋》撰作歷史，並且接寫上面各書以後的史實，成就了一家之言。司馬談去世後，他的兒子司馬遷又擔任太史這個職務，繼續完成父親未完成的事。書寫成後，稱之為《史記》。司馬遷去世後，又有好事的人，譬如馮商、劉歆、揚雄等，亦都有著述，接續司馬遷的《史記》。到了漢末，扶風人班彪綴續了《史記》的後傳共有幾十篇。班彪去世後，他的兒子班固繼承父親遺志，完成了這部史書，書名為《漢書》。東漢明帝再次召班固進入東觀，與陳宗、尹敏、孟冀一起，共同完成了《光武本紀》。這以後，又有劉珍、劉毅、劉陶（騊駼）、伏無忌、黃景等人，依次到東觀著述史書，把所撰的書稱為《東觀漢記》。不過這些人並非專職史官，都是以他官兼領史職的。到魏明帝太和年間，才開始設置著作郎和佐郎，隸屬於中書省，專門掌管國史的編撰。到西晉惠帝元康二年，改為隸屬於秘書省。以後歷經宋、齊、梁、陳以及北魏，都設有著作郎，隸屬於秘書省。北齊因承北魏的制度。在北魏設都於代時，稱為史閣，亦稱為史館，「史閣」、「史館」的名稱便是從這個時候開始的。所以北齊的邢子才作詩酬答魏收，題目中寫到「冬夜值史館」，就指的是這個機構。北周設有著作上士和著作中士，負責編撰王朝當代的歷史，隸屬於春官府。隋朝時稱著作曹，掌管編撰當代歷史，隸屬於秘書省。本朝稱著作局，亦屬於秘書省。到貞觀初年，另外在禁宮中設置史館，專門掌管當代史的編撰，以宰相兼領史職，如果卑品有此才能的，亦可以當直館職。

【說　明】史官的設置，修史的傳統，在中國源遠流長。至魏而又有著作郎的建置，隸中書省，晉以後改隸秘書省，成為修史的常設機構。中國古代史官，向來講究「不虛美，不隱惡，直書其事」（見本篇二章）的傳統，但真要做到如此談何容易！首先當朝者就不容許。東漢末王允要殺蔡邕時，馬日磾以蔡邕多識漢事，能續成後史為其說情，王允的回答卻一語道出了歷代當國者對待史家的共同心態：「昔武帝不殺司馬遷，使作謗書，流於後世。」（《後漢書・蔡邕傳》）畢竟，在歷史上，像趙盾那樣能容忍董孤寫下「趙盾弒其君」的人是極少的，更多的則是像齊國崔杼那樣一口氣殺了三個想要直書其所為的史官。中國歷史上因修史而遭殺害的不可勝數，其中最為慘烈的當推北魏的崔浩。北魏據《魏書》本傳記載：太武帝神䴥二年（西元四二九年），崔浩奉詔與弟覽等共參著作，修成國史三十卷，後來又立碑，刻銘刊行國記，由於崔浩「盡述國事，備而不典，而石銘顯右衢路，往來行者，咸以為言，事遂聞發」，這下大禍臨頭了：「有司案驗浩，取秘書郎吏及長曆生數百人意狀。浩伏受賕，其秘書郎吏已下盡死。」崔浩全家被族誅，郎吏以下死者數百人，這是一次相當規模的集體屠殺，起因便是修當代史中「盡述國事，備而不典」，觸犯了某些當國者。這類殘酷迫害的一個直接後果，便是中國歷代史著曲筆者多，直書者少。劉知幾在《史通・直書篇》中不無感概地寫下了這樣的話：「直如弦，死道邊；曲如鉤，反封侯。故寧順從以保吉，不違忤以受害也。」同篇中，作者還以魏晉之際為例，對在高層權力角逐日甚一日的態勢下，史家們那種無奈和困惑的景狀作了具體描繪：「當宣景開基之始，曹馬構紛之際，或列營渭曲，見屈武侯；或發杖雲臺，取傷成濟，陳壽、王隱，咸杜口而無言；陸機、虞預各栖毫而靡述。至習鑿齒及申以死葛走生達之談，抽戈犯蹕之言，歷代厚誣，一朝如雪，考斯人之書事，蓋近古之遺直歟？」應當補充一句：習鑿齒寫《漢晉春秋》，之所以能對西晉初年史家只好緘默不言的那些司馬懿父子陰謀篡奪之事有所涉筆，除了「近古之遺直」的史官傳統之外，更重要的恐怕還因為他所生活的年代已是東晉，是「時間距離」的保護傘給了他某些安全感。

不用說，史官要「直書其事」，最大的危險自然主要來自歷代帝王，撰作當代史之難，主要也就難在這一點上。有意思的是，唐太宗李世民曾親自為《晉書‧宣帝紀》寫了一段制文，就魏晉易代之事，直接表明了他的態度。文中稱：「及明帝將終，棟梁是屬，受遺二主，佐命三朝，既承忍死之託，曾無殉生之報。天子在外，難起甲兵，陵土未乾，遽相誅戮，貞臣之體，寧若此乎？盡善之方，以斯為惑。夫征討之策，豈東智而西愚？輔佐之心，何前忠而後亂？故晉明掩面，恥欺偽以成功；石勒肆言，笑奸回以定業。古人有云：『積善三年，知之者少；為惡一日，聞於天下』。可不謂然乎！雖自隱過當年，而終見嗤於後代。亦猶竊鐘掩耳，以眾人為不聞；銳意盜金，謂市為莫覷。」李世民這番話，可謂說得既痛快，又淋漓盡致，特別是其中的「雖自隱過當年，而終見嗤於後代」，實在道出了一個常演常新的歷史真理。可是反觀他自己又做得如何呢？那年玄武門之變殺兄誅弟，逼父禪位，連十個稚氣未脫的姪子都要戮之而後快，不亦太殘忍了吧？醜事既已做出，處以坦誠倒也罷了，卻偏為逃避史官直書其事而又把史館移入禁宮，又規定所撰國史必須經他過目（詳本章注㊶），怎麼又把「雖自隱過當年，而終見嗤於後代」忘得一乾二淨了呢？不過說句公平話，這倒也並非李世民獨具的偏狹心理；只要是在一個人可以握有至高無上的權力而社會卻還沒有成熟到能夠產生相應的制約機制的歷史階段內，它可說就是所有當國者共同的特殊心理，也即變態心理。這已是帝王制度下的一條普遍規律，自古及今，概莫能外。不信且看歷代那些登臨極位的統治者，能有幾個可以襟懷坦蕩地對待自己所言所行的！

二

史官掌修國史❶，不虛美，不隱惡，直書其事。凡天地日月之祥❷，山川封域之分❸，昭穆繼代之序❹，禮樂師旅之事❺，誅賞廢興之政❻，皆本於起居注以為實錄❼，然後立編年之體，為褒貶焉。既終則藏之于府。

【章旨】敘述史官之職掌。

【注釋】❶國史　指一個王朝的當代史。唐代史館所修之國史，一類是實錄，一類是史著。前者如貞觀十七年（西元六四三年）房玄齡、許敬宗等所撰的《高祖實錄》、《太宗實錄》，各二十卷；永徽元年（西元六五〇年）長孫無忌等續修《太宗實錄》二十卷；開元四年（西元七一六年）劉子元、吳兢所撰《叡宗實錄》二十卷、《則天實錄》三十卷、《中宗實錄》二十卷；大曆三年（西元七六八年）令狐峘所修《玄宗實錄》一百卷，以及元載的《代宗實錄》。此外還有蔣乂《德宗實錄》、韓愈《順宗實錄》、沈傳師《憲宗實錄》、盧耽《文宗實錄》、蘇景胤《穆宗實錄》、陳商《敬宗實錄》、韋保衡《武宗實錄》以及《宣宗、懿宗、僖宗三朝實錄》等。第二類史著，見於記載的有顯慶元年（西元六五六年）長孫無忌修國史成，起於義寧止於貞觀末，共八十一卷；顯慶四年又有許敬宗續修至顯慶三年（西元六五八年），添成一百卷。武則天長安時，劉知幾、吳兢等亦奉詔修過唐史。安史之亂後，史官于休烈奏稱：藏於興慶宮史館之國史一百零六卷，《開元實錄》四十七卷，起居注並餘書三千六百八十二卷，全被焚燒，幸有韋述家藏國史一百十三卷送官。此外還有私家修當代史的，如史官吳兢，別撰《唐書》九十八卷，《唐春秋》三十卷，起於隋大業十三年（西元六一七年），迄於開元十四年（西元七二六年）。史書稱其紀事疏略。❷天地日月之祥　指自然界之種種徵兆或異常現象。祥，吉凶之預兆。其中吉祥之兆被稱為「祥瑞」。唐制，禮部與太史每個季度都要具錄全國各地祥瑞報送史館，以供撰述。❸山川封域之分　指州縣、封國的置廢之制及其區劃、疆域的沿革。唐制由戶部報史館。❹昭穆繼代之序　依照宗法原則，安排宗廟神主列位次序。以下父、子（祖、父）左右相對遞相為序，左為昭，右為穆。《周禮・春官・小宗伯》：「辨廟祧之昭穆。」鄭玄注：「父曰昭，子曰穆。」昭穆之制意在明確和強調世系繼代關係。此制亦行於墳地葬位和子孫祭祀時之排列次序。《禮記・祭統》：「夫祭有昭穆。昭穆者，所以別父子、遠近、長幼、親疏之序而無亂也。」❺禮樂師旅之事　指重大禮儀活動及軍兵方面的事務。分別由太常寺及兵部具錄報送史館。❻誅賞廢興之政　指有關制度的建置和沿革以及重大刑賞活動的記載。如變更音律、新造曲調，由太常寺具報；法令修改，斷獄新議，由刑部即報；文武官的除授分別由吏部和兵部送報；各地孝義的旌表及諸王來朝，則各由戶部或宗正寺送報。❼皆本於起居注以為實錄　《舊唐書・職官志》「起居注」下尚有「時政記」二字。實錄的撰作，是以起居注和時政記為其基礎的。劉知幾《史通・史官建置》稱：「夫起居注者，編次甲子之書。至於策命、章奏、封拜、薨免，莫不隨事記錄，言惟詳審，凡撰帝紀者，皆稱之以成功。」

【語　譯】史官的職掌是撰修國史。要做到不虛張美政，不隱瞞惡蹟，客觀而真實地記載所發生的事實。凡是天象地貌所出現的徵兆，州縣、封國區域的劃分，帝王昭穆繼代的序列，有關禮樂制度和征伐師旅之事，典章制度的興廢沿革、誅罰賞賜的重大政令，都要以起居〔和時政記〕注為根據來編撰實錄，然後依照編年的體例，進行國史的撰作，並對所發生的史事作出或褒或貶的評價。編撰完畢，則藏入內府。

【說　明】唐代歷世皇帝對修撰國史大都比較重視，但亦因了這一點，相對地縮小了史官的自由度。譬如史館的地點就屢有變動。武德初在秘書省的著作局，貞觀三年（西元六二九年）時遷入大內門下省之北，大明宮修成以後，又移至門下省之南。開元十五年（西元七二七年）李林甫監史館，再次遷移到中書省之北，其地本為尚藥局之內藥院。這些變動可能有多種因素，但使其更貼近皇帝以利於控制，該是主要原因。

再譬如，貞觀以後，都以宰相監修國史，史官亦以他官兼領，這就加強了政治色彩，與專職史官多少還有點文化人的意味是不一樣的。如果把唐代監修過國史的人名開列出來，會有長長一大串。如單是中宗景雲初期，據《唐會要》卷六十四載錄，就有侍中韋巨源、紀處納，中書令楊再思，兵部侍郎宗楚客，中書侍郎蕭至忠等，幾乎所有宰相都同時兼領國史監修。劉知幾在《史通》中認為監修者多，正是修史之弊。一是史館中作者多了，真正做事的反而少了：「記一事，載一言，皆閣筆相視，含毫不斷，故白首可期，而汗青無日」。二是監修的官多了，具體執筆者反而無所適從了：「楊令公則云必須直詞，宗尚書則云宜多隱惡，十羊九牧，其事難行；一國三公，適從焉在」。三是館中多士如林，嘴也雜了，結果是：「一字加貶，言未絕口，而朝野俱知；筆不棲毫，而搢紳咸誦。夫孫盛實錄，取嫉權門；王韶直書，見仇貴族，人之情也，能無畏乎？」而這種熱鬧景觀所造成的社會效應，又使「一方趨競之士，尤喜居史職，至於實際措辭下筆的十無一二，書成則署名同獻，爵賞則攘袂爭受」。結果是真偽相雜，劉知幾這番話，可謂道盡了在高官領銜名義下的所謂集體寫作的通病。

除上述兩類情況外，還有帝王或權臣的直接干預。如太宗李世民規定起居注、實錄要經過他審定；高宗李治亦要審看實錄，並且認為許敬宗所記多非「實錄」。權臣的干預，《唐會要》卷六十四收有多例。如宰相張說，唯恐史官對他當年因魏元忠事在武則天面前對質的記載於己不利，不僅提出要看，還要求刪削數字，曾是執筆者的吳兢說：「若取人情，何名直筆？」可見史官直筆之難。又如韓愈撰《順宗實錄》，因牽涉到一批宦官先後逼順宗禪位於憲宗，韓愈所記又「事頗切直」，因而引起了宦官們忌恨，「屢言不實」，想方設法要「刊正」《順宗實錄》。中國歷代官方所修之正史，大都是在這種曲折坎坷的環境中產生的，因而每於帝王嬗替之際，朝政多事之秋，不是語焉不詳，便是曲筆隱微，甚至或另造一說，或付諸闕如。此等處，恰正是後世史家經過剔抉耙疏，稽隱鉤微而可能獲得重大發現的地方。

三

匭使院，知匭使一人。垂拱元年置❶。常以諫議大夫及補闕、拾遺一人為使❷，專知受狀，以達其事。事或要者，當時處分；餘出付中書及理匭使據狀申奏。理匭使常以御史中丞及侍御史一人為之❸。

知匭使掌申天下之冤滯，以達萬人之情狀。立匭之制，一房四面，各以方色❹。

東曰「延恩」，懷材抱器，希於聞達者投之；南曰「招諫」，匡正補過，裨於政理者投之；西曰「申冤」，懷冤負屈，無辜受刑者投之；北曰「通玄」，獻賦作頌，諭以大道及涉於玄象❺者投之。初置有四門，其制稍大，難於往來。後遂小其制度，同為一匭❻，依方色辨之。其匭出以辰前❼，入以未後❽。

【章　旨】敘述匭使院和知匭使之沿革及職掌。

【注　釋】❶垂拱元年置　垂拱元年，西元六八五年。垂拱為武則天稱制時年號。又，匭使院之設置，《舊唐書・則天皇后紀》繫於垂拱二年。（西元六八六年）❷諫議大夫及補闕拾遺一人為使　諫議大夫，唐初承隋制，在武德初即已設置，而補闕、拾遺之設，則始於垂拱中，即與匭使院之設置時間相近或在其前。《資治通鑑》胡三省注稱：「垂拱元年（西元六八五年）置左右補闕各一人，從七品上；左右拾遺各一人，從八品上。」始置時，其職務之一便是專知銅匭受狀之事。❸理匭使常以御史中丞及侍御史一人為之　理匭之事，是侍御史六項職掌之一。《唐會要》卷六十侍御史條：「凡三司理匭，則與給事中、中書舍人更值朝堂受表。」故理匭的過程，便是以諫議大夫、拾遺、補闕各一人，由侍御史主持，同時有門下省的給事中，中書省的中書舍人在朝堂受表，由中書據狀申奏。而理匭使通常由侍御史兼任。❹各以方色　按陰陽五行說，五色與五方對應，每方各有其相應之色。即東方以青色，南方以赤色，西方以白色，北方以黑色；還有中央以黃色。❺玄象　指天象。❻同為一匭　指在同一個銅匭內分設四面，各作一間。設計此銅匭者為侍御史魚承曄之子保家。據《資治通鑑》卷二百零三垂拱二年（西元六八六年）三月稱：「其器共為一室，中有四隔，上各有竅，以受表疏，可入不可出。太后善之。未幾，其怨家投匭告保家為敬業作兵器，殺傷官軍甚眾。遂伏誅。」告密箱的設計者，竟為遭人告密而死。❼辰前　辰，十二時辰之一。指早晨七時以前。❽未後　未，十二時辰之一。指下午三時以後。

【語　譯】匭使院，設知匭使一人。武后垂拱元年開始設置。通常由諫議大夫和補闕、拾遺各一人為知匭使，專門負責接受事狀，並通報上達。如果所反映的是很緊要的事，當時就要作出適當處理，其餘一般的都交給理匭使，轉呈中書省，根據事狀向上申奏。理匭使通常由御史臺的侍御史一人擔任。

知匭使的職掌是，申訴全國各地所有冤案滯獄，以通達萬千臣民的實際情況。設立銅匭的辦法是：一個房室分成東南西北四面，每面按照方位漆上規定顏色。東面的稱為「延恩」，凡是身具才能，懷抱器識，希求聞達於君上的，可以在這一面投狀；南面的稱為「招諫」，凡是能為朝廷匡正和補救過失，有益於政制和義理的，可以在這一面投狀；西面的稱為「申冤」，凡是遭冤受屈、無辜被處以刑罰的，可以在這一面投狀；北面的稱為「通玄」，凡是向朝廷進獻詩賦頌詞，意在說明治國大道，或者涉及到天象災異的，可以在這一面投狀。最初設計的銅匭像一個房間，四面各有一道門，形制比較大，難以來往搬移；後來縮小了規模，在同一匭內，中間分出四隔，四個方位都用規定的方色來區別。這個銅匭，每天辰時以前從內廷移出，未時以後再搬入內廷。

【說明】所謂銅匭，是一隻可以四面投狀的銅製的箱子，投狀雖分「延恩」、「招諫」、「申冤」、「通玄」四類，核心則是鼓勵告密，知匭使便是負責管理這一告密箱的官吏。置匭的地點，是在大明宮紫宸殿右側的光順門前。設置銅匭以興告密之風，可說是武則天的一大發明。這個傳統一直保存至今，不過換一個名稱，叫作「檢舉箱」或「舉報箱」。

武則天是垂拱初年設置銅匭並銅匭院的，與此同時還建置了拾遺和補闕。這些舉措的目的，表面上是為了「申天下之冤滯，以達萬人之情狀」（本章中語），實際卻是醉翁之意不在酒。其時，儘管徐敬業的變亂已被平定下去，但從這一事變中，武則天深感到朝廷的大臣及李唐宗室並不支持她的臨朝稱制。首先是身為中書令的裴炎，他的外甥薛仲璋參預了叛亂，裴炎非但不加追查，反而對武則天說：「皇帝年長，不親政事，故豎子得以為辭，若太后返政，則不討自平矣。」（《資治通鑑．唐紀十九》）歸政問題，恰是武則天的要害，不用說，裴炎得為說這番話付出生命的代價。正是在這種背景下，武則天有了上述舉措，以敞開告密渠道，接著重用索元禮、來俊臣、周興等一大幫酷吏，來對付一切潛在的可能威脅自己臨朝稱制的大臣和宗室。主持這些冤獄的都是御史臺的侍御史，如侯思止、王弘義、郭霸、李仁敬等。結果是生人屏息，道路以目，人皆重足而立，無交言者。武則天的統治便是靠這套殘酷的高壓政策來維持的。陳子昂在當時便上疏稱：「臣竊觀當今天下，百姓思安久矣，故揚州構逆，殆有五旬，而海內宴然，纖塵不動。

陛下不務玄默以救疲人，而反任威刑以失其望，臣愚暗昧，竊有大惑。伏見諸方告密，囚累百千輩，及其窮竟，百無
一實。陛下仁恕，又屈法容之，遂使姦惡之黨，快意相讎，睚眦之嫌即此有密，一人被訟，百人滿獄，使者推捕，冠
蓋如市。或謂陛下愛一人而害百人，天下喁喁，莫知寧所。臣聞隋之末代，天下猶平，楊玄感作亂，不踰月敗。天下
之弊，未至土崩，蒸人之心，猶望樂業。煬帝不悟，遂使兵部樊子蓋專行屠戮，大窮黨與，海內豪士，無不罹殃；遂
至殺人如麻，流血成澤，天下靡然，始思為亂。於是群傑並起，而隋族亡矣。夫大獄一起，不能無濫，冤人吁嗟，感
傷和氣，群生癘疫，水旱隨之，人既失業，則禍亂之心怵然而生矣。古者明王重慎刑法，蓋懼此也。昔漢武帝時巫蠱
獄起，使太子奔走，兵交宮闕，無辜被害千萬數，宗廟幾覆；賴武帝得壺關三老書，廓然感悟，夷江充三族，餘獄不
論，天下以安爾。古人云：『前事不忘，後事之師。』伏願陛下念之！」（《資治通鑑・唐紀十九》）陳子昂這一番分
析不僅鞭辟入裡，而且幾乎事事被言中。這次興大獄過後，那批靠告密起家的人，雖然在武則天的直接干預下被收拾
了，然而實施銅匭這一告密的制度卻還是延續保留了下來。天寶九年（西元七五〇年），改銅匭為獻納，理匭使為獻
納使，名稱變了，其餘大體依舊。到德宗大歷十四年（西元七七九年），才對告密多少作了一些限制：規定要先告本
司，本司不理，然後省司，省司不理然後三司，三司不理然後合報投匭進狀。穆宗長慶三年（西元八二三年）又規定
投匭進狀者，根據事狀，大者奏聞，次者申中書門下，小者各牒諸司處理；處理不當，再來投匭者，具事奏聞。文宗
開成三年（西元八三八年）再次規定：進狀者，由金吾押官責令其寫定自己的住處、姓名，要旬日內無具體處分者，
方才允告密者離開。但作為一項制度，要直到王仙芝、黃巢相繼揭竿而起，才與李唐王朝一起滅亡。

卷一〇

秘書省

卷目

秘書省

監一人
少監一人
丞一人
秘書郎四人❶
校書郎八人❷
正字四人
主事一人
令史四人
書令史九人
典書八人❸
楷書手八十人❹
亭長六人
掌固八人
熟紙匠十人
裝潢匠十人
筆匠六人

著作局

著作郎六人
著作佐郎四人❺
書令史一人
書史二人

---

❶《舊唐書・職官志》與此同，《新唐書・百官志》作「三人」。據《通典・職官八》秘書郎員數原為四人，開元二十八年（西元七四〇年）減一人。是知《新唐書・百官志》所載員數係《唐六典》成書以後之制。

❷《舊唐書・職官志》同此，《新唐書・百官志》則為「十人」。

❸《舊唐書・職官志》與此同，《新唐書・百官志》則作「四人」。

❹《舊唐書・職官志》同此，《新唐書・百官志》僅有「十人」，疑有脫誤。

❺《舊唐書・職官志》與此同，《新唐書・百官志》作「二人」。本書本卷二篇二章著作佐郎員品條原注已有說明：「開元二十六年（西元七三八年）減置二人。」《新唐書・百官志》所記似為減置以後員數。

校書郎二人
正字二人
楷書手五人
掌固四人

太史局

令二人
丞二人
令史二人
書令史四人
楷書手二人
亭長四人
掌固四人
司歷二人
保章正一人
歷生三十六人
裝書歷生五人
監候五人
天文觀生九十人
靈臺郎二人
天文生六十人
挈壺正二人
司辰十九人
漏刻典事十六人
漏刻博士九人
漏刻生三百六十人
典鐘二百八十人
典鼓一百六十人

卷旨

本卷敘述秘書省的監、少監和秘書郎、校書郎、正字等的定員、品秩及其沿革和職掌；秘書省的兩個下屬機構——著作局和太史局，其主要官員的定員、品秩、沿革和職掌，亦作了介紹。

漢代圖書藏於蘭臺和東觀，但沒有設置專門官署掌領；蘭臺和東觀同時又是修史和編撰之所。東漢桓帝時始置秘書監，其名取義於其所掌為禁中圖書秘記。曹操為魏王時始置秘書令，典尚書奏事，實際是中書令的職掌，因而秘書成為中樞機要。魏文帝曹丕又把中書與秘書的職掌分開，建立中書省，另置隸屬於少府的秘書監，專掌圖籍。魏晉以後，秘書與中書時分時合，然秘書的職掌始終是分管圖籍和修史。唐代秘書省下還設有兩個文屬的機構：一是著作局，原職掌為修史，貞觀時於中書省另置史館，專掌國史，著作之職唯餘撰寫碑志、祝文、祭文及名臣傳記而已。另一是太史局，係掌管天文、曆法和漏刻的機構。太史局的隸屬關係，在歷史上變更頻仍，秦漢時屬太常，隋時改屬秘書省，稱太史曹，而分管漏刻的司辰師和漏刻生又隸屬於右武候。唐初承隋制，隸秘書省，其後名稱及隸屬關係都屢有變易，至肅宗乾元元年（西元七五八年）最後改稱司天臺，成為與秘書省地位相同的一個獨立機構。但編撰《唐六典》時，太史局還隸屬於秘書省，因此本卷仍把太史局作為秘書省的一個從屬機構來敘述。其中有關唐代幾次曆法修訂過程和二十八宿、十二次及其分野等方面的記載，可以看到當時我國天文學的發展水平；對漏刻制度及報時系統的敘述，則反映著古人不斷深化中的時間觀念。

唐代秘書省官署，即隋秘書省舊址，位於西京皇城內承天門街之西，第五橫街之北，右威衛之西。官署的廳事前有隕星石，隋秘書省少監王劭曾作〈瑞石頌〉；其東有書閣層疊，此即貯藏古今圖籍之所。唐初虞世南為秘書監時，在秘書省後堂摘錄群書，著《北堂書鈔》，今此書猶存。東都秘書省位於西朝堂之南，第四橫街之北，御史臺之西。自魏晉以來，洛陽的秘書省，總是與御史臺相鄰。在秘書省內，有東漢蔡邕書寫的石經數十段，北魏末曾移置長安，武則天稱制後又還置東都秘書省內。

秘書省

【篇　旨】本篇記述秘書省的監、少監和秘書郎、校書郎以及正字等的定員、品秩、沿革及其職掌。

秘書省屬文化學術機構。在唐代，性質類似的機構還有集賢殿書院、崇文館、弘文館、史館、司經局，但它們有的為某司下屬部門，有的係臨時設置非正式編制；唯有本篇所敘的秘書省，則是中央一級的獨立建置。

從歷史發展看，秘書省的主要職掌是三條：一為掌管禁中圖書秘記，二是綜理經籍，考校古今；三是編撰史籍。秘書監始設於東漢桓帝延熹二年（西元一五九年）。此前，考訂經典之所早有，如西漢的蘭臺，東漢的東觀，其職掌亦初具。在秘書監建立以後漫長的歷史過程中，其基本的職能大致不離上述三條。而這三條基本職能又決定了它與中書決策機構有著密切的聯繫。中樞的決策，從長遠看，總離不開對業已積累的各種學科知識的汲取和前朝歷史經驗的借鑒，因而亦就離不開秘書省所貯藏的豐富的圖書及其相關成員的參與。由於秘書省貼近中樞機要，往往得風氣之先，地位就顯得特殊，所以像秘書郎這樣的清閑職司，在兩晉和南朝時期，卻成了世族和高官子弟角逐的美差，入仕起家的捷徑。唐初亦有不少人是通過秘書郎、秘書丞、秘書監而青雲直上，進入中樞決策機構的。

本篇在記述秘書郎職掌時，具體介紹了秘書省所藏經、史、子、集四部四十類圖書的概貌。唐代秘書省藏書是經令狐德棻及魏徵等人的努力搜集整理形成的規模。貞觀十五年（西元六四一年）令狐德棻又奉命監修五代史志，完成於高宗顯慶元年（西元六五六年），共十志，通稱《五代史志》，後與《隋書》合在一起，《隋書・經籍志》即十志之一，此志所著錄的圖書，即是以秘書省藏書為基礎的。而本篇第六章所開列的經、史、子、集四部四十類圖書，即本於《隋書・經籍志》，唯部數與卷數時或少於隋志，可能至開元時秘書省的藏書較唐初已有所損減。值得一提的是，六章所作的我國古代四部類書介紹，文字簡括而列題醒目，可說是對中華傳統文化的一次袖珍展示，當為我們今天瞭解以至掌握中華傳統文化所必備和必讀。

一

秘書省：監一人，從三品。《周禮・春官》❶：「太史❷掌建邦之六典❸。」又：「小史❹掌邦國之志❺，定繫世❻。」又：「外史❼掌四方之志❽，三皇、五帝之書❾。」並秘書之任也。秦則博士❿官所職，禁人藏書。漢氏除挾書之律⓫，開獻書之路，置寫書之官⓬，又令謁者陳農⓭求遺書於天下，故文籍往往而出，並藏之書府。在外則有太常、太史、博士掌之，內則有延閣⓮、廣內⓯、石渠⓰之藏。又，御史中丞在殿中掌蘭臺⓱秘書圖籍。又，未央宮⓲中有麒麟閣⓳、天祿閣⓴，亦尚書㉑。劉向㉒、揚雄㉓典校，皆在禁中，謂之中書，猶今言內庫書也。後漢則藏之東觀㉔，亦禁中也。至桓帝延熹二年㉕，始置秘書監，屬太常，掌禁中圖書秘記，故曰秘書。《漢官》㉖云：「秘書監一人，秩六百石。」魏武為魏王㉗，置秘書令，典尚書奏事，即中書之任也，兼掌圖籍秘記。文帝黃初㉘中，分秘書立中書，因置監、令，乃以散騎常侍王象㉙領秘書監，撰《皇覽》㉚。魏氏蘭臺亦藏書，御史掌焉。《魏畧》㉛：「薛夏㉜云『蘭臺為外臺，秘書為內閣㉝』」是也。魏初秘書屬少府㉞。及王肅㉟為監，以為秘書之職即漢東觀之任，安可復屬少府！自此之後，不復屬焉。

至晉武㊱，又以秘書并入中書。惠帝永平元年㊲詔：「秘書典綜經籍，考校古今，中書自有職務，遠相統攝，於事不專。宜令復別置秘書寺，掌中外三閣圖書。」自是，秘書寺始外置焉。《晉令》㊳云：「品第五㊴，絳朝服㊵，銅印、墨綬㊶，進賢兩梁冠㊷，佩水蒼玉㊸。」宋、齊同晉氏。梁改為省，與尚書、中書、門下、集書為五省，秘書監增秩中二千石，品第三；後制十八班㊹，秘書監班第十一。陳依梁。後魏亦以秘書為五省之數。監，初從第二品中㊺；太和末，正第三品㊻。北齊依魏。後周春官府置外史下大夫㊼，掌書籍，此秘書監之任也。隋秘書與尚書、門下、內史、殿中㊽為五省，秘書監正第三品，煬帝三年㊾降為從第三品㊿，其後又改秘書監為秘書令。武德(51)初改為監。龍朔二年(52)改為蘭臺，其監曰蘭臺太史；咸亨元年(53)復舊。天授初改為麟臺監(54)，神龍元年(55)復舊。初，漢御史中丞掌蘭臺秘書圖籍，故歷代置都邑，建臺省，以秘書與御史為鄰。

少監二人，從四品上。隋煬帝三年，置秘書少監一人，從四品，掌貳秘書監之職，其後又改為少令。皇朝因隋，為少監。龍朔二年改為蘭臺侍郎，咸亨元年復舊。天授初改為麟臺少監，神龍初復舊。至太極初(56)，又增二員。

【章　旨】敘述秘書省監和少監之定員、品秩及其沿革。

【注　釋】❶周禮春官　《周禮》，書名，儒家經典之一。係戰國時期儒生搜集周王室官制和戰國時各國制度，並附會以儒家政治理想，排比而成的職官制度彙編。春官，《周禮》篇名，亦為官名。有天、地、春、夏、秋、冬六官。其中春官，置大宗伯卿一人，掌禮官之屬。❷太史　《周禮》春官之屬官。掌六典、八法、八則，兼司星曆。置下大夫二人，上士二人。❸六典　據《周禮・天官》六典為治典、教典、禮典、政典、刑典、事典，分屬天官冢宰、地官司徒、春官宗伯、夏官司馬、秋官司寇、冬官司空，天官冢宰則總群職。此處係指太史掌治理王邦六典之文書。❹小史　太史之副貳。設有中士八人，下士十有六人。❺掌邦國之志　指掌理王邦和畿內侯國的史事記載。❻定繫世　指確定王者之世系，以辨明其昭穆次序。❼外史　亦春官屬官。掌書外令，典四方之志及三皇五帝之書。設上士四人，中士八人，下士十有六人。❽四方之志　指四方邦國之史記。❾三皇五帝之書　三皇五帝，傳說中的古代帝王，各有多說。三皇，一說天皇、地皇、泰皇（或人皇），一說伏羲、女媧、神農（或祝融）。五帝，一般多從《史記・五帝本紀》及《大戴禮・五帝德》所載，即為黃帝、顓頊、帝嚳、唐堯、虞舜。三皇五帝之書，賈逵以為即是三墳、五典之類，今皆亡佚。❿博士　《漢書・百官公卿表》稱博士為「秦官，掌通古今，秩比六百石，員多至數十人，屬奉常，即漢之太常寺」。《史記・秦始皇本紀》載李斯焚書建議稱：「臣請史官非秦記皆燒之。非博士官所職，天下敢有藏詩、書、百家語者，悉詣守、尉雜燒之。」可見秦之博士，因掌通古今而兼有藏書之職責。⓫漢氏除挾書之律　《秦律》規定：敢有挾書者族。漢惠帝四年（西元前一九一年）廢除挾書律。⓬開獻書之路置寫書之官　漢初獻書、寫書事，並見《漢書・藝文志》。文中謂：「漢興，大收篇籍，廣開獻書之路。迄孝武世，書缺簡脫，禮壞樂崩，聖上喟然而稱曰：『朕甚憫焉！』於是建藏書之策，置寫書之官，下至諸書傳說，皆充秘府。至成帝時，以書頗散亡，使謁者陳農求遺書於天下。詔光祿大夫劉向校經傳諸子詩賦，步兵校尉任宏校兵書，太史令尹咸校數術，侍醫李柱國校方技。向卒，哀帝復使向子侍中奉車都尉歆卒父業，歆於是總群書而奏其《七略》，故有《輯略》，有〈六藝略〉，有〈諸子略〉，有〈詩賦略〉，有〈兵書略〉，有〈術數略〉，有〈方技略〉。」漢代諸侯王中，有河間獻王劉德、淮南王劉安等均好書。《漢書・河間獻王傳》稱劉德「從民得善書，必為好寫與之，留其真，加金帛賜以招之。由是四方道術之人不遠千里，或有先祖舊書多奉以奏獻王者，故得書多，與漢朝等。淮南王安亦好書，所招致率多浮辯。獻王所得書皆古文先秦舊書，《周官》、《尚書》、《禮》、《禮記》、《孟子》、《老子》之屬，皆經傳說記，七十子之徒所論」。⓭陳農　漢成帝使謁者陳農求遺書事，見於《漢書・成帝紀》，時間為河平三年（西元前二六年）八月。陳農生平史書未錄。⓮延閣　漢代宮內藏書之閣。據〈梁簡文帝上昭明太子集別傳表〉稱：「謹撰《昭明太子別傳文集》，請備之延閣，藏之廣內，永彰茂實，式表洪徽。」⓯廣內　漢代宮內藏書之處。《藝文類聚》卷五十五引隋江總〈皇太子太學講碑〉：「外史所掌，廣內所司。靡不飾以鉛槧，雕以緗素。」⓰石渠　《三輔黃圖》卷六稱：「石渠閣蕭何造，其下礱石為渠以導水，若今御溝，因為閣名。所藏入關所得秦之圖籍，至於成帝，又於此藏秘書焉。」又《三輔故事》云：「石渠閣在未央宮殿北，藏秘書之所。」⑰蘭臺　漢代宮內貯藏圖書秘記之所。由御史中丞在其中掌管，故後世亦稱御史臺為蘭臺。⑱未央宮　漢高祖七年（西元前二〇〇年）丞相蕭何於龍首山主持營造。內有承明、清涼、宣室等宮殿臺閣四十餘處，為西漢、新莽、前秦、後秦、西魏、北周、隋初等行政中樞。王莽時改名壽成室，旋毀於戰火。東漢、隋、唐屢加修葺，至唐末又遭毀壞。今存遺蹟，在西安市西南十八里。⑲麒麟閣　《三輔黃圖》卷六引〈麒麟閣廟記〉云：「麒麟閣蕭何造，漢宣帝思股肱之美，乃圖霍光等十一人於麒麟閣。」又〈漢宮殿疏〉云：「未央宮有麒麟閣、天祿閣，有金馬門、青瑣門。」⑳天祿閣　《三輔黃圖》卷六稱：「天祿閣藏典籍之所。〈漢宮殿疏〉云：『天祿麒麟閣，蕭何造以藏秘書處賢才也。劉向於成帝之末，校書天祿閣。』」㉑尚書　據南宋本當為「藏書」。㉒劉向　楚元王劉交之後，字子政，本名更生。曾講論五經於石渠閣。成帝時奉詔校經傳諸子等禁中秘書於天祿閣。㉓揚雄　字子雲，蜀郡成都（今四川成都）人。漢代著名的文學家。成帝時為給事黃門郎，《漢書》本傳稱其王莽時曾校書於天祿閣，官為大夫。又《三輔黃圖》曰：「未央宮東有麒麟殿，藏秘書，即揚雄校書之處也。」㉔東觀　洛陽宮殿名。位於南宮，漢代宮中藏書之地。《後漢書・安帝紀》永初四年（西元一一〇年）：「詔謁者劉珍及五經博士，校定東觀五經、諸子、傳記、百家藝術，整齊脫誤，是正文字。」又，《晉書・職官志》稱：「漢東京圖籍在東觀，故使名儒著作東觀。」㉕桓帝延熹二年　西元一五九年。桓帝，東漢皇帝劉志，在位二十年，終年三十六。延熹為其年號。㉖漢官　即《漢官儀》，東漢應劭撰。下所引「秘書監一人，秩六百石」文，可見於《後漢書・桓帝紀》注。㉗魏武為魏王　魏武，指魏武帝，即曹操。建安二十一年（西元二一六年），漢獻帝進魏公曹操爵為魏王。黃初元年（西元二二〇年）魏文帝曹丕追尊其父曹操為武皇帝。㉘文帝黃初　文帝，三國魏皇帝曹丕，字子桓，曹操之子。在位七年，終年四十。黃初為其年號。㉙王象　字羲伯，河內（今河南武陟西南）人。少孤貧，為人牧羊而讀書不輟，楊俊嘉其才質，贖之。累官常侍，封列侯，魏文帝黃初中，領秘書監，並受詔撰《皇覽》。及俊坐罪自殺，象自恨不能濟俊，遂發病死。㉚皇覽　係類書。《三國志・魏書・文帝紀》稱「帝好文學，以著述為務，使諸儒撰集經傳，隨類相從，凡千餘篇，號曰《皇覽》」。㉛魏略　書名。魚豢撰。已佚，裴松之注《三國志》時曾引此書。㉜薛夏　字宣聲，天水（今甘肅天水）人。博學有才，曹操與曹丕皆禮遇之。「黃初中為秘書丞，帝每與夏推論書傳，未嘗不終日也。每呼之不名，而謂之薛君。夏甚貧，帝又顧其衣薄，解所御服被賜之。」（《三國志・王肅傳》注引《魏略》）㉝蘭臺為外臺秘書為內閣

蘭臺，指御史臺，漢魏常稱御史臺為蘭臺。薛夏為秘書丞，有公事移文蘭臺，因其署址在蘭臺。而蘭臺自以地位高於秘書署，認為薛夏不得以移文的形式通知蘭臺，故夏報之曰：「蘭臺為外臺，秘書為內閣，臺、閣一也，何不相移之有？」即臺

閣地位相等，且秘書是內閣，內重於外，故蘭臺沒有理由拒絕秘書以移文形式知照其同一級的官署。此後二署之間遂以此為常。此事見於《三國志・王肅傳》裴松之注引魚豢之《魏略》。㉞少府　秦官。漢沿秦制，掌山海池澤之稅。東漢少府掌內廷服御諸物，衣服寶貨珍膳之屬。下屬有太醫、上林等四官，自侍中、尚書至御史，皆受其文屬。㉟王肅　字子雍，王朗之子，司馬昭之岳父，東海（今山東郯城西南）人。以散騎常侍領秘書監，兼崇文觀祭酒。在經學上，與鄭學對立，傾向於賈逵、馬融之學，徧注群經，不分今文、古文。曾偽造《孔子家語》等書。㊱晉武　晉武帝司馬炎，字安世，司馬昭長子。在位二十五年，終年五十五歲。㊲惠帝永平元年　即西元二九一年。惠帝，西晉皇帝司馬衷。在位十六年，終年四十七歲。永平係其年號。㊳晉令　書名。晉賈充撰，四十卷。《隋書・經籍志》及兩《唐書》書志皆有著錄。㊴品第五　《宋書・百官志》及《通典・職官十九》晉、宋秘書監並第三品。㊵絳朝服　外披絳紗單衣之朝服。五品以上官員陪祭、朝饗、拜表等大事則服之。㊶銅印墨綬　古代官員印章，以其材質分金、銀、銅三等。《東觀書》稱：漢制秩四百石以上皆銅印墨綬。唐代諸司則多用銅印。綬為繫印之絲帶，以其顏色分貴賤。漢時有赤、綠、紫、青、黑、黃數種。㊷進賢兩梁冠　進賢冠為儒者之服。前高七寸，後高三寸，長八寸，有五梁、三梁、二梁、一梁之別，以梁多為貴。秩千石以上為二梁冠。㊸佩水蒼玉　古代官員按品級佩玉石。如一品山玄玉，二品以下水蒼玉。水蒼玉，因其色青而有水紋故名。《禮記・玉藻》：「大夫佩水蒼玉而純組綬。」杜牧〈奉和門下相公送西川相公兼領相印鎮全蜀十八韻〉詩：「虎騎搖風旆，貂冠韻水蒼。」㊹後制十八班　梁初亦為九品制，武帝天監七年（西元五〇八年），徐勉為吏部尚書，改定為十八班制，以班多為貴。㊺監初從第二品中　指北魏孝文帝太和十七年（西元四九三年）所制官品令，定秘書監為從第二品中，秘書令為從第三品上。㊻太和末正第三品　太和係北魏孝文帝年號。太和二十三年（西元四九九年）所制官品令，定秘書監為正第三品。㊼後周春官府置外史下大夫　北周依《周禮》設天、地、春、夏、秋、冬六官府。其中春官府置大宗伯卿，以掌邦禮。下設外史下大夫，掌紀錄君王言行，以為國志，亦即起居志，兼掌書籍。正四命。按北周任外史下大夫者，據《周書・黎景熙傳》、《隋書・明克讓傳》，有黎景熙、明克讓等。㊽殿中　當為「殿內」。隋初五省，據《隋書・百官下》「煬帝即位，分門下、太僕二司，取殿內監名，以為殿內省，並尚書、門下、內史、秘書，以為五省。」迄唐殿內才改名為「殿中」。㊾煬帝三年　即大業三年，西元六〇七年。㊿降為從第三品　《隋書・百官下》稱煬帝時，「秘書省降監為從三品。」(51)武德　唐高祖李淵年號。(52)龍朔二年　即西元六六二年。龍朔為唐高宗李治年號。(53)咸亨元年　即西元六七〇年。咸亨為高宗李治年號。(54)天授初改為麟臺監　天授為武則天稱帝時之年號，時間是西元六九〇年—六九一年。此與史著所記有異。按：武則天於光宅元年（西元六八四年）

九月始改省、臺、寺之名號，至次年即垂拱元年二月，方改易完畢。而秘書省之改麟臺在垂拱元年二月，諸書亦有記為光宅者，乃就始改省號宣稱之年而概言也。故此處「天授」似係「垂拱」（或「光宅」）之誤。❺❺神龍元年　即西元七〇五年。神龍係唐中宗李顯年號。❺❻太極初　太極為睿宗李旦年號。僅有一年，是年為西元七一二年。

【語　譯】秘書省：秘書監，定員一人，品秩為從三品。《周禮·春官》中說：「太史掌理王邦建立的六典。」又說：「小史掌理王邦和畿內侯國的史記，確切載錄歷代帝王的世系。」還說：「外史掌理四方各國的史記和三皇五帝的典籍。」這些都是屬於秘書的職任。秦代博士官的職掌之一便是收藏圖籍，禁止平民百姓藏書。西漢惠帝時，廢除了秦代禁止私人挾藏書籍的律令，廣開民間獻書的門路，設置專門抄寫書籍的官吏，又命令謁者陳農到全國各地去廣泛徵求散失的書籍，因此各地過去貯藏的書籍，紛紛貢獻出來，都收藏進了內府。漢代的圖書，在外廷由太常、太史、博士分別掌管，在內廷由延閣、廣內、石渠三閣收藏。又，御史中丞在殿中還掌管著在蘭臺的秘書圖籍，還有未央宮中的麒麟閣、天祿閣亦藏有圖書。劉向、揚雄奉詔典校書籍，都是在禁宮之中，所以稱內廷的藏書為中書，猶如現今所說的內庫書。東漢的圖籍藏在東觀，位置亦是在禁中。到桓帝延熹二年，方始設置秘書監，屬太常寺管轄，職務是掌管禁中的圖書秘籍。因此這個機構被稱為秘書。《漢官》記載說：「秘書監定員是一人，俸秩為六百石。」魏武帝曹操在被封為魏王時，設置了秘書令，負責來自尚書省章奏方面的事務，這亦就是中書的職任，同時還兼掌宮中的圖書秘籍。魏文帝黃初期間，從秘書省分出並單獨成立了中書省，隨著秘書省又設置了監和令，於是便由散騎常侍王象領秘書監，並領銜編撰《皇覽》。魏朝在蘭臺亦藏書，由御史中丞掌管。《魏略》中有這樣的話：「薛夏說：『蘭臺亦就是御史臺，是外臺，秘書是內閣。』」就是說的這兩個機構在職務上有相通的意思。曹魏初年，秘書屬於少府管轄。到了王肅任秘書監時，他認為秘書的職掌，就是相當於漢代東觀的職位，怎麼還可以屬於少府呢？從此以後，秘書不再屬於少府了。到了晉武帝時，又把秘書併入中書省。惠帝永平元年下過一道詔書：「秘書負責綜理經籍，考訂校正古代的圖籍；中書有自己的職務，由中書遠距離統轄秘書，反而使得它不能專一於自身業務。應當再另外設置秘書寺，掌管宮廷內外三個閣的圖書。」從此，秘書寺方始另外單獨設置機構。《晉令》說：「秘書監為第五品，穿絳紗朝服，佩銅印墨綬，戴進賢兩梁冠，佩水蒼玉。」南朝的宋和齊與晉朝相同。梁朝改秘書寺為秘書省，與尚書、中書、門下、集書合起來稱為五省，秘書監的俸秩增加到中二千石，官品為第三品；後改制為十八班，秘書監列為第十一班。陳朝依照梁朝的設置。北魏亦把秘書列為五省之一；秘書監的品秩，在孝文帝太和初期列為從第二品中；到太和末年改為正第三品。北齊依照北魏的制度。北周在春官府設置外史下大夫，掌管書籍，這亦就是秘書監的職任。隋朝秘書省與尚書、門下、內史、殿內省並列為五省，秘書監的品秩為正第三品，煬帝大業三年下降為從第三品，這以後秘書監又改稱為秘書令。本朝高祖武德初年，又把令改為監。高宗龍朔二年時，秘書一度改名為蘭臺，秘書監改名為蘭臺太史；到咸亨元年，恢復了原來的名稱。武后天授（垂拱）初年又改名為麟臺監，中宗神龍元年再次恢復舊的稱謂。當初，在漢代由御史中丞掌管蘭臺的秘書圖籍，因此歷代建置都城和建立臺省署衙時，都讓秘書省與御史臺相互為鄰。

少監，定員二人，品秩為從四品上。隋煬帝大業三年，設置秘書少監一人，品秩為從四品，職掌是做秘書監的副手。以後又把少監改稱少令。本朝因承隋代的建置，亦稱少監。高宗龍朔二年時，改名為蘭臺侍郎，到咸亨元年恢復了舊名。武后天授（垂拱）初年又改名為麟臺少監，中宗神龍初年恢復原來的稱謂。到睿宗太極初年，定員增加了一人。

二

丞一人，從五品上。漢獻帝建安❶中，魏武為魏王❷，置秘書令及二丞❸，典尚書奏事，並中書之任也。〈魏志〉❹：「劉劭❺，建安末自秘書郎轉秘書丞」是也。魏文黃初❻中，分秘書立中書，以秘書左丞劉放❼為中書監，秘書右丞孫資❽為中書令，而秘書置丞一人，秩四百石。〈魏志〉云：「何禎❾，文帝時上〈許都賦〉，帝異之，公車徵到為秘書郎。後月餘，禎關事❿，帝問外：『言本用禎為丞，何故為郎⓫？』案王者罪，遂改為丞。時秘書丞尚未轉，遂以禎為右丞。」

晉武⑫并秘書入中書，謂之中書秘書丞⑬。惠帝⑭又置秘書丞二人。《晉令》⑮：「秘書丞品第六，銅印、墨綬⑯，進賢一梁冠⑰，絳朝服⑱。」《晉書》稱：「桓石綏為秘書丞，啟校四部圖書。」⑲宋、齊並一人，品、服同晉氏⑳。梁增品第五，秩六百石㉑，銅印、黃綬㉒。陳依梁。後魏秘書丞一人，正第五品上㉓。北齊因之。後周春官府有小外史上士之職㉔，蓋此秘書丞之任也。隋秘書丞一人，正五品㉕。**秘書監之職，掌邦國經籍圖書之事。有二局，一曰著作，二曰太史，皆率其屬而修其職；凡四部之書，必立三本，曰正本、副本、貯本，以供進內及賜人。凡敕賜人書，秘書無本，皆別寫給之。少監為之貳焉。丞掌判省事。**

【章旨】敘述秘書丞之定員、品秩和沿革；章末為秘書監職掌。

【注釋】❶漢獻帝建安　漢獻帝，東漢皇帝劉協。九歲即帝位，係董卓擁立之傀儡，後依附於曹操。先後在位三十一年，終年五十三歲。建安為其年號。❷魏武為魏王　魏武，指魏武帝，即曹操。建安二十一年（西元二一六年）漢獻帝進曹操為魏王。後魏文帝曹丕於黃初元年（西元二二〇年）追尊其父曹操為武皇帝。❸置秘書令及二丞　《宋書·百官下》：「魏武為魏王，置秘書令、秘書丞。」《三國志·魏書·劉放傳》：「文帝即位，〔劉〕放、〔孫〕資轉為左右丞。」二丞，即指分左、右二丞。❹魏志　指陳壽所撰《三國志》之〈魏書〉。❺劉劭　字孔才，廣平邯鄲（今河北邯鄲）人。建安中為計吏，御史大夫郗慮辟劭，拜太子舍人，遷秘書郎。❻魏文黃初　魏文，魏朝皇帝曹丕。延康元年（西元二二〇年）受漢獻帝禪位，建立魏朝。在位六年，終年三十九歲。黃初為其年號。❼劉放　字子棄，涿郡（河北涿縣）人。曹操建魏國時，歷縣令為秘書郎，魏文帝即位，轉位秘書左丞，黃初中，分秘書為中書時，以放為中書監，賜爵關內侯，掌機密。❽孫資　字彥龍，河東太原（今山西太原）人。魏國既建，為秘書郎，文帝即位，轉為秘書右丞。黃初中，分秘書為中書時，以孫資為秘書令，賜爵關中侯，與劉放同掌機密。❾何禎　《三國志·魏書·管寧傳》有弘農太守何楨薦胡昭，注引《文士傳》稱：「楨字元幹，廬江（今安徽廬江）人。有文學器幹，容貌甚偉。歷幽州刺史，廷尉，入晉為尚書光祿大夫。」又《職官分紀》卷十六秘書丞條引《文士傳》：「何禎（非「楨」字）為〈許都賦〉封上，帝異之，下公車特徵，到用為尚書郎，詔用為秘書丞，主者繆以為郎，後月餘，禎關事，上問曰：吾本用禎為丞，何故為郎？案主者罪，遂為丞。」又引虞預《晉書》云：「何禎（非「楨」字）字元幹，為尚書郎時，詔參秘書丞，秘書本有一丞，於是遂以禎為右丞，右丞之置，自何始也」；「魏明帝用何禎為秘書丞，勅云此職宜得才人，每卒問，近對者以何禎處也」。綜上所引，本書此處原注，當是據《文士傳》及虞預《晉書》而成，唯以此事繫於文帝時，恐有誤。詔作〈許都〉、〈洛都賦〉，是魏明帝時事，《三國志・魏志・劉劭傳》亦載此事。而《三國志・魏志・管寧傳》注引之《文士傳》作「何楨」疑與作秘書丞之「何禎」係二人。今錄以備查。⑩關事　南宋本為「閱事」，《通典・職官八》為「因事」，徐堅之《初學記》則作「關事」。似以「閱事」為勝。⑪帝問外三句　句中「言」，南宋本、《通典・職官八》均為「吾」。《通典》另有「令」、「曰」二字，其文為：「帝令問外曰：『吾本用禎為丞，何故為郎？』」⑫晉武　指晉武帝司馬炎。字安世，文帝司馬昭之長子，泰始元年受禪建立晉朝。在位二十六年，終年五十五歲。⑬中書秘書丞　《宋書・百官下》云：「晉武帝以秘書併中書，省監，謂丞為中書秘書丞。」武帝時任秘書丞者，有稽嵇康之子嵇紹。《晉書・嵇紹傳》：「山濤領選，啟〔紹〕為秘書郎。武帝謂濤曰：『如卿所言，乃堪為丞，何但為郎也。』乃發詔徵之，起家為秘書丞。」⑭惠帝　西晉皇帝司馬衷，武帝司馬炎之第二子。在位十六年，終年四十八歲。性愚騃，類白癡。聞百姓餓死而曰「何不食肉糜」，即此帝也。⑮晉令　書名。晉賈充撰，四十卷。⑯銅印墨綬　古代官員印章以其材質分金、銀、銅三等。《東觀書》稱：漢制，秩四百石以上皆銅印墨綬。唐代諸司則多用銅印。綬為繫印的絲帶，以其顏色分貴賤。漢時有赤、綠、紫、青、黑、黃數種。⑰進賢一梁冠　進賢冠為儒者之服，前高七寸，後高三寸，長八寸。有五梁、三梁、二梁、一梁之別，以梁多為貴。秩六百石以下，冠一梁。《晉書・輿服志》稱：「秘書丞郎冠一梁。」⑱絳朝服　外披絳紗單衣之朝服。陪祭、朝會等大事則服之。⑲自「晉書稱」至「啟校四部圖書」　由唐初房玄齡監修之今本《晉書》，無桓石綏為秘書丞記載。此處之《晉書》或係王隱或他人所撰而今已亡佚之《晉書》。《太平御覽》卷二百三十三職官門秘書郎條引《晉太康起居注》曰：「秘書丞桓石綏啟校定四部書，詔郎中四人各掌一部。」據此，本書此處原注稱引《晉書》恐有誤。《晉太康起居注》，李軌撰，二十卷，《隋書・經籍志》有著錄。桓石綏，今本《晉書》雖有〈桓石綏傳〉，附於〈桓彝傳〉之後，但係東晉時人，且未有為秘書丞之經歷，與本書此處原注所言太康年間之桓石綏似係同名之另一人。此桓石綏生平不詳。四部圖書，指按甲、乙、丙、丁之序，依經、史、子、集四類歸藏的所有圖書。⑳品服同晉氏　《宋書・禮志五》：「秘書丞銅印、黃綬，朝服，進賢一梁冠。」《南齊書・輿服志》：「綬，丞皆黃，諸府丞亦黃。」據此，則宋、齊與晉服飾稍有差異，並非全同，如綬帶的顏色晉為墨色，宋、齊均為黃色。㉑梁增品第五秩六百石　據《隋書・百官上》秘書丞在梁列為第八班，陳依梁，陳秘書丞為第五品，秩六百石。㉒銅印黃綬　《隋書・禮儀志六》：梁「尚書左右丞、秘書丞，銅印環鈕，黃綬，獸爪鞶，朝服，進賢一梁冠」。㉓正第五品上　北魏秘書丞品級前後有異。孝文帝太和十七年（西元四九三年）職品令規定為第四品下，而太和末後制則改為第五品上。㉔後周春官府有小外史上士之職　北周依《周禮》天、地、春、夏、秋、冬六官設職，置春官府，由大宗伯卿，率其下屬掌邦國之禮儀。小外史上士，亦稱外史上士，春官府外史司次官，品秩正三命。北周任外史上士者，《周書・黎景熙傳》記有「六官建，為外史上士」；陸法言《切韻序》亦提到顏之推曾任此職。㉕隋秘書丞一人正五品　此句之後，近衛校正德本，以為「按《通典》有『龍朔二年改為蘭臺大夫，咸亨復舊』十五字，疑脫文」。陳仲夫本則依本書原注文例，為之增補二十九字。其文為：「皇朝因隋。龍朔二年改為蘭臺大夫，咸亨元年復舊。天授神龍並隨省改復。」其中「天授」係沿襲原注之誤。考慮到所增補文字並未涉及實質性內容，故僅在此錄出，原注語譯一任其舊。

【語　譯】秘書丞，定員一人，品秩為從五品上。漢獻帝建安年間，魏武帝曹操在被封為魏王時，曾經設置秘書令和秘書左右二丞，執掌來自尚書省有關奏章事務，那亦就是中書的職任。《三國志・魏書》中提到：「劉劭，在建安末年，由秘書郎遷轉為秘書丞」便是一例。魏文帝黃初中期間，從秘書省分出建立了中書省，同時讓秘書左丞劉放任秘書監，秘書右丞孫資任中書令，此後秘書的定員改為一人，品秩為四百石。《三國志・魏書》還提到：「何禎，文帝時曾上奏他所撰作的〈許都賦〉，文帝對他的才華頗為驚異，特地用公車把他徵召來，做了秘書郎。一個多月後，何禎正式入宮做事，文帝叫他的侍臣去責問外廷有關官員：『我本來是要任用何禎為秘書丞的，為什麼只讓他做秘書郎？』於是追查主持這件事的官員的罪責，同時改任何禎為秘書丞。但當時在任的秘書丞尚未轉遷，因而讓何禎做了秘書右丞。」晉武帝時，把秘書併入中書，秘書丞亦就稱為中書秘書丞。晉惠帝時，又把秘書丞的定員改為二人。《晉令》規定：「秘書丞的品秩定為第六品，俸秩為六百石；繫佩銅質的印章，黑色的綬帶，服用進賢一梁冠，絳朝服。」《晉書》記載：「桓石綏任秘書丞時，曾奏議校勘四部圖書。」南朝的宋和齊，秘書丞定員都是一人，品秩和冠服與晉朝相同。梁朝時，提升為第五品，俸秩六百石，銅質的印章黃色的綬帶。陳朝依照梁的制度。北魏時設秘書丞一人，孝文帝太和後制定為正五品上階。北齊因承北魏的定制。北周在春官府設有小外史上士的職務，亦就是秘書丞的職掌。隋朝時，設秘書丞二人，品秩被定為正五品。

秘書監的職掌，是負責管理國家的經籍和圖書。下面設立兩個局，一是著作局，二是太史局。都由秘書監率領他的下屬分管相關的職務。凡是負責管理的經、史、子、集四個部類圖書，每本都須備有三本，稱為正本、副本和貯本，以進供內廷的需要和賞賜時用。凡是敕旨賞賜的書籍，如果秘書省沒有這個本子，都另外抄寫以後給付。秘書少監是秘書監的副職，秘書丞則分管本省的日常事務。

【說　明】秘書省的前身，從沿革看，不過是漢代的蘭臺與東觀；東漢末建立秘書監，也只是為了掌管秘書圖籍，屬太常。蘭臺和東觀，除了貯藏圖書以外，還經常作為撰史修書的場所，所以和秘書省經常聯繫在一起的便是分管圖書和編史的職掌。唐初沿隋制，秘書省與秘書省相關的事務，也集中在這兩個方面。高祖武德五年（西元六二二年），令狐德棻為秘書丞，與侍中陳叔達奉詔撰《藝文類聚》，於是奏請在秘書省募購遺書，增置楷書，令人繕寫。接著又建議修撰前朝史著，五代史的修撰便是從此時開始提出，完成於貞觀年間。貞觀二年（西元六二八年）以魏徵為秘書監，徵奏引學者校定四部書，數年之間，秘府圖籍粲然畢備。貞觀四年（西元六三〇年）復置少監，以虞世南為首任；貞觀七年（西元六三三年）魏徵代王珪為侍中後，又由虞世南接任秘書監，另任顏師古為少監。在此期間，修史和注經，在唐代形成了一個高潮。如《梁書》、《陳書》、《北齊書》、《北周書》、《隋書》、《晉書》以及《五代史志》的完成，都離不開秘書省這一機構及其成員的參預和作用。顏師古對《五經》的考定，《五經正義》的編撰，以及《漢書》等的注釋，亦都是在秘書省進行的。

在唐代，太宗李世民是一個頗為講究文治的君主，好讀書，修史，重視歷史經驗，因而與秘書省官員的關係比較密切，秘書省成員的地位亦比後世要高，如魏徵經常近侍在太宗左右，顧問應對為政之道。李世民還曾說過這樣的話：「朕因暇日，每與秘書監虞世南商量今古，朕一言之善，虞世南未嘗不悅；有一言之失，未嘗不悵恨。」（《唐會要》卷六五）不妨說，在貞觀之世，秘書省成員在校訂經籍、修撰前朝史的同時，還擔負著備君主咨詢顧問以至參預決策的職務。

秘書省的藏書，是以後《五代史志》中《隋書．經籍志》編撰的基礎。至於圖書的管理，從《唐會要》卷六十五所載錄的兩則材料中，可以看到一些具體的規定和制度。一則是代宗大歷十四年（西元七七九年）頒發的敕文：「敕秘書省：書閣內書，自今後不得輒供諸司及官人等。」這說明在唐代，秘書省的藏書不僅供給君王，諸司官人亦允許借閱，大歷敕令也只是作了些限制，並未取消這項制度。另一則是穆宗長慶三年（西元八二三年）的一段記載：「秘書少監李隨奏，當省請置秘書閣圖書印一面。伏以當省御書正本，開元、天寶以前，並有小印印縫，自兵難以來，書印失墜，今所寫經史，都無記驗，伏請鑄造。敕旨依奏。」這又說明凡秘書閣圖書，皆蓋有專用騎縫印章，其間雖因安史之亂而荒廢，長慶後又得到了恢復。此制歷代襲用，並延續至今。

三

秘書郎四人，從六品上。魏武❶置秘書郎，秩四百石。《魏起居注》❷：「青龍中，議秘書丞、郎職近日月，宜居三臺上，亞尚書丞、郎❸。」《魏志》❹云：「王伯輿❺、鍾會❻、何禎❼、鄭默❽並起家拜秘書郎中，而默在秘書掌中外三閣，刪省繁文，除其浮穢，始制《中經》❾。時，虞松為中書令，謂默曰：『而今而後，朱紫別矣❿。』」《晉令》⓫：「秘書郎中品第六，進賢一梁冠⓬，絳朝服⓭。」《晉起居注》⓮云：「武帝⓯遣秘書圖書分為甲、乙、景、丁四部⓰，使秘書郎中四人，各掌一焉。」《晉書》⓱云：「左太沖⓲為〈三都賦〉，自以所見不博，求為秘書郎中。」宋氏除「中」字。《宋書》⓳稱：「王敬弘⓴子恢之，名㉑為秘書郎。敬弘求為奉朝請㉒，與恢之書曰：『且秘書有限故有競，朝請無限故無競，吾欲使汝處無競之地。』文帝喜而許之㉓。」《齊書》㉔稱王僧虔㉕、王慈㉖並早有令譽，皆起家拜秘書郎。梁秩六百石。江左多任貴游年少，而梁代尤甚，當時諺言：「上車不落則著作，體中何如則秘書㉗。」陳著令：令、僕射子起家為之㉘。後魏亦置四人，正第七品上㉙。《後魏書》㉚云：「高謐㉛，天安㉜中以功臣子召入禁中，專掌秘閣，拜秘書郎。奏請廣訪群書，大家繕寫㉝，北京㉞圖籍，稍以審正。」北齊又增「中」字㉟，正第七品下。隋又除「中」字，正七品上㊱。煬帝三年㊲，加為從五品㊳。皇朝為從第六品上。龍朔㊴、天授㊵、神龍㊶並隨省改復。

【章 旨】敘述秘書郎之定員、品秩及其沿革。

【注 釋】❶魏武　指魏武帝曹操。曹操由其子魏文帝曹丕追尊為武皇帝，在黃初元年（西元二二〇年）。此處則指其於建安十一年（西元二一六年）受漢獻帝進封為魏王時。❷魏起居注　書名。但《隋書・經籍志》未有著錄。❸自「青龍中」至「亞尚書丞郎」　青龍，魏明帝年號。職近日月，意謂秘書丞、郎職務接近於君王。日月，喻皇帝。三臺，本係漢代對尚書、御史、謁者之統稱，此處則指尚書、中書、御史。亞尚書丞、郎，指秘書郎的地位，僅次於尚書丞、郎。魏明帝時，朝廷上曾因臺郎轉遷秘書丞、郎而引發了一場關於秘書丞、郎與三臺丞、郎地位待遇之比較的爭論，王肅有〈論秘書表〉，從中約略可見此次爭論概況。其表文，《初學記》及《太平御覽》卷二百三十三職官部秘書郎條均有引錄，後者所引較詳，文中稱：「臣以為秘書職於三臺為近，中書郎在尚書丞、郎上，秘書郎宜尚書郎下，不然宜次侍御史下。秘書丞、郎俱四百石，遷宜比尚書郎，出亦宜為郡，此陛下崇儒術之盛旨也。尚書郎、侍御史皆乘犢車，而秘書丞、郎獨鹿車，不得朝服，又恐非陛下轉臺郎以為秘書丞、郎之本意也。」可知這場爭論的起因是由於三臺郎轉遷秘書丞、郎，而秘書丞、郎的實際地位卻又低於三臺郎。封建官制的一個突出特徵，便是官品及精神、物質待遇等次的繁複而森嚴，從而在官吏中形成了一種紛紛以自稱效忠王命最為賣力為資本，在這架階梯上相互攀比、排擠和爭搶的傳統官場習氣。此種習氣影響深遠，以至延續至今，且有愈演愈烈之勢。❹魏志　指《三國志》之〈魏書〉，陳壽撰。❺王伯輿　伯輿為字，名基，東萊曲城（今山東掖縣東北）人。魏文帝黃初中除郎中，青州刺史王淩表請基為別駕，後召為秘書郎，又擢為中書侍郎。❻鍾會　字士季，潁川長社（今河南長葛以東）人，鍾繇之子。正始中為秘書郎，遷尚書、中書侍郎。❼何禎　字元幹，廬江（今安徽廬江）人。因上〈許都賦〉，魏明帝異之而用為秘書丞。❽鄭默　字思元，滎陽開封（河南開封）人。累遷司徒左長史。晉武帝時為中庶子，出為東郡太守，仕終光祿勳。❾中經　書名。為圖書目錄。《隋書・經籍志》稱：「魏氏代漢，集掇遺亡，藏在秘書中外三閣。魏秘書郎鄭默，始制《中經》，秘書監荀勗，又因《中經》更著《新簿》，分為四部，總括群書。」❿朱紫別矣　朱、紫，分別代指經、史、子、集四部門類圖書。以不同顏色的裝飾作為區別，是古代圖書管理上的一種方法。本書第九卷第三篇集賢殿書院知書官條原注：「其經庫書鈿白牙軸、黃帶、紅牙籤，史庫書鈿青牙軸、縹帶、綠牙籤，子庫書雕紫檀軸、紫帶、碧牙籤，集庫書綠牙軸、朱帶、白牙籤，以為分別。」⓫晉令　晉賈充撰，四十卷。《初學記》卷十二秘書郎條云：「《晉令》曰：『秘書郎掌中外三閣經書，覆校殘闕，正字脫誤。』」⓬進賢一梁冠　進賢冠為儒者之服，有五梁、三梁、二梁、一梁之別，以梁多為貴。秩六百石以下冠一梁。《晉書・輿服志》：「秘書丞、郎冠一梁。」⓭絳朝服　外披絳紗單衣之朝服。官員陪祭、朝會等大事則服之。⓮晉起居注　應是《晉泰始起居注》。《隋書・經籍志》有著錄，李軌撰，二十卷。⓯武帝　指晉武帝。西晉皇帝司馬炎，字安世，文帝司馬昭之子，受魏禪建立晉朝。在位二十六年，終年五十五歲。⓰甲乙景丁四部　句中「景」原為「丙」，唐人避高祖李淵父李昞名諱而改。甲乙丙丁四部，即以經、史、子、集四部分類圖書。⓱晉書　唐初貞觀二十三年（西元六四九年）撰成。共一百三十卷。房玄齡、褚遂良、許敬宗監修，參加編撰的有令狐德棻、敬播等十八人。⓲左太沖　沖，南宋本作「沖」。左太沖，名思，字太沖，臨淄（今山東臨淄）人。家世儒學，妹芬入宮，移家京師，欲作〈三都賦〉，自以所見不博，求為秘書郎。據《晉書》本傳，思欲作〈三都賦〉事，曾遭亦欲作此賦的陸機嘲笑，以為即使作成了，也只可作「覆酒甕」用；但當思賦作成，「機絕歎伏，以為不能加也，遂綴筆焉」。⓳宋書　梁・沈約撰。共一百卷。⓴王敬弘　名裕之，敬弘為字，因犯劉裕名諱，故稱字不稱名。琅邪臨沂（今山東臨沂）人。出身世家，其妻係桓玄姊；劉裕倒桓玄，建宋朝，對琅邪王氏的代表人物王敬弘，既不能不加以籠絡，任以車騎從事中郎；但極不放心，欲伺機加害。王敬弘處於此種複雜境地，只好時時處處小心，裝作不問政事，淡漠世事。一次劉裕問他時政之得失，答曰：「天下有道，庶人不議。」㉑名　據南宋本當作「召」。㉒奉朝請　《晉書・職官志》稱：「奉朝請，本不為官，無員。奉朝會請召而已。」南朝為安置閑散官員，奉朝請員數一度增至六百餘。㉓文帝喜而許之　文帝，南朝宋皇帝劉義隆，小字車兒。在位二十九年，終年四十六歲。喜而許之，《宋書・王敬弘傳》為「嘉而許之」。按：王敬弘出於「無競」的考慮而不願其子恢之作秘書郎，原因亦是基於前注提到琅邪王氏在南朝宋的處境。後恢之官至新安太守，中大夫。「恢之嘗請假還東省定省，敬弘克日見之，至日輒不果；假日將盡，恢之乞求奉辭，敬弘呼前，既至閤，復不見。恢之於閤外拜辭，流涕而去」（《宋書・王敬弘傳》）。父子渴望相見而竟至「閤外拜辭，流涕而去」，那種處於逆境中的無奈和困惑，著實令人感嘆。㉔齊書　即《南齊書》。梁・蕭子顯撰。《隋書・經籍志》著錄為六十卷，至《舊唐書・經籍志》著錄時，已只有五十九卷。劉知幾《史通・序例》曾說過《南齊書》原有序錄，後人因而推論其所佚失之卷即為序錄。㉕王僧虔　琅玡臨沂（今山東臨沂）人。宋文帝時，除秘書郎太子舍人。㉖王慈　字伯寶，琅玡臨沂（今山東臨沂）人，為王僧虔之子。亦是以除秘書郎、太子舍人起家，遷秘書丞。㉗上車不落則著作二句　此諺語極言著作郎、秘書郎任用不以才具，遷轉又極迅速。意謂上車還未下車，一任著作已過；一餐飯尚未吃飽，一任秘書也已遷轉。《梁書・張纘傳》云：「秘書郎有四員，宋、齊已來為甲族起家之選，待次入補，其居職例十月便遷。」《初學記》亦有記：「秘書郎此職與著作郎，自置以來，多起家之選，在中朝或以才授，歷江左多仕貴游，而梁世尤甚，當時諺曰：『上車不落為著作，體中如何則秘書。』言其不用才也。」㉘陳著令令僕射子起家為之　第一個「令」，指《陳令》，三十卷，范泉撰，《隋書・經籍志》有著錄。令僕射子，指中書令、尚書令及左、右僕射等高官之子弟。《隋書・百官上》：「三公子起家員外散騎侍郎，令、僕射子起家秘書郎。若員滿，亦為板法曹，雖高半階，望終秘書郎下。次令僕射子起家著作佐郎，亦為板行參軍。此外有揚州主簿、太學博士、王國侍郎、奉朝請，嗣王行參軍，並起家官，未合發詔。」高官子弟，即今之高幹子弟，依其父輩品級，其起家享有相應特權，此原已有所規定，至陳則正式形成法令，致使其影響更為深遠。㉙正第七品上　據《魏書・官氏志》，北魏秘書郎品秩前後有別：孝文帝太和前制為從第五品上，太和後制為正第七品下。均與此處所記不同。㉚後魏書　即《魏書》。北齊魏收撰，一百三十卷。《魏書》在宋初已殘缺不全，通計全闕二十六卷，不全者三卷。㉛高謐　字安平，高湖之子，渤海蓨（今山東高清東南）人。有文武才度。㉜天安　北魏獻文帝拓跋弘年號。僅一年，即西元四六六年。㉝大家繕寫　據南宋本當為「大加繕寫」。㉞北京　指北魏京都平城（今山西大同）。與西元四九三年後新都洛陽相對而稱北京。又，《魏書・高謐傳》作「代京」。北魏先祖拓跋珪曾建代國。㉟北齊又增中字　據《隋書・百官中》，北齊秘書郎稱「郎中」，置四人，品秩為正第七品下。㊱正七品上　《隋書・百官志下》：秘書郎為「正七品下」。㊲煬帝三年　即大業三年，西元六〇七年。㊳加為從五品　《隋書・百官志下》云：「增秘書郎為從五品，加置佐郎四人，從六品，以貳郎之職。」㊴龍朔 唐高宗李治年號。龍朔二年（西元六六二年）改秘書郎為蘭臺郎。咸亨元年（西元六七〇年）恢復舊稱。㊵天授 武則天稱帝時年號。武則天改秘書郎為麟臺郎事，應在垂拱元年（西元六八五年）二月。㊶神龍 唐中宗李顯年號。神龍元年（西元七〇五年）廢武則天所改，復稱秘書郎。

【語譯】秘書郎，定員四人，品秩是從六品上。魏武帝曹操在被進封為魏王時，設置了秘書郎，俸秩定為四百石。《魏起居注》記載：「明帝青龍年間，朝廷議論秘書丞和郎的地位，認為由於這兩個職務靠近君王，應當在三臺亦就是尚書、中書、御史的郎官之上，僅次於尚書省的丞和郎。」《三國志・魏書》中說：「王伯輿、鍾會、何禎都是從受任秘書郎中起家的，而鄭默在秘書監任職時，掌管禁中內外三個閣的藏書，刪省繁瑣文字，去掉浮詞穢語，首次編製一本圖書目錄叫《中經》。當時擔任中書令的虞松對鄭默說：「從今以後，內庫所藏的圖籍屬於哪個部類，可以區別得很清楚了。」」《晉令》規定：「秘書郎中的品秩是第六品，戴進賢一梁冠，穿絳朝服。」《晉起居注》記載：「晉武帝曾要秘書把圖書分為甲、乙、景（丙）、丁四個部類，讓四個秘書郎各人掌一個部類。」《晉書》中說：「左太冲（沖）想要寫作〈三都賦〉，又覺得自己見聞不廣博，所以請求讓他做秘書郎中。」宋朝除去了「中」字，稱秘書郎。《宋書》記載：「王敬弘的兒子王恢之，被召為秘書郎，王敬弘請求改任為奉朝請，為此給恢之寫信說：『秘書員額有限，所以有人競爭；奉朝請沒有定員的限制，因此沒有人去競爭。我希望你要處在沒有人競爭的地位上。』」宋文帝高興地批准了這個請求。」《齊書》稱王僧虔、王慈，都早有聲譽，同是起家於拜秘書郎。梁朝時，秘書郎的俸秩定為六百石。江左的東晉朝，大都是讓貴遊的年少子弟起家擔任秘書郎，這種風氣到梁代更為嚴重。當時流行的一句諺語說：「上車不落則著作，體中何如則秘書。」《陳令》明確規定：尚書令或中書令以及僕射的子弟，可以由秘書郎起家。北魏亦設置四個秘書郎，品秩是正第七品上。《魏書》中說：「高謐，在獻文帝天安年間，以功臣子弟的身分被召入禁宮之中，專門執掌秘閣的圖書，受任為秘書郎。他上書奏請，廣泛訪求圖書，大力加以繕寫。代京的圖籍，這才稍為得以完備和審正。」北齊又在秘書郎下增加了一個「中」字，品秩定為正第七品下。隋朝又去掉了「中」字，品秩為正七品上。煬帝大業三年，把秘書郎的品秩提升為從五品。本朝改為從第六品上。龍朔、天授（垂拱）、神龍年間，這個職名，隨著省名的變更而變更，恢復而恢復。

【說　明】秘書省的地位，在歷朝起落變化較多。魏武始置時的秘書令，屬典尚書省奏事的中樞機構，圖籍則是其兼掌。魏文帝時從秘書中分出了中書，秘書只保留了掌禁中圖書秘記的職能，這樣秘書監的實際地位便下降了，所以留任秘書監的官兒們，為了提高自己的地位，總要想辦法提高秘書監這個機構的地位。這類事例，在曹魏文帝、明帝時期屢有發生。僅本篇原注中提到的，就有兩次。一次是秘書丞薛夏，因公事與御史臺往來時，使用了移文這種平級的公文格式，御史臺則以為秘書監屬少府，低於御史臺，不能用移文。薛夏的回答十分強硬：「蘭臺（即御史臺）為外臺，秘書為內閣，臺、閣一也，何不相移之有？」（《三國志．王肅傳》注引《魏略》）薛夏是文帝曹丕的寵信，因而取得了這次爭論的勝利。第二次是王肅任秘書監，認為「秘書之職，即漢東觀之任，安可復屬少府？」（一章原注）王肅的奏議亦是被認可的，這樣秘書監便從少府獨立了出來。到晉武帝時，秘書又併入了中書，更加接近中樞機關，有利於提高自身地位。晉惠帝時，正式獨自建立秘書寺，成為中書門下、尚書、集書、秘書五臺省之一。此後，從南北朝到隋唐，秘書省都是作為一個單獨機構存在了下來。

與機構相聯繫的是秘書郎的地位，也是經常引起爭論的一個熱點，本章原注所言「青龍中，議秘書丞、郎職近日月，宜居三臺上，亞尚書丞、郎」即是一例。事情的起因是：魏明帝時常以三臺郎遷轉秘書丞、郎，但秘書丞、郎的實際地位卻又低於三臺郎，這就違反了遷轉能升不能降的慣例。當時任秘書監的王肅便抓住這一點，向上進〈論秘書表〉，提出解決的辦法便是提高秘書丞、郎的地位以及相應的物質、榮譽待遇：「秘書丞、郎俱四百石，遷宜比尚書郎，出亦宜為郡，此陛下崇儒術之盛旨也。尚書郎、侍御史皆乘犢車，而秘書丞、郎獨鹿車，不得朝服，又恐非陛下轉臺郎以為秘書丞、郎之本意也。」（《太平御覽》卷二三三引王肅〈論秘書表〉）此後，秘書郎便成了一個極具誘惑力的美差：它職務清閑，地位頗高，又深居內廷，接近中樞，遷轉既可比照尚書郎，又便捷迅速，外放起碼是一個郡守。所以秘書郎的四個定員，便成了世家大族的專利及其子弟們的角逐對象。在南朝，那些十七、八歲的世家大族孩子，頗似如今的一些高幹子弟，只知尋歡作樂，什麼學問也沒有，卻一起家便是秘書郎，過不了幾天就或放外任，或遷轉高官了。諺語「上車不落則著作，體中何如則秘書」，便是民眾用以嘲諷在官制方面此類腐敗現象的！

四

校書郎八人，正九品上。漢成帝❶命光祿大夫劉向❷於天祿閣❸校經傳、諸子、詩賦，步兵校尉任宏校兵書❹，太史令尹咸校數術❺，太醫監李柱國校方術❻。其後，揚雄❼以大夫亦典校於天祿閣。斯皆有其任而未至❽其官。至後漢，始於東觀❾置校書郎中。《續後漢書》❿云：「馬融⓫，安帝⓬時為大將軍鄧騭⓭所召，拜校書郎中⓮。在東觀十年，窮覽典籍，上〈廣成頌〉⓯。」又：「竇章⓰居貧蔬食，講讀不輟，太僕鄧康⓱重章學行。是時，學者稱東觀為老氏藏室⓲，道家蓬萊山⓳，康薦章入東觀，為校書郎中⓴。漢御史中丞掌殿中蘭臺㉑秘書圖籍，因置蘭臺令史典校其書，班固㉒、傅毅㉓初並為蘭臺令史。王充㉔云：「通人官蘭臺令史。」比校書郎中㉕。東觀有校書郎㉖，置校書郎中典其事。時，通儒達學亦多以佗官領之㉗。自漢、魏歷宋、齊、梁、陳，博學之士往往以佗官典校秘書。至後魏，秘書省始置校書郎，正第九品上㉘。北齊置十三人㉙。隋初亦置十二人，煬帝三年減為十人，其後又增為四十人，皇朝減為八人。

【章　旨】敘述校書郎之定員、品秩和沿革。

【注　釋】❶漢成帝　西漢皇帝劉驁，字太孫。在位二十六年，終年四十五歲。❷劉向　字子政，本名更生，楚元王劉交之後。成帝時受詔校經傳、諸子、詩賦。❸天祿閣　《三輔黃圖》卷六稱：「天祿閣藏典籍之所。《漢宮殿疏》云：『天祿、麒麟閣，蕭何造以藏秘書處賢才也。劉向於成帝之末，校書天祿閣。』」❹步兵校尉任宏校兵書　此語見於《漢書·藝文志》序。

任宏之生平里籍不詳。《漢書・藝文志》之兵家類稱：「至於孝成，命任宏論次兵書四種。」四種兵書名目未錄。❺太史令尹咸校數術　尹咸之生平里籍不詳。《漢書・藝文志》著錄數術之書凡百九十家，分為天文、曆譜、五行、著龜、雜占、刑法六種，大都為占卜之書。❻太醫監李柱國校方術　此句《漢書・藝文志》序作「侍醫李柱國校方技」。〈藝文志〉中方技類，大都為醫藥書，分醫經、經方、房中、神僊四類，三十六家。❼揚雄　字子雲，蜀郡成都（今四川成都）人。少好學，博覽群書，口吃不能劇談。漢成帝時為給事黃門侍郎，乃召對承明庭，王莽時任為大夫，校書於天祿閣。其著作有〈長揚〉、〈甘泉〉、〈羽獵〉諸賦，及《太玄》、《法言》諸書。❽至　據南宋本當為「置」。❾東觀　洛陽宮殿名。在南宮，漢代宮中藏書之所，故使名儒著作於東觀。❿續後漢書　即范曄《後漢書》與司馬彪《續漢書》之合稱。唐以前兩書並稱，宋以後合刻。今本《後漢書》即是范曄十本紀、八十列傳與司馬彪三十志之合編。⓫馬融　字季長，扶風茂陵（今陝西興平東北）人。曾任校書郎、議郎、南郡太守等職。從虞摯恂學。徧注《周易》、《尚書》、《毛詩》、《三禮》、《論語》、《孝經》，使古文經學達到成熟境地。生徒常有千餘人，鄭玄、盧植等皆出其門。⓬安帝　東漢皇帝劉祜，在位十六年，終年三十二歲。⓭鄧騭　字昭伯，南陽新野（今河南新野）人。鄧禹之孫，以后兄累遷車騎將軍，儀同三司，拜大將軍，定策立安帝並輔政。安帝永初二年（西元一○八年），鄧騭召馬融為舍人，融以非其所好不應命，客於涼州，遇羌人作亂，饑困交加，謂其友曰：「古人有言：『左手據天下之圖，右手刎其喉，愚夫不為。』所以然者，生貴於天下也。」（《後漢書・馬融傳》）終應騭召。永初四年（西元一一○年）拜馬融為校書郎中，詣東觀典校秘書。⓮拜校書郎中　《後漢書・馬融傳》李賢注云：「謝承及《續漢書》並云為校書郎，又拜郎中也。」⓯廣成頌　此文《後漢書・馬融傳》有錄。其時鄧太后臨朝，鄧騭兄弟輔政，以為文德可興，武功宜廢；而融則以為文武之道無或可廢，故上此〈廣成頌〉以寓諷諫。頌奏，因忤鄧氏，滯於東觀，十年不得調。融欲自劾而歸，太后聞之怒，遂令禁錮六年不得入仕。⓰竇章　字伯向，扶風平陵（今陝西咸陽西）人。出身於外戚竇家。少好學，有文章，與馬融、崔瑗同好。因鄧康薦而入東觀為校書郎。後遷屯騎都尉，轉大鴻臚。⓱鄧康　鄧禹之孫，鄧珍之子，南陽新野（今河南新野）人。繼父爵為夷安侯，拜越騎校尉。以諫太后臨朝久而免官，絕屬籍；及安帝誅鄧騭，徵康為侍中，順帝立為太僕。⓲老氏藏室　老氏，指道家創始人老子，姓李名耳，字伯陽。一說即老聃。楚國苦縣（今河南鹿邑東）歷鄉曲仁里人。曾為周朝守藏史，復為柱下史，四方所記文書皆歸柱下。故此處喻稱東觀為老氏藏室。⓳蓬萊山　傳說中的海上神山。為仙府，幽經秘錄並皆在焉。此言東觀所藏經籍之珍貴。⓴校書郎中　《後漢書・竇章傳》「郎」下無「中」字。㉑蘭臺　漢代宮內藏書之處。以御史中丞掌之，後世因亦稱御史臺為蘭臺。㉒班固　字孟堅，扶風安陵（今陝西咸陽東北）人。因續其父彪為《史記後傳》之志，明帝召詣校書部，除蘭臺令史，遷為郎，典校秘書，先後撰成《世祖本紀》及《漢書》。㉓傅毅 字武仲，扶風茂陵（今陝西咸陽西）人。少博學，章帝建初中，以毅為蘭臺令史，拜郎中，與班固、賈逵共典校書。㉔王充 字仲任，會稽上虞（今浙江上虞）人。出身細門孤族，少游洛陽太學，曾師事班彪，歷任治中、郡功曹等官，後罷職家居，從事著述，有《論衡》一書傳世。㉕通人官蘭臺令史比校書郎中 意謂如班固、傅毅等通儒官蘭臺令史時，都相當於校書郎的職務。㉖校書郎 南宋本和廣池本均為「校書部」。《職官分紀》卷十六引《唐六典》原注此句亦同。㉗時通儒達學亦多以佗官領之 佗即「他」字。他官，指郎或郎中。如盧植，以議郎與馬日磾、揚彪一起校書東觀；蔡邕拜郎中亦校書東觀，便是。按：《通典・職官八》諸卿中之秘書校書郎條云：「漢之蘭臺及後漢之東觀皆藏書之室，亦著述之所，多當時文學之士，使讎校於其中，故有校職之職。後於蘭臺置令史十八人，又選他官入東觀，皆令典校秘書，或撰述傳記，蓋有校書之任而未為官也。故以郎居其任，則謂之校書郎，以郎中居其任則謂之校書郎中。」其說與本書此處原注略異，姑錄以備考。㉘正第九品上 按《魏書・官氏志》：秘書校書郎之品秩，北魏文帝太和十七年（西元四九三年）前制為從第六品上，太和末後制為正第九品上。㉙北齊置十三人 據《隋書・百官中》，北齊秘書省置校書郎定員為十二人，非十三人。

【語 譯】校書郎，定員八人，品秩為正九品上。漢成帝末年，詔命光祿大夫劉向在天祿閣校勘經傳、諸子、詩賦類書籍，步兵校尉任宏校勘兵書類圖籍，太史令尹咸校勘數術類書籍，太醫監李柱國校勘方技類書籍。這以後，揚雄亦以大夫的身份到天祿閣負責校勘書籍。這些都是有校書的職任而並沒有授給專門校書職位的官員。到了後漢，方始在東觀設置校書郎中。《續後漢書》中說：「馬融，在安帝時期受到大將軍鄧騭的徵召，拜為校書郎中，在東觀長達十年，閱讀了大量經典書籍，向上進呈了一篇〈廣成頌〉。」又說：「竇章儘管家境貧困，衣食不濟，但講經讀經卻從不中止，太僕鄧康很看重他的品行和學問。當時的學者稱道東觀就像當年老子的藏書室，道家的蓬萊山，幽經秘錄極為豐富。為此，鄧康推薦竇章進了東觀，讓他擔任校書郎中。」在漢代，由御史中丞掌管蘭臺所收藏的秘書圖籍，為此設置了蘭臺令史，負責校勘蘭臺所藏的書籍，像班固、傅毅最初都曾經擔任過蘭臺令史。王充說：「要通人達儒才能擔任蘭臺令史的官職。」蘭臺令史就相當於校書郎中。東觀有校書郎（部），設置校書郎中，主持校書的事務。當時的通儒達學，一般也以其他官職來兼領校書的事務。從漢魏開始，經歷宋、齊、梁、陳，博通古今的學士，往往都以其他官職的身份，來負責校勘秘書的事務。到了北魏，秘書省開始正式設置校書郎的編員，品秩為正第九品上。北齊時，它的定員為十三（十二）人。隋初亦置十二人，到煬帝三年，減少為十人，此後又一度增加到四十人。本朝把定員減為八人。

五

正字四人，正九品下。掌詳定典籍，正其文字，前代才學之士多以佗官兼其任者。齊秘書省有正書❶，蓋是正字之任。北齊秘書省始置正字四人，從第九品上。隋因之。皇朝為正第九品下。

主事一人，從九品上。皇朝置。掌印，并句檢稽失❷。

令史四人，書令史九人。《魏甲辰儀》❸：「秘書令史品第八。」晉品第九，宋品第八❹。齊秘書令史品勳位第六❺，梁、陳品第九❻。後魏秘書令史從第九品下❼，北齊正第九品上❽，隋開皇❾初始降為流外行署❿。隋秘書令史四人，流外二品⓫；書令史九人，流外三品。皇朝因之。

典書八人。《齊職儀》⓬云：「宋孝武大明年⓭，開府儀同三公⓮府、皇子府，皆有典書吏。」皇朝秘書省始置典書，其職同流外⓯，入考入流⓰焉。

楷書手八十人。隋煬帝⓱秘書省置楷書，員二十人，從第九品，掌鈔寫御書。皇朝所置，職同流外也。

亭長六人，掌固八人，熟紙匠、裝潢匠各十人，筆匠六人。皇朝所定。

【章　旨】敘述正字、主事之定員、品秩和沿革，並簡介令史、書令史以下胥吏之員數。

【注　釋】❶齊秘書省有正書　《南齊書·百官》云：「晉秘書閣有令史，掌眾書，見《晉令》。今亦置令史、正書及弟子，皆典教書畫。」❷句檢稽失　句同「勾」。稽查過失為勾官的職掌。主事為秘書省的勾官，其勾檢內容主要有二：一是公事上有否失錯，是否違反了制度；二是稽程，即是否在規定日程內把公事處理完畢。❸魏甲辰儀　《隋書·經籍志》著錄為《甲辰儀》五卷，江左撰。兩《唐書》書志著錄為《甲辰儀注》，五卷，當是同一書。❹宋品第八　《宋書·百官下》：內臺正令史為第八品。秘書省令史屬內臺令史。❺勳位第六　即勳品第六。為流外官品。流外官的最高品階不稱第一品而稱勳品。《隋書·百官志下》：「又有流外勳品、二品、三品、四品、五品、六品、七品、八品、九品之差。」《事物紀源·官爵封建·勳品》：「沿革曰：勳品自齊梁有之，今柱國而下是也。」❻梁陳品第九　梁在武帝天監初年，仍行九品制；天監七年前（西元五〇八年）革選，定十八班制，以班多為貴，而九品之制不廢。唯今《隋書·百官志》及《通典·職官十九》所載之官品並為十八班制，致使其九品制細節已不得而知。故此處所記秘書令史梁陳時品第，無直接依據可證，《通典·職官四》歷代都事主書令史條所載有與此處原注類同者，姑錄下以資參證：「晉、宋蘭臺寺主書令史雖行文書，皆有品秩，朱衣執板，給書僮。孔顗為御史中丞，坐鞭令史，為有司所糾。梁、陳與晉、宋同。」❼後魏秘書令史從第九品下　《魏書·官氏志》：孝文帝太和十七年（西元四九三年）令，秘書令史為從第七品上；太和後制，不載。❽北齊正第九品上　《隋書·百官志》及《通典·職官二十》北齊職官條，並不載北齊令史之品位。此處記為「正第九品上」，則已在秘書省正字之上，於理不洽，恐有誤。❾開皇　隋文帝楊堅年號。❿流外行置　「行置」似應為「行署」。近衛校正德本曰：「『置』當作『署』。」本書第二卷首篇下第九章所記亦可證：「凡未入仕而吏京師者，復分為九品，通謂之行署。」⓫流外二品　隋設流外品，自勳品、二品以下至九品為差。⓬齊職儀　《隋書·經籍志》著錄為五十卷，齊長水校尉王珪之撰。《南齊書·王逡之傳》：「從弟珪之，有史學，撰《齊職儀》。」⓭宋孝武大明年　近衛校正德本曰：「『年』疑『中』字。」宋孝武帝劉駿，字休龍，小字道民，宋文帝第三子。在位十一年，終年三十五歲。大明為其年號。⓮開府儀同及三公　三公指太尉、司徒、司空。官位從公可以開府置官屬。開府儀同，即開府儀同三司。其名稱始於魏文帝黃初三年（西元二二二年）黃權為車騎將軍開府儀同三司，其品秩第一，位次於三公，亦能開府置官屬。⑮流外　流外之稱，北魏時即有。隋唐時列入九品的官員稱流內，其不列入九品，多由雜途出身之吏員，稱流外，亦置九品，唯無上下階。令史、典書，隋唐皆入流外品。⑯入考入流　句首「入」據南宋本及廣池本當為「八」。指流外官歷任八年，每年考功一次，滿八考才能由流外遷轉流內。⑰隋煬帝　隋朝皇帝楊廣。在位十四年，終年五十歲。

【語　譯】正字，定員四人，品秩為正九品下。職掌是審慎刊定典籍，校正書中文字。以前各朝代都是由才學的人士，以其他官職兼領此任。南朝蕭齊在秘書省設有正書，就是現今正字的職任。北齊首次在秘書省設置正字，定員四人，品秩為從第九品上。隋朝因承北齊的體制。本朝正字的品秩定為正第九品下。

主事，定員一人，品秩為從第九品上。本朝設置。掌管秘書省的印章，負責稽查違失一類事務。

令史，定員四人；書令史，定員九人。《魏甲辰儀》記載：「秘書令史的品秩為第八品。晉朝列為第九品，南朝宋列為第八品。南齊秘書令史的品秩為勳位第六，梁和陳都列為第九品。北魏時，秘書令史定為從第九品下，北齊則為正第九品上。隋文帝開皇初年，方始把令史降為流外行置（署）。隋朝秘書令史定員四人，品秩為流外二品；書令史的定員九人，品秩為流外三品。本朝因承隋代的定制。

典書，定員八人。《齊職儀》中說：「宋孝武帝大明年間，開府儀同以及三公開府的，皇子開府的，都配備有典書吏。」本朝方始在秘書省設置典書，這一職務的品級為流外官，滿入（八）考可以轉入流內。

楷書手，定員八十人。隋煬帝在秘書省設置楷書員二十人，品秩為從第九品。職掌為抄寫君王御用的圖書。本朝所置的楷書手，職品屬流外官。

亭長的定員為六人，掌固為八人，熟紙匠、裝潢匠各十人，筆匠六人。以上人員的編制，都是本朝確定的。

【說　明】本章原注中說到，正字一職，前代多由才學之士以他官兼任。這是因為古時文字之傳播皆由手抄，「魯魚帝虎」，在所難免（《抱朴子》：「諺云：『書三寫，魚成魯，帝成虎。』」），時間一久，校正古籍上的文字便成了專門學問，故須由才學之士從事。唐代名人中為正字者，如陳子昂，在武則天時以其善屬文，除為麟臺正字；唐玄宗時，劉晏以神童為秘書省正字。當時劉晏年方十歲，形狀獰劣，而慧悟過人。玄宗將其召入樓中，楊貴妃置其於膝上，為施粉黛。玄宗問劉晏：汝為正字，正得幾字？晏答曰：「餘字皆正，唯朋字未正。」又裴耀卿，應童子舉，弱冠即拜為秘書正字；吳通玄亦是應神童子試，釋褐為秘書省正字。

六

秘書郎掌四部之圖籍，分庫以藏之，以甲、乙、景❶、丁為之部目。甲部為經，其類有十❷：一曰《易》，以紀陰陽變化❸；《經籍志》❹：《歸藏》等六十九部，五百五十一卷❺。二曰《書》，以紀帝王遺範❻；《古文尚書》等三十二部，二百三十七卷❼。三曰《詩》，以紀興衰誦嘆❽；《韓詩》等三十九部，四百三十三卷❾。四曰《禮》，以紀文物體制❿；《周官》等一百三十六部，一千六百二十二卷⓫。五曰《樂》，以紀聲容律度⓬；《樂大義》等三十二部，一百四十三卷⓭。六曰《春秋》，以紀行事褒貶⓮；《春秋經》等三傳，九十七部九百八十三卷⓯。七曰《孝經》，以紀天經地義⓰；《古今孝經》等十八部，六十三卷⓱。八曰《論語》，以紀先聖微言⓲；《論語》等并《三經異義》七十二部，七百八十一卷⓳。九曰圖緯，以紀六經讖候⓴；《河圖》等十三部，九十二卷㉑。十曰小學，以紀字體聲韻㉒。《說文》等三部，四十六卷㉓。乙部為史，其類一十有三：一曰正史，以紀紀、傳、表、志㉔；《史記》等六十七部，三千八十三卷。㉕二曰古史，以紀編年繫事㉖；《紀年》等四十四部，六百六十六卷[27]。三曰雜史，以紀異體雜記[28]；《周書》等七十部，九百一十七卷[29]。四曰霸史，以紀偽朝國史[30]；《趙書》等二十七部，三百三十五卷[31]。五曰起居注，以紀人君動止[32]；《穆天子傳》等四十一部，一千一百八十九卷[33]。六曰舊事，以紀朝廷政令[34]；《漢武故事》等二十部，四百四卷[35]。七曰職官，以紀班序、品秩[36]；《漢官解詁》等二十部，三百三十六卷[37]。八曰儀注，以紀吉凶行事[38]；《漢舊儀》等五十九部，二千二十九卷[39]。九曰刑法，以紀律、令、格、式[40]；《律令》等三十五部，七百一十二卷[41]。十曰雜傳，以紀先賢人物[42]；《三輔決錄》等二百一十七部，一千二百八十六卷[43]。十一曰地理，以紀山川郡國[44]；《山海經》等一百三十九部，一千四百三十三卷[45]。十二曰譜系，以紀氏族繼序[46]；《世本》等四十一部，三百六十卷[47]。十三曰略錄，以紀史策條目[48]。《七略》等三十部，二百一十四卷[49]。景部為子，其類一十有四：一曰儒家，以紀仁義教化[50]；《晏子》等三十五部，三百三十六卷[51]。二曰道家，以紀清淨無為[52]；《鬻子》等四十二部，三百二十一卷[53]。三曰法家，以紀刑法典制[54]；《申子》等四部，凡六十卷[55]。四曰名家，以紀循名責實[56]；《管子》等六部，七十二卷[57]。五曰墨家，以紀強本節用[58]；《墨子》等三部，七十卷[59]。六曰從橫家，以紀辨說譎詐[60]；《鬼谷子》等二部，七卷[61]。七曰雜家，以紀兼敘眾說[62]；《尉繚子》等九十七部，二千七百二十卷[63]。八曰農家，以紀播植種藝[64]；《氾勝之書》等五部，一十九卷[65]。九曰小說家，以紀芻辭輿誦[66]；《燕丹子》等二十五部，一百二十二卷[67]。十曰兵法，以紀權謀制變[68]；《司馬兵法》等一百四部，四百四十六卷[69]。十一曰天文，以紀星辰象緯[70]；《周髀》等九十七部，六百七十卷[71]。十二曰麻數，以紀推步氣朔[72]；《四分歷》等一百部，二百六十三卷[73]。十三曰五行，以紀卜筮占候[74]；《風角占》等二百七十二部，一千二十二卷[75]。十四曰醫方，以紀藥餌鍼灸[76]。《黃帝素問》等五十六部，四百一十卷[77]。丁部為集，其類有三：一曰《楚詞》，以紀騷人怨刺[78]；《楚詞》等十部，二十九卷[79]。二曰別集，以紀詞賦雜論[80]；《荀況集》等四百三十七部，四千三百八十一卷[81]。三曰總集，以紀類分文章[82]。《文章流別集》等一百七部，二千二百一十三卷[83]。校書郎、正字掌讎校典籍，刊正文字；字體有五：一曰古文[84]，廢而不用；二曰大篆[85]，惟於《石經》[86]載之；三曰小篆[87]，謂印璽、旛旐[88]、碑碣所用；四曰八分[89]，謂《石經》、碑碣所用；五曰隸書[90]，典籍、表奏及公私文疏所用。皆辨其紕繆，以正四庫之圖史焉。

【章　旨】由秘書郎之職掌而連帶詳述四庫圖書分目。

【注　釋】❶景　原為「丙」。唐人避高祖李淵之父李昞名諱改此。❷其類有十　《漢書‧藝文志》六藝類分為九種，此處增一圖緯而為十類。以緯書解經，故列入經部。❸易以紀陰陽變化　經部的第一類為《易》。易有三：夏曰《連山》，殷曰《歸藏》，周謂之《周易》，合稱《三易》。今僅存《周易》，即《易經》。相傳由伏羲作八卦，文王作〈卦辭〉，周公作〈爻辭〉，孔子為〈彖〉、〈象〉、〈繫辭〉、〈文言〉、〈序卦〉、〈說卦〉、〈雜卦〉，而子夏為之傳。易類之書，皆論述《周易》陰陽八卦之理。

❹經籍志　指《隋書》之〈經籍志〉。唐初由令狐德棻建議重修梁、陳、北齊、北周五代史，《隋書》由魏徵主編，參加編修的有顏師古、孔穎達、許敬宗等人。但《隋書》原來只有帝紀和列傳，而無志，貞觀十五年（西元六四一年），令狐德棻又奉命監修五代史志，完成於高宗顯慶元年（西元六五六年），共十志，通稱《五代史志》。《隋書・經籍志》原為十志之一，把《隋書》與《五代史志》合為一書已是後晉時的事。《唐六典》修撰時，雖然由元行沖上奏之《群書四部錄》二百卷已經完成，但本章原注所列四部圖籍類目的部數、卷數，仍大體本諸《隋書・經籍志》，時亦有略少於隋志者，或許開元時存書已少於隋末唐初。❺歸藏等六十九部五百五十一卷　《歸藏》，殷代《易》書。十三卷，晉太尉參軍薛貞注。《隋書・經籍志》稱：「漢初已亡。案晉《中經》有之，唯載卜筮，不似聖人之旨。以本卦尚存，故取貫於《周易》之首，以備《殷易》之缺。」部數和卷數與隋志相同，唯《隋書・經籍志》之注稱：「通計亡書，合九十四部，八百二十九卷。」❻書以紀帝王遺範　《書》，指《尚書》，各篇內容皆為古代帝王文告和君臣談話記錄，故稱其為帝王遺範。《書》類的圖籍多係注疏《尚書》之書。❼古文尚書等三十二部二百三十七卷　古文《尚書》，《尚書》的一種。漢伏生傳《尚書》二十九篇，因用當時通行之隸書書寫而稱《今文尚書》。漢武帝時，魯恭王劉餘從孔子舊宅牆壁中所得之《尚書》竹簡，經孔安國整理，比《今文尚書》多出十六篇，因用秦漢以前之蝌蚪古文書寫，故稱《古文尚書》。《隋書・經籍志》稱：《古文尚書》「十三卷，漢臨淮太守孔安國傳」。本書此處原注當同隋志。但實際上孔傳之《古文尚書》西晉末永嘉之亂後即失傳，因而隋志所著錄的只能是東晉初年豫章內史梅頤向朝廷獻的《孔傳古文尚書》。從東晉至隋唐，多數學者都堅信此即為孔壁本《古文尚書》，並由孔安國作傳；但宋代以後經學者考證，認定其中三十三篇係伏生所傳，二十五篇則是偽作，係兩晉間的輯佚本；所謂《孔傳》亦是偽作，為魏晉間人所傳。唯此偽託之作，彙集了前人研究成果，比漢人所作傳注更加精審，仍是閱讀和研究《尚書》重要訓詁材料。《隋書・經籍志》著錄的《書經》類圖書，都為漢魏以來對《古文尚書》注疏方面的著作。其所著錄之部數與此處原注相同，亦為三十二部；卷數則較此多十卷，為二百四十七卷。通計亡書，合四十一部，共二百九十六卷。❽詩以紀興衰誦嘆　《詩》即《詩經》，中國最早的詩歌總集，被儒家列為經典之一。《隋書・經籍志》經部詩類所著錄的書籍都是對《詩經》的傳注疏釋。漢代傳《詩》者有魯、齊、韓、毛四家，魯、齊、韓三家在西漢設有博士為官學，《毛詩》為古文詩學，盛行於東漢以後。《詩》之主旨在於導達心靈，歌詠情志，故言以紀人們對時代興衰之誦嘆。❾韓詩等三十九部四百三十三卷　《韓詩》，《隋書・經籍志》著錄為二十二卷，漢常山太傅韓嬰、薛氏章句。由於《齊詩》在魏代已亡，《魯詩》亡於西晉，而《韓詩》其時尚存，但已無傳之者，因其立為西漢官學，故《隋書・經籍志》所錄《詩經》類書目以《韓詩》為冠，然所列書目卻大部分屬於《毛

詩》。隋志著錄其部數與此處原注相同，亦為三十九部；卷數則較此多九卷，為四百四十二卷。又，南宋本《韓詩》為四百三十二卷。❿禮以紀文物體制　禮指禮儀類圖書，敘述古代的禮儀制度。以三禮即《儀禮》、《周禮》、《禮記》為宗，禮類圖籍多為對三禮的注疏和闡述。《儀禮》即漢初高堂生所傳之十七篇，有大戴（德）、小戴（聖）、慶氏三家並立，東漢末，鄭玄傳小戴之學。《周禮》亦稱《周官》，漢初有李氏得《周禮》上於河間獻王，缺〈冬官〉，以〈考工記〉補其處，合成六篇，東漢馬融作《周禮傳》，以授鄭玄，鄭玄作《周禮注》，即今本之《周禮》。《禮記》為漢初河間獻王得仲尼弟子後學所記，一百三十一篇，劉向校經，檢得一百三十篇，後戴德刪其繁重而為八十五篇，謂之《大戴記》；其姪戴聖又刪為四十六篇，即為《小戴記》。馬融傳小戴之學，加上〈明堂〉、〈月令〉、〈樂記〉三篇合為四十九篇；鄭玄受業於馬融，又為之注，即今通稱之《禮記》。⓫周官等一百三十六部一千六百二十二卷　《周官》即《周禮》。《隋書·經籍志》禮儀類圖書，以《周禮》為冠，十二卷，馬融注。其所著錄部數、卷數與此處原注同，唯另又通計亡書為二百一十一部，二千一百八十六卷。⓬樂以紀聲容律度　樂指記載古代樂譜類書籍。聲容律度，意謂樂譜所記為音樂的旋律和音律的高低。《隋書·經籍志》稱：「周人存六代之樂，曰〈雲門〉、〈咸池〉、〈大韶〉、〈大夏〉、〈大濩〉、〈大武〉，及秦而皆滅。漢初，制氏雖紀其鏗鏘鼓儛，而不能通其義。其後竇公、河間獻王、常山王、張禹，咸獻《樂書》。」然隋志所錄實為魏晉以後之樂譜。⓭樂大義等三十二部一百四十三卷　《樂大義》，據新舊《唐書》書志當為《樂社大義》。《樂社大義》，書名。《隋書·經籍志》有著錄，十卷，梁武帝撰。隋志所錄樂類書籍之部數，較此處原注多十部，為四十二部；卷數則較此少一卷，為一百四十二卷。⓮春秋以紀行事褒貶　《春秋》，儒家經典之一。編年體春秋史。相傳為孔子依魯國史官所編《春秋》加以整理修訂而成。文字簡短而寓有褒貶，故言以紀行事褒貶。闡釋《春秋》經文的，漢初，有公羊、穀梁、鄒氏、夾氏四家，西漢末鄒、夾二家亡佚。另有《左傳》，漢初出於張蒼之家，劉歆欲使左氏立為官學，諸儒莫應。東漢時有賈逵、服虔為《左傳》訓解，西晉時，杜預又為《春秋左氏經傳集解》，遂使《左傳》成為《春秋》三傳之一。《春秋》類的圖籍大都為對《春秋》三傳的注釋和義疏。⓯春秋經等三傳九十七部九百八十三卷　《春秋經》，據《隋書·經籍志》著錄為十一卷，吳衛將軍士燮注。隋志所錄《春秋》類圖書部數、卷數與此處原注同，唯另有通計亡書，合一百三十部，一千一百九十二卷。⓰孝經以紀天經地義　《孝經》，儒家經典之一。十八章，孔門後學所作。《漢書·藝文志》稱：「《孝經》者，孔子為曾子陳孝道也。夫孝，天之經，地之義，民之行也。舉大者言，故曰《孝經》。」其書秦末為河間人顏芝所藏，漢初，芝子出之，有長孫氏、博士江翁、少府后蒼等名其學。⓱古今孝經等十八部六十三卷　《古今孝經》，據《隋書·經籍志》當為《古文孝經》。《古文孝經》，隋志著錄為一卷，孔安國傳，梁末亡佚，今疑非古本。此書與《古文尚書》同出，而長孫有〈閨門〉一章，其餘經文，大較相似，篇簡缺解，又有衍出三章，并前合為二十二章，孔安國為之傳，劉向校經時，以顏芝所藏本比古文，除其繁惑，以十八章為定，鄭眾、馬融並為之注。隋志所錄《孝經》類書籍的部數、卷數與此處原注相同，唯另有通計亡書，合五十九部，一百一十四卷。⑱論語以紀先聖微言　《論語》，儒家經典之一。係孔子弟子及其再傳弟子關於孔子言行的記錄。西漢有今文本的《魯論》和《齊論》，及古文本與《古文尚書》同出的《古論語》，孔安國為之傳。後有張禹參考《魯論》與《齊論》編出定本，號為《張侯論》。東漢末，鄭玄以《張侯論》為本，參考《齊論》、《古論》而為之注，定為二十篇。此後魏陳群、王肅、周生烈為之義疏，何晏又為之集解。先聖，指孔子。微言，含義深遠精微的言辭。孔子之言，古人視為微言大義。《漢書・藝文志》：「昔仲尼沒而微言絕。」顏師古注：「李奇曰：『隱微不顯之言也。』師古曰：『精微要妙之言耳。』」⑲論語等并三經異義七十二部七百八十一卷　句中「三經異義」據南宋本當係「五經異義」之訛。《五經異義》，《隋書・經籍志》著錄為十卷，東漢太尉祭酒許慎撰。隋志所錄《論語》類圖書之部數，較此處原注多一部，為七十三部；卷數則同為七百八十一卷。另有通計亡書，合一百一十六部，一千二十七卷。⑳圖緯以紀六經讖候　圖緯，係《河圖》、《洛書》及讖緯類圖書的概稱。《說文解字》：「讖，驗也。有徵驗之書，河洛所出書曰讖。」此類圖書以《河圖》、《洛書》為代表。所謂《河圖》、《洛書》是燕、齊及三晉方士在黃河洛水邊設壇降神造作圖讖所遺留下來的文書彙編，有記錄可查的《河圖》類緯書的篇目有四十種，《洛書》緯篇目有十三種。緯書的出現，最早在戰國末或秦，如《論衡・知實篇》稱：「『亡秦者胡』，《河圖》之文也。」這條讖語首見於《史記・秦始皇本紀》，後被錄入《河圖》類圖書。漢代的一些儒生把經學與神學結合起來，「讖」是神的預言，「緯」則與「經」相對應，即既依附於孔子和儒家經典，又借助於神的暗示，揣摩和迎合帝王或權臣的現實政治需要，作出或吉或凶的推測，藉以鞏固和提高經學的地位。讖緯發展於元、成、哀、平時期而盛於王莽執政時。王莽曾召集大批精通圖讖之人，記說廷中，這是讖緯的一次大結集。東漢光武帝的興起，亦是利用了讖緯，即帝位後，更公開「宣布圖讖於天下」（詳《後漢書・光武帝紀》），故在東漢研究讖緯成風，稱之為「內學」。由於讖緯依附於儒經，或以緯解經，故緯書皆以六經為書目，如《易緯》、《書緯》、《詩緯》、《禮緯》、《孝經緯》、《春秋緯》等，在圖書目錄中，列為經部單獨一類。緯書大多屬於迷信，但也襲取了漢代今文經學的不少內容，記錄了古代一些天文、曆法和地理知識，保存了很多古代傳說和神話故事。讖緯類圖籍，魏晉後歷代多主毀禁，南朝宋孝武帝大明中，梁武帝天監年間，都曾明令禁止。隋文帝亦曾有禁令，隋煬帝還發使搜天下圖讖以禁毀。《唐律》明文規定除《七經緯》、《論語讖》外，其餘一律禁止民間收藏。當然秘書省收藏書不在此限。㉑河圖等十三部九十二卷　《河圖》，

《隋書・經籍志》著錄為二十卷，梁《河圖洛書》二十四卷，目錄一卷，亡。《河圖》、《洛書》之名本於《易・繫辭上》：「河出圖，洛出書，聖人則之。」《隋書・經籍志》稱此二書由「龜龍銜負，出于河、洛，以紀易代之徵，其理幽昧，究極神道。先王恐其惑人，秘而不傳。說者又云，孔子既敘六經，以明天人之道，知後世不能稽同其意，故別緯及讖，以遺來世。其書出於前後，有《河圖》九篇，《洛書》六篇，云自黃帝至周文王所受本文。又別有三十篇，云自初起至於孔子，九聖之增演，以廣其意。又有《七經緯》三十六篇，並云孔子所作，并前合為八十一篇」。隋志著錄《河圖》類書之部數、卷數並與此處原注相同。唯另有通計亡書，合三十二部共二百三十二卷。

㉒小學以紀字體聲韻　小學，漢代對文字學的稱謂。因兒童入小學先須學文字而有此名。小學文字之基礎為六書（指事、象形、形聲、會意、轉注、假借）和六體（古文、奇字、篆書、隸書、繆篆、蟲書），其課本據《漢書・藝文志》載錄，有周時史官教學之《史籀篇》、秦時李斯之《蒼頡》、趙高之《爰歷》、胡毋敬之《博學》等。漢末又有揚雄作《訓纂篇》以順續《蒼頡》。此外，還有司馬相如之《凡將篇》，史游之《急就篇》，賈魴之《滂喜篇》，蔡邕之《勸學》等。訓詁有《爾雅》，字書有許慎之《說文解字》。魏晉以後，小學範圍逐步擴大，至隋唐而成為文字學、訓詁學、音韻學的總稱。書籍有呂靜之《韻集》、陽休之之《韻略》、李槩之《音譜》、沈約之《四聲》等，集大成者為隋初陸法言之《切韻》。故小學類的圖書多以字體聲韻為指歸。

㉓說文等三部四十六卷　《說文》，指字書《說文解字》，十五卷，東漢許慎撰。收字九千三百五十三，按文字形體及偏旁構造，分列五百四十部，首創部首排檢法，依據六書解釋文字，為世界最古的字書之一。《隋書・經籍志》著錄小學類書籍則為：《三蒼》等一百八部，四百四十七卷。《三蒼》，三卷，郭璞注。為李斯《蒼頡》、揚雄《訓纂》、賈魴《滂喜》之合編，故稱《三蒼》。另有通計亡書，合一百三十五部，五百六十九卷。

㉔正史以紀紀傳表志　正史之名，起於《隋書・經籍志》，稱：「世有著述，皆擬班、馬，以為正史，作者尤廣，一代之史，至數十家。」指由於《史記》、《漢書》建立了紀傳體史書體例，因稱此類體例史著為正史。紀傳表志，正史中四種文體。如《漢書》有十二紀，八表，十志，六十九列傳。

㉕史記等六十七部三千八十三卷　《史記》，中國第一部紀傳體通史。《隋書・經籍志》稱：「漢武帝時，始置太史公，命司馬談為之。談乃舉《左氏》、《國語》、《世本》、《戰國策》、《楚漢春秋》，按其後事，成一家之書。談卒，其子遷又為太史公，嗣成其志。上自皇帝，訖于炎漢，合十二本紀、十表、八書、三十世家、七十列傳，謂之《史記》。」隋志所列正史類部數、卷數均與此處原注文合，唯另有通計亡書合八十部，四千三十卷。

㉖古史以紀編年繫事　指古代編年體史書。古史之名，起於《隋書・經籍志》。以編年體書寫的《竹書紀年》及《春秋》為古史記之正法，因稱編年類史書為古史。東漢末，荀悅撰《漢紀》，依《春秋左傳》之體，言約而事詳，開創了斷代編年體史著體例，或為史

部又一類。㉗紀年等四十四部六百六十六卷　紀年，指《竹書紀年》。《隋書・經籍志》稱：「晉大康元年（西元二八〇年），汲郡人發魏襄王冢，得古竹簡書，字皆科斗。發冢者不以為意，往往散亂，帝命中書監荀勗、令和嶠，撰次為十五部，八十七卷。」其中「紀年皆用夏正，建寅之月為歲首。起自夏、殷、周三代王事，無諸侯國別，唯特記晉國，起自殤叔，次文侯、昭侯，以至曲沃莊伯，盡晉國滅。獨記魏事，下至魏哀王，謂之『今王』，蓋魏國之史記也。其著書皆編年相次，文意大似《春秋經》。諸所記事，多與《春秋》、《左氏》扶同。學者因之，以為《春秋》則古史記之正法，有所著述，多依《春秋》之體。今依其世代，編而敘之，以見作者之別，謂之古史」。隋志所錄紀年類部數較此處原注少十部，為三十四部；卷數則與此同。㉘雜史以紀異體雜記　指《戰國策》、《越絕書》、《吳越春秋》一類與編年、紀傳體例相異之史著。《隋書・經籍志》稱：「靈、獻之世，天下大亂，史官失其常守。博達之士，愍其廢絕，各記聞見，以備遺亡。是後群才景慕，作者甚眾。又自後漢以來，學者多抄撮舊史，自為一書，或起自人皇，或斷之近代，亦各其志，而體制不經。又有委巷之說，迂怪妄誕，真虛莫測。然其大抵皆帝王之事，通人君子，必博采廣覽，以酌其要，故備而存之，謂之雜史。」㉙周書等七十部九百一十七卷　《周書》，即《逸周書》。《隋書・經籍志》著錄為十卷，稱其為「汲冢書，似仲尼刪書之餘」，實誤。近世學者考定為先秦古籍，當是戰國時的作品。其中〈克殷〉、〈世俘〉、〈度邑〉、〈作雒〉諸篇所記周初事蹟，當有所據。書中文字多誤脫，今存晉代孔晁注本。隋志所錄雜史類部數較此處原注多二部，為七十二部；卷數則相同，都為九百一十七卷。另有通計亡書七十三部，九百三十九卷。㉚霸史以紀偽朝國史　霸史，指西晉以後北方諸少數族相繼所建之十六國史。本書作者因持以漢族為正統觀點，故稱之為「偽朝」。北方諸國史之修撰，據《隋書・經籍志》稱：「後魏克平諸國，據有嵩、華，始命司徒崔浩，博采舊聞，綴述國史。諸國記注，盡集秘閣，爾朱之亂，並皆散亡。今舉其見在，謂之霸史。」㉛趙書等二十七部三百三十五卷　《趙書》，《隋書・經籍志》著錄為十卷，燕太傅長史田融撰。隋志所錄霸史類之部數、卷數均與此處原注同。另有通計亡書，合三十三部，三百四十六卷。㉜起居注以紀人君動止　起居注，帝王言行錄。《隋書・經籍志》稱：「漢武帝有《禁中起居注》，後漢明德馬皇后撰《明帝起居注》，然則漢時起居，似在宮中，為女史之職，然皆零落，不可復知。今之存者，有漢獻帝及晉代已來起居注，皆近侍之臣所錄。」北魏始置起居令史，另有修起居注、監起居注等官，侍從皇帝，掌錄皇帝言行。隋於內史省（中書省）設起居舍人，唐又於門下省設起居郎，和起居舍人分掌其事。㉝穆天子傳等四十一部一千一百八十九卷　《穆天子傳》，《隋書・經籍志》著錄為「六卷，汲冢書。郭璞注」。以為其「體制與今起居正同，蓋周時內史所記王命之副也」，故被冠為起居注類之首。其實此書當屬小說類。前五卷敘述周穆王駕八駿西遊的故事，或許保存若干古代中西交通史料；後一卷記盛姬之死及其喪儀。其中穆王與西王母宴會酬答及盛姬之死，便有濃重的小說意味。隋志所錄起居注類部數較此處原注多三部，為四十四部；卷數則同，皆為一千一百八十九卷。㉞舊事以紀朝廷政令　舊事，亦稱故事。古代刑法，除律、令外，尚有故事，指品式或章程。梁時，取故事之宜於時者為《梁科》，因而此處把故事與朝廷政令聯繫在一起。故事另有較為寬泛的含義，則相當於成例，包括舊日的典章制度和可供類推的事例。㉟漢武故事等二十部四百四卷　《漢武故事》，《隋書·經籍志》著錄為二卷，書已殘缺，記漢武帝自生於猗蘭殿至死葬茂陵的瑣聞雜事。舊題班固撰，或以為南齊時王儉作。魯迅《古小說鉤沉》有輯本，列為小說類。隋志所錄舊事類之部數，較此處原注多五部，為二十五部；卷數則同，皆為四百零四卷。㊱職官以紀班序品秩　職官，指職官類書籍，所記皆歷代職官次序及品秩。《隋書·經籍志》稱：「《漢書·百官表》列眾職之事，記在位之次，蓋亦古制也。漢末王隆、應劭等，以百官表不具，乃作《漢官解詁》、《漢官儀》等書，是後相因，正史表志，無復百僚在官之名矣。搢紳之徒，或取官曹名品之書，撰而錄之，別行於世。宋齊已後，其書益繁，而篇卷零疊，易為亡散，又多瑣細，不足可紀，故刪。其見存可觀者，編為職官編。」又，南宋本「班序」作「班敘」。㊲漢官解誥等二十部三百三十六卷　句中「誥」，據南宋本應作「詁」。《漢官解詁》，《隋書·經籍志》著錄為「三篇，漢新汲令王隆撰，胡廣注」。王隆，字文山，建武中為新汲令，《後漢書·文苑》有傳。王隆此作仿《凡將》、《急就》，四字一句，故列於小學中。胡廣之注，《續漢書補注》多有徵引，且述王著內容及廣注此書始末頗詳。文中稱：「顧見故新汲令，王文山《小學》為《漢官篇》，略道公卿內外之職，旁及四夷，博物條暢，多所發明，足以知舊制儀品。蓋法有成易，而道有因革，是以聊集所宜，為作詁解，各隨其下，綴續後事，令世施行，庶明厥旨。廣前復憒盈之念，增助來哲多聞之覽焉。」隋志所錄職官類部數較此處原注多七部，為二十七部；卷數則同，皆為三百三十六卷。另有通計亡書，合三十六部，四百三十三卷。㊳儀注以紀吉凶行事　儀注，指記載吉凶禮儀制度一類書籍。《隋書·經籍志》稱：「漢興，叔孫通定朝儀，武帝時始祀汾陰后土。成帝時初定南北之郊，節文漸具。後漢又使曹褒定漢儀，是後相承，世有制作。然猶以舊章殘缺，各遵所見，彼此紛爭，盈篇滿牘。而後世多故，事在通變，或一時之制，非長久之道，載筆之士，刪其大綱，編於史志，而或傷於淺近，或失於未達，不能盡其旨要。今聚其見存，以為儀注篇。」㊴漢舊儀等五十九部二千二十九卷　《漢舊儀》，《隋書·經籍志》著錄為「四卷，衛敬仲撰。梁有衛敬仲《漢中興儀》一卷，亡」。敬仲為其字，名宏，東漢光武時為議郎。《後漢書·衛宏傳》稱其作《漢舊儀》四卷，以載西京舊事。後人見此書多載官事，因加「官」字。陳氏《書錄題解》：《漢官舊儀》三卷，漢議郎東海衛敬仲撰。隋志所著錄儀注類部數與卷數均與此處原注相同。另有通計亡書，合六十九部，三千九十四卷。㊵刑法以紀律令格式　刑法類圖書，包括歷代的律、令、格、式等法制書籍。《隋書・經籍志》稱：「漢初，蕭何定律九章，其後漸更增益，令甲已下，盈溢架藏。晉初，賈充、杜預刪而定之，有律、令、故事。梁時，又取故事之宜於時者為《梁科》。後齊武成帝時，又於麟趾殿刪正刑典，謂之《麟趾格》。後周太祖，又命蘇綽撰《大統式》。隋則律、令、格、式並行。今錄其見存可觀者，編為刑法篇。」㊶律令等三十五部七百一十二卷　「律令」當是「律本」之訛。《隋書・經籍志》著錄為「《律本》二十一卷，杜預撰」。《舊唐書・經籍志》著錄為「《刑法律本》二十一卷，賈充等撰」。《新唐書・藝文志》則著錄為「賈充、杜預《刑法律本》二十一卷」。隋志所錄刑法類書籍部數與卷數均與此處原注相同，唯另有通計亡書，合三十八部，七百二十六卷。㊷雜傳以紀先賢人物　雜傳，指地區性的或按類分列的先賢人物傳記類著作。《隋書・經籍志》稱：「漢時，阮倉作《列仙圖》，劉向典校經籍，始作《列仙》、《列士》、《列女》之傳，皆因其志向，率爾而作，不在正史。後漢光武，始詔南陽，撰作風俗，故沛、三輔有耆舊節士之序，魯、廬江有名德先賢之讚。郡國之書，由是而作。魏文帝又作《列異》，以序鬼物奇怪之事；嵇康作《高士傳》，以敘聖賢之風。因其事類，相繼而作者甚眾，名目轉廣，而又雜以虛誕怪妄之說。今取其見存，部而類之，謂之雜傳。」㊸三輔決錄等二百一十七部一千二百八十六卷　《三輔決錄》，《隋書・經籍志》著錄為「七卷，漢太僕趙岐撰，摯虞注」。雜傳類圖書，隋志著錄之部數、卷數均與此處原注相同。另有通計亡書，合二百一十九部，一千五百三卷。㊹地理以紀山川郡國　地理，指記載各地山川、疆域、交通及物產的地理類書籍。中國古代最早的地理書當推《尚書・禹貢》，記述了當時九州的行政區劃，山川分布，交通物產，水土治理，貢賦等級等。以後的地理書籍，大都以〈禹貢〉為依據。《周禮・夏官》設職方之官，因其職掌「天下之地圖，以掌天下之地」，而詳列了九州之方位、名山大川、物產民風，不啻一部古代地理志。以後有《山海經》，尤以《史記》之〈河渠書〉、《漢書》之〈地理志〉，為我國古代地理著述奠定了規模。《隋書・經籍志》稱：「晉世，摯虞依〈禹貢〉、《周官》作《畿服經》，其州郡及縣分野封略事業，國邑、山陵、水泉、鄉亭、城道里、土田，民物風俗，先賢舊好，靡不具悉，凡一百七十卷，今亡。齊時陸澄聚一百六十家之說，依其前後遠近，編而為部，謂之《地理書》。任昉又增陸澄之書八十四家，謂之《地記》。陳時，顧野王抄撰眾家之言，作《輿地志》。隋大業中，普詔天下諸郡，條其風俗物產地圖，上于尚書，故隋代有《諸郡物產土俗記》一百五十卷，《區宇圖志》一百二十九卷，《諸州圖經集》一百卷。其餘記注甚眾。今任、陸二家所記之內而又別行者，各錄在其書之上，自餘次之於下，以備地理之記焉。」㊺山海經等一百三十九部一千四百三十三卷　《山海經》，《隋書・經籍志》著錄為「二十三卷，郭璞注」。《山海經》共十八篇，並非成於一人之手，大部分為戰國時期作品，少數為西漢初年之作。它集結了當時民間傳說中的地理知識，包括山川、道里、民俗、物產、祭祀、巫醫以及古代的神話傳說，對古代地理、民俗、神話的研究提供了寶貴的資料。隋志著錄地理類書籍之部數與此處原注同，卷數則較此少一卷，為一千四百三十二卷。另有通計亡書，合一百四十部，一千四百三十四卷。㊻譜系以紀氏族繼序　譜系類書籍是魏晉以後隨著門第制度的迅速發展而紛紛撰作的。魏立九品中正之制，州有大中正主簿，郡有中正功曹，各有簿狀，家亦有譜系；官之選舉必由於簿狀，家之婚姻，必由於譜系。凡百官族姓有家狀的，則上之官，為之考定翔實藏之秘閣，副在左戶；若私書有濫，則以官籍糾之，官籍不及，則以私書補之。撰作譜系一時競為風尚，如晉散騎常侍賈弼、太保王弘、齊衛將軍王儉，都曾知撰譜之事。宋何承天撰《姓苑》，梁王僧孺有《百家譜》，《魏書》設有〈官氏志〉，皆為譜系之學。《隋書·經籍志》稱：「漢有《帝王年譜》，後漢有《鄧氏官譜》，晉世摯虞作《族姓昭穆記》十卷，齊梁之間，其書轉廣。後魏遷洛，有八氏十姓，咸出帝族。又有三十六族，則諸國之從魏者；九十二姓，世為部落大人者，並為河南洛陽人。其中國士人，則第其門閥，有四海大姓、郡姓、州姓、縣姓。及周太祖入關，諸姓子孫有功者，並令為其宗長，仍撰譜錄，記其所承，又以關內諸州為其本望。今錄見存者，以為譜系篇。」隋志未及之唐代，譜系之作亦頗盛行。貞觀時，曾命高士廉撰《大唐氏族志》，此後又有許敬宗之《姓氏譜》，柳沖之《大唐姓族系錄》，路敬淳之《衣冠譜》，韋述之《開元譜》，柳芳之《永泰譜》等。㊼世本等四十一部三百六十卷　《世本》，《隋書·經籍志》著錄有「《世本王侯大夫譜》二卷。《世本》二卷，劉向撰。《世本》四卷，宋衷撰」。《世本》實為戰國時史官所撰，記黃帝迄春秋諸侯大夫之氏族、世系、居作等。原書至宋代即已散佚，清代學者有多種輯本，近世商務曾合印《世本八種》。隋志所錄譜系類之部數、卷數均與此處原注相同。另有通計亡書，合五十三部，一千二百八十卷。㊽略錄以紀史策條目　略錄即圖書之目錄。此處指目錄類圖書。古代史官掌管典籍，當有目錄，以為藏書之綱紀，但已湮滅，不復為後人所知。漢時劉向奉詔校書，「每一書已，向輒條其篇目，撮其旨意，錄而奏之」（《漢書·藝文志》），終成《別錄》，當為我國今存最早目錄書。向卒，子歆承父業，總覽群書而成其《七略》，首略〈輯略〉，即為諸書之總要。《隋書·經籍志》：「漢時劉向《別錄》、劉歆《七略》，剖析條流，各有其部，推尋事蹟，疑則古之制也。自是之後，不能辨其流別，但記書名而已。博覽之士，疾其渾漫，故王儉作《七志》，阮孝緒作《七錄》，並皆別行，大體雖準向、歆，而遠不逮矣。先代目錄，亦多散亡。今總其見存，編為簿錄篇。」㊾七略等三十部二百一十四卷　《七略》，《隋書·經籍志》著錄為「《七略別錄》二十卷，劉向撰。《七略》七卷，劉歆撰」。《別錄》、《七略》實為一書。劉向的原作稱《別錄》，經劉歆整理稱《七略》，有〈輯略〉、〈六藝略〉、〈諸子略〉、〈詩賦略〉、〈兵書略〉、〈術數略〉、〈方技略〉。《隋書·經籍志》每部每類的說明，蓋本於《七略》體例。又，隋志所錄目錄類圖書之部數、卷數，均與此處原注相同。㊿儒家以紀仁義教化　儒家，指儒家類圖書。所謂以紀仁義教化，據《漢書・藝文志》稱：「儒家者流，蓋出於司徒之官，助人君順陰陽明教化者也。游文於六經之中，留意於仁義之際，祖述堯舜，憲章文武，宗師仲尼，以重其言，於道最為高。孔子曰：『如有所譽，其有所試。』」儒家類書籍，《隋書・經籍志》紀有大略：「仲尼祖述前代，修正六經，三千之徒，並受其義。至於戰國，孟軻、子思、荀卿之流，宗而師之，各有著述，發明其旨。所謂中庸之教，百王不易者也。俗儒為之，不顧其本，苟欲譁眾，多設問難，使辭巧說，亂其大體，致令學者難曉，故曰『博而寡要』。」[51]晏子等三十五部三百三十六卷 《晏子》，《隋書・經籍志》亦以《晏子》為儒家類圖書之冠。其著錄為「《晏子春秋》七卷，齊大夫晏嬰撰」。《漢書・藝文志》著錄為「《晏子》八篇。名嬰，謚平仲，相齊景公，孔子稱善與人交，有列傳。」隋志所錄儒家類圖書之部數較此處原注多二十七部，為六十二部；卷數亦較此多一百九十四卷，為五百三十卷。另錄有通計亡書，合六十七部，六百九卷。[52]道家以紀清淨無為 句中「清淨」，據南宋本當作「清靜」。道家，指道家類圖書。所謂以紀清靜無為，據《漢書・藝文志》稱：「道家者，蓋出於史官，歷記成敗存亡禍福古今之道，然後知秉要執本。清虛以自守，卑弱以自持，此君人南面之術也。合於堯之克攘，《易》之嗛嗛，一謙而四益，此其所長也。及放者為之，則欲絕去禮學，兼棄仁義，曰獨任清虛可以為治。」《隋書・經籍志》稱：「然自黃帝以下，聖哲之士，所言道者，傳之其人，世無師說。漢時，曹參始薦蓋公能言黃老，文帝宗之。自是相傳，道學眾矣。下士為之，不推其本，苟以異俗為高，狂狷為尚，迂誕譎怪而失其真。」[53]鬻子等四十二部三百三十一卷 《鬻子》，《隋書・經籍志》著錄為「一卷，周文王師鬻熊撰」。據《漢書・藝文志》，鬻子「名熊，周師，自文王以下問焉，周封為楚祖」。隋志所錄道家類部數較此處原注多三十六部，為七十八部；卷數亦較此多一百九十四卷，為五百二十五卷。[54]法家以紀刑法典制 法家，指法家類圖書，其內容多為有關刑法典制。《隋書・經籍志》稱：「法者，人君所以禁淫慝，齊不軌，而輔於治者也。《易》著『先王明罰飭法』，《書》類『明於五刑，以弼五教』，《周官》司寇『掌建國之三典，以佐王刑邦國，詰四方』，司刑『以五刑之法，麗萬民之罪』，是也。刻者為之，則杜哀矜，絕仁愛，欲以威劫為化，殘忍為治，乃至傷恩害親。」[55]申子等四部凡六十卷 《申子》，《漢書・藝文志》著錄有六篇，作者申不害，戰國鄭國人，曾相韓昭侯十五年。又，法家類書籍，《漢書・藝文志》以李悝之《李子》三十二篇為冠，《隋書・經籍志》則以管仲之《管子》十九卷為冠，均與此異。隋志著錄之法家類為六部，七十二卷，多於此處原注之部數和卷數。[56]名家以紀循名責實 名家，指名家類圖書。此類圖書之大略，據《隋書・經籍志》稱：「名者，所以正百物，敘尊卑，列貴賤，各控名而責實，無相僭濫者也。《春秋傳》曰：『古者名位不同，節文異數』；孔子曰：『名不正則言不順，言不順則事不成』；《周官》宗伯『以九儀之命，正邦國之位，辨其名物之類』，是也。拘者為之，則苛察繳繞，滯於析辭而失大體。」[57]管子等六部七十二卷　《管子》，《隋書・經籍志》列為法家類圖書之冠，著錄為「十九卷，齊相管夷吾撰」。此書係齊稷下學者託名管仲所撰，其中亦有漢代學者附益部份，今本為二十卷，原本有八十六篇，今存七十六篇。書中包含有道、名、法諸家的思想，以及天文、曆數、輿地、經濟和農業等方面內容。其中部份篇目，存有管仲遺說。《漢書・藝文志》、《隋書・經籍志》皆以《鄧析子》為名家類圖書之冠。鄧析，鄭國大夫，與子產同時。今本《鄧析子》係後人託名所作。《呂氏春秋・離謂》保存了一些鄧析的思想線索。在邏輯學上，鄧析主張「兩可之說」，把思維形式與內容區別開來，運用同一個邏輯推理，可以為利害對立的任何一方服務。他還主張司法審判中，原告與被告可以相懸以書，即允許相互公開用書面進行答辯。又，《隋書・經籍志》著錄之名家類共四部七卷，少於此處原注的六部七十二卷，可能由各自分類和擇取的標準不同所致。[58]墨家以紀強本節用　墨家，指墨家類圖書。此類圖書之大略，據《隋書・經籍志》稱：「墨者，強本節用之術也。上述堯、舜、夏禹之行，茅茨不翦，糲粱之食，桐棺三寸，貴賤兼愛，嚴父上德，以孝示天下，右鬼神而非命。《漢書》以為本出清廟之守。然則《周官》宗伯『掌建邦之天神、地祇、人鬼』，肆師『掌立國祀及兆中廟中之禁令』，是其職也。愚者為之，則守於節儉，不達時變，推心兼愛而混於親疏也。」[59]墨子等三部七十卷　《墨子》，《隋書・經籍志》著錄為「十五卷，目一卷，宋大夫墨翟撰」。《墨子》係墨家著作之彙編。墨子名翟，相傳原為宋國人，後長期在魯。曾學儒術，因不滿其繁瑣之禮，另立新說，成為儒家的主要反對派。《漢書・藝文志》著錄為七十一篇，現存五十三篇，其中〈兼愛〉、〈天志〉、〈明鬼〉、〈尚賢〉、〈尚同〉、〈非樂〉、〈非命〉、〈節葬〉、〈節用〉等篇，代表了墨家主要思想。〈耕柱〉以下至〈公輸〉各篇記述墨子及其弟子之言行。隋志著錄的墨家類著作為三部，合一十七卷。此處原注中之「七十卷」恐有誤。[60]從橫家以紀辨說譎詐　句中「從」通「縱」。南宋本作「縱」。縱橫家，指縱橫家類書籍。《隋書・經籍志》稱：「縱橫者，所以明辯說，善辭令，以通上下之志者也。《漢書》以為本出行人之官，受命出疆，臨事而制。故曰：『誦《詩》三百，使于四方，不能專對，雖多亦奚以為？』佞人為之，則使辭利口，傾危變詐，至於賊害忠信，覆邦亂家。」又，句中「辨說」，南宋本作「辯說」。「辨」可通「辯」。[61]鬼谷子等二部七卷　《鬼谷子》，《隋書・經籍志》著錄為三卷，皇甫謐注。另有樂一注本之《鬼谷子》三卷。並稱：「鬼谷子，周世隱於鬼谷。」相傳鬼谷子為戰國時楚人，隱於鬼谷，因以自號。長於養性持身和縱橫捭闔之術，《史記》載蘇秦、張儀俱事鬼谷先生學術。《鬼谷子》，舊題「周楚鬼谷子著」，實係後人偽託。又，《漢書・藝文志》著錄縱橫家類以《蘇子》為冠。蘇子即蘇秦，戰國縱橫家。隋志著錄縱橫家類部數與此處原注同，卷數則較此少一卷，為六卷。南宋本亦為六卷。[62]雜家以紀兼敘眾說　雜家，指雜家類圖書。《隋書・經籍志》稱：「雜者，兼儒墨之道，通眾家之意，以見王者之化，無所不冠者也。古者司史歷記前言往行，禍福存亡之道。然則雜者，蓋出史官之職也。放者為之，不求其本，材少而多學，言非而博，是以雜錯漫羡，而無所指歸。」(63)尉繚子等九十七部二千七百二十卷　《尉繚子》，《隋書・經籍志》著錄為五卷，并錄六卷。《漢書・藝文志》兵形勢家錄有《尉繚》三十一篇，今存二十四篇。尉繚，漢志記為「六國時」，隋志謂「梁惠王時人」。《史記・秦始皇本紀》載：「大梁人，尉繚來」，「以為秦國尉」。據此則尉為官稱，繚為名。《尉繚子》一書，前人疑為偽作，如明宋濂《諸子辨》、清姚際《古今偽書考》，均將其列為偽託之作。近年山東臨沂銀雀山西漢墓出土了一部《尉繚子》殘簡，內容與今本《尉繚子》大體相同，證明此書確係西漢前作，並非後人偽託。隋志所錄雜家類部數與卷數，均與此處原注同。(64)農家以紀播植種藝　農家，指農家類圖書。此類圖書之大略，據《隋書・經籍志》稱：「農者，所以播五穀，藝農桑，以供衣食者也。《書》敘八政，其一曰食，其二曰貨。孔子曰：『所重民食。』《周官》冢宰『以九職任萬民』，其一曰：『三農生九穀』；地官司稼『巡邦野之稼，而辨種稑之種，周知其名與其所宜地，以為法而懸于邑閭』，是也。鄙者為之，則棄君臣之義，徇耕稼之利，而亂上下之序。」(65)氾勝之書等五部一十九卷　句首「氾」，據南宋本應為「氾」《氾勝之書》，《隋書・經籍志》著錄為「漢議郎氾勝之撰」。氾勝之，西漢成帝時為議郎，曾以輕車使者的名義，在三輔提倡種麥，獲得豐收，後升遷為御史。是書係總結關輔一帶農業生產經驗，有區種法、溲種法、穗選法、種瓜法、調節稻田水溫法、桑苗截乾法等，反映了當時農業技術的水平。原書已佚，存有輯本，由後人從《齊民要術》及《太平御覽》中輯出。隋志所錄農書類部數與卷數均與此處原注相同。(66)小說家以紀芻辭輿誦　小說家，指小說家類書籍。《漢書・藝文志》稱：「小說家者流，蓋出於稗官。街談巷語，道聽塗說者之所造也。孔子曰：『雖小道，必有可觀者焉，致遠恐泥，是以君子弗為也。』然亦弗滅焉。閭里小知者之所及，亦使綴而不忘。如或一言可采，此亦芻蕘狂夫之議也。」芻辭輿誦，草野市井之言談。芻，草。輿，眾。(67)燕丹子等二十五部一百二十二卷　《燕丹子》，《隋書・藝文志》始著錄，作一卷，稱：「燕王喜太子。」或係漢人偽託燕太子丹撰。內容寫荊軻刺秦王故事，與《戰國策》、《史記》所記大體相同，唯雜以怪誕離奇之情節。原書明初尚存，後散佚，有清孫星衍輯校本。隋志所錄小說類部數與此處原注同，卷數則多三十三卷，為一百五十五卷。(68)兵法以紀權謀制變　兵家，指兵家類圖書。西漢成帝時，以步兵校尉任宏校兵書，分為權謀、形勢、陰陽、技巧四種。《漢書・藝文志》稱：「兵家者，蓋出古司馬之職，王官之武備也。《洪範》八政，八曰師。孔子曰為國者『足食足兵』，『以不教民戰，是為棄之』，明兵之重也。《易》曰：『古者弦木為弧，剡木為矢，弧矢之利，以威天下』，其用上矣。後世燿金為刃，割革為甲，器械甚備。下及湯武受命，以師克亂而濟百姓，動之以仁義，行之以禮讓，《司馬法》是其遺事也。

自春秋至於戰國，出奇設伏，變詐之兵並作。漢興，張良、韓信序次兵法，凡百八十二家，刪取要用，定著三十五家。」

(69) 司馬兵法等一百四部四百四十六卷 《司馬兵法》，《隋書・經籍志》著錄為「三卷，齊將司馬穰苴撰」。司馬穰苴，田氏之族，為大司馬，故稱司馬穰苴。據《史記・司馬穰苴列傳》載，戰國時齊威王命大夫整理古代《司馬兵法》而把穰苴兵法亦附其中，因定名為《司馬穰苴兵法》。《漢書・藝文志》稱「《軍禮司馬法》，百五十五篇」；《隋書・經籍志》謂「《司馬兵法》三卷，齊將司馬穰苴撰」。今本存〈仁本〉、〈天子之義〉、〈定爵〉、〈嚴位〉、〈用眾〉五篇。其言大抵據道、依德、本仁、祖義，揉合儒、道兩家思想，闡述戰爭目的在於安民止戰。隋志所錄兵書類部數較此處原注多二十九部，為一百三十三部；卷數亦較此多六十六卷，為五百十二卷。

(70) 天文以紀星辰象緯 天文，指天文類圖書。我國古代此類圖書，並非純屬自然科學範疇，而是常常將某些當時被視為異常的天文現象對應於人事，所謂「以紀星辰象緯」，即視天象為向人世昭示的或吉或凶的徵兆。《隋書・經籍志》稱：「天文者，所以察星辰之變，而參於政者也。《易》曰：『天垂象，見吉凶。』《書》稱：『天視自我人視，天聽自我人聽。』故曰：『王政不修，謫見于天，日為之蝕；后德不修，謫見于天，月為之蝕。』其餘孛彗飛流，見伏陵犯，各有其應。《周官》，馮相『掌十有二歲、十有二月、十日、二十有八星之位，辨其敘事，以會天位』是也。小人為之，則指凶為吉，謂惡為善，是以數術錯亂而難明。」天文類圖書中反映的此種所謂「天人感應」思想，有時亦被利用來作為臣下向君王諫諍的一種手段，只是並非總是有效，因而《漢書・藝文志》稱：「夫觀景以譴形，非明王也不能服聽也。以不能由之臣，諫不能聽之王，此所以兩有患也。」在天文類著作中保留了古人對天文現象實際觀測的大量記錄，如《史記・天官書》就曾把天上的星象，劃分為五大區域，列有八十九個星組，包括五百多顆恆星，還記載了九顆彗星，一次隕石墜落，五大行星運行的狀況，以及流星、彗星、極光等二十多種罕見天象。

(71) 周髀等九十七部六百七十卷 《周髀》，即《周髀算經》，天文曆算書。《隋書・經籍志》著錄為「一卷，趙嬰注。又一卷，甄鸞重述」。佚名著。成書年代亦說法不一，現代數學專著一般定在漢時。全書約七千言。天文學方面主要闡述蓋天說和四分曆法，雖有謬誤粗疏之處，但亦不失為兩千年前天算的珍貴史料，且在探索宇宙理論中，開蓋天說之先河。數學方面涉及分數乘除法，等差數列和圓周求長法，一次內插法的應用，及對任意正數的開平方法，並最早引用勾股定理等。唐代立為官學。李淳風注始正原文求日高算法之粗疏，糾趙爽注日影新術之未當，改甄鸞釋文之謬誤。隋志所錄天文類圖書為九十七部，六百七十五卷，與此處原注相較，部數相等，卷數則多五卷。

(72) 厤數以紀推步氣朔 厤即「曆」字。曆數，亦稱曆譜，指曆法類圖書。《漢書・藝文志》稱：「曆譜者，序四時之位，正分至之節，會日月五星之辰，以考寒暑殺生之實。故聖王必正曆數，以定三統服色之制，又以探知五星日月之會。凶阨之患，吉隆之喜，其術皆出焉。」推步氣朔，意謂推算日月星辰之度，以定每年之節氣和朔望。步，指日月星辰運行於天，猶若人之行步，可推算而知。[73]四分歷等一百部二百六十三卷　歷，同「曆」。《四分曆》，《隋書・經籍志》著錄有「梁《四分曆》三卷，漢修曆人李梵撰」。原係東漢章帝元和二年（西元八五年）二月頒佈之曆法，由編訢、李梵創制，因規定一回歸年，為三百六十五又四分之一日，歲餘為四分之一日，故名《四分曆》。隋志曆數類所著錄圖書為一百部二百六十三卷，與此處原注同。[74]五行以紀卜筮占候　五行，指五行類圖書。《隋書・經籍志》稱：「五行者，金、木、水、火、土，五常之形氣者也。在天為五星，在人為五臟，在目為五色，在耳為五音，在口為五味，在鼻為五臭。在上則出氣施變，在下則養人不倦。故傳曰：『天生五材，廢一不可。』是以聖人推其終始，以通神明之變，為卜筮以考其吉凶，占百事以觀於來物，覩形法以辨其貴賤。《周官》則分在保章、馮相、卜師、筮人、占夢、眂祲，而太史之職，實司總之。」卜筮占候，指古代諸種預測術。用龜甲稱卜，用蓍草稱筮；依據天象變化預測吉凶稱占候。[75]風角占等二百七十二部一千二十二卷　《風角占》，《隋書・經籍志》著錄為「三卷，梁有《侯公領中風角占》四卷，亡」。以「風角」為名之書在《隋書・經籍志》錄有十九種之多。所謂風角，是古人依據對風之觀察以卜吉凶的一種術數。《後漢書・郎顗傳》：「父宗，字仲綏，學京氏《易》，善風角星算。」李賢注：「風角，謂候四方四隅之風，以占吉凶也。」隋志所錄五行類圖書之部數、卷數，皆與此處原注相同。[76]醫方以紀藥餌鍼灸　醫方，指醫方類圖書。《隋書・經籍志》稱：「醫方者，所以除疾疢，保性命之術者也。天有陰陽風雨晦明之氣，人有喜怒哀樂好惡之情，節而行之，則和平調理；專壹其情，則溺而生疢。是以聖人原血脈之本，因鍼石之用，假藥物之滋，調中養氣，通滯解結，而反之於素。其善者，則厚脈以知政，推疾及國。《周官》醫師之職『掌聚諸藥物，凡有疾者治之』，是其事也。鄙者為之，則反本傷性。故曰：『有疾不治，恆得中醫。』」[77]黃帝素問等五十六部四百一十卷　《黃帝素問》，《隋書・經籍志》著錄為「九卷，梁八卷」。《漢書・藝文志》載《黃帝內經》十八篇，無素問之名，東漢張仲敬《傷寒論》引之，始稱《素問》。晉皇甫謐《甲乙經序》稱《鍼經》九卷，《素問》九卷，皆為內篇，與漢志十八篇之數相合。故《素問》之名始於漢晉之間。相傳為黃帝所作，實非出自一人一時，約成書於春秋戰國時期。漢魏以後，傳本多有，篇目不一。後經唐王冰整理補訂，始定八十一篇，釐為二十四卷。內容十分豐富，既有自然界事物運動變化規律，又有人體生理衛生智識，亦涉及人與外界環境關係。對人體病理、病因、症狀以及診斷、治則、藥物性味功效、配伍製方、針灸、養生之道等論證尤詳，為我國古代生理學、病因病機學、診斷學、治則學以及針灸學、方劑學和藥理學等方面中醫理論的創立奠定了基礎。隋志所著錄醫方類書籍為二百五十六部，四千五百一十卷，多於此處原注二百部，四千一百卷。[78]楚詞以紀騷人怨刺楚詞，指《楚辭》類書籍。《隋書·經籍志》稱：「《楚辭》者，屈原之所作也。自周室衰亂，詩人寢息，諂佞之道興，諷刺之辭廢。楚有賢臣屈原，被讒放逐，乃著《離騷》八篇，言已離別愁思，申抒其心，自明無罪，因以諷諫，冀君覺悟，卒不省察，遂赴汨羅死焉。弟子宋玉，痛惜其師，傷而和之。其後賈誼、東方朔、劉向、揚雄嘉其文彩，擬之而作。蓋以原楚人也，謂之《楚辭》。然其氣質高麗，雅致清遠，後之文人，咸不能逮。始漢武帝命淮南王為之章句，旦受詔，食時而奏之，其書今亡。後漢校書郎王逸，集屈原已下，迄於劉向，逸又自為一篇，并敘而注之，今行於世。隋時有釋道騫，善讀之，能為楚聲，音韻清切，至今傳《楚辭》者，皆祖騫公之音。」

(79)楚詞等十部二十九卷　《楚詞》，《隋書·經籍志》著錄為「十二卷，并目錄。後漢校書郎王逸注」。隋志所錄《楚辭》類書部數、卷數均與此處原注相同。另有通計亡書，十一部，四十卷。

(80)別集以紀詞賦雜論　關於別集類書籍，《隋書·經籍志》稱：「別集之名，蓋東漢京之所創也。自靈均以降，屬文之士眾矣，然其志尚不同，風流殊別。後之君子，欲觀其體勢，而見其心靈，故別聚焉，名之為集。辭人景慕，並自記載，以成書部。年代遷徙，亦頗遺散。其高唱絕俗者，略皆具存，今依其先後，次之於此。」又，《四庫全書總目提要》對別集亦有一簡要說明：「集始於東漢，荀況諸集後人追題也。其自製名者，則始《張融海集》；其區分部秩，則江淹有《前集》，有《後集》，武帝有《詩賦集》，有《文集》，有《別集》，梁元帝有《集》，有《小集》，謝朓有《集》，有《逸集》；與王筠之有一官一集，沈約之《正集》百卷，又別選《集略》三十卷者，其體例均始於齊梁。」

(81)荀況集等四百三十七部四千三百八十一卷　《荀況集》，《隋書·經籍志》著錄為「楚蘭陵令《荀況集》一卷，殘缺。梁二卷」。荀況，即荀子，名況，時人尊而號為卿。戰國趙國人，游學於齊，三為祭酒。繼赴楚，由春申君用為蘭陵（今山東蒼山縣蘭陵鎮）令，後著書終老其地。隋志所錄之部數、卷數均與此處原注相同。唯另有通計亡書，其數多達「八百八十六部，八千一百二十六卷」，說明別集至隋時已亡佚大半。《四庫全書總目提要》稱別集類「新刻日增，舊編日減，豈數有乘除歟？文章公論，歷久乃明，天地英華所聚，卓然不可磨滅者，一代不過數十人。其餘可傳可不傳者，則繫乎有幸有不幸，存佚靡恆，不足異焉。」看來，歷代圖書亦自有其新陳代謝之規律。

(82)總集以紀類分文章　關於總集類書籍，《隋書·經籍志》稱：「總集者，以建安之後，辭賦轉繁，眾家之集，日以滋廣，晉代摯虞，苦覽者之勞倦，於是採摘孔翠，芟剪繁蕪，自詩賦下，名為條貫，合而編之，謂為《流別》。是後又集總鈔，作者繼軌，屬辭之士，以為覃奧，而取則焉。今次其前後，并解釋評論，總於此篇。」《四庫全書總目提要》以為總集形成的原因，在於「文籍日興，散無統紀，於是總集作焉。一則網羅放佚，使零章殘什並有所歸，一則刪汰繁蕪，使莠稗咸除，菁華畢出。是固文章之衡鑒，著作之淵藪矣。」

(83)文章流別集等一百七部二千二百一十三卷　《文章流別集》，《隋書·經籍志》著錄為

「四十一卷。梁六十卷，志二卷，論三卷，摯虞撰」。又《四庫全書總目提要》云：總集類「體例所存，以摯虞《流別》為始，其書雖佚，其論尚散見《藝文類聚》中，蓋分體編錄者也」。隋志所錄之總集為四百三十七部，四千三百八十一卷，多於此處原注三百三十部，二千一百六十八卷。另有通計亡書合八百八十六部，八千一百二十六卷。(84)古文　指被秦始皇廢除而曾通行於六國的文字。(85)大篆　與小篆相對而言。傳為周宣王時太史史籀所作，因亦稱籀文。《漢書・藝文志》錄有《大篆》十五篇，為周時史官教學童書。廣義大篆為古文之統稱，即包括甲骨文、金文、籀文和春秋戰國時通行於六國之文字。(86)石經　指《正始石經》，亦稱《三體石經》。魏曹芳正始中刻石，字體有古文、篆、隸三體。(87)小篆　亦稱秦篆。傳為秦相李斯取籀文省改發展而成。秦統一六國以後，以小篆為正字，統一和規範全國文字。東漢許慎作《說文解字》所收九千三百五十三字，皆為小篆。今亦通稱為篆書。(88)旐旛　古代旗幟之統稱。分別言之，旐為畫有龜蛇之旗。《周禮・春官・司常》：「龜蛇為旐。」旛為長方而下垂之旗。《宋史・儀衛志六》：「旛，本識也，貌旛旛然。」(89)八分　漢隸之別名。魏晉時亦稱楷書為隸書，因別稱有波磔之隸書為「八分」，以示區別。唐張懷瓘《書斷》引王愔云：「字方八分，言有楷模。」又引蕭子良謂：「飾隸八分。」張據而以為八分體之字勢「若八字分散」。亦有另一說，如清厲鶚以為「李斯作小篆，程邈作隸，王次仲作八分。蔡文姬曰：割程邈字八分，取二分；割李篆字二分，取八分，故謂之八分」。(90)隸書　此處指正書，即今之楷書，為唐代典籍、表奏、公私文書所通用。正書由隸書發展而來，故唐以前仍把正書沿稱為隸書，有時為區別，亦稱「今隸」。正書創於漢末，為糾正草書之漫無標準和改省漢隸之波磔而成。盛行於魏晉南北朝隋唐，並沿用至今。又，近衛校正德本稱：「『書』下恐脫『謂』字。」

【語　譯】祕書郎的職務是掌管四部圖籍，分庫貯藏。用甲、乙、景（丙）、丁，亦就是經、史、子、集，作為部目。甲部為經部，共有十類：一是《易》類，所記載的是陰陽變化；《隋書・經籍志》列有《歸藏》等六十九部，五百五十一卷。二是《書》類，所記載帝王的規範；有《古文尚書》等三十二部，二百三十七卷。三是《詩》類，所記載的是人們對事業興衰的詠嘆；有《韓詩》等三十九部，四百三十三卷。四是《禮》類，所記載的是禮儀文物的體制；有《周官》等一百三十六部，一千六百二十二卷。五是《樂》類，所記載的是音樂的旋律和音律的高低；有《樂（社）大義》等三十二部，一百四十三卷。六是《春秋》類，所記載的是歷代行事並作出褒貶；有《春秋經》等三傳九十七部，九百八十三卷。七是《孝經》類，所記載的是天經地義的孝道；有《古今（文）孝經》等十八部，六十三卷。八是《論語》類，所記載的是先聖孔子精深微妙的言論；有《論語》和《五經異義》等七十二部，七百八十一卷。九是圖緯類，所記載的是經緯讖候；有《河圖》等十三部，九十二卷。十是小學類，所記載的是漢字的字體和聲韻。有《說文解字》等三部，四十六卷。乙部為史部，共有十三類：一是正史類，所包括的體裁是本紀、列傳、表、志；有《史記》等六十七部，三千零八十三卷。二是古史類，所記載的體例是以編年的形式記事；有《紀年》等四十四部，六百六十六卷。三是雜史類，包括各種異體雜記；有《周書》等七十部，九百十七卷。四是霸史類，所記載的是十六國偽朝的國史；有《趙書》等二十七部，三百三十五卷。五是起居注類，所記載的是君王的言行舉止；有《穆天子傳》等四十一部，一千一百八十九卷。六是舊事類，所記載的是朝廷政令故事；有《漢武故事》等二十部，四百零四卷。七是職官類，所記載的是官爵列班的次序和品級、俸秩；官爵的品級有《漢官解詁（詁）》等二十部，三百三十六卷。八是儀注類，所記載的是吉凶行事的禮儀；有《漢舊儀》等五十九部，二千零二十九卷。九是刑法類，所記載的是歷代的律、令、格、式；有《律令（本）》等三十五部，七百十二卷。十是雜傳類，所記載的是各地、各類先賢人物；有《三輔決錄》等二百十七部，一千二百八十六卷。十一是地理類，所記載的是各州郡、封國的山川地勢；有《山海經》等一百三十九部，一千四百三十三卷。十二是譜系類，所記載的是氏族和世系；有《世本》等四十一部，三百六十卷。十三是《略錄》類，所記載的是圖書目錄。有《七略》等三十部，二百十四卷。景（丙）部為子部，共有十四類：一是儒家類，所記載的是主張用仁義教化治國；有《晏子》等三十五部，三百三十六卷。二是道家類，所記載的是主張用清淨（靜）無為治國；有《鬻子》等四十二部，三百三十一卷。三是法家類，所記載的是主張用刑法典制治國；有《申子》等四部，一共六十卷。四是名家類，所記載的是循名責實的學術主張；有《管子》等六部，七十二卷。五是墨家類，所記載的是主張用強本節用治國；有《墨子》等三部，七十卷。六是縱橫家類，所記載的是策士的辯說和謀略；有《鬼谷子》等二部七卷。七是雜家類，所記載的是對各家學說的兼容和綜合；有《尉繚子》等九十七部，二千七百二十卷。八是農家類，所記載的是播植耕作的農藝；有《氾（汜）勝之書》等五部，十九卷。九是小說家類，所記錄的是草野市井的俚言俗語；有《燕丹子》等二十五部，一百二十二卷。十是兵法類，所記載的是戰爭中權謀制變的策略；有《司馬兵法》等一百零四部，四百四十六卷。十一是天文類，所記載的是天象所昭示的吉凶徵兆；有《周髀》等九十七部，六百七十卷。十二是曆數類，所記載的是對天體運行的推算和節氣朔望的預測；有《四分曆》等一百部，二百六十三卷。十三是五行類，所記載的是卜筮占候一類內容；有《風角占》等二百七十二部，一千零二十二卷。十四是醫方類，所記載的是藥餌針灸方面的內容。有《黃帝素問》等五十六部，四百一十卷。丁部為集部，共有三類：一是《楚詞》類，所記錄的是騷人墨客怨刺之詞；有《楚詞》等十部，二十九卷。二是別集類，所收集的為個人撰作的詞賦雜論；有《荀況集》等四百三十七部，四千三百八十一卷。三是總集類，所收錄的是分類採摘的文章彙編。有《文章流別集》等一百零七部，二千二百十三卷。校書郎和正字的職掌是，讎校典冊文籍，刊正文字，字體有五種：一是古文，已經作廢不用；二是大篆，只有《正始石經》還記載這種字體；三是小篆，就是印璽、旗幟、碑碣上所使用的字體；四是八分體，就是石經、碑碣上所使用的字體；五是隸書，在典籍、表奏及各種公私文書上，通行使用。都要辨正它們繆誤之處，使四庫所藏圖書用字都合乎規範。

【說　明】本章所敘四部、四十類書目及原注所作說明，是以唐初修撰的《隋書・經籍志》為基礎，為使醒目，每類又綴以四字，如「陰陽變化」、「先聖微言」等，揭示該類特點，一目了然，大大方便於後人瀏覽四部各類圖書的概貌。唐前漢後，現存目錄書僅有《漢書・藝文志》與《隋書・經籍志》，而漢志是以已經亡佚的劉歆的《七略》為基礎撰作的。七略中，〈輯略〉是目錄和提要，實際為六略，即〈六藝略〉、〈諸子略〉、〈詩賦略〉、〈兵書略〉、〈術數略〉和〈方技略〉。若以兩志相較，在隋志中變化較大的，一是史類，它在漢志只附於〈六藝略〉的春秋類，在隋志則獨立為僅次於經部的一大部，下分十三類。二是諸子類，隋志擴大為一大部，將兵書、術數、方技都併入於內，這樣子部中便包括了兩個部分：一部分屬於理論類，如儒、道、法、名、墨、縱橫、雜家等先秦諸子；一部分是屬於應用類，如兵法、五行、農家、醫方等，對應於漢志的兵書、術數、方伎。三是詞賦類，亦擴大為一部，分成楚詞、別集、總集三類，構成為集部。變化最小為經類，只是將〈六藝略〉轉化為經部，稍作增益（如綴以緯書）而已。另一個值得注意的變化，目錄類圖書，亦作為一個類目，繫於史部佔有了一席之地。這說明圖書分類學的地位已日趨提高。

著作局・太史局

【篇旨】唐代秘書省領著作局、太史局，本篇敘述上述二局官員的定員、品秩、沿革及其職掌。

著作局設有著作郎、佐郎、校書郎及正字等。魏晉南北朝著作局主要的職掌是編撰國史，唐代則另建史館，修史之任轉歸史館，著作局實際所掌僅為修撰碑志、祝文、祭文，以及整理官員傳記材料而已。

太史局的名稱及其隸屬關係，自秦漢至隋唐，屢有變化，尤其在唐代，有時一年竟要變好幾次。從唐初以來，歷稱太史監、太史局、秘書閣局、渾天監、渾儀監等；大體說來，稱「局」則隸秘書省，稱監則獨立為署。最後一次改稱太史局和太史監分別在開元十四年（西元七二六年）和天寶元年（西元七四二年）。至乾元元年（西元七五八年）改定為司天臺，長官稱司天監。在建置上亦有較多改變。對此種情況及相關史實，我們在四章末尾約略作了點說明。在太史局的幾章，還介紹了唐代制定曆法的概況和天文觀測、漏刻計時等一系列制度及有關報時的管理系統。對二十八宿、十二次及其分野，亦作了概要的敘述。中唐以後，司天臺的建制及其組織形式，為唐以後歷代在這方面的管理模式奠定了基本格局。

一

著作局❶：著作郎二人，從五品上。《續漢書》❷稱班固❸、傅毅❹以蘭臺令史，陳宗以洛陽令❺，尹敏以長陵令❻，孟蕃以司隸校尉❼，並著作東觀❽。然皆佗官兼著作之名，而未正其官。至魏明帝太和❾中，置著作郎，隸中書省❿。晉惠帝元康二年⓫，詔曰：「著作舊屬中書，而秘書既別典文籍，今改中書著作為秘書著作。」後又別自名省，曰著作省，而猶隸秘書。晉、魏著作郎一人，俗謂之大著作，專掌史註⑫，亦或為兼官。《晉令》⑬：「著作郎品第六，進賢一梁冠⑭，絳朝服⑮。」而《晉書》⑯稱陳壽⑰作《益都耆舊傳》⑱，武帝⑲善之，以為著作郎；張載⑳作〈劍閣銘〉㉑，世祖㉒以為能，除著作佐郎；孫楚㉓自著作佐郎㉔轉著作郎，此皆謂大著作也。又：荀勗㉕以中書監，干寶㉖、虞預㉗、徐廣㉘以散騎常侍，孫綽㉙以給事中，伏滔㉚以游擊將軍，孫盛㉛以秘書監，並兼領著作。又：陳郡王隱㉜待詔著作。單衣、介幘㉝，朝朔望於著作省，亦其任也。宋、齊並同晉氏。《宋書》㉞云：「何承天㉟除著作郎，撰國史。承天已老，諸佐郎並名家年少，荀伯子㊱嘲之，常呼為奶母焉。」著作秩六百石，品第六。陳依梁㊲。後魏正第五品上㊳。《後魏書》㊴：崔浩㊵學究精微，宋欽㊶好學不倦，並為著作郎。北齊二人，從五品㊷。後周春官府置著作上士二人㊸，即其職也。隋秘書省領著作郎曹，置著作郎二人，從第五品上；煬帝三年㊹增為正五品，其後又降為從第五品。皇朝秘書省領著作局，置著作郎二人。龍朔二年㊺改為司文郎中，咸亨元年㊻復故。

【章旨】敘述著作郎之定員、品秩及沿革。

【注釋】❶著作局 《新唐書・百官二》稱：高祖「武德四年（西元六二一年），改著作曹曰局。」❷續漢書 晉司馬彪撰。其八篇三十卷志已併入今本范曄《後漢書》，其紀傳部份已散佚。❸班固 字孟堅，扶風安陵（今陝西咸陽東北）人，班彪之子。東漢初顯宗時，召詣校書部，除蘭臺令史，遷為郎，典校秘書。詔續其父之志，編撰《漢書》。❹傅毅　字扶仲，扶風茂陵（今陝西咸陽西部）人。少博學，東漢章帝時，以毅為蘭臺令史，拜郎中，與班固、賈逵共典校書。❺陳宗以洛陽令　陳宗，生平及出生之年里皆不詳。唯《後漢書・班固傳》稱其為「前睢陽令陳宗」，與班固共成〈世祖本紀〉。此處稱其曾為洛陽令，恐有誤。洛陽係東漢京都，屬河南尹管轄。睢陽，屬梁國，在今河南之商丘。睢陽為縣，故稱令。❻尹敏以長陵令　尹敏，生平不詳。《後漢書・班固傳》亦稱其曾為長陵令，與班固共成〈世祖本紀〉。長陵，在今陝西咸陽市東北。❼孟犨以司隸校尉　孟犨，據《後漢書・班固傳》當為「孟異」；其原官亦非司隸校尉而是「司隸從事」。司隸校尉漢秩二千石，不大可能遷轉僅為從五品的著作郎。當以司隸從事為是。❽東觀　洛陽宮殿名。為東漢宮中藏書之所。《後漢書・和帝紀》：「永元十三年（西元一〇一年）春正月，「帝幸東觀，覽書林，閱篇籍，博選術藝之士以充其官」。❾魏明帝太和　魏明帝，三國魏皇帝曹叡，字元沖。在位十三年，終年三十六歲。太和為其年號。❿置著作郎隸中書省　《晉書・職官志》稱：「漢東京圖籍在東觀，故使名儒著作東觀，有其名，尚未有官。魏明帝太和中，詔置著作郎，於此始有其官，隸中書省。」⓫晉惠帝元康二年　晉惠帝，西晉皇帝司馬衷，字正度。性愚騃，近白癡，百姓餓死，曾言「何不食肉糜」？在位十六年，終年四十七歲。元康二年即西元二九六年。元康為其年號。⓬史註　當為「史任」。《晉書・職官志》：「著作郎一人，謂之大著作郎，專掌史任。」⓭晉令　書名。《舊唐書・經籍志》著錄：《晉令》，四十卷，賈充等撰。⓮進賢一梁冠　《晉書・輿服志》稱：進賢冠，文儒者服，前高五寸，後高三寸，長八寸；有五梁、三梁、二梁、一梁之別，以梁多為貴。著作郎冠一梁。⓯絳朝服　絳即「縫」字。誤。諸本皆作「絳」。絳朝服，外披絳紗單衣之朝服。五品以上官陪祭、朝饗、拜表等大事則服之。⓰晉書　一百三十卷，包括本紀十卷，列傳七十卷，志二十卷，載記三十卷。貞觀二十年（西元六四六年）以房玄齡、褚遂良、許敬宗為監修，參加編撰的有令狐德棻等十八人，成書於貞觀二十二年（西元六四八年）。⓱陳壽　字承祚，巴西安漢（今四川內江市）人。少好學，司空張華愛其才，薦佐著作郎，撰《蜀相諸葛亮集》，除著作郎，後撰《魏吳蜀三國志》六十五篇。時人稱其善敘事，有良史之才。⓲益都耆舊傳　十篇，陳壽著。《華陽國志》卷十一〈後賢志〉：「益都自建武後，蜀郡鄭伯邑、太尉趙彥信，及漢中陳申伯、祝元靈、廣漢王文表皆以博學洽聞，作《巴蜀耆舊傳》。壽以為不足經遠，乃并巴、漢撰為《益都耆舊傳》十篇。散騎常侍文立表呈其傳，武帝喜之，再為著作郎。」⓳武帝　西晉皇帝司馬炎，字安世，受魏禪，建立晉朝。在位二十六年，終年五十五歲。⓴張載　字孟陽，安平（今江西吉安西）人。起家佐著作郎，出補肥鄉令，後為著作郎。遷弘農太守，西晉末，拜中書侍郎，復領著作。㉑劍閣銘　以劍閣為題材的銘文。劍閣，指著名的古要塞劍門關，在今四川劍閣縣境內。李白〈蜀道難〉：「劍閣崢嶸而崔嵬，一夫當關，萬夫莫開。」張載父為蜀郡太守，晉武帝太康初，載至蜀省父，道經劍閣，以蜀人恃險好亂，因著銘以作誡。益州刺史見而奇之，乃表上其文，武帝遣使將其文鐫之於劍閣山。❷世祖　即晉武帝司馬炎。世祖為其廟號。㉓孫楚　字子荊，太原中都（今山西平遙）人。楚才藻卓絕，爽邁不群，年四十餘，始參鎮東軍事，遷佐著作郎。後被誣訕毀時政，遂湮廢積年，至晉惠帝初為馮翊太守。著名「漱石枕流」（「枕流欲洗其耳，漱石欲厲其齒」）典即出自楚。㉔著作佐郎　《晉書・孫楚傳》為「佐著作郎」。按：三國魏明帝太和中置為「佐著作郎」，東晉末（一說南朝宋）才改稱「著作佐郎」。㉕荀勗　字公曾，潁川潁陰（今河南許昌）人。魏正始時任中書通事郎，晉武帝受魏禪，拜荀勗為中書監，加侍中，領著作。㉖丁寶　據南宋本當為「干寶」。干寶，字令升，新蔡（今河南新蔡）人。以才器召為佐著作郎，領國史，後遷散騎常侍，著《晉紀》二十卷。另編著《搜神記》三十卷，撰集古今神祇靈異人物變化。㉗虞預　字叔寧，餘姚（今浙江餘姚）人。少好文章，太守紀瞻命為主簿，轉功曹史，除佐著作郎。東晉元帝大興二年（西元三一九年），轉琅邪國常侍，遷秘書丞、著作郎。元帝末，除散騎常侍，仍領著作。著有《晉書》四十餘卷。㉘徐廣　字野民，東莞姑幕（原在山東，東晉僑置於晉陵今江蘇常州市東南）人。東晉孝武世，除秘書郎，典校秘書省，轉員外散騎常侍，仍領校書。桓玄執政時，以員外散騎常侍領著作。著有《晉紀》四十六卷。㉙孫綽　字興公，孫楚之孫，太原中都（今山西平遙）人，居於會稽（今浙江紹興）。博學善屬文，除著作佐郎，會稽內史王羲之引為右軍長史，遷散騎常侍，領著作郎。綽性通率，好譏調。嘗與習鑿齒同行，綽在前，顧謂鑿齒曰：「沙之汰之，瓦石在後。」鑿齒曰：「簸之颺之，糠秕在前。」又，原注下文言綽曾加給事中，《晉書》本傳無此記載。唯孫盛曾以秘書監加給事中。疑原注有誤。㉚伏滔　字玄度，平昌安丘（今江蘇高密西南）人。東晉孝武帝太元中拜著作郎，專掌國史；後遷游擊將軍，著作如故。㉛孫盛　字安國，太原中都（今山西平遙）人。博學，善言名理。起家佐著作郎，累遷秘書監，加給事中。著《魏氏春秋》、《晉陽秋》。其《晉陽秋》，《晉書》本書讚為「詞直而理正，咸稱良史焉。既而桓溫見之，怒謂盛子曰：『枋頭誠為失利，何至乃如尊君所說！若此史遂行，自是關君門戶事。』其子遽拜謝，謂請刪改之。時盛年老還家，性方嚴，有軌憲，雖子孫班白，而庭訓愈峻。至此，諸子乃共號泣稽顙，請為百口切計。盛大怒。諸子遂竊改之。盛寫定兩本，寄於慕容儁。太元中，孝武帝博求異聞，始於遼東得之，以相考校，多有不同，書遂兩存。」於此可見欲寫當代信史之難。㉜王隱　字處叔，陳郡（今河南淮陽）人。博學多聞，有著作之志，晉元帝太興初，與郭璞同為著作郎，令撰晉史。㉝介幘　漢所興之一種有耳頭巾，不冠時服之。其後多有沿革。《隋書・禮儀六》：「幘，尊卑貴賤皆服之。文者長耳，謂之介幘；武者短耳，謂之平上幘。各稱其冠而制之。」㉞宋書梁沈約撰。一百卷，包括本紀十卷，志三十卷，列傳六十卷。南朝宋之國史，在宋先有何承天、山謙之、裴松之、蘇寶生等陸續參預編撰，宋孝武帝大明中徐爰領著作郎，參照前人舊稿編成「國史」，即《隋書・經籍志》著錄之《宋書》六十五卷，徐爰撰。南齊武帝永命五年（西元四八七年）命沈約修撰《宋書》，次年即完成紀傳七十卷，其八志則至梁武帝時才最後完成。㉟何承天　東海郯（今山東郯城西南）人，歷官衡陽內史，御史中丞等。精曆算，通音律。宋文帝元嘉十六年（西元四三九年）除著作佐郎，撰國史。後文何承天被戲稱為奶母事，見《宋書》本傳。㊱荀伯子　潁川潁陰（今河南許昌）人。少好學，博覽經傳。著作郎徐廣重其才學，舉伯子及王韶子並為佐郎，助撰《晉史》，及著桓玄等傳。㊲著作秩六百石品第六陳依梁　據《宋史・百官志》，宋著作郎品第六；《隋書・百官上》，梁著作郎為第八班，陳著作郎為第六品，秩六百石。故近衛校本以為此句「著」字上恐脫一「梁」字。㊳後魏正第五品上　《魏書・官氏志》：北魏文帝太和十七年（西元四九三年）職品令秘書著作郎正第五品上；太和二十三年（西元四九九年）令，著作郎則為從第五品上。㊴後魏書　魏收撰。一百三十卷，內本紀十二卷，列傳九十八卷，志二十卷。魏收以修史酬恩報怨。《北齊書》本傳稱：收「每言：『何物小子，敢共魏收作色，舉之則使上天，按之當使入地！』」初收在神武時，為太常少卿，修國史，得陽休之助，因謝休之曰：『無以謝德，當為卿作佳傳。』休之父固，魏世為北平太守，以貪虐為中尉李平所彈獲罪，載在《魏起居注》。收書云：『固為北平，甚有惠政，坐公事免官。』又云：『李平深相敬重。』」㊵崔浩　字伯淵，清河（今河北清河東南）人，出身北方世族，崔玄伯之長子。少好文學，博覽經史，玄象陰陽，百家之言，無不關綜。弱冠為直郎，北魏天興中，給事秘書，轉著作郎。太武帝神䴥二年（西元四二九年），詔集諸文人撰錄國書，浩及弟覽和高讜、鄧穎、晁繼、范亨、黃輔等共參著作，敘成《國書》三十卷。趙郡郄標請立石碑，刊載《國書》，浩贊成之。然浩述國事，備而不典，而石銘顯在衢路，往來行者，咸以為言，事遂聞發，於太平真君十一年（西元四五〇年）六月誅浩。此案殺人甚多。及浩被執，置之檻內，送於城南，使衛士數十人溲其上，呼聲嗷嗷，聞於行路。宰司之被戮辱，未有如浩者。清河崔氏無遠近，范陽盧氏、太原郭氏、河東郝氏，皆浩之姻親，盡夷其族。其秘書郎吏以下，亦盡誅。㊶宋欽　「宋」當係「宗」之訛。《魏書・宗欽傳》：宗欽，字景若，金城（今甘肅蘭州西）人。好學而有儒者之風，博綜群書，聲著河右。仕沮渠蒙遜，為中書郎。拓跋燾平涼州，入魏，拜著作郎。崔浩受誅時，宗欽亦被賜死。撰有《蒙遜記》十卷。㊷北齊二人從五品　據《隋書・百官中》，北齊著作省，郎二人，佐郎八人，校書郎二人。著作郎的品秩為從第五品上。㊸後周春官府置著作上士二人　北周依《周禮》設天、地、春、夏、秋、冬六官府。其中春官府以大宗伯卿為長官，掌建邦之天神人鬼地祇之禮，以佐王建保邦國。著作上士，春官府外史下大夫屬官，掌綴國錄，正三命。下設著作中士以佐其職。《冊府元龜》卷五百五十四國史部總序稱：「後周六官之建，春官府之外史，掌書王言及動作之事。又有著作上士、中士四人，郎佐之任，掌綴國錄。起居、著作之任，自此分矣。而著作不參史事。」北周任著作上士者，據《隋書》有明克讓等。㊹煬帝三年　即大業三年，西元六〇七年。㊺龍朔二年　即西元六六二年。龍朔為唐高宗李治年號。㊻咸亨元年　即西元六七〇年。咸亨亦為唐高宗李治年號。

【語　譯】　著作局：著作郎，定員二人，品秩為從五品上。《續漢書》說到班固和傅毅在任蘭臺令史時，陳宗在任洛陽（雎陽）令時，尹敏在任長陵令時，孟蕐（異）在任司隸校尉（司隸從事）時，都曾經在東觀從事著作，但他們都是以其他官職兼任著作的名義，並沒有正式以從事著作為名的官稱。到魏明帝太和年間，才正式設置著作郎，隸屬於中書省。晉惠帝元康二年頒發的詔書說：「著作原來屬於中書省，但秘書省既然另外掌管文籍，現在決定將中書省的著作改為屬於秘書省的著作。」後來，著作又另外自名為省，稱著作省，不過仍然隸屬於秘書省。魏晉時期，設著作郎一人，俗稱為大著作，專門執掌修撰國史，亦有以其他官職兼任這一職務的。《晉令》規定：「著作郎的品秩列為第六，戴進賢一梁冠，穿絳紗朝服。」據《晉書》記載，陳壽撰作的《益都耆舊傳》，晉武帝很稱讚，就任命他為著作郎；張載寫了篇〈劍閣銘〉，晉世祖認為他有才能，授任為著作郎；孫楚由著作佐郎（佐著作郎）遷升為著作郎。這些都是通常所謂的大著作。還有，像荀勗以中書監的身份，于寶（干寶）、虞預、徐廣以散騎常侍的身份，孫綽以給事中的身份，伏滔以游擊將軍的身份，孫盛以秘書監的身份，都曾兼任過著作。再有，陳郡人王隱，穿禪衣，戴介幘，每逢朔望之日，朝參於著作省，被稱為待詔著作，亦屬於著作郎的一種。南朝的宋和齊的體制與晉代相同。《宋書》中有一段記載說：「何承天被任命為著作郎，負責修撰當朝歷史。當時他年已老邁，而那些著作佐郎，出身世家名門，都還是少年子弟。荀伯子為此嘲笑何承天，經常稱呼他是奶娘、保姆。」〔南朝梁〕著作郎的俸秩為六百石，官品列為第六。陳朝依照梁的規定。北魏著作郎的官品是正第五品上。據《後魏書》記載：崔浩學問精深，宋（宗）欽好學不倦，都曾擔任過北魏的著作郎。北齊著作郎的定員為二人，官品為從第五品〔上〕。北周在春官府設置著作上士二人，亦相等於著作郎的職任。隋朝由秘書省領著作局，設置著作郎二人，品秩初期為從第五品上，到煬帝三年時，提升為正五品，這以後又降為從第五品。本朝亦是以秘書省領著作局，設置著作郎二人。高宗龍朔二年，改稱著作郎為司文郎中，到咸亨元年又恢復了原來的名稱。

二

著作佐郎四人，從六品上。著作佐郎修國史。《宋百官春秋》❶云：「《常道鄉公咸熙百官名》❷有著作佐郎❸三人。」晉定員八人；哀帝興寧二年❹，大司馬桓溫❺表省四人；孝武帝寧康元年❻復置八人。《晉令》❼：「著作佐郎品第六，進賢一梁冠❽，絳朝服❾。」孝武太元四年❿詔：「秘書監自選著作佐郎，令⓫並無監，使吏部選，有監復舊焉。」宋、齊並同。晉制：著作佐郎始到職，必撰名臣傳一人。宋氏之初，國朝始建，未有合撰者，此制遂替矣。梁秩四百石，品第七⓬。陳令、僕射子起家為之⓭，品制同梁。後魏正第七品上⓮，北齊正第七品下。後周春官府署著作中士四人⓯，即著作佐郎之任也。隋置八人，正第七品上⓰；煬帝三年，著作二人⓱，增品從第六。皇朝置四人。龍朔二年⓲改為司文郎，咸亨元年⓳復故。開元二十六年⓴減置二人。

【章旨】敘述著作佐郎之定員、品秩及其沿革。

【注釋】❶宋百官春秋　書名。《隋書·經籍志》著錄有《百官春秋》二十卷一種，五十卷一種，後者為王秀道撰。《新唐書·藝文志》著錄有《宋百官春秋》六卷，似係指宋人撰《百官春秋》，其內容不限於宋代。❷常道鄉公咸熙百官名　當係《宋百官春秋》中之篇名。常道鄉公，即陳留王曹奐，字景明，曹操之孫，曹宇之子。高貴鄉公甘露三年（西元二五八年）封常道鄉公，高貴鄉公卒，立為少帝，咸熙即為其年號。咸熙二年（西元二六五年）禪位於司馬炎即晉武帝，被封為陳留王。故咸熙時之百官設置，係魏晉交替時之職官制度。❸著作佐郎　此處當為「佐著作郎」。佐著作郎與著作佐郎係同一職官在不同時期的稱謂。《通典・職官八》之著作郎條云：「魏氏又置佐著作郎，亦屬中書。晉佐著作郎八人」；「宋齊以來，遂遷「佐」於下，謂之著作佐郎」。考《晉書》所載西晉及東晉前期諸人列傳，凡除此職者皆名佐著作郎，如陳壽、張載、干寶、虞預等俱是。又，孫楚，西晉時人，除佐著作郎；但其孫孫綽，與桓溫同時，已是東晉後期，亦任此職，則曰「除著作佐郎」。據此可知改稱「佐著作郎」為「著作佐郎」，當在東晉末期。本書此處原注所引則是以後來「著作佐郎」的習慣稱謂，指稱魏晉間的「佐著作郎」。❹哀帝興寧二年　即西元三六四年。哀帝，東晉皇帝司馬丕。興寧為其年號。❺桓溫　字元子，譙國龍亢（今安徽懷遠西）人，晉明帝之婿。晉穆帝永和元年（西元三四五年）任荊州刺史，繼庾氏掌長江上游兵權，先後滅成漢，入關中，收復洛陽，但在枋頭為慕容燕所敗。專斷朝政，圖謀受禪，未成而死。弟桓沖繼統其眾。❻孝武帝寧康元年　即西元三七三年。孝武帝，東晉皇帝司馬曜。寧康為其年號。❼晉令　書名。《舊唐書・經籍志》著錄：《晉令》四十卷，賈充等撰。❽進賢一梁冠　《晉書・輿服志》稱：進賢冠，文儒者服。前高五寸，後高三寸，長八寸。有五梁、三梁、二梁、一梁之別，以梁多為貴。佐著作郎冠一梁。❾絳朝服　絳即「縫」字。誤。應為「絳朝服」。外披絳紗單衣之朝服。五品以上官員陪祭、朝饗、拜表等大事則服之。❿太元四年　即西元三七九年。太元為東晉孝武帝司馬曜年號。⓫令　據南宋本當作「今」。⓬梁秩四百石品第七　《隋書・百官上》：梁著作佐郎為第二班；陳著作佐郎為秩四百石，第七品，陳依梁制。⓭陳令僕射子起家為之　此句疑有脫字。《隋書・百官上》：陳「次令僕射子起家著佐郎，亦為板行參軍」。故「陳」字指官位次於尚書令及僕射者，其子弟起家為著作佐郎。據此，句首「陳」下當增一「次」字。⓮後魏正第七品上　據《魏書・官氏志》：北魏文帝太和十七年（西元四九三年）職品令秘書著作佐郎為從第五品上；太和二十三年（西元四九九年）職品令則為正第七品下。⓯後周春官府置著作中士四人　北周依《周禮》置天、地、春、夏、秋、冬六官府。其中春官府以大宗伯卿為長官，掌建邦之天神人鬼地祇之禮，以佐王建保邦國。著作中士為著作上士之佐官，正二命。《史通・史官建置》稱：「惟周建六官，改著作之正郎為上士，佐郎為中士，名謚雖易，而班秩不殊。」⓰正第七品上　據《隋書・百官下》稱：隋置著作佐郎八人，為正七品下階。《通典・職官二十一》隋官品令亦同。⓱煬帝三年著作二人　煬帝三年，即大業三年，西元六〇七年。著作二人，恐有誤。南宋本為「煬帝三年，置十二人」。⓲龍朔二年　即西元六六二年。龍朔為唐高宗李治年號。⓳咸亨元年　即西元六七〇年。咸亨亦為唐高宗李治年號。⓴開元二十六年　即西元七三八年。開元為唐玄宗李隆基年號。

【語譯】〔著作局：〕著作佐郎，定員四人，品秩為從六品上。著作佐郎的職務是修撰國史。《宋百官春秋》說：

「《常道鄉公咸熙百官名》中，提到設著作佐郎三人。」晉代佐著作郎的定員是八人；東晉哀帝興寧二年，大司馬桓溫上表建議減省四人；孝武帝寧康元年時，又恢復為設置八人。《晉令》規定：「著作佐郎官品列為第六，戴進賢一梁冠，穿絳紗朝服。」孝武帝太元四年頒發的詔書說：「過去由秘書監自己選任著作佐郎，現在無人任秘書監，就改由吏部選任，待到有人任秘書監時，再恢復舊制。」南朝宋和齊著作佐郎的定員和建置，與晉朝的相同。晉朝的制度規定：著作佐郎新到職時，必須先寫一篇名臣傳。到南朝宋初期，國家剛剛建立，還沒有可以被撰述的名臣，因此這個制度便逐漸廢棄了。梁朝著作佐郎的俸秩是四百石，官品為第七品。在陳朝，〔次於〕尚書令、僕射的官員的子弟，起家可以為著作佐郎，品秩同於梁朝的相關規定。北魏著作佐郎的品秩為第七品上，北齊則是正第七品下。北周在春官府設置著作中士四人，亦相當於著作佐郎的職任。隋朝設置著作佐郎八人，品秩為正第七品下；煬帝三年時，設置二人（十二人），品秩提高到從第六品。本朝設置著作佐郎四人。高宗龍朔二年，改稱著作佐郎為司文郎，咸亨元年又恢復原來的舊稱。玄宗開元二十六年減為二人。

三

書令史一人。自晉以來，秘書著作皆有令史，史闕其員、品❶。

校書郎二人，正九品上。後魏著作省置校書郎，史闕其員、品。北齊著作省置校書郎二人，正第九品上，隋及皇朝因之。開元二十六年❷減置一人。

正字二人❸，正九品下。隋著作曹置正字二人，從九品上。皇朝因之。

著作郎掌修撰碑誌、祝文、祭文，與佐郎分判局事。

【章　旨】敘述書令史、校書郎、正字之定員和品秩；章末總敘著作郎與佐郎之職掌。

【注　釋】❶史闕其員品　著作書令史唐以前之員品，雖未見記載，但秘書省書令史之品秩則史有錄，如晉為第九品，宋為第八品，梁、陳為第九品，北魏為從第九品下，北齊正第九品上，隋改為流外三品，唐因隋制。著作書令史若有員則其品秩應與之相近。❷開元二十六年　即西元七三八年。開元為唐玄宗李隆基年號。❸正字二人　此句下，《舊唐書・職官志》尚有「楷書手五人，掌固四人，書令史一人」；《新唐書・百官二》亦尚有「楷書五人，書令史一人，書吏二人，掌固四人」。

【語　譯】書令史，定員一人。從晉朝以來，秘書省的著作都設有令史，但史著上沒有關於它的員數和品秩的記載。

校書郎，定員二人，品秩為正九品上。北魏的著作省設有校書郎，但它的員數和品秩史書沒有記載下來。北齊的著作省設有校書郎二人，品秩為正第九品上。隋朝和本朝都與北齊的制度相同。玄宗開元二十六年時，減少到一人。

正字，定員二人，品秩為正九品下。隋朝秘書省的著作曹設有正字二人，品秩是從九品上。本朝因承隋朝的體制。

著作郎的職務是，負責撰寫碑誌、祝文和祭文，與著作佐郎一起分管著作局的日常事務。

【說　明】魏晉以來著作郎、著作佐郎的基本職掌都是修撰國史，直到唐初也未有變化。變化是從貞觀三年（西元六二九年）開始的。這一年閏十二月，太宗李世民罷著作局而別置史館於門下省下，且將史館移入禁中，規定國史要由宰相監修，經皇帝過目。如此改制，自然也可說是這位著名皇帝對總結歷史經驗的重視，後來貞觀之世確也成為唐代修史的高峰期；但不能排除還有一個更深層次的原因，那就是李世民想把自己在玄武門之變那段很不光彩的歷史，在他直接干預下盡可能記載得體面一些。此事我們在第九卷末篇一章的注和說明中已略有交代。這裡要說的是，經此一改，著作郎的相延數百年的修撰國史這一傳統職掌，事實上已被取消了，留下來的人員，只能做一些撰寫碑誌、祭文、祝文一類事務，於是著作的門庭便更加冷落了。

四

太史局：令二人，從五品下。《左傳》❶云：「昔少昊氏以鳥紀官。鳳鳥氏，歷正也❷。」顓頊命南正重司天，北正黎司地❸。唐虞之際❹，羲氏、和氏❺紹重、黎之後，掌天地四時之官，並太史之任也。《周官》❻：「太史掌建邦之六典❼，正歲年❽以序事，班告朔❾下邦國。」《左傳》曰：「天子有日官❿。」即太史也。《漢書・百官表》⓫太史屆⓬太常⓭。《茂陵書》⓮稱：「司馬談⓯為太史令。」後漢太史令一人⓰，秩六百石，掌天時、星律、祥瑞、妖災，凡歲將終奏新年歷而已。魏因之。晉太史令品第七，秩六百石，銅印、墨綬⓱，進賢一梁冠⓲，絳朝服⓳。江左，高瑩⓴以侍中、陳卓㉑以義熙守、吳道欣㉒以殿中侍御史兼領太史。宋、齊、梁、陳並同晉氏，後魏、北齊亦然。後周春官府置太史中大夫一人㉓，掌歷家之法。隋秘書省太史曹置太史令二人，從七品上㉔。煬帝三年㉕，改太史曹為太史監，進令階為從五品。皇朝因之，改監為局㉖。龍朔二年㉗改為秘書閣局㉘，令改為秘閣郎中㉙；咸亨元年㉚復舊。貞觀元年為渾天監，不隷麟臺㉛；其令監署一人㉜，加至正第五品上，因加副監及丞、主簿府史等員；其年又改為渾儀監。長安二年㉝復為太史局，還隷麟臺，緣監置官及府、史等並廢，其監依舊為令，置二人。景龍二年㉞又改太史局為太史監，令名不改，不隷秘書。開元二年㉟，又改令為監；三年㊱，加從第四品下，其一員改為少監。十四年，又改為局，復為太史令二員，隸秘書㊲。

丞二人，從七品下。司馬彪《續漢志》㊳云：「太史丞一人，秩二百石。」魏、晉、宋、齊皆同漢氏。梁氏太史丞三品勳位㊴。後魏、北齊史失其品第。隋太史丞置二人，正第九品上㊵。煬帝三年減一人㊶。皇朝不置丞。貞觀元年㊷改為渾儀監，始置丞二人，從第七品上。長安二年又省，景龍二年復置。

令史二人，書令史四人。太史不隸秘書即為府、史㊸，開元十四年復為令史㊹也。

太史令掌觀察天文，稽定歷數㊺。凡日月星辰㊻之變，風雲氣色㊼之異，率其屬而占候㊽焉。其屬有司歷㊾、靈臺郎㊿、挈壺正(51)。凡玄象器物(52)，天文圖書，苟非其任不得與焉。觀生(53)不得讀占書，所見徵祥災異，密封聞奏，漏泄有刑。每季錄所見災祥送門下、中書省，入起居注，歲終總錄，封送史館。每年預造來歲歷，頒于天下。

【章旨】敘述太史局令、丞之定員、品秩，及其沿革和職掌。

【注釋】❶左傳　亦稱《春秋左氏傳》，儒家經典之一。相傳為春秋末左丘明撰，近代學者則認為係戰國初年人據各國史料彙編而成。起於魯隱公元年（西元前七二二年），終於魯悼公四年（西元前四六四年），比《春秋》多出十七年，其敘事更延至悼公十四年（西元前四五四年）。書中保存了古代的大量歷史資料，敘事簡括，文字優美，係我國古代的一部文學和史學名著。❷昔少昊氏以鳥紀官三句　語出《左傳》魯昭公十七年（西元前五二五年）。魯昭公問郯子少昊氏何故以鳥名官，郯子對曰：「我高祖少昊之立也，鳳鳥適至，故紀於鳥，為鳥師而鳥名。鳳鳥氏，歷正也；玄鳥氏，司分者也。」此處為節引，意在說明遠古「歷正」之官，即今之太史之任。少昊氏，古代傳說中之東夷首領，名摯，號金天氏。鳳鳥氏，傳為古代掌天文曆法之長官，故稱曆正。❸顓頊命南正重司天北正黎司地　語出《漢書‧律曆志》。顓頊，高陽氏，傳為黃帝之孫，昌意之子，繼黃帝為天子。南正、北正，均為官名。重、黎，《左傳》稱重為句芒，任木正，兼司天之職；黎為祝融，即火正，兼司地之職。應劭注《史記》稱：「蓋重、黎二人，原是木、火之官，兼司天地職，而天是陽，南是陽位，故木亦是陽，所以木正為南正也；而火是地正，亦稱北正者，火數二，二地數，主北方，故火正亦稱北正。」❹唐虞之際　即傳說中的唐堯虞舜時代。❺羲氏和氏　傳說中古代執掌天文曆法之官。《尚書‧堯典》：堯乃命羲仲、羲叔、和仲、和叔分駐東南西北四方之地，觀察日月星辰，測定其運行規律，確定每年四時的區劃，即夏至、冬至和春分、秋分的時間。❻周官　即《周禮》，儒家經典之一。係搜集周王室官制和戰國時各國制度，並附會以儒家政治理想，排比彙編而成。❼六典　即治典、教典、禮典、政典、刑典、事典，分屬於天官冢宰、地官司徒、春官宗伯、夏官司馬、秋官司寇、冬官司空六官。《周禮‧天官‧大宰》：「大宰之職，掌建邦之六典，以佐王治邦國。」❽正歲年　意謂校正歲與年的關係。歲，指地球繞太陽公轉一周，三百六十五日又四分之一日。年，謂陰曆十二個月。月球繞地球一周為陰曆一個月，十二個月約為三百五十四日，較地球繞日一周之時間少十一日，故需以閏月補正之。❾告朔　周制，天子以每年季冬頒來歲十二月之朔日於諸侯，要舉行莊重的儀式，稱「告朔」。諸侯受而藏之祖廟，每月朔，以特牲告廟，表示受天子正朔而行之。❿天子有日官　語見《左傳‧桓公十七年》：「天子有日官，諸侯有日御。日官居卿以厎日，禮也。」天子的日官即太史，地位相當於六卿，其職掌是推算日曆。天官定曆，由天子頒於諸侯，由諸侯之日御授百官。⓫漢書百官表　即《漢書》之〈百官公卿表〉，為漢代百官設置之實錄。⓬屆　當係「屬」之誤。南宋本、廣池本等均為「屬」。⓭太常　即秦之奉常，西漢景帝中元六年（西元前一四四年）更名太常。掌宗廟禮儀。太史為其屬官。⓮茂陵書　書名。《史記‧太史公自序》集解引瓚曰：「〈百官表〉無太史公。《茂陵中書》司馬談以太史丞為太史令。」⓯司馬談　夏陽（今陝西韓城南）人。漢武帝時任太史令。因未能隨漢武帝去封禪泰山而發憤且卒，臨終前執其子遷手而泣曰：「余先周室之太史也。自上世嘗顯功名於虞夏，典天官事。後世中衰，絕於予乎？汝復為太史，則續吾祖矣。」（《史記‧太史公自序》）司馬遷繼父之志，終成《太史公書》，後稱《史記》。⓰後漢太史令一人　東漢以任太史令而名於世者有張衡，字平子，河南南陽西鄂（今河南南陽縣石橋鎮）人，以郎中遷太史令。作渾天儀，有《靈憲》、《二京賦》等天文、文學多種著作。此外，陰猛、王立、單颺等亦曾先後出任此職。⓱銅印墨綬　古代官員印章，以其材質分金、銀、銅三等。《東觀書》稱：「漢制，秩四百石以上皆銅印墨綬。」唐代諸司則多用銅印。綬為繫印之絲帶，以其顏色分貴賤。漢時有赤、綠、紫、青、黑、黃數種。⑱進賢一梁冠　進賢冠為儒者之服，前高七寸，後高三寸，長八寸。有五梁、三梁、二梁、一梁之別，以梁多為貴。六百石以下並冠一梁。⑲絳朝服　「絳」字誤，應為「絳」。絳朝服，外披絳紗單衣之朝服。魏晉時亦稱五時朝服。為五品以上官員陪祭、朝饗、拜表時服之。⑳高瑩　生平不詳。㉑陳卓　《晉書・天文志上》稱：「武帝時太史令陳卓總甘、石、巫咸三家所著星圖，大凡二百八十三官，一千四百六十四星，以為定紀。」陳原為吳之太史令，西晉統一以後，由吳入晉，任晉之太史令。陳卓的貢獻是把中國古代甘氏、石氏、巫咸三家星官合總在一起，並為之測繪了星圖。至宋元嘉中，以陳卓所總之星官數鑄成渾天銅儀。又，下文稱陳卓為義熙郡守，陳仲夫點校本注稱：「晉無義熙郡，『義熙』疑『義興』之訛。」㉒吳道欣　生平不詳。㉓後周春官府置太史中大夫一人　北周依《周禮》設天、地、春、夏、秋、冬六官府。其中春官府以大宗伯為長官，掌建邦之天神人鬼地祇之禮，以佐王建保邦國。太史中大夫，春官府太史司長官，正五命。掌曆法之編制，下設太史上士以佐其職。北周任太史中大夫者，據《周書》及《隋書》藝術傳有蔣昇、庾康才等。㉔從七品上　隋太史令之品秩，《隋書・百官下》置於從七品下。㉕煬帝三年　即大業三年，西元六〇七年。㉖改監為局　《新唐書・百官二》：高祖武德四年（西元六二一年）改太史監為太史局，隸秘書省。㉗龍朔二年　即西元六六二年。龍朔為唐高宗李治年號。㉘秘書閣局　此稱謂與《新唐書・百官二》所載同。亦有簡稱為秘閣局者，如《資治通鑑》卷二百零一胡三省注作「秘閣局」。《舊唐書・職官志》亦作「秘閣局」。《通典・職官八》太史局令條，及《通志・職官略四》太史局令條則皆作「秘書閣」。㉙令改為秘閣郎中　《新唐書・百官二》稱：「令曰秘書閣郎中。」㉚咸亨元年　即西元六七〇年。咸亨為唐高宗李治年號。㉛貞觀元年為渾天監不隸麟臺　貞觀元年，誤。南宋本及《舊唐書・職官志》、《通典・職官八》均為「久視元年」。久視元年，即西元七〇〇年。久視為武則天稱帝時年號。《資治通鑑》卷二百零六聖歷二年（西元七〇〇年）五月：「太后使洪州僧胡超合長生藥，三年而成，所費巨萬。太后服之，疾小瘳。癸丑，赦天下，改元久視。」不隸麟臺，指不隸屬於秘書省。秘書省於武后光宅元年（西元六八四年）一度改名為麟臺。《唐會要》卷四十四太史局條稱：「久視元年五月十九日，改太史局為渾天監，不隸秘書省。天后召尚獻輔（《舊唐書》本傳作「甫」）拜太史令，固辭曰：臣久從放誕，不能屈事官長。遂改為渾天監。至七月六日，又改為渾儀監。長安二年（西元七〇二年）八月二十八日，獻輔卒，渾儀監依舊為太史局，隸秘書省，監官並廢。」㉜其令監署一人　此句疑有脫訛。《通典・職官八》太史局令條作「改令為監，置一人」。㉝長安二年　即西元七〇二年。長安為武則天稱帝時年號。㉞景龍二年　即西元七〇八年。景龍為唐中宗李顯年號。《舊唐書・中宗紀》載是年「六月丁亥，改太史局為太史監，罷隸秘書者」。㉟開元二年　即西元七一四年。開元為唐玄宗李隆基年號。自景龍二年至開元二年之間，太史局名及太史令職稱，改易頻仍。《唐會要》卷四十四太史局條稱：「景雲元年（西元七一〇年）七月二十八日，又改為太史局，隸秘書省。八月十日，又改為太史監。十一月二十一日，又改為太史局。二年（西元七一一年）閏九月十日，又改為渾儀監。開元二年二月二十一日，又改為太史監。」㊱三年　指開元三年，西元七一五年。㊲自「十四年」至「隸秘書」　十四年，指開元十四年，西元七二六年。但與他書記載有異。如《唐會要》卷四十四太史局條稱：「十五年正月二十七日，改為太史局，隸秘書省。」《舊唐書・玄宗本紀》云：「十五年春正月庚子，太史監復為太史局，依舊隸秘書省。」唯《新唐書・百官二》則記為「十四年，太史監復為局，以監為令，而廢少監」。㊳司馬彪續漢志　司馬彪，字紹統，西晉宗室。晉武帝時為秘書郎，轉丞，著《續漢書》。其書起於世祖，終於孝獻，編年二百，錄世十二，旁貫庶事，為紀、志、傳凡八十篇。此處「續漢志」，指《續漢書》之志，八篇，三十卷，合於范曄之《後漢書》。㊴梁氏太史丞三品勳位　梁氏，南宋本及廣池本均為「梁、陳」。三品勳位，《隋書・百官上》為「三品蘊位」，《通典・職官十九》亦同。㊵正第九品上　《隋書・百官下》：隋太史丞為正第九品下。㊶煬帝三年減一人　煬帝三年，即大業三年，西元六〇七年。《隋書・百官下》稱：是年太史局「減丞為一人」。㊷貞觀元年　當為「久視元年」。說同㉛注。㊸太史不隸秘書即為府史　意謂若在太史不隸屬於秘書省時，則令史稱「府」，書令史稱「史」。所謂「不隸」，指在武周久視元年（西元七〇〇年），太史一度不隸麟臺（即秘書省，武后稱制時改稱）；長安二年（西元七〇二年），又還隸麟臺。㊹開元十四年復為令史　指自景龍二年（西元七〇八年）至開元十四年（西元七二六年）太史局仍不隸秘書，因而令史、書令史依例分別稱府、史；開元十四年（西元七二六年）太史監復為太史局，還隸秘書省，令史、書令史亦隨之復稱原名。㊺歷數　歷通「曆」。曆數，推算歲時節候之次序。《尚書・洪範》：「五曰曆數。」孔穎達疏曰：「算日月行道所歷，計氣朔早晚之數，所以為一歲之歷。」㊻星辰　星謂五星：東方歲星，南方熒惑，西方太白，北方辰星，中央鎮星。此五星之今名為：木星、火星、金星、水星和土星。辰謂日月所會。㊼風雲氣色　古人認為天空雲氣的變化也象徵著人事之吉凶，因而以「瑞氣」、「妖氣」一類名稱來稱謂不同雲氣。如《隋書・天文志中》稱：「瑞氣：一曰慶雲，若煙非煙，若雲非雲，郁郁紛紛，蕭索輪囷，是謂慶雲，亦曰景雲，此喜氣也，太平之應。一曰昌光，赤如龍狀，聖人起，帝受終則見。妖氣：一曰虹蜺，日旁氣也。斗之亂精，主惑心，主內淫，主臣謀君，天子，詘后妃顓，妻不一。二曰牂雲，如狗，赤色長尾，為亂君，為兵喪。」㊽占候　指根據上述天象及雲氣變化，以預言人事之吉凶。《後漢書・郎顗傳》稱其「能望氣占候吉凶」。㊾司歷　官名。掌曆法制訂。春秋時魯國有置。《左傳・哀公十二年》：「冬十二月，螽。季孫問諸仲尼，仲尼曰：『火伏而後蟄者畢。今火猶西流，司曆過也。』」隋於太史曹置二人，從九品。唐因之，為從九品上。㊿靈臺郎　官名。武周長安二年（西元七〇二年）置，掌教習、觀測天文氣象，員二人，正八品下。肅宗乾元元年（西元七五八年）加號五官靈臺郎，置五人，正七品下。51挈壺正　官名。武周長安二年（西元七〇二年），始於太史局置，員二人，從八品下，掌知更鼓漏刻。肅宗乾元元年（西元七五八年）加號五官挈壺正，置五人，正八品上。52玄象器物　指古代觀天儀器。主要有儀和象兩大類。儀是測量天體位置的天文儀器，象是演示天體視運動的儀器。我國古代天文理論以地球為中心的渾天說佔有主導地位，因而儀和象都是在這種理論的基礎上製作出來的。儀稱渾儀。在唐代，渾儀分內、中、外三層。外層固定不動，稱六合儀，包括地平圈、子午圈和赤道圈。裡面能繞極軸旋轉的稱四遊儀，亦名赤經環；中間一層為日、月、星三辰的三辰儀，係貞觀初李淳風所加，亦可繞著極軸在六合儀內旋轉，而四遊儀又能在三辰儀內旋轉。通過這樣一個系統，便可確定星球在天體運行中與地球之間的相對位置。象稱渾象。其形制猶若現代教學所用的天球儀。東漢張衡首創水運渾天儀，球面上有二十八宿、黃道、赤道、二十四節氣、北極常顯圈、南極常隱圈等。渾象轉動的角度為北出地平三十六度，南入地平三十六度，這相當於唐代東都洛陽的地理緯度。渾象裝有以漏壺漏水作為動力的齒輪系統，使其繞著地軸穩定地旋轉，從而顯示晝夜天象的變化。演示時，一人在室內觀看渾象轉動，另一人在室外觀看星象的運行。室內人報告渾象上星星的東升、正南、西落，和室外人實際看到的星星的升落完全一致。開元十一年（西元七二三年），又有一行和梁令瓚等製造了一架水運渾天，不但能演示天體的視運動，還有兩個小木人能按刻擊鼓，按辰打鐘。依靠儀和象這兩大類儀器，便可預測和記錄日月星辰在天空運行時的相對位置，從而確定二十四節氣時間，制訂每年的日曆。53觀生　指天文觀生。晝夜在靈臺觀察天象氣色。

【語　譯】太史局：令，定員二人，品秩為從五品下。《左傳》說：「從前少昊氏用鳥類的名稱來命名官名。鳳鳥氏，那就是掌管天文曆法的官。」顓頊任命南正重管天，北正黎管地。唐堯、虞舜時期，羲氏與和氏繼續重和黎的事業，擔任掌管天地和一年四時節令的官職，這些都是太史的職任。《周官》規定：「太史掌理王邦建立的六種典制，校正歲年的參差，制定曆法以安排民眾四時應作的事，頒佈來年十二月朔日的政令給各諸侯。」《左傳》說：「天子設有日官。」這亦就是太史。《漢書・百官公卿表》記載：太史是太常的下屬。《茂陵中書》說：「司馬談被任命為太史令。」東漢設有太史令，定員一人，俸秩六百石，職掌是觀察、記載天象和星辰的變化，以及各種吉祥的徵兆和災異或妖孽；每當年終將到時，就上奏來年將使用的新曆。魏朝因承漢制。晉朝太史令的品秩為第七品，俸秩六百石，佩銅印墨綬，戴進賢一梁冠，穿絳（絳）朝服。東晉，有高堂以侍中的身份，陳卓以義熙（興）郡守的身份，吳道欣以殿中侍御史的身份，分別兼任太史令。南朝的宋、齊、梁、陳，都與晉朝相同。北魏、北齊亦是這樣。北周在春官府設置太史中大夫一人，掌管國家的曆法。隋朝秘書省有太史曹，設置太史令二人，品秩為從第七品上（下）。煬帝三年，改稱太史曹為太史監，把太史令的品階晉升到從五品。本朝因承隋制，改太史監為太史局。高宗龍朔二年時，又改太史局為秘書閣局，太史令為秘閣郎中；到咸亨元年又恢復太史局的舊稱。貞觀（久視）元年時，又改稱太史局為渾天監，並且不再隸屬於麟臺亦就是秘書省；又把令改名為監，定員一人，品秩晉升到正第五品上，同時增設副監和丞，以及主簿、府、史等定員。同年，再次改名，稱為渾儀監。長安二年，又恢復太史局的舊名，仍歸麟臺亦就是秘書省管轄，因改監而設置的官稱以及府、史等名目一律都廢除，被改為監的亦改回來依舊稱令，定員為二人。中宗景龍二年，再次把太史局改名為太史監，不過太史令的名稱沒有改，只是不再隸屬於秘書省。玄宗開元二年，又把太史令改為太史監，開元三年，太史監的品秩增加到從第四品下，其中一人改名為少監。到開元十四年，又改名為太史局，太史監亦恢復舊稱太史令，定員為二人，仍歸秘書省管轄。

丞二，定員二人，品秩為從七品下。司馬彪的《續漢志》說：「太史丞定員一人，俸秩為二百石。」魏、晉和南朝宋、齊的規定都與漢朝相同。梁（、陳）太史丞為三品勳（蘊）位。北魏、北齊，史書上沒有留下太史丞品秩的記載。隋朝設置太史丞二人，品秩為正第九品上（下）。煬帝三年，減為一人。本朝不設置太史丞。貞觀（久視）元年，太史監改為渾儀監，方始設置丞，定員為二人。長安二年省掉了，到中宗景龍二年再恢復設置。

令史，定員二人；書令史，定員四人。當太史局不隸屬於秘書省時，令史與書令史分別稱為府與史。到開元十四年，又恢復稱為令史和書令史。

太史令的職掌是觀察天文，稽察和核定歲時節候的次序。凡是日月星辰運行中的變化，風雲氣色的異常狀況，都要由太史令帶領他的下屬，占斷出或吉或凶的徵兆。太司令的下屬官吏，有司曆、靈臺郎和挈壺正。凡是觀察天象的儀器，記載天文的圖籍，如果不擔任相關職務的人，一律不得使用和閱看。天文觀生不許閱讀占候方面的書籍。所觀測到的吉祥的徵兆和災禍的變異，都必須密封上奏，如若洩漏，要受刑罰的處分。太史局每個季度要記錄所觀測到的災異和吉祥的徵兆，報送門下省和中書省，記入起居注，到歲末年終，彙總全年的記錄，密封送達史館。太史局每年要預先修訂來年的曆法，須行於天下。

【說　明】關於太史局的隸屬關係，自秦漢至南北朝，一直是太常寺的一個下屬機構，到了隋才開始改隸秘書省。隋初之所以有這個變化，或許與北周太史中大夫庾季才以天象助成周隋之間的嬗代有關。此事以《隋書・庾季才傳》所載最詳。當時隋文帝楊堅還在北周做丞相，一次他召庾季才詢問天時人事，季才是揣度到了對方用意的，於是回答說：「天道精微，難可意察，切以人事卜之，符兆之定，季才縱言不可，公豈復得為箕、潁之事乎？」儘管天意難察，但取代北周的人事條件已經成熟，難道你楊堅還要像古代許由那樣，堯要把天下讓給他，他卻反而躲到「潁水之陽，箕山之下」去做隱士嗎？楊堅的反應十分老練：「默然久之。」然後作了暗示性的回答：「吾今譬猶騎獸，誠不得下矣！」當即賜之綵絹，也就是買通庾季才為他編造出一個天命來。庾季才說天道精微難察，這自然是冠冕堂皇的話，其實可察不可察，全在他怎麼說。果然不久，「天道」被察到了。庾季才上奏道：「今月戊戌平旦，青氣如樓闕，見於國城之上，俄而變紫，逆風西行。《氣景》云：『天不能無雲而雨，皇王不能無氣而立。』今王氣已見，須即應之。二月日出卯入酉，居天之正位，謂之二八之門。日者，人君之象，人君正位，宜用二月。其月十三日甲子，甲為六甲之始，子為十二辰之初；甲數九，子數又九，九為天數。其日即是驚蟄陽氣壯發之時，昔周武王以二月甲子定天下，享年八百；漢高帝以二月甲午即帝位，享年四百。故知甲子、甲午為得天數。今二月甲午宜應天受命。」你看，一切就像當年周武王、漢高祖那樣，都是出於天命的安排，連嬗代的日子亦明白無誤地確定好了，還等什麼呢？同傳中還有一例，那是楊堅代周以後。開皇元年（西元五八一年）一天夜裡，他與高熲、蘇威二人定議遷都，即另行營建長安都城的事。第二天一大清早，庾季才就「察」到了新的「天道」，匆匆進宮稟奏：「臣仰觀玄象，俯察圖記，龜兆允襲，必有遷都。且堯都平陽，舜都冀土，是知帝王居止，世代不同。且漢營此城，經今將八百歲，水皆鹹鹵，不甚宜人。願陛下協天人之心，為遷徙之計。」連夜裡兩三人密商的事上天都知道了，楊堅不由得大為吃驚：「是何神也！」又大大賞賜了庾季才，並對他說：「朕今已後，信有天道矣！」就這樣，由於庾季才屢屢以編造所謂天道迎合隋文帝的政治需要，因而包括他任職的太史局亦受到特別重視，被從太常寺遷至秘書省，使之更貼近皇帝的決策系統，從而提高其在整個官僚機構中的地位。武周時期，曾把太史局改名為渾天監，並把機構從秘書省獨立出來，這與武則天要啟用尚獻甫為太史令有關。尚獻甫善天文，「則天時召見，起家拜太史令，固辭曰：『臣久從放誕，不能屈事長官。』」則天乃改太史局為渾儀監，不隸秘書省，以獻甫為渾儀監。數顧問災異，事皆符驗。」（《舊唐書・尚獻甫傳》）長安二年（西元七〇二年）尚獻甫卒，復名為太史局，依舊隸秘書監。可見在封建專制制度下，機構名稱也好，隸屬關係也好，往往取決於皇帝一個人某個特定時期的意願，而支配他意願的，則是各該時期的政治需要。

唐代太史局在玄宗天寶元年（西元七四二年）復稱太司監，從此不再隸秘書省，成為獨立的機構。到肅宗乾元元年（西元七五八年），據藝術人韓穎、劉烜奏議，改太史監為司天臺，設春官、夏官、秋官、冬官、中官正各一人，副正各一人，掌四時及各方之變異；設五官保章正二人，五官監侯三人，五官司曆二人，五官靈臺郎各一人，還有五官挈壺正等。此後直至宋、元、明，司天臺之設置及其名稱，皆沿襲唐肅宗乾元制。

五

司歷❶二人，從九品上。《漢官儀》❷太史令員有理歷六人❸。至晉，太史令使員❹有典歷四人。宋、齊、梁、陳、後魏、北齊皆有典歷，並史闕其員、品。至隋，改典歷為司歷，置二人，從九品下，取《左傳》❺司歷為名。皇朝為從九品上。

保章正一人，從八品上。《周禮》春官太史屬有保章氏❻，「掌天星，以志星、辰、日、月之變動❼，辯其吉凶」。自秦、漢以來，無其職。至後周，春官府置太史，其屬有保章上士、中士之職❽，即其任也。至隋，置歷博士一人，正九品上❾。皇朝因之❿。長安四年⓫省歷博士，置保章正以當之，掌教曆生。

曆生三十六人。隋氏置，掌習曆。皇朝因之，同流外，八考入流[12]。

裝書曆生五人。皇朝置，同曆生。

司曆掌國之曆法[13]，造曆以頒于四方[14]。有《戊寅曆》[15]，武德初，東那道士傅仁均[16]所造，拜太史令。《麟德曆》[17]，麟德中，太史令李淳風[18]所造。《神龍曆》[19]，神龍中，太史令南宮說[20]所造。《大衍曆》[21]。開元十四年[22]，嵩山[23]僧一行[24]承制旨而考定，最為詳密，今見行焉。凡天下測影之處，分、至表準[25]，其詳可載，故參考星度[26]，稽驗晷影[27]，各有典常。南至之影[28]，京兆長一丈二尺九寸三分[29]，蔚州長一丈五尺八寸九分[30]。春分中影[31]，洛城[32]長五尺二寸五分，京兆長五尺三寸四分，太原[33]長六尺，蔚州長六尺四寸四分半。北至之影[34]，京兆表北[35]長一尺四寸二分，安南[36]則表南三寸。開元十二年[37]於京麗正院[38]定表樣，并審尺寸，差太史官馳驛分往測候。

監候五人，從九品下。魏、晉太史令吏員有望候郎二十人、候部吏十五人，掌候[39]天文，並監候之任也。隋初，置監候四人，從九品下；煬帝三年[40]，增監候為十人。皇朝因隋，置監候五人[41]。

天文觀生九十人。隋氏置，掌晝夜在靈臺伺候天文氣色。皇朝所置從天文生轉補，八考入流㊷也。

【章旨】敘述司曆、保章正等定員、品秩和沿革及職掌。

【注釋】❶歷 同「曆」。今多作「歷」。下同。❷漢官儀 書名。東漢應劭撰，十卷。隋、唐書經籍志、藝文志皆有錄。❸太史令員有理歷六人 此句《續漢書・百官志》注引《漢官儀》為：「太史待詔三十七人，其六人治曆。」其中「治曆」，此處原注因避唐高宗李治名諱而改為「理歷」。歷、曆同。又，據南宋本，此句中「員」上應增一「吏」字。補上後全句為：「太史令吏員有理歷六人。」❹使員 近衛校正德本稱：「『使』當為『吏』。」南宋本正作「吏員」。❺左傳 亦稱《春秋左氏傳》，儒家經典之一。相傳為春秋左丘明撰，近代學者則認為係戰國初年人據各國史料彙編而成。起於魯隱公元年（西元前七二二年），終於魯悼公四年（西元前四六四年）。司曆之名，見《左傳・哀公十二年》：「冬十二月，螽。季孫問諸仲尼，仲尼曰：『丘聞之，火伏而後蟄者畢。今火猶西流，司歷過也。』」❻周禮春官太史屬有保章氏 《周禮》，儒家經典之一。搜集周王室官制和戰國時各國制度，附會以儒家政治理想彙編而成。《周禮》以天、地、春、夏、秋、冬六官分職，春官下屬太史，太史下屬有小史、馮相氏及保章氏。❼志星辰日月之變動 志，即「誌」，記載。星辰，星指五星：東方歲星，南方熒惑，西方太白，北方辰星，中央填星；相對於現代名稱為木星、火星、金星、水星和土星。辰謂日月所會。全句意謂記載日月星辰之合會與變動。❽自「至後周」至「中士之職」 北周依《周禮》設天、地、春、夏、秋、冬六官府。其中春官府以大宗伯卿為長官，掌建邦之天神人鬼地祇之禮，以佐王建保邦國。春官府設太史中大夫，其下屬有小史下大夫、馮相士和保章上士等。北周任保章上士者，見《隋書・律曆志》：「隋高祖受禪，前保章上士任悅。」❾正九品上 《隋書・百官下》云：「其曆、天文、漏刻、視祲，各有博士及生員。」但博士無員、品之規定。按：太史丞在開皇官品中位正九品下，若依此處曆博士為正九品上，則反居丞上，似有不合，姑誌以待考。❿皇朝因之 新舊《唐書》官志均未有設置曆博士之記載，唯《新唐書・曆志一》謂武德時王孝通曾為算曆博士。蓋唐初因隋而設算曆博士，掌教曆生，至武則天改設保章正教曆生而廢曆博士。兩《唐書》官志或因此故而未作載錄。⓫長安四年 即西元七〇四年。長安為武則天稱帝時年號。⓬同流外八考入流 流外，指不列入正式九品官制的官吏，通常為諸司令史以下。八考，唐制常考一年一次，即要經歷八年考功期滿，方能由流外遷入流內。此處謂曆生須同一般流外官一樣，經曆八年考滿方能入流。⓭歷法 即曆法。指按年、月、日記載時間的系統。

曰，按天象，以地球自轉一晝夜為一日。月，按天象，以月球的一個朔望週期為陰曆一月；或者人為地把一年分割成十二大致相等的等分，每等分為陽曆一月。年，以地球繞太陽公轉一周的時間為一年，共三百六十五日又四分之一。⑭造歷以頒于四方 編製來年的日曆以頒佈於全國各地。此制在中國具有久遠的傳統。在《呂氏春秋・十二紀》、《淮南子・時則訓》及《禮記・月令》對一年四時的每一個月，依據天象、地貌和物候等自然條件的變換，天子應當頒發哪些政令，士、農、工、商各該如何盡職，都有明確而具體的規定。但這一切必須建立在統一而準確的曆法基礎之上。故在長達兩千餘年的封建社會裡，一年一度頒發日曆，不僅具有政治、經濟多種含義，而且還是顯示該王朝具有正統權威和對全國實施劃一統治能力的一件大事。⑮戊寅歷 唐高祖武德元年（西元六一八年）頒布之曆法。因是年歲次戊寅，故稱《戊寅曆經》，現存於《舊唐書・曆志一》。⑯東那道士傅仁均 傅，當係「傅」之誤。南宋本正作「傅」。傅仁均，滑州白馬（今河南滑縣）人。善曆算推步之術，在東都為道士。「東那」或應為「東都」。南宋本則作「東郡」。《舊唐書・曆志一》稱：「高祖受禪，將治新曆，東都道士傅仁均善推步之學，太史令庾儉、丞傅奕薦之。」武德元年（西元六一八年）七月，詔頒新曆，號《戊寅元曆》，授傅仁均員外散騎常侍，賜物二百段，後除太史令。⑰麟德歷 《戊寅曆》行於武德、貞觀時，至「高宗時，太史奏舊曆加時浸差，宜有改定。乃詔李淳風造《麟德曆》」（《舊唐書・曆志一》）。麟德為唐高宗李治年號。高宗龍朔三年（西元六六三年）「冬十月丙申，絳州麟見于介山。丙午，含元殿前麟趾見」，因「詔改來年正月一日為麟德元年」（《舊唐書・高宗紀上》）《麟德曆》。即頒於麟德二年（西元六六五年），故名。《麟德甲子元曆》錄於《舊唐書・曆志二》。⑱李淳風 岐州雍（今陝西鳳翔）人。少年時即博涉群書，尤明天文、曆算、陰陽之學。貞觀初曾上疏論《戊寅曆》錯失十八條，後有七條從其議改正。貞觀七年（西元六三三年）奉令以銅鑄造靈臺候儀；貞觀十五年（西元六四一年）轉太史丞，預撰《晉書》及《五代史》，書中天文、律曆、五行諸志皆其所作。高宗時，因感《戊寅曆》益疏，作《甲子元曆》以獻，因頒於麟德時，故謂之《麟德曆》。⑲神龍歷 因頒佈於神龍年間故稱此。神龍為唐中宗李顯年號。《舊唐書》之〈職官志〉所載與此處同，但〈律曆志〉則謂「中宗時，南宮說造《景龍曆》。皆舊法之所棄者，復取用之。徒云革易，寧造深微，尋亦不行。」若據此，則㈠此曆頒佈時間非為神龍（西元七〇五年—七〇六年）而是景龍（西元七〇七年—七〇九年），故應稱《景龍曆》。景龍亦為唐中宗李顯年號。㈡《景龍曆》由於內容陳舊，不久便停止施行。又，《唐會要》卷四十二亦有類似記載：「神龍元年（西元七〇五年）太史丞南宮說奏《麟德曆》加時浸疏遠，詔更治《乙巳元曆》，至景龍中成之。」乙巳為西元七〇五年，即神龍元年。故此曆始造於神龍，完成於景龍。又稱：「俄而睿宗即位，《景龍曆》寢廢不行。」睿宗即位於西元七一〇年，可知此曆施行兩三年後便廢止。⑳南宮說唐中宗時之太史令，《乙巳元曆》之造作者，餘不詳。㉑大衍歷　《舊唐書・曆志》：「開元中，僧一行精諸曆法，言《麟德曆》行用既久，晷緯漸差。宰相張說言之，玄宗召見，令造新曆。遂與星官梁令瓚先造《黃道游儀圖》，考校七曜行度，準《周易》大衍之數，別成一法」，故稱《大衍曆》。頒於開元十六年（西元七二九年），次年施行。全書分經章十卷，長曆五卷，曆議十卷，立成法天竺九執曆二卷，古今曆書二十四卷，共五十二卷。其概要見於《舊唐書・曆志》。㉒開元十四年　即西元七二六年。開元為唐玄宗李隆基年號。㉓嵩山　古稱中嶽。位於今河南省登封縣北，由太室山、少室山組成，為道教勝地，上有觀星臺。㉔一行　姓張，名遂，魏州昌樂（今河南樂）人。少博覽經史，尤精曆象、陰陽、五行之學。從道士尹崇學揚雄《太玄經》，在荊州當陽山依沙門悟真以習梵律，從嵩山普寂學禪，復從善無畏、金剛智學密法，又參與善無畏譯場撰《大衍論》三卷。時《麟德曆經》推步暫疏，敕一行考前代諸家曆法改撰新曆。於是一行推《周易》大衍之數，立衍以應之，撰定《開元大衍曆經》。㉕測影之處分至表準　測影之處，指唐代開元十二年（西元七二四年），由太史監南宮說主持，在全國選定的十一個測量日影的地點。分至表準，指在選定的測影處，用圭和表分別測量兩分（春分、秋分）兩至（冬至、夏至）之日正午時日影長度的常數。我國古代很早便使用圭表以測定日影制訂曆法。表為一根垂直於地面的木杆，通常為高八尺；圭則是平行於地面而與表成直角並刻有長度的尺子，一般長一丈四尺。當陽光投射到表，表之陰影反映在圭之刻度上時，便能讀出該測影處當日當時日影的長度來。一年中日影最長的一天為冬至，最短的一天為夏至，春分和秋分則等長。日影的長度每天都在變化，若以冬至那一天的日影為準，那麼過三百六十五日又四分之一日後，又回到了相等的長度，這便是一個回歸年。所以古人能根據日影長短的變化來確定全年季節的推移及相應的日期。由於日影的長度是由測影點所處緯度的高低決定的，所以在同一天同一時刻，各測影點因緯度不同，所測到的日影長度亦各不相同。據記載，開元十二年（西元七二四年），太史令南宮說就主持測量了全國十個測影點同一時刻的不同日影長度。㉖星度　指各個測影點所在的星度。星度是近似現代緯度的一個概念。其測定的辦法是運用勾股定理斜視所測地點與北極星的角距度。各地由於緯度不同，其與北極星的角距離的度數亦不同。如唐時測定河南陽城的測影點是三十四度四分，其稍北的滑縣為三十五度三分，在其南面開封以南的浚儀為三十四度八分。更向南，在上蔡武津，為三十三度八分。當時大體上認為南北間相差五百二十六里二百七十步，與北極的角距離差一度半。古人關於這些地點星度的測定，與今天這些地點的緯度亦相近，說明這些測影點的星度是相對穩定，極少變異的。㉗晷影　指日晷上所顯示之日影。晷，即日晷，我國古代的一種計時器，主要由晷針和晷面組成。中國傳統的日晷是赤道日晷。將一根銅製的指針裝在一個石製圓盤形晷面中心，指針垂直於晷面，晷面架於石臺上，南高而北低，使其平行於赤道面。指針的上端正指北天極，下端指南天極，與地球自轉軸平行。晷面上下二面各刻有子、丑、寅、卯等十二時辰，這樣從日出至日落，便可從由晷針所投下的日影的不同方位，讀出不同時辰來。如太陽正午時，由晷針投下的日影正好落在正北方向上，晷面的刻字為「午時」。㉘南至之影　指太陽直射南回歸線時之日影。此日即是冬至，太陽在圭表上投影的長度在全年中最長。㉙京兆長一丈二尺九寸二分　京兆，府名，唐開元元年（西元七一三年）改雍州置。治長安、萬年（今西安市）。謂冬至日在京兆測影點的日影長度為一丈二尺九寸二分。㉚蔚州長一丈五尺八寸九分　蔚州，今河北省蔚縣，緯度在京兆之北，故其冬至日正午日影的長度長於京兆，為一丈五尺八寸九分。㉛春分中影　春分，為太陽直射赤道的日子，晝夜長短相等。此日太陽在圭表投影的長度，為冬至與夏至之間的折衷，故稱中影。㉜洛城　指唐之東都洛陽，即今河南洛陽。㉝太原　唐之北都，即今山西太原市。㉞北至之影　指太陽直射北回歸線時之日影。此日即是夏至，太陽在圭表上投影的長度在全年中最短。㉟表北　指太陽投影在圭表之北面。這是由於我國中原地區處於緯度較高的北半球的緣故。下文安南測影點，緯度較低，故投影於表南。㊱安南　指安南都護府，省稱安南府。唐高宗調露元年（西元六七九年）置，其址在今越南北部。㊲開元十二年　即西元七二四年。開元為唐玄宗李隆基年號。㊳麗正院　指麗正書院，即後來之集賢殿書院，位於大明宮光順門外。㊴侯　當作「候」。㊵煬帝三年　即大業三年，西元六〇七年。㊶皇朝因隋置監候五人　《舊唐書・職官二》司天臺條：「監候五人，掌候天文。」肅宗乾元元年（西元七五八年）改制後為五官監候，《前唐書・職官志》記為五員，正八品；《新唐書・百官志二》為「五官監候三人，正八品下」。㊷八考入流　指須經八年考滿，方能由流外轉流內。

【語　譯】司曆，定員二人，品秩為從九品上。《漢官儀》中提到太史令所屬的〔吏〕員中有理曆六人。到了晉代，太史令的使（吏）員中有典曆四人。南朝的宋、齊、梁、陳，以及北魏、北齊，在太史令的屬下都設有典曆，但關於它的員數和品秩，史書上都沒有留下記載。到隋代，改稱典曆為司曆，設置二員，品秩為從九品下，以《左傳》中曾提到的「司曆」作為職名。本朝定員依照隋制，品秩定為從九品上。

保章正，定員一人，品秩為從八品上。《周禮》中春官的太史，它的下屬有保章氏，規定它的「職掌是觀察天星，記錄日月星辰會合與變動的狀況，並辨明這些變動所昭示的或吉或凶的含義」。從秦漢以來，一直沒有這一官職的設置。到北周，在春官府中設置的太史，它的下屬有保章上士、保章中士的職務，亦就是保章正的職任。到了隋朝，在太史曹下，設置曆博士一人，品秩為正九品上。本朝初年依照隋制，亦設置曆博士；武周長安四年，廢省了曆博士，設置保章正，以替代曆博士的職務，職掌是教授曆生。

曆生，定員三十六人。隋朝設置。職掌是學習曆法。本朝因承隋代的制度，品秩同流外官，滿八考可以入流。

裝書曆生，定員五人。本朝設置。品秩與曆生相同。

司曆的職掌是掌管國家的曆法，編制每年的日曆，並須行於全國各地。本朝先後頒佈的曆法：有《戊寅曆》，頒行於高祖武德初年，編製人是東那（都）道士傳（傅）仁均，後來拜為太史令。《麟德曆》，是高宗麟德年間頒佈的，由太史令李淳風編製。《神龍曆》，是中宗神龍年間頒行的，由太史令南宮說編製。《大衍曆》。開元十四年時，由嵩山僧一行承制考定，最為詳密，至今仍在使用。有關全國各地測影的處所，春分、秋分和冬至、夏至圭表測影的標準長度，都有明確詳細的記載；對星度的參照考定，晷影的稽核驗證，亦都各有定制。南至，亦就是冬至日正午日影在圭表上顯示的長度，在京兆是一丈三尺九寸三分，蔚州是一丈五尺八寸九分。春分時正午日影在圭表上顯示的長度，在京兆是五尺三寸四分，太原是六尺，蔚州是六尺四寸四分半。北至，亦就是夏至日日影在圭表上顯示的長度，在京兆，日影在圭表的北側，長度為一尺四寸二分；安南日影是在圭表的南側，長三寸。開元十二年時，曾經在西京麗正書院確定圭表的統一式樣，並審它的尺寸，又差遣太史局的官員乘驛傳分赴全國各地測候日影的長度。

監候，定員五人，品秩為從九品下。魏晉太史令下屬的吏員中，有望候郎二十人，候部吏十五人，負責測侯（候）天文，都是屬於監候的職掌。隋朝初年，在太史曹設置監候四人，品秩是從九品下；煬帝三年時，監候增加到十人。本朝因承隋朝的規定，設置監候五人。

天文觀生，定員是九十人。隋朝開始設置，職掌是日夜在靈臺伺候觀察天象氣色的變化。本朝設置的天文觀生，由天文生轉補，品秩在流外，滿八考可以入流。

【說　明】　在唐朝始終二百九十餘年中，曆法前後改了八次。其中在安史之亂以前改訂的三次，即本章所記述的《戊寅曆》、《麟德曆》和《大衍曆》。另有一次是中宗時的《神龍曆》，因中宗暴死、睿宗即位，加上曆法編製本身存在一些問題，頒佈不久即停止施行。安史之亂後所改的五次，便是《寶應五紀曆》、《建中正元曆》、《元和觀象曆》、《長慶宣明曆》，和《景福崇玄曆》。曆法的更改和修訂，在唐以前，亦是經常的事。如秦和西漢初使用的是《顓頊曆》，用了一百多年，到漢武帝元封七年（西元前一〇四年），便改用《太初曆》，這一年亦隨之改元為太初元年。東漢用《四分曆》，東漢末年，又有劉洪編了《乾象曆》。魏晉南北時期，曆法的變更也很多，其中行用較久的則為南朝宋祖沖之的《大明曆》。隋初有道士張賓編製的《開皇曆》，到開皇二十年（西元六〇〇年），又由劉焯新編了《皇極曆》。

中國歷史上曆法變更之所以如此頻仍，從根本上說，是古人對天象的認識不斷深化，包括觀察和記錄天象的工具日趨完善，天文學作為一門科學在曲折中逐步向前發展的一種反映。

世界上的曆法，可以分成三類：以太陽運動為主要依據的稱陽曆，以月亮運動為主要依據的為陰曆，兼顧這兩種運動的曆法便是陰陽曆。我國古代的曆法，自有文字記載以來，所使用的都是陰陽曆。運用圭表測量每天日影長度的變化，從而確定大體上三百六十五又四分之一日為一個回歸年的週期，這也就是說，年和日的測定是以地球與太陽之間的運動規律為依據，屬於陽曆的計算方法。但月的測定，則用的是陰曆的方法，是以地球為觀察點的月球的運動規律，一個朔望月的週期是二十九天半略長。據此安排一年中的十二個月必然是大、小月相間，且十二個月總共為三百四十四天，與一個回歸年相較，還差十一又四分之一日。插入一個閏月，以使分別用陰陽兩種曆法確定的月與年協調起來。大體上，二百三十五個朔望月的總日數，相等於十九個回歸年。但若每年以十二個月計，十九年為二百二十八個月，尚差七個月，故我國曆法採用「十九年七閏」制。古人為認識到這一點，付出了大量的心力和時間，這其中便包括一次次的曆法的修訂和改易。直到東漢《四分曆》的問世，才比較完備地反映了上述特點。但事實上，《四分律》在我國曆法史上還不能算是最成熟的。隨著觀察和認識的深入，人們逐步發現，不僅月亮圓缺一次的週期是有變化的，一年中，地球繞太陽公轉在不同時段的速度也是有變化的。這個問題牽涉每年的兩至（冬至、夏至）兩分（春分、秋分）及二十四節氣如何準確測定，關係重大。對此北齊的張子信，最先作了精細的觀察。他在一個海島上作了三十餘年觀測，終於發現了太陽視運動的不均勻現象。他指出：「日行在春分後則遲，秋分後則速。」（《隋書・天文志》）其後，隋朝的劉焯開始將這種發現應用於曆法，而貢獻最突出的，則要數本章原注中提到的，「嵩山僧一行」。由一行承旨制定的《大衍曆》指出:「日南至,日行最急,急而漸損,至春分及中,而後遲,至北日至,其行最舒,而漸益之。以至秋分,又及中。而後益急。」(《新唐書・曆志》)現代天文學已經證實,地球圍繞太陽運轉的速度不是均等的,在近日點前後要快一些,而在遠日點附近則相對慢一些。古人是以地球為觀察中心,因而上述引文所指的是太陽的視運動在冬至日最快,夏至日最慢,春分與秋分日速度適中。《大衍曆》正是依據這一原理,規定冬至前後每一個節氣的間隔只有十四日略多,而夏至日前後的每個節氣日間隔,則接近於十六日。《大衍曆》是在吸收前人許多長處後完成的,全書共七篇,立法整齊,為後世所效法。當時,依據《大衍曆》推得開元十二年(西元七二四年)七月朔和開元十三年十二月朔,都將有日蝕。但後來這兩次日蝕卻都未曾觀測到。可能出於避禍的考慮,一行說這不是他曆法計算上有誤,而是唐玄宗的德行感動了上天,所以才避免了日蝕。其實,據近代學者朱文鑫的研究,這兩次日蝕都是曾經發生過的,只是一次是當時在中國地面觀察不到;另一次則初虧已近地平,帶蝕而入,難以觀測罷了。這除了說明一行的計算方法還不夠精確完備以外,也反映了其時世界各民族的視野還因科學技術發展水平較低而受到較多限制這樣一個共同性的問題。至於皇帝德行可以避免日蝕云云,則是當時籠罩全社會的帝王思想折射到一位出色的天文學家心靈上而留下的可悲復可嘆的陰影。

開元十二年(西元七二四年),在太史令南宮說的組織和主持下,全國十個測影點同時進行了冬至、夏至和春分、秋分日日影的實測,在我國天文學發展史上可謂空前之舉,意義深遠。後來,一行編製《大衍曆》時,載錄了這次全國性的共同實測十個測影點所測到的數據。這些數據或可補本章原注之不足,特從《舊唐書・天文志》摘錄如下:

林邑國,北極高十七度四分。冬至影在表北六尺九寸。定春秋分影在表北二尺八寸五分,夏至影在表南五寸七分。

安南都護府,北極高二十六度六分。冬至影在表北七尺九寸四分。定春秋分影在表北二尺九寸三分,夏至影在表南三寸三分。

朗州武陵縣,北極高二十九度五分。冬至影在表北一丈五寸三分。定春秋分影在表北四尺三寸七分半,夏至影在表北七寸七分。

襄州。恆春分影在表北四尺八寸。

蔡州上蔡縣武津館，北極高三十三度八分。冬至影在表北一丈二尺三寸八分。定春秋分影在表北五尺二寸八分，夏至影在表北一尺三寸六分半。

許州扶溝，北極高三十四度三分。冬至影在表北一丈二尺五寸三分。定春秋分影在表北五尺三寸七分，夏至影在表北一尺四寸四分。

汴州浚儀太岳臺，北極高三十四度八分。冬至影在表北一丈二尺八寸五分。定春秋分影在表北五尺五寸，夏至影在表北一尺五寸三分。

滑州白馬，北極高三十五度三分。冬至影在表北一丈三尺。定春秋分影在表北五尺三寸六分，夏至影在表北一尺五寸七分。

太原府。恆春分影在表北六尺。

蔚州橫野軍，北極高四十度。冬至影在表北一丈五尺八寸九分。定春秋分影在表北六尺六寸三分，夏至影在表北二尺二寸九分。

六

靈臺郎二人，正八品下。掌習知天文。周文王❶受命而作邑于豐❷，立靈臺，所以觀祲象❸，察氣之妖祥也。《詩》❹云：「經始靈臺❺。」鄭玄❻曰：「觀臺而曰『靈』者，言文王化行，似神之精明，故以名也。」《春秋傳》❼曰：「公既視朔❽，遂登靈臺以望，而書雲物。」亦其制也。其在《周官》❾，則馮相氏❿登高臺，以掌其事；漢則雜候上林⓫清臺。後漢又作靈臺，掌候日月氣⓬，而屬太史；太史有二丞，其一在靈臺。《漢官》⓭云：「靈臺員使⓮十三人，靈臺待詔四十六人[15]。」魏太史有靈臺令[16]丞，主候望、頒歷。晉、宋、齊、梁、陳太史皆有靈臺丞[17]。隋太史置天文博士，掌教習天文氣色。皇朝因隋，置天文博士二人，正八品下。長安四年[18]省天文博士之職，置靈臺郎以當之。

天文生六十人。隋氏置，皇朝因之。年深者，轉補天文觀生。

靈臺郎掌觀天文之變而占候[19]之。凡二十八宿[20]，分為十二次[21]：寅為析木[22]，燕之分[23]；自尾十度至斗十一度[24]。卯為大火[25]，宋之分[26]；自氐五度至尾九度[27]。辰為壽星[28]，鄭之分[29]；自軫十二度至氐四度[30]。巳為鶉尾[31]，楚之分[32]；自張十五度至軫十一度[33]。午為鶉火[34]，周之分[35]；自柳九度至張十六度[36]。未為鶉首[37]，秦之分[38]；自井十六度至柳八度[39]。申為實沈[40]，魏之分[41]；自畢十二度至井十五度[42]。酉為大梁[43]，晉之分[44]；自胃七度至畢十一度[45]。戌為降婁[46]，魯之分[47]；自奎五度至胃六度[48]。亥為娵訾[49]，衛之分[50]；自危十六度至奎四度[51]。子為玄枵[52]，齊之分[53]；自女八度至危十五度[54]。丑為星紀[55]，吳、越之分[56]。自斗十二度至女七度[57]。所以辯[58]日月之纏次[59]，正星辰之分野[60]。凡占天文變異，日月薄蝕，五星陵犯[61]，有石氏[62]、甘氏[63]、巫咸[64]三家中外官占。凡瑞星、祅星、瑞氣、祅氣[65]，有諸家雜占。凡測候晷度，則以游儀[66]為其準。

【章　旨】敘述靈臺郎之定員、品秩及職掌，並由其職掌而列敘十二次、二十八宿和與之對應的分野。

【注　釋】❶周文王　姓姬，名昌，商紂時被封為西伯，因亦稱伯昌。營建豐邑（今陝西長安灃河以西），以為國都。前後在位五十年，死後謚為文王。在其統治期間，先後攻滅黎、邘、崇等國，亦曾被商紂囚禁於羑里（今河南湯陰北）。❷豐　亦作「酆」。與鎬京同為西周國都。其故址在今陝西長安灃河以西。《史記・周本紀》：文王「伐崇侯虎而作豐邑，自岐下而遷都豐」。❸祲象　古代指妖氛之徵象。《左傳・昭公十五年》：「吾見赤黑之祲。」杜預注：「祲，妖氛也。」孔穎達疏引鄭玄云：「祲，陰陽氣相侵漸成。」此種祲象之不同變化，被認為能預示人間之吉凶。❹詩　即《詩經》，儒家經典之一。編成於春秋時代，是我國最早的詩歌總集。共三百零五篇，分風、雅、頌三大類，大抵多係西周至春秋中葉作品。❺經始靈臺　句出《詩經・大雅・靈臺》。全詩敘寫周王建築靈臺和遊觀靈囿靈沼及在辟雍奏樂自娛的情景。共五章，每章四句，此處所引為首章首句。靈臺，即觀察天象的高臺，故址在今陝西西安西北。❻鄭玄　字康成，北海高密（今山東高密東）人。少為鄉嗇夫，漢獻帝建安中曾徵拜為大司農。師事馬融，徧注《毛詩》、《尚書》、《周易》、《禮記》、《儀禮》、《論語》、《孝經》等儒家經典，唐貞觀中，被列為從祀孔廟。❼春秋傳　漢儒所作《春秋》緯書之一。❽視朔　意謂視聽朔日之政。周制，天子每年於秋冬之交把第二年的曆書頒給諸侯，稱「告朔」；諸侯於每月朔日告廟聽政，稱「視朔」或「聽朔」，又稱「告月」。杜預注《春秋・文公六年》「閏月不告月」句：「諸侯必每月告朔聽政，因朝宗廟。」❾周官　亦稱《周禮》，儒家經典之一。由戰國時儒生搜集周王室官制和戰國時各國制度，附會以儒家政治理想，增減排比彙編而成。❿馮相氏　官名。《周禮》春官之屬，負責天文星象曆法之推步。《周禮・春官》：馮相氏「掌十有二歲，十有二月，十有二辰，十日，二十有八星位，辨其敘事，以會天位，冬夏致日，春秋致月，以辨四時之敘」。⓫上林　漢代之宮廷後苑。⓬掌候日月星氣　《後漢書・百官二》作「掌候日月星氣」；此處「日月」下似應補一「星」字。候，伺望；偵察。⓭漢官　書名。《隋書・經籍志》著錄為五卷，應劭注，作者無錄。《通志略》曰今存一卷。其佚文僅見於《續漢書》之〈百官志〉注和〈郡國志〉注，內容側重於公卿員吏的人數和品秩，並附記諸郡郡治距京師洛陽之里程。清孫星衍有輯佚本一卷。⓮員使　據南宋本及《職官分紀》卷十七當為「員吏」。⓯靈臺待詔四十六人　《職官分紀》卷十七引《唐六典》原注此句作「待詔四十二人」。「六」似係「二」之誤。又，《後漢書・百官二》注引《漢官》曰：「靈臺待詔四十二人，其十四人候星，二人候日，三人候風，十二人候氣，三人候晷影，七人候鍾律，一人舍人。」⓰令　據南宋本此「令」字衍。靈臺令僅置於十六國前燕、後秦等國。⓱晉宋齊梁陳太史皆有靈

臺丞　《晉書・職官志》稱「太史令一人，丞一人」，丞主靈臺。《隋書・百官上》稱梁「太史別有靈臺丞」。陳依梁制。⑱長安四年　即西元七〇四年。長安為武則天稱帝時年號。⑲占候　指依據天象變化以預測吉凶。《後漢書・郎顗傳》：「能望氣占候吉凶。」⑳二十八宿　亦稱二十八舍或二十八星。是我國古代天文學家為比較日、月、五星的運動而在黃、赤道帶附近選定的二十八個星區，作為觀察時的標誌。每個區域稱一宿，總計二十八宿。有了二十八宿的區劃，天空上的恆星構成了一個有序的排列，日月星辰在天空位置的變動，亦可在與其對照中加以說明。二十八宿又被分為四組，每組七宿，分佈於東、西、南、北四個方位，並使之與青、紅、白、黑四種顏色，以及龍、鳥、虎、玄武（龜蛇）四種動物形象相配。東方青龍七宿是角、亢、氐、房、心、尾、箕，南方朱雀七宿是井、鬼、柳、星、張、翼、軫，西方白虎七宿是奎、婁、胃、昴、畢、觜、參，北方玄武七宿是斗、牛、女、虛、危、室、壁。㉑十二次　我國古代把一周天劃分為十二個部分的一種天文觀測方法。這種劃分是以歲星（即木星）的運行軌跡為依據的。古人以為歲星十二年運行一周天，因而把周天分為十二次，用以表示歲星每年所在的位置。次，意為停留。十二次的分界，最初是沿著赤道，至唐朝而改為沿著黃道劃分。十二次的名稱始於戰國，中經演變，迄漢而定型，《漢書・律曆志》記為：星紀、玄枵、娵訾、降婁、大梁、實沈、鶉首、鶉火、鶉尾、壽星、大火、析木。十二次與二十八宿比較，二十八宿產生在前，十二次出現在後；二十八宿對周天是不規則的劃分，十二次則是大體等分；二十八宿主要是曆數家用來表示日月的位置，十二次則通常是星占家用來表示五大行星的位置。十二次之所以在戰國時通行，還因為它可以用來紀年，使當時列國除了各自的紀年以外，又以這個歲星的紀年為共同的紀年，便於相互交往。此外，十二次在占星術中還被用作分野的一種系統，詳後注。㉒寅為析木　析木為十二次之一。以十二次配十二辰，析木為寅。㉓燕之分　燕，指古燕國之地，今河北北部和遼寧西部地區。分，指分野。意謂與析木之次相對應的地上的分野為燕之故地。《舊唐書・天文下》稱：「其分野：自勃海九河之北，盡河間、涿郡、廣陽國，及上谷、漁陽、右北平、遼東、樂浪、玄菟。古之北燕、孤竹、無終及東方九夷之國，皆析木之分也。」分野為我國古代星占術中的一個概念。這種學說認為天上發生的變異是與地上發生的事件相對應的，因而天象的變化便是人間吉凶的預示。在這種觀念影響下，先以十二次，後來又有以二十八宿，與地上某些特定的區域對應起來，這就是所謂分野。由於分野之說起始於春秋戰國期間，與十二次對應的便是地上的各諸侯國，如實沈的分野為趙國，大火為宋國，鶉火為周國等。《呂氏春秋・有始覽》則是按照中央及八方位把天分為九野，順序配以二十八宿，其中八野各配三宿，獨北方則配以四宿。《漢書・地理志》也是以二十八宿的次序配以地上的區域。古代星占家創此分野說的目的，是為了用星象的變化來預卜某一特定地區的吉凶，而這種預卜又往往與當時朝廷內外某種政治需要聯繫在一起的，《魏書・崔浩傳》就記載了崔浩借助星象分野把某種天象變化附會成為政治預言的事：「姚興死之前歲也，太史奏：熒惑（即火星）在匏瓜星中，一夜忽然亡失，不知所在。或謂下入危亡之國，將為童謠妖言，而後行其災禍。太宗（拓跋嗣）聞之大驚，乃召諸碩儒數十人，令與史官求其所詣。浩對曰：『案《春秋左氏傳》說，神降於莘，其至之日，各以其物祭也。請以日辰推之，庚午之夕，辛未之朝，天有陰雲，熒惑之亡，當在此二日內。庚之與未，皆主於秦，辛為西夷。今姚興據咸陽，是熒惑入秦矣。』諸人皆作色曰：『天上失星，人安能知其所詣，而妄說無徵之言。』浩笑而不應。後八十餘日，熒惑果出於東井，留守盤遊，秦中大旱赤地，昆明池水竭，童謠訛言，國內諠擾。明年，姚興死，二子交兵，三年國滅。於是諸人皆服曰：『非所及也。』」崔浩是通過這次占候，才取得北魏帝王的信任，進入高層決策領導層的。此事若就天文學而言，崔浩無非是預報了一次在地球上看來火星的異常運動。因為他知道火星有順留逆行等各種運動狀況，也知道火星的軌道與黃道接近，所以他能預言火星將向西順行，並將停留在當時的秦國上空，可能他對秦國上層的內部矛盾也有所瞭解，他巧妙地利用了這一切，於是使一次平常的天象預報，轉化成為一個政治預言，並獲得了成功。㉔自尾十度至斗十一度　指析木之次的入宿度，即其在赤經三六五度上所包括的區域。二十八宿每一宿都有一個標準星，稱為距星，離此距星之赤經差便是入宿度，或稱距度。下宿距星與本宿距星之間的赤經差，則稱本宿距度。析木之次所包括的赤經區域，涉及到尾宿、箕宿和斗宿，自尾宿十度起至斗宿十一度，析木的赤經區域大體有三十度之寬。其中尾宿的宿距度為十八度，起於十度，留在析木區的有八度；箕宿和斗宿的宿距度各十一度。又，本章原注所載十二次之度數，依據的是《晉書・天文上》，由晉太史令陳卓所言郡國入宿度而來，與唐代開元時測定的入宿度，即赤道宿度有較多差異。《舊唐書・天文下》所記之十二次入宿度即為赤道宿度，析木之次為「寅初起尾七度，中箕星五度，終斗八度」。下同，只同時抄錄舊唐志所記，不再另作說明。㉕卯為大火　大火為十二次之一，配以十二辰中之卯。㉖宋之分　指與大火之次相對應的地上分野為古宋國，有今河南東部和山東、江蘇、安徽間地。其與二十八宿對應的星宿為氐宿、房宿和心宿。《舊唐書・天文下》稱：「其分野：得漢之陳留縣，自雍丘、襄邑、小黃而東，循濟陰，界於齊、魯，右泗水，達于呂梁，乃東南抵淮，西南接太昊之墟，盡濟陰、山陽、楚國、豐、沛之地。自商、亳以負北河，陽氣所升也，為心分。自豐、沛以負南河，陽氣之所布也，為房分。故其下流皆與尾星同占，西接陳、鄭，為氐星之分。」㉗自氐五度至尾九度　指大火之次的入宿度。《舊唐書・天文下》則記為「初起氐二度，中房二度，終尾六度」。㉘辰為壽星　壽星，十二次之一，配以十二辰中之辰。㉙鄭之分　指與壽星之次相對應的分野為古鄭國，相當於今之河南中部。其與二十八宿對應的星宿為角宿和亢宿。《舊唐書・天文下》稱：「其分野，自原武、管城濱河、濟之南，東至封丘、陳留，盡陳、蔡、汝南之地，逾淮源至于弋陽。西涉南陽郡，至于桐柏，又東北抵嵩之東陽。古陳、蔡、隨、許皆屬壽星之分也。」㉚自軫十二度至氐四度　指壽星之次的入宿度。《舊唐書・天文下》則記為「初起軫十度，中角八度，終氐一度」。㉛巳為鶉尾　鶉尾，十二次之一，配以十二辰中之巳。㉜楚之分　指與鶉尾之次相對應的分野為古楚國之地，包括今湖南、江西及兩廣等地。其與二十八宿對應的星宿為翼宿、軫宿。《舊唐書・天文下》稱：「其分野：自房陵、白帝而東，盡漢之南郡、江夏，東達廬江南郡，濱彭蠡之西，得漢長沙、武陵、桂陽、零陵郡。又逾南紀，盡鬱林、合浦之地。」㉝自張十五度至軫十一度　指鶉尾之次的入宿度。句中「十五度」，《晉書・天文志》為「十七度」。鶉尾之次的入宿度，《舊唐書・天文志》則記為：「初起張十五度，中翼十二度，終軫九度。」㉞午為鶉火　鶉火為十二次之一，配以十二辰中之午。㉟周之分　指與鶉火之次相對應的分野為古周地，即今河南、陝西的部分地區。其與二十八宿相對應的星宿為柳宿、星宿和張宿。《舊唐書・天文下》稱：「其分野：北自滎澤、滎陽並京索，暨山南，得新鄭、密縣，至於方陽。又自洛邑負河之南，西及函谷南紀，達武當漢水之陰，盡弘農郡。古成周、虢、鄭、管、鄶、東虢、密、滑、焦、唐、申、鄧，皆鶉火之分也，及祝融氏之都。」㊱自柳九度至張十六度　指鶉火之次的入宿度。《舊唐書・天文下》則記為：「初起柳七度，中七星七度，終張十四度。」㊲未為鶉首　鶉首為十二次之一，配以十二辰中之未。㊳秦之分　指與鶉首相對應的分野為古秦國，指今陝西、甘肅的部分地區。其與二十八宿對應的星宿為東井、輿鬼。《舊唐書・天文下》稱：「其分野：自漢之三輔及北地、上郡、安定，西自隴坻至河西，西南盡巴、蜀、漢中之地，及西南夷犍為、越巂、益州郡，極南河之表，東至牂柯，皆鶉首之分也。」㊴自井十六度至柳八度　指鶉首之次的入宿度。《舊唐書・天文下》：「初起井十二度，中井二十七度，終柳六度。」㊵申為實沈　實沈為十二次之一，配以十二辰中之申。㊶魏之分　指與實沈之次相對應的分野為古魏之地，相當於今之山西地區。其與二十八宿對應的星宿為觜、參。《舊唐書・天文下》稱：「其分野：得漢河東郡及上黨、太原，盡西河之地。又西河戎狄之國，皆實沈之分也。」㊷自畢十二度至井十五度　指實沈之次的入宿度。《舊唐書・天文下》則記為「初起畢十度，中參七度，終井十一度」。㊸酉為大梁　大梁為十二次之一，配以十二辰中之酉。㊹晉之分　指與大梁之次相對應的分野為古晉之地，相當於今山西西南部。其與二十八宿對應的星宿為昴宿和畢宿。又，《晉書・天文志》作「趙之分」。《舊唐書・天文下》稱：「其分野：自魏郡濁漳之北，得漢之趙國、廣平、鉅鹿、常山，東及清河、信都，北據中山、真定。又北盡漢代郡、雁門、雲中、定襄之地，與北方群狄之國，皆大梁分也。」亦多為古趙國之地。㊺自胃七度至畢十一度　指大梁之次的入宿度。《舊唐書・天文下》則記為「初起胃四度，中昴六度，終畢九度」。㊻戌為降婁　「戍」當是「戌」之誤。降婁為十二次之一，配以十二辰中之戌。㊼魯之分　指與降婁之次相對應的分野為古魯國，相當於今山東地區。其與二十八宿對應的星宿為奎、婁及胃。《舊唐書・天文下》稱：「其分野：南屆鉅野，東達梁父，以負東海。又東至于呂梁，乃東南抵淮水，而東盡于徐夷之地。得漢東平、魯國。蓋中國膏腴之地，百穀之所阜也。」㊽自奎五度至胃六度　指降婁之次的入宿度。《舊唐書・天文下》則記為「初起奎二度，中婁一度，終胃三度」。㊾亥為娵訾　娵訾為十二次之一，配以十二辰中之亥。㊿衛之分　指與娵訾之次相對應的分野為古衛國，相當於今豫、魯、冀三省交界的地區。其與二十八宿相對應的星宿為營室和東壁。《舊唐書・天文下》稱：「其分野：自王屋、太行而東，盡漢河內之地，北負漳、鄴，東及館陶、聊城，東盡漢東郡之地。」(51)自危十六度至奎四度　指娵訾之次的入宿度。《舊唐書・天文下》則記為「初起危十三度，中室十二度，終奎一度」。(52)子為玄枵　玄枵為十二次之一，配以十二辰中之子。(53)齊之分　指與玄枵之次相對應的分野為古齊國所在地區，相當於今山東省北部。其與二十八宿相對應的星宿為女、虛、危三宿。《舊唐書・天文下》稱：「其分野：自濟北郡東踰濟水，涉平陰至于山茌，東南及高密，東盡東萊之地，又得漢之北海、千乘、淄川、濟南、濟郡，及平原、渤海，盡九河故道之南，濱于碣石。」(54)自女八度至危十五度　指玄枵之次的入宿度。《舊唐書・天文下》則記為「初起女五度，中虛九度，終危十二度」。(55)丑為星紀　星紀為十二次之一，配以十二辰中之丑。(56)吳越之分　指與星紀之次相對應的分野為古吳、越二國所在地，相當於今江蘇、安徽、浙江、江西、福建等省區。其與二十八宿相對應的星宿為斗宿和牛宿。《舊唐書・天文下》稱：「其分野：自廬江、九江，負淮水之南，盡臨淮、廣陵，至于東海，又逾南河，得漢丹陽、會稽、豫章郡，西濱彭蠡，南涉越州，盡蒼梧、南海。古吳、越及東南百越之國，皆星紀分也。南斗在雲漢之下流，當淮、海之間，為吳分。牽牛去南河寖遠，故其分野自豫章東達會稽，南逾嶺徼，為越分。」(57)自斗十二度至女七度　指星紀之次的入宿度。《舊唐書・天文下》則記為「初起斗九度，中斗二十四度，終女四度」。(58)辯　通「辨」。(59)纏次　亦作「躔次」。指日月星辰運行的度次。所以稱躔，取義於獸走過的足跡。(60)星辰之分野　指星辰在天空的位置，與其相對應的在地上的地區。古人宥於當時的視野，所謂地上的「分野」，僅為鄭、宋、燕、吳、越、齊、衛、魯、趙、魏、秦、周、楚等十二國故地，亦就是習慣上稱為中原及關中地區而已。(61)日月薄蝕五星陵犯　古人把日、月與歲星（木星）、填星（土星）、辰星（水星）、太白（金星）、熒惑（火星）這五顆行星合在一起稱為七曜，以七曜在運行過程中的變異，來預卜人事之吉凶。日月薄蝕，指日蝕和月蝕；五星陵犯，如月蝕五星，五星內木與土合，木與火合等，都被視為人間將發生災變的徵兆。《晉書・天文志》稱：日月行有道之國則光明，人君吉昌，百姓安寧。日失色，所臨之國不昌。日蝕，陰陽侵，臣掩君之象，有亡國之兆，為此三公要免官待罪，如魏文帝黃初二年（西元二二一年）六月戊辰晦，日有蝕之，有司奏免太尉。又如月蝕五星：認為月蝕歲星以饑，蝕熒惑以亂，蝕填星以殺，蝕太白以強國戰，蝕辰以女亂。再如五星之見伏、留行、逆順、遲速，若違曆錯度，失路盈縮，則又視為將有亡國革政兵饑喪亂之禍，都須作出某些應變措施，以求轉危為安。(62)石氏　指石申，戰國中期天文學家，魏國人。著有《天文》八卷，西漢以後此書被尊為《石氏星經》，今佚。《隋書·經籍志》著錄有《石氏星簿經讚》一卷。唐《開元占經》輯錄有大量片段材料，其中有二十八宿距星和一百二十一顆恒星赤道位置的坐標記載，現國際公認為世界最早的星表。(63)甘氏　指甘德，戰國中期的天文學家，齊國人。著有《天文星占》八卷，今佚。《隋書·經籍志》著錄有《甘氏四七法》一卷。相傳他所測定的恒星有一百十八座，五百十一個。唐代以前的目錄著作中，甘石二氏一直作為並存的不同的二家，現今傳世的《甘石星經》係後人編合，且雜有屬於巫咸的星座。(64)巫咸　一作巫戊，商王太戊的大臣。傳為筮卜的創始者，又是占星家。後世有偽託他所測定的恒星圖。《隋書·經籍志》著錄有《巫咸五星占》一卷。(65)瑞星祆星瑞氣祆氣　所列均為日月五星以外之星象，古人總稱之為雜星氣。《晉書·天文中》：「圖緯舊說，及漢末劉表為荊州牧，命武陵太守劉叡集天文眾占，名《荊州占》。其雜星之體，有瑞星，有妖星，有客星，有流星，有瑞氣，有妖氣，有日月傍氣。」據晉志所列，瑞星，如「景星，如半月，生於晦朔，助月為明」；妖星，如「彗星，所謂埽星，本類星，末類彗，小者數寸，長或竟天。見則兵起，大水。主埽除，除舊布新。有五色，各以五行本精所主。史臣案：彗體無光，傅日而為光，故夕見則東指，晨見則西指。在日南北，皆隨日光而指。頓挫其芒，或長或短，光芒所見則為災」；瑞氣，如「慶雲。若煙非煙，若雲非雲，郁郁紛紛，蕭索輪囷，是謂慶雲，亦曰景雲。此喜氣也，太平之應」；妖氣，如「一曰虹蜺，日旁氣也，斗之亂精，主惑心，主內淫，主臣謀君，天子詘，后妃顓，妻不一。二曰牂雲，如狗，赤色，長尾，為亂君，為兵喪」。(66)游儀　全稱為黃道游儀。由渾儀發展而來，用以測定恒星經（入宿度）、緯（去極度）兩個方向的座標。《隋書·天文志》詳細載錄東晉前期石趙太史丞孔挺所造游儀之形制，云其左右用八柱相固，上有兩重雙圓環，在第二重雙環之間有一根窺管，可以繞著雙環中心貼著雙環面旋轉，轉動四游圜，使管子指向天體所在的赤經線上。唐初李淳風又在此基礎上製造了更精密的渾天黃道儀。開元九年（西元七二一年）一行又改進了李淳風的設計，兩年後製成了新的銅鑄黃道游儀，並用以測量月亮的運行軌跡及一些恒星的黃赤道度數和去極度、入宿度等，對《大衍曆》的修訂起了很大的作用。

【語譯】靈臺郎，定員二人，品秩為正八品下。它的職掌要求是通曉天文。周文王受天命在豐地修建都城，同時在都城建立靈臺，用來觀察由於陰陽相侵的祲象，考察氣象是屬於吉祥還是妖孽。《詩・大雅・靈臺》中有「經始靈臺」這一句，鄭玄注解說：「觀察天象的高臺之所以稱為『靈』，是說文王的教化風行天下，就像神靈一樣精微明察，所以就做了臺的名稱。」《春秋傳》說：「公在朔日聽政以後，就登上靈臺觀察天象，記錄下雲氣的狀況。」這亦就是設置靈臺郎的制度。這在《周禮》的記載上，就由馮相氏登高臺，掌管觀察天象這件事。在漢代，有上林苑清臺，用來觀測氣象。東漢又修築靈臺，負責占候日月星氣的變化，屬於太史管轄；太史下面設置兩個丞，其中一丞就分管靈臺的事務。《漢官》記載說：「靈臺設有員使（吏），定員十三人；又設待詔，定員四十六（二）人。」三國魏的太史，設有靈臺丞，主持對天象的伺候和觀察，並編製來年的曆法。晉朝和南朝的宋、齊、梁、陳的太史，都設有靈臺丞。隋朝的太史設有天文博士，職掌是教天文生學習觀察天象氣色。本朝因承隋朝的體制，設置天文博士二人，品秩是正八品下。武周長安四年，廢省了天文博士，另外設置靈臺郎，作為替代。

天文生，定員六十人。隋朝開始設置，本朝因承隋制。天文生中年資深的，可以轉補為天文觀生。

靈臺郎的職掌是觀察天象變化，占候出它所顯示的吉凶。天上共有二十八星宿，又分為十二次。十二次與十二辰相對應，又與地上的分野相對應：寅是析木之次，地上相對應的分野是古代燕國所在的區域；從尾宿十度，到斗宿的十一度。卯是大火之次，地上相對應的分野是古代的宋國所在的區域；從氐宿五度，到尾宿的九度。辰是壽星之次，地上相對應的分野是古代鄭國所在的區域；從軫宿十二度，到氐宿四度。巳是鶉尾之次，地上相對應的分野是古代楚國所在的區域；從張宿十五（七）度，到軫宿十一度。午是鶉火之次，地上相對應的分野是古代周國所在的區域；從柳宿九度，到張宿十六度。未為鶉首之次，地上對應的分野是古代秦國所在的區域；從井宿十六度，到柳宿八度。申為實沈之次，地上對應的分野為古代魏國所在的區域；從畢宿十二度，到井宿十五度。酉是大梁之次，地上相對應的分野為古代晉國所在的區域；從胃宿七度，到畢宿十一度。戌（戍）是降婁之次，地上相對應的分野是古代魯國所在的區域；從奎宿五度，到胃宿六度。亥是娵訾之次，地上相對應的分野是古代衛國所在的區域；從危宿十六度，到奎宿四度。子是玄枵之次，地上相對應的分野是古代齊國所在的區域；從女宿八度，到危宿十五度。丑是星紀之次，地上相對應的分野是古代吳國、越國所在的區域；從斗宿十二度，到女宿七度。以上這些劃分和數據，都是用來辨別日、月所駐足停留的次序，校正二十八宿和十二次在地上相對應的分野。凡是占驗天象上的變異、日蝕和月蝕，五星受到侵犯，可以石氏、甘氏、巫咸三家星經作為依據，由京師內外相關官員占驗。凡是雜星氣象的變化，譬如瑞星、祆星、瑞氣、祆氣，各家都有占候的書籍。凡是測候日月五星及雜星和星宿的入宿度、去極度，那就可以黃道游儀為準繩。

【說明】靈臺，可說就是古代的天文臺。據傳說，夏代就有了天文臺，叫清臺，商代稱神臺，至周代才稱為靈臺。西漢一度稱清臺，東漢復稱靈臺。據記載，東漢靈臺高三丈，有十二個門（見《後漢書・光武帝紀》中元元年十一月條下李賢注引《漢宮閣疏》）。經學者考證，其位置在洛陽南郊，今河南之偃師，佔地達四萬多平方公尺。中心是一方形高臺，四周有上下平臺兩層，高約二十公尺，臺基的寬度約五十公尺。平臺之間有坡道，兩層平臺上各建有房十間。此臺一直沿用到曹魏和西晉，到北魏時才廢棄不用。唐代南宮說曾在相傳為周公測過日影的地方——陽城（今河南登封縣告成鎮）樹立石表，元明兩代相繼為之重修，故至今尚存。石表實際上是一座觀星臺，由表與圭組成：其高臺為表，臺下之長堤即是圭，又被稱為「量天尺」。它是現存的我國古代較為完整的天文臺建築。

靈臺就是現今的天文臺，但靈臺郎卻不像現代天文臺長那樣是純粹的天文學家，按本章規定，他「觀天文之變」以後，還得「占候之」，就是說考究的是所謂「天人之際」，即通過對天象的觀察來預言人間吉凶禍福的對應關係，因而在相當大的程度上屬於星占學的範疇。太史的設置，在我國源遠流長，一直可以上溯到傳說時代顓頊時的重和黎，虞夏時代的羲氏與和氏，司馬談就把自己的祖先追敘到那個時期，說明他們的家族世代為太史。天人合一的觀念，在中國亦源遠流長，它形成為完整的思想體系，即當是在戰國陰陽家出現以後，一直到《呂氏春秋》才在文字上有了較為系統的表述和概括。如這部百科全書式的巨著中的「十二紀」，把人的社會政治活動和生產活動與天象的自然運動諧和地構成同一個運動週期，勾畫出人與天象之間全方位的對應關係，日月星辰的變異都與人間的吉凶禍福聯繫了起來。〈制樂〉篇所謂「今室閉戶牖，動天地，一室也」，講的就是君王即使室閉於戶牖，他的一言一行，甚至一個意念，都能感應於天地，〈至樂〉篇進而認為人事亦能直接影響天命：「見祥而為不善則福不至」，「見妖而為善則禍不至」。在這種觀念支配下，像本章中所敘述的那樣把星、氣分成「瑞星、祆星、瑞氣、祆氣」，對純粹的自然現象作出道德分類，便是很自然的事了。我們在上章說明中提到的僧一行測得開元十年、十三年（西元七二四、七二七年）各有一次日蝕，但在當時中原地區都未能觀察到，他所作的解釋玄宗德行感動上天云云，亦就是《呂氏春秋》中「見妖而為善則禍不至」理論的具體運用。

天人合一思想，從它樸素的原始狀態，逐步發展成為較為完備的理論狀態後，便以一種帝王統治術的面目出現在當時理論界。《呂氏春秋》在表述這種思想時，一再申明它是一種「君道」，即帝王南面術，亦就是說，這時候「天人合一」中的「人」，不是常人，而只能是帝王。這樣，也就不難理解，我國古代的天文論著在描述天象中各個星座時，很自然地把地國裡帝王將相以至後宮嬪妃一套組織系統及其列位等次一起搬上了天空。《漢書・天文志》對各恆星座便是這樣描述的：「中宮，天極星，其一明者，泰一常居也」，那便是皇帝；「傍三星，三公，或曰子屬。後句四星，末大星正妃，餘三星後宮之屬也。環之匡衛十二星，藩臣。皆曰紫宮」，都成了皇帝的后妃或臣屬。北斗七星亦被視為皇帝陛下的文官武將：「斗魁戴筐六星，曰文昌宮，一曰上將，二曰次將，三曰貴相，四曰司命，五曰司祿，六曰司災。」它們不僅有如同地上百官那樣職司，而且如果相互鬧起彆扭來，亦會帶來災難：「魁下六星，兩兩而比者，曰三能。三能色齊，君臣和；不齊，為乖戾。柄輔星，明近，輔臣親彊；斥小，疏弱。」就像人間有「犯上作亂」的盜賊一樣，在天象中自然亦少不了所謂「賊星」、「祆星」之類，一旦它們「侵犯」了某一星宿，那就被視為與之對應的人或地區將有大禍臨頭。在這種思想指導下，歷代正史的〈天文志〉實際上大半內容屬於星占類書籍。如唐初人編的《晉書・天文志》共有上、中、下三卷，上卷記述天體、儀象、天文經星、二十八宿、十二次等，屬於天象描述，中、下二卷卻全是以星象占驗人事的內容了。如中卷的七曜、雜星氣、瑞星、妖星、客星、流星，以及史傳事驗，包括天變、日蝕、月變和五星聚舍等，下卷的月、五星犯列舍、經星變、妖星、客星、星流隕、雲氣等等，並各錄有大量應驗實例，似乎言之鑿鑿。讀著這些文字，一方面，因確實看到了我國古代在天文學這個領域內，包括理論探索、儀器製作和觀測記錄等等，都做出了令世人矚目的貢獻而頗感自豪，但另一方面卻又不無遺憾，同時產生一種遐想：如果沒有那麼多帝王思想的籠罩和星占神學的羈絆，讓天文學家們得以純粹自然科學家的姿態自由翱翔於天宇，那麼我國古代天文學將會有怎樣的輝煌啊！

七

挈壺正二人，從八品下。掌知漏刻❶。《周禮》❷有夏官挈壺氏❸、秋官司寤氏❹、春官雞人氏❺，凡三職，咸掌其事。自漢以後，太史掌之。皇朝長安四年❻始置。

司辰十九人，正九品下。掌漏刻事。隋置司辰二人，從第九品下❼；煬帝❽改為司辰師，本屬武侯府❾，大業三年隸於太史局❿。皇朝因之⓫。貞觀元年⓬除「師」字。

漏刻典事十六人。皇朝置，掌司漏刻之節⓭。

漏刻博士六人⓮。隋置，有品、秩，掌教漏刻生。皇朝降為流外也。

漏刻生三百六十人。隋置⓯，掌習漏刻之節，以時唱漏。皇朝因之，皆中、小男⓰為之，轉補為典鐘、典鼓。

典鐘二百八十人。皇朝置，掌擊漏鐘。

典鼓一百六十人。皇朝置，擊漏鼓。

挈壺正、司辰掌知漏刻。孔壺為漏，浮箭為刻，以考中星昏明之侯⓱焉。箭有四十八，晝夜共百刻。冬、夏之間有長短：冬至，日南為「發」⓲，去極一百一十五度，晝漏四十刻，夜漏六十刻；夏至，日北為「斂」⓳，去極六十七度，晝漏六十刻，夜漏四十刻；春、秋二分，發斂中⑳，去極九十一度，晝夜各五十刻。秋分已後，減晝益夜，九日加一刻；春分已後，減夜益晝，九日減一刻。二至前後則加減遲㉑，用日多；二分之間則加減速，用日少㉒。凡候夜漏以為更點之節，每夜分為五更，每更分為五點，更以擊鼓為節，點以擊鐘為節。

【章　旨】敘述挈壺正、司辰等定員、品秩、沿革及職掌。

【注　釋】❶漏刻　我國古代的一種計時器。漏指漏壺，刻是刻箭。最早的漏刻便是貯水於壺，並置一竹箭，水徐徐由壺底部細孔流出而水平面漸低，視竹箭刻度所示便可知時間。其後漏刻形制多有發展和改進，但其基本原理則相同。又，初製之漏壺其上部有一個提梁，因稱為挈壺。主管漏刻之官員亦因而稱為挈壺正。❷周禮　亦稱《周官》。儒家經典之一。係戰國儒生搜集周王室官制和戰國各國制度，並附會以儒家政治理想，增減排比彙編而成。❸夏官挈壺氏　《周禮》有天、地、春、夏、秋、冬六官。夏官設大司馬卿，執掌軍事。其下設挈壺氏，屬官有下士六人，史二人，徒十二人。挈壺氏之職掌是懸掛漏壺等器物以提示軍眾輪值時間和何處可以汲水、用糧等。《周禮・夏官》：「挈壺氏，掌挈壺以令軍井，挈轡以令舍，挈畚以令糧。凡軍事，懸壺以序聚欜；凡喪，懸壺以代哭者。皆以水火守之，分以日夜，及冬，則以火爨鼎水而沸之，而沃之。」❹秋官司寤氏　秋官，《周禮》六官之一。設大司寇卿，掌刑官。其下設司寤氏，屬官有下士二人，徒八人。司寤氏職掌為夜間警戒。以星宿分辨夜時之早晚。告示巡夜守值官吏實行宵禁。❺春官雞人氏　春官，《周禮》六官之一。設大宗伯卿，掌禮儀。其下設雞人氏，屬官有下士一人，史一人，徒四人。雞人氏職掌為供應祭祀之雞牲及呼報時辰。《周禮・春官》：雞人氏「掌共雞牲，辨其物。大祭祀，夜呼旦以叫百官。凡國之大賓客、會同、軍旅、喪紀，亦如之。凡國事為期，則告之時。凡祭祀面禳釁，共其雞牲」。❻長安四年　即西元七〇四年。長安為武周最後一個年號。❼隋置司辰人從第九品下　《隋書・百官志》載隋初之制云：右武侯「加置司辰師四人」。又開皇官品之制，「司辰師，為正第九品下」。員數、品秩，均與此處異。❽煬帝　隋朝皇帝楊廣。在位十四年，終年五十歲。❾武侯府　據南宋本等「侯」當為「候」。《隋書・百官下》載隋設有「左右武候，掌車駕出，先驅後殿，晝夜巡察，執捕姦非，烽候道路，水草所置」。其中右武候，「加置司辰師四人，漏刻生一百一十人」。❿大業三年隸於太史局　大業三年，西元六〇七年，大業為隋煬帝年號。《隋書・百官志》記是年改制云：「改太史局為監」，「置司辰師為八人」。⓫皇朝因之　《舊唐書・職官二》稱：「五官司辰十五員，正九品。舊挈壺正二員，從八品下，司辰十七人，正九品下。」與隋之員數、品秩有異。⓬貞觀元年　據南宋本當為「久視元年」。久視元年，即西元七〇〇年。久視為武則天稱帝時年號。⓭漏刻之節　指有關漏刻報時的規定。在唐代漏刻有較大改進，其制為將漏壺與箭壺分開，漏壺恆定地滴水，箭壺則接受滴水，由水的容積，把箭逐漸浮起，由箭上浮之刻度顯示當時時間。⓮漏刻博士六人　本卷目錄漏刻博士為九人。新舊《唐書》官志則分別為「六人」和「二十人」。諸書記載不盡相同，錄以備查。⓯隋置　隋在右武候置漏刻生一百一十人。⓰中小男　唐制四歲以上為「小」，十六歲稱「中」，二十一歲成「丁」。⓱考中星昬明之候　指觀察正南天空顯著星象以確定晨昏時分。昬即「昏」字。《隋書・天文志》：「晝有朝，有禺，有中，有晡，有夕。夜有甲，乙，丙，丁，戊。昏旦有星中。」其星中，「日未出前二刻半而明，既沒後二刻半乃昏，減夜五刻，以益晝漏，謂之昏旦。」⓲日南為發　指冬至日，太陽直射南回歸線，其時太陽在天球上的位置處於最南端，稱「發」。⓳日北為斂　指夏至日，太陽直射北回歸線，其時太陽在天球上的位置處於最北端，稱「斂」。⓴發斂中　指春分、秋分時，太陽直射赤道，其在天球上的位置恰處於「發」與「斂」之中間。㉑二至前後則加減遲　指冬至、夏至前後，晝夜長短的變化慢，因而晝夜增減一刻所用的日子要多一些。㉒二分之間則加減速用日少　指春分、秋分前後，晝夜長短的變化快因而晝夜增減一刻的日子要少一些。二至、二分前後的這種變化，已為現代天文學所證實：地球環繞太陽運轉的速度是不均等的，在近日點前後要快一些，而在遠日點附近則相對慢一些。

【語　譯】挈壺正，定員二人，品秩為從八品下。職掌是主管漏刻。《周禮》上設有夏官挈壺氏，秋官司寤氏，春官雞人氏，這三種官職，都是執掌這方面的事務。從漢以後，漏刻屬於太史所掌管。本朝在武后長安四年，方始設置挈壺正。

司辰，定員十九人，品秩為正九品下。職掌是管理漏刻方面的事務。隋朝開始置司辰二（四）人，品秩是從（正）第九品下；煬帝時改名為司辰師，本來隸屬於（右）武侯（候）府，大業三年改隸太史局。本朝因承隋制，貞觀（久視）元年時，除去了「師」字，定名為司辰。

漏刻典事，定員十六人。本朝設置。職掌是負責漏刻報時。

漏刻博士，定員六人。隋朝設置，各有官品和俸秩。職掌是教授漏刻生徒。本朝亦設置，但降為流外官吏。

漏刻生，定員為三百六十人。隋朝設置。職掌是學習管理漏刻的節度，按照漏刻及時報時。本朝因承隋制，都由中、小男擔任，他們可以轉補為典鐘、典鼓。

典鐘，定員為二百八十人。本朝設置。職掌為按照漏刻打鐘報時。

典鼓，定員為一百六十人。本朝設置。職掌為按照漏刻擊鼓報時。

挈壺正和司辰的職掌是主管漏刻。用底部有小孔的漏壺滴水，用標有刻度的浮箭報時，再與黃昏和黎明時分中星的位置相互考校。浮箭有四十八支，一晝夜共有一百刻。冬天和夏天，晝夜各有長短：冬至日，太陽的位置在南端稱「發」，偏離北極的角度，亦就是去極度為一百一十五度，這一天白天為四十漏刻，夜間為六十漏刻；夏至日，太陽的位置在北端稱「斂」，偏離北極的角度，亦就是離極度為六十七度，這一天白天為六十漏刻，夜間為四十漏刻；春分和秋分的日子，太陽的位置在「發」與「斂」的中間，它的離極度為九十一度，白天和黑夜各為五十漏刻，秋分以後，減少白天漏刻，增加夜間的漏刻，平均每過九天增加一刻；春分以後，減少夜間的漏刻，增加白天的漏刻，平均每過九天減少一刻。在冬至和夏至前後，或加或減一個漏刻的速度緩慢，用的日子要多於九天平均數；春分、秋分之間，或加或減一個漏刻的速度快捷，用的日子要少於九天平均數。觀察夜漏的漏刻，用來作為更點的節度：每夜分為五更，每更又分為五點；逢到換更時擊鼓，逢到換點時擊鐘，通過鐘和鼓的聲音來報導夜晚的時間。

【說　明】在唐代，挈壺正及其下屬有一支八百四十多人的龐大隊伍，組成一個比較完整的報時系統。這個報時系統的工作關係到整個京都的生活節奏。從本書第八卷第三篇門下省城門郎的職掌中可以看到，全城城門、宮門、殿門以至各個坊的坊門，都要依據挈壺正報時來啟閉；十二門的街鼓，要聽承天門鼓聲的指揮，而高懸於承天門之大鼓，則要憑漏刻契至而擊，擊至漏刻牌到乃絕。宮城、皇城的啟閉是按照幾更幾點來定時的，報更的人員便是屬於以挈壺正為首的報時系統。

報時的儀器，在唐代主要還是漏刻。在當時，就實用價值而言，漏刻明顯優於日晷。它不僅可以用來計時，還可以用來守時，而且不像日晷那樣要受到晝夜和陰晴的限制。

關於漏刻的起源，唐《初學記》引梁代《漏刻經》稱：「漏刻之作蓋肇於軒轅之日，宣乎夏商之代。」《隋書・天文志》亦認為起自上古：「昔黃帝創觀漏水，制器取則，以分晝夜。」只是迄今尚未有出土實物可證。目前發現的漏刻實物最早為西漢初年的。漢代漏刻使用的是沉箭法。漏壺呈圓柱形，三足鼎立，底部伸出一短小管，即為滴水口。頂上有蓋，有梁，梁上有一小孔，與蓋上小孔相垂直，用以使箭杆插入後保持正直。通過箭下沉的刻度來表示時間。這種原始挈壺的一個明顯的缺點，便是因滴水的速度會隨著水壓的逐漸降低而一起減慢，所以由此報出的時間亦便先疾後緩，不夠精確。隨著時代的發展，後來就把箭壺與漏壺分開，即不是從漏壺水平面的逐漸降低來測定時間，而是由從漏壺滴入箭壺的水緩緩積多而使浮箭上浮的刻度來表示時間，這就大大縮小了因水壓問題帶來的誤差。為了使滴水速度進一步均勻和恆定，其後又有二級漏壺、三級漏壺的創製，至唐代更發展為四級漏壺，現在我們還能從《古今圖書集成》所保留的《唐呂才漏刻圖》中，看到這種四級漏壺的大體形制。整個漏壺猶若一座長方櫃，上置不同高度的四水櫃呈階梯形，各以一細管相通，由高而低分別稱為夜天池、日天池、平壺、萬分壺。水最後滴入一大桶稱水海，隨著積水漸多將一雙手捧著浮箭之小木人緩緩推起，掌漏人便可據以報出時間。

用漏刻計時，有一個如何協調「刻」與「時」矛盾的問題。漏刻一晝夜為一百刻，而一晝夜又分十二時辰，這使得每個時辰刻度都不是整數，即為八．三刻強，給計算帶來了很多不便。為了解決這個矛盾，刻度制曾經有過多次變革。如西漢哀帝時一度使用過一晝夜一百二十刻的區劃，然為時不久。梁武帝天監六年（西元五〇七年）以晝夜為九十六刻，一辰為八刻；到大同十年（西元五四四年）又一度改為一百零八刻，一辰有九刻，但都沒有在全國推行。唐代則以百刻分晝夜，浮箭有四十八支，每箭為一刻，八箭就是一個時辰。

附圖

古代天文儀器與天象記錄（選自《中國古代天文文物圖集》）

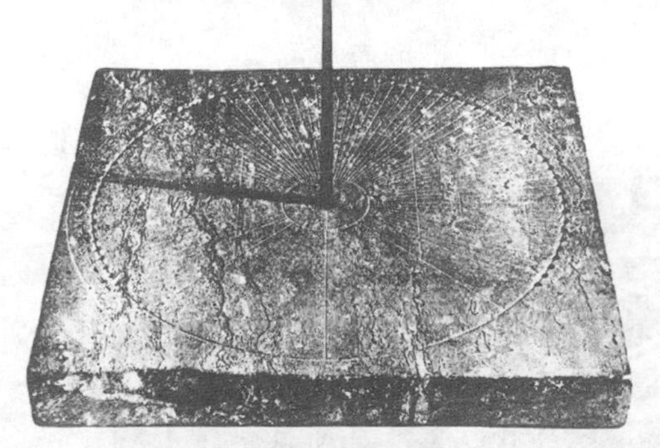

漢代日晷（洛陽金村出土）

西漢銅漏壺（內蒙伊克昭盟出土）

東漢銅圭表

河南登封測景臺

銅壺滴漏

明代渾儀

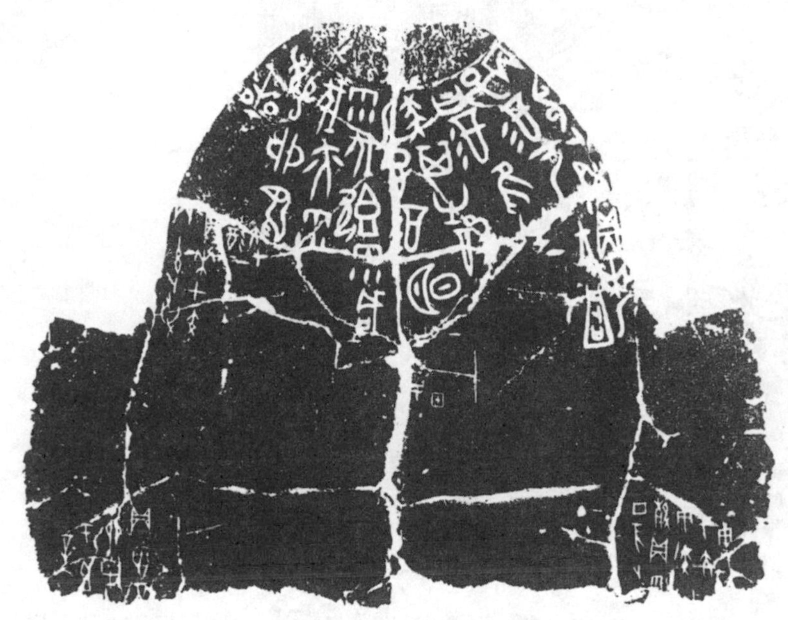

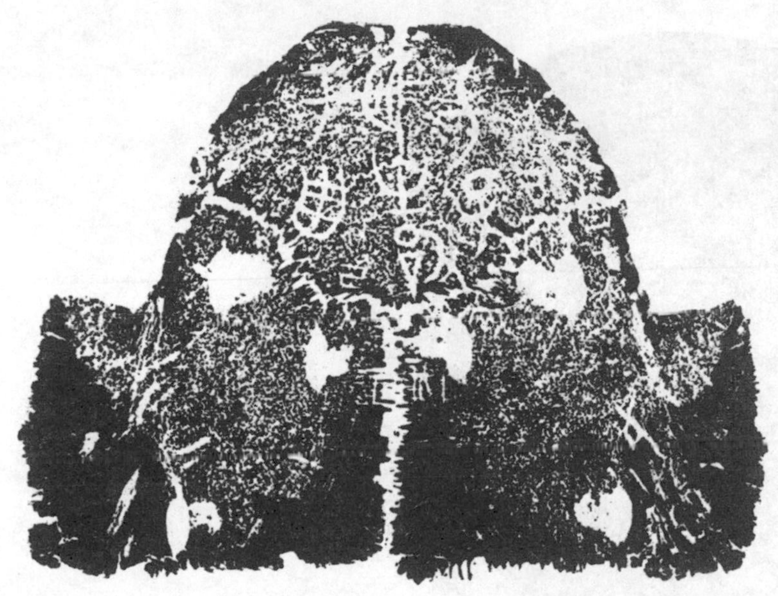

商代甲骨卜辭中的天象記錄「㱿卯鳥星」拓本（上，正面；下，反面）

山西平陸棗圓漢
墓天象圖摹本

唐二十八宿銅鏡

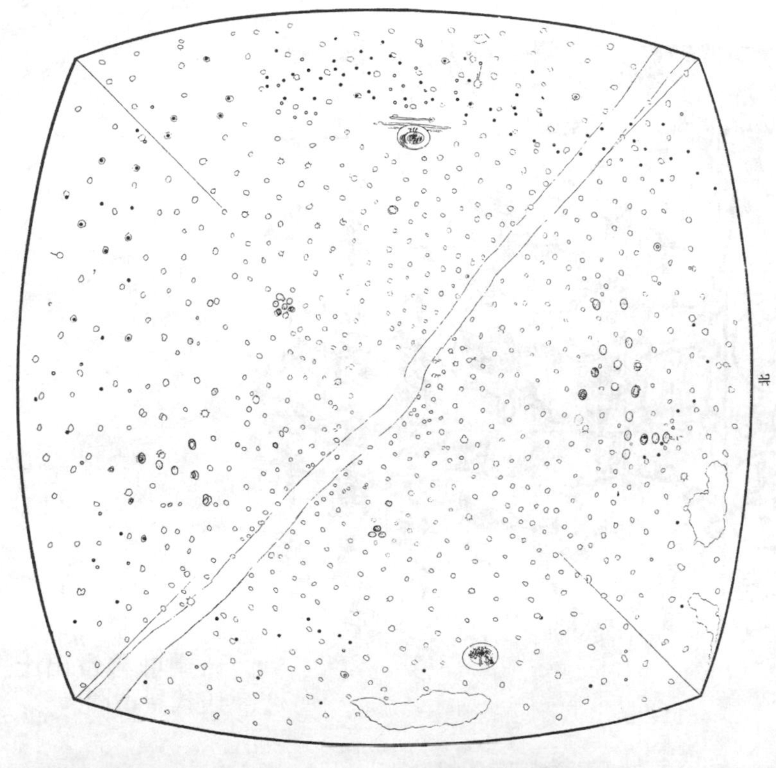

唐李賢（即章懷太子）墓後室天象圖線圖

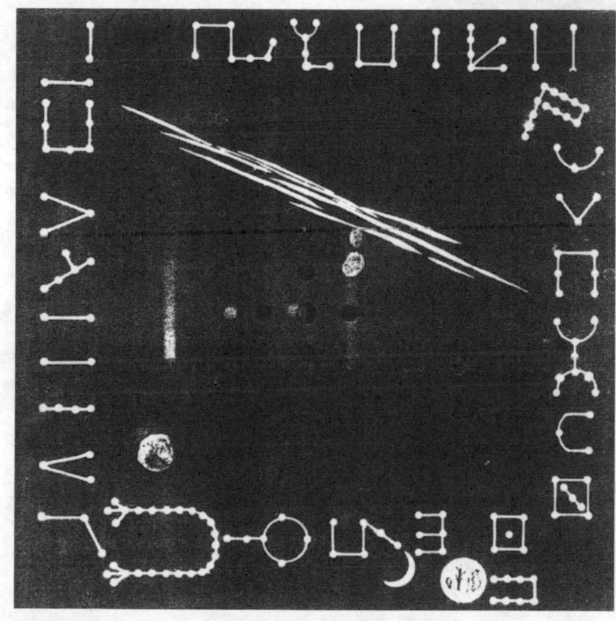

新疆吐魯番阿斯塔那唐墓星象圖摹本

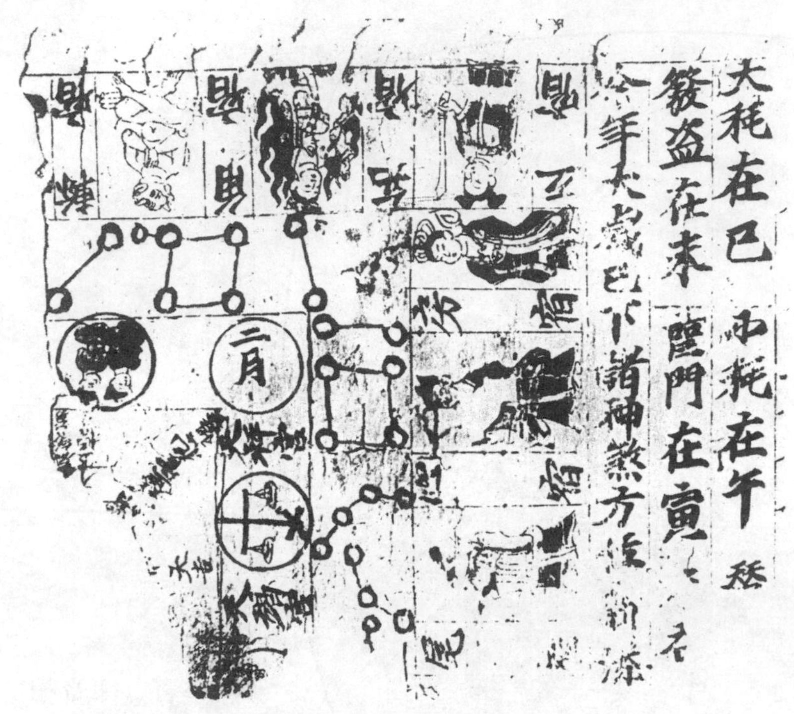

新疆吐魯番出土
唐代星占圖

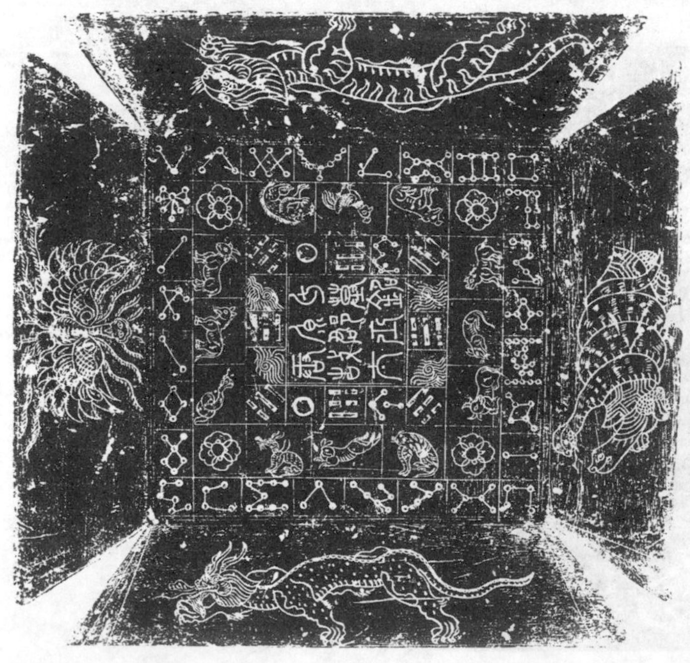

江蘇邗江南唐墓
志蓋上的二十八
宿拓本

洛陽漢魏城靈臺遺址

清康熙刻本《靈臺儀象志》中的清初觀象臺

卷一一

殿中省

卷目

殿中省

監一人
少監二人
丞二人
主事二人
令史四人
書令史十二人
亭長八人
掌固八人

尚食局

奉御二人
直長五人
書令史二人
書史四人❶
食醫八人
主食十六人
主膳七百人❷
掌固八人

尚藥局

奉御二人
直長四人
書令史二人
書史四人
侍御醫四人
主藥十二人
藥童三十人
司醫四人
醫佐八人
按摩師四人
咒禁師四人
合口脂匠二人❸

---

❶書史，南宋本作「書吏」。其員數，《新唐書．百官志》作「五人」。
❷《舊唐書．職官志》不載，《新唐書．百官志》為「八百四十人」。
❸《新唐書．百官志》同此，《舊唐書．職官志》作「四人」。

掌固四人

尚衣局

奉御二人

直長四人

書令史三人

書史四人

主衣十六人

掌固四人

尚舍局

奉御二人

直長六人

書令史三人

書史七人

掌固十人

幕士八千人❹

尚乘局

奉御四人❺

直長十人❻

書令史六人❼

書史十四人

奉乘十八人

習馭五百人❽

掌閑五千人❾

進馬六人❿

司庫一人

司廩二人⓫

典事五人

獸醫七十人

---

❹新舊《唐書》官志均為「八十人」。

❺本卷中三篇一章正文亦為「四人」。但新舊《唐書》官志均為「二人」。應是二人。說見正文注釋。

❻《新唐書・百官志》同此，《舊唐書・職官志》作「一人」。

❼《新唐書・百官志》同此，《舊唐書・職官志》為「一人」。

❽《新唐書・百官志》同此，《舊唐書・職官志》為「五十人」。

❾《新唐書・百官志》同此，《舊唐書・職官志》為「五十人」。

❿《舊唐書・職官志》同此，《新唐書・百官志》作「五人」。此職正文略而不敘，說見卷中第三篇一章⓱注。

⓫《舊唐書・職官志》同此，《新唐書・百官志》作「一人」。

掌固四人

尚輦局

奉御二人

直長四人

書令史二人

書史四人

掌扇六十人⑫

掌翰三十人⑬

掌輦二人

主輦四十二人

奉輦十五人⑭

掌固六人⑮

---

⑫《新唐書·百官志》同此，《舊唐書·職官志》作「六人」。

⑬《新唐書·百官志》同此，《舊唐書·職官志》作「二十四人」。

⑭《新唐書·百官志》同此，《舊唐書·職官志》作「十二人」。

⑮《新唐書·百官志》同此，《舊唐書·職官志》作「四人」。

卷旨

殿中省在本書總目錄的排列中，是處在諸省之後，諸寺監之前。「省」字之義，本來是禁中的意思，後來才演化為官署的名稱。誠然殿中省是在宮中供職的，當初隋煬帝建立殿內省（唐初改稱殿中省）時，名義上它又是與門下、中書並列的，但它畢竟不如中書、門下那樣屬於中央一級決策機構，只是管理帝王衣食住行一類日常起居事務，與寺、監是同列的，其長官稱監，從三品；次官稱少監，從四品上，有丞，從五品上，通判省事。這些都略同於諸寺、監，所以《通典》把殿中省繫於「諸卿」欄下，與九寺五監一起敘述。殿中省的下屬有尚食、尚藥、尚衣、尚舍、尚乘、尚輦六局，各置奉御二人，直長若干人。這六個局分別掌管皇帝的飲食、醫藥、衣服、帳幕、乘騎、輦輿，即衣、食、住、行等日常生活各個方面的服務。這是一支非常龐大的隊伍，其員額多達萬餘，如光為皇帝燒飯的主膳就有八百多人，飼養御馬的掌閑五千人，操持殿中張設的幕士更多到八千人！從本卷的記述中，可以看到封建時代的皇帝平日飲食起居及其出行時的一些實際狀況，為我們認識帝王的形象提供了若干感性知識。

唐代殿中省官署，西京是在皇城承天門街之南，第二橫街之北，處於門下外省和左手牛街之間；東都則位於皇城應天門外第一橫街之南，第二橫街之北，界於門外省及左監門衛之間，原為隋殿內省舊址。

殿中省·尚食局·尚藥局

【篇旨】本篇敘述殿中省監、少監、丞的定員、品秩、沿革及職掌；殿中省所屬六局中尚食、尚藥二局的奉御、直長，以及尚食食醫、主食和尚醫侍御醫、司醫、醫佐的定員、品秩及職掌。

曹魏官制始有殿中監，兩晉南北朝因置，品位皆低。北齊門下省設殿中監，隋初門下省有殿內局，至煬帝時，分劃門下之尚食、尚藥、御府、殿內等局，及太僕之車府、驊騮等署，合而建為殿內省，與門下、中書、秘書、內侍並稱五省，增殿內省監為正四品。唐承隋制，改名為殿中省，監之品秩更升為正三品，與諸寺監長官地位相等。唐代殿中省掌乘輿服御之事，總天子衣食住行庶務。

尚食局掌供皇帝常膳。據記載：「尚食所料水陸等味一千餘種，每色瓶盛，安于藏內，皆是非時瓜果及馬牛驢犢獐鹿等肉，並諸藥酒三十餘色。」（見《舊唐書·睿宗諸子讓皇帝傳》）如此眾多品種珍貴飲食料的供應，自然要涉及到方方面面，如司農寺的導官署專職導擇御米，上林署負責提供果樹蔬菜，鉤盾署供應鵝鴨雞彘之屬以及柴料，司竹監、苑總監分別提供筍、竹及禽、魚、果、木等等。司農寺以外的都水監、沙苑監等相關官司，都有規定供應任務。此外諸司諸州各有名目繁多的貢獻，有的還要通過「和市」，派員到各地採辦。尚食所需經費，由禮部膳部郎中審批，經覆奏後支領。尚食本身亦是一個非常龐大的機構，僅主膳便有八百四十人之多，還不包括主膳下面稱為色巧兒的眾多幫手。主膳之上有主食；另有奉御、直長，則統領尚食總務。由此不難看出，單為皇帝個人膳食一事，全社會要耗費多少財力、物力和人力！

尚藥局是掌管合和御藥及診候之事。其藥材除由太常寺供給外，有的源於別索，有的源於土貢，有的則由藥園種蒔、藥童採造而得。與尚藥局並行的還有太常寺的太醫署。中醫中藥有自己的一套診治、配製的方法和理論，本篇在敘述尚藥奉御的職掌後，連帶作了極其概括的介紹，為瞭解我國古代醫學提供了一個大體輪廓。文中有關合和御藥時的監視制和餌藥之日的先嘗制的種種嚴格規定，則又為帝王制度下那種「唯一人至上」的專橫性，提供了一個例證。

一

殿中省：監一人，從三品。魏氏初置殿中監，品第七❶，晉、宋因之。齊有內殿中監八人，外殿中監八人❷。梁初，位不登七班者，別署勳位、動位❸。殿中外監為三品勳位❹，內監為三品動位。陳因之，然其官甚微。後魏殿中監從五品下❺。北齊門下省屬官有殿中監四人，掌駕前奉引行事，東耕則進耒耜❻。隋改為殿內局，監二人，品正第六下。大業三年❼，分門下省尚食、尚藥、御府、殿內等局，分太僕寺車府、驊騮等署，置殿內省❽，監正四品，少監從四品，丞從五品，各一人，掌諸供奉；又有奉車都尉❾十二人，掌進御輿馬；統尚食、尚藥、尚衣、尚舍、尚乘、尚輦等六局。皇朝因改曰殿中省❿。龍朔二年⓫改為中御府，監為中御大監；咸亨元年⓬復舊。

少監二人，從四品上。隋煬帝⓭置一人，從四品。皇朝加至二人⓮，龍朔、咸亨隨省改復。

丞二人，從五品上。隋煬帝置一人，從五品。皇朝加至二人。龍朔二年改為中御大夫，咸亨元年復故。

主事二人，從九品上。隋煬帝置，皇朝因之。

殿中監掌乘輿、服御⑮之政令，總尚食、尚藥、尚衣、尚乘、尚舍、尚輦六局之官屬，舊屬官又有天藏府⑯，開元二十三年⑰省。備其禮物而供其職事；少監為之貳。凡聽朝，則率其屬執繖扇⑱以列於左右。凡大祭祀⑲，則進大珪⑳、鎮珪㉑於壝門㉒之外；既事，受而藏之。凡行幸，則侍奉於仗內㉓；若遊燕、田閱，則驂乘㉔以從焉。今內別置閑廄使㉕，其務多分殿中及太僕之事。至於輿輦㉖車馬，則使掌其內，監知其外，遊燕侍奉，皆不與焉。若元正、冬至大朝會，則跪而進爵㉗。若和合御藥，則監視而嘗之。

丞掌判監事，兼勾檢稽失㉘，省署抄目㉙。

主事掌印及知受事發辰㉚。

【章　旨】敘述殿中省監、少監、丞之定員、品秩以及沿革和職掌。

【注　釋】❶品第七　《舊唐書·職官志》稱魏初置殿中監「品第二」。《宋書·百官志》所記與此同，亦為第七品。❷齊有內殿中監八人外殿中監八人　《南齊書·百官志》則記為齊有「內外殿中監各一人」。❸位不登七班者別署勳位勳位　句中「七班」，疑係「一班」之誤；「勳位」，據南宋本當作「蘊位」。其事《隋書·百官志》有載：梁武帝天監七年（西元五〇八年），徐勉為吏部尚書，改定十八班制，以班多為貴。自十八班下至第一班，在第一班之外，另設三品蘊位和三品勳位，以為安置班外吏員之品秩。故全句似應是：位不登一班者，別署蘊位、勳位。❹勳位　應為「蘊位」。說同上注。❺後魏殿中監從五品下　北魏官員品秩前後制有別。《魏書·官氏志》：太和十七年（西元四九三年）令，殿中監為從五品下，與此處同；太和二十三年（西元四九九年）令，諸官例有改動，唯不見有殿中監著錄。❻自「殿中監四人」至「進耒耜」　《隋書·百官中》

稱北齊「殿中局殿中監四人」。殿中局為機構名，殿中監為局之職官名。奉引行事，同書作「奏引行事」，且「事」字之下，尚有「制請修補」一句。東耕，指皇帝躬耕籍田的儀式。《隋書・禮儀二》：北齊帝藉田於帝城東南千畝內，設御耕臺於阡東陌北，先祠神農氏於臺上，祠訖，殿中監進御耒於壇南，百官定列。帝降自南陛，至耕位，釋劍執耒，三推三反，升耕壇，即御坐。❼大業三年　即西元六〇七年。大業為隋煬帝年號。❽自「分門下省」至「置殿內省」　《隋書・百官志》稱：「煬帝即位，多所改革。三年（西元六〇七年）定令：分門下、太僕二司，取殿內監名，以為殿內省；并尚書、門下、內史、秘書以為五省。」所謂「分門下、太僕二司」，指從門下省所屬諸局中分出殿內、尚食、尚藥、御府等局，又從太僕寺所屬的諸署分出車府、驊騮等署，合而另建殿內省。置監、少監、丞各一人，掌諸供奉事。❾奉車都尉　皇帝參乘侍從官。掌供奉車輿。漢武帝時，與騎都尉、駙馬都尉同置，稱三都尉。職任親近，皇帝出則陪乘，入則侍從。霍光嘗為此官。東漢沿置，文屬光祿勳，定員三人。魏晉南北朝因承。晉以宗室勳舊、外戚任奉車都尉，與駙馬都尉、騎都尉並為奉朝請，猶有漢時遺制。晉以下，其職日益寢廢。北魏太和二十三年（西元四九九年）定秩從第五品，正始四年（西元五〇七年）定員可二十人。隋殿內省置十二人，掌進御輿馬。唐沿隋制。《通典・職官十二》稱：「天寶以前，悉以儀容美麗者充選奉車都尉，五員，掌馭副車，不常置，若大備陳設，則以餘官攝行，屬左右衛也。」❿皇朝因改曰殿中省　《唐會要》卷六十五殿中省條稱：「武德初因隋舊制，為殿內省，三年（西元六二〇年）改殿中省。」⓫龍朔二年　即西元六六二年。龍朔為唐高宗李治年號。⓬咸亨元年　即西元六七〇年。咸亨亦為唐高宗李治年號。⓭隋煬帝　隋朝皇帝楊廣。在位十四年，終年五十歲。⓮皇朝加至二人　《唐會要》卷六十五殿中省條稱：高宗「上元元年（西元六七四年）八月加一員，以唐修睦為之」。⓯服御　指帝王及后妃所享用的衣服食品和車馬之屬。⓰天藏府　貯藏帝王日常御用物品的府庫。⓱開元二十三年　即西元七三五年。開元為唐玄宗李隆基年號。⓲繖扇　均為帝王或后妃儀仗。繖，即「傘」，亦稱蓋。本上古張帛避雨之制，後用為儀仗。形制多樣，圖色不一。形有方、圓、角；色分紫、赤、黃；圖有龍、鳳、花、草等。《文獻通考・王禮十二》：「繖，古者張帛以避雨，今有方繖、大繖，皆赤質紫表，四角銅螭首。」《開元禮》：「大駕八角紫繖，王公以下四角青繖。」扇，相傳起於舜，狀有扁、方、圓，飾有雉尾、龍、鳳；顏色大小，歷代不一。《西京雜記》：「天子夏設羽扇，冬則設繒扇。」其名目繁多，如五明扇、擁身扇、朱團扇、雉尾扇等等。⓳大祭祀　唐制，祭祀分大、中、小三等。凡祭祀天地、宗廟、五帝及追尊之帝、后，稱大祀。⓴大珪　又名珽，古代天子插於衣帶間之玉笏。長三尺，上端六寸為首，方如椎頭，寬三寸，自中間往下逐漸削薄，至首下則寬二寸半，後面與首同寬三寸。《周禮・考工記・玉人》：「大圭三尺，杼上，終葵首，天子服之。」賈公彥疏曰：

「大圭者，以其長故得大圭之稱。言服之者，以其搢于衣帶之間，同於衣服，故以服言之。」㉑鎮珪　又作瑱珪。古代天子所執之玉器。長一尺二寸，寬三寸。《周禮・考工記・玉人》：「鎮圭尺有二寸，天子守之。」又〈春官・典瑞〉：「晉大圭，執鎮圭。」鄭玄注：「故書鎮作瑱。鄭司農云：晉讀為搢紳之搢，謂插於紳帶之間，若帶劍也。瑱讀為鎮。」賈公彥疏曰：「鎮圭一尺二寸，廣三寸。」㉒壇門　近衛校曰：「『壇』當作『壝』。」廣雅本正作「壝」，與《舊唐書・職官志》合。壝，古代祭壇四周之矮牆，壝門，即此矮牆之門。《周禮・地官・大司徒》：「設其社稷之壝。」鄭玄注：「壝，壇與堳埒也。」堳埒，即壇周圍之矮牆。賈公彥疏曰：「其社稷外皆有壝埒于四面也。」㉓凡行幸則侍奉於仗內　指皇帝出行時，殿中監侍奉於儀仗行列之內。帝王周圍有五仗，即供奉仗、親仗、勳仗、翊仗和散手仗，以為警衛。㉔驂乘　指君王乘車出行，在車右陪乘。《漢書・文帝紀》：「乃令宋昌驂乘。」顏師古注曰：「乘車之法，尊者居左，御者居中，又有一人處車之右，以備傾側。是以戎事則稱車右。其餘則曰驂乘。」㉕閑廄使　掌管輿輦牛馬之官。唐制國家儀衛時所用馬匹，每年由河隴諸牧場精選良馬上供，皆由殿中監尚乘局掌管。武則天萬歲通天元年（西元六九六年）置仗內閑廄，亦稱六廄。令殿中丞袁懷哲檢校，尚未置使；至聖歷三年（西元七〇〇年）始設閑廄使，即以袁充使，閑廄使才成為常設機構。此後任職閑廄使著聞者，玄宗時有王毛仲、王鉷，先後檢校內外閑廄知監牧使；肅宗時備受寵用的太監李輔國也曾任閑廄使，並兼殿中監，又兼隴右群牧。㉖輿輦　皆為宮內由人力輓引供君王代步之車。《隋書・禮儀五》：「輦，按《釋名》：『人所輦也。』漢成帝遊後庭則乘之。徐爰《釋問》云：『天子御輦，侍中陪乘。』今輦，制象軺車，而不施輪，通幰朱絡，飾以金玉，用人荷之。副輦，加笨，制如犢車，亦通幰朱絡，謂之蓬車。自梁武帝始。」又：「輿，案《說文》云：『箯，竹輿也。』《周官》曰：『周人上輿。』漢室制度，以雕玉為之，方徑六尺。今輿，制如輦而但小耳，宮苑宴私則御之。小輿，幰方，形同幄帳。自閤出，升正殿則御之。」㉗若元正冬至大朝會則跪而進爵　指在元旦和冬至大朝會時，由殿中監向皇帝跪而進酒。其儀式據《新唐書・禮樂志》載錄為：「光祿卿進詣階間，跪奏稱：『臣某言：請賜群臣上壽。』侍中稱：『制曰可。』光祿卿退，升詣酒尊所，西向立。上公詣酒尊所，北面。尚食酌酒一爵授上公，上公受爵，進前，北面授殿中監，殿中監受爵，進置御前。上公退，北面跪稱：『某官臣某等稽首言：元正首祚（冬至云：「天正長至」），臣某等不勝大慶，謹上千秋萬歲壽。』再拜，在位者皆再拜，立於席後。侍中前承制，退稱：『敬舉公等之觴。』在位者又再拜。殿中監取爵奉進，皇帝舉酒，在位者皆舞蹈，三稱萬歲。皇帝舉酒訖，殿中監進受虛爵，以授尚食，尚食受爵於坫。」爵，酒器，用以敬酒兼溫酒。長圓腹，前後有傾酒用的「流」，口偏長，後有尾，右旁有鋬（把手），底有三足，能溫酒，也便於人們執飲、獻酒和注酒。㉘勾檢稽失　意謂由殿中丞為殿中省之勾官，負責勾檢來往公文中有無稽失之事。稽，指公文有否延誤規定日程；失，指公事有無失錯。㉙抄目　指殿中省來往公文之目錄。抄，即鈔。唐代一切文簿入出，皆要錄為鈔目。㉚發辰　指收發公文之日期及程限。

【語　譯】殿中省：殿中監，定員一人，品秩為從三品。曹魏起始設置殿中監，品秩為第七品。晉朝和南朝劉宋都因承魏制。南齊設有內殿中監八人，外殿中監八人。蕭梁初年，官員品秩不登班的，另外設勳（緼）位三品和勳位三品，殿中外監列為三品勳（蘊）位，殿中內監則列為三品勳位。陳因襲梁的這一設置，但它的官品定得很低。北魏設殿中監，品秩為從五品下。北齊門下省的屬官中，設有殿中監四人，職掌為御駕前奉引行事，在舉行藉田儀式時，由殿中監向君王進獻耒耜。隋朝改稱為殿內局，設監二人，品秩為正第六下。煬帝大業三年時，從門下省的下屬中分出尚食、尚藥、御府、殿內等局，又從太僕寺的下屬中分出車府、驊騮等署，合在一起，組建為殿內省，設監一人，品秩為正四品；少監一人，品秩為從四品；丞一人，品秩為從五品，掌管日常供奉君主的各項事務。又有奉車都尉十二人，掌管進給君王御用的輿馬。殿內省的下屬有尚食、尚藥、尚衣、尚舍、尚乘和尚輦六局。本朝因承隋的設置，改稱為殿中省。高宗龍朔二年改名為中御府，這一機構的主管亦隨著稱為中御大監；到咸亨元年，又恢復原來的舊稱。

殿中少監，定員二人，品秩為從四品上。隋煬帝時，定員一人，品秩是從四品。本朝把定員增加到二人。在龍朔、咸亨年間，這一職務的名稱隨著省名的更改和恢復曾一起更改和恢復。

殿中丞，定員二人，品秩為從五品上。隋煬帝時，定員為一人，品秩是從五品。本朝把定員增加到二人。龍朔二年時，改名為中御大夫，到咸亨元年，又恢復了舊稱。

主事，定員二人，品秩為從九品上。隋煬帝時設置，本朝因承隋制。

殿中監的職掌是主管君王日常使用的車馬、服飾、膳食的有關政令，統轄尚食、尚藥、尚衣、尚乘、尚舍和尚輦六個局的官員；本來它的屬官中尚有天藏府，開元二十三年簡省了。齊備禮儀上所需用的物品，以保障職事上的需要。殿中少監是殿中監的副手。凡是逢到皇上聽朝，殿中監要率領下屬，為君王撐繖持扇，分列在左右。凡是遇到大祭祀，殿中監要侍立祭壇的壝（壝）門外，向君王進獻祭祀用的大珪和鎮珪，祭事完畢後，收受起來保藏好。凡是君王出行時，殿中監要侍奉在儀仗隊列之內。如果君王外出遊宴和畋獵要隨從陪乘在車右。如今宮內另外又設置了閑廄使，它的職務大多是從殿中監、太僕寺分劃出去的。關於輿、輦和車馬一類事，分工的原則是：閑廄使掌管宮內，殿中監掌管宮外。至於皇上出行遊宴時的侍奉，閑廄使一概不參預。如果在元正和冬至大朝會時，百官為君王上壽敬酒，要由殿中監跪著向皇上進獻酒爵。若是太醫和合御用的藥劑，殿中監要在一旁監督，和合好後還要先親口嘗一嘗。

殿中丞執掌處理本省內的日常事務，並兼管勾檢稽失，省視和抄錄來往公文的目錄。

主事執掌殿中省的印章，以及負責登錄公文來往的日期和程限。

【說明】殿中省在隋時稱殿內省，始建於隋煬帝大業三年（西元六〇七年），由分劃門下省與太僕寺的部份機構合併組建而成。「殿中」這個名稱，始見於魏，它的部分職掌，有的原屬門下省，有的則屬於尚書省的殿中郎或殿中曹。建省之初，與尚書、門下、內史、秘書並稱五省，但由於它的職務只限於供奉皇帝生活上的日常事務，不涉及國家政務上的機要，所以名義上雖列為五省之一，實際地位遠低於中書、門下、尚書諸省。

唐代自武則天始設閑廄使，玄宗又於開元二年（西元七一四年）以尚乘局隸閑廄使後，殿中省的部份職權受到侵削，加上任閑廄使者皆為皇帝所寵信重臣，殿中省的地位更加相形見絀。至宋代，雖仍唐制，設殿中省，總六局，卻又另置提舉六尚局，官隨局而移，不受領於殿中省，留下的職務僅為郊祀、元至天子御殿，及禘祫后廟、神主赴太廟時，供具繖扇而已，殿中監成了寄祿官一類。北宋後期，從神宗到徽宗，都曾想要恢復和重建殿中省，但都沒有付諸實施。故殿中省在北宋已名存實亡，至南宋而終於完全銷聲匿跡。在中國官制史上，它只存在於隋唐二代，而且就在唐代的中後期，它的許多職掌亦已為宦官所奪。

二

尚食局：奉御❶二人，正五品下。《周禮》❷有膳夫❸、內饔❹。秦置六尚❺，有尚食之名，如淳[6]以為主天子物曰「尚」。漢因之，後遂省并其職於太官、湯官[7]。至北齊，門下省統六局[8]，尚食局有典御二人，丞、監各四人；又有集書省，統三局[9]，有中尚食局典御二人、監四人，品與尚食同[10]。後周有內膳上士二人、中士四人[11]，凡進食必先嘗之。至隋開皇[12]初，門下省統尚食局，有典御[13]二人、直長[14]四人、食醫四人；大業三年[15]分屬殿內，改典御為奉御，員二人，正五品上[16]。皇朝因之。龍朔二年[17]改為奉膳大夫，咸亨元年[18]復故。

直長五人，正七品上。隋開皇初，置直長四人，從七品下[19]；大業三年，加置六人，增品為正第七上[20]。皇朝因之，減置五人。

食醫八人，正九品下。《周禮》有食醫中士[21]二人，「掌和王之六食、六飲、六膳[22]、百羞、百醬[23]、八珍[24]之齊[25]。」隋尚食局有食醫[26]，皇朝加至八人。後周置主食、主膳等，皇朝因之。

主食十六人。後周內膳有主食十二人。

尚食奉御掌供天子之常膳，隨四時之禁，適五味之宜。春肝、夏心、秋肺、冬腎、四季之月脾[27]，皆時王不可食。五味：酸、鹹、甘、苦、辛[28]。**當進食，必先嘗[29]。凡天下諸州進甘滋珍異，皆辨其名數，而謹其儲供。直長為之貳。凡元正、冬至大朝會饗百官，與光祿視其品秩，分其等差而供焉[30]。其賜王公已下及外方賓客亦如之[31]。若諸陵月享[32]，則於陵所視膳而獻之。**諸陵須上食，陵別殿中省主膳三十人分番上下[33]，每季差官相監，於陵所造食供進。

食醫掌和齊所宜。

主食掌率主膳以供其職。

【章旨】敘述尚食局奉御、直長、食醫等之定員、品秩和沿革及職掌。

【注釋】❶奉御　官名。隋殿中省、唐殿中省所屬六尚局之長官。其名稱始於隋煬帝大業三年（西元六〇七年）。❷周禮　儒家經典之一。係搜集周王室官制與戰國時各國制度，附會以儒家政治理想，增減排比而成的彙編。❸膳夫　官名。《周禮》屬天官冢宰。其屬員有上士二人，中士四人，下士八人，府二人，史四人，胥十二人，徒一百二十人。其職掌，《周禮・天官》記為「掌王之食飲膳羞，以養王及后、世子」。向王者進獻飲食有一定禮制：食用六穀，膳用六牲，飲用六清，各種菜肴一百二十樣；王者進食前要祭祀，用餐時要奏樂，每樣菜膳都要先經膳夫嘗試然後進獻；食畢，再次奏樂。❹內饔　官名。《周禮》屬天官冢宰。其下屬有中士四人，下士八人，府二人，史四人，胥十人，徒百人。《周禮・天官》記其職為「掌王及后、世子膳羞之割亨煎和之事」。此外如王者主持祭祀、宴飲以及賞賜，所需肉脩由內饔供應。❺六尚　宮庭侍御官尚冠、尚衣、尚食、尚沐、尚席、尚書之通稱。屬少府。參見《通典・職官八・殿中監》。❻如淳　馮翊（今陝西大荔）人，三國魏時任陳郡丞。曾注《漢書》。見顏師古撰《漢書敘例》。❼太官湯官　漢時均為少府屬官。《漢書・百官公卿表上》稱：少府屬官中有太醫、太官、湯官、導官等。顏師古注：「太官主膳食，湯官主餅餌。」衛宏《漢前儀》：「尚書郎宿留臺，中官給青縑白綾被或錦被，帷帳，氈褥，通中枕，太官供食，湯官供餅餌果實，下天子一等。」❽門下省統六局　北齊門下省所統之六局為左右局、尚食局、尚藥局、主衣局、齋帥局和殿中局。❾集書省統三局　《隋書・百官中》集書省下屬無統三局之記載，而中侍中省下屬則有中尚藥局、中尚食局、內謁者局三局。又，《冊府元龜》卷六百二十卿監部總序云：北齊集書省統中尚食局、中尚藥局二局。錄以備考。❿自「中尚食局」至「品與尚食同」　《隋書・百官中》稱：北齊中侍中省之中尚食、中尚藥典御為從五品上階，而門下省的尚食、尚藥典御為第五品下階，二者品秩不同；北齊門下之尚食在典御與監之間，有丞四人，而中侍中省之中尚食局，則僅設有丞二人，但尚食與中尚食丞之品秩則相同，均為從第七品。尚食與中尚食監品秩不詳。⓫後周有內膳上士二人中士四人　內膳上士和中士，皆為官名。西魏恭帝三年（西元五五六年）置，北周沿置。內膳上士，天官府膳部中大夫屬官，員二人，正三命，掌帝、后飲酒烹製，凡進食必先嘗之。下設內膳中士四人，正二命，以佐其職。隋文帝開皇元年（西元五八一年）罷。⑫開皇　隋文帝楊堅年號。⑬典御　分掌皇帝生活起居之官。依其所管之事務而分尚食典御、尚藥典御等。據《隋書‧百官下》，隋尚食典御品秩為正五品。⑭直長　典御之副貳。據《隋書‧百官下》尚食之直長品秩為正七品下。⑮大業三年　即西元六〇七年。大業為隋煬帝楊廣年號。⑯正五品上　據《隋書‧百官下》煬帝置殿內省，統尚食等六局，各置奉御二人，其品秩為正五品，此處「上」字似當刪。⑰龍朔二年　即西元六六二年。龍朔為唐高宗李治年號。⑱咸亨元年　即西元六七〇年。咸亨亦為唐高宗李治年號。⑲從七品下　隋開皇初，尚食直長之品秩，據《隋書‧百官下》為正七品下。此處「從」字似係「正」字之訛。⑳增品為正第七上　《隋書‧百官下》，煬帝大業三年（西元六〇七年）之後，在殿內省尚食設直長六人，為奉御之副貳，品秩是正七品，未言其為上階還是下階。㉑食醫中士　《周禮》天官冢宰屬官。主為君王調配飲食之寒溫、滋味、營養等。《周禮‧天官‧序官》「食醫」鄭玄注：「食有和齊藥之類。」賈公彥疏：「案其職云春多酸夏多苦之等，皆須齊和與藥故同。鄭玄『食有和齊藥之類』，故在醫官之內。」㉒六食六飲六膳　據《周禮‧天官》鄭玄注：六食指食用之六穀，即稌、黍、稷、粱、麥、苽。六飲，指飲用六清，即水、漿、醴、醇、醬、酏。六膳，指膳用之六牲，即馬、牛、羊、豕、犬、雞。㉓百羞百醬　指豐盛多樣的美味佳餚。羞，美味之食。百羞，上百種以牲及禽獸之肉及菜果製作之佳餚。醬，醯醢之類。百醬，指醬用百二十甕：醢人醢物六十甕，醯人齏菹六十甕。極言酒醋一類醬製食品品類之多。㉔八珍　泛指各類珍貴食品。《周禮‧天官》「八珍」鄭玄注：「謂淳熬淳毋、炮豚、炮牂、擣珍、漬熬肝膋也。」㉕齊　通「劑」。調味品。此處指經過調味的菜餚。《周禮‧天官》鄭玄注：「齊，謂食羹醬飲有齊和者也。」㉖隋尚食局有食醫　據《隋書‧百官志》，開皇初，門下省下屬之尚食局有食醫，定員為四人；煬帝大業三年（西元六〇七年）設殿內省，其尚食局有食醫，員數無錄。㉗春肝夏心秋肺冬腎四季之月脾　這是古代以陰陽五行之說對四季五時飲食所作出的禁忌。其根據可能為《食經》，此書《舊唐書‧經籍志》有錄，今已佚。這種理論以五味與五時相對應，酸、鹹、甘、苦、辛配上五臟，即心、肺、肝、腎、脾，再配上春夏秋冬四季，加上四季之季月，從而在飲食上對五味作出何時為宜何時應忌的規定。主食為君王配食時，必須嚴格按照此類規定，違者將受罰。㉘酸醎甘苦辛　醎同「鹹」。此五味與五時之對應關係，《呂氏春秋‧十二紀》記為：春味酸，夏味苦，秋味辛，冬味鹹，季夏、孟秋間中時之味甘。五味的實際應用亦與此相適：《周禮‧天官‧食醫》：「凡和，春多酸，夏多苦，秋多辛，冬多鹹，調以滑甘。」㉙必先嘗　指上供君王進食之前，尚食必須先品嘗食品之五味是否相應，與五時是否相應。品嘗還有更深一層的用意，是為了防止和及時發現有人下毒。該品嘗而不品嘗者，《唐律》有刑罰的具體規定。㉚自「凡元正冬至大朝會」至「而供焉」　此長句言元正、冬至大朝會中尚食奉御之職掌。依唐制，大朝會進行至上公代表群臣為皇帝上壽敬酒時，便由尚食先品嘗然後向皇帝進爵和供食。《新唐書・禮樂九》載其過程為：「歌者琴瑟升坐，笙管立階間。尚食進酒至階，殿上典儀唱：『酒至，興。』階下贊者承傳，坐者俛伏，起，立於席後。殿中監到階省酒，尚食奉酒進，皇帝舉酒。太官令又行群官酒，酒至，殿上典儀稱再拜，搢笏受觶。殿上典儀唱：『就座。』階下贊者承傳，皆就座。皇帝舉酒，尚食進受虛爵，復于坫。觴行三周，尚食進御食，食至階，殿上典儀唱：『食至，興。』階下贊者承傳，坐者皆起，立座後。殿中監到階省案，尚食品嘗食訖，以次進至御前。太官令又行群官案，設食訖，殿上典儀唱：『就座。』階下贊者承傳，皆就座。皇帝乃飯，上下俱飯。御食畢，仍行酒，遂設庶羞，二舞作。酒行十二遍。」在此過程中同時進行的百官之饗，其事則屬光祿的職掌。百官會日食料稱設會料，由光祿依官員品秩區分等次供給，而設會料的原料，則由司農等司提供，由光祿太官之主膳製作。對比唐制，此長句表述似乎不夠確切，容易誤解為尚食與光祿共掌百官之饗。語譯試略作補充。㉛賜王公已下及外方賓客亦如之　《新唐書・禮樂六》載皇帝宴蕃國主之禮儀過程為：「尚食奉御進酒，至階，典儀曰：『酒至，興。』階下贊者承傳，皆俛伏，興，立。殿中監及階省酒，尚食奉御進酒，皇帝舉酒，良醞令行酒。典儀曰：『再拜。』階下贊者承傳，皆再拜，受觶。皇帝初舉酒，登歌作〈昭和〉三終。尚食奉御受虛觶，奠于坫。酒三行，尚食奉御進食。典儀曰：『食至，興。』階下贊者承傳，皆興，立。殿中監及階省案，尚食奉御品嘗食，以次進，太官令行蕃主以下食案。典儀曰：『就坐。』階下贊者承傳，皆就坐。皇帝乃飯，蕃主以下皆飯。徹案，又行酒，遂設庶羞。二舞以次入，作。」㉜諸陵月享　諸陵，唐玄宗時通常指高祖李淵之獻陵，太宗李世民之昭陵，高宗李治之乾陵，中宗李顯之定陵，睿宗李旦之橋陵，孝敬皇帝李弘之恭陵。諸陵皆設署，由令一人掌管。月享，指每月朔、望日，由陵令修享。此外，元正、冬正、寒食日亦依例修享於諸陵。其中睿宗李旦之橋陵，則須每天上食。唐代在玄宗時稱陵的尚有：李淵祖父李虎之永康陵，李淵父親李昞之興寧陵，以及七太子（隱太子李建成、章懷太子李賢、懿德太子李重潤、節愍太子李重俊、惠莊太子李撝、惠文太子李範、惠宣太子李業）陵園。還有唐玄宗李隆基兄李憲，謚為讓皇帝，其墓稱惠陵。唯以上諸陵皆無月享之制。㉝陵別殿中省主膳三十人分番上下　指獻陵、昭陵、乾陵、定陵、橋陵、恭陵諸陵，由殿中省分別派遣主膳三人，分番上下，在陵地造食進供。殿中省尚食局屬下的主膳，《唐六典》本卷目錄，其屬下有主膳七百人，《新唐書・百官志》作八百四十人。主膳是由番戶和雜戶充當，番戶一年三番，每次番上一個月；雜戶二年五番，每次番上時間亦為一個月，三十人分番，即每陵有三十人輪流為月享供食。

【語譯】尚食局：奉御，定員二人，品秩為正五品下。《周禮》天官冢宰的下屬有膳夫和內饔。秦朝設置「六尚」，六尚中便有「尚食」這一職名。三國魏人如淳認為主管供奉天子某一方面物品的，就稱「尚某」。漢朝因承秦制，以後就簡省了，它的職務合併給了太官和湯官。到北齊時，門下省的下屬有六個局，其中尚食局設有典御二人，丞和監各四人；有集書省（中侍中省），下屬設有三個局，其中中尚食局設有典御二人，（丞二人），監四人，品秩與尚食局的相同。北周設有內膳上士二人，中士四人。凡是皇帝進食，他們先要自己嘗一嘗。到隋文帝開皇初年，由門下省統領尚食局，設有典御二人，直長四人，食醫四人；隋煬帝大業三年時，分屬於殿內省，改稱典御為奉御，定員二人，品秩為正五品。本朝因承隋制，唐高宗龍朔二年改名為奉膳大夫，咸亨元年又恢復了舊稱。

直長，定員五人，品秩為正七品上。隋朝開皇初年，設置直長，定員為四人，品秩是從七品下。煬帝大業三年時，定員增加到六人，品秩提升為正第七品。本朝因承隋制，定員減少到五人。

食醫，定員八人，品秩為正九品下。《周禮》在天官大冢宰屬下設有食醫中士二人，「職掌是調和君王享用的六食、六飲、六膳、百羞、百醬、八珍的滋味與溫涼的含量」。隋朝上食局也設有食醫（定員四人），本朝增加到八人。北周設有主食、主膳等，本朝因承了這一制度。

主食，定員十六人。北周的內膳設有主食十二人。

尚食局奉御的職掌，是供奉皇帝的日常膳食。隨著不同的季節，注意不同的飲食禁忌，調和最適宜的滋味。春季裡的肝，夏季裡的心，秋季裡的肺，冬季裡的腎，四季季月裡的脾，都正當時令禁忌的食物，君王不可食用。五味是指酸、鹹、甘、苦、辛。每當向君王進食時，奉御必須先嘗一嘗。凡是全國各個州進貢的珍貴美味，都要辨別它們的名稱和數量，妥善地儲藏，隨時準備上供。直長做奉御的副手。凡是在元正、冬至日舉行盛大朝會饗宴百官時，尚食局奉御與光祿寺太官令分別為皇上和百官進酒和進食，百官的酒食依據品級，區分等差供應。如果君王賞賜王公以下官員或者蕃邦君主賓客宴飲，奉御的職掌亦是這樣。至於各處皇陵每月朔望日進行的祭享，奉御就要到陵所去實地視察酒膳準備的狀況，而後才能獻祭。各處皇陵都要按規定上食。由殿中省分別為每個陵配置主膳三十人，分番上下服役。每個季度由殿中省派遣官員進行監察，就近在陵所製作食品供祭陵用。

食醫的職掌是，依照四時的禁宜，調和食品的滋味，供君王進食。

主食的職掌是，率領按時番上服役的主膳，以完成規定的職責。

【說　明】殿中省尚食局主要職掌是供應皇帝膳食，與它並行的，還有內侍省的尚食機構，職責是在內庭供應皇帝膳食。此外在東宮，家令寺領有食官署，專為太子而設；光祿寺的太官署，則為參加大朝會的百官供應酒食，常參官每五日上朝以後，亦供一餐廊下食。各個官司衙門亦大多設有官廚，日常辦公時供應一頓午餐。中書門下則另有供應標準比一般官司要高的堂廚。所有這些膳食機構，都屬於執行部門，其政令則出自尚書禮部的膳部司，包括財物支領，都須經膳部郎中審核。《新唐書·百官志》膳部郎中員外郎條中便有這樣規定：「尚食有猝需別索，必覆奏，月終而會之。」尚食局所需各種食料，則是由司農寺下屬各監署提供的。本書第十九卷第一篇司農少卿職掌之一便是：「凡朝會、祭祀、供御所需及百官常料，則率署監所貯之物，以供其事。」尚食所需水產品，另由都水監提供，《唐開元水部式》稱：「其尚食、典膳、祠祭、中書門下所需魚，並都水采供，諸陵，各所管縣供。餘應給魚處及冬藏，度支每年支錢二百貫送都水監，量依時價給值。」（轉引自李錦繡《唐代財政史稿》）由此可見尚食除受殿中省管轄外，與其平行的寺監和諸署，亦還有著多種複雜的相互關係。

尚食雖只專供皇帝一個人膳食，規模卻是相當大的，這從實際操作者主膳的員數上可以看出。本卷卷目記為「主膳七百人」，而《新唐書·百官志》及《唐會要》卷六十五均為「八百四十人」。按此數以三番計，每月役使二百八十人，每日單是供糧使用的主膳就有七十人，還不包括供主膳驅使而未請糧的所謂「色巧兒」。此外還有各處的皇陵，每陵三十人，分番上下，每陵每日亦有十人左右專管上食，就是為死去的一代代皇帝進獻酒膳的。唐代前期，諸陵上食頻繁，神龍年間，更規定每日都要奠祭；開元年間，改為除睿宗橋陵每日上祭外，其餘諸陵朔望上食，另外冬至、寒食各設一祭。

在管理上，尚食局從奉御、直長到主食，再到主膳，有三個層次。由於尚食的是否克盡職守關係到皇帝的健康與生命，還特地動用了法律武器來加以保障。《唐律》對尚食在供應御膳中的違禁行為不僅規定了嚴厲的懲罰條例，並且列為十惡之六、大不敬之一，不予赦免。《唐律．職制上》稱：「諸造御膳，誤犯食禁者，主食絞；若穢惡之物在食飲中，徒二年；揀擇不精，及進御不時，減二等；不品嘗者，杖一百。」此條之疏議謂：「諸造御膳者，皆依《食經》，經有禁忌，不得輒造。若乾脯不得入黍米中，莧菜不得和鼈肉之類，有所犯者，主食合絞。若穢惡之物，謂物是不潔之類，在食飲中，徒二年。若揀擇不精者，謂揀米擇菜之類，有不精好，及進御不時者，依《禮》飯齊視春宜溫，羹齊視夏宜熱之類，或朝夕日中，進奉失度，及冷熱不時者。減罪二等，謂從徒二年減二等。不品嘗者杖一百，謂酸、鹹、苦、甘、辛之味，不品嘗，及應嘗不嘗，俱得杖一百之罪。」在供應御膳的廚房，亦是門禁森嚴，嚴格禁止任何閒雜人等進入，《唐律．衛禁律》規定違禁入御膳所者，流三千里。此條疏議謂：「御膳所，謂供御造食之處。其門亦禁，不應入而入者，流三千里。」

三

尚藥局：奉御二人，正五品下。自陳、梁、後魏已往，皆太醫兼其職❶。北齊門下省統尚藥局，有典御二人、侍御師四人、尚藥監四人❷，總❸御藥之事；又集書省統三局❹，有中尚藥局典御二人、丞二人、中謁者僕射二人❺，總知中宮醫藥之事。隋門下省統尚藥局典御二人，正五品下；侍御醫四人，正七品上；直長四人，正七品下；醫師四十人。大業三年❻分屬殿內，改為奉御，皇朝因之。龍朔二年❼改為奉醫大夫，咸亨元年❽復舊。

直長四人，正七品上。隋置四人，正七品下，煬帝加品為正七品上❾，皇朝因之。

侍御醫四人，從六品上。北齊尚藥局有侍御師四人⑩，皇朝因之。

主藥十二人；藥童三十人。漢有藥丞、主藥⑪。後周有主藥六人⑫，隋有主藥四人，藥童二十四人。

司醫四人，正八品下。隋大業中置⑬，皇朝因之。

醫佐八人，正九品下。隋大業中置，皇朝因之。

按摩師四人。隋有按摩師一百二十人⑭，皇朝減置。

咒禁師⑮四人。皇朝初置。

合口脂匠⑯二人。皇朝初置。

【章旨】敘述尚藥局奉御、直長、侍御醫和主藥、司醫、醫佐按摩師、咒禁師、合口脂匠等之定員、品秩及沿革。

【注釋】❶自陳梁後魏已往皆太醫兼其職　句中「陳、梁」近衛校稱「當作『梁、陳』」。廣雅本正作「梁、陳」。全句意謂在南朝梁、陳和北朝北魏以前，歷代尚未有尚藥局之設置，其職都由太醫兼任。太醫在秦漢屬少府，晉代改屬宗正，東晉轉屬門下省，南朝因東晉，北齊時歸屬太常寺。❷自「北齊門下省」至「尚藥監四人」　《隋書·百官中》：北齊門下省尚藥局設典御及丞各二人，侍御師、尚藥監各四人。二尚藥典御之品秩為第五品下階，尚藥丞為從第七品下階。❸惣　同「總」字。❹集書省統三局　據《隋書·百官中》北齊集書省下屬無統三局之記載；而中侍中省之下屬則設有中尚藥局、中尚食局、內謁者局三局。唯《冊府元龜》卷六百二十卿監總部序云：「北齊集書省統中尚食、尚藥二局。」從北齊起，太醫分成若干機構：門下省有尚藥局，中侍中省有中尚藥局，太常寺有太醫，太子東宮有太子侍醫，此外在尚書、門下、中書等省還設有醫師。❺典御二人丞二人中謁者僕射二人　依上注所引《隋書·百官中》，北齊時此三職屬中侍中省中尚藥局。其品秩，中尚藥典御為從第五品上，中尚藥丞為從第七品，中謁者僕射為從第八品上。❻大業三年　即西元六〇七年。大業為隋煬帝楊廣年號。❼龍朔二年　即西元六六二年。龍朔為唐高宗李治年號。❽咸亨元年　即西元六七〇年。咸亨亦為唐高宗李治年號。❾煬帝加品為正七品上　據《隋書・百官下》，煬帝於殿內省所統之尚食、尚藥等六局，皆置直長，以為奉御之副貳。各局直長皆為正七品，此處「上」字似應刪。❿北齊尚藥局有侍御師四人　《職官分紀》卷二十四殿中省條引《唐六典》原注，此句下尚有「隋有侍御醫四人」一句，然後接「皇朝因之」。當補上。唐因隋制，若不補，誤為唐因北齊，於史不合，且名稱亦有異。⓫漢有藥丞主藥　漢指東漢。《後漢書・百官三》稱太醫令下設「藥、方丞各一人。本注曰：藥丞，主藥；方丞，主藥方。」⓬後周有主藥六人　北周設主藥下士，定員六人，品秩為正一命。⓭隋大業中置　煬帝大業三年（西元六〇七年）改制，以殿內省統尚食、尚藥等六局，在尚藥局設「有侍御醫、司醫、醫佐員」（《隋書・百官志》）。故司醫始置於隋大業中。⓮隋有按摩師一百二十人　隋之太醫有按摩師一百二十人，但不屬於尚藥局。⓯咒禁師　官名。唐置。掌以咒禁祛邪治病。流外三品。除此處殿中省尚藥局置四員外，太常寺太醫署亦有二員。⓰合口脂匠　雜任職名。唐置。除殿中省尚藥局置二人外，內侍省宮闈局亦署六人。掌合成口脂。

【語　譯】尚藥局：奉御，定員二人，品秩為正五品下。在南朝陳、梁（梁、陳）和北朝北魏以前，都是由太醫署兼任尚藥局的職掌。從北齊起才設置尚藥局，由門下省統轄，下設典御〔及丞各〕二人，侍御師四人，尚藥監四人，總管為君王治病用藥的一切事務。還有，集書省（中侍中省）統轄的三局中，亦有中尚藥局，設置典御二人，丞二人，中謁者僕射二人，總的負責內宮醫藥方面的事務。隋朝在門下省統領尚藥局，下設典御二人，品秩為正五品下；侍御醫四人，品秩為正七品上；直長四人，品秩正七品下；還有醫師四十人。煬帝大業三年改制時，尚藥局由門下省分屬殿內省，改稱典御為奉御。本朝因承隋制。高宗龍朔二年，一度改名為奉醫大夫，到咸亨元年又恢復稱奉御。

直長，定員四人，品秩為正七品上。隋朝設置。定員為四人，品秩是正七品下；煬帝時，品秩加為正七品。本朝因承隋制。

侍御醫，定員四人，品秩為從六品上。北齊尚藥局設有侍御師四人〔隋朝改稱侍御醫，定員亦為四人〕。本朝因承隋朝制度。

主藥，定員為十二人；藥童，定員為三十人。東漢在太醫令下設有藥丞，主持藥石方面的事務。北周設有主藥六人。隋朝設有主藥四人，藥童二十四人。

司醫，定員四人，品秩為正八品下。隋朝大業年間設置，本朝因承隋制。

醫佐，定員八人，品秩為正九品下。隋朝大業年間設置，本朝因承隋制。

按摩師，定員四人。隋朝設有按摩師一百二十人，本朝亦置，定員減少。

咒禁師，定員四人。本朝始置。

合口脂匠，定員二人。本朝始置。

【說明】歷代宮庭醫療機構的設置，在梁、陳和北魏以前，僅有太醫這一總的機構，到北齊才開始分置，除了太常寺的太醫之外，在門下省設尚藥局，在中侍中省設中尚藥局。隋因北齊之制，並又增設了殿內省的尚藥局。唐除沿置隋的醫療設置外，又在太子東宮專設藏藥局，在中書門下亦設有專職的醫師。就職司而言，這些醫療機構之間，似也有一分工關係。太常寺的太醫署，亦有醫療的職掌，但更偏重於醫師的教育和培養，屬官中有醫博士、鍼博士、按摩博士、咒禁博士等，都有教授生徒的職掌。不妨說，太醫署從隋唐開始，已逐漸演化為一個醫學教育機構。其餘具體的醫療機構，則更切近於其所服務的對象，分別設置。

四

尚藥奉御掌合和御藥❶及診候❷之事；直長為之貳。凡藥有上、中、下之三品。上藥為君，養命以應天；中藥為臣，養性以應人；下藥為佐，療病以應地❸，遞相宣攝而為用。凡合藥宜用一君、三臣、九佐❹，方家之大經也，必辨其五味、三性、七情，然後為和劑之節。五味謂酸、醎、甘、苦、辛❺，酸屬肝❻，鹹屬腎❼，甘屬脾❽，苦屬心❾，辛屬肺❿。三性謂寒、溫、平⓫。七情謂有單行者，有相須者，有相使者，有相畏者，有相惡者，有相反者，有相殺者⓬。其用又有四焉，曰湯⓭、丸⓮、膏⓯、散⓰，視其病之深淺所在而服之。診脈⓱辨寸、關、尺⓲之三部，以調四時⓳沉⓴、浮㉑、滑㉒、澀㉓之節，而知病之所在。在胷膈者，先食而後服藥；在心腹者，先服藥而後食㉔。凡合和御藥，與殿中監視其分、劑㉕；藥成，先嘗而進焉。合藥供御，門下、中書司別長官一人，并當上大將軍衛別一人，與殿中監、尚藥奉御等監視㉖；藥成，醫佐以上先嘗，然後封印；寫本方㉗，方後具注年、月、日，監藥者徧署名，俱奏。餌藥之日，尚藥奉御先嘗，次殿中監嘗，次皇太子嘗，然後進御。

侍御醫掌診候調和。

司醫、醫佐掌分療眾疾。

主藥、藥童掌刮、削、擣、篩㉘。

按摩師㉙、咒禁師㉚所掌如太醫之職。

【章旨】敘述尚藥奉御和直長等職掌並連帶介紹古代醫藥的一些基本原理。

【注釋】❶合和御藥　指依方配製皇帝服用之藥物。在唐代，若合和御藥有誤，被列為十惡之大不敬罪。所謂誤，指不如本方或封題誤。《唐律・名例》十惡條大不敬注「合和御藥」之疏議稱：「合和御藥，雖憑正方，中間錯謬，誤諱本方。封題誤者，謂依方合訖，封題有誤，若之丸為散，應冷言熱之類。」《唐律・職制律》規定：「諸合和御藥，誤不如本方，及封題誤者，醫絞。」疏議曰：「合和御藥，須先依處方合和，不得差誤。若有差誤，不如本方，謂分兩多少，不如本方之類。合成乃題封其上，注藥遲、駛、冷、熱之類，並寫本方俱進，若有誤不如本方及封題有誤等，但一事有誤，醫即合絞。」醫，指當班合和御藥者。❷診候　指診斷和觀察病人患病的狀況。中醫傳統診候的方法講究望、問、聞、切四診，以瞭解病情的指徵，然後進行辨證，按陰、陽、表、裡、寒、熱、虛、實這八綱分析病情的屬性、病變的部位、病勢的輕重、病人體質的強弱，作出判斷，為臨床處方提供依據。❸自「上藥為君」至「療病以應地」　中藥有處方，亦稱方劑，由不等量的諸藥物組合而成，並形成一定的劑型。這些劑量不等、品種各異的藥物，被配組在一張方劑之內，按其治療的作用，分為君、臣、佐三類，《皇帝內經素問・至真要論》將其概括為「主病之謂君，佐君之謂臣，應臣之謂使」三句話。君藥要在方劑中起到治療主症的主要作用，臣藥起輔助作用，佐藥則是協助主藥治療兼症或抑制主藥毒性的藥物。君、臣、佐是喻指各種藥物在同一方劑內不同的治療作用，因而亦可等同於上、中、下三類，並與天、人、地三者關係相對應。而實際上在一帖方劑中除了君、臣、佐三類之外，還有引藥，或稱使藥，起著引導諸藥直達疾病所在，或調和諸藥的作用。例如麻黃湯，治療惡寒發熱、頭痛或骨節疼痛、脈浮緊、無汗而喘諸症。其中，麻黃是君藥，發汗解表；桂枝是臣藥，助麻黃解表；杏仁是佐藥，助麻黃平喘；甘草是使藥，調和諸藥。依照君、臣、佐配伍方劑，迄今仍是中醫處方的傳統方法。又，《神農本草》亦把藥物分為上品、中品、下品三類，以不帶毒性，多服、久服也無害於人體者，為上品；以無毒或雖有毒尚可斟酌施用，能治病補虛者，為中品；以多毒而不可長期服用，能除寒熱邪氣、破除積聚者，為下品。這當是一種比較原始的分類。❹凡合藥宜用一君三臣九佐　一君三臣九佐，古代處方的一種規制，屬大制。《黃帝內經素問・至真要論》稱：「君一臣二，制之小也；君一臣三佐五，制之中也；君一臣三佐九，制之大也。」全句強調合藥宜用大制。其實方劑中每味藥的量的配製，當因病、因人、因時而異，難以強求一律，更不應是凡大制就好。唐代名醫許胤宗便曾有言：「夫病之於藥，有正相當者，唯須單用一味，直攻彼病，藥力既純，病即力愈。今人不能別脈，莫識病源，以情臆度，多安藥味，譬之於獵，未知兔所，多犬人馬，空地遮圍，或冀一人偶然逢也。如此療疾，不亦疏乎！假令一藥偶然當病，復共他味相和，君臣相制，氣勢不行，所以難差，諒由於此。」（《舊唐書・方伎・許胤宗傳》）❺五味謂酸醎甘苦辛　醎即「鹹」字。中醫理論認為，藥物之味不同，作用亦異。酸味能收能澀，如山茱萸收斂虛汗，金櫻子止遺精，五倍子澀腸止久瀉；鹹味能軟堅潤下，如海藻、牡蠣治瘰癧，芒硝潤下燥結之大便；甘味能補能暖，如黃芪補氣，阿膠補血，甘草可緩解攣急；苦味能瀉能燥，如黃連瀉火，大黃瀉下通大便，蒼朮燥濕；辛味能散能行，如荊芥散風寒，砂仁行氣，川芎活血。❻酸屬肝　此句及下四句，涉及中醫若干基本理論，須略作說明，然後分別注釋。按：此五句亦見於《黃帝內經素問・宣明五氣》，其文稱：「五味所入，酸入肝，辛入肺，苦入心，鹹入腎，甘入脾，是謂五入。」意謂藥物入胃後，各依其味先入其所屬之臟腑：酸味先入肝，辛味先入肺，苦味先入心，鹹味先入腎，甜味先入脾。要注意的是，此處所謂肝、肺、心、腎、脾五臟，從屬於中醫臟腑理論，與現代解剖學上諸如心、肝、肺、腎、脾諸器官，不完全是一回事。依照中醫理論，臟腑是內臟的總稱，臟是貯藏精氣，亦就是吸收和貯藏營養物質的器官，而腑，包括胃、膽、小腸、大腸、膀胱五腑，是接受和消化飲食並排洩糟粕的通道。臟與腑一陰一陽，互相配合，構成了人體吐納代謝的全部機能。酸屬肝：中醫理論認為，肝臟的功能是貯血、主筋、主疏洩。人的筋骨運動有賴血液滋養，消化系統要靠肝的膽道提供膽汁，如肝不疏洩便會出現黃疸，食欲不振，腹脹等消化功能紊亂現象；「肝受血而視」，肝臟功能的是否正常還會影響到視覺系統。治療肝臟疾病的處方，宜用帶有酸味的藥物，酸味之藥先入肝。❼鹹屬腎　中醫理論認為腎為促使人體發育、生殖及維持水液代謝平衡的臟器。腎在腰部，所以稱「腎為腰之府」。它相當於現代醫藥泌尿、生殖系統和部份內分泌系統、神經系統的功能。治療腎臟疾病，宜用鹹味的藥物。❽甘屬脾　脾是消化、吸收與轉輸營養和水份以供人體生命活動的臟器。脾與胃同為後天之本，它相當於現代醫學消化系統的大部份功能。脾臟虛弱時，應注意選用甘味的藥物，甘性之藥先入於脾。❾苦屬心　心主血脈和藏神，通過血液供應全身營養。神指人的精神、意識和思維活動，諸如情緒上的喜怒哀樂。心血不足將導致神不能安藏，出現失眠健忘等症；而精神活動的異常，亦會反過來致使心血不足，脈絡瘀阻，發生心痛胸悶等症狀。因而這裡所說的心，大致相等於現代醫學神經系統和心血管系統。心系統的病症，宜用苦味藥物，苦味之藥先入於心。❿辛屬肺　肺係主周身氣脈運行之臟器。肺在胸中，上連氣管，開竅於鼻，氣之吐納，並關係到水液的代謝平衡。故肺氣宜通暢，宜清靜。其主要生理功能相當於現代醫學的呼吸系統。治療肺臟疾病，當用辛味之藥，因其先入於肺。⓫三性謂寒溫平　指藥物有寒、溫、平三種屬性。藥性的寒溫是與病症的熱性或寒性相對而言。能夠治熱性病症的藥物，屬於寒性或涼性。如黃連是寒藥，能治熱病瀉痢；茵陳蒿微寒屬涼藥，治黃疸身熱。能治寒性病症的藥物，屬於熱性或溫性。如附子是熱藥，能治因大汗而陽氣衰竭、四肢寒冷等。草果微熱，屬溫藥，能治胸腹冷痛和發冷較重的瘧疾。藥物的寒溫屬性是相對的，在寒溫之間還有平性，而平性又有偏寒偏熱之分，如白茯苓甘平而偏溫，豬苓則甘平而偏涼。故有時亦稱有四性。⓬自「七情謂」至「有相殺者」　指各種藥物在配伍中的七種不同作用。此說並見於《神農本草經》。單行者，指以單一的藥物即可發揮效能。如甘草湯、獨參湯等。相使，亦稱相須，須用二種性能相類的藥物共同服用，以增強其療效。如知母和黃柏。相畏，指二種互相抑制的藥物，如某些有毒性的藥物，須配以另一能限制或消除其毒性的藥物，如半夏有毒，可配以能除其毒的生薑。相惡，一種藥物能減弱另一種藥物的性能稱相惡。如生薑惡黃芩，因黃芩能減弱生薑的溫性。相反，指兩種藥物同用後，會產生相反的副作用。如烏頭之反半夏。相殺，一種藥物能減弱另一種藥物的中毒反應，稱相殺。如綠豆之殺巴豆毒。⓭湯　藥物劑型之一。把藥物加水煎成湯，去渣，取液內服。湯的吸收較快，作用易於發揮，常用於新病、急病。⓮丸　藥物劑型之一。把藥物研成細末，用蜜或水或糊或藥液等拌和，製成圓球形大小不等藥丸。丸服用便利，吸收較緩慢，藥力較持久。凡藥物不耐高溫、難溶於水、容易揮發或毒性較劇烈者，多宜於製成丸。⓯膏　藥物劑型之一。分外用、內用兩種。內服者，以藥物和水，加入冰糖、蜂蜜等，多次煎熬而成。膏劑有治療補養作用，常用於慢性疾病或身體虛弱者。外用膏劑，一稱藥膏。將蜂蠟加入棉子油或花生油中，加熱溶化，乘熱加入藥物細粉，不斷攪拌，待冷凝即成。如有飲片，須先將油燒開，把飲片炸枯，去渣再加入藥物細末。冰片、樟腦等容易揮發的藥，可在油膏冷後加入攪勻。外用膏劑外塗皮膚瘡瘍疥癬等。又，南宋本「膏」作「酒」。酒指以酒浸藥，經一定時間，濾去渣滓取得澄明的液體，亦為藥物劑型之一。多用於活血祛風、通經活絡、除痹止痛。⓰散　藥物劑型之一。分為外服和內用兩種。內服散劑是把藥物研成粗末或細末：粗末可加水煮服，細末則以白湯、茶、米湯或酒調服。外用散劑須把藥物研成極細末，撒摻於傷痛的局部，或用酒、醋、蜜等調敷於患處。多用於外科或五官科。⓱診脉　脉即「脈」字。診脈，又稱切脈、按脈或持脈。通過脈象診斷病人疾病的方法。醫生以食、中、無名三指指端切按病者撓動脈的寸口部，從而探查其脈象的變化。唐代名醫許胤宗曾謂：「脈候幽微，苦其難別，意之所解，口莫能宣。且古之名手，唯是別脈，脈既精別，然後識病。」（《舊唐書．方伎．許胤宗傳》）診脈只是四診之一。脈象要再參照望、問、聞，才能作出病案的判斷。⓲寸關尺　又稱寸口或氣口、脈口。指兩手撓骨頭內側撓動脈處。寸口脈分寸、關、尺三部。撓骨莖突處為關，關之前（腕端）為寸，關之後（肘端）為尺。寸、關、尺三部的脈動，分別被稱為寸脈、關脈、尺脈。關於三脈與臟腑的關係，歷代說法眾多，臨床常用的劃分方法是：左手寸脈候心，關脈候肝，尺脈候腎；右手寸脈候肺，關脈候脾胃，尺脈候命門。大體說來是上寸脈以候上（軀體上部），下尺脈以候下（軀體下部）。寸口切脈時，在寸、關、尺三部，每部各以輕、中、重的指力相應分為浮、中、沉三候，共為九候。⓳以調四時　四時，指一年之春、夏、秋、冬四季。人的脈象隨著四時氣候的變化而相應變化，中醫稱之為「脈應四時」，即春弦、夏洪、秋毛、冬石。身體各部位的脈象對四時的反應亦不同。如春夏頸動脈的人迎脈稍強，寸口脈稍弱，秋冬則反之。如脈象不能隨著四季的變換而相應變化：春夏脈應浮洪而反見沉澀，秋冬脈應沉澀而反見浮洪；或者春夏人迎脈應有餘而反不足，寸口脈應不足而反有餘，秋冬則又反之，都是一種病理現象。⑳沉　中醫學中脈象有二十八種之多，沉脈是其中之一。脈來輕取不應，重按始得為「沉」。主病在裡。沉而有力為裡實，沉而無力屬裡虛。㉑浮　脈象的一種。脈來浮取即得，重按反覺減弱為「浮」。主病在表。浮而有力為表實，浮而無力屬表虛。多見於感冒和某些急性病初期。久病陽氣虛損者，也可見浮大無力之脈。㉒滑　脈象的一種。脈往來流利，應指圓滑，若圓珠滾動於盤之狀。主痰飲、食滯、實熱等症，又主妊娠。㉓澁　即「澀」字。脈象的一種。脈動往來不流利，虛細而遲，三五不調，若輕刀刮竹之狀。多由血少傷精，津液虧損，氣滯血瘀所致。可見於貧血及心肌能不全者。㉔自「在胷膈者」至「先服藥而後食」　胷即「胸」字。指服藥時間在飯前或飯後，要依病情而定。此說並見於《神農本草經》：「病在心膈以下者，先服藥而後食；病在胸膈以上者，先食後服藥。」胸膈，指橫膈膜以上胸腔部位。中醫以膈來區分胸腹腔，橫膈膜以上區域屬心肺，橫膈膜以下則屬腸胃，即腹腔，亦稱心腹。並認為膈的作用可以遮隔胃腸消化飲食所產生的濁氣，不使其上熏心肺。中醫服藥方法還有多種講究，如瀉藥要食遠服（離開正常進食時間較遠），驅蟲藥要空腹服，瘧疾藥要發病前服，以及頓服（一次多量）、頻服（多次少量）、溫服、熱服、冷服等。㉕分劑　指藥物之成分及其劑型：由哪幾味藥構成和各自的份量；劑型是湯、丸、膏、散中哪一種。㉖自「合藥供御」至「等監視」　此言和合供皇帝服用的藥物時，必須親至現場負責監視的相關官員。其中包括：長官各一人；當上大將軍，指十六衛大將軍當值者；將軍衛，指該衛之將軍；再加上殿中監和尚藥奉御。此事《唐律疏議・職制律》專門作了法律規定，諸合和御藥條之疏議稱：「依《令》：合和御藥，在內諸省，省別長官一人，并當上大將軍、將軍衛別一人，與尚藥奉御等監視。」㉗本方　指藥劑的原處方。㉘刮削擣篩　中藥材的加工過程及其基本方法。刮，用金屬或角質工具除去藥物表皮或不可入藥部份。削，用刀刃削去藥物表皮或不適用處。擣，用石、鐵或銅製的臼和擣杵，擣碎或去皮，如白果、河子去皮，生石膏、龍齒等擣碎，有的還須研成粉末。篩，用以區分藥物大小和清除雜質。篩有不同孔徑，且有竹篩、銅篩、馬尾篩等。㉙按摩師　官名。唐置。為流外三品。其職掌為以消息導引之法，除人之支、節、府、藏因積瘀而生之疾。通過按摩，導而宣之，使內疾不留，外邪不入。其法包括按摩，氣功導引，和傷科的正骨治傷。㉚咒禁師　官名。唐置。為流外三品。掌以咒禁祛邪治病。據本書第十四卷第四篇原注稱，其法有五：一曰存思，二曰禹步，三曰營目，四曰掌決，五曰手印。

【語譯】尚藥奉御的職掌是為君王配製藥物與診候疾病方面的事務；直長做他的副手。大凡組合在一帖方劑中的藥，可以分成上、中、下三個構成品級。上品的藥是該劑中的「君」，作為主藥養命，對應於天；中品的藥是該劑中的「臣」，作用是頤養性情，對應於人；下品的藥是該劑中的「佐」，作用是治療兼症，對應於地。這三品藥味互相宣攝而共同發揮作用。凡是合和藥物，大型的方劑適宜用一味君藥，三味臣藥，九味佐藥，這是處方的基本原則。侍御醫在處方時，一定要辨別各種藥品在五味、三性、七情中的歸屬，然後才能掌握一帖方劑中各味藥材的構成成分。所謂五味，是指酸、鹹、甘、苦、辛。藥物五味的屬性，是與五臟對應的：酸性的藥物先入肝，鹹性的藥物先入腎，甜性的藥物先入脾，苦性的藥物先入心，辣性的藥物先入肺。藥物的三性，是指寒、溫、平。所謂七情，是藥物在配伍中七種不同的相互作用：有的「單行」，有的「相須」，有的「相使」，有的「相畏」，有的「相惡」，有的「相反」，有的「相殺」。藥物在應用中，又有四種劑型，就是湯藥，丸藥，膏藥，散藥。根據病情的深淺和所在的不同部位，採取相應的服藥方式。診脈時，要區分寸、關、尺三個不同部位，掌握春、夏、秋、冬不同季節中，沉、浮、滑、澀四類基本脈象的變化狀況，從而推知病情的所在。在服藥時間上，如果病在胸膈的，要先飲食後服藥；病在心腹部位，亦就是胸膈膜以下的，要先服藥後飲食。凡是配製君王服用的藥物，尚藥奉御要與殿中監共同在一旁監視，注意劑量和劑型是否符合規定。藥合成後，尚藥奉御自己要先嘗試，再進奉君王御用。配製供給君王服用的藥物時，門下省、中書省的長官，和所屬同的長官各一人，以及十六衛中當值的大將軍一人，會同殿中監及尚藥奉御等，一起監視配製藥的全過程。藥製成以後，醫佐以上官員先嘗試，然後封存並蓋上印，寫上這帖藥的方子，方子後面注明配製成藥的年、月、日，監製官的名字一一署上，然後一併上奏君王。君王服藥的那一天，尚藥奉御第一個嘗試，其次是殿中監嘗，再次由皇太子親嘗，最後進君王御用。

侍御醫的職掌是，診候病情，開具處方，調和藥物。

司醫、醫佐的職掌是，協助侍御醫分別治療其他人的各種疾病。

主藥、藥童的職掌是，用刮、削、擣、篩的方法，對各種藥材進行加工製作。

按摩師和咒禁師的職掌，與下面十四卷太醫署中的按摩師、咒禁師的職掌相同。

【說　明】從本章正文及原注對「合和御藥」時的監視制和「餌藥之日」的先嘗制的敘述中，可以清楚看到在封建專制制度下，皇帝個人的生命和健康那種高踞於億萬臣民之上的神聖地位。在合藥過程中稍有錯失，包括藥味種類分量多少不符本方，封題書寫有誤，即屬於《唐律》所明文規定的十惡大不敬條，具體合藥者即侍御醫要處以絞刑，監當的官司，也要處罰，只是各減醫一等。主藥、藥童加工藥物或揀擇不精，或洗漬不清等等，都要處以一年徒刑。藥已製成，皇帝要服用了，那更彷彿成了一件驚天動地的大事。你看，「尚藥奉御先嘗，次殿中監嘗，次皇太子嘗，然後進御」。要這些人先嘗，顯然不是因為他們與皇帝患有相同毛病，據以測試療效；主要恐怕還是擔心藥性過烈，有損健康；或有人下毒，危及生命。這也就是說，先嘗者無非在用自己的生命和健康作試驗品，以確保皇帝陛下的生命與健康。或許按當時社會的道德標準和人們的價值取向，有人極樂意做這樣的試驗品，更多的人是欲求之而不可得，但在現代人看來它畢竟違反人道。耐人尋味的是，先嘗的人當中還有皇太子。孝乎？忠乎？臨「接班」前之考驗乎？無論如何，有一點是顯而易見的：一旦皇權至上，尋常人最珍貴的親親關係也變得冷若冰霜。

本章所言診脈及其相關論述，如五味、三性、七情等，都離不開中國傳統的陰陽五行認知模式。儘管陰陽五行學說有其牽強附會和簡單化的一面，但它注意事物的矛盾對立和統一關係及其轉化，並將之應用於中醫中藥學之中，也確實有其獨到之處，迄今它還在指導著中醫的臨床實踐，而明顯的效驗又證明了它的推論具有一定的真理性。所以在肯定中醫中藥作用的同時，也不能將其與陰陽五行相關的中醫理論，隨意拋棄，沒有這些理論的指導，中藥方劑的配伍就失去了根據。至於如何使之與現代科學結合起來，那是需要細心研究，且又絕不是一蹴即就的事。

唐代有不少著名的醫家，見之於兩《唐書》的，如甄權，李世民曾親臨其家，訪以藥性。還有許胤宗、孫思邈、張文仲、季虔縱等，歷任尚藥奉御或侍御醫。其中張文仲以善治風疾著聞。時有特進蘇良嗣，次在殿庭跪拜時突然昏倒，武則天令張文仲到蘇的宅第去診候，《舊唐書・方伎・張文仲傳》載錄了這件事，張對病情判斷及預言，居然句句應驗：「文仲曰：『此因憂憤邪氣激也，若痛衝脅，則劇難救。』自朝候之，未及食時，即若衝脅絞痛。文仲曰：『若入心，即不可療。』俄頃心痛，不復下藥，日旰而卒。」

職掌。

尚衣局・尚舍局

【篇旨】本篇敘述殿中省所屬六局中尚衣、尚食二局，它們各自的奉御、直長、尚衣、幕士的定員、品秩和職掌。

尚衣局奉御的職掌是依照禮制供奉皇帝衣冠。本篇前二章以主要篇幅具體介紹了天子十三種冕服的形制及其各自服用的禮儀場合，由此可以大體瞭解歷史上冕服制度的梗概。

我國的帝王冕服制度，早在周代已經基本形成。那時的禮制已規定周天子在不同禮儀場合使用不同的衣冠服飾：祭祀天地宗廟時有祭祀之服，會見百官臣僚時有朝會之服，參加戰爭時有從戎之服，悼念亡者時有喪服，加冠婚嫁時有吉服。所謂冕服是總稱，通常有冠冕、上衣、下裳三大部份；冕上懸掛有數量不等的旒，上衣、下裳分別繡繪著種種花紋，都包含一定的政治、文化意義。此外還有與之相配的各種飾物，如大帶、革帶、韍、組綬、佩玉等等，及腳上穿的襪和舄。《周禮・春官・司服》所記冕服有裘冕、袞冕、鷩冕、毳冕、絺冕、玄冕等六種，《禮記・玉藻》則對天子及諸侯、卿大夫的佩戴服飾作了種種規定。本篇中所敘的唐代冕服制度，便是歷代冕服制度的因承和發展。在歷史上，衣服先有蔽體禦寒的實用功能，隨之又有賞心悅目的審美功能；但與帝王制度同時產生的冕服，其實用或審美的功能已變得很次要，集中突現的則是其特有的政治功能，即為了顯示皇帝至高無上的尊貴身份和不可侵犯的神聖地位。漢代賈誼在《新書・服疑》中曾經說過一句話：「貴賤有級，服位有等。」這便是冕服制度的本質。

本篇後二章記述尚舍局，其職掌是為皇帝出席各種禮制儀式而臨時張設帳幕和供奉湯沐。例如舉行郊祀時，便要在祭壇之外張設高一丈五尺、縱橫二丈的帳幕三部各六十連，以供皇帝憩息。具體張設帳幕的稱幕士，定員多達八千人，可見其規模之大。

一

尚衣局：奉御二人，從五品上。《周禮》❶有司服❷中士二人，「掌王吉凶衣服❸，辨其名物與其用事❹。」戰國有尚衣、尚冠之職❺。秦、漢少府屬官有御府❻令、丞，掌供御服；後漢有掌冠者❼，典官婢作中衣服及補浣之事。魏因之。晉屬光祿勳，東晉省。宋大明❽中，改尚方曰左、右御府❾，各置令、丞一人。後廢帝❿初，省御府，置中署⓫，隸右尚方；其後又置。至齊高祖省，文帝又置⓬。初，宋氏用三品勳位⓭，明帝⓮改用二品，準南臺御史⓯，掌金銀、綵帛，凡諸造作⓰，以供奉，及妃、主、六宮。梁、陳無御府，其職隸在尚方⓱。後魏有掌服郎，從六品上⓲。北齊門下省統主衣局都統、子統⓳各二人。後周有司服上士二人、中士二人⓴。隋門下省有御府局㉑監二人，大業三年㉒分屬殿內省，其後又改為尚衣局㉓。皇朝因之。龍朔二年㉔改為奉冕大夫，咸亨元年㉕復舊。

直長四人，正七品下。隋改御府為尚衣局。始置直長㉖，領主衣。皇朝因之。

主衣十六人。隋置，皇朝因之。

尚衣奉御掌供天子衣服，詳其制度，辨其名數，而供其進御；直長為之貳。

【章　旨】敘述尚衣局奉御、直長、主衣之定員、品秩、沿革及職掌。

【注　釋】❶周禮　儒家經典之一。係搜集周王室和戰國時各國制度，附會以儒家政治理想，增減排比而成的彙編。❷司服　《周禮》春官屬官，掌王之冠服。《呂氏春秋．仲秋》：「乃命司服具飭衣裳，文繡有常，制有大小，度有短長，衣服有量，必循其政，冠帶有常。」高誘注：「司服，主衣服之官。」其定員除中士二人外，尚有府二人，史一人，胥一人，徒十人。❸吉㐫衣服　句中「㐫」同「凶」。古代王者遇吉凶之事，其服色各有不同。吉服有九種，如祀昊天上帝，服大裘而冕，祀五帝則袞冕，享先公則鷩冕，兵事則韋弁服，甸則冠弁服等；凶事服弁服，弔事弁絰服。❹辨其名物與其用事　名物，指所服衣服之名稱顏色及其規制。用事，指祭祀、視朝、甸、凶弔一類事。君王在不同場合要穿不同的衣服，故司服須慎於辨別。❺戰國有尚衣尚冠之職　秦設六尚，其中便有尚衣、尚冠之職。戰國時，亦有稱典衣、典冠者，如韓國。《韓非子．二柄》：「昔韓昭侯醉而寢，典冠者見君之寒也，故加衣於君之上，覺寢而說，問左右曰：『誰加衣者？』左右對曰：『典冠。』君因兼罪典衣、典冠。其罪典衣，以為失其事也；其罪典冠，以為越其職也。」❻御府　始置於秦，西漢沿置。屬少府，掌御衣服，並掌金錢及珍物出納。置令、丞主之。《漢書．百官公卿表上》顏師古注：「御府主天子衣服也。」《漢書．霍光傳》：「發御府金錢刀劍玉器彩繒，賞賜所與遊戲者。」《漢書．王莽傳下》顏師古注：「御府有令、丞，少府之屬官也，掌珍物。」❼後漢有掌冠者　句中「有」，南宋本作「又」，有、又可通。句中「冠」，似有誤。《通典．職官八》殿中監尚衣局奉御條：「後漢又掌宦者，典官婢作中衣服。」《後漢書．百官志》：「御府令一人，六百石。本注曰：『宦者，典官婢作中衣服及補浣之屬。』」又，《宋書．百官志》：「御府，二漢世典官婢作褻衣服、補浣之事。」陳仲夫點校本據此而改「掌冠者」為「掌宦者」，當是。此句主語仍為上句中之「御府令、丞」，「又掌」亦係承上句「掌供御服」而來；「又掌」後之句法為賓語提前，修飾語後置。全句意為：御府令、丞在秦漢時掌供御服，東漢時又加掌宦者，但此宦者非全體，僅為其中「典官婢作中衣服及補浣之事」者。語譯依此。❽大明　南朝宋世祖孝武帝劉駿年號。❾改尚方曰左右御府　尚方，官署名。始置於秦，漢沿置，屬少府。設令、丞，掌使役工徒，製造專供御用之新奇貴重手工藝品，如鏤鑲金銀珠玉之鼎、壺、鐘、鐙、弩機、寶劍等。漢武帝時分中、左、右三尚方，東漢魏晉沿置，東晉唯置一尚方，哀帝時歸丹陽尹統轄。宋武帝時以相府作部配臺，稱左尚方，而本署謂之右尚方。又以相府細作配臺，即其名置令一人，丞二人，隸門下。孝武帝大明中改稱御府，置令一人，丞一人。❿後廢帝　南朝宋皇帝劉昱。宋明帝之長子，十歲即皇位，在位五年。據《宋書》本紀記載，後廢帝視作皇帝如同兒戲，常單將左右出行，或入市里，或往營署，夕去晨返，晨出暮歸。從者並執鋋矛，行人男女，及犬馬牛驢，值無免者。民間擾懼，晝日不敢開門，道上行人殆絕。常著小袴褶，未嘗服衣冠。又以鐵椎椎人陰破，左右人見之有斂眉者，即大怒，令此人袒胛正立，以矛刺胛洞過。天性好殺，以此為歡。如此為帝王者，古今少見。其內外百司，悚懼恐慌，人不自保，忍無可忍，終由其近人楊立夫乘其熟醉殺之。終年十五歲。因南朝宋已有前廢帝劉子業，故稱後廢帝。⑪置中署　指以中署取代原來御府，來管轄內廷的手工匠作機構。中署之名，漢已有之。《後漢書・宦者・呂強傳》：「時帝多蓄私藏，收天下之珍，每郡國貢獻，先輸中署，名為『導引費』。」注：「中署，內署也。」⑫齊高祖省文帝又置　近衛校止德本以為此九字有疑，《通典》、《通志》均無。案：《南齊書・百官志》少府屬官有御府令、丞各一人，其廢置史著未有詳錄。且南齊僅有太祖高帝蕭道成，未有稱高祖者，亦未有稱文帝者。語譯仍依原文。⑬宋氏用三品勳位　三品勳位屬流外官的爵位。據《隋書・百官上》梁之左尚方五丞、右尚方四丞為三品勳位。宋、齊時尚方的品位當與梁相似，因梁所承即宋、齊之制。⑭明帝　南朝宋皇帝劉彧，字休炳。在位八年，終年三十四。⑮南臺御史　南臺，御史臺之別稱。其名始於南北朝，以其位於宮庭之南故。歷代沿承。《南齊書・沈文季傳》：「明帝宴會朝臣，以南臺御史賀誠為柱下史，糾不醉者。文季不肯飲酒，被驅下殿。」《通典・職官六》：御史臺「梁及後魏北齊，或謂之南臺。後魏之制，有公事，百官朝會名簿自尚書令僕以下，悉送南臺」。⑯凡諸造作　《職官分紀》卷二十四引《唐六典》「凡」作「足」。以宋明帝好造作言，當以「足」為是。⑰梁陳無御府其職隸在尚方　梁，尚方屬少府，設有左、右尚方。其令為第一班，左尚方五丞、右尚方四丞均為三品勳位。陳承梁制。⑱後魏有掌服郎從六品上　北魏孝文帝太和十七年（西元四九三年）令有掌服郎，列在從六品上。太和二十三年（西元四九九年）令未列其品秩。⑲都統子統　均為官名。《隋書・百官中》稱其「掌御衣服浣弄事」。⑳司服上士二人中士二人　二職西魏恭帝三年（西元五五六年）置，北周沿置。司服上士為天官府御正中大夫屬官，員二人，正三命，掌皇帝祭祀臨朝、出巡所用各種服冕。司服中士為其佐助，員二人，正二命。㉑御府局　《隋書・百官下》稱隋門下省統六局，御府局為六局之一，設監二人，直長四人。㉒大業三年　即西元六〇七年。大業為隋煬帝楊廣年號。㉓其後又改為尚衣局　煬帝將御府劃歸殿內省統轄，並改名為尚衣局。《通典・職官八》稱其「置奉御二人」。《隋書・百官下》：「尚衣即舊御府也，改名之，有直長四人。」可知隋煬帝時之尚衣局，置奉御二人，直長四人。㉔龍朔二年　即西元六六二年。龍朔為唐高宗李治年號。㉕咸亨元年　即西元六七〇年。咸亨亦為唐高宗李治年號。㉖隋改御府為尚衣局始置直長　《隋書・百官下》：隋初門下省所屬御府局即有直長四人，從七品上；煬帝改御府局為尚衣局，隸殿內省，有直長四人，品秩升為正七品。

【語　譯】尚衣局：奉御，定員二人，品秩從五品上。《周禮》春官大宗伯卿下屬設有司服中士，定員二人。「掌理君王服用的吉凶衣服，區別不同的服飾和與它相對應的服用場合。」在戰國時期，各國便設有尚衣、尚冠這樣的職務。在秦、漢時，少府的屬官中，設有御府令、丞，掌管供奉君王御用的衣冠；東漢時，又兼掌那些主管官奴婢製作宮中使用的衣服及縫補洗滌等雜務的宦官。魏因承兩漢的制度。西晉所設的御府，隸屬於光祿勳，東晉省去了這一建置。南朝宋孝武帝大明年間，改尚方名為左、右御府，各設置令與丞一人。到後廢帝初年，省去了御府，設置中署，隸屬於右尚方；這以後又恢復設置。到齊高祖又省，文帝又置。起初，劉宋設置的御府令、丞用三品勳位，到宋明帝時改用二品，與南臺御史的品級相同，掌管金銀綵帛，督促各種造作，充分保障御用的供奉，以及妃子、公主和六宮的需要。梁、陳沒有設置御府這個機構，相關職務歸給了尚方。北魏前制設有尚服郎，品秩為從六品上。北齊門下省所統六局中有主衣局，下設都統、子統各二人。北周在春官府設有司服上士，中士二人。隋朝在門下省所統六局中的御府局設有監二人。煬帝大業三年，御府局由門下省改屬殿內省，後來又改名為尚衣局。本朝因承隋制。高宗龍朔二年時一度改名為奉冕大夫，到咸亨元年又恢復了舊稱。

直長，定員四人，品秩為正七品下。隋煬帝時改稱御府為尚衣局，方始設置直長四人，統領主衣。本朝因承隋制。

主衣，定員十六人。隋朝設置，本朝因承隋制。

尚衣奉御的職掌是，供奉君王的衣服，熟知有關服飾的各項制度，區分服制的各種規格，供給皇上服用。直長做奉御的副職。

【說　明】從本章敘述的尚衣局的沿革中可以看出，它在近一千年中走了分—合—分這樣一個過程。在漢代，尚衣的前身御府，與另一個同為少府的下屬尚方，是兩個並行而職能不同的機構。《漢書．百官公卿表》顏師古注稱：「尚方主作禁器物，御府主天子衣服。」此外，少府屬下另有東織、西織，分管織造，亦與衣服的製作有關。東漢時，御府令、丞除掌供御服，同時還兼管使役宮婢製作補浣宮廷所用衣服等事。其下尚有丞、織室丞各一人，織造亦歸御府。御用刀劍器物的製作，據《後漢書．百官三》另有尚方令：「本注曰：『掌上手工作御刀劍諸好器物。丞一人。』」

可見兩漢御府與尚方都是兩個並行而職掌不同的機構。到了南朝劉宋時，省御府，而把御府之職併入右尚方，亦就是尚方既主刀劍器物製作，又掌衣服織造。此後整個南朝時期大體都是這樣合二而一的格局。北齊則在門下省設主衣局，在太府寺下設左、中、右三尚方，又將掌供御服與器物分開。隋承北齊體制，御府先屬門下省，後分屬殿內省，並改名為尚衣局，而在太府寺設左尚方、右尚方、內尚方，掌營造。唐承隋制，在殿中省設尚衣局，在宮官亦有尚服二人，品秩為正五品；在少府監設中尚署、左尚署、右尚署，掌器物製作。同時還在少府監設織染署，掌織造。如此設置，較之歷朝，分工和歸屬更為明確些。

二

凡天子冕服[1]十有三：一曰大裘冕[2]，二曰袞冕[3]，三曰鷩冕[4]，四曰毳冕[5]，五曰絺冕[6]，六曰玄冕[7]，七曰通天冠[8]，八曰武弁[9]，九曰弁服[10]，十曰黑介幘[11]，十一曰白紗帽[12]，十二曰平巾幘[13]，十三曰翼善冠[14]。大裘冕，無旒，冕廣八寸，長一尺六寸，玄表纁裏。以下廣狹准此。金飾，玉簪導，以組為纓，色如其綬[15]；裘以黑羔皮為之，玄領、青褾緣[16]；朱裳[17]，白紗中單，皁領，青褾、襈、裾[10]；革帶，玉鉤䚢，大帶[19]，素帶朱裡，紕其外，上以朱，下以綠，紐約用組[20]。韍；[21]韍，蔽膝也。凡韍皆隨裳色。鹿盧玉具劍，火珠鏢首[22]；白玉雙佩，玄組雙大綬，六綵：玄、黃、赤、白、縹、綠，繩玄質，長二丈四尺五寸，首廣一尺[23]；小雙綬，長二尺六寸，色同大綬，而首半之，間施三玉環[24]。朱韤，赤舄[25]。祀天神[26]、地祇[27]則服之。

衮冕，垂白珠十有二旒，以組為纓，色如其綬，黈纊充耳㉘，玉簪導；玄衣、纁裳，十二章㉙，八章在衣：日、月、星辰、山、龍、華蟲、火、宗彝；其四章在裳：藻、粉米、黼、黻；衣褾、領為升龍㉚，皆織成為之。山、龍以下，每章一行，重以為等，每行十二㉛；白紗中單，黼領㉜，青褾、襈、裾；韍；革帶、大帶、劍、玉佩、綬、韈與上同，舄加金飾。享廟、謁廟及廟遣上將㉝、征還、飲至㉞、踐祚㉟、加元服㊱、納后㊲，若元日受朝㊳及臨軒冊拜王公㊴，則服之。

鷩冕，服七章，三章在衣：華蟲、火、宗彝；四章在裳：藻、粉米、黼、黻。餘同衮冕。有事遠主則服之㊵。

毳冕，服五章，三章在衣：宗彝、藻、粉米；二章在裳：黼、黻。餘同鷩冕。祭海、嶽㊶則服之。

絺冕，服三章，一章在衣：粉米；二章在裳：黼、黻。餘同毳冕。祭社稷、帝社㊷則服之。

玄冕服㊸，衣無章，裳刺黻一章㊹。餘同絺冕。蜡祭百神㊺、朝日、夕月㊻則服之。

通天冠，加金博山㊼，附蟬十二首㊽，施朱翠㊾，黑介幘，髮纓翠緌㊿，玉若(51)犀簪導；絳紗袍，白紗中單，朱領、襈、裾(52)，白裙襦(53)，亦裙衫。絳紗蔽膝；白假帶(54)；方心曲領[55]；其革帶、劍、珮、綬與上同；白韈、黑舄。若未加元服，則雙童髻，空頂黑介幘，雙玉導，加寶飾[56]。諸祭還及冬至受朝、元會、冬會則服之[57]。

武弁，金附蟬，平巾幘。餘同其服[58]。講武[59]、出征[60]、四時蒐狩[61]、大射[62]、禡[63]、類[64]、宜[65]、賞祖、罰社[66]、纂嚴[67]則服之。

弁服，弁[68]以鹿皮為之。十有二琪[69]，琪以白玉珠為之。玉簪導，絳紗衣，素裳，革帶，白玉雙珮，鞶囊[70]，小綬，白韈，烏皮履。朔日則服之[71]。

黑介幘，白紗單衣，白裙襦，革帶，素韈，烏皮履。拜陵[72]則服之。

白紗帽，亦烏紗。白裙襦，白襪，烏皮履。視朝聽訟及燕見賓客則服之。

平巾幘，金寶飾。導簪[73]、冠支[74]皆以玉，紫褶[75]，亦白褶。白袴[76]，玉具裝[77]，真珠寶鈿帶[78]，箸鞾[79]。乘馬則服之。

翼善冠，其常服[80]及白練[81]裙襦通著之；若服袴褶，則與平巾幘通著。已上並右服[82]，有事及見賓客則服之。自隋文帝[83]制柘黃袍[84]及巾、帶以聽朝，至今遂以為常。

凡天子之大圭曰珽[85]，長三尺；鎮圭[86]，長尺有二寸。有事于郊廟、社稷，則出之于內；將享，至于中壝門[87]，則奉鎮圭于監[88]而進。既事，復受而藏之[89]。凡大朝會則設御案[90]，朝畢而徹焉。

【章　旨】敘述皇帝在各種不同禮儀場合所穿戴之冕服，共十三種。

【注　釋】❶冕服　帝王禮服之通稱。皇帝在不同禮儀場合須用不同冕服，唐制冕服有十三種之多。冕服通常由三大件組成：一是冕，原為帝王、諸侯、卿大夫所戴禮帽，後專指皇冠；二是上身玄衣，三是下身纁裳。此外便是冠、衣、裳上諸種飾物和花紋。所有這些，包括顏色和用料，都有嚴格的規定，並含有一定的政治、文化意義，目的無非用以顯示皇帝至高無上的地位。❷大裘冕　帝王冕服之一，祭天神地祇服用。《周禮・天官・司裘》：「掌為大裘，以共（供）祀天之服。」注引鄭司農云：「大裘，黑羊裘服，以祀天，示質。」賈公彥疏：「裘言大者，以其祭天地之服，故以大言之，非謂裘體侈大。」其冠、衣、裳之配套規制及諸種相關飾物，詳下文及注。❸袞冕　亦作「緷絻」。帝王冕服之一。享廟、踐祚、加元服、納后及元日受朝等時服用。《周禮・春官・司服》：「享先王則袞冕。」《儀禮・覲禮》：「天子袞冕，負斧依。」其冠、衣、裳之配套規制及諸種相關飾物詳下文及注。❹鷩冕　帝王冕服之一。《周禮・春官・司服》：「享先公、饗射，則鷩冕。」鄭玄注：「鷩，畫以雉，謂華蟲也。」餘詳下文及注。❺毳冕　帝王冕服之一。《周禮・春官・司服》：「祀四望山川，則毳冕。」孔穎達疏：「毳冕五章，虎蜼為首，虎蜼毛淺，毳是亂毛，故以毳為名。」餘詳下文及注。❻絺冕　帝王冕服之一。《周禮・春官・司服》：「祭社稷五祀，則希（讀為絺）冕。」其冕五旒，其衣、裳三章。餘詳後文及注。❼玄冕　帝王冕服之一。《周禮・春官・司服》：「祭群小祀，則玄冕。」鄭玄注：「玄者，衣無文，裳刺黻而已，是以為之玄焉。」後亦泛指黑色冕服。唐姚合〈冬夜書事寄兩省閣老〉詩：「髮稀豈易勝玄冕，眼暗應難寫諫書。」餘詳後文及注。❽通天冠　帝王諸祭還、受朝及元冬之會服之。《通志略》：「通天冠，本秦制，其狀不傳。漢因秦名，制高九寸，正豎頂，少斜卻，乃直下為鐵卷，梁前有山，乘輿所常服。」餘詳後文及注。❾武弁　帝王出征、講武、四時蒐狩所服。武官亦可服。據《後漢書・輿服下》，武弁又稱武冠、大冠，附蟬為文，貂尾為飾，趙武靈王倡效胡服，以金璫飾首，前插貂尾為貴職。秦滅趙，以其君冠賜近臣，因趙惠文王也曾服此，故又稱惠文冠。餘詳後文及注。❿弁服　有皮弁服、韋弁服兩種，帝王視事、受朝或用兵時服之。《周禮・春官・司服》：「視朝則皮弁服」；「凡兵事，韋弁服」。鄭玄注：「皮弁之服，十五升白布衣，積素以為裳」；「韋弁以韎韋為弁，又以為衣裳」。餘詳後文及注。⓫黑介幘　介幘為始於漢的一種長耳頭巾。幘，原為古代平民覆髻之巾。蔡邕《獨斷》：「元帝額有壯髮，不欲使人見，始進幘服之」。於是群臣亦紛紛戴幘。《隋書・禮儀六》：幘，尊卑貴賤皆服之。文者長耳，謂之介幘；武者短耳，謂之平上幘。各稱其冠而制之。」後以顏色分貴賤。群吏青幘，武吏赤幘，漢尚黑，天子黑介幘。唐制黑介幘為帝王拜陵時專服。與其配套之衣、裳詳後文及注。⑫白紗帽　由白紗製成的高頂帽。據《通典・禮十七》，始於南朝宋。先行烏紗帽，後又興白紗帽，帝王及士人通冠之。唐時亦有黑白兩種。其形制前低後高，通體皆圓，兩旁插翅，帽內用兩巾束髮。帝王視朝、聽訟、宴客則服之。與白紗帽相配之裙襦襪履，詳後文及注。⑬平巾幘　即前「黑介幘」注中之平上幘。帝王乘馬服之。與其相配之飾物及衣、裳，詳後文及注。⑭翼善冠　類似幞頭的一種禮帽。《通志・器物略》：「翼善冠，唐貞觀中制，月一日、十五日視朝常服之。又與平巾幘通用。太宗初服翼善冠，賜貴臣進德冠。因謂侍臣曰：幞頭起於周武帝，蓋取便於軍容耳。今四海無虞，此冠頗採古法，兼類幞頭，乃宜常服。」據《事類通編》引黃一正語稱：因其轉腳不交向前，冠纓若「善」字狀，故名翼善冠；後改轉腳向上即名沖天冠。與翼善冠相配之衣、裳，詳後文及注。⑮自「無旒」至「色如其綬」　此段文字，包括中間原注，言大裘冕相配套之冕及冕上飾物。無旒，冕冠前後通常懸垂數量不等之旒即玉珠串，以多為貴。《禮記・玉藻》：「天子玉藻，十有二旒。」然大裘冕之前後不懸玉串，故謂「無旒」。廣八寸，長一尺六寸，指冕頂上橫板之長寬規制。玄表，指冕之外表為略帶微紅的黑色。纁衰，當係錯字。據南宋本應為「纁裏」，指冕之裡為大紅色。金飾，指以金絲裝飾冕之邊緣。玉簪導，一種玉製的用來插定髮髻連冠於髮的長針。以組為纓，以絲織之帶為繫冠的帶子。纓，繫冠之帶。古代成年貴族男子束髮加冠，用笄穿過冠圈以固定冠，冠圈兩邊各繫一稱之為纓的絲帶結於頤下。色如其綬，指纓帶的顏色與綬帶相同。綬，絲織而有花紋的帶子，繫在腰部以掛佩飾。綬的顏色由繫佩者的官品高下而定，以顯示其不同身份。皇帝用黃赤綬。《後漢書・輿服下》：「乘輿黃赤綬，四采，黃、赤、縹、紺。」縹，青白色；紺，一種深青帶紅的顏色。加上黃色與紅色，皇帝的綬帶即由此四種顏色組合而成。⑯裘以黑羔皮為之玄領青褾緣　此謂大裘冕之上衣及其緣飾。裘，皮衣。黑羔皮，即黑羊皮。古代皮衣毛在外。玄領青褾緣，《通典・禮六十八》大裘冕之上衣作「玄領、褾、襟緣」。以《通典》為是。領，領口；褾，袖口；襟，衣領交口；緣是指上述諸部位的邊緣。意謂大裘的領口、袖口及開襟的邊沿，皆鑲以玄黑色的緄邊。⑰朱裳　指大裘冕的下衣為朱紅色的裳。裳即下衣。古代的裳為裙。《說文解字》：「裙，下裳也。」古代男子亦著裙。⑱白紗中單皁領青褾襈裾　此言大裘冕之中衣及其緣飾。白紗中單，用白紗製成的中衣。中單，亦稱「中禪」，先秦時指深衣。其制上衣下裳相連，以素或布為之，並配以綵色緣飾。《禮記・深衣》孔穎達疏：「深衣，連衣裳而純以綵者。素純曰長衣，有表則謂之中衣。大夫以上祭服之中衣用素。」《隋書・禮儀六》：「公卿以下祭服，裡有中衣，即今中單也。」皁領，皁即「皂」，黑色。青褾襈裾，其中襈為邊緣，裾為下襬，可以著地。意謂中衣為黑色領口，其袖口和下襬的邊緣都鑲以青色。⑲革帶玉鉤韘大帶　此句言大裘冕之帶及帶鉤。帶繫於上衣外腰間。《禮記・深衣》：「帶，下毋厭

（壓）髀，上毋厭脇，當無骨者。」有大帶、革帶之分：大帶束衣，革帶則繫於大帶上用以懸掛佩物。冕服之革帶寬二寸。《禮記・玉藻》：「肩革帶博二寸。」鄭玄注：「凡佩，繫於革帶。」玉鉤鰈，玉製之帶鉤，繫於衣帶上，以佩掛玉、刀等飾物。《列子・力命》：「管夷吾與小白戰於莒道，射中小白帶鉤。」《隋書・禮儀志》：「天子革帶玉鉤鰈，皇太子革帶金鉤鰈。」鰈，係帶鉤岐頭之角。大帶，束於腰間，在革帶之上，用以繫裳。大帶的四周加緣辟，其下垂部份稱紳。⓴自「素帶朱裡」至「紐約用組」　此原注大裘冕之帶。素帶朱裡，《禮記・玉藻》：「天子素帶朱裡。」大帶稱素帶。其裡用朱紅色。紕其外，紕意為鑲邊。素帶的外側有鑲邊。紐約用組，紐約指把大帶紐結起來的扣結所用的帶子。組，有花紋的絲帶。《禮記・玉藻》賈公彥疏：「韠佩並繫於革帶者，以大帶用紐約，其物細小。不堪韠佩故也。」㉑韍　指與大裘冕相配的蔽膝。用熟皮製成。朝服之蔽膝則稱韠。《禮記・玉藻》：「一命緼韍幽衡。」孔穎達疏：「他服稱韠，祭服稱韍。」㉒鹿盧玉具劍火珠鏢首　謂與大裘冕相配之佩劍及劍鞘。鹿盧玉具劍，佩劍名稱。劍首以玉為鹿驢形，故稱鹿盧劍。火珠鏢首，以火珠飾劍鞘末端。《說文解字》：「鏢，刀削末銅也。」段玉裁注：「削者，刀鞘也，俗稱鞘。刀室之末，以銅飾之曰鏢。」㉓自「白玉雙佩」至「首廣一尺」　謂與大裘冕相配之佩玉及繫玉之綬帶。白玉雙佩，指所繫白玉成雙。古代貴族多佩玉。玉繫成一串，掛於腰帶上，稱雜佩或玉佩，行走時，因相繫而發出叮叮鳴響。依禮制不同身分等級佩不同玉石並用不同綬帶。《禮記・玉藻》：「天子佩白玉而玄組綬。」白玉只有天子能佩，以黑色的絲織綬帶繫於腰間。此下的文字，便是對綬帶的大小、色彩及長度的規定。其中「雙大綬」是與「小雙綬」相對而言：雙大綬長二丈四尺五寸，小雙綬長二尺六寸。縹為青白色，亦即淡青色。㉔自「小雙綬」至「施三玉環」　此原注注大裘冕佩玉之綬帶。其中「首半之」，指小雙綬的帶幅寬度為雙大綬的一半，即為五寸；「間施三玉環」，指綬帶中間要加上三枚玉環，用以掛佩玉或印章。《急就篇》注：「綬者，受也。所以承受環印。」㉕朱韈赤舄　謂與大裘冕相配之鞋襪。朱韈，韈同「襪」。古時襪用熟皮製。天子襪用朱色。赤舄，舄，古代一種加有木製厚底的鞋。《釋名・釋衣服》：「複其下曰舄。舄，腊也。行禮久立地，或泥濕，故複其末下，使乾腊也。」《左傳・桓公二年》杜預注：「舄，複履。」孔穎達疏《詩・小雅・車攻》稱：「舄有三等，赤舄為上，冕服之舄；下有白舄、黑舄。」㉖天神《說文解字》：「神，天神，引出萬物者也。」鄭玄注：「天神謂五帝及日、月、星辰也。」在祭祀上，則是指昊天上帝、五方帝。古代帝王祭天神於圜丘。㉗地祇　亦作「地示」。指土地社稷之神。《說文解字》：「祇，地祇，提出萬物者也。」《玉篇》：「祇，地之神也。」《尚書・微子》：「今殷民乃攘竊神祇之犧牲牲用以容。」陸德明《釋文》：「天曰神，地曰祇。」㉘黈纊充耳　以黃色絲綿絮為充耳。充耳，大小若丸，由冠冕懸垂於左右耳旁，以示天子不妄聽。《文選・東京賦》李善注：「黈纊，言以黃綿大如丸，懸冠兩邊當耳，不欲妄聞不急之言也。」㉙十二章　即以下原汴中所言分別繡繪於衣和裳上的日、月、星辰、龍、山、華蟲、火、宗彝、藻、粉米、黼、黻等十二種花紋。據《周禮・春官・司服》賈公彥疏，這些花紋皆有取意：日、月、星辰，如三光之耀，取其照臨光明。龍，變化無方，象聖王應機布教。山，一說取其能雲雨，象主尊澤施下民；一說象徵王者鎮重若山，安撫四方。華蟲，雉屬，取其有文彩，示王者文德。火，取其明，有率士民向歸上命之意。宗彝，為宗廟之禮器，有虎彝、蜼彝，取其勇猛、智慧。藻，水藻之有文者，取其清淨。粉米，若聚米形，取其潔白能養人之意。黼，繡成金斧形，白刃而銎黑，取其能斷割之義。黻，作「亞」形，取拂弼輔佐之義，象徵君臣關係。㉚衣褾領為昇龍　上衣的領口，用青白色，繪龍升天之狀。㉛每行十二　指每行繡繪一種花紋，共有十二個單體花紋組成。㉜黼領　指衣之領口有黑白相間的斧形花紋。㉝廟遣上將　指派遣上將出征時，皇帝在宗廟舉行的告祭儀式。㉞飲至　古代諸侯朝、會、盟、伐完畢，回到宗廟，飲酒慶賀稱「飲至」。《左傳・桓公二年》：「凡公行告於宗廟，反，行飲至，舍爵策勳焉，禮也。」㉟踐祚　帝王即位行事稱踐祚。此處指即位時在宗廟舉行的典禮。㊱加元服　指皇帝成年時舉行的加冠禮。舉行冠禮時，「皇帝服空頂黑介幘，絳紗袍，出自西房，即御座立，太師、太尉入，就位。太尉詣阼階下，升自東階，詣東房，取纚櫛箱進，跪奠於御座西端。太師詣御座前跪奏曰：『坐。』皇帝坐。太尉當前稍左，跪，脫幘置於箱，櫛畢，設纚，興，少西，東面立。太師降，盥，受冕，右執項，左執前，升自西階，當前少左，祝曰：『今月吉日，始加元服。壽考惟祺，以介景福。』乃跪，冠，興，復西階上位。太尉前，少左，跪，設簪，結纓，興，復位。皇帝興，適東房。殿中監徹櫛纚箱以退」（《新唐書・禮樂七》）。㊲納后　指皇帝之婚禮。前後有納采、納吉、納徵、冊后、奉迎、同牢等儀式。同牢之日，皇帝服袞冕舉行婚禮。㊳元日受朝　即每年元旦舉行的大朝會。是日，「皇帝服袞冕，御輿出自西房，即御府南向坐。符寶郎置寶於前，公、王以下及諸客使等以次入就位。典儀曰：『再拜。』贊者承傳，在位者皆再拜。上公一人詣西階席，脫舄，跪，解劍置於席，升，當御座前，北面跪賀，稱『某官臣某言：元正首祚，景福惟新，伏惟開元神武皇帝陛下與天同休。』乃降階詣席，跪，佩劍，俛伏，興，納舄，復位。在位者皆再拜。侍中前承詔，降詣群官東北，西面，稱『有制』。在位者皆再拜。宣制曰：『履新之慶，與公等之。』在位者皆再拜，舞蹈，三稱萬歲，又再拜。上公已賀，中書令前跪奏諸方表，黃門侍郎又進跪奏祥瑞，俱降，置所奏之文於桉。侍郎與給事中引桉退至東、西階前，桉出。初，侍中已宣制，朝集使及蕃客皆再拜。戶部尚書進詣階間跪奏，稱：『戶部尚書臣某言：諸蕃貢物請付所司。』侍中前承制，正，稱：『制曰可。』禮部尚書以次進詣階間，跪奏，稱：『禮部尚書臣某言：諸蕃貢物請付所司。』侍中前承旨，退，稱：『制曰可。』太府帥其屬受諸州及諸蕃貢物出歸仁、納義門，執物者隨之。典儀曰：「再拜。」通事舍人以次引北面位者出。侍中前，跪奏曰：「侍中臣某言禮畢。」皇帝降座，御輿入自東房，侍臣從至閤」（《新唐書・禮樂九》）。㊴臨軒冊拜王公　指皇帝在正殿前平臺上舉行冊立太子或冊封王公儀式時，皆服袞冕。皇帝離開正殿，在殿前平臺上接見臣屬或舉行儀式稱臨軒。㊵有事遠主則服之　不甚詳。似指君王有事於遠主，即遠方藩主或者使者來朝時舉行賓禮，則服此鷩冕。《新唐書・車服志》亦稱鷩冕為「有事遠主之服也」。《周禮・春官・司服》則記為「享先公、饗射，則鷩冕」；《隋書・禮儀六》又謂「群祀、視朝、臨太學、入道法門、宴諸侯與群臣及燕射、養庶者、適諸侯家，則服鷩冕」。錄以備考。㊶祭海嶽　海有四海：祭東海於萊州，西海於同州，北海於河南府，南海於廣州。嶽有五嶽：祭東嶽泰山於兗州，南嶽衡山於衡州，北嶽恆山於定州，中嶽嵩山於河南府，西嶽華山於華州。唐制，年別一祭。㊷祭社稷帝社　社稷，社指五土之神。五土為山林、川澤、丘陵、墳衍、原隰。稷特指五土中原隰之祇。五土雖各有所生，但古人認為山林、川澤、丘陵、墳衍四者僅能雜出材用等物，於五穀之功則少，而人所急者食，故於五土之中，特別旌異能生五穀的原隰以報之，並以五穀之長稷名其神。據此可知，社稷實即土神，突出的是能作為耕地的原隰之神祇。唐太社、太稷在含光門內右側，仲春、仲秋二時戊日祭太社、太稷，社以句龍配，稷以后土配。帝社，即天子之社。中宗神龍元年（西元七〇五年）改先農壇為帝社壇，於太社西立帝稷壇，禮同太社、太稷，唯其壇不備方色，異於太社。唐制，祭祀有大、中、小之分，祭社稷原屬中祀，天寶三載（西元七四四年）升為大祀。㊸玄冕服　其下依前文體例，似需增「一章」二字。㊹裳刺黻一章　《通典・禮六十八》冕條本注及《新唐書・車服志》「黻」並作「黼」。㊺蜡祭百神　蜡，年終祭名。周曰蜡，秦曰臘。《禮記・郊特祭》：「蜡也者，索也。歲十二月，合聚萬物而索饗之也。」唐制，季冬之寅日蜡祭百神於南郊。祭祀之神有大明、神農、伊耆氏、后稷、五方、十二次、五官、五方田畯、五嶽、四鎮、四海、瀆，同時祭井泉於川澤之下，祭社稷於社宮，並二十八宿、五方之山林、川澤、丘陵、墳衍、原隰、鱗、羽、贏、毛、介、水、墉、坊、郵、表、畷、貓、虎及龍、麟、朱鳥、白虎、玄武等，凡一百八十七座。當方年穀不登，則闕其祀。㊻朝日夕月　朝、夕分別為日、月祭名。唐制以春分、秋分朝日夕月。以春分日朝日，築壇於國城之東其禮如郊祀；以秋分日夕月，為坎於國城之西，深三尺，廣四尺，置牲弊以祭。㊼金博山　指通天冠梁前山狀之展筩，因鑲以金絲而有此名。㊽附蟬十二首　蟬，亦稱金蟬。冠上飾物。以黃金作蟬形綴於冠上以增美，且寓清高超拔之意。漢代始見。《後漢書・輿服志下》劉昭注「附蟬為文，貂尾為飾」句引徐廣曰：「說者蟬取其清高飲露而不食，貂紫蔚柔潤而毛彩不彰灼，故於義亦取。」十二首指十二枚。㊾施朱翠　句中「朱」，據南宋本當作「珠」。指飾以珍珠和翡翠，以顯示其珍貴。㊿髮纓翠緌　《通典・禮六十八》及《新唐書・車服志》皆作「組纓翠緌」，但《舊唐書・輿服志》則與此處同。組纓，用以繫冠的絲帶。緌，冠帶結於領下之下垂部份。《禮記・內則》：「冠緌纓。」孔穎達疏：「結纓頷下以固冠，結之餘者，散而下垂，謂之緌。」翠，緌之色彩。51若 此處意為「或」。52朱領襈《通典・禮六十八》作「朱領、襈、裾」；《舊唐書・輿服志》作「領、褾、朱襈、裾」；《新唐書・車服志》作「朱領、褾、襈、裾」。似以《新唐書・車服志》為是。53白裙襦 白色的下裙和短衫。裙，古謂下裳，男女同用。襦，《說文解字》：「襦，短上衣也。」《急就篇》顏師古注：「短衣曰襦，自膝以上。一曰短而施腰曰襦。」54白假帶 即白色的大帶。《易・家人》：「王假有家。」陸績注：「假，大也。」55方心曲領 指其中衣之領前方後曲，即方領。《禮記・深衣》孔穎達疏：「古者方領，似今擁咽，若小兒衣領，但方折之，即於頸下別施一衿而成方折。」56自「若未加元服」至「加寶飾」 言皇帝若尚未成年而著通天冠服，髮結該如何裝飾。未加元服，指尚未舉行成年加冠禮。雙童髻，男子未成年時的髮式，在頭頂兩側各紮一髮髻。空頂，成年男子加幘，要以巾作成屋面形，稱幘屋；未成年則不加幘，故稱空頂。雙玉導，因是雙童髻，故需用兩支玉製的簪導來固定髮髻。加寶飾，指在簪導上再鑲飾以珍寶。如《史記・滑稽列傳》：「前有墮珥，後有遺簪」，皆為裝飾。57諸祭還及冬至受朝元會冬會則服之 兩《唐書》所記較此為詳。《舊唐書・輿服志》：「諸祭還及冬至朔日受朝、臨軒拜王公、元會、冬會則服之」；《新唐書・車服志》：「通天冠者，冬至受朝賀、祭還、燕群臣、養老之服也」。諸祭還，指天地宗廟祭祀返還時，由冕服改為服通天冠。冬至及朔日受朝賀時，服通天冠。元正朝會服袞冕，但朝會結束舉行宴會時亦改服通天冠。故言元會、冬會皆服通天冠。臨軒冊立皇太子服袞冕，冊立王公則服通天冠。據此可知通天冠係皇帝在祭祀及受朝等禮儀場合之常服。58餘同其服 《通典・禮六十八》作「餘同前服」，當依。59講武 指仲冬之月，皇帝於郊外檢閱軍隊，包括步兵和騎兵，舉行演習和操練的儀式。60出征 指皇帝親征時舉行的軍禮。61四時蒐狩 古代天子四季要舉行狩獵儀式，稱之為「春蒐、夏苗、秋獮、冬狩」。據《新唐書・禮樂六》載錄，唐制皇帝行獵時，服武弁，親自參預騎射。有司事先為之布圍，乃驅獸出前：一驅過，有司整飭弓矢以前；再驅過，有司奉進弓矢；三驅過，皇帝乃從禽左而射之。凡射獸，自左而射之，達於右腢為上射，達右耳本為次射，左髀達於右䯚為下射。群獸相從不盡殺，已被射者不重射。不射其面，不翦其毛。在唐代見於記載的皇帝行獵，有武德五年（西元六二二年）十二月幸涇陽之華池校獵，貞觀十六年（西元六四二年）十二月狩於驪山，永徽元年（西元六五〇年）冬出獵，先天元年（西元七一二年）十一月獵於驪山之下，開元三年（西元七一五年）十月大蒐於岐州。62大射 古代宴饗中的賓射之禮。《儀禮・大射》言諸侯將有祭祀之事，與其群臣射以觀禮，數中者得與於祭，不數中者則不得與。據《通志・禮略三》，唐制每年三月三日、九月九日行大射之禮。皇帝射於射宮，張熊侯（箭靶），賜百僚射，則張麋侯。皆去殿九十步，太樂令設宮懸之樂，鼓吹令設十二案於殿之庭。若遊宴射則不陳懸樂。射日，皇帝服武弁服。射中曰獲，不及曰留，過曰揚，偏左、偏右曰左方、右方。此禮在唐代時行時停。開元八年（西元七二〇年）九月賜百官九日射，給事中許景中駁奏：「近三九之辰，頻賜宴射，以著格令。但古制雖在，官員累倍，帑藏未充，耗國損民，且為不急，凡令一箭偶中，是費一丁租調，用之既無惻隱，獲之固無慚色。」疏奏罷之。至二十二年（西元七三四年）八月又勅令於當年九月九日賜射於安福樓下。其後又罷之。63禡　古代天子出征軍祭名。《詩經・大雅・皇矣》：「是類是禡，是致是附，四方以無侮。」《禮記・王制》：「禡于所征之地。」鄭玄注：「禡，師祭也。為兵禱。」《宋史・禮二十四》：「師出必祭，謂之禡。」唐代禡祭儀式，《新唐書・禮樂六》載：「若禡於所征之地，則為壝再重，以熊席祀軒轅氏。兵部建兩旗於壝南門之外，陳甲冑弓矢於神位之側，植矟於其後。尊以犧象、山罍各二，饌以特牲。皇帝服武弁，群臣戎服，三獻。」64類　通「禷」。古代以特別事祭天儀式，與定時之郊祭不同。《說文解字》：「禷以事禷祭天神。」《尚書・舜典》：「肆禷於上帝。」唐代禷祭儀式，《新唐書・禮樂六》稱：「其日，皇帝服武弁，乘革輅，備大駕，至於壇所，其牲二及玉幣皆以蒼。尊以太尊、山罍各二，其獻一。」65宜　指宜社。亦為古代天子出征軍祭名。《爾雅・釋天》：「起大事，動大眾，必先有事（指祭事）乎社而後出，謂之宜。」唐制其儀式與禷祭相似，故《通典》將其附於禷祭。皇帝亦是武弁乘革輅，至太社拜祭。66賞祖罰社　意謂賞於祖廟，罰於太社。即征戰後班師，在祖廟對用命有功之臣進行犒賞，對不用命有罪之將則在太社行罰。《通志・禮略三》記其儀式為：「戰前一日，皇帝禱祖，司空禱社；戰勝，則名報以太牢。又用太牢賞用命於祖，引功臣入旌門，即神庭而授版焉。又罰不用命於社，即神庭行戮訖。振旋而還，格廟詣社訖，擇日行飲至之禮。」《隋書・禮儀六》：天子「賞祖罰社，則武弁，左貂附蟬」。67纂嚴　意謂戒嚴。《宋書・竟陵王誕傳》：「車駕出頓宣武堂，內外纂嚴。」又為嚴裝之意。《資治通鑑・齊東昏侯永元二年》胡三省注「以南康王寶融教纂嚴」句：「纂，集也。嚴，裝也。纂嚴，纂集行裝也。」皇帝參加某種典禮儀式，對臣民均有戒嚴、整裝之意，故稱纂嚴。此處則指皇帝親征前之祭天儀式。祭前皇帝齋戒一日，其日皇帝服武弁，乘革輅，詣圜丘告祭於天帝。其儀式類南郊祭天。68弁　古代禮帽的一種，亦稱皮弁。此處指弁服之首服。長七寸，高四寸，形制如覆杯，與委貌冠相類。《後漢書・輿服下》：「委貌冠、皮弁冠同制，長七寸，高四寸，制如覆杯，前高廣，後卑銳，所謂夏之毋追，殷之章甫也。」委貌以皂絹為之，皮弁以鹿皮為之。69十有二琪　琪，美玉，以白玉珠為之。弁的上部由數塊半橢圓形皮革縫合而成，接縫處稱會，每會綴以珠玉十二顆，故稱十有二琪，狀若閃爍之星，《詩經・衛風・淇奧》有「會弁如星」之句。70鞶囊　革製小囊。《禮記・內則》：「男鞶革，女鞶絲。」鄭玄注：「鞶，小囊，盛帨巾者。男用韋，女用繒，有飾緣之。」此處則指與帝王弁服相配之裝飾物。官吏亦可佩，常用以盛印綬。《宋書・禮志五》：「鞶，古制也。漢代著鞶囊者，側在腰間。或謂之傍囊，或謂之綬囊。然則以此盛綬也，或盛或散，各有其時乎。」《隋書・禮儀六》：「鞶囊，二品已上金縷，三品金銀縷，四品銀縷，五品、六品綵縷，七、八品綵縷，獸爪鞶。官無印綬者，並不合佩鞶囊及爪。」71朔日則服之　此句新舊《唐書》服志及《通典・禮六十八》「朔日」下皆有「受朝」二字，似應依。唐代天子會見群臣的方式是朔望朝參，即每月初一、十五，定期會見群臣，初一的會見稱朔日朝見。天子御宣政殿見群臣，謂之大朝，在京文武九品職事以上均能參加朝見。72拜陵　皇帝拜謁其諸先帝陵墓。如東漢明帝拜光武帝於原陵，梁武帝拜其父於建陵，唐太宗於貞觀十三年（西元六三九年）拜高祖李淵於獻陵，唐玄宗於開元十七年（西元七二九年）拜謁睿宗李旦於橋陵，接著又拜中宗李顯於金陵，高祖李淵於獻陵，太宗李世民於昭陵，高宗李治於乾陵。拜陵時，皇帝服黑介幘，不帶冠冕，素服無飾。73導簪　即簪導。又，《新唐書・車服志》作「玉簪導」。74冠支　指平巾幘上的幘屋，以玉作冠支，以使其平如屋面。75紫褶　紫色的褶衣。褶即夾衣。《禮記・玉藻》：「帛為褶。」鄭玄注：「衣有表裡而無著也。」《儀禮・士昏禮》鄭玄注：「著，充之以絮。」76白袴　白色的褲套。袴，亦稱下衣。古時袴與現今的褲不同，前後無襠。《釋名・釋衣服》：「袴，跨兩股，各跨別也。」77玉具裝　即隨身佩帶的玉石。78真珠寶鈿帶　即革帶，帶上鑲有珠寶的花朵形首飾。鈿，花朵形首飾。白居易〈長恨歌〉有「花鈿委地無人收」之句。79鞾　即靴。高至踝骨以上的長筒皮鞋。《廣韻》：「鞾，鞋靴。趙武靈王所服。」80常服　又稱讌服，隋唐皇帝及臣民平時所服。《舊唐書・輿服志》：「讌服，蓋古之褻服也，今亦謂之常服。江南則以中褐裙襦，北朝則雜以戎夷之制。爰至北齊，有長帽短靴，合袴襖子，朱紫玄黃，各任所好，雖謁見君上，出入省寺，若非元正大會，一切通用。高氏諸帝，常服緋袍。隋代帝王貴臣，多服黃文綾袍、烏紗帽、九環帶、烏皮六合靴。百官常服，同於匹庶，皆著黃袍，出入殿省」。稱唐之常服為「赤黃袍衫，折上頭巾，九環帶，六合靴，皆起於魏、周，便于戎事。自貞觀已後，非元日冬至受朝及大祭祀，皆常服而已」。81白練　指練過的布帛，或潔白的熟絹。82右服　據南宋本當為「古服」。83隋文帝　隋朝皇帝楊堅。在位二十四年，終年六十四歲。84柘黃袍　即常服。柘黃，用柘木料所染成的黃色。亦稱柘袍或黃袍，唐代又稱赤黃袍衫。85天子之大圭曰珽　大圭，《周禮・典瑞》：「王晉大圭。」鄭玄注：「晉讀為搢紳之搢，謂插於紳帶之間，若帶劍也。」珽，即大圭，含有珽然無屈，以方正治天下之意。《禮記・玉藻》：「天子搢珽，方正於天下也。」鄭玄注：「此亦笏也。謂之珽，珽之言，珽然無所屈也。或謂之大圭，長三尺。」86鎮圭　《周禮・典瑞》：「王晉大珪，執鎮圭。」鄭玄注：「鎮圭尺有二寸，天子守之。」87中⿺走貴門　句中「⿺走貴」，字書無此字，據諸本當係「壝」之誤。

中壝門，指祭壇周圍矮牆之正門。(88)監 指殿中監。皇帝祭天時，由殿中進大圭。《新唐書．禮樂一》：「皇帝服大裘而冕，博士引太常卿，太常卿引皇帝至中壝門外。殿中監進大圭，尚衣奉御又以鎮圭授殿中監以進。皇帝搢大圭，執鎮圭。禮部尚書與近侍者從，皇帝至版位，西向立。太常卿前奏：『請再拜。』皇帝再拜。」(89)既事復受而藏之 指祭祀完畢，復由殿中監受鎮圭而藏之。《新唐書．禮樂二》：「太常卿前曰：『禮畢。』皇帝還大次，出中壝門，殿中監前受鎮圭，以授尚衣奉御，殿中監又前受大圭。」(90)御案 即御座，皇帝的座位。

【語譯】古代天子使用的冕服，共十有三種：一是大裘冕，二是袞冕，三是鷩冕，四是毳冕，五是絺冕，六是玄冕，七是通天冠，八是武弁，九是弁服，十是黑介幘，十一是白紗帽，十二是平巾幘，十三是翼善冠。大裘冕：冕上不掛旒，冕板寬八寸，長一尺六寸。上面玄色，裡面是纁（纁，亦就是絳紅）色。以下冕板的闊狹都按這個規格。冕的邊緣有金飾，插玉製的簪導，用絲織的帶子做冠纓，冠纓的顏色與綬帶相同。裘皮上衣是用黑色的羔皮製作的，領口、袖口和襟的邊緣都鑲有玄色的緄邊。下裳為朱紅色。白紗製作的中衣，領口是黑色的，袖口和下襬的邊緣則為青色。腰間所束為革帶，玉鉤鰈和大帶。素色的帶子，襯以朱紅的裱裡；它的鑲邊，上面是朱紅色，下面是綠色。扣帶的紐約用絲織的帶子。韍。韍，是革製的蔽膝。按規定，韍的顏色都是要與裳相同的，大裘冕配朱裳，韍亦就用朱紅色。佩掛鹿盧玉具寶劍，劍鞘首端鏢上鑲火珠。佩玉用雙白玉，絲織的玄色雙大綬，有六種綵色：玄、黃、赤、白、青、綠，繩子用玄色。綬帶的長度為二丈四尺五寸，頭上的寬度為一尺。小雙綬的長度是二尺六寸，顏色與大綬相同，頭上的寬度為大綬的一半，即五寸。中間套有三個玉環。朱紅色革製的襪，紅色的厚底舄。天子在祭祀天神地祇時，穿戴大裘冕這套禮服。

袞冕：冕板前後各懸垂十二串旒。用絲織的帶子作為繫冠的纓，顏色同這套禮服的綬帶一樣。冕左右懸垂的充耳，是用黃色的絲綿絮做的圓球，固定冠冕用玉簪導。上衣玄色，下裳深紅色，在衣裳上共有十二章花紋，其中，八章在上衣，那是日、月、星辰、龍、山、華蟲、火、宗彝；四章在下裳，那是藻、粉米、黼、黻。上衣的袖口和領子上有飛升上天形狀的龍，都是編織而成的。龍和山以下的花紋，每章都是一行，同樣的花紋依次排列，每行有十二個圖樣。中衣是白紗製作的，領口繡上黼紋，袖口和下襬都綴有青色的沿邊。蔽膝是革制的。腰間束革帶、大帶。佩掛的有寶劍，玉珮，以及綬帶。韈子與前述大裘冕的規制相同。舄的邊緣要飾以金絲。皇帝在享祭宗廟、拜謁太廟，和在宗廟舉行遣將出征、出征返還慶功飲至，以及即位登基、迎娶皇后，還有在元旦接受群臣朝賀、臨軒冊拜王公等禮儀場合，便要穿戴袞冕這套禮服。

鷩冕：禮服上有七章花紋，其中三章在上衣，那是華蟲、火、宗彝；四章在下裳，那是藻、粉米、黼、黻。其他服飾的規制與袞冕相同。皇帝有事遠主時，便要穿上鷩冕這套禮服。

毳冕：禮服上有五章花紋，其中三章在上衣，那是宗彝、藻、粉米；二章在下裳，就是黼和黻。其他的服飾規制與鷩冕相同。皇帝祭四海、五嶽時，便要用這套禮服。

絺冕：禮服上有三章花紋，一章在上衣，就是粉米；二章在下裳，就是黼、黻。其餘的服飾上的規制與毳冕相同。皇帝祭祀太社太稷、帝社帝稷時，便要服用這套禮服。

玄冕服，〔禮服上有一章花紋〕上衣沒有花紋，下裳刺黻一章。其餘服飾上的規制與絺冕相同。皇帝在蜡祭百神和朝日、夕月時，便要用這套禮服。

通天冠：冠上加金博山，附綴金蟬十二枚，再掛上朱（珠）翠。加黑介幘，用絲織的纓帶繫冠，並留有翠色的垂緌。用玉或者犀牛角製作的簪導以固定髮髻。身上穿絳紗袍，裡面是白紗製作的中衣，領口和下擺有朱紅色的緄邊。白色的下衣和裙衫。亦稱裙衫。絳紗製作的蔽膝，白色的大帶，方心曲領。與通天冠相配的革帶、寶劍、玉佩和綬帶，與前面大裘冕的規制相同。白色的襪子，黑色的厚底舄。如果皇帝尚未舉行過冠禮，那就梳一雙童髻，戴空頂的黑介幘，用兩支玉製的簪導，再加上珠寶裝飾。皇帝在參加各種祭祀返還時，和冬至接受群臣朝賀以及元正和冬至宴會等禮儀場合，便要穿用通天冠這套禮服。

武弁：弁上附綴金蟬，加平巾幘。其餘規制與其（前）服相同。皇帝在舉行講武、出征、四時畋狩、大射、禡祭、類祭、宜社、賞祖、罰社、纂嚴等軍禮時，要穿用武弁這套禮服。

弁服：弁是大鹿皮製的。弁上有十二琪，琪是用白玉珠子製作的。玉製的簪導。絳紗上衣，素色的下裳。革帶，白玉雙佩，鞶囊，小綬，白襪，烏皮履。皇帝在朔日受群臣朝見時，要穿戴弁服這套禮服。

黑介幘：白紗單衣，白色裙和襦，革帶，素襪，烏皮履。皇帝拜謁先帝陵寢時，要穿戴黑介幘這套禮服。

白紗帽：亦有烏紗帽。白色的裙和襦，白襪，烏皮履。皇帝視朝、聽訟以及燕見賓客時，要穿戴白紗帽這套禮服。

平巾幘：用黃金珠寶作為裝飾。簪導、冠支都用玉製作。紫色的褶衣，亦有用白褶衣的。白色的袴套。玉具裝，真珠寶鈿鑲的革帶，著鞾。皇帝乘馬時用這套禮服。

翼善冠：它與常服和白練裙襦配合穿戴；如果穿袴套和裌衣，那就與平巾幘一起通著。以上都是右（古代）的禮服，帝王舉行儀式和接見賓客時要穿戴這些禮服。自從隋文帝定制穿著柘黃袍以及巾、帶主持朝議，如今這樣做已變得習以為常了。

關於皇帝用的玉圭，插在紳帶上的叫作珽，長有三尺；執在手上的叫鎮圭，長一尺二寸。凡是要到郊廟、社稷去舉行祭禮，便從內廷將玉圭取出；將要開始祭享，皇帝駕臨到中壝門時，尚衣奉御就要把鎮圭奉給殿中監，由殿中監進獻皇上。祭事完畢，殿中監再收下來保藏到內廷去。凡是遇到要舉行大朝會，尚衣奉御要為皇帝設立御案，朝會結束後就撤去。

【說　明】關於天子的冕服，《舊唐書・輿服志》列舉了十四種，較本章多一種「白帢」，並謂「白帢，臨大臣喪則服之」。《新唐書・車服志》亦列了十四種，與本章相較，少了翼善冠，增了白帢、緇布冠：「緇布冠者，始冠之服也。天子五梁，三品以上三梁，五品以上二梁，九品以上一梁。」

這十三種或十四種冕服都是禮服，並非皇帝日常所穿；其常服，即讌服，則江南江北，朱紫玄黃，各任所好。日常生活中，對服制的規定並不那麼嚴格，《舊唐書・輿服志》便是這樣說的：「隋代帝王貴臣多服黃綾文袍，烏紗帽，九環帶，烏皮六合靴。百官常服，同於匹庶，皆著黃袍，出入殿省。天子朝服亦如之，惟帶加十三環，以為差異，蓋取於便事。」唐初亦大抵如此，變化是在後來：「武德初因隋舊制，天子讌服，亦名常服，唯以黃袍及衫，後漸用赤黃，遂禁士庶不得以赤黃為衣服雜飾。」從此赤黃便成了帝王專用色。

帝王的這套冕服制度，由來已久，大體起源於西周。《通典・禮十七》記君臣冠冕制度稱：「上古衣毛帽皮，後代聖人見鳥獸冠角，乃作冠纓。黃帝造旒冕，始用布帛，唐虞以上冠布無緌，夏后以牟追，殷制章甫，或以冔，形制並無文。至周六冕，章數始備，故孔子曰：『服周之冕。』言中禮也。」戰國時，列國大多仿行周禮冕服，亦有行異服的，趙武靈王的倡騎射而效胡服，楚莊襄王戴法冠、遠遊冠，越王戴高山冠等。秦始皇統一全國時，廢周代的六冕制度，唯在祭祀時服玄冕。漢初尚簡，皇帝接見臣僚時戴通天冠，郊祀之服皆為玄衣，惟其衣領、衣袖以絳色緣邊。東漢明帝時，又恢復服用周代之冕服，魏晉承沿東漢，少有增損。至隋在平陳以後，才依古制設計了大裘冕、衮冕、通天冠等冕服制度。唐依隋制，冕服的形制增加到十三、四種，但其基本格局仍為六冕之制。此後歷代冠冕制度大同小異，其影響一直延續到民國初年，袁世凱在洪憲帝制那場鬧劇中，登基時穿的禮服便是大裘冕。這大概是中國歷史上最後一次了吧？

一般常服，從漢魏至隋唐是有明顯變化的。如隋唐時男子袍衫的袖子，不像魏晉時代那樣寬肥，衣領亦不像北朝那樣翻折，大多數穿圓領、窄袖的袍衫。唐代男子服飾主要有幞頭、紗帽、圓領袍衫、軟靴、烏皮履等。唐代的服色，冕服尚玄色，但皇帝常用的則是赤黃袍衫，後來便禁止臣民服用黃色，黃袍成了皇帝的化身。官服則以紫、緋、綠、青四色來定品之高低，馬端臨在《文獻通考》中說：「用紫、緋、青、綠為命服，仿於隋煬帝，而其制遂定於唐。」庶人的服色則以白為主。隋唐常服形制的變化，其影響來自北方的胡服。宋人沈括在《夢溪筆談》中說：「中國衣冠，自北齊以來，乃全用胡服。窄袖緋綠短衣，長靿靴，有鞢韘帶，皆胡服也。窄袖利於馳射，短衣、長靿皆便於涉草，胡人樂茂草，常寢處其間，雖王庭亦在深薦中。予至胡庭日，新雨過，涉草衣袴皆濕，唯胡人都無沾。」中唐以後衣制日趨紛亂，世俗的寬衣大袖、長裙、絲履此時又流行了起來，而短衣、窄袖則留給了被視為卑賤的市民。

三

尚舍局：奉御二人，從五品。《周禮》❶有掌舍❷，掌行所解止之處❸帷幕幄帟之事❹。

漢少府屬官有守宮令、丞❺，掌宮殿陳設。魏殿中監掌帳設監護之事。晉、宋已下，其職並在殿中監。隋煬帝❻置殿內監❼，改殿內局為尚舍局，置奉御二人，正五品。皇朝因之。龍朔二年❽改為奉宸大夫❾，咸亨元年❿復舊。

直長六人，正七品下。隋煬帝置八人，皇朝減二人。

幕士八千人。皇朝置。掌供御及殿中雜張設之事。

尚舍奉御掌殿庭張設，供其湯沐⓫，而潔其灑掃；直長為之貳。

【章旨】敘述尚舍局奉御、直長之定員、品秩及其職掌。

【注釋】❶周禮　儒家經典之一。係搜集周王室官制和戰國時各國制度，附會以儒家政治理想，增減排比而成的彙編。❷掌舍　《周禮》天官冢宰屬官，下士爵。言其職為「掌王之會同之舍，設梐枑再重，設車宮轅門，為壇壝宮棘門，為帷宮設旌門。無宮，則共人門。凡舍事，則掌之。」下設下士四人，府二人，史四人，徒四十人。❸行所解止之處　行所，指王者之行宮；解止之處，指中途休息場所。❹帷幕幄帟之事　帷，在四旁所張之布，猶若牆垣。幕，在帷上所張之布。幕上帷下，共而為室，猶今之帳棚。幄，小帳棚。王者所居之帳，設於帷幕之內。帟，平張於幄內王座之上，以承塵土之繒帛。《周禮》中「帷幕幄帟之事」屬幕人職掌，指有朝覲、會同、軍旅、田役、祭祀等事時，幕人要供給所需用之帷、幕、幄、帟。此處則把掌舍與幕人的職掌統而言之，用以說明尚舍奉御職掌的範圍。❺漢少府屬官有守宮令丞　《後漢書·百官三》在少府屬官中，有「守宮令一人，六百石。本注曰：主御筆紙墨，及尚書財用諸物及封泥。丞一人。」據《漢官》守宮設有員吏六十九人。❻隋煬帝　隋朝皇帝楊廣。在位十四年，終年五十歲。❼置殿內監　煬帝大業三年（西元六〇七年）改制，設殿內省，置監。機構的名稱為殿內省，其長官為監，正四品。❽龍朔二年　即西元六六二年。龍朔為唐高宗李治年號。❾奉宸大夫　近衛校曰：「『宸』當作『辰』。」《新唐書·百官二》：「龍朔二年，改尚舍局曰奉宸局。」《通典·職官八》亦作「奉宸大夫」。⑩咸亨元年　即西元六七〇年。咸亨亦為唐高宗李治年號。⑪湯沐　即沐浴。《禮記》：「浴用湯，沐用潘。」潘，米汁，用以沐頭。

【語譯】尚舍局：設奉御，定員二人，品秩為從五品上。《周禮》中有掌舍的設置，職掌是在天子停留的處所，擔負張設帷、幕、幄、帟方面的事務。東漢少府的下屬設有守宮令和丞，掌管宮殿內部的陳設。三國魏時，殿中監掌管帳幕張設和監護方面的事。晉、宋以後，這類職掌都隸屬給了殿中監。隋煬帝設置殿內省，把它的下屬原來的殿內局改名為尚舍局，設置奉御二人，品秩為正五品。本朝因承隋朝的制度，高宗龍朔二年曾改名為奉宸（扆）大夫，到咸亨元年又恢復了原來的舊稱。

直長，定員六人，品秩為正七品下。隋煬帝時，直長的定員為八人，本朝減少了二人。

幕士，定員八千人。本朝設置。職掌是供皇帝御用以及殿中各種張設方面的雜務。

尚舍奉御的職責是，掌管殿庭的各種陳設，供奉皇帝湯沐，以及宮廷內灑水清掃，整潔環境。直長做他的副職。

四

凡大駕行幸，預設三部帳幕，有古帳、大帳、次帳、小次帳、小帳，凡五等。古帳八十連❶，高二丈，縱廣二丈五尺。前有五梁❷，後有七梁。大帳六十連，高一丈五尺，縱廣二丈，前有四梁。次帳四十連，高一丈三尺，縱廣一丈五尺，前有三梁。三帳皆朱蠟骨，緋紬綾，浮游覆之❸。小次帳三十連，高一丈一尺，縱廣一丈二尺。小帳二十連。高八尺，縱廣九尺。凡五等之帳各三，是為三部。帳皆烏氈❹為表，朱綾為覆，下有紫幃方座❺，金銅行床❻，垂以簾。其諸帳內外又設六柱、四柱、三柱，為垣墻之制。皆青純為表，朱帛為裡❼。其外置排城以為蔽捍焉。排城連版為之，每版皆畫辟邪猛獸，表裡漆之。凡供湯沐❽，先視其潔清芳香，適其寒溫而進焉。凡大祭祀❾，有事於郊壇❿，則先設行宮於壇之東南向，隨地之宜。將祀三日⓫，則設大次⓬於外壝⓭東門之外⓮道北，南向而設御座。若有事於明堂⓯及太廟⓰，則設大次於東門，如郊壇之制。凡致齋⓱，則設幄於正殿西序及室內，俱東向，張於楹下。凡元正、冬至大朝會，則設斧扆⓲於正殿。施榻⓳席及熏鑪⓴。若朔望受朝，則施幄帳㉑於正殿，帳裙頂帶㉒方闊一丈四尺。

【章旨】敘述在皇帝外出行幸途中，或有事於明堂及太廟等，有關設置帳幕、供奉湯沐及設次、設幄等諸項規定。

【注釋】❶連 《說文解字》注曰：「古書連作聯。」然則連聯為古今字。❷梁 指帳幕的屋面樑。❸朱蠟骨緋紬綾浮游覆之 謂帳幕覆蓋的用料及方法。朱蠟骨，支撐帳幕的骨架，因其經朱紅色的塗蠟故稱。緋紬綾，帳幕的布料；緋為大紅色，紬即「綢」字。浮游覆之，據下文原注帳幕皆以烏氈為表，則此紬綾乃其裡；所謂「浮游」可能是一種類似編結的覆蓋方法，用以增加美感。❹烏氈 黑色的氈。氈是以羊毛為原料，通過濕、熱、擠壓等處理而縮成片狀的覆蓋物。❺紫幃方座 以紫色的幕帷圍起來的方座，用來安置御座。❻金銅行床 行床，帝王巡行途中使用之床。其有鑲金嵌銅之飾。❼青純為表朱帛為裡 句中「純」南宋本為「絁」。純為絲，絁係粗綢，似以「絁」為是。帛，亦為絲織物。指表層是青色的絁，內層為紅色的帛，作為分隔的帷幔。❽湯沐 即沐浴。此處指君王沐浴用之溫水。古制，天子祭祀之前必先湯沐。❾大祭祀 即大祀。唐制，祭祀分大、中、小三等。對天、地、宗廟、五帝及追尊之帝、后的祭祀，稱大祀。❿郊壇 郊，祭天地稱郊。冬至祀天南郊，夏至祀地北郊。壇，舉行祭禮的場所。如在圓丘祭天，其壇「四成，而成高八尺一寸，大成廣二十丈，而五減之，至于五丈，而十有二陛者，圓丘也」（《新唐書・禮樂二》）。⓫將祀三日 指祭祀前三日。⓬大次 與「小次」相對而言。次指幄帳。《周禮・天官・掌次》：「朝日祀五帝，則張大次、次，設重帟重案。」鄭玄注：「次，謂幄也。大幄，初往所止居也；小次，即宮待事之處。」⑬外壝　圍繞祭壇外層之矮牆。⑭東門之外　《開元禮四》、《通典・禮六十九》並為「東門之內」。《舊唐書・職官志》則與此處同。⑮明堂　古代典籍中言其為天子宣明政教之所，凡朝會及祭祀、慶賞、選士、養老，教學等大典，均於其中舉行。同時又是天子居住之地。《禮記》之〈月令〉篇及〈明堂位〉篇，對明堂的建構形制及三公、諸侯、九夷、八蠻之國朝見時的位列有詳盡描述。古人似多信其曾有，如《古樂府・木蘭詩》：「歸來見天子，天子坐明堂。」但是否真有明堂實際存在過，對此史著並無明確載錄。唯武則天時，曾毀東都乾元殿而建明堂，高二百九十四尺，東西南北各三百尺，有三層，明堂之下施鐵渠，以為辟雍之象，號萬象神宮。玄宗開元時，詔令仍復舊名乾元殿。⑯太廟　帝王的祖廟，亦稱宗廟。唐制，四時各以孟月享太廟，每室用太牢。季冬蜡祭之後，以辰日享太廟，用牲如時祭。三年一祫，以孟冬；五年一禘，以孟夏。⑰致齋　齋，又稱齋戒。是古人在舉行祭祀前，要沐浴更衣，清心潔身以示莊敬。《呂氏春秋・孟春紀》：「天子乃齋。」齋分成散齋、致齋、清齋三種。大祀致齋三日，中祀致齋二日，小祀致齋一日。皇帝致齋時，其二日於太極殿，一日於行宮。⑱斧扆　古代帝王堂上類似屏風的陳設，因其上有斧形花紋故名。《儀禮・覲禮》：「天子設斧扆於戶牖之間。」《禮記・曲禮下》：「天子當扆而立。」孔穎達疏：「扆，狀如屏風，以絳為質，高八尺，東西當戶牖之間，繡斧紋也，亦曰斧扆。」⑲榻　狹長而低矮的床。《釋名・釋床帳》：「長狹而卑曰榻，言其榻然近地也。」小榻僅容一人，大者可坐可臥。⑳熏鑪　用以熏香和取暖的銅製小爐。劉向〈熏爐銘〉：「嘉此正器，嶄巖若山；上貫太華，承以銅盤；中有蘭綺，朱火青煙。」㉑幄帳　《周禮・天官・幕人》：「掌帷幕幄帟之事。」鄭玄注：「在傍曰帷，在上曰幕，皆以布為之；四合像宮室曰幄，王所居之帳也。」《釋名・釋床帳》：「幄，屋也。以帛衣板施之形如屋也。」㉒帳裙頂帶　即帟，小幕帳。置於帷幕內座位之上以承受塵土。《周禮・天官・幕人》賈公彥疏：「帷幕之內設帟者，在屋幕內之承塵。」

【語　譯】凡是君王大駕外出巡行，都要預設三部帳幕，分為古帳、大帳、次帳、小次帳、小帳五等。古帳是八十連，高二丈，長寬都是二丈五尺；前面設有五根樑，後面設有七根樑。大帳六十連，高一丈五尺，長寬各二丈；前有四根樑。次帳四十連，高一丈三尺，長寬各一丈五尺；前面有三根樑。上述三種帳幕都有朱蠟骨架，用大紅色的紬綾浮游的覆蓋在上面。小次帳三十連，高一丈一尺，長寬各一丈二尺。小帳二十連。高八尺，長寬各九尺。共有五等帳幕，各為三頂，也就是三部。帳幕都是用烏氈做表層，朱綾為下覆。下面有紫色帳幕圍起來的方座，安放著鑲金嵌銅的行床，並掛上竹簾。各座帳幕內外，分別設有六根柱子，四根柱子，三根柱子，仿照宮殿垣牆的樣子，只是它不是磚牆，都是以青色的絁為面，朱紅的帛為裡子。在帳幕外設置排城，作為掩蔽和捍衛。排城是用連版搭成，每塊版的正反兩面都塗過漆，並畫上辟邪的猛獸圖形。凡是供奉皇帝沐浴，尚舍奉御都要先檢查一下那水，一定要芳香清潔，寒溫適宜才進奉。逢到大祭祀，皇帝要在郊外祭壇舉事，奉御要在祭壇的東南方向，依據適宜的地勢，先預備好行宮。祭祀前三天，便在那裡張設大次，亦就是大帳幕，在外壝東門外道路的北面，設置南向的御座。如果要在明堂及太廟舉行祭祀，那大次就設在東門，其餘如同郊壇的規制一樣。皇帝要致齋，那就在正殿西側以及室內設幄都是朝東向；在楹下設帳。凡是元正、冬至大朝會，就要在正殿設斧扆。在正殿設幄，要放上榻、蓆和熏鑪。若是在朔望日受朝，那就要在正殿設置幄帳，帳裙的頂帶部位，方闊為一丈四尺。

尚乘局・尚輦局

【篇　旨】本篇敘述殿中省所屬六局中最後二局——尚乘和尚輦。與前四局一樣，其長官和次官亦分別為奉御和直長。此外，尚乘局還設有奉乘、掌閑、習馭、司庫、典事、司廩和獸醫；尚輦局亦尚有掌輦、主輦和奉輿等，篇中對它們的定員、品秩和沿革及職掌，都有簡略的介紹。

尚乘局是掌管御馬的，其下屬左右各六閑，總十二閑，分為二廄，即祥麟與鳳苑。唐初，置奉御四人：一人掌飼左六閑馬，一人掌飼右六閑馬；一人掌飼料、飼丁，一人掌乘具鞍轡，供馬調度及療馬疾病事。開元二十三年（西元七三五年）減為二人，共掌內外廄馬。直長佐之。唐代馬政，除本篇所述的殿中省尚輦這一系統外，還有另一系統，那就是太僕寺掌管的隴右及關內諸牧監，詳本書第十七卷。

唐代的帝王大多比較注意馬匹的飼養和管理。貞觀二十一年（西元六四七年）骨利幹遣使獻良馬百匹，其中十匹尤駿，太宗十分喜歡，親自為它們命名，並著文以敘其事，甚至他死後的陵墓前，還特地安置了其中六匹駿馬的雕像。因為重視馬，管馬的官員亦常受到寵信，或讓寵信的人來管馬，武則天時期檢校仗內閑廄、並提為殿中少監兼閑廄使的袁懷哲，玄宗早期檢校內外閑廄兼知監牧使的王毛仲，晚年任內外閑廄都使、群牧使兼知樓煩監的安祿山，便都是這樣。唐代馬政史上值得注意的是武則天聖曆三年（西元七〇〇年）閑廄使這一職務的設置。是為使職，通常由受寵的殿中監兼任。首任便是上面提到的袁懷哲，武則天特為其改名袁忠臣，以見寵幸之甚。閑廄使不僅可以支配閑廄系統的仗內外閑廄馬匹，還能控制隴右及關內諸牧監，實際上是侵奪了殿中省、太僕寺二機構的相關職權。在當時的歷史條件下，馬匹在軍事上佔有舉足輕重的地位，因而閑廄使一職所擁有權力也就非同尋常，後來安祿山在謀劃興兵作亂時，便是利用了這一職務給他在積集馬匹方面帶來的方便。關於這一點，我們在篇中有關章節末尾，聯繫史實約略作了點說明，供讀者參閱。

尚輦局執掌君王輿輦繖扇。輿和輦，本來是帝王或王后在宮內代步的交通工具；繖和扇則是遮於頭頂或左右，用以擋蔽灰塵和風沙。它們原本都各有實用意義，後來卻演化為一種儀仗和擺設，成為帝王權力和尊嚴的象徵物。本篇文中對尚輦局職官及其職掌的敘述，側重的亦不是輿輦繖扇的實用意義，而是其在諸種禮儀場合如何陳設的規制。

一

尚乘局：奉御四人❶，從五品上。自秦、漢已來，其職皆在太僕❷。北齊太僕驊騮署有奉乘十人❸，官十二閑馬❹。隋煬帝取之，置尚乘局❺。皇朝因之，增置奉御四人❻：一人掌左六閑馬，一人掌右六閑馬❼，一人掌粟草、飼丁請受配給❽及勾勘出入破用之事❾，一人掌鞍韉轡勒❿、供馬調度及療馬醫藥料度之事。龍朔二年改為奉駕大夫⓫，咸亨元年⓬復故。開元二十二年減二人⓭。先是別置閑廄使，因隸焉，猶屬殿中⓮。

直長十人，正七品下。隋煬帝置十四人，皇朝因之，開元二十三年減四人。

奉乘十八人，正九品下。後魏有奉乘郎，從五品下⓯。後周左、右廄各有奉乘二十人⓰。隋煬帝置尚乘局，有奉乘十人。皇朝加置二十四人，每閑二人。開元二十三年減六人。

習馭五百人。後周左、右廄各有馭夫一百三十人，皇朝加置習馭五百人，掌調習六閑之馬。

掌閑五千人⑰。皇朝置，常⑱分飼養六閑之馬。

司庫一人，正九品下。皇朝初置二人，掌六閑庫物，開元二十三年減。

司廩二人，正九品下。皇朝置之。

典事五人。皇朝置，掌六閑粟草。

獸醫七十人。《周禮》⑲有獸醫下士⑳，掌療畜獸之疾病；又有巫馬下士二人，醫四人㉑，掌知馬祖、先牧、馬步之神㉒，養疾馬，以藥攻馬疾㉓也。北齊內廄局有馬醫二人。皇朝置獸醫，掌療左、右六閑之馬。

【章　旨】敘述尚乘局奉御、直長等之定員、品秩及沿革。

【注　釋】❶奉御四人　尚乘局奉御之員數，唐初為二人，高宗時增至四員（見《唐會要》卷六五），至玄宗開元二十三年（西元七三五年）又減為二人（下文原注亦有說明），新舊《唐書》官志均據以作二人。本書所載諸司百官員品多以開元時之定制為準，故此處亦應為二人，可能因離定稿時間較近，未及改正。❷自秦漢已來其職皆在太僕　此句言乘輿所用馬匹由太僕掌管，於西漢大體相合：《漢書・百官公卿表》：「太僕，掌輿馬，有兩丞。屬官有大廄、未央、家馬三令，各五丞一尉。」東漢已稍有變化：《後漢書・百官志二》：太僕下初設未央廄令一人，主乘輿及廄中諸馬，不久又置左駿令、廄，別主乘輿御馬，後或併省」。魏晉後變化更大，似不可復言「其職皆在太僕」。據《宋書・百官下》魏在門下有驊騮令、乘黃令，非屬太僕而屬太常；西晉太僕屬下雖有乘黃廄、驊騮廄、龍馬廄之設，但太僕一職在東晉或省或置，至哀帝而終省，驊騮轉為門下之職，宋則不置。南朝齊，太僕不常置，下有乘黃令一人，內外驊騮廄丞各一人。梁置太僕卿，統南馬牧、左右牧、龍廄及內外廄丞，而在門下省下另有驊騮廄丞。陳依梁制。北魏則置太僕卿。❸北齊太僕驊騮署有奉乘十人　句中「驊騮」亦作「華騮」。駿馬名。《史記・秦本紀》：「造父以善御幸於周穆王，得驥、溫驪、驊騮、騄耳之駟，西巡狩，樂而忘歸。」郭璞注稱驊騮「色如華而赤。今名馬驃赤者為棗騮。騮，馬赤也。」因驊騮相傳為造父所馭之名馬，故用以名養御馬之署。句中「奉乘」，《通典・職官八》作「奉御」，《隋書・百官中》則為「奉承」。❹官十二閑馬　官，據南宋本當為「管」。十二閑馬，即左右各六閑馬。閑，指馬廄。《周禮・夏官・校人》：「天子十有二閑，馬之種。」❺隋煬帝取之置尚乘局　隋煬帝，隋朝皇帝楊廣。煬帝大業三年（西元六〇七年）置殿內省，設尚乘局，置左右六閑，有直長十四人，又有奉乘十人。❻增置奉御四人　《唐會要》卷六十五殿中省條：尚乘局奉御，「本二員，高宗加置四員，分掌（左右）六閑」。❼一人掌左六閑馬二句　六閑馬之名為：飛黃、吉良、龍媒、騊駼、駃騠、天苑；屬左閑馬則於其名前冠以「左」，屬右閑馬則冠以「右」。❽一人掌粟草飼丁請受配給　唐代閑廄馬配給飼丁的標準，據本書第十七卷第二篇太僕寺典廄令職掌中規定為每匹細馬配一丁，每二匹中馬配一丁，每三匹駑馬配一丁。故飼養閑廄馬的掌閑定員高達五千人。至於飼料，按規定馬一匹，日給草一束、粟一斗、鹽六勺。飼料和鹽由司農寺提供，草料則在兩京五百里內稅草供之。❾勾勘出入破用之事　指勾檢查驗馬料出入破除和使用之帳籍。❿鞍韉轡勒　鞍，馬鞍。韉，襯托馬鞍的墊子。轡，駕馭牲口的韁繩。勒，套在馬頭上帶嚼口的籠頭。⓫龍朔二年改為奉駕大夫　龍朔二年，西元六六二年。龍朔為唐高宗李治年號。是年改尚乘局為奉駕局，奉御為奉駕大夫。⓬咸亨元年　即西元六七〇年。咸亨亦為唐高宗李治年號。⓭開元二十二年減置二人　應是開元二十三年。下文「直長」、「奉乘」、「司庫」條原注皆是二十三年，是年為西元七三五年。⓮別置閑廄使三句　言別置專掌輿輦牛馬之閑廄使後，尚乘局雖仍屬殿中省，但已徒有其名。《新唐書・百官二》：「聖曆中，置閑廄使，以殿中監承恩遇者為之，分領殿中、太僕之事，而專掌輿輦牛馬，自是，宴遊供奉，殿中監皆不豫。開元初，閑廄馬至萬餘匹，駱駝、巨象養焉。以駝馬隸閑廄，而尚乘局名存而已。」《舊唐書・職官志》：「初尚乘局掌六閑馬，後置內外閑廄使，專掌御馬。開元初，以尚乘局隸閑廄使，乃有尚乘，其左右六閑及局官，並隸閑廄使領之也。」⓯後魏有奉乘郎從五品下　據《魏書・官氏志》，北魏孝文帝太和十七年（西元四九三年）前制，奉乘郎為從第五品中；太和二十三年（西元四九九年）後制未載。⓰後周左右廄各有奉乘二十人　北周左右廄置於夏官府駕部中大夫之下，各設上士一人，正三命；中士一人，正二命；閑長下士一人，正一命；奉乘二十人。⓱掌閑五千人　本卷目錄於「掌閑五千人」與「司庫一人」之間，尚有「進馬六人」。新舊《唐書》官志亦均置有此職，唯前者為「進馬五人，正七品上」，後者為「進馬六人，七品下」。關於進馬之職掌，《舊唐書・職官志》注文稱：「進馬舊儀，每日尚乘以廄馬八匹，分為左右廂，立於正殿側東門外，候杖下即散。若大陳設，即馬在樂懸之北，與大象相次。進馬二人，戎服執鞭，侍立於馬之左右，隨馬進退。雖名管殿中，其實武職，用資簡擇，一如千牛備身。天寶八載（西元七四九年），李林甫用事，罷立馬杖，亦省進馬官。十二載（西元七五三年）楊國忠當政，復立杖馬及進馬官。乾元後省，上元（西元七六〇年）復置。」《新唐書・百官志》則謂「大曆十四年（西元七七九年）復」。《唐六典》自宋本以下諸本正文俱不載進馬員品、職掌，或因此職在本書撰作的開元間亦時置時省，故僅存卷目而正文略之。⑱常　據南宋本當為「掌」。⑲周禮　儒家經典之一。係搜集周王室制度和戰國時各國官制，附會以儒家政治理想，增減排比而成的彙編。⑳獸醫下士　《周禮》中天官冢宰之屬官，設下士四人。其職掌為「凡獸之有病者，有瘍者，使療之，死則計其數以進退之」。㉑巫馬下士二人醫四人　《周禮》巫馬為夏官大司馬卿之屬官，校人之下屬，設有下士二人，醫四人。此外尚有府一人，史二人，賈二人，徒二十人。㉒掌知馬祖先牧馬步之神　據《周禮》祭祀馬神非巫馬之事，而屬校人、庾人之職掌。又，所祭馬神有四，此處缺一「馬社」之神。《周禮・夏官・校人》：「春祭馬祖，執駒；夏祭先牧，頒馬攻特；秋祭馬社，臧僕；冬祭馬步，獻馬講馭夫」；《周禮・夏官・庾人》：「及祭馬祖，祭閑之先牧」。按：馬祖，鄭玄注謂「天駟也」。天駟即房星，二十八宿之一，古以為主馬。先牧，指最先養馬的人，鄭玄注謂其人未聞。馬社，養馬之地所置之社以祭后土者，以最先發明用馬駕車的人配食之。馬步，鄭玄注為災害馬之神。古代一年四季對馬神的祭祀，正與牧馬的過程相合。春祭馬祖，要把幼馬分群飼養；夏祭先牧，要閹割雄馬，頒與公卿為坐騎；秋祭馬社，要挑選駕車的人加以訓練；冬祭馬步，貢獻成馬並召訓馭夫。本書第四卷第二篇禮部之祠部郎亦有四祭之職掌：「仲春祀馬祖，仲夏享先牧，仲秋祭馬社，仲冬季馬步。並以剛日，皆於大澤之中。」㉓以藥攻馬疾　《周禮・夏官》稱：「巫馬掌養疾馬而乘治之，相醫而藥攻馬疾。受則于校人。馬死則使其賈粥（鬻）之，入其布于校人。」可見巫馬主要職責是為馬治病，而為馬治病的經費則來自校人，馬死，賣下來的錢要上繳給校人。

【語譯】尚乘局：奉御，定員二人，品秩為從五品上。從秦漢以來，奉御的職掌都屬於太僕的範圍。北齊在太僕寺下有驊騮署，設有奉乘十人，分管十二閑廄的馬匹。隋煬帝用這個名稱，在殿內省設尚乘局。本朝因承隋的制度，先設奉御二人，高宗時增加到四人：一人掌管左六閑廄馬匹；一人掌管右六閑廄馬匹；一人負責粟草和飼丁的申請配給，以及勾檢財物出入破用的事務；還有一人掌管馬匹的鞍、韉、轡、勒，馬匹的供應和調度，以及治療馬匹所需的醫藥用料記賬等事務。高宗龍朔二年改名為奉御大夫，到咸亨元年又恢復了原來的官稱。開元二十二（三）年，定員減為二人。在這以前，另外設置了閑廄使，因而已把尚乘局歸屬於閑廄使，名義上仍在殿中省管轄之下。

直長，定員十人，品秩為正七品下。隋煬帝時，直長的定員有十四人。本朝因承隋制，到開元二十三年減掉了四人。

奉乘，定員十八人，品秩為正九品下。北魏設有奉承郎，品秩為從第五品下（中）。北周的左、右廄，各設有奉承二十人。隋煬帝在尚乘局設有奉承，定員為十人。本朝初年增加到二十四人，每個閑廄有二人，開元二十三年時減少了六人。

習馭，定員五百人。北周的左、右廄各有馭夫一百三十人，本朝把習馭的定員增加到五百人，職掌是調教六閑的馬匹。

掌閑，定員五千人。本朝設置。職掌是分別負責飼養六閑的馬匹。

司庫，定員一人，品秩為正九品下。本朝初年設置時定員為二人，職掌是管轄六閑廄倉庫貯存的物品。開元二十三年定員減為一人。

司廩，定員二人，品秩為正九品下。這一職官本朝設置。

典事，定員五人。本朝設置。掌管六閑廄馬匹粟草的供應。

獸醫，定員七十人。《周禮》中有獸醫下士，職掌是治療畜獸的疾病。此外還有巫馬下士二人，醫四人，掌管有關四季分別祭祀馬祖、先牧、〔馬社〕、馬步這些馬神的儀式，飼養有疾病的馬匹，並用藥物為牠們治病。北齊在內廄局設有馬醫二人。本朝亦置有獸醫，職掌是治療左、右六閑廄馬匹的疾患。

二

尚乘奉御掌內外閑廄❶之馬，辨其麤良而率其習馭；直長為之貳。六閑：一曰飛黃❷，二曰吉良❸，三曰龍媒❹，四曰騊駼❺，五曰駃騠❻，六曰天苑❼。左、右凡十有二閑，分為二廄❽：一曰祥麟❾，二曰鳳苑❿，以繫飼馬。今仗內有飛龍⓫、祥麟、鳳苑、鵷鑾⑫、吉良、六群等六廄，奔星⑬、內駒⑭等兩閑；仗外有左飛、右飛、左方、右方⑮等四閑，東南內、西北內⑯等兩廄。凡御馬必敬而式⑰之，非因調習不得捶擊。諸閑廄上細馬⑱，若欲調習⑲，唯得廄內乘騎，不得輒出。習其進御之制，而為出入之禁。隴右諸牧監⑳，使每年簡細馬三十疋㉑進。其祥麟、鳳苑廄所須雜給馬，牛㉒別簡麤壯敦馬㉓一百疋，與細馬同進。仍令牧監使預簡敦馬一十疋別牧馬㉔，殿中須馬，任取充。凡秣馬給料，以時為差。春、冬日給槀㉕一圍，粟一斛㉖，鹽二合；秋、夏日給青芻一圍，粟減半。凡外牧進良馬㉗，印以「三花」、「飛」、「風」之字，而為誌焉。細馬、次馬送尚乘局者，於尾側依左、右閑印以「三花」；其餘雜馬送尚乘者，以「風」字印印右髆，以「飛」字印印左髆㉘。

【章　旨】由尚乘奉御之職掌而連帶記述內外閑廄名稱、御馬規制及其出入等相關規定。

【注　釋】❶內外閑廄　泛指尚乘局及其後閑庭使所屬之諸閑廄。尚乘局之左、右六閑，始建於隋煬帝，其名稱或取之於古代名馬和傳說，或但為吉祥而已。武則天萬歲通天元年（西元六九六年）置杖內閑廄，至聖曆三年（西元七〇〇年）置閑廄使，尚乘局及其左、右六廄並屬閑廄使。玄宗開元時，又置仗外閑廄，故稱「內外閑廄」。❷飛黃　傳說中神馬。亦稱騰黃、乘黃。《初學記》卷二十九：「其狀如狐，背上有兩角，出白民之國，乘之壽可三千歲。」傳為黃帝之乘騎。❸吉良　神馬名。又稱吉量，亦即文馬。《山海經・海內北經》稱其「縞身朱鬣，目若黃金，名曰吉量，乘之壽千歲」，郭璞於「吉量」下注：「一作良。」《山海經・海外西經》奇肱國亦有此馬，稱文馬，郭璞注：「文馬即吉良也。」馬嘯《繹史》卷十九引《六韜》：「商王拘周伯昌於姜里，太公與散宜生以金千鎰求天下珍物以免君之罪。於是得犬戎氏文馬，駁身朱鬣，目如黃金，項下雞毛，名曰雞斯之乘，以獻商王。」即指神馬吉良。❹龍媒　駿馬名。《漢書・禮樂志》：「天馬倈，龍之媒。」意謂有天馬在，龍必至之效尤，因稱駿馬為龍媒。李賀〈瑤華樂〉詩：「穆天子，走龍媒。」❺駒駼　良馬名。《爾雅・釋畜》：「駒駼，馬。」郭璞注引《山海經》：「北海有獸，狀如馬，名駒駼，色青。」邢昺疏：「良馬名駒駼。」《字林》稱駒駼「北狄良馬也。一曰野馬」。漢太僕寺有駒駼監。❻駃騠　良馬名。《史記・李斯列傳》：「駿良駃騠，不實外廄。」❼天苑　星官名，與帝王養獸所相應。屬昴宿，共十六星。《晉書・天文志》：「天苑十六星，在昴畢南，天子之苑囿，養獸之所也。」❽分為二廄　指左、右共十二閑分屬於二廄，各六閑，亦即左六閑、右六閑。❾祥麟　古以麒麟出現為祥瑞，因稱麒麟為祥麟，並以之為閑廄名。❿鳳苑　古以鳳凰出現為祥瑞，因以鳳苑為閑廄之名。⓫飛龍　古時以帝王喻飛龍。《易・乾》：「九五，飛龍在天，利見大人。」孔穎達疏：「謂有聖德之人，得居王位。」因以名天子之廄。飛龍又為駿馬名，張衡〈南都賦〉：「駟飛龍兮騤騤。」騤騤，形容馬之強壯。⓬鵷鑾　據南宋本「鑾」當作「鸞」。鵷、鸞同行，並皆為吉祥之鳥，因以為閑廄之名。⓭奔星　即流星。《爾雅》：「奔星為彴約。」此處則取其迅捷義。王子年《拾遺記》：「周穆王即位，巡行天下，馭八龍之駿，名曰：絕地、翻羽、奔霄、越影、踰暉、超光、騰霧、挾翼。」其取名之立意與此同。⓮內駒　指專門分養幼馬的閑廄。馬二歲為駒，與母馬分而單獨飼養，故設內駒閑。⓯左飛右飛左方右方　此即為仗外四閑。句中二「方」字據南宋本當作「萬」。羽林軍有飛騎，其所需馬匹，由外仗左飛、右飛二閑提供，故以「飛」稱其閑名。羽林軍還設有萬騎，左萬、右萬亦因為左、右萬騎提供馬匹而有此名。⓰東南內西北內　「西北內」據南宋本當作「西南內」。指兩廄的位置分別在大內之東南與西南。⓱式　通「拭」。指拭馬。⓲細馬　馬分細馬、中馬、駑馬三等。細馬指上等良馬。⓳調習　指馴馬。使其習於為人乘騎。⓴隴右諸牧監　隴右，唐貞觀十道、開元十五道之一。開元後治鄯州（今青海樂都）。轄今甘肅六盤山以西，青海省青海湖以東及新疆東部。唐於此置諸牧監，為其養馬、產馬基地。《新唐書・兵志》：「馬者，兵之用也，監牧所以蕃馬也，其制起於近世。唐之初起，得突厥馬二千匹，又得隋馬三千於赤岸澤，徙之隴右，監牧之制始於此。開元十三年（西元七二五年）張說〈隴右群牧使頌〉云：「大唐承周隋離亂之後，僅得牝牡三千，從赤岸澤遷之隴右，仍命太僕卿張萬歲葺其政焉。至麟德中，四十年至七十萬六千匹，置八使以董之，設四十八監以掌之，跨隴右、金城、平涼、天水四郡之地，幅員千里，猶為狹隘，更折八監，布於河曲豐曠之野，乃能容之。」（《唐會要》卷七二）開元元年（西元七一三年）隴右有馬二十四萬匹，開元十三年（西元七二五年）增至四十三萬匹，其後則漸減。天寶十三載（西元七五四年）隴右群牧使經交點有口馬三十二萬五千七百九十二匹，其中二十萬零八十匹為馬駒。㉑三十疋　「疋」同「匹」。南宋本及廣池本均為「五十匹」。㉒牛　據南宋本當作「年」。㉓敦馬　壯馬。㉔別牧馬　據南宋本應為「別牧放」。㉕槀　即蒿，牧草。㉖一斛　南宋本、廣池本均為「一㪷」。㪷同「斗」。一斛古代為十斗。似以「㪷」為是。㉗外牧進良馬　指隴右諸牧監及關內諸州牧監向尚乘局進送良馬。《唐會要》卷七十二諸監馬印條規定，諸監「凡馬駒以小官字印印右膊，以年辰印印右脾，以監名依左右廂印印尾側」；其中若進送尚乘局者，則不印監名。㉘以風字印印右髆二句　二句中，「右髆」當為「左髆」；「左髆」當為「左髀」。《唐會要》卷七十二諸監馬印條：「以『風』字印左膊，以『飛』字印左髀。」本書第十七卷第二篇太僕寺諸牧監職掌亦同。膊通「髆」，肩膀。髀，股骨，後腿骨。

【語　譯】尚乘奉御的職掌，是管轄內外閑廄的馬匹，辨別馬匹的優劣，並加以調教馴化。直長做奉御的副職。六閑的名稱：一是飛黃，二是吉良，三是龍媒，四是騊駼，五是駃騠，六是天苑。左右各六閑，共十二閑，分為兩個廄：一稱祥麟，二稱鳳苑，用來圈養馬品。現今仗內有飛龍、祥麟、鳳苑、鵷鑾（鸞）、吉良、六群等六廄，以及奔星、內駒等兩閑；仗外有左飛、右飛、左方（萬）、右方（萬）等四閑，東南內，西南內二廄。凡是御馬，必須恭恭敬敬地為牠洗拭，不是為了調教馴化，不得任意捶擊馬匹。各閑廄中的細馬，如需要調習，只許在廄內乘騎，不得擅自騎出廄外。要熟習馬匹進奉御用的制度，嚴格馬匹出入的禁令。隴右道的各牧監使，每年都要簡選細馬三（五）十匹進奉御用。祥麟廄、鳳苑廄所需要的雜用給使的馬匹，每年另外簡選粗壯的敦馬一百匹，與細馬同時進奉。仍令牧監使預先簡選敦馬十匹另行放牧。至於殿中省需用馬匹時，可隨時任憑取用。關於馬匹的飼料，以季節為等差供給。春季和冬季，每天給蒿一圍，粟一斛（斗），鹽二合；秋季和夏季，每天給青飼料一圍，粟按春、冬季標準減半。凡是外監牧向尚乘局進納的良馬，都要在牠們身上分別印上「三花」、「飛」、「風」字樣，用來作為馬匹的標誌。各牧監送尚乘局的細馬、次馬，在尾巴側面，依左、右閑的歸屬分別印上「三花」的字印。其餘雜馬送尚乘局的，在右（左）髆上印上「風」字，左髆（髀）上印上「飛」字。

【說　明】唐代閑廄，作為御用馬匹的供應和貯備系統，有過一個演化過程。唐初單有尚乘局的十二閑，武則天時期，先是建立仗內閑廄，以後又設立閑廄使，設立仗外閑廄，並將尚乘局併入閑廄使，其十二閑亦改屬於仗內閑廄中的二個廄，開始名義上還掛在殿中監屬下，不久便成為獨立的機構。在開元時期，可說是一個雙重的內外閑廄體系，除了本章原注提到的在京師的仗內六廄、二閑及仗外四閑、二廄這一系統之外，還有兩個龐大的外閑廄，一是隴右諸監牧，它是仗內閑廄的外閑廄，御用的馬匹皆由其提供；一是設於岐、邠、涇、寧的八馬坊，它是仗外閑廄的外閑廄，為禁軍用馬的接納供進之地。因此論述唐代前期的馬政，應將閑廄馬與隴右牧監及八馬坊作為一個整體來考察，仗內外閑廄如果沒有隴右牧監及八馬坊的支持，那就意味著斷絕了御用馬及禁軍用馬的最主要來源。

在唐代，閑廄使是一種使職，通常由受寵的殿中監充任。由於它不僅可以控制閑廄系統仗內外閑廄的馬匹，還包括為仗內外閑廄提供馬匹的隴右牧監和關內岐、邠、涇、寧八馬坊的馬匹，其地位權勢實不可等閑視之。有了馬，就有騎兵；在當時條件下，騎兵佔有優勢，便能在軍事上壓倒對方。這就難怪玄宗皇帝今天要張說寫〈隴右群牧使頌〉，明天又要鄭昂寫〈岐邠涇寧四州八馬坊頌〉，一再為管理馬坊有功之臣歌功頌德，因為他知道皇帝的權力是要靠馬背來支撐的，馬的多少，直接關係到李唐王朝在軍事上有沒有足夠的威懾力量。《唐會要》卷六十五載錄了一個曾任閑廄使的名單，其中有一些曾產生重要影響的人物，如王毛仲、牛仙客、安祿山、李輔國等。安祿山自然亦非常懂得馬的重要性。天寶十三載（西元七五四年）他在請為閑廄、隴右群牧等都使後，便陰選諸牧監良馬，為起兵作亂準備條件。玄宗在漁陽鼙鼓聲中倉皇逃離了長安，接著繼位的肅宗李亨亦頗知馬的重要性，他到隴西平涼郡，便「致蒐閱官監，及私群牧數萬匹，軍威始振」（《唐會要》卷七二）。肅宗的心腹太監李輔國，出身於閑廄馬家小兒，因閑廄使王鉷的推薦而為皇太子李亨侍從，後隨李亨西奔靈武，更勸其趁機即皇帝位，還京以後即拜殿中監、閑廄使又兼隴右群牧。唯有這樣，才使肅宗坐穩皇帝寶座，而李輔國亦因而權傾朝野。他甚至可以在肅宗面前無中生有地狀告太上皇李隆基在「南內有異謀」，把太上皇搬到西內的甘露殿軟禁起來，又把高力士、陳玄禮這些當年玄宗的心腹、李輔國自己亦曾蒙受過恩澤的人，一個個遷謫遠方，最後李隆基亦活活給氣死。

三

奉乘掌率習馭、掌閑、駕士及秣飼之法[1]。凡馭馬必視其齒歷[2]、勞逸而調習之。馬四年而兩齒，五年而四齒，六年而六齒，成矣。七年而右一齒齠❸，八年而上下兩邊各一齒缺，九年而上下盡缺。十年而下兩齒齠，十一年而下四齒齠，十二年盡齠。十三年下兩齒平，十四年下四齒平，十五年下盡平。十六年上兩齒齠，十七年上四齒齠，十八年上盡齠。十九年上兩齒平，二十年上四齒平。

司庫掌鞍轡乘具。

司廩掌藁秸出納。

獸醫掌療馬病。凡馬病，灌而行之，觀其病之所發。療馬病有五勞：一曰筋勞，二曰骨勞，三曰皮勞，四曰氣勞，五曰血勞。久步則生筋勞，久立則生骨勞，久汗不乾則生皮勞，汗未差燥而飼飲之則生氣勞，驅馳無節則生血勞。有傷寒者，有傷熱者，有瘍者，咸據經方以療焉。

【章旨】敘述奉乘、掌閑、駕士、司庫、司廩、獸醫等之職掌。

【注釋】❶奉乘掌率習馭掌閑駕士及秣飼之法　習馭、掌閑、駕士，均為官名。習馭掌調習、馴馭馬匹；掌閑負責餵養馬匹；駕士，本卷目錄中無此職名，本書第十七卷第一篇太僕寺乘黃署設有駕士一百四十人，其職掌為駕車。但尚乘局不設車，當亦無需設駕士之職。此處言奉乘率駕士，不明其故，抑或係「進馬」之誤，待考。秣飼之法，指對馬匹如何餵養飼料。《齊民要術・養牛馬驢騾篇》曰：「飲飼之節，食有三芻，飲有三時。何謂也？一曰惡芻，二曰中芻，三曰善芻。謂饑時與惡芻，飽時與善芻，引之令食，食常飽，則無不肥。剉草麤，雖足豆穀，亦不肥充。細剉無節，簁去土而食之者，令馬肥不咥。如此餵飼，自然好也。何謂三時？一曰朝，飲少之；二曰晝，飲則胸饜水；三曰暮，極飲之。四曰夏汗冬寒，皆當節飲。諺曰：旦起騎穀，日中騎水，斯言旦飲須節水也。每飲食，令行驟則消水。小驟數百步亦佳。十日一放，令其陸梁舒展，令馬硬實也。」❷齒歷 指馬的年齡。馬齒隨其年齡的增長而添換，故觀察馬齒之消長情況便能知其年齡。以下原注便是敘述馬的年齡與其牙齒增減之間對應關係。❸七年而右一齒齙 齙，《說文解字》：「齙，老人齒，如臼也。一曰馬八歲齒臼也。」《齊民要術》：「(馬)四歲上下生成齒二，五歲上下著成齒四，六歲上下著成齒六。七歲上下齒兩邊黃，各缺區平，受米；八歲上下盡區如一，受麥。」全句意謂馬至七歲，右邊牙齒中一顆起齙，即似臼形。但聯繫前後文，此處似應為「缺」，而非「齙」。

【語譯】奉乘的職掌是統領習馭、掌閑和駕士這些屬官，以及熟悉和掌管馬匹餵養的方法。凡是駕馭馬匹，都必須根據馬的年齡和勞逸狀況，作不同的調教和馴化。馬四歲有兩顆牙齒，五歲有四顆牙齒，六歲有六顆牙齒，那便是馬的成年了。馬七歲右邊有一顆牙齒起齙(缺損)，八歲上下兩邊各有一顆牙齒缺損，到九歲上下牙齒全部缺損。馬十三歲下邊兩顆牙齒起齙，十一歲下邊四顆牙齒起齙，到十二歲，下邊牙齒全都起齙。馬十歲，下邊兩顆牙齒磨平，十四歲下面有四顆牙齒磨平，到十五歲下邊牙齒全都磨平。馬十六歲，上邊兩顆牙齒起齙，十七歲上邊有四顆牙齒起齙，到十八歲上邊牙齒全都起齙。馬到十九歲，上邊兩顆牙齒磨平，二十歲上邊有四顆牙齒磨平。

司庫，掌管鞍轡等乘具。

司廩，掌管藁秸等馬飼料的出納。

獸醫，負責治療馬的疾病。馬患了病，可以讓它喝飽水再跑路，從而觀察牠發病的原因。治療馬的疾病，要注意有五種由癆而成的病因：一是筋癆，二是骨癆，三是皮癆，四是氣癆，五是血癆。跑路長久會生筋癆；站立長久會生骨癆，一直流汗不乾會生皮癆，汗不給揩乾燥就讓牠飲水會生氣癆，驅馳沒有節制就會生血癆。此外還有傷於寒冷的，傷於過熱的，有生了積瘍的，都要根據醫馬的經方來加以治療。

四

尚輦局：奉御二人，從五品上。《周禮》❶：「小司徒❷中大夫二人，掌六畜、車輦❸。」

又：「巾車下大夫[4]二人，掌王后之五輅[5]。輦車組輓，有翣羽蓋[6]。」古謂人牽為輦，春秋宋萬以乘車輦其母[7]。秦始皇[8]乃去其輪而轝之[9]，漢代遂為人君之乘[10]。後漢有乘輿六輦。魏、晉小出則乘之[11]，及過江而亡。太元[12]中，謝安[13]率意而作，及破符堅[14]得之，形制無差，大小如一，時人嗟其默識。宋武[15]執慕容超[16]，獲金鉦輦。古之輦輿，大率以六尺為度，齊武帝[17]造大、小二輦，彫節甚工，下栩轅軛[18]，悉金花銀獸。梁大輦[19]中方八尺，左、右開四望，金鸞棲軛。隋有六輦[20]，大禮皆乘之。秦、漢、魏、晉並太僕屬官車府令[21]掌之，東晉省太僕，遂隸尚書駕部。宋、齊、梁、陳車府、乘黃令丞[22]掌之，後魏、北齊則乘黃、車府令兼掌之，後周則司車輅[23]主之，隋又乘黃、車府令兼掌之。煬帝置殿內省[24]尚輦局奉御二人，正五品。皇朝因之，為從五品上。龍朔二年[25]改為奉輦大夫，咸亨元年[26]復舊。

直長四人，正七品下。隋煬帝置，皇朝因之，又置掌扇、掌翰等員[27]，掌執扇及執紙、筆、硯雜供奉之事。

掌輦[28]**二人，正九品下**。皇朝初置四人[29]，開元二十三年[30]減二人，又置主輦、奉轝等員，掌率主輦以供其事。

主輦四十二人。皇朝置。凡七輦，輦六人。

奉轝十五人[31]。皇朝置之。

【章　旨】敘述尚輦局奉御、直長、掌輦、主輦等之定員、品秩及沿革。

【注　釋】❶周禮　儒家經典之一。戰國時儒生搜集周王室官制和戰國時各國制度，附會以儒家政治理想，增減排比而成的彙編。❷小司徒　《周禮》地官大司徒之副貳，中大夫爵。掌邦國教育法令，組織三年一次大比會試，以及分配土地、考稽戶口、規定賦稅、任命官守等事。❸掌六畜車輦　此為《周禮》地官司徒屬官縣師之職掌。《周禮・地官・縣師》：「掌邦國都鄙稍甸郊里之地域，而辨其夫家人民田萊之數，及其六畜車輦之稽，三年大比。」六畜，指馬、牛、羊、豕、犬、雞。車，所以駕馬；輦，人輓行之。稽，計。古代縣官三年一大比，考核的指標是全縣農戶家墾田數及飼養之六畜和所有車輦的數字。此與供御用的六畜、車輦是兩回事，僅取其內有一「輦字」相同而類比言之。❹巾車下大夫　巾車，官名。車官之長。《左傳・襄公三十一年》：「車馬有所，賓從有代，巾車脂轄。」杜預注：「巾車，主車之官。」《周禮》春官大宗伯卿有屬官巾車：「掌公車之政令，辨其用與其旗揚而敘之，以治其出入」。設有下大夫二人，上士四人，中士八人，下士十六人，府四人，史八人，工百人等。❺王后之五輅　指王后專用之五種車輛。據《周禮・春官・巾車》五輅之名稱為：重翟，厭翟，安車，翟車，輦車。❻輦車組輓有翣羽蓋　鄭玄注：「輦車不言飾，后居宮中，從容所乘，但漆之而已，為輇輪，人輓之以行。有翣，所以禦風塵，以羽作小蓋，為翳日也。」組，闊帶。輓，與推相反：前牽稱輓，後送為推。翣，掌扇，一種儀仗。此處則為車飾。❼宋萬以乘車輦其母　宋萬，又稱南宮萬、南宮長萬。春秋宋國大夫，以勇力事宋閔公，後弒閔公而立公子子游，此事引來曹國軍隊的攻伐，宋萬逃亡陳國，途中以「乘車輦其母」，即車載著母親自己牽拉著奔陳國。輦在句中為如動詞。事見《左傳・莊公十二年》。❽秦始皇　秦朝皇帝嬴政，滅六國，建立統一的秦王朝。在位三十七年，終年五十歲。❾去其輪而轝之　轝同「輿」，車之底部。輦，原為人力輓行的車，去其輪子後，還留下車子底部，只能靠人擡了走。皇帝在宮中行走乘輿，故「乘輿」便成了皇帝的代詞。所乘之輿即原曾為輦，故京師又稱「輦下」，宮中的道路稱「輦道」。❿漢代遂為人君之乘　《宋書・禮五》稱：「輦車，漢制乘輿御之，或使人輓，或駕果下馬，漢成帝欲與班婕妤同輦是也。後漢陰就外戚驕貴，亦輦。井丹譏之曰：『昔桀乘人車，豈此邪？』」⓫魏晉小出則乘之　指皇帝近距離出行便乘輦車（或稱輿車）。《宋書・禮五》：「魏晉御小出，常乘馬，亦多乘輿車。輿車，今之小輿。」《晉書・輿服志》：「輦，案自漢以來為人君之乘，魏晉御小出即乘之。」⓬太元　東晉孝武帝司馬曜年號。⓭謝安　字安石，東晉陳郡陽夏（今河南太康）人。累辟皆以疾辭，寓居會稽，放情丘壑。年四十餘始出仕，在官無當時之譽，去後為人所思。孝武帝時為丞相，籌策用人，各當其任，在淝水之戰中大敗前秦苻堅之軍。⓮符堅　當為「苻堅」。十六國時前秦的皇帝。字永固，一名文玉，略陽臨渭（今甘肅天水市東）人，氐族。博學多才藝，有經濟大志。初封東海王，後殺苻生自立，稱大秦天王，任用王猛為相，先後統一北方大部份地區，在建元十九年（西元三八三年）徵調九十萬軍隊攻晉，在淝水大敗，不久便為羌人姚萇所殺。⓯宋武　南朝宋皇帝劉裕。義熙四年（西元四〇八年）劉裕率師北伐滅南燕，擒慕容超。⓰慕容超　十六國時南燕國君主。字祖明，鮮卑族，昌黎棘城（今遼寧義縣西北）人。為慕容德兄之子，慕容德死後僭位為國君，後為劉裕所敗，被俘後，送建康市斬首。時年二十六，在位六年。⓱齊武帝　南朝齊皇帝蕭頤，字宣遠。在位十一年，終年五十四歲。⓲彫節甚工下棡轅軛　句中「節」，據南宋本當為「飾」。「棡」，字書無此字。南宋本作「棡」。棡，通「掆」。《文字集略》：「相對舉物曰掆也。」有橫掆之意。《隋書・禮儀五》作「橫」：「初齊武帝造大小輦，並如軺車，但無輪轂，下橫轅軛。」似以「橫」史易解。轅，車前曲木上鉤衡者。軛，轅端橫木駕馬領者。⓳梁大輦　《隋書・禮儀五》記梁大輦之形制為：「中方八尺，左右開四望，金為龍首，飾其五末，謂轅轂頭及衡端也。金鸞棲軛。其下施重層，以空青雕鏤為龍鳳象。漆木橫前，名為望板。其下交施三十六橫。」⓴隋有六輦　隋輦之形制，據《隋書・儀禮五》稱：「今輦，制象軺車，而不施輪，通幰朱絡，飾以金玉，用人荷之。」㉑車府令　官名。秦置。趙高曾任此職，主乘輿諸車。漢及三國魏沿置，為太僕屬官，六百石，七品。東晉、南朝隸尚書省駕部，隋唐為太僕寺車府署長官，各置一員，隋為從八品下，唐為正八品下。㉒乘黃令丞　東漢末曹操執政時始置。隸太僕，掌皇帝乘輿及御廄諸馬。令為長，丞為其副貳。東晉或省，南朝復置。唐時令為從七品下，丞為從八品下。㉓司車輅　即司車輅下大夫。西魏恭帝時仿《周禮》車僕置，北周沿置。為春官府司車輅司長官，掌公車之政，辨其名品，與其物色，自帝、后以下至士，其車輅規格各不相同。正四命。下設小司車輅上士以佐其職。北周任司車輅下大夫者，據《周書》有裴漢、蔡澤等。㉔煬帝置殿內省　煬帝，隋朝皇帝楊廣。煬帝始置殿內省，其下設有尚輦局，置奉御二人，正五品，直長四人，又有掌輦六人。㉕龍朔二年　即西元六六二年。龍朔為唐高宗李治年號。㉖咸亨元年　即西元六七〇年。咸亨亦為唐高宗李治年號。㉗又置掌扇掌翰等員　掌扇、掌翰員數，《新唐書・百官二》稱：「掌扇六十人，掌翰三十人」；《舊唐書・職官志》則曰：「掌扇六人，掌翰二十四人」。㉘掌輦　新舊《唐書》官志皆作「尚輦」。㉙皇朝初置四人　據《隋書・百官下》隋煬帝時已置掌輦六人。㉚開元二十三年　即西元七三五年。開元為唐玄宗李隆基年號。㉛奉轝十五人　奉輿員數，《新唐書・百官志》所記與此同，《舊唐書・職官志》則為「十二人」。輿之形制如輦而略小，為宮苑私宴時皇帝御用。唐時僅有三輛，故奉輿員數遠少於主輦之四十二人。

【語　譯】尚輦局：奉御，定員二人，品秩為從五品上。《周禮》記載：「地官的屬官中，有小司徒中大夫二人，掌管六畜和車輦。」又說：「有巾車下大夫二人，掌管王后乘用的五輅，其中的輦車是繫上闊帶子用人力牽引的，輦上有用羽毛製成的大扇和小蓋。」古代認為由人來牽引的稱輦。春秋時宋國大夫南宮萬，從宋國逃亡到陳國去時，就是用輦車載著母親，他自己牽輓著走的。秦始皇時，去掉了輦車的輪子，留下車子的底座稱輿，由人擡著走。到漢代輦才成為君王在宮中專用的車乘。東漢時內庭有乘輿六輦。魏晉時期，皇帝短距離出行就乘用這種輦。到過了長江，亦就是到了東晉時，輦輿的形制已失傳了。孝武帝太元年間，謝安隨意設計製作了一輛，後來在淝水之戰中打敗符（苻）堅，得到北方的輦輿，形制竟然與謝安製作的沒有差異，尺寸大小一模一樣，當時人們驚嘆他默記的能力。南朝宋武帝北上打敗南燕，抓到了慕容超，還獲得了他的金鉦輦。古代的輦輿，大體上以六尺為標準。齊武帝曾造了大小二輛輦，結構和雕刻裝飾非常精緻，下面桐（横）的轅軛，都有金花銀獸作裝飾。南朝梁武帝時設計的大輦，中間有八尺見方，左右共開四個窗戶，金鸞的圖形裝飾在轅軛上。隋朝有六輛輦輿，凡是重大的典禮，皇帝都要乘用。輦輿在秦、漢、魏和西晉，都是由太僕寺的屬官車府令掌管；東晉省去了太僕的建置，車府令才改屬於尚書省的駕部。在南朝宋、齊、梁、陳，輦輿是由車府和乘黃的令、丞共同掌管，北魏、北齊亦是由乘黃署、車府署的令、丞兼管，北周則是由司車輅下大夫主管。隋朝又恢復由乘黃令、車府令兼管。隋煬帝在殿內省建立尚輦局，設置奉御二人，品秩為正五品。本朝因承隋制，品秩改為從五品上。高宗龍朔二年時，改名為奉輦大夫，到咸亨元年又恢復了舊稱。

直長，定員四人，品秩為正七品下。隋煬帝時始置，本朝因承隋制。此外又設置掌扇、掌翰等官員，職掌是執扇及執掌紙、筆、硯等文翰以及其他供奉方面的事務。

掌輦，定員二人，品秩為正九品下。本朝初期定員四員，到玄宗開元二十三年減少了二人。此外又設置了主輦、奉轝等官員。掌輦的職掌是統領主輦，以供奉君王乘輿。

主輦，定員為四十二人。本朝設置。共有七輦，每輦設六人。

奉轝，定員為十五人。本朝設置的。

【說明】輦輿，皇帝與皇后在宮廷內的用車。因為是在宮廷內，用牲口拖拉有諸多不便，便改用人力牽輓，專門起了個名稱，叫作輦：「輦，謂人輓以行之車也。」（《說文解字注》）古代車輪亦用木製，轉動時聲響巨大：「雷霆乍驚，宮車過也。」（杜牧〈阿房宮賦〉）所以用人力牽拉亦還是不便。後來索性把輪子去掉，用六個人抬，又起了一個名稱叫作輿：「輿為車之輿也」（同上），亦就是車廂。開始輦輿是有區別的，漸漸亦就混稱了。只是輦何時去其輪子，成了懸案，本章原注說是「秦始皇乃去其輪」，卻難以找到直接史著為據；《宋書・禮五》則曰：「未知何代去其輪。」

五

尚輦奉御掌輿輦、繖扇❶之事，分其次序，而辨其名數❷；直長為之貳。凡大朝會則陳於庭，大祭祀則陳於廟。輦有七：一曰大鳳輦，二曰大芳輦，三曰仙遊輦，四曰小輕輦，五曰芳亭輦，六曰大玉輦，七曰小玉輦。輿有三：一曰五色輿，二曰常平輿，其用如七輦之儀，三曰罾輿❸，則常御焉。**凡大朝會及祭祀，則出之於內；既事，復進而載之❹。凡繖扇，大朝會則繖二、翰一❺，陳之于庭。**孔雀扇一百五十有六，分居左、右。舊，翟尾扇；開元初改為繡孔雀以省。**若常聽朝，皆去扇，左、右各留其三，以備常儀。**崔豹《古今注》❻云：「華蓋，黃帝❼所作也。與蚩尤❽戰於涿鹿❾之野，常有五色雲氣、金枝玉葉止於帝上，有花葩❿之象，故因作華蓋也。」《通俗文》⓫曰：「張帛避雨謂之繖蓋。」《古今注》曰：「翟尾扇起於殷代，高宗⓬有雊雉之祥⓭，服章多用翟羽。周制以為王后、夫人之車服。輿輦有翣⓮，即緝翟羽為扇翣，以障蔽翳風塵也⑮。」

【章　旨】由尚輦局奉御、直長之職掌而連帶敘述大朝會、大祭祀時，有關陳設輦、輿、繖、扇的規定。

【注　釋】❶繖扇　繖，指蓋或傘。皇帝之座頂上設黃蓋或黃幄，即是繖，原用以遮灰。扇，指羽扇。設於皇帝座位兩側，用以障翳風塵。在大朝會、大祭祀時，繖與扇已成為儀仗的一種，是御座左右的重要陳設。❷分其次序而辨其名數　指大祭祀大朝會時在殿庭或太廟陳設輿輦繖扇，尚輦奉御要辨其名稱、數量，以及區分其陳設和排列的次序。❸齎輦　南宋本及《職官分紀》卷二十四尚輦局條引《唐六典》原注此句均作「腰輿」。❹載之　據南宋本當為「藏之」。❺繖二翰一　《職官分紀》卷二十四尚輦局條引《唐六典》正文此句作「繖二扇一」。❻崔豹古今注　《古今注》，書名。筆記體。崔豹為《古今注》作者，字正熊，西晉時人，籍貫漁陽（今北京市密雲縣西南）。《古今注》共三卷，分輿服、都邑、音樂、鳥獸、魚蟲、草木、雜注和問答釋義八門，對各項名物制度加以解釋和考訂。❼黃帝　傳說中中原各族的共同祖先。姬姓，號軒轅氏、有熊氏。在各部族的擁戴下，先後戰敗炎帝和蚩尤，成為部落聯盟的領袖。傳說有很多發明創造都始於黃帝時期。❽蚩尤　傳說中古代中國南方諸少數族領袖，蚩尤作難，不聽黃帝號令，黃帝乃徵師於諸侯，與蚩尤戰於涿鹿之野，並擒殺蚩尤。❾涿鹿　今河北涿鹿東南。❿花蘤　蘤，同「花」。《字詁》：「蘤，古花字也。」花蘤，猶花卉。《西京雜記》卷四：「柱壁皆畫雲氣花蘤，山靈水怪。」⓫通俗文　書名。《隋書·經籍一》著錄：「《通俗文》一卷，服虔撰。」⓬高宗　即殷帝武丁。⓭雊雉之祥　意謂由雉之鳴叫帶來的祥兆。雉，鳥名，俗謂野雞。雄鳥羽毛華麗，足後具距；雌鳥體形較小，砂褐色，具斑無距。喜棲於蔓生草莽丘陵中，善走而不能飛。雊，象雉之鳴聲。《史記·殷本紀》：「帝武丁祭成湯，明日，有飛雉登鼎耳而呴，武丁懼。祖己曰：『王勿憂，先修政事。』……武丁修政行德，天下咸驩，殷道復興。」⓮翣　古代儀仗中使用的大仗扇。⓯以障蔽翳風塵也　《太平御覽》卷七百零二服用部扇條引《古今注》此句無「蔽」字。翳，遮蔽。

【語　譯】尚輦奉御的職掌是，主管有關輿輦和繖扇方面的事務，要辨別輿、輦、繖、扇的名稱和數量，區分它們排列的次序。直長做奉御的副職。凡是舉行盛大的朝會，便把輿輦和繖扇陳列在殿庭上，逢到盛大的祭祀則陳列於太廟。君王使用的輦有七種：一是大鳳輦，二是大芳輦，三是仙遊輦，四是小輕輦，五是芳亭輦，六是大玉輦，七是小玉輦。輿有三種：一是五色輿，二是常平輿，以上二輿的使用儀制與七輦相同；三是霽（腰）輿，這是君王日常使用的。以上的輿和輦，凡是逢到大朝會和大祭祀時，便從內庭取出，禮儀完畢，再收進宮內載（藏）好。關於繖和扇，大朝會時用二繖和一翰（扇）陳設到殿庭上；孔雀扇共一百五十六柄，分列於殿廷左右。按照以往的禮制是用翟尾扇，開元初年，改為繡製的孔雀扇，省去了翟尾扇。如果是常日聽朝，扇子都去掉，只在左右兩側各留三柄，以保存通常的禮儀。崔豹的《古今注》說：「華蓋，最初是黃帝製作的。黃帝與蚩尤大戰於涿鹿荒野的時候，經常有五色雲氣，現出金枝玉葉般的圖形，停留在黃帝的上空，具有花卉的象徵，因此稱作華蓋。」《通俗文》說：「把帛張在頭頂上，用來避雨，就稱為繖蓋。」《古今注》說：「翟尾扇起始於殷代，高宗武丁因為曾經有過雉鳴於鼎的吉祥徵兆，所以衣服上的花紋多採用翟羽。亦就是雉鳥羽毛的圖形。西周的制度翟羽為皇后和夫人車服上的裝飾，在皇后和夫人使用的輿輦上的翣，便是編緝翟羽製成的扇翣，用來障蔽風沙和灰塵。」

【說　明】輿輦和繖扇，不僅在大朝會、大祭祀時被作為一種陳設，以顯示帝王的威儀，而且在鹵簿中，亦是重要的儀仗，列在衙門旗之後，五路車之前。據《新唐書・儀衛上》所載，其排列次序為：「大繖一，執者騎，橫行，居衙門後。次雉尾障扇四，執者騎，夾繖。次腰輿，輿士八人。次小團雉尾四，方雉尾扇十二，花蓋二，皆執者一人，夾腰輿。次掌輦四人，引輦。次大輦一，主輦二百人。尚輦奉御二人，主腰輿，各書令史二人騎從。次殿中少監一人，督諸局供奉事一人從。次諸司供奉官。次御馬二十四，各二人馭，分左右。次尚乘直長二人，書令史二人騎從，居御馬後。次後持鈒隊。次大繖二，雉尾扇八，夾繖左右橫行。次小雉尾扇、朱畫團扇，皆十二，左右橫行。次花蓋二，叉二。次後黃麾執者一人，夾二人，皆騎。次大角，次方輦，主輦二百人。次小輦一，主輦六十人。次小輿一，奉輿十二人，服如主輦。次尚輦直長二人，分左右，檢校輦輿，皆書令史二人騎從……」好一副威風凜凜、浩浩蕩蕩的氣派！尚乘和尚輦二局的官員和侍從人員，以及他們掌管的輦輿、繖、扇和御馬，包括他們的頂頭上司殿中少監，一古腦兒通統列隊在儀仗中。這就是儀仗的全部嗎？不，這還只是一小部份，即比較接近皇帝，與尚乘、尚輦二局職掌相關的那一部份。從這裡可以大體瞭解尚乘、尚輦二局人員的編組和裝備概貌，以及他們在大朝會、大祭祀中所扮演的角色。這些擺設在平常人看來，實在是一種沒有多少實際用途的花架子，但是帝王的威嚴卻正是靠這樣的花架子撐起來唬弄老百姓的。在這一點上亦是古今相通，如今在某些時候、某些場合不亦還常常可以看到鋪天蓋地的花架子嗎？其實花架子擺得越大，內涵往往越顯得渺小；莊嚴隆重的背後，掩蓋的是虛偽虛空的本質。

卷一二

內官宮官內侍省

卷目

內官

惠妃一人
麗妃一人
華妃一人
淑儀一人
德儀一人
賢儀一人
順儀一人
婉儀一人
芳儀一人
美人四人
才人七人

宮官

尚宮二人

司記二人、典記二人、
掌記二人、女史六人
司言二人、典言二人、
掌言二人、女史四人
司簿二人、典簿二人、
掌簿二人、女史六人
司闈六人、典闈六人、
掌闈六人、女史四人

尚儀二人

司籍二人、典籍二人、
掌籍二人、女史十人
司樂四人、典樂四人、
掌樂四人、女史二人
司賓二人、典賓二人、
掌賓二人、女史二人
司贊二人、典贊二人、
掌贊二人、女史二人
彤史二人❶

❶《新唐書・百官志》此下尚有「女史二人」。

尚服二人

司寶二人、典寶二人、

掌寶二人、女史四人

司衣二人、典衣二人、

掌衣二人、女史四人

司飾二人、典飾二人、

掌飾二人、女史二人❷

司仗二人、典仗二人、

掌仗二人、女史二人

尚食二人

司膳四人、典膳四人、

掌膳四人、女史四人

司醞二人、典醞二人、

掌醞二人、女史二人

司藥二人、典藥二人、

掌藥二人、女史四人

司饎二人、典饎二人、

掌饎二人、女史四人

尚寢二人

司設二人、典設二人、

掌設二人、女史四人

司輿二人、典輿二人、

掌輿二人、女史二人

司苑二人、典苑二人、

掌苑二人、女史二人

司燈二人、典燈二人、

掌燈二人、女史二人

尚功二人

司製二人、典製二人、

掌製二人、女史四人❸

司珍二人、典珍二人、

掌珍二人、女史六人

司綵二人、典綵二人、

掌綵二人、女史六人❹

司計二人、典計二人、

掌計二人、女史四人❺

---

❷《新唐書・百官志》同此，《舊唐書・職官志》則為「四人」。

❸新舊《唐書》官志並作「二人」。

❹新舊《唐書》官志並作「二人」。

宮正一人、司正二人、

典正四人❻、女史四人

內侍省

內侍四人❼

內常侍六人

內給事八人

主事二人

令史八人

書令史十六人

內謁者

監六人

內謁者十二人

內典引十八人

內寺伯二人

寺人六人

亭長六人

掌固八人

掖庭局

令二人

丞三人

書令史四人❽

書史八人

計史二人

宮教博士二人

監作四人

典事十人

掌固四人

宮闈局

令二人

丞二人

書令史三人

書史六人

內閹人❾二十人

內掌扇十六人

內給使無常員

---

❺新舊《唐書》官志並作「二人」。

❻新舊《唐書》均為「二人」。

❼《舊唐書・職官志》為「二人」，《通典・職官九》則同此。

❽《新唐書・百官志》同此，《舊唐書・職官志》則作「八人」。

掌固四人

奚官局

令二人

丞二人

書令史三人

書史六人

典事四人

掌固四人

內僕局

令二人

丞二人

書令史二人

書史四人

駕士一百四十人⑩

典事八人

掌固八人

內府局

令二人

丞二人

書令史二人

書史四人

典事六人

掌固四人

---

⑨《新唐書・百官志》作「內闈史」。

⑩《新唐書・百官志》同此，《舊唐書・職官志》則為「二百人」。

卷旨

本卷敘述唐代後宮制度及宦官制度。分成二篇：一篇敘述內官和宮官，另一篇敘述內侍省及其所轄諸局。

唐代內官，包括皇后以下諸如三妃、六儀、四美人、七才人等，人員極為眾多。就傳統意義而言，這些內官都是皇帝一人在正妻（皇后）以外的等級嚴明的妻妾群體。當然，如果皇帝認為需要，整個後宮所有女性都可以成為他的淫樂對象。宮官，即女官，則是以管理和服侍為主要職責。唐代宮官，仿照前廷尚書省六部二十四司，在後宮亦設置尚功、尚儀、尚服、尚食、尚寢、尚宮這六尚，每一尚下屬有四司，亦是六尚二十四司。這六尚時稱六女尚書，各按職責分管後宮時務、祭祀、禮儀、冠服、沐浴、飲食等項事務。另有宮正，則專司對宮女刑罰之事。本卷第一篇詳細記述了在這個由內官和宮官組成的女性世界裡，種種不同的稱號、品秩、職掌以至服飾，在上位者可謂雍容華貴，在下位者亦各有所司；但如若稍一聯繫史實，便不難看到在這富麗堂皇背後那冷酷殘忍的另一面。

第二篇敘述的內侍省，是始置於隋、完備於唐的統一的宦官機構。宦官及其相關制度，是帝王一人可以擁有眾多妃嬪這種歷史條件下的特殊產物，宦官制度是歷代王朝宮廷制度的一個重要組成部份。在古代，世界上有不少國家，如希臘、羅馬、埃及、土耳其等宮廷裡，亦曾使用過宦官並至今留有記載；但若就役使閹人數量之多，持續時間之久遠，以及制度之規範、嚴密和完備而言，中國可稱得舉世無雙，絕無僅有。而中國的宦官制度又以唐代最為完備，宦官之禍亦以唐代最烈。有關宦官的來源及其管理制度的沿革和唐代宦官之禍的形成等，除第二篇篇旨有所涉及外，我們還在一、二、三章之末附有三篇連續性的說明，供諸君參閱。

唐代內侍省署的位置，在長安太極宮宮城西南隅，北面靠宮嬪所居住的掖庭宮，東北緊接大內太極宮，東南則為皇城。原為隋之長秋監，唐貞觀三年（西元六二九年）改為內侍省。省內有紫蘭亭。高宗修大明宮，又有內侍別省，在大明宮西南部中書省和延英殿以西，右銀臺門內路南處。據〈大唐重修內侍省之碑〉碑文記載，唐末內侍省位置依舊未變，省署規模恢宏如前，有「側內園、客省、尚食、飛龍、弓箭、染房、武德留後、大盈瓊林、如京營幕等司，并命婦院、高品內養兩院」，「大小相計凡五百餘間」。東都的內侍省在應天門外，西朝堂之南，第三橫街之北，右威衛之西。其地本屬右威衛，武后移造於此，而以園地充衛。其西則是右領軍衛。

內官・宮官

【篇　旨】本篇敘述唐代的後宮制度。分內官與宮官兩個部份，內官敘述妃嬪，宮官敘述女官。在原注中，對妃嬪制度的由來和沿革，特別是歷代妃嬪的服飾，作了頗為詳細的介紹。

帝王一人，擁有眾多妃嬪，這在中國有甚至比封建制度更為久遠的傳統。秦始皇統一六國後，更廣築宮殿，以所得諸侯美人安置其中，「後宮列女萬餘人」（《史記・秦始皇本紀》正義引《三輔故事》）。漢代秦而興，仍「因秦之稱號，帝母稱皇太后，祖母稱太皇太后，適稱皇后，妾皆稱夫人，又有美人、良人、八子、七子、長使、少使之號焉」（《漢書・外戚傳序》），以後歷代相沿成制。後宮妃嬪及宮女的來源，不外二途：一是從民間挑選。如東漢時期曾多次遣中大夫、掖庭丞及相面者至洛陽鄉間閱視良家幼女，年十三以上、二十以下姿容端麗者載入後宮，以備帝王登御。此制隋唐相沿：隋煬帝曾「密詔江淮南諸郡閱視民間童女，姿質端麗者，每歲貢之」（《隋書・煬帝紀》）；唐玄宗於開元二年（西元七一四年）正月令「選伎女，置宜春院，給賜其家」（《資治通鑑》）。另一途是籍沒罪人之妻女。如高宗時上官儀並其子庭芝同被誅，庭芝之妻鄭氏及女婉兒配入掖庭。又如吳元濟、李師道敗誅後，吳妻沈氏、李妻魏氏皆沒入掖庭。在後宮如此眾多女子中，皇后的地位最尊貴，按照《周禮》的比附，「天子與后猶日之與月，陰之與陽，相輔而成」。皇帝在朝廷上是外治，皇后在後宮是內治。前廷有三公、九卿、二十七大夫、八十一元士，後宮亦仿而設三夫人、九嬪、二十七世婦、八十一御妻；皇帝有冠服、車輿、儀仗鹵簿，皇后亦有相應的冠服、車輿、儀杖鹵簿。皇帝郊祀及享祭宗廟皇后要陪從；皇帝有籍田，皇后要親桑。皇后與妃嬪之間既是同為一夫的妻妾關係，又是君臣關係，妃嬪見皇后通常行妻妾之禮，在中宮朝會時則須行君臣之禮。在宮闈內皇后與妃嬪各有自己的品位，她們的膳食、儀仗、服飾、車輿均有不同的規定，森嚴的等級制度，貫串於後宮生活的方方面面。

唐代初期，高祖李淵在皇后之下設四妃、九嬪、九婕妤、九美人、九才人及數十名寶林、御女、采女等，開元中，玄宗改變舊制，於皇后之下立三妃、六儀、四美人、七才人；除了妃嬪之外，還有一個龐大的宮女隊伍，《新唐書・宦官列傳序》稱開元、天寶時期「宮女大率至四萬」。要管理數量如此龐大的宮女，自然需要有一個完備的管理系統，這個管理系統包括兩個方面，一是女官的宮官系統，這便是本篇下半部份的內容；一是宦官內侍省的系統，那是下一篇敘述的內容。

唐代的女官有六尚：尚宮、尚儀、尚服、尚食、尚寢和尚功，此外還有專掌後宮禁罰之事的宮正。這六局之下，每局還有四司，共二十四司，從正五品至正八品的女官計有二百五十二名，女史八十五名。這種設置，大抵又是仿照外廷尚書六部二十四司的格局。女官六尚中，以尚宮掌導引中宮，凡六尚書出納文籍，皆由其以印署之，為六尚之首。尚儀掌禮儀起居、書墨筆札、賓客朝見之事；尚服掌供應內宮冠服采章之數；尚食掌供膳羞品齊之數，凡帝后進食則先嘗之；尚寢掌帷帳茵席之事；尚功掌女工程課，凡衣物裁縫、珍物寶貨、繒錦絲麻以及對宮人衣服、飲食、薪炭之支度，皆由其管轄。儘管這六尚亦被稱之為六尚書，然在帝王家族成員心目中，只不過是家婢而已。由於女官活動範圍僅限後宮，故其實際地位非但不能與外廷命官相比，亦要低於內侍省的宦官。

一

內官❶：《春秋左氏傳》❷曰：「不腆先君之嫡，以備內官❸。」又曰：「內官不及同姓❹。」

杜預曰：「謂嬪御也❺。」《周官》有夫人、嬪、世婦、女御之位，聽天下之內治❻。」漢、晉以來，雖有位號，多不盡備。隋氏法《周官》而悉置❼焉，則列夫人、嬪、婕妤、美人、才人、寶林、御女、采女等，充百二十位。宮中復有六尚❽，以備眾職，謂之宮官。皇朝因之❾。今上❿天德溥施，猶防女寵，故省內官，將以垂範，而六尚仍舊焉。

妃三人，正一品。《周官》三夫人之位也。古者，帝嚳⓫立四妃，蓋象后妃四星⓬，其一明者，后也。至舜⓭，不立正妃，蓋但三妃而已，謂之三夫人。自夏、殷已降，復有立者，視三公位。雖云古制，數頗繁焉。其餘沿革，事不經見。隋氏依《周官》，立三夫人。皇朝上法古制，而立四妃，其位：貴妃也，淑妃也，德妃也，賢妃也。今上以為后妃四星，其一后也，既有后位，復立四妃，則失其所法象之意焉。因省嬪婦、女御之數⓮，改定三妃、六儀、美人、才人四等，共二十人，以備內官。其位：惠妃也，麗妃也，華妃也。婦德、婦容、婦言、婦功⓯，可以坐而論禮者則進，無則闕焉。

夫人佐后，坐而論婦禮⓰者也。其於內則無所不統，故不以一務名焉。

【章旨】敘述內官及內官中妃之定員、品秩及職掌。

【注釋】❶內官　指帝王後宮之后妃。❷春秋左氏傳　亦稱《左傳》，儒家經典之一。相傳為春秋左丘明所撰，近代學者多以為出自戰國人之手。係以史實解釋《春秋》。起於魯隱公元年（西元前七二二年），終於魯悼公四年（西元前四六四年），比《春秋》多出十七年，其敘事更止於悼公十四年（西元前四五四年）。全書文字優美，記事詳明，為中國古代史學和文學名著。❸不腆先君之嫡以備內官　語見《左傳・昭公三年》。這是晏嬰受齊景公之命出使晉國拜見晉君時說的一段話。不腆，古代常用謙詞。或指所奉禮物不豐厚，或指自己才德淺薄。此處則意謂算不上嬌好的先君嫡女。先君指齊莊公。內官，即妃嬪。❹內官不及同姓　語見《左傳・魯昭公元年》：「內官不及同姓，其生不殖。」原文意謂諸侯的妻妾不能涉及同姓，否則其子孫不會昌盛。古代同姓血緣還比較近，因而此語有其相對科學性。❺杜預曰謂嬪御也　杜預，字元凱，西晉京兆杜陵（今陝西西安東南）人。撰有《春秋左傳經集解》。「謂嬪御也」係杜預注文，指內官即君王嬪御，亦即妻妾。❻周官有夫人嬪世婦女御之位二句　《周官》，即《周禮》，儒家經典之一，係據周王室官制與戰國時各國制度彙編而成。嬪、世婦、女御等內官，均係《周禮》天官之屬。此處所引之語則見於《禮記・昏義》：「古者天子后立六宮，三夫人，九嬪，二十七世婦，八十一御妻，以聽天下之內治。」意謂周朝官制有夫人、嬪、世婦、女御作為天子之內官，而內官之數所以皆為三之倍數，是為了對應於外官，即朝廷命官，《禮記・王制》：「天子三公，九卿，二十七大夫，八十一元士。」因在內宮，故稱內官，又因其為天子之內宮，故謂「聽天下之內治」。聽，處理；決斷。❼隋氏法周官而悉置　隋朝後宮之制多依《周禮》，盡置嬪、世婦、女御等內官。《隋書・后妃傳》稱：文帝開皇二年（西元五八二年）「著內官之式，略依《周禮》，省減其數。嬪三員，掌教四德，正三品；世婦九員，掌賓客祭禮，視正五品；女御三十八員，掌女工絲枲，視正七品」；煬帝時，以「貴妃、淑妃、德妃，是為三夫人，品正第一；順儀、順容、順華、修儀、修容、修華、充儀、充容、充華，是為九嬪，品正第二；婕妤一十二員，品正第三，美人、才人一十五員，品正第四，是為世婦；寶林二十四員，品正第五，御女二十四員，品正第六，采女三十七員，品正第七，是為女御。總一百二十，以敘於宴寢」。❽宮中復有六尚　隋初此六尚即尚宮、尚儀、尚服、尚食、尚寢、尚工；煬帝時六尚之下復有二十四司，六尚各三員，二十四司各二員，唯司樂、司膳各四人。❾皇朝因之　《新唐書・百官二》：「唐因隋制，有貴妃、淑妃、賢妃各一人，為夫人，正一品；昭儀、昭容、昭媛、脩儀、脩容、脩媛、充儀、充容、充媛各一人，為女嬪，正二品；婕妤九人，正三品；美人四人，正四品；才人五人，正五品；寶林二十七人，正六品；御女二十七人，正七品；采女二十七人，正八品。六尚亦曰諸尚書，正三品；二十四司亦曰諸司事，正四品；二十四典亦曰諸典事，正六品；二十四掌亦曰諸掌事，正八品。龍朔二年（西元六六二年）置贊德二人，正一品；宣儀四人，正二品；承閨五人，正四品；承旨五人，正五品；衛仙六人，正六品；供奉八人，正七品；侍櫛二十人，正八品；侍巾三十人，正九品。咸亨復舊。」❿今上　指唐玄宗李隆基。⓫帝嚳　傳說中的古代帝王。黃帝之曾孫，年十五而佐顓頊，封於辛，後代高陽氏為帝，因稱高辛氏。⓬后妃四星　指北極之北四星，稱之為女御宮，以其為天子之一后三夫人的星象。⓭舜　傳說中古代帝王。姚姓，名重華，號有虞氏，史稱虞舜。一說堯死後，繼堯為帝；一說堯禪位於舜。⓮因省嬪婦女御之數　嬪指九嬪，婦指世婦。《周禮》稱古天子有三夫人、九嬪、二十七世婦、八十一御女，共一百二十人；唐代玄宗時省至二十人。於皇后之下立惠妃、麗妃、華妃三人，以代三夫人，為正一品；又置芳儀六人，為正二品；美人四人，為正三品；才人七人，為正四品。⓯婦德婦容婦言婦功　即所謂四德，古代要求婦女遵循的四條準則。《周禮・天官・九嬪》：「掌婦學之灋，以教九御婦德、婦言、婦容、婦功。」據鄭玄注，婦德謂貞節柔順；婦言謂應對辭令；婦容謂儀態舉止；婦功謂婦女應有從事勞作技能，如絲枲紡績是也。⓰婦禮　古代要求婦女遵守的禮制。其主要內容為對丈夫及公婆的順從。《禮記・昏義》云：「成婦禮明婦順」，「婦順者順於舅姑，和於室人，而後當於夫，以成絲麻布帛之事」。為此婦女出嫁前，要在祖廟或宗室接受三個月教育，以成「婦順」，亦即以明婦禮。

【語　譯】內官包括：

妃，定員三人，品秩為正一品。相當於《周官》中三夫人的官位。在古代，帝嚳立有四個妃子，是為了對應天象上的后妃四星，其中一顆最明亮的，便是皇后。到虞舜時，不立正妃，只立有三個妃子罷了，稱之為三夫人。從夏、商以後，又有立三夫人的，官位比照朝廷上的三公。雖然說這是古制，但數額頗為繁瑣。另外有關它的沿革，也缺少具體的記載。隋朝依照《周官》，設置了三夫人，本朝上法古代的制度，立了四妃，名位是：貴妃，淑妃，德妃，賢妃。當今皇上認為天象上后妃四星，其中有一顆是皇后，既然已立有皇后的位號，再立四妃，那就失去所以效法天象的意義了。因此便減省嬪婦女御的數額，改定為三妃、六儀、美人、才人四等，一共是二十人，作為內官的定員。三夫人的位號是：惠妃，麗妃，華妃。要具備婦女必須有的德行、辭令、舉止、勞作技能，並且可以坐而論道婦禮的，才能進升為夫人的位號。沒有合適的人選，那就寧可缺而不舉。

【語　譯】內官包括：《春秋左氏傳》中說：「不怎麼嬌好的敝邑先君嫡女，在大王後宮充數做了妃嬪。」又說：「內官不能涉及同姓。」杜預注釋道：「內官就是指天子的嬪妃。」《周官》中關於內官官位的名稱有夫人、嬪、世婦、女御這樣一些，天子通過它們治理內宮。從漢、晉以來，內官雖設有各種位號，但實際大多不齊備。隋朝效法《周官》設置了全部內官，列位的有夫人、嬪、婕妤、美人、才人、寶林、御女、采女等，共有一百二十個定員。在宮中還設有六尚，以備各種職務上的需要，被稱為宮官。本朝因承隋朝的制度。當今皇上大德普施天下，又格外注意防止女寵弄權，因此減省內官的員數，為後代留下榜樣。關於六尚的設置，則仍舊依照隋代的制度。

夫人的職掌是佐助皇后。她們應是能夠坐而論述婦禮的人。在內庭，夫人是沒有什麼不統管的，所以不再在職務上給一個具體的稱名。

二

六儀六人，正二品。《周官》九嬪之位也[1]。夏后氏[2]三夫人增以三三而九，列九嬪之位。漢初無聞。至武帝，始制婕妤、娙娥、容華、充衣，數不至九，其位在嬪[3]。後魏孝文[4]改定內官。隋氏因《周官》，盡立其名秩[5]。皇朝初因之[6]。今上改制六儀之位，以備其職焉。

六儀掌教九御四德[7]，率其屬以贊導后之禮儀[8]。一淑儀，二德儀，三賢儀，四順儀，五婉儀，六芳儀。

美人四人，正三品。《周官》二十七世婦[9]之位也。殷人因九嬪增以三九二十七，列二十七世婦之位。其制增損，累代不恒。前漢十四等[10]。後漢貴人[11]、才人[12]雖列位號，不依世婦之職。隋氏因《周官》，制婕妤等二十七人[13]。皇朝初因之[14]。今上改置美人之位[15]，以備其職焉。

美人掌率女官修祭祀、賓客之事[16]。

才人七人，正四品。《周官》八十一女御之位[17]也。周人因二十七世婦增以三二十七，列八十一女御之位。舊制沿革，略同於上注。隋氏依《周官》，制寶林、御女、采女等[18]。皇朝初因之⑲。今上改置才人之位⑳，以備其職焉。

才人掌序燕寢㉑，理絲枲㉒，以獻歲功焉。

【章旨】敘述內官中六儀和美人、才人之定員、品秩及職掌。

【注釋】❶周官九嬪之位也　《周官》，即《周禮》，儒家經典之一。係搜集周王室官制和戰國時各國制度，添附以儒家政治理想，增減排比而成的彙編。九嬪，《周禮·天官》稱其「掌婦學之灋，以教九御婦德、婦言、婦容、婦功，各帥其屬而以時御敘于王所」。❷夏后氏　指傳說中夏禹及其子啟所建立之夏王朝。又，據南宋本「夏后氏」下當補一「因」字。按以下文例，亦應有此「因」字。❸自「武帝」至「其位在嬪」　武帝，即漢武帝劉徹。婕妤、娙娥、容華、充衣，均為嬪名。婕指接幸於上，妤是美稱；娙娥，美貌；容華，《漢書·外戚傳》作「傛華」，傛傛猶言奕奕，便習之意；充衣，《漢書·外戚傳》作「充依」，意謂充後庭而依秩序。後來元帝又增昭儀之號。其官位分為十四等，其中昭儀位視丞相，婕妤視上卿，娙娥視中二千石，傛華視真二千石，充依視千石。漢武帝時后妃見於記載的，除陳皇后、衛皇后、李夫人外，尚有齊懷王閎之母王夫人，燕刺王旦之母李姬，只有一人進為婕妤，即昭帝的母親趙婕妤，因昭帝要立為太子而被賜死。此後孝宣王皇后被立后前亦曾進位為婕妤。宣帝時，同時稱婕妤的則有華婕妤、張婕妤、衛婕妤、公孫婕妤和戎婕妤。孝元帝的后妃，除王皇后外，見於記載的有傅昭儀、馮昭儀。這些都說明在漢代，制度上所規定的后妃種種名號，與後宮的實際狀況並不完全一致。❹孝文　北魏孝文皇帝元宏。在位二十八年，終年三十三歲。即位時僅五歲，太皇太后奉氏當政，太和十四年（西元四九〇年）始親政，十七年遷都洛陽，改鮮卑姓為漢姓，參照南朝典章制度制定官制和朝儀。❺隋氏因周官盡立其名秩　隋初依照《周禮》設置嬪妃名秩。文帝開皇二年（西元五八二年）定嬪為三員，煬帝時改為九嬪，並自制嘉名，著之於令。九嬪的名稱為順儀、順容、順華、修儀、修容、修華、充儀、充容、充華。❻皇朝初因之　指唐初因承隋制，其九嬪的名稱則改為：昭儀、昭容、昭媛、修儀、修容、修媛、充儀、充容、充媛，定員各一人，品秩正二品。❼九御四德　九御，後宮妃嬪之總稱。九猶言眾，指二十七世婦，八十一女御等。四德，指婦德、婦容、婦言、婦功。九嬪的職掌是教導九御以內的婦女學習和遵從四德。❽贊導后之禮儀　據《周禮·天官》九嬪職掌規定，凡在祭祀、賓客、大喪等禮儀場合，九嬪有佐助王后之職。其文稱：「凡祭祀，贊玉齍，贊后薦，徹豆籩。若有賓客，則從后。大喪，帥敘哭者亦如之。」❾二十七世婦　《周禮・天官》規定：世婦定員二十七人，職掌為：「掌祭祀、賓客、喪紀之事。帥女宮而濯摡，為齍盛，及祭之日，莅陳女宮之具。凡內羞之物，掌弔臨于卿大夫之喪。」❿前漢十四等　指西漢把後宮妃嬪爵秩分為十四個等級。《漢書・外戚傳》稱：「凡十四等云。昭儀位視丞相，爵比諸侯王。倢伃視上卿，比列侯。娙娥視中二千石，比關內侯。容華視真二千石，比上大造。美人視二千石，比少上造。八子視千石，比中更。充依視千石，比左更。七子視八百石，比右庶長。良人視八百石，比左庶長。長使視六百石，比五大夫。少使視四百石，比公乘。五官視三百石。順常視二百石。無涓、共和、娛靈、保林、良使、夜者皆視百石。上家人子、中家人子視有秩斗食云。」⓫貴人　《後漢書・皇后紀》稱：「及光武中興，斲彫為樸，六宮稱號，唯皇后、貴人。貴人金印紫綬，奉不過粟數十斛。」光武時，曾立陰麗華為貴人，後立為皇后。馬援之女，在東漢明帝時，亦先立為貴人，後立為皇后。⓬才人　《後漢書・皇后紀》稱：「又置美人、宮人、采女三等，並無爵秩，歲時賞賜充給而已。」⓭隋氏因周官制婕妤等二十七人　隋朝開皇二年（西元五八二年）定制世婦為九員；煬帝時改為婕妤十二員，品正第三，美人、才人一十五員，品正第四，是為世婦，計二十七員。⓮皇朝初因之　唐朝武德時因承隋制，有婕妤九人，正三品；美人九人，正四品；才人九人，正五品，共二十七人，相當於世婦這一等級。⓯今上改置美人之位　今上指唐玄宗李隆基。開元中，改稱美人，定員為四人，品秩正三品。又，句中「改置」，南宋本作「改制」。⓰率女官修祭祀賓客之事　此職掌相當於《周禮》中之世婦，如掌理祭祀，招待賓客，喪事弔祭等事務，包括率領宮中女奴洗濯應用禮器，精選上貢穀物，於祭祀之日率領女奴陳設酒漿醯醢和巾冪舂饎等物以及糗餌粉餈等內羞。此外便是奉王后之命弔祭臨哭卿大夫的喪事等。⓱周官八十一女御之位　《周禮・天官》規定女御定員八十一人，其職務為：「掌御敘于王之燕寢，以歲時獻功事，凡祭祀，贊世婦。大喪，掌沐浴。后之喪，持翣。從世婦而弔于卿大夫之喪。」⓲隋氏依周官制寶林御女采女等　隋開皇二年（西元五八二年）定制女御三十八員，掌女工絲枲，視正七品。煬帝時，設寶林二十四員，品正第五；御女二十四員，品正第六；采女三十七員，品正第七，是為女御，計八十五員。⓳皇朝初因之　唐朝武德初之定制，設寶林二十七人，御女二十七人，采女二十七人，以應御女八十一人之數。⓴今上改置才人之位　句中「改置」，南宋本作「改制」。玄宗開元中定制為才人七人，品秩為正四品。㉑序燕寢　指才人要掌理后妃們以地位尊卑侍奉君王宴飲和安寢的次序。㉒理絲枲　理絲績麻，以成絲織品和麻織品。枲，牡麻，即麻之不結實者。《爾雅》：「有實為苴，無實為枲。」

【語　譯】〔內官還包括：〕六儀，定員六人，品秩為正二品。《周禮》中有九嬪的位號。夏后氏把三夫人的員數增了三倍，三三得九，設立了九嬪的位號。漢初沒有聽說有這方面的制度。到武帝時，方始制定有婕妤、娙娥、容華、充衣這樣一些名號，員額還沒有到九數，官位相當於嬪。北魏孝文帝時，改定過內官的制度。隋朝依照《周禮》，設置了全部名號和品秩。本朝初年因承隋制，只是名號略有變更。當今皇上作了改制，建立了六儀的位號，以充使這一職位。

六儀的職掌是，用四德——婦德、婦容、婦言、婦功教育九御，率領下屬，佐助皇后做好相關的禮儀活動。六儀的名號：一是淑儀，二是德儀，三是賢儀，四是順儀，五是婉儀，六是芳儀。

美人，定員四人，品秩為正三品。相當於《周禮》中有二十七世婦的位號。商朝把九嬪的員數增加了三倍，三九二十七，列置了二十七世婦的名位。以後或者增加，或者減少，歷代沒有常規。西漢設有十四等。東漢雖列有貴人、才人的位號，然而不依照世婦的職掌。隋朝依據《周禮》定制，設置婕妤等二十七人，相當於世婦的職位。本朝初年因承隋制。當今皇上改為設置美人四人，以充使這一職位。

美人的職掌是統領後宮女官，做好祭祀與賓客方面的事務。

才人，定員七人，品秩是正四品。相當於《周禮》中八十一女御的位號。周朝時把世婦的員額增加了三倍，就是三個二十七，列置了八十一女御的位號。歷代的沿革與前面有關美人的原注中提到的大致相同。隋朝依照《周禮》中的體制，設立了寶林、御女、采女各二十七員。本朝初年因承隋制。當今皇上改為設置才人七人，以充使這一職位。

才人的職責是，掌管后妃們以地位尊卑侍奉君王宴飲安寢的次序，以及後宮理絲績麻的課程，每年要呈獻出規定量的勞作成果。

【說　明】《周禮》關於帝王後宮有一后、三夫人、九嬪、二十七世婦、八十一御女位號的設置，證諸史著，在隋以前沒有一個王朝認真付諸實施過。歷代後宮人員的設置，西漢有十四等之多，東漢除皇后外，還有貴人和才人二等。但這也只是制度上規定是這樣，實際在史著上可以查到的，並沒有那麼多名號和差異。漢武帝時除皇后外，留下記載的，有過夫人，婕妤姬，另有如姬，但未有名號。漢宣帝時婕妤有好幾個，漢元帝時昭儀亦有好幾個。三國魏存在的時間不長，後宮之制變化卻較多。《三國志・后妃傳》稱：「太祖建國，始命王后，其下五等：有夫人，有昭儀，有倢伃，有容華，有美人。文帝增貴嬪、淑媛、修容、順成、良人。明帝增淑妃、昭華、修儀，除順成官。太和中始復命夫人，登其位於淑妃之上。」其爵位共有十二等，從其實際狀況看，曹操除了卞皇后外，生育過兒子的妃嬪有劉夫人、環夫人、杜夫人、秦夫人、尹夫人、王昭儀、孫姬、李姬、周姬、劉姬、宋姬、趙姬，共十二人。因受寵幸而生育過兒女的，便有位號。其他沒有生育過子女或沒有位號的，可能還有，只是史書上不作記載。這十二人中，有夫人五位，數字也不限於三；昭儀一人，五等以外的姬六人。再說魏文帝曹丕，除皇后甄氏外，育有子女的，有李貴人、潘淑媛、朱淑媛、仇昭儀、徐姬、蘇姬、張姬和宋姬，共八人，貴人、昭儀各一，淑媛二，姬四。在體制上沒有姬的定位，但人數卻最多。可見曹魏時，除了皇后必須立以外，其他名號、定員不一定都要一一對號入座，沒有位號的可以一概稱姬，不受限制。事實上皇帝要選擇侍寢女子，往往是隨心所欲，哪管你禮制上規定的那一套！本章中講到才人職掌之一是「掌序燕寢」，也就是掌管妃嬪們要按照尊卑次序陪皇帝飲酒作樂和睡覺。對此，鄭玄在注釋《周禮・天官》九嬪職掌中作了詳細解釋：「卑者宜先，尊者宜後，女御八十一人當九夕，世婦二十七人當三夕，九嬪九人當一夕，三夫人當一夕，后當一夕。」這位經學大家未免多了點書齋氣。不妨舉一實例：西晉武帝時，後宮的人數上萬，「而並寵者甚眾，帝莫之所適，常乘羊車，恣其所之，至便宴寢。宮人乃取竹葉插戶，以鹽汁灑地，而引帝車」（《晉書・后妃傳・胡貴嬪傳》）依照本書第十七卷第一篇太僕卿職掌原注的說法，羊車並非使用羊力，而是由矮小似羊的果下馬牽引。若僅據此例便斷定晉武帝時期妃嬪們的侍寢次序全是由那幾頭拉車的果下馬是否有興趣停下來美餐一頓宮門前特為牠們準備的竹葉決定的，當然未免誇張，但倘要一板一眼完全按照鄭老夫子設計的尊卑次序行事，恐怕歷史上還從未有過一個皇帝會迂腐到如此程度！

本章原注中提到，至隋而依《周禮》盡立其名秩，唐初則因之。從總體上說，隋唐的後宮制度確實要比歷代完備，但若與《周禮》規定的那一套相比較，亦還遠不是一回事。在唐代，如貴妃、賢妃、昭儀、才人這些名號，倒是確曾實施過的，如高祖李淵有二十二個兒子，諸子的母親，除竇皇后外，加了名號的有萬貴妃、尹德妃、莫嬪、孫嬪、宇文昭儀、崔嬪、楊嬪、小楊嬪、郭婕妤、劉婕妤、楊美人、張美人、張寶林、柳寶林、王才人、魯才人，另有張氏未加名號，共十八人。再加太宗諸子的母親，除了文德長孫皇后外，有徐賢妃、二楊妃、陰妃、燕妃、韋妃，此外便是未有名號的楊氏、王氏，還有二子係後宮宮女所生，連姓氏也沒有留下。漢魏隋唐是如此，其他朝代的情況亦差不多。

由此可見，《周禮》中關於三夫人、九嬪、二十七世婦、八十一女御等規定，可說是帶有相當多臆想成份的形式主義設置，就其多為三之公倍數這一點來看，簡直是在做數學遊戲。不過設計者在這種數學化的形式主義背後，還是包含著一個嚴肅的主題的，那就是為了做到內官與外官相對應，即後宮妃嬪與朝廷命官三公、九卿、二十七大夫、八十一元士相對應。帝王之家是天下第一家。這種對應的目的，就是要使帝王之家國家化，國家大事帝王家事化。外官、內官都有個頭，那就是皇帝與皇后。所以帝配天，后配地；帝配日，后配月；「故曰天子聽男教，后聽女順；天子理陽道，后治陰德；天子聽外治，后聽內職，教順成俗，外內和順，國家理順，此之謂盛德」（《禮記・昏義》）。這是儒家一再倡說的理想中的后宮與朝廷的關係。但這套內宮制度，有一個無法克服的內在矛盾，那就是整個封建宗法制度，又絕不容許後宮干預朝廷的政治生活。周武王姬發在討伐殷紂王時，引用了一句當時已經廣為流傳的「古人之言」：「牝雞無晨；牝雞之晨，惟家之索。」（《尚書・周書・牧誓》）在這裡，牝雞是指妲己。司晨是公雞的特權，政治是男人的特權。雌雞報曉便意味著傾家蕩產，殷紂王聽任妲己干預朝政，自然活該打倒。矛盾就是這樣產生了：為著皇帝一人獨擅皇權，就要規定婦女不得干預朝政；但基於實行一姓私有的家天下，又要將後宮之制仿照朝廷使之嚴格政治化。就為這，歷史上不知演出了多少活劇、悲劇或鬧劇。遠的不說，就以建立了大秦帝國的秦始皇為例吧，他的高祖母宣太后，實際控制朝政長達四十餘年之久，並使穰侯權重於昭王，家富於嬴國；他自己十三歲即位，但實際權力大半操縱在母親趙姬及其寵幸嫪毐手裡，後來不得不在舉行冠禮時用太阿劍殺出一條血路，剿滅嫪毐集團並軟禁趙姬後才得以親政。西漢前有呂后專制朝政，後有元帝王皇后的外家王氏一門十侯，最終以王莽的新朝取代了西漢。東漢是「皇統屢絕，權歸女主，外立者四帝，臨朝者六后，莫不定策帷帟委事父兄，貪孩童以久其政，抑明賢以專其威。任重道悠，利深禍速」（《後漢書・皇后紀》）。唐朝，高宗時出了個武則天，整個朝政被她玩弄在掌心之上：廢掉一個兒子中宗，逼死一個兒子李賢，留下一個兒子睿宗不敢再說一個不字，於是她便大模大樣改國號為周，稱聖順皇帝，給武氏立了宗廟。有武則天始作俑，中宗時的韋皇后後來亦稱了「翊聖」。玄宗時，仍然前有武惠妃，後有楊貴妃，楊國忠以外戚執政，最後導致了安史之亂，幾乎斷送了李唐王朝。古人似乎特別忌諱「牝雞司晨」，但歷史卻偏偏證明，即使在那樣男性化的帝王制度下，後宮的女人還是有可能坐上朝堂，牝雞照樣司晨。在這一點上，我們現代人大多不會認同古人把女人干政一概視為「禍水」的觀點。問題不在於司晨的是牝雞還是牡雞，而在於它是如何司晨，即在何種制度下執政的，是民主和法治還是專制和獨裁。事情很清楚：武則天登上皇帝寶座，既不說明婦女地位有任何變化，亦絲毫沒有改變封建制度集權專制的本質。

三

宮官：《周禮・宗伯》❶：「世婦❷，每宮卿二人，下大夫四人，中士八人，女府二人，女史二人。」鄭玄❸云：「世婦，后宮官也。王后六宮女府、女史、女奴之有才智者。」《魏略》❹：「魏明帝❺游宴在內，選女子知書可付信者為女尚書，省奏事。」《晉令》❻有崇德殿太監、尚衣尚食太監，並銀章、艾綬❼，二千石；崇華殿太監、元華食監❽、都監、上監，銅印、墨綬，千石；女史、賢人、蔡人❾、中使、大使，碧綸綬❿。宋明帝⓫留心後房，擬外百官，備置其職。兩齊、梁、陳不見⓬。後魏、後周，亦擬外官置內職⓭。隋文帝置六尚、六司、六典，以掌宮官之職⓮。六尚視從九品⓯，六司視勳品⓰，六典視流外二品⓱。煬帝⓲改置六尚局，職掌略同，皆加其品秩。一、尚言局，管司言掌宣傳啟奏⓳；司簿，主名錄計度；司正，主格式推罰；司闈，主門閤管鑰。二、尚儀局，管司籍，主經史教學⓴；司樂，掌音律；司賓，主賓客；司贊，主贊相導引㉑。三、尚服局，管司璽，主琮璽、符節；司衣，掌衣服；司飾，主湯沐、巾櫛[22]、玩弄等物；司仗，主仗衛戎器。四、尚食局，管司膳，主膳羞[23]；司醞，主酒醴、醯醢[24]；司藥，主醫巫、藥劑；司饎，主廩餼、柴炭[25]。五、尚寢局，管司設，主牀席、帷帳，鋪設、灑掃；司輿，主輿、輦、扇、傘，執持羽儀；司苑，主園囿[26]種植，蔬菜、瓜果；司燈，主燈火[27]。六、尚工局，管司製，主營造、裁縫；司寶，主金玉、錢貨[28]；司綵，掌繒帛；司織，掌織染。六尚十二人，從五品；司，二十八人[29]，從六品；典，二十八人，從七品；掌，二十八人，從九品；女史、流外，量事而置，多者十人[30]。皇朝內職多依隋制。

尚宮局：

尚宮二人，正五品。

司記二人，正六品；典記二人，正七品；掌記二人，正八品。

司言二人，正六品[31]；典言二人，正七品[32]；掌言二人，正八品。

司簿二人，正六品；典簿二人，正七品；掌簿二人，正八品。

司闈二人，正六品；典闈二人，正七品；掌闈二人，正八品[33]。

尚宮掌導引中宮，總司記、司言、司簿、司闈四司之事屬[34]。凡六尚事物出納文籍[35]，皆印署之。六尚須物，外物之司受敕連署牒[36]，仍取上宮[37]押印，司記錄目，為鈔出，付內侍省受牒，便移外司。其五尚㊳之印，唯於當司宮內行用，不得印出外文牒。

司記掌印。凡宮內諸司簿書出入錄目，審而付行焉。典記、掌記佐之。餘司二佐並准此。

女史掌執文書。餘女史准此。

司言掌宣傳啟奏之事。凡言敕處分㊴，承敕人宣付司言連署、案記，別鈔一本，付門司傳出。若外司附奏，受事人奏聞，承敕處分，傳付外司，仍錄事目、旨意，亦連為案㊵。

司簿掌宮人名簿、廩賜之事。

司闈掌宮闈管鑰之事。

【章旨】敘述宮官建置之沿革，尚宮局之尚宮及其下屬四司諸官之定員、品秩和職掌。

【注釋】❶周禮宗伯 《周禮》，儒家經典之一，以天、地、春、夏、秋、冬六官分職。宗伯，即春官，設大宗伯卿，掌祭祀。❷世婦 後宮官名。佐后以理事，故屬宗伯。天子有六宮，每宮都設宮官，有卿二人，下大夫四人，中士八人，女府二人，女史二人，奚十六人。其中下大夫、中士亦用男性的士人，實為閹人，即宦官。古代以刑女充任宮中之事，女子從坐男之罪名，沒入官府給使役，稱女奴；女府、女士以下，則自女奴中選有才智者。❸鄭玄 字康成，北海高密（今山東高密）人。東漢經學家，以古文經說為主，兼採今文經說，徧注群經。其注《周禮》，以為是真周制，凡不合者皆歸入殷制。❹魏略 魚豢撰，三十卷。陳壽撰《三國志》以為基本材料，裴松之注《三國志》時，亦曾大量摘引此書。《舊唐書・經籍志》有著錄。❺魏明帝 三國魏皇帝曹叡。在位十三年，終年三十六歲。❻晉令 賈充撰，四十卷。《舊唐書・經籍志》及《新唐書・藝文志》皆有著錄。❼艾綬 蒼白色的綬帶。❽元華食監 近衛校正德本曰：「『元華』下疑有『殿』字。」❾蔡人 據南宋本及《職官分紀》當為「恭人」。❿碧綸綬　即青色的綬帶。⓫宋明帝　南朝宋皇帝劉彧，字休炳。在位八年，終年三十四歲。⓬兩齊梁陳不見　兩齊指北齊、南齊。意謂兩齊及梁、陳之宮官建置不見於記載。其實記載還是有的。北齊河清三年（西元五六四年）令，對後宮的建置，《北史·后妃傳》載為：「內命婦依古制有三夫人、九嬪、二十七世婦、八十一御女。又準漢制置昭儀，有左右二人，比丞相；其弘德、正德、崇德為三夫人，比三公；光猷、昭訓、隆徽為上嬪，比三卿；宣徽、凝暉、宣明、順華、凝華、光訓為下嬪，比六卿。」此下尚有二十七世婦，亦皆有名號，比從三品；八十一御女，比正四品，以及才人、采女等散號。南齊《南史·后妃傳》稱：齊高帝建元元年（西元四七九年），「有司奏置貴嬪、夫人、貴人為三夫人，修華、修儀、修容、淑妃、淑媛、淑儀、婕妤、容華、充華為九嬪，美人、中才人、才人為散職」。梁在武帝時，「定令制貴妃、貴嬪為三夫人；淑媛、淑儀、淑容、昭華、昭儀、昭容、修華、修儀、修容為九嬪；婕妤、容華、充華、承徽、列榮為五職；美人、才人、良人為三職」。陳則「其所制立，無改梁舊」。⓭後魏後周亦擬外官置內職　《北史·后妃傳上》稱北魏「孝文改定內官：左右昭儀位視大司馬，三夫人視三公，三嬪視三卿，六嬪視六卿，世婦視中大夫，御女視元士。後置女職，以典內事：內司視尚書令僕，作司、大監、女侍中三官視二品；監、女尚書、美人、女史、女賢人、女書史、書女、小書女五官視三品；中才人、供人、中使、女生才人、恭使宮人視四品；青衣、女酒、女饗、女食、奚官女奴視五品」。北周，《北史·后妃傳》稱其「率由姬制，內職有序」，有三妃、三妣、六嬪、御媛、御婉等建置。⓮隋文帝置六尚六司六典以掌宮官之職　隋文帝，隋朝皇帝楊堅，在位二十四年，終年六十四歲。據《隋書·后妃傳》，文帝時以「六尚、六司、六典遞相統攝，以掌宮掖之政。一曰尚宮，掌導引皇后及閨閣廩賜。管司令三人，掌圖籍法式，糾察宣奏；典琮三人，掌琮璽器玩。二曰尚儀，掌禮儀教學。管司樂三人，掌音律之事；典贊三人，掌導引內外命婦召見。三曰尚服，掌服章寶藏；管司飾三人，掌簪珥花嚴；典櫛三人，掌巾櫛膏沐。四曰尚食，掌進膳先嘗。管司醫三人，掌方藥卜筮；典器三人，掌樽彝器皿。五曰尚寢，掌幃帳牀褥。管司筵三人，掌鋪設灑掃；典執三人，掌扇傘燈燭。六曰尚工，掌營造百役。管司制三人，掌衣服裁縫；典會三人，掌財帛出入。」上述後宮官制，隋初僅為具文，並未付諸實施。大抵獨孤皇后去世以後，才有所設置，那已是仁壽二年（西元六〇二年）的事。此時文帝離去世已僅有二年，亦不可能完備地建置這樣一套機構。⓯視從九品　隋制流內視品有十四等，視從九品為最低一等。⓰視勳品　即視流外之第一品，稱視勳品。⓱視流外二品　即視二品。視流外有正從的區分，流外則無此區分。⓲煬帝　隋朝皇帝楊廣。在位十四年，終年五十。⓳尚言局管司言掌宣傳啟奏　句中「尚言局」據南宋本當為「尚宮局」。下面正文亦為「尚宮局」。「啟奏」，《隋書·后妃傳》作「奏啟」。⓴管司籍主經史教學　《隋書·后妃傳》作「管司籍掌經史教學，紙筆几案」。㉑司贊主贊相導引　《隋書・后妃傳》作「司贊掌禮儀贊相道引」。㉒巾櫛　指手巾與梳篦之物。㉓膳羞　指進獻的精美食品。㉔酒醴醢醯　即酒、甜酒、醋、肉醬。㉕主廩餼柴炭　主管供給宮官食用的糧食和柴炭。廩，倉廩。餼，糧食。㉖主園囿　《隋書・后妃傳》作「掌園籞」。㉗主燈火　《隋書・后妃傳》作「掌火燭」。㉘主金玉錢貨　《隋書・后妃傳》作「掌金玉珠璣錢貨」。㉙司二十八人　六局共二十四司，司各一人，唯司樂、司膳各置四人，故二十四司共二十八人。每司又置典及掌，以貳其職。㉚女史流外量事而置多者十人　《隋書・后妃傳》為：「女使流外，量局閑劇，多者十人已下，無定員數。」㉛司言二人正六品　《舊唐書・職官三》作「司言二人，正七品」。㉜典言二人正七品　《舊唐書・職官三》作「典言二人，正八品」。㉝自「司闈二人」至「正八品」　此三句中，司闈、典闈、掌闈之定員，南宋本均為「六人」。㉞事屬　據南宋本及《舊唐書・職官三》當為「官屬」。㉟凡六尚事物出納文籍　《舊唐書・職官三》「文籍」作「文簿」。指凡與六尚出納之文書和物品的相關簿籍，都要由尚宮署印。㊱外物之司受敕連署牒　指六尚所需物品之領取，須憑敕令，與主管該物之外署的相關司連署牒文，先由尚宮押印，司記抄錄其文牒目錄，然後付內侍省，轉至外廷相關之司。㊲上宮　據南宋本當為「尚宮」。㊳五尚　指宮官六局中除了尚宮之外諸局。㊴凡言敕處分　句中「言」字據南宋本當作「有」。㊵亦連為案　近衛校正德本曰：「『連』下當有『署』字。」上文亦作「連署」，應依。

【語　譯】宮官包括：《周禮・宗伯》說：「世婦是後宮官名。每宮設卿二人，下大夫四人，中士八人，女府二人，女史二人。」鄭玄在注釋中說：「世婦是王后後宮的宮官。王后設有六宮，裡面的女府、女史，都是從女奴中挑選有才智的人充當。」《魏略》說：「魏明帝遊宴在內庭，於是在宮女中挑選有知識和才能並可信託的做女尚書，省察奏事。」《晉令》中提到崇德殿大監，尚衣、尚食大監，都是銀章，艾綬，品秩相當於二千石；崇華殿大監，元華〔殿〕食監、都監、上監，是銅印、墨綬，品秩為一千石；還有女史、賢人、蔡（恭）人、中使、大使等職司，都是碧綸綬。南朝宋明帝注意後宮的建置，仿照外廷百官的體制，設置各種職司。南齊和北齊，以及南朝的梁、陳，不見有這方面的記載。北魏與北周亦仿照外官，在後宮設置各種內職。隋文帝在後宮設置六尚、六司、六典，以分掌宮官的各種職務。六尚的品秩為視從九品，六司為視勳品，六典為視流外二品。隋煬帝改置六尚局，職掌與六尚大體相同，品秩都有所增加。一、上（尚）宮局，分管以下四個司：司言，職掌是宣傳啟奏；司簿，掌管登錄名冊及度用計劃；司正，掌管按律、令、格、式處罰違法犯規的行為；司闈，掌管所有門閤的管鑰。二、尚儀局，分管以下四個司：司籍，掌管對宮人進行經史教學；司樂，負責音樂演奏；司賓，主管賓客接待；司贊，在禮儀場合負責司儀和導引。三、尚服局，分管以下四個司：司璽，掌管琮璽和符節；司衣，管理衣冠服飾；司飾，負責湯沐以及手巾、梳篦玩物等物品；司仗，掌管仗衛使用的兵器。四、尚食局，分管以下四個司：司膳，掌管膳食菜餚；司醞，掌管各種酒以及醋和肉醬；司藥，掌管醫療、巫術和藥劑；司饎，掌管糧食、柴草、炭火的貯藏和供應。五、尚寢局，分管以下四個司：司設，掌管牀席、帷帳的鋪設和灑掃；司輿，掌管輿、輦、扇、傘以及在禮儀場合執持羽儀；司苑，掌管園苑，並負責種植蔬菜瓜菓；司燈，掌管燈火。六、尚工局，分管以下四個司：司製，掌管營造和裁縫；司寶，掌管金玉珠璣和錢貨；司綵，掌管繒帛；司織，掌管織染。六尚各二員，共十二人，品秩為從五品；司，二十八人，品秩為從六品；典，二十八人，品秩為從七品；掌，亦是二十八人，品秩為從九品；女史屬流外，根據事務忙閑而設置，多的可以到達十人。本朝內職的制度，都是依照隋朝的體制。

尚宮局：

尚宮，定員二人，品秩為正五品。

司記，定員二人，品秩正六品；典記，定員二人，品秩正七品；掌記，定員二人，品秩正八品。

司言，定員二人，品秩正六品；典言，定員二人，品秩正七品；掌言，定員二人，品秩正八品。

司簿，定員二人，品秩正六品；典簿，定員二人，品秩正七品；掌簿，定員二人，品秩正八品。

司闈，定員二（六）人，品秩正六品；典闈，定員二（六）人，品秩正七品；掌闈，定員二（六）人，品秩正八品。

尚宮的職掌是引導中宮，總管下屬司記、司言、司簿、司闈這四個司的事（官）屬。凡是六尚出納事物的文籍，都要由尚宮署印。六尚所需物品的領取，須有敕文，主管該物的外司，根據敕文與六尚連署發牒，再經尚宮署印，司記記錄牒文的目錄，代為抄出以後，通過內侍省受牒，然後轉送到外司去。其他五尚的印，只能在宮內該司職權範圍內行用，不得用印向外發文牒。

司記的職責是掌印。凡是宮內各司出入的簿書，都要登記目錄，審查以後才能付行。典記、掌記做司記的副手。其餘各司的典記、掌記，都與此相同。

女史的職務是，掌管本司往來的文書。其餘各司女史的職掌與此相同。

司言掌管有關宣傳啟奏方面的事務。凡是有敕令處分某項事務時，承敕的人要宣付司言連署，並記下案由，另外抄一本，然後交付門司傳出。如果此事涉有外司附奏，由受事人奏聞，承敕旨處分的，可以把敕書傳付外司，但仍要由司言錄下事目及皇上的旨意，亦要一起連署備案。

司簿的職務是，掌管宮人的名簿，根據名冊發放廩食和賞賜方面的事務。

司闈的職務是，掌管宮廷門閤管鑰有關事務。

【說　明】內官與宮官分屬兩個系統：內官是帝王的妃嬪，宮官則是掌管負責宮中各種事務的女官。但在後宮的實際生活中，特別是在早期，二者又常常很難區分。王者立后、三夫人、九嬪、二十七世婦、八十一女御等，她們既是帝王的妃嬪，又是分管宮中事務的女官。如夫人坐論婦禮，九嬪掌教四德，世婦主喪祭賓客，女御掌天子之燕寢，各有典司。在《周禮》上，另有一些專職的女官，如女祝，掌皇后之內祭祀；女史，掌王后之禮事；典婦女，掌女功之事：她們都是分工較為專一的宮官。到漢代，後宮中開始有了女御長、宮長、中宮學事史等這樣一些女官設置。魏晉間皇宮內女官與嬪妃區別漸次明確，且開始另立系統，以掌宮中事務。女官各有品級，其職權與朝官品位相對應，即所謂「擬外官，置內職」（本章原注）。在北魏時期，已經有了女官系統的設置，經北齊、北周至隋而日趨完備。在唐代整個女官系統中，尚宮具有特殊地位，它可說是六局中的一個「頭」，其他五局的印都不能對外行文，諸局一切事物和文案的出納都必須經過尚印署印，所有宣傳啟奏要通過尚宮的司言，宮中門閤的管鑰由尚宮的司闈保管，宮人的廩餼要仰仗於尚宮的司簿。還有一條：尚宮控制著宮女們的一切對外聯繫。按規定，宮官不能直接與外廷的官司機構有任何交往，但宮官生活所需及一切日常物品又不能不由外廷相關官司機構供給。於是在這男性與女性的兩極之間設置了一條中性紐帶，即內侍省的宦官，一群被閹割了的男性。即便是公文往來亦要由宦官傳遞。但內侍省宦官亦並非內宮諸局都可以聯繫的，規定必須統一歸口於尚宮。這樣成千上萬的內宮女子，包括妃嬪、女官和宮女，實際上長年累月都處於禁閉狀態。她們唯一可望「恩幸」的男性，便是皇帝。「一肌一容，盡態極妍，縵立遠視，而望幸焉，有不得見者，三十六年！」（杜牧〈阿房宮賦〉）她們與外界聯繫，特別是帶有感情色彩的信息，是絕對被禁止的。高宗永徽年間，太常寺樂工宋四通等人，藉著入宮演奏的機會，為宮女們通傳信物，不料此事被人奏告了高宗，《舊唐書·蕭鈞傳》載其事稱：「高宗特令處死，乃遣附律。鈞上疏言：『四通等犯在未附律前，不合至死。』手詔曰：『朕聞防禍未萌，先賢所重，宮闈之禁，其可漸歟？昔如姬竊符，朕用為永鑒。今乃喜得其言，特免四通等死，處配流。』」僅僅為宮女傳了一次信物，便要處死，幸虧蕭鈞力諫，才得以免死流配。至於那些託宋四通傳遞信物的宮女命運如何，沒有交代，因為那是用不著交代的：必死無疑。這一真實的歷史個例，反映了宮女們普遍的悲慘境遇。正是在這種歷史背景下，才有唐代文人創作的〈紅葉傳書〉的故事：「天寶末，書生顧況在太極宮附近宮牆外御溝中見到紅葉從禁中流出，其中一片有字，題詩一首：『舊寵悲秋扇，新恩寄早春。聊題一片葉，將寄接柳人。』顧況遂在另一片紅葉上題寫一首和詩：『愁見鶯啼柳絮飛，上陽宮女斷腸時。君恩不禁東流水，葉上題詩寄與誰？』他把這片紅葉從另一處御溝隨水流入宮內。過了十幾天，有一朋友來拜訪，顧況拿出一片紅葉，上面題著和詩：『一葉題詩出禁城，誰人酬和獨含情？自嗟不及波中葉，蕩漾乘春取次行。』這件事傳到了玄宗那裡，於是放一批宮女出宮，與家人團聚，聽從擇人婚嫁。」（見於范攄《雲溪友議》卷十）這個大團圓式的結局當然是出於文人們一廂情願的編造。宮中女子此類哀怨，成為唐代不少詩人創作的共同主題，唐代文人有不少作品是反映宮女在宮內的寂寞哀怨的，如白居易的〈上陽白髮人〉，元稹的〈行宮〉等，都廣為流傳；而穆宗時張祜的一首短短的五絕〈宮詞〉，寫得尤為淒婉悲愴：「故國三千里，深宮二十年；一聲〈何滿子〉，雙淚落君前！」另據《舊唐書·中宗本紀》記載，唐中宗李顯曾有一次讓宮女出宮觀燈的「恩典」，時間是在景龍四年（西元七一〇年）正月十五日夜：「放宮女數千人看燈，因此多有亡逸者。」這說明只要有機會，宮女們還是想逃跑的。

宮女的地位低賤，宮官的地位亦不高。唐太宗有一個兄弟叫李元名，時太上皇李淵在大安宮，「太宗晨夕使尚宮起居送珍饌，元名（時十歲）保傅等謂元名曰：『尚宮品秩高者，見宜拜之。』元名曰：『此我二哥家婢也，何用拜為？』太宗聞而壯之，曰：『此真我弟也。』」（《舊唐書・舒王李元名傳》）尚宮是宮官中品秩最高的，在帝王及其家族心目中尚且如此，更何況等而下之的其他宮官、宮女呢？

四

尚儀局：

尚儀二人，正五品。

司籍二人，正六品；典籍二人，正七品；掌籍二人，正八品。

司樂二人，正六品；典樂四人，正七品；掌樂四人，正八品。

司賓二人，正六品；典賓二人，正七品；掌賓二人，正八品。

司贊二人，正六品；典贊二人，正七品；掌贊二人，正八品。

彤史二人，正六品❶。《石氏星經》❷：「女史一星，婦人之微者❸。」《周禮》❹：「女史掌王后之禮職❺，以詔后禮內政❻，統內官❼，書內令❽，后之事，以禮從❾。」《詩》❿云：「靜女其孌，貽我彤管⓫。」《毛傳》⓬曰：「古者，后、夫人必有女史彤管之法。后、妃、群妾以禮御于君所，女史書其日月，授之環，以進退之。生子月辰，以金環退之。當御之者，以銀環進之，著于左手；既御，著于右手。事無大小，記以成法⓭。彤管，以赤心正人也。」

尚儀掌禮儀起居，總司籍、司樂、司賓、司贊四司之官屬。

司籍掌四部經籍⑭教授、筆札、几案之事。

司籍⑮掌率樂人習樂、陳縣、拊擊⑯、進退之事。

司賓掌賓客朝見、宴會賞賜之事。

司贊掌朝見、宴會贊相之事。凡朝會，司賓引客立于殿庭，司言宣教賜坐，司贊引升就席。酒至，起，再拜；食至亦起。

【章旨】敘述尚儀局尚儀及其下屬四司之定員、品秩和職掌。

【注釋】❶彤史二人正六品 《新唐書·百官志》在其下尚有「女史二人」。❷石氏星經 書名。原名《天文》，戰國魏石申撰。《史記·天官書》注，張守節正義引阮孝緒《七錄》：「石申，魏人，戰國時《天文》八卷。」西漢後被尊稱為《石氏星經》。原書已佚。唐《開元占經》輯錄有其較多片斷材料。❸女史一星婦人之微者 指女史之官與天象中相對應的星座。《晉書·天文上》：「北極東一星曰柱下史，主記過，左右史，此之象也。柱史北一星曰女史，婦人之微者，主傳漏，故漢有侍史。」❹周禮 儒家經典之一。係搜集周王室官制和戰國時各國制度，添附以儒家政治理想，增減排比而成的彙編。❺女史掌王后之禮職 女史在《周禮》中係天官家宰屬下，由女奴曉書者充任，掌王后禮儀方面的事務。❻以詔后禮內政 句中「禮」南宋本作「理」。《周禮·天官》原文作「治」。唐人避高宗李治名諱改「治」為「理」，明本訛作「禮」，四庫本因而亦誤。又，《周禮·天官》此句之上尚有「掌內治之貳」。謂記載治理內宮之法則，詔告王后治理宮廷之內政。❼統內官 《周禮·天官》原文作「逆內宮」。《經集纂詁》引《說文》：「逆，即鉤考也。《周禮》女史逆六宮注。」意謂六宮之費用財物及米粟之屬皆由其鉤考之。❽書內令 指女史要協助王后在六宮之內書寫和詔告其命令。❾后之事以禮從 意謂王后行事，女史要依據禮法隨從，告以何日當行何禮。❿詩 即《詩經》。中國最早的詩歌總集，儒家列為經典之一。相傳為孔子所編定。共三百零五篇，分為風、雅、頌三大類。⓫靜女其孌貽我彤管　見於《詩經・風・靜女》。原詩共三章，每章四句，所引二句為第二章。此詩通常解為愛情詩，主人公為青年男子，詩寫他與一位美麗女子幽會的情景。原注據《毛傳》解釋，將詩的背景移入內宮，所引二句，以靜女為女史形象，贈與青年男子的「彤管」亦賦予以帝王內治之法象徵的意義。靜女，高雅淑靜的女子。彤管，彤為紅色，管有樂器、筆二解。歐陽脩《毛詩本義》：「古者鍼筆皆有管，樂器亦有管，不知此彤管是何物也。」細讀全詩，當以解為樂器為宜。此處則解為女史常持用以記事之赤管筆。《後漢書・皇后紀序》：「女史彤管，記功書過。」功過之標準則為內治之法，故又引申以象徵帝王內治之法。⓬毛傳　《毛詩訓詁傳》之簡稱。《漢書・藝文志》著錄三十卷。東漢鄭玄以為魯人大毛公所作，三國陸璣則認定係毛亨所撰。其訓詁大抵以先秦學者為依據，保存了很多古義。通行的《十三經注疏》即採用《毛傳》。⓭自「后妃群妾」至「記以成法」　這是封建王朝帝王每夜選擇與後宮眾女子交媾前後的一整套制度，其過程規定由女史詳為記錄。后、妃、群妾，凡被選中，即授以銀環，將進帝王住處時銀環著於左手，既御之後，則著於右手。若懷孕而至分娩月份，便可以銀環退換成金環。在這過程中，「事無大小，記以成法」，目的在於保證其所產之子確係「龍種」，且有案可查。此制歷朝相沿，具體做法有所變異。明清兩代的規定是：每天傍晚，由宦官將一錦盒呈上御覽，盒內裝滿刻有后、妃、群妾所住宮名的牙牌，皇帝隨意選定後，宦官便去該宮通報，中選的女子立刻梳妝打扮準備接受「恩幸」。這一過程同樣規定須有簿籍記錄，並有專職掌管。⓮四部經籍　指經、史、子、集四部圖籍。⓯司籍　據南宋本當為「司樂」。上文及本卷卷目亦均為「司樂」。⓰陳縣拊擊　指樂器的懸掛與演奏。古代的樂器如磬、鐘鼓等都是掛在架上以棰擊打發聲的，因而對樂器的如何陳設、懸掛以及拊擊，須經專門的學習和訓練。

【語譯】尚儀局：

尚儀，定員二人，品秩為正五品。

司籍，定員二人，品秩正六品；典籍，定員二人，品秩正七品；掌籍，定員二人，品秩正八品。

司樂，定員四人，品秩正六品；典樂，定員四人，品秩正七品；掌樂，定員四人，品秩正八品。

司賓，定員二人，品秩正六品；典賓，定員二人，品秩正七品；掌賓，定員二人，品秩正八品。

司贊，定員二人，品秩正六品；典贊，定員二人，品秩正七品；掌贊，定員二人，品秩正八品。彤史，定員二人，品秩正六品。《石氏星經》說：「女史這一星宿，是婦人星宿中最微小的。」《周禮》規定：「女史的職責是掌管王后典禮方面的事務，記載治理內宮的法則，作為王后治理內政的依據，核計六宮的財用，書寫王后的命令，凡是王后需要行事，隨時提供有關禮儀規範。」《詩》唱道：「淑靜的姑娘多麼婉孌，贈送給我這支彤管。」《毛傳》解釋說：「在古代，王后和夫人都必定有女史隨身用彤管記載行為舉止這一制度。后、妃和眾多姬妾依照禮法到君王居住的地方去承受恩幸，女史就要把哪月、哪日記載下來，並發給她一隻銀環，作為進出的憑證。待到分娩兒子的年月和日子，便用這銀環退換一隻金環。被選中承受君王御幸的，憑銀環進君王住所，進去時銀環戴在左手上；已受御幸之後，出來時銀環戴在右手上。宮中的事無論大小，女史都要依照規定記載下來，形成法則。這支彤管筆，就是要以赤膽忠心端正後宮眾人的行為。」

尚儀掌管六宮的禮儀起居，總領司籍、司樂、司賓、司贊這四司的官屬。

司籍掌管後宮四部經籍的講授，以及有關筆札、几案方面的事務。

司籍（樂）的職掌是，率領所屬樂人學習音樂和懸掛、陳設以及擊奏樂器的方法和技藝，包括舞步的進退次序等事務。

司賓掌管有關賓客朝見和宴會賞賜方面的事務。

司贊的職掌是，在舉行朝見、宴會等禮儀場合，負責司儀、導引一類事務。大凡舉行朝會時，司贊負責導引賓客站立到殿庭規定的位置上，然後司言向客人唱宣敕旨賜坐，再由司贊導引客人登堂就座。酒送來時，讓客人起立拜謝兩次，食物到時，亦要起立致謝。

【說　明】後宮的禮儀活動，大致可分兩類：一類是由帝王主持進行，規定后妃們必須參加的，如元正、冬至日，皇后要隨皇帝一起受皇太子及皇太子妃朝賀；一類是皇帝與皇后分別舉行的禮儀活動，如元正冬至日皇帝受群臣朝賀，皇后則單獨受群臣朝賀，同時還要受內外命婦的朝賀。唐代在高祖、太宗時期還不曾有命婦朝見皇后的禮儀，此制始於高宗永徽六年（西元六五五年）十一月。其時武后初立，高宗命群臣及命婦都到太極宮朝見皇后。凡參加朝見的命婦，須在前一天將自己的姓氏、品秩報至宮中尚儀司，尚儀司彙總所錄人數後送內侍省內謁者監。朝見當天的拂曉，外命婦的車馬即已雲集在宮城門外，經內謁者點名導引而進。朝見皇后的地方是在光順門。此時已由尚寢帥其屬設御幄於正殿之北壁，司樂則展宮懸之樂於殿庭，司贊設外命婦版位於殿前。朝見者從肅章門進入太極殿，依照品秩各有相應的次序和位置。典禮開始，由尚儀奏「請中嚴」。宮官與侍衛皆朝服，司寶奉琮寶，依式俱詣內閤奉迎。司贊帥掌贊先入就位；司樂帥女工入就位，典樂升就麾位。然後尚儀奏「外辦」。皇后首飾褘衣以出，典樂舉麾，奏樂。皇后即御座南向坐。司賓引外命婦依次入就位。命婦立定，司贊曰「再拜」。掌贊承傳，外命婦等再拜。於是司賓引一為首命婦脫舄，升進御座前，稱「妾姓等言」，亦即致賀詞。賀訖，司賓引其降階，納舄，奏樂。司贊曰「再拜」。司言前承令，詣命婦西北，東面稱「令旨」。外命婦等皆再拜。宣令曰：「履新之慶，與夫人等同之。」司贊曰「再拜」。外命婦等皆再拜。朝見畢，司賓依次引外命婦出。皇后宴會的禮儀亦大致如上。從朝會的過程中可以看到尚儀、司樂、司賓、司贊及司言，都各有自己的定位，這套機構設置，原與禮儀上的需要有關。

後宮中還有一項較大的禮儀活動，便是所謂「親蠶」，就是皇后於夏曆四月率領內外命婦在長安大明宮北面的禁苑中採桑，並祭祀蠶神。採桑自然只是做個樣子，類同於如今有些政要偶而亦「勞動」一下，然後讓媒體廣為宣揚，以作示範。此制由來已久，在唐代則始於貞觀元年（西元六二七年）唐太宗長孫皇后的一次親蠶活動，其後的一些皇后便相繼仿效。通常，親蠶活動的日期確定後，提前五天在宮內先行設齋祭祀，後殿散齋三日，正殿致齋二日。至親蠶之日，從皇后車駕出宮、行饋享之禮、率眾命婦採桑到車駕還宮，整個禮儀過程有極為繁瑣的規定，六尚的宮官都須在其中承擔一定的職掌，扮演相應的角色。在親蠶前後的一段日子裡，宮女們都頗為忙碌，有的還可以跟隨出宮，或許這倒正是她們得以暫時忘卻孤寂的一段時光吧？

五

尚服局（ㄕㄤˋ ㄈㄨˊ ㄐㄩˊ）：

尚服二人，正五品。《周禮》❶：「內司服❷掌王后六服：褘衣❸、揄翟❹、闕翟❺、鞠衣❻、展衣❼、緣衣❽、素沙❾。」司馬彪《續漢志》❿：「皇后謁廟，服紺上、皂下⓫；緣⓬，青上、縹⓭下；皆深衣⓮制，隱領、袖緣以絛⓯。結，首飾步搖、簪珥⓰。以黃金為山題，貫白珠為桂枝相繆。八爵、九華，熊、虎、赤羆、大鹿、群邪、南山豐大特六獸。諸爵、獸皆翡翠為毛羽⓱。金題，白珠璫繞⓲，以翡翠為華。綬，佩同乘輿⓳。」魏、晉、宋、齊、梁、陳略同。後魏、北齊皇后璽、綬、佩同乘輿，假髻、步搖，十二鐏⓴，八爵、九華。助祭、朝會以褘衣，郊禖㉑以揄翟，小宴以闕翟，親蠶以鞠衣，見皇帝以展衣㉒，宴客以緣衣㉓，俱有蔽膝㉔、織成緄帶㉕。後周皇后衣十二等。翟衣六㉖：從祀郊禖、享先皇，服翬衣㉗；祭陰社、朝命婦，服褕衣㉘；獻繭，服鷩衣㉙；採桑，服鳵衣㉚；聽女教，服鵫衣㉛；歸寧，服雉衣㉜；以翬雉為領、褾㉝。臨婦學、燕命婦，瑲衣㉞；春齋、祭還，青衣㉟；桑還，黃衣㊱；秋祭，素衣㊲；冬，玄衣㊳。取其褾領以相生色㊴，華皆十二樹㊵。隋初，皇后首飾花十二樹。褘衣㊶，青沙內單㊷，黼領㊸，羅縠褾、襈㊹，蔽膝㊺，大帶㊻，以青衣，革帶㊼，青韈㊽、舄㊾，金飾㊿，白玉佩，玄組綬(51)，祭衣朝會則服(52)。鞠衣，黃羅為之(53)，蔽膝、大帶、舄、革帶隨衣色(54)，餘同褘衣(55)，親蠶則服(56)。青衣，青羅為之，制同鞠衣。去革、大帶、佩、綬，見帝則服(57)。朱衣，緋羅為之，制如緣衣(58)，宴賓則服。煬帝(59)令牛弘(60)等制皇后服四等(61)：褘衣，以翬翟(62)，五綵重行(63)，十二等；首飾花十三鈿(64)，小花眊十二樹(65)，兩博鬢[66]；素衣內單，黼領；羅縠褾、襈，皆以朱；蔽膝隨裳色，以緅為緣[67]，用翟綬章[68]；大帶隨衣，飾以朱、綠之錦，青綠[69]；革帶，青韈、舄，以金飾[70]；白玉佩，玄組綬，章綵、尺寸同乘輿[71]，祭及朝則服[72]。鞠衣，小花十二樹[73]。青衣、朱服[74]，皆參准宋太始[75]及梁、陳故事增損用之。皇朝因之[76]。

司寶二人，正六品；凡太皇太后之寶，皆以金為之[77]，並不行用。其廳封令書，皇太后用宮官印[78]，皇后用內侍省印焉。

典寶二人，正七品；掌寶二人，正八品。

司衣二人，正六品；典衣二人，正七品；掌衣二人，正八品。

司飾二人，正六品；典飾二人，正七品；掌飾二人，正八品。

司仗二人，正六品；典仗二人，正七品；掌仗二人，正八品。

尚服掌供內服用朱章[79]之數。凡皇后之衣服，一曰褘衣，二曰鞠衣，三曰禮衣；首飾花十二樹，小花如大花之數[80]，并兩博鬢。褘衣，深青織成為之，文為翬雉之形，素質，不色[81]，十二等；素沙[82]中單，黼領；羅縠褾、襈[83]，皆用朱色；蔽膝隨裳色，以緅為領緣，用翟為章，三等；大帶隨衣色，朱裏，紕其外[84]，上以朱錦，下以綠錦，紐約[85]用青組；以青衣，革帶，青韈、舄，又加金飾[86]；白玉雙佩，玄組雙大綬[87]，章采、尺寸與乘輿同。受冊、助祭、朝會則服之[88]。鞠衣，黃羅為之，其蔽膝、大帶及衣革帶、韈、舄隨衣色；餘與褘衣同，唯無翟。親蠶則服之。而[89]鈿釵禮衣，十二鈿，服通用雜色，制與上同；雙佩，小綬[90]；去舄，加履[91]。宴見賓客則服之。內命婦之服：花釵[92]，施兩博鬢，寶鈿飾。翟衣，青質，羅為之，綉為翟，編次於衣及裳，重為九等而下[93]。第一品花釵九樹；寶鈿准花數，下准此；翟九等。第二品花釵八樹，翟八等。第三品花釵七樹，翟七等。第四品花釵六樹，翟六等。第五品花釵五樹，翟五等。並素沙中單[94]，黼領；朱褾、襈，亦通用羅縠；蔽膝隨裳色，以緅為領緣，加以文綉，重翟為章二等，一品已下皆同；大帶，組其外[95]，上以朱錦，下以綵錦，紐約[96]用青組；以青衣，革帶，青韈、舄，佩、綬。內命婦受冊、從蚕、朝會則服之。鈿釵禮衣，通用雜色，制與上同，加雙佩、小綬，約履[97]；第一品九鈿，第二品八鈿，第三品七鈿，第四品六鈿，第五品五鈿。內命婦常參見[98]則服之。凡六尚、寶林、御女、采女及女官之服，禮衣通用雜色，制與上同，唯無首飾、綬[99]。七品已上有大事則服之。尋常供奉則公服，去中單、蔽膝、大帶。九品以上，大事及尋常供奉並公服。東宮准此。女史則半袖裙襦[100]。**總司寶、司衣、司飾、司仗四司之官屬。**

司寶掌琮寶[101]、符契、圖籍。凡神寶、受命寶[102]、銅魚符[103]及契[104]、四方傳符[105]，皆識其行用之別安置，具立文簿。外司請用，執仗[106]奏聞，同檢出付，仍錄案記；符還，朱書記之。

司衣掌衣服、首飾。

司飾掌膏沐[107]、巾櫛[108]、玩弄器物之事。

司仗掌羽儀[109]、仗衛[110]之事。

【章旨】敘述尚服局尚服及其下屬四司之定員、品秩和職掌，並追求王后六服之制的延革。

【注釋】❶周禮　儒家經典之一。係搜集周王室官制和戰國時各國制度，附會以儒家政治理想，增減排比而成的彙編。❷內司服　《周禮》中天官冢宰之屬官。掌王后及內外命婦衣服之供給及保管。其定員有奄一人，女御三人，奚八人。❸褘衣　王后之祭服。從王祭先王時服之。衣上織有雉形花紋，並以五彩繪之以為飾。《禮記・玉藻》：「王后褘衣。」賈公彥疏：「褘當為翬，即翬雉，其色玄也。」褘衣取其顏色與翬雉相同。❹揄翟　揄，亦作「褕」。又稱褕狄、鷂翟、搖翟。王后祭服。從王祭先公則服之。衣上飾有鷂雉之圖形，以青色為主，並有五彩點綴。鄭玄注《周禮・天官・內司服》「揄狄」句：「狄，當為翟。翟，雉名。」賈公彥疏曰：「褕狄者，褕當為搖，狄當為翟。則搖翟其色青也。」褕翟取其顏色與鷂翟之色相類。❺闕翟　王后之祭服。從王祭祀群小祀時服之。服上綴有雉形，服為赤色，不畫其他彩色。鄭玄注《周禮・天官・內司服》「闕翟」句：「祭群小則服闕翟。闕翟今世有圭衣者，蓋三狄之遺俗。」賈公彥疏：「闕翟者，其色赤，上二翟則刻繒為雉形，不畫之為彩色，故名闕翟也。」❻鞠衣　亦稱黃桑服。王后親桑之服。三月將蠶，求福祥之助，祭告先帝則服之。其色淺黃，象桑葉初生之色。鄭玄注《周禮・天官・內司服》「鞠衣」句：「鞠衣，黃桑服也。色如鞠塵，象桑葉始生，月令三月，薦鞠衣於上帝，告桑事。」賈公彥疏：「鞠衣者，色如鞠塵色，告桑之服也。」命婦九嬪亦可服鞠衣。❼展衣　即襢衣。王后之朝服。以禮見王及賓客時服之。白色。鄭玄注：「展衣，白衣也，以禮見王及賓客之服。」一說展衣色赤。《詩經・鄘風・君子偕老》：「其之展也。」清馬瑞辰通釋：「展衣，以《說文》作『𧜵』為正。《說文》：『𧜵，丹縠衣也。』」❽緣衣　亦作褖衣。王后便服。侍候王及燕居時所服。其色黑。鄭玄注：「緣衣御於王之服，亦以燕居。男子之緣衣黑，則是亦黑也。」賈公彥疏：「緣當為褖。褖衣者色黑，御於王服也。」按：以上王后六服，依周制，唯上公夫人皆可服之；而侯伯夫人自褕翟以下，子男夫人自闕翟以下，卿妻自鞠衣以下，大夫妻自展衣以下，方可服；緣衣則公、侯、伯、子、男之夫人，卿、大夫之妻皆可服之。❾素沙　南宋本作「素紗」。指衣之裌裏，以白紗為之。素紗不屬六服。鄭玄注：「素沙者，今之白縛也。六服皆袍制，以白縛為裏，使之張顯，今世有沙縠者，名出于此。」❿司馬彪續漢志　司馬彪，字紹統，西晉河內溫縣（今河南溫縣西）人。曾任祕書丞、散騎侍郎等職。所著《續漢書》八十卷，其中人志三十卷，北宋後合於范曄之《後漢書》。因宋以前二書尚各自單行，故此處稱其為司馬彪《後漢志》。⓫紺上皂下　紺，天青色。皂，黑色。指其所用之禮服深衣（上衣與下裳相連），上為天青色，下為黑色。⓬緣　南宋本、廣池本皆作「蠶」，當是。蠶，指每年夏曆四月皇后舉行親採蠶桑的禮儀。⓭縹　淡青色。⓮深衣　古代衣與裳相連的衣服。《禮記・深衣》鄭玄注：「深衣者，謂連衣裳而純之以采。」孔穎達疏：「深衣，衣裳相連，被體深邃，故謂之深衣。」深衣出現於春秋戰國。初多用麻布，白色，齊時則用緇色。上下分裁，中有縫連屬。深衣短不能露出膚肉，長不能覆於地面，上窄下寬。漢時命婦以此為禮服，改用彩帛縫製。⓯袖緣以條　句中「條」據南宋本當為「絛」。絛，絲織之帶。意謂袖之邊緣鑲以絲帶。⓰結首飾步搖簪珥　據他書，此句「結」上脫一「假」字。如《續漢書・輿服志》：「假結、步搖、簪耳」；《通典・禮二十二》：「晉依前代，皇后首飾假結、步搖、簪珥」；《晉書・輿服志》：「皇后謁廟，首飾則假髻、步搖……簪珥」。假結，即假髻，以假髮作一高髻套於頭上，再綴之以步搖、花鈿、簪珥等。步搖，古代貴族婦女髮髻飾物。用黃金裝飾，如桂枝互相纏繞，下垂白珠彩玉。王先謙《後漢書集解》：「《釋名》曰：『步搖，上有垂珠，步則動搖。』」陳祥道云：『漢之步搖，以金為鳳，下有鴟，前有笄，綴五彩玉以垂下，行則動搖。』」戴步搖者，舉步舒緩自若，使垂珠玉佩有韻律地擺動，以襯托體態之端莊優美。簪珥，簪為玉製長針，插於髮髻之飾物；珥為耳璫垂珠。⓱自「以黃金為山題」至「皆翡翠為毛羽」　此言步搖及其附屬飾物之形制、材質及製作工藝。據《後漢書・輿服志》，「以黃金為山題」前，尚有「步搖」二字，全句主語為步搖。清林頤山《經述・釋王后首服四》：「步搖上有垂珠，步則搖，因其貫白珠為桂枝相繆，古八爵、九華、六獸列於黃金山題之上，行步則搖。」據此可知八爵、九華、六獸均為步搖之附屬飾物。其中山題為步搖之底座，形若山，著於額前，故名。《說文解字》：「題，額也。」貫白珠為桂枝相繆，指貫以線的白珠串相互絞結，成桂枝形。繆，絞結。八爵九華，《後漢書・輿服志》作「一爵九華」。爵通「雀」；華同「花」。六獸中之大鹿，南宋本作「天鹿」；群邪，則為「辟邪」。辟邪，傳說中神獸名，似獅而有翼。《急就篇》：「射魃辟邪除群凶。」顏師古注：「射魃、辟邪，皆神獸名。」南山豐大特，亦為神獸。⓲白珠璫繞　謂以白珠繞於耳璫上。璫，古代女子耳飾。古樂府〈孔雀東南飛〉：「耳著明月璫。」⓳綬佩同乘輿　指組帶與玉佩皆與君王相同。乘輿，代指皇帝，用的是蔡邕《獨斷》所謂「因卑達尊」的修辭手法。⓴十二鏄　《隋書・禮儀六》後魏、北齊之輿服作「十二鈿」。鈿，用金銀珠玉製成的花朵形首飾。白居易〈長恨歌〉：「花鈿委地無人收，翠翹金雀玉搔頭。」㉑郊禖　《隋書・禮儀六》「郊」上尚有「祠」字。古代帝王為求子所祭之神稱禖，因其祠在郊外，故稱郊禖。《詩經・大雅・生民》：「以弗無子。」《毛傳》：「弗，去也；去無子求有子，古者必立郊禖也。玄鳥至之日，以大牢祠于郊禖。」《禮記・月令》：仲春之月，「玄鳥至。至之日，以大牢祠于高禖。」鄭玄注：「高辛氏之世，玄鳥遺卵，娀簡吞之而生簡，後王以為媒官嘉祥而立其祠焉。變媒言禖者，神之也。」㉒見皇帝以展衣　《隋書・禮儀六》「見」上尚有「禮」字。㉓宴客以緣衣　《隋書・禮儀六》「客」字作「居」字。緣衣是皇后的便服，即宴居之服。㉔俱有蔽膝　指上述褘衣、揄翟、闕翟、鞠衣、展衣、緣衣等六服皆有蔽膝。蔽膝，即護膝。㉕織成緄帶　指蔽膝以緄帶束之。緄，帶子。㉖翟衣六　指皇后之繡繪有雉形花紋的六種禮服。北周六服同於古代王后之六服，唯其禮服上的花紋圖形和名稱皆異於前。又，《隋書・禮儀六》「翟衣六」之上尚有一「其」字。㉗從祀郊禖享先皇服翬衣　《隋書・禮儀六》此句作「從皇帝祀郊禖，享先皇，朝皇太后，則服翬衣」。翬，鼓翼疾飛之雉。翬衣指繡繪有疾飛雉形花紋之翟衣。為素質五色。㉘祭陰社朝命婦服褕衣　陰社，祭天在南郊就陽位，祭地在北郊就陰位，社稷為陰神，故祭地於北郊及祭社稷稱祭陰社。朝命婦，指皇后受命婦朝見。褕衣，青質五色。㉙獻繭服鷩衣　《隋書・禮儀六》此句作「祭群小祀，受獻繭，則服鷩衣」。小祀，祭祀依所祭之不同神群，分大、中、小三等。小祀所祭之神有司中、司命、司人、司祿、風伯、雨神、靈星、山林、川澤、司寒、馬祖、先牧、馬步等。鷩衣，赤衣。㉚採桑服鳪衣　《隋書・禮儀六》作「采桑服鳪衣」。鳪衣，黃色。㉛聽女教服鵫衣　《隋書・禮儀六》作「從皇帝見賓客，聽女教，則服鵫衣」。聽女教，指聆聽有關婦德、婦言、婦容、婦功的教誨。鵫衣，白色。㉜歸寧服翪衣　《隋書・禮儀六》作「食命婦、歸寧則服翪衣」。食命婦指賜食命婦。命婦，皇帝之妃嬪及皇太子之良娣以下為內命婦；皇室公主及諸王妃以下為外命婦。歸寧，指皇后回娘家省視父母。翪衣，玄色。㉝以翬雉為領褾　指在以上六服的衣領和袖口上，都繡繪有在飛翔的雉的圖形。㉞臨婦學燕命婦瑲衣　《隋書・禮儀六》此句作「臨婦學及法道門，燕命婦，有時見命婦，則蒼衣」。臨婦學，指皇后親臨宮中對妃嬪和宮女教習之所。六尚中的尚儀及司籍掌四部經籍教授，有時皇后亦教以四德。法道門，指參加宮中舉行的佛事和道場。瑲，應為「蒼」。蒼衣，灰白色的深衣。㉟春齋祭還青衣　春齋，指春分隨皇帝朝日於東郊，祭祀前要齋戒淨身，散齋三日，致齋二日，齋戒之日稱春齋。祭還，指春分日祭祀及返還，皇后服用青色深衣。按五行說，春屬木，在五色（青、赤、黃、白、黑）中主青色。㊱桑還黃衣　《隋書・禮儀六》此句為「夏齋及祭還則朱衣，採桑齋及採桑還則黃衣」。夏齋，指皇后在夏至日隨皇帝祭方丘，祭前須齋戒淨身。參加夏祭及返還時，服用朱紅色深衣。按五行說，夏屬火，色主赤。採桑齋，指皇后為行親蠶之禮而持的齋戒。採桑還，指親蠶儀式結束。以上皇后均服黃色深衣。五行說以五方五行與四季相配，以土配中央方，在時間上將其置於季夏、孟秋間，色主黃。此處親蠶儀式與之相應，故衣黃色深衣。(37)秋祭素衣　《隋書・禮儀六》此句為「秋齋及祭還，則素衣」。秋齋，指皇后於秋分日隨皇帝祭夕月於西郊前所持的齋戒。素衣，指深衣為本色，即白色。按五行說，秋屬金，色尚白。(38)冬玄衣　《隋書・禮儀六》此句為「冬齋及祭還，則玄衣」。據禮，皇帝季冬袺太社，皇后隨之，其前須齋戒淨身。玄為黑紅色。按五行說，冬屬水，在五色中主玄。(39)取其縹領以相生色　指上述諸衣之袖口和領口，都採用其衣之相生色。相生色，按五行說，五行之間相生相勝，即木生火，火生土，土生金，金生水，水生木。五行與五色對應，木色主青，其相生色為火色赤，赤之相生色則為土色黃，黃之相生色為金色白，白之相生色為水色玄，玄之相生色為本色青。依此若衣為玄色，則袖口與領口便為青色。餘類推。又，南宋本、廣池本句首均無「取」字。(40)華皆十二樹　指皇后頭上插的飾花均為十二朵。樹，指插花之長針，亦稱簪。(41)褘衣　隋代皇后之褘衣，《隋書・禮儀七》稱其「深青織成為之，為翬翟之形，素質五色，十二等」。此下，直至「玄組綬」，俱言與褘衣相配之衣、帶、襪、舄及玉佩與飾物。(42)青沙內單　沙當係「紗」之誤。指青色的紗質單衣。單即「襌」，襌衣。《釋名・釋衣服》：「有裏曰複，無裏曰襌。」襌衣亦可著於外，周時已為常服。與禮服相配著於內，則稱內襌或中襌，亦稱中衣。(43)黼領　指褘衣的領口上繡繪有黼形花紋。黼，金斧形，白刃而銎黑，取其能割斷之義。(44)羅縠褾襈　羅縠，絲織品名；褾，袖口；襈，衣邊。意謂以羅縠製作褘衣的袖口及貼邊。(45)蔽膝　《隋書・禮儀七》：蔽膝「隨裳色，用翟為章，三等」。指蔽膝的顏色與下裳相同，以雉形為花紋，有三個層次。(46)大帶　腰帶，用於繫裳。大帶的周邊有緣飾。《隋書・禮儀七》：大帶「隨衣色，朱裏，紕其外，上以朱錦，下之綠錦，紐約用青組」。(47)革帶　用於繫蔽膝、佩巾。在大帶之下，用革製作。(48)青韈　青色之韈，用熟皮製作。(49)舄　古代的厚底鞋，在鞋底下加有木底。《釋名・釋衣服》：「複其下曰舄，舄，腊也。行禮久立地，或泥濕，故複其末下，使乾腊也。」(50)金飾　指舄的邊緣加金飾。(51)玄組綬　玄色的絲織綬帶。《隋書・禮儀七》稱皇后所用綬帶其「章彩、尺寸與乘輿同」。大綬有四彩，赤、白、縹、紺，長一丈八尺，寬九寸，皆與皇帝所服同。(52)祭衣朝會則服　句中「衣」，據南宋本當為「及」。又《隋書・禮儀七》在「祭及朝會」下，尚有「凡大事則服之」六字。(53)黃羅為之　指鞠衣以黃色羅紗製作。羅，質地輕薄、透氣性強的絲織品。《釋名・釋采帛》：「文羅疏，羅也。」(54)蔽膝大帶舄革帶隨衣　《隋書・禮儀七》作「其蔽膝、大帶及衣、革帶、舄，隨衣色」。(55)餘同褘衣　《隋書・禮儀七》作「餘與褘衣同，唯無雉」。(56)親蠶則　「則」下脫一「服」字。《隋書・禮儀七》：皇后之鞠衣「親蠶則服之，應服者皆以助祭」。(57)去革大帶佩綬見帝則服　《隋書・禮儀七》「去革」作「去華」；「見帝則服」則為「以禮見皇帝，則服之」。(58)制如緣衣　《隋書・禮儀七》作「制同青衣」。(59)煬帝　隋朝皇帝楊廣。在位十四年，終年五十歲。(60)牛弘　字里仁，安定鶉觚（今甘肅靈臺）人。本姓尞，父允為北魏侍中，賜姓牛。隋初為秘書監，請開獻書之路，修五禮，立明堂，拜吏部尚書。封奇章郡公，謚憲。(61)皇后服四等　指褘衣、鞠衣、青服、朱服，較隋初增一等。(62)褘衣以翬翟　《隋書・禮儀七》作「褘衣，深青質，織成領袖，文以翟翬」。翬翟，指所繡繪之圖紋為疾飛之雉。(63)五綵重行　指褘衣上有玄、黃、赤、白、縹五種顏色交互映襯。(64)首飾花十三鈿　《隋書・禮儀七》作「首飾花十二鈿」。鈿，用金銀珠玉製成的花朵狀首飾。梁・邱遲〈敬酬柳僕射征怨〉：「耳中解明月，頭上落金鈿。」(65)小花毦十二樹　據《隋書・禮儀七》，「毦」當作「毦」。毦，用羽毛製作裝飾物。《後漢書・單超傳》：「金銀罽毦，施于犬馬。」(66)兩博鬢　鬢髮的一種樣式。鬢，本為頰髮，古代婦女兩鬢可以做成大小、疏密、厚薄不等的多種樣式，其名稱有雲鬢、圓鬢、蟬鬢等。白居易〈長恨歌〉：「雲鬢花冠金步搖。」韓偓〈密意〉：「呵花貼鬢黏寒髮。」(67)以緅為緣　指以緅色為邊緣。緅，俗稱紅青色，黑中帶紅。《考工記・鐘氏》：「五入為緅。」鄭玄注：「緅，今禮俗文作爵，言如爵（雀）頭色也。」(68)用翟綬章　《隋書・禮儀七》作「用翟三章」。指用三層翟，即雉的圖形作花紋。(69)大帶隨衣飾以朱綠之錦青綠　《隋書・禮儀七》作「大帶隨衣裳，飾以朱綠之錦，青緣」。指大帶的顏色隨衣裳同一顏色，帶上飾以朱綠之錦，邊緣則為青色。(70)革帶青韈舄以金飾　《隋書・禮儀七》作「革帶、青韈、舄，舄以金飾」。(71)章綵尺寸同乘輿　指隋煬帝時皇后褘上所繡繪花紋，與皇帝袞服上的九章同，與褘衣相配的絲織綬帶的長短尺寸亦與皇帝袞服所用相同。(72)祭及朝則服　《隋書・禮儀七》作「祭及朝會，凡大事皆服之」。(73)鞠衣小花十二樹　《隋書・禮儀七》稱：「鞠衣，黃羅為質，織成領袖，小花十二樹；蔽膝，革帶及舄隨衣色，餘準褘衣。親蠶服也。」(74)青衣朱服　據《隋書・禮儀七》，青衣，「青服去花、大帶及佩綬，金飾履，禮見天子則服之」；朱服，「制如青服，宴見賓客則服之」。(75)宋太始　太始是南朝宋明帝劉彧年號。(76)皇朝因之　唐朝皇后服制多依隋制，但也有變化。如隋定皇后服為褘衣、鞠衣、青服、朱服四等，據《舊唐書・輿服志》唐武德令定皇后服為褘衣、鞠衣、細釵禮衣三等，無青服、朱服。細釵禮衣通用雜色。(77)凡太皇太后之寶皆以金為之　《新唐書・車服志》稱：「太皇太后、皇太后、皇后璽皆金為之，藏而不用。」此處不言「皇太后、皇后」。(78)皇太后用宮官印　據《新唐書・車服志》，其應封令書用宮官印者，尚有「太皇太后」。(79)朱章　南宋本及《職官分紀》卷二十五引《唐六典》此句原文均作「采章」，新舊《唐書》官志亦為「采章」。采章，原指服飾之花紋及色彩，此處則用以代指皇后之衣服和首飾。(80)小花如大花之數　大花，即花鈿，以金銀珠玉等製成的花朵形首飾。小花，即小花毦，以羽毛製成的花朵作為頭飾。大花、小花其數相等，即都為十二朵。(81)不色　南宋本作「五色」。新舊《唐書》服志及《通典・禮六十八》皆為「五色」。(82)素沙　據南宋本當為「素紗」。(83)襈褾　新舊《唐書》服志及《通典・

禮六十八》皆作「褾襈」。(84)朱裏紕其外　指大帶，即束腰之帶，其裏為朱紅色，外飾以紕，紕為邊緣之裝飾物。(85)紐絇　據南宋本「絇」字當作「約」。紐約，大帶用以交互而成的扣結，約，纏束。(86)又加金飾　「又」當是「舄」之訛。《舊唐書・輿服志》及《通典・禮六十八》皆為「舄加金飾」。(87)玄組雙大綬　指皇后褘衣所繫為兩條玄色質地的絲織綬帶，上有六綵：玄、黃、赤、白、縹、綠，長二丈四尺，廣一尺。其與皇帝大裘冕服所佩之玄組雙大綬色綵、尺寸相同。(88)受冊助祭朝會則服之　受冊，指受冊立為皇后時所舉行的儀式。助祭，參加和協助皇帝舉行諸祭祀活動。又《舊唐書・輿服志》及《通典・禮六十八》除「受冊、助祭、朝會」外，尚有「諸大事則服之」一句。(89)而　南宋本無此「而」字，疑係衍文。(90)雙佩小綬　《通典・禮六十八》「雙」上尚有一「加」字。《新唐書・車服志》亦有「加」字；《舊唐書・輿服志》則作「唯無雉及佩綬」。雙佩，指白玉雙佩。小綬，亦稱小雙綬，長二尺六寸，色同大綬，而首半之，即五寸，間施三玉環。(91)去舄加履　履即鞋子，古人稱屨。《說文解字》：「屨，履也。」夏天穿葛屨，冬天穿皮屨，都是單底，與複底之舄有別，故言「去舄加履」。(92)花釵　古代婦女首飾。一端分為二，以插入髮髻。貴族婦女所用以金玉、翡翠、玳瑁、琥珀、珠寶等製成，一般貧女則用銅、骨而已。梁武帝〈河中之水歌〉：「頭上金釵十二行，足下絲履五文章。」(93)重為九等而下　指在翟衣和裳上繡繪的野雉圖紋重疊最多有九個層次，依命婦品第的高下依次遞減。(94)素沙中單　句中「沙」據南宋本當作「紗」。中單即「內單」，見前(42)注。又，此句《新唐書・車服志》作「青紗中單」。(95)大帶組其外　句中「組」字當作「紕」。應與上文「大帶隨衣色，朱裏，紕其外」同。(96)紐絇　當作「紐約」。(97)絇履　即絇屨。有絇飾之鞋。《荀子・哀公》：「哀公曰：然則夫章甫、絇屨、紳而搢笏者，此賢乎？」楊倞注：「王肅云：絇為屨頭有拘飾也。鄭康成云：絇之言拘也，以為行戒，狀如刀衣，鼻在屨頭。」又，《通典・禮六十八》原注引「令云」及《舊唐書・輿服志》、《新唐書・車服志》並作「去舄，加履」。(98)常參見　《通典・禮六十八》作「尋常見」；《舊唐書・輿服志》作「尋常參見」；《新唐書・車服志》作「常參」。(99)唯無首飾綬　句中「綬」字之上脫一「佩」字。《通典・禮六十八》及《新唐書・車服志》皆作「唯無首飾佩綬」。(100)半袖裙襦　半袖，亦稱半臂。短袖或無袖之上衣。始於先秦，歷代多有沿革，至唐盛行。多為無領，對襟，短身，當胸用帶繫結而不施衿鈕。裙，即下裳；襦，短上衣。《急就篇》顏師古注：「短衣曰襦，自膝以上。一曰短而施腰曰襦。」《新唐書・車服志》：「半袖裙襦者，東宮女史常供奉之服也。」(101)琮寶　寶璽之總稱。《舊唐書・職官三》「琮」作「瑞」。(102)神寶受命寶　寶指璽。唐武則天時改稱璽為寶，中宗神龍復辟後，復稱璽，開元六年（西元七一八年）又改稱寶。此後璽、寶互稱。《新唐書・車服志》：「神璽以鎮中國，藏而不用。受命璽以封禪禮神。」凡遇大朝會，則由門下省之符璽郎進神璽、受命璽於御座。(103)銅魚符　即戰國時之銅虎符，亦稱兵符。魚符古時亦有，多以竹木製。隋文帝開皇十五年（西元五九五年）製銅質魚符，授京官五品以上佩之。唐承隋制，並為避其祖李虎之名諱，廢銅虎符而以銅魚符代虎符以調發軍旅。《新唐書・車服志》：「改為銅魚符以起軍旅、易守長。畿內則左三右一，畿外則左五右一，左者進內，右者在外，用始第一，周而復始」。符分左右兩半，銘文著於符陰。上端有一「同」字，側刻「合同」各為半字，左右合而成字。又另製魚符授予五品以上官員隨身繫佩稱隨身魚符。其質分金、銀、銅三種，以示繫佩者之不同身分。亦分左右，應召命時，左者進內，右者隨身。皆盛以魚袋，三品以上飾以金，五品以上飾以銀。刻姓名者，去官納之；不刻者，傳佩相付。(104)契　即木契。《新唐書・車服志》稱：「木契符者，以重鎮守，愼出納，畿內左右皆三，畿外左右皆五。皇帝巡幸，太子監國，有軍旅之事則用之，王公征討皆給焉，左右各十九。太極殿前刻漏所，亦以左契給之，右以授承天監門，晝夜勘合，然後鳴鼓。玄武門苑內諸門有喚人木契，左以進內，右以授監門，有敕召者使用之。魚契所降，皆有敕書，尚書省符，與左同乃用。」(105)四方傳符　即傳信符，用以給郵驛通制命。以其不同形制而有多種名稱。皇太子監國，給雙龍符，左右皆十；兩京、兆都留守給麟符，左二十右十九；地方諸州東方給青龍符，南方給朱雀符，西方給騶虞符，北方給玄武符，皆左四右三：左者進內，右者付外。(106)仗　近衛校正德本稱：「『仗』，恐〔為〕『狀』字。」南宋本正作「狀」。(107)膏沐　婦女潤髮膚之油脂。《文選・曹植・求通親表》：「妃妾之家，膏沐之遺，歲得再通。」呂延濟注：「膏，脂也；沐，甘漿之屬。」(108)巾櫛　手巾與梳篦。櫛，梳篦之總名，亦為婦女束髮用品。(109)羽儀　為儀仗隊中用鳥羽裝飾的旌旗之類。亦指帝王衛隊，如《新唐書・南蠻傳上・南詔上》：「以清平子弟為羽儀。」(110)仗衛　指作為儀仗用的兵器。

【語　譯】尚服局：

尚服定員二人，品秩為正五品。《周禮》規定：「內司服的職掌是分管王后的六服，六服就是褘衣、揄翟、闕翟、鞠衣、展衣、緣衣，以及素沙（紗）。」司馬彪的《續漢志》說：「皇后拜謁宗廟時，所穿的禮服上衣是天青色，下裳是皂黑色；舉行親蠶禮儀時，上衣是青色，下裳是淡青色。這兩種不同顏色的禮服，都按照深衣的規制製作，領口隱在裏面，袖口的邊緣有絲絨條帶做緄邊。頭上有假髮製作的髮髻，首飾有步搖和簪珥。步搖用黃金為山題，穿上線的白珠串，相互絞結紮成桂枝形狀。還有八雀、九花以及熊、虎、赤羆、大（天）鹿、群（辟）邪、南山豐大特這六種神獸的形象。以上各種禽獸都用翡翠裝飾成羽毛。金製作的山題，用白色的珍珠繞在珥璫上，再綴上用翡翠做的裝飾花朵。皇后這兩套禮服所配的絲織綬帶和白玉佩，與君王所用的尺寸和形制相同。」魏、晉以及南朝宋、齊、梁、陳各朝，皇后的禮服和首飾約略相同。北魏、北齊皇后的璽印、綬帶和玉佩與皇帝所用的相同，有假髻、步搖、十二鈿、八雀、九花。助祭和朝會時，皇后要穿上褘衣，郊禖時穿揄翟，小宴時穿闕翟，親蠶時穿鞠衣，以禮相見皇帝時穿展衣，宴客（居）時則穿上作為便服的緣衣。以上六服都有蔽膝，有緄帶束住。北周皇后的衣服有十二等。翟衣有六種，分別在不同禮儀場合服用：隨從皇帝助祭及郊禖和在宗廟享祭先皇時，穿翬衣；祭陰社和受命婦朝見時，穿褕衣；親蠶及獻祭繭神時，穿鷩衣；採桑時穿鳪（鳪）衣；聆聽女教時穿鵫衣；歸寧省親時穿雉（翊）衣。以上六種翟衣都用翬雉形象作為領口和袖口的圖紋。皇后親臨宮中妃嬪宮女學習場所以及宴飲命婦時，穿蒼衣；仲春齋戒助祭和祭祀回來，穿青衣；（仲夏齋戒助祭、祭祀回來，穿朱衣；採桑前的齋戒和）採桑返還時，穿黃衣；仲秋齋戒助祭（和祭祀回還）穿白色的素衣；冬天（齋戒和助祭和祭祀回來），穿玄衣。以上這些禮服的袖口和領口的顏色都採用與衣色在五色中相生的顏色，衣上繡繪的花都是十二朵。隋朝初年，皇后首飾花規定為十二朵。皇后的褘衣，相配的是用青沙（紗）製作的內襌，領口有黼形花紋，用羅縠做衣服的袖口和邊緣，配有蔽膝、大帶，上身是青衣，再加革帶，青色的襪和舃，舃緣上加有金飾，白玉佩，玄色絲織大綬帶，參加祭祀和朝會時用褘衣作禮服。鞠衣，用黃色的羅紗做成，配有蔽膝、大帶、舃和革帶，顏色都隨同衣服的顏色，其他方面的規制與褘衣相同；皇后主持親蠶禮儀時，（用鞠衣作為禮服）。青衣，用青色的羅紗做成，規制大都與鞠衣相同，只是減去花、大帶、玉佩和綬帶的配置；拜見皇帝時服用青衣。朱衣，用紅色的羅紗做成，規制同緣衣（青衣）一樣；宴請賓客時服用朱衣。隋煬帝曾令牛弘制定皇后的禮服，共為四等，就是：褘衣，用快速飛翔的雉形做圖案，顏色是五綵重行，有十二個圖象；首飾是花鈿十二樹，小花毦（毦）十二樹，兩頰有博鬢；內襯素紗襌衣，黼紋的領口，羅縠製作的袖口和衣服的緣邊都用朱紅色；蔽膝的顏色同下裳一樣，邊緣用紅青色，以翟形為花紋，共繡三重；大帶隨同上衣的顏色，兩邊用朱色和綠色的錦做裝飾，緣口則用青色；還有革帶，青色的軟皮韈和舃，舃的邊緣用金色做裝飾；白玉佩，玄色的絲織綬帶，綬帶的章綵和尺寸與皇帝所用的相同。在祭祀及朝會時，皇后服用這套褘衣。鞠衣，（用黃羅紗做成，領口和袖口）繡有小花十二朵；（蔽膝，革帶以及舃，隨同衣服的顏色，其餘都與褘衣的規制相同。皇后親蠶時服用鞠衣）。青衣，（亦稱青服，與鞠衣比較，少了花、大帶及佩綬，履上有金飾；皇后以禮拜見皇帝時服用青衣。」朱服，〔形制與青服相同；皇后宴見賓客時穿朱服。〕以上四種隋煬帝時牛弘設計的皇后禮服，都是參照南朝宋明帝泰始年間，以及梁、陳時期的定制加以增減而成的。本朝因承了這些規制。

司寶，定員二人，品秩為正六品。凡是太皇太后〔皇太后、皇后〕的寶璽，都是用黃金製作，但並不實際使用。要封印的令書，〔太皇太后〕、皇太后的，用宮官的印封；皇后的，用內侍省的印封。

典寶，定員二人，品秩為正七品；掌寶，定員二人，品秩為正八品。

司衣，定員二人，品秩為正六品；典衣，定員二人，品秩為正七品；掌衣，定員二人，品秩為正八品。

司飾，定員二人，品秩為正六品；典飾，定員二人，品秩為正七品；掌飾，定員二人，品秩為正八品。

司仗，定員二人，品秩為正六品；典仗，定員二人，品秩為正七品；掌仗，定員二人，品秩為正八品。

尚服的職掌是分管供內官使用的服飾采章的數額，關於皇后的衣服，共有三等：一是褘衣，二是鞠衣，三是禮衣。首飾用的花都是十二朵，小花和大花的數目一樣，都要在兩頰加飾博鬢。褘衣，衣為深青色，是織製成的。花紋的圖案是快速飛翔的雉，素色做底，繡上五色，有十二重圖象；襯裏是素沙（紗）中禪，領口繡有黼紋，用羅縠縫製袖口和衣邊，都採用朱紅色；蔽膝隨同下裳的顏色，用紅青色作領邊，雉形為花紋，有三重圖象；大帶隨同上衣的顏色，朱紅做裏，邊緣裝飾在外，上端朱錦，下端綠錦，用青色的絲帶做成紐結；再配上青衣，革帶，青色的韈子和舄，舄的邊緣加金飾；革帶上佩有白玉雙佩，玄色的絲織雙大綬，帶的章彩、尺寸與君王用的大綬相同。皇后在受冊封、參加助祭、朝會時，服用這套褘衣。鞠衣，用黃色的羅紗做成。相配的蔽膝、大帶、革帶、韈和舄，都要和鞠衣的顏色一樣，其餘的規制都與褘衣相同，只是沒有雉形的花紋。皇后在舉行親蠶的儀式時要服用這套鞠衣。鈿釵禮衣，頭上的飾物是十二鈿，衣服通用雜色，其他規制與上述鞠衣相同；雙玉佩，小綬；去掉舄，改用履。皇后在宴見賓客時穿鈿釵禮衣。內命婦的禮服，頭上要戴花釵，兩頰要施博鬢，再加寶鈿做裝飾。衣是翟衣，青色作底，用羅紗繡有雉形的圖紋，依次排列在上衣和下裳上，最多有九重圖象，依據服用人的品第高下遞減。內命婦第一品，頭上戴花釵九樹，寶鈿數與花數相同。以下各品按這個基數依次減少數額；雉形圖象一品是九重。第二品花釵八樹，雉形圖象八重。第三品花釵七樹，雉形圖象七重。第四品花釵六樹，雉形圖象六重。第五品花釵五樹，雉形圖象五重。內命婦的服制，襯裏都是素沙（紗）中禪，領口有黼紋，朱紅色的袖口和衣邊，都通用羅縠製作；蔽膝則隨從下裳的顏色，用紅青色做領口的邊緣，再加上紋繡，用一對雉形作花紋，分為兩重圖象，一品以下命婦的翟衣規制都是這樣；大帶，外表邊緣有裝飾，上端用朱紅色的錦，下端用綠色的錦，紐結則用青色的絲織闊帶；再配上青衣，革帶，青色的韈和舄，還有玉佩、綬帶等。內命婦在受冊封和隨從皇后參加親蠶、朝會時，要服用翟衣。內命婦的鈿釵禮衣，可以通用雜色，規制與上述翟衣相同，另外要加上雙佩、小綬，〔去掉舄，〕改用履。寶鈿的數目是第一品九鈿，第二品八鈿，第三品七鈿，第四品六鈿，第五品五鈿。內命婦尋常參見時服用鈿釵禮衣。至於六尚、寶林、御女、采女以及女官的服飾，禮衣通用雜色，規制與鈿釵禮衣相同，只是沒有首飾、玉佩和綬帶。七品以上逢到有大事的場合，服用鈿釵禮衣。尋常供奉可以穿公服，亦就是去掉鈿釵禮衣的中禪、蔽膝和大帶。九品以上的宮官，逢有大事以及日常供奉都穿公服。女史則穿半袖短衣裙襦。東宮亦按照這個規定。總領司寶、司衣、司飾、司仗四個司的所有官屬。

司寶的職掌是分管琮寶、符契和圖籍。對所保管的神寶、受命寶、銅魚符以及木契、四方傳符，都要識別它們使用的範圍，分別予以安置，並建立登錄的文簿。外庭各司若要請用，要具仗（狀）奏聞，同時撿出相關的符契，付給使用，還要記錄在案；符契送還時，再用紅筆做好記載。

司衣的職掌是分管衣服和首飾。

司飾的職掌是分管膏沐、巾櫛、玩弄用的器物等事務。

司仗的職掌是分管羽儀、仗衛有關器具一類事務。

【說　明】唐代后妃禮服，大體因承兩漢以來后妃六服的傳統，從名稱到形制，其基本格局沒有大的變化。實際上禮服都是服用於禮儀場合，至於后妃們日常生活的穿著打扮，那又是另一回事。

隋唐時期婦女的服裝可以分為隋至盛唐和中唐以後兩個階段。隋至盛唐時期的婦女服裝，最時行的，上身是窄袖的衫襦，下身穿長裙，腰繫大帶，身披長巾，足穿高頭鞋、履，后妃則穿舄。衣領有對襟和右衽交領兩種，窄袖長到腕，而衣則緊身且短，僅至腰部。這種服裝首先在宮中行起，以後仕庶仿效，成為一種時興的服式。唐代女裝上花紋的製作，有織絹和繡繪兩種；其紋式，宮庭女裝多為黼紋和雉形圖紋，雉的形象，或棲身，或飛翔，多姿多彩。裙的顏色以紅、紫、黃、綠為多，其中又以紅色裙最為流行，如《開元天寶遺事》中便有「長安仕女遊春，野步遇名花，則設席藉草，以紅裙遞相插掛，以為宴幄」的記載。楊貴妃則喜歡穿黃色的裙子，係由香草汁染成，裙裾飄動時，芳香四逸。唐代女子的服飾是多姿多樣的，單是裙子就有花籠裙，為輕軟細薄而半透明的絲織花裙；百鳥裙，係將鳥的羽毛與蠶絲混合捻線織成的裙子等多種。《資治通鑑》卷二百零九載有一則材料，說是中宗景龍二年（西元七〇八年）七月安樂公主「有織成裙，直錢一億，花卉鳥獸，皆如粟粒，正視、旁視，日中、影中，各為一色」，堪稱一絕。唐代還流行一種袒胸大袖對襟衫襦，多為嬪妃和貴族婦女在庭院內閑步賞花時所穿。常配以紗羅長裙，垂以大帶肩披帔帛，舉步時嬝娜飄逸，至今我們還可以從周昉的〈簪花仕女圖〉以及敦煌出土的絹畫復原仿製品中，觀賞到這類形象和韻致。其中，披巾的出現，可能不無印度服裝文化東傳的影響。玄奘的《大唐西域記》中稱印度有「橫腰絡腋，橫巾右袒」，就是將紗麗的一端搭在肩上，另一端則任其下垂飄拂於腰際。唐時期婦女的帔帛，只是在披法有所不同：通常是披繞於肩背，兩端則垂在臂旁，有的一端垂得長些，一端垂得短些，時而把兩端捧到胸前，又別一番風情。這些形象，在敦煌壁畫中可以大量看到，不妨說，它就是印度紗麗經中亞傳到中國，與傳統的綬帶結合而創製的一種新型服飾。這種披帛，甚至還得到當時最高統治層的認可並著意推廣：「開元中令三妃以下通服之」（高承著《事物紀原》卷三）。這又從一個側面說明，中國傳統文化的某些形式，對外來文化有著很大的包容性。唐代婦女還有穿男服的習慣，特別是在開元、天寶年間。她們頭戴軟腳幞頭，身穿圓領或折領袍衫，窄袖緊腰，繫以革帶，腳登黑皮靴，儼然一英俊男子。這種女著男裝的風氣，亦首先起自宮廷，以後才影響到民間。畫家們有將之付予丹青的，例如在張萱的〈虢國夫人遊春圖〉中，我們便可以一睹唐代貴族婦女頭裹幞頭，身穿圓領袍，腳著高統皮靴的英姿。

中唐以後，婦女的服裝發生了很大變化。沈括的《夢溪筆談》以為窄袖短衫之風，「唐武德、貞觀中猶爾，至開元後稍褒薄矣」，即在玄宗後期，又漸漸盛行恢復傳統的寬袍大袖、長裙絲履。女子服裝的愈來愈肥大，以至引起了詩人元稹的驚嘆：「近世婦人，衣服修廣之度及匹配色澤，尤劇怪艷。」（《元氏長慶集》卷三十）白居易詩中亦有「風流薄梳洗，時世寬妝束」(《白香山詩集・長慶集》卷十二) 的描繪。研究一下服裝的這種帶有復古傾向的變化，與社會經濟政治狀況的演變，包括盛唐氣息消解之間的對應關係，該是一個饒有興味的課題，不過在這裏我們只想提一句：這種變化亦與當時最高統治者的提倡有關。如文宗大和二年 (西元八二六年) 向公主傳旨：「今後每遇對日，不得廣插釵梳，不須著短窄衣服。」(《舊唐書・文宗紀》) 唐代在貞觀、開元時期，皇后、王妃戴的首飾如花釵寶鈿等等是很多的，皇后首飾花有十二樹，大小花加在一起共二十四樹花，再加上步搖、山題、爵、華、獸等其他飾物一大堆，如何插得下！所以只好再裝上假髻，以擴大可插面；假髻又越做越高，於是才能梳妝成高髻。「長安好高髻，四方高一尺」，又形成一種風氣。說到髻，據《中華古今注》、《妝臺記》的記載，隋唐時髮髻樣式多達二十七、八種。唐代盛行的有倭墮髻、高髻、花髻、鬧掃狀髻等等。兩頰的鬢亦要貼以假髮，通稱為博鬢，式樣也極為繁多，如蟬鬢、雲鬢、雪鬢、叢鬢、輕鬢等。盛唐時期婦女臉部的化妝，更是講究重妝濃抹，要敷上鉛粉，抹上胭脂，畫眉黛，點口脂，再貼以花鈿。「落花流水春去也」，憲宗元和以後，盛唐的華麗風氣，首先從婦女臉上退隱。《新唐書・五行志》：「元和末，婦人不施朱粉，惟以烏膏注唇，狀似悲啼者。」白居易對時代的感應是極為靈敏的，是他首先把「妝」與「時」聯繫了起來，詩的題目就叫〈時世妝〉：「時世妝，時世妝，出自城中傳四方，時世流行無遠近，腮不施朱面無粉，烏膏注唇唇似泥，雙眉畫作八字低。妍媸黑白失本態，妝成盡如含悲啼。」最後二句是：「元和妝梳君記取，髻堆面赭非華風。」白居易的結論是，唐代前期流行的高髻及濃妝重抹，不是華夏固有的傳統。看來唐代開元、天寶以前的服飾、髮式等裝飾，受北方胡人的影響較深，它反映了李唐家族實際上出身於鮮卑血統，中原傳統文化的負累相對少一些，加之國力較為強盛，因而對外來文化能抱比較開放的態度。但白居易是個現實主義詩人，當所謂貞觀、開元盛世已經成為歷史的時候，現實中的人們還得生活下去，他們需要從對現狀的解釋中獲得某種安慰，通常的做法便是求助於傳統。於是白居易解釋道：我們失去了濃妝重抹，但獲得了堂堂正正的華夏傳統。

六

尚食局：

尚食二人，正五品。

司膳四人，正六品；典膳四人，正七品；掌膳四人，正八品。

司醞二人，正六品；典醞二人，正七品；掌醞二人，正八品。

司藥二人，正六品；典藥二人，正七品；掌藥二人，正八品。

司饎二人，正六品；典饎二人，正七品；掌饎二人，正八品。

尚食掌供膳羞品齊❶之數，總司膳、司醞、司藥、司饎四司之官屬。凡進食，先嘗之。

司膳掌割烹煎和❷之事。

司醞掌酒醴酏飲之事❸。

司藥掌醫方藥物之事❹。

司饎掌給宮人廩餼闕〔飲食〕薪炭之事❺。

【章旨】敘述尚食局尚食及其下屬四司之定員、品秩和職掌。

【注釋】❶膳羞品齊　指具備美味食品的各種品劑和種類。《說文解字》：「膳，具食也。」徐鉉注：「言具備此食也。庖人和味必加善，故從善。」《漢書・宣帝紀》：「其令大官損膳食牢。」顏師古注：「膳，具食也，食之善者也。」羞，美味食品。《周禮・天官・膳夫》：「掌王之食飲膳羞。」鄭玄注：「膳，牲肉也；羞，有滋味者。」又〈宰夫〉：「上其薦羞。」鄭玄注：「羞，庶羞，內羞。」又：「羞出于牲及禽獸，以借滋味謂之庶羞。」故羞亦含有調味之意，古人以雞湯作為調味品。❷割烹煎和　割，指分割牲肉；烹，煮燒食物；煎，以油或水煎熬食物；和，調和食品之滋味，都屬烹飪上的事務。《新唐書・百官二》稱司膳「掌烹煎及膳羞、米麵、薪炭。凡供奉口味，皆種別封印」。❸司醞掌酒醴酏飲之事　醞，此處泛指醬汁或酒類。司醞所掌便是酒類的事務。醴是甜酒，酏為釀酒用的薄粥。《新唐書・百官二》司醞的職掌尚有「以時進御」一句。唐代宮內製酒業很發達，唐太宗令人釀製的葡萄酒成綠色，芳香酷烈，味兼醍醐；唐憲宗命人以風李花為原料，並親自參預釀造過程，製成換骨醪（據《南部新書》）。❹司藥掌醫方藥物之事　《新唐書・百官二》司藥的職掌尚有「凡藥外進者，簿案種別」之句。❺司饎掌給宮人廩餼闕薪炭之事　饎，酒食。廩餼，意為倉糧，此處則指皇家供給的日用。其所闕字，據《職官分紀》卷二十五，引《唐六典》原文為「飲食」二字，姑據以補。又，《舊唐書・職官三》則作「飯食」。

【語譯】尚食局：

尚食，定員二人，品秩為正五品。

司膳，定員四人，品秩為正六品；典膳，定員四人，品秩為正七品；掌膳，定員四人，品秩為正八品。

司醞，定員二人，品秩為正六品；典醞，定員二人，品秩為正七品；掌醞，定員二人，品秩為正八品。

司藥，定員二人，品秩為正六品；典藥，定員二人，品秩為正七品；掌藥，定員二人，品秩為正八品。

司饎，定員二人，品秩為正六品；典饎，定員二人，品秩為正七品；掌饎，定員二人，品秩為正八品。

尚食的職掌是，分管在宮內供奉膳羞按規定的品類和數額，總領司膳、司醞、司藥、司饎四司的官屬；凡是向君王進奉的食品，尚食要先品嘗。

司膳的職責是，掌管有關牲肉的分割、烹煮、煎熬、調和滋味方面的事務。

司醞的職責是，掌管有關各種酒品和飲料方面的事務。

司藥的職責是，掌管有關醫方藥物方面的事務。

司饎的職掌是，掌管供應宮人的日用、〔飲食及〕薪炭方面的事務。

【說　明】唐代在殿中省已設有尚食局，有奉御、直長、主食、主膳、食醫等官員，主要職掌為供奉皇帝酒膳食飲；在後宮的宮闈裏，如本章所述，又設有尚食局，下轄司膳、司醞、司藥、司饎四司，則是專主宮廷內的飲食供應。在四司中，司膳的人數最多，其定員超過其他三司的一倍，亦可見其任務最為繁重。唐代宮廷內供奉的膳羞品類，未見直接的系統記載，但從一些間接所得的資料亦可以大致推想一定極為繁多。如開元末玄宗之兄讓皇帝憲去世後，在其陵墓壙內按規定要置酒食，並須由尚食局供奉。在監護使左僕射裴耀卿的一則奏文中，可以讀到這樣一些數字：「尚食所料水陸等味一千餘種，每次瓶盛，安於藏內，皆是非時瓜菓及馬牛驢犢麞鹿等肉，並諸藥酒三十餘色，儀注禮料，皆無所憑。」（《舊唐書・睿宗諸子・讓皇帝憲傳》）你看，不同的水陸品味，竟有一千餘種，各種藥酒亦有三十餘色，從對死去的親王的這些供應數字，不難推想出對活著的后妃等的供應將會有何等規模。再如楊貴妃，在天寶五年（西元七四六年）以微譴送歸楊館宅，而玄宗卻又因依舊想念她而不思飲食，於是「高力士探知上旨，請送貴妃院供帳、器玩、廩餼等辦具百餘車，上又分御饌以送之」（《舊唐書・楊貴妃傳》）。這百餘車物品分三大類：供帳、器玩、廩餼。可以想見，作為三大類之一的廩餼包括種種奇滋異味、佳餚珍羞，總不下十餘車之多吧？此外，還有玄宗專送的「御饌」。玄宗經常在興慶宮的勤政樓舉行的宴飲，憑他的好尚，那揮霍奢侈的程度，自然更是十分驚人的！

西京太極宮內有尚食內院，即後宮之尚食局。《新唐書・韓偓傳》所言「帝行武德殿前，因至尚食局」，當即尚食內院。《長安志》作「尚食院」。太極宮內尚有一糧倉，曰內倉廩，在虔化門內。

七

尚寢局：

尚寢二人，正五品。《周禮》❶：「女御，掌御敘王之燕寢❷。」

司設二人，正六品；典設二人，正七品；掌設二人，正八品。

司輿二人，正六品；典輿二人，正七品；掌輿二人，正八品。

司苑二人，正六品；典苑二人，正七品；掌苑二人，正八品。

司燈二人，正六品；典燈二人，正七品；掌燈二人，正八品。

尚寢掌燕寢進御之次敘❸，總司設、司輿、司苑、司燈四司之官屬。

司設掌帷帳、茵席，灑掃、張設之事❹。

司輿掌輿輦、繖扇、羽儀之事❺。

司苑掌園苑種植蔬果之事❻。

司燈掌燈燭膏火之事❼。

【章　旨】敘述尚寢局之尚寢及其所屬四司之定員、品秩和職掌。

【注　釋】❶周禮　儒家經典之一。係搜集周王室官制和戰國時各國制度，附會以儒家政治理想，增減排比而成的彙編。❷掌御敘王之燕寢　據《周禮·天官·女御》，此句中「敘」下尚有一「于」字。女御之職掌是安排眾妃嬪侍寢於君王之次序。女御所能做的，只是為帝王與妃嬪燕寢時準備帷帳和茵席，及寢殿之灑掃陳設之事。❸掌燕寢進御之次敘　《新唐書·百官二》作「掌燕見進御之次序」。❹掌帷帳茵席灑掃張設之事　句中「茵」，南宋本作「筃」，茵、筃可通；「灑掃」，《職官分紀》卷二五引《唐六典》原文作「掃灑」。《新唐書·百官二》關於司設、典設、掌設的職掌稱：「掌牀帷茵席鋪設，久故者以狀聞。凡汎掃之事，典設以下分視。」❺掌輿輦繖扇羽儀之事　輿、輦為帝與后在後宮代步器具。輦，有輪，以人力輓引；輿無輪，用人擡，方六尺。繖，即傘；扇，即羽扇，為帝王遮陽、擋塵或避風沙用，亦屬儀仗。羽儀，作為儀仗的羽旄。《新唐書・百官二》關於司輿、典輿、掌輿的職掌稱：「掌輿輦、繖扇、文物、羽旄，以時暴涼。典輿以下分察。」❻掌園苑種植蔬果之事　句中「植」南宋本作「殖」。《新唐書・百官二》關於司苑、典苑、掌苑的職掌稱：「掌園苑蒔植蔬果。典苑以下分察之。果熟，進御。」❼掌燈燭膏火之事　《新唐書・百官二》關於司燈、典燈、掌燈的職掌稱：「掌門閤燈燭。晝漏盡一刻，典燈以下分察。」晝漏盡一刻，即白天斷黑以後一刻，亦即夜漏的一刻，開始點燈。一晝夜為一百刻，夏至日，晝漏六十刻，夜漏四十刻；冬至日則反之：晝漏四十刻，夜漏六十刻；春分、秋分日晝夜各為五十刻。宮內門閤都要點燈，燈有燭燈、油燈兩種。

【語　譯】尚寢局：

尚寢，定員二人，品秩為正五品。《周禮》中規定：「女御掌理后妃們按照地位尊卑奉侍帝王宴飲和安寢的次序。」

司設，定員二人，品秩為正六品；典設，定員二人，品秩為正七品；掌設，定員二人，品秩為正八品。

司輿，定員二人，品秩為正六品；典輿，定員二人，品秩為正七品；掌輿，定員二人，品秩為正八品。

司苑，定員二人，品秩為正六品；典苑，定員二人，品秩為正七品；掌苑，定員二人，品秩為正八品。

司燈，定員二人，品秩為正六品；典燈，定員二人，品秩為正七品；掌燈，定員二人，品秩為正八品。

尚寢的職掌是，分管后妃奉侍帝王宴寢和進御的次序，總管所轄的司設、司輿、司苑、司燈四個司的官屬。

司設的職責是，掌管帝王宴寢需用的帷帳、茵席，以及寢殿的灑掃張設方面的事務。

司輿的職責是，掌管有關輿輦、繖扇、羽儀使用方面的事務。

司苑的職責是，掌管宮內園苑種植蔬果方面的事務。

司燈的職責是，掌管宮內各門閤燭燈、油燈的點燃和保管方面的事務。

【說　明】清人閻若璩稱，唐帝王的寢殿皆謂之長生殿，這大體是對的。例如武則天寢疾時，住在東都上陽宮的仙居殿，便稱長生殿。《資治通鑑》卷二百零七武則天長安四年（西元七〇四年）十二月：「太后寢疾，居長生院。」胡三省注云：「長生院，即長生殿。明年五王誅二張，進至太后所寢長生殿，同此處也。此武后寢疾之長生殿，洛陽宮寢殿也。肅宗大漸，越王係授甲長生殿，長安大明宮之寢殿也。蓋唐寢殿皆謂之長生殿。此白居易〈長恨歌〉所謂『七月七日長生殿，夜半無人私語時』，華清宮之長生殿也。」那麼注中所言大明宮的寢殿即長生殿具體又在何處呢？大明宮的光順門內，宮殿鱗次櫛比，都是皇后、妃嬪的寢殿。由光順門入內，先是明義、承歡二殿，東西並立，然後是麟德殿，而麟德殿則因其東西有樓，南又有閣而被稱之為三殿。麟德之後便是仙居殿和長安殿，已靠近宮牆的北面。

肅宗所居之長生殿，當是承歡或明義殿。當肅宗病重之時，張皇后欲誅除專權日甚的李輔國等宦官，密謀授兵越王係。李輔國獲悉後，搶先伏兵於淩霄門，其址即當年曾發生過李世民殺兄奪位之變的玄武門之西，然後至三殿收捕越王係，又至長生殿逼張后下殿，與左右數十人一起幽禁於後宮。是夜，張后與越王係皆為李輔國所殺，中官們驚駭不已，四處奔逃。天明前，肅宗李亨亦驚嚇而死。此時離玄宗李隆基去世不過三天。據這些記載大致可以論定，作為皇帝寢殿的長生殿，並不是固定的，皇帝居住於某宮某殿，其處便可稱為長生殿，無非討個吉祥之意。

八

尚功局：

尚功二人，正五品。

司製二人，正六品；典製二人，正七品；掌製二人，正八品。

司珍二人，正六品；典珍二人，正七品；掌珍二人，正八品。

司綵二人，正六品；典綵二人，正七品；掌綵二人，正八品。

司計二人，正六品；典計二人，正七品；掌計二人，正八品。

尚功掌女工之程課❶，總司製、司珍、司綵、司計四司之官屬。

司製掌衣服裁製縫線之事❷。

司珍掌金玉寶貨之事❸。

司綵掌綵物、繒錦、絲枲之事❹。

司計掌支度衣服、飲食、薪炭之事❺。

宮正一人，正五品；司正四人❻，正六品；典正四人❼，正七品。

宮正掌戒令、糺禁、謫罰之事❽。凡宮人已上有不供職事，違犯法式，司正已下起牒❾，取宮正裁。事小，局司決罰；事大，錄狀奏聞。

司正、典正佐之。

【章　旨】敘述尚功局尚功及其所屬四司之定員、品秩和職掌；宮正之定員和職掌。

【注　釋】❶掌女工之程課　指對女工勞作按規定的數額或進度進行考核。❷掌衣服裁製縫線之事　《新唐書・百官二》稱「掌供御衣服裁縫」。❸掌金玉寶貨之事　《新唐書・百官二》稱「掌珍珠錢貨」。❹掌綵物繒錦絲枲之事　《新唐書・百官二》稱「掌錦綵、縑帛、絲枲。有賜用，則旬別案記」。繒錦，絲織品之總稱。枲，即麻。❺掌支度衣服飲食薪炭之事　句中「支度」《職官分紀》卷二十五作「度支」。❻司正四人　本卷卷目作「司正二人」。又，新舊《唐書》官志及《職官分紀》卷二十五引《唐六典》原文皆為「司正二人」。❼典正四人　新舊《唐書》官志皆作「典正二人」，唯《職官分紀》卷二十五引《唐六典》原文為「典正四人」。又，在典正員數、品秩後，《新唐書・百官二》除列有本卷卷目中已有的「女史四人」外，另有「阿監、副監，視七品」。此阿監、副監當是監禁和看管宮女違法者，即牢頭。❽掌戒令糺禁謫罰之事　戒令，指告誡和命令。糺即「糾」字。糾禁，糾察違禁行為。謫罰，譴責和處罰宮女中之違法犯罪者。❾牒　公文書之一。此處指下達的文書。

【語　譯】尚功局：

尚功，定員二人，品秩為正五品。

司製，定員二人，品秩為正六品；典製，定員二人，品秩為正七品；掌製，定員二人，品秩為正八品。

司珍，定員二人，品秩為正六品；典珍，定員二人，品秩為正七品；掌珍，定員二人，品秩為正八品。

司綵，定員二人，品秩為正六品；典綵，定員二人，品秩為正七品；掌綵，定員二人，品秩為正八品。

司計，定員二人，品秩為正六品；典計，定員二人，品秩為正七品；掌計，定員二人，品秩為正八品。

尚功的職掌是分管女工勞作進程的考課，總領司製、司珍、司綵、司計四司的官屬。

司製的職責是，掌管衣服裁製以及縫線方面的事務。

司珍的職責是，掌管金玉珠寶錢貨方面的事務。

司綵的職責是，掌管綵物、繒錦、絲麻方面的事務。

司計的職責是，掌管與尚功相關的衣服、飲食、薪炭方面度支的事務。

宮正的定員一人，品秩為正五品；司正四（二）人，品秩為正六品；典正四人，品秩是正七品。

宮正的職掌是，負責對宮人進行法令的告戒，糾察違禁行為，處罰違法犯罪人員等方面的事務。凡是宮人以上的人員，有不克盡職事，違反法式的，由司正和典正起牒報告宮正，由宮正裁定。案事小的，由局司直接處罰；案情巨大的，則要錄狀奏報。

司正和典正，做宮正的助手。

【說　明】宮正是宮內的執法官，其品秩高於諸司長官，而與諸局並級，都是正五品。《新唐書·百官二》在宮正的女史之下，有「阿監、副監」這樣的職名，當是囚禁宮內人犯場所的看管人員。對宮人的處罰可以不通過朝廷的司法機構，直接由宮正裁定，小案即由其執行，大案則須奏聞，聽憑皇帝的決斷。宮內的刑罰往往更加酷烈，且賞罰無常，皇帝情緒不好時，周圍的人「動不稱旨，暴怒笞撻左右」；高興時則又「左右暴有賜與」（《舊唐書・楊貴妃傳》）。武則天對高宗原來的王皇后及蕭良娣的處置更超乎尋常。一次高宗去二人在宮中囚禁所看望，「見其室封閉極密，惟開一竅通食器出入」。不僅如此，武則天得知高宗去看望的消息後，又「令人杖庶人及蕭氏各一百，截去手足，投於酒甕中，曰：『令此二嫗骨醉！』數日而卒」（《舊唐書・后妃傳・廢后王氏・良娣蕭氏》）。一般宮女，稍有閃失，處罰亦非常嚴厲，在宮廷中，經常出現「今日榜宮女，明日抶中宮，罪狀未明，立斃杖下」（《四箴》）的事件。明代，明成祖因懷疑宮人與宦官私通，殺死宮女二千八百人之多，每次處決宮女，他都要「親臨剮之」（《朝鮮李朝實錄中的中國史料》上編卷四）。明神宗亦是如此，據統計，被他打死的宮女有千人之多。立朝持正的刑部侍郎呂坤不得不冒死上奏：「陛下數年以來，疑深怒盛，廣廷之中，狼藉血肉，宮禁之內慘戚啼號，厲氣冤魂，乃聚福祥之地。願少霽威嚴，慎用鞭扑。」（《明史・呂坤傳》）宮女在宮廷中，不僅斷送青春，喪失自由，其中極大多數終生處於被尋常百姓視為天堂的皇宮的最低層，過的是地獄般的恐怖生活。唐代自宮女爬至高位的，亦有一人，名上官婉兒，始生時即與母一起被沒入掖廷。她是西臺侍郎上官儀的孫女，上官儀因替高宗起草黜免武則天詔書而被殺。婉兒年十四，武后召見，以其有文詞，留用身邊，聖曆後，百司表奏，多令參決。中宗即位時，又令專掌制命，拜為昭容。她能與當朝詞學之臣，賦詩唱和，有時一人能代帝、后及長寧、安樂二公主等四人與他人酬和，頃刻之間數首並作，著實令人稱奇。婉兒的得寵，全憑她出眾的才華，這顯然只能屬於個例，並非多數宮女能夠做到。但就是這樣一個曠世才女，李隆基起兵誅韋后，她亦被收，斬於旗下。開元初，玄宗令收其詩筆，編成文集二十卷。

內侍省

【篇旨】本篇記述唐代的宦官機構——內侍省及其所屬五局諸官之定員、品秩、沿革和職掌。

宦官這一奇特的職務，可說是與帝王後宮同時產生的，一般以為周代就有，至於閹人的出現，還可以追溯到更前。宦官雖人數眾多，但由於形同僕役，且「身殘處穢」(司馬遷語)，地位卑微，自秦漢直至南北朝，始終分屬於少府及中宮大長秋這兩個系統，並未形成自己統一的機構，沒有相對獨立的組織系統。隋朝改北齊中侍中省而設置內侍省，唐因隋而使之更臻於完備，從而在宦官發展史上形成了一個新的時期。內侍省這一作為宦官統一管理系統的建置，一直影響了五代和兩宋以及明代，即整整一千年的歷史。

內侍省的宦官領銜者稱為內侍，其副手為內常侍，負責在宮內侍奉后妃，以及妃嬪們出入宮掖的事務。本篇在內侍和內常侍的沿革中，敘述了古代宦官的起源及其建置的沿革，比較系統地介紹了秦漢至隋以前宦官制度的演化和發展。內侍省的下屬有掖庭、宮闈、奚官、內僕、內府五局及其官屬。五局的分工是：掖庭局主管宮禁女工之事，宮女名籍在冊者，由其調遣和管理，並設有宮教博士教以書算和技藝；宮闈局掌管出入宮門鑰匙；奚官局執掌匠隸工役和宮官的品命，以及有關宮女疾病和死亡方面的事務；內僕局負責中宮后妃出入宮廷車乘的導引；內府局掌管內宮寶貨的貯藏以及有關宮殿陳設和供帳燈燭一類事。在內僕局還介紹了唐代皇后和內外命婦的車輿制度及其在歷代的沿革。此外，內侍省還有內謁者監、內謁者和內侍伯，負責皇親命婦朝見皇后時統集人數，規劃班位，以及糾查違犯宮中規章一類的不法之事。

唐代自開元時期肇始的對宦官的使職差遣制，使宦官勢力得以乘機滲透到政治、軍事、經濟各個方面，成為最終導致長達百年之久的宦官之禍的一個重要原因。使職制雖在唐代前期已有，但由於《唐六典》的撰作主要是將唐代令、式加以分析歸類納入諸司職掌編纂成書，因而只在第二卷第二篇吏部司（下）七章側面有所涉及外，全書未有將使職作為一項專題來敘述。至於開元後使職差遣的對象更擴延到宦官且成為一項定制，那已是《唐六典》成書以後，自然更無從涉筆。對此，我們在本篇三章之末約略有所說明，讀者不妨一閱。

一

內侍四人，從四品上。《石氏星經》❶：「宦者四星，在帝座西❷。」《周禮》❸有內小臣❹、閹人❺、寺人❻。鄭玄❼云：「今謂之宦人。」《詩》有〈巷伯〉，寺人孟子之作❽。春秋時皆謂之寺人。戰國趙有宦者令繆賢❾。《漢書．百官表》❿云：「少府，秦官。屬官有中書謁者等令、丞，諸僕射署官皆屬焉⓫。」又云：「詹事，掌皇后、太子家，屬官有中長秋、私府，諸宦官皆屬焉。成帝省，併屬大長秋⓬。」又曰：「將行，秦官。景帝⓭更名大長秋，或用中人，或用士人，秩二千石。」後漢常用宦者，掌奉宣中宮命⓮，凡給賜宗親及謁見關通之，出則從。屬官有丞、中宮僕、謁者、私府、署令⓯。又少府屬官有中常侍⓰，書室、玉堂等署長⓱，冗從僕射⓲，掖庭、永巷、御府、祠祀、鉤盾等令⓳，暴室、永安丞⓴，皆宦者。又太后所居宮卿少府㉑，職如長秋，位在同九卿上。魏改在九卿下㉒。晉大長秋卿有后則置，無后則省。宋、齊因之㉓。梁大長秋主諸宦者，以司宮闈之職，統中署、奚官、暴室、華林等署㉔。陳氏亦同。後魏有大長秋，又置內侍長四人㉕，掌顧問、拾遺、應對。北齊中侍中省有中侍中二人、中常侍四人㉖，掌出入門閤；長秋寺掌諸宮閣，卿、中尹各一人，領掖庭、晉陽中山宮、中宮僕、奚官等令㉗。後周六官有司內上士，又小司內中士、巷伯中士等官㉘。隋內侍省置內侍二人，內常侍二人㉙，內侍則舊長秋，內常侍則舊中常侍也。煬帝大業三年㉚，改內侍省為長秋監㉛，置令一人，正四品；少令一人，從五品；丞二人，正七品，並用士人。罷內親者員㉜，省內僕、內謁者局，所領惟掖庭、宮闈、奚官三署而已㉝，亦參用士人。大業五年㉞，又置謁者員㉟。皇朝依開皇㊱，復為內侍省，置內侍二人，今加至四人。龍朔二年㊲改為內侍監，咸亨元年㊳復舊。光宅元年㊴改為司宮臺，神龍元年㊵復為內侍。中官之貴，極于此矣。若有殊勳懋績，則有拜大將軍者，仍兼內侍焉㊶。

【章　旨】敘述內侍之定員、品秩及沿革。

【注　釋】❶石氏星經　書名。戰國魏石申撰，八卷。原名《天文》，西漢後被尊為《石氏星經》。原書已佚，唐《開元占經》中尚保留有該書大量資料。據研究，其中一部分為西元前四世紀之天象觀測記錄，說明石申在當時曾測量過星表。❷宦者四星在帝座西　《晉書·天文上》稱：帝座之「西北四星曰勢。勢，腐刑人也」。腐刑即宮刑。此處腐刑人即指宦者。❸周禮　儒家經典之一。係搜集周王室官制和戰國時各國制度，添附以儒家政治理想，增減排比而成的彙編。❹內小臣　《周禮》天官冢宰屬員。為宦官，掌王后妃嬪御見之事。《儀禮·燕禮》鄭玄注：「內小臣，奄人，掌君陰事陰令，后、夫人之官也。」《周禮·天官》稱其職司為「掌王后之命，正其服位。后出入，則前驅。若有祭祀、賓客、喪紀，則擯詔后之禮事，相九嬪之禮事，正內人之禮事，徹后之俎。后有好事於四方，則使往。有好令於卿大夫，則亦如之」。其屬有奄上士四人，史二人，徒八人。❺閽人　《周禮》天官冢宰屬員。多以受刑者為之。《禮記·檀弓下》鄭玄注：「閽人，守門者。」《周禮·天官》

稱其職司為「掌守王宮之中門之禁：喪服、凶器不入宮，潛服、賊器不入宮，奇服怪民不入宮；凡內人、公器、賓客，無帥則幾其出入；凡外內命婦出入，則為之闢。掌埽門庭。大祭祀、喪紀之事，設門燎，蹕宮門、廟門。凡賓客，亦如之。」王宮、行宮及御苑，每門設閽人四人。❻寺人　《周禮》天官冢宰屬員。掌宮中對女御和女奴們的戒令。《左傳・哀公十四年》鄭玄箋：「寺，如寺。又音侍，本亦作侍字。寺人，奄人。」《周禮・天官》稱其職司為「掌王之內人及女宮之戒令，相道其出入之事而糾之。若有喪紀、賓客、祭祀之事，則帥女宮而致於有司。佐世婦治禮事。掌內人之禁令，凡內人弔臨于外，則帥而往，立于其前而詔相之。」王后之正內設寺人五人。❼鄭玄　字康成，北海高密（今山東高密）人。曾從馬融學古文經，融稱其能登堂入室。以古文經說為主，兼採今文經說，徧注群經，成為漢代經學集大成者，人稱為鄭學。《十三經注疏》中之《周禮》，即採用鄭注。❽詩有巷伯二句　《詩》，即《詩經》，儒家經典之一，中國最早的詩歌總集。相傳為孔子所刪定，共三百零五篇，分為風、雅、頌三大類，大抵為周初至春秋中葉作品。〈巷伯〉，詩題名，《詩經・小雅》中的一篇。詩作者係西周王朝一名為「孟子」的寺人即宦官所作。巷伯是孟子官名，即以名篇。全詩共七章，抒發因遭人讒毀而內心怨憤之情，末章點明「寺人孟子，作為此詩，凡百君子，敬而聽之」。❾繆賢　戰國趙國的宦官。藺相如曾為繆賢舍人。秦昭王欲得趙之和氏璧，名以十五城相換，實為詭詐。趙惠文王急於尋求對策，宦者令繆賢推薦藺相如可出使秦國，「王問：『何以知之？』對曰：『臣嘗有罪，竊計欲亡走燕，臣舍人相如止臣，曰：「君何以知燕王？」臣語曰：「臣嘗從大王與燕王會境上，燕王私握臣手，曰：『願結友。』以此知之，故欲往。」相如謂臣曰：「夫趙強而燕弱，而君幸於趙王，故燕王欲結於君。今君乃亡趙走燕，燕畏趙，其勢必不敢留君，而束君歸趙矣。君不如肉袒伏斧質請罪，則幸得脫矣。」臣從其計，大王亦幸赦臣，臣竊以為其人勇士，有智謀，宜可使』」（《史記・廉頗藺相如傳》）。繆賢，雖為宦者令，但連燕王亦願與之結友，並能向趙王面薦藺相如出使赴秦，足見其在趙國地位之顯赫和重要。❿漢書百官表　《漢書》，東漢班固撰，一百篇，一百二十卷，為我國第一部紀傳體斷代史。〈百官表〉，即〈百官公卿表〉，係《漢書》中十表之一，第一次比較完整和系統地記錄了秦漢兩代的職官制度。⓫自「少府」至「皆屬焉」　此言少府所屬系統中的宦官機構。其中「諸僕射署官」《漢書・百官公卿表》作「僕射署長」。秦漢時尚未有統一的宦官機構，宦官依其職司分別隸屬於少府及皇后大長秋、皇太子宮系統內的宦官機構。秦漢少府均掌管帝室財政，亦涉及帝室生活各方面事務。由其文屬的內廷宦官機構，有中書謁者、黃門、鉤盾、尚方、御府、永巷、內者、宦者八官令、丞。中書謁者，漢武帝以宦官典尚書事，始加謁者令，其職掌為典領機要，出入奏事，司馬遷、石弘、石顯等西漢宦官，都曾任過中書令。宦者令、丞掌宮中宦者，如閹人許廣漢即曾任宦者丞。少府下屬之諸僕射、署長、中黃門，東漢時明確規定由宦官擔任，如中黃門冗從，主中黃門冗從僕射，居則宿衛，直守門戶；出則騎從，夾乘輿車。又有黃門署長、畫室署長、玉堂署長各一人，丙署長七人，各主中宮別處。（據《後漢書・百官志》）⑫自「詹事」至「併屬大長秋」　此言皇后大長秋系統中之宦官。大長秋，漢代後宮宦官機構名，由秦之詹事、將行二職演化合併而來。秦時由將行掌皇后官屬，至漢景帝六年（西元前一四四年）更名為大長秋。「長秋者，以皇后陰官，秋者陰之始，取其終而長，欲其久也」（《宋書・百官志》注）。詹事，秦時已有置，為掌管太后、皇后、太子諸宮庶務的官員。其屬官有太子率更、家令丞、僕、中盾、衛率、廚長、廄長、中長秋、私府、永巷、倉、廄、祠祀、食官令丞等，皆由宦官出任。成帝時，將其併於大長秋，省詹事。這樣皇后後宮的宦官便都集中於大長秋一個機構，大長秋之職亦有宦官擔任，與少府純用士人不同。少府、大長秋兩系統所屬宦官機構職掌範圍基本相同，唯侍奉對象有別，故有不少同名。成帝，西漢皇帝劉驁，在位二十六年，終年四十五歲。⑬景帝　西漢皇帝劉啟。在位十六年，終年四十八歲。⑭後漢常用宦者掌奉宣中宮命　東漢以宦官掌奉宣中宮命者，即大長秋，定員一人，秩二千石。此官在西漢時或用士人，東漢則專用宦者，凡給賜宗親及宗親謁見則關通之，中宮出則從。⑮丞中宮僕謁者私府署令　皆為東漢大長秋屬官，由宦官充任。丞，即大長秋之丞，定員一人，秩六百石。中宮僕，定員一人，秩千石，主馭。謁者，全稱是中宮謁者，設令，定員一人，秩六百石，謁者定員三人，秩四百石，主報中章。私府，全稱為中宮私府，設令、丞各一人，主中藏幣帛諸物，裁製補浣衣被。署，全稱中宮署，設令一人，六百石，主中宮請署天子數，所屬有女騎六人，丞、複道丞各一人。又，除上述四個由宦官充任的中宮機構外，尚有中宮尚書、中宮永巷、中宮黃門冗從僕射、中宮藥長等，亦皆由宦官充任。⑯中常侍　西漢為加官。初稱常侍，元帝以後稱中常侍。凡列侯、將軍、卿大夫、都尉、尚書以至郎中，加此得出入禁中，常侍皇帝左右。武帝以後參與朝議，成為中朝官。東漢改為專職官員，名義上隸屬少府，實際上直達皇帝。初雜用士宦，後成為高級宦官之專職。《後漢書・百官三》：「中常侍，千石。本注曰：宦者，無員。後增秩比二千石。常侍左右，從入宮內，贊導內眾事，顧問應對給事。」其與侍中之區別在於：侍中是為皇帝贊導外廷眾事，中常侍則為皇帝贊導宮內眾事。故中常侍在眾多宦官中地位特殊。⑰書室玉堂等署長　「書」當係「畫」之訛。《後漢書・百官三》：「黃門署長、畫室署長、玉堂署長各一人。丙署長七人。皆四百石，黃綬。本注曰：宦者，各主中宮別處。以署為名者，皆係中宮之某一處所。」⑱冗從僕射　據《後漢書・百官三》，其全稱為中黃門冗從僕射，定員一人，秩六百石。以宦者充任，主中黃門冗從。居則宿衛，直守門戶；出則騎從，夾乘輿車。⑲掖庭永巷御府祠祀鉤盾等令　指掖庭令、永巷令、御府令、祠祀令、鉤盾令。均係少府屬下，由宦官充任。掖庭，設令一人，秩六百石，掌後宮宮女及貴人採選之事。《漢官》稱其「吏從官百六十七人，侍詔五人，員吏十八人」；「漢法常因八月等人，遣中大夫與掖庭丞及相工，於洛陽鄉中視良家童女，年十三以上、二十已下，姿色端麗，合法相者，載還後宮，擇視可否，乃用登御」，故掖庭實為帝王妃嬪之儲備所。永巷，係宮內道名，以之名官。設令一人，秩六百石，又有丞一人。《漢官》稱其有「員吏六人，吏從官三十四人」。其職掌為典官婢侍使。御府，設令一人，品秩六百石，又有丞、織室丞各一人。《漢官》稱其有「員吏七人，吏從官三十人」。其職掌為典官婢作宮中天子衣服及補浣之屬。祠祀，設令一人，秩六百石，又有丞一人。《漢官》稱其有「從官吏八人，騶僕射一人，家巫八人」。其職掌為典宮中諸小祠祀。鉤盾，設令一人，秩六百石，又有丞一人。典諸近池苑囿遊觀之處。⑳暴室永安丞　指暴室丞、永安丞，均以宦官充任。暴室，為掖庭的附屬，設丞一人。其職掌所記有異。《後漢書・百官三》稱士後宮婦人有疾病者，就此醫治。《漢書・宣帝紀》應劭注則謂「暴室，宮人獄也，今曰薄室」。顏師古另持一說：「暴室者，掖庭主織作染練之署，故謂之暴室，取暴曬為名耳。或云薄室者，薄亦暴也。今俗語亦云薄曬。蓋暴室職務既多，因為置獄主治其罪人，故往往云暴室獄耳。然本非獄名，應說失之矣。」永安，為鉤盾下屬，設丞一人。永安原為北宮小宮名，以之名官。類此由宦官充任的官職尚有苑中丞、果丞、鴻池丞、南園丞各一人，秩二百石。苑中丞，主苑中離宮；果丞主果園。鴻池，池名，在雒陽東二十里；南園，在雒水南，都有園觀，故各設丞管理。㉑太后所居官卿少府　句中「官」，據南宋本當作「宮」。指太后居住之內宮所設置的宮官機構。《後漢書・百官四》稱：「其中長信、長樂宮者，置少府一人，職如長秋，及餘吏皆名為號，員數、秩次如中宮。本注曰：帝祖母稱長信宮，故有長信少府、長樂少府，位有長秋上，及職吏皆宦者，秩次如中宮。長樂又有衛尉、僕為太僕，皆二千石，在少府上。其崩則省，不常置。」太后所居之宮卿，除長樂、長信外，由於太后遷居、宮名更易及數太后同時並立等原因，兩漢還有以永信、永樂、永安等宮名冠於官號之前的太后宮官。太后宮卿的屬官，史籍缺乏系統記載，根據今可考知的封泥印文，有私府、宦者、車府、永巷等官令長丞（參見陳直《漢書新證》一二四頁）。此外散見於史籍的還有「長樂太官丞」、「長樂五官史」、「長樂謁者」、「長樂食監」、「長樂尚書」、「長樂從宮史」等，據此大致可以推知皇太后之宮官機構與皇后之宮官機構基本相同。一般說來皇太后宮官為非常設機構，但由於兩漢歷朝大多有皇太后，如西漢惠帝時有呂太后，文帝時有薄太后，景帝時有竇太后，武帝時有王太后，宣帝時有上官太皇太后，元帝時有王太后，成帝時有王太后，哀帝時更有四太后同時並立；東漢明帝時有陰太后，章帝時有馬太后，自和帝至東漢亡，更可說是皇太后相繼臨朝稱制時期，故兩漢皇太后的宮官實際上已成為常設機構，並隨著太后預政而日益顯赫，其地位往往還要高於皇后的大長秋。太后三卿各與朝廷正卿的衛尉、太僕、少府三卿之官名相同，官秩亦相等，但其地位卻在正卿之上。西漢時太后三卿多以士人任之，東漢亦有以士人任之者，如李膺曾任長樂少府；至於三卿的佐屬官吏，因與太后起居生活關係密切，故悉用閹人。至東漢後期，太后三卿亦漸次常以宦者任之。㉒魏改在九卿下　指太后所屬之三卿，其品秩，兩漢在九卿之上，魏則改為在九卿之下。此舉標誌著皇太后諸卿地位之下降。《晉書·職官》稱：「太后三卿，衛尉、少府、太僕，漢置，皆隨太后宮為官號，在同名卿上，無太后則闕。魏改漢制，在九卿下。及晉復舊，在同號卿上。」㉓宋齊因之　南朝宋、齊因晉制，皆設大長秋。《宋書·百官志》稱：「大長秋，皇后卿也，有后則置，無后則省。」南齊之大長秋，鬱林立皇后時置。㉔統中署奚官暴室華林等署　《隋書·百官上》在此句「中署」之上尚有「黃門」。黃門，主省中諸宦者；中署，指中宮之一處所；奚官，掌奚隸、工役、宮官之品及宮人病喪之事；暴室，參見前⑳注；華林，後宮園苑名，其職掌類似漢之鉤盾。㉕後魏有大長秋又置內侍長四人　《冊府元龜·內臣部總序》稱：北魏自「太和定令職制漸備，內官之品則有中常侍、中尹、中黃門令、內侍長四人，掌顧問、拾遺、應對」。北魏時期的近侍宦職既有由士人充任的侍中、常侍、給事中等職，又有由宦官充任的侍中、中常侍、中給事中等職。其中後一類除上述引文中所列外，見於記載的還有中謁者、中謁者僕射、中秘書等。給事內廷雜務者令、中謁者大夫、中黃門中謁者僕射、中黃門冗從僕射、中謁者小黃門謁者、寺人、閹人及大長秋等職列於階品，並置內的宦官機構，主要是大長秋，其正副長官分別稱長秋卿和中尹，下轄中黃門、掖庭、鉤盾等署。皇太后宮依舊設卿，如崇訓太僕、崇訓衛尉、壽安少府等。北魏宦官的宮職甚多，可考知者不下二十餘種，其品秩一般高於南朝，如大長秋卿，梁僅居第九班，陳列第五品，而北魏先是在從二品上階，後為從三品，且北魏一代，宦官充任內外要職者不可勝數。㉖北齊中侍中省二句　據《隋書·百官中》，北齊設中侍中省，有中侍中二人，中常侍中及給事中各四人。北齊後期，宦官充任中侍中、中常侍者實際人數，遠遠超過上述定員。如《北齊書·恩倖·韓寶業》載：「有陳德信等數十人，多帶侍中、中常侍，此二職乃數十人，又皆封王開府。」中侍中省之下屬有「中尚藥典御及丞，并中謁者僕射，各二人。中尚食局，典御、丞各二人，監四人。內謁者局，統、丞各一人」（《隋書·百官三》）。北齊中侍中省宦官之品秩，中侍中為從三品，以下依次為：中常侍中，正四品上階；中尚食與中尚藥典御，從五品上階；中給事中，從五品下階。㉗自「長秋寺」至「領掖庭晉陽中山宮中宮僕奚官等令」　據《隋書·百官中》，此長句末尾「令」下尚有一「丞」字。北齊內廷有關雜役的管理系統屬長秋寺，由宦官掌握，其長官為卿和中尹，以下尚有丞二人，以及功曹、五官、主簿、錄事等佐吏。長秋卿從三品，中尹正四品上階，長秋寺丞則為從七品上階。北齊一些受到君主寵幸的宦官，還可通過封授爵銜以提高品秩，如加授左右光祿大夫的宦官，品秩即為正二品；開府儀同三司者，為從一品；受封王爵的宦官則可高居正一品。長秋寺之下屬機構，除此處原注所列掖庭、晉陽宮署、中山宮署、中宮僕署、奚官署外，還有中黃門、園池等署。諸署之下又各有屬吏，如中黃門署令、丞之下，又有冗從僕射及博士四人，掖庭、晉陽宮、中山宮等署下，各有宮教博士二人；中山宮署又別有麵豆局丞，園池署下別有桑園部丞，中宮僕署下別有乘黃局散尉、細馬東都尉、車府部丞，奚官署下別有染局丞。㉘後周六官有司內上士又小司內中士巷伯中士等官　《通典·職官典》、《通志·職官略》、《文獻通考·職官考》之內侍職皆稱「後周有司內上士、司內中士」。司內或作內司閽，或作司內。司內中士或稱小司內中士。巷伯中士，王肅云：「今後宮稱永巷，是宮內道名也。伯者，長也，主宮中道官之長。閹人之中，此官最近人主，故謂之巷伯也。」北周初年，中官無見於史者，宣帝即位，酗酒後宮，旬日不出，公卿奏事，始附閹官奏之。㉙隋內侍省置內侍二人內常侍二人　隋文帝開皇時，合中侍中省與大長秋為一，置內侍省。此為歷史上第一次出現的統一的宦官系統，亦為唐內侍省之前身。其時之內侍省長官為內侍、內常侍，各二人。其下尚有「內給事四人，內謁者監六人，內寺伯二人，內謁者十二人，寺人六人，伺非八人，並用宦者。領內尚食、掖庭、宮闈、奚官、內僕、內府等局」（《隋書·百官下》）。其下屬機構之長官，尚食置典御及丞各二人，餘各置令、丞皆二人。其宮闈、內僕則加置丞各一人。掖庭又有宮教博士二人，內侍品秩列居從四品，內常侍為正五品，內給事為從五品；內尚食典御為正六品。㉚煬帝大業三年　即西元六〇七年。大業為隋煬帝楊廣年號。㉛改內侍省為長秋監　煬帝此次改制，長秋監設令、少令各一人，丞二人，並用士人。令正四品，少令從五品。同時又改內常侍為內承奉，置二人，正五品；給事為內承直，置四人，從五品。並用宦者。（據《隋書·百官下》）㉜罷內親者員　《隋書·百官下》作「罷內謁者官」。㉝省內僕內謁者局二句　《隋書·百官下》未言「省內僕、內謁者局」事，但謂「〔長秋監〕領掖庭、宮闈、奚官等三署」，則與此原注第一句同。唯《冊府元龜·內臣部·總序》述及煬帝改內侍省為長秋監時，提到「署內僕署」一句，若句首「署」係「省」之誤，應為「省內僕署」，則「省……內謁者局」仍未有記載可據。又，《隋書·百官下》所載隋文帝時之內侍省其下屬機構為「尚食、掖庭、宮闈、奚官、內僕、內府等局」，即有內僕局而無內謁者局。既然舊制中本無此機構，煬帝改制時又何以簡省？疑所省二局非「內僕、內謁者」，而應是「內僕、內府」。待確考。㉞大業五年　西元六〇九年。大業為隋煬帝年號。㉟又置謁者員　《隋書·百官下》作「又置內謁者員」。㊱皇朝依開皇　指武德初，唐依隋開皇舊制，把隋大業時所改之長秋監復改為內侍省。《新唐書·百官二》：「武德四年（西元六二一年）改長秋監曰內侍監，內承奉曰內常侍，內承直曰內給事。」㊲龍朔二年　即西元六六二年。龍朔為唐高宗李治年號。㊳咸亨元年　即西元六七〇年。咸亨亦為唐高宗李治年號。㊴光宅元年　即西元六八四年。光宅為武則天稱制時年號。㊵神龍元年　即西元七〇五年。神龍為唐中宗李顯年號。㊶若有殊勳懋績三句　此類實例玄宗代已較多。如宦官高力士，加右監門衛將軍，兼知內侍省，甚至玄宗亦不呼其名而呼之為將軍。還有宦官楊思勗，以功拜銀青光祿大夫，行內常侍，遷右監門衛將軍。玄宗後，宦官而位至十六衛將軍者，亦不少，如程元振、魚朝恩、田令孜、仇士良等，都曾出任十六衛將軍或大將軍。

【語譯】 內侍，定員四人，品秩為從四品上。《石氏星經》說：「宦者的天象四星，在皇帝星座的西面。」《周禮》天官的屬官中有內小臣、閹人、寺人這樣一些職官。鄭玄注釋說：「這些職官就是現今所謂的宦人。」《詩經》裏有一篇題為〈巷伯〉的詩，便是寺人孟子的作品。春秋時宦官都稱為寺人。戰國時，趙惠文王設有宦者令，擔任這一職務的便是繆賢。《漢書．百官公卿表》記載說：「少府，是秦代的官稱。它的屬官有中書謁者等令、丞，以及各僕射、署長，也都是它所轄屬的機構。」又說：「詹事，掌管皇后和太子家的事務，它的屬官有中長秋、私府等，各個宦官都隸屬於它。到成帝時，省掉了詹事官，宦官全都歸屬於大長秋。」又說：「將行，亦是秦代的官稱。景帝將它改名為大長秋，有時由宦者擔任，有時由士人擔任，品秩為二千石。」東漢常用宦官亦就是大長秋，負責奉旨傳宣中宮的命令，凡是皇后有賞賜給宗親，宗親要進宮謁見的，都由大長秋傳達通報。中宮皇后出行，大長秋便隨從在左右。它的屬官有丞一人，中宮僕一人，中宮謁者令一人，中宮私府令一人，中宮署令一人等。又，在少府系統的屬官中，由宦官任職的有中常侍、書（畫）室署長、玉堂署長各一人，中黃門冗從僕射一人，掖庭令一人，永巷令一人，御府令一人，祠祀令一人，鉤盾令一人等，還有暴室丞一人，永安丞一人，這些職務都由宦官擔任。又，在皇太后居住的宮殿所設置的宮卿，名少府，它的職務類似皇后中宮的大長秋，但它的階位在同名各卿之上。到曹魏時，皇太后宮卿的階位降了下來，改在九卿之下。西晉時，大長秋卿這一官職，有皇后時便設置，沒有皇后時就省掉。宋、齊因承晉的制度，都設有大長秋。梁朝的大長秋主宮中宦官，管理後宮的各種事務，統領的下屬的機構有黃門、中署、奚官、暴室、華林等署。陳朝與梁朝相同。北魏亦有大長秋，又設置內侍長四人，負責顧問、拾遺和應對。北齊有中侍中省，設置中侍中二人，中常侍中四人，掌管門閤的出入。在後宮另設置長秋寺，掌管宮內各殿的門閤，設置卿和中尹各一人，統領掖庭、晉陽宮、中山宮、中宮僕、奚官等署的令、丞。北周依照《周禮》天、地、春、夏、秋、冬六官設職，設有司內上士，又有小司內中士、巷伯中士等官，都由宦官充任。隋朝開皇年間把後宮兩個宦官機構合併建立內侍省，設置內侍二人，內常侍二人，內侍相當於過去的長秋寺，內常侍相當於過去的中常侍。隋煬帝大業三年，改內侍省為長秋監，設置令一人，品秩是正四品；少令一人，品秩是從五品；丞二人，品秩是正七品，都用士人。又撤銷了內謁者的編制定員，省去了內僕、內謁者（內府）兩個局，這樣長秋監所統領的便只有掖庭、宮闈、奚官三個署了，並且亦參用士人。大業五年，又重新設置內謁者員的編制和定員。本朝高祖武德四年，依照開皇舊制恢復設置內侍省，設置內侍二人，現在已增加到四人。高宗龍朔二年改名為內侍監，到咸亨元年又恢復舊名。武后光宅元年又改名為司宮臺，中宗神龍元年仍舊恢復稱內侍省。宦官的貴幸，到內侍是最高的了。如果有特殊的功勳和巨大的成績，那亦有拜為大將軍的，仍然兼著內侍的職務。

【說　明】本章因敘內侍的定員和品秩，而在原注中追述了唐以前宦官建置的沿革。宦官最早的稱謂有寺人、奄人、腐人等，始見於《詩經》、《周禮》，而其實際出現，可以上溯到商周時代。近代學者在研究中，把出現宦官的可能性與閹割術的發明聯繫了起來。在殷商甲骨文中，已發現有關於商王占卜閹割戰俘能否存活的卜辭，這說明最晚至那時已有了閹人。當然閹人並非就是我們這裏所說的宦官；宦官的出現還有一個更直接的條件，這就是帝王制度，特別是帝王一人可以無限制佔有妻妾這種制度的形成。所謂「宦者四星，在帝座西」（本章原注引《石氏星經》語），是維護帝王制度的一種傳統辦法，即將現實中存在的明明不合理的東西，硬是對應上某種天象使之神聖和永恒。宦官的出現與天象風牛馬不相及。明清之際的著名學者顧炎武就曾說過：「宦官之盛，由於宮嬪之多。」帝王的后、妃、嬪及名目繁多的其他後宮女子，不僅需要有人服侍供奉，亦需要有人加以監視和守護，以便確保她們的貞操絕對只忠實於帝王一人。做這種事用男性當然不行，用女性又無法勝任，於是作為閹人的宦官便出來扮演了這個既是服侍供奉者又是監視守護者的雙重角色。因而無論在內宮外廷，誰也不需要這種用如此殘忍的閹割天性的辦法製造出來的畸形人物：朝臣不需要，皇后、妃嬪和宮女更不需要；需要宦官的只有一個人，那就是皇帝。

在古代，宦官的主要來源是受過宮刑的罪犯。宮刑又稱腐刑，是一個極古老的刑種，在先秦時代因有「公族無宮刑」的規定，遭受此刑者基本上都是社會下層人士。秦漢後，宮刑成為免死之刑，官吏、貴族等社會上層人士，一旦被認定犯有相應之罪亦難以幸免閹割之禍，從而使宦官群體的構成成分也產生了重要變化。兩漢一些有名的宦官便大都曾是宮刑犯。如李延年「坐法腐刑，給事狗監中」（《漢書·李延年傳》）；趙倢伃之父「坐法宮刑，為中黃門」（《漢書·孝武趙倢伃傳》）；許廣漢有罪當死，「有詔募下蠶室，復為宦者丞」（《漢書·孝宣許皇后傳》）；張賀「坐下刑」，後為「掖庭令」（《漢書·張安世傳》）；石顯、弘恭「皆少坐法腐刑，為中黃門」（《漢書·石顯傳》）。漢以後刑人仍然是宦官的主要來源，如北魏宦官宗愛，「以罪為閹人」（《魏書·閹官傳》）；趙黑，是「沒入為閹人」；張祐，因父之故而「充腐刑」；王遇，「坐事腐刑」（同上）。隋代廢除了宮刑，宮刑犯在宦官中的人數遂日益稀少，代之而起的或是地方長官為邀功求寵而自行進獻，所獻閹人有的係搶掠所得，有的購買而來；或是由宮廷派員至各地招募，應招者有的為貪圖富貴而自宮，有的則是被迫出賣的閹童。總之，通過種種方式，中國相延兩千餘年的歷代封建王朝內廷中，始終蓄養著一支足夠帝王役使的宦官隊伍。

宦官建置的制度化，是在秦漢時期，特別是漢武帝以後。但當時宦官並未有自己獨立系統，而是或隸屬於少府，由士人掌管；或隸屬於大長秋（秦稱將行，漢景帝時改此），由宦官或士人掌管。隸屬於少府的宦官機構，有兩種類型：一是侍從皇帝左右，顧問應對，如中常侍、小黃門等；一是負責內廷供養雜役的事務部門，如掖庭令、鉤盾令等。隸屬於大長秋的宦官機構，管轄皇后、太子家的屬官。漢成帝時省詹事官，併屬於大長秋。東漢的宦官建置繼承兩漢的體制，分屬少府和大長秋兩個系統，整個魏晉南北朝，基本仍保持這個格局。如北齊有掌出入門閤的中侍中省，又有掌諸宮闈的長秋寺，兩個系統的地位大致相當，互不統屬。隋唐內侍省的建立，改變了宦官機構設置傳統的二元格局，前廷後宮宦官並歸一統，形成了自己相對獨立的組織系統，這固然有利於集中管理，卻亦為宦官的官僚化並進而干政、專權提供了條件。宦官之職，原為侍奉帝王及其后妃而設，但由於日夜周旋於最高權力中心，若要因寵竊權，有著任何朝臣都無法企及的便利之處，因而歷史上一再演出過宦官專權的鬧劇。舉其甚者，前有東漢後期「十九侯」、「五侯」、「十常侍」相繼弄權，後有唐代始於玄宗朝、終於昭宗世的連綿一百餘年的權閹之禍。特別是在晚唐時期，甚至到了「宦官之權反在人主之上，立君、弒君、廢君視同兒戲」（清趙翼《二十二史劄記》）的猖獗程度！有關唐代宦官制度簡況，擬於下章末尾略作說明。

二

內常侍六人，正五品下。秦有中常侍❶，漢因之，銀璫左貂❷，給事殿省❸，秩千石，並用士人。後漢悉用宦官❹，掌侍左右，入內宮，贊導內外事。永平❺中，始置員數，中常侍四人。和帝❻幼沖，竇憲❼執政，鉤盾令鄭眾❽等專謀禁中，遂收憲印綬❾，超遷大長秋，封鄛鄉侯。由是宦官用事，其員稍增，中常侍至十人，改為金璫左貂。鄧后臨朝❿，委用漸大，兼領卿署，非復掖庭、永巷之職。順帝已下，迭居端要⓫。獻帝末，有董卓之難⓬。自是諸官署悉用士人焉。後魏有中謁者僕射等官員⓭。至太武帝⓮時，有宦人宗愛⓯。文明馮后⓰時，宦官用事，而大者令、僕，小者卿、守；趙默為選曹尚書⓱，張佑封異姓王⓲。北齊中侍中省有中常侍二人⓳，掌出入門禁⓴。隋內侍省內常侍二人，煬帝㉑改為內承奉，正五品。皇朝復為內常侍。

【章　旨】敘述內常侍之定員、品秩及沿革。

【注　釋】❶中常侍　秦官，西漢作加官。初稱常侍，元帝以後稱中常侍。《漢書・百官公卿表》：「侍中、左右曹、諸吏、散騎、中常侍皆加官。」凡列侯、將軍、卿大夫、都尉尚書以至郎中等，加此得出入禁中，常侍皇帝左右。得加官稱號者，為士人，非宦官所專任。❷銀璫左貂　右邊掛銀璫，左邊佩貂尾。即指武冠，亦稱惠文冠，諸武官冠之。璫為耳飾，故又稱珥璫，有玉、金、銀之別，以顯示佩戴者的不同身分。貂即貂尾，附施於冠，原為禦寒，後遂成為飾物。東漢中常侍改服金璫左貂。《後漢書・輿服下》：「侍中、中常侍加黃金璫，附蟬為文，貂尾為飾，謂之『趙惠文冠』」，胡廣說曰：「趙武靈王效胡服，以金璫飾首，前插貂尾，為貴職。秦滅趙，以其君冠賜近臣。」建武時，匈奴內屬，世祖賜南單于衣服，以中常侍惠文冠，中黃門童子佩刀云。」❸給事殿省　指在禁中殿內供職。❹後漢悉用宦官　《後漢書・宦者列傳》稱：「中興之初，宦官悉用閹人，不復雜調它士。」❺永平　漢明帝劉莊年號。❻和帝　東漢皇帝劉肇。十歲即皇帝位，在位十七年，終年二十七歲。❼竇憲　字伯度，扶風平陵（今陝西咸陽西）人，竇融之曾孫，其姐為章帝之皇后竇氏。和帝即位時，竇太后臨朝，竇憲以外戚執政，曾率軍北伐匈奴，北匈奴西遁。❽鉤盾令鄭眾　鉤即「鈎」字。鉤盾令，屬少府，掌京城附近皇家苑囿等。鄭眾，字季產，南陽犨（今河南平頂山市西南）人。為人謹敏有心機，永平初給事太子家。肅宗即位拜小黃門，遷中常侍，和帝初加位鉤盾令，在禁中首謀誅竇憲，以功遷大長秋。永元十四年（西元一〇二年）封為鄛鄉侯，卒於永初元年（西元一〇七年）。東漢中官用權，自鄭眾始。❾收憲印綬　永元四年（西元九二年），和帝十四歲，在鄭眾的策劃下，乘竇憲剛自匈奴班師回京師時，以和帝幸北宮，詔執金吾、五校尉勒兵屯衛南北宮，閉城門，下令收捕憲之黨羽射聲校尉郭璜及璜之子侍中郭舉，衛尉鄧疊及疊之弟步兵校尉鄧磊，皆下獄死；使謁者僕射收竇憲大將軍印，遣憲及其弟篤、景就國，憲、篤、景到國，皆迫令自殺。❿鄧后臨朝　鄧后，名綏，鄧禹之孫女，南陽新野（今河南新野）人。鄧氏在東漢累世寵貴，為外戚中的大族，封侯者二十九人，公二人，大將軍以下十三人，中二千石十四人，列校二十二人，州牧郡守四十八人。和帝崩，鄧后臨朝稱制，前後長達二十年，終年四十一歲。其先立和帝之少子，僅百日之嬰兒，二歲便夭折；繼立安帝，年僅十歲，因而多委用宦官。《後漢書・宦者列傳》稱：「鄧后以女主臨政，而萬機殷遠，朝臣國議，無由參斷帷幄，稱制下令，不出房闈之間，不得不委用刑人，寄之國命。手握王爵，口含天憲，非復掖庭永巷之職，閨牖房闥之任也。」⓫順帝已下迭居端要　意謂順帝後宦官相繼佔據要位。順帝，東漢皇帝劉保，在位十八年，終年三十歲。劉保，安帝之子，後被廢為濟陰王。安帝死，閻皇后立北鄉侯懿，是為少帝，立二百餘日亦死。閻太后與閻顯等擬徵外藩之諸王子簡選，諸王子未至而中黃門宦官孫程等合謀殺閻顯等，擁劉保即帝位，時劉保年僅十歲。事後，與孫程共謀者有十九人皆封侯。桓帝時，梁冀專權，桓帝與宦官中常侍等五人定謀，收梁冀及其宗黨，後此五宦官皆封侯，稱「五侯」，五侯及其宗族賓客虐徧天下。靈帝時，重用宦官張讓、趙忠等，中常侍多至十二人，號「十常侍」，其父子兄弟佈列州郡，所在貪殘，為人蠹害。李固疏稱：「中常侍在日月之旁，形勢振天下，子弟祿位，曾無限極。」（《後漢書・李固傳》）結果是天下仕宦，無一非宦官之兄弟姻戚，窮暴極毒，莫敢誰何。⓬獻帝末有董卓之難　其事發生於獻帝末年，正是此難導致東漢滅亡。初，靈帝死，有二子：劉辯，年十七；劉協，年九歲。時外戚何進居重權，主立辯，宦官蹇碩等主立協。劉辯即位後何進欲乘機誅宦官，私呼并州牧董卓將兵入京，謀洩，宦官張讓等伏兵宮中，先下手殺何進。於是袁術、袁紹及何進部曲吳匡等俱將兵入宮，勒兵捕宦官，無少長皆殺之，張讓等投河而死。董卓亦領兵至京師，又廢劉辯為弘農王，立劉協為獻帝。其後便是董卓專權，軍閥大混戰。董卓，字仲穎，隴西臨洮（今甘肅臨洮）人。桓帝末以六郡良家子為羽林郎，後為并州刺史、河東太守，入京專權不久即為其部下呂布所殺。東漢政權瓦解，獻帝流亡，最後只能依附於曹操，為其傀儡。⑬後魏有中謁者僕射等官員　北魏宦官所任內廷近侍官職甚多，除中侍中、中常侍、中給事中等職外，見於記載的還有中謁者僕射、中謁者、中謁者大夫、中尚食典御、中尚食典藥等，不下二十多種。⑭太武帝　北魏世祖拓跋燾。在位二十七年，終年四十五歲。⑮宗愛　北魏閹官。《魏書·宗愛傳》稱「不知其所由來，以罪為閹人，歷碎職至中常侍」。太武帝以愛為秦郡公，愛離間太武帝與其長子拓跋晃，晃憂憤而死，太武帝痛悼其子，愛懼誅，又弒世祖，並執殺其子秦王翰而立南安王拓跋余，於是以宗愛為大司馬、大將軍、太師，都督中外諸軍事，領中秘書，封馮翊王，位居元輔，錄三省，兼總戎禁，坐召公卿。余即位後，疑愛謀變而奪其權，愛卻因余祭廟而夜殺余。最後是殿中尚書長孫渴侯迎立太武帝之孫拓跋濬，並誅宗愛等。宗愛一人而竟能在宮中連殺太武帝父子四人，足見北魏宦官已猖獗到何等程度。⑯文明馮后　長樂信都（今河北冀縣）人。其父馮朗坐事誅，年十四入宮，高宗拓跋濬時選為貴人，後立為皇后。高宗死，顯祖拓拔弘即位，年僅十二，以皇太后臨朝聽政。太后後有內寵，顯祖誅之，太后不得意，顯祖暴死，時言太后所為。繼立高祖拓跋宏，以太皇太后臨朝聽政，前後在位二十五年，終年四十九。在位時積極推行漢化，卻也委用宦官，如「杞道德、王遇、張祐、苻承祖等，皆拔自微閹，歲中而至王公」（《魏書·文成文明皇后馮氏傳》）。⑰趙默為選曹尚書　默，《魏書·閹官傳》作「黑」，《北史·恩倖傳》作「墨」。字文靜，初名海，本涼州（今甘肅武威等地區）人。海生而涼州平，因沒入為閹人。世祖時使進御膳，遷侍御，典監藏，拜安遠將軍，賜爵睢陽侯，轉選部尚書，後出為定州刺史，進爵為王。北魏宦官任職的範圍，除近侍內廷外，多有出任朝職、軍職及地方官職者。⑱張佑封異姓工　張佑，據南宋本當作「張祐」。字安福，安定石唐（今甘肅涇川）人。其父張成，北魏太武帝末坐事誅，祐充腐刑。積勞至中給事，賜爵黎陽男。文明太后臨朝，中官用事，祐寵幸冠諸宦官，進爵隴東公，加侍中，入八議，並為造甲第，進爵新平王，出入機禁二十餘年。北魏初期對宦官封爵無限制，封王者並不罕見，除張祐外，尚有如宗愛封為馮翊王，王琚封為高平工，趙默封為河內王。受封公爵而見於《魏書》者，便有十人以上。至太和十六年（西元四九二年）才規定非太祖子孫不得封王。⑲有中常侍二人　北齊中侍中省中常侍應是四人。上章原注已記為四人，《隋書·百官中》亦稱：北齊中侍中省「中常侍中、給事中各四人」。⑳掌出入門禁　《隋書·百官中》作「掌出入門閤」。㉑煬帝　隋朝皇帝楊廣。在位十四年，終年五十歲。

【語譯】內常侍，定員六人，品秩為正五品下。秦朝已設有中常侍，漢因承秦制，亦設中常侍，戴惠文冠，右耳有銀璫，左面飾貂尾，在禁中內殿供職，俸秩為一千石，全由士人擔任。東漢中常侍都用宦官。職掌是侍從左右，可以進入內宮，負責贊助導引內外一類事務。明帝永平年間，方始設置定員，中常侍為四人。和帝幼年就即了帝位，實際朝政由外戚竇憲執掌，宦官鈎盾令鄭眾等在禁中經過精心謀劃，終於收繳了竇憲印綬，和帝得以親政，鄭眾因此而被越級提升為大長秋，封鄛鄉侯。從這以後，宦官開始參政用事，宦官的定員亦有所增加，中常侍增加到十人，所戴的武冠亦改為金璫左貂。鄧皇后臨朝稱制時，宦官委用的權限逐漸擴大，可以兼領各個署的長官卿的職務，不再像原來那樣只局限在掖庭、永巷一類職稱了。順帝以後，宦官們更是相繼居於高位要職，到獻帝時，最終導致了董卓之難，從此以後，各個宦官的官署才一律改由士人掌管。北魏的宦官設有中謁者僕射等官職。到太武帝時，出過一個叫宗愛的宦官，在宮中先後謀弒太武帝父子四人。文明馮皇后臨朝稱制，宦官進一步受到重用，宦職大的做到朝廷的令、僕，就是小的亦做到各署的卿或地方的守令；譬如宦官趙默在那時便曾擔任過選曹尚書，張佑（祐）還被封為異姓王。北齊建立中侍中省，設有中常侍，定員為二（四）人，掌管內廷宮門出入的禁令。隋亦設內侍省，置有內常侍，定員二人。煬帝時改名為內承奉，品秩為正五品。本朝恢復稱為內常侍。

【說明】唐代對宦官的管理，大體承襲秦漢以來的制度，但前期與後期亦有所變化。唐初，特別是唐太宗李世民時期，十分注意抵制宦官勢力的發展，如宦官的人數便要受到限制：內廷宦官「咸視國家故事，以三十人為員」（《新唐書・韓全誨傳》）。是否真的限制在三十人，難以確知，但宦官數量大量增加，則是高宗、武則天以後的事。宦官的職責範圍，李世民亦曾有嚴格規定：「不任以事，惟門閤守御，廷內埽除，稟食而已」（《新唐書・宦者傳序》）。對於宦官的品秩，「貞觀中，太宗定制：內侍省不置三品官，內侍是長官，階四品」（《舊唐書・宦官傳序》），而且四品內侍的定員，也只有四人。宦官違法，由朝官懲治。武則天以後，這些規定都被衝破了。首先是宦官的人數大量增加，到中宗時，宦官員額已猛增到三千餘人；接著是宦官任品官數量急遽上升：中宗時「七品已上員外官者千餘人」（《唐會要》卷六五），至玄宗天寶時，更「有高品一千六百九十六人，品官白身二千九百三十二人」（《新唐書・內侍省》）。

《舊唐書・宦官傳》的序文則稱：天寶中「品官黃衣已上三千人，衣朱紫者千餘人」。依照唐初定制，三品以上衣紫，五品以上衣朱，六品以上衣黃。這亦就是說，玄宗天寶年間宦官中官階在五品和三品以上的亦已近千餘人，這與太宗時宦官員額不得超過三十，且明文規定宦官不得入仕，真有天壤之別了！如此眾多的朱紫高官出自宦官，自然形成了一股強大勢力，他們就可以利用來奪回曾經喪失的東西，而且還要一代一代傳下去。宦官的妻妾及養子制度，便是在這種畸型的心理和權勢欲求的促使下時行起來的。如果說，就宦官的總體而言，他們都是帝王制度的犧牲品，既被摧殘了基本人性，又受到當時社會極度賤視，很值得後人同情的話，那麼宦官妻妾、養子制度的出現，實在是宦官們一種不可饒恕的摧殘他人人性的罪行，多少年輕女子因此而成了終生怨婦，多少天真兒童自幼就成了閹人！此制雖始於東漢，但以唐代最盛。如高力士有妻呂氏，李輔國有妻元氏，陳忠盛有妻成氏，孫常楷有妻邵氏等等，可以舉出一大串實例來。有的還不止一個，如憲宗的宦官軍器使李敬實，既有夫人周氏，又有次夫人韓氏。宦官的婚娶以至妻妾的喪葬，都要大擺排場。高力士的「呂夫人卒，葬城東，葬禮甚盛。中外爭致祭贈，充隘衢路，自第至墓車馬不絕」（《舊唐書・高力士傳》）。李輔國的妻元氏是肅宗為他娶的，這自然更是一般朝臣難以企求的殊榮。宦官收養義子，中唐後更為盛行，在上層宦官中沒有養子的，反而成為非常罕見的現象。貞元七年（西元七九一年）德宗詔敕：「內侍五品以上，許養一子，仍以同姓者，初養日不得過十歲。」（《通典・職官九》）這樣的敕令，與其說是對宦官養子作限制，不如說是從法律上首先對其作了肯定。而事實上，就連敕令中提出的這幾項限制，亦並沒有真正貫徹執行。當時宦官收養數子者很普遍，數十子乃至數百子者，亦大有人在。如仇士良有養子五人，彭獻忠有養子六人，楊復光有養子數十人，楊復恭的養子更多達六百以上。至於收養同姓的限制，更無從執行。德宗以前的那些著名宦官中有曾為人收養的，其宦官養父多為異姓，如楊思勗本姓蘇，高力士本姓馮；德宗後的宦官如劉貞良本姓俱，楊復光本姓喬，田令孜本姓陳，楊復恭本姓林，都是後來隨養父改的姓。宦官養子有的是各地進獻的閹兒，有的則是在外面收養兒童將其閹割，待其年齡稍長即送入內廷供奉。權閹的養子亦都成為高品的宦官，有的還能享受門蔭入仕。如仇士良的五個養子，除最年幼的一個外，其餘四人俱「承恩入仕」。由於宦官的養子多復為宦官，養子又有養子繼續再做宦官，所以沒有生育能力的宦官，照樣可以形成世代相傳的宦官家族。唐德宗貞元年間的權閹楊志廉，便是五代養父養子先後相繼活躍在唐王朝政治舞臺上，長達百年之久，號稱「世為權家」（《新唐書・楊復恭傳》）。這樣在中國歷史上，由以一姓血緣為基礎的代代相傳的帝王制度，又派生出了一個非同姓血緣的假性「代代相傳」的宦官制度。歷史的悲劇性還在於：非血緣的假性「代代相傳」，似乎更容易複製、仿製，亦更容易蒙蔽人，因而還有可能比以血緣為基礎的代代相傳的帝王制度延續得更久。這或許該是研究中國歷史中很值得注意的一個問題。關於唐代「始於明皇，盛於肅、代，成於德宗，極於昭宗」（《資治通鑑・唐紀七九》）的宦官之禍，請見下章之末說明。

三

內侍之職掌在內侍奉，出入宮掖，宣傳制令；總掖庭、宮闈、奚官、內僕、內府五局之官屬。內常侍為之貳。凡季春吉日❶，皇后親蠶於公桑❷，享先蠶於北郊❸，則升壇執儀。《周禮❹・內宰》云：「仲春，❺詔王后帥內外命婦❻始蠶於北郊❼，以為祭服❽。」《續漢志》❾：「三月，皇后帥公、卿列侯夫人親蠶，祀先蚕于東郊❿。」魏遵《周禮》，蠶于北郊⓫。晉武楊皇后蠶于西郊⓬，依漢故事。東晉闕。宋孝武大明四年⓭，於臺城⓮西白石里為西蠶，設兆域，置殿七門⓯及蠶觀。歷齊、梁、陳並有其禮。後魏無聞。北齊置蠶功於城北⓰。後周皇后乘翠輅⓱，帥三妃等至蠶所⓲，以少牢親祭⓳，進奠先蠶西陵氏⓴。隋於宮北三里為壇，高四尺，季春上巳，皇后服鞠衣㉑、乘重翟㉒，帥三夫人、九嬪、內外命婦，以太牢㉓制幣祭先蠶於壇上，用一獻㉔。祭訖，親桑，位於壇，東面㉕。尚功進金鉤，典製奉筐。皇后採三條，反鉤；命婦各依班採五條、九條而止；世婦於蠶母受功桑㉖，灑訖，皇后乃還。皇朝因用其禮。凡中宮大駕㉗出入，則為之夾引焉。大駕內謁者四人㉘、內給事二人、內常侍二人、內侍二人，並騎，分左、右。內寺伯一人㉙，領寺人六人，分夾重翟車。

【章　旨】敘述內侍、內常侍之職掌及其沿革。

【注　釋】❶季春吉日　季春，指夏曆三月。吉日，一般指朔日，即陰曆初一。亦指所卜擇之吉日。有的祭祀是有常日的，如冬至、夏至，正月上旬之辛日等。無常日的祭祀凡屬大祀、中祀，則須先卜吉日而祭。享先蠶屬中祀，故須卜日。凡卜日，先舉初旬，如不吉再由中及下。❷皇后親蠶於公桑　指舉行皇后親自採桑飼蠶的儀式。其過程是：「皇后既至採桑位，尚功奉金鉤，自北陛升壇，進，典制奉筐從升。皇后受鉤採桑，典制奉筐受桑，皇后採桑三條，止，尚功前受鉤，典制以筐，俱退復位。皇后初採桑，典制等各以鉤受內外命婦。皇后採桑訖，內外命婦以次採桑，女史執筐者受之。內外命婦一品各採五條，二品、三品各採九條，止，典制等受鉤，與執筐者退復位。司賓引婕妤一人，詣蠶室，尚功帥執鉤筐者以次從至蠶室。尚功以桑授蠶母，蠶母受桑，切之以授婕妤，婕妤食蠶，灑一簿訖，司賓引婕妤還本位。」（《通典．禮七五．親桑》）又，句中「公桑」，南宋本及廣池本作「功桑」。❸享先蠶於北郊　先蠶，唐代所祭之蠶神為天駟。先蠶壇在宮北三里，故稱北郊。皇后親桑之前，要先享祭先蠶於北郊之先蠶壇。唐代皇后舉行過祭享先蠶和親桑儀式的有：高宗王皇后，在顯慶元年（西元六五六年）三月辛巳；武則天，在上元二年（西元六七五年）三月辛卯；肅宗皇后張氏，在乾元二年（西元七五九年）三月己巳。祭享時，由尚宮引皇后進神座前，北面跪奠爵；由尚儀持版跪讀祀文：「維某年歲次、月朔日，子皇后某氏敢昭告於先蠶氏：惟神肇興蠶織，功濟黔黎，爰擇嘉時，式遵令典，謹以制幣犧齋粢盛庶品，明薦於神，尚饗。」（《通典．禮七五．饋享》）皇后再拜，祭酒獻食畢，再由貴妃、昭儀祭獻。❹周禮內宰　即《周禮．天官．內宰》。《周禮》，儒家經典之一。係搜集周王室官制和戰國時各國制度，添附以儒家政治理想，增減排比而成的彙編。內宰，既為〈天官〉篇之章名，亦為天官冢宰屬官，掌王后宮內政令及相關事務，並管理宮內貨賄。設下大夫二人，上士四人，中士八人。❺詔　此處作告或助解。《周禮．天官．內宰》「以八柄詔王馭群臣」句，鄭玄注：「詔，告也，助也。」❻內外命婦　內命婦，謂世婦、女御等，唐代則指皇帝妃嬪及皇太子良娣以下。外命婦，謂卿及士大夫之妻，唐代則指皇室公主及諸王妃以下，和五品以上職官、三品以上散官及勳官之母妻有封誥者。❼始蠶於北郊　依陰陽五行說，天子屬陽，故於孟春之月親耕籍田於南郊，南屬陽；皇后屬陰，故於仲春之月親蠶於北郊，北屬陰。此為《周禮》之制。漢制與此不同，原注已作說明。❽以為祭服　指親蠶後所產之蠶絲，以供織製祭服之用。❾續漢志　指司馬彪所著《續漢書》之志部。劉昭在注范曄之《後漢書》時，將范書與《續漢書》之志合為一書。故今本《後漢書》之志實為司馬彪《續漢書》之志。❿祀先蚕于東郊　「蚕」即「蠶」字。《後漢書・禮儀上》未有此句。《宋書・禮四》稱：「漢儀，皇后親桑東郊苑中。蠶室祭蠶神曰苑窳婦人、寓氏公主，凡二神。祠用少牢。」⓫魏遵周禮蠶于北郊　《晉書・禮志上》稱：「魏文帝黃初七年（西元二二六年）正月，命中宮蠶于北郊。」⓬晉武楊皇后蠶于西郊　晉武，西晉皇帝司馬炎，在位二十六年，終年五十五歲。楊皇后，名艷，字瓊芝，弘農華陰（今陝西華陰）人。武帝太康六年（西元二八五年）楊皇后蠶於西郊，「先蠶壇高一丈，方二丈，為四出陛，陛廣五尺，在皇后採桑壇東南帷宮外門之外，而東南去帷宮十丈，在蠶室西南，桑林在其東，取列侯妻六人為蠶母。蠶將生，擇吉日，皇后著十二笄步搖，依漢魏故事，衣青衣，乘油畫雲母安車，駕六騩馬。女尚書著貂蟬佩璽陪乘，載筐鉤。公主、三夫人、九嬪、世婦、諸太妃、太夫人及縣鄉君、郡公侯特進夫人、外世婦、命婦皆步搖，衣青，各載筐鉤從蠶。桑日，皇后至西郊升壇，公主以下陪列壇東。皇后東面躬桑，採三條，諸妃公主各採五條，縣鄉君以下各採九條，悉以桑授蠶母，還蠶室。事訖，皇后還便坐，公主以下乃就位，設饗宴，賜絹各有差」（《晉書・禮志上》）。⓭宋孝武大明四年　即西元四六〇年。大明為宋孝武帝劉駿年號。⓮臺城　東晉、南朝臺省和宮殿所在地。故址在今南京市雞鳴山南乾河沿北。⓯置殿七門　「門」當作「間」。《漢書・禮儀二》：「江左至宋孝武大明四年（西元四六〇年），始於臺城西白石里，為西蠶設兆域，置大殿七間，又立蠶觀，自是有其禮。」⓰北齊置蠶功於城北　句中「蠶功」，據南宋本應為「蠶坊」。《隋書・禮儀二》載：「後齊為蠶坊於京城北之西，去皇宮十八里之外，方千步，蠶宮方九十步，牆高一丈五尺，被以棘。其中起蠶室二十七口，別殿一區。置蠶宮令丞佐史，皆宦者為之。路西置皇后蠶壇，高四尺，方二丈，四出，陛廣八尺。置先蠶壇於桑壇東南，大路東，橫路之南，壇高五尺，方二丈，四出，陛陛廣五尺。外兆方四十步，面開一門，有綠襜襦，褠衣，黃履，以供蠶母。每歲季春，穀雨後吉日，使公卿一以太牢祀先蠶軒轅氏於壇上，無配，如祀先農。禮訖，皇后因親桑於桑壇。」⓱翠輅　皇后之車十二等，翠輅為第四等，以翠羽飾之。⓲帥三妃等至蠶所　《隋書・禮儀二》記為：「率三妃、三㚤、御媛、御婉、三公夫人、三孤內子至蠶所。」⓳以少牢親祭　少牢，古代祭祀用犧牲，牛、羊、豬全備稱太牢，單用羊或豬稱少牢。《儀禮・少牢饋食禮》鄭玄注：「羊豕曰少牢，諸侯之卿大夫祭宗廟之牲。」但《隋書・禮儀二》稱「以一太牢親祭」，《晉書・禮志上》亦謂「以太牢告祠」；唯《通典・禮六・先蠶》與此處同：「以一少牢親進，祭奠先蠶西陵氏神。」⑳西陵氏　傳說中黃帝之妻，即嫘祖，始教民育蠶治絲繭，故後世祀為先蠶。㉑鞠衣　為皇后六服之一，親桑之服。其色淺黃，如桑葉初生之色。《周禮・天官・內司服》鄭玄注：「鞠衣，黃桑服也。色如鞠塵，象桑葉始生。月令三月，薦鞠衣于上帝，告桑事。」賈公彥疏：「鞠衣者，色如鞠塵色，告桑之服也。」㉒重翟　皇后車名。因以二重翟羽為車兩旁之遮蔽而得名，為王后從王祭祀之車。㉓太牢　古代帝王、諸侯祭祀社稷時，牛、羊、豬三牲全備稱太牢。《公羊傳・桓公八年》何休注：「禮，天子、諸侯、卿大夫，牛、羊、豕凡三牲曰大牢。」亦有專指牛者。《大戴禮記・曾子天圓》：「序五牲先後之貴賤：諸侯之祭牲，牛曰太牢；大夫之祭牲，羊曰少牢；士之祭牲，特豕曰饋食。」㉔用一獻　《隋書・禮儀二》作「用一獻禮」。古代祭祀時獻禮，分初獻、亞獻、終獻。一獻禮，指初獻一次即禮畢，不必上酒和禮拜三次。㉕祭訖親桑位於壇東面　《隋書・禮儀二》作：「祭訖，就（採）桑位於壇南，東面。」指皇后祭祀先蠶後，親桑時，站立於壇之南，面則東向。㉖世婦於蠶母受功桑　句末「功桑」，《通典・禮六・先蠶》作「切桑」。指把已採集之桑葉切碎，以便餵食剛萌生之新蠶。蠶母，指選定為皇后親桑後的養蠶者。晉制，以列侯妻六人為蠶母。《開元禮》稱「內命婦之吉者使蠶於蠶室」，說明蠶母係依一定標準從內命婦中選定之世婦。隋之世婦為婕妤，唐初因之，開元時始改名為美人。㉗中宮大駕　指皇后。㉘內謁者四人　《通典・禮六十七》、《新唐書・儀衛志》均作「內謁者監四人」。㉙內寺伯一人　內寺伯定員應為二人。《通典・禮六十七》、《新唐書・儀衛志》均作「內寺伯二人」。

【語　譯】內侍的職掌是在內廷侍奉皇后，並出入宮掖，宣告和傳達皇后的制令；總領掖庭、宮闈、奚官、內僕和內府這五個局的官屬。內常侍是內侍的副職。每年季春三月，在選定的吉日，皇后到北郊去舉行親自採桑和祭享先蠶的典禮，內侍和內常侍要陪同皇后升壇，執掌祭祀的儀式。《周禮・天官・內宰》在記述內宰的職掌中說：「仲春二月，要協助王后，率領內外命婦到北郊去舉行始蠶的典禮，所出的蠶絲供做祭服用。」《續漢志》說：「三月，皇后率領公、卿和列侯的夫人舉行親蠶的儀式，並到東郊去祭祀先蠶。」曹魏是遵照《周禮》的規定做的，在北郊舉行親蠶的儀式。西晉武帝時楊皇后親蠶是在西郊，依據是漢代的舊制。東晉則缺少這方面的記載。南朝宋孝武帝大明四年，在臺城西面的白石里修築先蠶壇，設置圍牆，建造大殿七門（間），還造了蠶觀。在南朝歷經齊、梁、陳三代，都舉行過親蠶的禮儀。北魏沒有聽說有這方面的記載。北齊是在都城的北面建立了蠶功（坊）。北周在舉行這一典禮時，皇后要乘翠輅，率領三妃等一起到蠶所，用少牢親自祭享，向先蠶西陵氏進奠。隋朝是在宮城北面三里設立舉行親蠶的禮壇，壇高規定為四尺。季春三月的上巳日，皇后穿上鞠衣，乘著重翟輅，帶領三夫人、九嬪、內外命婦，用太牢三牲在壇前祭奠先蠶，採用一次獻。祭祀完畢，皇后親自採桑。她站立的位置是在祭壇（的南面），面向東。採桑開始時，尚功向皇后進上採桑用的金鉤，典制捧著盛桑葉的筐。皇后採桑三條，把鉤交還給尚功；然後內外命婦依照各自的班位品第，分別採擷從五條到九條為止。世婦則從蠶母那兒接過已經切細的桑葉，撒到蠶紙上去，撒葉完畢，於是皇后便啟程還宮。本朝亦沿用隋朝的這套先蠶禮儀。凡是皇后大駕出入後宮，內侍要左右夾從導引。大駕的左右兩邊分列有內謁者（監）四人，內給事二人，內常侍二人，內侍二人，都騎著馬，分為左右兩列。內寺伯一（二）人，率領寺人六人，分夾在皇后重翟輅兩邊。

【說　明】本章及前兩章，均敘內侍省之長官及副官：內侍及內常侍；此後幾章還將敘內侍省所統領的掖庭、宮闈、奚官、內僕、內府五局及內謁者監六個部門。（此外尚有原屬東宮的內坊局，掌東宮閤內及宮人糧廪，開元二十七年（西元七三九年）亦改隸內侍省，因事在《唐六典》已成書後，故篇中未及。）單從這些機構的職掌看，都沒有超出給事內廷雜役的性質，有許多還只是宦官自身管理上的職能。若果如此，唐代後期也許就不會發生那樣長期而深重的宦官之禍了。我們在一章的說明中提到：建立內侍省，宦官有了統一的相對獨立的組織系統，為宦官的官僚化並進而干政、專權提供了條件。但條件要轉化為實際可能，成為現實，還需要一條途徑，在唐代，宦官的專權主要是通過「使職差遣」這條途徑實現的。唐代的宦官之禍，在玄宗後期聽任高力士擅權已初露端倪，並非一開始就由於使職差遣；但使職差遣的普遍化，卻為宦官滲透到各個方面提供了實際可能，通過使職差遣不僅侵奪以至最後取代原來負責該項政務的職事部門，而且臨時性的差遣經過一定時間演化往往成為固定性的官職，以至最終在內侍省之外形成了一個由宦官把持的稱之為「北衙諸司使」或「二十四內司」的內諸使行政系統，達到了與外廷朝官可以分庭抗禮的地步。

關於唐代使職差遣的由來及其發展，我們在本書第二卷第二篇吏部司（下）七章之末，已附有一簡略說明，那裏所說的使職差遣對象並未包括宦官。在太宗時期，對宦官的出任外使是曾有明令禁止的，此後雖並未禁絕，但成為普遍化則始於玄宗後期，特別是在安史之亂以後。就內外使職所使職務的性質而言，大致可以分為：㈠與中樞機要有關的使職，即在中書與皇帝之間，又增加了一個由宦官執掌的樞密使。《資治通鑑》憲宗元和三年（西元八〇八年）正月，胡三省注：「代宗永泰中，置內樞密使，以宦者為之。初不置司局，但有屋三楹，貯文書而已。其職掌惟受表奏，於內中進呈，若人主有所處分，則宣付中書門下施行。後僖、昭時，楊復恭、西門季玄欲奪宰相權，乃於堂狀後帖黃，指揮公事。」如此一來，原本只是中書門下與皇帝之間充當傳達公文中介的樞密使，便變成了淩駕於中書門下之上的另一個決策機構。任樞密使的宦官，如代宗時的董秀，憲宗時的劉光琦、梁守謙等，都參預了中樞決策，樞密使這一使職成了他們賴以專權的階梯。與樞密使相關的有宣徽使，其職掌為總領內諸司及三班內侍之籍，郊祀、朝會、宴饗、供帳之事，是內侍省以上的另一個內侍省。宣徽使分成南北二院，一般以樞密副使兼領，或以宣徽南北二院使「兼樞密副使簽書樞密院者」（《文獻通考．職官十二》）。相類似的還有學士使。唐代設翰林學士，人們目之為「內相」，以宦官充學士使，使其居於帝王與翰林學士之間，從而取得了參預中樞機務的機會。㈡與軍事有關的使職。主要是對邊軍和藩鎮軍的監控和對禁軍的控制這樣兩類。首次軍事使職始於玄宗天寶六載（西元七四七年）。是年高仙芝攻小勃律，以宦官邊令誠為監軍。至天寶末，宦官出任監軍已成定制。安祿山起兵，高仙芝、封常青率兵守潼關，邊令誠仍任監軍。後兵敗，「帝大怒，使令誠即軍中斬之」，於是「令誠以陌刀百人自從」，逼二人就死（《新唐書．高仙芝列傳》）。由此可見加有監軍使職的宦官有何等威勢！安史之亂後，宦官使職監軍更加普遍，如孫知古為郭子儀監軍，魚朝恩為李光弼、僕固懷恩的觀軍容使，邢延恩監房琯軍等。德宗時，更在各個方鎮徧置常駐的監軍機關，稱作監軍院或監軍使院，以監軍使為長，置印，下設副使、判官、小使等。監軍使在藩鎮具有同藩帥分庭抗禮的地位，設置本意是為了加強中央對藩鎮的控制，但實施過程中往往干擾了藩帥的軍事指揮，導致軍事上的屢屢失敗。宦官在軍事方面的使職尚有招討使、排陣使、護駕使、內射生使、軍器使、辟仗使等，涉及軍職的各個方面，而尤為重要的是對禁軍的統領。唐代君主直轄的侍衛禁軍，時稱「北軍」，包括左右羽林、左右神策、左右神威等軍。中唐以後禁軍的主力是左、右神策。神策軍原為邊軍，設於天寶年間。肅宗時，在以陝西節度使郭英乂領神策軍的同時，又使內侍魚朝恩監其軍，後英乂入為僕射，朝恩專將之。代宗避吐蕃東幸，魚朝恩以神策軍奉迎於華陰，於是又以魚朝恩為天下觀軍容使總禁兵，此後神策軍便成了禁軍的主力。至德宗時，以宦官竇文場、霍仙鳴統領神策軍，貞元十二年（西元七九六年）六月，特立護軍中尉二員，中護軍二員，統帥禁軍，以竇文場為左神策護軍中尉，霍仙鳴為右神策護軍中尉，從此直至唐末，由宦官專斷作為禁軍主力的神策軍成為定制，幾代宦官亦因以取得了專制朝政的軍事憑仗。㈢與經濟方面有關的使職。如內莊宅使，管理兩京地區官府莊田；營田使，管理有關屯田方面的事務。此外還有鑄錢使、閑廄使、內作使、五坊使、小馬坊使、市鳥獸使等名目，有的是臨時差遣不常設。就這樣通過各種使職，宦官集團的勢力滲透到了政治、軍事、經濟等方方面面，內侍省已遠離了原來侍奉宣傳的職掌，演化成了一個有職司、有僚屬、有機構、得置印的準官僚衙門，此時的宦官亦不再單純是過去僕役的性質，而成為整個官僚隊伍中一個顯赫的組成部分。但宦官總體的政治、道德、文化素養則遠遠低於一般出身於科舉和士族門第的士大夫，這不僅決定了他們處事往往帶著一種狹隘的私利眼光，對整個政府機構亦帶來了巨大的腐蝕作用。中唐以後，賣官鬻爵成風，貪贓索賄盛行，是整個唐王朝最黑暗的時期。通過兩樞密使和神策軍兩中尉被並稱為「四貴」的宦官，掌握了中央的決策和禁軍的大權，以至有時皇帝也成了他們掌中的玩物。清人趙翼對唐末宦官之禍有一個簡要的概括：「禁軍全歸宦寺，其後又有樞密之職，凡承受詔旨，出納王命多委之，於是機務之重又為所參預。是二者皆極重要之地，有一已足攬權樹威，挾制中外，況兩者盡為其所操乎！其始猶假寵竊靈，挾主勢以制下；其後積重難返，居肘腋之地，為腹心之患，即人主廢置，亦在掌握中。」（《二十二史劄記》卷二〇）唐末，自穆宗至昭宗凡八帝，倒有七帝為宦官所立，其中又有一帝被廢，二帝被殺。唐文宗連自己一個兒子都不能保全，只好看其暴死，因而悲憤地自嘆還不如周赧王和漢獻帝：「赧、獻受制于強諸侯，今朕受制于家奴，以此言之，朕殆不如。」（《資治通鑑・唐紀・文宗開成四年》）就本源而言，宦官這個畸形群體，正是帝王制度罪惡的產物，而重用閹宦、大量給予使職差遣，又是皇帝不信任朝官、破壞正常職官制度的一種反映，因而即使發生宦官之禍，亦只能說咎由自取；倘若以宦官為視角，還可說這是對戕殘人性、製造畸形人者的一種報復。但這只是歷史的一面。歷史的另一面是：在宦官亂世那些最黑暗的年代裏，最大量的災禍又是落到了處於社會最低層的萬千民眾。

唐代宦官的結局是，因南北司的火拼而同歸於盡。昭宗末年，在宰相崔胤和宦官韓全誨之間暴發了唐末最後一場南北司之爭。雙方各自以藩鎮為援：韓全誨挾天子投靠鳳翔節度使李茂貞，崔胤則勾結朱全忠入長安；朱全忠兵困鳳翔，李茂貞被迫求和，鳳翔城內韓全誨等大小宦官七十餘人全部被殺，崔胤挾持昭宗回長安，又殺了在長安的宦官八百餘人。「哀號之聲聞于路，留單弱數十人，備宮中灑掃」。同時傳詔諸節度使，在各處充任監軍的宦官，皆於所在賜死，內廷宦官「以三十人為員，衣黃衣，不得養子」（《新唐書・宦官韓全誨、張彥弘傳》）。宦官集團是被消滅了，不久唐王朝也隨之一朝覆亡。這便應了一句古話：灼木攻蠹，蠹盡而木亦焚。

四

內給事八人❶，從五品下。《周禮》❷有內小臣❸之職，掌王后之命。后出入則前驅，后有好事❹於四方則使往，有好令於公卿大夫❺則亦如之。後漢少府有給事黃門，六百石，常侍左右，止在內宮門，通中外及中宮已下眾事❻。自魏、晉至宋、梁、陳無其職❼。後魏有中給事中，太和二十二年改為中給事❽。北齊中侍中省有中給事中四人❾。煬帝改為內承直❿，從五品。皇朝復為內給事。

主事二人，從九品下。隋內侍省主事二人；開皇十六年⓫，加置內侍主事二十員⓬，以承門閣。皇朝置二人，掌付事勾稽省鈔⓭也。

內給事掌判省事。凡元正、冬至群官朝賀中宮，則出入宣傳⓮。凡宮人之衣服、費用，則具其品秩，計其多少，春、秋二時，宣送中書。若有府藏物所造者⓯，每月中⓰，門司以其出入歷為二簿聞奏，一簿留內，一簿出付尚書比部勾之。

【章旨】敘述內給事、主事之定員、品秩、沿革和職掌。

【注釋】❶內給事八人　內給事之定員，《新唐書・百官二》記為十人，《唐會要》卷六十五則為十八人；唯《舊唐書・職官志》與此處同，亦為八人。❷周禮　儒家經典之一。係搜集周王室官制和戰國時各國制度，添附以儒家政治理想，增減排比而成的彙編。❸內小臣　《周禮》天官冢宰屬官。《儀禮・蕻禮》鄭玄注：「內小臣，奄人，掌君陰事陰令，后、夫人之官也。」其屬員有閹上士四人，史二人，徒八人。❹好事　指皇后對各地親族恩賜等事。❺有好令於公卿大夫　此句《周禮・天官・內小臣》原文無「公」字。好令，指賜予恩澤之令。❻自「後漢少府」至「中宮已下眾事」　此長句中「給事黃門」，即《後漢書・百官三》少府下之小黃門，秩六百石。「門通中外」，當作「關通中外」。同書「小黃門」之本注曰：「宦者，無員，掌侍左右，受尚書事，上(止)在內宮，關通中外，及中宮已下眾事。諸公主及王太妃等有疾苦，則使問之。」其所以止在內宮，同書黃門侍郎條引《獻帝起居注》云：「(袁紹等)誅黃門後，侍中、侍郎出入禁闈，機事頗露，由是王允乃奏比尚書，不得出入，不通賓客，自此始也。」❼自魏晉至宋梁陳無其職　句中「宋」《通典・職官九・諸卿下》作「於」，即不含宋。❽後魏有中給事中二句　第二句中「太和二十二年」，即西元四九八年。太和係北魏孝文帝元宏年號。按：北魏宦官宮職稱謂比較雜亂，如中給事中、中給事常是兩個平行的官稱，並非一定是同一職官太和改制前後的不同稱謂。如李堅，「高宗初，因事為閹人，文明太后臨朝，稍遷至中給事中」；村承祖，「因事為閹人，為文明太后所寵，自御廄令遷中部給事中」；張祐，「世祖末，(父)坐事誅，祐充腐刑，積勞至曹監、中給事；太和十年(西元四八六年)薨」。可見太和十七年(西元四九三年)職官令之前，已有中給事中、中給事、中部給事中這樣三個官稱出現在三人身上。而太和十七年令，只有中給事，沒有其他兩個官稱。而在中給事中已改為中給事的世宗景明中，仍有宦官成軌轉中給事中，就是到靈太后臨朝時，也還有孟鸞、平季任中給事中(以上均見《魏書・閹官傳》)。這些都說明北魏官稱的實際狀況與二次職官令並不完全一致。❾北齊中侍中省有中給事中四人　據《隋書・百官中》，北齊之中侍中省設有「中常侍中、給事中各四人」，但言「給事中」，「給」字上未冠有「中」字。又，北齊另有集書省亦設給事中六人。給事中之品秩為從六品上階，無分其所屬為中侍中省抑或集書省。❿煬帝改為內承直　煬帝，隋朝皇帝楊廣。隋初內侍省設內給事四人，品秩為從五品下階；煬帝改制，改稱內給事為內承直，品秩為從五品。⓫開皇十六年　即西元五九六年。開皇為隋文帝楊堅年號。⓬加置內侍主事二十員　《隋書・百官下》作「內侍省加置內主事二十人」，「內」下無「侍」字。⓭勾稽省鈔　指勾檢稽查來往文書，並省署和抄目。⓮出入宣傳　指群官朝賀中宮時，由內給事出入宣旨和傳喚。⓯若有府藏物所造者　句中「有」南宋本作「用」。⓰每月中　南宋本作「每月終」。

【語譯】 內給事，定員八人，品秩為從五品下。《周禮》的天官冢宰屬官中有內小臣的職位，職責是掌管依照王后的命令處理相關的事務。王后出入中宮，內小臣在前面清路導引；王后對在四方的親族有恩賜，內小臣就奉使前往；王后有賜予恩澤的命令給在朝廷為〔公〕卿大夫的親族的，內小臣亦要奉使前往慰問。東漢的少府設有給事黃門，品秩為六百石，經常侍奉在皇后左右，住在內宮，負責內外的傳達通報，以及中宮的各種雜務。從魏晉到宋、梁、陳，沒有關於這個職務的記載。北魏設有中給事中的職位，太和二十二年改名為中給事。北齊的中侍中省設有給事中四人。〔隋初內侍省設有內給事，品秩為從五品下；〕煬帝時改稱為內承直，品秩是從五品。本朝初年，恢復舊稱內給事。

主事，定員二人，品秩為從九品下。隋朝內侍省設有主事二人，隋文帝開皇十六年，把內侍主事的定員增加到二十人，承擔門閤出入方面的事務。本朝初年，定員改為二人，職掌是交付公事、糾查違失，並省署和抄目。

內給事的職掌是處理內侍省的日常事務。凡是逢到元正、冬至日，群官朝賀中宮皇后時，負責出入宣旨和傳喚。有關宮人的衣服和費用，則根據各人品秩的高低，確定該發放多少，做出總的統計，分春秋二時送報中書省。如果是用內府庫藏的材料所製造的物品，那麼每個月的月中〔終〕，門司要依據這些材料出入時的記錄，做成兩本帳簿向上奏報，一本留內存檔，一本送尚書省比部司勾檢。

五

內謁者：監六人，正六品下。

內謁者十二人，從八品下。後漢大長秋❶屬官有中宮謁者三人，四百石，主報中章❷。後魏、北齊有中謁者僕射❸。隋內侍省有內謁者監六人，內謁者十二人。煬帝三年❹，罷內謁者；五年，又置❺。皇朝因之。

內典引十八人。皇朝置，流外❻。

內寺伯二人，正七品下。《周禮》❼：「寺人❽掌王之內人及女官之戒令、禁令❾。」隋內侍省有內寺伯二人❿，皇朝因之。

寺人六人。隋置，皇朝因之，流外。掌中宮駕出入則執御刀。

內謁者監掌內宣傳。凡諸親命婦朝會，所司籍其人數，送內侍省。命婦下車，則引入朝堂，然後奏聞。

內謁者掌諸親命婦朝集班位。

內典引掌命婦朝參出入監引之事。

內寺伯掌糾察諸不法之事。歲大儺⓫，則監其出入。

【章旨】敘述內謁者局之內謁者監及其所屬諸官之定員、品秩、沿革和職掌。

【注釋】❶大長秋　官名。西漢景帝改將行置。與詹事（中少府）、中太僕等並為後宮高官。西漢或用士人、或用宦者，東漢全用宦官。掌宣達皇后旨意，領受皇帝詔命。秩二千石，有丞一員。❷主報中章　指掌管中宮通報章奏，包括皇后宗親當謁見者為之關通。❸後魏北齊有中謁者僕射　中謁者僕射，北魏始置，由宦官充任。孝文帝太和十七年（西元四九三年）定為五品上，二十三年（西元四九九年）復次職令，改為從八品上。掌管宗親謁見時通報、引入等事務。北魏任中謁者僕射者，據《魏書・閹官傳》有成軌、封津等。北齊中謁者僕射屬中侍中省，定員二人，從八品上。❹煬帝三年　即西元六〇七年。煬帝，隋朝皇帝楊廣，其年號為大業。❺五年又置　五年指大業五年，西元六〇九年。《隋書・百官下》稱：煬帝時「罷內謁者官，後又置內謁者員」。❻流外　隋唐時，列入九品的官員稱流內；其未入九品，多由雜途出身之吏員，稱流外，亦稱「未入流」。❼周禮　儒家經典之一。係搜集周王室官制及戰國時各國制度，添附以儒家政治理想，增減排比而成的彙編。❽寺人　《周禮》天官冢宰屬員，宮內侍御小臣。掌內侍及女宮戒令，糾察宮門出入，佐世婦治禮等事。其屬員有五人。❾掌王之內人及女宮之戒令禁令　內人，宮內女御以下諸宮女之通稱，包括女御、女府、女史、女酒、女籩等。女官，據《周禮・天官》當為「女宮」。女宮，指宮中女奴，多為從坐沒入宮中之女子，亦即所謂奚。戒令、禁令，據同書寺人職掌係女宮之戒令為「相道其出入之事而糾之」，即要告誡和導引女奴們如何出入宮廷；內人之禁令為「凡內人弔臨于外，則帥而往，立于其前而詔相之」，即女御們若奉命到外面去致弔臨哭，則由寺人負責帶領前往，並站在隊列前告訴和幫助她們應如何行禮。❿隋內侍省有內寺伯二人　《隋書・百官下》稱隋內侍省內寺伯之品秩為正九品上階。⓫歲大儺　古時臘前一日，舉行驅除疫鬼的儀式。唐《開元禮》定制：選十六歲以下少年為侲子，著假面，赤色布袴褶，二十四人為隊，一人著假面為方相氏，黃金四目，蒙熊皮，玄衣朱裳，右手執戈，左手執楯，一人領唱，由巫師二人帶領在禁中各門驅鬼，每門以雄雞及酒作祭祀。由內寺伯二人分引儺者於長樂門、永安門入禁中，其唱詞有「凡使十二神追惡鬼凶，赫汝軀，拉汝幹，節解汝肌肉，抽汝肺腸，汝不急去，後者為糧」等。前後鼓譟，由順天門出，詣諸門，出郭而止。

【語　譯】內謁者局：內謁者監，定員六人，品秩為正六品下。

內謁者，定員十二人，品秩為從八品下。東漢大長秋卿的屬官有中宮謁者三人，俸秩為四百石，掌管通報中宮的奏章。北魏、北齊都設有中謁者僕射。隋朝的內侍省設置了內謁者監六人，內謁者十二人。煬帝大業三年撤銷了內謁者的建置，到大業五年，又重新設置了這一官位。本朝因承隋制。

內典引，定員為十八人。本朝設置。品秩定為流外。

內寺伯，定員二人，品秩為正七品下。《周禮》中說：「寺人掌理王宮中對女御和女奴們的戒令和禁令。」隋朝內侍省設有內寺伯，定員為二人。本朝因承隋制。

寺人，定員是六人。隋朝設置，本朝因承隋的這一建置，品秩定為流外。職務是，當中宮皇后大駕出入時，負責執持御刀分列在重翟輅的兩側。

內謁者監的職司是，掌管中宮內制命的宣告和傳喚。凡是諸親命婦朝會時，負責登錄名籍和人數，並報送內侍省。命婦下車時，內謁者監負責引入朝堂，然後向中宮皇后奏報。

內謁者的職責是，諸親命婦朝集時，掌管依品次列位。

內典引的職責是，命婦朝參出入時，掌管有關導引的事務。

內寺伯的職掌是，糾察宮內各種不法的事情。逢到臘前大儺時，要監督參與大儺的成員在宮禁的出入。

六

掖庭局：

令二人❶，從七品下。《詩》之〈巷伯〉也，至秦為永巷❷，漢武帝更名掖庭❸，有令、丞。後漢掖庭令一人，六百石，左右丞、從丞各一人❹，掌後宮貴人眾采女事❺。魏、晉並有掖庭令、黃門令，而非宦者❻。後魏有掖庭監❼。北齊長秋寺統掖庭署令、丞❽。隋內侍省統掖庭令、丞各二人，皇朝因之。

丞三人，從八品下。漢掖庭有左、右丞❾。北齊有掖庭丞。隋有掖庭丞三人❿，皇朝因之。

計史二人。掌料功程事。

宮教博士二人⓫，從九品下。北齊掖庭、中山、晉陽⓬署各有宮教博士二人，隋掖庭有宮教博士十三人⓭，皇朝置二人。

監作四人，從九品下。皇朝置，監宮中雜作之事。

典事十人。皇朝置，流外⑭。

掖庭局令掌宮禁女工之事。凡宮人名籍，司其除附⑮；功桑養蠶，會其課業。

丞掌判局事。

計史掌料功程。

博士掌教習宮人書、筭眾藝。

監作掌監當雜作。典事典諸工役。

【章旨】敘述掖庭局之令、丞及其所屬諸官之定員、品秩、沿革和職掌。

【注釋】❶令二人 唐德宗貞元二十年（西元八〇四年）增掖庭局令四員。❷詩之巷伯也至秦為永巷 《詩》，即《詩經》，儒家列為經典之一。中國最早的詩歌總集，相傳為孔子所編，共三百零五篇，分風、雅、頌三大類。〈巷伯〉，《詩經・小雅》之篇名，為寺人孟子所作，詩中抒發了因遭人讒毀內心的不平和怨憤。鄭玄注稱：「奄官寺人，內小臣也。掌王后之命，於宮中為近故謂之巷伯。」故巷伯又是宮中奄寺之名。此職周時已有。《左傳・襄公九年》：「令司官、巷伯儆宮。」杜預注：「司官，閹臣，巷伯，寺人，皆掌宮內之事。」秦稱永巷。據王肅稱，永巷又為宮內道名，因以稱寺人之機構。《冊府元龜・內臣部總序》：「秦併天下，並建官號，少府之屬，有中書謁者、黃門、鉤盾、尚方、御府、永巷、內者、宦者七官令、丞，諸僕射、署長、中黃門皆屬焉。漢因秦制。」❸漢武帝更名掖庭 漢武帝，西漢皇帝劉徹。在位五十四年，終年七十一歲。《漢書・百官公卿表》稱：武帝太初元年（西元前一〇四年），更名永巷為掖庭。漢宣帝劉詢，係戾太子劉據之孫，巫蠱之禍中，賴廷尉監邴吉得全，後有詔掖庭養視，屬籍宗正。撫養宣帝劉詢的即是掖庭令張賀。事見《漢書・宣帝紀》。❹左右丞從丞各一人 此句《後漢書・百官三》作「左右丞、暴室丞各一人」。❺掌後宮貴人眾采女事 此句《後漢書・百官三》為「掌後宮貴人采女事」，此處多一「眾」字。「眾采女」中之「采女」為名詞，宮庭女官名，東漢始置，並無爵秩，歲時賞賜充給而已。「漢單「采女」為動賓短語，即指採選宮女，掖庭丞正有此職掌，故似以《後漢書》官志所記為是。《後漢書·皇后紀上》云：「漢法常因八月算人，遣中大夫與掖庭丞及相工，於洛陽鄉中閱視良家童女，年十三以上、二十已下，姿色端麗，合法相者，載還後宮，擇視可否，乃用登御。」東漢一些皇后多為先被選入掖庭，後為貴人、皇后的。如和帝之鄧后，「與諸家子俱選入宮，入掖庭，為貴人，時年十六」；安帝之閻后，「以選入掖庭，甚見寵愛，為貴人」；順帝之梁后，「與姑俱選入掖庭，時年十三。相工茅通見后，驚，再拜賀曰：『此所謂日角偃月，相之極貴，臣所未嘗見也。』遂以為貴人」；即使是權貴之家，如桓帝納梁冀之女，亦是「建和六年六月始入掖庭，八月立為皇后」。可見帝王選妃要經過掖庭，已成為東漢一項定制。❻魏晉並有掖庭令黃門令而非宦者　此與東漢末十常侍專權，後又全遭覆滅這一歷史教訓有關。袁術、袁紹等將兵入宮，「宦者無少長皆殺之，或有無鬚而誤死者，至自然髮露然得免，死者二千餘人」（《後漢書·何進傳》）。此後「永巷、掖庭復用士人」（《通典·職官九》）。曹魏建國後，規定「其宦人為官者，不得過諸署令」（《資治通鑑·黃初元年》）。胡三省注云：「謂左右中尚方，中黃左右藏，左校、甄官、奚官、黃門、掖庭、永巷、御府、鉤盾、中藏府、內者等署也。」同時宮禁事務的高品官亦改由士人充當。在晉代，內廷諸署分屬九卿相關部門。據《晉書·職官志》，光祿勳屬官有「東園匠、太官、御府、守宮、黃門、掖庭、清商、華林園、暴室等令」，大鴻臚屬官有「大行、典客、園池、華林園、鉤盾等令」，少府屬官有「統材官校尉、中左右三尚方、中黃左右藏、左校、甄官、平準、奚官」，其中大部分原來是宦官的官署，不少已改由士人統轄。❼後魏有掖庭監　北魏孝文帝太和十七年（西元四九三年）職品令，規定設掖庭監，品秩為從第五品上。❽北齊長秋寺統掖庭署令丞　據《隋書·百官中》北齊長秋寺設卿、中尹各一人，領中黃門、掖庭等署令、丞。❾漢掖庭有左右丞　《漢書·百官公卿表》稱：漢武帝太初元年（西元前一〇四年）改永巷為掖庭，有掖庭八丞，未分左右。《後漢書·百官三》則謂掖庭設左、右丞及暴室丞各一人。據此，此處原注當指東漢而言，句首「漢」上似應增一「後」字。❿隋有掖庭丞三人　《隋書·百官下》稱隋內侍省掖庭丞為二人。⓫宮教博士二人　宮教博士之定員，自北齊始置，至隋唐，多為二員，唯武周如意元年（西元六九二年），曾一度增至「內教博士十八人」（《新唐書·百官二》）。⓬中山晉陽　北齊時都設有行宮，稱中山宮、晉陽宮，故置宦署。中山宮故地在今河北之定縣，晉陽宮遺址在今太原市西南之晉源鎮。⓭有宮教博士十三人　《隋書·百官下》作「有宮教博士二人」。⓮流外　不列入九品，多由雜途出身之吏員稱流外。⓯除附　指宮女之除籍或附籍。宮女之主要來源，據《新唐書·百官二》稱：「婦人以罪配沒，工縫巧者隸之，無技能者隸司農。諸司營作須女功者，取於戶婢。」宮女入掖庭後，即登錄姓名在冊籍，稱附籍；或死亡或因故被遣放出宮，稱除籍。唐代為更新宮女，曾多次遣放年老或多餘的宮女出宮。其事多發生在前後朝皇帝更迭之時。如武德九年（西元六二六年）八月，太宗剛即位，即下詔放出掖庭宮女三千餘人；貞觀二年（西元六二八年）亦曾將一批宮女從太極宮西門遣放出宮；開元二年（西元七一四年）八月，玄宗下詔在崇明門放出一批宮女；大曆十四年（西元七七九年）代宗去世，德宗即位，曾下令遣放宮女百餘人；貞元二十一年（西元八〇五年）德宗去世，順宗即位，出宮女三百人於安國寺，又出掖庭教坊女樂六百人於九仙門，召其親族歸之。

【語譯】掖庭局：

令，定員二人，品秩為從七品下。《詩經》中有一首詩題為〈巷伯〉，這「巷伯」亦是周代宦署的名稱，到秦朝稱為永巷，漢武帝時改名稱掖庭，設置有令一人，丞八人。東漢的掖庭有令一人，俸秩六百石，另有左、右丞及暴室丞各一人，掌理後宮貴人和眾采女（採選宮女）的事務。魏和晉都設有掖庭令、黃門令，但並非宦官所專任。北魏設置有掖庭監。北齊由長秋寺統率掖庭署的令和丞。隋朝由內侍省統率掖庭局，令和丞各二人。本朝因承隋制。

丞，定員三人，品秩為從八品下。〔東〕漢掖庭設有左丞和右丞。北齊設掖庭丞。隋朝掖庭局設丞二人。本朝因承隋制。

計史，定員二人。職掌是負責計量功作進程方面的事務。

宮教博士，定員二人，品秩為從九品下。北齊在掖庭以及中山署、晉陽署，各設有宮教博士二人。隋掖庭局設有宮教博士十三（二）人。本朝設置二人。

監作，定員四人，品秩為從九品下。本朝設置，負責監督宮中雜作方面的事。

典事，定員十人。本朝設置。屬於流外。

掖庭局令的職掌是，分管有關宮禁女工方面的事務。凡是宮女的名籍，由他負責登錄或註銷；有關功桑養蠶的事務，由他會計課業。

掖庭局丞，掌管掖庭局的日常事務。

計史，掌管計量功作進程。

宮教博士，負責教習宮女書算以及各種技藝。

監作，掌管監督各種雜作。典事，具體主持各項工役。

【說明】掖庭是一個歷史比較悠久的宦官機構。周稱巷伯，秦和西漢初期皆稱永巷，漢武帝時始更名為掖庭。西漢時的掖庭掌宮女及宮中獄事，東漢則永巷與掖庭分置，永巷「典宮婢侍使」，掖庭「掌后宮貴人采女事」（《後漢書·百官三》），亦管理宮女勞作事。自漢歷魏晉直至隋，這一機構的設置未曾間斷，但掖庭令之任並非全是宦官，魏晉多用士人，隋亦參用士人。唐代掖庭局的令、丞則專任宦官。其中宮教博士亦兼用士人，至開元末始以中官為之。此外，教坊亦屬於掖庭。唐代掖庭的位置在太極宮城之西側，東西距離不及一里，北與宮城齊，南至通明門，有東門通大內，即嘉猷門，西門外即修德坊。貞觀二年（西元六二八年）尚書省左丞戴胄曾奉敕遣放一批宮女，即由此掖庭西門出之。掖庭宮內有眾藝臺，為宮人習藝之所。內侍省即在掖庭宮之西南。

七

宮闈局：

令二人，從七品下。《周禮》❶有閽人❷，王宮每門四人，掌王宮中門❸之禁，凡內外命婦出入則為之辟❹。隋置❺，皇朝因之。

丞二人，從八品下。隋置，皇朝因之❻。

內閽人❼二十人。《周禮》有閽人之職，皇朝因而置之。

內掌扇十六人。皇朝置之。

內給使❽，無常員。齊職❾有散給使五十人，皇朝因之。

宮闈令掌侍奉宮闈，出入管鑰。凡大享太廟，帥其屬詣于室，出皇后神主❿，置於輿而登座焉；既事，納之。凡宦人無官品者，稱內給使；親王府名散使。若有官及經解免應敘選者，得令長上。其小給使學生五十人。其博士取八品已上散官有藝業者充。皆總其名籍，以給其糧稟。

丞掌判局事。

內閽人掌承傳諸門管籥⓫。

內掌扇掌中宮繖扇⓬。

內給使掌諸門進物、出物之歷⓭。

【章　旨】敘述宮闈局令、丞及其所屬諸官之定員、品秩、沿革和職掌。

【注　釋】❶周禮　儒家經典之一。係搜集周王室官制及戰國各國制度，並附會以儒家政治理想，增刪排比彙編而成。❷閽人　《周禮》天官冢宰屬員，為閽人。❸王宮中門　鄭玄注《周禮》稱：王有五門：一曰外皐門，二曰雉門，三曰庫門，四曰應門，五曰路門。中門即雉門。❹凡內外命婦出入則為之辟　內外命婦，依《周禮》命婦之制，內命婦為三夫人、九嬪、世婦之屬，外命婦指公主及諸王妃以下。辟，即清道，使行人無干。❺隋置　宮闈局始置於隋，設令二人。❻隋置皇朝因之　隋宮闈局設丞三人，唐朝置丞二人。❼內閽人　《新唐書·百官志》作「內閽史」。❽內給使　唐內侍省及東宮置此，由宦官中無官品者充任，無定員。《冊府元龜·內臣部總序》稱唐於「定員之外，復有品官給使之名」。又，憲宗元和十五年（西元八二〇年）「內省所管高品官白身共四千六百一十八人，內一千六百九十六人高品」。所謂「白身」，亦即無職位官品之宦官。❾齊職　《資治通鑑》卷二百零五胡三省注引《唐六典》原注此句作「北齊內職」。❿帥其屬詣于室出皇后神主　古代太廟建築格局通常是正門後為堂，舉行祭祀禮儀之所；堂後為室，安放歷代帝王及其皇后神主。太廟一般是七室，即安放七世先帝先后神主，其次序是：太祖居中，二、四、六世居左，謂之昭；三、五、七世居右，謂之穆。唐代在開元時增至九室，即太祖與四昭四穆。每逢一皇帝去世，太廟之昭穆次序亦即神主之安放位置，便須作相應調整。太廟大享時，各神主須從諸昭穆之室移置於祭壇之座。移置皇后神主屬宮闈令職掌。⓫管籥　原指兩種樂器，即笙、籥（一說籥若笛而短，僅三孔）。此處即指上文之「管鑰」。《禮記・月令》鄭玄注：「管籥，搏鍵器也。」孔穎達疏：「以鐵為之，似樂器之管籥，搢於鎖內，以搏取其鍵也。」即今鑰匙。⓬繖扇　繖指黃傘，扇指羽扇，都是皇帝或皇后朝會或出行時使用的儀仗。⓭掌諸門進物出物之歷　《舊唐書・職官三》作「掌諸門進物出納之曆」。歷、曆可通。

【語　譯】宮闈局：

令，定員二人，品秩為從七品下。《周禮》天官冢宰屬官中有閽人，定員是王宮的每一道宮門設置四人。掌守王宮的中門，執行門禁制度。凡是內外命婦出入時，閽人要為她們清道，禁止閒雜人等通行。隋朝設置宮闈局，本朝因承隋制。

丞，定員二人，品秩為從八品下。隋朝設置。本朝因承隋制。

內閽人，定員為二十人。《周禮》中設有閽人的職位，本朝因承亦設此職。

內掌扇，定員為十六人。本朝始置此職。

內給使，沒有常設的定員。北齊的內宮職務中設有散給使，定員五十人。本朝因承這一設置。

宮闈令的職掌是，負責在後宮門闈內侍奉方面的事務，以及宮門鑰匙的出給和保管。凡是遇到太廟有盛大的祭祀，要率領屬員到太廟各室捧出皇后的神主，放在輿上，舉升到祭壇的神座上去；祭事完畢，再重新把神主安放到太廟各室內。宦人凡是沒有官品的，稱為內給使；如果在親王府，則稱散使。若是原來有官職，經解免期滿而重新敘選的，那就可以在宮闈局長期當值。關於小給使學生，定員為五十人。給他們授業的博士，則取散官品位在八品以上，並有藝業的充當。都由宮闈局總管他們的名籍，以便供給他們廩糧。

宮闈丞的職掌是，主管宮闈局內的日常事務。

內閽人的職掌是，承傳中宮各門的鑰匙。

內掌扇掌管中宮的繖、扇。

內給使掌管中宮各門物品進出的登記。

【說明】宮闈局除侍奉中宮門閽這一主要職掌外，還有兩個附帶的職掌，便是總領內給使的名籍和主管教育宦官的機構。內給使是指沒有品秩和職位的宦官。給使這一稱謂在唐太宗貞觀時期已有見。《資治通鑑》卷一百九十五便記有因差遣給使事引起的魏徵與太宗的一次對話：「司門員外郎韋元方給給使過所稽緩，給使奏之，上怒，出元方為華陰令。魏徵諫曰：『帝王震怒，不可妄發。前為給使，遂夜出敕書，事如軍機，誰不驚駭！況宦者之徒，古來難養，輕為言語，易生患害，獨行遠使，深非事宜，漸不可長，所宜深慎。』上納其言。」此事還互見於《唐會要》卷六十五。引文中的給使即內給使。李世民所以震怒，是因為給使是受他的差遣而司門員外郎居然膽敢延誤發給過所（猶今之通行證）時間。此例說明內給使平時在宮闈局大門口長上，僅僅做一點中門進出物品登錄簿籍之類雜務，一旦皇帝有事，他們之中的幸運者，亦可能有蒙受臨時差遣的恩典，同時亦說明，以閹官充外使，在太宗時已有先例。《貞觀政要·公平》載：貞觀十一年（西元六三七年）「時屢有閹官充外使，妄有奏，事發，太宗怒。魏徵進曰：『閹豎雖微，狎近左右，時有言語，輕而易信，浸潤之譖，為患特深。今日之明，必無此慮，為子孫教，不可不杜絕其源。』太宗曰：『非卿，朕安得聞此語？自今已後，充使宜停。』」但要停止宦官充使，實行起來也不那麼簡單。因為陪伴皇帝日常的是宦官，差遣在起初帶有很大的隨意性，如果皇帝隨口來個差遣，又有誰敢阻止呢？內給使是沒有定員的，無定員既可以理解為所置不多，亦可以被解釋為無所限制。所以要增加宦官數量，內給使便是一個有著無限容量的突破口。唐代究竟有多少內給使，無從統計，在本章注❽《冊府元龜·內部臣總序》的一段引文中，提供了一個數字，憲宗元和十五年（西元八二〇年）時，單是「內省所管高品品官白身」，就有「四千六百一十八人」。

管理宦官教育機構是宮闈局的另一職掌。後宮的教育機構，以宮女為對象的，設在掖庭局；以宦官為對象的，設在宮闈局。讀新舊《唐書》宦官諸列傳，不時可以看到「少閹」、「少為閹」、「幼兒為官者」、「幼以小黃門」、「少以官人直內侍省」一類表述，說明唐代宦官中有相當大一部分是自幼被閹或為各地進獻的閹兒，例如高力士便是武周聖曆年間由嶺南討擊使進獻的閹兒，時以「閩嶺最多，後皆任事，當時謂閩為中官區藪」（《新唐書·吐突承傳》）。當然宦官的業務能力和某些政治才幹，包括那些諂媚阿諛的「基本功」，都是宮廷這個大環境薰冶、培育出來的，但一個閹童，如果不給一定的文化知識教育，多少懂得一點歷史、禮儀之類常識，那也是無法勝任今後職務的。本章中所謂「其小給使學生五十人」，便是宮闈局所屬的宦官學校的學生。說定員為五十，實際人數可能還要多得多。教授者稱博士，選自八品以上散官有藝業者充。後來到了明代，朱元璋為了堵絕宦官干政，曾下令不許宦官讀書識字，但實際上行不通。到宣宗宣德四年（西元一四二九年）又下詔「特設內書堂，命大學士陳山專授小內使書，而太祖不許識字讀書之制，由此而廢」（《明史·職官三·宦官》）。

八

奚官局：

令二人，正八品下。《周禮》❶酒人、漿人、籩人、醢人、醯人、鹽人、冪人、女祝、內司服、縫人❷、守祧❸，並奄官所職也，皆有女奴、奚隸焉。鄭玄❹云：「古者，男、女沒入縣官❺，皆曰奴；少有才知，以為奚。今之侍史、官婢或曰奚，女官❻也。」漢暴室丞，主中婦人疾病者就此室❼，其皇后、貴人有罪亦如之❽。梁、陳大長秋寺統奚官署❾，北齊大長秋寺統奚官署令、丞❿。隋內侍省統奚官局令、丞，皇朝因之。

丞二人，正九品下。隋置，皇朝因之。

典事四人。皇朝因之⑪。

奚官局令掌奚隸二役⑫，宮官品命⑬；丞為之貳。凡宮人有疾病，則供其醫藥；死亡則給其衣服，各視其品、命，仍於隨近寺、觀為之修福。雖無品，亦如之。凡內命婦五品已上⑭亡，無親戚，於墓側三年內取同姓中男⑮一人以時主祭；無同姓，則所司春、秋以一少牢⑯祭焉。

【章　旨】敘述奚官局令、丞及其所屬典事之定員、品秩、沿革和職掌。

【注　釋】❶周禮　儒家經典之一。係搜集周代王室官制及戰國時各國制度，添附以儒家政治理想，增刪排比而成的彙編。❷酒人漿人籩人醢人醯人鹽人冪人女祝內司服縫人　均為《周禮》大官冢宰屬官。酒人，其屬員有奄十人，女酒三十人，奚三百人；職掌為釀造五齊、三酒。漿人，其屬員有奄五人，女漿十五人，奚一百五十人；職掌為供應王者水、漿、醴、涼、醫、酏等六飲。籩人，其屬員有奄一人，女籩十人，奚二十人；職掌為以竹編食器供應祭祀、宴享時盛放所需食物。醢人，其屬員有奄一人，女醢二十人，奚四十人；職掌為祭祀時薦獻豆類祭器所盛之食物。醯人，其屬員有奄二人，女醯二十人，奚四十人；職掌為供應祭祀、饗食所需之醋醃五齊七菹等食物。鹽人，其屬員有奄二人，女鹽二十人，奚四十人；職掌是分理有關鹽務之政令及供給祭祀、賓客及王者膳羞所需用鹽。冪人，其屬員有奄一人，女冪十人，奚二十人；職掌為供給祭祀中覆蓋祭器、祭品所用之巾冪。女祝，其屬員有女祝四人，奚八人；掌理王后內祭祀、內禱祀等事務。內司服，其屬員有奄一人，女御二人，奚八人；職掌是管理王后六種禮服並辨別相關禮制。縫人，其屬員有奄二人，女御八人，女工八十人，奚三十人；職掌是為王及王后縫製衣服。❸守祧　《周禮》春官宗伯屬官。其屬員有八人；男女祧每廟二人，奚四人。其職掌《周禮・春官》記為：「掌守先王先公之廟祧，其遺衣服藏焉。若將祭祀，則各以其服授尸。其廟則有司修除之，其祧則守祧黝堊之。既祭，則藏其隋與其服。」❹鄭玄　字康成，北海高密（今山東高密）人。曾先在太學學今文經學，後又從馬融學習古文經學，徧注三禮及《易》、《詩》、《書》諸經。❺縣官　古指天子。《史記·絳侯周勃世家》：「庸知其盜買縣官器。」司馬貞《索隱》：「縣官謂天子也。所以謂國家為縣官者，〈夏官〉王畿內縣即國都也。王者官天下，故曰縣官。」亦指朝廷、官府。如《鹽鐵論·水旱》「今縣官鑄農器」之「縣官」，即作此解。❻女官　《周禮·天官·酒人》鄭玄注作「官女」。官女係漢時之別號，先秦則稱「宦女」。如《左傳》所載晉惠公有女婢名妾，稱為宦女，指宦事晉公子。❼漢暴室丞主中婦人疾病者就此室　《後漢書·百官三》此句末「室」下尚有一「治」字。兩漢時暴室屬掖庭有幾重職務：一是作為織作染練之署，稱暴室取暴曬之意；二是為后宮婦人治病；三是亦置獄治宮人犯罪者。東漢主治中婦人疾病者，除掖庭暴室外，尚有大長秋屬下中宮藥長一人，以宦官任其職。此處原注把暴室與奚官聯繫起來，由於唐代奚官還擔負著為宮人治療疾病及醫藥的職任。❽其皇后貴人有罪亦如之　東漢時，皇后貴人有罪就暴室者，如桓帝之鄧皇后猛女，於延熹八年（西元一六五年）被廢，「送暴室，以憂死」；靈帝之宋皇后，於和光元年（西元一七八年）被收璽綬，「后自致暴室，以憂死」（《後漢書·皇后紀下》）。❾梁陳大長秋寺統奚官署　《隋書·百官上》稱梁之大長秋「統黃門、中署、奚官、暴室、華村等署」。❿北齊大長秋寺統奚官署令丞　《隋書·百官中》稱北齊大長秋寺統「奚官署，又別有染局丞」。染局本屬掖庭，北齊屬奚官。⓫皇朝因之　據南宋本當為「皇朝置之」。⓬奚隸三役　據南宋本應為「奚隸工役」。⓭宮官品命　指尚宮以下諸局之宮官品秩。⓮內命婦五品已上　指才人以上。包括三妃、九美人、九才人。⓯中男　唐制十六歲以上至二十一歲之男子為中男。⓰少牢　古代祭祀，以牛、羊、豬全牲稱太牢，用羊和豬二牲為少牢。

【語　譯】奚官局：

令，定員二人，品秩為正八品下。《周禮》天官冢宰的屬官中有酒人、漿人、籩人、醢人、醯人、鹽人、冪人、女祝、內司服、縫人和（春官宗伯屬官中的）守祧，都是由閹官所執掌的職位，都有女奴，分成奚和隸，屬於他們管轄。鄭玄在注中說：「古代無論男或女，被沒入官府後，都稱作奴；其中稍有才智的，稱為奚。亦就是現今的侍史、官婢，或者稱之為奚、女官（官女）。」東漢有暴室丞，負責中宮婦女有疾病的可以就暴室醫治；如果皇后、貴人犯有罪時，亦將被禁錮在暴室。南朝的梁和陳是由大長秋寺統轄奚官署，北齊亦是以大長秋寺統轄奚官署的令和丞，隋朝是內侍省統轄奚官局的令和丞。本朝因承隋的制度。

丞，定員二人，品秩為正九品下。隋朝設置，本朝因承隋制。

典事，定員為四人。本朝因（設）置。

奚官局令的職掌是，管理奚隸的二（工）役和宮官的品命。奚官局丞做他的副手。凡是宮人患疾病，就要供給他醫藥；死亡時，則依照他生前的品命，給予入殮的衣服，同時還要在就近的寺宇廟觀為他修福，即使沒有品命，亦要這樣辦理。凡是五品以上的內命婦亡故時，如果沒有親屬，在其墳墓的近側，選擇一個與死者同姓的中男，代為按時主祭三年；如果在墳附近找不到同姓中男，。那就由奚官局在春秋二季各以一少牢給予祭祀。

九

內僕局：

令二人，正八品下。後漢大長秋屬官有中宮僕一人，千石，主馭。北齊長秋寺統中宮僕署令、丞❶。隋內侍省統內僕局令、丞❷，煬帝大業三年❸廢內僕局，皇朝復置。

丞二人，正九品下。隋置三人，皇朝置二人。

駕士一百四十人❹。皇朝置之。

典事八人。皇朝置之。

內僕令掌中宮車乘出入導引；丞為之貳。凡中宮有出入，則令居左，丞居右，而夾引之。凡皇后之車有六：一曰重翟❺，受冊、從祀、享廟則供之。青質，金飾諸末；朱輪，金根，朱牙；其箱飾以重翟羽❻；青油通幰，青油纁朱裏，朱絲絡網，綉紫絡帶，綉紫帷❼；

八鑾在衡❽；鏤錫鞶纓十有二就；金鑁方釳，插翟尾；朱總；駕蒼龍❾。皆隋所制，皇朝因之。二曰厭翟❿，公桑⓫則供之。赤質，金飾諸末；輪畫朱牙；其箱飾以次翟羽；鞶油⓬通幰，紫油纁朱裏，朱絲絡網，紅錦絡帶，紅錦帷；餘如重翟；駕赤騮。內命婦一品以下以次乘之。三曰翟車⓭，歸寧⓮則供之。黃質，金飾諸末；輪畫朱牙；其車幰以翟羽⓯；黃油通幰，黃油纁黃裏，白紅錦絡帶，白闕帷⓰，朱絲絡網；餘如重翟；駕黃騮。闕鞶纓之色⓱，皆從車質也。四曰安車⓲，臨幸⓳則供之。赤質，金飾；紫油通幰，紫油纁朱裏，錦帷，錦絡帶，朱絲絡網；駕四馬。五曰四望車⓴，拜陵臨弔則供之。朱質；青油通幰，青油纁朱裏㉑，織成帷，錦絡帶㉒，朱絲絡網；駕赤騮。六曰金根車㉓，常行則供之。朱質；青油通幰㉔，紫油纁朱裏，織成帷，錦絡帶㉕，朱絲絡網。《周禮》㉖：「王后五輅：一重翟，二厭翟，三安車，四翟車，五輦車㉗。」司馬彪《續漢志》㉘：「皇后法駕㉙，御重翟金根車㉚，交絡帷裳㉛；非法駕，乘紫罽軿車㉜，雲虡畫輈㉝，黃金塗㉞，駕三馬。貴人油畫軿車㉟。」魏因之。《晉輿服志》：「皇后法駕，乘重翟羽蓋金根車，駕青輅㊱，青帷裳，雲虡畫輈，常乘，畫輪車㊲；先蠶，乘油蓋畫雲母車㊳，駕六騩馬㊴，油畫兩轅安車為副㊵，金簿石山軿車、紫絳罽軿車為副㊶。《晉令》㊷：「三貴人曲蓋，九嬪直蓋㊸，皆信幡㊹。」宋、齊、梁、陳略同。後魏皇后從祭御金根車㊺，親桑御雲母車，駕四馬；歸寧御紫罽車㊻，游行御安車，弔問御紺罽軿車㊼，駕三馬。內命婦一品乘油色朱絡網車，朱飾用金塗及純銀㊽；二品、三品乘卷通幰車㊾；四品乘偏幰車㊿。北齊因之。後周皇后車十二等(51)：重翟以從祀、享，厭翟以祭陰社(52)，翟輅以採桑，翠輅以從見賓客，雕輅以歸寧，篆輅以臨道法門(53)，皆錫面(54)、朱總、金鉤(55)；蒼輅、青輅、朱輅、黃輅、白玄等輅，五時出入則供之，制同皇帝。三妃之輅九：篆輅、朱輅、黃玄白等輅，皆勒面(56)、繢總(57)；夏篆(58)、夏縵(59)、墨車(60)、棧車(61)、輅車(62)，皆雕面(63)、鷖總(64)。三妃自朱輅而下(65)，六嬪自黃輅而下，上媛自玄輅而下，下媛自夏篆而下也。

典事掌檢校車乘。

駕士掌調習馬，兼知內御車輿雜畜。

【章旨】敘述內僕局令、丞之定員、品秩及沿革，並由其職掌而詳述皇后六車之制。

【注釋】❶北齊長秋寺統中宮僕署令丞　《隋書・百官中》：北齊長秋寺屬下有「中宮僕署，又別有乘黃局教尉、細馬車都尉、車府部丞」。❷隋內侍省統內僕局令丞　《隋書・百官下》：隋內侍下屬五局中有內僕局，設令二人，丞三人。❸煬帝大業三年　即西元六〇七年。大業為隋朝皇帝楊廣年號。煬帝在位十四年，終年五十歲。❹駕士一百四十人　《舊唐書・職官三》作「駕士二百人」，《新唐書・百官二》則與此處同。❺重翟　皇后六車之一。因以二重翟羽飾車兩旁之藩故名。《周禮・春官・巾車》鄭玄注：「重翟，重翟雉之羽也。……后從王祭祀所乘。」又，《周禮》規定王后有五輅（見後文原注），孫詒讓正義：「此重翟為后五輅之首。」始於周代，歷朝相因。其形制，《宋史・輿服志二》有比下文原注更形象說明，其文稱：「重翟車，青質，金飾諸末，間以五采。輪金根朱牙。其箱飾以重翟羽，四面施雲鳳、孔雀，刻鏤龜文。頂輪上施金立鳳、耀葉。青羅幰衣一，紫羅畫雲龍絡帶二，青絲絡網二，青羅畫雲龍夾幔二。車內設紅褥及座，橫轅上施立鳳八。香匱設香爐，香寶，香匱飾以螭首。前後施簾，長轅三，飾以鳳頭，青繒裹索。駕青馬六，馬有銅面，插翟羽，鞶纓，攀胸鈴拂，青屜，青邑尾。」❻自「青質」至「飾以重翟羽」　此言重翟車之車身、車輪及車廂之顏色與裝飾。青質，車身以青色為底色。金飾諸末，以金色裝飾諸末端。《周禮》賈公彥疏：「諸末者，凡車上之材，於末頭皆飾之，故云諸末也。」鄭樵《通志略》：「末有五：轅一，轂二，箱三。」朱輪金根朱牙，輪子為正紅色，輪輻的根部為金色。牙，多指輪輞，亦指組合成輪輞的曲木，因交接處成齒形故稱。《周禮．考工記．輪人》：「牙也者，以為固抱也。」鄭玄注引鄭眾云：「牙，讀如跛者訝跛者之訝，謂輪輮也。世間或謂之罔，書或作輮。」其箱飾以重翟羽，在車廂兩旁飾以雙重雉羽。箱指車廂；翟即雉。❼自「青油通幰」至「綉紫帷」 此言重翟車車蓋前後之車幔及相關飾物。幰，亦作「𢅥」，張在車蓋上方的車幔。《釋名．釋車》：「𢅥，憲也，所以禦熱也。」有通幰、偏幰之分：前後通貫的稱通幰，只張前部的稱偏幰。青油燻朱裏，燻，指薰衣草。可熬製油劑，車幔經薰衣草油的塗飾，能散發芳香。以此油劑染成各種顏色，以下諸車便是。青油通幰外面為青色，裏面則正紅色。又，此句南宋本及《舊唐書．輿服志》均作「青油纁朱裏」。纁，《爾雅．釋器》：「三染謂入為纁。」若指以青油多次浸染，似亦可通。後文諸車原注中，四庫本與南宋本及《舊唐書》亦「燻」、「纁」互異。朱絲絡網綉紫帷，綉即「繡」字。《舊唐書．輿服志》詞句次序與此不同，為「繡紫帷，朱絲絡網，繡紫絡帶」，當是。繡紫帷，指車頂部車幔外的一層作為裝飾的繡有花紋的紫色短帷。朱絲絡網，是帷下懸掛的紅色網帘，以為車幔外的裝飾。繡紫絡帶，繡有花紋的紫色帶子，用以繫掛車幔，亦便於皇后乘車時進出。❽八鸞在衡 在重翟車的衡木上懸掛有八隻鸞鈴。鸞，指銅鈴，以鈴聲若鸞鳥之啼鳴而名之為鸞。衡，車轅上的橫木。❾自「鏤錫」至「駕蒼龍」 此言與重翟車相配之馬及其裝飾物。鏤錫，當作「鏤鍚」。鍚音陽，亦寫作「鍚」，非「錫」。鏤鍚，古代馬額上的金屬裝飾物。其形如半月，用銅鏤刻製成，馬行時能發出聲音，漢代稱為「當盧」。《說文解字》：「鍚，馬頭飾也。」《詩．大雅．韓奕》：「鉤膺鏤鍚。」《毛傳》：「鏤鍚，有金鏤其鍚也。」鄭玄箋：「眉上曰鍚，刻金飾之，今當盧也。」鞶纓，即樊纓。鞶為馬服帶，或稱馬大帶。纓，馬頸革，或稱馬鞅。《周禮．春官．巾車》鄭玄注：「鞶，謂今馬大帶也。鄭司農云：『纓，謂當胸。』」十有二就，即十二重，十二匝也。鞶纓五采，齊繞一圈為一就，十二就即繞十二圈。賈公彥疏：「賈[逵]馬[融]亦云：『鞶纓，馬飾在膺（胸），前有十二匝，以毛牛尾塗金十二重。』」金鑁，鑁，字書無此字，應為「鍐」。金鍐，馬首飾物。蔡邕《獨斷》：「金鍐者，馬冠也。高廣各四寸，如玉華形在馬鬉前。」方釳，亦稱防釳，省稱釳。馬首飾。上有孔，可插翟尾或鐵翮，亦有防羅網掛礙的作用。一說方釳置於車轅兩旁，防馬相突。《晉書．輿服志》：「釳，以鐵為之，其大三寸，中央兩頭高，如山形，貫中以翟尾而結著之也。」翟尾，即雉尾之羽毛。朱總，《隋書．禮儀五》：「總以朱為之，如馬纓而小，著馬勒，在兩耳兩鑣也。」鑣，亦作「鑣」。絎斂馬銜之器件，兼作裝飾。銅質，亦有用鹿角製者，近年考古發現商代已有此物。駕蒼龍，指駕重翟車者，為青色馬匹。❿厭翟皇后六車之二。厭通「壓」。用雉之羽毛按次序疊壓以為車旁蔽飾之安車。《周禮・春官・巾車》鄭玄注：「厭翟，次其羽使相迫也。」始於周代，《周禮》王后五輅之一，隨王賓饗諸侯乘之。歷代相因，後王妃、公主等亦可乘用。隋唐時皇后親桑則供之。⓫公桑　指親桑。皇后每年仲春乘厭翟至郊外主持親桑典禮。按：此下諸車之原注，言車身、車輪、車廂、車幔之顏色及相關飾物，及與其相配之馬匹、馬飾等，凡與重翟車僅有顏色相異者，請參見前注，不再另注。⓬鞶油　據南宋本當作「紫油」。⓭翟車　皇后六車之三。因車廂飾以雉羽故稱。《周禮》王后五輅之一。鄭玄注：「翟車，不重不厭，以翟飾車之側爾……有握，則此無蓋矣，如今軿車是也。」清劉啟瑞《大清會典圖》卷八十九：「翟車，木質，髹以明黃，蓋飾金翟，左右及後皆繪金翟。門上鏤金翟相向，坐具繡彩翟，轅鉆以鐵鋑銀。」⓮歸寧　古代已嫁女子回娘家省視父母。《詩經・周南・葛覃》：「歸寧父母。」亦指男子歸省父母。此處指皇后回娘家省親。⓯其車幰以翟羽　據南宋本及《隋書・禮儀五》此句當為「其車側飾以翟羽」。⓰白闕帷　據南宋本，「闕」係「紅錦」二字。補上後全句為「白紅錦帷」。⓱闕鞶纓之色　據南宋本，「闕」為「諸」字。其句為「諸鞶纓之色」。⓲安車　皇后六車之四。可供坐臥，形制稍低，無翟羽作裝飾。《周禮・春官・巾車》：「安車，雕面（用漆韋雕刻為文作馬面之飾）鷖總（用青黑色的鷖鳥毛做馬頭之飾），皆有容蓋（車四周的裳帷和車蓋）。」為王后五輅之一。鄭玄注：「安車，坐乘車，凡婦人車皆坐乘。」賈公彥疏：「若則王后五路車皆是坐乘，獨此得安車之名者，以餘者有重翟、厭翟、翟車、輦車之名可稱，故獨得安車之名。」《宋史・輿服二》稱：安車「車內設褥及坐」。⓳臨幸　指皇后出訪。⓴四望車　皇后六車之五。因其有車窗可四望而名。《隋書・禮儀五》：「四望車，制同犢車。」《宋書・禮五》：「犢車，軿車之流也，漢諸侯貧者乃乘之，其後轉見貴。」「又以雲母飾犢車，謂之雲母車，臣下不得乘，時以賜王公。晉氏又有四望車，今制存焉。」四望車起於晉代，以牛牽引與軿車同一類型；後來才改以馬駕車。所謂軿車，即有屏障之車。《釋名・釋車》：「軿車，車屏也。四面屏蔽，婦人所乘牛車也。」《後漢書・輿服志》：「太皇太后、皇太后，非法駕，則乘紫罽軿車。」㉑青油通幰青油纁朱裏　句中二「青」字，《通典・禮二十五》及《舊唐書・輿服志》並作「紫」。《新唐書・車服志》作「青油纁朱裏通幰」。㉒錦絡帶　《通典・禮二十五》作「通畫絡帶」；《舊唐書・輿服志》作「油畫絡帶」。㉓金根車　省稱金根。皇后六車之六。亦為帝王所乘。古讖諱之說，帝王有德，則山出根車。傳說殷時曾得此瑞車。秦併天下，以金飾之，因稱金根車。《後漢書・輿服上》：「秦并天下，閱三代之禮，或曰殷瑞山車，金根之色，漢承秦制，御馬乘輿。」又：「太皇太后、皇太后法駕，皆金根，加交絡帳裳。」《晉書・輿服志》：「金根車，駕四馬，不建旗幟，其上如畫輪車，下猶金根之飾。」所謂金根，即以金飾諸末。㉔青油通幰　「青油」當為「紫油」。下文即為「紫油纁朱裏」。

且《通典・禮二十五》及新舊《唐書》服志皆作「紫油通幰」。㉕錦絡帶　《通典・禮二十五》及《舊唐書・輿服志》並作「油畫絡帶」。㉖周禮　儒家經典之一。係搜集周王室官制及戰國各國制度，添附以儒家政治理想，增減排比而成的彙編。下引《周禮》「王后之五輅」出自《周禮・春官・巾車》。㉗輦車　《周禮・春官・巾車》云：「輦車，組輓，有翣，羽蓋。」鄭玄注：「輦車，不言飾，后居宮中從容所乘，但漆之而已。為輇輪，人輓之以行。有翣，所以禦風塵；以羽作小蓋，所以翳日也，故書翣為毼。」㉘司馬彪續漢志　司馬彪，字紹統，西晉宗室，河內溫縣（今河南溫縣之西）人。西晉初年為秘書郎轉丞。著《續漢書》八十篇，其中志八篇，即《續漢志》。劉昭注范曄《後漢書》時，將司馬彪《續漢志》與范著合而為一書，加以注釋，分為三十卷。故今《後漢書》之志，即司馬氏之《續漢志》。㉙法駕　指皇后參加禮儀活動時之車輿。㉚重翟金根車　即重翟車。車飾與漢代天子的金根車相同，並蔽以重翟。㉛交絡帷裳　交絡，即絡網。指加於車帷上之絲質網狀絡繩以為裝飾。《後漢書・劉盆子傳》：「乘軒車大馬，赤屏泥，絳襜絡。」李賢注：「襜，帷也。車上施帷以屏蔽者，交絡之以為飾。」《續漢志》曰：王公列侯安車，加交絡帷裳也。」帷裳，省稱帷，亦稱裳幃、幢容，圍車之帳幔，因如裙故稱。《詩經・衛風・氓》：「漸車帷裳。」《毛傳》：「帷裳，婦人之車也。」鄭玄箋：「帷裳，童容也。」鄭司農云：「容謂襜車，山東謂之帷裳，或曰童容。以幃障車之旁，以為容飾，故謂之帷裳，或謂之童容。其上有蓋，四旁垂而下謂之襜。」㉜紫罽軺車　罽，應為「罽」。下同。《續漢志》作「紫罽軿車」。《釋名》：「軿，屏也。四屏蔽，婦人乘牛車也。」紫罽，一種紫色毛織品，用以製作車之屏蔽和車幔。㉝雲虡畫輈　虡、輈為車之零部件。虡，原為懸掛鐘磬木架兩側之木柱，此處則指懸掛車幔之木架兩側之柱子。輈，亦即轅，連接車衡與車廂之長木。曲木單轅稱輈，直木雙聚轅稱轅，泛稱則不別。意謂在虡上畫有雲彩，在車轅上亦繪有花紋。㉞黃金塗　《續漢書・輿服志》「塗」下尚有「五末」二字。實即金飾諸末。五末，鄭樵《通志略》謂：「五末，轅一，轂二，箱二。」㉟貴人油畫軿車　《後漢書・輿服志》作「大貴人、貴人、公主、王妃、封君，油畫軿車」。㊱青駱　青灰色之馬匹。㊲畫輪車　《晉書・輿服志》稱：「畫輪車，駕牛，以綵漆畫輪轂，故名曰畫輪車。上起四夾杖，左右門四望，綠油幢，朱絲絡，青交路（絡），其上形制如輦，其下猶如犢車耳。古之貴者不乘牛車，其後稍見貴之。自靈獻以來，天子至士遂以為常乘。」又云：「非法駕，則皇太后乘輦，皇后乘畫輪車。」㊳油蓋畫雲母車　《晉書・輿服志》作「油畫雲母安車」。此處「蓋」字疑衍，而「母」下又脫一「安」字。㊴六驪馬　南宋本及廣池本均為「六騩馬」。驪為深黑色之馬，騩為淺黑色之馬。㊵油畫兩轅安車為副　《晉書・輿服志》作「油畫兩轅安車，駕五騩馬，為副」。副，指隨從於皇后主車後之副車，對主車起護衛作用。天子副車有三十六乘。㊶金薄石山駢車紫絳罽駢車為副　《晉書・輿服志》作「金薄石山軿、紫絳罽軿車，皆駕三騘馬，為副」。此句中「簿」當是「薄」之誤，「騂」當是「軿」之誤。兩種皆為張有帷帳之軿車，古代后妃及貴族婦女所乘，其區別只是在於駕車馬匹之數量及車之色彩、花紋有所不同。㊷晉令　四十卷，賈充等撰。《舊唐書．經籍志》等有著錄。㊸三貴人曲蓋九嬪直蓋　蓋，即車蓋。其形如傘，有柄，用以蔽日禦雨。用環插立於輿與軾之間，不固定，不用時可以卸下。蓋分成直柄、曲柄：直柄，柄在傘下；曲柄則傘懸於柄之曲頭之下。曲柄、直柄又有顯示尊卑之意，故此處言「三貴人曲蓋，九嬪直蓋」。㊹信幡　古代以幡傳命，信幡猶符節之類。插於車上以顯示乘車者之身分，亦用以裝飾。㊺後魏皇后從祭御金根車　據《魏書．禮志四》，北魏在肅宗熙平元年（西元五一六年），中侍中劉騰提出更新中宮車輿之制，時肅宗僅六歲，靈太后胡氏稱制，令「付尚書量議」。其間太常主張依《周禮》備造五輅，國子監太學博士認為應依漢晉，尚書省大臣及相關人員集議則提出「宜同至尊」，即皇后與皇帝的乘輿相同。最後靈太后定制以國子監依漢晉之建折中。故北魏末皇后車制為漢晉舊制略作調整。皇后從祭，指皇后隨從皇帝祭天地宗廟，此時所用法駕為金根車，駕四馬，加交絡帷裳。㊻紫罽車　據《魏書．禮志五》「罽」下缺「軿」字。㊼紺罽軿車　紺為天青色。指以青色之毛織品作為屏蔽之軿車。《魏書．禮志四》：「小行則御紺罽軿車，駕三馬，以哭公主、王妃、公侯夫人。」㊽內命婦一品乘油色朱絡網車二句　此為參照正從第一品執事官、散官及儀同三司、諸公主的車乘。又，據《隋書．禮儀五》，第二句之首脫一「車」字，「朱」字應為「牛」字。補正後，二句為「乘油色朱絡網車，車、牛飾用金塗及純銀」。㊾二品三品乘卷通幰車　據《隋書．禮儀五》，此下尚有「車、牛飾用金塗」一句。㊿四品乘備幰車　句中「備」，據《隋書．禮儀志五》當作「偏」。幰若前後通貫稱通幰，只張前部者則稱偏幰。又，《隋書．禮儀五》記為：「四品已下，七品已上，得乘偏幰車，車牛飾用銅。」51後周皇后車十二等　即下文所列十二車名，與《隋書．禮儀五》所錄同。多數僅有紋彩或顏色有異，形制大體相同。其中，自重翟至篆輅為六等，自蒼輅至玄輅亦是六等，但為了配合五色，青與蒼又是重疊的，故此處原注把白輅、玄輅合在一起，成為白玄輅。這些名稱多為湊合數字而設，近乎遊戲，並無多少實際應用價值。52陰社　指社稷。社稷是陰神，以北面為尊。53道法門　指佛道二教諸種法會。54錫面　應為「鍚面」。即鏤鍚，漢時稱當盧。見前9注。55金鉤　鉤即「鈎」字。鈎為馬頷之革絡飾品，因塗有金色而稱金鈎。《周禮．春官．巾車》：「金路，鈎。」鄭玄注：「鈎，婁頷之鈎也。」賈公彥疏：「鈎在膺前。以今驗古，明鈎是馬婁頷也」，「亦用金為飾」。56勒面　馬面飾，亦為當盧的一種。《周禮．春官．巾車》鄭玄注：「以如王龍之韋為當面飾也。」按王之龍勒以白黑雜色飾韋為之，據此勒面即是以黑白飾韋，製作而成之馬面飾。參見前9注。57繢總　彩色之馬總。繢，五彩。總，見前9注。58夏篆　《周禮》服車之一。車轂外裹以革，畫五彩色，並刻凹凸花紋。《周禮．

春官・巾車》：「服車五乘，孤乘夏篆。」鄭玄注：「篆讀為圭瑑之瑑。夏篆，轂有約也。」轂為車輪中心之圓木，約即指轂間瑑刻之凹凸花紋。❺❾夏縵　《周禮》服車之一。在車轂中間有五彩色，不雕刻，是卿所乘之車。縵，指綿帛。《周禮・春官・巾車》：「卿乘夏縵。」鄭玄注：「夏縵也，五彩畫，無瑑。」❻⓪墨車　《周禮》服車之一。無畫紋，僅以墨漆塗之，故名墨車。《周禮・春官・巾車》：「大夫乘墨車。」鄭玄注：「墨車，不畫也。」❻❶棧車　又作「轏車」。《周禮》服車之一。用竹木製作車身，以漆漆之。為士所乘之車。《周禮・春官・巾車》：「士乘棧車。」鄭玄注：「棧車不革輓而漆。」又《考工記・輿人》：「棧車欲弇。」鄭玄注：「為其無革輓，不堅，易折壞也。」《說文解字》：「棧，棚也。竹木之車曰棧。」有時也以棧車為柩車。《儀禮・既夕禮》：「賓奠幣于棧，左服出。」鄭玄注：「棧，柩車也。凡士車，制無漆飾。」❻❷輅車　《隋書・禮儀志五》及《通典・禮二十五・主妃命婦等車》皆無「輅車」二字，疑衍。❻❸雕面　馬面飾，當盧的又一種，以漆韋鏤刻而成。❻❹鷖總　青黑色的馬總。鷖，鳥名，鳧屬，體毛青黑色，此處即取青黑色意。❻❺三妃自朱輅而下　《隋書・禮儀五》及《通典・禮二十五・主妃命婦等車》皆作「三㚤、三孤內子，自朱輅已下八」。據此句中「妃」當作「㚤」。㚤亦內宮女官名。《說文解字》：「㚤，婦官也。」《廣韻》曰：「漢有鉤弋夫人，居鉤弋宮。』《漢書》亦作『弋』。」

【語譯】內僕局：

令，定員二人，品秩為正八品下。東漢在大長秋屬下設有中宮僕一人，俸秩一千石，主管車乘的事。北齊長秋寺統領中宮僕的令和丞。隋朝內侍省管轄內僕局的令和丞。煬帝大業三年，撤銷內僕局。本朝在內侍省恢復設置內僕局。

丞，定員二人，品秩為正七品下。隋朝設置丞三人，本朝設置二人。

駕士，定員一百四十人。本朝設置的。

典事，定員八人。本朝設置的。

內僕令掌管中宮皇后車乘出入的導引。內僕丞做他的副手。凡是中宮皇后車輿出入時，令在左面，丞在右面，夾道為大駕導引。關於皇后的車輿共有六種：一是重翟。皇后要去受冊封、隨從皇帝參加郊祀、享祭太廟時，供給這種車。車身青色為底色，用金色裝飾各個部件的末端；輪子漆成朱紅，輪輻的根部塗金，輪輞亦為朱紅色；車廂用雙重雉羽做裝飾；青色的車幔，朱紅色的襯裏，內外都塗過薰衣草油，車幔外面有繡花的紫帷，朱紅的絲質網絡，錦繡的紫色絡帶；車衡上掛著八隻鸞鈴；馬額上裝飾著鏤空的當盧，馬胸前繞著十二匝的大帶，頸部繫有馬纓，頭部裝有金鏤方釳，插上雉尾，兩頰垂著朱紅馬總。駕重翟車用青色的駿馬。這些都是隋朝的定制，本朝因承隋的制度。二是厭翟，皇后要去親桑時供給這種車。車身赤紅色為底色，用金色裝飾各個部件的末端；輪子畫有花紋，輪輞為朱紅色；車廂兩側依次飾著雉羽；紫色的車幔，襯裡則為朱紅色，內外都用薰衣草油塗過，車幔外面有紅色織錦帷和朱紅絲質絡網以及紅錦絡帶；其他的配置和裝飾都與重翟車一樣。駕厭翟車用赤紅色的駿馬。內命婦一品以下，可以依次乘坐厭翟車。三是翟車，皇后要歸寧省親時，供給這種車。車身黃色作底色，用金色裝飾各個部件的末端；輪子畫有花紋，輪輞為朱紅色；車廂的兩側用雉羽做裝飾；黃色的裏外都塗過薰衣草油的車幔，襯裏亦是黃色，外面有白〔紅相間的織錦〕門帷，掛著朱紅絲質絡網和紅白相間的織錦絡帶；其他的配置和裝飾像重翟車一樣。駕翟車用名為黃騮的黃色駿馬。〔各種〕鞶纓的顏色，都與車輛的底色相一致。四是安車，皇后要臨幸時供給這種車。車身赤紅色為底色，用金色裝飾各個部件的末端；紫色的裏外都塗過薰衣草油的車幔，襯裏為朱紅色，並掛有織錦的車帷，朱紅的絲織絡網和織錦絡帶。用四匹馬駕車。五是四望車，皇后要去拜陵、臨弔時供給這種車。車身朱紅色為底色；青色的裏外都塗有薰衣草油的車幔，襯裏為朱紅色，並掛有織成的車帷，朱紅絲質絡網和織錦絡帶。由名為赤騮的駿馬駕車。六是金根車，皇后平常行動時供給這種車。車身朱紅色做底色；青〔紫〕色的裏外都塗有薰衣草油的車幔，襯裏為朱紅色，並掛有織成的車帷，朱紅絲質絡網，織錦絡帶。由名為赤騮的駿馬駕車。《周禮》中說：「王后有五種輅車：一、重翟，二、厭翟，三、安車，四、翟車，五、輦車。」司馬彪的《續漢志》記載：「皇后用法駕出行時，乘用重翟金根車，車蓋上掛有交絲絡網作裝飾的車幔；如果不作為法駕出行時，就乘紫罽軺（軿）車，車子的虡上繪著雲彩，車轅上畫有花紋，並用金色裝飾各個末端，駕三匹馬。貴人封君等則乘油畫軿車。」曹魏因襲東漢的車制。《晉輿服志》中說：「皇后作為法駕出行時，乘用重翟羽蓋金根車，駕著青灰色的馬匹，四周的屏蔽用青色的帷裳，車子的虡上畫有雲彩，車轅上繪著花紋；平常出行則乘用畫輪車，先蠶親桑乘用油畫雲母安車，由六匹淺黑色的馬駕引。另外還有油畫兩轅安車，金簿（薄）石山軿車、紫絳罽駢（軿）車作為副車。」《晉令》規定：「三貴人的車子用曲蓋，九嬪的車子用直蓋，都在車上掛有信幡。」南朝宋、齊、梁、陳皇后的輿服制度，大體與魏晉相同。北魏皇后的輿服制度，規定皇后從祭時乘用金根車，親桑時乘雲母車，用四匹馬駕車；歸寧省親時乘紫罽〔軿〕車，外出遊行時乘安車，弔問時乘紺罽軿車，用三匹馬駕車。內命婦一品的，可以乘油色朱絡網車，〔車〕、朱（牛）的飾物用金塗或者用純銀製作；二品、三品乘卷通幰車，四品乘備（偏）幰車。北齊因承北魏的輿服制度。北周皇后車制分了以下十二等：重翟，皇后從皇帝郊祀和享祭宗廟時使用；厭翟，皇后祭祀社稷時使用；翟輅，採桑時使用；翠輅，隨從皇帝見賓客時使用；雕輅，歸寧省親時使用；篆輅，臨幸佛道法會時使用。以上六種服車，駕車的馬匹都配有錫（鍚）面、朱總、金鈎等裝飾物。還有蒼輅、青輅、朱輅、黃輅和白玄輅，是依據出入時的五種時令的區別來供應給皇后使用的，制度與皇帝的乘輿制度相同。三妃的乘車分九等，即篆輅、朱輅和黃、玄、白等輅，駕這些車的馬匹都配有勒面、繢總等裝飾物；還有夏篆、夏縵、墨車、棧車、輅車，駕這些車的馬匹都有雕面、鷖總等裝飾物。三妃（妐）乘車分自朱輅以下的八等，六嬪分自黃輅以下的七等，上媛分自玄輅以下的五等，下媛分自夏篆以下的四等。

典事的職掌是檢校車乘。

駕士的職掌是調教和馴練馬匹，兼管皇后的內御車輿以及各種雜畜。

【說明】古代的車輿，多以馬、牛或人力牽引，一般是立著乘車，婦女則是坐乘。在森嚴的等級制度無所不在的封建社會裏，車輿自然要與冠服一樣，成為顯示尊卑次序的重要載體。所以每個新王朝建立初期大搞「制禮作樂」時，都少不得要對冠服和車輿的使用進行一次重新定制。冠服制度上，用來顯示等級尊卑的主要是名目繁多而又各異的冠飾、服飾以及各種與之相配套的佩戴飾物；車輿則是通過駕車馬匹的多少、馬身上種種不同材質、不同形制的飾物，特別是車乘本身的繁複的規格、構制、顏色以及車廂、車輪、車轅等零部件上繪製的極其繁瑣卻又無不蘊涵著意識形態含義的圖形、紋飾來顯示乘用者的等級的。現在我們看到的關於古代皇后車輿制度比較系統的記載是《周禮·春官·巾車》所記述的「王后五輅」，鄭玄注釋時，已是大抵以後人的車輿狀況解釋周代的車乘制度。西晉司馬彪著東漢《輿服志》時，便認為「秦并天下，閱三代之禮，或曰殷瑞山車，金根之色，漢承秦制，御為乘輿，所謂孔子乘殷之路者也。」即漢之車制由承秦而來，而秦則是參考三代禮制，承殷之瑞山車而製作金根車，而所謂金根車，亦無非是以金飾諸末而已。所以北魏時，太學博士王延業提出金根之車作於秦始皇，「以為秦滅周制，百事創革，官名軌式，莫不殊異。漢魏因循，繼踵仍舊，雖時有損益，而莫能反古」；又認為「周秦漢晉車輿儀式，互見圖書，雖名號小異，其大較略相依擬。金根車雖起自秦造，即殷之遺制，今之乘輿五輅，是其象也，華飾典禮，容觀莊美」（《魏書．禮制四》）。不妨說，在中國帝王制度這個母題下的各類典制有一個共同特點，那就是即使是在車乘的某一部分繪製某一道小小的圖形或文飾，都可以由近及遠地一直追溯到被孔子稱讚為「郁郁乎文哉」的周代，並最後從三皇五帝那裏找到依據，以便證實自己是貨真價實的泱泱華夏之王道正統。至於那麼多「華飾典禮、容觀莊美」的皇帝、皇后乘輿是否真的按照典制規定一一製造出來並一一付諸實用了，那似乎是另外一回事。不管怎麼說，反正屢見於史著的皇后實際用車，主要還是安車和人輓的輦輿。

十

內府局：

令二人，正八品下。漢少府屬官有內者令、丞。後漢長秋屬官有中宮私府令❶，主中藏幣帛諸總❷，裁衣被、補浣皆主之❸。後魏有內者令❹。北齊中侍中省有內者丞一人❺。隋內侍省統內者局丞各二人❻。皇朝改置內府令丞❼。

丞二人，正九品❽。

內府令掌中宮藏寶貨給納名數❾；丞為之貳。凡朝會五品已上賜絹及雜綵、金銀器於殿庭者，並供之。諸將有功，并蕃酋辭還，賜亦如之。

【章　旨】敘述內府局令、丞之定員、品秩、沿革及職掌。

【注　釋】❶後漢長秋屬官有中宮私府令　長秋，《後漢書・百官四》作「大長秋」。其屬官有中宮私府令一人，秩六百石；丞一人。令與丞皆係宦者。丁孚《漢儀》曰：「中宮藏府令，秩千石，儀比御府令。」❷諸總　據《後漢書・百官四》當作「諸物」。❸裁衣被補浣皆主之　據《後漢書・百官四》，句中「浣」字下尚有一「者」字。❹後魏有內者令　疑「內者令」係「內署令」之誤。據《魏書・官氏志》，孝文帝太和十七年（西元四九三年）職員令，設有內署令，品秩第四品中。❺北齊中侍中省有內者丞一人　據《隋書・百官中》所載北齊官制，中侍中省的屬官有內謁者局，設統、丞各一人；但無「內者丞」。❻隋內侍省統內者局丞各二人　據《隋書・百官下》，內侍省下設有內府局，而無「內者局」，「者」字當是「府」字之訛。又，句中「局」下疑脫一「令」字。隋內府局下設令、丞各二人。煬帝大業三年（西元六〇七年）省。❼皇朝改置內府令丞　唐朝實是因承隋開皇之制，而非改制。❽正九品　《通典・職官二十二・大唐官品》作「正九品下」。❾內府令掌中宮藏寶貨給納名數　《舊唐書・職官三》及《新唐書・百官二》「中宮藏」並作「中藏」。又，其職掌《新唐書・百官二》尚有「及供燈燭、湯沐、張設」。

【語　譯】內府局：

令，定員二人，品秩為正八品下。西漢少府的屬官中有內者令、丞。東漢〔大〕長秋的屬官有中宮和府令、丞，職掌是主管中宮所藏的幣帛等各種物品，以及衣服被褥的裁製、縫補、洗浣一類事務，都由他們負責。北魏設有內者（署）令，北齊在中侍中省的屬官中，亦設有內者（謁者）局令、丞一人。隋內侍省下屬有內者（府）局，設有〔令〕、丞各二人。本朝改置內府局，設有令、丞。

丞，定員二人，品秩為正九品下。

內府令的職掌是分管中宮所貯藏的寶貨，供給或繳納時，要檢閱寶貨的名稱和數量。內府丞做令的副手。凡是逢到朝會，皇帝在殿庭上給五品以上官員賞賜的絹疋、雜綵和金銀器物，都由內府局供應。賞賜立有戰功的將帥以及即將辭歸的蕃邦首腦所需用的物品，亦由內府局供應。

【說　明】朝會賜，是指每年元正、冬至二日朝會時依例要賞賜官員物品。分兩個等級：五品以上在殿庭給賜，賞賜的物品由內府局提供；六品以下於朝堂給之，其物品則由太府寺丞提供。物品的種類有絹、雜彩、金銀器等。其賞格數量，雜彩和金銀器史著闕如；束帛之賜，則本書第三卷第三篇尚書戶部金部郎中職掌原注中有載錄：「正、冬之會，稱束帛有差者，皆賜絹，五品已上五匹，六品已下三匹，命婦會則視其夫子。」諸將有功返朝時，在殿庭的賞賜主要是珍寶，蕃酋使節返還時賞賜的亦以珍寶為主。如開元十八年（西元七三〇年）吐蕃的使節悉獵至京師，玄宗於宣政殿見之，所賜為「紫袍金帶及魚袋，并時服繒綵、銀盤、胡瓶，仍於別館供擬甚厚」（《舊唐書・吐蕃傳上》）。

卷一三

御史臺

卷　目

御史臺

大夫一人

中丞二人

侍御史四人

主簿一人

錄事二人❶

令史十五人❷

書令史二十五人❸

亭長六人

掌固十二人

殿中侍御史六人

令史八人

書令史十人❹

監察御史十人❺

令史三十四人

---

❶錄事二人　新舊《唐書》官志此下均尚有「主事二人」。

❷令史十五人　《舊唐書・職官志》為「十七人」。《新唐書・百官志》稱：「臺院有令史七十八人。」恐有誤。

❸書令史二十五人　《新唐書・百官志》同此，《舊唐書・職官志》則為「二十三人」。

❹書令史十人　新舊《唐書》官志皆為「十八人」。

❺監察御史十人　《舊唐書・職官三》及《通典・職官六》與此同，《新唐書・百官三》則為「十五人」。

卷旨

本卷所記敘的御史臺，是唐朝政府的中央監察機關，是皇帝的「耳目之司」。它並不直接治民，而是治官，或者說通過治官以便更好地依據王朝利益治民。唐睿宗李旦曾說過：「彰善癉惡，激濁揚清，御史之職也，政之理亂，實由此焉。」

御史臺的前身可以追溯到秦漢時代的御史府，但秦漢時期的御史大夫號稱副丞相，行使監察職能的則是其屬官御史中丞。當時監察官名目繁多，除御史中丞外，還有司隸校尉、郡監、丞相史等，卻並未形成一個完備的機構。東漢以後，御史中丞、司隸校尉從因事而設，逐漸形成南北朝後期的御史臺，隋朝是御史、謁者、司隸三臺共同分掌朝廷的監察權，到唐朝才合併為御史臺這樣一個相對獨立的監察系統，成為封建國家以維護皇權和皇帝個人意志為宗旨的一種自身制衡機制，具有治官、監督、檢察、彈劾、懲戒等多種職能。此後歷代相延不絕，是中國古代官僚政治制度的一個重要組成部份。如果把中國古代監察制度與歐洲中世紀後期的監察制度作一比較，二者存在著明顯的差異。一是監察機構及官員產生的方式不同。在歐洲一般由公民選舉產生，稱議事會或議會；中國古代，無論秦漢時的監郡使、司隸校尉，或隋唐時的御史臺及其御史們，一概由皇帝授權設置和拜授。二是監察對象不同。歐洲主要是為了制約國家最高權力擁有者，防止其專制獨裁；中國古代監察對象就是官吏，目的是為了維護皇帝對權力的獨擅及其尊嚴的神聖不可侵犯。三是監察權限的不同。歐洲的監察機關通常享有不受君權制約的監督權威，獨立於王權之外；中國古代的監察機構及其官員們，只是皇帝御用工具，始終都處於帝王個人絕對權威的控制之下，他們只有一切「唯上是命」，窺其顏色，度其心志，才能完成職掌規定的使命。監察制度方面的這些區別，源於權力結構的不同。歐洲的權力結構是多元並行的，互相間存在著一種制衡的關係；中國的傳統是一元化的、集權專制的政治體制。二千多年來的傳統，迄今一脈相承。這大概就是所謂的中國特色吧。如果要瞭解這個傳統，唐代的監察制度提供了一個最好的典型。在唐代，除了皇帝握有最高監察權，一切聽命於他的裁決外，御史臺作為國家最高監察機關，在歷史上確實是最完備的。它建立了相對獨立的自上而下的垂直系統，而在這個監察系統內部又是多元並存的，御史們對上可以互相競爭邀功於主，對下則形成一個綿密的交叉的網絡，整個社會的方方面面無不在其監控之下。為了更有效地發揮作為皇帝耳目的作用，對監察官員的選任和使用，一概採取秩卑、位尊、權重、厚賞：秩卑、厚賞使其感恩戴德、邀功心急；位尊、權重使其有恃無恐、敢於碰硬。即使在御史臺內部，亦不存在通常的上下級之間的隸屬關係，而是強調「比肩事主」，只對皇帝一個人負責，相互間亦可以糾舉彈劾。在這種體制下，一旦操縱者欲用它來打擊異己力量，御史們就會深文周納，無所不為，武則天時期那些酷吏大都出身於御史臺便是明證。

本卷所敘唐代御史臺，包括御史大夫、御史中丞，是為本臺長官和次官；以及侍御史、殿中侍御史和監察御史，即三院御史。三院又各有一資深御史為院長。武則天光宅元年（西元六八四年）改御史臺為左肅政臺，另置右肅政臺，其職官設置亦仿照左臺。當時的分工是：左臺專主京師諸司及軍旅按察，右臺執掌京畿內外及州縣文武百官的按察，類似於隋大業時御史、司隸二臺的分工。中宗神龍元年（西元七〇五年）改左、右肅政臺為左、右御史臺，睿宗太極元年（西元七一二年）二月廢右御史臺，次年九月復置，十月又廢之。唐以洛陽為東都，故在東都亦設御史臺，稱留臺。

御史臺官署的位置，西京長安，在承天門街之西，第六橫街之北，宗正寺西側，官署的門是向北開的。《譚賓錄》稱其「北開者，或云自隋初移都之時，兵部尚書李圓通兼御史大夫，欲向省便近，故開北門」。《唐語林》介紹了御史臺內三院廳的布局：「察院南院，監察御史鄭路所葺。禮察廳謂之松廳，南有古松也。刑察廳謂之魘廳，寢於此多魘。兵察常主院中茶，茶必市蜀之佳者，貯於陶器，以防暑濕，御史躬親緘啟，故謂之茶瓶廳。吏察主院中入朝人次名籍，謂之朝簿廳。吏察之上則館驛使，館驛使上則監察使，同僚之冠也。殿院廳有壁畫，小山水甚工，云是吳道子真跡。」又《唐會要》卷六〇：「西監察院即今中丞東廨是也。中丞裴寬因修廨宇，遂移監察院於十道使院置之，舊院遂為中丞廨宇。」東都留臺的位置在應天門外，西朝堂之南，第四橫街之北，從東起，第一家便是留臺。

御史大夫·中丞

【篇旨】本篇敘述御史大夫與御史中丞的定員、品秩、沿革及其職掌。

御史大夫與御史中丞是御史臺的長官和副貳。御史大夫一員，從三品；御史中丞二員，正五品上。御史大夫和御史中丞的職掌也就是御史臺的職掌，歸納起來有三個方面：一、監察和整肅朝儀；二、監察內外百司，彈奏一切違法犯紀行為；三、監察和推鞫獄案。這三方面的職掌主要不在自己直接參預，而是推動其下屬三院，即臺院的侍御史，殿院的殿中侍御史，監院的監察御史來統力貫徹執行。在御史臺內部，大夫、中丞與三院諸御史的關係，與其他各官司機構內部長官與其下屬的隸屬關係有所不同，所謂「御史臺中無長官，御史，人君耳目，比肩事主，得各彈事，不相關白」(《通典·職官六》本注錄監察御史蕭至忠語)，這也就是說，御史大夫和御史中丞既是其所屬諸御史的上級，亦有可能成為他們彈奏的對象，作為君王的耳目和鷹犬，他們「比肩事主」，各自單獨對皇帝效命。可見御史臺內部這種特殊的人事關係，是由其所負的特殊使命決定的。與此同時，又規定了大夫和中丞對三院御史的彈奏亦有一定的約束，如規定凡大事，大夫、中丞要親自以「方幅」(指表章)彈奏，小事則署名而已。當然此類制度或規定，在唐代各個時期強調的側重面亦不盡相同，歸根結底要看當時的形勢和皇帝的需要而定。御史大夫與中丞之間的關係，前後亦有所變化。隋代的御史大夫係由御史中丞改名而來，另外設立了治書侍御史以替代原屬御史中丞的職務，到唐高宗時，才把治書侍御史改回原來的御史中丞這一職名。安史之亂前，唐代御史大夫的地位頗為隆重，後期大夫一職已不常置，所以實際上中丞便成了御史臺的長官。武宗會昌二年(西元八四二年)，牛僧孺等奏請把御史大夫升為正三品，御史中丞升為正四品下，御史臺監察事務例由御史中丞總管。唐代御史中丞二員，一人在西京為御史臺臺主，一人在東京負責留臺事務。

一

御史大夫一人，從三品。《漢書》❶云：「御史大夫，秦官，位上卿❷，銀印、青綬❸，掌副丞相。成帝綏和元年❹更名大司空❺，哀帝建平二年❻復為御史大夫，元壽二年❼復為大司空。」歷後漢，遂為三公❽之官。獻帝建安十三年❾，又置御史大夫。魏黃初二年，又省❿。歷晉、宋、齊、梁、陳、後魏、北齊、後周，並不置大夫⓫，而以中丞為臺主。隋諱「忠⓬」，依秦、漢置御史大夫，從三品；大業八年⓭，降為正四品。皇朝又為從三品⓮。龍朔二年⓯改為大司憲，咸亨元年⓰復故。御史臺，漢名御史府⓱；後漢曰憲臺⓲，時以尚書為中臺，謁者為外臺，謂之三臺⓳。魏、晉、宋、齊曰蘭臺⓴，梁、陳、後魏、北齊、隋皆曰御史臺，皇朝因之。龍朔二年更名憲臺，咸亨元年復故。光宅元年㉑改曰左肅政臺，專知在京百司；更置右肅政臺，專知按察諸州㉒，加右臺大夫一人。神龍元年㉓改為左、右御史臺，猶置二大夫。延和元年廢右臺㉔，先天二年二月復置，十月又廢㉕，而大夫隨臺廢置。

【章旨】敘述御史大夫之定員、品秩及其沿革。

【注釋】❶漢書　東漢班固撰，共一百篇，分一百二十卷。我國第一部紀傳體斷代史。其〈百官公卿表〉敘述秦漢官制沿革，簡明而扼要。下述所引文字，見於《百官公卿表》之序。❷位上卿　指御史大夫之品位與上卿相等。上卿為沿襲春秋以來舊稱。西周春秋時代卿有上、中、下之分，諸侯國內之上卿亦須周天子任命，故上卿品位最高。《左傳・僖公十二年》：「王以上卿之禮饗管仲。」❸銀印青綬　古代官員以絲織之綬帶繫印於腰間，並以印之不同質地和綬之不同顏色標誌品秩之高低。漢制，丞相、大司馬為金印紫綬，凡秩比二千石以上皆銀印青綬，秩比六百石以上皆銅印墨綬。二百石以上為銅印黃綬。御史大夫為銀印青綬，次於丞相和大司馬。❹成帝綏和元年　即西元前八年。成帝為西漢皇帝劉驁，綏和係其年號。❺大司空　古卿官名。春秋時晉國、鄭國等設大司空。《左傳・莊公二十六年》：「晉士蒍為大司空。」杜預注：「大司空，卿官。」《周禮》稱冬官為司空，掌工程。秦時因工程多管刑徒，故司空亦兼管刑徒。《漢書・百官公卿表》注引如淳曰：「律，司空主水及罪人。賈誼曰：『輸之司空，編之徒官。』」西漢在宗正下有都司空令丞。❻哀帝建平二年　即西元前五年。哀帝為西漢皇帝劉欣，建平係其年號。❼元壽二年　即西元前一年。元壽是西漢哀帝第二個年號。❽三公　古代天子以下之最高輔佐官。說法不一。《尚書・周官》以太師、太傅、太保為三公。秦漢時，以丞相、御史大夫和太尉為三公。漢哀帝元壽二年（西元前一年），改丞相為大司徒，御史大夫為大司空，與大司馬合稱三公。東漢初，光武帝劉秀即位以大司馬、大司徒、大司空為三公。建武二十七年（西元五十一年）去「大」字，改為以太尉、司徒、司空為三公。❾獻帝建安十三年　即西元二〇八年。獻帝為東漢皇帝劉協，建安係其年號。《宋書・百官志》云：「獻帝建安十三年，又罷司空，置御史大夫。御史大夫郗慮免，不復補，魏初，又置司空。」❿黃初二年又省　黃初二年，西元二二一年。黃初為魏文帝曹丕年號。《通典・職官六》御史大夫條云：「魏黃初二年，又改御史大夫為司空。末年復有大夫。而吳有左、右焉。晉初省之。」⓫歷晉宋齊梁陳後魏北齊後周並不置大夫　句中梁，據《隋書・百官上》，曾一度置過大夫。其文稱：「御史臺，梁國初建，置大夫，天監元年（西元五〇二年），復中丞。」⓬隋諱忠　隋文帝楊堅之父名忠，故諱「忠」字。「忠」、「中」音同亦諱，因改御史中丞為御史大夫。⓭大業八年　當是大業五年（西元六〇九年）。大業係隋煬帝楊廣年號。《隋書・百官下》：「〔大業〕五年，又降大夫階為正四品。」⓮皇朝又為從三品　唐初高祖所頒之《武德令》改御史大夫為從三品。⓯龍朔二年　即西元六六二年。龍朔為唐高宗李治年號。是年改御史臺曰憲臺，御史大夫曰大司憲。⓰咸亨元年　即西元六七〇年。咸亨亦是唐高宗李治年號。⓱御史府　西漢御史大夫官署稱御史大夫府，亦稱御史大夫寺，簡稱御史府。⓲憲臺　以其職司糾察，故稱憲臺。⓳三臺　《通典・職官六》御史臺條本注引謝靈運《晉書》曰：「漢尚書為中臺，御史為憲臺，謁者為外臺，是謂三臺。後漢蔡邕以侍御史轉持書侍御史，遷尚書，三日之間，周遷三臺。」⓴魏晉宋齊曰蘭臺　漢代宮中藏書之所稱蘭臺，由御史中丞掌管。元壽二年（西元前一年）御史大夫為大司空，而由中丞為御史臺主，歷東漢、魏、晉皆因其制，故稱御史臺為蘭臺。如《晉書・職官》：「魏蘭臺遣二御史居殿中，伺察非法，此二職亦蘭臺之職也。」此蘭臺即指御史臺。宋、齊承魏晉，亦稱御史臺為蘭臺，如《南齊書・百官》：「蘭臺置諸曹內外督令以下。」㉑光宅元年　即西元六八四年。光宅是武則天稱制後改元的第一個年號。高宗卒於弘道元年（西元六八三年）之十二月，立李顯為中宗，次年正月建年號為嗣聖元年。二月廢中宗，立李旦為睿宗，改元稱文明。九月，武則天以太后名義直接臨朝稱制，改元為光宅。故西元六八四年，正月年號為嗣聖，二月年號為文明，九月年號為光宅。㉒改曰左肅政臺四句　《新唐書・百官三》稱：「武后文明元年，改御史臺曰肅政臺。光宅元年，分左、右臺：左臺知百司，監軍旅；右臺察州縣，省風俗。尋命左臺兼察州縣。兩臺歲發使八人，春曰風俗，秋曰廉察，以四十八條察州縣。兩臺御史，有假、有檢校、有員外、有試，至神龍初皆廢。」㉓神龍元年　即西元七〇五年。神龍為唐中宗李顯年號。㉔延和元年廢右臺　延和元年，西元七一二年。延和為唐睿宗李旦年號。睿宗於是年五月改元，此前稱景雲三年。《新唐書・百官三》：「景雲三年，以兩臺望齊，糾舉苛察，百僚厭其繁，乃廢右臺，延和元年復置，歲中以尚書省隸左臺，月餘而右臺復廢。」㉕先天二年二月復置十月又廢　先天二年，西元七一三年。先天是唐玄宗李隆基第一個年號。上一年八月，睿宗禪位於李隆基，改元先天。二年的七月，玄宗與太平公主火併，公主敗，睿宗宣布：「朕將高居無為，自今後軍國刑政事以上，並取皇帝處分。」權力正式轉歸李隆基。九月復置右御史臺，不久又廢。此時的御史臺已成為太平公主與李隆基爭奪政權、排斥異己的工具，故時置時廢。

【語　譯】御史大夫，定員一人，品秩為從三品。《漢書》中說：「御史大夫，是秦代設置的職官，位居上卿，繫佩銀印青綬，職掌為丞相的副貳。成帝綏和元年，改名為大司空，哀帝建平二年，恢復稱御史大夫，元壽二年，又改為大司空。」到了東漢，司空才成為三公之一的官職。漢獻帝建安十三年，又重新設置御史大夫。魏文帝黃初二年，又撤去了御史大夫，另設司空。歷經晉朝和南朝的宋、齊、梁、陳以及北朝的北魏、北齊、北周，都不設置御史大夫，而由御史中丞作為御史臺的臺主。隋朝由於避諱「忠」字，不設御史中丞，而是依據秦漢舊制，設置了御史大夫，品秩為從三品；到大業八（五）年，降為正四品。本朝又恢復為從三品。高宗龍朔二年，改稱御史大夫為大司憲，咸亨元年，又恢復了舊稱。御史臺，在西漢稱御史府，東漢時稱憲臺；當時以尚書為中臺，謁者為外臺，合起來稱為三臺。魏、晉和南朝宋、齊時期，稱御史臺為蘭臺，梁、陳、北齊都稱御史臺，本朝因承前朝亦稱御史臺。高宗龍朔二年曾改名稱憲臺，到咸亨元年又恢復了舊稱。武后光宅元年再次改名稱左肅政臺，專門負責監察在京的各個官司；另外又設右肅政臺，專門按察地方各個州，增加右臺的御史大夫一人。中宗神龍元年，又改為左、右御史臺，還各置大夫一人。睿宗延和元年時，撤除了右臺，玄宗先天二年九月又恢復設置，同年十二月還是撤去了。而右臺御史大夫這一官職，亦跟著這一機構一起有時撤除有時設置。

【說明】御史大夫這一職名始起於秦，但御史之職周朝就有。劉師培在〈論歷代中央官制之變遷〉一文中指出：「御史之職在周代亦屬微官，惟邦國之治，萬民之令，均為御史所掌，復兼攝贊書之職，以書從政之人，與後世起居注略同。戰國時秦、趙皆有御史，亦屬末僚。蓋御史訓為侍御史，猶言侍史，惟居斯職者得以日親君側，故至秦代，即為尊官，與丞相并復改稱為御史大夫。」（《國粹學報》第三年，第二冊）周代御史，《周禮・春官》載為：「御史，中士八人，下士十有六人，其史百有二十人，府四人，胥四人，徒四十人」；「掌邦國都鄙及萬民之治令，以贊冢宰，凡治者受法令焉。掌贊書，凡數從政者」。戰國時的御史，只是國君身邊記事和掌文書的人，如《史記・藺相如傳》記載秦昭王與趙王會於澠池時，趙王鼓瑟，「秦御史前書曰：『某年月日，秦王與趙王會飲，令趙王鼓瑟。』」於是藺相如也迫使秦王擊缻：「顧召趙御史書曰：『某年月日，秦王為趙王擊缻。』」這一史實說明秦、趙的御史是在國王身邊記事的官。又，張儀為秦鼓吹連橫之說，在游說韓、趙等國時，都說到「秦王使使臣獻書大王御史」（《戰國策・韓策第一》），又說明御史侍於國王身旁還兼掌接受使節文書之事。至秦始皇統一六國，御史地位有了很大的提高。秦設御史大夫，總管整個御史府，與丞相府並稱二府。皇帝的詔書和制書也要先由御史大夫承轉，再下達丞相。論官品，御史大夫要比丞相低：丞相是金印紫綬，御史大夫是銀印青綬；但其所處地位就在帝王近側，一切文書的上下皆由其中轉，因而更比丞相重要。西漢末御史大夫改名為大司空，御史臺的實權便轉歸留臺的御史中丞，所以原任御史大夫、此時為大司空的朱博，又提出奏議要求改回去。後隨著傅太后去世，朱博失勢被殺，御史大夫再次改名為大司空，成了專管水土一類事務的職官，御史中丞終於成了御史府的實際長官。從東漢到魏晉南北朝，這個格局沒有發生大的變化，至隋朝方始恢復御史大夫為御史臺的長官。隋煬帝大業三年（西元六〇七年）於御史臺之外分設謁者、司隸二臺，三臺共同分掌監察職權。其分工是：御史臺糾察中央百官，司隸臺監察京畿和郡縣地方官員，謁者臺則奉詔出使，持節察按。後罷。唐因隋制，以御史臺統掌監察之權，下有臺院、殿院、察院三院。在武則天執政時，曾改御史臺為左肅政臺，專知在京百司；另置右肅政臺，專知按察諸州，這樣增加了右肅政臺大夫一人，其他職官設置亦倣照左臺，其體制頗類似於隋大業時期御史與司隸的分工。武則天所以要把御史臺一分二，則是為了加強監察和控制，以清除和鎮壓那些反對她執政的李唐宗室和前朝的權貴們。最後在睿宗太極元年（西元七一二年）以「二臺并察京師，資位既等，競為糾彈，百僚被察殆不堪命」為由，再將二臺合併為一，「依貞觀故事，遂廢右臺」（《通典・職官六・御史臺》）。

御史大夫執掌憲臺實權，地位隆重，唐初由御史大夫登相位而參預朝政是經常的事。李華於天寶十四載（西元七五五年）撰寫的〈御史大夫廳壁記〉云：「〔御史大夫〕距義寧（西元六一七年）至先天（西元七一二—七一三年）登宰相者十二人，以本官參政者十三人，故相任者四人，藉聲威以稜徼外按戎律者八人」；「開元天寶中……多舉勳德，至宰輔者四人，宰輔兼者二人，故相任者一人，兼節度者九人，異姓封王者二人」（《全唐文》卷三一六）。安史之亂後，御史臺的地位逐漸削弱，御史大夫也不再常設。《舊唐書・職官三》引錄的武宗會昌二年（西元八四二年）十二月敕文稱：「中丞為大夫之貳，緣大夫秩崇，官不常置，中丞為憲臺長。」考於史乘，御史大夫官不常置的情況是在德宗貞元二年（西元七八六年）以後：「是官自貞元中位缺，久難其人。」（《冊府元龜・憲官部・不稱》）此前在肅宗、代宗時期，御史大夫之名見於記載的尚有七、八人。御史臺地位下降的主要原因是宦官勢力發展，許多實權都轉到了宦官手裡。如過去由御史監軍，後來都由宦官外出監軍了。在唐後期，御史臺的實際長官是御史中丞，這種體制一直延續到五代和宋。

二

中丞二人，正五品❶。《漢百官表》❷御史大夫有兩丞，秩二千石❸。一曰中丞。謂之「中」

者，以其列在殿中，掌蘭臺秘書❹，外督部刺史❺，內領侍御史❻，受公卿奏事❼，舉劾按章❽。及置司隸校尉❾，以御史中丞督司隸、司直❿，司隸、司直督刺史，刺史督二千石，下至墨綬⓫。成帝綏和元年，改為大司空⓬。哀帝建平二年，改大司空復為御史大夫⓭；元壽二年⓮，復為大司空，而中丞出外為臺主，更名御史長史⓯。後漢復曰中丞。時，宣秉⓰拜御史中丞，光武⓱詔與司隸校尉、尚書令三官各專席而坐，京師號為「三獨坐」。魏黃初⓲，改中丞為宮正。魏鮑勛⓳以宮正忤旨，左遷持書執法⓴。後為中丞。及歷晉、宋、齊、梁、陳，並以中丞為臺主，品第四。梁制十八班㉑，中丞班第十一。後魏改中丞曰中尉，正三品㉒；太和二十三年㉓，為從三品。北齊復曰中丞㉔，從三品。後周秋官置司憲中大夫二人㉕，掌丞司寇之法㉖，以左右刑罰，蓋比御史中丞之職也。隋省中丞官，置御史大夫為臺主，以持書侍御史㉗二人代中丞之任。持書侍御史者，本漢宣帝元鳳中㉘因路溫舒㉙上書宜尚德緩刑，帝深采覽之，季秋請讞㉚時，帝幸宣室，齋居而決事，令侍御史二人持書，故曰持書侍御史㉛。歷代品秩並同御史㉜，惟北齊為從五品㉝，隋室因之㉞。大業六年加正五品㉟，八年又改為從五品。皇朝因之。貞觀中，避高宗諱，省持書侍御史，依前代置御史中丞㊱。龍朔二年㊲改曰司憲大夫，咸亨元年㊳復故。自漢以來，御史中丞皆一人㊴，隋持書侍御史二人，皇朝因之。

【章 旨】敘述御史中丞之定員、品秩及其沿革。

【注 釋】❶正五品　《舊唐書・職官一》：「《武往令》，從五品上。《貞觀令》，加入正五品上，五年又加入四品。如意元年（西元六九二年）復前也」。❷漢百官表　即《漢書》中之〈百官公卿表〉。它比較完整和系統地記錄了秦漢官僚制度的沿革，並排比漢代公卿大臣的升降遷免，文字簡明而扼要。❸秩二千石　《漢書・百官公卿表》作「秩千石」。「二」當是「一」之訛。❹掌蘭臺秘書　蘭臺乃漢代藏書之室，著述之所。掌，指中丞主管其事。《通考・職官七》稱：「漢氏圖籍所在，石渠、石室、延閣、廣內，貯之于外府；又有御史中丞，居殿中掌蘭臺秘書，及麒麟、天祿二閣藏之于內禁。」故中丞所掌僅為內禁藏書之一部份。❺外督部刺史　謂中丞可充當在各地視察檢舉不法的使者。督，視察；部，有分區之意，故又曰諸州；刺，刺舉不法；史，即使。漢御史中丞陳咸就曾「總領州郡奏事，課第諸刺史」（《漢書・陳咸傳》）。所以清人王鳴盛認為「刺史隸御史中丞」，「刺史權重矣，而又內隸於御史中丞，使內外相維」（《十七史商榷》卷一七）。❻內領侍御史　御史大夫下屬的御史有四十五人，其中十五人在殿中，屬御史中丞，稱侍御史。《漢書・百官公卿表》云：「內領侍御史員十五人。」《漢舊儀》稱：「御史員四十五人，皆六百石。其十五人衣絳，給事殿中為侍御史，宿廬在石渠門外，中丞一人領。餘三十人留寺，理百官事也。皆冠法冠。」內領侍御史是中丞的經常工作，採取分曹辦事。《晉書・職官志》稱：「侍御史，案二漢所掌，凡有五曹：一曰令曹，掌律令；二曰印曹，掌刻印；三曰供曹，掌齋祠；四曰尉馬曹，掌廄馬；五曰乘曹，掌護駕。」此外侍御史還監督朝儀，《後漢書・百官三》：「凡郊廟之祠及大朝會、大封拜，則二人監威儀，有違失則劾奏。」❼受公卿奏事　指漢代御史中丞還起著關通內外朝上傳下達的作用。宋人章如愚稱：「〔漢初〕尚書、諸吏等官未置，所謂親近天子而疏決內外以助人主聽斷者，惟此（指中丞）一人而已。」（《山堂考索》續集卷三六）又說：「〔漢初〕事下中丞，則中丞白之大夫，大夫白之丞相……而奏事復上于中丞。」（同上，卷三七）❽舉劾按章　指御史中丞案章程舉劾一切違章非法者。在外監督郡國長吏，在內監督宮內，因其在殿中執法，故稱為中執法。《漢書・高帝紀》注引晉灼曰：「中執法，中丞也。」如：「元帝擢〔陳〕咸為御史中丞，總領州郡奏事，課第諸刺史，內執法殿中，公卿以下皆敬憚之。是時中書令石顯用事顓權咸頗言顯短，顯等恨之」（《漢書・陳咸傳》）；「〔薛宣〕以明習文法，詔補御史中丞。是時成帝初即位，宣為中丞，執法殿中，外總部刺史……數言政事便宜，舉奏部刺史郡國二千石，所貶退，稱進，白黑分明，繇是知名」（《漢書・薛宣傳》）。御史中丞不僅可以舉劾朝廷百官、地方州郡刺史，在御史臺內，包括其上之御史大夫，下之御史，皆在舉劾之列。❾司隸校尉　《漢書・

百官公卿表》稱：「司隸校尉，周官，武帝征和四年（西元前八十九年）初置，持節從中都官徒千二百人，捕巫蠱督大奸猾。後罷其兵，察三輔、三河、弘農。」據此可知司隸校尉是漢武帝因巫蠱一案臨時設置的督捕之官。此案一直涉及到戾太子劉據，死者達數萬人。中都官徒，指在中央官府服役的徒隸；司隸指率領這些徒隸從事掘蠱及督捕奸猾。其督察範圍包括三輔，即京兆、右扶風、左馮翊；三河，包括河南、河內、河北，及弘農，共七郡。故司隸校尉一職，初設時類似曾時行於大陸的直接受命承辦專案的專案組長，是皇帝整治異己的工具。其後才演變為常設機構。至東漢，司隸校尉的地位更高，光武帝時每逢朝會，御史中丞、司隸校尉、尚書令設有專席，號稱「三獨坐」。其職掌，《後漢書．百官四》注引蔡質《漢儀》曰：「職在典京師，外部諸郡，無所不糾。封侯、外戚、三公以下，無尊卑。入宮，開中道稱使者。每會，後到先去。」大抵除皇帝以外，無一不是司隸校尉的督察對象，對京師近郡的罪犯，還有捕殺的權力，因而東漢末權臣多自兼此職，如袁紹、曹操等。

⑩以御史中丞督司隸司直　司隸，即司隸校尉。司直，丞相府屬官，主監察。《漢書．百官公卿表》：「武帝元狩五年（西元前一一八年），初置司直，秩比二千石，掌佐丞相，舉不法。」東漢光武帝時，依武帝故事置司直居丞相府，助督錄諸州，建武十八年（西元四十二年）省。漢獻帝八年（西元二〇三年）復置司直，掌督中都官，不領諸州。九年（西元二〇四年），詔司直比司隸校尉。故司直與司隸是平行的監察機構。⑪墨綬　墨綠色的絲織綬帶。繫印用。漢制，秩六百石以下，銅印墨綬。

⑫成帝綏和元年改為大司空　成帝，西漢皇帝劉驁。綏和元年，為西元前八年。綏和是成帝最後一個年號。此句主語不明確，易生歧義。據《漢書．百官公卿表》，是年御史大夫更名為大司空，金印紫綬，祿比丞相，在大司徒府「置長史如中丞」；並非御史中丞更名為大司空。《通典．職官六．御史臺》亦云：成帝時「御史大夫更名大司空，置長史，而〔御史〕中丞官職如故」。⑬哀帝建平二年改大司空復為御史大夫　哀帝，西漢皇帝劉欣；建平二年，即西元前五年，建平為其年號。此年，大司空朱博奏議大司空仍應為御史大夫，原因是御史大夫改為大司空後，雖號為三公，但大權旁落已成虛位。其奏文稱：「高皇帝置御史大夫，位次丞相，典正法度，以職相參，總領百官，上下相監臨，歷載二百年，天下安寧。今更為大司空，與丞相同位，未獲嘉佑。臣以為大司空官可罷，復置御史大夫，遵奉舊制，臣願盡力，以御史大夫為百僚率。」哀帝從之，乃更拜博為御史大夫（《漢書．朱博傳》）。⑭元壽二年　即西元前一年。元壽亦為漢哀帝劉欣年號。此年又改丞相為大司徒，御史大夫為大司空，及大司馬共為三公。⑮中丞出外為臺主二句　意謂御史大夫改為大司空後，留在殿中的御史中丞則出為御史府的長官，並改名為御史長史。事見《漢書．百官公卿表》。謝靈運《晉書》亦謂：「自漢罷御史〔大夫〕而憲臺猶置，以丞為臺主，中丞是也。」⑯宣秉　字巨公，馮翊雲陽（今陝西淳化東南）人。少修高節，性儉約。光武帝至其舍，見而嘆曰：「楚

國二龔，不如雲陽宣巨公。」於建武元年（西元二十五年）徵拜為御史中丞。⑰光武　東漢開國皇帝劉秀。在位三十二年，終年六十二歲。⑱黃初　魏文帝曹丕年號。⑲鮑勛　字叔業，泰山平陽（平陽不屬泰山郡，屬魏郡，今河北臨漳西南，而泰山郡治所在今山東泰安以東）人。東漢末，曹操執政時拜侍御史。黃初四年（西元二二三年），「尚書令陳群、僕射司馬宣王並舉勛為宮正，宮正即御史中丞也。帝不得已而用之，百寮嚴憚，罔不肅然」（《三國志・魏書・鮑勛傳》）。黃初六年（西元二二五年）秋，勛以諫文帝征吳忤旨，被左遷為治書執法，不久為曹丕所錯殺。⑳持書執法　原為「治書執法」，三國魏置，掌奏劾官吏。唐時因避高宗李治名諱改「治」為「持」。《晉書・職官志》：「及魏，又置治書執法，掌奏劾，而治書侍御史掌律令，二官俱置。及晉唯置治書侍御史，員四人。」㉑梁制十八班　梁武帝天監初，定品秩為九品，至七年（西元五〇八年）革選，徐勉為吏部尚書，定為十八班。以班多為貴，同班者，則以居下者為劣。御史中丞居十一班之首。㉒後魏改中丞曰中尉正三品　北魏孝文帝太和十七年（西元四九三年）職員令，御史中尉為三品上。㉓太和二十三年　即西元四九九年。太和為北魏孝文帝元宏年號。㉔北齊復曰中丞　《隋書・百官中》稱北齊「御史臺，掌糾察彈劾。中丞一人」。㉕後周秋官置司憲中大夫二人　北周仿《周禮》以天、地、春、夏、秋、冬六官設職。秋官府大司寇卿下設司憲中大夫，定員二人，品秩為正五命。北周任司憲中大夫者如令狐整、權景宣、侯莫陳凱、王悅、庾信等，均見於《周書》諸人之本傳。㉖掌丞司寇之法　句中「丞」字疑衍。《通典・職官六・御史臺》中丞條無此「丞」字。㉗持書侍御史　持書，原為「治書」。說見前⑳注。下文兩處「持書」同此。治書侍御史，漢置，秩六百石，為御史中丞屬官。因令侍御史治書而得名。《後漢書・百官志》注引胡廣云：「（宣）帝幸宣室，齋居而決事，令侍御史二人治書，（治書）侍御史起此。」隋時以御史大夫為御史臺長官，治書侍御史為次官，員二人，實際主持臺務，從五品。㉘漢宣帝元鳳中　漢宣帝，西漢皇帝劉詢。但元鳳是漢昭帝劉弗陵的年號。元鳳共六年，自西元前八十年至前七十五年；剛由元鳳改元為元平元年（西元前七十四年），昭帝便去世，宣帝即位，改元本始。下文路溫舒上書事即發生在漢宣帝初即位時，而此處原注卻誤繫於元鳳之下。㉙路溫舒　字長君，鉅鹿東里（今河北巨鹿之北）人。昭帝元鳳中，廷尉解光以路溫舒治詔獄，請溫舒署奏曹掾，守廷尉史。此是一事。「會昭帝崩，昌邑王賀廢，宣帝初即位，溫舒上書，言宜尚德緩刑」（《漢書・路溫舒傳》）。此又是另一事。後事應繫於宣帝即位後之本始年間。㉚季秋請讞　古代每年秋天季月，要復審疑案。讞即「讞」，審判定案。景帝中元五年（西元前一四五年）九月詔曰：「諸獄疑，若雖文致於法而於人心不厭者，輒讞之。」（《漢書・景帝紀》）又，《後漢書・百官三》稱：「治書侍御史二人，六百石。本注曰：掌選明法律者為之。凡天下諸讞疑事，掌以法律審其是非。」㉛自「帝幸宣室」至「持書侍御史」　此長句見於《續漢志補注》御史中丞條注引胡廣語，略有刪節。據此可知，治書侍御史的設置始於西漢宣帝初年，起因於元鳳末任廷尉史的路溫舒在宣帝即位後奏議「尚德緩刑」，於是在季秋決獄時，宣帝在宣室持齋決疑獄，令二侍御史為其治書執筆。此事後來就成為制度。㉜歷代品秩並同御史　東漢時治書侍御史與侍御史之品秩相同，都為六百石。魏晉，侍御史「品同侍書」（《晉書・職官志》）。南朝宋、齊皆從六品。北魏，《魏書・官氏志》：孝文帝太和十七年（西元四九三年）職員令：治書侍御史列第五品上，侍御史、殿中御史列從第五品中；太和二十三年（西元四九九年）職令，治書侍御史第六品上，侍御史第八品下，殿中侍御史從第八品上。治書侍御史與侍御史、殿中侍御史官品各不相同。㉝惟北齊為從五品　《隋書・百官中》：北齊治書侍御史列從第五品之下階。㉞隋室因之　隋御史臺設御史大夫一人，為御史臺主；未設御史中丞，但設治書侍御史二人，其品秩為從五品。㉟大業六年加正五品　大業六年，即西元六一〇年。大業為隋煬帝年號。但《隋書・百官下》記為大業三年（西元六〇七年）。是年御史臺增治書侍御史，為正五品。又，下文「〔大業〕八年又改為從五品」，《隋書・百官下》則記為大業五年，亦相差三年。㊱貞觀中避高宗諱四句　貞觀二十三年（西元六四九年）五月，太宗崩，六月皇太子李治即位，是即高宗。七月丙午，「有司請改治書侍御史為御史中丞，諸州治中為司馬，別駕為長史，治禮郎為奉禮郎，以避上名」（《舊唐書・高宗本紀》）。㊲龍朔二年　即西元六六二年。龍朔為唐高宗李治年號。㊳咸亨元年　即西元六七〇年。咸亨亦是唐高宗李治年號。㊴自漢以來御史中丞皆一人　御史中丞自漢以來皆一人，但治書侍御史非自隋起方為二人，西漢與東漢始置治書侍御史時，定員即為二人，西晉時更一度增至四員，及太康又恢復為二員，宋齊以下皆是二員。《宋書・百官志》稱：「治書侍御史，掌舉劾官品第六已上。魏晉以來，則分掌侍御史所掌諸曹，若尚書二丞也。」北齊亦是二員。區別是隋設御史大夫，因避文帝父楊忠名諱而不設御史中丞。實際上隋之治書侍御史二人，相當於西漢御史府之二丞。

【語譯】御史中丞，定員二人，品秩為正五品。《漢書・百官公卿表》記載：御史大夫有兩丞，俸秩為一千石。其中一員稱中丞。所以要稱「中」，是由於他位列設在殿中蘭臺，執掌圖籍秘書。對外督察在各州刺舉不法的使者，對內統領各侍御史分曹理事；並接受公卿奏事上達於天子，按照章程舉劾違章違法的人和事。到武帝設置司隸校尉以後，便以御史中丞督察司隸校尉和丞相府的司直，由司隸校尉和司直分別督察刺史，由刺史督察品秩為二千石的郡守，以下一直到品秩六百石佩墨綬的官吏。成帝綏和元年，〔御史大夫〕改名為大司空，哀帝建平二年又改去大司空再稱為御史大夫，到元壽二年又一次改為大司空。此時御史中丞出外成為御史臺長官，並改名為御史長史。東漢又恢復稱御史中丞。當時宣秉拜為御史中丞，光武帝下詔規定，御史中丞與司隸校尉、尚書令三官在朝會時各自可以專席而坐，京師的人們稱他們為「三獨坐」。魏文帝黃初年間，改中丞名為宮正。曾任宮正的鮑勛，因為違忤皇上旨意，被降職為持（治）書執法。後來又把宮正改回稱中丞。歷經晉、宋、齊、梁、陳，都是以御史中丞為御史臺的長官，品秩列第四。梁朝官品實行為十八班制，中丞列為第十一班。北魏改稱中丞為中尉，品秩列第三品〔上〕，太和二十三年，改為從三品。北齊時又恢復稱中丞，品秩居從三品。北周在秋官府設置司憲中大夫二人，職掌是協助大司寇執法，以使刑罰公正。隋朝省去了中丞這一官職,設置御史大夫作為御史臺的臺主,並以持(治)書侍御史二人,替代御史中丞的職任。所謂持（治）書侍御史，原來是漢宣帝元鳳年間（本始初年），由於路溫舒上書奏議應該崇尚恩德、寬緩刑罰，宣帝閱覽後認為很對，就採納了他的建議，在季秋奏請復審疑獄時，宣帝親自駕幸宣室，齋戒而居，決斷疑案，要兩個侍御史在一旁「治書」，也就是代他起草文書，所以稱為持（治）書侍御史。持（治）書侍御史的品秩，歷代都與侍御史相同，只有北齊時為從五品。隋因承北齊的這一官制，亦為從五品。煬帝大業六（三）年，提升為正五品，到八（五）年時，又改為從五品。本朝因襲隋的這一制度。太宗貞觀末年，高宗即位後，為了避高宗的名諱，省去了持（治）書侍御史，依照前代舊制設置了御史中丞。高宗龍朔二年，改稱御史中丞為司憲大夫，咸亨元年又恢復舊稱。從漢以來，御史中丞都只設一人，隋朝的持（治）書侍御史是二人，本朝因承隋制。

【說　明】御史臺是封建國家最高監察機關，御史大夫和御史中丞，是最高監察官，但帝王制度的總體格局，決定了所謂監察，只能是監察臣屬，絕不能監察皇帝，因而縱然其中不乏忠貞直言之士，就總體而言，都只能充當帝王耳目和鷹鸇的角色。韋思謙是唐高宗時的御史大夫，「性謇諤，顏色莊重，不可犯，見王公，未嘗曲禮。或以為譏，答曰：『耳目官固當特立。鵰、鶚、鷹、鸇，豈眾禽之偶？奈何曲以狎之？』」（《新唐書・韋思謙傳》）韋思謙以鷹鸇自喻，不與眾禽（百官）為偶，但這鷹鸇的或放或收，全得聽命於主人，一切要視皇帝的意志和臉色行事。因而不妨說，韋思謙的「性謇諤，顏色莊重不可犯」之類，是他的一種職業包裝，或曰職業病態，也許他原來的性格並非如此。因為他深知：儘管鷹鸇屬猛禽，卻不能自由翱翔；他的腳上拴著鏈子，另一端就握在皇帝手裡。

武則天臨朝稱制，要以威制天下，於是便委政於獄吏，拜來俊臣為左肅政臺御史中丞，而侍御史則是侯思止、王弘義、郭霸、李仁敬等一批酷吏，他們亦都是武則天的鷹鸇。這些人要時希旨，見利忘義，草菅人命，固然可憎可惡，但這一切皆取決於武則天的意圖，這是誰都知道的。當武則天統治穩定下來，這些鷹鸇已完成其使命時，他們忽而一個個成了替罪羔羊，好似一切都是他們的罪過，與武則天毫不相干。所以這些人的結局也只是「狡兔盡，走狗烹」而已。反之，如果御史彈劾的對象若是皇帝寵信的人，那他就要倒霉了。如王義方，在唐高宗時當庭彈劾李義府罪證確鑿，但「帝方安義府狡佞，恨義方以孤士觸宰相，貶萊州司戶參軍」（《新唐書・王義方傳》）。又如本章原注中提到的魏文帝時的鮑勛為宮正，即御史中丞，先是諫文帝征吳，已觸犯龍顏，後來文帝征吳從壽春回還，屯陳留郡界，太守孫邕邪行不從正道，勛以塹壘未成，解止不舉，後被人舉發文帝詔付廷尉，「廷尉法議『正刑五歲』，三官駮：『依律罰金二斤』。帝大怒曰：『勛無活分，而汝等敢縱之！收三官已下付刺姦，當令十鼠同穴。』」（《三國志・魏書・鮑勛傳》）結果不僅鮑勛被殺，三官等亦被治罪。曹丕殺鮑勛在法律上是沒有根據的，但為什麼非殺不可呢？因為在曹丕心目中，御史臺只是他懲治一切異己的鷹鸇而已，如今這隻鷹鸇居然敢對主人說三道四了，那還不罪該萬死嗎？在中國帝王身旁，是絕對不容許有類似於現今美國白宮的獨立檢察官的存在的。由此可見，縱然中國在封建時代的監察制度，在世界歷史上可說是最完備的，但這種只監下不監上的監察制度，絕非現代意義上的對國家權力擁有者的監督制約機制。甚至可以說，正因為它是那樣完備，所以離現代意義的監察體制是那樣遙遠。看來真正的監察體制只有在拋棄了這種至今還被有些人視為寶貝的傳統以後，才有可能建立起來。

三

御史大夫之職，掌邦國刑憲、典章之政令，以肅正朝列❶；中丞為之貳。其百寮有姦非隱伏，得專推劾❷。若中書門下五品已上、尚書省四品已上、諸司三品已上，則書而進之，并送中書門下。凡天下之人有稱冤而無告者❸，與三司詰之❹。三司：御史大夫，中書，門下。大事奏裁，小事專達。凡中外百僚之事應彈劾者，御史言於大夫❺，大事則方幅奏彈，小事則署名而已❻。舊，彈奏，皇帝視事日，御史奏之。自景龍三年❼以來，皆先進狀，聽進止❽：許則奏之，不許則止。若有制使覆囚徒，則刑部尚書參擇之。凡國有大禮，則乘輅車以為之導。駕幸京都❾，大夫從行，則令中丞一人留在臺，并殿中侍御史一人。若別敕留守，不在此限。

【章　旨】敘述御史大夫和中丞之職掌。

【注　釋】❶肅正朝列　指肅正朝會時列班之次序。朝會時具體由殿中知班，然御史大夫與御史中丞亦有督察責任。貞觀元年（西元六二七年），「唐臨為殿中侍御史，大夫韋挺責臨以朝列不整，臨曰：比以小事，不足介意，今日以後為之。明日，江夏王道宗共大夫離立私談。臨趨進曰：『王亂班。』道宗曰：『共大夫語，何至於是。』臨曰：『大夫亦亂班。』韋失色而退」（《冊府元龜・憲官部・剛正》）。對朝會時違反班列秩序者的處罰，亦有具體規定。乾元元年（西元七五八年）三月十四日敕：「如有朝堂相弔慰，跪拜待漏，行立失序，語笑諠譁，入衙門執笏不端，行立遲慢，立班不正，趨拜失儀，言語微訕，穿伏出閤門，無故離位，廊下食行坐失儀，語鬧入朝，不從正門出入，非公事入中書寺，每犯奪一月俸。班列不肅，所由指撝，猶或飾非，仍抗拒者，錄奏貶官。」（《冊府元龜・憲官部・振舉二》）❷其百寮有姦非隱伏得專推劾　指御史大夫和御史中丞，有權推劾百官所隱伏之一切奸非邪惡。如「蕭瑀為御史大夫，貞觀四年（西元六三〇年）五月，奏請李靖破頡利牙帳，軍令無法，突厥珍物累億萬計，多靖取之，由是部下虜掠，隨手而盡。請付法推科。太宗以其平寇之功，特赦勿劾。」（《冊府元龜・憲官部・彈劾三下》）又，「寮」同下「僚」。❸天下之人有稱冤而無告者　指地方官或其他機構不予受理和無法處理的案件，赴御史臺投訴狀者。如睿宗時，「薛謙光拜御史大夫，時僧惠範恃太平公主權勢，逼奪百姓肆店，州縣不能理，謙光時加彈奏，或請寢之。謙光曰：『憲臺理冤滯，何所迴避，朝彈暮黜亦可矣。』遂與尉中慕容珣奏彈之。」（《冊府元龜・彈劾三下》）❹三司詰之　指三司會審。本書第八卷門下省給事中及第九卷中書省中書舍人職掌中都已有提及。三司的組合，有大小之分。大三司指御史中丞、刑部侍郎、大理寺卿；下文原注為御史大夫、中書、門下。小三司為御史、刑部司官和大理寺官；亦指中書舍人、給事中及御史。三司聯合審理的案例，如開元十四年（西元七二六年）御史大夫崔隱甫「與御史中丞宇文融、李林甫等，奏彈右丞相張說引術士伺解星候及徇私僭移，交通小人，貽賂狼籍。詔宰臣源乾曜及刑部尚書韋抗、大理少卿明珪與隱甫、融等同於御史臺詳鞫，說坐不法，與彈狀協。帝念其舊臣，特寬朝典停說兼中書令」（《冊府元龜・彈劾三下》）。此案可稱典型的三司會審：宰臣源乾曜代表中書門下，此外三司便是御史臺、大理寺、刑部。此案涉及對象係中書令張說，屬大案，故須由三司奏請玄宗親自裁定。一般小案則三司可以直接審定。《舊唐書・職官三》侍御史條概述唐代三司會審體制稱：「凡三司理事，則與給事中、中書舍人更值於朝堂受表。若三司所按而非其長官，則與刑部郎中員外、大理司直評事往訊之。」❺凡中外百僚之事應彈劾者二句　御史彈劾應先言於大夫，此為開元時之規定。依唐故事，御史彈劾應不受他人限制，包括御史臺的長官御史大夫和中丞，亦不得干涉。武周長安四年（西元七〇四年）監察御史蕭至忠彈劾宰相蘇味道贓汙，御史大夫李承嘉據此而責難蕭：「近日彈事，不咨大夫，禮乎？」蕭至忠回答：「故事，臺中無長官；御史，人君耳目，比肩事主，得各彈事，不相關白。若先向大夫而許彈事，如彈大夫，不知向誰也。」承嘉「默而而止，憚其剛正」（《通典・職官六》）。到了開元時，情況發生了變化。史稱：「故事，大夫與監察，競為官政，略無承稟，至開元十四年（西元七二六年）崔隱甫為大夫，一切督責之，事無大小，悉令咨訣，稍有忤意，列上其罪，前後貶出者過半，群僚惕然。上常謂曰：卿為大夫，深副朕所委也。」（《唐會要》卷六〇）此種情況，由二人促成之：一是唐玄宗，晚年沈緬酒色，倦於政事；一是李林甫，便於自己一手遮天，獨攬政柄。其後，至肅宗至德元年（西元七五六年）九月又詔：「御史彈事，自今以後，不須取大夫同署。」（《唐會要》卷六二）然從實際狀況看，御史的彈劾還是受到大夫和中丞的約束。❻大事則方幅奏彈二句　方幅，御史彈奏時所上之表章。署名，指由御史大夫或中丞押奏。《舊唐書・職官三》：「凡事非大夫、中丞所劾，而合彈奏者，則具事為狀，大夫、中丞押奏。」此為奏狀。如在朝會時彈奏，大事、小事亦有區別：「大事則冠法冠，衣朱衣纁裳，白紗中單以彈之。小事則常服而已。」且在朝堂對著儀仗彈劾時，被彈劾的官員，無論其地位多高，都須站立一旁待罪，恭聽彈文。如唐高宗時，侍御史王義方彈劾中書侍郎李義府，在朝「對仗，叱義府令下，義府顧望不肯退，義方三叱，帝既無言，義府始趨出，義方乃讀彈文」（《冊府元龜・憲官部・彈劾三》）。❼景龍三年　即西元七〇九年。景龍為唐中宗年號。❽

聽進止　指御史彈奏的狀子，須由皇帝決定其進或止。《資治通鑑‧唐紀四十七‧德宗貞元元年》胡三省注：「自唐以來，奏聖旨為奉進止；蓋言聖旨使之進則進，使之止則止也。程大昌曰：今奏劄言取進止，猶言此劄之留或卻，合稟承可否也。」

❾駕幸京都　指皇帝巡幸東都洛陽。

【語　譯】御史大夫的職務，是執掌維護國家憲章和律令格式的貫徹和執行，糾舉一切違法犯紀的行為，並肅整朝會時班列的次序。御史中丞做大夫的副職。凡是百官有隱匿的奸非罪惡，御史大夫和中丞都可以偵查和彈劾。如果彈劾的對象涉及中書門下五品以上、尚書省四品以上、各司三品以上的官員，那便要先寫書面報告，並送中書門下。凡是全國各地的臣民有受冤屈而無處申告的，可以由三司共同審訊。三司是指御史大夫、中書、門下。大事奏請皇帝裁定，小事可由三司直接裁定並交付執行。凡是京師內外百僚有事應該給予彈劾的，承辦的御史先要報告御史大夫。重大的案件，由御史大夫、中丞以表章奏彈，一般的小案件，與有關御史一起署名即可。舊例，御史彈奏，只要是皇帝朝會視事的日子，便可以在殿廷上直接奏彈。自中宗景龍三年以後，規定都要先進狀子，聽候聖旨的決定，君王允許就出奏，不許就停止。如果有制命派遣御史大夫或御史中丞覆審在押的囚犯，那就與刑部尚書一起甄別案情。凡是國家有大的典禮，御史大夫和御史中丞就乘輅車作為前導。皇上車駕巡幸東都時，御史大夫要隨從同行，由御史中丞一人留守西京主持臺務。此外還要留守殿中侍御史一人。如果別有敕令需其他人員留守，那就不受這一規定的限制。

侍御史・殿中侍御史・監察御史

【篇旨】御史臺所屬的臺院、殿院、察院，主要分別由侍御史、殿中侍御史、監察御史三類官員組成。本篇的主要內容便是敘述三院御史的定員、品秩、沿革和職掌。

侍御史秦漢已有，魏晉沿置，唐定員為四人，品秩正七品上，武則天時期曾升為從六品下。其職掌有六：一為奏彈，二為參預三司理事，三為西推，四為東推，五為管贓贖，六為理匭。其中三司、理匭為與門下省的給事中、中書省的中書舍人輪值在朝堂受表。

殿中侍御史始於三國魏，晉代沿置，隋稱殿內侍御史，唐代定員為六人，舊秩正八品上，武則天時升為從七品上。殿中侍御史的職掌主要是知朝班，亦知東、西推，分知左右巡，和監臨太倉、左藏庫的出納，以及奉詔與大理寺、刑部推鞫獄訟。

監察御史其前身為秦代的監郡史和漢代的司隸校尉，以及晉代和北朝的檢校御史，至隋始定名為監察御史。其職掌為分察尚書六部，巡按州縣，即分巡地方州縣的十道按察使，以及各種名目的出使，如監軍使、鑄錢使等；在京則知校兩京館驛事務，監察祭祀，監決死囚等。

三院御史的職務都在監察，其中侍御史要在彈奏，殿中侍御史要在知班，監察御史要在出使。所謂「要」，是指側重，實際上除了一些固定的職事，如臺院的知雜，殿院的左右巡，察院的監祭之外，彈奏、知班、出使又是三院御史共同要分擔的。如三院御史都曾出使監軍，知班時亦各有分工，至於推鞫獄訟，更在三院御史正常職責之內。其他如門直御史，由三院輪值；監臨太倉、左藏庫出納以及左右巡，殿院與察院都曾分管過。總之，三院之間既有一定的分工，又圍繞著監察這一中心任務或互相配合，或交叉重疊。不僅如此，在唐代，執掌監察的不限於御史臺，行政部門亦有自己的監察系統。如尚書省的左丞與御史臺之間就有一個互相監察的關係，此意我們在本書第一卷尚書都省上篇五章之末，已略有說明。

有關臺院、殿院、察院三院御史總的情況，趙璘在《因話錄》中有以下描述：「御史臺三院。一曰臺院，其僚曰侍御史，眾呼為端公。見宰相及臺長，則曰某姓侍御。知雜事，謂之雜端，見臺長則曰知雜侍御。雖他官高秩兼之，其侍御號不改。見宰相，則曰知雜某姓某官。臺院非知雜者，乃俗號散端。二曰殿院，其僚曰殿中侍御史，眾呼為侍御。見宰相及臺長雜端，則曰某姓殿中，最新入知右巡，已次知左巡，號兩巡使，所主繁劇。及遷向上，則又入推，益為勞屑，惟其中間則入清閑。故臺中諺曰：『免巡未推，只得自知。』如言其暢適也。廳壁有小山水甚工，云是吳道子真跡。三曰察院，其僚曰監察御史，眾呼亦曰侍御。見宰相臺長雜端，則曰某姓監察。若三院同見臺長，則通曰三院侍御，而主簿記其所行之事。」

一

侍御史四人，從六品下。《周官》[1]宗伯[2]屬官御史，「掌邦國都鄙[3]及萬民之治令，以贊冢宰[4]。凡治之者[5]，受法令焉[6]。」以其在殿柱之間，亦謂之柱下史[7]。秦改為侍御史。《史記》[8]：「張蒼[9]自秦時為御史，主柱下方書[10]。」即其任也。冠法冠[11]，一名柱後惠文冠，以鐵為柱，言其審固不撓也。法冠者，《秦事》[12]云：「始皇滅楚，以其君冠賜御史。」亦名獬豸冠，以獬豸獸主觸不直，故執憲者以為冠。漢因秦，置侍御史[13]，秩六百石，員十五人。惠帝三年，相國奏遣御史監三輔不法事[14]，有：辭訟者，盜賊者，鑄偽錢者，獄不直者，繇賦不平者，吏不廉者，吏苛刻者，踰侈及弩力十石以上者，作非所當服者，凡九條⑮。監者每二歲一更，常十一月奏事⑯，三月還監焉。侍御史有綉衣直指⑰，出討姦猾，治大獄；武帝⑱制，不常置。後漢皆公府掾屬高第者為之⑲，所掌有五曹，曰：令曹，掌律令；印曹，掌刻印；供曹，掌齋祠之事；尉馬曹，掌廄馬之事；東曹，掌護駕。魏置八人，品第六，所掌凡八部，有持書曹⑳、課第曹，其餘則史闕云。晉置九人，所掌有十三曹，曰：吏曹，課第曹，直事曹，印曹，中都督曹，外都督曹，媒曹，符節曹，水曹，中壘曹，營軍曹，法曹，筭曹。東晉初，省課第曹，置庫曹㉑；後又分庫曹為外右庫曹㉒、內左庫曹焉。宋置十人。元嘉中㉓，省二庫曹，直云左庫㉔。大明中㉕，復置二庫；景和初㉖，復省之。昇明初㉗，省營軍曹，併入水曹；省筭曹，併入法曹；而吏曹罷御史掌之。齊置十人，梁、陳皆九人㉘。後魏八人，初，從五品㉙；太和末㉚，為正八品下。北齊置八人，從七品下。後魏、北齊尤重御史，選御史必答策高第始補之㉛，並分掌諸曹內外督令史以下。後周秋官有司憲中士。隋置八人，從七品下；煬帝三年㉜，改為正七品。皇朝置四人，加品從六品下㉝。又置內供奉㉞員，不過本數㉟，其遷改與正官資望亦齊。舊制，庶僕五分減一㊱，及崔隱甫㊲為大夫，奏供奉、裡行㊳並同正給。案《令》：隔品致敬㊴。比者因循，侍御史已下皆與大夫抗禮㊵。開元十八年㊶，敕重申明，猶未之改。李適之為大夫，皆受拜㊷，時議是之。

【章旨】敘述臺院侍御史之定員、品秩和沿革。

【注釋】❶周官 即《周禮》。儒家經典之一。係搜集周代官制和戰國時各國制度，添附以儒家政治理想，增減排比而成的彙編。❷宗伯 即大宗伯卿。《周禮》依天、地、春、夏、秋、冬六官設職，大宗伯卿一人為春官之長，掌邦禮，以佐王和和邦國。下文御史，為其屬官，設中士八人，下士十有六人。❸都鄙 《周禮・天官・大宰》鄭玄注：「都之所居曰鄙。都鄙，公卿大夫之采邑，王子弟所食邑。」或泛指都城與郊外。❹冢宰 《周禮》天官之長。亦作太宰。居六卿之首，總理政務者。❺凡治之者 《周禮・春官宗伯下》御史職掌條此句中無「之」字。指所有內外有治職者。❻受法令焉 指治職者所接受的王者法令，都由御史書寫後給予。❼柱下史 因御史在朝會時侍立於殿柱之下而有此別稱。《通典・職官六》：「侍御史於周為柱下史，老聃嘗為之。秦時張蒼為御史，主柱下方書，亦其任也。」又云蒼為柱下御史，明習天下圖書計籍。一名柱後史，謂以鐵為柱，言其審固不撓也，亦為侍御史。」秦代中央的章奏、律令、文書、檔案、宮禁圖書以及諸郡上送之計簿，皆由柱下史掌管。由於柱下史掌管律令，故《睡虎地秦墓竹簡・尉雜》中有〈歲讎辟于御史〉一文，係掌刑辟之廷尉每年至御史府核對法令之文本，說明柱下史有監督法律法令實施之責。❽史記 即《太史公書》，一百三十篇，西漢司馬遷撰，為我國第一部紀傳體通史。紀事起於傳說中的黃帝，迄於漢武帝，首尾三千年左右，詳於戰國、秦、漢。❾張蒼 陽武（今河南原陽東南）人。秦時曾為御史，劉邦過陽武，張蒼從劉邦西入武關至咸陽，先後為常山守、趙王相、代王相。因張蒼明習天下圖書計籍，得以列侯居蕭何相府，領主郡國上計。❿柱下方書 有二說。一說為宋裴駰《集解》：「如淳曰：方，版也，謂書事在版者也。秦以上置柱下史，蒼為御史，主其事。或曰四方文書。」另一說為唐司馬貞《索隱》：「方書者，如淳以為方版，謂小事書之於版也，或曰主四方文書也。姚氏以為下云：『明習天下圖書計籍，主郡上計，則為四方文書也。』」⓫法冠 即下文獬豸冠，古代法官所戴。《後漢書・輿服志》：「法冠，一曰柱後高五寸，以纚為展筩，鐵柱卷，執法者服之，侍御史，廷尉正監平也。」又云：「獬豸，神羊，能別曲直，楚王嘗獲之，故以為冠。胡廣說曰：《春秋左氏傳》有南冠而縶者，則楚冠也。秦滅楚，以其君服賜執法近臣御史服之。」《異物志》：「東北荒中有獸名獬豸，一角，性忠，見人鬭，則觸不直者；聞人論，則咋不正者。楚執法者所服也。」⓬秦事 書名。《舊唐書・經籍志》與《新唐書・藝文志》均著錄有《秦漢以來舊事》八卷，《太平御覽》卷二二七侍御史條引應劭《漢官儀》，有「余覽《秦事》，云始皇滅楚，以其君冠賜御史」之語，其書名亦稱《秦事》。⓭漢因秦置侍御史 《漢書・百官公卿表》：御史中丞內領侍御史十五員。孫星衍輯衛宏《漢舊儀補遺》云：「其十五人衣絳，給事殿中，為侍御史，宿廬在石渠門外，二人侍前，中丞一人領。」《後漢書・百官三》：「侍御史十五人，六百石。本注曰：掌察舉非法，受公卿群吏奏事，有違失舉劾之。凡郊廟之祠及大朝會、大封拜，則二人監威儀，有違失則劾奏。」⓮惠帝三年相國奏遣御史監三輔不法事　此事見《北堂書鈔・設官部》引衛宏《漢舊儀》。其文云：「惠帝三年相國奏遣御史監三輔郡，察辭詔凡九條。」惠帝三年，西元前一九二年。惠帝，西漢皇帝劉盈。相國是曹參。三輔，武帝時為京兆尹、左馮翊、右扶風，均為西京附近地區。《漢書・百官公卿表》：「監御史，秦官，掌監郡，漢省。」高祖時省，至惠帝時，重開御史監郡制度。起初只在京畿附近地區，後諸郡皆恢復監御史制度。⓯自「有辭訟者」至「凡九條」　此即〈監御史九條〉，又稱〈御史九法〉。其中「弩力十石以上者」，弩是以機括發箭之弓。弩之發射力以石計量。漢制，私人藏弩，其發射力不得超過十石以上。又，「作非所當服者」，指製作及穿戴不應當服用的冠服。古代官服有品級的限制。此九條除此處所記外，還見於《西漢年紀》卷一引《漢儀》：「惠帝三年，相國奏御史監三輔郡，察以九條：察有訟者，盜、賊者，鑄偽錢者，恣為奸詐論獄不直者，擅興徭役不平者，吏不察者，吏以苛刻故劾無罪者，敢為踰侈及弩十石以上者，作非所當服者，凡九條。」文字上略有差異，內容基本相同。九條內容可以概括為五個方面：一是獄訟，含訴訟和冤獄；二是財政賦役違法；三是治安混亂；四是吏治腐敗；五是服飾及用物違制。這是我國歷史上第一部見於記載的專門性的地方監察法規。⓰監者每二歲一更二句　衛宏《漢舊儀》云：「監者二歲一更，常以中月奏事。」中月即十一月。《通典・職官十四》作「常以十月奏事，十二月還監。」在地方上的御史監，規定每年要定期到中央述職，二年換一次地方，以防止監御史與地方郡守的互相勾結和包庇。但漢代至文帝時，監御史也成了被監察的對象。《通典・職官十四》：「文帝十三年（西元前一六七年）以御史不奉法，下失其職，乃遣丞相史出刺，并督監察御史。」《漢舊儀》：「詔御史，其赦天下自殊死以下。及吏不奉法，乘公就私，凌暴百姓，行權相放，治不平正，處官不良，細民不通，下失其職，俗不孝弟，不務於本，衣服無度，出入無時，眾彊勝寡，盜賊滋彰，丞相以聞。於是乃命刺史出刺，並察監御史。」刺史最早是由丞相府派出的，「吏員十五人，皆六百石，分東、西曹，東曹九人，出督州為刺史」（同上）。據此可知漢初地方上的監察機構有兩個：一是御史府派出的監御史，一是丞相府之丞相史，即後來的刺史。這兩個部門間又是互相監督的關係，從而開了多渠道互相監察的先河。⓱綉衣直指　綉即「繡」字。亦稱繡衣御史。始置於漢武帝天漢三年（西元前九十八年），司職為討奸猾，理大獄。直指，指針對某一緊急事務。繡衣是為了顯示其特殊身份，特授以繡衣作官服。《漢書・百官公卿表》注引服虔語：「指事而行，無阿私也。」師古注：「衣以繡者，尊寵之也。」繡衣直指之設與當時所謂「盜賊群起」的形勢有關。《漢書・

王訢傳》：「武帝末，軍旅數發郡國盜賊群起，繡衣御史暴勝之使持斧逐捕盜賊，以軍興從事，誅二千石以下。」《漢書・江充傳》稱充「拜為直指繡衣使者，督三輔盜賊，禁察逾侈」。王莽時，改繡衣直指為繡衣執法。《後漢書・伏湛傳》稱伏湛「至王莽時為繡衣執法」。李賢注：「武帝置繡衣御史，王莽改御史曰執法，故曰繡衣執法也。」東漢光武帝省繡衣御史，至順帝時復置，魏罷。⑱武帝　西漢皇帝劉徹。在位五十四年，終年七十一。⑲公府掾屬高第者為之　指侍御史的人選，皆自三公府掾屬中擇績優者充任。公府，東漢三公，即太尉、司徒、司空。皆能開府，辟置其掾屬，並有定員。⑳持書曹　《宋書・百官志》作「治書曹」。此處因避唐高宗李治名諱，改「治」為「持」。㉑省課第曹置庫曹　《宋書・百官下》稱：「晉江左初，省課第曹，置庫曹，掌廄牧牛馬市租。」㉒外右庫曹　「外右」當係「外左」之誤。《宋書・百官志》稱東晉「置外左庫、內左庫二曹」。㉓元嘉中　元嘉是南朝宋文帝劉義隆的年號，自西元四二四至四五三年。㉔省二庫曹直云左庫　《宋書・百官下》云：「省外左庫，而內左庫直云左庫。」㉕大明中　大明是南朝宋孝武帝劉駿的年號，自西元四五七至四六四年。㉖景和初　景和是南朝宋前廢帝劉子業的年號，即西元四六五年。㉗昇明初　昇明是南朝宋順帝劉準的年號，元年為西元四七七年。㉘梁陳皆九人　據《隋書・百官上》「梁御史臺，由治書侍御史二人，分統侍御史；侍御史九人居曹，掌知其事，糾察不法」。陳承梁制，其分曹詳情不知。㉙初從五品　《魏書・官氏志》孝文帝太和十七年（西元四九三年）職員令，侍御史品秩為從第五品中。㉚太和末　太和是北魏孝文帝元宏年號。太和末指太和二十三年，西元四九九年。㉛選御史必答策高第始補之　北魏御史中尉選補御史時，規定須射策，名次高第者方可補侍御史之職。《魏書・溫子昇傳》：「熙平初，（御史）中尉、東平王匡博召辭人以充御史，同時射策者八百餘人，子昇與盧仲宣、孫搴等二十四人為高第。於時預選者爭相引決，匡使子昇當之，皆受屈而去。搴謂人曰：『朝來靡旗亂轍者，皆子昇逐北。』遂補御史，時年二十二。」北齊承北魏之制，由御史中丞選侍御史，「司馬子端為中丞，選御史云：周興鐵柱，漢制繡衣，簪白筆以繩違，馭驄焉而明目，故能出則督察萬里，入則糾劾百僚，揚榷而言，惟賢是寄」（《職官分紀》卷一九）。至隋開皇後，侍御史始由吏部選用。㉜煬帝三年　即大業三年，西元六〇七年。《隋書・百官下》則記為煬帝大業五年（西元六〇九年），是年「增侍御史為正七品，唯掌侍從糾察」。㉝皇朝置四人加品從六品下　《舊唐書・職官志》稱：「侍御史，舊從七品上，垂拱令改。」《新唐書・百官三》稱：「侍御史六人，從六品下。」㉞內供奉　供奉，即行走、當值之意。內供奉，即於禁中內廷供奉行走。是為兼司某職之專稱，非正職，無專掌，去此名即為真授。《唐會要》卷六〇侍御史條：「長安二年（西元七〇二年）始置內供奉，在正員之外，仍不過本數，其遷改與正官資望亦齊。」武則天增加侍御史之內供奉，是為了加強其監察之職能。㉟不過本數　指內供奉與裡行的定員，不超過正官的定員六人。《通典・職官六》：「凡諸內供奉及裡行其員數各居正官之半，唯奉祿有差，職事與正同。」㊱庶僕五分減一　指內供奉侍御史之庶僕為侍御史的五分之四，即減少五分之一。庶僕是唐代給予在京諸司職事官的隨身服役者，其數量以官品為等差。侍御史為從六品下，應給的庶僕數，諸書所記有異：《通典・職官・祿秩》為五人，《新唐書・食貨志》為十五人，本書第三卷尚書戶部度支司篇則為十二人。庶僕實際上常常是以課代役，納課者每年不過二千五百錢，月均每月納二百零八錢，朝廷不能給京官提供庶僕，就支付庶僕錢，最初是每季一付，開元十年（西元七二二年）改為每月一付，開元二十四年（西元七三六年），乾脆把庶僕錢併入京官月俸。故此處對內供奉員庶僕的定額，即是對其部份俸給的規定。㊲崔隱甫　貝州武城（今山東臨清西北）人，開元時拜御史大夫。其時宇文融、李林甫皆為其屬下御史中丞。㊳裡行　御史臺之員外官。裡行的名目繁多。最早始於太宗時，以馬周為監察御史裡行。《新唐書・百官三》：「龍朔元年（西元六六一年）置監察御史裡行；武后文明元年（西元六八四年）置殿中裡行，後亦顯以裡行名官。」此外尚有御史裡行使、侍御史裡行使、殿中裡行使、監察裡行使等，因未為正官，無員數。㊴隔品致敬　此是指御史臺內部官品低一等者與官品高一等者相會時，低品者要向高品者行致敬之禮。《新唐書・百官三》稱：「凡御史以下，遇長官於路，去轡下馬，長官斂轡止之。」規定此項禮節，意在使大夫和中丞能夠對三院御史有所約束。㊵侍御史已下皆與大夫抗禮　侍御史已下，指殿中侍御史及監察御史。因其品秩皆低於侍御史。之所以會出現御史與大夫分庭抗禮的現象，是由於在御史臺內部的長官和屬官與通常的隸屬關係有異。武則天長安四年（西元七〇四年）三月監察御史蕭至忠彈劾宰相蘇味道贓污，受到御史大夫李承嘉責備：「近日彈事，不咨大夫，禮乎？」蕭至忠的回答是：「故事，臺中無長官；御史，人君耳目，比肩事主，得各彈事，不相關白，若先白大夫而許彈事，如彈大夫，不知向誰也？」（《通典・職官六・監察侍御史》）又如「光宅元年（西元六八四年）韋思謙除右肅政大夫，遂坐受拜，或以為言，思謙曰：國之班列，自有等差，奈何姑息為事，其後監察又與之抗禮」（《唐會要》卷六〇）。㊶開元十八年　即西元七三〇年。開元為唐玄宗李隆基年號。㊷李適之為大夫皆受拜　句中「皆受拜」似應為「坐受拜」。《唐會要》卷六〇御史大夫條云：「至（開元）二十四年（西元七三六年）六月，李適之為大夫，又坐受拜，其後監察又與之抗禮，至今不改。」李適之，一名昌，恒山王承乾之孫。其祖父在太宗時遭廢黜，其父李象在武則天時又遭黜。在玄宗開元末，適之曾上疏請歸葬昭陵，於是下詔追贈承乾為恒山愍王，歸葬京師，並刊石於墳所。適之官至刑部尚書，後為李林甫所中傷，天寶時死於貶所。

【語 譯】侍御史，定員四人，品秩為從六品下。《周官》春官大宗伯卿的屬官中有御史一職，職掌是負責有關治理邦國、都鄙和民眾的法令，協助冢宰處理事務。凡是有治職的官員，都從御史那裡領受由天子頒發、御史繕寫的有關法令。由於御史列位在殿柱之間，所以在周代亦稱為柱下史，秦朝改名為侍御史。《史記・張丞相傳》：「張蒼在秦朝當過御史，在殿柱下主管四方的文書。」這就是御史所擔任的職務。御史戴法冠，又稱為柱後惠文冠。這種冠上有一用鐵做成的柱頭，象徵御史的堅定和不屈不撓。關於法冠的來歷，《秦事》中說：「秦始皇攻滅楚國時，把楚國國君的冠，賜給了御史。」法冠又叫獬豸冠，這是因為獬豸這種神獸專門抵觸那些不正直的人，所以執掌司法的官員用它來稱自己的冠。漢朝因循秦制，設置侍御史，俸秩是六百石，定員為五人。西漢惠帝三年，相國曹參奏請派遣御史監察三輔地區違法的事，監察的內容包括：屬於訴訟糾紛的，盜賊的，鑄造假錢的，審獄不公正的，賦稅徭役的負擔不均平的，官吏有貪污不廉潔的，吏治苛暴的，過分奢侈以及私藏發射力在十石以上的弓弩的，製作服飾衣冠超越本人品級的，共有九條。監御史每兩年更換一次，通常是十一月間還朝廷述職，三月間再還地方。在侍御史中還有名為繡衣直指的，專門負責出討奸猾犯上作亂，治理大案要案。這是武帝末年設置，並不常置。在東漢，侍御史都是由三公府掾屬中答策時獲得高第的充當，所執掌的有五個曹，就是：令曹，掌管與律令相關的事務；印曹，掌管刻印；供曹，掌管與齋祠相關的事務；尉馬曹，掌管廄馬相關的事務；乘曹，掌管皇帝外出時與護駕相關的事務。三國魏設置侍御史八人，品秩為第六品，掌管八個部曹，有記載的如持書曹、課第曹，其他的史書上沒有記載下來。晉朝設置侍御史九人，所掌管的分為十三曹，就是：吏曹，課第曹，直事曹，印曹，中都督曹，外都督曹，媒曹，符節曹，水曹，中壘曹，營軍曹，法曹和算曹。東晉初年，省去了課第曹，設置庫曹，後來又分庫曹為外右（左）庫曹和內左庫曹。南朝宋侍御史的定員為十人，宋文帝元嘉時期省去了二（外左）庫曹，直接稱左庫曹。宋孝武帝大明年間，又恢復設置外左庫曹和內左庫曹。景和初年再次簡省了外左庫曹。宋順帝昇明初年省去了營軍曹，將它的職務併入水曹；又省去了算曹，將它的職務併入法曹，而吏曹則不再由御史管轄。南朝齊時，侍御史定員為十人，梁和陳都是九人。北魏設侍御史，定員為八人，品秩起初為從五品（中），太和末為正八品下。北齊侍御史設置八人，品秩為從七品下。北魏與北齊尤其注重御史的人選，要答策獲得高第的方能補侍御史，都要分掌各曹內外，監督令史以下的官吏。北周在秋官府中設有司憲中士。隋朝在御史臺有侍御史八人，品秩為從七品下，煬帝三（五）年時改為正七品。本朝侍御史的定員為四人，品秩則加為從六品下。另外又設置內供奉員，人數不超過原來的定員，如果遷改他任，他的前資與正官資望相等。按以前的規定，供奉官俸秩中的庶僕部份，比正官減少五分之一，到了開元時崔隱甫擔任御史大夫，經他奏請，供給御史臺的供奉和裡行的庶僕數，便與正員相同，案《職品令》的規定，官員相見時，低一品的要向高一品的行禮致敬。但近年來，由於相沿因循，出現了侍御史以下各御史都與御史大夫分庭抗禮的局面。玄宗開元十八年下敕令重新申明御史臺內亦要「隔品致敬」，但還是未能完全改正。李適之在開元二十四年任御史大夫時，又恢復坐著接受各御史拜見的禮節，當時人們議論認為這做得對。

【說　明】本章敘述周秦以來侍御史的沿革，從中可以看到整個御史臺監察制度形成及其演變的過程。御史和御史大夫的職掌，最早只是皇帝身邊分管文書的成員，後來才逐步演化為以監察為其主要職能。本章原注中提到的周秦時的柱下史主四方文書，與後來的監察職掌還不是一回事。變化是從秦有御史被派往諸郡作為監御史開始的。監御史不僅掌監郡，而且還領兵作戰，開鑿水渠以及向朝廷推舉人才等。如劉邦起兵據守豐邑時，秦泗川郡的監御史平便曾將兵圍豐。又如秦始皇派尉屠睢進擊閩粵時，派郡監祿開鑿靈渠。蕭何隨劉邦起義前，為秦沛縣吏，受監御史賞識，而被薦舉。這樣，監御史便成了受中央差遣的、有時還委以特別使命的、往返於地方與中央之間的特殊職官。在地方上它還負責審核郡縣獄訟及上奏之文書。漢建國以後，在平定異姓諸王之前，還不具備派遣監御史的條件。至惠帝三年（西元前一九二年）才開始首先在京畿三輔地區施行監御史制，以後逐步擴大到郡國。然而這一監察系統，不久便與地方合流了。到文帝時，又不得不從丞相府派丞相史來監督監察御史。丞相史又名相刺史，是後來刺史的前身。初置時，吏員亦為十五人，出督州為刺史，由臨時性漸次演化為常設，直至最後完全取代了原來的監郡御史，於元封五年（西元前一〇六年）置十三州刺史部，皆隸屬於御史府。武帝時，還有各種以不同目的臨時設置的御史，如繡衣直指、督運、監軍和司隸校尉、丞相府的司直等，形成了多個系統相互重疊的監察網絡。其中有專職的如御史臺系統，有非專職的如丞相府系統的行政監察；有常設的分職的監察機構，亦有各種因事臨時派遣的或巡行的監察人員。隋朝亦大體如此。隋煬帝大業三年（西元六〇七年），於御史臺外分設謁者、司隸兩臺，三臺共同執掌監察職權，卻又各有互不干涉的分工：御史臺糾察中央百官，司隸臺監察京畿和郡縣地方官，而謁者臺則奉命出使，持節察按。唐代御史臺雖兼有三臺之職，實際上臺院的侍御史，察院的監察御史，殿院的殿中侍御史，都有其相對的獨立性。同時尚書省左丞與御史臺之間還有一個互相監督的關係。此外尚書戶部所屬比部司的財政審計亦有自己專門的監察系統。這些由歷史演化的產物，都包含著一定的歷史經驗。只有這樣做，監察系統才能更好發揮作為帝王耳目的作用。

從自秦漢至隋唐的監察制度的發展歷史中，似乎可以得出一個帶有規律性的認識，即每當社會矛盾或宮廷內部矛盾激化時，監察系統的獨立性便要被強化，有時還要分化出新的監察機構來，原因無非是在位的皇帝要加強對異己勢力的打擊力度；反之，當上述矛盾緩解時，監察系統的獨立性就要被弱化，對其控制則要加強，原因是此時的監察官們在皇帝看來已有些礙手礙腳。武則天一稱制，為了鞏固皇位，打擊李唐宗室，便把御史臺分為左右肅政臺，增加裡行和供奉官，啟用一批酷吏，把這個系統一分為二，並構成交叉的網絡，使之互相競爭邀寵於主，她便可以坐收其功。當武則天統治比較穩定時，她就反過來要藉這批酷吏的腦袋，來安慰統治集團內部那些受到過重打擊的人們，平息他們的怨氣，所以酷吏來俊臣之類是注定沒有好下場的。那麼本章原注中為什麼要一再指責「侍御史以下皆與大夫抗禮」的現象呢？原因是御史們「因循」於唐代前期的舊制，強調監察機構的特殊性，以為不管長官、屬官都是「比肩事主」，因而不把御史大夫放在眼裡。但他們忘了，此時已是開元中後期，玄宗皇帝在李林甫、楊國忠等人的慫恿下，認為已經到了該弱化監察機構的獨立性並轉而對其加強約束、控制的時候了。本章原注正是反映亦是本書奉敕作注人之一的李林甫的觀點，文中肯定了崔隱甫、李適之先後在御史臺內嚴格「隔品致敬」的做法，以進而加強對三院以下諸御史的控制。玄宗對此抱支持的態度，他亦樂得可以耳根清淨些，以便自己可以一心沈醉於後宮淫樂。結果卻是導致了安史之亂，埋葬了盛唐的局面。及至肅宗當國以後，為了扭轉安史之亂以後的頹勢，又不得不加強監督監察，不再強調御史臺內部的「隔品致敬」，而是強調御史仗彈不須先進狀聽進止，御史彈劾不必有大夫或中丞同署，亦不必事先關白大夫和中丞，對御史大夫及中丞的做法表示鼓勵。由此可見，有關強化或弱化監察制度的種種措施，都是掌握在皇帝手中的籌碼，使用於不同時期、不同政治需要而已。

本章記述的西漢惠帝三年(西元前一九二年)所定〈監御史九條〉,是見之於記載的我國歷史上最早的地方性監察法規。漢武帝時,又有〈刺史六條〉,亦稱〈刺史六條問事〉,蔡質《漢官典職儀式選用》記載這六條為:「一條,強宗豪右田宅踰制,以強凌弱,以眾暴寡。二條,二千石不奉詔書尊承典制,倍公向私,旁詔守利,侵漁百姓,聚斂為奸。三條,二千石不恤疑獄,風厲殺戮,怒則任刑,喜則淫賞,煩擾苛暴,剝戮黎元,為百姓所疾,山崩石裂,妖祥訛言。四條,二千石選署不平,苟阿所愛,蔽賢寵頑。五條,二千石子弟,恃怙榮勢,請託所監。六條,二千石違公下比,阿附豪強,通行貨賂,損割政令也。」這六條規定了刺史監察的重點對象是強宗豪右,郡守二千石以上的官吏及其子弟,與〈監御史九條〉相比,監察的重點更加明確。此後歷代也大都有地方監察工作的條例,如魏有〈察吏六條〉,西晉則有〈察長吏八條〉、〈察二千石長吏四條〉;在北朝,西魏有〈六條詔書〉,北周有〈詔制九條〉,至隋司隸臺是專司監察郡縣的,以「六條」巡察京畿內外。《隋書·百官下》載此六條的內容是:「一察品官以上理政能否。二察官人貪殘害政。三察豪強奸猾侵害下人,及田宅踰制,官司不能禁止者。四察水旱蟲災,不以實言,枉徵賦役,及無災妄蠲免者。五察部內盜賊不能窮逐,隱而不申者。六察德行孝悌、茂才異行,隱不貢者。」與漢代〈刺史六條〉相比,增加了地方官隱瞞或者謊報災情的內容。唐代亦以六條巡察州郡,據《新唐書·百官三》記載內容是:「其一察官人善惡;其二察戶口流散,籍帳隱沒,賦役不均;其三察農桑不勤,倉庫減耗;其四察妖猾盜賊,不事生產,為私蠹害;其五察德行孝悌,茂才異等,藏器晦跡,應時用者;其六察黠吏豪宗兼併縱暴,貧弱冤苦不能自申者。」唐巡察六條,其監察對象較之漢、隋的六條更為廣泛,糾察的對象有官有民,官不分等,大小全察。漢六條重點是糾察官吏以強凌弱,不奉詔書,濫施刑罰,而唐六條則側重於懲治貪官污吏,把戶口、賦役、農桑、庫存作為考察地方官政績的經濟指標。無論漢六條、唐六條,還有隋六條,歷經如此漫長歷史以後,對照今天州郡的地方官,似乎仍未失去其針對性。唐的監察法規還有〈風俗廉察四十八條〉。武后光宅元年(西元六八四年)分左、右肅政臺,左臺知百司、監軍旅,右臺察州縣、省風俗。「兩臺歲發使八人,春曰風俗,秋曰廉察,以四十八條察州縣」(《新唐書·百官三》)。察風俗包括民風習俗和官場風紀。廉察是針對官員法紀和執法的情況。由於四十八條過於繁瑣,無法認真實行,至武則天延載年間便宣佈停止施行。

二

侍御史掌糾舉百僚，推鞫獄訟。其職有六：一曰奏彈❶，二曰三司❷，三曰西推，四曰東推❸，五曰贓贖❹，六曰理匭❺。侍御史年深者一人判臺事，知公廨雜事等❻；次知西推、贓贖、三司，受事監奏；次知東推、理匭之事。臺中有黃卷❼，不糾舉所職則罰之。其新除者❽未曉制度，罰有日逾萬錢者。舊例，新人罰止於四萬；及崔隱甫❾為大夫，以其數太廣減之，以萬二千為限。三院❿各有院長，議罰則詢於雜端也。凡有制敕付臺推者，則按其實狀以奏⓫；若尋常之獄，推訖，斷于大理⓬。舊，臺中無獄，未嘗禁人；有須留問，寄禁大理。李乾祐⓭為大夫，奏請於臺置獄，雖則按問為便，而增鞫獄之弊。至開元十四年⓮，御史大夫崔隱甫奏罷之，須留問者，依前寄禁大理。凡事非大夫、中丞所劾而合彈奏者，則具其事為狀，大夫、中丞押奏⓯。大事則冠法冠，衣朱衣、纁裳、白紗中單以彈之⓰；小事常服而已。法冠一名豸冠，一角為獬豸之形⓱，取觸邪之義也。凡三司理事，則與給事中、中書舍人更直於朝堂受表⓲。三司更直，每日一司正受，兩司副押，更遞如此。其鞫聽亦同。若三司所按而非其長官，則與刑部郎中、員外郎，大理司直、評事往訊之⓳。除三司受事及推按外，每日侍御史一人承制，諸奏事者並監而進退之。若所論繁細，不宜奏陳，則隨事奏而罷之ㄓ。

【章　旨】敘述臺院侍御史之職掌。

【注　釋】❶奏彈　指以奏文形式彈劾百僚中違反法紀之事。在侍御史中，設有知彈侍御史一人，其職掌為自京城百司及地方諸州府等公事，應關文法者，皆先申臺司。舊例配知彈侍御史一人，專掌其事。又，至朝日入閤，對仗彈奏中外臣僚不如法者。唐文宗時，御史大夫李固奏言知彈御史事繁增設為二人，一人專掌京城百司公事，一人分掌諸州府之事。知彈侍御史之彈糾，皆須待大理寺斷招後，方能錄入功過。如侍御史不依職糾舉，同樣要受處罰。❷三司　指侍御史參與三司審案。此處三司指御史臺之侍御史及門下省之給事中與中書省之中書舍人。❸三曰西推四曰東推　所謂推，是指御史臺受理詞訟。凡州縣諸司公事推斷完畢，猶稱冤屈者，可詣御史臺請求按覆，由知推御史覆按。由於事繁，又把京城百司與諸州府分成東西兩個部份，稱西推、東推，各以侍御史一人負責，知西推的侍御史還兼理贓贖，三司受事，號為副端。除了知西推、東推侍御史各一人外，並令第一殿中同知東推，第二殿中同知西推，這樣侍御史、殿中侍御史各二人，共成四推，亦分京城百司及諸州府為東西之限，單日在侍御史之臺院受事，雙日在殿中侍御史之殿院受事。後來又改為四推御史輪流受事。❹贓贖　指國家通過法律實施刑罰而獲得的收入。贓，「贓罪正名，其數有六：謂受財枉法、不枉法，受所監臨，強盜，盜竊並坐贓」（《唐律疏議・雜律》）；贖，「贖謂犯法之人，應徵銅贖」（《唐律疏議・斷獄》）。此外還有罰及沒兩項。罰，指因罰而納錢物；沒，指違式犯禁之物、私度關之物及謀反、謀大逆家資等沒入官府。贓贖入官以後，其用途有充作修甲仗費，監獄的日常開支；御史臺的行政開支亦有部份來自贓贖的，如《唐會要》卷六〇御史臺條：「貞元七年（西元七九一年）六月二十七日敕：御史臺每月別給贓錢二百貫文充公廨雜用。」又，同書卷四〇定贓估條：「元和三年（西元八〇八年）正月敕：其贓但准前申送御史臺，充本色給用，仍差御史一人，專知贓贖。不得以贓罰為名，如罪名未正，妄罰其罪，亦委觀察判官勾當。」可見御史臺既是贓贖的行政管理和使用單位，也是對各地贓贖的監督單位。❺理匭　即接納告訴冤屈詞狀。匭，投放訴狀的箱子。《舊唐書・職官志二》：「天后垂拱元年（西元六八五年），置匭以達冤滯。其制，一房四面，各以方色，東曰延恩，西曰申冤，南曰招諫，北曰進玄。所以申天下之冤滯，達萬人之情狀。」匭屬門下省，以諫議大夫及補闕拾遺一人充使，受納訴狀；侍御史中，多以知東推侍御史兼理匭使。關於投匭進狀的程序，據《唐會要》卷五五匭條載：大曆十四年（西元七七九年）

理匭使崔造奏：進狀投匭「并合先本司，本司不理，然後省司；省司不理，然後三司；三司不理，然後合報投匭進狀。如進狀人未經三處理，及事非冤屈，輒妄來進狀者，不在進限；如有急切須上聞，不在此限。其妄進狀者，臣今後請併狀牒送本司及臺府處理。敕旨依奏」。❻侍御史年深者一人判臺事知公廨雜事等　侍御史中資深者一人判臺事，實即臺院院長，由他處理御史臺內日常事務。公廨，指御史臺衙門。所謂雜事，包括分派殿中侍御史及監察御史職事，向大夫、中丞提名遷改，評定令史的考課等第等。凡屬臺內事務，此人可以專決，故又號稱臺端，亦謂之雜端、端公。侍御史知雜，在唐後期往往由尚書省郎官兼任。杜牧〈鄭處海守職方員外郎兼侍御史知雜事制〉：「御史府屬三十人，例以中臺郎官一人稽參其事，以重風憲。」知雜者又往往進遷御史中丞。如穆宗時溫造「遷左司郎中知御史雜事，進中丞」（《新唐書・宗楚客傳》）。又如憲宗元和九年（西元八一四年），「裴度為御史中丞，奏崔從為侍御史知雜事，及度作相，奏自代為御史中丞。從正色立朝，彈奏不避權倖，事關臺閣，或付仗內者，必抗章素論列，請歸有司」（《唐會要》卷六〇）。❼黃卷　御史臺專門用來記錄御史缺失的文本稱黃卷。《通雅・器用》：「黃卷，黃本也。天寶末，敕御史依舊置黃卷，書闕失。」❽新除者　指新任侍御史者。古時任命某官稱除某官。除又有除去故官就新官之意。❾崔隱甫　貝州武城（今山東臨清西北）人。武則天時曾任殿中侍御史內供奉，開元時進拜為御史大夫。在其任內，對御史臺體制多所改革，如「初，臺無獄，凡有囚則繫大理。貞觀時李乾祐為大夫，始置獄，由是中丞侍御史皆得繫人。隱甫執故事，廢掘諸獄。其後患囚往來或洩漏，復繫之廚院云。臺中自監察御史而下，舊皆得顓事，無所承諾。隱甫始一切令歸稟乃得行，有忤意輒劾正，多貶絀者，臺吏側目，威名赫然」，玄宗曾謂：「卿為大夫，天下以為稱職。」（《新唐書・崔隱甫傳》）❿三院　指御史臺所屬之三院，即侍御史之臺院，殿中侍御史之殿院，監察御史之察院。御史臺之監察任務主要通過三院來完成。三院各有資深御史一人任院長，侍御史知雜便是臺院的院長。⓫凡有制敕付臺推者二句　意謂凡是皇帝有制敕下達御史臺的案子，要由侍御史推鞫其詳情，進奏皇帝裁定。《唐會要》卷六二推事條載有憲宗元和五年（西元八一〇年）一案例：是年四月「命監察御史楊寧往東都，按大將令狐運事，時杜亞為東都留守，素惡運，會盜發洛城之北，運適與其部下畋於北邙，亞意為盜，遂執訊之，逮繫者四十餘人。寧既按其事，亞以為不直，密表陳之。寧遂得罪，亞將逞其宿怒，且以得賊為功，上表指明運為盜之狀，上信而不疑。宰臣以獄大宜審，奏請覆之，命侍御史李元素就覆焉。亞迎路以獄告成。元素驗之五日，盡釋其囚以還，亞大驚且怒，親追送馬上責之，元素不答。亞遂上疏又論元素，元素還奏，言未畢，上怒曰：「出俟命。」元素曰：「臣未盡詞。」上又曰：「且去。」素復奏曰：「臣一出，不復得見陛下，乞容盡詞。」上意稍緩，元素盡言，運冤狀明白。上乃悟曰：「非卿孰能辨之。」後數月，竟得真賊。由是為時器重，累遷給事中，每美官缺，必揚元素焉。」由此案可知制推係由皇帝直接敕命御史臺推鞫之案，先由察院，再經臺院侍御史，最後由皇帝親自裁定。儘管東都留守杜亞的地位要高於監察御史和侍御史，然御史臺推事還是有其相當的獨立性。

⓬推訖斷于大理　指由御史臺將案情審理完畢，遂即移送大理寺，前為偵察審理機關，後為判決司法機關。⓭李乾祐　長安人，貞觀初為殿中侍御史，後遷升為御史大夫。關於李乾祐奏請御史臺置獄事，《唐會要》卷六〇錄有蘇冕駁議稱：「貞觀二十二年（西元六四八年）二月，李乾祐為大夫，別置臺獄，由是大夫而下已各自禁人。」可知其事發生在貞觀二十二年。⓮開元十四年　即西元七二六年。開元為唐玄宗李隆基年號。此年御史大夫崔隱甫引故事奏掘御史臺獄。其後因「恐罪人於大理寺隔街往來，致有漏洩獄情，遂於臺中諸院寄禁，至今不改」（《唐會要》卷六〇）。⓯大夫中丞押奏《舊唐書・職官三》及《太平御覽》卷二二七引《唐六典》原文此句「押」下俱無「奏」字。《新唐書・百官三》及《唐會要》卷六一引舊制，則「押」下有「奏」字。又，此制肅宗後已改：「至德元年（西元七五六年）九月十日詔：御史彈事，自今以後，不須取大夫同署。」（《唐會要》卷六一）⓰自「大事則冠法冠」至「以彈之」　此指仗彈，即常朝時對仗彈劾，故須穿戴特定之冠服，以示莊嚴。法冠，即獬豸冠。朱紅上衣、絳紅下裳和白紗內衣，是唐代朝服。《唐會要》卷六一有記載：「舊制，置朱衣豸冠於內廊，有犯者，御史服以彈」；「睿宗景雲三年（西元七一二年）後，皆先進狀聽進止，許即奏，不許即止。肅宗乾元二年（西元七五九年）四月六日敕：御史臺所欲彈事，不須先進狀，仍服豸冠」。德宗建中時，侍御史朱敖請復舊制，再令御史得專彈劾，不復關白於中丞、大夫。於是監察御史張著，冠豸冠，彈京兆尹兼御史中丞嚴郢於紫宸殿，削郢御史中丞，從此懸豸冠、朱衣於宣政殿之左廊。侍御史對仗彈劾，從進狀聽進止，從大夫中丞押奏到不需押奏，從事先關白大夫、中丞到不需關白大夫、中丞，這些變化都反映了中唐以後，唐皇朝為了恢復和加強監察制度以圖改變安史之亂以後的頹勢的願望。⓱獬豸之形　指法冠上飾有一角，以象獬豸之形狀。獬豸，傳說中之神獸。《異物志》：「東北荒中有獸名獬豸，一角，性忠，見人鬪則觸不直者，聞人論，則咋不正者，楚執法所服也。」⓲更直於朝堂受表　據本書第八卷第一篇給事中職掌中，三司更直接受表章的範圍是「凡天下冤滯未申及官吏刻害者，必聽其訟」；處理的原則是「若告言官人事害政者及抑屈者，奏聞；自外依常法」。⓳自「若三司所按」至「評事往訊之」　此言三司推鞫制案有大小之分，三司亦有大小之分。所按為五品以上長官，三司之組成為刑部侍郎、大理寺卿和御史大夫或中丞，稱「大三司」；若所按非五品以上長官，則三司之組成為侍御史與刑部之郎中、員外郎及大理寺之司直或評事，稱「小三司」。大三司的案例，如高宗時右相李義府被人告發一案，便曾「遣司刑太常伯劉祥道與御史詳刑共鞫之，仍命司空李勣監焉」。司刑太常伯，即刑部尚書；

詳刑，即大理寺卿。胡三省注：「唐自永徽以後，大獄以尚書刑部、御史臺、大理寺官雜按，謂之三司。」三司會審的結果是案情鑿實，「詔義府除名，流巂州」（《資治通鑑・唐紀十七》）。小三司的案例，如肅宗乾元二年（西元七五九年）鳳翔馬坊押官盜劫掠人，被天興縣尉謝夷捕殺，其妻為其「訟冤」。先是由監察御史孫鎣推鞫，認為無冤，其妻不服，又上訴，肅宗遂「使御史中丞崔伯陽、刑部侍郎李華、大理卿權獻鞫之」。胡三省注云：「此唐所謂小三司也。」（《資治通鑑・唐紀三十七》）唐之三司推事實為後來三法司會審之先河。

【語　譯】侍御史的職掌是監察和舉發百官違犯綱紀之事，推究和審理獄訟。具體實施職司的方式有六條：一是奏彈，二是三司，三是西推，四是東推，五是贓贖，六是理匭。由侍御史中年資最深的一人，負責御史臺內部事務，管理衙門內日常雜事；其次還有一位侍御史分工負責西推、贓贖、三司和御史臺日常的受事監奏；再次另有一位侍御史分工負責東推和理匭方面的事務。臺內設有黃卷，記錄御史們的缺失，如有對受理的表章不按職糾舉彈劾的，便要給予處罰。曾經有新受任的御史，由於不瞭解御史臺的制度，一天被罰超過一萬錢的。依照過去舊例，新任命的御史受罰最高的限額是四萬錢，玄宗時，崔隱甫任御史大夫，認為四萬錢的限額太高，減為以一萬二千錢為限。御史臺所屬的臺院、殿院、察院這三個院，各有以資深的御史為院長。在議論是否需要處罰時，就要徵詢雜端也就是院長的意見。凡是皇上有制敕交付御史臺推鞫的案件，就要由御史審訊得到實狀，然後向皇帝奏報；如果是一般的普通案件，御史審訊完畢後，將案卷移送大理寺，由大理寺斷案。舊制，御史臺不設置監獄，未曾關押過人犯。如果有必要把人犯留下繼續審訊，那就寄禁在大理寺。太宗貞觀末年李乾祐被任命為御史大夫，上奏文請求在御史臺設置監獄。御史臺有了監獄，雖則給審案帶來了方便，但也增加了不少弊病。到玄宗開元十四年御史大夫崔隱甫又上奏請求撤銷御史臺的監獄。如果有人犯需要留下來繼續審訊的，就依照舊制，仍然寄禁到大理寺去。凡是事情不是由御史大夫、中丞彈劾而又是屬於應該彈劾上奏的，就由侍御史具寫事狀，由御史大夫或中丞押署上奏。對仗彈奏時，如果是大事，那就要戴上法冠，穿上朱紅上衣、絳紅下裳和白紗中禪在當庭彈劾；如果是小事，只要穿常服就可以了。法冠，又叫豸冠。冠上有一角，做成獬豸的形狀，取這種神獸能夠觸邪的意思。凡是御史臺與中書、門下三司共同受理獄案，則由侍御史與門下省的給事中、中書省的中書舍人，在朝堂輪流值班受理辭訟的表狀。三司輪值是指每天有一司為正受，其餘二司為副押，這樣輪流更替。推究審訊案犯時，亦是這樣輪值。如果御史臺與刑部、大理寺三司共同審理的案件當事人沒有涉及到五品以上的長官，那就由侍御史與刑部的郎中或者員外郎、大理寺的司直或者評事一起會審。除了上面提到的三司受事以及推按以外，每天還要有侍御史一人承制，所受理的各種表狀奏事都要受他監督和覆核，並決定哪些進奏，哪些退回。如果事情過於繁瑣細雜，不宜向上奏聞的，那就亦由他奏後撤去。

【說　明】侍御史組成御史臺的臺院，其職主要是糾彈百僚和推鞫獄訟兩個方面。侍御史的定員四人，由資深侍御史一人任院長，知公廨雜事，主持臺院的日常事務。在糾彈方面，舊制設知彈侍御史一人，唐代後期文宗時，又增設一皆彈侍御史，二人分工：知彈侍御史掌京城百司公事，皆彈侍御史則掌諸州府糾彈事務。彈劾有兩種形式：一是上奏章彈劾，二是朝會時對仗彈劾。奏彈時重大事件要與中丞、大夫合劾，小事則大夫、中丞押署而已。對仗彈奏時，大事冠獬豸冠，小事則常服即可。合劾只限於二人，超過二人便有朋黨的嫌疑。玄宗時，御史大夫崔隱甫與御史中丞宇文融、李林甫三人合劾中書令張說，張說雖因此免了中書令並從此失寵，崔隱甫本人，卻也因「帝疾朋黨」而「免其官，使侍母。歲餘，復為大夫」（《新唐書》本傳）。侍御史的另一職掌推鞫獄訟方面，包括三司和東西二推。三司即御史臺、大理寺、刑部這三個機構聯合按獄，有些近似現代檢察院、法院、司法部之間的關係。御史臺是偵訊案情的部門，大理寺是司法的審判機關，刑部則相當於司法部，是司法的行政管理單位。所以御史臺只負責推鞫獄訟沒有斷案判決的權力，武后垂拱元年（西元六八五年）還為此發過一道敕文：「御史糾獲罪狀，未經聞奏，不得輒使處分，州官府司亦不得承受。」（《唐會要》卷六二）即便是一般案件，御史臺審理完畢後，也要移交大理寺斷案。三司推按的長處是多少能防止一點片面性，減少些冤假錯案；但由於受帝王制度的局限，即使三司按獄，冤殺無辜的事，還是難以避免。如天寶六年（西元七四七年），玄宗詔刑部尚書蕭隱之，大理卿李道邃、少卿楊璹，侍御史楊釗、殿中侍御史盧鉉，共同推鞫楊慎矜兄弟三人，便是典型的冤案。楊氏兄弟三人是前朝隋煬帝楊廣的玄孫，儘管他們都勤恪清白，但經李林甫和王鉷的羅織，罪名是早已定好了的：「是隋家子弟，心規克復隋室」（《舊唐書·楊慎矜傳》），奏聞玄宗後又成了詔獄，所謂三司推鞫只是形式上的過場而已，結果全被賜死。東西二推是御史臺獨家鞫審詔獄，由臺院與察院兩家各出二人，分別參加東推、西推，故亦別稱為四推。這種由兩個機構人員交互推鞫的做法，自然也是為了防止舞弊和減少冤假錯案。故在侍御史分工中，一人知東推，一人知西推，除了參預推鞫獄訟以盡可能減少片面性外，御史臺還具有司法監督方面的責任，如赴外州府覆囚徒，在京城參預監督死囚的處決等。

在三院御史中，侍御史地位最為清要，品秩亦最高。高祖武德四年（西元六二一年）「李素立留監察御史，丁憂，高祖令所司奪情，授一七品清要官，所司擬雍州司錄參軍，上曰：此官要而不清。又擬秘書郎，此官清而不要，遂授侍御史」（《唐會要》卷六〇）。又如李乾祐，貞觀初為殿中侍御史，尋遷侍御史，後歷長安令，治書御史，皆有能名，擢拜為御史大夫。（據《舊唐書・李昭德傳》）以上材料說明，在朝廷心目中侍御史高於監察御史和殿中侍御史，既清又要。

關於御史的除授，北朝時，由御史中丞通過射策選授，隋開皇時改歸吏部；唐代監察御史以上，作為六品以下的常參官，由吏部量資注擬，以名送中書門下，聽敕授，但實際上又大都是皇帝直接敕授。《唐會要》卷六〇引杜易簡《御史臺雜注》云：「監察御史，自永徽以後，多是敕授，雖有吏部注擬，門下過覆，大半不成。至龍朔中，李義府掌選，寵任既崇，始注得御史，李義府敗，無吏部注者。」在高宗、武則天時期，御史多由敕授；至於授什麼人，那就要看皇帝在不同時期的不同政治需要。如侯思止，大字不識一個，武則天面試前，有人給他出主意說：「國家用人以不次，若言侯大不識字，即奏云：『獬豸獸亦不識字，而能觸邪。』」則天果如其言，思止以獬豸對之，則天大悅。天授三年（西元六九二年）拜左臺侍御史」（《舊唐書・侯思止傳》）。此例可能屬於極端，武則天亦選用過不少很有才能的人，但她此時所需要的侍御史，卻正是要能像獬豸那樣去「觸邪」即打擊她的政敵的人，不識字、不知禮又有何妨。關於任用御史中丞的要求，文宗與宰相李固言曾有過一段有趣的對話：「宰相李固言奏曰：御史中丞李珝在臺，雖無甚過，以為人疏易，不稱此官。此官乃天下紀綱，有司繩準，苟用人非當，則紊亂典章。上曰：李珝官業，應不承舉，然為人豈不長厚耶？固言對曰：臣所奏緣與御史中丞不相宜。人即長厚，難任彈奏，且憲司事亦至難，官要得宜者。」（《唐會要》卷六〇）這就是說厚道人是當不了御史中丞的。此職是詔獄主辦人，類今之中央專案組組長。厚道人做不成假案、錯案，而那些詔獄大部份是冤假錯案。只有像來俊臣、侯思止這樣的人，才能在承武則天旨意枉殺無辜時，也不會「心慈手軟」。中宗即位以後，稍革武則天選御史之弊，景龍元年（西元七〇七年）敕令御史人選由御史臺長官與尚書門下兩省共同商定，並錄由歷進奏。玄宗、肅宗時，改為宰相自擇，皇帝敕授；代宗時，又改為內出制書，宰相不再與問；德宗時由御史大夫、中丞奏授；貞元八年（西元七九二年）經宰相陸贄奏准，又改由御史臺自選屬官。概括起來，唐代御史的選授有三種方式，即皇帝敕授，宰相選任，御史臺長官選任。不過就是後兩種，亦保留著敕授的形式。

關於考課，一般官員多以四考為滿，而御史則可短於四年。《唐會要》卷六〇御史臺條稱：「朝廷舊例，月限守官，年勞考績，今監察御史以二十五個月為限，殿中侍御史十八個月，侍御史十三個月。所主公事，起自出使推劾諸色監，當經歷六察，糾繩官司，知左右巡使，監臨倉庫，四推鞫獄，兩彈舉事，皆無敗闕，方得轉遷。」所謂六察，就是本章侍御史職掌中提到的奏彈、三司、西推、東推、贓贖、理匭，亦就是要把御史臺的各項專門業務都歷練一遍，方得遷轉，若有過失，則記之於黃卷，有的還要付罰金。御史經過除授、月限、考課之後，其遷升的階梯，在御史臺內則是由察院升殿院，殿院升臺院的侍御史；若御史調任其他部門，則為郎中、員外郎，亦有外出為郡守、縣令的。御史大夫晉升的，則往往多被任為宰相，如太宗朝七位御史大夫便有五位升為宰相。

三

主簿一人，從七品下。《漢書》❶：「張忠❷為御史大夫，署孫寶❸為主簿。」魏、晉已下無聞。隋煬帝大業三年❹始置御史臺主簿二員，皇朝省一員。

錄事二人，從九品下。

主簿掌印及受事發辰❺、句檢稽失❻。兼知府廚❼及黃卷❽。

【章　旨】敘述臺院屬官主簿、錄事之定員、品秩及職掌。

【注　釋】❶漢書　東漢班固撰。我國第一部紀傳體斷代史，共一百篇，分一百二十卷。❷張忠　據《漢書・百官公卿表》，張忠在西漢成帝建始四年（西元前二十九年）為御史大夫，卒於六年。餘不詳。❸孫寶　字子嚴，潁川鄢陵（今河南鄢陵北）人。西漢成帝時御史大夫張忠辟之為主簿。時有人以丞相御史二府高士不為主簿，問其何以出任此職，孫對曰：「高士不為主簿，而大夫君以寶為可，一府莫非言，士安得獨自高？」謂不遇知己，意含屈辱。張忠聞後慚甚，即薦為議郎，遷諫議大夫，拜丞相司直（據《漢書・孫寶傳》）。❹隋煬帝大業三年　即西元六〇七年。大業為隋煬帝年號。《隋書・百官下》：是年御史臺「又置主簿、錄事各二人」。❺受事發辰　登記收發文書的日期。又，據陳仲夫校點本稱：《通典・職官六・御史臺》主簿條所列職掌，則有「省署鈔目」而不及「受事發辰」；而《唐六典》所載唐制，諸寺、監之並置主簿及錄事者，主簿所掌均有「省署鈔目」，其「受事發辰」則錄事所職也。誌以備考。❻句檢稽失　句同「勾」。指核查公文處理中有無違反律令制度，有無延誤規定日期。❼府廚　南宋本作「官廚」。唐代諸司皆設有官廚。御史臺的官廚主要靠當司公廨田及食利本來供應官員膳食，並配有若干官奴婢以造食。《唐會要》卷六六木炭使條云：「景雲二年（西元七一一年）六月十三日敕：中書、門下御史臺、尚書省造食戶衣糧令司農寺每季給付。」造食戶即官奴婢。官廚以役使官奴婢作為勞動力，經管官廚者則為御史臺之主簿。❽黃卷　御史臺記錄御史缺失之文本。《通雅・器用》：「黃卷，黃本也。天寶末敕御史依舊置黃卷，書闕失。」

【語　譯】主簿，定員一人，品秩是從七品下。《漢書》記載：「張忠擔任御史大夫時，曾提名讓孫寶做御史府的主簿。」魏晉以後，關於主簿的設置沒有記載。隋煬帝大業三年，又開始設置御史臺主簿，定員為二人，本朝省為一人。

錄事的定員二人，品秩是從九品下。

主簿的職務是，掌管御史臺的印章，審署和登記文書的目錄和受事啟封的日期，以及檢查文書處理中有無延誤規定程限和違反典章律令制度等情事。主簿還兼管御史臺的官廚，以及御史臺記事的黃卷。

四

殿中侍御史六人，從七品上。魏氏御史二人居殿中察非法，故曰殿中侍御史❶。晉置四人，東晉省二人。梁、陳史不載其品秩❷。後魏初，從五品❸；太和末❹，為從八品上。北齊置十二人，正八品❺。隋開皇❻初，改為殿中侍御史❼，置十二人，正八品下；煬帝三年❽省。武德五年❾，置四人，正八品上；貞觀二十三年❿，加員、品⓫。

【章　旨】敘述殿院殿中侍御史之定員、品秩及沿革。

【注　釋】❶魏氏御史二人居殿中察非法二句　《晉書·職官》稱：「殿中侍御史，案魏蘭臺遣二御史居殿中，伺察非法，即其始也。」又，《初學記》卷一二引《魏略》云：「〔文〕帝嘗大會，殿中御史簪白筆，側階而坐。上問左右：『此為何官？何主？』左右不對。辛毗云：『此謂御史，舊時簪筆，以奏不法，今直備官，但珥筆耳。』」❷梁陳史不載其品秩　《隋書·百官上》載有梁殿中御史品秩。略謂：梁制，位不登二品者又為七班，殿中御史班第七。❸從五品　《魏書·官氏志》北魏孝文帝太和十七年（西元四九三年）職員令：「侍御史、殿中侍御史並從第五品中。」與此有異。❹太和末　指太和二十三年（西元四九九年），是年又頒職員令。太和為北魏孝文帝年號。❺正八品　《隋書·百官志》：北齊殿中侍御史為正八品下階。❻開皇　隋文帝楊堅的年號。❼殿中侍御史　據南宋本及《隋書·百官志》當為「殿內侍御史」。❽煬帝三年　即大業三年，西元六〇七年。煬帝，隋朝皇帝楊廣，其年號為大業。❾武德五年　即西元六二二年。武德為唐高祖李淵年號。❿貞觀二十三年　即西元六四九年。貞觀為唐太宗李世民年號。又，南宋本作「貞觀二十二年」。⓫加員品　指殿中侍御史的定員由四人增加至六人。《唐會要》卷六〇殿中侍御史條：「貞觀二十二年（西元六四八年）十二月九日，大夫李乾祐奏增二員，以李文禮、張敬一為之。品秩則自正八品上提升至從七品上。」

【語　譯】殿中侍御史，定員六人，品秩為從七品上。三國魏時，由蘭臺派遣御史二人，在殿廷中監察非法，所以稱為殿中侍御史。西晉時它的定員為四人，東晉時減省為二人。南朝梁、陳時殿中侍御史的品秩，史書沒有記載下來。北魏初年，它的品秩為從第五品〔中〕，到孝文帝太和末年改為從八品上。北齊殿中侍御史的定員為十二人，品秩為正八品〔下〕。隋朝開皇初年，改名為殿中（內）侍御史，定員十二人，品秩為正八品下。煬帝三年省去了這一官職。本朝高祖武德五年又設置，定員四人，品秩為正八品上；太宗貞觀二十三（二）年，定員增加到六人，品秩提升為從七品上。

五

監察御史十人，正八品上❶。監察御史，蓋取秦監郡御史❷以名官。《晉書》❸云：「孝武太元中❹，創置檢校御史，而吳泯之❺為之」。沈約《宋書》❻云「古司隸校尉知行馬外事，晉江左罷司隸，置檢校御史，專掌行馬外事❼」是也。歷宋、齊、梁、陳，無聞其職。後魏太和❽末，復置檢校御史，正九品上。北齊置檢校御史十二人，從八品上。後周秋官府有司憲旅下士八人。隋初，改為監察御史，置十二人，從八品上。煬帝大業三年，加正八品，增置十六人；大業八年，加從七品❾。後又置御史一百員❿，從九品，尋省之，蓋吏卑於監察矣。武德⓫初，監察御史置八人。貞觀二十二年⓬，加監察二人⓭。其外，又置監察御史裡行⓮。其始自馬周以布衣⓯，太宗令於監察御史裡行，自此便置「裡行」之名。

【章旨】敘述察院監察御史之定員、品秩及沿革。

【注釋】❶監察御史十人正八品上　《舊唐書・職官三》及《通典・職官六》與此同，《新唐書・百官三》則為「監察御史十五人，正八品下」。❷監郡御史　秦官。職掌監郡，類似漢代刺史，隸屬於御史大夫，代表皇帝監察地方官吏。亦稱監或郡監、監御史。《漢書・百官公卿表》：「監御史，秦官，掌監郡。」秦郡置守、監、尉三人。《史記・高祖本紀》：「秦泗川監平。」《集解》引文穎注：「秦時御史監郡，平名也。」《索隱》引如淳注：「秦并天下為三十六郡，置守、尉、監，故有此監平。下有守壯，則平、壯皆名也。」❸晉書　紀傳體之晉史，唐房玄齡等撰。修於貞觀十八至二十二年（西元六四四—六四八年），共一百三十卷。❹孝武太元中　孝武，東晉皇帝司馬曜。太元係其年號，自西元三七六至三九五年。❺吳混之　《晉書・職官志》作「吳琨」。生平不詳。❻沈約宋書　沈約，字休文，吳興武康（今浙江德清武康鎮）人。歷仕宋、齊二代，又助梁武帝登位，官至尚書令。《宋書》為沈約所撰劉宋之斷代史。修於齊永明五至六年（西元四八七—四八八年），共一百卷，其中八志、三十卷完成於梁。❼自「古司隸校尉」至「專掌行馬外事」　上述文字《通典・職官六・御史臺》本注作「《晉志》云」。但今本沈約《宋書》及房玄齡《晉書》諸志均無此段引文。關於司隸校尉掌行馬外事的典故，出於《晉書・傅咸傳》。傅咸於西晉惠帝時任司隸校尉，上書彈劾尚書僕射王戎不能謐靜風俗，至令人心傾動，開張浮競，請免戎官。御史中丞解結以為傅咸這樣做是侵犯了他的職權，因而上奏責咸「越局侵官，干非其分」，請免其官。傅咸上疏答辯：「按令，御史中丞督司百僚皇太子以下，其在行馬內，有違法憲者皆彈糾之，雖在行馬外，而監司不糾，亦得奏之」；「司隸所以不復說行馬內外者，禁防之事已於中丞說之故也。中丞、司隸俱糾皇太子以下，則共對司內外矣，不為中丞專司內百僚，司隸專司外百僚」。傅咸以為司隸與中丞都能糾彈內外百僚，並沒有嚴格的界域劃分，既然解結沒有彈劾王戎，他就應當那樣做。行馬，俗稱鹿角叉，又名拒馬叉子。舊時官署門前多置之，用以阻擋人馬通行。其形制為以一木橫中間，兩端各以兩木互穿成四角形。此處則喻指各自的管轄範圍。行馬內，指在京諸司，屬御史中丞監察範圍；行馬外，指京師以外州郡官吏，屬於司隸校尉監察範圍。❽太和　北魏孝文帝元宏年號。❾自「煬帝大業三年」至「加從七品」　此段文字《隋書・百官下》中間無「加正八品」及「大業八年」之語。大業三年是西元六〇七年，大業八年是西元六一二年。大業為隋煬帝年號。❿後又置御史一百員　《隋書・百官下》此句無「一百員」三字。⓫武德　唐高祖李淵年號，西元六一八至六二五年。⓬貞觀二十二年　即西元六四八年。貞觀為唐太宗李世民年號。⓭加監察二人　《唐會要》卷六〇監察御史條：「御史大夫李乾祐奏加二員，以李義琛、韋務靜為之。」⓮又置監察御史裡行　裡行，意為正員外。《太平廣記》卷二五四引《國朝雜記》：武周時「正員外多置裡行」；卷二五〇引《御史臺記》：「唐開元中置裡行無員數，或有御史裡行、侍御史裡行、殿中裡行、監察裡行。」初皆帶本官，祿俸於本官請。如未即真，有故停，即以本官赴選。文明元年（西元六八四年）自王賓以後不復更銜本官，且以裡行為名。⓯馬周以布衣　馬周，字賓王，清河茌平（今河北茌平以東）人，官至中書侍郎。布衣，即平民。《鹽鐵論・散不足》：「古者庶耄老而後衣絲，其餘則麻枲而已，故命曰布衣。」習慣上多指未為官宦之士人。馬周原為中郎將常何家客，貞觀中召百官言得失，何武人不涉學，周為條二十餘事，太宗怪問，何曰：家客馬周為之。太宗召與語，大悅，即拜為監察御史，故言「以布衣」進。

【語　譯】監察御史，定員十人，品秩為正八品上。監察御史的名稱，是由秦朝監郡御史演化而來。《晉書・職官》說：「孝武帝太元年間，初次創置檢校御史，並由吳混之來擔任這一官職。」沈約撰寫的《宋書》中說：「在古代，司隸校尉負責監察京師以外百官的事，東晉撤消了司隸校尉，設置檢校御史，分工專門執掌對京帥以外百官的監察。」這就是監察御史的前稱。在南朝歷經宋、齊、梁、陳，都沒有聽說有這方面的職官設置。北魏在太和末年恢復設置檢校御史，品秩是正九品上。北齊設置檢校御史有十二人，品秩為從八品上。北周在秋官府的屬官中，有司憲旅下士八人。隋朝初年，改稱為監察御史，定員十二人，品秩為從八品上。煬帝大業三年時，定員增加到十六人，品秩加到正八品；大業八年，再次把品秩提高到從七品。以後又設置御史一百員，品秩為從九品，不久又省去。這樣御史的職位比監察御史更加低賤了。本朝武德初年，監察御史的定員為八人，到貞觀二十二年時，監察御史的定員又加了二人。此外，又設置了監察御史裡行。最先，有個平民身份的馬周，唐太宗讓他在監察御史裡行，從此便有了「裡行」這一職名。

【說　明】監察御史這一官職名稱的正式出現，是在隋代開皇年間；但就其職務的淵源而言，還可以追溯到秦代的監郡御史和漢代的司隸校尉。秦併天下，在全國推行郡縣制，設三十六郡，郡設有監、守、尉，分掌行政、監察、軍隊三方面的職務，其中監，就是監郡御史，隸屬於御史府。御史府通過監郡御史伸於地方郡縣，形成一個相對獨立的垂直系統。監察御史不是固定於地方，而是兩年一更換，每年十一月回京師報告地方情況，三月間再回到地方去。這樣當時中央對地方情況的掌握便有了平行的兩條線：一條是各郡上計吏，也就是後來的朝集使，上送的四方計簿；一條是監郡御史向御史府的報告。隋唐監察御史巡按州縣的職能，最早便是由秦代監郡御史演化而來。監察御史職務另一個淵源便是兩漢設置的司隸校尉。司隸校尉專察三輔即京兆尹、左馮翊、右扶風，三河即河內、河東、河南，加上弘農七個郡，負責京畿地區的監察；而御史中丞在殿中直接監察的對象則是京師百官。這便是本章原注有所提及、我們在注釋中已簡略作了介紹的所謂「行馬內」與「行馬外」的權限問題。東晉罷司隸校尉而置檢校御史，至隋而改稱監察御史。所以由司隸校尉而檢校御史，而監察御史，這便是又一條演化線索。隋朝在御史臺之外分設謁者、司隸二臺，三臺的分工是御史臺糾察中央百官，司隸臺監察京畿及郡縣地方官，而謁者臺則奉詔出使，持節按察。不久司隸臺被廢，其職務轉歸監察御史。在御史臺下屬的三院中，察院的監察御史品秩最低，但其相對獨立性卻最強。開元年間，在御史臺內部強調「隔品致敬」時，阻力最大的亦是監察御史。他們一而再、再而三地與御史大夫、御史中丞分庭抗禮，強調「故事，大夫與監察，競為官政，略無承稟」。所以崔隱甫在就任御史大夫後，只好採取高壓政策，對那些敢於與其相忤的御史們，「列上其罪，前後貶出過半，群僚惕然」（均見《唐會要》卷六〇）。但崔隱甫一離任，便又故態復萌，抗禮依然。

六

殿中侍御史掌殿廷供奉之儀式❶。每朝，與侍御史隨仗入，位在中丞下，給事中、中書舍人後。凡冬至、元正大朝會，則具服升殿❷。若皇帝郊祀❸、巡省❹，謂大駕與鹵簿❺。則具服從，旌門❻往來檢察，視其文物❼之有虧闕則糾之。非大備❽，則常服❾。凡兩京城內則分知左、右巡❿，各察其所巡之內有不法之事。謂左降、流移停匿不去⓫，及妖訛⓬、宿宵⓭、蒲博⓮、盜竊、獄訟冤濫、諸州綱典貿易隱盜⓯、賦斂不如法式⓰，諸此之類咸舉按而奏之。若不能糾察及故縱、蔽匿，則量其輕重而坐所由御史。

【章　旨】敘述殿中侍御史之職掌。

【注　釋】❶掌殿廷供奉之儀式　指負責督察百官上殿之序列和班次。據《新唐書・百官三》，在京師文武九品以上職事官朝參君王各有規定：文官五品以上及兩省供奉官、監察御史、員外郎為每日朝會時參見，稱常參官；武官三品以上，三日一朝，號九參官；五品以上及折衝當番者，五日一朝，號六參官；弘文館、崇文館、國子監學生則四時參。朝會時，百官序列皆有班次，其次序是：職事官品相同者先爵，爵相同者依年次；致仕官居前，職事與散官、勳官合班，則文散官居職事之下，武散官次之，勳官又次之，官同者李姓前，他姓後。殿中侍御史的職務便是正班，列於閤門之外，糾離班者，語不肅者，簡稱為知班。《唐會要》卷六二錄有唐中宗時左臺御史崔涖彈班不肅的表文，可知當時朝儀秩序混亂之狀：「臣竊見在朝百僚，多不整肅，公門之內，詎合論私，班列之中，尤須致敬。或縱觀敕目，或旁閱制詞，或交首亂言，或越班問事，或私中慶弔，或公誦詩篇，或笑語諠譁，或行立怠惰，承寬既久，積習如常。」而對那些不遵朝儀的高品大臣，殿中侍御史又往往奈何不得。如「大足元年（西元七〇一年），王無競為殿中侍御史，正班於閤門外，宰相團立於班北，無競前曰：去上不遠，公雖大臣，自須肅敬，以笏揮之，請齊班」。結果宰相宗楚客等大怒，後竟轉無競為太子舍人。❷具服升殿　《新唐書・百官三》稱殿中侍御史於「元日、冬至朝會，則乘馬、具服，戴黑豸升殿」。具服即朝服，包括冠、幘、纓、簪導，絳紗單衣，白紗中單，皂領、褾、襈，白裙襦，革帶、鉤鰈、假帶、曲領方心，絳紗蔽膝，襪、舄。黑豸，即法冠，或稱獬豸冠。升殿以知班整肅朝儀。❸郊祀　古代天子祭祀天地的大禮在京師郊外，故稱郊祀。❹巡省　亦稱巡幸。皇帝外出巡視省察。❺大駕與鹵簿　大駕，皇帝的車駕。《後漢書・輿服志上》：「乘輿大駕，公卿奉行，太僕御，大將軍參乘。屬車八十一乘，備千乘萬騎。兩都行祠天郊，甘泉備之。官有其注，名曰甘泉鹵簿。」《通典・禮二十六》載唐制為：「大駕屬車十二乘，大駕行幸，則分前後施於鹵簿內。若大陳設則分左右施於衛內。」鹵簿，古代帝王外出之儀仗隊。蔡邕《獨斷》：「天子出，車駕次第謂之鹵簿。」封演《封氏聞見記》卷五：「鹵，大楯也，字亦作『櫓』，又作『鹵』，音義皆同。鹵以甲為之，所以捍敵……甲楯有先後部伍之次，皆著之簿籍，天子出則按次導從，故謂之鹵簿耳。」唐代大駕鹵簿的次序見於《通典》所列《開元禮》。其規模宏大，前後列隊有上萬人，包括在京之文武百官。❻旃門　帝王出行時，在外設帷帳，樹旃為門，稱旃門。《周禮・天官・掌舍》：「為帷宮，設旃門。」顏延元〈三月三日曲水詩序〉：「旃門洞立，延帷接枑。」又，《太平御覽》卷二二七殿中侍御史條引《唐六典》原文，「旃門」之上有一「於」字。❼文物　指皇帝儀仗所使用之器物，如各種繖扇、熏爐、筆硯、案几等。❽非大備　即非大駕鹵簿。如法駕儀仗，減大駕三分之一；小駕，則減大駕之半。❾常服　即公服，亦名省服，包括冠、幘、纓、簪導，絳紗單衣，白裙襦，革帶，鉤鰈，假帶，方心，履。❿左右巡　《新唐書·百官三》：「分左右巡，糾察違失，左巡知京城內，右巡知京城外，盡雍洛二州之境。月一代，將晦，即巡刑部、大理、東西徒坊、金吾、縣獄。」唐初，以侍御史掌左右巡，其後以殿中掌左右巡；尋以務劇，選用京畿縣尉。⓫左降流移停匿不去　左降，亦稱左遷，即降職。古尊右而卑左，故謂貶秩任為左降。此處則指受降職處分之官員。流移，指已被處流刑應發配遠地移居外鄉之人犯。全句意謂若此二種人停留京師而隱匿不去者。⓬妖訛　指以謠言惑眾者。《唐律疏議·賊盜》：「告妖書妖言者絞。」指「自造休咎及鬼神之言，妄說吉凶涉於不順者」。疏議曰：「造妖書及妖言者，謂構成怪力之書，詐為鬼神之語。休，謂妄說他人及己身有休徵；咎，謂妄言國家有咎惡，觀天畫地，詭說災祥，妄陳吉凶，並涉於不順者絞。」不僅造者，還包括傳用者；傳指傳播妖言妖書，用指使用妖言妖書惑三人以上，亦得絞罪。⓭宿宵　指聚眾宿宵和留宿、窩藏壞人。⓮蒱博　即聚眾賭博。《唐律疏議·雜律》：「諸博戲賭財物者各杖一百。」疏議曰：「共為博戲而賭財物，不滿五匹以下各杖一百。」⓯諸州網典貿易隱盜　句中「網」據南宋本應為「綱」。古代官府運送貨物時，每批編立字號，分若干組，一組稱一綱。綱典即官府主持貨物運輸的人。意謂各地綱典在運輸過程中隱沒、侵盜或出賣官物等情事。⓰賦斂不如法式　指地方官在徵納賦稅中不依規章法令行事。包括兩類情況：一類是差科賦役分攤不均。《唐律疏議·戶婚》：「諸差科賦役違法及不均平，杖六十。」疏議曰：「依令，凡差科先富強，後貧弱；先多丁，後少丁。差科賦役違法，及不均平，謂貧富強弱、先後閑要等差科不均平者，各杖六十。」另一類是擅興賦斂。《唐律疏議·戶婚》：「若非法而擅賦斂，及以法賦斂而擅加益，贓重者入官者，計所擅坐贓論；入私者，以枉法論。」疏議曰：「依賦役令，每丁租二石，調絁絹二丈，綿三兩，布輸二丈五尺，麻三斤，丁役二十日。此是每年以法賦斂，皆行公文，依數輸納。若臨時別差科者，自依臨時處分。如有不依此法，而擅有所徵斂，或雖依格、令、式入官，絹滿一百匹，此斂眾人之物，法合倍論，倍為五十匹。坐贓論罪止徒三年。入私者以枉法論，稱入私不必入己，但不入官者，即為入私。枉法一尺杖一百，一匹加一等，十五匹絞，無祿者減一等，二十匹絞。」

【語譯】殿中侍御史的職掌是，在殿庭督察文武百官遵循相關儀制。每逢朝會，就與侍御史一起隨同儀仗入殿，序位在御史中丞之下，給事中、中書舍人之後。凡是冬至、元正大朝會時，殿中侍御史要穿朝服升殿。如果是皇帝舉行郊祀天地或者外出巡省，指備最隆重的大駕鹵簿。亦要穿朝服隨從，巡省途中駐下來時，要在旌門附近往來糾察，發現儀仗中如果有器物缺失，要立即指出。如果不是大駕鹵簿，那就穿常服。在東西兩京城內的殿中侍御史，要分管左巡和右巡，各自察舉所巡視區域內發生的違法的人和事。包括因故左遷降職的官吏，因罪被判流州的罪犯，仍然隱匿在京師不肯離去；以及利用妖言妖書惑亂眾人，聚眾宿宵和留宿、窩藏壞人，聚眾賭博和盜竊財物，官吏處理獄訟冤濫，各州的網（綱）典在運輸官物的過程中隱沒、侵占或盜竊，以及徵收賦稅違反法式等，諸如此類都要糾舉並審理清楚，上奏朝廷。如果不能糾察以及故意放縱、包庇隱匿的，就要依據情節輕重，反坐分管巡察該地區的御史。

【說　明】殿中侍御史有九人，其分工是：㈠同知東、西推各一人。殿院與臺院侍御史同知東推，共掌推鞫之事，合稱為「四推御史」。逢單日，在臺院受事；雙日，則在殿院受事。後來由於閑劇不均，不再分東西和單雙日，由四推御史輪流受理案件。知東推的殿中侍御史兼監太倉出納，知西推的殿中侍御史兼監左藏出納。太倉即司農寺的太倉署，監太倉本是察院的職務，於玄宗開元十九年（西元七三一年）移入殿院，由同知東推的殿中侍御史監太倉。由於同知東、西推的御史事務繁劇，文宗太和元年（西元八二七年）「御史大夫李固上言：『監太倉殿中侍御史一人，監左藏庫殿中侍御史一人，臺中舊例取殿中侍御史從上第一人充監倉大使，第二人充監左藏庫使，又各領制獄伏緣推事，皆有程限，所監遂不專精，往往空行文牒，不到倉庫，動經累月，莫審盈虛，遂使錢穀之司，狡吏得計，至於出入，多有隱欺。臣今商量：監倉御史，若當出納之時，所推制獄稍大者，許五日一入倉，如非大獄，許二日一入倉；如不是出納之時，則許一月兩入倉檢校。其左藏庫公事，尋常繁鬧，監庫御史所推制獄，大者亦許五日一入庫，如無大獄，常許一旬內計會，取三日入庫勾當，庶使當司公事，稍振綱條，錢穀所由，亦知警懼。』敕旨依奏。」（《唐會要》卷六〇）這份奏文反映了同知東西推殿中侍御史監蒞太倉及左藏出納的情況。到文宗開成元年（西元八三六年），監倉庫的職務又復歸察院掌管。㈡廊下食使二人。通常所說的廊下食，是指常參官廚食，起於貞觀四年（西元六三〇年），太宗曾有詔：「所司於外廊置食一頓。」（《唐會要》卷二四）供應的對象是每天朝會常參官；因為廊下食的標準高，六品以下非常參官有時亦可被賜廊下食，那便成了一種殊榮。參加廊下食的人很多，故需由殿中侍御史二人監察。㈢分知左右巡二人，各察其所巡之內不法之事。㈣內供奉三人，掌殿廷朝會時供奉儀式的監察，皇帝巡幸和郊祀，亦由殿院派員糾察。趙璘在《因話錄》中對一個新人進入殿院任命為殿中侍御史後的遷升經歷，作了如下概括：「最新入，知右巡；已次知左巡，號兩巡使，所主繁劇。及遷向上，則又入推，益為勞屑，惟其中間，則入清閑。故臺中諺曰：『免巡未推，只得自知。』」如言其暢適也。」殿中侍御史遷考只需十八個月，也就是說在一年半時間內，殿院的主要職掌，每個殿中侍御史大致都要歷練一遍。

七

監察御史掌分察百僚[1]，巡按郡縣[2]，糾視刑獄[3]，肅整朝儀[4]。朝廷有不肅敬[5]，御史則糾而劾之。每二人五日分知東、西朝堂。舊例監察正門無籍，非因奏事，不得入至殿廷[6]。開元七年三月，敕並令隨仗而入，不得供奉[7]，位在尚書員外郎後。十道巡按[8]，則選判官[9]二人以為之佐；如本道務繁，得量差官人歷官清幹者，號為支使[10]。凡將帥戰伐，大克殺獲，數其俘、馘，審其功賞，辨其真偽[11]。若諸道屯田及鑄錢，其審功糾過亦如之[12]。凡嶺南及黔府選補，亦令一人監其得失[13]。凡決囚徒，則與中書舍人、金吾將軍監之[14]。若京都己忌齋，則與殿中侍御史分察寺、觀[15]。七品已上清官[16]皆預行香，不到，則牒送法司。若在京都，則分察尚書六司[17]，糾其過失，及知太府、司農出納[18]。凡冬至祀圜丘[19]，夏至祭方丘[20]，孟春祈穀[21]，季春祀明堂[22]，孟冬祭神州[23]，五郊迎氣及享太廟[24]，則二人共監之。若朝日、夕月[25]及祭社稷[26]、孔宣父[27]、齊太公[28]，蜡百神[29]，則一人率其官屬，閱其牲牢㉚，省其器服㉛，辨其輕重，有不修不敬則劾之。凡尚書省有會議，亦監其過謬。尚書省諸司七品已上官會議，皆先牒報臺，亦一人往監。若據狀有違，及不委議意而署名者㉜，糾彈之。凡有敕令一御史往監，即監察受命而行。自監察御史已上，每日一人於本司當門直，以檢察臺中出入及令史領詞訟過大夫㉝之事。若緣詞訟事須推勘㉞者，大夫便委門直御史以推之。凡百官燕會、習射㉟亦如之。

【章　旨】敘述監察御史之職掌。

【注　釋】❶分察百僚　臺院的侍御史與察院的監察御史均有此職掌，唯監察御史偏重於巡按州縣，亦糾察京師百官。史著中監察御史彈劾的案例頗多，如武周「萬歲通天元年（西元六九六年）五月監察御史紀履忠劾奏御史中丞來俊臣犯狀有五焉：一、專擅國權；二、謀害良善；三、贓賄貪濁；四、失義背禮；五、淫昏狼戾。論茲五罪，合至萬死。請下獄治罪」；又如「長安四年（西元七〇四年）三月監察御史蕭至忠彈劾鳳閣侍郎同鳳閣鸞臺三品蘇味道贓污貶官」；「神龍三年（西元七〇七年）監察御史魏傳弓劾奏內常寺輔信義縱暴」等。（均見《唐會要》卷六一）❷巡按郡縣　《新唐書・百官志》：「光宅元年（西元六八四年），分左右臺，左臺知百司，監軍旅；右臺察州縣，省風俗。尋命左臺兼察州縣。兩臺歲發使八人，春曰風俗，秋曰廉察，以四十八條察州縣。」每年由御史臺派使者巡察州縣，在史著上，十道巡撫使、九道巡察使等名目屢見不鮮。武周萬歲通天元年（西元六九六年），鳳閣舍人李嶠上疏云：「竊見垂拱二年（西元六八六年），諸道巡察使科目，凡四十四件，至於別作格敕令訪察者，又有三十餘條。而巡察使率是三月之後出都，十一月終奏事，時限迫促，簿書委積，晝夜奔逐，以赴限期。而每道所察文武官，多至二千餘人，少尚一千已下，皆須品量才行，褒貶得失，欲令曲盡行能，皆所不暇。此非敢惰於職而慢於官也，實才有限而力不及耳。」（《唐會要》卷七七）可見當時巡察條目之多，巡察次數之繁。到中宗神龍二年（西元七〇六年）二月，終於下敕稱：「〔御史〕左右臺內外五品已上，官職治道，通明無屈撓者二十人，分為十道巡察使，二周年一替，以廉按州部。」（同上）即改為定期派遣使職監察州部，類似於秦代之監郡使，定期派遣，按期輪換。❸糾視刑

獄 監察御史亦常受有制敕，使其推鞫獄訟覆按囚徒。如《資治通鑑・唐紀二十一》：武周長壽元年（西元六九二年）夏四月，「監察御史朝邑嚴善思，公直敢言，時告密者不可勝數，太后亦厭其煩，命善思按問，引虛伏罪者八百五十餘人，羅織之黨為之不振」；《唐會要》卷七八、七九：開元十年（西元七二二年）十月，「宇文融除殿中侍御史，充覆囚使」；文宗太和四年（西元八三〇年）五月「敕置疎決囚徒使，以清強御史二人為之，應京城諸司見禁囚徒，宜令疎決處分，具輕重聞奏」。

❹肅整朝儀 即知班的職責。三院各有所司。李肇《唐國史補》卷下：「御史故事：大朝會則監察押班，常參則殿中知班，入閤則侍御史監奏。蓋含元殿最遠，用八品；紫宸最近，用六品。殿中得立五花磚、綠衣，用紫案褥之類，號七貴。」如「李勉，至德初監察御史，屬朝廷右武，勳臣恃寵多不知禮法，大將管崇嗣於靈行在朝堂，背闕而坐，言笑自若。勉劾之，拘於有司。肅宗特原之而曰：『吾有李勉，始知朝廷尊矣。』」（《冊府元龜》卷五二〇下）❺朝廷有不肅敬 《太平御覽》卷二二七殿中侍御史條引《唐六典》原注此句，其下尚有「及闕失者」四字。❻舊例監察正門無籍三句 唐制：左右監門將軍掌諸門禁衛及門籍，門籍列有可以出入人員的名冊，無籍者不得出入。《新唐書・百官三》：「監察御史分日頂朝堂，入自側門，非奏事不至殿廷，正門無籍；天授中，詔側門置籍，得至殿廷；開元七年（西元七一九年），又詔隨詔入閤。」❼不得供奉 指監察御史不屬於供奉官的範圍，故不得到皇帝左右供奉行走。而侍御史內供奉則便可接近皇帝左右，供奉禁中。《資治通鑑・唐紀三十一》：天寶四年（西元七四五年）八月，「楊釗（楊國忠）得隨供奉官出入禁中」。胡三省注：「唐制：中書、門下省皆供奉官也。外官得隨朝士入見者謂之仗內供奉，隨翰林官班者謂之翰林供奉，宮官謂之內供奉；又有朝士供禁中者。」

❽十道巡按 唐代十道的劃分，始於太宗貞觀元年（西元六二七年）：「因山川形便，分天下為十道，一曰關內，二曰河南，三曰河東，四曰河北，五曰山南，六曰隴右，七曰淮南，八曰江南，九曰劍南，十曰嶺南。至十三年（西元六三九年）定簿，凡州府三百五十八，縣一千五百五十一。」（《新唐書・地理志一》）十道巡按的內容為六條：《新唐書・百官三》：「凡十道巡按，以判官二人為佐，務繁則有支使。其一，察官人善惡；其二，察戶口流散，籍帳隱沒，賦役不均；其三，察農桑不勤，倉庫耗減；其四，察妖猾盜賊，不事生業，為私蠹害；其五，察德行孝悌，茂才異等，藏器晦跡，應時用者；其六，察黠吏豪宗兼併縱暴，貧弱冤苦不能自申者。」這六條是開元三年（西元七一五年）三月的敕文。使十道巡按成為定制的是神龍二年（西元七〇六年）二月敕，其中稱：「左右臺內外五品已上官，識治道通明無屈撓者，二十人，分為十道巡察使，二周年一替，以廉按州部」；「景龍三年（西元七〇九年）置十道按察使，分察天下，至開元八年（西元七二〇年）復置十道按察使，以陸象先、王晙等為之」（《唐會要》卷七七）。❾判官 為巡察或安撫使之僚屬。唐節度、觀察、防禦諸使，皆有判官，

以佐理政事。開元十二年（西元七二四年）四月六日敕：「御使出使，非充按察覆囚，不得輒差判官，其出使日，皆於側門進狀，取處分。」（《唐會要》卷六二）❿支使　唐諸使之僚屬，事繁則置。凡觀察使、按察使、節度使，均可有支使。⓫自「凡將帥戰伐」至「辨其真偽」　唐代將帥報功，由監察御史審其真偽。俘，指所俘獲敵軍人數。馘，左耳，代指擊殺敵軍之人數。古代作戰以割取所殺死敵軍之左耳報功。監軍實際彈劾的內容不限於功賞，起而彈劾者亦不限於監察御史。如「蕭瑀為御史大夫，貞觀四年（西元六三〇年）五月，奏請李靖破頡利牙帳軍令無法，突厥珍物累億萬計，多靖取之。由是部下虜略，隨手而盡。請付法推科。太宗以其有平寇之功，特敕勿劾」（《冊府元龜》卷五二〇上）。又如「龍朔二年（西元六六二年）三月鐵勒道行軍大總管鄭仁泰、薛仁貴殺降九十餘萬，更就磧北討其餘眾，遇大雪，兵士糧盡，凍餓死者十八、九，御史大夫楊德裔劾奏」（《唐會要》卷六一）。武則天時期，殿中侍御史、監察御史都曾出使監軍。她的〈改元光宅赦文〉中明確規定：「舊御史臺改左肅政臺，專知在京有司及監諸軍旅，並出使。」（《全唐文》卷九六）⓬若諸道屯田及鑄錢其審功糾過亦如之　指御史充任鑄錢、屯田等各種使職，通過與對將帥審功糾過相同的辦法，加強對地方經濟工作的監督。監察御史出按州縣，都帶有敕命，兼有特使的性質。如開元初以「江淮錢尤濫惡，有官爐、偏爐、稜錢、時錢等數色。〔宋〕璟乃遣監察御史蕭隱之充任淮使，隱之乃令率戶出錢，務加督責」。至開元二十五年（西元七三七年）始派御史充任諸道鑄錢使，首任此職者為監察御史羅文信，此後又有御史中丞楊慎矜等。（據《舊唐書・楊慎矜傳》）又如以監察御史宇文融為檢括戶口的特使，開元初「天下戶口逃亡，免役多偽濫，朝廷深以為患。融乃陳便宜，奏請檢察偽濫，搜括逃戶。玄宗納其言，因令融充使推勾」（《舊唐書・宇文融傳》）。再如鹽鐵使，「肅宗初，第五琦始以錢穀得見，請於江淮分置租庸使，市輕貨以救軍食，遂拜監察御史，為之使」（《舊唐書・食貨志下》）。⓭凡嶺南及黔府選補亦令一人監其得失　嶺南，為唐代十道之一，今庾嶺以南兩廣地區。黔府，即黔中道，開元二十一年（西元七三三年）於十道之外增置，轄區相當於今湖北、湖南、貴州、四川的交界地區。由於此二道地處偏僻，吏部選補官吏時，特規定三年一置選補使，號為「南選」。選補時，並由察院派監察御史一人，與吏部選補使一起監選。⓮凡決囚徒則與中書舍人金吾將軍監之　金吾將軍，即左右金吾衛將軍，從三品，掌宮中及京城晝夜巡警之法。文宗太和元年（西元八二七年）十二月，御史臺奏：「伏以京城囚徒準敕科決者，臣當司準舊例，差御史一人監決，如囚稱冤，即收禁聞奏。伏請自今以後，有囚稱冤者，監察御史聞奏，勑下後，使配四推所冀獄無冤滯，事得倫理，從之。」（《唐會要》卷六〇）若死囚稱冤重新審問，須在其押付刑場之前。宣宗「大中四年（西元八五〇年）九月十六日，御史臺奏：準舊例，京兆府準敕科決囚徒，合差監察御史一人到府門監決，御史未至，其囚已至科決處，縱有冤屈，披訴不及。今後請許令御史到府引問，如因不稱冤，然後許行決。其河南府准此」（《唐會要》卷六〇）。⓯若京都忌齋則與殿中侍御史分察寺觀　京師忌齋，在開元時，是指高祖李淵、太宗李世民、高宗李治、中宗李顯、睿宗李旦及其皇后逝世之日，稱國忌日。凡國忌日，二京諸大觀寺各散齋二日，諸道士及僧尼，皆集於齋所。在京文武五品以上與清官七品以上皆預，行香以退。由監察御史與殿中侍御史分察寺觀。⓰清官　清官、濁官之分起於魏晉，清官指適合於士族高門擔任之官職。唐代，清官與濁官仍有嚴格區分。規定內外三品以上官及三省六部、太常寺、秘書省、國子監、詹事府的次官，太子左右庶子、左右率（皆為四品）等，稱清望官；四品以下、八品以上也有稱清官的，如四品：太子左右諭德、左右衛、左右千牛衛中郎將，左右副率，率府中郎將等；五品：御史中丞，諫議大夫，給事中，中書舍人等；六品：起居郎、舍人，諸司員外郎、侍御史等；七品：左右補闕，殿中侍御史、太常博士等；八品：左右拾遺，監察御史，四門助教等，都屬於清官範圍。⓱分察尚書六司　《新唐書·百官三》：「監察御史分察尚書省六司，由下第一人為始，出使亦然。」唐德宗興元元年（西元七八四年）規定：「監察從上第一人察吏部禮部，第二人察兵部、工部，第三人察戶部、刑部，每年終，議其殿最。」憲宗元和四年（西元八〇九年）又規定：「監察御史又從下第六人，各察尚書省一司。」（《唐會要》卷六〇）所謂從上起、從下起，指入察院先後而言，年月先者為上，後者為下。⓲知太府司農出納　太府寺下有左藏署，掌錢帛、雜綵貯藏與出納；右藏署掌各地貢獻之金玉珠寶之貯藏。司農寺下屬有太倉署，掌管全國的糧庫。以上三署均由監察御史監督其出納。又，對太倉及左藏庫的監督亦屬監察御史的職掌。其間曾一度劃歸殿院，中唐以後又移入察院。⓳冬至祀圜丘　冬至，陽曆每年十二月二十二日為冬至日，陰曆則在十一月中。唐《武德令》：每歲冬至日，祀昊天上帝於圜丘。圜丘係祭天之壇。據《通典·禮三》，建於京城明德門外，道東二里。四層，每層各高八尺一寸，下層廣二十丈，再層廣十五丈，三層廣十丈，四層廣五丈。⓴夏至祭方丘　夏至，陽曆每年六月二十二日為夏至日，陰曆則在五月中。唐制夏至日祭皇地祇，於宮城之北郊十四里為方丘壇。方丘之形制，據《新唐書·禮樂二》為：「八觚三成，成高四尺，上廣十有六步，設八陛，上陛廣八尺，中陛一丈，下陛丈有二尺者，方丘也。」㉑孟春祈穀　即祈年。祈求當年五穀豐登。時間在孟春即夏曆正月上旬之辛日，因祈穀祀昊天上帝於圜丘。㉒季春祀明堂　「季春」應作「季秋」。本書第四卷第二篇祠部郎中職掌：「季秋之月，大享於明堂。」季秋，為夏曆九月。《通典·禮四》：「武德初定令：每歲季秋祀五方上帝於明堂，以元帝配，五人帝、五官並從祀。迄於貞觀之末，竟未議立明堂，季秋大享則於圜丘行事。至武則天垂拱四年（西元六八八年）始毀東都之乾元殿，就其地造明堂，至天冊萬歲二年（西元六九六年）方成。」㉓孟冬祭神州　孟冬為夏曆十月。是月祭神州地祇於北郊。《新唐書·禮樂二》稱「高、廣皆四丈者，神州之壇也」。㉔五郊迎氣及享太廟　五郊即祭五天五帝。《周禮・天官・大宰》：「祀五帝。」賈公彥疏：「五帝者，東方青帝，南方赤帝，中央黃帝，西方白帝，北方黑帝。」五郊，即東、南、中央、西、北五方。迎氣，指迎青、赤、黃、白、黑五色之氣。其祭祀時間，《新唐書・禮樂二》稱：「立春、立夏、季夏之土王、立秋、立冬，祀五帝於四郊；孟春、孟夏、孟秋、孟冬、臘，享於太廟。」㉕朝日夕月　古代祭祀日、月之禮。指皇帝於春分日，朝日於東郊；秋分日，夕月於西郊。朝日夕月皆須築壇。《新唐書・禮樂二》：「廣四丈，高八尺者，朝日之壇也。為坎深三尺，縱廣四丈，壇於其中，高一尺，方廣四丈者，夕月之壇也。」㉖祭社稷　社為土地之神，稷為穀神。《通典・禮五》：「大唐社稷亦於含光門內之右。仲春、仲秋二時戊日，祭太社、太稷。社以勾龍配，稷以后稷配。」㉗孔宣父　孔子之尊號。《新唐書・禮樂志》：「詔尊孔子為宣父。」此處指在孔廟舉行祭祀孔子的儀式。「高宗乾封元年（西元六六六年）正月，東巡，次兗州鄒縣頓，祭宣父廟，贈太師。」（《通典・禮十三》）兩京和兗州及諸州縣皆設有孔廟，春秋二仲月上丁日祭祀。㉘齊太公　即祭武聖呂尚的廟。呂尚，周代人，本姓姜，其先世封於呂，以其封姓，因佐武王滅周功，封於齊營丘，故又稱齊太公。《通典・禮十三》：「大唐開元十九年（西元七三一年）四月，兩京及天下諸州，各置太公廟一所，以張良配享，春秋取仲月上戊日祭。」㉙蜡百神　即臘祭。周稱蜡，秦稱臘。以十二月初八日，合萬物而索享之。唐制為季冬寅日，䄍祭百神於南郊。䄍祭之神有一百八十七座，若某方年穀不登，則缺其祀。㉚牲牢　指祭祀時使用的牲畜。不同的祭祀有不同的規格：祭昊天上帝於圜丘，用牛、豕、羊三牲，羊、豕各九，要以蒼犢；祭地祇於方丘，羊、豕各五，要用黃犢；祭神州之牲用黑犢；祭宗廟、社稷、孔宣父、齊太公皆以太牢，即牛、羊、豕各一；五郊迎氣羊、豕各二；蜡祭各用少牢，即羊、豕二牲，若其牲方色難備，則以純色代之。㉛省其器服　指祭祀時，所陳設的祭器的規格，及百官所穿戴的冠服，是否符合規定，監察御史要負責省察。㉜不委議意而署名者　指不知悉議題而胡亂署名者。㉝領詞訟過大夫　意謂將詞訟之卷宗送呈御史大夫。㉞推勘　推究案情。㉟百官燕會習射　燕會，即宴會。皇帝冬至、元正大朝會後，即行宴會百官，有相應之禮儀。習射，指仲冬百官參加皇帝射於射宮，或皇帝觀射於射宮，亦有相應之禮儀。皆須有監察御史糾察於旁。

【語譯】監察御史的職掌，包括在內分察京師百官，在外巡按州縣；以及糾察和審視刑獄，整肅朝儀等事務。大朝會時，文武百班列在朝廷上，如果有不能肅敬遵守朝儀的，監察御史就要糾舉和彈劾。監察御史二人，每五日一次分值東西朝堂。按照舊例，在正門沒有監察御史的門籍，如果不是因為要向皇上奏事，就不得進入殿廷。開元七年三月下過一道敕令，監察御史亦可以隨儀仗進入殿廷，但不屬於供奉官，朝會時的序位，列在尚書省員外郎的後面。設置十道巡按，各以判官二人作為巡按使的佐吏；如果本道官務繁忙，還可以酌情從官員中選擇歷官清白、能力強幹的配給他作為吏使。如果有將帥奉命出征，大量殺傷和俘獲敵人的，監察御史要審察他們的戰報是否屬實，並具體核算其俘虜和擊斃的人數，審核應得的功賞。對於全國各道屯田和鑄錢等方面審核功績、糾察過失的辦法，亦是這樣。每逢嶺南道和黔中府選補官吏時，監院亦要派遣御史一人，監督選補過程中的得失。凡是在京師處決囚犯，監察御史要與中書舍人和金吾衛將軍前往京兆府監決。如果逢到國忌日，在京都寺、觀舉行散齋，監察御史要與殿中侍御史一起到寺觀去分別糾察，七品以上的清官都要到寺觀參加行香，如果有不去的，就要用牒文送報司法機關。在京都，要分別按察尚書省的六部官司，糾舉它們的過失。還要督察太府寺左藏和司農寺太倉財物的出納。每逢冬至日在圜丘祭祀昊天上帝，夏至日在方丘祭祀地祇，孟春在圜丘祈穀，季春（秋）在明堂祭享先祖，孟冬在北郊祭祀神州，以及五郊迎氣和享祭太廟，察院都要派監察御史二人，共同監察祭祀禮儀的過程。若是朝日、夕月以及祭祀社稷、孔宣父、齊太公和季冬蜡祭百神，那就派一名監察御史，帶領他的官屬去檢查祭祀用的牲畜，審核祭祀使用的器物，參加祭祀的百官的服飾，辨別它們是否都符合規制；倘若發現有儀表不整修、舉止不敬肅的，就要察舉彈劾。凡是尚書省舉行重大會議，監察御史亦要視察監督它有無過誤謬失。尚書省各司如果要舉行七品以上的清官會議，要先用牒文送報御史臺，察院派監察御史一人前往監督。如果在會議過程中有違反相關規定的，以及不瞭解會議主題就胡亂署名的，監察御史亦要糾彈。凡是有君王敕令要一名御史去進行監察，那就由監察御史去受命執行。在御史臺，自監察御史以上，每天都要有一人在本司的大門當值，任務是監察臺中人員的出入，監察令史受理的詞訟能否及時送達給御史大夫。如果受理的詞訟需要有人推勘審理的，御史大夫就委派當日值門的御史具體審理。凡是君王舉行百官宴會，或習射的儀式時，亦要有監察御史前往監察。

【說　明】巡按州縣，是唐代監察御史主要職掌之一。監察御使作為朝廷的特使，「奉制巡按」，名目很多，諸如觀風俗使，巡察使，按察使，存撫使，觀察使，黜陟使等等，通常是每年三月後出都，十一月終回京奏事。每道所監察的對象即文武官員，多至二千餘人，少的也有一千上下，任務是頗為繁劇的。巡察地方的條令，貞觀二十年（西元六四六年）大理卿孫伏伽等二十二人，以六條巡察地方（詳本篇一章後說明），武則天時以四十八條巡察州縣，開元初又重申以六條為基本要求。這六條是以察舉州縣官吏的優劣為總則，懲治貪官污吏為重點。貞觀時那次孫伏伽等人巡察的結果是：「牧宰以下，以能官進擢者二十人，罪死者七人，流罪以下及免黜者數百人。」（《唐會要》卷七七）故那時御史出使，可謂生殺予奪在握，極為威風。高宗時監察御史韋思謙就說過：「御史銜命出使，不能動搖山岳，震懾州縣，誠曠職耳。」（《唐會要》卷六二）開元二十二年（西元七三四年）設置十道採訪處置使，以御史中丞盧絢等為之，各使皆能置印，考課官人善績，三年一奏，並輪替一次，永為常式。這樣諸道採訪使便逐漸成為地方性的常設機構，且例由大州刺史或都督府長史兼任，失去了原來由監察御史定期出使諸道巡察州縣的特色。但與此同時，從察院派遣御使赴州縣巡察某一具體事務的名目仍然不少，如監察軍隊有監軍使，巡查館驛有館驛使；戶口流失，派御史檢括戶口，嶺南、黔中補選，亦遣御史監其得失；開元時曾以監察御史羅文信為諸道鑄錢使，肅宗時又任御史中丞第五琦為鹽鐵使。但這些既是臨時性的，內容又大多局限於經濟方面的差遣使命，已不復具有唐代前期以六條為綱要、以懲治貪官污吏為重點的那種「動搖山岳、震懾州縣」的監察功效。

古籍今注新譯叢書

現代人不可不讀的智慧經典——古籍今注新譯叢書

集當代學者智識菁華
重現古人的文字魅力

【哲學類】

新譯尹文子　徐忠良注　黃俊郎校
新譯淮南子　熊禮匯注　侯迺慧校
新譯潛夫論　彭丙成注　陳滿銘校
新譯鄧析子　徐忠良注　劉福增校
新譯韓非子　賴炎元、傅武光注
新譯人物志　吳家駒注　黃志民校
新譯近思錄　張京華注
新譯傳習錄　李生龍注
新譯尸子讀本　水渭松注　陳滿銘校
新譯四書讀本　謝冰瑩等注
新譯申鑒讀本　林家驪等注　周鳳五校
新譯老子讀本　余培林注
新譯列子讀本　莊萬壽注
新譯孝經讀本　賴炎元、黃俊郎注

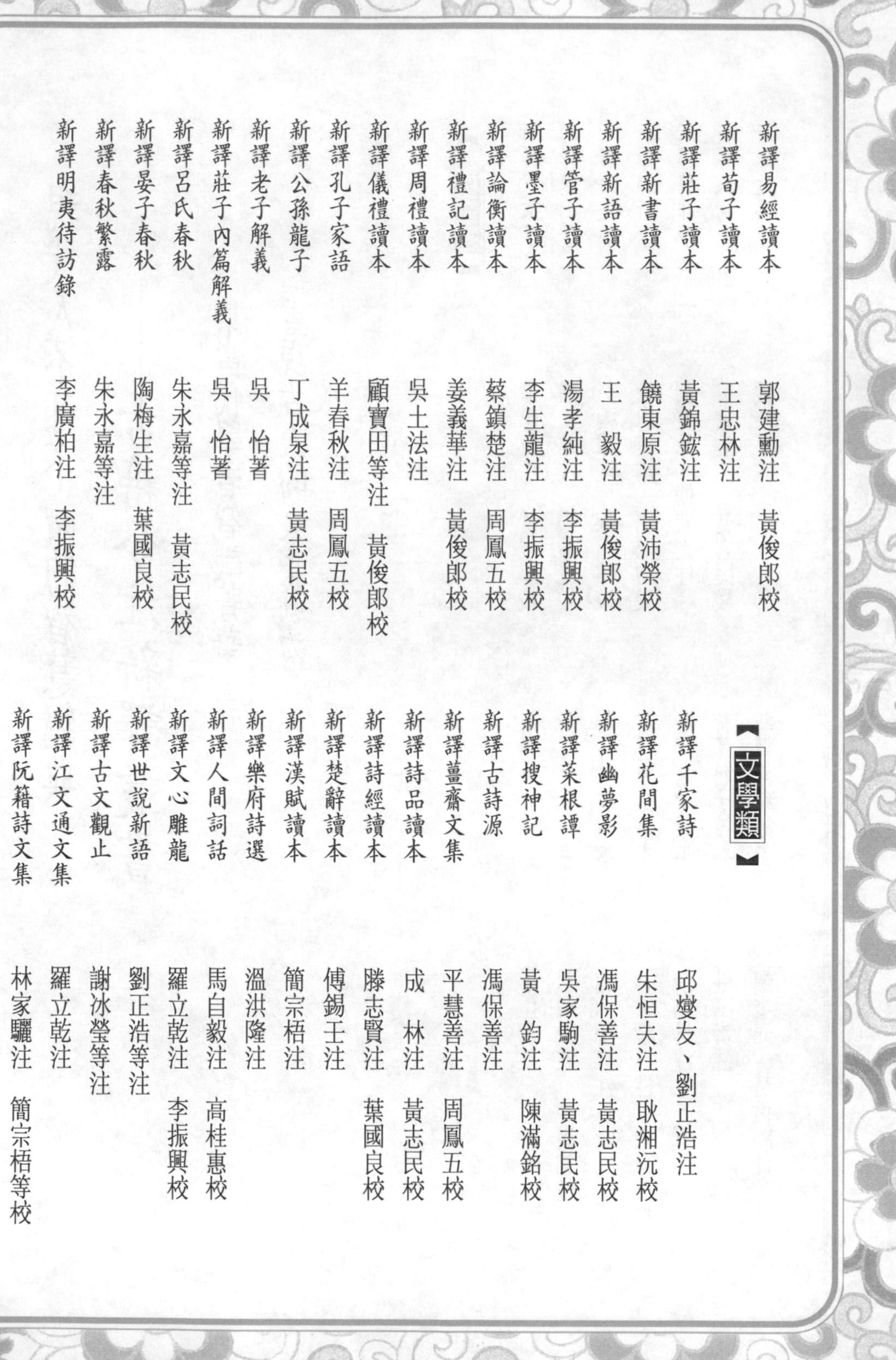

新譯易經讀本　郭建勳注　黃俊郎校
新譯荀子讀本　王忠林注
新譯莊子讀本　黃錦鋐注
新譯新書讀本　饒東原注　黃沛榮校
新譯新語讀本　王　毅注　黃俊郎校
新譯管子讀本　湯孝純注　李振興校
新譯墨子讀本　李生龍注　李振興校
新譯論衡讀本　蔡鎮楚注　周鳳五校
新譯禮記讀本　姜義華注　黃俊郎校
新譯周禮讀本　吳土法注
新譯儀禮讀本　顧寶田等注　黃俊郎校
新譯孔子家語　羊春秋注　周鳳五校
新譯公孫龍子　丁成泉注　黃志民校
新譯老子解義　吳　怡著
新譯莊子內篇解義　吳　怡著
新譯呂氏春秋　朱永嘉等注　黃志民校
新譯晏子春秋　陶梅生注　葉國良校
新譯春秋繁露　朱永嘉等注
新譯明夷待訪錄　李廣柏注　李振興校

文學類

新譯千家詩　邱燮友、劉正浩注
新譯花間集　朱恒夫注　耿湘沅校
新譯幽夢影　馮保善注　黃志民校
新譯菜根譚　吳家駒注　黃志民校
新譯搜神記　黃　鈞注　陳滿銘校
新譯古詩源　馮保善注
新譯薑齋文集　平慧善注　周鳳五校
新譯詩品讀本　成　林注　黃志民校
新譯詩經讀本　滕志賢注　葉國良校
新譯楚辭讀本　傅錫壬注
新譯漢賦讀本　簡宗梧注
新譯樂府詩選　溫洪隆注
新譯人間詞話　馬自毅注　高桂惠校
新譯文心雕龍　羅立乾注　李振興校
新譯世說新語　劉正浩等注
新譯古文觀止　謝冰瑩等注
新譯江文通文集　羅立乾注
新譯阮籍詩文集　林家驪注　簡宗梧等校

新譯明散文選　周明初注　黃志民校
新譯昭明文選　周啟成等注　劉正浩等校
新譯唐傳奇選　束　忱注　侯迺慧校
新譯曹子建集　曹海東注　蕭麗華校
新譯陶淵明集　溫洪隆注　齊益壽校
新譯陶庵夢憶　李廣柏注
新譯揚子雲集　葉幼明注　周鳳五校
新譯陸士衡集　王德華注
新譯嵇中散集　崔富章注　莊耀郎校
新譯賈長沙集　林家驪注　陳滿銘校
新譯橫渠文存　張金泉注
新譯李白全集　郁賢皓注
新譯顧亭林文集　劉九洲注　黃俊郎校
新譯元曲三百首　賴橋本、林玫儀注
新譯宋元傳奇選　姚　松注
新譯宋詞三百首　汪　中注
新譯唐人絕句選　卞孝萱等注　齊益壽校
新譯唐詩三百首　邱燮友注
新譯諸葛丞相集　盧烈紅注
新譯駱賓王文集　黃清泉注　陳全得校
新譯明傳奇小說選　陳美林等注
新譯昌黎先生文集　周啟成等注　陳滿銘等校
新譯范文正公選集　王興華等注　葉國良校
新譯王安石文集　沈松勤注　王基倫校
新譯杜牧詩文集　張松輝注　陳全得校
新譯李商隱詩集　朱恒夫注
新譯古文辭類纂　黃　鈞等注
新譯蘇軾文選　滕志賢注
新譯李清照集　姜漢椿注
新譯閱微草堂筆記　嚴文儒注

【歷史類】

新譯公羊傳　雪　克注　周鳳五校
新譯列女傳　黃清泉注　陳滿銘校
新譯越絕書　劉建國注　黃俊郎校
新譯燕丹子　曹海東注　李振興校
新譯穀梁傳　顧寶田注　葉國良校
新譯戰國策　溫洪隆注　陳滿銘校
新譯左傳讀本　郁賢皓等注　傅武光校
新譯尚書讀本　吳　璵注

新譯國語讀本　易中天注　侯迺慧校
新譯新序讀本　葉幼明注　黃沛榮校
新譯說苑讀本　左松超注
新譯說苑讀本　羅少卿注　周鳳五校
新譯史記讀本　韓兆琦等注
新譯西京雜記　曹海東注　李振興校
新譯吳越春秋　黃仁生注　李振興校
新譯東萊博議　李振興、簡宗梧注
新譯春秋穀梁傳　周　何注
新譯唐摭言　姜漢椿注
新譯唐才子傳　戴揚本注
新譯文史通義　陶梅生注

【宗教類】

新譯列仙傳　張金嶺注　陳滿銘校
新譯維摩詰經　陳引馳注
新譯抱朴子　李中華注　黃志民校
新譯妙法蓮華經　張松輝注　丁　敏校
新譯金剛經　徐興無注　侯迺慧校
新譯神仙傳　周啟成注
新譯高僧傳　朱恒夫等注　潘栢世校
新譯碧巖錄　吳　平注
新譯藥師經　宗舜法師注
新譯無量壽經　邱高興注
新譯百喻經　顧寶田注
新譯圓覺經　張連良注
新譯法句經　劉建國注
新譯華嚴經入法界品　楊維中注
新譯悟真篇　劉國樑注
新譯景德傳燈錄　顧宏義注
新譯大乘起信論　韓廷傑注　潘栢世校
新譯楞嚴經　賴永海等注
新譯六祖壇經　李中華注　丁　敏校
新譯阿彌陀經　東景南注
新譯經律異相　顏洽茂注
新譯禪林寶訓　李中華注　潘栢世校
新譯解深密經　王月清注
新譯老子想爾注　顧寶田等注　傅武光校
新譯周易參同契　劉國樑注　黃沛榮校
新譯黃帝陰符經　劉連朋注

新譯道門觀心經　王　卡注　黃志民校
新譯養性延命錄　曾召南注　劉正浩校
新譯冲虛至德真經　張松輝注　周鳳五校

【軍事類】

新譯司馬法　王雲路注
新譯尉繚子　張金泉注
新譯三略讀本　傅　傑注
新譯六韜讀本　鄔錫非注
新譯吳子讀本　王雲路注
新譯孫子讀本　吳仁傑注
新譯李衛公問對　鄔錫非注

【教育類】

新譯三字經　黃沛榮注
新譯爾雅讀本　陳建初注
新譯幼學瓊林　馬自毅注　陳滿銘校
新譯顏氏家訓　李振興等注
新譯曾文正公家書　湯孝純注　李振興校
新譯增廣賢文・千字文　馬自毅注　李清筠校

新譯格言聯璧　馬自毅注
新譯百家姓　馬自毅注

【政事類】

新譯唐六典　朱永嘉等注
新譯商君書　貝遠辰注　陳滿銘校
新譯鹽鐵論　盧烈紅注　黃志民校
新譯貞觀政要　許道勳注　陳滿銘校

【地志類】

新譯水經注　卓本棟等注
新譯山海經　楊錫彭注
新譯佛國記　楊維中注
新譯大唐西域記　陳　飛等注　黃俊郎校
新譯洛陽伽藍記　劉九洲注　侯迺慧校
新譯徐霞客遊記　黃　珅注　黃志民校
新譯東京夢華錄　嚴文儒注　侯迺慧校

開卷解惑——汲取大師智慧，優游國學瀚海

國學常識

邱燮友 張文彬 張學波 馬森 田博元 李建崑 編著

搜羅研讀國學者不可或缺的基礎常識，
以新觀念、新方法加以介紹。
書末並附有「國學基本書目」及「國學常識題庫」，
助您深化學習，融會貫通。

國學常識精要

邱燮友 張學波 田博元 李建崑 編著

擷取《國學常識》之精華而成，易於記誦，
便於攜帶。

國學導讀（一）～（五）

邱燮友 田博元 周何 編著

將國學分為五大門類，分別由當前國內外著名學者，
匯集其數十年教學研究心得編著而成。
是愛好中國思想、文學者治學的寶典，
自修的津梁。

走進至情至性的詩經天地

詩經評註讀本（上）（下）

裴普賢 著

薈萃兩千年來名家卓見，賦予詩經文學的新見解，
詳盡而豐富的析評，篇篇精采，
讓您愛不釋卷。

詩經欣賞與研究（改編版）

（一）～（四）

糜文開 裴普賢 著

白話翻譯，難字注音；
以分篇欣賞的方式，重現古代社會生活 ，
以深入淺出的筆調，還原詩經民歌風貌。